Großkommentare der Praxis

Hachenburg

Gesetz
betreffend die

Gesellschaften mit beschränkter Haftung (GmbHG)

Großkommentar

Siebente Auflage. Ergänzungsband

§§ 1–12 (Zweite Bearbeitung 1984)
und GmbH-Novelle 1980

von

Dr. Georg Hohner
Rechtsanwalt und Notar in Frankfurt/M.

Dr. Hans-Joachim Mertens
o. Professor an der
Universität Frankfurt/M.

Dr. Wolfgang Schilling
Rechtsanwalt in Mannheim
Honorarprofessor an der Universität Heidelberg

Dr. Peter Ulmer
o. Professor an der Universität Heidelberg
unter Mitarbeit von
Dr. Irmgard Heinrich,
Notarin in Hamburg

(**Zitierweise:** z. B. *Ulmer* in Hachenburg, 7[II]. Aufl. § 9c Rdn. 17)

1985

Walter de Gruyter · Berlin · New York

CIP-Kurztitelaufnahme der Deutschen Bibliothek

Gesetz betreffend die Gesellschaften mit beschränkter Haftung (GmbHG) : Grosskommentar / Hachenburg. Von Georg Hohner ... — Berlin ; New York : de Gruyter
(Grosskommentare der Praxis)
Teilw. verf. von Carl Hans Barz ... — 6. Aufl. u.d.T.: Hachenburg, Max: Kommentar zum Gesetz betreffend die Gesellschaften mit beschränkter Haftung

NE: Hachenburg, Max [Begr.]; Barz, Carl Hans [Mitverf.]; Hohner, Georg [Mitverf.]

Erg.-Bd. [zur 7. Aufl.]. §§ 1—12 (Zweite Bearbeitung 1984) und GmbH-Novelle 1980. — 1985. —
ISBN 3-11-010457-1

Printed in Germany

Satz und Druck: Arthur Collignon GmbH, Berlin 30
Bindearbeiten: Lüderitz & Bauer, Buchgewerbe GmbH, Berlin 61

Vorwort

Die im Jahre 1975 begonnene, völlig neu bearbeitete 7. Auflage dieses Kommentars wurde 1984 abgeschlossen. In die Entstehungszeit fielen Erlaß und Inkrafttreten der GmbH-Novelle vom 4. Juli 1980. Die novellierten Teile des Gesetzes konnten der seither erschienenen Kommentierung der §§ 53 bis 85 zugrunde gelegt werden. Demgegenüber war die Erläuterung der §§ 1 bis 52 noch auf das alte Recht bezogen.

Angesichts dieses für den Benutzer unbefriedigenden Zustandes haben Verfasser und Verlag sich entschlossen, der zwischenzeitlich eingetretenen Rechtsentwicklung in einem Ergänzungsband zur 7. Auflage Rechnung zu tragen. Er bringt eine umfassende Kommentierung der Vorschriften, die durch die Novelle 1980 geändert worden sind. Das Gründungsrecht (§§ 1 bis 12) wurde insgesamt — einer Neuauflage entsprechend — ohne Differenzierung zwischen fortgeltenden und novellierten Vorschriften bearbeitet, zumal in diesem Bereich nicht nur besonders zahlreiche Gesetzesänderungen vorgenommen worden sind, sondern auch durch die höchstrichterliche Rechtsprechung eine deutliche Fortentwicklung gegenüber dem Stand von 1975 eingetreten ist.

In den neu bearbeiteten Teilen wird bei Verweisungen die 7. Auflage — also die Erstbearbeitung dieser Vorschriften — als ‚Vorauflage' bezeichnet. Im übrigen bleibt die Kommentierung der 7. Auflage maßgebend, soweit der Ergänzungsband keine (neuen) Erläuterungen enthält. Bei den sonstigen durch die Novellierung betroffenen Vorschriften wurden entweder nur die durch die Novelle eingeführten Änderungen kommentiert — hier werden die Einschübe in den bisherigen Text durch eine entsprechende Randnummernbezeichnung kenntlich gemacht (z. B. § 19 nF, 46a ff.) — oder aber eine volle Kommentierung der Vorschrift abgedruckt; wie bei jeder Vorschrift im einzelnen verfahren wurde, ergibt sich aus der Inhaltsübersicht. In jedem Fall ist der vollständige Text des jeweiligen Paragraphen abgedruckt. Zu Beginn einer Erläuterung ist auch ein Hinweis darauf angebracht, wie die Vorschrift durch die Novelle geändert worden ist.

Die Bearbeitung befindet sich auf dem Stand vom September 1984.

Im November 1984

Die Verfasser

Inhaltsübersicht

ERSTER ABSCHNITT

Errichtung der Gesellschaft

§ 1

Gesellschaften mit beschränkter Haftung können nach Maßgabe der Bestimmungen dieses Gesetzes zu jedem gesetzlich zulässigen Zweck durch eine oder mehrere Personen errichtet werden.

Übersicht

Schrifttum

Rud. Fischer Die Bedeutung des Zwecks für die Aktiengesellschaft, JherJ **63** (1913) 327 ff.; *Großmann* Unternehmensziele im Aktienrecht (1980); *Kremer* Freie Berufe in der Rechtsform der GmbH, GmbH-Rdsch. **1983** 259; *Loidl* Die GmbH ohne erwerbswirtschaftliche Zielsetzung (1970); *Scholz* Zu welchem Zweck kann eine GmbH gegründet werden? GmbH-Rdsch. **1942** 281; *H. P. Westermann* Die GmbH ohne erwerbswirtschaftliche Zielsetzung, GmbH-Rdsch. **1970** 313; *K. Winkler* Nichtgewerbliche, ideale, insbes.

politische Zielsetzungen als Inhalt von Gesellschaftsverträgen und Satzungen, NJW **1970** 449; *Zöllner* Die Schranken mitgliedschaftlicher Stimmrechtsmacht bei den privatrechtlichen Personenverbänden (1963). Vgl. auch die Schrifttumsnachweise vor Rdn. 36 zur Einmanngründung.

I. Einführung

1. Normzweck

1 § 1 umschreibt als Grundnorm des GmbH-Rechts den **sachlichen und persönlichen Anwendungsbereich der Rechsform der GmbH.** In **sachlicher** Hinsicht stellt er klar, daß eine GmbH **zu jedem gesetzlich zulässigen Zweck** errichtet werden kann. Das bedeutet einerseits, daß es im Unterschied zum Recht der OHG und der KG *nicht* auf das Betreiben eines *Handelsgewerbes* ankommt. Die GmbH kann auch zur Verfolgung ideeller Zwecke verwendet werden, ohne daß ihre aus § 13 Abs. 3 folgende Eigenschaft als Formkaufmann dadurch berührt wird (Rdn. 18). Andererseits sind bei Errichtung der GmbH die allgemein für Rechtsgeschäfte des bürgerlichen Rechts geltenden Schranken zu beachten. Unzulässig und nach §§ 134, 138 BGB nichtig ist eine GmbH-Gründung daher, wenn der Gesellschaftszweck gegen ein gesetzliches Verbot oder gegen die guten Sitten verstößt (Rdn. 23 ff.). Schließlich sind bei der Wahl des Gesellschaftszwecks auch diejenigen gesetzlichen Einschränkungen zu beachten, die für bestimmte Geschäftstätigkeiten die Verwendung einer besonderen Gesellschaftsform zwingend vorschreiben (Rdn. 13 f.).

2 In **persönlicher** Hinsicht läßt § 1 seit der Reform von 1980 (Rdn. 3) wahlweise neben der **Mehrpersonengründung** auch die **Errichtung durch einen Gründer** genügen (sog. Einmanngründung). Er verzichtet damit trotz der unverändert beibehaltenen Terminologie („Gesellschaftsvertrag") auf das früher zwingend geltende Gründungserfordernis eines Vertragsschlusses und läßt daneben auch die Errichtung durch einseitiges Rechtsgeschäft zu. Zu den Anforderungen an die Person des oder der Gründer vgl. § 2, 59 ff., zu den Problemen der Einmanngründung Rdn. 39.

2. Reform

3 Die Errichtung der GmbH seitens **einer** Person als Gründer, die sog. **Einmanngründung**, ist durch Aufnahme des Zusatzes „durch eine oder mehrere Personen" in § 1 sowie durch eine Reihe von Folgeänderungen (§§ 2 Abs. 1 S. 1, 7 Abs. 2 S. 3, 8 Abs. 2 S. 2, 19 Abs. 4, 60 Abs. 1 Nr. 5) im Zuge der **GmbH-Novelle 1980** zugelassen worden. Damit wurde einem in der Reformdiskussion mehrfach geäußerten Wunsch[1] entsprochen, der Zulässigkeit der Einmann-GmbH auch schon im Gründungsstadium Rechnung zu tragen und auf die bis dahin erforderliche Einschaltung eines sog. Strohmanns oder Treuhänders in den Gründungsakt (vgl. näher Voraufl. § 2, 49 f.) zu verzichten. Dieser Schritt ist im Grundsatz zu begrüßen, da er den geänderten Gesellschaftsstrukturen auch bei den Gründungserfordernissen Rechnung trägt. Allerdings wirft die Ausgestaltung der Einmanngründung eine Reihe von Fragen auf (vgl. näher Rdn. 36 ff.). Das kann je nach Lage des Falles dazu führen, daß der — auch heute noch zulässige (§ 2, 49 ff.) — Weg über eine Strohmanngründung sich als der einfachere und praktikablere erweist.

---

[1] Vgl. etwa *Hueck/Lutter/Mertens/Rehbinder/Ulmer/Wiedemann/Zöllner*, Thesen und Vorschläge zur GmbH-Reform, Bd. II (1972) S. 36 ff., *Ulmer* in: Probleme der GmbH-Reform (1970) S. 42 ff., 55 ff.

II. Der Gesellschaftszweck

A. Gesellschaftszweck und Unternehmensgegenstand

1. Die gesetzliche Regelung

Das GmbH-Gesetz verwendet in den §§ 1, 61 Abs. 1 den Begriff „(Gesellschafts-) Zweck"; in den §§ 3 Abs. 1 Nr. 2, 4 Abs. 1 S. 1, 8 Abs. 1 Nr. 6, 10 Abs. 1 S. 1, 75 Abs. 1, 76 spricht es von „Gegenstand des Unternehmens". Für die Auflösungsklage stellt es in § 61 Abs. 1 auf die Unmöglichkeit der Erreichung des **Gesellschaftszwecks** ab. Dagegen wird auf den **Unternehmensgegenstand** abgestellt für die Firmenbildung (§ 4 Abs. 1 S. 1) und für die Nichtigkeitsklage (§ 75 Abs. 1). Er gehört nach § 3 Abs. 1 Nr. 2 auch zum Mindestinhalt des Gesellschaftsvertrags (der Satzung). Als Satzungsbestandteil unterliegt er der Änderung mit Dreiviertelmehrheit nach § 53 Abs. 2, während ein davon zu unterscheidender Gesellschaftszweck (Rdn. 6) nur mit Zustimmung aller Gesellschafter geändert werden kann (§ 53, 95). 4

2. Das Verhältnis der beiden Begriffe

a) Meinungsstand. Die Bedeutung des Begriffs „Gesellschaftszweck" und sein Verhältnis zum „Unternehmensgegenstand" ist seit jeher **umstritten**. Die in der älteren Literatur vertretene Ansicht, wonach Gesellschaftszweck und Unternehmensgegenstand rechtlich identisch sind und synonym gebraucht werden (vgl. Nachw. bei *Zöllner* aaO S. 26 Fn. 26), ist zwar seit langem überholt. Uneinigkeit besteht jedoch darüber, ob der Unternehmensgegenstand das bloße *Mittel* ist zur Verwirklichung des Gesellschaftszwecks[2], ob er einen *Bestandteil* des Gesellschaftszwecks bildet, der (als Oberbegriff) auch das Unternehmensziel, die gemeinsamen Motive der Gesellschafter umfaßt[3], oder ob beide Begriffe zwar grundsätzlich nebeneinanderstehen, der Unternehmensgegenstand jedoch die Haupterkenntnisquelle für den Gesellschaftszweck bildet und im Regelfall, beim Betreiben eines Handelsgewerbes durch die GmbH, mangels abweichender, für die Satzungsauslegung (§ 2, 119 ff.) relevanter Anhaltspunkte mit ihm faktisch zusammenfällt[4]. Der Streit hat **praktische Bedeutung** vor allem für den Anwendungsbereich der Auflösungsklage sowie für die zur Änderung des Unternehmensgegenstands erforderliche Mehrheit. Unterscheidet sich der Unternehmensgegenstand, d. h. die satzungsrechtliche Regelung über die Tätigkeit der Gesellschaft (§ 3, 17), im Grundsatz vom Gesellschaftszweck, so kann die Auflösungsklage nicht darauf gestützt werden, daß der Unternehmensgegenstand nicht mehr verfolgt werden kann, und für seine Änderung gilt nicht das für die Änderung des Gesellschaftszwecks anerkannte Einstimmigkeitserfordernis (zu weiteren Unterschieden im Aktien- und Genossenschaftsrecht vgl. *Westermann* Festschrift Schnorr von Carolsfeld 1972, S. 517 ff., zur Frage der Ausdehnung der Nichtigkeitsgründe in § 75 Abs. 1 auf den nichtigen Gesellschaftszweck vgl. Rdn. 31). 5

b) Stellungnahme. Sie hat auszugehen von der Funktion der beiden Begriffe und den Rechtsbeziehungen, in denen sie Bedeutung erlangen. Der **Gesellschaftszweck** betrifft das *Verhältnis der Gesellschafter untereinander*; seine Festsetzung ist maßgebend für 6

---

[2] So OLG Hamburg BB **1968** 267; *Roth* 3.1, *Feine* S. 78, 285, *U. Huber* in: Schriften des Vereins für Socialpolitik, N. F. Bd. 88 **1975** S. 139, 141 f., *Sudhoff* GmbH-Rdsch. **1969** 242.

[3] So *Scholz/Winter* 2, *Zöllner* S. 27, *Graßmann* S. 12 ff. (19 f., 27 f.).

[4] RGZ **164** 129, 140; *Baumbach/Hueck* 1 B, *Hachenburg/Schilling*[6] 14.

die Förderungs- und Unterstützungspflichten der Gesellschafter (vgl. § 705 BGB für die bürgerlichrechtliche Gesellschaft). Folgerichtig knüpft das Gesetz in § 61 die Auflösungsfolge an die Unmöglichkeit der Erreichung dieses den Gesellschaftern gemeinsamen Zwecks an. Demgegenüber betrifft der **Unternehmensgegenstand** in erster Linie die *Tätigkeit der GmbH* und damit ihr *Verhältnis zu außenstehenden Dritten*; zugleich begrenzt er die Geschäftsführungsbefugnis der Organe der GmbH. Seine in § 3 Abs. 1 Nr. 2 zwingend vorgeschriebene Angabe im Gesellschaftsvertrag soll dem Rechtsverkehr Klarheit darüber verschaffen, welchem Geschäftsbereich bzw. Tätigkeitszweig das Unternehmen der GmbH zugeordnet ist (OLG Hamburg BB **1968** 267). Daraus folgt die Richtigkeit der dritten, in Rdn. 5 genannten Ansicht. Gegenstand und Zweck *können* somit zwar identisch sein, insbesondere wenn der Zweck der Gesellschaft auf erwerbswirtschaftliche Betätigung durch gemeinsamen Betrieb eines Unternehmens in der Rechtsform der GmbH gerichtet ist. Das Zusammenfallen von Gegenstand und Zweck ist aber *nicht notwendig*. An einer Identität fehlt es vor allem in den Fällen, in denen die Gesellschaft nicht erwerbswirtschaftlichen, sondern sonstigen (insbesondere ideellen) Zwecken dient, die mit wirtschaftlichen Mitteln verfolgt werden, so wenn eine karitative GmbH ein wirtschaftliches Unternehmen zur Unterstützung ihrer karitativen Zwecke betreibt (so auch *Rob. Fischer* 3). Die Frage, ob die Unmöglichkeit der Weiterführung des Unternehmens der GmbH zugleich die Unmöglichkeit der Zweckerreichung zur Folge hat und damit einen Auflösungsgrund im Sinne von § 61 enthält, kann daher nur im Einzelfall entschieden werden (str., vgl. § 61, 15 f.).

7 Praktische Schwierigkeiten können sich vor allem bei der **Ermittlung des Gesellschaftszwecks** ergeben. Dies zumal deshalb, weil das GmbHG die Angabe des Zwecks in der Satzung nicht bindend vorschreibt und viele Satzungen sich dementsprechend auf die Anführung des Unternehmensgegenstands beschränken. Haupterkenntnisquelle für die gemeinsame Zielsetzung der Gesellschafter wird in diesen Fällen daher die Satzungsbestimmung über den Gegenstand des Unternehmens sein. Enthält die Satzung keine besonderen, den Unternehmensgegenstand überlagernden oder ergänzenden Regelungen über den Gesellschaftszweck, so richtet sich dieser **im Zweifel** auf das **erwerbswirtschaftliche Betreiben des Unternehmensgegenstands**[5]. Soll der Unternehmensgegenstand demgegenüber ein grundsätzlich austauschbares Mittel sein zur Verfolgung eines davon zu unterscheidenden, auf gemeinnützige, gemeinwirtschaftliche o. ä. Ziele gerichteten Gesellschaftszwecks oder soll ihm aus anderen Gründen kein Einfluß auf den Gesellschaftszweck zukommen, so muß dies aus der Satzung oder den sonstigen Eintragungsunterlagen deutlich hervorgehen (zur Auslegung der Satzung vgl. § 2, 119 ff.).

B. Die möglichen Zwecke der Gesellschaft

1. Erwerbswirtschaftliche Zwecke

8 **a) Allgemeines.** In erster Linie finden sich **Erwerbsgesellschaften,** d. h. solche Gesellschaften, deren Zweck im Betrieb eines auf Erzielung dauerhafter Einnahmen gerichteten Gewerbes besteht (BGHZ **33** 321, 324). Es sind meist Unternehmungen, die einen *kaufmännischen* Geschäftsbetrieb erfordern. Alle Geschäfte der in § 1 Nr. 1, 2, 4 bis 9 HGB aufgezählten Art können Gegenstand der GmbH sein (zu Versicherungsgeschäften, § 1 Nr. 3 HGB, vgl. Rdn. 13), ebenso aber auch alle Tätigkeiten, die nicht zu den

[5] So RG HRR **1935** Nr. 1404 und wohl auch RGZ **164** 129, 140; *Scholz/K. Schmidt* § 61, 18.

Grundhandelsgewerben gehören wie etwa die Gewinnung von Urprodukten jeder Art. Es können Bergwerke, Steinbrüche, Erdöl- und Mineralwasserquellen durch eine GmbH betrieben werden. Auch der Betrieb der Land- und Forstwirtschaft kann Zweck einer GmbH sein. Da diese stets Handelsgesellschaft ist (§ 13 Abs. 3), kommt es auf die Handelsregistereintragung nach §§ 2, 3 HGB für die Wahl der Rechtsform der GmbH nicht an.

Zu den Erwerbsgesellschaften gehören auch diejenigen GmbH, die als **Konzernunternehmen** (§ 18 AktG) verwendet werden und insoweit Teile eines unter einheitlicher Leitung zusammengefaßten Unternehmensverbundes sind, dabei aber gleichwohl selbst Gewinnerzielungsabsicht haben (zum Sonderfall der Gesellschaften ohne erwerbswirtschaftlichen Zweck vgl. Rdn. 15). Die GmbH kann dabei sowohl die Rolle einer Ober-, insbesondere *Holdinggesellschaft* als auch diejenige einer *Organgesellschaft* übernehmen. Als *Konzernspitze* eines Konzerns, dem eine inländische AG oder KGaA als Konzerngesellschaft angehört, unterliegt die GmbH den Konzernrechnungslegungsvorschriften des Aktienrechts (§ 28 EGAktG i. V. m. §§ 329 ff. AktG). Zum GmbH-Konzernrecht vgl. Anhang II zu § 13. 9

Ebenfalls in diesem Zusammenhang zu nennen sind diejenigen Gesellschaften, die als **Komplementär-GmbH einer GmbH & Co KG** tätig sind. Auch sie verfolgen einen erwerbswirtschaftlichen Zweck, wenn sie nicht von der Teilnahme am Gewinn der KG ausgeschlossen sind und sich auf die bloße Geschäftsführung der KG gegen Aufwendungsersatz beschränken. Zur Bestimmung des *Unternehmensgegenstands* einer Komplementär-GmbH vgl. § 3, 22, zur Firmenbildung § 4, 10. 10

b) Genehmigungsbedürftige Zwecke. Die Genehmigungsbedürftigkeit eines Gewerbes oder einer sonstigen Geschäftstätigkeit schließt es nicht aus, zu ihrer Verfolgung eine Gesellschaft in der Rechtsform der GmbH zu gründen; anderes gilt, wenn spezialgesetzlich die Wahl zulässiger Rechtsformen eingeschränkt ist (vgl. Rdn. 13, 14). Richtet sich der Gesellschaftszweck auf eine derartige genehmigungsbedürftige Tätigkeit, so ist der Vertrag bis zur Erteilung der Genehmigung schwebend unwirksam (Rdn. 24). Auch ist der Nachweis der Genehmigung in derartigen Fällen Eintragungserfordernis nach § 8 Abs. 1 Nr. 6 (vgl. näher § 8, 13 ff.). Ist die Erteilung einer Genehmigung von **subjektiven Anforderungen** wie der Sachkunde, der Zuverlässigkeit u. a. des Geschäftsinhabers abhängig, so steht auch dieser Umstand der Erteilung der Genehmigung an die GmbH nicht entgegen. Allerdings bedarf es in derartigen Fällen regelmäßig des Nachweises, daß der oder die Geschäftsführer der GmbH über die erforderliche Qualifikation verfügen (§ 8, 14 m. Nachw.). 11

Die Zulassung **ausländischer** juristischer Personen zum Gewerbebetrieb im Inland bedarf der Genehmigung des Wirtschaftsministers des Bundeslands, in dem sie ihre inländische Tätigkeit beginnen (§ 12 GewO); eine Ausnahme von der Genehmigungspflicht gilt jedoch zugunsten von juristischen Personen mit Sitz in einem der Mitgliedstaaten der EG (§ 12a GewO). Vgl. Näheres hierzu und zur Frage der Ausländereigenschaft einer nach deutschem Recht gegründeten GmbH in Allg. Einl. 118 f., 122 ff. 12

c) Versicherungen, Banken u. a. Die Erlaubnis zum Betrieb des **Versicherungsgeschäfts** gegen Prämie (§ 1 Abs. 2 Nr. 3 HGB) darf nach § 7 Abs. 1 VAG **nur** Unternehmen in der Rechtsform der **AG** und des **VVaG** erteilt werden. Die früher in § 148 VAG vorgesehene Ausnahme vom Rechtsformzwang für bestimmte Versicherungszweige (Transportversicherung u. a., vgl. Voraufl. 9), die diese Tätigkeiten auch für die GmbH zuließ, ist durch die Neufassung des VAG vom 18. 12. 1975 (BGBl. I 3139) beseitigt worden. Auch die in § 133b Abs. 1 VAG gewährte Übergangsfrist bis zum 31. 7. 1976 ist abgelaufen. Seither scheidet die Verwendung der GmbH als Rechtsform für Versiche- 13 rungsunternehmen aus. *Keine* Versicherungstätigkeit liegt vor, wenn eine beschränkte Anzahl von Personen die gemeinsame Tragung eines Risikos (Feuer u. a.) übernehmen; das kann auch in der Rechtsform der GmbH geschehen.

14 **Bankgeschäfte** sind von den Zwecken der GmbH nicht ausgenommen. Nach dem Gesetz über das Kreditwesen i. d. F. vom 3. 5. 1976 (BGBl. I 1121) sind aber Bank- und Sparkassengeschäfte, gleichviel in welcher Rechtsform sie geführt werden, erlaubnispflichtig (§ 32 Abs. 1 KWG). Die früher in § 41 Abs. 4 GmbHG enthaltene Pflicht zur Publizität des Jahresabschlusses einer Bankgeschäfte treibenden GmbH findet sich jetzt in § 25a KWG (vgl. näher § 41, 30 ff.). Kapitalanlage-, insbesondere **Investmentgesellschaften** dürfen auch in der Rechtsform der GmbH (neben derjenigen der AG) betrieben werden.[6] Dagegen ist für private **Bausparkassen** die Rechtsform der GmbH unzulässig.[7] Der Betrieb des Geschäfts einer **Hypothekenbank**, d. h. die hypothekarische Beleihung von Grundstücken und Ausgabe von Schuldverschreibungen auf Grundlage der Hypotheken ist der GmbH entzogen.[8] Das gleiche gilt für **Schiffspfandbriefbanken**[9] sowie für **Apotheken**[10]. Schließlich sind alle juristischen Personen vom Betrieb des **Versteigerungsgewerbes** ausgeschlossen (§ 34 Abs. 3 GewO).

2. Sonstige wirtschaftliche Zwecke

15 **a) Allgemeines.** Neben den Erwerbsgesellschaften stehen die Gesellschaften mit **wirtschaftlichen** Zwecken, die **nicht auf Gewinnerzielung gerichtet** sind.[11] Zu nennen sind vor allem die Wirtschaftsverbände u. a. in der Rechtsform der GmbH, deren Tätigkeit dem Nutzen und Interesse der einzelnen Mitglieder dient. Auch *Syndikate* und sonstige *Kartelle* können sich der Rechtsform der GmbH bedienen, soweit ihre Tätigkeit nicht gegen die Bestimmungen des GWB oder der Wettbewerbsregeln des EWG-Vertrags (Art. 85) verstößt. Zu den Gesellschaften ohne *erwerbs*wirtschaftliche Zielsetzung können auch Auffanggesellschaften gehören, die auf Betreiben der Gläubiger zur Verwertung der Aktiven ihres Schuldners und deren Verteilung auf die Forderungen gegründet werden.

16 **b) Freie Berufe.** Eine Reihe freiberuflicher Tätigkeiten, insbes. solche als Arzt, Rechtsanwalt oder Notar, dürfen zwar aus *standesrechtlichen Gründen* nicht in der Rechtsform einer Kapitalgesellschaft ausgeübt werden; das GmbH-Recht steht der Verwendung der GmbH für freiberufliche Tätigkeiten jedoch nicht entgegen (*Kremer* GmbH-Rdsch. **1983** 259, 261 f.). Daher eignet sich die GmbH als Rechtsform für solche freiberufliche Tätigkeiten wie diejenigen der **Wirtschaftsprüfer** und **Steuerberater, Architekten** oder **Ingenieure**, bei denen die Organisation in einer Kapitalgesellschaft standesrechtlich zugelassen ist (*Kremer* aaO 265). Voraussetzung für die Anerkennung der GmbH als Wirtschaftsprüfer- oder Steuerberatungsgesellschaft ist allerdings im Regelfall, daß alle Geschäftsführer Wirtschaftsprüfer bzw.. Steuerberater sind und mindestens einer von ihnen seinen Wohnsitz am Sitz der Gesellschaft hat.[12]

---

[6] § 1 Abs. 2 KAGG i. d. F. vom 14. 1. 1970, BGBl. I 127.

[7] Nur AG, vgl. § 2 Abs. 1 des Gesetzes über Bausparkassen vom 16. 11. 1972, BGBl. I 2097.

[8] § 2 HypBG i. d. F. vom 5. 2. 1963, BGBl. I 81.

[9] §§ 1, 2 Schiffsbankgesetz i. d. F. vom 8. 5. 1963, BGBl. I 301.

[10] § 8 ApothekenG v. 15. 10. 1980, BGBl. I 1993.

[11] Vgl. dazu *Loidl* Die GmbH ohne erwerbswirtschaftliche Zielsetzung (1970), *H. P. Westermann* GmbH-Rdsch. **1970** 313.

[12] Vgl. §§ 27 Abs. 1, 28 Wirtschaftsprüferordnung i. d. F. v. 5. 12. 1975, BGBl. I 2803, und §§ 49, 50 Steuerberatungsgesetz i. d. F. v. 4. 11. 1975, BGBl. I 2735.

c) **Öffentliche Hand.** Die Rechtsform der GmbH eignet sich wegen ihrer vielseitigen Verwendbarkeit und flexiblen Gesellschaftsstruktur in besonderem Maße auch für die Unternehmenstätigkeit der öffentlichen Hand. Soweit die öffentliche Hand dabei im Bereich der *Daseinsvorsorge* tätig wird, geschieht dies regelmäßig ohne erwerbswirtschaftliche Zielsetzung. Zulässig ist auch die Verwendung der GmbH als Rechtsform für *beliehene Unternehmen*, d. h. unternehmerisch tätige Privatrechtssubjekte, die mit der Wahrnehmung hoheitlicher Aufgaben betraut sind (*Wolff/Bachof* VerwR II[4] S. 452 f.). – Die mit der wirtschaftlichen Tätigkeit der öffentlichen Hand verbundenen vielfältigen Fragen waren in den letzten Jahren Gegenstand intensiver Erörterungen im Schrifttum. Da es sich insoweit nicht um typisch gmbH-rechtliche Probleme handelt, sei auf die einschlägigen Erörterungen verwiesen[13]. 17

3. Ideelle und gemeinnützige Zwecke

a) **Allgemeines.** Der Zweck kann schließlich ein **nicht wirtschaftlicher**, ein sogenannter **ideeller** sein[14]; die aus § 13 Abs. 3 folgende Kaufmannseigenschaft der GmbH wird dadurch nicht berührt[15]. Hier kommt die GmbH vor allem als Hilfsgesellschaft vor, etwa um das Grundeigentum für gesellige, sportliche und gemeinnützige Vereine zu erwerben. Da diese Vereine durch die Eintragung ins Vereinsregister Rechtspersönlichkeit erlangen können, besteht heute ein Bedürfnis für die Eintragung solcher Treuhandgesellschaften nur noch in Ausnahmefällen (über die GmbH als Rechtsträger für religiöse Verbände vgl. Rdn. 22). Als unmittelbare Rechtsform für die Verbindung zu solch ideellen Zwecken eignet sich die GmbH weniger, da der Wechsel der Mitglieder und die Neuaufnahme erschwert und an den Erwerb eines Geschäftsanteils gebunden sind. 18

b) **Beispiele.** Nicht selten wird die GmbH als Rechtsform für **gemeinnützige** Unternehmen verwandt, etwa für **Wohnungsunternehmen** unter Beachtung der Anforderungen des Gesetzes über die Gemeinnützigkeit im Wohnungswesen v. 29. 2. 1940 und der dazu ergangenen DV i. d. F. v. 24. 11. 1969. Danach hängt die Anerkennung der Gemeinnützigkeit u. a. davon ab, daß auf das Stammkapital mindestens 50.000 DM eingezahlt sind (§ 3 Abs. 1 WGG) und daß ein Aufsichtsrat oder Beirat eingerichtet ist (§ 1 Abs. 1 DV). – Die GmbH findet ferner häufig Verwendung als Rechtsträger für **Unterstützungseinrichtungen** zugunsten der Arbeiter und Angestellten größerer Unternehmen. Sie ermöglicht die Ausgliederung des für diese Zwecke gewidmeten Vermögens aus dem des Unternehmens. Nach § 5 Abs. 1 Ziff. 3 KörpStG i. V. m. §§ 1 bis 3 KörpStDV sind solche rechtsfähigen Pensions-, Witwen-, Waisen-, Sterbe-, Kranken-, Unterstützungskassen und sonstigen rechtsfähigen Hilfskassen für Fälle der Not oder Arbeitslosigkeit von der Körperschaftsteuer befreit. Die Wahl der Rechtsform der GmbH für derartige Unterstützungseinrichtungen ist steuerlich nicht zu beanstanden (BFH DB **1971** 1846)[16]. 19

---

13 *Emmerich* Das Wirtschaftsrecht der öffentlichen Unternehmen (1969), *Klein* Die Teilhabe des Staates am wirtschaftlichen Wettbewerb (1968), *Püttner* Die öffentlichen Unternehmen (1969), *Rüfner* Formen öffentlicher Verwaltung im Bereich der Wirtschaft (1967), *Grupp* ZHR 140 **1976** 367 ff., *Stober* ZHR 145 **1981** 565 ff., *Ulmer* ZHR 146 **1982** 466 ff., *Wilke/Schachel* in: Wirtschaft und Verwaltung (GewA-Beilage) **1978** 95 ff.

14 Vgl. PrOVG JW **1933** 2608[2]; *Loidl* Die GmbH ohne erwerbswirtschaftliche Zielsetzung (1970) S. 79 ff., *Winkler* NJW **1970** 449 ff.

15 BGH NJW **1976** 514 für eine GmbH zur Vorbereitung der olymp. Spiele.

16 Zu den (hiervon zu unterscheidenden) Möglichkeiten der *Vermögensbeteiligung* der Arbeitnehmer an einer erwerbswirtschaftlichen GmbH vgl. *Klamroth* BB **1973** 171 m. weit.

20 Zulässig ist auch eine GmbH, deren Zweck dahin geht, aus den Erträgen des Gesellschaftsvermögens bestimmten Personen und Anstalten **unentgeltliche Zuwendungen** zu machen. Die GmbH konkurriert hier mit der Stiftung. Sie ist aber trotz desselben Endziels auch neben dieser zulässig. Die Stifter als Gesellschafter bewahren sich hierdurch ihre Dispositionsfreiheit. Sie können die Gesellschaft auflösen, ihren Gegenstand ändern usw. In Betracht kommen auch solche **Familiengesellschaften**, deren Zweck sich speziell auf die Erhaltung bestimmter Vermögensobjekte zugunsten eines durch Verwandtschaft oder Schwägerschaft umgrenzten Personenkreises richtet[17].

21 **c) Politische und religiöse Zwecke.** Politische Zwecke können in der Rechtsform der GmbH grundsätzlich ohne Einschränkung verfolgt werden. Maßgebend ist das Vereinsgesetz vom 5. 8. 1964 (BGBl. I 593). Es kennt kein Verbot von Vereinigungen zu politischen Zwecken. Seine Vorschriften finden auch auf Vereinigungen in der Rechtsform der GmbH Anwendung (§§ 2 Abs. 1, 17 VereinsG). Einer Einreichung der Satzung oder Gesellschafterliste bei der Vereinsaufsichtsbehörde bedarf es nicht; auch ist für eine vereinsrechtliche Gründungskontrolle nach § 61 Abs. 2 BGB kein Raum[18]. Die Vorschriften des GmbH-Gesetzes über die Einreichung der Satzung und der Gesellschafterliste zum Handelsregister bleiben unberührt.

22 **Religiöse Zwecke** konnten früher die GmbH unzulässig machen, wenn das Landesrecht aufgrund des Vorbehalts im EGBGB zur Entstehung von Körperschaftsrechten für Religionsgesellschaften ein besonderes Landesgesetz forderte (vgl. Näheres bei *Hachenburg/Schilling*[6] 11). Die Weimarer Verfassung hat diesen Rechtszustand beseitigt. Nach deren Art. 137, der heute noch gilt (Art. 140 GG), ist eine GmbH auch zu religiösen Zwecken zulässig.

4. Unzulässige Zwecke

23 **a) Allgemeines.** Über die in Rdn. 13, 14 genannten Vorschriften hinaus, die für die Verfolgung bestimmter Tätigkeiten entweder einen Rechtsformzwang zugunsten einer anderen Gesellschaftsform als der GmbH (regelmäßig: AG) vorsehen oder die Verwendung der Rechtsform der GmbH ausschließen, kann sich die **Unzulässigkeit des Gesellschaftszwecks** namentlich **aus §§ 134, 138 BGB** ergeben; ihr Eingreifen führt zur Zurückweisung des Eintragungsantrags durch den Registerrichter im Rahmen der Gründungskontrolle nach § 9 c. Bezieht sich der Verstoß gegen Gesetz oder gute Sitten auf den *Unternehmensgegenstand*, so erfaßt er nur dann zugleich den Gesellschaftszweck, wenn dieser sich mit dem Unternehmensgegenstand deckt (Rdn. 6); andernfalls bewendet es im Fall gleichwohl erfolgter Eintragung der GmbH bei der Möglichkeit der Nichtigkeitsklage nach § 75 und der Amtslöschung nach §§ 142, 144 FGG (§ 3, 18). Ein nichtiger Gesellschaftszweck führt zwar nicht stets oder grundsätzlich zur Gesamtnichtigkeit der Satzung; die Auslegungsregel des § 139 BGB ist auf Gesellschaftsverträge nicht anwendbar (vgl. § 53, 89 m. Nachw.). Allerdings ist bei der Beurteilung der restlichen Vertragsteile der besonderen Bedeutung des Gesellschaftszwecks für das Vertragswerk Rechnung zu tragen. Daher hat die Gründung einer Gesellschaft, deren Zweck insgesamt gegen ein gesetzliches Verbot verstößt oder die der Umgehung behördlicher Auflagen u. a. dient, im Regelfall die Gesamtnichtigkeit des Gründungsgeschäfts zur Folge. Zur

---

Nachw., *Fohrmann* Der Arbeitnehmer als Gesellschafter (1982), *Vollmer* Die Entwicklung partnerschaftlicher Unternehmensverfassungen (1976).

[17] Vgl. *Hachenburg/Schilling*[6] 6 b, *Wittek* Die gesellschaftsrechtliche Behandlung der Familien-GmbH, Diss. Erlangen-Nürnberg 1969.

[18] *Mummenhoff* Gründungssysteme und Rechtsfähigkeit (1979) S. 70.

Frage der Anwendbarkeit der Lehre von der fehlerhaften Gesellschaft auf die in Vollzug gesetzte Vorgesellschaft vgl. Rdn. 30, zur Geltendmachung des Gesetzes- oder Sittenverstoßes nach Eintragung der Gesellschaft vgl. Rdn. 31.

Die **Genehmigungsbedürftigkeit** des Unternehmensgegenstands bzw. des davon je nach Lage des Falles zu unterscheidenden Gesellschaftszwecks oder ein ihm gegenüber eingreifendes **Verbot mit Erlaubnisvorbehalt** führen nicht zur Unzulässigkeit oder zur schwebenden Unwirksamkeit des Gesellschaftszwecks. Bedeutsam ist das für gewerbepolizeiliche Verbote, die in erster Linie Kontrollzwecken dienen, nicht aber zur generellen Verhinderung der darunter fallenden Tätigkeiten bestimmt sind[19]. Insoweit bewendet es bei der Vorlage der Genehmigungsurkunde als Anmeldungserfordernis (§ 8 Abs. 1 Nr. 6, vgl. dazu § 8, 15). Anderes gilt dann, wenn der Gesellschaftsvertrag insgesamt oder in wesentlichen Teilen zu seiner Wirksamkeit behördlicher Genehmigung bedarf, wie etwa beim Vorliegen der Voraussetzungen des § 1 GWB (Rdn. 25). In solchen Fällen tritt schwebende Unwirksamkeit ein, solange die Genehmigung noch erteilt werden kann[20]; mit Erteilung der Genehmigung wird der Vertrag wirksam. 24

b) Gesetzesverstoß (§ 134 BGB). Fälle, in denen der Gesellschaftszweck nach § 134 BGB nichtig ist, sind außerhalb der in Rdn. 13, 14 genannten, die Rechtsformwahl einschränkenden Vorschriften nur selten anzutreffen. Für das Vorliegen eines **Verbotsgesetzes** nach § 134 BGB entscheidend ist, daß die fragliche Vorschrift sich **gegen den Bestand des Rechtsgeschäfts** selbst richtet und sich nicht etwa darauf beschränkt, Kontrollfunktionen hinsichtlich bestimmter Tätigkeiten oder Verhaltensweisen sicherzustellen[21]. Das Eingreifen von § 134 BGB wurde daher bejaht bei einer GmbH-Gründung, die der Einführung und dem Vertrieb eines gesetzlich zugunsten des Staates oder eines privilegierten Dritten monopolisierten Gegenstands diente[22] oder die auf die Erbringung monopolisierter Dienstleistungen gerichtet war[23]. Gegen ein gesetzliches Verbot verstoßen weiter Gesellschaften, die zum Zwecke verbotenen Glücksspiels, gewerbsmäßigen Schmuggels oder Hehlerei gegründet werden[24]. Entsprechendes gilt, wenn der Gesellschaftsvertrag gegen das Kartellverbot des § 1 GWB verstößt (vgl. dazu auch § 62, 18); allerdings tritt hier schwebende Unwirksamkeit ein, solange eine Freistellung nach §§ 2 bis 8 GWB möglich ist (Rdn. 24). Dagegen führt der Verstoß gegen eine Auflage nach § 7 Abs. 3 AuslG, wonach einem Ausländer die selbständige Erwerbstätigkeit im Inland untersagt ist, nicht zum Eingreifen von § 134 BGB (str., vgl. näher Rdn. 28). Ob das gesetzliche Verbot **im allgemeinen Interesse** erlassen ist oder den **Schutz einzelner Personen** dient, ist für das Eingreifen von § 134 BGB unerheblich. Auch eine Gesellschaft, deren Zweck auf die Verletzung eines Patentes, einen unberechtigten Nachdruck usw. gerichtet ist, verstößt gegen ein gesetzliches Verbot (so auch *Scholz/Winter* 13). 25

c) Sittenwidrigkeit (§ 138 Abs. 1 BGB). Dem gesetzlichen Verbot steht der Verstoß gegen die guten Sitten gleich. Auch der sittenwidrige Zweck ist rechtlich unzulässig (§ 138 Abs. 1 BGB). Sittenwidrig ist etwa ein Zweck, der auf den Betrieb 26

---

19 BGH NJW **1968** 2286, BGH LM Nr. 34 zu § 134 BGB, RGZ **106** 316, 317; **103** 263, 264 f.

20 EinhM, vgl. MünchKomm.-*Mayer-Maly* BGB § 134, 7, *Soergel/Hefermehl* BGB[11] § 134, 42 u. 44.

21 *Soergel/Hefermehl* BGB[11] § 134, 15 ff., 20, *Staudinger/Dilcher* BGB[12] § 134, 2.

22 BayObLG DB **1972** 1015: Verletzung des Zündwarenmonopols.

23 BayObLG NJW **1971** 528 — Arbeitsvermittlung; zur Abgrenzung gegenüber der zulässigen (bzw. seit Inkrafttreten des Gesetzes zur gewerbsmäßigen Arbeitnehmerüberlassung vom 7. 8. 1972, BGBl. I 1393, erlaubnispflichtigen) Arbeitnehmerüberlassung vgl. *Becker* DB **1972** 728.

24 RGZ **96** 282, OLG Hamburg OLGR **44** 126.

eines nicht genehmigungsfähigen Bordells (BGHZ **41** 341, 342) oder auf den organisierten Austausch von Finanzwechseln (BGHZ **27** 172, 176) gerichtet ist. Die *steuerliche Nichtanerkennung* einer GmbH-Gründung nach § 42 AO macht den Gesellschaftszweck grundsätzlich noch **nicht** zu einem sitten- oder gesetzwidrigen[25]. Anderes kann dann gelten, wenn die GmbH hauptsächlich den Zweck verfolgt, Steuerhinterziehungen zugunsten ihrer Mitglieder oder Dritter zu ermöglichen. Hat die GmbH einen *Vertrag mit einem Dritten* abgeschlossen, der gegen die guten Sitten verstößt, und war der Gesellschaftszweck von vornherein hierauf ausgerichtet, so erstreckt sich die Sittenwidrigkeit auf den Gesellschaftszweck. Bezieht sich der Verstoß gegen § 138 Abs. 1 BGB nur auf einzelne **sonstige** Bestandteile des Gesellschaftsvertrags, so hat das die Nichtigkeit des Gründungsakts insgesamt oder der zentralen Vertragsbestandteile regelmäßig nicht zur Folge. Daher kann hierauf auch eine Nichtigkeitsklage nach § 75 nicht gestützt werden, wenn die Gesellschaft trotz des Mangels eingetragen wird.

27 **d) Umgehung ausländerrechtlicher Vorschriften.** Lebhaft erörtert wird in neuerer Zeit die Frage, ob eine GmbH-Gründung deshalb unzulässig sein kann, weil an ihr Ausländer *beteiligt* sind, denen keine Erlaubnis zur Ausübung einer Erwerbstätigkeit im Inland erteilt ist. Hiervon zu unterscheiden ist die auf die Geschäftsführerqualifikation bezogene weitere Frage, ob Ausländer zu *Geschäftsführern* einer GmbH bestellt werden können, die entweder keine inländische Aufenthaltserlaubnis haben oder denen eine solche Erlaubnis nach § 7 Abs. 3 AuslG mit der Auflage erteilt wurde, daß sie sich einer Erwerbs- oder Berufstätigkeit im Inland zu enthalten haben (vgl. dazu § 6, 9 f.).

28 Ausgangspunkt der **gmbH-rechtlichen Beurteilung** ist die Feststellung, daß das Ausländergesetz v. 28. 4. 1965 (BGBl. I 353) keine Vorschriften enthält, die Ausländern die Gründung einer inländischen Gesellschaft oder die Beteiligung an ihr untersagen. Auch ist entsprechend der rechtlichen Selbständigkeit der GmbH grundsätzlich zwischen deren eigener Geschäftstätigkeit und derjenigen ihrer Gesellchafter zu unterscheiden. Die Unzulässigkeit der GmbH-Gründung kommt daher nur unter **Umgehungsgesichtspunkten**, bei Zurechnung der Geschäftstätigkeit der GmbH gegenüber ihren Gesellschaftern, in Betracht (sog. Normanwendungsdurchgriff, vgl. § 13 Anh. I, 12 f.). Dabei scheidet die — von der Nichtigkeitssanktion des § 134 BGB miterfaßte — Umgehung eines Verbotsgesetzes aus, weil das AuslG keine gegen die inländische Erwerbstätigkeit als solche gerichteten, diese schlechthin untersagenden Normen enthält[26]. Wohl aber kommt ein **Verstoß gegen § 138 Abs. 1 BGB** in Betracht. Er ist zu bejahen, wenn der Hauptzweck der GmbH-Gründung darin besteht, unter Umgehung der ausländerrechtlichen Vorschriften durch Zwischenschaltung einer GmbH ein inländisches Erwerbsgeschäft zu betreiben[27]. Anhaltspunkte hierfür sind namentlich dann gegeben, wenn ein im Inland ansässiger Ausländer, dem eine inländische Erwerbstätigkeit nach § 7 Abs. 3 AuslG untersagt ist, allein oder gemeinsam mit seinem Ehegatten oder sonstigen ihm nahestehenden Personen eine GmbH gründet, deren Geschäftstätigkeit sich auf Gebiete bezieht, auf denen der Ausländer besondere Kenntnisse oder Erfahrungen besitzt[28]; die

---

[25] Hübschmann/Hepp/Spitaler (*Offerhaus*) AO und FGO[8], AO § 42, 4, 51.

[26] So zutr. *Bartl* BB **1977** 573; **aA** OLG Stuttgart BB **1984** 690, LG Krefeld GmbH-Rdsch. **1983** 48.

[27] BVerwG GewArch. **1975** 101, OLG Celle DB **1977** 993, OLG Frankfurt NJW **1977** 1595, LG Hannover GmbH-Rdsch. **1976** 111; *Rob. Fischer* 5, *Bartl* BB **1977** 574, *Kloesel/Christ* Deutsches Ausländerrecht, AuslG § 7, 17, *Huber* Ausländer- und Asylrecht (1983) Rdn. 139; im Ergebnis auch OLG Stuttgart und LG Krefeld (aaO Fn. 26) unter Berufung auf § 134 BGB; **aA** *Scholz/Winter* § 2, 8, *Miller* DB **1983** 977, 979.

[28] OLG Celle, OLG Stuttgart, LG Hannover und LG Krefeld aaO.

Bestellung eines inländischen Geschäftsführers schließt wegen dessen Weisungsgebundenheit den Umgehungsverdacht nicht aus. In solchen Fällen hat der **Registerrichter** im Rahmen seiner **Gründungskontrolle** dem Verdacht einer Umgehung ausländerrechtlicher Vorschriften nachzugehen und von den Beteiligten durch Zwischenverfügung die erforderlichen Auskünfte einzuholen[29].

C. Rechtsfolgen der Unzulässigkeit des Zwecks

1. Anfängliche Unzulässigkeit

a) Vor der Eintragung. Der Gesellschaftsvertrag ist fehlerhaft; der Registerrichter hat die **Eintragung abzulehnen** (BayObLG DB **1972** 1015). Hat der Registerrichter Zweifel an der Zulässigkeit des Gesellschaftszwecks, so hat er im Rahmen seiner materiellen Prüfungsfunktion (§ 9c, 8f.) weitere Erhebungen anzustellen bzw. die Gesellschafter zur Darlegung der Gründe aufzufordern, aus denen sich die Zulässigkeit des Zwecks ergibt. Die Eintragung ist auch dann zu verweigern, wenn sich der angegebene Gesellschaftszweck (bzw. der mit ihm übereinstimmende Unternehmensgegenstand) nur als vorgeschobener, den in Wirklichkeit verfolgten unzulässigen Zweck verdeckender herausstellt. Zur *Vorratsgründung* vgl. § 3, 26. 29

Ist bereits mit dem **Vollzug der Vorgesellschaft** begonnen, so kann die Nichtigkeit im Regelfall nicht mehr rückwirkend geltend gemacht werden; es gelten die Grundsätze über die **fehlerhafte Gesellschaft** (vgl. dazu § 2, 77). Im Falle eines wegen Verstoßes gegen **§§ 134, 138 BGB** nichtigen Gesellschaftszwecks ist allerdings zu beachten, daß die rechtliche Anerkennung der Gesellschaft insoweit **nicht** in Betracht kommt, sondern es bei den Nichtigkeitsfolgen verbleibt[30]. In diesem Fall kann jeder Gesellschafter der Forderung auf Einzahlung der gezeichneten Beiträge die Nichtigkeitseinrede entgegenhalten. Gegen die Eintragung kann er eine **einstweilige Verfügung** erwirken, da sich die Rechtslage mit der Eintragung ändert (§ 2, 73). Ob ein Gesellschafter gegen andere einen Anspruch auf **Schadensersatz** infolge der Ungültigkeit des Gesellschaftsvertrags hat, hängt davon ab, ob ihm der Verstoß gegen das Gesetz ohne sein Verschulden unbekannt war, während er den anderen bekannt war oder sein mußte (§§ 309, 307 BGB). 30

b) Nach der Eintragung. Wurde die Gesellschaft eingetragen, obgleich sie zu einem gesetzlich verbotenen oder gegen die guten Sitten verstoßenden Zweck gegründet war, so ist sie trotz Fehlerhaftigkeit des Gesellschaftsvertrags **zur Entstehung gelangt.** Jedoch hat jeder Gesellschafter die Möglichkeit, den Mangel geltend zu machen. Hinsichtlich der Art und Weise der Geltendmachung ist wegen des numerus clausus der Nichtigkeitsgründe freilich zu unterscheiden. Eine **Nichtigkeitsklage** (§ 75) und entsprechend eine Amtslöschung (§ 144 FGG) kommt nur dann in Betracht, **wenn Gesellschaftszweck und Unternehmensgegenstand zusammenfallen** (Rdn. 6). Nur in diesem Fall ist der Unternehmensgegenstand selbst trotz der Heilungswirkung der Eintragung (§ 2, 75f.) wegen Gesetzes- oder Sittenverstoßes nichtig. *Anderes* gilt demgegenüber, wenn sich Zweck und Unternehmensgegenstand der GmbH unterscheiden und dieser nicht selbst fehlerhaft ist. Hier sind die Gesellschafter in erster Linie auf die **Auflösungsklage** (§ 61) zu verweisen. Falls die hierfür in § 61 Abs. 2 S. 2 geforderte Beteiligung von Klägern, die zusammen mindestens 10% des Stammkapitals halten, nicht zustande kommt, ist den Besonderheiten der fehlerhaften Gesellschaft und der 31

---

[29] So zutr. namentlich *Bartl* BB **1977** 574f.; vgl. auch OLG Stuttgart BB **1984** 690; **aA** *Scholz/Winter* und *Miller* aaO Fn. 27.

[30] Vgl. näher MünchKomm.-*Ulmer* BGB § 705, 212 m. Nachw.

Notwendigkeit, den Gesellschaftern grundsätzlich jederzeit die Berufung auf einen derart grundlegenden Mangel zu ermöglichen, durch Gewährung eines außerordentlichen **Kündigungs- oder Austrittsrechts** (vgl. Anh. § 34, 50) Rechnung zu tragen. Unberührt bleibt die Befugnis des Registergerichts (§ 144 a FGG) und der zuständigen Verwaltungsbehörde (§ 62 GmbHG, dazu Rdn. 33), die Gesellschaft *von Amts wegen* aufzulösen.

32 Die Zahlung der **Einlage** kann trotz Unzulässigkeit des Zwecks nach erfolgter Eintragung nicht verweigert werden, soweit sie zur Befriedigung der Gläubiger erforderlich ist (vgl. näher § 77, 7 ff.). Dies gilt auch für den Gesellschafter, dem der Verstoß gegen das Gesetz unbekannt war. Ein Gläubiger, der den verbotenen Zweck kennt, hat nur dann keinen Anspruch auf Befriedigung und Einziehung der Einlage zu diesem Zweck, wenn seine Forderung ebenfalls gegen das Gesetz oder die guten Sitten verstößt. Ist sein Geschäft ein erlaubtes, so steht seiner Forderung die Kenntnis des Mangels in dem Gesellschaftsvertrag nicht im Wege.

2. Nachträgliche Unzulässigkeit

33 War der Gesellschaftszweck *ursprünglich in zulässiger Weise gewählt*, verfolgt die Gesellschaft aber später andere, gesetzlich unzulässige oder sittenwidrige Zwecke, so führt das nicht zur Nichtigkeit der Gesellschaft. Ein Beschluß der Gesellschafter, der anstelle des zulässigen Zwecks einen unzulässigen setzt, ist unwirksam. Die Eintragung einer hierauf gerichteten Satzungsänderung hat der Registerrichter abzulehnen. Eine Satzungsdurchbrechung (§ 53, 30 ff., 36) sei es aufgrund eines ausdrücklichen Gesellschafterbeschlusses oder durch konkludentes Verhalten, ist unwirksam und von den Geschäftsführern nicht zu beachten. Einer Anfechtung bedarf es in beiden Fällen nicht. Entspricht der unzulässige Zweck dem **tatsächlichen Unternehmensgegenstand** und wird dieser von der Gesellschaft verfolgt, so kann jeder Gesellschafter nach § 75 Nichtigkeitsklage erheben, der Registerrichter kann die Auflösung nach § 144 FGG herbeiführen (Rdn. 31; § 3, 23 a). Wenn die Gesellschaft durch Verfolgung des unzulässigen Zwecks das *Gemeinwohl schädigt*, kann auch eine *Auflösung durch die Verwaltungsbehörde* erfolgen (§ 62, 18 und 26 f.).

3. Heilung des Mangels

34 Die Nichtigkeit, die auf der Unzulässigkeit des Zwecks beruht, ist ebenso heilbar wie ein Mangel des Unternehmensgegenstands (vgl. § 76). Der gegen das Gesetz oder die guten Sitten verstoßende Zweck kann durch einen zulässigen Zweck ersetzt werden. Ist ein erlaubter Gegenstand (= Zweck) eingetragen, der wirkliche Zweck aber ein verbotener, so wird die Nichtigkeit beseitigt durch den Beschluß, der den angegebenen Zweck zum wirklichen macht, und dessen tatsächlichen Vollzug. Eine Gesellschaft, die als Gegenstand Handelsgeschäfte einer bestimmten Art angibt, in Wahrheit bisher aber der Beihilfe zur Steuerflucht diente, sollte beim Übergang zu einem erlaubten Zweck nicht schlechter gestellt sein als eine solche, die alsbald ihren Zweck offenbart.

III. Gründung durch eine oder mehrere Personen

1. Der zwei- oder mehrseitige Gründungsakt als Regelfall

35 Bis zur GmbH-Novelle 1980 (Rdn. 3) war Mindesterfordernis für die Errichtung einer GmbH in personeller Hinsicht die Beteiligung von *zwei* Gründern. War die Gründung einer Einmann-GmbH beabsichtigt, so bedurfte es der Einschaltung eines

Treuhänders („Strohmanns") in den Gründungsvorgang; er mußte bis zur Eintragung der Gesellschaft und der damit verbundenen Verselbständigung als juristische Person Gesellschafter bleiben und konnte seinen Geschäftsanteil frühestens zu diesem Zeitpunkt auf den Treugeber (Einmann) übertragen (vgl. näher Voraufl. § 2, 49 ff.). Auch wenn das Gesetz seither in § 1 die Einmanngründung ausdrücklich zuläßt, stellt die **Gründung durch zwei oder mehr Personen** doch nach wie vor den **Regelfall** dar. Das zeigt sich schon äußerlich an der gesetzlichen Beibehaltung des Begriffs Gesellschafts*vertrag* und an der Einführung einer Reihe nur für die Einmanngründung geltender *Sonder*vorschriften (vgl. Rdn. 38). Vor allem aber ist das von Rechtsprechung und Literatur herausgearbeitete Recht der *Vorgesellschaft* ganz auf die gesamthänderisch strukturierte, aus zwei oder mehr Gründern zusammengesetzte Vor-GmbH zugeschnitten (vgl. die Erläut. zu § 11). Die Erarbeitung entsprechender Grundsätze für die „Einmann-Vorgesellschaft", richtiger die Einmann-Gründungsorganisation, steht noch ganz in den Anfängen (§ 11, 14 ff.).

2. Die Einmanngründung

Schrifttum

Brinkmann Begrenzte Haftung der Einmann-GmbH in Gründung? GmbH-Rdsch. **1982** 269; *Fezer* Die Einmanngründung der GmbH, JZ **1981** 608; *Flume* Die Gründung der Einmann-GmbH nach der Novelle zum GmbH-Gesetz, DB **1980** 1781; *ders.* Die GmbH-Gründung, ZHR 146 **1982** 205; *Geßler* Die GmbH-Novelle, BB **1980** 1385; *Hüffer* Vorgesellschaft, Kapitalaufbringung und Drittbeziehungen bei der Einmanngründung, ZHR 142 **1978** 486; *ders.* Zuordnungsprobleme und Sicherung der Kapitalaufbringung bei der Einmanngründung der GmbH, ZHR 145 **1981** 521; *ders.* Vorgesellschaft und Einmanngründung, in: Die Zukunft der GmbH (1983) S. 167; *John* Zur Problematik der Vor-GmbH, insbes. bei der Einmanngründung, BB **1982** 505; *Raiser* Die neuen Gründungs- und Kapitalerhöhungsvorschriften für die GmbH, in: Das neue GmbH-Recht in der Diskussion (1981) S. 37; *K. Schmidt* Grundzüge der GmbH-Novelle, NJW **1980** 1769; *ders.* Einmanngründung und Einmann-Vorgesellschaft, ZHR 145 **1981** 540; *Ulmer* Die Einmanngründung der GmbH — ein Danaergeschenk? BB **1980** 1001; *Winter* Gründungs- und Satzungsprobleme bei der Einmanngesellschaft nach der GmbH-Novelle, in: Pro GmbH (1980) S. 191.

a) Grundsatz. Die Zulassung der Einmanngründung folgt aus der **Neufassung von § 1** im Zuge der GmbH-Novelle 1980 (Rdn. 3). Der bis dahin üblichen „Strohmanngründung" bedarf es nicht mehr, wenn eine einzelne Person eine GmbH errichten will. Die Strohmanngründung bleibt neben der Einmanngründung aber weiterhin zulässig (§ 2, 49 ff.). Ihre Verwendung kann sich je nach Lage des Falles aus Gründen der Rechtssicherheit, wegen der ungelösten Probleme im Gründungsstadium der Einmanngesellschaft, auch künftig empfehlen (vgl. Rdn. 39; zur Notwendigkeit der Bestellung einer Sicherung für das ausstehende Kapital auch in diesen Fällen vgl. Rdn. 38). **36**

Vom Regelfall der Gründung durch zwei oder mehr Personen unterscheidet sich die Einmanngründung dadurch, daß anstelle des Vertragsschlusses die notarielle Errichtung des „Gesellschaftsvertrags" als **einseitiges Rechtsgeschäft des Gründers** tritt (vgl. § 2, 5 a). Auch sind die gesellschaftsinternen Rechtsbeziehungen in der Zeit bis zur Eintragung der GmbH hier nicht gesamthänderisch strukturiert, sondern haben sich am Muster eines **Sondervermögens** des Gründers zu orientieren. Die Bewältigung der damit verbundenen Probleme (Rdn. 39) steht noch aus. **37**

b) Die zusätzlichen Erfordernisse. Beschränkt sich die GmbH-Gründung auf **eine** Person als Gründer, so ist die in § 24 vorgesehene subsidiäre Ausfallhaftung der **38**

Mitgesellschafter für undurchsetzbare Einlageforderungen der GmbH gegenstandslos. Der damit verbundenen Gefährdung der Kapitalaufbringung trägt das Gesetz in §§ 7 Abs. 2 S. 3, 8 Abs. 2 S. 2 dadurch Rechnung, daß es im Fall der Einmanngründung vom Gründer die **Bestellung einer Sicherung** für den nicht sofort eingezahlten Teil der Bareinlage verlangt und die Eintragung hiervon abhängig macht (vgl. § 7, 55 ff.). Um Umgehungen dieser Pflicht durch Einschaltung eines Strohmanns in den Gründungsvorgang vorzubeugen, wird sie in § 19 Abs. 4 auf diejenigen Fälle erstreckt, in denen die Gesellschaft **innerhalb von drei Jahren** nach ihrer Eintragung zur Einmann-Gesellschaft wird (vgl. § 19 nF, 46 d ff.). Ihre Nichterfüllung führt nach Maßgabe von § 60 Abs. 1 Nr. 5 i. V. mit § 144 b FGG zur Auflösung der GmbH von Amts wegen (§ 60, 48). – Die beiden weiteren, im Zuge der GmbH-Novelle in das GmbHG aufgenommenen Sondervorschriften (§§ 35 Abs. 4, 48 Abs. 3) gelten für *alle* Einmann-Gesellschaften unabhängig von der Form ihrer Gründung und dem Zeitpunkt der Anteilsvereinigung.

39 **c) Probleme der Einmanngründung.** Die Einführung der Einmanngründung unter **Beschränkung der Neuregelung auf wenige rudimentäre Gesetzesänderungen** hat zur Folge, daß sich mit diesem Institut zumindest in der Anfangszeit des neuen Rechts eine Reihe erheblicher Probleme verbindet. Schwierigkeiten bereitet insbesondere die **Begründung und Zuordnung von Gesellschaftsvermögen** vor Eintragung der GmbH, d. h. die Frage, ob bereits mit der Beurkundung des Gesellschaftsvertrags (der Errichtungsurkunde, vgl. § 2, 5 a) die Einlageforderung gegen den Einmanngründer entsteht, wer Gläubiger dieser Forderung und Inhaber der hierauf geleisteten Vermögensgegenstände ist und auf welchem Wege die in § 7 Abs. 2 S. 3 vorgeschriebene Sicherung für die noch nicht entstandene GmbH bestellt werden kann (vgl. § 7, 50 ff.). Ein zweites Problem betrifft das interne **Organisationsrecht** der Einmann-Vor-GmbH und ihre Beziehungen zu dem alsbald nach der Gründung zu bestellenden Geschäftsführer, zumal wenn dieser – wie nicht selten – mit dem Einmanngründer identisch ist (vgl. § 6, 20). Weitere Fragen beziehen sich auf die **Haftungsverhältnisse** in der Einmann-Gesellschaft vor ihrer Eintragung (§ 11, 68) sowie auf die Art und Weise des **Rechtsübergangs** von der „Vorgesellschaft" auf die GmbH im Falle der Einmanngründung (§ 11, 78). Der Hauptgrund für die hier nur anzudeutenden Probleme[31] liegt im Fehlen einer gesamthänderisch strukturierten Vorgesellschaft bei der auf *eine* Person beschränkten Gründerorganisation sowie in dem Versäumnis des Gesetzgebers, für ein Minimum an Verselbständigung des mit der Gründung entstehenden Sondervermögens gegenüber der Person und dem Vermögen des Gründers zu sorgen, insbesondere die Bestellung eines vom Gründer unabhängigen, nicht weisungsgebundenen Verwalters für dieses Sondervermögen vorzuschreiben (vgl. näher § 11, 14 ff.).

3. Keinmann-Gesellschaft?

40 Eine „Keinmanngründung" gibt es nicht; Mindestvoraussetzung für die Errichtung einer GmbH ist die Beteiligung *eines* Gründers. Wohl aber kann die Gesellschaft *nach* ihrer Eintragung zur Keinmann-Gesellschaft werden, sei es durch Vereinigung aller Anteile bei der Gesellschaft oder durch Anteilseinziehung. Rechtsfolge des Wegfalls sämtlicher Gesellschafter ist nicht das Erlöschen der Gesellschaft, wohl aber ihre **sofortige Auflösung** (str., vgl. näher einerseits § 60, 58, andererseits § 33, 72 ff.).

---

[31] Vgl. näher *Hüffer* ZHR 142 **1978** 486 ff. und ZHR 145 **1981** 521 ff., *Ulmer* BB **1980** 1001 ff.; so auch *Rob. Fischer* § 1, 1 und § 11, 5; *gegen* diese Bedenken namentlich *Flume* DB **1980** 1781 ff. und ZHR 146 **1982** 205 ff., *John* BB **1982** 505 ff., *K. Schmidt* NJW **1980** 1774 f. und ZHR 145 **1981** 540 ff.

§ 2

Der Gesellschaftsvertrag bedarf notarieller Form. Er ist von sämtlichen Gesellschaftern zu unterzeichnen.

Die Unterzeichnung durch Bevollmächtigte ist nur auf Grund einer notariell errichteten oder beglaubigten Vollmacht zulässig.

Übersicht

Schrifttum: Siehe die Angaben vor den einzelnen Unterabschnitten.

I. Einführung

1. Normzweck

1 Die Vorschrift regelt die formellen Voraussetzungen für den Abschluß des Gesellschaftsvertrags (bzw. die Erstellung der Errichtungsurkunde im Fall der Einmanngründung, vgl. Rdn. 5 a). Er bestimmt die **Form** des Vertrages und die Notwendigkeit der **Unterzeichnung** durch die Gesellschafter (Abs. 1) sowie die Zulässigkeit und Form von **Vollmachten** zu seinem Abschluß (Abs. 2).

2 Die **Rechtsfolgen** der Nichteinhaltung der Formvorschriften des § 2 sind im GmbHG nicht besonders geregelt; insofern gelten die **bürgerlichrechtlichen Vorschriften über Rechtsgeschäfte**. Dabei ist freilich als Besonderheit des Gesellschaftsvertrags zu beachten, daß er bindende Regeln nicht nur für die jetzigen, sondern auch für alle künftigen Gesellschafter enthält und als GmbH-Satzung zugleich die Grundlage der juristischen Person bildet (Rdn. 4, 5).

2. Reform

3 Die Vorschrift ist gegenüber der ursprünglichen Fassung in zwei Punkten geändert worden. Die erste Änderung beruht auf dem **Beurkundungsgesetz** vom 28. 8. 1969; dadurch wurde die früher neben den Notaren auch den *Amtsgerichten* zustehende Beurkundungsbefugnis gestrichen. Die zweite, durch die **GmbH-Novelle 1980** bewirkte Änderung ist eine Folgeänderung der Zulassung der Einmanngründung (§ 1, 3). Der Gesetzgeber hielt es zwar nicht für erforderlich, für diesen Fall eine Sonderregelung

aufzunehmen, wonach dem Gesellschaftsvertrag die Erklärung über die Errichtung der Gesellschaft gleichsteht[1]. Jedoch trug er der Zulassung der Einmanngründung redaktionell dadurch Rechnung, daß er in § 2 Abs. 1 die Worte „des Abschlusses in" vor „notarieller Form" strich. Der Begriff Gesellschaftsvertrag umfaßt daher im GmbH-Recht, abweichend von der allgemeinen zivilrechtlichen Terminologie, seither auch das einseitige auf die GmbH-Gründung gerichtete Rechtsgeschäft des Einmanngründers.

II. Der Gesellschaftsvertrag

1. Rechtsnatur

a) Grundlagen. Der Gesellschaftsvertrag der GmbH (auch „Satzung" der GmbH genannt) hat eine **doppelte Funktion**. Auf der einen Seite enthält er die **Vereinbarung der Gründer** (bzw. die Festsetzung des Einmanngründers) über die Errichtung der GmbH, die Zweckbestimmung der Gesellschaft, die Aufteilung der Geschäftsanteile und das Leisten der erforderlichen Beiträge. Zum anderen bildet er die **Grundlage der Gesellschaft** und prägt insoweit nicht nur den Charakter und den inneren Aufbau der GmbH als juristischer Person, sondern auch die Beziehungen künftig hinzutretender Gesellschafter zur GmbH und untereinander. Die beiden Funktionen stehen dabei *nicht* etwa in einer zeitlichen Rangfolge in dem Sinn, daß der Gesellschaftsvertrag bis zur Eintragung der GmbH das Rechtsverhältnis der Gründer untereinander bzw. die Rechtsstellung des Einmanngründers regelt, danach — als Satzung der GmbH — die Organisation der juristischen Person und ihr Rechtsverhältnis zu den Gesellschaftern. Vielmehr stehen beide Funktionen — wenn auch in unterschiedlicher Stärke — vom Vertragsabschluß an bis zur Liquidation der GmbH nebeneinander. In der Zeit *bis zur Eintragung* überwiegen zwar die Beziehungen der Gründer untereinander; mit Abschluß des Gesellschaftsvertrags ist aber bereits eine *Vorgesellschaft* entstanden, deren Organisation durch den Vertrag und die bereits jetzt anwendbaren Teile des GmbH-Rechts bestimmt wird (vgl. § 11, 8f.). *Nach erfolgter Eintragung* erstarkt die Vorgesellschaft zur juristischen Person und gewinnt dadurch ein gegenüber den Gesellschaftern stärkeres Eigenleben; auch das Recht zur Geltendmachung der Einlageforderungen geht auf sie über. Die Beziehungen der Gesellschafter untereinander kommen dadurch aber nicht in Wegfall (ebenso *Scholz/Winter* 5; Näheres vgl. bei § 13, 6ff.), sondern bestimmen sich nach wie vor nach dem Gesellschaftsvertrag, soweit dieser entsprechende Regelungen enthält oder sie sich aus seinem Gesamtcharakter ergeben[2]. 4

Hinsichtlich der **Rechtsnatur** des GmbH-Vertrags folgt daraus, daß dieser weder als rein schuldrechtlicher Vertrag[3] noch als Akt körperschaftlicher Privatautonomie[4] angesehen werden kann. Es handelt sich vielmehr, ähnlich wie bei der Satzung der AG, um einen *Vertrag besonderer Art*, der sowohl *objektive*, die Gesellschaftsverfassung ausgestaltende Normen enthält als auch *subjektive* Rechte und Pflichten der Beteiligten regelt[5]. Für das Aktienrecht spricht *Würdinger*[6] daher treffend von einem **Organisationsvertrag**; er unterscheidet sich nicht nur von dem auf Leistungsaustausch gerichteten „gegenseitigen Vertrag" im Sinne der §§ 320ff. BGB, sondern auch von der personenrecht- 5

---

[1] So noch § 2 Abs. 2 RegE, BT-Drucks. 8/1347, S. 4.

[2] Zur Treupflicht der Gesellschafter vgl. namentlich BGHZ **65** 15, 18f. = NJW **1976** 191 — ITT.

[3] So etwa *Brodmann* Aktienrecht (1928) § 182, 2.

[4] So *O. v. Gierke* Deutsches Privatrecht I (1895) § 19 III 5.

[5] Eingehend hierzu *Wiedemann* Gesellschaftsrecht I (1980) § 3 II 1 S. 159ff.

[6] Aktien- und Konzernrecht, 4. Aufl. (1981) § 10 I.

lichen Verbindung des § 705 BGB bzw. ihrer Abwandlung in §§ 105, 161 HGB[6a]. Dem ist auch für das **GmbH-Recht** trotz der im Vergleich zur AG meist stärkeren Beziehung der Gesellschafter untereinander zu folgen (so auch *Scholz/Winter* 2). Bedeutung hat der Unterschied zum Schuldvertrag dabei einmal hinsichtlich der Geltung der Satzungsbestimmungen gegenüber künftigen **Anteilserwerbern**: ein Vertragsschluß mit der Gesamtheit der anderen Gesellschafter oder der GmbH ist in dem Anteilserwerb nicht zu sehen, die Bindung des Erwerbers an die GmbH-Satzung ergibt sich vielmehr aus seiner Stellung als Mitglied der juristischen Person. Zum anderen kommt die GmbH-Satzung im Unterschied zum Personengesellschaftsvertrag auch nicht dadurch in Wegfall, daß die Zahl der Gesellschafter sich auf *einen* reduziert, die GmbH also zur **Einmanngesellschaft** wird. Als Organisationsstatut der GmbH behält die Satzung vielmehr auch jetzt ihre Bedeutung voll bei, während ihre auf die Regelung der Gesellschafterbeziehungen gerichtete Funktion bis zum (Wieder-) Beitritt weiterer Gesellschafter ruht. Zu den Folgerungen, die sich aus dieser Sondernatur des GmbH-Vertrags für seine Auslegung und die Anwendung der sonstigen Rechtsgeschäftsnormen des bürgerlichen Rechts ergeben, vgl. Rdn. 71 ff., 119 ff.

5a **b) Einmanngründung.** Im Falle der seit 1980 zugelassenen Einmanngründung unterscheidet sich der „Gesellschaftsvertrag" von dem in Rdn. 5 umschriebenen Regelfall äußerlich dadurch, daß er durch **einseitige**, dem beurkundenden Notar gegenüber abzugebende **Errichtungserklärung** des Einmann zustandekommt. Als Regelungsvorbilder bieten sich das Stiftungsgeschäft des § 80 BGB und die Umwandlungserklärung des Einzelkaufmanns nach §§ 51, 56 b UmwG an (*Hüffer* ZHR 142 **1978** 491). Wie bei diesen richtet sich das Wirksamwerden der Errichtungserklärung nach den allgemeinen Grundsätzen des BGB über einseitige formbedürftige Rechtsgeschäfte. Auch *gebührenrechtlich* liegt trotz der gesetzlichen Bezeichnung als „Vertrag" die Beurkundung einer *einseitigen* Erklärung i. S. von § 36 Abs. 1 KostO vor; sie berechtigt den beurkundenden Notar daher zur Erhebung nur *einer* Gebühr[7]. **Inhaltlich** weicht die einseitige Errichtungserklärung vom zwei- oder mehrseitigen Gesellschaftsvertrag zwar dadurch ab, daß eine Regelung der Rechtsbeziehungen der Gründer untereinander *vor* Eintragung nicht in Betracht kommt, es insoweit vielmehr nur um die Festlegung der Rechte und Pflichten des Einmann im Verhältnis zur — rechtlich unselbständigen — Gründerorganisation geht. Auf die Rechtsnatur der Errichtungserklärung als *Organisationsakt* und auf den in § 3 Abs. 1 festgelegten, das Außenverhältnis der GmbH betreffenden Mindestinhalt hat das aber keinen Einfluß[8]. Auch ist nicht ausgeschlossen, daß sich die Einmanngesellschaft *nach* ihrer Eintragung durch Kapitalerhöhung oder durch Veräußerung von Teilen eines Geschäftsanteils nach Maßgabe von § 17 Abs. 1 und 2 zur Zwei- oder Mehrpersonen-GmbH entwickelt und die Satzung dadurch zur Grundlage auch der Rechtsbeziehungen der Gesellschafter untereinander wird. Soll der Hinzutritt weiterer Gesellschafter dagegen schon im Gründungsstadium erfolgen, so bedarf es hierfür eines notariellen Vertrags-

---

6a So im Grundsatz auch *Baumbach/Hueck* AktG 1 vor § 23, *Kraft* Kölner KommAktG § 2, 7, *Meyer-Landrut* GroßkommAktG § 2, 2.

7 BayObLG WM **1983** 185, OLG Frankfurt WM **1983** 405, OLG Hamm BB **1983** 2679; **aA** *Willemer* DNotZ **1981** 469 und in Anm. zu BayObLG und OLG Frankfurt, DNotZ **1983** 257.

8 So auch *K. Schmidt* NJW **1980** 1774 sowie im Grundsatz *Scholz/Winter* § 1 nF, 30 ff., freilich mit dem Vorbehalt (aaO Rdn. 32), daß die Zweckbestimmung in der Errichtungserklärung sich erheblich von der im zwei- oder mehrseitigen Gesellschaftsvertrag unterscheide und sich — als einseitiger Organisationszweck — auf die interne Bindung eines Fremdgeschäftsführers beschränke; dem kann schon mit Rücksicht auf die Möglichkeit einer Auflösungsklage nach § 61 im Falle späterer Erweiterung der Gesellschafterzahl nicht zugestimmt werden.

schlusses des oder der Beitretenden mit dem bisherigen Einmann, wobei der Vertragsinhalt mit demjenigen der einseitigen Errichtungserklärung übereinstimmen kann (vgl. Rdn. 14).

2. Form

a) Allgemeines. Der Gesellschaftsvertrag muß in **notarieller Form** abgeschlossen sein. die früher nach Maßgabe der Landesgesetze (Art. 141 EGBGB) daneben bestehende Beurkundungszuständigkeit der Amtsgerichte ist durch das Beurkundungsgesetz von 1969 gestrichen worden. Besondere Vorschriften über die **örtliche Zuständigkeit** der Notare bestehen nicht. Unabhängig vom Sitz der künftigen GmbH kann jeder Notar die Beurkundung vornehmen, soweit er dabei innerhalb seines Amtsbezirks tätig wird[9]. Selbst die Überschreitung des Amtsbezirks macht die Beurkundung nicht unwirksam (§ 2 BeurkG); anderes gilt nur, wenn die Beurkundung durch den deutschen Notar im Ausland erfolgt[10]. Zur Beurkundung durch ausländische Notare und deutsche Konsuln im Ausland vgl. Rdn. 12, 13. 6

Der **Zweck** der Formvorschrift besteht zum einen darin, im Interesse der **Rechtssicherheit** und des Rechtsverkehrs die Grundlagen der *eingetragenen* GmbH klarzustellen (einhM). Darüber hinaus bejaht die ganz überwiegende Ansicht in der **Literatur**[11] im Anschluß an die Rechtsprechung des *Reichsgerichts*[12] zu Recht auch die **Warnfunktion** der Formvorschrift, durch die den Gründern die Bedeutsamkeit ihrer Willenserklärung bewußt gemacht und dem Notar die Möglichkeit verschafft werden soll, die Beteiligten über die Rechtsfolgen der GmbH-Gründung zu belehren. Der **Bundesgerichtshof** hat die Frage bisher offengelassen[13]. In einer neueren Entscheidung hat er den Formzwang für Vertragsbestandteile, die sich nur auf die *Vorgesellschaft* beziehen, verneint[14]. Die praktische Bedeutung der Frage zeigt sich vor allem bei der Beurteilung der Formbedürftigkeit des auf eine GmbH-Gründung gerichteten Vorvertrags (Rdn. 36 f.). 6a

b) Notarielle Form. Die „notarielle Form" (§ 2 Abs. 1 S. 1) bezieht sich auf die **notarielle Beurkundung im Sinne von § 128 BGB**. Die näheren Vorschriften hierzu finden sich in den §§ 8 ff. des Beurkundungsgesetzes vom 28. 8. 1969. Insbesondere muß der Gesellschaftsvertrag bzw. das notarielle Gründungsprotokoll (Rdn. 10) **von sämtlichen Gesellschaftern unterzeichnet** werden (§ 2 Abs. 1 S. 2; vgl. auch § 13 Abs. 1 S. 1 BeurkG). Das Erfordernis *gleichzeitiger Anwesenheit* sämtlicher Gesellschafter oder ihrer Vertreter beim Vertragsschluß ist damit freilich *nicht* verbunden. Es bildet, wie die Sonderregelung für den Fall der Auflassung in § 925 BGB zeigt, auch bei notarieller Beurkundung die Ausnahme. Zwar läßt sich der Abschluß des Gesellschaftsvertrags, anders als im Regelfall des auf zweiseitige Verträge zugeschnittenen § 128 BGB, nicht in Angebot und Annahme zerlegen. Der körperschaftliche Charakter des Gesellschaftsvertrags (Rdn. 5) macht den Vertragsschluß vielmehr auch bei Beteiligung mehrerer Gründer zu einem *einheitlichen*, aus einer Mehrzahl übereinstimmender Willens- 7

---

9 § 11 Abs. 1, 2 BNotO; vgl. *Scholz/Winter* 32, *Barz* GroßkommAktG § 23, 5, *Kraft* Kölner KommAktG § 23, 7.

10 *Jansen* FGG² BeurkG § 2, 6, *Keidel/Kuntze/Winkler* FGG¹¹ BeurkG Einl. 37 f.

11 *Scholz/Winter* 65, *Rob. Fischer* GmbH-Rdsch. **1954** 129, 130, *Henrich* Vorvertrag, Optionsvertrag, Vorrechtsvertrag (1965) S. 159 ff., 164, *Barz* GroßkommAktG § 23, 23; aA aber *Flume* Festschrift Geßler (1971) S. 19.

12 RGZ **54** 418, 419; **66** 116, 121; **149** 335, 395.

13 BGH NJW **1969** 1856, WM **1973** 67, 68; immerhin klingt die Warnfunktion an in BGHZ **80** 76, 79 = NJW **1981** 1160.

14 BGHZ **80** 129, 139 = NJW **1981** 1373 für die Erweiterung der Vertretungsmacht der Geschäftsführer in der auf einer Bargründung beruhenden Vorgesellschaft (vgl. dazu *Ulmer* ZGR **1981** 593, 600). Zur grundsätzlichen Formbedürftigkeit von Vertragsänderungen vor Eintragung vgl. Rdn. 14.

erklärungen zusammengesetzten Vorgang (*Barz* GroßkommAktG § 23, 2). Das hindert aber nicht, daß die jeweiligen Willenserklärungen in zeitlichem Abstand **nacheinander** vor dem beurkundenden Notar abgegeben werden und dieser hierüber ein **einheitliches Protokoll** aufnimmt[15]. Daß die vor dem Notar abgegebenen Willenserklärungen den Mitgründern zugehen, ist für ihr Wirksamwerden nicht erforderlich (§§ 128, 152 S. 1 BGB); der Gesellschaftsvertrag kommt schon mit Beurkundung der letzten übereinstimmenden Willenserklärung zustande. In der Praxis ist eine derartige zeitlich gestreckte Beurkundung freilich unüblich; man arbeitet statt dessen mit Gründungsvollmachten oder späterer Genehmigung vollmachtlosen Handelns.

8 Dem Erfordernis der notariellen Beurkundung und Unterzeichnung ist auch dann genügt, wenn die jeweiligen Willenserklärungen in **mehreren getrennten**, inhaltlich aufeinander verweisenden **Urkunden** enthalten sind[16]. Das kann bei der aus geografischen oder zeitlichen Gründen erfolgenden Abgabe der Willenserklärungen vor *verschiedenen Notaren* praktisch werden, aber auch bei *nachträglicher Änderung* der Gründungsvereinbarungen (zur Notwendigkeit einer einheitlichen, den vollständigen Wortlaut des Gesellschaftsvertrags enthaltenden Satzungsurkunde vgl. § 8, 3). Einer derartigen Aufteilung des einheitlichen Rechtsgeschäfts auf mehrere Urkunden stehen die für die notarielle Form maßgebenden Vorschriften der §§ 128 BGB, 9 BeurkG nicht entgegen[17]. Der Streit um die Frage, ob es der Beifügung des Satzungswortlauts als Anlage zu *jeder* Niederschrift über die Willenserklärung der einzelnen Gründer bedarf[18], hat infolge der Aufnahme von § 13a BeurkG durch Gesetz vom 20. 2. 1980 seine Erledigung gefunden. Danach braucht die notarielle Urkunde, auf die in der Niederschrift verwiesen wird, dieser nicht beigefügt zu werden, wenn die Beteiligten hierauf verzichten (§ 13a Abs. 2 S. 1 BeurkG). Auch können die Beteiligten auf das Vorlesen der Urkunde, auf die verwiesen wird, verzichten (§ 13a Abs. 1 S. 1 BeurkG). Allerdings soll der Notar nach § 13a Abs. 1 S. 3 BeurkG nur beurkunden, wenn den Beteiligten die andere Urkunde zumindest in beglaubigter Abschrift vorliegt[19].

9 Von der Frage der zeitlich auseinanderfallenden Beschlußfassung über den Gesellschaftsvertrag zu unterscheiden ist das Erfordernis der Simultan- oder **Einheitsgründung**, d. h. die *Übernahme sämtlicher Stammeinlagen durch die Gründer*. Eine Stufengründung, wie sie bis 1965 aktienrechtlich zugelassen war (§ 30 AktG 1937), ist dem GmbH-Recht unbekannt. Nicht zulässig ist es daher, daß die Gründung einer Mehrpersonengesellschaft durch eine Person erfolgt mit der Maßgabe, daß die anderen Personen erst durch spätere Zeichnung dem Vertrag beitreten[20]. Nichtig, weil Sukzessivgründung vorliegt, ist auch ein Gesellschaftsvertrag, der zwar von sämtlichen sofort beigetretenen Gesellschaftern unterzeichnet ist, in dem aber unter bestimmten Voraussetzungen der Beitritt weiterer, namentlich genannter Gesellschafter vorbehalten bleibt[21]. Ein Zeichnungsschein, wodurch jemand einer von anderen Beteiligten notariell gegründeten Gesellschaft mit einem Teil

---

15 RG JW **1908** 520, 521; *Scholz/Winter* 31; zur Aufteilung des Gründungsvorgangs auf verschiedene Urkunden vgl. Rdn. 8.

16 HM, vgl. *Baumbach/Hueck* 3 B, *Roth* 3.1 sowie für die Satzung der AG *Barz* Großkomm-AktG § 23, 2, *Schlegelberger/Quassowski* AktG 1937 § 16, 6, *Schnorr v. Carolsfeld* DNotZ **1963** 415; **aA** *Kraft* Kölner KommAktG § 23, 5.

17 Vgl. *Soergel/Hefermehl* BGB[11] § 128, 5, *Staudinger/Dilcher* BGB[12] § 128, 4, *Jansen* FGG[2] BeurkG § 9, 21, *Keidel/Kuntze/Winkler* FGG[11] BeurkG § 9, 49 ff.

18 Dafür *Baumbach/Hueck* 3 B, *Keidel/Kuntze/Winkler* aaO § 9, 52 f.; dagegen RGZ **77** 415, 418; *Jansen* aaO § 9, 21, *Crusius* DNotZ **1966** 657, 662, wohl auch BGHZ **40** 255, 262 f. = NJW **1964** 395.

19 Vgl. zur Neuregelung des § 13a BeurkG näher *Brambring* DNotZ **1980** 281 ff., 285.

20 Ebenso *Scholz/Winter* 33, *Brodmann* 1, *Liebmann* 9; **aA** *Parisius/Crüger/Crecelius* S. 89 Anm. 2.

21 RGZ **83** 256, 259; zur Unzulässigkeit eines bedingten Beitritts vgl. Rdn. 95.

des Stammkapitals beitritt, ist wirkungslos (KG Recht **1902** Nr. 1519). Das Verfahren, wonach zunächst ein oder zwei Gesellschafter die Gesellschaft errichten und alsbald nach der Eintragung Teile ihrer Geschäftsanteile an Dritte abtreten, ist dagegen keine Sukzessivgründung. Eine Vereitelung des Zweckes des Gesetzes ist darin nicht zu sehen.

Die notarielle Beurkundung kann so erfolgen, daß der Gesellschaftsvertrag **zu Protokoll erklärt** wird. Er kann aber auch überreicht und als **Anlage zum Gründungsprotokoll** genommen werden (§ 9 Abs. 2 BeurkG). Das Gründungsprotokoll beschränkt sich dann, als „Mantel“, auf die Aufnahme der sonstigen Gründungsregelungen wie die Bestimmung über die Tragung von Kapitalverkehrsteuer, Notar- und Gerichtskosten u. a., und verweist hinsichtlich des Gesellschaftsvertrags auf die Anlage[22]. Für die **Unterzeichnung** genügt es, wenn die Gesellschafter das *Protokoll* unterzeichnen; eine gesonderte Unterzeichnung des als Anlage beigefügten Gesellschaftsvertrags ist entgegen dem mißverständlichen Wortlaut von Abs. 1 S. 2 nicht erforderlich. Zur Frage der Formbedürftigkeit einer Schiedsgerichtsabrede im Gesellschaftsvertrag vgl. § 13, 16 ff. **10**

Liegt ein gültiger *Vorvertrag* vor (Rdn. 41), so kann daraus auf Abgabe der Gründungserklärung geklagt werden. Der Gesellschaftsvertrag wird dann dadurch geschlossen, daß der oder die anderen Gesellschafter den Gesellschaftsvertrag unter Beifügung des **rechtskräftigen Urteils**, das die Willenserklärung des Beklagten ersetzt (§ 894 ZPO), zu Protokoll erklären. Zur Formbedürftigkeit des Vorvertrags vgl. Rdn. 36 ff. **11**

c) Beurkundung im Ausland. Die Gründung einer GmbH mit Sitz im Inland richtet sich nach **deutschem Recht** (vgl. näher Allg. Einl. 74 ff.). Bei Vornahme des Rechtsgeschäfts im Ausland ist nach Art. 11 Abs. 1 S. 1 EGBGB ebenfalls die vom deutschen GmbH-Recht als dem Wirkungsstatut vorgeschriebene **notarielle Form** einzuhalten; die in Art. 11 Abs. 1 S. 2 EGBGB zugelassene *Ausnahme* zugunsten der am Ort der Vornahme des Rechtsgeschäfts geltenden *ausländischen* Formvorschriften (sog. Ortsform, vgl. Allg. Einl. 98) greift bei formbedürftigen, der Registrierung im Inland unterliegenden Gesellschaftsverträgen nach ganz überwM nicht ein[23]. Bedarf es somit für den GmbH-Vertrag stets **notarieller** Beurkundung, so folgt daraus doch **nicht** schon die Notwendigkeit der Einschaltung eines **deutschen** Notars (zur Unwirksamkeit einer von einem deutschen Notar im *Ausland* vorgenommenen Beurkundung vgl. Rdn. 6). Im Anschluß an die zur *Änderung* einer GmbH-Satzung ergangene Entscheidung BGHZ **80** 76, 79 = NJW **1981** 1160 ist es vielmehr als ausreichend für das Formerfordernis anzusehen, wenn die Beurkundung durch den **ausländischen Notar** nach der Vorbildung der ausländischen Beurkundungsperson, ihrer Stellung im Rechtsleben sowie der Vergleichbarkeit des Beurkundungsverfahrens derjenigen durch einen deutschen Notar **gleichwertig** ist, ohne daß es auf eine genaue Kenntnis des deutschen Gesellschaftsrechts durch den ausländischen Notar ankommt[24]. Diese Gleichwertigkeit ist für die in der **12**

---

[22] Vgl. näher *Röll* GmbH-Rdsch. **1982** 251, 254; zur umstrittenen Frage des Mindestinhalts der Anlage vgl. § 3, 5.

[23] Vgl. — mit unterschiedl. Begründung — OLG Hamm NJW **1974** 1057, 1058; Allg. Einl. 99 f. (*Behrens*), *Staudinger/Großfeld*, Internat. Gesellschaftsrecht Rdn. 295 ff., *Scholz/Winter* Einl. 107, *Kropholler* ZHR 140 **1976** 394, 402; **aA** OLG Frankfurt DB **1981** 1456; offenlassend BGHZ **80** 76, 78 = NJW **1981** 1160; weit. Nachw., auch zu Gegenansichten, vgl. in § 53, 46.

[24] BGHZ **80** 76, 78 f.; so auch *Scholz/Winter* Einl. 108, *Rob. Fischer* 2 a, *Bokelmann* NJW **1975** 1625, *Mann* ZHR 138 **1974** 448, 453 f.; offenlassend *Kropholler* ZHR 140 **1976** 394, 411 f.; **aA** OLG Hamm NJW **1974** 1057, 1058, OLG Karlsruhe RIW **1979** 567, 568; Allg. Einl. 101 (*Behrens*), *Scholz/Priester* § 53, 60 f., *Keidel/Kuntze/Winkler* FGG[11] Teil B, BeurkG Einl. 54, *Staudinger/Großfeld* aaO Rdn. 303 ff. m. weit. Nachw.

Schweiz und in **Österreich** tätigen Notare im Regelfall zu bejahen[25]. Daß sie im allgemeinen nicht über eine genaue Kenntnis des deutschen Gesellschaftsrechts verfügen, steht trotz der Prüfungs- und Belehrungspflicht des Notars nach § 17 BeurkG nicht entgegen. Denn die Beteiligten können auf die *Belehrung* verzichten und tun dies konkludent, wenn sie einen ausländischen Notar aufsuchen (BGHZ **80** 76, 79 m. Nachw.). Und die *Prüfung* der Ordnungsmäßigkeit der GmbH-Gründung ist nach § 9 c in vollem Umfang Sache des Registergerichts, so daß es einer zusätzlichen Prüfung durch den vorgeschalteten Notar aus Gründen der Rechtssicherheit nicht bedarf. Daß der BGH-Beschluß sich auf eine Satzungs*änderung* bezog, steht der Übertragung der darin aufgestellten Grundsätze auf den Gründungsvorgang trotz des jeweils unterschiedlichen Beurkundungsgegenstands (vgl. § 53, 47) nicht entgegen. Die im Anschluß an OLG Hamm NJW **1974** 1057 in der Voraufl. (Rdn. 12) vertretene gegenteilige Ansicht wird angesichts der überzeugenden Begründung des BGH aufgegeben.

13 Zulässig und wirksam ist der Abschluß eines Gesellschaftsvertrags im *Ausland* auch dann, wenn die **Beurkundung** von einem hierfür zuständigen **deutschen Konsul** vorgenommen wird. Die Zuständigkeit der Konsuln für Beurkundungen richtet sich nach §§ 10 bis 13, 19, 24 des Gesetzes über die Konsularbeamten, ihre Aufgaben und Befugnisse (KonsularG) vom 11.9.1974 (BGBl. I 2317). Danach können die Konsularbeamten mit Befähigung zum Richteramt sowie sonstige, hierzu vom Auswärtigen Amt besonders ermächtigte Konsularbeamte (§§ 19, 24 KonsularG) innerhalb ihres Konsularbezirks vor ihnen abgegebene Willenserklärungen beurkunden (§ 10 Abs. 1 Nr. 1 KonsularG). Die von ihnen aufgenommenen Urkunden stehen den von einem inländischen Notar aufgenommenen gleich; das Beurkundungsverfahren richtet sich grundsätzlich nach dem BeurkG (vgl. § 10 Abs. 2, 3 KonsularG). Die Beurkundungsbefugnis erstreckt sich auf die Protokollierung von *Gesellschaftsverträgen* (so auch *Scholz/Winter* 32), *nicht* aber auf diejenige von *Satzungsänderungen*, da es insoweit um Tatsachenbeurkundungen geht (*Jansen* BeurkG § 1, 57; vgl. dazu auch § 53, 42).

3. Ergänzungen oder Änderungen vor Eintragung

14 Jede vor Eintragung der Gesellschaft erfolgende Ergänzung oder Abänderung des Gesellschaftsvertrags bedarf ebenfalls der Beachtung der Vorschrift des § 2 (ebenso *Scholz/Winter* 28). So ist die Einigung der Gesellschafter über die Wahl einer anderen, gesetzmäßigen **Firma** formbedürftig, auch wenn sie der Änderung der zunächst beabsichtigten, aber unzulässigen Firma dient (KG OLGR **42** 219). Auch der **Hinzutritt** oder das **Ausscheiden eines Gesellschafters** oder die Übertragung seines Anteils an einen Dritten *vor der Eintragung* ist wegen der damit verbundenen Änderung des vertraglichen Zusammenschlusses nur in der Form des § 2 möglich[26]. Gleiches gilt für die Übernahme eines bei der Gesellschaftsgründung treuhänderisch von einem „Strohmann" gezeichneten Anteils an der Gründungsgesellschaft durch den Treugeber vor der Eintragung der Gesellschaft; die Kündigung des Treuhandvertrags hat nicht etwa den Übergang der Mitgliedschaft zur Folge (BGH WM **1971** 306, 307). — Der **Tod** eines Gründers führt regelmäßig nicht zur Auflösung der Vorgesellschaft, sondern zum Eintritt des Erben (so auch *Scholz/Winter* § 11, 16); soweit der Gründer mehrere Erben hinterläßt, geht die

---

[25] So BGHZ **80** 76, 78 für das Notariat Zürich (Altstadt); bezogen auf die Beurkundung der Anteilsveräußerung wie hier auch *Jansen* FGG² BeurkG Einl. 32 und *Staudinger/Großfeld* aaO Rdn. 311.

[26] BGHZ **21** 242, 246 = NJW **1956** 1435, BGHZ **29** 300, 303 = NJW **1959** 934.

Beteiligung auf die Erbengemeinschaft über (str., vgl. Rdn. 69). Der Gesellschaftsvertrag kann Abweichendes regeln.

Die Bestimmungen über die Änderung des GmbH-Vertrags (§§ 53 ff.) sind vor der Eintragung nicht anwendbar. Das gilt namentlich für das Mehrheitsprinzip; eine wirksame Änderung oder Ergänzung muß **einstimmig** beschlossen sein (§ 11, 36). Soweit einzelne Klauseln eines Gesellschaftsvertrags unzulässig sind, ist mit deren nachträglicher Abänderung regelmäßig keine Neugründung oder Bestätigung eines nichtigen Vertrags verbunden, sondern lediglich eine Vertragsergänzung (zur Unanwendbarkeit von § 139 BGB vgl. Rdn. 72). Keine Ergänzung des Gesellschaftsvertrags ist eine Vereinbarung der Gesellschafter darüber, wo die Einlage bezahlt werden soll. Sie ist daher ohne Form gültig (zur Formbedürftigkeit von Nebenabreden vgl. auch Rdn. 17). Auch wenn die Änderung sich auf einzelne Klauseln beschränkt, muß ihrer **Anmeldung** entsprechend § 54 Abs. 1 S. 2 der vollständige Vertragswortlaut (§ 54, 16 f.) beigefügt werden (OLG Schleswig GmbH-Rdsch. **1975** 183). 15

Wird eine der Anmeldung beigefügte Änderung nur von **einzelnen Gesellschaftern** beschlossen, so hindert dies die Eintragung des ursprünglich angemeldeten Vertrags nicht, sofern dieser (bzw. das Gründungsprotokoll, vgl. Rdn. 10) von allen Beteiligten unterschrieben ist und den gesetzlichen Anforderungen entspricht. Der spätere Zusatz bleibt, auch wenn er mit eingereicht wird, ohne Bedeutung. Einen Einwand gegen ihre im ursprünglichen Vertrag übernommenen Verpflichtungen können die Gesellschafter aus der Ungültigkeit dieses Nachtrags nicht ableiten, solange sie den Geschäftsführer nicht zur Zurücknahme der ursprünglichen Anmeldung anweisen. Einstimmigkeit ist auch erforderlich, wenn der Nachtrag nur Verpflichtungen *eines* Gesellschafters enthält. Ob die Gesellschafter gegen die nicht den Nachtrag Unterschreibenden einen Anspruch auf Mitwirkung zur Beurkundung des Nachtrags haben, hängt von einer hierauf gerichteten Vereinbarung in einem gültigen Vorvertrag ab (Rdn. 41). Das Recht, wegen mangelnder Gültigkeit des Nachtrags die Auflösung der Gesellschaft zu fordern, ist nur dann gegeben, wenn hieraus ein in den Verhältnissen der Gesellschaft liegender wichtiger Grund zur Auflösung der Gesellschaft folgt (§ 61). 16

4. Formbedürftigkeit von Nebenabreden?

Die für den Gesellschaftsvertrag vorgeschriebene notarielle Form schließt nicht aus, daß die Gesellschafter **unter sich** zusätzliche Abmachungen **formlos** treffen können[27]. Voraussetzung ist freilich, daß es sich um die Begründung *persönlicher*, nicht in den Organisationsakt der Gesellschaftsgründung einbezogener Rechtsbeziehungen handelt[28]. Als derartige Nebenabrede denkbar ist etwa die Vereinbarung eines *Wettbewerbsverbots* (RG JW **1930** 2676). Soll die Abrede auch *für künftige Erwerber von Geschäftsanteilen bindend* sein, so muß sie freilich in notarieller Form vereinbart und in den Gesellschaftsvertrag selbst aufgenommen werden, so bei Vereinbarung eines Vorzugsrechts auf Geschäftsführung (BGH NJW **1969** 131; vgl. dazu § 5, 149 ff., 158). Nicht entscheidend ist dagegen, ob die Gesellschaft aus der Vereinbarung Rechte erwerben soll: dies kann auch — als Vertrag zugunsten eines Dritten — durch formlose Abrede bewirkt werden. So kann etwa die Verpflichtung der Gesellschafter, der Gesellschaft Darlehen zu gewähren oder sonstige Leistungen zu erbringen, sowohl als Teil des Gesellschaftsvertrages als auch 17

---

27 RGZ **112** 273, 277; **130** 73, 75; **170** 358, 367, BGH BB **1969** 1410, 1411, BGH DB **1977** 764.

28 Zu den Gegenständen derartiger Nebenabreden und zu ihrer Abgrenzung von den formbedürftigen Satzungsbestandteilen vgl. näher § 3, 44 und 101 ff., § 53, 15 und 21 f.

durch formlose Nebenabrede vereinbart werden (vgl. BGH BB **1969** 1410, 1411, BGH DB **1977** 764). Im letzteren Fall ist es eine Auslegungsfrage, ob daraus ein Anspruch der Gesellschaft selbst oder nur der Gesellschafter untereinander erwächst sowie, ob diese ohne Zustimmung der GmbH die Vereinbarung wieder aufheben können. Dient die Nebenabrede freilich der *Umgehung* der in § 2 vorgeschriebenen Form, enthält die Darlehenszusage etwa ein verschleiertes Einlageversprechen oder bildet sie einen unselbständigen Teil einer Satzungsregelung, so ist sie wegen Formmangels nichtig[29].

5. Folgen des Formmangels

18 **a) Vor der Eintragung.** Ein ohne Einhaltung der notariellen Form abgeschlossener Gesellschaftsvertrag ist grundsätzlich **nichtig** (§ 125 BGB). Gleiches gilt, wenn bei Vertragsabschluß eine zur Wahrung der Form gehörende wesentliche Vorschrift verletzt ist, so bei der Nichtverlesung der Urkunde[30]. Der nichtige Vertrag kann nur unter Wahrung der Form bestätigt werden (§ 141 BGB). Solange dies nicht geschehen ist, kann jeder Beteiligte sich auf die Nichtigkeit berufen und im Streitfall Feststellungsklage erheben. Liegt ein gültiger *Vorvertrag* vor, so steht jedem Beteiligten der Anspruch auf nochmalige Vornahme in ordnungsgemäßer Form zu. Die Beteiligten haben sich bei der formgerechten Wiederholung so zu behandeln, als wäre der Vertrag von Anfang an gültig gewesen (§ 141 Abs. 2 BGB). Das kann insbesondere für im Wert gestiegene Sacheinlagen von Bedeutung sein (zum maßgebenden Bewertungsstichtag bei Sacheinlagen vgl. § 5, 63).

19 Die Rechtsfolge der Nichtigkeit gilt uneingeschränkt freilich nur, solange die Gesellschaft weder eingetragen noch auch als Vorgesellschaft tätig geworden ist. Haben die Gesellschafter die Gesellschaft schon vor der Eintragung **in Vollzug gesetzt**, indem sie nicht nur Einlagen geleistet, sondern auch *Rechtsgeschäfte* namens der Gesellschaft *mit Dritten* getätigt haben, so greifen die Grundsätze über die **fehlerhafte Gesellschaft** Platz (vgl. Näheres Rdn. 77). Die Nichtigkeit der in Vollzug gesetzten Vorgesellschaft wegen Formmangels ist — als Auflösungsgrund — *ex nunc* durch Erklärung gegenüber den Mitgesellschaftern geltend zu machen; einer Auflösungsklage entsprechend § 133 HGB bedarf es im Unterschied zu OHG und KG nicht. Bereits eingezahlte Beiträge sind nicht nach den Regeln der ungerechtfertigten Bereicherung, sondern im Rahmen der Liquidation der Vorgesellschaft zurückzugewähren; die Einforderung noch nicht geleisteter Beiträge ist nach wirksamer Geltendmachung des Formmangels nur noch insoweit möglich, als diese zur Befriedigung der Gesellschaftsgläubiger erforderlich sind (vgl. § 77, 7 ff.).

20 **b) Nach erfolgter Eintragung.** Ist der in nicht gehöriger Form abgeschlossene Gesellschaftsvertrag gleichwohl eingetragen worden, so ist der Formmangel damit **geheilt** und die Gesellschaft **gültig**. Ein Fall des § 75 liegt nicht vor. Für das *Aktienrecht* ist dies seit langem anerkannt[31]. Demgegenüber hatte die frühere Rechtsprechung des Reichsgerichts für das *GmbH-Recht* die Nichtigkeitsklage aus § 75 wiederholt schon wegen eines reinen Formmangels zugelassen[32]. Dem kann nicht gefolgt werden[33]. Wie

---

[29] RGZ **82** 299, 303, BGH DB **1977** 764, 765; *Barz* GroßkommAktG § 23, 27; vgl. auch § 3, 102.

[30] § 13 Abs. 1 S. 1 BeurkG, dazu *Jansen* FGG² BeurkG § 13, 3 und 9; vgl. aber die Vermutungsregel in § 13 Abs. 1 S. 3 des Gesetzes.

[31] RGZ **26** 68, 73; **114** 77, 81 f.; *Baumbach/Hueck* AktG § 23, 4, *Kraft* Kölner KommAktG § 2, 12, *Meyer-Landrut* GroßkommAktG § 2, 4.

[32] RGZ **54** 418, 419, 422, RG Recht **1911** Nr. 2988; einschränkend RGZ **102** 17, 21; **aA** aber RGZ **114** 77, 80, auch KG RJA **1** 116 für den Fall einer formlosen Kapitalerhöhung.

[33] Abl. auch *Scholz/Winter* 40, *Rob. Fischer* 3 b.

nicht zuletzt die Neufassung des § 75 durch das Koordinierungsgesetz von 1969 erkennen läßt, sollte die Nichtigkeitsklage auf die in dieser Vorschrift abschließend aufgezählten *inhaltlichen* Mängel des Gesellschaftsvertrags beschränkt werden. In BGHZ **21** 378, 381 wurde sogar eine auf § 117 BGB gestützte Nichtigkeitsklage gegen eine eingetragene GmbH wegen der erschöpfenden Aufzählung der Nichtigkeitsgründe in § 75 (aF) abgelehnt. Ob die Heilungswirkung der Eintragung wirklich so weit geht, auch den Mangel des Scheingeschäfts zu beseitigen, kann hier dahinstehen (dazu Rdn. 76); jedenfalls für den Fall des *Formmangels* kann die Nichtigkeitsklage nach Eintragung der Gesellschaft *nicht* darauf gestützt werden, daß es wegen des Formverstoßes an einer Vereinbarung über den Unternehmensgegenstand fehle bzw. diese Vereinbarung nichtig sei. Das Formerfordernis des § 2 bildet zwar eine Eintragungsvoraussetzung. Hat der Registerrichter aber unter Verletzung seiner Prüfungspflicht gleichwohl eingetragen oder war der Formmangel — etwa die Nichtverlesung des der notariellen Urkunde in Anlage beigefügten Gesellschaftsvertrags — nicht erkennbar, so ist die GmbH mit der Eintragung wirksam entstanden und der dem Organisationsstatut anhaftende Mangel geheilt[34]. — Zur Möglichkeit der Geltendmachung von Mängeln der *Beitrittserklärung* der einzelnen Gründer nach Eintragung der GmbH vgl. Rdn. 78 ff., 103 ff.

III. Vertretung beim Vertragsschluß

1. Bevollmächtigung

a) Form der Vollmacht. Die Bevollmächtigung zum Abschluß des Gesellschaftsvertrags (sog. „Gründungsvollmacht") ist zulässig. Jedoch bedarf in diesem Fall auch die Vollmacht der **notariellen Beurkundung oder Beglaubigung** (§ 2 Abs. 2), während sie nach allgemeinem bürgerlichen Recht (§ 167 Abs. 2 BGB) selbst dann formlos erteilt werden kann, wenn für das abzuschließende Rechtsgeschäft die Einhaltung einer bestimmten Form vorgeschrieben ist. *Zweck der Sondervorschrift* ist es ausweislich der Gesetzesbegründung, „Zweifel und Streitigkeiten über die Legitimation der Vertreter abzuschneiden". Der Zusammenhang mit Abs. 1 zeigt, daß es hierbei *nicht* um eine *bloße Ordnungsvorschrift* geht, die der Kontrolle der Vertretungsmacht durch das Registergericht dient, sondern um ein Wirksamkeitserfordernis für die Vollmachterteilung im Interesse auch der Mitgründer zur Vermeidung von Streitigkeiten über die Berechtigung des Vertreters[35]. Eine ohne Einhaltung dieser Form erteilte Vollmacht ist nach § 125 BGB nichtig; der Vertreter handelt *ohne Vertretungsmacht*. Die im Namen des Vertretenen abgegebenen Willenserklärungen beim Vertragsschluß sind im Falle formnichtiger Vollmacht schwebend unwirksam, auch wenn der Vertrag selbst in notarieller Form geschlossen ist. Der Mangel der Vollmacht kann, ebenso wie die fehlende Bevollmächtigung, durch nachträgliche Ausstellung der beglaubigten Vollmacht oder Beglaubigung der ausgestellten geheilt werden[36]. Eine *formlose Genehmigung* wird entgegen § 182 Abs. 2 BGB nicht wirksam[37]. Zur Heilungswirkung der Eintragung im Fall formnichtig erteilter Vollmacht vgl. Rdn. 34. 21

---

34 RGZ **114** 77, 80; *Baumbach/Hueck* 3 D, *Scholz/Winter* 40.

35 So die hM; vgl. *Scholz/Winter* 35, *Reinicke* NJW **1969** 1830 ff., *Soergel/Schultze-v. Lasaulx* BGB[11] § 167, 7 f.; zur entsprechenden Vorschrift des AktG auch *Baumbach/Hueck* AktG § 23, 7, *Godin/Wilhelmi* AktG § 23, 4, *Ritter* AktG § 16, 3; **aA** — reine Ordnungsvorschrift — *Brodmann* 3 sowie im Aktienrecht *Möhring/Tank* Rdn. 44.

36 HM auch für das Aktienrecht, vgl. *Barz* GroßkommAktG § 23, 6, *Kraft* Kölner KommAktG § 23, 16.

37 *Scholz/Winter* 37, *Reinicke* NJW **1969** 1832; allgemein zur Notwendigkeit teleologischer Reduktion von § 182 Abs. 2 BGB vgl.

22 Die **Anforderungen an die Beglaubigung** sind in §§ 129 BGB, 40 BeurkG geregelt. Sie setzt Vollziehung oder Anerkennung der Unterschrift in Gegenwart des Notars voraus. Die Beglaubigung kann auch durch einen ausländischen Notar erfolgen (*Jansen* FGG BeurkG § 40, 27). Da die Formvorschrift des § 2 Abs. 2 nicht der Belehrung der Parteien dient, sondern der Rechtssicherheit, sind an die Gleichwertigkeit der Tätigkeit des ausländischen Notars geringere Anforderungen zu stellen als bei der Beurkundung des Gesellschaftsvertrags[38]. Die Beglaubigung durch einen *deutschen Konsul* genügt, soweit das nach dem Beurkundungsgesetz zu beobachtende Verfahren eingehalten wurde (§ 10 KonsularG). Die konsularische Beglaubigung steht dann einer solchen gleich, die im Inland durch einen Notar vorgenommen wird[39].

23 Keiner besonderen Vollmacht in der Form des § 2 Abs. 2 bedarf der **Prokurist**, soweit die Beteiligung an der GmbH-Gründung für den Kaufmann nach § 343 HGB zum Betrieb des Handelsgewerbes gehört[40]. Die Vertretungsmacht des Prokuristen nach § 49 HGB umfaßt *alle* Arten von Rechtshandlungen im Rahmen des Handelsgewerbes, für das er bestellt ist, mit der einzigen Ausnahme der Grundstücksgeschäfte. Dem von § 2 Abs. 2 mitverfolgten Legitimationszweck, d. h. dem zweifelsfreien Nachweis der Vollmacht, wird durch Vorlage eines Registerauszugs genügt. Eine *Handlungsvollmacht* (§ 54 HGB) reicht dagegen regelmäßig nicht aus, da sie dem Bevollmächtigten weniger weitreichende Befugnisse einräumt[41].

24 **b) Inhalt der Vollmacht.** Der notwendige Inhalt der Vollmacht ergibt sich aus ihrem Zweck. Sie muß unzweideutig erkennen lassen, daß sie zu dem Abschluß des betreffenden Gesellschaftsvertrags ermächtigt. Der Gesellschafter kann die Vollmacht durch Bezugnahme auf den Inhalt eines bereits fest verabredeten Gesellschaftsvertrags begrenzen. Dann ist jede materielle Abweichung unstatthaft; eine Ausnahme gilt für rein formelle Änderungen, die den Sinn und Aussagegehalt der Regelung nicht berühren. Die Vollmacht kann dem Vertreter aber auch in weitgehender Weise freie Hand lassen. Es darf auch nicht gefordert werden, daß die Vollmacht die in § 3 Abs. 1 aufgeführten wesentlichen Teile des Gesellschaftsvertrags enthalten müsse; sie können der Entschließung des Bevollmächtigten überlassen sein. Die Vollmachtsurkunde muß nicht einmal die Höhe der vom Vertretenen zu übernehmenden Stammeinlage angeben (KGJ **19** 17). Es ist Sache des Vollmachtgebers, diese Beschränkung der Vollmacht zur eigenen Sicherung einzufügen. Zum Vollmachtsumfang von Prokuristen und Handlungsbevollmächtigten vgl. Rdn. 23.

25 **c) Mehrere Vollmachtgeber.** Mehrere oder alle Gründer können ein und dieselbe Person ermächtigen, den Gesellschaftsvertrag abzuschließen (*Kreß* LZ **1911** 346, 350, 421). Ebenso kann ein Gründer dem anderen seine Vertretung übertragen. In allen diesen Fällen ist eine **Befreiung vom Verbot des Selbstkontrahierens** (§ 181 BGB) erforderlich. Sie bedarf derselben Form wie die Erteilung der Vollmacht[42].

MünchKomm.—*Thiele* BGB § 182, 17 ff. m. Nachw.; **aA** für einen Sonderfall der Genehmigung des schwebend unwirksamen Beitritts durch den Beigetretenen selbst BGH WM **1983** 866, 867.

[38] Rdn. 12; zur *Legalisation* ausländischer Urkunden vgl. § 13 KonsularG, dazu *Jansen* FGG[2] BeurkG Einl. 35.

[39] § 10 Abs. 2 KonsularG; vgl. dazu auch Rdn. 13.

[40] HM, vgl. KGJ **49** 272, 273; *Scholz/Winter* 34, 36, *Baumbach/Hueck* AktG § 2, 6, *Barz* GroßkommAktG § 23, 6; **aA** *Brodmann* 4, *Kraft* Kölner KommAktG § 23, 18.

[41] *Scholz/Winter* 36, *Barz* aaO § 23, 6, *Kraft* aaO § 23, 18.

[42] *Scholz/Winter* 36, *Barz* GroßkommAktG § 23, 6, *Kraft* Kölner KommAktG § 23, 16.

2. Sonstige Vertretungsfälle

a) Gesetzliche und organschaftliche Vertreter. Gesetzliche Vertreter, Mitglieder des Vertretungsorgans einer Handelsgesellschaft u. a. bedürfen **keiner Vollmacht**. Inwieweit sie legitimiert sind, bestimmt sich nach den ihre Vertretungsmacht begrenzenden Vorschriften (Rdn. 61 f., 64). Auch die gesetzlichen Vertreter müssen gegenüber dem Handelsregister ihre *Vertretungsbefugnis nachweisen* (vgl. § 8, 5). Eltern legen zu diesem Zweck die Geburtsurkunde des vertretenen Kindes vor. Der Vorstand einer AG, einer GmbH und einer Genossenschaft, die vertretungsbefugten Geschäftsführer einer OHG oder KG tun es durch den Registerauszug, der Vormund und Pfleger, der Konkursverwalter und der Nachlaßverwalter durch ihre Bestallung. In den Fällen, in denen das betreffende Handelsregister oder die Vormundschafts- oder Nachlaßakten bei demselben Gericht geführt werden, das die Eintragung der Gesellschaft vollzieht, genügt eine Berufung hierauf. Die Vertreter öffentlicher Körperschaften bedürfen, wenn ihre Vertretungsbefugnis unbeschränkt ist, einer Legitimationsurkunde nicht. Anderenfalls ist sie nach den die Verfassung der Körperschaft regelnden Vorschriften auszustellen (KG OLGR **3** 259, 260f.). Die Urkunde dient nur dem *Nachweis* der bestehenden Vertretungsmacht und ist von der Vollmachterteilung scharf zu scheiden. Sie bedarf daher auch nicht der Form des § 2 Abs. 2 (KG aaO). 26

Die **Einwilligung des gesetzlichen Vertreters** eines in der Geschäftsfähigkeit beschränkten Gesellschafters (§ 107 BGB) bedarf mit Rücksicht auf die Nachweisanforderungen des Handelsregisters (§ 8 Abs. 1 Nr. 1) derselben Form wie die Vollmacht. Ebenso die nachträgliche Genehmigung (§ 184 BGB, vgl. Rdn. 21). Zum Erfordernis der Mitwirkung Dritter (Ehegatte, Vormundschaftsgericht) beim Abschluß des Gesellschaftsvertrags vgl. Rdn. 60, 62. 27

b) Testamentsvollstrecker, Vorerbe. Die Fähigkeit des **Testamentsvollstreckers**, mit Wirkung für den Nachlaß an der Gründung einer GmbH teilzunehmen, ist **umstritten**. **Gegen** die Gründerbeteiligung wird vor allem eingewandt, der Testamentsvollstrecker könne die Erben über den Nachlaß hinaus *nicht* auch mit ihrem persönlichen Vermögen *verpflichten* (§ 2206 BGB), eine solche Verpflichtung der Erben verbinde sich jedoch mit der GmbH-Gründung[43]. Auch wird für den Fall einer Erben*mehrheit* die Fähigkeit der *Erbengemeinschaft* verneint, sich als Gründer an einer GmbH zu beteiligen (vgl. näher Rdn. 69). Für die **Stellungnahme** ist zu differenzieren. Das Argument, daß der Testamentsvollstrecker den oder die Erben ohne ihre Zustimmung nicht persönlich verpflichten kann, trifft zu[44]. Der Registerrichter muß daher die Eintragung einer GmbH ablehnen, wenn an der Gründung ein Testamensvollstrecker für die Erben mitgewirkt hat und das Stammkapital noch nicht voll eingezahlt ist. Da die *Rechtsmacht des Testamentsvollstreckers beschränkt* ist, die Kapitalaufbringung aber zwingend die unbeschränkte Haftung des oder der Gesellschafter voraussetzt (vgl. §§ 18 Abs. 2, 19 Abs. 2), ist der Gesellschaftsvertrag in diesem Fall nicht wirksam geschlossen; die insoweit abw. Ansicht in der Voraufl. (Rdn. 28) wird aufgegeben. Anderes gilt, wenn das Stammkapital 28

---

[43] So KGJ **33** A 135, 138, KG RJA **16** 102, 104; *Scholz/Winter* 11, *Baumbach/Hueck* 2 B, *Brodmann* 4, *Soergel/Damrau* BGB[11] § 2205, 39; **aA** (für Möglichkeit der Beschränkung der Haftung für die Einlageforderungen auf den Nachlaß) *U. Koch* ZHR 146 **1982** 124, wohl auch MünchKomm.-*Brandner* BGB § 2205, 25. Zum Sonderfall des bei Gründung voll eingezahlten Stammkapitals vgl. Nachw. in Fn. 45.

[44] Vgl. MünchKomm.-*Brandner* BGB § 2206, 3 ff., 14 und *Staudinger/Reimann* BGB[12] § 2206, 16.

vor Anmeldung der Gesellschaft **voll eingezahlt** wird, eine persönliche Inanspruchnahme der Erben nach §§ 19 Abs. 1, 24 daher nicht in Betracht kommt und auch keine Nebenleistungen der Gesellschafter nach § 3 Abs. 2 vorgesehen sind: hier steht die eingeschränkte Verpflichtungsfähigkeit des Testamentsvollstreckers der Mitwirkung an der Gründung nicht entgegen[45]. Was schließlich die Gründerbeteiligung der Erbengemeinschaft angeht, so sind die hiergegen gerichteten Bedenken nach zutr. neuerer Ansicht überholt (Rdn. 69). Das gilt auch dann, wenn die Verwaltung des gemeinschaftlichen Nachlasses einem Testamentsvollstrecker übertragen ist.

29 Der **Vorerbe** bedarf zur Beteiligung an einer GmbH mit Wirkung für den Nachlaß der Zustimmung des Nacherben nur bei der Einbringung eines Grundstückes in die GmbH (§ 2113 Abs. 1 BGB). Die Zustimmung ist keine Vollmacht. Sie kann in jeder Weise erteilt werden. Der Geschäftsanteil wird anstelle der aus dem Nachlaß entnommenen Einlage Nachlaßbestandteil. Hat der Vorerbe die Einlage zum Teil auch aus eigenen Mitteln gedeckt, so ist bei Beendigung der Vorerbschaft der Anteil zwischen dem Nacherben und dem Vorerben oder seinem Rechtsnachfolger im Verhältnis der Leistungen aufzuteilen.

3. Mängel der Vollmacht

30 **a) Allgemeines.** Der Mangel der Vollmacht kann entweder auf der Nichtbeachtung der in § 2 Abs. 2 vorgeschriebenen Form oder darauf beruhen, daß eine Vollmacht überhaupt nicht erteilt ist. Bis zur Eintragung kommt diesem Unterschied keine Bedeutung zu: der Registerrichter, der den Mangel feststellt, muß die Eintragung wegen schwebender Unwirksamkeit der Beteiligung des nicht ordnungsgemäß Vertretenen ablehnen (zur Rechtslage bei gleichwohl erfolgter Eintragung vgl. Rdn. 34, 35). Das Eintragungshindernis entfällt, wenn der Vertretene entweder das Handeln des Vertreters nachträglich durch notariell beglaubigte Erklärung genehmigt oder nunmehr seinerseits eine Beitrittserklärung in notarieller Form abgibt[46]. Die Beitrittserklärung macht den Gesellschaftsvertrag wirksam, wenn die Erklärungen der übrigen Gründer bereits vorliegen; sie kann auch in einer besonderen Urkunde erfolgen (Rdn. 8). Eine unzulässige (Rdn. 9) Stufengründung ist hierin nicht zu sehen (ebenso *Scholz/Winter* 37); vielmehr geht es um die Heilung eines fehlerhaften Gesellschaftsvertrags.

31 Ein **Anspruch gegen den Vertretenen** auf Genehmigung der Beitrittserklärung steht den übrigen Gründern grundsätzlich **nicht** zu. Das gilt auch dann, wenn der Vertretene eine — wegen Formmangels unwirksame — Vollmacht erteilt hatte (*Reinicke* NJW **1969** 1831). Auch auf das der Vollmachterteilung zugrundeliegende Rechtsverhältnis zwischen Vertretenem und Vertreter können sie sich nicht berufen; auch der Vertreter selbst kann regelmäßig nicht Bevollmächtigung vom Vertretenen verlangen (teilw. abweichend *Hachenburg/Schilling*[6] 19). Die übrigen Gründer können den Vertretenen aber zur Erklärung über die Genehmigung auffordern. Kommt er der Aufforderung nicht innerhalb von 14 Tagen in der vorgeschriebenen Form nach, so gilt die Genehmigung als verweigert (§ 177 Abs. 2 BGB). Der Vertretene hat sodann keine Rechte mehr aus dem für ihn abgeschlossenen Gesellschaftsvertrag. — War dagegen ein bindender

---

[45] So zutr. BayObLG NJW **1976** 1692, 1693; *Rob. Fischer* 1 d und JZ **1954** 427, *Haegele/Winkler* Der Testamentsvollstrecker nach bürgerlichem, Handels- und Steuerrecht[6] Rdn. 372, *Staudinger/Reimann* BGB[12] § 2205, 89.

[46] KG OLGR **3** 259, 261 f.; *Barz* Großkomm-AktG § 23, 6; Näheres vgl. Rdn. 21.

Vorvertrag geschlossen, so ist der nicht wirksam Vertretene den anderen Gesellschaftern gegenüber verpflichtet, den Mangel zu heilen (vgl. auch Rdn. 11, 41).

Auch **gegen den Vertreter** stehen den übrigen Gründern **keine Ansprüche** zu, wenn er nicht für die Beibringung einer wirksamen Vollmacht einstehen wollte. Sie kannten den Mangel seiner Vollmacht (§ 179 Abs. 3 BGB). Es ist einerlei, ob er eine formlose Vollmacht besaß oder nicht, einerlei, ob er behauptete, mündlich ermächtigt zu sein, oder zugab, auf eigene Faust zu handeln, einerlei, ob er an seine Vollmacht glaubte oder sich des Mangels der Vertretungsmacht bewußt war. Er ist nur bevollmächtigt, wenn er eine beglaubigte Urkunde vorweist. Es stand den anderen Beteiligten frei, ihn zuzulassen oder zurückzuweisen. Wählten sie das erstere, so handelten sie auf ihr Risiko. Hatte der Vertreter dagegen eine Einstandspflicht für das Beibringen einer wirksamen Vollmacht übernommen, so haftet er nach Maßgabe von § 179 Abs. 1 BGB (so auch *Scholz/Winter* 37). 32

b) Widerruf der Vollmacht. Ist der Vertreter durch eine **beglaubigte Vollmacht** legitimiert, so vertritt er den Vollmachtgeber wirksam, auch wenn dieser die Vollmacht bereits widerrufen hatte (§ 172 Abs. 2 BGB). Der Umstand, daß von den anderen Gesellschaftern einer oder einzelne den Widerruf kannten oder kennen mußten (§ 173 BGB), schadet nicht. Da die Teilnahme des Vertretenen an der GmbH den übrigen Gründern gegenüber nicht unterschiedlich erfolgen kann, sondern ein *einheitlich festzustellendes Rechtsverhältnis* vorliegt, tritt die Bindung des Vertretenen hier allen Gesellschaftern gegenüber ein[47]. Kannten aber *alle* Vertragspartner den Widerruf der formell ordnungsgemäß erscheinenden Vollmacht, so tritt eine Verpflichtung des Vertretenen nicht ein. Das gilt selbst dann, wenn der Registerrichter die Gesellschaft im Vertrauen auf die formgültige Vollmachtsurkunde einträgt (vgl. auch Rdn. 35). § 172 Abs. 2 BGB greift gegenüber dem Registerrichter nicht ein, da das Vertreterhandeln sich nicht an ihn, sondern nur an die Mitgründer richtet. In Betracht kommt aber eine Rechtsscheinhaftung des Vertretenen gegenüber Dritten, die aufgrund der Handelsregisterakten auf seine Gesellschaftereigenschaft vertrauen. 33

c) Heilung des Formmangels durch Eintragung. Die oben (Rdn. 20) angeführten Grundsätze für die Eintragung einer Gesellschaft, deren Vertrag der vorgeschriebenen Form entbehrt, gelten auch für die *wegen Formmangels unwirksame* **Vollmacht**: auch dieser Formmangel wird durch die Eintragung **geheilt**[48]. Der Gründer, der den Vertreter schriftlich oder mündlich bevollmächtigt hat, kann sich nun nicht mehr auf den Formmangel berufen oder Nichtigkeitsklage erheben. Ebenso ist eine Amtslöschung durch den Registerrichter (§ 144 FGG) ausgeschlossen. Der Fortbestand der eingetragenen Gesellschaft oder die Beteiligung der einzelnen Gesellschafter hieran kann nicht von der Beobachtung der Formvorschriften im Gründungsstadium abhängig gemacht werde. 34

Ist die Gesellschaft eingetragen, obwohl ein angeblicher Gesellschafter überhaupt **keine** (auch keine formnichtige, Rdn. 21) **Vollmacht** erteilt hatte, so entsteht für ihn keinerlei Verpflichtung. Eine Nichtigkeit des ganzen Gesellschaftsvertrags erwächst hieraus aber nicht; unwirksam ist nur die betreffende Beitrittserklärung. Über deren Bedeutung vgl. Rdn. 78ff., 85, über die Auswirkungen des Ausfalls am Stammkapital, der durch den Wegfall des ohne Vollmacht Vertretenen entsteht, für die Haftung der anderen Gesellschafter oder des falsus procurator vgl. Rdn. 90. Eine Auflösungsklage kann auf den Ausfall eines Gesellschafters nur ausnahmsweise gestützt werden (vgl. § 61, 22). Ein Auflösungsverfahren von Amts wegen nach § 144a FGG wegen unwirksamer Beitrittserklärung scheidet aus (str., vgl. Rdn. 86). 35

---

[47] RG JW **1908** 655³, 656, RGZ **69** 232, 235.

[48] Ebenso *Scholz/Winter* 37, *Rob. Fischer* 3d.

IV. Der Vorvertrag

Schrifttum

Rob. Fischer Ist der Vorvertrag bei der Errichtung einer GmbH formbedürftig? GmbH-Rdsch. **1954** 129; *Flume* Die werdende juristische Person, Festschrift Geßler (1971) 3; *Häsemeyer* Die gesetzliche Form des Rechtsgeschäfts (1971); *Henrich* Vorvertrag, Optionsvertrag, Vorrechtsvertrag (1965); *Reinicke* Die Formbedürftigkeit einer Vollmacht zum Abschluß eines GmbH-Vorvertrages, NJW **1969** 1830.

1. Form des Vorvertrags

36 a) **Grundsatz.** Das **Reichsgericht** hat in ständiger Rechtsprechung an dem Grundsatz festgehalten, daß bereits der auf Gründung einer GmbH (oder einer AG) gerichtete *Vorvertrag* der für den eigentlichen Gesellschaftsvertrag vorgeschriebenen Form bedarf[49]. Der **Bundesgerichtshof** hatte bisher keinen Anlaß, sich ausdrücklich mit der Frage auseinanderzusetzen; in WM **1973** 67, 68 (so auch BGH NJW **1969** 1856) konnte er sie dahingestellt lassen. Das **Schrifttum** ist sowohl im GmbH- als auch im Aktienrecht der Ansicht des Reichsgerichts ganz überwiegend gefolgt[50].

37 Der hM ist entgegen der in früheren Auflagen von *Hachenburg* und *Schilling* vertretenen Ansicht zuzustimmen. Die Formbedürftigkeit eines *Vorvertrags* richtet sich nach dem **Zweck der** auf den Hauptvertrag bezogenen **Formvorschrift**[51]. Was die Formvorschrift des § 2 Abs. 1 betrifft, so kommt ihr nach ganz hM nicht nur Beweis-, sondern auch **Warnfunktion** zu (Rdn. 6a). Daraus folgt die Notwendigkeit, den auf Gründung einer GmbH gerichteten **Vorvertrag der Form des § 2 Abs. 1 zu unterwerfen.** Andernfalls wäre der mit dieser Vorschrift bezweckte Schutz der Gründer nur sehr unvollkommen, sie könnten aufgrund des formlosen Vorvertrags zur notariellen Beurkundung des Gesellschaftsvertrags verpflichtet werden.

38 b) **Nebenabreden.** Der Grundsatz der Formbedürftigkeit des GmbH-Vorvertrags reicht nur so weit, als es um die Verpflichtung zur Eingehung des nach § 2 Abs. 1 selbst formbedürftigen Gesellschaftsvertrags geht. Formlos wirksam sind daher Vorgründungsvereinbarungen, die zwar *im Hinblick* auf die beabsichtigte GmbH-Gründung getroffen werden, selbst aber keine Gründungsverpflichtung enthalten. Das gilt insbesondere für Nebenabreden der oben (Rdn. 17) genannten Art, die keinen Bestandteil des Gesellschaftsvertrags bilden, sondern nur aus Anlaß der Gesellschaftsgründung zwischen einigen oder allen Vertragspartnern vereinbart werden sollen. Auch der Abschluß eines **Treuhandvertrags** über die Mitwirkung des Treuhänders an der beabsichtigten GmbH-Gründung bedarf keiner Form (BGH WM **1971** 306). Als formlos wirksam hat der BGH weiter auch Verträge behandelt, in denen die eine Seite der anderen *für den Fall der Gesellschaftsgründung* zugesagt hatte, sie an der GmbH zu beteiligen (BGH WM **1973** 67, 68) bzw. bestimmte schuldrechtliche Verpflichtungen einzugehen (BGH BB **1969** 772, 773). Vgl. auch § 11, 22.

39 c) **Vollmacht.** Umstritten ist die Frage, ob auch die Vorschrift des § 2 Abs. 2 über die Form der Vollmacht zum Gesellschaftsvertragsschluß entsprechend auf die

---

[49] RGZ **43** 136, 139; **66** 116, 120; **106** 174, 176; **130** 73, 75; **149** 385, 395; **156** 129, 138; so auch OLG München GmbH-Rdsch. **1958** 195.

[50] *Scholz/Winter* 65, *Baumbach/Hueck* Übers. 2 F vor § 1, *Rob. Fischer* 4 und GmbH-Rdsch. **1954** 129, 133, *Barz* GroßkommAktG § 23, 23; **aA** *Hachenburg/Schilling*[6] 14, *Feine* S. 144, *Flume* Festschrift Geßler (1971) S. 3, 18 f., *O. Schreiber* KGaA S. 81 f.

[51] HM, vgl. *Henrich* Vorvertrag, Optionsvertrag, Vorrechtsvertrag (1965) S. 147, 148, *Reinicke* NJW **1969** 1830, jeweils mit Rspr.-Nachweisen.

Bevollmächtigung zum Abschluß eines GmbH-Vorvertrags anzuwenden ist[52]. Der BGH (NJW **1969** 1856) hat die Formbedürftigkeit der Vollmacht in einem *Sonderfall* verneint, bei dem in einem KG-Vertrag das Recht von Gesellschaftern mit einem bestimmten Mindestkapitalanteil verankert wurde, beim Ausscheiden des persönlich haftenden Gesellschafters die Umwandlung der KG in eine GmbH zu verlangen. Die Urteilsgründe lassen vermuten, daß der BGH im Grundsatz von der **Formbedürftigkeit der Vollmacht** zum Abschluß eines GmbH-Vorvertrags ausgeht (so auch *Reinicke* NJW **1969** 1830, 1831). Dem ist *zuzustimmen*. Damit verträgt es sich indessen schlecht, wenn der BGH den *Zweck* der Formvorschrift des § 2 Abs. 2 ausschließlich in der Legitimation des Verteters sieht: sie spielt für den Vorvertrag, der selbst nicht zur Anmeldung beim Registerrichter bestimmt ist, keine größere Rolle als beim Abschluß sonstiger Schuldverhältnisse unter Mitwirkung des Vertreters (**aA** *Reinicke* NJW **1969** 1830 f.). Indessen sprechen gute Gründe dafür, ähnlich wie bei der den Gesellschaftsvertrag selbst betreffenden Formvorschrift des § 2 Abs. 1 auch die Regelung über die Form der Vollmacht als nicht nur im Interesse des Rechtsverkehrs, sondern auch zum (ergänzenden) Schutz des beim Vertragsabschluß vertretenen Gründers getroffen anzusehen. Dann aber bestehen keine Bedenken, die Vorschrift des § 2 Abs. 2 entsprechend auf die Vollmacht zum Abschluß des GmbH-Vorvertrags anzuwenden.

d) Folgen des Formmangels. Ist der GmbH-Vorvertrag nicht in der Form des § 2 Abs. 1 abgeschlossen, so ist er **nichtig** (§ 125 BGB). Der Formmangel der Vollmacht führt zur *schwebenden Unwirksamkeit* des Vorvertrags; insoweit ist eine Heilung durch Genehmigung nach § 177 BGB unter Beachtung der Formvorschriften (Rdn. 21) möglich. Bildet die Verpflichtung zur GmbH-Gründung nur einen *Teil* des Vorgründungsvertrags und enthält dieser daneben weitere, ihrerseits nicht formbedürftige Teile (Rdn. 38), so hat der Formmangel auf deren Wirksamkeit im Zweifel keinen Einfluß. Die Nichtigkeitsvermutung des § 139 BGB greift im Gesellschaftsrecht nicht ein (Rdn. 72). Daher kann eine BGB-Gesellschaft oder OHG durch einen Vorgründungsvertrag trotz Nichteinhaltung der Form des § 2 Abs. 1 wirksam gegründet werden, wenn sie nicht nur auf die Errichtung einer GmbH, sondern daneben auf die sofortige Aufnahme des gemeinsamen Geschäftsbetriebs durch die Gründer gerichtet ist; das war der zutreffende Kern der vielkritisierten Entscheidung RGZ **123** 23, 24 f.[53]. Entsprechendes gilt, wenn der (Vor-)Vertrag ganz allgemein der Gründung einer Handelsgesellschaft dient und nicht speziell auf die Errichtung einer GmbH oder AG gerichtet ist; die Beteiligten sind hier je nach Art und Inhalt des gemeinsamen Zwecks zur Gründung einer wirksamen bürgerlichrechtlichen Gesellschaft oder OHG verpflichtet, sofern die Vereinbarungen im übrigen die für einen Gesellschaftsvertrag erforderliche Bestimmtheit aufweisen[54]. 40

2. Notwendiger Mindestinhalt

Die im Vorvertrag eingegangenen Pflichten müssen die im Hinblick auf den Vertragszweck erforderliche **Bestimmtheit** haben[55]. Es müssen alle wesentlichen Erfor- 41

---

52 Dafür *Scholz/Winter* 65, *Reinicke* NJW **1969** 1830, 1831; dagegen *Barz* GroßkommAktG § 23, 23.

53 Vgl. dazu näher *K. Schmidt* Zur Stellung der OHG im System der Handelsgesellschaften (1972) S. 263; krit. aber *Bing* in Anm. zu RGZ **123** 33, RG JW **1929** 645 ff., 647, so auch *Rob. Fischer* GmbH-Rdsch. **1954** 129, 131 und *Scholz/Winter* 65.

54 **AA** OLG München GmbH-Rdsch. **1958** 195, das die Wirksamkeit eines Vorvertrags mangels Bestimmtheit verneint, wenn die Beteiligten sich nicht auch über die Rechtsform der Gesellschaft geeinigt haben; so auch *Scholz/Winter* 66.

55 RGZ **30** 94, 95; **41** 281, 283; **66** 116, 121; **106** 174, 176; **156** 129, 138, BGH DB **1953** 124, OLG München GmbH-Rdsch. **1958** 195.

dernisse des Gesellschaftsvertrags, insbesondere Stammkapital und Einlagen, feststehen oder wenigstens bestimmbar sein (RGZ **156** 129, 138 für die AG). An die Bestimmtheit oder Bestimmbarkeit sind aber nicht allzu strenge Anforderungen zu stellen. Denkbar ist insbesondere, daß im Vertrag einer OHG oder KG unter bestimmten Voraussetzungen die Umwandlung in eine GmbH vereinbart wird[56]. Ist nur diese Vereinbarung getroffen, so ist der nähere Inhalt aus den Umständen zu entnehmen. Im Zweifel sollen die Firma, der Sitz und der Gegenstand des bisherigen Unternehmens beibehalten werden. Das Stammkapital und die Einlagen sind entsprechend dem Gesellschaftsvermögen und den Kapitalkonten der Gesellschafter zu bemessen. Ungültig wegen mangelnder Bestimmtheit ist eine solche Zusage nicht (ebenso *Scholz/Winter* 66). Das gleiche gilt in sonstigen Fällen, in denen das künftige Gesellschaftskapital, wenn auch nur objektiv, nach Mindest- und Höchstbetrag bezeichnet ist, sofern auch die von dem Verpflichteten zu übernehmende Höchsteinlage feststeht. Es kann dabei auch einem der Beteiligten die Abrundung der auf die einzelnen Gesellschafter entfallenden Beteiligungsziffern überlassen werden (RGZ **66** 116, 118). Die Parteien können die Festsetzung der noch offengebliebenen Punkte auch einem der Gründer oder einem *Mehrheitsbeschluß* vorbehalten (§ 315 Abs. 1 BGB; vgl. *Barz* GroßkommAktG § 23, 22). Entscheidend ist stets, daß im Streitfall der Richter in der Lage ist, aufgrund der getroffenen Vereinbarungen den notwendigen Inhalt des GmbH-Vertrags zu bestimmen und die Beklagten nach Maßgabe von § 894 ZPO zur Abgabe der für den Vertragsschluß erforderlichen Willenserklärungen zu verurteilen.

3. Rechtsverhältnisse der Vorgründungsgesellschaft

42 Der gültige Vorvertrag schafft unter den Beteiligten eine **Gesellschaft bürgerlichen Rechts**[57]. Ihr Zweck ist, die in Aussicht genommene GmbH durch das gemeinsame Zusammenwirken zu gründen. Mit der durch Abschluß des GmbH-Vertrags entstehenden Vorgesellschaft (§ 11, 5 ff.) ist die Vorgründungsgesellschaft nicht identisch. Sie wird freilich regelmäßig durch den Abschluß des GmbH-Vertrags beendigt (§ 726 BGB), soweit ihr Zweck sich auf die GmbH-Gründung beschränkt, im Vorvertrag keine weitergehenden Abreden getroffen worden sind und es nicht schon zur Bildung von Gesamthandsvermögen gekommen ist[58].

43 Das **Rechtsverhältnis zwischen den an der Vorgründungsgesellschaft Beteiligten** bestimmt sich grundsätzlich nach den gesellschaftsrechtlichen Vorschriften des BGB[59]. GmbH-Recht ist im Unterschied zur Vorgesellschaft nicht anwendbar. Welche der bürgerlichrechtlichen Vorschriften eingreifen, ist im Einzelfall durch Auslegung zu ermitteln. Ein Recht zur jederzeitigen **Kündigung** (§ 723 Abs. 1 BGB) besteht im Regelfall **nicht**, da die Gesellschaft zur Erreichung eines bestimmten Erfolgs, damit aber für eine *bestimmte oder doch bestimmbare Zeit* geschlossen ist. Verzögert sich die Errichtung der GmbH über die normale Zeit, so kann die Gesellschaft gekündigt werden[60]. Dabei ist freilich zu berücksichtigen, ob besondere Umstände eingetreten sind, die den Anlaß für die Verzögerung gegeben haben; daran kann die Kündigung scheitern. So, wenn eine Person, die als Geschäftsführer in Aussicht genommen war, fortfällt, die Suche nach

---

[56] BGH NJW **1969** 1856, BGHZ **85** 350, 360 = NJW **1983** 1056.

[57] Ebenso *Scholz/Winter* 67, *Barz* Großkomm-AktG § 23, 26.

[58] Generell für Erlöschen der Vorgründungsgesellschaft im Zeitpunkt der Satzungsfeststellung aber *Wiedemann* JurA **1970** 440.

[59] Vgl. MünchKomm.-*Ulmer* BGB Vor § 705, 15.

[60] RGZ **87** 164, 166, RG Holdheim **25** 204; enger *Scholz/Winter* 67, die „wesentliche Verzögerungen" verlangen.

einer geeigneten Ersatzkraft aber auf Schwierigkeiten stößt. Das Recht der jederzeitigen **Kündigung aus wichtigem Grund** (§ 723 BGB) bleibt jedem Beteiligten des Vorvertrags gewahrt. Dabei sind alle die Gründe zu berücksichtigen, die bei bestehender GmbH eine *Auflösungsklage* (§ 61 GmbHG) rechtfertigen würden, sofern sie nicht bereits nach §§ 726, 728 BGB zur Auflösung der Vorgründungsgesellschaft führen. — Auch die **Rechtsbeziehungen zu Dritten** richten sich, wenn die Vorgründungsgesellschaft schon am Rechtsverkehr teilnimmt, nach den für das Handeln der BGB-Gesellschaft bzw. (beim gemeinsamen Betrieb eines Handelsgewerbes durch die Gründer) der OHG geltenden allgemeinen Grundsätzen (§ 11, 21).

Die Rechte aus dem Vorvertrag sind **nicht veräußerlich**. Auch dann nicht, wenn **44** die Abtretung der Geschäftsanteile der künftigen GmbH der Zustimmung der Gesellschaft nicht bedarf. Es ist zu unterscheiden, ob sich mehrere Personen erst zur Gründung einer GmbH zusammentun oder ob diese schon entstanden ist. Dies gilt auch bei beabsichtigter Bargründung. Mit Zustimmung der Vertragspartner kann freilich ein Personenwechsel stattfinden[61]. Ebenso kann vertraglich die Anteilsveräußerung an Dritte zugelassen sein. Doch wird sich dies nur in seltenen Fällen als zweckmäßig erweisen.

Ob der **Tod** eines Beteiligten den Vorvertrag **auflöst**, ist Auslegungsfrage. Die **45** gesetzliche Regel ist es (§ 727 Abs. 1 BGB). Aus dem Gesellschaftsvertrag kann sich jedoch Abweichendes ergeben, insbesondere wenn es sich um einen rein kapitalistisch strukturierten Zusammenschluß handelt oder wenn Sacheinlagen in Betracht kommen[62]. Es entspricht der Verkehrsauffassung, daß bei solchen Vereinigungen die Pflicht, zur Erreichung des einmaligen Zweckes mitzuwirken, nicht mit dem Tode eines der Beteiligten erlischt, sondern auf die Erben übergeht (zur Frage der Beteiligung einer Erbengemeinschaft an der GmbH-Gründung vgl. Rdn. 65 ff., 69). Anderes gilt, wenn der Verstorbene neben seiner Einlage auch an seine Person geknüpfte Leistungen zusagen sollte. Dann bleibt es bei der Regel der Auflösung, sofern die Vertragsauslegung nicht dazu führt, daß der Tod eines Gesellschafters beim Vorvertrag zwar zu dessen ersatzlosem Ausscheiden führen, aber für die anderen keinen Wegfall der Verpflichtungen zur Folge haben sollte.

4. Vorvertrag und letztwillige Anordnung

Dem Vorvertrag unter den mehreren Beteiligten steht die *letztwillige Anordnung* des **46** Erblassers gleich. Er kann den Erben die Errichtung einer GmbH zur **Auflage** machen. Sie kann von jedem Miterben gegenüber den anderen im Wege der Klage erzwungen werden (§ 2194 BGB). Nur muß auch hier die letztwillige Anordnung die nötige Bestimmtheit aufweisen. Der Erblasser kann den Erben nicht lediglich aufgeben, eine GmbH zu errichten. Meist wird sich sein Wille auf bestimmte Gegenstände seines Nachlasses beziehen. So auf Grundstücke, die zusammengehalten werden, auf das von ihm betriebene Unternehmen, das auf diese Weise in der Familie bleiben soll. Der Erblasser kann dabei anordnen, daß diejenigen Erben, die sich nicht innerhalb einer bestimmten Frist zur Mitwirkung bei der Errichtung der GmbH bereit erklären, von der Beteiligung an der zu errichtenden Gesellschaft und den eingebrachten Nachlaßgegenständen ausgeschlossen und mit Geld abzufinden sind. Hier liegt eine *Teilungsanordnung* (§ 2048 BGB) vor. Er kann noch weiter gehen. Er kann die Widerstrebenden von der Erbfolge ausschließen und auf den Pflichtteil beschränken. Die einfache Anordnung der Gründung

---

[61] KG OLGR **40** 194, 195, KGJ **51** A 130, 131 ff.

[62] Abw. für Sacheinlagen *Scholz/Winter* 67.

einer GmbH durch die Erben unter Einbringung des Geschäfts enthält derartige Sanktionen im Falle der Nichtbefolgung nicht.

V. Die Gesellschafter

1. Zahl der Gründer

47 **a) Allgemeines.** Die Gesellschaft kann seit der Neuregelung durch die GmbH-Novelle 1980 (§ 1, 3) nicht nur durch **zwei oder mehrere**, sondern auch durch **einen Gesellschafter** gegründet werden. Eine geschriebene oder ungeschriebene **Höchstzahl** von Gründern oder später beitretenden Gesellschaftern, bei deren Überschreitung die Wahl einer anderen Rechtsform notwendig wäre, gibt es **nicht**; allerdings macht allein schon die erschwerte Anteilsveräußerung nach § 15 eine Öffnung der GmbH für den Kapitalmarkt wenig wahrscheinlich. Den gesetzlichen Regelfall bildet die Gründung durch zwei oder mehr Personen; demgegenüber sind für die Einmanngründung eine Reihe von Sonderregelungen zu beachten (§ 1, 38). Neben der Einmanngründung bleibt auch die sog. „Strohmann"-Gründung, d. h. die Gründung unter Einschaltung eines oder mehrerer Treuhänder, zulässig (Rdn. 49 ff.). Eine Umgehung der Vorschriften über die Einmanngründung ist darin nicht zu sehen[63]. Voraussetzung ist allerdings, daß die Rechtsfolgen der Gründung einschließlich derjenigen aus der Beteiligung des oder der Treuhänder, darunter auch die (Ausfall-)Haftung für die ausstehenden Einlagen, ernsthaft gewollt sind und keine vermögenslosen Personen als Treuhänder vorgeschoben werden.

48 **Abgrenzungsfragen** hinsichtlich der **Zahl** der Gesellschafter (und der damit verbundenen Aufteilung des Stammkapitals in entsprechend viele Stammeinlagen und Geschäftsanteile, vgl. §§ 5 Abs. 2, 14) können dann auftreten, wenn an der Gründung Personen beteiligt sind, die untereinander eine Gesamthandsgemeinschaft (Personengesellschaft, Erbengemeinschaft, Gütergemeinschaft) bilden. Hier ist jeweils zu prüfen, ob die Gründung durch die Beteiligten je *persönlich* oder im Rahmen der bestehenden *gesamthänderischen* Bindung erfolgen soll (zur Zulässigkeit der Beteiligung gesamthänderischer Verbindungen an der GmbH-Gründung vgl. Rdn. 65 ff.). Ist ersteres gewollt, errichten etwa die in einer **Personengesellschaft** (OHG, KG, BGB-Gesellschaft) zusammengeschlossenen Gesellschafter neben dieser durch je **persönliches Handeln** eine GmbH, so ergeben sich keine Besonderheiten: die Zahl der Gesellschafter und der Stammeinlagen deckt sich mit derjenigen der an der Gründung beteiligten Personen. Das Bestehen gesamthänderischer Bindungen zwischen den Gründern hindert sie nicht, unabhängig hiervon einen Gesellschaftsvertrag zur Gründung einer GmbH zu schließen und die damit verbundenen Verpflichtungen zu übernehmen. Entsprechendes gilt für in **Gütergemeinschaft** lebende Ehegatten, jedenfalls wenn sie die Gründung der GmbH mit Mitteln ihres im Ehevertrag vereinbarten oder aus sonstigen in § 1418 Abs. 2 BGB genannten Gründen entstandenen *Vorbehaltsguts* betreiben. Soll die Gründung demgegenüber mit Mitteln und für Rechnung des *Gesamtguts* erfolgen, so schließt auch das eine Gründerbeteiligung der Ehegatten je persönlich nicht aus, wenn nur die Anteile an der Vor-GmbH unübertragbar sind und daher nach § 1417 Abs. 2 BGB *Sondergut* der Ehegatten werden; daß die Gütergemeinschaft auch selbst Gründer sein kann[64], steht

---

[63] So auch *Scholz/Winter* § 1 nF, 24, *Roth* § 1, 4.4, *Lutter* DB **1980** 1320.

[64] Vgl. dazu Rdn. 69 a. Die Rechtslage bei der GmbH-Gründung unterscheidet sich von der Gründung einer *Personen*gesellschaft dadurch, daß bei dieser als einer Arbeits- und Haftungsgemeinschaft die Gütergemeinschaft nach hM aus strukturellen Gründen nicht Gesellschafter sein kann (vgl. näher MünchKomm.-*Ulmer* BGB § 705, 53 m.

nicht entgegen. Mit Eintragung der GmbH und der dadurch begründeten Übertragbarkeit der Geschäftsanteile nach § 15 Abs. 1 und 5 fallen diese dann allerdings in das *Gesamtgut*, ohne daß es eines besonderen Übertragungsakts bedarf. Gesellschafter der *eingetragenen* GmbH sind daher stets die Ehegatten in ihrer gesamthänderischen Verbundenheit, d. h. die Gütergemeinschaft, sofern die Anteile nicht zum Vorbehaltsgut gehören. Zur Haftung der Ehegatten für die ausstehenden Einlagen vgl. Rdn. 69 a.

Soll die **Gründung** dagegen **durch die Gesamthand** erfolgen und soll diese selbst **48 a**
hieraus berechtigt und verpflichtet werden, so scheidet — vorbehaltlich der gmbH-rechtlichen Zulässigkeit dieses Vorgehens (vgl. dazu Rdn. 65 ff.) — eine Gesellschafterstellung der Gesamthänder persönlich aus. Als Gründer ist vielmehr die Gesamthand als solche anzusehen[65]. Wird etwa eine GmbH von den vertretungsbefugten Geschäftsführern einer OHG oder BGB-Gesellschaft ohne Mitwirkung dritter Personen als Gründer errichtet, so handelt es sich um eine **Einmanngründung** unabhängig von der Zahl der an der Personengesellschaft beteiligten Gesellschafter (str., vgl. Rdn. 67 f.). Entsprechendes gilt bei Gründung durch eine Erbengemeinschaft (Rdn. 69). Zur Frage gesamtschuldnerischer Haftung der jeweiligen Gesamthänder für die von der Gesamthand übernommene Stammeinlage und zur Anwendbarkeit von § 18 Abs. 2 vgl. Rdn. 67 ff. und § 18, 25 ff.

b) Treuhand und Strohmanngründung

Schrifttum

O. Kuhn Strohmanngründung bei Kapitalgesellschaften (1964); *Schönle* Die Einmann- und Strohmanngesellschaft (1957); *ders.* Rechtsprobleme der Gründung einer Strohmann-GmbH, GmbH-Rdsch. **1960** 17; *Ballerstedt* Zur Rechtsstellung des Auftraggebers eines Strohmanns nach GmbH-Recht, JZ **1960** 513; *Hassemer* Treuhandverhältnis zwischen Auftraggeber und Strohmann bei der GmbH, GmbH-Rdsch. **1962** 10; *Beuthien* Treuhand an Gesellschaftsanteilen, ZGR **1974** 26, 75 ff.; *Ebermann* Die Verwaltungstreuhand an GmbH-Anteilen, Diss. Köln 1970; *Florian Müller* Die Haftung des Hintermanns bei der Strohmann-GmbH, Diss. Saarbrücken 1972.

Die Gründung einer GmbH kann in der Weise erfolgen, daß ein Teil der oder **49**
sämtliche Gründer *als Treuhänder für Rechnung des Auftraggebers* handeln. Dieses Vorgehen kann dazu dienen, den Rechtsverkehr über den wirtschaftlich hinter der Gründung stehenden Auftraggeber im unklaren zu lassen, seine Identität Dritten gegenüber zu verdecken. Daneben wurde die Einschaltung von Treuhändern i. S. einer „Strohmanngründung" vor allem früher dazu verwendet, dem bis 1980 geltenden Erfordernis von mindestens zwei Gründern im Falle der Errichtung einer als Einmann-Gesellschaft geplanten GmbH zu entsprechen. — Zur Gründung durch einen *Testamentsvollstrecker* vgl.

Nachw.), während diese Schranke für den Fall der (durch die Rechtsverhältnisse der eingetragenen GmbH vorgeprägten) Vor-GmbH nicht besteht (Rdn. 69 a). **AA** für die Gründung einer *Personengesellschaft* durch Ehegatten in Gütergemeinschaft BGHZ **65** 79, 82 ff. = NJW **1975** 1774, MünchKomm.-*Kanzleiter* BGB § 1416, 10 und *Schünemann* FamRZ **1976** 138, die die Sondergutseigenschaft der Gesellschaftsanteile verneinen und im Fall einer mit Mitteln des Gesamtguts bewirkten Gesellschaftsgründung zwischen in Gütergemeinschaft lebenden Ehegatten einen notariellen Gesellschaftsvertrag fordern, um dadurch Vorbehaltsgut nach Maßgabe von §§ 1410, 1418 Abs. 2 Nr. 1 BGB zu begründen.

[65] Vgl. dazu und zu den damit verbundenen Publizitätsproblemen *K. Schmidt* BB **1983** 1697 ff., 1699.

Rdn. 28, zu den gesellschaftsrechtlichen Besonderheiten der *nach* Eintragung entstandenen Einmann-Gesellschaft vgl. § 1, 38 und Anh. I zu § 13.

50 Gesellschaftsrechtlich begegnet die Einschaltung von Treuhändern keinen grundsätzlichen Bedenken; das gilt auch für die Strohmanngründung[66]. Der Registerrichter kann die Eintragung der GmbH nicht wegen des Verdachts der Mitwirkung eines Strohmanns ablehnen; anderes gilt nur dann, wenn entweder die Einschaltung des Strohmanns im Einzelfall *Umgehungszwecken* dient[67] oder wenn der Strohmann die Beitrittserklärung als Gründer nicht zur Herbeiführung eines Rechtserfolgs (dem Abschluß des Gesellschaftsvertrags), sondern zum *Schein* abgibt, um die Eintragung der Scheingesellschaft in das Handelsregister zu ermöglichen[68]. Eine Scheinerklärung ist im Fall der Strohmanngründung indessen nicht zu vermuten (ebenso *Scholz/Winter* 21). Der Strohmann will vielmehr regelmäßig einen Rechtserfolg, die GmbH-Gründung, herbeiführen. Daß er dabei auf Rechnung des Auftraggebers handelt, steht nicht entgegen. Das gilt selbst dann, wenn die GmbH von *zwei Strohmännern* des gleichen Auftraggebers gegründet wird[69]. Der Eintragung steht auch nicht entgegen, daß der treuhänderisch handelnde Strohmann noch *vor* der Eintragung mit dem anderen Gesellschafter die Übertragung seines Geschäftsanteils mit Wirkung zum Zeitpunkt der Eintragung vereinbart[70]. Da die Übertragung des Geschäftsanteils erst im Zeitpunkt der Eintragung der GmbH wirksam wird, greifen die auf die Eintragung bezogenen Sondervorschriften für die Einmanngründung in diesem Fall nicht ein.

51 **Gesellschafter ist** bei derartigen Treuhand- oder Strohmanngründungen solange der **Treuhänder**, bis der Anteil auf den Auftraggeber übertragen worden ist[71]. Die Kündigung des Treuhandvertrags hat als solche den Anteilsübergang nicht zur Folge (BGH WM **1971** 306, 307). Das Treuhandverhältnis kann auch nicht vertraglich dahin ausgestaltet werden, daß während seines Bestehens der Treugeber gesellschaftsrechtlich in vollem Umfang an die Stelle des Treuhänders tritt (BGH DB **1960** 352); wohl aber können dem Treugeber einzelne Gesellschaftsrechte übertragen oder zur Ausübung überlassen werden, soweit sie frei übertragbar sind oder die übrigen Gesellschafter der Überlassung zustimmen[72].

52 Zur **Verhinderung von Umgehungen** hat die **Rechtsprechung** die Vorschriften der §§ 19 Abs. 2, 24, 30 und 31 entsprechend auf den Auftraggeber angewandt und diesen insoweit auch selbst als Gesellschafter behandelt[73]. Einer derart allgemeinen haftungsrechtlichen Gleichstellung des Hintermannes mit einem Gesellschafter kann **nicht zugestimmt** werden[74]. Gegen die Rechtsprechung ist vor allem einzuwenden, daß

---

[66] Heute einhM, vgl. BGHZ **31** 258, 271; **21** 378, 382 mit Anm. *Schilling* JZ **1957** 92; *Baumbach/Hueck* 2 E, *Scholz/Winter* 19.

[67] Dazu Näheres bei *O. Kuhn* S. 153 ff., 176 ff.; zur Frage einer Umgehung der für die Einmanngründung geltenden Sondervorschriften durch Einschaltung eines Strohmanns vgl. Rdn. 47.

[68] BGHZ **21** 378, 381; zur Scheinerklärung eines „Gründers" vgl. Rdn. 107.

[69] RGZ **167** 184, 188, BGHZ **21** 378, 382, KG GmbH-Rdsch. **1968** 182.

[70] BGHZ **21** 378, 383, OLG Frankfurt NJW **1956** 1216; **aA** noch OLG Celle GmbH-Rdsch. **1951** 26 m. ablehn. Anm. *Ballerstedt*; zu dem davon zu unterscheidenden Fall eines Gesellschafterwechsels *vor* Eintragung vgl. Rdn. 14.

[71] BGHZ **21** 378, 382, BGH DB **1960** 352, BGH WM **1971** 306; vgl. auch Anh. § 15, 53 ff.

[72] Vgl. näher *Fleck* Festschrift Rob. Fischer (1979) S. 107 ff.

[73] BGHZ **31** 258, 266 f. und WM **1977** 73, 75, OLG Hamburg BB **1984** 1253; vgl. auch BGH GmbH-Rdsch. **1963** 208 zur Haftung des Hintermanns einer unterkapitalisierten Strohmann-GmbH, dazu *Pleyer* GmbH-Rdsch. **1963** 206.

[74] So auch die im *Schrifttum* ganz überwiegende Meinung, vgl. *Scholz/Winter* 28, *Ballerstedt* JZ **1960** 513, 514, Geßler/Hefermehl/*Eckardt*/Kropff AktG § 2, 37, *O. Kuhn* S. 96, 98,

sie die Besonderheiten der mittelbaren Stellvertretung im Recht der GmbH außer acht läßt, obwohl weder das Interesse der Kapitalaufbringung und -erhaltung noch sonstige gesellschaftsrechtliche Grundsätze eine derart weitgehende Einbeziehung des Hintermanns fordern (*Ballerstedt* JZ **1960** 514, *O. Kuhn* S. 98). Die Ansicht läßt sich auch nicht auf eine Analogie zu § 9a Abs. 4 (= § 46 Abs. 5 AktG) stützen, da diese Vorschrift bestimmte genau umrissene deliktische Tatbestände umfaßt und nicht etwa einen allgemeinen Rechtsgedanken enthält, den Hintermann in jedem Fall dem Gesellschafter gleichzustellen[75]. Ob eine Lücke in den der Sicherung des Stammkapitals dienenden Regelungen vorliegt, die zu einer analogen Haftung des Hintermanns Anlaß geben könnte, muß vielmehr für jeden einzelnen Haftungstatbestand gesondert geprüft werden (vgl. Rdn. 53 bis 55).

Im einzelnen folgt daraus, daß in der Regel **weder § 31 Abs. 3 noch § 24 auf den Hintermann Anwendung finden**. Der Gesetzgeber hat die Kollektivhaftung der GmbH-Gesellschafter bewußt *anstelle* spezieller deliktischer Tatbestände der Gründerverantwortlichkeit gewählt und damit einen grundsätzlich anderen, auf das *Einstehenmüssen der Verbandsmitglieder für Aufbringung und Unversehrtheit des Garantiefonds* abzielenden Anknüpfungspunkt geschaffen[76]. Die Auferlegung dieser schuldunabhängigen Einstandspflicht rechtfertigt sich mit anderen Worten aus der *Verbandszugehörigkeit* der Gesellschafter und der damit verbundenen Möglichkeit, für Aufbringung und Erhaltung des Garantiefonds Sorge zu tragen. Für den *Hintermann* treffen diese Gesichtspunkte regelmäßig *nicht* zu (so auch *Scholz/Winter* § 24, 8). 53

Die **Rückzahlungspflicht** in **§§ 30, 31 Abs. 1** betrifft schon nach richtig verstandener gesetzlicher Regelung *nicht nur den Gesellschafter*, der derartige gesetzwidrige Zahlungen erhalten hat, sondern **jeden Empfänger**[77]. Entgegen der Amtlichen Begründung zum Entwurf eines GmbH-Gesetzes (S. 3745) richtet sich das Verbot des § 30 nach zutreffender Ansicht *nicht nur gegen Zahlungen an die Gesellschafter*. Entscheidend ist vielmehr, daß die **Leistung mit Rücksicht auf die Beteiligung** gewährt ist (*Ballerstedt* JZ **1960** 517; vgl. auch § 31, 8f.). Der Garantiefonds soll mit anderen Worten dem Zugriff derjenigen Personen entzogen werden, die ihn im Interesse anderer Personen aufgebracht haben und gestützt auf ihre finanzielle Beteiligung regelmäßig maßgeblichen Einfluß auf die Verwendung der Haftungsgrundlage nehmen können (*Florian Müller* S. 212). Nach diesem am *Gesetzeszweck* orientierten Verständnis der Vorschriften der §§ 30, 31 Abs. 1 kommt es somit nicht entscheidend auf die Gesellschafterstellung des Zahlungsempfängers an, sondern auf den — für die GmbH maßgeblichen — Rechtsgrund der Zahlung. Dem Rückzahlungsanspruch des § 31 Abs. 1 ausgesetzt sind nicht nur die Gesellschafter selbst, sondern auch diejenigen *ihnen nahestehenden Personen*, denen die GmbH *aufgrund der Beteiligungsverhältnisse Leistungen ohne vollwertiges Entgelt* erbracht hat (BGHZ **81** 365, 368f. = NJW **1982** 386; zur Erstattung zurückgezahlter eigenkapitalersetzender Gesellschafterdarlehen an die GmbH vgl. auch §§ 32a, 32b, 111). 54

Florian Müller S. 183, *Pleyer* GmbH-Rdsch. **1960** 44 und **1963** 206, *Schönle* GmbH-Rdsch. **1960** 63, 64, *Wolany* Rechte und Pflichten des Gesellschafters einer GmbH (1964) S. 41; **aA** aber *Baumbach/Hueck* § 30, 1 und § 31, 1, *Neflin* GmbH-Rdsch. **1963** 41, 44 sowie *Rob. Fischer* in Anm. zu BGHZ **31** 258, LM Nr. 4 zu § 2 GmbHG. Gegen die Kritik an der Rechtsprechung durch das überw. Schrifttum vgl. jetzt auch OLG Hamburg BB **1984** 1253.

[75] Vgl. dazu § 9a sowie *Ballerstedt* JZ **1960** 518 und *Wolany* aaO S. 45.

[76] Vgl. auch *O. Kuhn* S. 98, *Florian Müller* S. 218.

[77] Dies freilich unter dem Vorbehalt, daß die Zahlung seitens der GmbH *für ihn bestimmt* ist und an ihn nicht nur als Vertreter des Gesellschafters erfolgt (vgl. § 31, 9 m. Nachw.).

54 a Bezogen auf den **Hintermann** ergibt sich eine unmittelbare **Rückzahlungspflicht aus § 31 Abs. 1** nach den in Rdn. 54 genannten Grundsätzen nur — aber auch stets — dann, wenn die an ihn bewirkte Zahlung der GmbH *auf seiner Stellung als Treugeber beruht.* Hierunter fallen nicht nur Leistungen, die die GmbH aufgrund seiner unmittelbaren Einflußnahme auf die Geschäftsführung erbracht hat, sondern auch solche, die auf Veranlassung des Strohmanns unter Offenlegung der Treugeberstellung des Empfängers erfolgen[78]. Der Tatbestand der mittelbaren Stellvertretung steht der Einbeziehung des Hintermanns in den Kreis der erstattungspflichtigen Personen nicht entgegen, wenn dieser seine mittelbare Beteiligung durch erfolgreiches Fordern verbotener Rückzahlungen — sei es unmittelbar oder über den Strohmann — zur Geltung bringt (vgl. auch *Wolany* aaO S. 62). — Sind die Zahlungen der GmbH demgegenüber nicht an den Hintermann selbst, sondern **an den Strohmann** geleistet worden, so kommt für die Haftung des Hintermanns allenfalls eine analoge Heranziehung der Vorschriften der §§ 30, 31 Abs. 1 in Betracht. Ob ein Bedürfnis hierzu besteht, das GmbH-Gesetz mit anderen Worten eine Regelungslücke enthält, erscheint freilich zweifelhaft. Sie ist zumindest dann zu verneinen, wenn der Strohmann die mißbilligte Rückzahlung behält; hier will wohl selbst der BGH den Hintermann nicht belangen. Aber auch wenn der Strohmann die gesetzwidrig erlangten Beträge inzwischen an den Hintermann abgeführt hat, kann der GmbH und ihren Gläubigern regelmäßig auch ohne unmittelbare Ansprüche gegen den Hintermann geholfen werden. Denn der Strohmann hat in diesen Fällen einen *Ersatzanspruch* gegen den Hintermann mit Rücksicht auf seine eigene Erstattungspflicht gegenüber der GmbH erlangt, der von der GmbH gepfändet oder durch Abtretung erworben werden kann[79].

55 Auch eine analoge Anwendung von **§ 19 Abs. 2** auf die Ansprüche des Strohmanns gegen den Hintermann wegen der Aufbringung der vom Strohmann übernommenen Stammeinlage erscheint regelmäßig schon deshalb **nicht** erforderlich, weil Erlaß, Stundung und Aufrechnung dieser Ansprüche im Innenverhältnis schon über § 138 BGB (*Wolany* aaO S. 62) bzw. durch Gläubiger- oder Konkursanfechtung (*Ballerstedt* JZ **1960** 516) erfaßt werden können[80]. Ist der Befreiungsanspruch des Strohmanns dagegen auf die Gesellschaft übergegangen, so bestehen gegen eine analoge Heranziehung von § 19 Abs. 2 keine Bedenken (*Florian Müller* S. 203, 204).

56 Die **Rechtsbeziehungen zwischen Treuhänder und Auftraggeber** (dazu näher Anh. § 15, 51 ff., 56) unterstehen grundsätzlich nicht Gesellschafts-, sondern Auftragsrecht. Daher bedarf auch die Verpflichtung des Treuhänders zur Übertragung des Geschäftsanteils *nicht* der in § 15 Abs. 4 GmbHG vorgeschriebenen Form (RGZ **54** 75, 79; vgl. Anh. § 15, 52). Entsprechend ist die Verpflichtung des Treuhänders, an der GmbH-Gründung mitzuwirken, formlos wirksam (BGH WM **1971** 306). Der Treuhänder ist im Zweifel verpflichtet, auf Verlangen jederzeit die Übertragung des Geschäftsanteils auf den Auftraggeber nach Maßgabe von § 15 Abs. 3 vorzunehmen (zur Bedeutung von Übertragungsbeschränkungen für Rechtsgeschäfte zwischen Treuhänder und Treugeber vgl. § 15, 97 f.). Bei der Ausübung der Rechte aus dem Geschäftsanteil hat er sich nach den Weisungen des letzteren zu richten. Im *Konkurs* des Treuhänders ist der Auftraggeber zur *Aussonderung* des Gerschäftsanteils **nicht** berechtigt[81]. Das beruht darauf, daß der Treuhänder im Fall der Strohmanngründung den Anteil *nicht unmittelbar vom Treugeber,*

---

[78] So wohl auch *Florian Müller* S. 215 f.; **aA** *Ballerstedt* JZ **1960** 513, 517.

[79] *Ballerstedt* JZ **1960** 517, *Wolany* aaO S. 58; zur Unwirksamkeit eines etwaigen Verzichts des Strohmanns vgl. Rdn. 55.

[80] Zust. *Scholz/Winter* § 19, 9; **aA** BGHZ **31** 258, 266.

[81] BGH WM **1964** 179; *Kuhn* WM **1964** 1006; **aA** *Beuthien* ZGR **1974** 26 (66, 84).

sondern durch die eigene Beteiligung an der Gesellschaftsgründung erworben hat. Der *unmittelbare* Erwerb des Treuguts vom Treugeber ist aber nach ständiger Rechtsprechung Voraussetzung für die Anerkennung der wirtschaftlichen Zugehörigkeit des Treuguts zum Vermögen des Treugebers im Konkurs und in der Zwangsvollstreckung[82]. Ein Aussonderungsrecht des Treugebers besteht nach dem Unmittelbarkeitsprinzip nur dann, wenn dieser zuvor selbst Gesellschafter gewesen ist und dem Treuhänder seinen Geschäftsanteil übertragen hat.

Wenn **mehrere Gesellschafter denselben Strohmann einschalten** oder wenn dieser die Beteiligung zugleich für sich und für Rechnung eines anderen erwirbt, so entsteht für ihn doch stets nur *ein Geschäftsanteil*. Das Verhältnis zwischen den Treugebern entspricht dann demjenigen mehrerer Mitberechtigter (§ 18). Der Gesellschaft gegenüber erscheint der Strohmann als alleiniger Gesellschafter (BGH WM **1971** 306). Eine Übertragung des Treuguts an den jeweiligen Auftraggeber ist nur durch Übertragung eines *Teiles* des Geschäftsanteils möglich. Sie bedarf auch in diesem Fall der Genehmigung der Gesellschaft (§ 17). Wird diese versagt, so kann der Beauftragte dem Auftraggeber nur das Miteigentum an dem Geschäftsanteil einräumen. 57

Veräußert der Treuhänder den ihm anvertrauten Geschäftsanteil **treuwidrig** an einen Dritten, so erwirbt ihn dieser. Der Verkäufer war, wenn auch für fremde Rechnung, doch Gesellschafter. Ihm standen die veräußerten Rechte zu. Der Treugeber hat nur die Schadensersatzklage. Zulässig ist es, zur Sicherung des Anspruchs auf Übertragung des Geschäftsanteils diesen dem Treugeber zu *verpfänden*. Ebenso kann ihm ein *Nießbrauch* bestellt werden. Soweit die Veräußerung des Geschäftsanteils der Genehmigung der Gesellschaft bedarf, ist sie auch für diese Rechtsakte erforderlich (Anh. § 15, 40 und 58). 58

2. Qualifikation der Gesellschafter

a) Natürliche Personen

Schrifttum

Biddermann Die Rechtsstellung des minderjährigen GmbH-Gesellschafters bei Fehlen der vormundschaftsgerichtlichen Genehmigung zum Gründungsvertrag und zum Erwerb von Geschäftsanteilen, GmbH-Rdsch. **1966** 4; *Haegele* GmbH und Verfügungsbeschränkungen der Zugewinngemeinschaft, GmbH-Rdsch. **1965** 187; *ders.* Vertragliche Güterrechte und GmbH, GmbH-Rdsch. **1968** 69, 95 und 138; *ders.* Geschäftsunfähige und beschränkt Geschäftsfähige im GmbH-Recht, GmbH-Rdsch. **1971** 198; *Zelz* Der Minderjährige in der GmbH, GmbH-Rdsch. **1959** 91; *Bauer* Die Rechtsfragen der Beteiligung Minderjähriger an der Gründung einer Gesellschaft mbH, Diss. München 1969.

α) Allgemeines. Jede natürliche Person kann Gesellschafter einer GmbH sein. Vorausgesetzt ist lediglich die — mit der Vollendung der Geburt (§ 1 BGB) beginnende — **Rechtsfähigkeit** (zur Beteiligung nicht voll Geschäftsfähiger vgl. Rdn. 61 ff.). Die deutsche Staatsangehörigkeit ist zur Mitwirkung an der Gründung oder zum späteren Erwerb eines Geschäftsanteils nicht erforderlich; für **Gebietsfremde** besteht jedoch 59

[82] Vgl. Nachw. bei *Böhle-Stamschräder/Kilger* KO[14] § 43, 9 und bei *Soergel/Schultze-v. Lasaulx* BGB[11] § 164 Vorb. 69; kritisch zum Unmittelbarkeitserfordernis die neuere Literatur, vgl. statt aller *Soergel/Schultze-v. Lasaulx* aaO 70 und *Beuthien* ZGR **1974** 67 ff. m. weit. Nachw.

eine Meldepflicht gegenüber der Landeszentralbank[83]. Zur Frage ausländerrechtlicher Schranken der Beteiligung an einer GmbH vgl. § 1, 27 f.

60 Grundsätzlich keiner Einschränkung unterliegt auch die Beteiligung von **Ehegatten** an einer GmbH. Soweit sie im *gesetzlichen Güterstand* der Zugewinngemeinschaft leben, bedarf der Abschluß des Gesellschaftsvertrags oder der Erwerb einer Beteiligung der Zustimmung des anderen Ehegatten nur, wenn die versprochene Einlage bzw. der Kaufpreis das ganze Vermögen des beteiligten Ehegatten bildet (§ 1365 BGB) und die anderen Vertragspartner hiervon Kenntnis haben[84]. Zu den Auswirkungen *vertraglicher Güterstände* auf die Beteiligung von Ehegatten an einer GmbH vgl. Rdn. 48, 69 a.

61 **β) Nicht voll Geschäftsfähige.** Minderjährige oder aus sonstigen Gründen nicht voll geschäftsfähige Personen bedürfen zum Vertragsschluß der Mitwirkung des **gesetzlichen Vertreters** bzw. Vormunds. Da der Gesellschaftsvertrag nicht nur rechtliche Vorteile (§ 107 BGB) gewährt, können auch beschränkt Geschäftsfähige nicht allein handeln. Das gilt auch dann, wenn der Minderjährige keine eigene Einlage zu erbringen hat, ihm diese — bzw. der Geschäftsanteil — etwa von dritter Seite geschenkt wird und eine Inanspruchnahme aus § 24 wegen Volleinzahlung der Stammeinlagen im Zeitpunkt des Beitritts ausgeschlossen ist: da die Mitgliedschaft in der GmbH auch künftige Haftungsrisiken des Eintretenden aus §§ 24, 31 (vgl. § 24, 24 und § 53, 68) sowie daneben Treupflichten gegenüber Gesellschaft und Mitgesellschaftern begründet, ist der Eintritt in die Gesellschaft in keinem Fall ein lediglich vorteilhaftes Geschäft im Sinne von § 107 BGB[85]. — Sollen in die GmbH mehrere von denselben Personen vertretene minderjährige Gesellschafter aufgenommen werden oder sind die gesetzlichen Vertreter selbst schon Gesellschafter, so sind sie nach §§ 1629, 1795 i. V. m. § 181 BGB an der gleichzeitigen Vertretung gehindert (OLG Stuttgart GmbH-Rdsch. **1980** 102). In diesen Fällen bedarf es der Bestellung eines **Ergänzungspflegers** (§ 1909 BGB; zur Unanwendbarkeit von § 181 BGB bei Beschlüssen über Geschäftsführungsmaßnahmen und sonstige laufende Angelegenheiten vgl. § 47, 43 f., zum Sonderfall der Satzungsänderung vgl. § 53, 54). Dabei ist grundsätzlich *für jede zu vertretende Person ein besonderer Pfleger* zu bestellen. Die Eltern oder der Vormund können freilich, soweit sie nicht zugleich selbst am Vertragsschluß beteiligt sind, als Vertreter *einer* der vertretungsbedürftigen Personen mitwirken[86]. Die Genehmigung durch das Vormundschaftsgericht kann die Vertretungsmängel nicht heilen (*Kuhn* WM **1963** 522).

62 **Umstritten** ist die Frage, ob zur Beteiligung eines nicht voll Geschäftsfähigen an der **GmbH-Gründung** die **Genehmigung des Vormundschaftsgerichts** erforderlich ist (zur Genehmigungsbedürftigkeit des Anteilserwerbs vgl. § 15, 129 und 131). Als Genehmigungstatbestände kommen die Vorschriften des § 1822 Nr. 3 (Gesellschaftsvertrag zum Betrieb eines Erwerbsgeschäfts) und Nr. 10 BGB (Übernahme einer fremden Verbindlichkeit) in Betracht. Das Eingreifen von **§ 1822 Nr. 3 BGB** wird von der

---

[83] § 23 Abs. 2 AußenwiG vom 28. 4. 1961 i. V. m. § 57 Abs. 1 Nr. 1 AußenwiVO i. d. F. vom 3. 8. 1981, BGBl. **1981** I 853; zu den Einzelheiten der Meldepflicht, insbesondere zu den meldepflichtigen Personen und dem Zeitpunkt der Meldung vgl. Näheres in §§ 57, 58 aaO.

[84] Heute hM, vgl. Geßler/Hefermehl/*Eckardt*/Kropff AktG § 2, 30, *Haegele* GmbH-Rdsch. **1965** 188 m. weit. Nachw.; allgemein zur Anwendbarkeit von § 1365 BGB auf Rechtsgeschäfte, die sich nicht ausdrücklich auf das „Vermögen im ganzen" beziehen, vgl. *Erman/Heckelmann* BGB[7] § 1365, 8, 10, zur Anwendung des § 1365 beim Abschluß von Gesellschaftsverträgen MünchKomm.-*Gernhuber* BGB § 1365, 68 f., *Erman/Heckelmann* § 1365, 15, dazu auch Anh. § 15, 69 ff.

[85] So wohl auch *Staudinger/Dilcher* BGB[12] § 107, 24, *Stürner* AcP 173 **1973** 402, 435; **aA** *Gernhuber* Familienrecht[3] § 51 III 8 S. 778.

[86] Näheres bei *Haegele* GmbH-Rdsch. **1971** 198, 199 f.

überwiegenden Meinung für den Fall bejaht, daß der Zweck der GmbH (dazu § 1, 8) auf den *Betrieb eines Erwerbsgeschäfts* gerichtet ist[87]. Dem ist zuzustimmen. Das Argument der Gegenansicht, das Erwerbsgeschäft solle nicht vom Minderjährigen, sondern von der rechtlich selbständigen GmbH betrieben werden, trifft zumindest in den Fällen nicht zu, in denen die Geschäfte der GmbH bereits vor Eintragung begonnen werden sollen[88]. Im übrigen stellt § 1822 Nr. 3 BGB auch nicht darauf ab, ob die gemeinsam gegründete Gesellschaft später Rechtsfähigkeit erlangt oder nicht. Angesichts der Notwendigkeit, im Interesse der Verkehrssicherheit zu einer klaren Abgrenzung der genehmigungspflichtigen Geschäfte zu gelangen, sind die Tatbestände des § 1822 BGB grundsätzlich formal auszulegen (BGHZ **38** 26, 28; **52** 316, 319). Nach dem Wortlaut von § 1822 Nr. 3 BGB kann aber kein Zweifel sein, daß auch die Gründung einer GmbH mit Erwerbszweck hierunter fällt, soweit ein Minderjähriger an ihr beteiligt ist. Deshalb und aus Gründen der Rechtssicherheit ist auch eine in neuerer Zeit wiederholt anzutreffende vermittelnde Ansicht abzulehnen, die das Eingreifen von § 1822 Nr. 3 BGB jedenfalls beim *Anteilserwerb* davon abhängig macht, ob die vom Minderjährigen erworbene Beteiligung an einer erwerbswirtschaftlich tätigen GmbH unternehmerischer Natur ist oder sich auf eine bloße Kapitalbeteiligung beschränkt[89]. — Zur Notwendigkeit vormundschaftsgerichtlicher Genehmigung nach § 1822 Nr. 3 BGB bei *Veräußerung sämtlicher Anteile* einer GmbH durch die minderjährigen Erben eines Alleingesellschafters vgl. OLG Hamm DB **1984** 1822, 1823.

Was **§ 1822 Nr. 10 BGB** betrifft, so liegen dessen Voraussetzungen nach zutreffender **62 a** Ansicht nur vor, wenn die Stammeinlagen nicht schon im Zuge der Gründung voll geleistet werden und daher im Rahmen der Ausfallhaftung des § 24 eine *fremde Verbindlichkeit übernommen* wird[90]. Die *weitergehende* Ansicht, die § 1822 Nr. 10 BGB auch im Hinblick auf das *künftige* Haftungsrisiko des Gesellschafters aus §§ 24, 31 eingreifen lassen will[91], ist schon deshalb abzulehnen, weil das Vormundschaftsgericht dieses künftige Risiko bei seiner Entscheidung kaum berücksichtigen könnte. Auf das Eingreifen der Nr. 10 kommt es nur bei der Gründung solcher Gesellschaften an, die kein Erwerbsgeschäft i. S. v. § 1822 Nr. 3 betreiben (Rdn. 62). — Die vormundschaftsgerichtliche Genehmigung ist dem Vertreter gegenüber zu erklären (§ 1828 BGB); sie ist **formlos** wirksam (*Soergel/Damrau* BGB[11] § 1828, 18). Das Registergericht hat ihr Vorliegen nach § 12 FGG *von Amts wegen* zu prüfen; eines Nachweises durch öffentliche Urkunden bedarf es hierfür nicht (*Stöber* Rpfl. **1968** 2, 11).

γ) Einzelkaufmann. Streitig ist, ob ein *Einzelkaufmann* unter seiner **Firma** als **63** Gründer einer GmbH auftreten kann. Die Praxis *bejaht* es zu Recht, sofern nur der

[87] RGZ **51** 33, 35, KGJ **23** A 89, 93, KG GmbH-Rdsch. **1927** 490; *Scholz/Winter* 9, *Brodmann* 6 a, *Biddermann* GmbH-Rdsch. **1966** 4, *Gernhuber* Familienrecht[3] § 52 V 6, *Haegele* GmbH-Rdsch. **1971** 205, *Soergel/Damrau* BGB[11] § 1822, 26, *Wiedemann* Übertragung und Vererbung von Mitgliedschaftsrechten (1965) S. 252; **aA** *Baumbach/Hueck* 2 B, *Rob. Fischer* 1 c, *Winkler* ZGR **1973** 177, 182, *Zelz* GmbH-Rdsch. **1959** 91; offenlassend BGH ZIP **1980** 451, 452 und KGJ **44** 142, 144.

[88] Für *diesen* Fall bejaht auch *Winkler* ZGR **1973** 183 die Genehmigungspflicht.

[89] So KG NJW **1976** 1946; MünchKomm.-*Zagst* BGB § 1822, 4, *Erman/Holzhauer* BGB[7] § 1822, 5; noch restriktiver (auch auf die Errichtung der GmbH bezogen) *Staudinger/Engler* BGB[10/11] § 1822, 69, 72 und 80.

[90] KG NJW **1962** 54, OLG Stuttgart GmbH-Rdsch. **1980** 102, 103; *Soergel/Damrau* BGB[11] § 1822, 45, MünchKomm.-*Zagst* BGB § 1822, 14, *Gernhuber* Familienrecht[3] § 52 V 10 S. 817; **aA** *Baumbach/Hueck* 2 B, *Rob. Fischer* 1 c, *Winkler* ZGR **1973** 177, 182, *Zelz* GmbH-Rdsch. **1959** 92; offenlassend BGHZ **41** 71, 78 = NJW **1964** 766.

[91] So OLG Stuttgart OLGZ **1978** 426; *Scholz/Winter* 9, *Erman/Holzhauer* BGB[7] § 1822, 11, *Palandt/Diederichsen* BGB[42] § 1822, 10, *Biddermann* GmbH-Rdsch. **1966** 4 f.

bürgerliche Name des Einzelkaufmanns in der mit der Anmeldung zum Handelsregister einzureichenden Liste (§ 8, 7) angeführt ist. Den Gesellschaftsvertrag erkennt sie als gültig an, auch wenn in ihm ein Einzelkaufmann unter seiner Firma als Gesellschafter erscheint[92]. Für die AG ist das einhellige Meinung (*Meyer-Landrut* GroßkommAktG § 2, 11). Die Beteiligung eines Einzelkaufmanns bei der Neugründung einer GmbH ist im Zweifel als zum Betrieb seines Handelsgewerbes gehörend anzusehen. Dann ist sie ein Handelsgeschäft, bei dessen Abschluß er sich zu Recht seiner Firma bedient (§§ 343, 344, 17 HGB). Das hat praktische Bedeutung für die Firma der GmbH (vgl. § 4, 40 ff.).

64 **b) Juristische Personen.** Die Fähigkeit juristischer Personen, sich als Gründer an einer GmbH zu beteiligen oder später Anteile zu erwerben, wird *durch das GmbH-Recht nicht begrenzt*. Gesellschafter können danach sowohl juristische Personen des **Privatrechts** (AG, GmbH, KGaA, eingetragener Verein, rechtsfähige Stiftung) als auch solche des **öffentlichen Rechts** sein (zur Verwendung der GmbH bei der Erfüllung öffentlichrechtlicher Zwecke vgl. § 1, 17). Grenzen der Beteiligung können sich dagegen aus dem für die jeweiligen juristischen Personen maßgebenden Recht ergeben, so aus den durch den Vereinszweck gezogenen Schranken für die Vertretungsmacht des Vereinsvorstands[93] oder aus der Begrenzung der erwerbswirtschaftlichen Tätigkeit der öffentlichen Hand[94]. Keinen Schranken unterliegt dagegen die Vertretungsbefugnis der Abwickler einer AG oder GmbH[95]. Auch **ausländische** Handelsgesellschaften mit Rechtsfähigkeit können im Inland Beteiligungen an einer GmbH erwerben (*Brodmann* 6 a). Die *Rechtsfähigkeit* der ausländischen Gesellschaft im Inland beurteilt sich seit Aufhebung des Art. 10 EGBGB durch § 30 Abs. 1 Nr. 4 VereinsG vom 5. 8. 1964 nach allgemeinen Grundsätzen[96]. Den *Nachweis* der Rechtsfähigkeit und der Vertretungsverhältnisse der ausländischen Gesellschaft kann der Registerrichter im Rahmen des Eintragungsverfahrens von den Beteiligten verlangen (§ 12 FGG).

c) Gesamthandsgemeinschaften

Schrifttum

Grothus Übernahme einer GmbH-Stammeinlage durch eine Gesellschaft bürgerlichen Rechts, GmbH-Rdsch. **1958** 156; *Haegele* Vertragliche Güterrechte und GmbH, GmbH-Rdsch. **1968** 69, 95 und 138; *Graf Hardenberg* Die Beteiligung von nichtrechtsfähigen Vereinen an Gesellschaft und Körperschaft, Diss. München 1969; *Hohner* Zur Beteiligung von Personengesellschaften an Gesellschaften, NJW **1975** 718; *U. Koch* Die Beteiligung einer Gesellschaft bürgerlichen Rechts an der GmbH-Gründung, ZHR 146 **1982** 118; *Kopei* Die Übernahme einer Stammeinlage oder Aktie bei Gründung einer GmbH oder AG durch eine Personenmehrheit, GmbH-Rdsch. **1960** 84; *Merkert* Die Gesellschaft bürgerlichen Rechts als Gründungsgesellschafterin einer GmbH? NJW **1957** 1909; *Ripfel*

---

92 OLG Dresden OLGR **34** 356, BayObLG DB **1973** 1232 (für die Beteiligung als Kommanditist); ebenso *Hüffer* GroßkommHGB[4] § 17, 41, *Baumbach/Hueck* 2 B, *Scholz/Winter* 12; **aA** KG JW **1939** 423 (für die OHG-Beteiligung); *Liebmann* 7, *Brodmann* 6 a.

93 § 26 Abs. 2 S. 2 BGB, vgl. BGH NJW **1980** 2799; MünchKomm.-*Reuter* BGB § 26, 13 ff.

94 Vgl. § 67 DGO und die ihm nachgebildeten, in die meisten landesrechtlichen Gemeindeordnungen aufgenommenen Vorschriften.

95 So im Anschluß an § 269 AktG 1965 auch für das GmbH-Recht heute hM, vgl. § 70, 30 ff. und *Scholz/Winter* 13.

96 Allg. Einl. 94 ff., *Staudinger/Großfeld* BGB[12] Internat. Gesellschaftsrecht 123 ff., *Palandt/Heldrich* BGB[42] 1 bis 5 nach Art. 10 EGBGB. Zur Anerkennung einer Anstalt nach liechtensteinischem Recht in der Bundesrepublik vgl. BGHZ **53** 181, OLG Frankfurt NJW **1964** 2355, OLG Stuttgart NJW **1965** 1139; *Schönle* NJW **1965** 1112.

Übernahme einer Stammeinlage durch eine Personenmehrheit, GmbH-Rdsch. **1956** 7; *K. Schmidt* Die GmbH-Beteiligung von Gesellschaften bürgerlichen Rechts als Publizitätsproblem, BB **1983** 1697; *Scholz* Nochmals: Übernahme einer Stammeinlage durch eine Personenmehrheit, GmbH-Rdsch. **1956** 17; *Wiedemann* GmbH-Anteile in der Erbengemeinschaft, GmbH-Rdsch. **1969** 247.

α) Überblick. Die Fähigkeit einer Gesamthandsgemeinschaft, sich an einer **eingetragenen** und dadurch zur juristischen Person gewordenen **GmbH** zu beteiligen, wird **allgemein anerkannt**. Das gilt nicht nur für OHG, KG und nichtrechtsfähigen Verein, sondern auch für BGB-Gesellschaft, eheliche Gütergemeinschaft und Erbengemeinschaft[97]. Der von einer BGB-Gesellschaft erworbene, der auf eine Erbenmehrheit übergegangene oder der mit Mitteln des Gesamtguts beschaffte GmbH-Anteil steht der Gesamthand bzw. ihren Mitgliedern *in gesamthänderischer Verbundenheit* zu. Sind an der GmbH keine sonstigen Gesellschafter beteiligt, so liegt eine *Einmann-Gesellschaft* vor (zum Unterschied gegenüber der von den Gesamthändern persönlich gehaltenen GmbH-Beteiligung vgl. Rdn. 48). Auf sie sind trotz der Mehrzahl der an der Gesamthand beteiligten Personen die für Einmann-Gesellschaften geltenden Sondervorschriften des GmbH-Rechts (§ 1, 38) anzuwenden. 65

Für den Fall der **GmbH-Gründung** bzw. der Beteiligung an einer Vor-GmbH ist dagegen **umstritten**, ob und inwieweit über die strukturell verfestigten Personenverbände OHG und KG hinaus auch andere Gesamthandsgemeinschaften Gründer sein können (vgl. näher Rdn. 67 bis 69 a). Von der Beantwortung dieser Frage hängt es ab, ob für die mehreren Mitglieder der an der Gründung beteiligten Gesamthand je gesonderte Stammeinlagen und dementsprechend (§ 14) Geschäftsanteile vorzusehen sind oder ob die Gesamthand als solche eine *einheitliche* Stammeinlage zeichnen und im Zeitpunkt der Eintragung den hierauf entfallenden Geschäftsanteil erwerben kann. — Auch wenn man die „Einheitslösung" für zulässig hält, d. h. die Gründerfähigkeit der Gesamthand bejaht, ist damit noch nicht über die weitere Frage entschieden, ob der gesamthänderisch gehaltene Anteil als einheitliche Beteiligung der (teilrechtsfähigen) Gesamthand anzusehen ist *oder* ob er unter die für die ungeteilte Mitberechtigung mehrerer Beteiligter geltende Sonderregelung des § 18 fällt mit der Folge, daß die Mitglieder der Gesamthand nach § 18 Abs. 2 gesamtschuldnerisch für die Einlageforderung der GmbH haften. Im einzelnen ist wie folgt zu differenzieren. 66

β) OHG, KG. Die Fähigkeit einer OHG oder KG, sich an der Gründung einer GmbH zu beteiligen, ist zu Recht **allgemein anerkannt**[98]. Überwiegend wird zur Begründung auf die weitgehende Verselbständigung verwiesen, die diese Personengesellschaften durch § 124 HGB gegenüber ihren Mitgliedern erfahren hätten[99]. Damit deckt sich im Ergebnis die neuere, auf die Personengesellschaft als „Gruppe" abstellende Lehre, die neben der vermögensrechtlichen auch die *personenrechtliche* Natur dieser Gesamthand betont und sie als von den Mitgliedern zu unterscheidendes, selbständiges Zuordnungssubjekt von Rechten und Pflichten begreift[100]. **Haftungsrechtlich** hat diese Verselbständigung der Gesamthand gegenüber ihren Mitgliedern zur Folge, daß für die 67

---

97 EinhM, vgl. zur BGB-Gesellschaft OLG Saarbrücken AG **1980** 26, 27, zur Erbengemeinschaft BGH NJW **1959** 1820, BGH WM **1969** 590, KG NJW **1962** 54, BayObLG AG **1968** 330, 331, OLG Hamm BB **1975** 292, 293, zur Gütergemeinschaft BGHZ **65** 79, 81 = NJW **1975** 1774 (für Beteiligung an einer OHG); dazu auch § 18, 5 ff., 11 f., *Baumbach/Hueck* § 18, 1, *Rob. Fischer* § 18, 2, *Roth* § 18, 2, *Scholz/Winter* § 18, 4 ff.

98 Vgl. nur *Baumbach/Hueck* 2 C, *Rob. Fischer* 1 f., *Roth* § 1, 4.2.3, *Scholz/Winter* 14.

99 So etwa *Roth* und *Scholz/Winter* aaO (Fn. 98).

100 Vgl. dazu namentlich *Flume* Die Personengesellschaft § 4 II S. 54 ff. und MünchKomm.-*Ulmer* BGB § 705, 110 ff. m. Nachw.

Anwendung von § 18 Abs. 2 kein Raum ist. Es liegt keine Mitberechtigung mehrerer am Geschäftsanteil i. S. v. § 18 Abs. 1 vor, sondern eine *Allein*berechtigung der personenrechtlichen *Gesamthand.* Eine über §§ 171, 172 HGB hinausgehende Kommanditistenhaftung für die Einlageverbindlichkeit der OHG oder KG gegenüber der GmbH scheidet schon aus diesem Grund aus[101]. Im Verhältnis zu persönlich haftenden Gesellschaftern der OHG oder KG stehen §§ 18 Abs. 2, 19 Abs. 2 trotz ihrer zwingenden Geltung (§ 18, 26 und § 19, 23) der Vereinbarung eines Haftungsausschlusses oder einer Haftungsbeschränkung hinsichtlich der Einlageforderung der GmbH nicht entgegen. Ausgeschlossen ist durch § 19 Abs. 2 nur, eine Haftungsbefreiung der OHG oder KG als solcher zu vereinbaren.

68 **γ) BGB-Gesellschaft, Vor-GmbH, nichtrechtsfähiger Verein.** Für diese Gesamthandsgemeinschaften gelten die in Rdn. 67 angeführten Grundsätze entsprechend[102]. Wie die Personenhandelsgesellschaften bilden auch sie eine nicht nur vermögens-, sondern auch **personenrechtliche Verbindung** und verfügen über **Gesellschaftsorgane**, die ihnen die Teilnahme am Rechtsverkehr als ein von den Mitgliedern zu unterscheidendes, besonderes Zuordnungssubjekt von Rechten und Pflichten ermöglichen[103]. Das rechtfertigt es, sie ebenso wie die OHG oder KG als **eigenständigen, von ihren Mitgliedern zu unterscheidenden GmbH-Gründer** anzusehen[104], wobei zur Identifizierung im Fall der BGB-Gesellschaft beim Fehlen von Verbandsnamen oder -publizität auf die dahinterstehenden Mitglieder zurückgegriffen werden muß[105]. Die Vorschrift des § 18 greift auch in diesen Fällen nicht ein. Soweit es um die Regelungen in § 18 Abs. 1 und 3 geht, folgt das schon daraus, daß es wegen der Organstruktur dieser Personenverbände und des Vorhandenseins eines für die Gesamthand zuständigen Geschäftsführungsorgans dieser Vorschriften nicht bedarf, sie vielmehr in erster Linie auf die Bruchteilsgemeinschaft und die ihr hinsichtlich der Verwaltungsbefugnisse der Miterben angenäherte Erbengemeinschaft (Rdn. 69) zugeschnitten sind. Was zum anderen die **Haftung** für die Einlageschuld betrifft, so haftet neben dem Gesamthandsvermögen jedenfalls das für die Gesamthand handelnde Geschäftsführungsorgan unbeschränkt persönlich[106]. Daneben

---

[101] EinhM, vgl. § 18, 11, *Baumbach/Hueck* § 18, 1, *Rob. Fischer* § 18, 2, *Scholz/Winter* § 18, 2.

[102] Anderes gilt für die BGB-*Innen*gesellschaft (vgl. dazu MünchKomm.-*Ulmer* BGB § 705, 192 ff., 195). Für sie stellt sich die Frage der Beteiligung an einer GmbH-Gründung schon deshalb nicht, weil sie per definitionem nicht am Rechtsverkehr teilnimmt und regelmäßig auch kein Gesamthandsvermögen hat. Darüber hinaus liegt eine Einschränkung für solche BGB-Gesellschaften nahe, die — als „Gelegenheitsgesellschaften" — trotz vorhandenen Gesamthandsvermögens über keine Organisationsstruktur verfügen, insbes. kein Geschäftsführungsorgan haben.

[103] Vgl. für die BGB-Gesellschaft die Nachw. in Fn. 100, für die Vor-GmbH § 11, 44 und 46, für den nichtrechtsfähigen Verein statt aller MünchKomm.-*Reuter* BGB § 54, 5 ff. und 12 ff.

[104] So für die *BGB-Gesellschaft* auch BGHZ **78** 311, 313 f. = NJW **1981** 682; *Scholz/Winter* 15, *Rob. Fischer* 1 f., *Roth* § 1, 4.2.4, *Flume* Festschrift Raiser (1974) S. 27, 37, *Grothus* GmbH-Rdsch. **1958** 156, *Hohner* NJW **1975** 718, 719 f., *U. Koch* ZHR 146 **1982** 118, 121 ff., *Merkert* NJW **1957** 1909, *Ripfel* GmbH-Rdsch. **1956** 7, *K. Schmidt* BB **1983** 1699 f., *Skibbe* NJW **1958** 660; **aA** die ältere Rechtsprechung (vgl. OLG Stuttgart KGJ **22** D 22, 23), ferner *Baumbach/Hueck* 2 D, *Scholz*[5] 7 und in GmbH-Rdsch. **1956** 17, *Brodmann* 6 a, *Vogel* § 5, 2. Für Gründerfähigkeit des *nichtrechtsfähigen Vereins* auch *Scholz/Winter* 15 und *Graf Hardenberg* Diss. S. 69 ff., 73, für diejenige der *Vor-GmbH Scholz/Winter* § 11, 5.

[105] Vgl. näher *K. Schmidt* BB **1983** 1697, 1700.

[106] Das folgt für die Vor-GmbH aus § 11 Abs. 2, für den nichtrechtsfähigen Verein aus § 54 S. 2 BGB; zur Haftung in der BGB-Gesellschaft vgl. näher MünchKomm.-*Ulmer* BGB § 714, 19 ff., 27 ff., 33 m. Nachw.

haften in der BGB-Gesellschaft regelmäßig auch die nicht an der Geschäftsführung beteiligten Gesellschafter kraft vermuteter persönlicher Verpflichtung durch die Geschäftsführer[107]. Jedoch ist eine zwingende gesamtschuldnerische Haftung dieser Gesellschafter nach Maßgabe von §§ 18 Abs. 2, 19 Abs. 2 nicht veranlaßt[108]. Entsprechendes gilt für die Mitglieder des nichtrechtsfähigen Vereins[109], während die Gesellschafter der Vor-GmbH beschränkt in Höhe ihrer noch nicht geleisteten Einlagen haften (§ 11, 63). Sollte der Registerrichter im Einzelfall Zweifel an der Fähigkeit der Gesamthand haben, die ausstehenden Einlagen zu erbringen, so mag er sich Nachweise hierüber vorlegen lassen und bei Nichtausräumung seiner Bedenken die Eintragung ablehnen[110]. Für eine weitergehende, auf § 18 Abs. 2 gestützte Sicherung der Kapitalaufbringung durch zwingende gesamtschuldnerische Haftung auch der übrigen Mitglieder besteht regelmäßig kein dringendes Bedürfnis.

δ) Erbengemeinschaft. Auch im Fall der Erbengemeinschaft bestehen entgegen **69**
der bisher hM[111] **keine grundsätzlichen Bedenken gegen ihre Beteiligung an der Gründung einer GmbH**[112]. Das kann einerseits dann praktisch werden, wenn ein Gründer vor Eintragung der GmbH stirbt und von einer Erbenmehrheit beerbt wird (zum Fortbestand der Vor-GmbH trotz des Todes eines Gründers vgl. Rdn. 14 und § 11, 40). Denkbar ist aber auch die Gründung einer GmbH unmittelbar durch die Erbengemeinschaft, etwa um das zum Nachlaß gehörende Handelsgeschäft ohne Nachlaßteilung in der Rechtsform der GmbH fortzuführen (zum Sonderfall der GmbH-Gründung durch den Testamentsvollstrecker mit Wirkung für den Nachlaß vgl. Rdn. 28). Im Unterschied zu den Personengesellschaften und dem nichtrechtsfähigen Verein geht die Verselbständigung der Erbengemeinschaft gegenüber den Miterben allerdings nicht so weit, deren *gemeinsame* Berechtigung an dem einheitlichen Gesellschaftsanteil zu verdrängen. Die Erbengemeinschaft ist zwar vermögensrechtlich, nicht aber personenrechtlich gegenüber den Mitgliedern verselbständigt[113]. Daher **bleibt § 18 in diesen Fällen anwendbar**[114]. Der Anteil steht den Miterben ungeteilt zu mit der Folge, daß sie die Rechte hieraus nur gemeinschaftlich — genauer: nur *einheitlich*, wenn auch ggf. aufgrund eines Mehrheitsbeschlusses nach §§ 2038 Abs. 2, 745 Abs. 1 BGB[115] — ausüben

---

107 So die Theorie von der Doppelverpflichtung; vgl. dazu und zu der von der Gegenansicht vertretenen, stets zur gesamtschuldnerischen Haftung der Gesellschaft kommenden Akzessorietätstheorie MünchKomm.-*Ulmer* BGB § 714, 22 ff., 30 ff.

108 So auch *U. Koch* ZHR 146 **1982** 127 ff.; **aA** die hM, vgl. BGHZ **78** 311, 316 f. = NJW **1981** 682; § 18, 9 und 26 (*Schilling/Zutt*), *Rob. Fischer* 1 f., *Scholz/Winter* § 18, 4 und 17, *Flume* Festschrift Raiser S. 38, *Hohner* NJW **1975** 718, 720.

109 So auch § 18, 12 (*Schilling/Zutt*) und zum Aktienrecht *Lutter* Kölner Komm. AktG § 69, 6; **aA** *Scholz/Winter* 15 und § 18, 2, *Graf Hardenberg*, Diss. S. 71.

110 Vgl. näher § 9c, 20, 26; so auch *U. Koch* ZHR 146 **1982** 135 ff.

111 KGJ **33 A** 135, 138, OLG Stuttgart KGJ **22** D 22, 23 (allgemein gegen die Übernahme einer Stammeinlage durch eine Personenmehrheit); *Baumbach/Hueck* 2 D, *Scholz*[5] 7, *Liebmann/Saenger* 7, *Vogel* § 5, 3, und in neuerer Zeit *Erman/Schlüter* BGB[7] § 2032, 4, *Staudinger/Werner* BGB[12] § 2032, 23.

112 So auch *Rob. Fischer* 1 f., *Scholz/Winter* 15, *Soergel/M. Wolf* BGB[11], § 2032, 24, MünchKomm.-*Dütz* BGB § 2032, 16, wohl auch *Roth* § 1, 4.2.4 sowie tendenziell OLG Hamm BB **1975** 292.

113 EinhM, vgl. MünchKomm.-*Dütz* § 2032, 12, 14, MünchKomm.-*Ulmer* BGB § 705, 59, *Staudinger/Werner* BGB[12] § 2032, 5 ff.

114 Vgl. § 18, 7 und *Scholz/Winter* § 18, 4; so ausdrücklich schon § 18 Abs. 3 S. 2.

115 BGHZ **49** 183, 191 = NJW **1968** 743, BGH WM **1969** 590; *Roth* § 18, 3.1, *Wiedemann* GmbH-Rdsch. **1969** 247, 249; **aA** § 18, 20 (*Schilling/Zutt*); nicht eindeutig *Scholz/Winter* § 18, 12 f.

und daß Rechtshandlungen ihnen gegenüber nach Maßgabe von § 18 Abs. 3 auch ohne Bestellung eines gemeinsamen Vertreters vorgenommen werden können; anderes gilt beim Vorhandensein eines zur Wahrnehmung der Mitgliedschaftsrechte berufenen Testamentsvollstreckers (Rdn. 28). Die in § 18 Abs. 2 vorgesehene zwingende **gesamtschuldnerische Haftung** der Miterben für die Einlageforderungen der GmbH steht für den Fall, daß die Berechtigung der Erbengemeinschaft auf den Erbfall zurückgeht, unter dem *Vorbehalt beschränkter Erbenhaftung* nach Maßgabe von § 2059 BGB[116]. Beruht die Gründerbeteiligung der Erbengemeinschaft demgegenüber auf gemeinsamem Handeln der Miterben, so bewendet es bei § 18 Abs. 2[117].

69 a **ε) Gütergemeinschaft.** Beteiligen sich die im Güterstand der ehelichen Gütergemeinschaft lebenden Ehegatten mit Mitteln des **Gesamtguts** an der Gründung einer GmbH, so gehört der Gesellschaftsanteil jedenfalls dann zum Gesamtgut und die Gütergemeinschaft ist (Mit-)Gründer der GmbH, wenn der Anteil übertragbar gestaltet ist und daher nicht Sondergut der Ehegatten nach § 1417 Abs. 2 BGB bildet (Rdn. 48). Dementsprechend ist die **Gründerfähigkeit auch der ehelichen Gütergemeinschaft zu bejahen**[118]. Allerdings gilt für sie derselbe Vorbehalt wie für die Erbengemeinschaft: als lediglich vermögensrechtliche Verbindung der Gesamthänder weist sie ihnen gegenüber keine personenrechtliche Verselbständigung auf[119], so daß grundsätzlich für ein Eingreifen von § 18 Raum wäre[120]. Das wäre unproblematisch, soweit es um § 18 Abs. 3 geht, da die dort enthaltenen Regelungen über die Empfangsvertretung sich voll mit §§ 1422, 1450 Abs. 2 BGB decken. Dagegen stimmen die Vorschriften über die Verwaltung des Gesamtguts (§§ 1422 S. 1, 1450 Abs. 1 S. 1 BGB) mit § 18 Abs. 1 nur im Fall gemeinschaftlicher Verwaltung überein; haben die Ehegatten sich auf einen von ihnen als Verwalter geeinigt, so gilt das abweichend von § 18 Abs 1 auch hinsichtlich der Ausübung der Mitgliedschaftsrechte aus dem Geschäftsanteil. Was schließlich die **Haftung** für Einlageforderungen der GmbH angeht, so würde die Anwendung von § 18 Abs. 2 zur gesamtschuldnerischen Haftung beider Ehegatten führen. Demgegenüber sprechen ebenso wie im Fall der Erbengemeinschaft die besseren Gründe dafür, den haftungsrechtlichen Sondervorschriften zugunsten des nicht an der Verwaltung beteiligten Ehegatten Vorrang vor § 18 Abs. 2 einzuräumen und dem Zugriff der GmbH in diesem Fall nur das Gesamtgut sowie das Vorbehaltsgut des verwaltenden Ehegatten zu unterwerfen (§§ 1422 S. 2, 1437 BGB)[121]. Angesichts dieser gesetzlich gewährleisteten doppelten Haftungsmasse besteht für einen noch weitergehenden Schutz der Kapitalaufbringung der GmbH bei Beteiligung einer ehelichen Gütergemeinschaft an der Gründung keine Notwendigkeit.

---

[116] HM, vgl. *Baumbach/Hueck* 3, *Rob. Fischer* § 18, 4, *Scholz/Winter* § 18, 19 m. weit. Nachw., MünchKomm.-*Dütz* BGB § 2032, 61; **aA** § 18, 26 und Anh. § 15, 103 (*Schilling/Zutt*).

[117] Im Ergebnis ebenso MünchKomm.-*Dütz* § 2032, 16 (Einlageforderung als Nachlaßerbenschuld, für die die Miterben auch mit ihrem Privatvermögen haften).

[118] Ebenso *Scholz/Winter* 15 und wohl auch *Soergel/Gaul* BGB[11] § 1416, 6; **aA** – vor der Novellierung des § 1 und der Zulassung der Einmanngründung – MünchKomm.-*Kanzleiter* BGB § 1416, 10 und *Haegele* GmbH-Rdsch. **1968** 98. Für Fähigkeit einer Gütergemeinschaft, an der Gründung einer OHG mitzuwirken, anscheinend BGHZ **65** 79, 82f. = NJW **1975** 1774; vgl. aber auch Fn. 64.

[119] Vgl. *Soergel/Gaul* BGB[11] § 1416, 3 m. weit. Nachw., auch zu Gegenansichten.

[120] So denn auch die ganz hM, vgl. § 18, 8, (*Schilling/Zutt*), *Scholz/Winter* § 18, 7; einschränkend – nur bei gemeinschaftlicher Verwaltung – *Haegele* GmbH-Rdsch. **1968** 98.

[121] So wohl auch *Roth* § 18, 3.2; **aA** *Scholz/Winter* § 18, 22.

3. Vereinbarungen im Gesellschaftsvertrag über den Mitgliederkreis

Der Gesellschaftsvertrag kann bestimmen, daß die Gesellschafter bestimmte Eigenschaften haben müssen, z. B. daß sie nur natürliche Personen sein können oder nur Inländer oder daß sie einem bestimmten Berufsstand angehören oder bestimmte Tätigkeiten ausüben müssen. Eine derartige Vertragsklausel hat **keine Außenwirkung** in dem Sinn, daß Personen, die diese Eigenschaft nicht besitzen, nicht Gesellschafter werden können bzw. die Gesellschafterstellung automatisch verlieren. Immerhin kann, wenn bei einem der Gründer die vereinbarte Eigenschaft fehlt, *bis zur Eintragung* der Mangel von jedem Mitgesellschafter geltend gemacht werden (Rdn. 77 f.); *danach* kommt die Ausschließung des betroffenen Gesellschafters aus der GmbH in Betracht (vgl. Anh. § 34). War dagegen den übrigen Gesellschaftern dieser Mangel bekannt, so kann in dem Abschluß mit dem betreffenden Mitgründer die Absicht zum Ausdruck kommen, eine Ausnahme von der statutarischen Voraussetzung zuzulassen. Auch wenn das nicht zur Änderung des Gesellschaftsvertrags führt (zur Satzungsdurchbrechung vgl. § 53, 30 ff.), hindert es die Gesellschaft doch, sich gegenüber dem betroffenen Gesellschafter auf den Mangel zu berufen. Demgegenüber bleibt die Bestimmung des Gesellschaftsvertrags über die Voraussetzungen der Gesellschaftereigenschaften für die *Weiterveräußerung* des Geschäftsanteils wirksam. Verliert ein Gesellschafter nachträglich die im Gesellschaftsvertrag vorgeschriebene Eigenschaft, so hört er damit nicht auf, Gesellschafter zu sein. Wohl aber kommt die Einziehung seines Anteils nach Maßgabe von § 34 Abs. 2 oder seine Ausschließung aus wichtigem Grund in Betracht. **70**

VI. Der fehlerhafte Gesellschaftsvertrag

Schrifttum

Anton Nichtige GmbH-Satzung, GmbH-Rdsch. **1973** 75; *Roßner* Der Einfluß von Gründungsmängeln auf die AG, die GmbH und die eingetragene Genossenschaft, Diss. Würzburg 1967.

1. Grundsätzliches

a) Die eingeschränkte Geltendmachung von Vertragsmängeln. Die Vorschriften des bürgerlichen Rechts über die Geltendmachung von Willensmängeln und die Berufung auf die Nichtigkeit von Rechtsgeschäften gelten gegenüber Gesellschaftsverträgen von Kapitalgesellschaften nur in stark eingeschränkter und modifizierter Form. Das hat seinen Grund in der *besonderen Natur des Gesellschaftsvertrags*, der nicht nur die Beziehungen der Gesellschafter untereinander regelt, sondern zugleich das **Organisationsstatut** der durch Eintragung entstandenen juristischen Person bildet und insofern auch für die Rechtsbeziehungen der Gesellschaft zu Dritten von unmittelbarer Bedeutung ist (Rdn. 4 f.). Im **Interesse des Rechtsverkehrs** und der beteiligten Dritten, aber auch mit Rücksicht auf die Innenbeziehungen der Gesellschafter geht es daher nicht an, der Gesellschaft unter Hinweis auf die Fehlerhaftigkeit des Gesellschaftsvertrags rückwirkend die Grundlage zu entziehen, wenn sie einmal ins Leben getreten ist. Das gilt nicht nur für die *eingetragene* GmbH, für die das GmbH-Gesetz diesen Grundsatz ausdrücklich gesetzlich verankert hat (Rdn. 75). Vielmehr ist er auch bereits für die Vorgesellschaft anzuerkennen, sobald sie durch die Geschäftsaufnahme nach außen in Vollzug gesetzt ist (Rdn. 77). **71**

Die genannten Besonderheiten des Gesellschaftsvertrags sind indessen nicht nur hinsichtlich der Rechtsfolgen fehlerhafter Beitrittserklärungen oder sonstiger Vertragsbe- **72** standteile zu beachten. Vielmehr haben sie auch für die **Auslegung** des Gesellschaftsvertrags wesentliche Bedeutung. Diese hat sich im Falle der GmbH-Satzung anders als bei gewöhnlichen Schuldverhältnissen ausschließlich an *objektiven*, aus der Vertragsurkunde selbst erkennbaren Umständen zu orientieren (Näheres vgl. Rdn. 119 ff.). **Die Auslegungsregel des § 139 BGB kommt im Gesellschaftsrecht nicht zum Zuge,** da sie unvereinbar ist mit dem typischen Interesse der Gesellschafter am Bestand der gemeinsam geschaffenen Organisation[122]. Auch soweit die Nichtigkeit einer Vertragsbestimmung nicht durch Eintragung geheilt ist, berührt sie im Zweifel die Gültigkeit der übrigen Bestimmungen nicht. Eine Nichtigkeitsklage gegenüber der eingetragenen GmbH kommt ohnehin nur aus den in § 75 genannten Gründen in Betracht. Aber auch eine Auflösung der durch Eintragung entstandenen GmbH (§ 61) oder seinen Austritt kann der betroffene Gesellschafter nur verlangen, wenn die Unwirksamkeit einer Vertragsbestimmung für ihn von so zentraler Bedeutung ist, daß ihm die gemeinsame Fortsetzung der Gesellschaft nicht zugemutet werden kann. Zur subjektiven Teilnichtigkeit (fehlerhafte Beitrittserklärung) vgl. Rdn. 82 ff.

73 **b) Die Prüfungsfunktion des Registerrichters gegenüber fehlerhaften Gesellschaftsverträgen und die Möglichkeit der Amtslöschung.** Die mit der Eintragung der GmbH verbundenen Wirkungen, insbesondere die Heilung der meisten Vertragsmängel (vgl. Rdn. 76), machen eine sorgfältige Prüfung des eingereichten Gesellschaftsvertrags durch den Registerrichter im Rahmen seiner Prüfungsfunktion (§ 9 c, 6 ff.) erforderlich. Der Registerrichter hat jeden Eintragungsantrag abzulehnen, der auf einen ganz oder teilweise, aus formellen oder materiellen Gründen unwirksamen Vertrag gestützt ist. Bei Zweifeln an der Gültigkeit hat er den Anmeldern die erforderlichen Nachweise durch Zwischenverfügung aufzugeben oder die sonst gebotenen Ermittlungen vorzunehmen (§ 12 FGG). Von Willensmängeln abgesehen ist eine Beanstandung freilich nur dann gerechtfertigt, wenn der Vertragsinhalt gegen zwingendes Recht verstößt (KG KGJ 35 A 178, 180), so etwa bei unzulässiger Zerlegung der Stammeinlagen und Geschäftsanteile (KG KGJ 35 A 175). Abreden der Gesellschafter im Bereich des dispositiven Rechts sind der Überprüfung des Registerrichters grundsätzlich entzogen, soweit ihnen nicht offenkundige Mängel anhaften (vgl. auch § 9 c, 9 f.). — Die Gesellschafter können, auch wenn sie nicht zum Kreis der Anmelder (§ 7, 9 ff.) gehören, den Registerrichter zur Prüfung angeblicher Vertragsmängel anregen. Sie können die drohende Eintragung auch durch **einstweilige Verfügung** abwenden, wenn sie die Fehlerhaftigkeit des Gesellschaftsvertrags glaubhaft machen[123].

74 Hat der Registerrichter die GmbH trotz Fehlerhaftigkeit eingetragen, so kann er eine Amtslöschung nach **§ 144 FGG** nur beim Vorliegen eines der in § 75 Abs. 1 GmbHG genannten wesentlichen Mängel und nach fruchtlosem Ablauf der den Parteien zu setzenden Frist vornehmen. § 144 FGG enthält für **materiellrechtliche** Mängel eine Sondervorschrift, die den Rückgriff auf die allgemeine Löschungsvorschrift des § 142 FGG ausschließt[124]. Eine Amtslöschung der GmbH-Eintragung nach **§ 142 FGG** wegen anderer als der in § 75 GmbHG genannten Mängel ist daher nur möglich, soweit es sich

---

122 St. Rspr. zum Personengesellschaftsrecht, vgl. BGHZ **47** 293, 301 = NJW **1967** 1961, **49** 364, 365 = NJW **1968** 1376, BGH DB **1955** 750, WM **1962** 462, 463, WM **1976** 1027, 1029; dazu auch *Wiedemann* GesR I § 3 I 2 c S. 153 f., MünchKomm.-*Ulmer* BGB § 705, 36 f.

123 § 16 Abs. 2 HGB; vgl. dazu LG Heilbronn AG **1971** 372 und *Hüffer* GroßkommHGB[4] § 16, 26.

124 HM, vgl. BayObLGZ **1969** 215, 219, KG bei Trojan DNotZ **1927** 118, 120; *Jansen* FGG[2] § 144, 6, *Keidel/Kuntze/Winkler* FGG[11] § 144, 1, *Düringer/Hachenburg* HGB I Anhang FGG § 144, 3.

um wesentliche **Verfahrensmängel** handelt, insbesondere die Eintragung der Gesellschaft ohne wirksame Anmeldung vorgenommen wurde (vgl. § 7, 10, § 54, 50 ff., 53 und § 57, 58). *Eintragungen anderer Art* als solche der Gesellschaft selbst und satzungsändernder Beschlüsse können demgegenüber nach § 142 FGG von Amts wegen nicht nur dann gelöscht werden, wenn sie auf einem *wesenlichen Eintragungsmangel* beruhen, sondern auch wenn sie eine *inhaltlich unzutreffende*, im Widerspruch mit dem Inhalt des Statuts stehende Eintragung betreffen[125]; hier geht es nicht um die Löschung der GmbH, sondern einer sonstigen sie betreffenden Eintragung. Sonstige Verstöße gegen § 3 Abs. 1 GmbHG rechtfertigen seit der Änderung von § 75 im Jahr 1969 zwar nicht mehr die Herbeiführung der Nichtigkeit der Gesellschaft, können aber nach der neuen Vorschrift des § 144 a FGG zur Auflösung der Gesellschaft von Amts wegen führen (vgl. § 60, 40 ff.).

2. Die materielle Rechtslage nach der Eintragung

Für die *eingetragene* GmbH hat das Gesetz den **Bestandsschutzgedanken** vor allem in zwei Vorschriften zum Ausdruck gebracht. Die eine findet sich in **§ 30 Abs. 1**; sie betont das *Prinzip der Kapitalerhaltung* im Interesse der Gläubiger und sichert diese gegen eine Rückforderung von Einlagen unter Berufung auf die Mangelhaftigkeit der Beitrittserklärung oder einzelner Vertragsklauseln (gegen das Abstellen auf § 30 *Scholz/Winter* 47). Dieser Grundsatz erstreckt sich auch auf allgemeine bürgerlichrechtliche Ansprüche der Gesellschafter gegen die GmbH wegen des Vertragsmangels; er steht daher auch einer Verminderung des zur Erhaltung des Stammkapitals erforderlichen Gesellschaftsvermögens durch Schadensersatz- oder Bereicherungsansprüche entgegen (Rdn. 110; vgl. auch § 30, 35). Die zweite in diesem Zusammenhang wesentliche Vorschrift ist **§ 75 Abs. 1**. Sie beschränkt die *Nichtigkeitsklage* auf diejenigen Fälle, in denen es an einer wirksamen Vereinbarung über die Höhe des Stammkapitals oder über den Unternehmensgegenstand fehlt. Damit schließt das Gesetz zugleich die Geltendmachung der Nichtigkeit einer eingetragenen GmbH aus anderen als den in § 75 Abs. 1 genannten Gründen aus, sei es klageweise oder im Weg der Einrede[126]. Entsprechendes gilt für die *Amtslöschung* einer GmbH durch das Registergericht nach § 144 FGG; auch sie ist nur aus den in § 75 Abs. 1 GmbHG genannten Gründen möglich (§ 75, 53). Die Löschung einer durch Eintragung wirksam gewordenen GmbH aufgrund der für *unzulässige* Eintragungen geltenden Vorschrift des § 142 FGG wegen anderer als das Verfahren betreffender Mängel ist ausgeschlossen (Rdn. 74). **75**

Im einzelnen folgt aus den genannten Regelungen, daß die Eintragung der GmbH den **Vertragsinhalt** betreffende Mängel **heilt**; eine Ausnahme ist für die beiden in § 75 Abs. 1 genannten wesentlichen Vertragsbestandteile (Fehlen der Angaben über das Stammkapital, Fehlen oder Nichtigkeit der Bestimmung über den Unternehmensgegenstand) vorgesehen. Für den Mangel der notariellen Vertragsform, die formlos erteilte Vollmacht und den gesetz- oder sittenwidrigen, nicht mit dem Unternehmensgegenstand zusammenfallenden Gesellschaftszweck ist das vorstehend schon ausgeführt (vgl. Rdn. 20, 34, und § 1, 25 f.). Gleiches gilt aber auch für sonstige inhaltlich unzulässige oder mangelhaft zustande gekommene Vertragsklauseln: selbst wenn die betreffende Klausel *nach §§ 134, 138 BGB nichtig* ist, führt sie nach Eintragung der GmbH doch nur in denjenigen seltenen *Ausnahmefällen zur Nichtigkeit des Unternehmensgegenstands* und eröffnet damit die Möglichkeit der Nichtigkeitsklage (§ 75 Abs. 1) oder Amtslöschung (§ 144 **76**

[125] *Jansen* FGG² § 142, 4 bis 6, § 144, 6, *Keidel/Kuntze/Winkler* FGG¹¹ § 142, 6.

[126] RGZ **73** 429, 431, BGHZ **21** 378, 381, KG OLGR **19** 371; vgl. auch § 75, 10.

FGG), in denen die Klausel von so zentraler Bedeutung ist, daß — auch ohne Eingreifen der Auslegungsregel des § 139 BGB (Rdn. 72) — der Gesellschaftsvertrag ohne sie keinen Bestand haben kann[127]. Bei allen anderen Fehlern, die die Wirksamkeit der Bestimmung über den Unternehmensgegenstand unberührt lassen, kommt nur die **Auflösungsklage** (§ 61 GmbHG) in Betracht. Entsprechendes gilt, wenn der Mangel nicht einer Vertragsklausel anhaftet, sondern der **Beitrittserklärung** eines Gründers. In diesem Fall hängt zwar die Wirksamkeit des mangelhaften *Beitritts* von der Art des Mangel ab (Rdn. 78 ff.). Aber selbst wenn der Mangel ausnahmsweise noch *nach* Eintragung der GmbH beachtlich ist, führt er doch nur zur Beschränkung der GmbH auf die übrigen Gründer und hat nicht etwa die Unwirksamkeit oder Vernichtbarkeit der GmbH zur Folge (Rdn. 86).

3. Die fehlerhafte Vorgesellschaft

77 Die in Rdn. 75 f. genannten Grundsätze greifen uneingeschränkt erst nach Eintragung der GmbH ein. Das hindert freilich nicht, die Beschränkung der Nichtigkeitsfolgen einer fehlerhaften Vertragsklausel auch schon vorher anzuerkennen, sofern nur die Gesellschafter schon mit der gemeinsamen Tätigkeit begonnen und dadurch die Vorgesellschaft **in Vollzug gesetzt** haben. Dabei ist an die Grundsätze über die **fehlerhafte Gesellschaft** anzuknüpfen. Sie sind zwar für die fehlerhafte *Personen*gesellschaft entwickelt worden und haben dort ihren Hauptanwendungsbereich[128], während im Recht der Kapitalgesellschaften bereits die Vorschriften über die Nichtigkeitsklage (§ 75 GmbHG; § 275 AktG) den grundsätzlichen Bestand der auf fehlerhafter Grundlage eingetragenen Gesellschaft garantieren. Für das Recht der **Vorgesellschaft** fehlt es indessen an einer den Vorschriften über die Nichtigkeitsklage entsprechenden Regelung. Insoweit entspricht die Interessenlage nicht nur der Gläubiger, sondern auch der Gesellschafter selbst weitgehend derjenigen in der Personengesellschaft. Die Gesellschafter der Vorgesellschaft sind zwar zumindest bei offensichtlichen Vertragsmängeln aufgrund der Prüfungspflicht des Registerrichters dagegen geschützt, daß die Gesellschaft durch Eintragung im Handelsregister Rechtsfähigkeit erlangt, und können die Eintragung auch ihrerseits durch einstweilige Verfügung verhindern (Rdn. 73). Gleichwohl machen Rechts- und Verkehrssicherheit es auch hier erforderlich, von einer Rückabwicklung des in Vollzug gesetzten Gesellschaftsverhältnisses abzusehen und die zwischenzeitlich durch die Gesellschaft geschaffenen Rechtstatsachen anzuerkennen, soweit der Mangel nicht auf einem Verstoß zentraler Vertragsbestandteile gegen §§ 134, 138 BGB beruht (vgl. dazu § 1, 30). Die Grundsätze über die fehlerhafte Gesellschaft sind daher auf die Vorgesellschaft zu übernehmen[129]. Es fragt sich sogar, ob nicht dem im GmbH-Gesetz verankerten Bestandsinteresse bereits für die Vorgesellschaft stärkere Beachtung geschenkt werden muß als im Recht der Personengesellschaften, in dem grundsätzlich jeder Vertragsmangel das Auflösungsverlangen eines Gesellschafters rechtfertigt (*Ulmer* GroßkommHGB³ § 133, 43).

---

[127] Für Heilung *sämtlicher* den Gesellschaftsvertrag *als Ganzes* betreffende Mängel anscheinend aber BGHZ **21** 378, 381 (Gesellschaftsvertrag einer GmbH als Scheingeschäft).

[128] Näheres bei *Rob. Fischer* GroßkommHGB³ § 105, 68 ff. und Münch Komm. — *Ulmer* BGB § 705, 204 ff.

[129] BGHZ **13** 320, 324, RG JW **1941** 1080; so auch *Scholz/Winter* 46 und § 11, 18, *Baumbach/Hueck* 1 B vor § 1, *Rob. Fischer* 3 a und JZ **1954** 427, *Barz* GroßkommAktG § 29, 11 (für das Aktienrecht), *Wiesner* NJW **1984** 95, 98; **aA** offenbar *Meyer-Landrut* GroßkommAktG § 2, 4; unklar *Kraft* Kölner KommAktG § 2, 11.

Auf *Einzelheiten* der Lehre von der fehlerhaften Gesellschaft ist hier nicht einzugehen; es kann auf die Darstellungen im Recht der Personengesellschaften verwiesen werden[130]. Abweichend vom Recht der OHG bedarf die **Geltendmachung des Vertragsmangels** freilich nicht der in § 133 HGB vorgesehenen Auflösungsklage. Die Auflösung der fehlerhaften Vorgesellschaft wird vielmehr dadurch bewirkt, daß sich der die Auflösung betreibende Gesellschafter durch **Erklärung** gegenüber den Mitgesellschaftern entsprechend § 723 Abs. 1 S. 2 BGB auf den Mangel beruft[131]. 77 a

VII. Insbesondere: Die fehlerhafte Beitrittserklärung

Schrifttum

Anton Nichtige GmbH-Satzung, GmbH-Rdsch. **1973** 75; *Bauer* Die Rechtsfolgen der fehlerhaften Beteiligung Minderjähriger oder Geschäftsunfähiger an der Gründung einer GmbH, Diss. München 1969; *Eder* Gefahren beim Erwerb von Geschäftsanteilen, GmbH-Rdsch. **1974** 173; *Ronke* Der fehlerhafte Beitritt zu einer Gesellschaft und die fehlerhafte Gesellschaft nach der Rechtsprechung des Reichsgerichts, Festschrift Laufke (1971) S. 217 ff.

1. Allgemeines

Die vorstehend (Rdn. 75 bis 77 a) dargestellten Grundsätze über die Behandlung von Vertragsmängeln bei eingetragener GmbH und in Vollzug gesetzter Vorgesellschaft gelten im Grundsatz auch für fehlerhafte Beitrittserklärungen. Auch sie sind grundsätzlich bindend und können allenfalls mit Wirkung für die Zukunft beseitigt werden. Hinsichtlich der **eingetragenen GmbH** ist dabei vor allem auch dem Grundsatz der Erhaltung des Stammkapitals (§ 30 GmbHG) Rechnung zu tragen, der das Ausscheiden eines auf mangelhafter Grundlage beigetretenen Gesellschafters nur unter besonders strengen Voraussetzungen möglich macht. Eine Grenze findet dieser Grundsatz freilich in den Fällen, in denen der Schutz fehlerhaft beigetretener Gesellschafter den Vorrang genießt, so insbesondere im Fall geschäftsunfähiger oder beschränkt geschäftsfähiger Personen (vgl. Näheres Rdn. 82 ff.). 78

Bewendet es im Einzelfall trotz Eintragung der GmbH ausnahmsweise bei der **Unwirksamkeit der Beitrittserklärung,** so folgt daraus freilich nicht die Unwirksamkeit des ganzen Vertrags bzw. die Nichtigkeit der GmbH. Vielmehr ist der Gesellschaftsvertrag in diesem Fall mangels Eingreifens von § 75 Abs. 1 als *zwischen den übrigen Gründern wirksam* anzusehen; diese bilden die Gesellschaft ohne den fehlerhaft Beigetretenen. Die übrigen Bestimmungen des Gesellschaftsvertrags werden dadurch nicht berührt, soweit nicht eine Vertragsanpassung wegen Änderung der Geschäftsgrundlage erforderlich ist. Auch die Höhe des Stammkapitals wird durch den Ausfall eines Gründers nicht verändert (Rdn. 89). Den verbliebenen Gesellschaftern steht es frei, anstelle des ausgefallenen Gründers einen Dritten in die Gesellschaft aufzunehmen, das Kapital der veränderten Lage anzupassen oder die Gesellschaft zu liquidieren (Näheres vgl. Rdn. 86 ff.). 79

Die in Rdn. 79 genannten Grundsätze gelten entsprechend, wenn die **Unwirksamkeit alle Beitrittserklärungen bis auf eine** erfaßt, wenn also — mit einer Ausnahme 80

[130] Vgl. namentlich *Rob. Fischer* GroßkommHGB³ § 105, 68 ff. und MünchKomm.-*Ulmer* BGB § 705, 204 ff.

[131] Vgl. Rdn. 19; **aA** *Scholz/Winter* § 11, 16 und 18, die eine Auflösungsklage analog § 61 verlangen, diese allerdings nicht von dem Quorum in § 61 Abs. 2 S. 2 abhängig machen.

— dem Schutz aller fehlerhaft Beigetretenen Vorrang vor dem integralen Bestand der Gesellschaft zukommt. Auch in diesem Fall wird die Gesellschaft nicht erst mit der Eintragung wirksam (so noch Voraufl. 80). Vielmehr ist aufgrund der Zulassung der Einmanngründung durch die GmbH-Novelle 1980 (§ 1, 3) bereits die **Gründerorganisation** — wenn auch personell beschränkt auf den einzigen nicht besonders schutzwürdigen Gesellschafter — nach Vollzugsbeginn (Rdn. 77) als existent anzuerkennen; es finden die für die Einmann-Vorgesellschaft geltenden Grundsätze Anwendung (§ 11, 12ff.). Der Registerrichter hat, wenn er den Mangel bemerkt, die Eintragung der Gesellschaft regelmäßig schon deshalb abzulehnen, weil den für Einmanngründungen geltenden, der Sicherung der Kapitalaufbringung dienenden Erfordernissen der §§ 7 Abs. 2 S. 3, 8 Abs. 2 S. 2 bei der Anmeldung im Zweifel nicht entsprochen ist. — Wird die Gesellschaft gleichwohl **eingetragen**, so erlangt sie dadurch volle Wirksamkeit. Für eine Nichtigkeitsklage nach § 75 Abs. 1 oder für eine Amtslöschung nach § 144 FGG ist wegen der Heilungswirkung der Eintragung (Rdn. 76) kein Raum[132]. Analog §§ 19 Abs. 4, 60 Abs. 1 Nr. 5 wird die Gesellschaft freilich aufgelöst, wenn den Sondererfordernissen der Einmanngründung (Volleinzahlung oder Sicherheitsleistung) auf Verlangen des Registergerichts nicht alsbald entsprochen wird. Auch der einzig verbliebene Gesellschafter ist im übrigen nicht gehindert, nach § 60 Abs. 1 Nr. 2 die Auflösung der Gesellschaft zu beschließen.

81 Sind schließlich **alle Beitrittserklärungen unwirksam**, so fehlt es an einem durch Eintragung heilbaren, durch Beitrittserklärung wenigstens eines Gründers gedeckten Gesellschaftsvertrag. Eine GmbH kommt mangels Gesellschafter nicht zur Entstehung. Die ins Handelsregister eingetragene „Scheingesellschaft" ist nach § 144 FGG von Amts wegen zu löschen. Einer Fristsetzung zur Behebung des Mangels bedarf es nicht; hierfür würde es auch an dem Adressaten fehlen.

2. Mängel, die zur Unwirksamkeit der Beitrittserklärung führen

Schrifttum: Vgl. Angaben vor Rdn. 59.

82 **a) Beitrittserklärung durch nicht voll Geschäftsfähige.** Die Geschäftsunfähigkeit und die beschränkte Geschäftsfähigkeit bewirken auch bei der Gründung einer GmbH die Unwirksamkeit der Beitrittserklärung. **Nichtigkeit** tritt ein, wenn eine **geschäftsunfähige** Person selbst oder durch einen von ihr bestellten Vertreter handelt; der Grund der Geschäftsunfähigkeit (vgl. § 104 Nr. 1 bis 3 BGB) ist ohne Bedeutung. Die gleiche Rechtsfolge gilt für eine Beitrittserklärung, die von einem an sich unbeschränkt Geschäftsfähigen im Zustand *vorübergehenden Ausschlusses der freien Willensbestimmung* abgegeben wurde (§ 105 Abs. 2 BGB). Aus der nichtigen Beitrittserklärung erwachsen in diesen Fällen keinerlei Rechtsfolgen[133]; sie ist auch keiner Bestätigung fähig. Die nachträgliche Genehmigung durch den gesetzlichen Vertreter der verhinderten Person oder durch diese selbst nach Wiedererlangung der freien Willensbestimmung genügt nicht; der Gesellschaftsvertrag muß vielmehr mit allen anderen Gesellschaftern grundsätzlich neu geschlossen werden. Im Einzelfall kann freilich die „Genehmigung" durch den gesetzlichen Vertreter oder den nunmehr wirksam handelnden Gründer als erneute Beitrittserklärung verstanden werden. Voraussetzung hierfür ist, daß sie in *notarieller Form* abgegeben wird (§ 2 Abs. 1), daß die Gesellschaft noch *nicht eingetragen* ist und daß die Beitrittserklärungen der anderen Gründer nach Maßgabe von § 147 BGB noch als offene Angebote an den

---

132 So auch *Scholz/Winter* 54; **aA** *Hachenburg/Schilling*[6] 55, *Kuhn* WM **1963** 522, 523.

133 **AA** für die Zeit *nach* Eintragung *W. Bauer* Diss. S. 93ff.

zunächst verhinderten Mitgründer angesehen werden können. Eine erst *nach Eintragung* der GmbH in wirksamer Weise vorgenommene Wiederholung der Beitrittserklärung ist als Angebot an die GmbH zur Übernahme des ursprünglich vorgesehenen Geschäftsanteils anzusehen. Nimmt diese das Angebot an und wird, soweit erforderlich (Rdn. 62 f.), auch die *Genehmigung des Vormundschaftsgerichts* erteilt, so kommt dadurch auch der im Gesellschaftsvertrag für den Beitretenden vorgesehene Geschäftsanteil zur Entstehung; die Höhe des Stammkapitals wird dadurch nicht verändert (Rdn. 89).

Schwebend unwirksam ist die Beitrittserklärung des **Minderjährigen** oder des **83**
nach § 114 BGB in der Geschäftsfähigkeit Beschränkten, da der Beitritt ihm nicht lediglich einen rechtlichen Vorteil verschafft (BGH WM **1983** 866, 867; vgl. auch Rdn. 61). Gleiches gilt bei nicht ordnungsmäßiger Vertretung wegen Verstoßes des gesetzlichen Vertreters gegen das Verbot des Selbstkontrahierens (§§ 1629 Abs. 2, 1795 Abs. 1 Nr. 1 i. V. m. § 181 BGB, vgl. Rdn. 61). Lehnt der gesetzliche Vertreter bzw. der nachträglich bestellte Ergänzungspfleger (§ 1909 BGB) die Genehmigung ab, so ist die Erklärung endgültig unwirksam. Dagegen macht die **nachträgliche Genehmigung** durch den gesetzlichen Vertreter bzw. den Ergänzungspfleger die Beitrittserklärung *von Anfang an wirksam*, soweit zusätzlich auch die Genehmigung des *Vormundschaftsgerichts* (Rdn. 62 f.) vorliegt. Die anderen Gesellschafter, nach der Eintragung die Geschäftsführer, können den gesetzlichen Vertreter zur Entschließung auffordern (§ 108 Abs. 2 BGB). Ob die Genehmigung vor oder nach der Anmeldung zum Handelsregister erfolgte, ist ohne Belang. Die Genehmigung des gesetzlichen Vertreters bedarf, auch wenn die Beitrittserklärung des Minderjährigen selbst formgültig erfolgt ist, mit Rücksicht auf den Legitimationszweck des § 2 Abs. 2 (Rdn. 21) der **Form der öffentlichen Beglaubigung**[134]. Eine Beteiligung des gesetzlichen Vertreters an den Versammlungen der Gesellschaft, der Bezug von Dividenden usw. reicht wegen Formmangels als Genehmigung nicht aus. Anderes gilt bei Genehmigung durch den Beigetretenen selbst nach Eintritt der Volljährigkeit; sie bedarf keiner Form und kann daher auch konkludent erfolgen, etwa durch alleinige Führung der Geschäfte der GmbH (BGH WM **1983** 866, 867).

Bewendet es bei der Unwirksamkeit der Beitrittserklärung, so tritt auch durch die **84**
Eintragung der GmbH insoweit *keine Änderung* ein; die Gesellschaft entsteht mit nicht voll gedecktem Stammkapital (Rdn. 89 f.). Ebenso scheidet eine Haftung des Minderjährigen gegenüber Gläubigern oder sonstigen auf die Erklärung vertrauenden Dritten aus. Der Schutz der nicht voll Geschäftsfähigen geht der Rechtsscheinhaftung vor (BGHZ **17** 160, 166 = NJW **1955** 1067; **aA** für § 15 Abs. 3 HGB *Hüffer* GroßkommHGB[4] § 15, 55).

b) Sonstige beachtliche Willensmängel. Ein **ohne Vollmacht** Vertretener wird **85**
auch bei der GmbH nicht ohne seine Genehmigung Gesellschafter. Durch die Eintragung *geheilt* wird zwar die *formlos erteilte Vollmacht* (Rdn. 34), nicht aber ihr völliges Fehlen (vgl. auch Rdn. 35). Hinsichtlich des Fortbestehens einer ursprünglich wirksam erteilten, dann aber widerrufenen Vollmacht gelten die §§ 169 ff. BGB. Die von dem nicht berechtigten Vertreter aus dem Vermögen des angeblichen Gesellschafters eingezahlten Beträge sind ihm von der Gesellschaft zurückzuerstatten. War die Vollmacht erteilt, so ist ihre nach der Eintragung der GmbH erfolgende Anfechtung wegen Irrtums, Täuschung und Drohung grundsätzlich unerheblich (Rdn. 104). Die Kritik von *Scholz* (5. Aufl. § 3, 29 dd.) an der Verschiedenbehandlung der Beitrittsmängel wegen fehlenden Geschäftswillens gegenüber den auf Irrtum, Täuschung u. a. beruhenden Mängeln übersieht, daß ein Zurücktreten des Schutzes der Allgemeinheit in ihrem Vertrauen auf die Wirksamkeit

[134] So auch *Scholz/Winter* 50, *Wilke/Berg/Gottschling/Gaul* (*Eder*) Handbuch der GmbH I 27 Nr. 1, sowie zum Aktienrecht *Kraft* Kölner KommAktG § 23, 16.

des Beitritts nach Eintragung der GmbH nur in den Fällen gerechtfertigt ist, in denen der fehlerhaft Beigetretene ***keine oder keine zurechenbare Veranlassung zur Entstehung des Rechtsscheins seiner Mitgliedschaft gegeben*** hatte (so jetzt auch *Scholz/Winter* 49). Entsprechend diesem Grundsatz sind zu den Fällen ***unwirksamer*** Beitrittserklärung auch diejenigen zu rechnen, in denen die Erklärung durch **Drohung mit Gewalt** veranlaßt worden war[135]. Auf unmittelbare körperliche Gewaltanwendung, die bereits den Tatbestand einer Willenserklärung des Betroffenen ausschließt, kommt es nicht an. Die Anfechtung der durch die Drohung veranlaßten Willenserklärung muß freilich unverzüglich nach Beendigung der Zwangssituation erfolgen, wenn sie gegenüber dem Vertrauensschutz für den allgemeinen Rechtsverkehr Vorrang haben soll. Keine Rechtswirkungen für den angeblichen Gründer erzeugt auch die *Unterschriftsfälschung*. — Zur Behandlung der Fälle, in denen der Erklärende nicht wußte, daß er eine Beitrittserklärung abgab, vgl. *Kraft* Kölner KommAktG § 2, 19 m. Nachw.

c) Rechtsfolgen unwirksamer Beitrittserklärung für Gesellschaft und übrige Gründer

Schrifttum

Vgl. Nachw. vor Rdn. 78; ferner: *Gonnella* Neubildung eines Anteils anstelle eines nicht entstandenen Geschäftsanteils, GmbH-Rdsch. **1965** 30 ff.

86 **α) Allgemeines.** Der Gründungsakt setzt als *Vertragsschluß* grundsätzlich voraus, daß *sämtliche* Gründer wirksam ihren Beitritt zur Gesellschaft erklären. Solange nicht die letzte Beitrittserklärung abgegeben ist, fehlt es an der „Annahme", die die einzelnen Beitrittserklärungen auf Dauer bindend werden läßt[136]. Dieser Grundsatz erfährt indessen eine wesentliche Einschränkung schon **vor Eintragung** der GmbH. Ist die Gesellschaft *in Vollzug gesetzt*, so greift die Lehre von der fehlerhaften Gesellschaft ein (Rdn. 77): die übrigen Gründer können den Mangel nicht rückwirkend geltend machen, wohl aber kann jeder von ihnen die Gesellschaft zur Auflösung bringen und ihre Eintragung verhindern. Der Registerrichter hat auch von Amts wegen die Eintragung abzulehnen, wenn er den Mangel erkennt (Rdn. 73). **Nach Eintragung** der GmbH ist die Unwirksamkeit einer (oder mehrerer, vgl. Rdn. 80) Beitrittserklärung(en) dagegen ohne Einfluß auf die Wirksamkeit der übrigen, auch wenn die mangelhaften Erklärungen selbst nicht heilbar sind. Der dem Gesellschaftsvertrag anhaftende Mangel wird durch die Eintragung **geheilt**. Eine Nichtigkeitsklage (§ 75 GmbHG) kann nicht erhoben werden (RGZ **83** 256, 258; **114** 77, 80); die Unwirksamkeit der fehlerhaften Beitrittserklärung hat nicht etwa die Nichtigkeit des ganzen Vertrags — und damit auch diejenige der in § 75 Abs. 1 genannten wesentlichen Teile — zur Folge[137]. Ebenso scheidet eine Amtslöschung oder Amtsauflösung durch den Registerrichter (§§ 144, 144 a FGG) aus.

87 **Die Unwirksamkeit der auf den** oben genannten, **nicht heilbaren Mängeln beruhenden Beitrittserklärung gilt** nicht nur zugunsten des betroffenen Gründers, sondern **absolut**. Daher können sich auch die GmbH, die übrigen Gründer sowie jeder

[135] So auch *Kraft* Kölner KommAktG § 2, 19, *Ritter* AktG § 2, 6, *Anton* GmbH-Rdsch. **1973** 79.

[136] Entgegen *Wiedemann* GesR I § 3 I 2 c S. 154 stellt sich daher zunächst auch nicht die Frage einer (subjektiven) *Teil*nichtigkeit.

[137] Ganz hM, vgl. § 75, 12, *Baumbach/Hueck* § 75, 1 A, *Scholz/Winter* 46, *W. Bauer* aaO S. 35 ff. Nachw. zu älteren Gegenansichten bei *W. Bauer* aaO S. 23 ff.

Dritte hierauf berufen. Ein Anspruch des fehlerhaft beigetretenen Gründers auf Aufnahme besteht nur, soweit hierüber ein gültiger Vorvertrag mit den Mitgründern zustande gekommen ist (Rdn. 88). Der Anspruch richtet sich gegen die Mitgründer und nicht etwa gegen die GmbH; diese wird durch den Vorvertrag nicht verpflichtet. Zur Genehmigung schwebend unwirksamer Beitrittserklärungen durch den betroffenen Gründer oder seinen gesetzlichen Vertreter vgl. Rdn. 83.

Ein gültiger **Vorvertrag** (Rdn. 41) über die Errichtung einer GmbH verpflichtet **88** den Gründer, dessen Beitrittserklärung unwirksam ist, zu wirksamer Wiederholung. Gleiches gilt für die übrigen Gründer, wenn der fehlerhaft Beigetretene nachträglich die Aufnahme verlangt. Die Wiederholung bedarf ebenfalls der für die Errichtung bestimmten Form. Die Aufnahme des fehlerhaft Beigetretenen kann mittels Klage auf Abgabe einer Willenserklärung durchgesetzt werden. Das rechtskräftige Urteil ersetzt nach § 894 ZPO die formgerecht Beitrittserklärung (vgl. *Baumbach/Lauterbach/Hartmann* ZPO[42] § 894, 3 A) bzw. den Beschluß der übrigen Gesellschafter über den Beitritt des Klägers (Rdn. 92).

β) Geschäftsanteil, Stammkapital, Kapitalaufbringung. Der **Geschäftsanteil,** **89** der durch die ungültige Beitrittserklärung übernommen werden sollte, *gelangt nicht zur Entstehung* (so auch *Scholz/Winter* 55). Der Geschäftsanteil repräsentiert den aus der Übernahme fließenden Anteil an der Gesellschaft, das Mitgliedsrecht (§ 14, 4, 8 ff.). Ist die Übernahme nicht wirksam, so entfällt auch die Mitgliedschaft und damit der Geschäftsanteil. Anderes gilt demgegenüber für das **Stammkapital**. Seine Festsetzung im Gesellschaftsvertrag wird durch die fehlgeschlagene Übernahme einer Stammeinlage nicht berührt; eine Anpassung seiner Höhe an die tatsächlich übernommenen Stammeinlagen findet — vorbehaltlich einer späteren Kapitalherabsetzung (Rdn. 94) — nicht statt. Insofern entspricht die Rechtslage derjenigen bei Einziehung eines Geschäftsanteils nach § 34[138]: die Summe der Stammeinlagen bzw. der hierauf entfallenden Geschäftsanteile bleibt hinter dem unveränderten Betrag des Stammkapitals zurück. Dem steht auch die Vorschrift des § 5 Abs. 3 S. 2, nach der der Gesamtbetrag der Stammeinlagen mit dem Stammkapital übereinstimmen muß, nicht entgegen. Sie soll nicht etwa eine automatische Anpassung der für den Gläubigerschutz wesentlichen Stammkapitalhöhe an den Ausfall einer Stammeinlage ermöglichen, sondern sicherstellen, daß das Stammkapital bei Gründung der GmbH in voller Höhe durch die von den Gründern gezeichneten Stammeinlagen gedeckt ist (§ 5, 8).

Das Auseinanderfallen von Stammkapital und Stammeinlagen führt bei der GmbH **90** zunächst zu einer entsprechenden **Deckungslücke in der Bilanz**. Solange die Unterbilanz nicht durch Auflösung von Rücklagen oder stillen Reserven oder durch künftige Erträge ausgeglichen ist, hat sie nach § 30 ein **Gewinnausschüttungsverbot** für die GmbH zur Folge. Eine **Haftung der übrigen Gesellschafter** für den Ausfall, den die GmbH durch den fehlgeschlagenen Beitritt erleidet, besteht dagegen **nicht**[139]. Die Vorschrift des § 24 greift nur bei mangelnder Zahlungsfähigkeit eines *Gesellschafters* ein (§ 24, 5 f.). Auf die Garantie für die Rechtsbeständigkeit der Einlageverpflichtung kann sie nicht ausgedehnt werden.

Die vorstehenden Grundsätze gelten auch für die Haftung desjenigen, der für den **91** Zeichner einer Stammeinlage die **Bürgschaft** übernommen hat. Handelt es sich dagegen um eine den Mitgründern gegenüber übernommene selbständige **Zeichnungsgarantie,** so haftet der Garant gegenüber den Mitgründern auch bei Unwirksamkeit der Beitrittserklärung, für die die Garantie übernommen wurde. Der Anspruch geht auf *Schadensersatz,*

---

[138] KG DR **1943** 1230; *Gonnella* GmbH-Rdsch. **1965** 30; vgl. § 34, 54 ff.

[139] *Baumbach/Hueck* § 24, 1 B, *Scholz/Winter* 55, *Gonnella* GmbH-Rdsch. **1965** 31.

sofern das Garantieversprechen nicht dahin ausgelegt werden kann, daß der Garant beim Ausfall des betreffenden Gründers selbst die Verpflichtung zum Beitritt übernehmen wollte, und die für den Vorvertrag erforderliche Form (Rdn. 37) gewahrt ist. Hat der Garant eine selbständige Beitrittspflicht übernommen, so kann der Anspruch gegen ihn nach Maßgabe von § 328 Abs. 2 BGB auch von der GmbH geltend gemacht werden.

92 **γ) Möglichkeiten zur Behebung der Differenz von Stammkapital und Stammeinlagen.** Der nicht entstandene **Geschäftsanteil** kann durch einen anderen ersetzt werden. Das ist unproblematisch, solange die Gesellschaft *noch nicht eingetragen* ist. Dann wird der Gesellschaftsvertrag abgeändert. Anstelle des weggefallenen Gründers tritt ein anderer durch Vereinbarung mit den übrigen Gründern in notarieller Form der Gesellschaft bei. Weniger einfach liegt die Sache **nach der Eintragung**. Die Gesellschaft ist jetzt entstanden. Die Schaffung neuer Geschäftsanteile ist nach gesetzlicher Regel nur im Wege der Erhöhung des Stammkapitals und der Übernahme der hierauf entfallenden Stammeinlagen möglich (§§ 14, 55 Abs. 1 und 2). Das würde bei strikter Anwendung der betreffenden Vorschriften bedeuten, daß die Gesellschafter das Stammkapital zunächst um den ausgefallenen Betrag herabsetzen müßten, um es anschließend durch Ausgabe des neuen Geschäftsanteils auf den ursprünglichen Stand zu erhöhen. Einem solchen Vorgehen steht indes nicht nur das mit der Kapitalherabsetzung verbundene Sperrjahr (§ 58) entgegen; vielmehr erweist es sich auch als unnötig komplizierter Umweg. Es würde dem Gesetzeszweck widersprechen, die Aufbringung des Stammkapitals, in dieser Weise zu erschweren. Nicht nur unpraktikabel, sondern auch rechtssystematisch abzulehnen ist der Vorschlag von *Gonnella* GmbH-Rdsch. **1965** 30f., die Aufnahme eines neuen anstelle des weggefallenen Gesellschafters als Neugründung im Sinne der Bestätigung eines nichtigen Vertrags (§ 141 BGB) zu behandeln: sie würde neben der Einhaltung der nach § 2 vorgeschriebenen Form auch einen einstimmigen Beschluß aller Beteiligten voraussetzen. Die richtige Lösung ergibt sich vielmehr aus der *entsprechenden Anwendung der Vorschriften über die Erhöhung des Stammkapitals* ohne Änderung der Kapitalziffer. Erforderlich, aber auch genügend ist ein mit Dreiviertelmehrheit zu fassender Gesellschafterbeschluß über die Schaffung und Ausgabe des neuen Geschäftsanteils sowie die Übernahme der hierauf entfallenden Stammeinlage durch den neuen Gesellschafter in der Form des § 55 Abs. 1[140]. Dieses Vorgehen läßt die Identität der Gesellschaft und die Höhe ihres Stammkapitals unberührt, ermöglicht aber zugleich die Beseitigung der Differenz zwischen Stammkapital und Stammeinlagen[141].

93 Als **Übernehmer** des neu zu schaffenden Geschäftsanteils kann auch derjenige Gründer auftreten, dessen Beitritt ursprünglich gescheitert war (*Gonnella* GmbH-Rdsch. **1965** 31). Er ist wie jeder Dritte zu behandeln. Hiervon zu unterscheiden ist der Fall der *schwebenden* Unwirksamkeit, die durch Genehmigung geheilt wird, so beim Handeln des Vertreters ohne wirksame Vollmacht oder bei der Beitrittserklärung eines Minderjährigen. In beiden Fällen genügt für die Genehmigung die Form der *öffentlichen Beglaubigung* (Rdn. 21, 83).

94 Die Gesellschafter können auch die **Herabsetzung des Stammkapitals** um den Betrag, der durch die Unwirksamkeit der Übernahme einer Stammeinlage nicht gedeckt wird, beschließen (vgl. § 58, 4). Hierfür sind, entsprechend dem Fall der Herabsetzung des Stammkapitals zur Ausgleichung einer Unterbilanz, die allgemeinen Bestimmungen des § 58 maßgebend (vgl. § 58, 12).

---

140 Vgl. § 53, 99 m. Nachw. auch zu weitergehenden Ansichten, die einstimmige Beschlußfassung verlangen; wie hier *Scholz/Winter* 56.

141 So auch KG DR **1943** 1230 für den Fall der Ausgabe eines neuen Geschäftsanteils anstelle des eingezogenen. Vgl. zum Ganzen auch § 34, 60ff.

3. Beitrittsmängel, die durch Eintragung geheilt werden

a) Bedingte und befristete Beitrittserklärung. Bedingte Beitrittserklärungen 95
sind unzulässig und führen grundsätzlich zur **Nichtigkeit der ganzen Erklärung** (RGZ **83** 256, 258 f.). Davon ausgenommen sind die sogenannten unechten Bedingungen, wie etwa Rechtsbedingungen, deren Maßgeblichkeit von der Rechtsordnung bereits vorgegeben ist (z. B. die Genehmigung des Vormundschaftsgerichts gem. § 1822 Nr. 3 oder 10 BGB). Die Bedingungsfeindlichkeit von Beitrittserklärungen ergibt sich aus dem Bedürfnis des Rechtsverkehrs nach Eindeutigkeit der gesellschaftsrechtlichen Verhältnisse. Was insbesondere die auflösende Bedingung betrifft, so folgt ihre Unzulässigkeit auch daraus, daß das Gesetz keine bloß vorläufige Beteiligung an einer GmbH kennt[142]. Eine unzulässige Bedingung enthält auch die Erklärung eines oder mehrerer Gesellschafter, die Anteile der etwa nicht Beitretenden zu übernehmen; sie führt daher grundsätzlich zur Nichtigkeit des ganzen Gesellschaftsvertrags (RGZ **83** 256, 258 f.). Bildet die Erklärung jedoch einen selbständigen Teil des Vertrags, so ist nur dieser Teil nichtig. Beschränkungen des Beitritts, die *außerhalb des Gesellschaftsvertrags* zwischen den Gründern oder einem Teil von ihnen als Nebenabreden vereinbart sind, berühren die Wirksamkeit des Beitritts nicht.

Ein Gesellschaftsvertrag, bei dem der Beitritt zumindest eines Gesellschafters bedingt 96
erklärt ist, **muß vom Registerrichter zurückgewiesen werden**. Das gilt auch dann, wenn der Nachweis erbracht werden kann, daß die Erklärung unbedingt geworden ist, etwa durch Eintritt der Bedingung oder durch Verzicht auf die Bedingung[143]. Die Gegenansicht übersieht, daß die Beitrittserklärungen bis zur Eintragung der Gesellschaft den allgemeinen Regeln des bürgerlichen Rechts unterstehen, soweit sich nicht aufgrund des Vollzugs der Vorgesellschaft ein anderes ergibt (Rdn. 99). Eine nichtige Willenserklärung kann gem. § 141 Abs. 1 BGB aber nur durch Neuvornahme ersetzt werden. Diese Neuvornahme muß in der Form des § 2 erfolgen. Eine analoge Anwendung der für die nichtige Zeichnung von Aktien im Rahmen einer Kapital*erhöhung* geltenden, auf die konkludente Bestätigung des Zeichners abstellenden Vorschrift des § 185 Abs. 3 AktG (so *Scholz/Winter* § 3, 18) scheidet wegen fehlender Vergleichbarkeit mit dem Gründungsstadium aus.

Mit der **Eintragung der Gesellschaft** wird der Mangel der bedingten Beitrittserklä- 97
rung geheilt, die Erklärung wirkt nunmehr wie eine unbedingte[144]. Die früher verbreitete Gegenansicht, die Nichtigkeit der Gesellschaft nach § 75 annahm[145], ist durch die Einschränkung der Nichtigkeitsgründe im Jahre 1969 auf Mängel der in § 3 Abs. 1 Nr. 1 und 2 bezeichneten Satzungsbestandteile (vgl. § 75, 2) überholt[146]. Das folgt aus dem Bestandsschutzgedanken des Gesetzes (Rdn. 75). Ein Vorrang des Einzelschutzes kommt hier im Unterschied zu fehlerhaften Beitrittserklärungen nicht voll Geschäftsfähiger (Rdn. 82 f.) oder auf Drohung mit Gewalt oder Unterschriftsfälschung beruhenden Erklärungen (Rdn. 85; *Meyer-Landrut* GroßkommAktG § 2, 4) nicht in Betracht. Vielmehr steht die bedingte Beitrittserklärung hinsichtlich der Zurechenbarkeit des durch sie veranlaßten Rechtsscheins eines Beitritts der irrtümlich oder aufgrund einer Täuschung abgegebenen Beitrittserklärung nahe (ähnlich *Baumbach/Hueck* § 3, 2). Der fehlerhaft

---

[142] RGZ **33** 91, 93, KG OLGR **3** 259, 261; *Baumbach/Hueck* § 3, 2.

[143] **AA** *Scholz/Winter* § 3, 18, *Baumbach/Hueck* § 3, 2, *Feine* S. 181, *Anton* GmbH-Rdsch. **1973** 77.

[144] So auch *Scholz*[5] § 3, 12, *Baumbach/Hueck* § 3, 2, *Anton* GmbH-Rdsch. **1973** 79.

[145] So RGZ **83** 256, 258 f.; *Hachenburg/Schilling*[6] 41, *Feine* S. 213 f., *Lutter* Kapital aaO S. 95.

[146] **AA** *Scholz/Winter* § 3, 19, die jedenfalls bei ausdrücklich beigefügter *aufschiebender Bedingung* im Interesse des Beitretenden an der Nichtigkeit festhalten wollen.

beigetretene Gründer muß die versprochenen Beiträge erbringen. Ein Recht zum Ausscheiden oder zur Kündigung aus wichtigem Grund steht ihm nur nach Maßgabe der allgemeinen Grundsätze (Rdn. 72) zu. Zu den Möglichkeiten des fehlerhaft beigetretenen Gründers, die Eintragung und damit auch die Heilung seiner Beitrittserklärung zu verhindern, vgl. Rdn. 73.

98 Die in Rdn. 97 genannten Grundsätze gelten selbst dann, wenn **alle Beitrittserklärungen bedingt** sind. Denn auch in diesem Fall sind keine Gründe vorhanden, um den Verkehrsschutz hinter das Einzelinteresse der Gesellschafter zurücktreten zu lassen.

99 Bei der **Vorgesellschaft**, die bereits *in Vollzug gesetzt* ist, unterscheiden sich die Interessenlage der Gesellschafter und der Grundsatz des Bestandsschutzes nicht grundlegend vom Fall der eingetragenen Gesellschaft (vgl. Rdn. 77). Es gelten daher ähnliche Grundsätze wie für die eingetragene Gesellschaft. Mit der Invollzugsetzung entfällt die rückwirkende Berufung auf die Nichtigkeit der bedingten Beitrittserklärungen; die betroffenen Gesellschafter können sich aber der Eintragung der GmbH widersetzen (Rdn. 73) und Auflösung der Vorgesellschaft verlangen (Rdn. 77).

100 Anders ist die Rechtslage, wenn ein **Vorvertrag** besteht, die Gesellschaft selbst aber noch nicht errichtet oder in Vollzug gesetzt ist. Da der Vorvertrag nicht die gleiche Vollständigkeit aufweisen muß, die für den Hauptvertrag zwingend erforderlich ist (BGH LM Nr. 3 zu § 705 BGB; vgl. auch Rdn. 41), bestehen keine Bedenken, hier bedingte Erklärungen zuzulassen. Wenn aber die Gesellschaft nach Abschluß des Vorvertrags — jedoch ohne ausdrücklich vereinbarten Gesellschaftsvertrag — in Vollzug gesetzt wird, so ist auch hier nach den oben (Rdn. 99) für die in Vollzug gesetzte Gesellschaft aufgestellten Grundsätzen zu verfahren. Das gilt jedenfalls insoweit, als — wie regelmäßig — in der Invollzugsetzung des Vorvertrags ein konkludent geschlossener Gesellschaftsvertrag gesehen werden kann (vgl. auch *Rob. Fischer* GroßkommHGB[3] § 105, 61), dessen Inhalt sich nach den Vereinbarungen des Vorvertrags bestimmt. Da in der Invollzugsetzung der Gesellschaft regelmäßig ein Verzicht auf die Beitrittsbedingung liegen wird, entfällt mit ihr auch die Möglichkeit der Berufung auf die im Vorvertrag vereinbarte Bedingung. Der der Eintragung der Gesellschaft entgegenstehende Formmangel bleibt hiervon freilich unberührt.

101 Unzulässig ist auch die Beifügung einer **aufhebenden Frist**. Die Möglichkeit einer nur vorläufigen oder befristeten Beteiligung an der GmbH ist mit dem Gesetz nicht vereinbar (vgl. die Nachw. in Rdn. 95). Etwas anderes gilt dann, wenn die Vereinbarung im Einzelfall ergibt, daß dem Gesellschafter das Recht eingeräumt werden sollte, nach Fristablauf die Auflösung der Gesellschaft oder seinen Austritt zu verlangen (vgl. auch *Scholz/Winter* § 3, 18). Dann ist der Beitritt von Anfang an wirksam. Handelte es sich dagegen um eine eindeutige Befristung und kommt auch eine Umdeutung in ein Auflösungsrecht nicht in Betracht, so gilt für das rechtliche Schicksal der Beitrittserklärung das zur Bedingung Ausgeführte (Rdn. 95, 96). Zulässig ist die Vereinbarung, daß die Gesellschaft bis zu einem **bestimmten Zeitpunkt eingetragen** sein müsse. In diesen Fällen bindet sich der Gründer nur bis zu dem vereinbarten Zeitpunkt an die *entstehende* Gesellschaft. Erfolgt die Eintragung rechtzeitig, so ist die Beteiligung wirksam und unangreifbar entstanden. — Die *Entstehung der Gesellschaft* selbst kann *nicht* von einer aufschiebenden Bedingung abhängig gemacht werden. Maßgebend für den Entstehungszeitpunkt ist vielmehr der Zeitpunkt der Eintragung (Umkehrschluß aus § 11 Abs. 1).

102 Eine **befristete Erklärung**, wonach der Gründer erst zu einem bestimmten, *nach* dem Erklärungstermin liegenden Zeitpunkt Gesellschafter werden soll, ist ebenfalls unzulässig und damit nichtig. Sie steht im Widerspruch mit dem Erfordernis der vollständigen Deckung des Stammkapitals durch die übernommenen Stammeinlagen sowie der Verpflichtung zur sofortigen Einzahlung des Mindestbetrages der Stammeinlage. Auch ein solcher Vertrag ist **durch den Registerrichter zurückzuweisen**. Verzichtet der Gründer nachträglich auf die Befristung, so muß er eine **unbefristete Erklärung** beibringen, die als Neuvornahme gemäß § 141 Abs. 1 BGB der Form des § 2 bedarf (vgl. Rdn. 96). Ist der Gesellschaftsvertrag vor Eintritt des Beitrittszeitpunkts eingetragen, so tritt auch hier der Verkehrsschutz vor den Einzelschutz (Rdn. 97); der Beitritt gilt als erfolgt.

b) Irrtum, Täuschung, Drohung. Ist ein Gesellschafter durch Irrtum, Täuschung oder Drohung zum Beitritt veranlaßt worden, so kann er sich **bis zur Eintragung** der GmbH auf diesen seiner Willenserklärung anhaftenden Mangel berufen. Vor Invollzugsetzung der Vorgesellschaft kann die Beitrittserklärung angefochten werden. Nach diesem Zeitpunkt gelten die Grundsätze über die fehlerhafte Gesellschaft: der Mangel berechtigt zur *Auflösung* der Vorgesellschaft durch Erklärung gegenüber den Mitgründern (Rdn. 77a) sowie zur Verhinderung der Eintragung, gegebenenfalls durch einstweilige Verfügung (Rdn. 73). Eine *rückwirkende* Vernichtung der Gesellschaft oder der fehlerhaften Beitrittserklärung scheidet nach zutreffender Ansicht auch dann aus, wenn der Vertrags- oder Beitrittsmangel auf Irrtum, Täuschung oder Drohung beruht[147]. **103**

Ist die GmbH **eingetragen**, so ändert sich die Rechtslage. Der in §§ 30, 75 zum Ausdruck gekommene Vertrauensschutz für die beteiligten Verkehrskreise auf den Bestand der Gesellschaft und die Unversehrtheit des Stammkapitals (Rdn. 75) steht der weiteren Geltendmachung des Mangels nach ganz hM entgegen[148]. Der Schutz desjenigen, der zur Beitrittserklärung durch Irrtum, Täuschung oder Drohung veranlaßt wurde, muß hier grundsätzlich zurücktreten gegenüber dem Schutz des Rechtsverkehrs; eine *Ausnahme* gilt nur für diejenigen Willenserklärungen, die durch *Drohung mit Gewalt* veranlaßt sind und unverzüglich nach Beendigung der Zwangslage angefochten werden (Rdn. 85). Von diesem Sonderfall abgesehen, unterscheiden sich die hier behandelten Fälle mangelhafter Beitrittserklärungen von den nicht durch Eintragung heilbaren Erklärungen (Rdn. 82 ff.) dadurch, daß sie *zurechenbar veranlaßt* sind. Das rechtfertigt es, entgegen den bürgerlichrechtlichen Vorschriften mit Rücksicht auf die Besonderheiten des GmbH-Rechts den Schutz des betroffenen Gründers im Verhältnis zu Dritten zurücktreten zu lassen. Das Reichsgericht hat aus diesen Gründen sogar die Geltendmachung des *Wuchereinwands* (§ 138 Abs. 2 BGB) nach Eintragung der GmbH zurückgewiesen[149]. Der betroffene Gründer hat in diesen Fällen nur die Möglichkeit, die *Auflösung* der Gesellschaft zu verlangen, soweit die Voraussetzungen des § 61 vorliegen, oder aus der Gesellschaft *auszutreten* (Näheres dazu vgl. in Anhang zu § 34). **104**

Die Heilungswirkung der Eintragung tritt auch dann ein, wenn zwar die **Geltendmachung des Erklärungsmangels vor der Eintragung** erfolgt ist, die Gesellschaft aber gleichwohl eingetragen wurde[150]. Die heilende Wirkung der Eintragung hängt nicht davon ab, ob der Gesellschaftsvertrag nach allgemeinen Grundsätzen nichtig oder nur vernichtbar ist: auch der wegen Formverstoßes nichtige Vertrag erlangt bei Eintragung **105**

---

147 Vgl. *Hueck* OHG[4] § 7 III 4 d S. 95 f., *Westermann* PersonengesellschaftsR[4] Rdn. I 784, MünchKomm.-*Ulmer* BGB § 705, 217; **aA** BGHZ **13** 320, 323 = NJW **1954** 1562; **26** 330, 335 = NJW **1958** 668; **55** 5, 9 = NJW **1971** 375 (obiter dicta).

148 RGZ **124** 279, 287 f.; **127** 186, 191; **142** 98, 103; **149** 25, 28, BGHZ **21** 378, 382 = NJW **1957** 19; vgl. auch BGHZ **84** 47, 49 = NJW **1982** 2822 (für die Anteilsübertragung); so auch *Baumbach/Hueck* 1 B vor § 1, *Scholz/Winter* 58 und für das Aktienrecht *Meyer-Landrut* GroßkommAktG § 2, 4, *Kraft* Kölner KommAktG § 2, 18.

149 RGZ **123** 102, 103 f.; dazu krit. *Scholz/Winter* 60.

150 RGZ **82** 375, 378; *Baumbach/Hueck* 1 B vor § 1, *Scholz/Winter* 47, *Meyer-Landrut* GroßkommAktG § 2, 4, *Anton* GmbH-Rdsch. **1973** 79; **aA** *Hachenburg/Schilling*[6] 34, *Eder* GmbH-Rdsch. **1974** 174.

der Gesellschaft Wirksamkeit (Rdn. 20). Auch für die Interessenabwägung zwischen dem betroffenen Gründer und den auf die Wirksamkeit des Beitritts vertrauenden Dritten macht es im Fall der Eintragung der GmbH keinen entscheidenden Unterschied, ob der Gründer den Irrtum oder die Täuschung noch vorher bemerkt und die Beitrittserklärung angefochten hat oder nicht. Im übrigen hat es der Gründer in der Hand, durch Mitteilung gegenüber dem Registerrichter, notfalls auch durch einstweilige Verfügung (Rdn. 73), die Ablehnung der beantragten Eintragung herbeizuführen. Eines weitergehenden Schutzes gegenüber Dritten bedarf er auch aus diesem Grunde nicht (zur Möglichkeit von Schadensersatzansprüchen gegen die Mitgesellschafter vgl. Rdn. 110).

106 Die Grundsätze über die beschränkte Geltendmachung von Willensmängeln aufgrund von Irrtum, Täuschung oder Drohung gelten in gleicher Weise, wenn der **Willensmangel vom Beitretenden veranlaßt** wurde und die übrigen Gesellschafter hierdurch zu seiner Aufnahme bestimmt worden sind. *Vor der Eintragung* steht den anderen Gesellschaftern danach das Recht der Anfechtung zu (OLG Hamburg OLGR **10** 245). Durch die Anfechtung seitens auch nur eines Gesellschafters wird der ganze Gesellschaftsvertrag nichtig, soweit nicht die Grundsätze über die fehlerhafte Gesellschaft (Rdn. 77, 99) entgegenstehen. Eine Verpflichtung, den Vertrag unter den verbleibenden Gesellschaftern neu zu schließen, besteht nicht. Die Erklärung der Anfechtung ist sämtlichen anderen Gesellschaftern gegenüber abzugeben. *Nach erfolgter Eintragung* muß wiederum der Bestand der Gesellschaft und die Erhaltung des Stammkapitals Vorrang haben. Das Anfechtungsrecht entfällt, da es zur Befreiung des Gesellschafters von seiner Einlagepflicht und zur Rückzahlung eines Teils des Stammkapitals führen würde. Zur Möglichkeit der Ausschließung des täuschenden u. a. Gesellschafters aus wichtigem Grund vgl. Erläut. in Anhang zu § 34.

107 **c) Scheinerklärungen u. a.** Der Einwand, der Gesellschaftsvertrag sei nicht ernstlich gewollt, es seien vielmehr alle Gesellschafter einig, daß, sei es für sämtliche, sei es nur für einzelne, keine Rechtsfolgen entstehen sollen, kann nur **bis zur Eintragung** geltend gemacht werden. Ist die Gesellschaft nur *zum Schein* eingegangen (§ 117 BGB), so fehlt es bereits am Abschluß eines — sei es auch fehlerhaften — Gesellschaftsvertrags. Zu denken ist etwa an eine Gründung, an der eine Person nur aus Namensgründen und ohne den Willen, eine Gesellschaft zu errichten, mitwirkt (RGZ **57** 292, 297). Gleiches gilt, wenn die Gründung mit einem allen Gründern bekannten *geheimen Vorbehalt* (§ 116 BGB) erfolgt bzw. *nicht ernstlich gemeint* war (§ 118 BGB). In allen diesen Fällen kann der Mangel, solange die Gesellschaft nicht eingetragen ist, jederzeit von jedem Gesellschafter geltend gemacht werden. Er führt zur *Rückabwicklung* der Gesellschaft; die Grundsätze über die fehlerhafte Gesellschaft finden keine Anwendung[151].

108 Die Rechtslage ändert sich auch in diesen Fällen, wenn es den Scheingesellschaftern trotz des Mangels gelingt, die **Eintragung** der GmbH herbeizuführen[152]. Durch die Eintragung entsteht eine juristische Person; der Scheinvertrag erlangt als ihr Organisationsstatut Wirksamkeit und bestimmt ihre Beziehungen zu Gesellschaftern und Dritten. Die Grundsätze über den Vorrang der auf die Wirksamkeit der GmbH vertrauenden Verkehrskreise gegenüber dem Interesse der an der mangelhaften Gründung Beteiligten (Rdn. 75) gelten auch in diesem Fall. — Von dem Wirksamwerden der GmbH und ihrer Satzung zu trennen sind die Rechtsfolgen derartiger nicht bindend gewollter Absprachen unter den Parteien. Sie sind jeweils im Einzelfall festzustellen. Ist etwa einer der beitretenden Gesellschafter durch die Vorspiegelung, seine Unterschrift verpflichte

---

[151] Vgl. für die Scheingesellschaft BGHZ **21** 378, 381; *Rob. Fischer* GroßkommHGB³ § 105, 108, MünchKomm.-*Ulmer* BGB § 705, 249 f.

[152] Ganz hM, vgl. BGHZ **21** 378, 381, RG JW **1935** 3613, KG GmbH-Rdsch. **1968** 182; *Scholz/Winter* 59.

ihn nicht, zu der Abgabe bestimmt worden, so steht ihm ein Schadensersatzanspruch wegen Betrugs zu (Rdn. 110). Es kann auch ein neben der Scheingründung bestehendes Vertragsverhältnis vorliegen, aufgrund dessen die anderen Gesellschafter dem zum Schein Beigetretenen ersatzpflichtig sind.

Von der Scheingründung klar zu trennen sind die Fälle der **Strohmanngründung.** 109
Hier übernimmt der „Strohmann" einen Geschäftsanteil als Treuhänder eines anderen. Er *will* die Gesellschaftsgründung, wenn auch für Rechnung des Hintermanns (vgl. Näheres Rdn. 49 ff.). Ebenfalls nicht hierher gehören die Fälle der **Vorratsgründung** (dazu und zum Mantelkauf vgl. § 3, 24 ff.).

d) Der Ausgleich unter den Gesellschaftern. Schadensersatzansprüche wegen 110
Irrtums, Täuschung oder Drohung bei *Gründung* der Gesellschaft kommen nicht gegen diese, sondern nur gegen diejenigen Mitgründer in Betracht, die die fehlerhafte Beitrittserklärung veranlaßt haben[153]. Auch der spätere *Käufer eines Geschäftsanteils* kann sich nur an diejenigen Gründer halten, die seinen Rechtsvorgänger getäuscht haben. Andernfalls würde die Rückforderung der Einlage auf dem Umweg über einen Schadensersatzanspruch gegen die Gesellschaft ermöglicht. Zur Rechtslage bei Veräußerung eines eigenen Geschäftsanteils durch die GmbH vgl. Rdn. 112. — Die vorstehenden Grundsätze gelten auch im Fall der *Erhöhung des Stammkapitals*: auch hier ist nicht nur die Anfechtung der Beitrittserklärung nach Durchführung der Kapitalerhöhung ausgeschlossen, sondern auch die Geltendmachung von Ansprüchen gegen die Gesellschaft. Wohl aber können Mitgesellschafter sowie Geschäftsführer der GmbH in Anspruch genommen werden, soweit nach allgemeinen Grundsätzen ihre Haftung begründet ist.

Inhaltlich geht der Schadensersatzanspruch im Fall von **Täuschung und Drohung** 111
auf Wiederherstellung des früheren Zustands, das heißt (Wieder-)Abnahme des Geschäftsanteils, Rückgewähr der geleisteten Einlage und Freistellung von der Haftung für etwa bestehende Forderungen der Gesellschaft. Im Fall des Irrtums kommt, vorbehaltlich einer Ersatzpflicht des sich auf den Irrtum Berufenden nach § 122 BGB, nur ein *Bereicherungsanspruch* gegen die anderen Gesellschafter in Betracht. Er setzt voraus, daß deren Vermögen durch die Einlageleistung des sich Irrenden ohne Rechtsgrund vermehrt wurde (§ 812 BGB). Diese Voraussetzung ist dann gegeben, wenn der Irrtum zu einem erhöhten, so nicht beabsichtigten Einlageversprechen des sich Irrenden führte, das eine entsprechende Wertsteigerung der einzelnen Geschäftsanteile zur Folge hatte, so bei Einlage des eingebrachten Unternehmens zu Buchwerten statt zu tatsächlichen Werten unter Auszahlung des den Nominalwert des übernommenen Geschäftsanteils übersteigenden Betrags.

4. Die mangelhafte Veräußerung eigener Geschäftsanteile durch die GmbH

Die vorstehenden Grundsätze über die beschränkte Geltendmachung von Willensmän- 112
geln bei auf Irrtum, Täuschung oder Drohung beruhenden Beitrittserklärungen zur GmbH-Gründung oder Kapitalerhöhung sind **nicht anwendbar** auf diejenigen Fälle, in denen die GmbH einen eigenen Geschäftsanteil auf mangelhafter Vertragsgrundlage veräußert. Da dieses Rechtsgeschäft keinen konstitutiven Einfluß auf die Entstehung der GmbH oder die Höhe ihres Stammkapitals hat, sind grundsätzlich weder der Erwerber noch die GmbH gehindert, sich auf den Willensmangel zu berufen und dadurch das Geschäft zu Fall zu bringen. Die Möglichkeit einer *rückwirkenden* Anfechtung ist *umstritten*[154]. Ihrer Beschränkung bedarf es nur in denjenigen Fällen, in denen nicht bereits

---

[153] RGZ **71** 97, 98 f.; **82** 376, 381; **88** 187, 189; **123** 102, 104 u. a.; *Scholz/Winter* 61.

[154] Dagegen Anh. § 15, 2 ff. (*Schilling/Zutt*) unter Berufung auf BGH WM **1975** 512, wonach

die sinngemäße Anwendung von § 16 Abs. 2 für die erforderliche Rechtssicherheit sorgt[155].

113 *Schadensersatz-* und/oder *Bereicherungsansprüche* aufgrund der Fehlerhaftigkeit des Erwerbs (Rdn. 110, 111) richten sich in diesem Fall in erster Linie **gegen die Gesellschaft** selbst; eine Mithaftung der Mitgesellschafter und Geschäftsführer kommt nach deliktischen Grundsätzen (§§ 830, 840 BGB) in Betracht. Daß die Zahlungspflicht der Gesellschaft zu einer Verminderung von deren Vermögen und damit der Zugriffsmöglichkeiten ihrer Gläubiger führt, steht angesichts des *kaufrechtlichen* Charakters des angefochtenen Geschäfts nach ganz hM grundsätzlich nicht entgegen[156]. Eine Einschränkung ist allerdings für den Fall zu machen, in dem die Zahlung der GmbH zu einer Verminderung des zur Erhaltung des Stammkapitals erforderlichen Vermögens führen würde[157]. Das folgt aus der Kapitalerhaltungsvorschrift des **§ 30** und ihrer Sonderausprägung für den Erwerb eigener Geschäftsanteile in **§ 33 Abs. 2**. Der diesen Vorschriften zugrundeliegende Rechtssatz greift auch in diesem Zusammenhang ein, da der fehlerhaft beigetretene Gesellschafter trotz der kaufrechtlichen Grundlage seines Beitritts der GmbH näher steht als andere Gläubiger und sich daher eine Zurücksetzung diesen gegenüber gefallen lassen muß. Entsprechendes gilt im Konkurs der GmbH (**aA** RGZ **88** 273). Soweit die Gesellschaft nach diesen Grundsätzen ausnahmsweise Zahlungen nicht leisten kann und eine Haftung der Mitgesellschafter nicht in Betracht kommt, muß der fehlerhaft Beigetretene versuchen, sich durch anderweitige Verwertung des Geschäftsanteils Ersatz zu schaffen.

VIII. Gläubiger- und Konkursanfechtung von Beitrittserklärungen

114 In Rechtsprechung und Literatur wenig behandelt ist die Frage, ob die Beteiligung an einer GmbH oder die im Zusammenhang damit erfolgte Einbringung von Vermögenswerten der Gesellschafter nach den Vorschriften des Anfechtungsgesetzes bzw. der Konkursordnung *wegen Gläubigerbenachteiligung angefochten* werden könne. Das Reichsgericht (RGZ **74** 16, 18) hat eine derartige Anfechtung trotz der damit verbundenen Verminderung des zur Erhaltung des Stammkapitals erforderlichen GmbH-Vermögens für zulässig gehalten, da § 30 nur der Rückzahlung von Einlagen an die *Gesellschafter* entgegenstehe, die Gesellschaftsgläubiger aber nicht gegenüber den Gläubigern eines Gesellschafters schützen wolle. Auch werde die Existenz der Gesellschaft nicht betroffen, da *Gegenstand der Anfechtung* nicht der Beitritt als solcher, sondern der Einbringungsvertrag über die Sacheinlage sei[158]. *Hachenburg* und *Schilling* sind dieser Rechtsprechung in den Vorauflagen[159] gefolgt. In neuerer Zeit hat der BGH (WM **1959** 719, 721) eine auf die Beteiligung an einer *Personen*gesellschaft bezogene Konkursanfechtung deshalb als unbegründet angesehen, weil die Gläubiger keinen Anspruch auf unmittelbare Befriedigung aus dem Gesellschaftsvermögen hätten, sondern sich an den Abfindungsanspruch ihres Schuldners halten könnten[160].

---

die Grundsätze über die fehlerhafte Gesellschaft auch auf die fehlerhafte Übertragung eines GmbH-Anteils Anwendung finden; einschränkend jetzt aber BGHZ **84** 47, 49 f. = NJW **1982** 2822.

[155] So zutr. BGHZ **84** 47, 49 f.

[156] RGZ **68** 309, 312; **87** 339, 340; **88** 271, 272; Nachweise zur abweichenden Ansicht der früheren Rechtsprechung des RG zum Aktienrecht vgl. in 6. Aufl. Rdn. 34 a. E.

[157] *Brodmann* 6 d; **aA** RGZ **68** 309, 311 und *Scholz/Winter* 63.

[158] So auch RGZ **24** 14, 24 für eine Sacheinlage im Rahmen einer AG-Gründung.

[159] Rdn. 44; so auch *Scholz/Winter* 64, *Brodmann* 6 a. E., *Jaeger* Die Gläubigeranfechtung außerhalb des Konkursverfahrens[2] § 11, 9.

[160] So auch *Jaeger/Weber* KO[8] § 212, 6; *Mentzel/Kuhn/Uhlenbruck* KO[9] § 212, 13.

Stellungnahme. Der vom Reichsgericht mit Zustimmung der Literatur vertretenen, die Gläubiger- oder Konkursanfechtung zulassenden Ansicht kann **nicht** gefolgt werden. Zwar ist richtig, daß die Gläubiger- oder Konkursanfechtung den äußeren Bestand der GmbH oder den Beitritt des (Gemein-)Schuldners im Unterschied zu den Fällen fehlerhafter Beitrittserklärungen (Rdn. 78 ff.) nicht unmittelbar in Frage stellt. Das folgt aber nicht, wie das Reichsgericht und die Vorauflage annehmen, aus einer „Beschränkung" der Anfechtung auf den Einbringungsvertrag, sondern aus der *besonderen Rechtsnatur der Gläubiger- und Konkursanfechtung*: sie ist nicht — im Sinne eines Gestaltungsrechts — auf die Vernichtung des anfechtbaren Rechtsgeschäfts gerichtet, sondern nur darauf, die durch das anfechtbare Rechtsgeschäft veräußerten Vermögenswerte *zurückzufordern* und dadurch die Wirkungen der Gläubigerbenachteiligung rückgängig zu machen. Die Gläubiger- und Konkursanfechtung besteht somit in der *Geltendmachung des Rückforderungsanspruchs*; den Bestand des anfechtbaren Rechtsgeschäfts läßt sie demgegenüber unberührt (heute hM, vgl. statt aller *Böhle-Stamschräder/Kilger* KO[14] § 29, 3). 115

Indessen erschöpft sich der Bestandsschutz der Gesellschaft als ein zwingendes oberstes Strukturprinzip des GmbH-Rechts nicht in der Beschränkung der Vernichtungsgründe auf die im Gesetz geregelten Fälle; vielmehr nimmt der in §§ 30, 31 verankerte Grundsatz der **Kapitalerhaltung** daneben gleichen Rang ein (Rdn. 75). Eine Aufrechterhaltung der Gesellschaft ohne gleichzeitige Sicherung ihrer Kapitalgrundlage wäre für den auf den Bestand der GmbH vertrauenden Rechtsverkehr ohne Interesse; auch die der GmbH nach §§ 21 ff. zustehenden Rechte bei Nichteinzahlung der Einlage bieten keinen vollwertigen Schutz (so aber *Scholz/Winter* 64 aE). **Daher muß dem Grundsatz der Kapitalerhaltung der Vorrang auch gegenüber Rückforderungsansprüchen im Rahmen der Gläubiger- oder Konkursanfechtung zustehen;** diese Ansprüche können gegenüber der GmbH nur insoweit durchgesetzt werden, als dadurch das zur Erhaltung des Stammkapitals erforderliche Reinvermögen nicht vermindert wird. Daß die Rückzahlung hier nicht an einen Gesellschafter, sondern an seine Gläubiger erfolgt, steht dem Eingreifen des § 30 nicht entgegen: entscheidend ist, daß in diesen Fällen von der Gesellschaft eine auf gesellschaftsvertraglicher Grundlage beruhende einseitige Leistung erbracht werden soll (vgl. § 30, 56). Die Gläubiger des Gesellschafters sind durch den Vorrang der §§ 30, 31 im übrigen nicht schutzlos gestellt: sie können den Geschäftsanteil ihres Schuldners verwerten (vgl. Anh. § 15, 82 ff.) und, wenn dessen Veräußerung sich als nicht durchführbar erweisen sollte, in entsprechender Anwendung des Grundgedankens von § 135 HGB den Austritt des Gesellschafters aus der GmbH erklären (vgl. dazu Anh. § 34, 46). 116

Auch soweit nach den vorstehenden Grundsätzen ein Rückforderungsanspruch des anfechtenden Gläubigers oder Konkursverwalters zu verneinen ist, bleibt doch ein **Vorgehen gegen die Mitgesellschafter des (Gemein-)Schuldners** denkbar. Ein Schadensersatzanspruch gegen sie kommt nach § 826 BGB insbesondere dann in Betracht, wenn sie *in Kenntnis der Gläubigerbenachteiligungsabsicht* des Gesellschafter/Schuldners mit diesem zusammenwirkten, um durch Gründung der Gesellschaft und Einbringung der fraglichen Vermögenswerte den Zugriff der Gläubiger zu erschweren. Denkbar ist auch, daß die Einbringung von Vermögenswerten in die Gesellschaft eine der Anfechtung unterliegende *Schenkung* des Gesellschafter/Schuldners gegenüber bestimmten oder allen Mitgesellschaftern enthält und entsprechende Rückforderungsansprüche *unmittelbar gegen die begünstigten Mitgesellschafter* eröffnet. 117

Erfolgt die **Beteiligung an einer GmbH für Rechnung eines anderen,** um dessen Gläubigern den Zugriff auf den Geschäftsanteil zu entziehen, so ist auch dies anfechtbar. Die Anfechtung bezieht sich aber nur auf das Rechtsgeschäft zwischen dem Gesellschafter und dem Schuldner. Der Anfechtungsanspruch richtet sich nicht gegen die GmbH, 118 sondern gegen den als Treuhänder beteiligten Gesellschafter; sein Gegenstand ist der mit Mitteln des (Gemein-)Schuldners erworbene *Geschäftsanteil* an der GmbH. Statt dieses Weges steht dem Gläubiger auch die Möglichkeit offen, den Anspruch seines Schuldners gegen den Gesellschafter auf Übertragung des treuhänderisch gehaltenen Geschäftsanteils zu pfänden. Es setzt dieses nicht das Vorliegen eines Anfechtungsurteils voraus, sondern nur eines vollstreckbaren Titels gegen den Schuldner.

IX. Die Auslegung des Gesellschaftsvertrags

1. Auslegungsgrundsätze

Schrifttum

Ostheim Zur Auslegung des Gesellschaftsvertrags bei der Gesellschaft mit beschränkter Haftung, Festschrift Demelius (1973) S. 381 ff.; *Wiedemann* Die Auslegung von Satzungen und Gesellschaftsverträgen, DNotZ Sonderheft **1977** 99 ff.

119 **a) Meinungsstand.** Die für die Auslegung der Satzungen von Kapitalgesellschaften (AG und GmbH) geltenden Regeln waren **früher umstritten**. Das **Reichsgericht** orientierte sich in ständiger Rechtsprechung grundsätzlich an den allgemein für Verträge geltenden Auslegungsvorschriften der §§ 133, 157 BGB[161]. Allerdings lehnte es wiederholt die Berücksichtigung von solchen Umständen ab, die weder aus der Satzung selbst noch aus den sonstigen zum Handelsregister eingereichten Unterlagen erkennbar waren, soweit die auszulegende Bestimmung für Gläubiger oder spätere Anteilserwerber von Bedeutung war[162]. In der Literatur standen sich Anhänger der Reichsgerichts-Rechtsprechung und Vertreter der Meinung gegenüber, nach der die für *Gesetze* geltenden Auslegungsgrundsätze auch den Maßstab für die Auslegung von Satzungen der Kapitalgesellschaften zu bilden hätten[163].

120 Der **Bundesgerichtshof** hat trotz grundsätzlicher Anknüpfung an die Auslegungspraxis des RG von Anfang an in **ständ. Rspr.** die Notwendigkeit rein **objektiver**, auf Satzungsinhalt und sonstige allgemein zugängliche Unterlagen beschränkter Auslegung für die zum „**körperschaftlichen** Bereich" gehörenden Satzungsregelungen betont[164] und in Verbindung damit die uneingeschränkte Nachprüfung der instanzgerichtlichen Auslegung dieser Satzungsteile für sich in Anspruch genommen (vgl. Rdn. 128). Eine Auslegung nach den allgemeinen Maßstäben der §§ 133, 157 BGB hat er nur bei denjenigen Vereinbarungen Platz greifen lassen, bei denen es sich um *individualrechtliche*, die Beziehungen der Gesellschaft lediglich zu bestimmten Personen betreffende Teile der Satzung handelt[165]. — Eine darüber hinausgehende Differenzierung nach der personalistischen oder kapitalistischen Struktur der Gesellschaft mit der Maßgabe, daß in rein personalistischen Gesellschaften mit geschlossenem Gesellschafterkreis subjektive Krite-

---

161 RGZ **79** 418, 422; **159** 321, 326; **165** 68, 73; vgl. auch die Übersicht bei *Wiedemann* GesR I § 3 II 2 a S. 167.

162 RGZ **79** 418, 422; **159** 272, 278 f.; **164** 129, 140.

163 Vgl. Nachw. bei *Kraft* Kölner KommAktG § 2, 27 bis 29.

164 BGHZ **14** 25, 36 f. = NJW **1954** 1401; **36** 296, 315 = NJW **1962** 864; **48** 141, 144 = NJW **1967** 2159, BGH LM § 47 GmbHG Nr. 20 und 21 = NJW **1973** 1039, 1040 und GmbH-Rdsch. **1974** 107, 108, BGH WM **1955** 65, 66, **1966** 446, 447 und 1262, DB **1968** 2166, WM **1976** 204, 206, GmbH-Rdsch. **1982** 129, 130, NJW **1983** 1910, 1911; so auch BayObLG DB **1979** 1075, OLG Düsseldorf BB **1982** 762 und 1574.

165 BGH LM § 549 ZPO Nr. 25; zur Abgrenzung zwischen beiden Arten von Satzungsregelungen vgl. näher Rdn. 122.

rien auch für die Auslegung körperschaftlicher Satzungsregelungen berücksichtigt werden können, hat er abgelehnt (BGH GmbH-Rdsch. **1982** 129, 130; vgl. dazu Rdn. 121).

Das **Schrifttum** hat sich der Unterscheidung des BGH zwischen der Auslegung körperschaftlicher und individualrechtlicher Satzungsbestandteile unter Betonung der rein objektiven Auslegung für den körperschaftlichen Bereich ganz überwiegend angeschlossen[166] oder ist trotz unterschiedlichen Ausgangspunkts im Ergebnis doch zu nur geringfügigen Differenzierungen gekommen[167]. Deutlichere Abweichungen finden sich demgegenüber einerseits bei *Ostheim*[168], der unter Ablehnung der Unterscheidung zwischen körperschaftlichen und individualrechtlichen Satzungsbestandteilen die objektive Auslegung für allein maßgeblich ansieht. Auf der anderen Seite vertritt *Wiedemann*[169] eine im Vergleich zur Rechtsprechung stärker differenzierende, auf Verbandsstruktur, Zeitdauer, Form und Publizitätspflicht des Gesellschaftsvertrags abstellende Auslegungsmethode; bei personalistisch strukturierten Gesellschaften mbH soll das zur Folge haben, daß dieselbe Satzungsklausel unterschiedlich auszulegen ist, je nachdem ob die Auslegung sich auf die Innenbeziehungen zwischen den Gesellschaftern (dann subjektiv) oder auf das Verhältnis zu Dritten (dann objektiv) bezieht. **120 a**

b) Stellungnahme. Die **objektive**, an Satzungsinhalt und allgemein zugänglichen Unterlagen (Rdn. 123) ausgerichtete Auslegungsmethode der Rechtsprechung verdient grundsätzlich **Zustimmung**; sie ist abweichend von den insoweit nicht eindeutigen Abgrenzungskriterien der Rechtsprechung für den *gesamten materiellen Satzungsinhalt* maßgebend (Rdn. 122). *Für* die objektive Auslegung sprechen der für GmbH-Satzungen geltende Formzwang[170] und die vorgeschriebene Einreichung zum Handelsregister. Sie belegen die über die Innenbeziehungen der Gesellschafter hinausgehende, auch Gläubiger und künftige Anteilserwerber berührende Bedeutung, die der GmbH-Satzung im Unterschied zum Personengesellschaftsvertrag *gesetzlich* beigemessen wird. Dem ist auch bei der Auslegung Rechnung zu tragen[171]. Entgegen der Voraufl. (Rdn. 127) gilt das auch für rein personalistische Gesellschaften; Sondermaßstäbe sind für sie nicht veranlaßt (BGH GmbH-Rdsch. **1982** 129, 130). Abzulehnen ist namentlich die von *Wiedemann* (GesR I S. 169 f.) für personalistische Gesellschaften vertretene Methode der „gespaltenen", nach Innen- und Außenverhältnis unterscheidenden Auslegung[172]; gegen sie spricht neben der vom BGH aaO betonten Schwierigkeit der Grenzziehung zwischen personalistischen und kapitalistischen Gesellschaften vor allem der Umstand, daß sich Innen- und Außenbeziehungen häufig nicht klar trennen lassen, die Auslegung gesellschaftsinterner Rechte und Pflichten vielmehr zumindest mittelbare Konsequenzen auch für Gläubiger oder künftige Gesellschafter haben kann. Unbilligen Härten, die sich für **121**

---

166 *Rob. Fischer* 2 b und GmbH-Rdsch. **1953** 131, 132, *Barz* GroßkommAktG § 23, 19, *Baumbach/Hueck* AktG § 23, 3, *Würdinger* Aktien- und Konzernrecht[4] § 10 I 2; stärker differenzierend *Kraft* Kölner KommAktG § 2, 30 und 32 (vgl. dazu unten Rdn. 122 a); nicht eindeutig noch *Baumbach/Hueck* § 3, 1 F.

167 So einerseits *Teichmann* Gestaltungsfreiheit in Gesellschaftsverträgen (1970) S. 128 ff., 132 f. (trotz grundsätzlicher Kritik an der herrsch. objektiven Auslegung), andererseits *Scholz/Winter* 42 ff., die unter Berufung auf die Rechtsprechung des RG stärker an §§ 133, 157 BGB anknüpfen wollen, dabei aber doch die Notwendigkeit einheitlicher Auslegung unter Begrenzung der Auslegungsmittel auf allgemein zugängliche Erkenntnisquellen hervorheben (aaO Rdn. 44).

168 Festschrift Demelius (1973) S. 381, 392.

169 Gesellschaftsrecht Bd. 1, 1980, § 3 II 2 S. 167 ff. und DNotZ **1977** Sonderheft S. 99 ff.

170 Vgl. zur Bedeutung des Formzwecks für die Auslegung eingehend *Lüderitz* Auslegung von Rechtsgeschäften (1966) S. 194 ff.

171 So auch *Scholz/Winter* 43, *Wiedemann* GesR I S. 169.

172 Dagegen auch BGH GmbH-Rdsch. **1982** 129, 130; *Scholz/Winter* 44.

die gesellschaftsinternen Beziehungen im Einzelfall mit der rein objektiven Auslegung verbinden können, läßt sich durch Rückgriff auf den Mißbrauchseinwand angemessen Rechnung tragen (Rdn. 126).

2. Die objektive Auslegung

122 **a) Anwendungsbereich.** Der Anwendungsbereich der objektiven Auslegung bezieht sich nach der Rechtsprechung des BGH (Rdn. 120) auf die *körperschaftlichen* im Unterschied zu den individualrechtlichen Satzungsbestandteilen. Dem körperschaftlichen Bereich zugerechnet werden diejenigen Bestimmungen, die nicht nur für die derzeitigen, sondern auch für künftige Gesellschafter oder Dritte von Bedeutung sind, darunter Bestimmungen über den Gesellschaftszweck oder Unternehmensgegenstand[173], über die Besetzung und die Kompetenzen der Gesellschaftsorgane[174], über das Stimmrecht[175] und etwaige Sonderrechte[176], über Kapitalausstattung und Sacheinlagen[177], über die Anteilsübertragung[178] und die Gewinnverwendung[179]. Als *individualrechtlich*, der *subjektiven* Auslegung zugänglich angesehen wurde demgegenüber lediglich eine nach § 6 Abs. 3 S. 2 anläßlich der Gründung in den Gesellschaftsvertrag aufgenommene Regelung über die Altersversorgung des Geschäftsführers[180], d. h. also eine bloß *äußerlich* mit dem Gesellschaftsvertrag verbundene Satzungsklausel, deren Verbindlichkeit und etwaige spätere Änderung nicht den für Satzungsregelungen maßgeblichen Grundsätzen folgt (sog. „formeller" Satzungsbestandteil, vgl. näher § 53, 10 ff., 14). Wie diese Ausnahme zeigt, ist die Unterscheidung der Rechtsprechung zwischen körperschaftlichen und individualrechtlichen Satzungsbestandteilen unscharf[181]; zu differenzieren ist vielmehr zwischen materiellen und formellen (echten und unechten) Satzungsbestandteilen. Die **objektive** Auslegung gilt für **sämtliche materiellen Satzungsbestandteile**, d. h. diejenigen Regelungen, denen konstitutive Wirkung zwischen Gesellschaft und Gesellschaftern zukommt, die dem Formzwang und der Handelsregisterpublizität unterliegen und deren Änderung sich nach §§ 53 ff. bestimmt (vgl. näher § 53, 11 ff., 16). Diese Bestimmungen sind für künftige Anteilsinhaber und sonstige Dritte auch dann bedeutsam, wenn sie sich auf das Verhältnis der Gesellschaft zu *bestimmten* Gesellschaftern beziehen und ihnen Sonderrechte gegenüber der GmbH einräumen oder Nebenpflichten auferlegen[182]. Demgegenüber bleiben die allgemeinen Auslegungsgrundsätze maßgebend für mit der Satzung nur äußerlich (formell) verbundene Rechtsgeschäfte nach Art der Geschäftsführerbestellung und des Anstellungsvertrags sowie für schuldrechtliche Nebenabreden zwischen den Gesellschaftern (vgl. dazu § 53, 15 und 18); sie unterliegen trotz ihrer Aufnahme in die Satzungsurkunde den allgemeinen Regeln der Rechtsgeschäftslehre. Entsprechendes gilt für den *ganzen* Inhalt des Gesellschaftsvertrags **vor Eintragung** der Gesellschaft (§ 11, 26).

---

173 BGH WM **1966** 446, 447 und NJW **1983** 1910, 1911.

174 BGH NJW **1973** 1039, 1040, WM **1983** 835, 836, OLG Düsseldorf BB **1982** 1574.

175 BGHZ **14** 25, 36 f.; **36** 296, 314, BGH GmbH-Rdsch. **1974** 107, 108.

176 BGH DB **1968** 2166 und GmbH-Rdsch. **1982** 129, 130.

177 BGH WM **1966** 1262, 1263, BayObLG DB **1979** 1075.

178 BGHZ **48** 141, 144 = NJW **1967** 2159.

179 OLG Düsseldorf BB **1982** 762.

180 BGH LM § 549 ZPO Nr. 25.

181 Zu Recht kritisch auch *Scholz/Winter* 44, *Wiedemann* GesR I S. 169 und *Priester* DB **1979** 681, 684.

182 Vgl. § 53, 13; als „körperschaftlich" und nicht individualrechtlich wurde daher zu Recht auch ein etwaiges Sonderrecht auf Geschäftsführung eingestuft (vgl. Nachw. in Fn. 176).

Der **weiteren,** von *Kraft* (Kölner KommAktG § 2, 32) getroffenen *Unterscheidung zwischen notwendigen und fakultativen körperschaftlichen Bestimmungen* und der Aufstellung besonders strenger Auslegungsgrundsätze für die „notwendigen" Klauseln (*Kraft* aaO § 2, 34) ist **nicht** zu folgen (dagegen auch *Scholz/Winter* 43). Richtig ist zwar, daß das Fehlen einiger — wenn auch keineswegs aller — notwendigen Bestandteile nach Maßgabe von § 75 zur Nichtigkeit der GmbH führt und daß an das Vorhandensein und die Eindeutigkeit dieser Teile daher vom Registerrichter bei Prüfung der Eintragungsfähigkeit der GmbH besonders hohe Anforderungen zu stellen sind; eine Lückenfüllung beim Fehlen einer dieser Klauseln im Wege richterlicher Vertragsergänzung ist im Unterschied zu den sonstigen Bestandteilen (Rdn. 124) daher nicht möglich. Für die Maßgeblichkeit der objektiven, auf Satzungsinhalt und Handelsregisterunterlagen beschränkten Auslegung ist dieser Unterschied aber ohne Bedeutung. 122 a

b) Berücksichtigungsfähige Umstände. Berücksichtigungsfähig im Rahmen der objektiven Auslegung sind in erster Linie der **Wortlaut, der Zweck und der systematische Zusammenhang der Satzungsurkunde**; das entspricht den für die Auslegung von Rechtsnormen anerkannten Grundsätzen. Darüber hinaus wird zur Auslegung mehrdeutiger Klauseln oder zur Behebung sonstiger Zweifel zu Recht ein Rückgriff auf die sonstigen **zum Handelsregister eingereichten** und damit allgemein zugänglichen **Unterlagen** zugelassen[183]. Hierzu zählen das Gründungsprotokoll, die Festsetzungen über Sacheinlagen, die Unterlagen über deren Wert sowie etwaige dem Registergericht gegenüber schriftlich abgegebene Erläuterungen der Beteiligten. Ob es darüber hinaus weitere der Allgemeinheit zugängliche, für die objektive Auslegung relevante Erkenntnisquellen gibt[184], erscheint zweifelhaft. **Auszuscheiden** hat jedenfalls die Berücksichtigung nicht allgemein erkennbarer Umstände, darunter die — nicht in den Handelsregisterunterlagen dokumentierte — Entstehungsgeschichte der Satzung, etwaige Vorentwürfe sowie die Vorstellungen und Äußerungen von Personen, die an der Abfassung des Gesellschaftsvertrags mitgewirkt haben[185]. Entsprechendes hat für schuldrechtliche Nebenabreden zu gelten, selbst wenn sie zwischen allen Gesellschaftern getroffen worden sind[186]. Im Ergebnis soll dadurch, in Verbindung mit der unbeschränkten Nachprüfbarkeit der Auslegung körperschaftlicher Vereinbarungen in der Revisionsinstanz (Rdn. 128), eine **einheitliche Auslegung** der betreffenden Satzungsteile unabhängig vom jeweiligen Gesellschafterbestand sichergestellt werden[187]. 123

Erweist sich aufgrund der objektiven Auslegung die Satzung als **lückenhaft,** so muß nicht etwa in erster Linie auf dispositives Recht zurückgegriffen werden. Vielmehr ist die Lücke im Wege **ergänzender Auslegung** zu schließen[188]. Auch hierfür sind allein *objektive* Kriterien maßgeblich, wobei der Satzungsinhalt und die sonstigen relevanten 124

---

183 Vgl. RGZ **159** 321, 326, BayObLG DB **1979** 1075, OLG Düsseldorf BB **1982** 1574; nicht eindeutig die Rspr. des BGH, die die Auslegung teils auf die Berücksichtigung des Satzungsinhalts beschränkt (so z. B. BGH GmbH-Rdsch. **1982** 129, 130), teils allgemein erkennbare Umstände schlechthin genügen läßt (BGH LM § 549 ZPO Nr. 25, BGH GmbH-Rdsch. **1974** 107, 108, BGH NJW **1983** 1910, 1911).

184 So — ohne nähere Konkretisierung — anscheinend BGH GmbH-Rdsch. **1974** 107, 108, BGH NJW **1983** 1910, 1911.

185 BGH aaO (Fn. 184), OLG Düsseldorf BB **1982** 762.

186 **AA** insoweit anscheinend BGH NJW **1983** 1910, 1911, wonach auf die Verletzung derartiger Nebenabreden die Anfechtung eines Gesellschafterbeschlusses analog § 243 AktG soll gestützt werden können (dazu mit Recht kritisch *Vomhof* GmbH-Rdsch. **1984** 181).

187 RG JW **1939** 354, BGHZ **14** 25, 37; *Barz* GroßkommAktG § 23, 19, *Kraft* in Kölner KommAktG § 2, 36.

188 BGH WM **1983** 835, 837, OLG Düsseldorf BB **1982** 1574; *Scholz/Winter* 43; **aA** *Kraft* aaO § 2, 35.

Unterlagen (Rdn. 123) darauf zu prüfen sind, welche Regelung die Beteiligten nach dem daraus erkennbaren Sinn und Zweck getroffen hätten, wenn ihnen die Lücke bewußt gewesen wäre[189]. Soweit die wörtliche Auslegung einer Satzungsbestimmung zur Unwirksamkeit wegen Gesetzesverstoßes führen würde, ist auch eine vom Wortlaut abweichende, **restriktive Interpretation** zuzulassen[190].

125 **c) Beispiele.** Enthält im Falle der Einbringung eines Unternehmens zum festgestellten, aus den Handelsregisterunterlagen ersichtlichen Wert von DM 136 000 für eine versprochene Einlage von DM 40 000 der Gesellschaftsvertrag keine ausdrückliche Vereinbarung für den überschießenden Wert und ist eine solche auch nicht durch Rückgriff auf die Handelsregisterunterlagen zu erkennen, so ist der Rückzahlungsanspruch des einbringenden Gesellschafters beim Fehlen gegenteiliger Anhaltspunkte nach der Verkehrssitte zu ergänzen[191]. Eine Satzungsklausel, wonach der *Geschäftsanteil* des Geschäftsführers bei dessen Ausscheiden aus dem Amt *eingezogen* werden kann, hindert den betroffenen Gesellschafter nicht an dem Nachweis, daß hiermit nur der Fall seiner freiwilligen Kündigung, nicht aber die ohne sein Verschulden erfolgende Vertragsbeendigung gemeint sei. Frage der Auslegung ist es, ob das dem Aufsichtsrat übertragene Recht der *Ernennung der Geschäftsführer* auch dasjenige ihrer *Abberufung* umfaßt. Ist im Gesellschaftsvertrag nicht die Abtretung, sondern der *Verkauf* des Geschäftsanteils an die Genehmigung der Gesellschaft gebunden, so liegt hierin nach dem eindeutigen Wortlaut eine Einschränkung gegenüber der dispositiven Vorschrift des § 15 Abs. 5; eine abweichende Auslegung ist jedoch aufgrund des übrigen Satzungsinhalts möglich (RGZ **101** 246, 247). Ist die Abtretung des Geschäftsanteils von der Genehmigung der *Gesellschafter* abhängig gemacht, so ist durch Auslegung zu klären, ob die Abtretung der Genehmigung durch *alle* übrigen Gesellschafter bedarf (vgl. RGZ **159** 272, 278 f.). Zahlreiche Auslegungsfragen können sich schließlich auch aus der Aufnahme einer *Zeitdauer* der Gesellschaft in den Gesellschaftsvertrag ergeben; dabei geht es vor allem um ihr Verhältnis zu dem in § 60 Abs. 1 Nr. 2 geregelten, grundsätzlich mit Dreiviertelmehrheit zu fassenden Auflösungsbeschluß (vgl. § 3, 51 und § 60, 19 ff. und 26 ff.).

126 **d) Mißbrauchsgrenzen.** Für einen Rückgriff auf subjektive, aus der Sphäre der Gründer stammende und nicht allgemein zugängliche Umstände ist bei der gebotenen objektiven Auslegung der materiellen Satzungsbestandteile kein Raum (Rdn. 121). Das gilt entgegen der Voraufl. (Rdn. 127) auch für **personalistisch strukturierte Gesellschaften** wie eine Familien-GmbH, bei der die Anteilsveräußerung nur mit Zustimmung der Gesellschaft möglich ist, oder für die Komplementär-GmbH einer personalistisch ausgestalteten GmbH & Co KG[192]. Gerade in solchen, durch enge persönliche Verbundenheit der Gesellschafter und gegenseitige **Treupflicht** gekennzeichneten Gesellschaften ist freilich nicht auszuschließen, daß im Verhältnis zwischen den Gesellschaftern das Abstellen auf die objektive Auslegung zu unbilligen Härten führen kann. Man denke etwa an die Berufung auf den Satzungswortlaut *alsbald nach Eintragung* der GmbH, wenn zwischen den Gründern Einvernehmen über eine vom Wortlaut

---

[189] Zum grundsätzlichen Vorrang ergänzender Vertragsauslegung vor der Anwendung dispositiven Gesetzesrechts im Personengesellschaftsrecht vgl. BGH NJW **1979** 1705, BGH BB **1982** 1326 und MünchKomm.-*Ulmer* BGB § 705, 124.

[190] Vgl. dazu für das Aktienrecht *Barz* aaO § 23, 19, *Kraft* aaO § 2, 35.

[191] RGZ **159** 321 (326, 328), BayObLG DB **1979** 1075. Für Notwendigkeit ziffernmäßiger Angabe des Rückzahlungsanspruchs OLG Stuttgart GmbH-Rdsch. **1982** 109, 111; **aA** OLG Zweibrücken GmbH-Rdsch. **1981** 214 und *Priester* GmbH-Rdsch. **1982** 113.

[192] BGH GmbH-Rdsch. **1982** 129, 130; **aA** *Wiedemann* GesR I S. 168.

abweichende Auslegung bestand, die Abweichung jedoch bei Abfassung des Gesellschaftsvertrags nicht bemerkt worden war (zur unbeschränkte Auslegung *vor* Eintragung vgl. § 11, 26), oder an den Fall, in dem erst lange Jahre nach Gründung der GmbH festgestellt wird, daß eine seither stets praktizierte, auf allseitigem Einvernehmen beruhende Regelung, etwa über die Gewinnverteilung, nicht dem Satzungswortlaut entspricht. Eine „gespaltene", nach Innen- und Außenverhältnis unterscheidende Auslegung ist zwar auch in derartigen Fällen abzulehnen (vgl. dazu Rdn. 121). Wohl aber kann — auch unabhängig von der Frage einer aus der Treupflicht folgenden Pflicht der Gesellschafter zur Vertragsanpassung (vgl. § 11, 31 und § 53, 65) — dem sich auf den abweichenden Satzungswortlaut berufenden Gesellschafter je nach Lage des Falles der **Mißbrauchseinwand** entgegengesetzt werden, wenn und soweit Interessen Dritter hierdurch nicht berührt werden. Er ist nicht etwa durch die Maßgeblichkeit der objektiven Auslegung ausgeschlossen. Entsprechendes gilt, wenn ein Gesellschafter sich unter Berufung auf die objektive Auslegung über eine zwischen allen Beteiligten geltende schuldrechtliche Nebenabrede hinwegsetzt[193].

3. Die subjektive Auslegung formeller (unechter) Satzungsbestandteile

Die Auslegung „individualrechtlicher" — richtiger: *formeller* oder unechter (Rdn. 122) **127**
— Bestimmungen, die zwar in die Satzungsurkunde aufgenommen sind, mit dieser aber nur in äußerem Zusammenhang stehen und in Bestand und Veränderungen eigenen Regelungen folgen (zur Abgrenzung vgl. § 53, 10 ff., 20 f.), bestimmt sich nach *allgemeinen vertraglichen Auslegungsgrundsätzen* (§§ 133, 157 BGB). Bedeutung hat das vor allem für Regelungen über die Geschäftsführerbestellung und die Anstellungsbedingungen, die anläßlich der Gründung der GmbH in den Gesellschaftsvertrag selbst aufgenommen werden, ohne dem Geschäftsführer ein Sonderrecht hierauf zu gewähren, sowie für etwaige sonstige in die Satzung aufgenommene Vereinbarungen der GmbH mit Nichtgesellschaftern (vgl. § 53, 14 und 21). Eine Beschränkung der zulässigen Auslegungshilfen auf *objektive*, der Allgemeinheit erkennbare Umstände und Unterlagen ist insoweit *nicht* veranlaßt; die Gerichte sind nicht gehindert, auch auf sonstige Absichten und Motive der Gesellschafter bei der Gründung zurückzugreifen[194]. Ob *Dritte*, insbesondere Gläubiger oder auch spätere Anteilserwerber, an diesen Vereinbarungen ein Interesse haben, ist für die Auslegung so wenig entscheidend wie bei sonstigen, außerhalb der Satzung von der GmbH vertraglich eingegangenen Verpflichtungen. Gegen eine die Erhaltung des Stammkapitals gefährdende Zahlungspflicht der GmbH gegenüber ihren Gesellschaftern sind die Gläubiger durch §§ 30, 31 hinreichend geschützt. Ein weitergehender Schutz ist auch dann nicht veranlaßt, wenn derartige Zahlungspflichten — etwa als Geschäftsführervergütungen — ohne Notwendigkeit im Gesellschaftsvertrag selbst geregelt sind und ihre Auslegung mehrere Deutungen zuläßt. Von daher bedarf es auch keiner weiteren Differenzierung danach, ob die betreffenden individualrechtlichen Bestimmungen solche sind, auf deren Inhalt Dritte vertrauen, oder ob sie Dritten gleichgültig sind[195].

---

193 Weitergehend BGH NJW **1983** 1910, 1911, wonach auf die Verletzung derartiger Nebenabreden durch Beschlußfassung der Gesellschafter sogar eine Anfechtungsklage soll gestützt werden können (vgl. Fn. 186).

194 BGH LM Nr. 25 zu § 549 ZPO; *Barz* GroßkommAktG § 23, 19 a. E., *Kraft* Kölner KommAktG § 2, 37 f.

195 So aber *Kraft* aaO § 2, 32, 37 f., freilich in Überdehnung des Kreises der individualrechtlichen zu Lasten der körperschaftlichen Satzungsbestandteile.

4. Nachprüfbarkeit in der Revisionsinstanz

128 Die vorstehend getroffene Unterscheidung zwischen *objektiv* auszulegenden materiellen Satzungsbestimmungen und den der unbeschränkten Auslegung nach § 133, 157 BGB zugänglichen formellen Satzungsbestandteilen ist auch maßgebend für Umfang und Grenzen der Revisibilität der Auslegung. Mit Rücksicht auf das Außerachtlassen subjektiver Vorstellungen und sonstiger der Allgemeinheit nicht erkennbarer Umstände sowie das Erfordernis *einheitlicher* Auslegung (Rdn. 123) ist die **unbeschränkte Nachprüfung der körperschaftlichen** (richtiger: materiellen, vgl. Rdn. 122) **Satzungsbestimmungen in der Revisionsinstanz** seit langem anerkannt[196]. Darauf, ob die Gesellschaft in verschiedenen OLG-Bezirken tätig ist oder ihre Gesellschafter dort wohnen, kommt es abweichend von der auf die beschränkte Nachprüfung von *Landesrecht* bezogenen Vorschrift des § 549 Abs. 1 ZPO nicht an[197]. Für die **formellen** Satzungsbestandteile bewendet es dagegen bei der für die Vertragsauslegung geltenden, auf die **Verletzung von Gesetzen oder allgemein anerkannten Auslegungsregeln** beschränkten Nachprüfung (BGH LM Nr. 25 zu § 549 ZPO).

§ 3

Der Gesellschaftsvertrag muß enthalten:
1. **die Firma und den Sitz der Gesellschaft,**
2. **den Gegenstand des Unternehmens,**
3. **den Betrag des Stammkapitals,**
4. **den Betrag der von jedem Gesellschafter auf das Stammkapital zu leistenden Einlage (Stammeinlage).**

Soll das Unternehmen auf eine gewisse Zeit beschränkt sein oder sollen den Gesellschaftern außer der Leistung von Kapitaleinlagen noch andere Verpflichtungen gegenüber der Gesellschaft auferlegt werden, so bedürfen auch diese Bestimmungen der Aufnahme in den Gesellschaftsvertrag.

Übersicht

[196] Ständ. Rspr., vgl. RGZ **86** 283, 284; **164** 129, 140; **165** 68, 73; **170** 358, 366, OGHZ **3** 91, 93, BGHZ **9** 279, 281; **14** 25, 36; **15** 324, 328; **36** 296, 314; so auch *Scholz/Winter* 45, *Barz* GroßkommAktG § 23, 19, *Kraft* Kölner KommAktG § 2, 39.

[197] So auch *Pohle* Anm. zu BAG AP Nr. 2 zu § 549 ZPO, *Teichmann* Gestaltungsfreiheit in Gesellschaftsverträgen (1970) S. 134; **aA** *Scholz/Winter* 45, *Stein/Jonas/Grunsky* ZPO[20] § 549, 30; für die Satzung eines nichtrechtsfähigen Vereins auch BGHZ **21** 370, 374, **25** 311, 315 und **27** 298, 300.

Schrifttum: Siehe die Angaben vor den einzelnen Unterabschnitten.

I. Einleitung

1. Normzweck

§ 3 setzt in **Abs. 1** die **wesentlichen Bestimmungen des Gesellschaftsvertrags** fest. Seit der Neufassung von § 75 im Jahre 1969 begründet das Fehlen einer dieser 1

Bestimmungen oder ihre Nichtigkeit nicht mehr generell eine Nichtigkeitsklage gegen die Gesellschaft; entsprechendes gilt für die Amtslöschung nach § 144 FGG. Die in § 75 Abs. 1 genannten **Nichtigkeitsgründe** sind auf das Fehlen von Angaben über die **Höhe des Stammkapitals** sowie auf das Fehlen oder Nichtigkeit der Bestimmungen über den **Unternehmensgegenstand** beschränkt. Entsprechendes gilt für das an die Voraussetzungen der Nichtigkeitsklage anknüpfende Verfahren der **Amtslöschung** in § 144 FGG. *Fehlen* **sonstige** *wesentlichen Satzungsbestandteile* (Firma, Sitz, Betrag der Stammeinlagen der Gesellschafter, § 3 Abs. 1 Nr. 1, 4) *oder* sind diese Bestimmungen bzw. die Vereinbarung über die Höhe des Stammkapitals trotz Eintragung der Gesellschaft *nichtig,* so kann *von Amts wegen* das **Auflösungsverfahren** nach § 144a FGG eingeleitet werden. Daneben bleibt den Gesellschaftern die Möglichkeit der *Auflösungsklage*, soweit die genannten Mängel im Einzelfall einen Auflösungsgrund im Sinne von § 61 Abs 1 enthalten (§ 61, 23). — Die Vorschrift des § 3 Abs. 1 gilt auch im Fall von Satzungsänderungen: die jeweilige **Neufassung des Gesellschaftsvertrags** muß die in Nr. 1—3 genannten wesentlichen Bestimmungen beibehalten. Verzichtbar ist nur die Angabe der Gründer und der auf sie entfallenden Stammeinlagen (Rdn. 38).

2 In seinem **Abs. 2** hebt § 3 einige sonstige Bestimmungen hervor, die **wirksam nur im Gesellschaftsvertrag** getroffen werden können. Im Unterschied zu den Bestimmungen nach Abs. 1, auf deren Vollständigkeit der Registerrichter bei Prüfung der Eintragungsvoraussetzungen zu achten hat, sind sie keine notwendigen, sondern **fakultative** Bestandteile des Gesellschaftsvertrags. Treffen die Gesellschafter unter sich Vereinbarungen in Bezug auf die Gesellschaft, ohne sie in die Satzung aufzunehmen, so binden sie nur die konkreten Vertragspartner, nicht aber die jeweiligen Anteilsinhaber (vgl. Rdn. 101 ff., 103).

2. Reform

3 Die Vorschrift ist durch die GmbH-Novelle 1980 nicht verändert worden (zu den im RegE GmbHG 1971 vorgesehenen redaktionellen Änderungen vgl. Voraufl. 3). Verzichtet wurde auch auf die in § 10 RegE GmbHG 1971 vorgesehene Klarstellung, daß die Gewährung von **Sondervorteilen** an die Gesellschafter sowie die Übernahme des **Gründungsaufwands** seitens der Gesellschaft im Gesellschaftsvertrag enthalten sein müssen. Sachlich ändert das nichts an der Notwendigkeit, derartige Vereinbarungen in die Satzung aufzunehmen, wenn sie zu Lasten der Gesellschaft wirksam werden sollen (vgl. § 5, 159 ff.).

II. Die wesentlichen Erfordernisse des Gesellschaftsvertrags (Abs. 1)

A. Überblick

1. Mindestinhalt

4 Einen in knappster Form gehaltenen Gesellschaftsvertrag enthält das folgende *Muster*: Die Kaufleute Heinrich Schneider und Albert Schuster in Berlin, beide Friedrichstraße 31 wohnhaft, gründen hiermit eine GmbH mit Sitz in Berlin. Deren Firma lautet „Berliner Leder-Großhandlung, Gesellschaft mit beschränkter Haftung". Ihr Gegenstand ist der Betrieb einer Leder-Großhandlung. Ihr Stammkapital beträgt 50 000 DM. Jeder Gesellschafter übernimmt die Leistung einer Einlage von 25 000 DM. — Beschränken sich die Parteien auf eine derartige Regelung, so ergeben sich die sonstigen Rechtsgrundlagen der Gesellschaft und ihrer Beziehungen zu den Gesellschaftern aus dem Gesetz.

Die nach § 3 Abs. 1 notwendigen Bestimmungen müssen *bei der Gründung* sämtlich **im Gesellschaftsvertrag selbst** enthalten sein; ein Verweis auf die der Anmeldung beigefügte Gründungsurkunde genügt nicht[1]. Dadurch soll erreicht werden, daß der gesetzlich vorgeschriebene Inhalt des Gesellschaftsvertrags *aus einer einzigen Urkunde* ersichtlich ist. § 54 Abs. 1 S. 2 findet im Gründungsstadium entsprechende Anwendung (§ 54, 4 und 16ff.). 5

2. Rechtsfolgen beim Fehlen wesentlicher Bestandteile

Enthält der Gesellschaftsvertrag nicht alle der in § 3 Abs. 1 genannten Bestimmungen oder ist eine von ihnen fehlerhaft, so muß der Registerrichter die **Eintragung ablehnen**. Trägt er trotzdem ein, so kommt eine *Nichtigkeitsklage* gegen die Gesellschaft (§ 75) *nur dann* in Betracht, wenn die Bestimmungen der Nr. 2 oder 3 (Gegenstand des Unternehmens, Höhe des Stammkapitals) **fehlen** oder die Bestimmung über den Unternehmensgegenstand **nichtig** ist (dazu Rdn. 18). *Fehlerhaftigkeit des ganzen Gesellschaftsvertrags* reicht zur Begründung der Nichtigkeitsklage regelmäßig nicht aus, da sie *durch die Eintragung geheilt* wird (§ 2, 75, 76). Die Voraussetzungen für die Nichtigkeitsklage gelten entsprechend für die Zulässigkeit der *Amtslöschung* nach § 144 FGG. Fehlen dagegen nur die Bestimmungen nach Nr. 1 oder 4 (Firma, Sitz, Betrag der einzelnen Stammeinlagen) oder ist eine dieser Bestimmungen oder die Angabe über die Höhe des Stammkapitals nichtig, so kommt nur das Verfahren der Amtsauflösung (§ 144a FGG), bei Vorliegen der Voraussetzungen des § 61 auch die Auflösungsklage in Betracht (vgl. auch Rdn. 1). 6

Eine **Verpflichtung** der Gründer **zur Beseitigung des Nichtigkeits- oder Auflösungsgrundes** besteht nur in den Fällen, in denen sich die Gründer in einem *Vorvertrag* wirksam zur Gründung der GmbH verpflichtet hatten (§ 2, 36ff., 41). Durch den Abschluß des mangelhaften Gesellschaftsvertrags ist diese Verpflichtung noch nicht erfüllt; sie kann von jedem der am Vorvertrag Beteiligten eingeklagt werden. 7

B. Die einzelnen wesentlichen Bestimmungen

1. Firma und Sitz der Gesellschaft

a) Die Firma. Ihre Bildung regelt sich nach § 4 und den firmenrechtlichen Vorschriften des HGB. Vgl. Näheres in den Erläuterungen zu § 4. Das Fehlen oder die Nichtigkeit der Bestimmungen über die Firma bildet ein Eintragungshindernis; bei gleichwohl erfolgter Eintragung kann das Registergericht die Amtsauflösung nach § 144a FGG betreiben (vgl. näher § 4, 89 und § 60, 44f.). 8

b) Sitz

Schrifttum

Wessel Der Sitz der GmbH, BB **1984** 1057.

α) Allgemeines. Der *satzungsmäßige* Sitz der Gesellschaft entscheidet über die Zuständigkeit des Registergerichts (§ 7 Abs. 1) und des Prozeßgerichts (§ 17 ZPO). Er 9

[1] OLG Köln GmbH-Rdsch. **1973** 11, OLG Stuttgart DNotZ **1979** 359, OLG Frankfurt BB **1981** 694f.

muß **innerhalb Deutschlands** liegen[2]. Andernfalls würde die Entstehung der GmbH allein schon am Fehlen eines für die Eintragung zuständigen Handelsregisters scheitern (§ 7 Abs. 1; zur späteren Sitzverlegung ins Ausland vgl. Rdn. 16). Im übrigen ist die **Wahl des Sitzes** den Gründern grundsätzlich freigestellt (vgl. näher *Wessel* BB **1984** 1057 ff.). Sitz der Gesellschaft und Ort der Geschäftsleitung müssen nicht zusammenfallen. Eine der Vorschrift des § 5 Abs. 2 AktG entsprechende Einschränkung, nach der für den Sitz in der Regel nur zwischen den Orten gewählt werden kann, in denen die AG einen Betrieb, ihre Geschäftsleitung oder ihre Verwaltung hat, ist im GmbHG nicht enthalten. Die Wahl darf freilich *nicht rechtsmißbräuchlich* und ohne jede tatsächliche Beziehung der Gesellschaft zum gewählten Sitz getroffen werden. Mißbräuchlich wäre insbesondere die Wahl eines *willkürlichen*, fiktiven Sitzes[3] oder die Entscheidung allein danach, bei welchem Registergericht voraussichtlich mit den geringsten Eintragungsschwierigkeiten zu rechnen ist (*Baumbach/Hueck* 3). Ist die Gesellschaft am satzungsmäßigen Sitz postalisch erreichbar, so ist der satzungsmäßige Sitz *nicht* rein fiktiv und damit unzulässig[4]. Eine mißbräuchliche Sitzwahl macht die Bestimmung über den Sitz **nichtig** und führt zur Zurückweisung der Anmeldung, bei gleichwohl erfolgter Eintragung zur Einleitung des Verfahrens auf Amtsauflösung (§ 144 a FGG). Eine Nichtigkeitsklage gegen die Gesellschaft oder eine Amtslöschung kann hierauf nicht gestützt werden (Rdn. 1). — Das **nachträgliche Auseinanderfallen** von satzungsmäßigem und tatsächlichem Sitz führt regelmäßig nicht zur Nichtigkeit der Bestimmung über den satzungsmäßigen Sitz[5]. Anderes gilt, wenn die Satzungsregelung dadurch einen fiktiven Charakter erlangt: hier kann das Registergericht nach § 144 a FGG einschreiten[6]. — Zum Sitz im *internationalprivatrechtlichen* Sinn vgl. Allgemeine Einleitung 74 ff.; zum Sitz von *Zweigniederlassungen* vgl. § 12, 4 ff., 9.

10 Inhaltlich muß die Bestimmung des Sitzes die *notwendige Bestimmtheit* aufweisen, um die daran anknüpfenden Zuständigkeitsfragen (Rdn. 9) zu klären. Als Sitz ist danach grundsätzlich eine **bestimmte Ortsgemeinde** anzugeben. Die Angabe oder Beibehaltung eines **Gemeindeteils** als Sitz ist ausnahmsweise dann zuzulassen, wenn sich damit für den Rechtsverkehr keine Unklarheiten über die Zuständigkeit verbinden und die Gesellschaft an der Angabe ein berechtigtes Interesse hat[7]. Ist eine Großgemeinde in mehrere Gerichtsbezirke aufgeteilt, so ist grundsätzlich eine weitere Konkretisierung zu verlangen[8]. Fehlt sie, so bestimmen sich Gerichtsstand und registergerichtliche Zuständigkeit nach dem Bezirk, in dem der tatsächliche Verwaltungssitz liegt[9]; bei Zweifeln über die örtliche Zuständigkeit ist nach § 36 Nr. 2 ZPO zu verfahren (*Scholz/Winter* 9).

---

[2] BGHZ **19** 102, 105 = NJW **1956** 183; **29** 320, 328 = NJW **1959** 1126.

[3] BayObLG BB **1981** 870, OLG Frankfurt GmbH-Rdsch. **1979** 226, OLG Karlsruhe BB **1972** 852, OLG Köln BB **1984** 1065, 1066; *Scholz/Winter* 9.

[4] BayObLG und OLG Karlsruhe aaO Fn. 3; so auch *Wessel* BB **1984** 1058 f.

[5] BayObLG BB **1982** 578 und OLG Frankfurt GmbH-Rdsch. **1979** 226; *Wessel* BB **1984** 1059; dahingestellt von OLG Karlsruhe BB **1972** 852. Vgl. auch § 53, 92 und § 60, 46 m. weit. Nachw.

[6] So auch *Wessel* BB **1984** 1059 f.; **aA** BayObLG BB **1982** 578, das die Möglichkeit einer aus tatsächlichen Gründen nachträglich eintretenden Nichtigkeit schlechthin verneint (vgl. dazu aber unten Rdn. 23 a).

[7] Für Zulässigkeit auch BayObLG BB **1976** 622 im Falle eines Gemeindeteils, der einen eigenen Namen führt und seine Selbständigkeit erst durch eine Gebietsreform verloren hat.

[8] RGZ **67** 191, 194; Geßler/Hefermehl/*Eckardt*/Kropff AktG § 5, 4.

[9] Vgl. für die frühere Lage in Berlin KG OLGR **20** 286, 287.

β) Doppelsitz

Schrifttum

Balser Der Doppelsitz von Kapitalgesellschaften, DB **1972** 2049; *Barz* Rechtliche Folgen der Verschmelzung von Unternehmen, AG **1972** 1; *Karl* Zur Sitzverlegung deutscher juristischer Personen des privaten Rechts nach dem 8. Mai 1945, AcP 159 **1960** 293.

Die Zulässigkeit eines Doppelsitzes ist in den Jahren nach 1945 vor allem in der **aktienrechtlichen Rechtsprechung** und Literatur behandelt worden. Die zuständigen Instanzgerichte haben die Eintragungsfähigkeit zweier Sitze jedenfalls in den Fällen bejaht, in denen wegen der grundlegenden *Veränderungen der politischen, wirtschaftlichen und insbesondere währungsrechtlichen Verhältnisse* nach 1945 ein Bedürfnis hierfür anzuerkennen war[10]. Ebenso sind eine Reihe von Rechtsnormen, insbesondere im Rahmen der Durchführungsverordnungen zum Umstellungsgesetz, von der Zulässigkeit, ja Notwendigkeit eines Doppelsitzes ausgegangen (vgl. Nachweise bei *Balser* DB **1972** 2049). Dementsprechend läßt auch die heute hM die Gründung eines Doppelsitzes in *Ausnahmefällen* zu, etwa aufgrund der durch die Teilung Deutschland entstandenen Notlage, während sie im Grundsatz am Erfordernis des einheitlichen Sitzes festhält[11]. Das Kammergericht hat einen Doppelsitz *in Berlin und im Bundesgebiet* nicht beanstandet[12]. **11**

Für die **GmbH** stellt sich die Frage nach der Zulassung eines Doppelsitzes in grundsätzlich gleicher Weise, auch wenn sie — entsprechend der geringeren wirtschaftlichen Bedeutung der GmbH — weniger häufig akut wird. Sie ist in denjenigen Ausnahmefällen zu bejahen, in denen hierfür aus politischen, wirtschaftlichen oder währungsrechtlichen Gründen eine Notwendigkeit besteht[13]. Im Grundsatz muß es freilich, schon wegen der mit dem Doppelsitz verbundenen registerrechtlichen Schwierigkeiten (Rdn. 13), beim einheitlichen Sitz verbleiben, neben dem zusätzliche Sitze nur für Zweigniederlassungen begründet werden können (KGJ **39** A 117, 118). **12**

Soweit ein Doppelsitz nach diesen Grundsätzen zulässig ist, ist die GmbH in das **Handelsregister beider Sitzgerichte** einzutragen[14]. Auch sämtliche künftigen, die GmbH betreffenden Eintragungen sind bei beiden Gerichten zu bewirken. Dabei ist *jedes der beiden Gerichte in seiner Prüfungstätigkeit und seinen Entscheidungen vom anderen Gericht unabhängig*[15]. Insbesondere ist danach nicht ausgeschlossen, daß das eine Registergericht dem Eintragungsantrag früher stattgibt als das andere oder daß eines die beantragte **13**

---

10 BayObLG NJW **1962** 1014, OLG Düsseldorf WM **1949** 100 sowie WM **1950** 155, OLG Stuttgart NJW **1953** 748, AG Bonn MDR **1948** 461, AG Heidelberg SJZ **1949** 342, LG Köln NJW **1950** 352 und 871; für Zulassung sogar eines *Dritt*sitzes AG Bremen DB **1976** 1810.

11 *Baumbach/Hueck* AktG § 5, 5, *Kraft* Kölner KommAktG § 5, 11—12, *Meyer-Landrut* GroßkommAktG § 5, 5, *Hüffer* GroßkommHGB⁴ Vor § 13, 27, *Balser* DB **1972** 2049; so auch LG Hamburg DB **1973** 2237 (Hapag-Lloyd); *weitergehend* — für grundsätzliche Zulässigkeit — Geßler/Hefermehl/*Eckardt*/Kropff AktG § 5, 11 unter Berufung auf *Geßler*; daselbst (Rdn. 12) auch umfassende Schrifttumsnachweise aus der Zeit nach 1945; **aA** (Doppelsitz stets unzulässig) *Karl* AcP 159 **1960** 302 ff.

12 KG BB **1973** 1001 (für eine GmbH), wohl unter Aufgabe der gegenteiligen Ansicht KG MDR **1950** 740.

13 So auch KG BB **1973** 1001; *Rob. Fischer* 2 b, *Balser* DB **1972** 2049 f., *Hüffer* aaO Vor § 13, 27; **aA** *Scholz/Winter* 9, *Roth* 2.2.3.

14 Zum Verfahren der beiden beteiligten Gerichte bei Errichtung des zweiten Sitzes vgl. *Balser* DB **1972** 2049, 2050.

15 BayObLG NJW **1962** 1014, KG BB **1973** 1001, LG Hamburg DB **1973** 2237; *Hüffer* GroßkommHGB⁴ Vor § 13, 28.

Eintragung vornimmt, das andere sie ablehnt. Die damit verbundene Rechtsunsicherheit geht, ebenso wie die mit der Doppeleintragung verbundenen zusätzlichen Kosten (BayObLGZ 12 **1962** 112), zu Lasten der Gesellschaft, die sich für den Doppelsitz entschieden hat; den anderen Verkehrsbeteiligten dürfen hieraus keine Nachteile entstehen (LG Hamburg DB **1973** 2237). Dementsprechend kann für die Wirkung von Eintragungen auch nicht darauf abgestellt werden, mit welchem der „Sitze" ein Dritter in Verbindung treten will[16]. Vielmehr treten die **konstitutiven Wirkungen** der Eintragung sowie die **Publizitätswirkung** des § 15 Abs. 2 HGB zugunsten der Gesellschaft erst ein, wenn die Eintragung in *beiden* Handelsregistern vollzogen sowie gegebenenfalls bekanntgemacht ist[17]. Ebenso richten sich Beginn und Lauf von *Fristen*, die gesetzlich an die Eintragung geknüpft sind, nach der *zweiten* Eintragung[17a]. Die entsprechende Anwendung der auf das Verhältnis Haupt-/Zweigniederlassung zugeschnittenen Vorschrift des § 13a HGB, die die Eintragung am Sitz der Hauptniederlassung genügen läßt, kommt nicht in Betracht[18]. Dritte sind freilich nicht gehindert, sich auf den Rechtsschein auch nur *einer* Eintragung und Bekanntmachung zu berufen, wenn sie ihre Entscheidung im Vertrauen hierauf getroffen haben. — Zur gerichtlichen Zuständigkeit für Antragsverfahren nach dem FGG im Fall eines Doppelsitzes vgl. LG Hamburg DB **1973** 2237; *Keidel/Winkler* FGG[11] § 4, 6.

14 **γ) Sitzverlegung.** *Der Sitz kann verlegt werden.* Die Sitzverlegung ist eine **Satzungsänderung** (OLG Köln BB **1984** 1065, 1066; vgl. näher § 53, 92). Sie fällt in die Zuständigkeit der Gesellschafterversammlung (§ 53 Abs. 1). Der Aufsichtsrat kann die Sitzverlegung nicht beschließen. Auch durch Gesellschaftsvertrag kann ihm ein solches Recht nicht übertragen werden. Die Verlegung des Geschäftsbetriebs oder des Ortes der Geschäftsleitung hat eine Sitzverlegung *nicht* zur Folge, da sie nur den tatsächlichen, nicht aber den satzungsmäßigen Sitz betrifft (KGJ **13** 42, 45). Zur Unterscheidung der beiden Sitzarten und zur Bedeutung der *Verlegung* des tatsächlichen Sitzes für die Wirksamkeit der Bestimmung des satzungsmäßigen Sitzes vgl. Rdn. 9.

15 Das **Verfahren** bei der Verlegung des satzungsmäßigen Sitzes richtet sich nach § 13c HGB. Danach ist die Sitzverlegung unter Vorlage des Verlegungbeschlusses beim Gericht des bisherigen Sitzes der Gesellschaft anzumelden. Soweit der Sitz aus dem Bezirk des bisherigen Gerichts hinausverlegt wird, hat dieses die Anmeldung, nach einer auf deren formelle Ordnungsmäßigkeit beschränkten Prüfung, dem Gericht des neuen Sitzes mitzuteilen. Der Mitteilung beizufügen sind die die Gesellschaft betreffenden Eintragungen und sonstigen Handelsregisterurkunden (§ 13c Abs. 2 S. 2 HGB). *Die Prüfung der materiellen Voraussetzungen der Sitzverlegung erfolgt durch das Gericht des neuen Sitzes.* Seine Prüfungstätigkeit *beschränkt sich* dabei auf die Ordnungsmäßigkeit des Beschlusses über die Sitzverlegung und auf die Verwechslungsgefahr der Firma nach § 30 HGB[19]. Eine Beanstandung der ihm vom bisherigen Sitzgericht mitgeteilten Eintragungen oder ihre Nachprüfung im Rahmen des Sitzverlegungsverfahrens ist ihm versagt. Führt die Prüfung zu keinen Beanstandungen, so trägt das Gericht des neuen Sitzes die Sitzverlegung ein. Damit ist sie rechtswirksam geworden. Zugleich ist die registerrichterli-

---

[16] So aber Geßler/Hefermehl/*Eckardt*/Kropff AktG § 5, 15 unter gleichzeitiger Außerachtlassung des Unterschieds zwischen satzungsmäßigem und tatsächlichem Sitz.

[17] LG Hamburg DB **1973** 2237; *Hüffer* aaO Vor § 13, 28, *Meyer-Landrut* GroßkommAktG § 5, 5.

[17a] *Hüffer* aaO Vor § 13, 28; **aA** KG BB **1973** 1001, 1002; vgl. auch Anh. § 57b, KapErhG §§ 3—5, 21.

[18] So auch *Hüffer* aaO Vor § 13, 28 entgegen der Voraufl. (*Würdinger*); dahingestellt von KG BB **1973** 1001.

[19] § 13c Abs. 3 S. 3, 4 HGB; dazu OLG Köln BB **1984** 1065, 1066 und *Hüffer* GroßkommHGB[4] § 13c, 6.

che Zuständigkeit auf das Gericht des neuen Sitzes übergegangen. – Besteht zum Zeitpunkt der Sitzverlegung am Ort des bisherigen Sitzes kein der deutschen Gerichtsbarkeit zugehöriges Registergericht, so ist zur Anmeldung der Sitzverlegung unmittelbar das Gericht des *neuen* Sitzes zuständig[20]. Entsprechendes gilt bei **Sitzverlegung aus der DDR**, wenn eine Anmeldung beim dortigen Gericht aus tatsächlichen oder rechtlichen Gründen nicht in Betracht kommt (vgl. auch Allg. Einl. 109).

Ein auf Sitzverlegung ins **Ausland** gerichteter Beschluß ist nach hM als **Auflösungsbeschluß** zu werten, da es im Falle seiner Durchführung an dem Wesenserfordernis eines inländischen Sitzes und der Zuständigkeit eines inländischen Handelsregisters (Rdn. 9) fehlen würde[21]. An den Beschluß muß sich somit die Liquidation der Gesellschaft anschließen. Der Gesellschaftssitz bleibt solange unverändert. – Unschädlich ist die Verlegung des Geschäftsbetriebs oder wesentlicher Teile hiervon ins Ausland, solange hieraus keine satzungsmäßigen Folgerungen gezogen werden. – Zur Problematik der **Spaltgesellschaften** vgl. Allg. Einl. 114ff. **16**

2. Gegenstand des Unternehmens

a) Allgemeines. Das GmbH-Gesetz *unterscheidet* begrifflich *zwischen* **Gegenstand des Unternehmens** *und* **Zweck der Gesellschaft**. Beide können zusammenfallen; es kann der Unternehmensgegenstand aber auch das *Mittel* zur Verfolgung des – abweichenden – Gesellschaftszwecks sein (Näheres § 1, 4ff.). – *Inhaltlich* bedeutet das Erfordernis des Unternehmensgegenstands *nicht* etwa eine *Beschränkung* der GmbH-Tätigkeit auf einen im eigentlichen Sinn „unternehmerischen", d. h. auf nachhaltige Teilnahme am Wirtschaftsverkehr mit oder ohne Gewinnerzielungsabsicht ausgerichteten Geschäftsbetrieb. „Unternehmen" ist vielmehr in einem sehr weiten Sinn zu verstehen; es ist gleichbedeutend mit **Tätigkeit der Gesellschaft**, ob diese nun im wirtschaftlichen, sozialen oder ideellen Bereich ausgeübt wird. Die **Wahl des Unternehmensgegenstands** der GmbH ist grundsätzlich unbeschränkt; zu den wenigen Ausnahmen, bei denen Rechtsformzwang besteht, vgl. § 1, 13f., 16. **17**

Dem **Unternehmensgegenstand** der GmbH mißt das Gesetz **vorrangige Bedeutung** zu (Rdn. 20). Enthält der Gesellschaftsvertrag hierüber *keine* Angabe oder ist diese *nichtig*, so begründet dieser Mangel – vorbehaltlich seiner nach § 76 zulässigen Heilung – die *Nichtigkeitsklage* (§ 75) und eröffnet die Möglichkeit der *Amtslöschung* (§ 144 FGG). **Nichtigkeit** der Angabe über den Unternehmensgegenstand kommt insbesondere in drei Fällen in Betracht. In erster Linie kann der Unternehmensgegenstand gegen ein *gesetzliches Verbot oder die guten Sitten* verstoßen (vgl. Näheres § 1, 25f.; zur davon zu unterscheidenden Genehmigungsbedürftigkeit des Unternehmensgegenstands § 8, 13ff.). Zum anderen kann in seltenen Ausnahmefällen die *gesamte Satzung* einschließlich der Angabe über den Unternehmensgegenstand an einem schwerwiegenden, auch durch die Eintragung nicht heilbaren inhaltlichen Mangel leiden (§ 2, 76). Und schließlich ist denkbar, daß der satzungsmäßige Unternehmensgegenstand mit dem tatsächlich verfolgten nicht übereinstimmt, sondern nur *zum Schein* (§ 117 BGB) oder zur Verdeckung des tatsächlichen Gegenstands vereinbart wurde (zur Behandlung der Änderung des Unternehmensgegen- **18**

---

[20] Vgl. ZuständErgänzungsG vom 7. 3. 1952 BGBl. I 407; dazu *Baumbach/Duden/Hopt* HGB[25] § 13, 4.

[21] Allg. Einl. 107; RGZ **7** 68, 70; **88** 53, 54; **107** 94, 99; *Baumbach/Hueck* 3; so auch für das Aktienrecht *Kraft* Kölner KommAktG § 5, 15 m. weit. Nachw.; **aA** namentlich *Beitzke* ZHR 127 **1965** 1, 24ff., 35, 41f.; je nach der Rechtslage im Zuzugstaat auch Allg. Einl. 107 (*Behrens*) und *Scholz/Winter* Einl. 162.

stands vgl. Rdn. 23). Die **unzureichende Individualisierung** des Unternehmensgegenstands führt demgegenüber **nicht** zur Nichtigkeit der Angabe im Sinne von § 3 Abs. 1 Nr. 2, sondern enthält nur einen Ordnungsmangel, der die Ablehnung des Eintragungsantrags zur Folge hat (Rdn. 19—22).

19 **b) Individualisierung.** Der Unternehmengegenstand muß, um den Anforderungen des § 3 Abs. 1 Nr. 2 zu genügen, in der Satzung so weitgehend individualisiert werden, daß der **Schwerpunkt der Geschäftstätigkeit** für die beteiligten Wirtschaftskreise ausreichend erkennbar wird (BGH BB **1981** 450). Das folgt aus der Bedeutung, die das GmbHG der Angabe über den Unternehmensgegenstand beilegt (vgl. Rdn. 20), und entspricht der heute ganz hM[22], auch wenn die Ansichten über das notwendige Ausmaß der Individualisierung teilweise differieren (vgl. zum Unternehmensgegenstand der Komplementär-GmbH Rdn. 22). Das in § 23 Abs. 3 Nr. 2 AktG enthaltene ausdrückliche Individualisierungsgebot, das über die dort namentlich genannten Beispiele hinaus für alle Arten aktienrechtlicher Unternehmenstätigkeiten gilt[23], ist der Sache nach ebenso für die GmbH maßgeblich. Trägt die Satzungsbestimmung über den Unternehmensgegenstand dem Individualisierungserfordernis nicht hinreichend Rechnung, so hat der Registerrichter die Eintragung abzulehnen. Unzureichende Individualisierung ist allerdings kein Nichtigkeitsgrund; sie berechtigt nach Eintragung der GmbH daher weder zur Nichtigkeitsklage noch zur Amtslöschung (Rdn. 18).

20 Die **Bedeutung**, die das GmbHG dem **Unternehmensgegenstand** beilegt, zeigt sich vor allem in seiner nach § 10 Abs. 1 vorgeschriebenen Eintragung in das Handelsregister sowie in der Zulassung der Nichtigkeitsklage nach § 75 bei fehlender oder nichtiger Bestimmung über den Unternehmensgegenstand. Der **Normzweck** dieser Regelungen betrifft das Außen-, aber auch das Innenverhältnis der Gesellschaft. Nach **außen**, bei der Teilnahme der GmbH am Rechtsverkehr, soll die interessierte Öffentlichkeit die Möglichkeit erhalten, sich über den Tätigkeitsbereich der Gesellchaft zu unterrichten; das kann nicht zuletzt für die Beurteilung ihrer Kapitalausstattung von Bedeutung sein. Im **Innenverhältnis,** gegenüber gegenwärtigen und künftigen Anteilsinhabern, hat die Bestimmung des Unternehmensgegenstands die Funktion, Umfang und Grenzen der Geschäftsführungsbefugnis vorbehaltlich näherer Bestimmung durch die Gesellschafterversammlung festzulegen (§ 37 Abs. 1); auf die Vertretungsmacht hat diese Festlegung freilich keinen Einfluß (§ 37 Abs. 2). Beiden Zwecken ist schon dadurch Genüge getan, daß die Bestimmung über den Unternehmensgegenstand die Tätigkeit der Gesellschaft in **groben Zügen** umschreibt und den **Tätigkeitsschwerpunkt** erkennen läßt (BGH BB **1981** 450). Eine abschließende oder detaillierte Umschreibung der Geschäftstätigkeit ist weder aus Gründen des Verkehrsschutzes noch zur innergesellschaftlichen Begrenzung des Tätigkeitsfeldes der Geschäftsführer erforderlich (BGH aaO). Sie würde die Unternehmenstätigkeit unnötig behindern, der Gesellschaft die notwendige Flexibilität rauben und könnte auch Probleme im Hinblick auf die Wahrung von Betriebs- und Geschäftsgeheimnissen aufwerfen. Auch zur registerrichterlichen Kontrolle der **Genehmigungsbedürftigkeit** des Unternehmensgegenstands (§ 8 Abs. 1 Nr. 6) bedarf es einer so weitgehenden Konkretisierung nicht; das Registergericht kann etwaigen Zweifeln im Rahmen der Eintragungskontrolle auch auf anderem Wege nachgehen und sich die notwendigen

---

[22] BGH BB **1981** 450, BayObLG NJW **1976** 1694, OLG Hamburg BB **1968** 267; *Baumbach/Hueck* 4, *Scholz/Winter* 10, *Rob. Fischer* 3, *Salch* GmbH-Rdsch. **1971** 251, 252; **aA** noch RGZ **62** 96, 98 und RG JW **1916** 745 m. zust. Anm. *Hachenburg;* zweifelnd auch OLG Düsseldorf NJW **1970** 815.

[23] Vgl. statt aller *Barz* GroßkommAktG § 23, 11.

Aufklärungen von den Anmeldern beschaffen oder auf der Vorlage eines Negativattests (§ 8, 13) bestehen.

Beispiele. Als ausreichend individualisiert angesehen wurde der „Betrieb von Gaststätten" (OLG Frankfurt WM **1980** 22) oder die „ingenieurmäßige Planung der haustechnischen Gewerke des Bauvorhabens Klinikum A" (BGH WM **1981** 163 = BB **1981** 450); sie lassen den Schwerpunkt der Geschäftstätigkeit unschwer erkennen. Dagegen sind Angaben wie „Handel mit Waren aller Art", „Betrieb kaufmännischer Geschäfte", „Handelsgeschäfte jeder Art" unzureichend; „Import von Waren aller Art" bzw. „Betrieb von Bank- und Börsengeschäften aller Art" ist nur dann statthaft, wenn die betreffende Gesellschaft tatsächlich Geschäfte der genannten Art ohne Beschränkung durchführen soll. Die Aufnahme von **Zusätzen** („und verwandte Geschäfte", „einschließlich des Erwerbs von Beteiligungen und der Gründung von Zweigniederlassungen") zum individualisierten Unternehmensgegenstand ist unbedenklich, wenn sie dazu dienen, die Tätigkeit der Gesellschaft in angrenzenden Bereichen abzudecken und die Notwendigkeit einer Satzungsänderung schon bei jeder Geschäftsausweitung zu vermeiden. Dagegen ist der Zusatz „Die Gesellschaft ist zu allen Geschäften und Rechtshandlungen befugt, die ihren Zwecken dienlich sind" zu Recht als inhaltsleere Floskel beanstandet und seine Eintragung abgelehnt worden (OLG Köln WM **1981** 805). 21

Umstritten sind die Anforderungen an den Unternehmensgegenstand der **Komplementär-GmbH einer GmbH & Co KG.** Über die Angabe der Tätigkeit der Komplementär-GmbH selbst („Führung der Geschäfte unter Übernahme der unbeschränkten Haftung bei anderen Handelsgesellschaften, insbesondere der X-KG" u. a.) hinaus wird teilweise die *Kenntlichmachung des Geschäftszweigs der KG* im Rahmen des Unternehmensgegenstands der GmbH gefordert, da beide Gesellschaften bei der typischen GmbH & Co KG so weitgehend ineinander verwoben seien, daß der Unternehmensgegenstand der KG auch derjenige der GmbH sei[24]. Diese Ansicht ist zu Recht *überwiegend auf Ablehnung* gestoßen, da sie Eigen- und Fremdgeschäftsführung der GmbH unzulässig vermischt[25]. Zwar ist der enge Zusammenhang zwischen GmbH und KG im Rahmen der GmbH & Co KG nicht zu verkennen. Daraus folgt jedoch nicht eine Ausdehnung des Unternehmensgegenstands der GmbH auf die von der KG getätigten Geschäfte, soweit die Komplementär-GmbH sich auf reine Dienstleistungsfunktionen in der KG beschränkt. Die weitergehende Ansicht zielt der Sache nach darauf ab, die Vorschrift des § 3 Abs. 1 Nr. 2 auf dem Umweg über die Komplementär-GmbH analog auf die GmbH & Co KG anzuwenden; das erscheint auch unter Gläubigerschutzgesichtspunkten nicht zwingend geboten. Für den **Unternehmensgegenstand der GmbH** ist in diesen Fällen somit allein erforderlich, aber auch genügend, ihre **Dienstleistungstätigkeit** als Geschäftsführer anderer oder bestimmter Handelsgesellschaften anzugeben (vgl. LG Würzburg aaO Fn. 25: „Gegenstand des Unternehmens ist die Beteiligung als persönlich haftender Gesellschafter an der Firma R-KG mit dem Sitze in K. sowie die Übernahme der Geschäftsführung der vorerwähnten Firma und die Ausführung von Dienstleistungen aller Art"). 22

c) Änderung des Unternehmensgegenstands. Sie bedarf als **Satzungsänderung** der Beachtung der hierfür nach §§ 53, 54 geltenden Grundsätze. Es genügt Dreiviertel- 23

---

[24] OLG Hamburg BB **1968** 267 m. zust. Anm. *Grobe*; ihm folgend BayObLG NJW **1976** 1694, 1695.

[25] So zutr. OLG Düsseldorf NJW **1970** 815, LG Würzburg MittBayNot **1971** 377; *Scholz/Winter* 10, *Rob. Fischer* 3, *Salch* GmbH-Rdsch. **1971** 251, 252, *Sudhoff* GmbH-Rdsch. **1969** 242 ff.

mehrheit[26]. Die bloß vorübergehende Einstellung des Geschäftsbetriebs bedeutet keine Änderung des Unternehmensgegenstands, solange eine Fortsetzung auf dem bisherigen Sektor geplant ist (RG DR **1939** 721). Auch bei einer *Einschränkung* des tatsächlichen Tätigkeitsbereichs bedarf es keiner Änderung des Unternehmensgegenstands, da der verbliebene Bereich von der weitergehenden Satzungsregelung mitumfaßt wird (*Groschuff* DR **1939** 721). Dagegen macht eine dauernde *Ausweitung* der Geschäftstätigkeit, wenn sie sich nicht auf angrenzende Bereiche beschränkt, sowie insbesondere die Verlagerung der Geschäftstätigkeit auf einen gänzlich anderen Bereich eine Änderung des Unternehmensgegenstands erforderlich.

23 a Umstritten sind die Rechtsfolgen einer lediglich **faktischen Änderung** des Unternehmensgegenstands. Nach bisher ganz hM führt die Änderung zur *Nichtigkeit* der Satzungsregelung über den Unternehmensgegenstand, wenn sie — als Satzungsdurchbrechung — vom Gesellschafterwillen getragen ist und die Satzungsregelung unrichtig macht[27]. Demgegenüber hat jüngst das BayObLG entschieden, eine Nichtigkeit ursprünglich wirksamer rechtsgeschäftlicher Satzungsbestandteile könne nicht durch bloß tatsächliche Änderungen eintreten[28]. Konsequenz dieser Ansicht wäre es, daß §§ 75 GmbHG, 144 FGG trotz unrichtig gewordener Bestimmung über den Unternehmensgegenstand nicht eingriffen und dem Registergericht vorbehaltlich der analogen Anwendung dieser Vorschriften auch keine sonstigen Möglichkeiten zur Verfügung stünden, die Gesellschafter zur Korrektur des Unternehmensgegenstands zu veranlassen. Auch wenn die Begründung für die Nichtigkeit nicht leicht fällt und die hM sie bisher schuldig geblieben ist, ist ihr doch schon wegen der unerwünschten Rechtsfolge der Vorzug zu geben, die sich mit der Ansicht des BayObLG verbindet. Auf § 117 BGB (Scheingeschäft) läßt sich die Nichtigkeit nicht stützen, weil die Satzungsregelung ursprünglich ernsthaft gewollt war und die Gesellschafter Änderungen insoweit nur im Verfahren nach §§ 53, 54 herbeiführen können. Als Nichtigkeitsgrund bietet sich jedoch § 134 BGB an, wenn man die Regelung der §§ 3 Abs. 1 Nr. 2, 75 im Hinblick auf die dem Unternehmensgegenstand vom Gesetzgeber beigemessene Bedeutung (Rdn. 20) als gesetzliches Verbot der Angabe eines unrichtigen Unternehmensgegenstands versteht. Wird der Unternehmensgegenstand erst durch *spätere* tatsächliche Änderungen unrichtig, so greift das gesetzliche Verbot erst von diesem Zeitpunkt an ein und führt zur Nichtigkeit der Satzungsregelungen mit der Folge der §§ 75 GmbHG, 144 FGG[29].

3. Exkurs: Vorratsgründung und Mantelverwendung (-kauf)

Schrifttum

Beuck Der Mantelkauf, GmbH-Rdsch. **1957** 69; *Bommert* GmbH-Mantelkauf und Gründungsrecht, GmbH-Rdsch. **1983** 209; *Butz* Die Mantelverwertung bei der GmbH,

---

[26] Str., vgl. Nachw. in § 53, 93 und 95; für Einstimmigkeit ferner *Großmann* Unternehmensziele im Aktienrecht (1980) S. 27 f.

[27] Vgl. etwa § 75, 21 (*Hohner*), *Scholz/Winter* 10 und § 4, 8 (Änderung der Firma), *Baumbach/Hueck* § 75, 1 A, *Kraft* Kölner KommAktG § 275, 16, *Jansen* FGG² § 144, 7 und § 144 a, 4 m. weit. Nachw.

[28] BayObLG BB **1982** 578 (für die nachträgliche Sitzverlegung). So auch schon, freilich ohne nähere Begründung, KG JW **1935** 434 und *Wiedemann* GroßkommAktG § 275, 3.

[29] Die Frage, ob die Nichtigkeit nach § 134 BGB auch nachträglich, wegen der Änderung der tatsächlichen Verhältnisse, eintreten kann, wird in den Kommentaren zu dieser Vorschrift nicht behandelt. Sie unterscheidet sich deutlich von der mit dem späteren Erlaß eines Verbotsgesetzes verbundenen Rückwirkungsproblematik (vgl. dazu MünchKomm. — *Mayer-Maly* BGB § 134, 23).

Diss. Göttingen 1972; *ders.* Die Mantelverwertung bei der GmbH, GmbH-Rdsch. **1972** 270; *Langel/de Schmidt* Die zivilrechtliche und steuerliche Beurteilung des Mantelkaufs mit Verlustabzugsrecht durch die Rechtsprechung, WPg. **1971** 525; *Priester* Mantelverwendung und Mantelgründung bei der GmbH, DB **1983** 2291; *Ulmer* Die wirtschaftliche Neugründung einer GmbH unter Verwendung eines GmbH-Mantels, BB **1983** 1123. Nachw. zum älteren Schrifttum vgl. in Voraufl. (vor Rdn. 24).

a) Allgemeines. Unter dem **Mantel einer Kapitalgesellschaft** (GmbH oder AG) versteht man eine durch ihre Geschäftsanteile (Aktien) verkörperte Gesellschaft, die ihren bisherigen *Geschäftsbetrieb eingestellt* hat und über kein nennenswertes Gesellschaftsvermögen mehr verfügt, mangels Löschung im Handelsregister aber noch als juristische Person fortbesteht[30]. Das Kammergericht hat eine derartige Gesellschaft plastisch als „leere Hülse" einer juristischen Person bezeichnet[31]. Der zum GmbH-Mantel reduzierten, ehemals aktiven Gesellschaft gleichgestellt wird die aus einer *Vorratsgründung* (Rdn. 26, 26a) hervorgehende juristische Person, solange sie noch keiner aktiven Verwendung zugeführt ist, auch wenn bei ihr in aller Regel ein Gesellschaftsvermögen in Höhe des gesetzlichen Mindestkapitals vorhanden sein wird[32]. **24**

Unter den **Gründen** zur Verwendung von GmbH-Mänteln und zu ihrer Beschaffung durch Vorratsgründung oder Kauf stehen **zwei** Motive im Vordergrund. Das eine betrifft die schnelle Verfügbarkeit einer juristischen Person zur Aufnahme des Geschäftsbetriebs, möglichst unter **Vermeidung der mit der Vor-GmbH** für Geschäftsführer und Gründer **verbundenen Haftungsrisiken**[33]. Erwünschter Nebeneffekt dieses Vorgehens ist es, durch (Wieder-)Verwendung des GmbH-Mantels die Erfüllung der Gründungsformalitäten zu vermeiden und die Einschaltung des Handelsregisters bei wirtschaftlicher Neugründung auf die Eintragung der nach Sachlage gebotenen Satzungsänderungen zu reduzieren. Das zweite, rechtlich problematischere Motiv besteht darin, den durch die Rechtsform der GmbH vermittelten Vorzug des Haftungsausschlusses unternehmerisch tätiger Gesellschafter zu erlangen, ohne hierfür einen **Kapitaleinsatz** in Höhe des gesetzlichen Mindestkapitals und der Mindesteinzahlung leisten zu müsen[34]. Vom Sonderfall der Ausnutzung der bis Ende 1985 befristeten Übergangszeit für die Fortführung von Altgesellschaften mit einem Mindestkapital von nur 20000 DM abgesehen, wird dieses Ziel vor allem mit dem Erwerb früher anderweit genutzter GmbH-Mäntel verfolgt, die mangels nennenswerten restlichen Gesellschaftsvermögens im wesentlichen nur noch eine „leere Hülse" bilden. **Sonstige** Ziele für die Mantelverwendung treten demgegenüber in den Hintergrund. Das gilt einerseit für das Motiv der Steuerersparnis, da der hierfür in erster Linie bedeutsame körperschaftsteuerliche Verlustvortrag nach ständiger Rechtsprechung des BFH im Fall wirtschaftlicher Neugründung der GmbH trotz Identität der Rechtsperson nicht verwendet werden kann[35]. Auch zur Ausnutzung gewerberechtlicher Konzessionen eignet sich die Mantelverwendung regelmäßig nicht, da diese meist personenbezogen vergeben werden[36]. Schließlich kommt auch das Motiv, die Firma oder **24 a**

---

[30] Vgl. KG JFG **10** 152, 154; *Priester* DB **1983** 2291.

[31] KG JW **1924** 1535, 1537.

[32] Vgl. etwa *Priester* DB **1983** 2291 f., 2298 f. und unten Rdn. 26, 26 a.

[33] So schon *Byk* JW **1924** 1536, aus neuerer Zeit vgl. etwa OLG Karlsruhe DB **1978** 1219, 1221; *Bommert* GmbH-Rdsch. **1983** 209, *Priester* DB **1983** 2291.

[34] OLG Hamburg BB **1983** 1116 f.; *Bommert* GmbH-Rdsch. **1983** 209.

[35] Vgl. BFH BStBl. III **1958** 97, **1961** 540, **1966** 289 und 531; dazu auch *Hermann/Heuer/Raupach*[19] EStG § 10 d, 116, *Tillmann* Handbuch der GmbH[10] III 178, 1, *Langel/de Schmidt* WPg. **1971** 525, 532 f., *Kirchhof* StuW **1983** 173, 178 und 181.

[36] So zutr. *Beuck* GmbH-Rdsch. **1957** 69, 71 und *Priester* DB **1983** 2291, vgl. auch § 8, 14;

den good will der alten GmbH für die wirtschaftliche Neugründung zu nutzen, allenfalls in Ausnahmefällen in Betracht, weil der GmbH-Mantel nur selten über eine werbewirksame Firma oder einen good will verfügen wird[37].

24 b Die **praktische Bedeutung** von Vorratsgründungen und Mantelkäufen ist allem Anschein nach nicht gering, auch wenn Gerichtsentscheidungen hierzu in neuerer Zeit nur vereinzelt bekannt geworden sind[38]. Daß die Mantelverwendung nicht eben selten ist, lehrt allein schon der Blick in die Kapitalmarktanzeigen überregionaler Tageszeitungen. Auch sollen dem Vernehmen nach GmbH-Mäntel nicht nur auf diesem Wege angeboten, sondern von großen Wirtschaftsunternehmen und nicht selten auch von Notaren „auf Vorrat" bereitgehalten werde. Was schließlich die Sonderkonjunktur für Alt-Mäntel angeht, die durch die Erhöhung des Mindestkapitals im Zuge der GmbH-Novelle 1980 auf 50 000 DM ausgelöst wurde, so wird sie spätestens mit Ablauf der Übergangszeit Ende 1985 ausgelaufen sein.

25 **Rechtliche Probleme** verbinden sich mit Vorratsgründungen und Mantelverwendung in verschiedener Hinsicht. Bei der **Vorratsgründung** steht die Frage nach dem zulässigen Unternehmensgegenstand und nach der Vermeidung der Nichtigkeitsfolge des § 75 im Vordergrund (Rdn. 26, 26 a); eine Gläubigerschädigung ist daraus schon wegen Fehlens eigener Unternehmenstätigkeit der Vorrats-GmbH meist nicht zu erwarten. Demgegenüber stellt sich bei der **Mantelverwendung** die Frage nach der Umgehung der Gründungserfordernisse, darunter vor allem der Mindestkapitalausstattung und der Registerkontrolle. Insoweit geht es nach neuerer zutreffender Ansicht um das Problem analoger Anwendung der umgangenen Normen des Gründungsrechts sowie daneben um etwaige Haftungssanktionen wegen unzureichender Kapitalausstattung (Rdn. 30 ff.).

26 **b) Die Vorratsgründung.** Die Zulässigkeit der Vorrats- oder Mantelgründung wird in erster Linie als **Problem des Unternehmensgegenstands** angesehen. Die ganz überwiegende Ansicht der Literatur steht ihr kritisch gegenüber. Sie hält im Anschluß an zwei frühe, auf § 117 BGB gestützte KG-Entscheidungen[39] die Satzungsregelung über den Unternehmensgegenstand für nichtig, weil es bei der Vorratsgründung an der Absicht fehle, eine Geschäftstätigkeit aufzunehmen[40]. Dem ist jedenfalls für die Fälle **verdeckter** Vorratsgründungen, bei Angabe eines fiktiven oder nicht ernstlich gewollten Unternehmensgegenstands, zuzustimmen[41], soweit das Registergericht nicht schon die beantragte Eintragung wegen des Verdachts der Vorratsgründung ablehnt. Folge der Nichtigkeit ist das Eingreifen der §§ 75 GmbHG, 144 FGG, d. h. die Zulassung einer auf Abwicklung gerichteten Nichtigkeitsklage oder der Amtslöschung durch das Registergericht. Eine **Heilung** der Nichtigkeit kann nach § 76 GmbHG nur durch einstimmigen Gesellschafterbeschluß erfolgen. Sie tritt regelmäßig ein, wenn die Satzungsregelung über den Unternehmensgegenstand im Zuge der Verwendung der Vorrats-GmbH für eine konkrete Unternehmenstätigkeit durch Gesellschafterbeschluß und anschließende Eintragung geändert wird.

26 a Für die Fälle **offener** Vorratsgründung, in denen der Unternehmensgegenstand den „Vorrats"-Charakter der GmbH erkennen läßt, wird demgegenüber neuerdings die

---

Fälle von mit dem *GmbH-Mantel* verbundenen Konzessionen, Produktions- und Absatzquoten nennt *Butz* Diss. S. 12 f.

[37] Vgl. immerhin *Pape* BB **1955** 1099, 1100 und *Priester* DB **1983** 2291.

[38] OLG Hamburg BB **1983** 1116, OLG Karlsruhe DB **1978** 1219, LG Ravensburg GmbH-Rdsch. **1964** 137.

[39] KG JFG **1** 200, 202, JFG **3** 193, 195.

[40] *Baumbach/Hueck* 4 C, *Rob. Fischer* 3, *Roth* 2.3.3, *Feine* S. 151 f.; **aA** *Scholz/Winter* 11, *Priester* DB **1983** 2298 f.; im Aktienrecht namentlich auch *Kraft* Kölner KommAktG § 23, 35.

[41] So auch *Kraft* aaO § 23, 35 und *Priester* DB **1983** 2298.

Zulässigkeit der Gründung vertreten[42]. In der Tat können gegen die Angabe, der Unternehmensgegenstand bestehe in der Verwaltung der geleisteten Einlagen bzw. in derjenigen des Gesellschaftsvermögens, Bedenken weder unter dem Gesichtspunkt des § 117 BGB noch auch unter demjenigen unzureichender Individualisierung (Rdn. 19) erhoben werden. Es bleibt das Unbehagen, daß die Eintragung einer auf Vorrat gegründeten Gesellschaft zu einem vom Gesetzgeber nicht beabsichtigten Ergebnis führt, da die Rechtsform der GmbH hier nicht für einen konkreten Zweck, sondern zur Erlangung einer erst später mit Leben zu füllenden juristischen Person verwandt wird. Ist sichergestellt, daß im Zuge der späteren Verwendung der Vorrats-GmbH, bei der wirtschaftlichen Neugründung, die Grundsätze über Kapitalaufbringung und registerrichterliche Gründungskontrolle voll beachtet werden (vgl. Rdn. 30), so relativieren sich freilich diese Bedenken, zumal das praktische Bedürfnis nach einer schnell verfügbaren, eingetragenen GmbH unter Vermeidung der mit der Vor-GmbH verbundenen Haftungsrisiken unverkennbar ist (vgl. auch Rdn. 31).

c) Mantelverwendung und Mantelkauf

α) Begriff und Abgrenzung. Unter **Mantelverwendung** versteht man die (Wieder-)*Verwendung eines bestehenden GmbH-Mantels für die wirtschaftliche Neugründung eines Unternehmens in der Rechtsform der GmbH*. Soweit diese „Umgründung" nicht von den bisherigen Gesellschaftern, sondern von Dritten im Zusammenhang mit dem Erwerb der GmbH-Anteile vorgenommen wird, spricht man von **Mantelkauf**. *Keine Mantelverwendung, sondern Fortsetzung* der Gesellschaft liegt vor, wenn das bisherige Unternehmen unter der bisherigen Firma mit unverändertem Unternehmensgegenstand fortgeführt werden soll, sei es auch nach zwischenzeitlicher Auflösung der GmbH[43]. Ihre Zulässigkeit richtet sich nach den allgemein für die Fortsetzung aufgelöster Gesellschaften geltenden Grundsätzen (vgl. näher § 60, 76 ff.); sie kann bei zwischenzeitlichem Gesellschafterwechsel auch von den Anteilserwerbern beschlossen werden. **27**

Für die Anwendung der Grundsätze über die Mantelverwendung (Rdn. 30 f.) bedarf es der **Abgrenzung** zwischen Fällen der **Mantelverwendung** und des Mantelkaufs einerseits und denjenigen der **Umorganisation** einer noch aktiven GmbH und des Unternehmenserwerbs andererseits. Sie kann je nach Lage des Falles Schwierigkeiten bereiten[44]. Das entscheidende Abgrenzungskriterium liegt nicht im Gesellschafterwechsel, der Firmenänderung oder dem Austausch der Geschäftsführung, auch wenn diese Umstände im Einzelfall zusätzliche Kriterien liefern können. Maßgeblich ist vielmehr, ob die GmbH bis zur Neuorganisation (noch) ein Unternehmen betrieb, das — sei es auch nach wirtschaftlicher Umgestaltung und Anpassung des Unternehmensgegenstands — die Basis für die Fortsetzung bildet, oder ob der Rückgriff auf eine vorhandene GmbH den Gesellschaftern oder Anteilserwerbern nur dazu dient, eine Rechtsform für eine *neu* begonnene Unternehmenstätigkeit zu erlangen (*Priester* DB **1983** 2297 f.). Bedeutsam ist **27 a**

---

[42] *Kraft* aaO § 23, 35, *Priester* DB **1983** 2298 f.; wohl auch *Scholz/Winter* 11 (freilich ohne Differenzierung zwischen verdeckter und offener Vorratsgründung).

[43] So schon KG JW **1934** 988, 989 m. krit. Anm. *Crisolli*; vgl. auch *Priester* DB **1983** 2297 f.

[44] Vgl. dazu näher *Priester* DB **1983** 2297 f. und *Ulmer* BB **1983** 1126 unter Hinweis auf Beisp. aus der Währungsgesetzgebung, die für Fälle *wirtschaftlicher Neugründung* unter Verwendung eines GmbH-Mantels ausdrücklich die Anpassung des Stammkapitals an das gesetzlich erhöhte Mindestkapital vorschrieben. Die Abgrenzungsprobleme deutlich überbetonend aber *Bommert* GmbH-Rdsch. **1983** 212.

die Abgrenzungsfrage vor allem für das Eingreifen der Kapitalaufbringungspflichten und für die Registerkontrolle (vgl. Rdn. 30); dagegen geht es nach zutr. Ansicht nicht um die Nichtigkeitssanktion der §§ 134, 138 BGB (Rdn. 29). **Indizien** für das Vorliegen einer wirtschaftlichen Neugründung, die den Registerrichter zu weiteren Aufklärungen veranlassen sollten, bilden das Zusammentreffen einer wesentlichen, insbesondere branchenwechselnden Gegenstandsänderung mit einer Firmenänderung, zumal wenn beides im Anschluß an einen vollständigen Gesellschafterwechsel und einen Austausch der Geschäftsführer beschlossen wird (so auch *Priester* DB **1983** 2298).

28 **β) Meinungsstand.** Die rechtliche **Zulässigkeit** von Mantelverwendung und Mantelkauf ist bis heute **umstritten**. In der **Rechtsprechung** wurde ein derartiges Vorgehen vor allem vom *Kammergericht* beanstandet. Es sah die (Wieder-)Verwendung eines GmbH-Mantels sowie den Erwerb der Anteile ursprünglich als sittenwidrig an[45]. Angesichts der erheblichen Bedenken, die gegen diesen Standpunkt von der Wirtschaftspraxis vorgebracht wurden[46], behandelte es die Wiederverwendung in der Folgezeit als Rechtsgeschäft, das wegen Umgehung der gesellschaftsrechtlichen Gründungsvorschriften *gesetzwidrig* und damit nach § 134 BGB nichtig sei[47]. Demgegenüber hielt das OLG Dresden (JFG **8** 157, 161 f.) den Mantelkauf nur in Ausnahmefällen für unzulässig. Das Reichsgericht (JW **1934** 27) ließ die Frage dahingestellt und beschränkte sich darauf, die Pflicht des Notars zur Belehrung über die Risiken des Mantelkaufs bei Beurkundung entsprechender Vorgänge herauszustellen. In neuester Zeit hat sich das OLG Hamburg für die Nichtigkeit von „Mantelkauf und Umgründung“ nach § 134 BGB wegen Umgehung der Gründungsvorschriften des GmbHG ausgesprochen[48], während andere Instanzgerichte gegen die Mantelverwendung im Grundsatz, vorbehaltlich sittenwidriger Gläubigerbenachteiligung, keine Bedenken erhoben und das Eingreifen von § 134 BGB verneint haben[49]. Eine Stellungnahme des BGH liegt noch nicht vor.

28 a Im **Schrifttum** war die auf §§ 134, 138 BGB gestützte Rechtsprechung des KG von Anfang an überwiegend auf Ablehnung gestoßen[50]. Auch heute herrschen eindeutig diejenigen Ansichten vor, die Mantelkauf und Mantelverwendung für grundsätzlich zulässig halten[51] oder die Ablehnung auf Mißbrauchsfälle beschränken[52]. Den berechtigten Belangen des Rechtsverkehrs soll nicht durch die Nichtigkeitsfolge der §§ 134, 138 BGB, sondern durch analoge Anwendung geeigneter Vorschriften des Gründungsrechts auf die Fälle wirtschaftlicher Neugründung Rechnung getragen werden (vgl. Rdn. 30, 31). Daneben soll in Fällen eindeutiger Gläubigerschädigung auch eine unmittelbare Außenhaftung der an der wirtschaftlichen Neugründung Beteiligten in Betracht kommen (Rdn. 31 a).

29 **γ) Stellungnahme. Abzulehnen** sind diejenigen Ansätze, die Mantelverwendung und Mantelkauf unter Rückgriff auf die **Nichtigkeitssanktion der §§ 134, 138 BGB** unterbinden wollen[53]. An den Erwerbsvorgang als solchen (Kauf und Übertragung der

---

[45] KG JW **1924** 1535, 1537, JW **1925** 635, 636.

[46] Vgl. die krit. Anm. von *Byk* JW **1924** 1535, *Hachenburg* JW **1924** 1536 und *Breit* JW **1925** 635.

[47] KG HRR **1933** Nr. 833.

[48] OLG Hamburg BB **1983** 1116; dazu krit. *Bommert* GmbH-Rdsch. **1983** 209, *Priester* DB **1983** 2291 und *Ulmer* BB **1983** 1123.

[49] So ausdrücklich OLG Karlsruhe DB **1978** 1219, 1221, vgl. auch LG Ravensburg GmbH-Rdsch. **1964** 137.

[50] Vgl. die Nachw. in Fn. 46, ferner *Feine* S. 446 ff. und für das Aktienrecht Düringer/Hachenburg/*Flechtheim* HGB³ Anh. § 182, 2.

[51] *Roth* 2.3.3, *Hüffer* GroßkommHGB⁴ Vor § 22, 59, *Kübler* Gesellschaftsrecht § 22 II 4 S. 297, *Bommert* GmbH-Rdsch. **1983** 209 ff., *Butz* GmbH-Rdsch. **1972** 270 ff., *Priester* DB **1983** 2293 ff., *Ulmer* BB **1983** 1124 ff., wohl auch *Rob. Fischer* 3; **aA** *Baumbach/Hueck* 4 C, *Godin/Wilhelmi* AktG⁴ § 1, 12.

[52] So *Scholz/Winter* 12.

[53] So das KG (Fn. 45, 47), das OLG Hamburg (Fn. 48) und *Baumbach/Hueck* 4 C.

GmbH-Anteile) anzuknüpfen, führt schon deshalb nicht weiter, weil es sich insoweit um neutrale Rechtsgeschäfte handelt und das Anstößige allenfalls in der anschließenden (Wieder-)Verwendung des Mantels durch Umgründung liegt[54]. Aber auch die in den Satzungsänderungen und der Auswechslung der Geschäftsführung liegenden Maßnahmen der Umgründung sind, für sich genommen, weder verbots- noch sittenwidrig. Ein Verstoß gegen GmbH-Recht liegt zwar vor, wenn von den Gesellschaftern einer *aufgelösten* GmbH ein Fortsetzungsbeschluß gefaßt wird, nachdem zwischenzeitlich mit der Vermögensverteilung begonnen war (vgl. § 60, 83 f.). Dagegen führt der Eintritt der Vermögenslosigkeit als solcher weder zur Auflösung noch gar zum Erlöschen der GmbH, solange nicht die Löschung im Handelsregister erfolgt ist (§ 60, 13 und 60). Die Gesellschafter sind daher grundsätzlich nicht gehindert, die Geschäfte fortzusetzen und die Gesellschaft im Rahmen ihrer Satzungsautonomie hierfür zu reorganisieren, soweit nicht wegen Zahlungsunfähigkeit oder Überschuldung Konkursantrag zu stellen ist (§ 64 Abs. 1). Auch wenn man die Mantelverwendung als Umgehung der Gründungsvorschriften begreift (Rdn. 30), fehlt es doch an einem umgangenen *Verbot*, das zum Eingreifen von § 134 BGB führen könnte. **Die Gründungsvorschriften enthalten kein Verbot der Mantelverwendung,** sondern beschränken sich darauf, die Erlangung der Rechtsform der GmbH von der Erfüllung der Kapitalaufbringungsvorschriften abhängig zu machen und durch Einschaltung des Registergerichts für die erforderliche Kontrolle zu sorgen[55].

Der in der Mantelverwendung liegenden **Umgehung der Gründungsvorschriften** **30** ist durch **analoge Anwendung der umgangenen Normen** Rechnung zu tragen[56]. Die rechtliche Problematik der Mantelverwendung liegt nicht in der Wahl dieses für Umgehungsfälle anerkannten Ansatzes[57], sondern einerseits in der **Abgrenzung** der Mantelverwendung als wirtschaftliche Neugründung von sonstigen Fällen der Um- oder Reorganisation einer bestehenden GmbH (vgl. dazu Rdn. 27a), andererseits in der **Festlegung des Analogiebereichs**. Zu bejahen ist die Analogie danach für die Vorschriften über **Mindestkapital und Mindesteinlagen** (§§ 5 Abs. 1, 7 Abs. 2 S. 1 und 2, Abs. 3)[58]. Sie hat bei vermögenslosen GmbH-Mänteln entsprechende Einzahlungspflichten der an der wirtschaftlichen Neugründung Beteiligten zur Folge, von deren nachgewiesener Erfüllung die Eintragung der Satzungsänderungen abhängig zu machen ist. Das gilt auch bei Verwendung des Mantels einer Alt-GmbH während der Übergangszeit bis Ende 1985, da hier die Kapitalaufstockung auf 50000 DM und die Anhebung der Mindesteinzahlung auf 25000 DM nicht erst zum Ablauf der Übergangszeit, sondern schon im Zeitpunkt der wirtschaftlichen Neugründung erfolgen müssen[59]. Betreibt ein **einziger Gesellschafter** die Neugründung, so gelten überdies die Vorschriften über die Sicherung ausstehender Einlagen nach § 7 Abs. 2 S. 3[60]; darauf, daß das Alter des GmbH-Mantels drei Jahre überschreitet, kann der Einmann sich abweichend von § 19 Abs. 4 S. 1 nicht berufen. Bei der Mindestkapitalausstattung durch **Sacheinlagen** genügt nicht die analoge Anwendung von § 8 Abs. 1 Nr. 5 über die Einreichung von Unterlagen zum Handelsregister[61]; hinzukommen muß vielmehr eine Satzungsänderung nach § 5 Abs. 4

---

54 Vgl. *Ulmer* BB **1983** 1125, ebenso im Erg. *Bommert* GmbH-Rdsch. **1983** 211. Für Ansatz der Nichtigkeitssanktion beim Mantelerwerb aber *Scholz/Winter* 12.

55 Vgl. *Priester* DB **1983** 2294 f. und *Ulmer* BB **1983** 1125.

56 *Ulmer* BB **1983** 1125 f., zust. und vertiefend *Priester* DB **1983** 2295 f. So auch *Roth* 2.3.3 und im Grundsatz *Scholz/Winter* 12 aE.

57 Vgl. dazu namentlich *Teichmann* Gesetzesumgehung (1962) S. 89 ff.

58 Ebenso *Priester* DB **1983** 2295 f., wohl auch OLG Karlsruhe DB **1978** 1219, 1220 und *Scholz/Winter* 12; **aA** *Bommert* GmbH-Rdsch. **1983** 212.

59 Vgl. näher *Ulmer* BB **1983** 1126 f.

60 Ebenso *Priester* DB **1983** 2296.

61 So aber *Priester* DB **1983** 2296.

und deren Veröffentlichung nach § 10 Abs. 3, um dem Schutz des Verkehrs und künftiger Anteilserwerber vor den Risiken der Sacheinlage zu genügen. Schließlich sind im Zusammenhang mit der **Anmeldung der Satzungsänderungen** von den Geschäftsführern die Versicherungen nach § 8 Abs. 2 und 3 abzugeben, verbunden mit der Haftungssanktion nach § 9 a[62]. Das Registergericht darf seine Prüfung nicht auf die Zulässigkeit der angemeldeten Satzungsänderungen beschränken, sondern muß in eine Gründungsprüfung nach Maßgabe von § 9 c eintreten[63]. Zur Frage der *Firmenfortführung* bei Erwerb eines GmbH-Mantels vgl. § 4, 96.

31 Schwierigkeiten bei Mantelverwendung und Mantelkauf bereitet die **Haftungsproblematik** außerhalb der aus §§ 5 Abs. 1, 7 Abs. 2 folgenden Mindesteinzahlungspflichten der (Neu-)Gründer, darunter insbesondere die Anwendung der **Handelndenhaftung** nach § 11 Abs. 2 und der **Unterbilanz-(Differenz-)Haftung** der Gesellschafter der Vor-GmbH bis zur Eintragung des (Neu-)Gründungsvorgangs (§ 11, 81, 97). Entgegen der überwiegenden Ansicht[64] müssen diese Haftungsfolgen jedenfalls in denjenigen Fällen eingreifen, in denen es um die Verwendung eines im wesentlichen vermögenslosen (Alt-)Mantels geht, d. h. in denen die Gläubigergefährdung aus dem Handeln namens der GmbH zumindest ebenso groß ist wie im Falle einer noch in Gründung befindlichen, registerrichterlich nicht geprüften Vor-GmbH. Eine **Einschränkung** kommt nur bei Verwendung des GmbH-Mantels aus einer offenen Vorrats-GmbH (Rdn. 26 a) in Betracht, soweit eine ordnungsmäßige, registerrichterlich kontrollierte Gründung und Kapitalausstattung gegeben ist und sich in den Vermögensverhältnissen der GmbH bis zu ihrer Aktivierung keine Änderungen vollzogen haben. Läßt man offene Vorratsgründungen zur Vermeidung der Haftungsrisiken in der Anlaufphase des Unternehmens überhaupt zu (Rdn. 26 a), so liegt es nahe, diesem als legitim angesehenen Anliegen auch in der Phase der Mantelverwendung Rechnung zu tragen (vgl. *Priester* DB **1983** 2297). Allerdings steht das unter dem Vorbehalt, daß sich mit dem Handeln namens der Gesellschaft nicht die Gefahr von Unklarheiten zu Lasten des Rechtsverkehrs hinsichtlich der Person des Schuldners verbindet. Diese Gefahr ist auch bei Verwendung des Mantels einer *Vorrats-GmbH* nicht ohne weiteres auszuschließen, da Firma, Sitz und Unternehmensgegenstand der wirtschaftlichen Neugründung als wesentliche Merkmale für die Identifizierung einer Gesellschaft[65] erst nach Eintragung der entsprechenden Satzungsänderungen mit denjenigen der (ehemaligen) Vorrats-GmbH übereinstimmen. — Wird für die GmbH bereits zu einem Zeitpunkt gehandelt, zu dem der entsprechende GmbH-Mantel dem Handelnden oder seinen Auftraggebern noch gar nicht zusteht, so greift die Handelndenhaftung nach § 11 Abs. 2 auf jeden Fall ein[66].

31 a Eine **weitergehende Haftung der Gesellschafter** unter dem speziellen Gesichtspunkt der Mantelverwendung, etwa in Höhe der Differenz zwischen dem das gesetzliche Mindestkapital übersteigenden satzungsmäßigen Stammkapital und dem verbliebenen Gesellschaftsvermögen, ist **abzulehnen**[67]. Auch wenn man die Mantelverwendung als wirtschaftliche Neugründung behandelt, können die Gläubiger bei einer schon vor

---

62 So auch *Priester* DB **1983** 2296.

63 Vgl. dazu und zu den Aufgreifkriterien für eine Gründungsprüfung durch das Registergericht näher *Priester* DB **1983** 2296, 2298.

64 OLG Karlsruhe DB **1978** 1219, 1220; *Priester* DB **1983** 2296 f., *Bommert* GmbH-Rdsch. **1983** 211; **aA** OLG Hamburg DB **1983** 1116, 1117; *Ulmer* BB **1983** 1124, 1126, wohl auch *K. Schmidt* NJW **1981** 1346.

65 Zur „Identitätsausstattung" juristischer Personen vgl. *John* Die organisierte Rechtsperson (1977) S. 130 f., 242 ff., der auf Firma und Sitz abstellt.

66 Vgl. OLG Hamburg BB **1983** 1116, 1117; allg. zur Anwendbarkeit von § 11 Abs. 2 auf das Handeln in der Vorgründungsphase der GmbH vgl. § 11, 24.

67 Vgl. *Ulmer* BB **1983** 1126, so auch *Priester* DB **1983** 2295.

Jahren gegründeten, bisher anderweit tätigen GmbH nicht darauf vertrauen, daß das Stammkapital bei der Reaktivierung noch unversehrt vorhanden ist. Wohl aber gelten auch für Fälle der Mantelverwendung die allgemeinen Haftungsgrundsätze. Danach ist es den Gesellschaftern in Fällen eindeutiger Unterkapitalisierung verwehrt, sich gegenüber den Gesellschaftsgläubigern auf den Haftungsausschluß nach § 13 Abs. 2 zu berufen (vgl. Anh. § 30, 59f.). Eine unmittelbare Außenhaftung der Gesellschafter wegen unzureichender Kapitalausstattung kommt ferner aus § 826 BGB in Betracht[68].

4. Der Betrag des Stammkapitals

Das Stammkapital ist der *Garantiefonds* der Gesellschaft und der Preis für die allseitige **32** Haftungsbeschränkung der Gesellschafter (vgl. dazu Näheres § 5, 6ff.). Das Fehlen der Angabe über das Stammkapital bildet ein zwingendes Eintragungshindernis. Trägt der Registerrichter die Gesellschaft gleichwohl ein, so entsteht sie zwar trotz dieses Mangels, ist aber der Nichtigkeitsklage nach § 75 sowie der Amtslöschung nach § 144 FGG ausgesetzt (§ 75, 26f.).

Die **Angabe über die Höhe** des Stammkapitals gibt einerseits Auskunft über den **33** Betrag der von den Gesellschaftern *mindestens* einzubringenden Werte. Andererseits begrenzt sie mit Rücksicht auf das Gebot der Kapitalerhaltung (§§ 30, 31) die Möglichkeiten der Gesellschaft zur Ausschüttung von Vermögenswerten an die Gesellschafter. *Wirtschaftlich* kommt der satzungsmäßigen Stammkapitalziffer freilich nur beschränkte Aussagekraft zu, da sie *nach* Entstehung der Gesellschaft über den Betrag des tatsächlich vorhandenen Eigenkapitals nichts aussagt. Dieses kann wesentlich höher, aber auch geringer sein als das Stammkapital; letzteres kommt auch ohne Verstoß gegen den Grundsatz der Kapitalerhaltung dann in Betracht, wenn die Gesellschaft Verluste erlitten hat, die nicht durch angesammelte Reserven ausgeglichen werden können. — Eine Pflicht zur Offenlegung der *tatsächlichen* Finanzlage der Gesellschaft bestand bisher nur in den Grenzen des Publizitätsgesetzes. Im Zuge des BilRLG wird sie für alle Gesellschaften mbH unabhängig von ihrer Größe eingeführt.

Die **Anforderungen** an die Art der Angaben über das Stammkapital sind an dem **34** *Zweck* der Vorschrift zu messen, die Öffentlichkeit über das satzungsmäßige Kapital der Gesellschaft zu informieren. Die Angabe hat ziffernmäßig in DM zu erfolgen (*Scholz/Winter* 14). Es reicht nicht aus, wenn die Höhe des Stammkapitals nicht aus dem Gesellschaftsvertrag selbst, sondern nur unter Hinzuziehung der sonstigen zum Handelsregister eingereichten Unterlagen festgestellt werden kann (KG OLGR **40** 191, 192). Ungenügend ist auch die Angabe, daß die Gesellschafter das zum Betrieb erforderliche Kapital bis zu einem bestimmten Höchstbetrag aufbringen werden: hieraus ergibt sich nicht, wie hoch das gezeichnete Stammkapital ist und welcher Betrag auf spätere Nachschüsse entfällt. Dagegen läßt die Angabe, „Die Gesellschaft hat sechs Geschäftsanteile von je DM 10000", die Höhe des Stammkapitals erkennen und gibt daher keinen Anlaß zur Nichtigkeitsklage[69]. Freilich entspricht eine derartige Fassung nicht der gesetzlichen Regel; sie ist daher vom Registerrichter im Eintragungsverfahren zu beanstanden. — Die spätere **Erhöhung des Stammkapitals** bedarf stets einer Satzungsänderung (§ 55, 9ff.). Eine Ermächtigung an Geschäftsführer oder Aufsichtsrat zur Erhöhung des Stammkapitals durch Ausgabe neuer Geschäftsanteile („genehmigtes Kapital") kennt das GmbH-Recht im Unterschied zum Aktienrecht (§ 202 AktG) nicht (§ 55, 8). Unwirksam ist daher auch eine Bestimmung des Gesellschaftsvertrags, wonach

---

[68] Vgl. dazu BGH NJW **1979** 2104, OLG Karlsruhe BB **1978** 1332.

[69] **AA** *Scholz/Winter* 14.

das Stammkapital durch Beschluß des Aufsichtsrats verdoppelt werden kann (vgl. auch § 53, 39). Wird das Kapital wirksam erhöht, so genügt die **Angabe des erhöhten Betrags** im Gesellschaftsvertrag; der Anführung auch der ursprünglichen Kapitalziffer bedarf es nicht (§ 55, 17).

5. Der Betrag der einzelnen Stammeinlagen

35 **a) Allgemeines.** Die Stammeinlage gibt den Betrag wieder, den *der einzelne Gesellschafter* mindestens (§§ 9 Abs. 1, 19 Abs. 2) in die Gesellschaft *einzubringen* hat; die Vereinbarungen hierüber im Gesellschaftsvertrag enthalten die Einlageversprechen der Gesellschafter und sichern die Aufbringung des Stammkapitals. *Die Summe der Stammeinlagen bildet das Stammkapital* (§ 5 Abs. 3 S. 3). Näheres zur Festsetzung der Stammeinlagen und zum möglichen Inhalt der Sacheinlagepflicht vgl. bei § 5, 11 ff., 29 ff.

36 Das **Fehlen** der Angaben über die Stammeinlagen einschließlich der Namen der sie übernehmenden Gründer (Rdn. 39) führt nicht wie früher zur Nichtigerklärung oder Amtslöschung der Gesellschaft (§§ 75 Abs. 1 GmbHG, 144 FGG). Der Registerrichter kann jedoch nach § 144 a FGG von Amts wegen die Auflösung der Gesellschaft herbeiführen, falls die Gesellschafter nicht innerhalb einer gerichtlich bestimmten Frist den Mangel beheben. Auch dies gilt nur unter dem Vorbehalt, daß nicht durch spätere zulässige Vertragsänderung die Angaben über die Stammeinlagen gestrichen worden sind (KG DR **1939** 2162, 2163; zur Frage der Beibehaltung der Angaben vgl. Rdn. 38).

37 **b) Stammeinlage und Geschäftsanteil.** Das geltende Recht unterscheidet terminologisch zwischen Stammeinlage und Geschäftsanteil. Ersterer ist nomineller Ausdruck der vom Gesellschafter bei der Gründung oder einer späteren Kapitalerhöhung übernommenen *Einlageverpflichtung* (Rdn. 35). Demgegenüber versteht das Gesetz unter **Geschäftsanteil** die *Beteiligung* des Gesellschafters, d. h. die *Gesamtheit der aus der Gesellschafterstellung fließenden Rechte und Pflichten*[70]. Hierin zeigt sich der *unmittelbare Zusammenhang* zwischen Stammeinlage und Geschäftsanteil; er kommt auch in der Notwendigkeit *übereinstimmender Nennbeträge* zwischen beiden bei Entstehung der Gesellschaft (§ 14) zum Ausdruck (zur Möglichkeit künftiger Abweichungen durch Veräußerung von Teilen eines Geschäftsanteils oder Zusammenlegung von Geschäftsanteilen vgl. Erläut. zu §§ 14, 17). Der Nennbetrag des Geschäftsanteils bestimmt sich somit nach der nominellen Einlageverpflichtung des Gesellschafters. Für den Anteil des Gesellschafters am Stimmrecht, am Gewinn und am Liquidationsüberschuß ist er demgegenüber nur dann maßgebend, wenn der Gesellschaftsvertrag hierüber keine abweichenden Regelungen enthält (§§ 29, 47, 72).

38 **c) Spätere Beibehaltung der Angaben über die Stammeinlagen?** Die Angaben über die Stammeinlagen und über die sie übernehmenden Gründer können nach heute einhM aus der Satzung **gestrichen** werden, sobald die **Einlagen voll geleistet** sind; § 3 Abs. 1 Nr. 4 steht nicht entgegen[71]. **Bei noch nicht vollständig geleisteten Einlagen verlangt die Registerpraxis und die überw. Meinung im Schrifttum** dagegen die **Beibehaltung** der Angaben über die Stammeinlagen bei Gründung[72]. **Dem ist nicht zu folgen.** Die Beibehaltung in der Satzung ist zur Klärung der Zahlungspflicht aus

---

[70] KG RJA **13** 218, 219, DR **1943** 1230; vgl. näher § 14, 3 ff.

[71] KG DR **1939** 2162, 2163, DR **1943** 984, BayObLG DB **1971** 88, 89, OLG Karlsruhe Rpfl. **1972** 309, 310, OLG Köln DNotZ **1972** 623, OLG Frankfurt BB **1981** 649, 650, *Scholz/Winter* 15, *Baumbach/Hueck* 6 A, *Gustavus* DNotZ **1971** 229, 231, *Groß* Rpfl. **1972** 126, *Winkler* DNotZ **1980** 578, 582.

[72] Vgl. Nachw. in Fn. 71; **aA** LG Stuttgart NJW **1972** 1997; *Priester* GmbH-Rdsch. **1973** 169, 170; offenlassend BayObLG NJW **1982** 1400, 1401.

den Stammeinlagen schon deshalb nicht erforderlich, weil diese sich auch aus den Handelsregisterunterlagen ergibt[73]. Gegen die Notwendigkeit der Beibehaltung bis zur Volleinzahlung spricht auch, daß das GmbHG bei späterer Kapitalerhöhung auf die Angabe der *neuen* Stammeinlagen und deren Übernehmer abweichend von § 3 Abs 1 Nr. 4 verzichtet (§ 55, 14 und 17); in derartigen Fällen können somit die Angaben in der Satzung über Stammkapital und (alte) Stammeinlagen auseinanderfallen, was die Informationsfunktion der Satzungsangaben schwerlich fördert. Zu Recht wollte daher die nicht Gesetz gewordene Bestimmung des § 9 Abs. 2 RegE GmbHG 1971 generell darauf verzichten, die Angabe der Stammeinlagen im Satzungswortlaut bei Gründung der GmbH vorzuschreiben. Die derzeitige Praxis der Registergerichte sollte daher überprüft und die Möglichkeit zugelassen werden, die Angaben über die Stammeinlagen schon vor Volleinzahlung aus der Satzung zu streichen. — **Abweichendes** gilt für die nach § 5 Abs. 4 S. 1 vorgeschriebenen Angaben über **Sacheinlagen**. Sie sind wegen des mit Sacheinlagen verbundenen Risikos für Gläubiger und spätere Anteilserwerber grundsätzlich auch nach vollständiger Erfüllung der Sacheinlagepflicht beizubehalten und können frühestens 5 Jahre nach Eintragung der Gesellschaft gestrichen werden[74].

6. Angabe der Gesellschafter?

Die Notwendigkeit zur Angabe der **Gründer** nicht nur im Gründungsprotokoll (§ 2, 10), sondern auch im Gesellschaftsvertrag selbst folgt aus der in § 3 Abs. 1 Nr. 4 vorgeschriebenen Angabe der von *jedem Gesellchafter* zu leistenden Einlage (zur Möglichkeit des Wegfalls der Gründerangaben bei späteren Vertragsänderungen vgl. Rdn. 38). **Umstritten** ist dagegen, ob im Rahmen einer *Neufassung* des Gesellschaftsvertrags die Namen der **derzeitigen Gesellschafter** aufgenommen werden *dürfen*. Die früher überwiegende Meinung lehnte das ab, hauptsächlich deshalb, weil die Bestimmung der Gesellschafter der Beschlußfassung der Gesellschafterversammlung entzogen sei und das Gericht die Richtigkeit der Angaben nicht überprüfen könne[75]. Diese Ansicht ist zunehmend auf Widerspruch gestoßen[76]. In der Tat bestehen gegen die Zulassung der Gesellschafternamen als formelle Satzungsbestandteile (§ 53, 14) solange keine Bedenken, als sie nicht zur Irreführung über die Person der Gesellschafter Anlaß geben. Namentlich in den Fällen, in denen die Übertragung der Geschäftsanteile an die Zustimmung der Gesellschaft gebunden ist, kann ein Interesse der Gesellschafter an einer Klarstellung der Beteiligungsverhältnisse im Gesellschaftsvertrag bestehen (*Priester* GmbH-Rdsch. **1973** 171). Der Gegenansicht ist zwar darin recht zu geben, daß die Aufnahme der derzeitigen Gesellschafter in den Gesellschaftsvertrag keine rechtsbegründende, sondern nur deklaratorische Wirkung hat. Das steht der Angabe der Gesellschafternamen aber nicht entgegen. Der Inhalt der Satzungsurkunde ist nicht etwa notwendig auf diejenigen Angaben beschränkt, die für die Rechtsverhältnisse der Gesellschaft und ihre Beziehungen zu den Gesellschaftern wesentlich sind (§ 53, 8 f.). 39

[73] So zutr. *Priester* GmbH-Rdsch. **1973** 169, 170.

[74] Str., vgl. näher § 5, 108.

[75] KG DR **1941** 2128, 2129, LG Köln DNotZ **1953** 106, 108; *Baumbach/Hueck* 6 A, *Ripfel* GmbH-Rdsch. **1958** 101, 103, *Groß* Rpfl. **1972** 126, *Röll* GmbH-Rdsch. **1982** 251 f.

[76] OLG Frankfurt GmbH-Rdsch. **1973** 172, 173, LG Stuttgart NJW **1972** 1997, LG Dortmund GmbH-Rdsch. **1978** 235; *Scholz/Winter* 16, *Priester* GmbH-Rdsch. **1973** 169, 171 und 200 f.

7. Keine sonstigen wesentlichen Erfordernisse

40 Weitere wesentliche Erfordernisse des Gesellschaftsvertrags kennt das GmbH-Gesetz nicht. Die in § 23 AktG vorgesehenen weiteren notwendigen Angaben sind in das GmbH-Recht nicht übernommen worden. Nach *dispositivem Gesetzesrecht* richten sich beim Fehlen entsprechender Angaben im Gesellschaftsvertrag insbesondere auch die Art der Bestellung und Zusammensetzung der Geschäftsführung (§ 6) sowie die Form der Berufung der Gesellschafterversammlung (§ 51). Was die **Form der Bekanntmachungen der Gesellschaft** betrifft, so enthält das GmbH-Gesetz hierüber zwar keine Regelung. Sie bleibt dem Gesellschaftsvertrag überlassen. Dennoch bildet ihre Festlegung im Gesellschaftsvertrag keine wesentliche Entstehungsvoraussetzung der Gesellschaft. Bestimmt der Gesellschaftsvertrag darüber nichts, so erfolgt die Bekanntmachung in geschäftsüblicher Form. In einigen Fällen schreibt das Gesetz eine Bekanntmachung in öffentlichen Blättern vor (z. B. in § 30 Abs. 2, § 58 Abs. 1 Nr. 1). Dann sind für den Fall, daß der Gesellschaftsvertrag diese Blätter nicht bestimmt, die für die Bekanntmachung aus dem Handelsregister festgesetzten Blätter zu benutzen (§ 30 Abs. 2; vgl. dazu § 10, 23). Entsprechend ist auch in denjenigen Fällen zu verfahren, in denen eine solche Vorsorge im Gesetz nicht ausdrücklich getroffen ist (vgl. etwa § 52 Abs. 2 S. 2).

III. Fakultative Bestandteile des Gesellschaftsvertrags (Abs. 2)

1. Mitgliedschaftsrechtliche Abreden

41 **a) Grundsatz.** Alle Abreden der Gründer, die die **Rechtsverhältnisse der Gesellschaft** bestimmen oder für die **Beziehungen zwischen Gesellschaft und Gesellschaftern** maßgebend sein sollen, müssen **in den Gesellschaftsvertrag** aufgenommen werden. Der Gesellschaftsvertrag bildet die Grundlage der Gesellschaft, unabhängig von der Zahl und Zusammensetzung der Gesellschafter; sein Inhalt ist auch für Dritte, namentlich für Gläubiger, von wesentlicher Bedeutung. Er muß daher *alle für das Gesellschaftsverhältnis maßgeblichen*, vom dispositiven Gesetzesrecht abweichenden *Abreden* enthalten[77]. Zwar sind *nicht alle in den Gesellschaftsvertrag aufgenommenen Vereinbarungen materielle Satzungsbestandteile* mit der Maßgabe, daß sie nur durch Satzungsänderung umgestaltet werden könnten[78]. Es kommt vielmehr zusätzlich auf den **Inhalt** der betreffenden Regelung und auf die Frage an, ob die Aufnahme in die Satzung den Zweck hatte, das Rechtsverhältnis der Gesellschafter zur Gesellschaft zu regeln (zur Abgrenzung vgl. Rdn. 43, 43 a). Insbesondere bei der Bestellung der ersten Geschäftsführer und der Festsetzung ihrer Bezüge ist der mitgliedschaftsrechtliche Charakter der Vereinbarung regelmäßig zu verneinen[79]. Anderes gilt dagegen bei der *Befristung der Gesellschaftsdauer* oder der *Begründung von Nebenpflichten* der Gesellschafter (Abs. 2); sie müssen, wenn sie die *Mitgliedschaftsrechte* als solche gestalten wollen, in den Gesellschaftsvertrag aufgenommen werden und sind dadurch vorbehaltlich späterer Satzungsänderung auch für jeden künftigen Gesellschafter bindend.

42 Die Aufzählung in Abs. 2 ist nicht ausschließlicher Natur, sondern bringt einen allgemeinen Grundsatz zum Ausdruck. Entsprechende Vorschriften finden sich in § 5 Abs. 4 S. 1, § 15 Abs. 5, § 17 Abs. 3, § 19 Abs. 5, § 26 Abs. 1, § 34 Abs. 1, § 60 Abs. 1 Nr. 1. Gemeinsam ist all diesen Regelungen, daß **Rechte und Pflichten der Gesellschaft**

---

[77] RGZ **31** 17, 20; **45** 99, 101; *Feine* S. 76.

[78] BGHZ **18** 205, 207 f. = NJW **1955** 1716, BGH WM **1970** 246, 247; vgl. näher § 53, 8 ff.

[79] BGHZ **18** 205, 208, vgl. auch § 6, 18 und § 53, 14.

und der Gesellschafter untereinander nur durch den Gesellschaftsvertrag bestimmt werden können (zur Frage, ob die Satzung auch Regelungen über Rechte Dritter enthalten kann, vgl. Rdn. 44).

b) Abgrenzung zu schuldrechtlichen Nebenabreden

Der vorgenannte Grundsatz schließt nicht aus, daß zwischen den Gründern oder späteren Gesellschaftern außerhalb der Satzung zusätzliche **schuldrechtliche Abreden** getroffen werden. Derartige Vereinbarungen sind nach dem Grundsatz der Vertragsfreiheit unbeschränkt zulässig, soweit sie nicht im Einzelfall der Umgehung zwingender gesetzlicher Vorschriften — etwa über die Sacheinlagen (§ 5 Abs. 4) — dienen; sie sind **formlos** wirksam (Näheres vgl. Rdn. 101 ff.). Im Unterschied zu den in die Satzung aufgenommenen mitgliedschaftlichen Vereinbarungen können sie freilich *weder Rechte* der Gesellschafter *gegen die Gesellschaft begründen noch künftige Gesellschafter* allein aufgrund des Erwerbs der Mitgliedschaft *binden*; auch die Anfechtungsklage gegen einen Gesellschafterbeschluß kann auf die Verletzung solcher schuldrechtlicher Nebenabreden nicht gestützt werden (**aA** BGH NJW **1983** 1910, 1911; vgl. dazu Rdn. 101). Wohl aber ist es möglich, obligatorische *Rechte der Gesellschaft* durch Vereinbarungen außerhalb der Satzung nach Maßgabe von § 328 Abs. 1 BGB zu begründen[80]. **43**

Werden anläßlich der Gründung Vereinbarungen zwischen den Gründern über die Errichtung der Gesellschaft oder ihre künftigen Rechtsverhältnisse *außerhalb des Gesellschaftsvertrags* getroffen, so kann die **Abgrenzung zwischen formnichtigen gesellschaftsrechtlichen Abreden und formlos wirksamen schuldrechtlichen Vereinbarungen** im Einzelfall Schwierigkeiten bereiten[81]. Eine grundsätzliche Vermutung, daß formlose, außerhalb des Gesellschaftsvertrags getroffene Vereinbarungen stets als schuldrechtliche gewollt sind, besteht nicht. Insbesondere kann der Inhalt der Vereinbarung auf die Absicht der Parteien schließen lassen, eine mitgliedschaftliche Verpflichtung zu begründen; hier ist gegebenenfalls zu prüfen, ob die Abrede im Wege der *Umdeutung* nach § 140 BGB als schuldrechtliche aufrechterhalten werden kann (*Barz* GroßkommAktG § 54, 10). Soweit allerdings eine formlos getroffene Vereinbarung sich in den Grenzen zulässiger schuldrechtlicher Vereinbarungen zwischen Gesellschaftern hält (Rdn. 101, 102) und die Gründer bewußt von ihrer Aufnahme in den Gesellschaftsvertrag abgesehen haben, ist auch der Richter an den darin zum Ausdruck kommenden Parteiwillen gebunden; er kann die Abrede hier nicht als mitgliedschaftliche werten und damit ihre Wirksamkeit verneinen (BGH BB **1969** 1410, 1411). — Andererseits führt auch die *Aufnahme bestimmter Vereinbarungen in den Gesellschaftsvertrag nicht notwendig zur Annahme mitgliedschaftlicher Pflichten*. Hieran fehlt es insbesondere dann, wenn Pflichten einzelner Gesellschafter nicht gegenüber der Gesellschaft oder der Gesellschaftergesamtheit, sondern *gegenüber einzelnen Mitgesellschaftern* begründet werden sollen[82], so wenn ein Gesellschafter einem anderen eine Mindestverzinsung von dessen Einlage garantiert (**aA** BayObLG OLGR **5** 281) oder wenn Gesellschafter sich auf eine vom Gesellschaftsvertrag abweichende Gewinnverteilung einigen (KG OLGR **24** 153). Derartige Abreden binden — als formelle Satzungsbestandteile (§ 53, 14) — trotz ihrer Aufnahme in die Satzung nur die Vertragspartner selbst und etwaige Schuldübernehmer (Rdn. 103), nicht dagegen **43 a**

[80] **AA** wohl OLG Nürnberg BB **1981** 1293; dagegen zutr. *Gasteyer* BB **1983** 934, 936.

[81] *Rob. Fischer* GmbH-Rdsch. **1954** 129, 132; zur Frage der Formbedürftigkeit von Nebenabreden vgl. auch § 2, 17 m. Nachw.

[82] So auch *Priester* DB **1979** 681, 684 und *Sachs* BWNotZ **1975** 134, 139; gegen Differenzierung nach der Person des Berechtigten aber *Scholz/Winter* 6.

den Erwerber des Geschäftsanteils eines der Beteiligten. Auch ist die Änderung solcher schuldrechtlicher Vereinbarungen trotz ihrer ursprünglichen Aufnahme in den Gesellschaftsvertrag formlos möglich (§ 53, 9).

c) Keine satzungsrechtliche Begründung von Rechten Dritter

44 Die Frage, ob die Satzung trotz ihres Charakters als körperschaftlicher Organisationsvertrag auch originäre Rechte Dritter gegenüber der GmbH begründen kann, ist bisher meist nur am Rande erörtert worden. Während das *Reichsgericht* unter grundsätzlicher Differenzierung zwischen Personengesellschaftsverträgen und Satzungen von Kapitalgesellschaften die Möglichkeit *verneint* hat, Rechte für Nichtgesellschafter nach Art von § 328 BGB in der GmbH-Satzung vorzusehen (RGZ **169** 65, 82 f.), hat sich der BGH bisher auf die Aussage beschränkt, in der Satzungsurkunde enthaltene Regelungen für *Dritt*geschäftsführer begründeten für diese keine Sonderrechte[83]. Die Literatur stellt bisher vor allem darauf ab, wie einschneidend sich das einem Dritten eingeräumte Recht auf die Willensbildung der Gesellschaft auswirkt und ob ihm aus diesem Grund, zum Schutz des Autonomiebereichs der Gesellschafter, die Anerkennung zu versagen ist. Dementsprechend wird die Begründung von Stimmrechten für Dritte und überwiegend auch diejenige von Entsendungsrechten zur Geschäftsführung als unzulässig angesehen[84], während Entsendungsrechte Dritter zum Aufsichtsrat im Grundsatz gebilligt werden[85]. Entgegen dieser Ansicht ist mit dem Reichsgericht daran festzuhalten, daß **Rechte für Nichtgesellschafter in der Satzung nicht begründet werden können**[86]. Als Organisationsstatut der GmbH beschränkt sich ihr Regelungsbereich auf die Grundlagen der Gesellschaft und die Beziehungen zu den Gesellschaftern (vgl. Rdn. 41 und § 53, 12 f.). In diesem Rahmen kann sie auch Bestimmungen über die Einsetzung von Gesellschaftsorganen einschließlich ihrer Zusammensetzung sowie ihrer Kompetenzen enthalten. Dagegen können Rechtsbeziehungen zu Dritten, die nicht auf einer Organstellung des Dritten beruhen, in der Satzung nicht begründet, sondern nur — als formelle Bestandteile (§ 53, 14) — verlautbart werden. Ihre Begründung setzt eine schuldrechtliche Vereinbarung zwischen der GmbH und dem Dritten voraus, und ebenso unterliegt ihre Modifizierung oder Aufhebung nicht den Vorschriften über Satzungsänderungen, sondern vollzieht sich auf schuldvertraglicher Ebene[87].

---

[83] BGHZ **86** 177, 179 = NJW **1983** 983 und BGH WM **1984** 29 (Abberufung von Fremdgeschäftsführern aus wichtigem Grund ohne Einhaltung der satzungsrechtlich hierfür vorgesehenen Mehrheitserfordernisse). Vgl. auch BGH LM § 109 Nr. 8 HGB = WM **1970** 246 (Regelung in KG-Vertrag über Zusammensetzung eines Beirats mit bestimmten Nichtgesellschaftern begründet für diese kein Sonderrecht auf Bestellung).

[84] Vgl. zum *Stimmrecht Scholz/K. Schmidt* § 47, 19 f., *Flume* Die juristische Person § 7 II S. 201 ff., *Teichmann* Gestaltungsfreiheit in Gesellschaftsverträgen (1970) S. 217 ff., *Wiedemann* Übertragung und Vererbung von Mitgliedschaftsrechten (1965) S. 291 f., teilw. abw. nur § 14, 31 f. (*Schilling*); zum *Geschäftsführerentsendungsrecht* vgl. *Scholz/U. H. Schneider* § 38, 8 und § 52, 137, *Baumbach/Hueck* § 38, 2 B und § 46, 1 A, *Teichmann* aaO S. 196 f., *Priester* Festschrift W. Werner (1984) S. 665; **aA** § 45, 15 (*Schilling*), *Scholz/Winter* § 6, 12, *Feine* S. 474 ff.

[85] § 52, 75 (*Schilling*), *Scholz/U. H. Schneider* § 52, 137 f., *Hesselmann* GmbH & Co[16] S. 102, *Hölters* Beirat der GmbH (1979) S. 30; einschränk. *Teichmann* aaO (Fn. 83) S. 199; **aA** *Scholz*[5] § 52, 13 und *Brönner/Bünz* GmbH & Co[4] S. 171.

[86] Vgl. näher *Ulmer* Festschrift W. Werner (1984) S. 917 ff., 922 ff. So auch *Flume* aaO (Fn. 84) S. 327, tendenziell wohl auch *Priester* aaO (Fn. 84) S. 665 f. und *Reuter* ZGR **1978** 633, 637 f.

[87] Dazu, zur Vertretungskompetenz der Geschäftsführer für den Abschluß derartiger

2. Die Beschränkung des Unternehmens auf bestimmte Zeit

a) Allgemeines. Eine **Beschränkung der Zeitdauer** der Gesellschaft kann **wirksam nur im Gesellschaftsvertrag** bestimmt werden. Das ergibt sich einerseits aus § 60 Abs. 1 Nr. 1, folgt aber auch aus dem *Inhalt* der Bestimmung, die auf die Gestaltung der Rechtsverhältnisse der Gesellschaft gerichtet ist und wegen dieses körperschaftlichen Charakters als Satzungsbestandteil geregelt werden muß. Eine *ausdrückliche* Befristung ist nicht erforderlich; sie kann nach den allgemein für die *Auslegung* körperschaftlicher Satzungsbestandteile geltenden Grundsätzen (§ 2, 121) auch aus sonstigen Vereinbarungen im Gesellschaftsvertrag geschlossen werden (RGZ **79** 418, 422f., RG JW **1912** 878, 879). Die bloße Bezugnahme auf eine ergänzende privatschriftliche Urkunde genügt allerdings nicht (RGZ **79** 418, 422). Vereinbaren die Gründer **außerhalb des Gesellschaftsvertrags** eine zeitliche Befristung der Gesellschaft, so kann darin je nach Lage des Falles eine persönliche Verpflichtung der Beteiligten gesehen werden, nach Fristablauf einen Auflösungsbeschluß zu fassen (§ 60 Abs. 1 Nr. 2) oder dem Austrittsverlangen eines Gesellschafters zuzustimmen (vgl. auch Rdn. 102 und *Feine* S. 192). **45**

Von der Beschränkung der Zeitdauer zu unterscheiden ist die **Vereinbarung sonstiger Endigungsgründe**. Sie bedarf zwar der Aufnahme in den Gesellschaftsvertrag (§ 60 Abs. 2, dazu § 60, 61), nicht aber der Eintragung im Handelsregister (str., vgl. § 10, 13). Zu denken ist insbesondere an ein **Kündigungsrecht** einzelner oder aller Gesellschafter, soweit es zur Auflösung der Gesellschaft und nicht nur zum Ausscheiden des Kündigenden führen soll. Hierüber und über die Möglichkeiten der Vereinbarung eines **Austrittsrechts** im Gesellschaftsvertrag vgl. § 60, 65ff., sowie Anhang zu § 34, 43ff. **46**

b) Bestimmte oder bestimmbare Zeitdauer. Von einer zur automatischen Auflösung führenden Beschränkung kann nur gesprochen werden, wenn die Zeitdauer im Gesellschaftsvertrag entweder bestimmt oder doch objektiv bestimmbar ist. Auf eine **bestimmte** Zeit ist die Gesellchaft eingegangen, wenn ihre Dauer *kalendermäßig bestimmt* ist. Hierunter fallen nicht nur diejenigen Regelungen, die den Eintritt der Auflösung auf ein bestimmtes *Datum* (etwa 31.12.2000) festsetzen. Als bestimmt ist vielmehr auch eine Zeitbeschränkung anzusehen, die die Dauer der Gesellschaft auf eine bestimmte *Frist* (20 Jahre nach Vertragsschluß, nach Handelsregistereintragung u.a.) begrenzt. Gegen die Wirksamkeit derartiger Vereinbarungen bestehen, auch wenn die gesetzte Frist sehr lang ist, regelmäßig schon deshalb keine Einwendungen, weil die sonstigen Auflösungsgründe des § 60 Abs. 1 hierdurch nicht abbedungen werden. Das gilt grundsätzlich auch für den Auflösungsbeschluß nach § 60 Abs. 1 Nr. 2. Als *Mindestdauervereinbarung*, die eine vorherige Auflösung abweichend von § 60 Abs. 1 Nr. 2 nur im Wege der Satzungsänderung zulassen oder den einzelnen Gesellschaftern gar ein Sonderrecht auf Fortführung der Gesellschaft bis zum Fristablauf einräumen würde, kann die Beschränkung regelmäßig *nicht* aufgefaßt werden[88]. **47**

Neben einer bestimmten ist auch die Beschränkung der Gesellschaftsdauer auf eine **bestimmbare** Zeit zulässig, sofern die Auflösung an den *Eintritt eines bestimmten Ereignisses* geknüpft ist. Die Zulässigkeit einer solchen Zeitbeschränkung war im Aktienrecht früher zwar umstritten; die dagegen vorgebrachten Bedenken vermögen aber nicht zu überzeugen[89]. Entscheidend ist nur die *objektive*, vom Willen der Gesellschafter unabhän- **48**

Vereinbarungen und zur Frage der Zustimmungsbedürftigkeit seitens der Gesellschafter vgl. näher *Ulmer* aaO (Fn. 86) S. 927ff.

[88] RGZ **145** 101; *Wiedemann* GroßkommAktG § 262, 14; **aA** *Brodmann* 6b; vgl. dazu auch § 60, 31f.

[89] So mit Recht *Wiedemann* GroßkommAktG § 262, 11 m. weit. Nachw.

gige Bestimmbarkeit des Auflösungszeitpunkts[90]. So kann die Gesellschaftsdauer etwa auf bestimmte persönliche Umstände wie das Lebensalter, den Tod oder die Geschäftsführertätigkeit eines Gesellschafters bezogen sein[91]. Sie kann auch an die Dauer eines gewerblichen Schutzrechts, den Fortbestand einer Gewerbekonzession oder staatlicher Einfuhrhindernisse geknüpft werden, namentlich wenn diese Umstände für den Geschäftserfolg entscheidend sind. Derartige Auflösungsgründe haben die Funktion, sicherzustellen, daß mit Erreichung oder Unmöglichwerden des Gesellschaftszwecks die Auflösung eintritt. Dabei muß freilich der Auflösungszeitpunkt jeweils mit **hinreichender Genauigkeit** bestimmbar sein; bei der Kopplung der Gesellschaftsdauer an die Ausbeutung eines Bergwerks oder die Bebauung eines Siedlungsgeländes ist das entgegen *Wiedemann* (GroßkommAktG § 262, 11) nicht der Fall.

49 Von den Fällen der Befristung des Gesellschaftsvertrags zu unterscheiden sind diejenigen Vereinbarungen, in denen die Auflösung an den *Eintritt eines zukünftigen ungewissen Ereignisses* geknüpft ist (dazu *Ulmer* GroßkommHGB³ § 131, 118). Der Sache nach handelt es sich um die Vereinbarung einer **auflösenden Bedingung**. Da § 60 Abs. 2 sonstige Auflösungsgründe ausdrücklich zuläßt und da die Wirkungen der auflösenden Bedingung grundsätzlich *ex nunc* eintreten, bestehen gegen die Zulässigkeit einer solchen Klausel auch unter dem Gesichtspunkt des Bestandsschutzes der Gesellschaft keine durchgreifenden Bedenken, solange der Bedingungseintritt hinreichend klar und auch für Dritte erkennbar ist. Andernfalls kommt eine Umdeutung der auflösenden Bedingung in die Vereinbarung eines wichtigen Auflösungsgrundes im Sinne von § 61 in Betracht. Hinsichtlich der *Wirkungen* unterscheidet sich die Vereinbarung einer auflösenden Bedingung nicht von derjenigen einer Befristung (Rdn. 50).

50 **c) Rechtsfolgen des Fristablaufs.** Ist die im Gesellschaftsvertrag vereinbarte Zeitdauer abgelaufen bzw. der bestimmte oder bestimmbare Zeitpunkt eingetreten, so wird die Gesellschaft **aufgelöst**, ohne daß es zusätzlicher Handlungen oder Beschlüsse bedarf. Zu den Auflösungsfolgen und zu den Voraussetzungen für einen Fortsetzungsbeschluß vgl. § 60, 72 ff., 76 ff. Die *tatsächliche* Fortsetzung der Gesellschaft als werbende über den Auflösungszeitpunkt hinaus kann *nicht* zur Rückumwandlung in eine werbende GmbH führen; entgegen § 134 HGB bedarf es hierfür eines ausdrücklichen, den Erfordernissen einer *Satzungsänderung* (§§ 53, 54) Rechnung tragenden Fortsetzungsbeschlusses (§ 60, 78 und 92). Der Beschluß auf Verlängerung der Dauer der Gesellschaft kann auch *nach* dem Ablauf der vereinbarten Zeit gefaßt werden[92]. Gewährt nach den besonderen Umständen des Falles die Zeitbestimmung einzelnen oder allen Gesellschaftern ausnahmsweise ein Sonderrecht auf Auflösung, so ist der Verlängerungsbeschluß nur wirksam, wenn ihm auch sämtliche bevorrechtigten Gesellschafter zugestimmt haben (§ 60, 89).

51 **d) Abänderung der satzungsmäßigen Zeitbeschränkung.** Soll die im Gesellschaftsvertrag enthaltene Befristung *verlängert oder ganz aufgehoben* werden, so bedarf es hierzu einer Satzungsänderung nach Maßgabe der §§ 53, 54 (§ 60, 78 und 92). Die Beschlußfassung hierüber ist grundsätzlich mit satzungsändernder **Dreiviertelmehrheit**

---

[90] BayObLG BB **1975** 249, 250; *Scholz/Winter* 21, *Baumbach/Hueck* 7, *Rob. Fischer* 7 a, *Roth* 3.1; zur entsprechenden Regelung für Personengesellschaften in § 131 Nr. 1 HGB vgl. RGZ **95** 147, 150, RG JW **1906** 741, RG LZ **1911** 298, BGHZ **50** 316, 321 f.; *Ulmer* GroßkommHGB³ § 131, 17 m. weit. Nachw.

[91] *Scholz/Winter* 21.

[92] So KG JW **1925** 640 im Gegensatz zu der früheren Rechtsprechung KG KGJ **32** A 154 und KG KGJ **34** A 166; zu Schranken mit Rücksicht auf die Kapitalausstattung der aufgelösten Gesellschaft vgl. § 60, 83 f.

möglich (§ 60, 23). Entgegen einer früher verbreiteten Ansicht[93] läßt sich aus der Zeitbeschränkung nicht ohne weiteres auf ein Sonderrecht jedes Gesellschafters auf Liquidation schließen. Abweichendes gilt dann, wenn Gesellschafter in der Satzung neben der einmaligen Einlagepflicht laufende **Nebenpflichten** übernommen haben, da die Verlängerung der Gesellschaftsdauer hier zu einer Vermehrung der Nebenpflichten führt[94], oder wenn besondere Umstände dafür sprechen, daß der Zeitbeschränkung ein Sonderrecht bestimmter oder aller Gesellschafter auf Liquidation entspricht (§ 60, 23). — Zu den **Auswirkungen einer satzungswidrigen Fortsetzung** der Gesellschaft auf die Rechtsstellung der widersprechenden Gesellschafter vgl. RGZ **81** 68, 71.

3. Die Nebenleistungspflichten der Gesellschafter

Schrifttum

Buchholz Die Nebenleistungspflichten bei der GmbH, JherJB. **74** (1924) 260; *Kirchner* Auslegung eines vertraglichen Wettbewerbsverbots bei der GmbH, GmbH-Rdsch. **1962** 26; *Westermann* Die Anpassung der GmbH an den Zweck des Unternehmens, in: Aktuelle Gesellschaftsprobleme und Grundfragen der EWG (1960) S. 57 ff.; *Immenga* Die personalistische Kapitalgesellschaft (1970) S. 101 ff.; *Achterath* Die Nebenleistungsverpflichtung bei der GmbH, Diss. Köln 1937.

a) Allgemeines

α) Wesen und Funktion. Die Vereinbarung von Nebenleistungspflichten der Gesellschafter ist kennzeichnend für die **personalistische Struktur** der Gesellschaft und die Bereitschaft der Gesellschafter, über die Kapitaleinlage hinaus weitere nicht auf ihre Stammeinlagen anzurechnende Leistungen gegenüber der Gesellschaft zu erbringen. Im Unterschied zur Stammeinlage, die von *jedem* an der Gründung bzw. einer Kapitalerhöhung beteiligten Gesellschafter zu erbringen ist und der Bildung des Garantiefonds der GmbH („Stammkapital") als Korrelat der Haftungsbeschränkung der Gesellschafter dient, geht es bei den Nebenleistungspflichten um die **gesellschaftsrechtliche Verankerung der Vielfalt von laufenden Rechtsbeziehungen**, die in einer personalistischen GmbH zwischen Gesellschaft und Gesellschaftern trotz der körperschaftlichen Rechtsnatur der Gesellschaft bestehen können (vgl. auch Allg. Einl. 15, 16). Die Nebenpflichten beschränken sich anders als im Aktienrecht (§ 55) auch nicht auf „wiederkehrende, nicht in Geld bestehende Leistungen". Vielmehr ist der Gegenstand der Leistungspflichten inhaltlich nicht begrenzt. Neben Dienstleistungs- und Unterlassungspflichten kommen auch Sach- oder Geldleistungen in Betracht (Rdn. 63 bis 67; zur Abgrenzung von Einlage- und Nachschußpflichten vgl. Rdn. 55, 56). Von dieser in § 3 Abs. 2 gebotenen Möglichkeit hat die Kautelarjurisprudenz intensiv Gebrauch gemacht, um die GmbH unter Abweichung vom kapitalistischen Normalstatut an die Besonderheiten der jeweiligen personalistischen Verbindung anzupassen[95]. Diese Praxis ist nicht zu beanstanden. Es bestehen 52

---

[93] RGZ **136** 185, 190; so auch *Liebmann* § 53, 8, *Neukamp/Becker* § 60, 3 und für das Aktienrecht *Schlegelberger/Quassowski* AktG § 1937 § 203, 3; **aA** *Scholz/Winter* 22, *Kraft* Kölner KommAktG § 262, 12 f., *Wiedemann* GroßkommAktG § 262, 12, bei Einräumung eines Austrittsrechts an widersprechende Gesellschafter auch *Scholz/K. Schmidt* § 60, 10 und *Baumbach/Hueck* § 60, 2. Auf den Einzelfall abstellend RG LZ **1914** 571, RG Holdheim **17** 253, 254, RG Recht **1908** Nr. 2498.

[94] So zutr. RGZ **136** 185, 188 und KGJ **50** 115; vgl. auch § 53, 68 f.

[95] *Feine* S. 121, *Immenga* S. 101, *Westermann* S. 66; für rechtstatsächliche Beisp. von Nebenverpflichtungen vgl. *Limbach* Die empi-

auch keine Bedenken dagegen, daß die „Nebenleistungsverpflichtungen" wirtschaftlich gesehen die **Hauptpflichten** der Gesellschafter bilden; der Rahmen des dispositiven Rechts wird hierdurch nicht gesprengt[96]. Das wirtschaftliche Überwiegen der Nebenleistungspflichten ist rechtlich freilich dann zu beachten, wenn sie wegen Unmöglichkeit oder aus sonstigen Gründen in Wegfall kommen (Rdn. 82). Je stärker ihre Bedeutung ist, desto eher bildet ihr Wegfall einen wichtigen Grund für die Auflösung der GmbH.

53 Die in § 3 Abs. 2 zugelassene Vereinbarung von Verpflichtungen jeder Art, verbunden mit der Befugnis, die Rechte der Gesellschafter im Gesellschaftsvertrag abweichend von der gesetzlichen Regelung zu gestalten (§ 45), eröffnet somit die Möglichkeit, **die GmbH der offenen Handelsgesellschaft oder der Kommanditgesellschaft weitgehend anzunähern**[97]. Darin zeigt sich ein deutlicher Gegensatz zum Aktienrecht, dem beide Wege verschlossen sind. Es ist ein Gesellschaftsvertrag denkbar, in dem sich jeder Gesellschafter zur Geschäftsführung verpflichtet. Er widmet seine ganze Arbeitskraft dem Geschäft. Er ist ausdrücklich verpflichtet, weder im Handelszweig der Gesellschaft Geschäfte zu machen noch sich bei einem anderen gleichartigen Unternehmen zu beteiligen. Es kann vorgesehen werden, daß beim Tode eines Gesellschafters die Erben den Geschäftsanteil an die Mitgesellschafter, die Gesellschaft oder einen von dieser zu bezeichnenden Dritten verkaufen müssen. Die Gesellschaft kann auf bestimmte Zeit vereinbart, den Gesellschaftern ein Kündigungsrecht eingeräumt werden usw. Die einzige unveränderbare Besonderheit der GmbH gegenüber den Personengesellschaften bildet die Notwendigkeit, das im Gesellschaftsvertrag bestimmte Stammkapital aufzubringen und es der Gesellschaft in den Grenzen des § 30 bis zur Liquidation zu belassen.

54 **β) Bestandteil des Gesellschaftsvertrags.** Die in § 3 Abs. 2 genannten Nebenpflichten müssen, wenn sie sich auf den Geschäftsanteil beziehen und den **jeweiligen Gesellschafter binden** sollen, im Gesellschaftsvertrag selbst enthalten sein (Rdn. 41). Hierin liegt der Unterschied gegenüber den von den Gründern oder späteren Gesellschaftern außerhalb des Gesellschaftsvertrags oder neben diesem persönlich übernommenen Pflichten, auch wenn sie — im Sinne eines Vertrags zugunsten Dritter — auf Leistung an die Gesellschaft gerichtet sind (Näheres hierzu vgl. Rdn. 43 a, 102). Aus der Verankerung der gesellschaftsrechtlichen Nebenpflichten im Gesellschaftsvertrag als Teil der GmbH-Satzung folgt zugleich, daß ihre Vereinbarung **nicht** etwa zur Entstehung einer besonderen Gesellschaft bürgerlichen Rechts nach Art einer **Doppelgesellschaft** führt (so aber *Roth* LZ **1912** 266, 272 ff.). Das Rechtsverhältnis zwischen GmbH und Gesellschaftern bleibt vielmehr das einer einheitlichen, dem GmbH-Gesetz unterstehenden Gesellschaft, wenn auch mit stark personalistischem Einschlag (Rdn. 52). Eine andere, nicht mit der Rechtsnatur der Gesellschaft zu verwechselnde Frage ist es, ob und unter welchen Voraussetzungen den mit Nebenleistungspflichten beschwerten Gesellschaftern ein **Recht zur Kündigng** zusteht (dazu vgl. Rdn. 86).

55 **γ) Abgrenzung gegenüber Stammeinlagen und Nachschußpflichten.** Wie die Stammeinlagen und Nachschüsse, so können auch die Nebenleistungspflichten in Geld-

---

rischen Normaltypen der GmbH und ihr Verhältnis zum Postulat von Herrschaft und Haftung (1966) S. 78 f.

[96] *Baumbach/Hueck* 8 A, *Feine* S. 121, *Immenga* S. 101, 103; **aA** *Brodmann* 7 d für den Sonderfall der Verpflichtung der Gesellschafter zur Darlehensfinanzierung, dazu Rdn. 63 und Erläut. zu § 32 a.

[97] So zutr. *Feine* S. 40; über die Grenzen der Annäherung RGZ **101** 55, RG JW **1921** 461 m. Anm. von *Pinner*; allgemein zu den Besonderheiten der personalistischen GmbH vgl. *Immenga* Die personalistische Kapitalgesellschaft (1970).

oder Sachleistungen bestehen (Rdn. 63 bis 67). Eine Abgrenzung aufgrund des Gegenstands der Leistungspflicht ist daher nicht möglich. Soweit sich die Rechtsnatur als Nebenleistungspflicht nicht aus der vereinbarten Entgeltlichkeit (Rdn. 68) ergibt, ist für die Abgrenzung vielmehr die Art der im Gesellschaftsvertrag getroffenen Vereinbarungen maßgebend; ihre Auslegung richtet sich nach den für körperschaftliche Satzungsbestandteile geltenden Grundsätzen unter Beschränkung auf objektive Kriterien (§ 2, 121 ff.). Eine Überschneidung mit **Stammeinlagepflichten** wird sich dabei selten ergeben. Bei einmaligen im Gesellschaftsvertrag vorgesehenen *Geldleistungspflichten* steht ihr Charakter als Einlagen jedenfalls dann außer Zweifel, wenn die vereinbarten Zahlungen die Höhe des Stammkapitals und der Geschäftsanteile bestimmen (§ 5 Abs. 3, § 14; zur Behandlung eines *Aufgelds* vgl. Rdn. 64). Gleiches gilt für **Sachleistungen**, die nach Maßgabe von § 5 Abs. 4 im Gesellschaftsvertrag festgesetzt sind. Zweifel können insoweit aber bestehen, wenn neben Sacheinlagen auch **Nebenverpflichtungen** vorgesehen sind. Sind diese *im Rahmen der Sacheinlage* übernommen, so bilden sie ein Stück von ihr und sind je nach ihrem Inhalt als zusätzliche Leistungs- und nicht bloße Gewährpflichten schon vor Anmeldung der Gesellschaft zu erfüllen (§ 7, 24). Andernfalls handelt es sich um *Nebenleistungs*pflichten im Sinne von § 3 Abs.2, deren Erfüllung grundsätzlich erst nach Eintragung der Gesellschaft in Betracht kommt.

Was den Unterschied der Nebenleistungspflichten von bereits im Gesellschaftsvertrag **56**
vorgesehenen **Nachschußpflichten** (§ 26) angeht, so sind *zwei Umstände* von Bedeutung. Der eine ist äußerlicher Natur und betrifft die Voraussetzungen für die Geltendmachung der Leistungspflicht. Insofern bedarf es bei *Nachschüssen* stets eines *Gesellschafterbeschlusses* (§ 26 Abs. 1), während die Nebenleistungen im Gesellschaftsvertrag regelmäßig so gestaltet sind, daß die Geschäftsführer sie auch ohne Beschlußfassung der Gesellschafter einfordern können. Wesentlicher ist der zweite, die Kapitalstruktur der Gesellschaft betreffende Unterschied. Hierzu ist in § 42 Nr. 4 vorgesehen, daß die *Nachschüsse* grundsätzlich *unter den Passiva zu bilanzieren* sind (vgl. § 42, 133). Ihre spätere Rückzahlung ist nur nach Maßgabe und in den Grenzen von § 30 Abs. 2 möglich. Demgegenüber unterliegen die Nebenleistungen nicht den Kapitalbindungsvorschriften des GmbH-Gesetzes[98]. Ebenso wie sie als entgeltliche vereinbart werden können (Rdn. 68), können sie auch zu entsprechenden Ausschüttungen an die Gesellschafter herangezogen werden. In Zweifelsfällen ist also zu fragen, ob die von den Gesellschaftern außerhalb der Stammeinlagen zu leistenden Zahlungen zur Stärkung der Kapitalstruktur der Gesellschaft dienen oder ihr beliebig verwendbare flüssige Mittel verschaffen sollen.

Steuerliche Unterschiede in der Behandlung von Stammeinlagen, Nachschüssen **57**
und Nebenleistungen bestehen **nicht**. Soweit die Nebenleistungen unentgeltlich zu bewirken sind, unterliegen sie ebenso wie Stammeinlagen und Nachschüsse der **Gesellschaftsteuerpflicht**[99]. Als mitgliedschaftliche Leistungen aufgrund des Gesellschaftsvertrags werden die Nebenleistungen ferner **gewinneutral** vereinnahmt, und zwar unabhängig von ihrer bilanzmäßigen Behandlung; sie unterliegen daher nicht der Körperschaftsteuer. *Anderes* soll demgegenüber für unentgeltliche Leistungen gelten, die auf *schuldrechtlicher* Grundlage (Rdn. 101, 102) an die Gesellschaft erbracht werden[100].

b) Begründung und Änderung der Nebenleistungspflichten. Die Nebenlei- **58**
stungspflichten können bereits im **ursprünglichen** Gesellschaftsvertrag vereinbart sein.

---

98 So auch *Ballerstedt* Kapital, Gewinn und Ausschüttung bei Kapitalgesellschaften (1949) S. 91.

99 § 2 Abs. 1 Ziff. 2 KapVerkStG, dazu *Tillmann* Handbuch der GmbH[10] III Rdn. 307 ff.

100 BFH BStBl. **1956** III 154, BFH BStBl. 1975 II 123; *Herrmann/Heuer/Raupach*[19] KStG § 6 aF 50; Lademann/*Birkholz* KStG (1981) § 8, 14.

Sie können aber auch **nachträglich** durch Satzungsänderung eingeführt oder erhöht werden. In diesem Fall bedarf es der *Zustimmung aller von der Vermehrung der Pflichten betroffenen Gesellschafter* (§ 53 Abs. 3; vgl. § 53, 68 f.). Stets muß absehbar sein, wozu sich die Gesellschafter verpflichten. Daher sind die Verpflichtungen im Gesellschaftsvertrag so weitgehend zu **konkretisieren**, daß dieser *alle wesentlichen Bestandteile* derselben enthält. Wie in § 5 Abs. 4 Gegenstand, Person und Gegenwert der Sacheinlage als Essentialien festgesetzt werden müssen, so müssen hier die betroffenen Gesellschafter und der Inhalt ihrer Verpflichtung im Gesellschaftsvertrag stehen (RGZ **82** 299, 303). Näheres zum Erfordernis der Bestimmtheit vgl. Rdn. 72.

59 Materiell ist die Übernahme der besonderen Verpflichtung neben der Stammeinlage zwar stets ein Teil des Gesellschaftsvertrags. Sie bildet aber keinen Teil der Einlagen und des Stammkapitals (Rdn. 55, 56). Daher gelten für die Nebenleistungspflichten auch nicht die strengen, dem Bestandsschutz der Gesellschaft und der Kapitalerhaltung dienenden Grundsätze, die eine Anfechtung der auf Übernahme einer Stammeinlage gerichteten Erklärung der Gesellschafter ausschließen (§ 2, 75, 104 ff.). Die **Geltendmachung von Willensmängeln (Irrtum, Täuschung, Drohung)** gegenüber dem Leistungsverlangen der Gesellschaft ist **zulässig**[101]. Ebenso wie durch die einverständliche Minderung oder Beseitigung der Nebenleistungspflicht werden dadurch zwar die Rechte der Gesellschaft beschränkt. Rechte Dritter, insbesondere der Gläubiger, können dem aber nicht entgegengehalten werden, da sie angesichts der fehlenden Bindung der aus den Nebenleistungen fließenden Vorteile bei der Gesellschaft (Rdn. 56) weder auf die Aufbringung der Nebenleistungen noch auf die Erhaltung ihres Wertes im Gesellschaftsvermögen vertrauen können. Eine *Ausnahme* gilt nur dann, wenn die Nebenleistungen einen untrennbaren Teil der Stammeinlage bilden und ihre Anfechtung daher notwendig auch die Einlageleistung selbst berühren würde, so bei der Übernahme eines Konkurrenzverbots durch den Einleger eines Handelsgeschäfts im Interesse der Einbringung von Kundschaft und good will. In derartigen Fällen erstreckt sich der für die Einlage geltende Bestandsschutz auch auf die Nebenleistungen. Frage des Einzelfalles ist es, ob die Anfechtung der Nebenleistungspflicht einen wichtigen Grund für die anderen Gesellschafter zur Auflösung der Gesellschaft bildet (§ 61 Abs. 1). Die Nichtigkeit der übrigen Vertragsbestimmungen wird durch die Anfechtung nicht herbeigeführt; die Auslegungsregel des § 139 BGB gilt im GmbH-Recht nicht (§ 2, 72).

60 Die besonderen Verpflichtungen können endlich auch **bedingt** oder **befristet** übernommen sein. Es können Vorbehalts- und Rücktrittsrechte bedungen werden. Die Gründer haben die Wahl, ob sie diese Pflichten übernehmen wollen. Sie haben die Freiheit, sie zu gestalten. Nur die Erhaltung des Stammkapitals zieht hier die Schranke. Die Wiederbeseitigung der besonderen Verpflichtung darf die Stammeinlagepflichten der Gesellschafter nicht berühren.

c) Gegenstände und Ausgestaltung der Nebenleistungspflichten

61 **α) Allgemeines.** Inhalt der Nebenleistungspflichten können grundsätzlich **Verpflichtungen aller Art** sein. Was als Gegenstand eines Schuldverhältnisses vereinbart werden kann, kann auch als gesellschaftsrechtliche Nebenleistungspflicht in der GmbH-Satzung verankert werden. Die aktienrechtliche Beschränkung auf „wiederkehrende, nicht in Geld bestehende Leistungen" (§ 55 Abs. 1) findet auf das GmbH-Recht keine

---

101 So auch *Flechtheim* JW **1916** 937, *Moos* ZHR 70 **1911** 184, 192 f., *Breit* ZHR 76 **1915** 415; **aA** RGZ **88** 187, 188 f.

Anwendung (Rdn. 52). Vereinbart werden kann neben Geld- und Sachleistungen auch die Verpflichtung zu einem Tun oder Unterlassen. Eine Einschränkung ergibt sich nur für die im Gesellschaftsvertrag übernommenen Stammeinlagen; sie können nicht gleichzeitig Nebenpflichten im Sinne von § 3 Abs. 2 sein (zur Abgrenzung vgl. Rdn. 55).

Die von den Gesellschaftern übernommenen Nebenleistungspflichten schließen es **62**
nicht aus, daß die **Erfüllung** *dieser Pflichten* **in der Form schuldrechtlicher Verträge** erfolgt[102]. Vielmehr kann es insbesondere dann zu solchen — ausdrücklich oder konkludent vereinbarten — **Ausführungsverträgen** kommen, wenn die Nebenleistungspflichten als *entgeltliche* vereinbart sind (Rdn. 68) oder wenn sie sich nicht auf einmalige Leistungen beschränken, sondern auf eine *dauernde* Pflichtanspannung (Gebrauchsüberlassung oder Tätigkeit) gerichtet sind und eine Regelung der für dieses Leistungsverhältnis geltenden Grundsätze erforderlich machen. So kann über das der Gesellschaft darlehensweise zu überlassende Geld (Rdn. 63) ein *Darlehensvertrag* geschlossen werden. Die Gebrauchsüberlassung von Sachen kann je nachdem, ob sie als entgeltliche oder unentgeltliche vorgesehen ist, zum Abschluß eines *Miet- oder Leihvertrags* führen. Die entgeltliche Warenlieferung an die Gesellschaft erfolgt im Zweifel im Rahmen eines *Kaufvertrags*. Auch die Verpflichtung zur Geschäftsführungstätigkeit hat nicht etwa zur Folge, daß der Gesellschafter allein auf ihrer Grundlage die Geschäftsführungsfunktion ausübt; es bedarf vielmehr zusätzlich seiner Bestellung als Geschäftsführer sowie regelmäßig des Abschlusses eines *Anstellungsvertrags*. In allen diesen Fällen dienen die Ausführungsgeschäfte zur **Konkretisierung des rechtlichen Rahmens**, innerhalb dessen die Nebenleistung zu erbringen ist. Ihnen kommt Bedeutung vor allem auch für den Fall von Leistungsstörungen zu (Rdn. 75 ff.). Die gesellschaftsvertragliche Nebenleistungspflicht wird dadurch freilich nicht gegenstandslos. Sie bildet vielmehr die Rechtsgrundlage für die Ausführungsverträge, verpflichtet die betroffenen Gesellschafter zum Abschluß der entsprechenden Rechtsgeschäfte mit der Gesellschaft und steht deren einseitiger Beendigung durch den nebenleistungsverpflichteten Gesellschafter entgegen (vgl. Näheres Rdn. 75 ff.).

β) Arten. Unter den Nebenleistungen sind in erster Linie **Geldleistungen** zu **63**
nennen. Sie sind einmal in der Weise denkbar, daß die Gesellschafter sich verpflichten, der Gesellschaft neben der Stammeinlage weitere Mittel als Darlehen zuzuführen (zur Behandlung von Gesellschafterdarlehen vgl. Erläut. zu § 32 a). Die Darlehen können verzinslich oder unverzinslich sein. Zugesagt werden kann auch die Leistung regelmäßig wiederkehrender oder aperiodischer „verlorener“ Zuschüsse zur Stärkung der Betriebsmittel der GmbH. Sie können fest bestimmt sein. Seltener geschieht dies in ziffernmäßig festgelegten Summen als vielmehr in Prozentsätzen bestimmter Beträge, z. B. als Teile des ausgeschütteten Gewinns, zur Sicherung der Selbstfinanzierung (Ausschüttungs-Rückholverfahren, vgl. dazu § 53, 80 ff., 84). Denkbar sind auch Zahlungspflichten zur Deckung eines Jahresfehlbetrags[103]. Auf die rechtliche Natur der GmbH als einer Gesellschaft mit beschränkten Leistungspflichten und fehlender Außenhaftung der Gesellschafter haben sie keinen Einfluß, weil sie nur im Innenverhältnis bestehen und überdies jederzeit durch Satzungsänderung aufgehoben werden können. Die Aufhebung ist auch nicht auf künftig entstehende Ansprüche beschränkt, sondern ist grundsätzlich auch für bereits entstandene möglich, solange sie nicht zugunsten eines Gläubigers der Gesellschaft gepfändet sind. Zur Abgrenzung von Nachschüssen vgl. Rdn. 56.

---

102 **AA** *Hachenburg/Schilling*[6] 26 a, *Feine* S. 124, wohl auch *Scholz/Winter* 35 (nur sinngemäße Anwendung der Vorschriften über die entsprechenden Schuldvertragstypen).

103 RG Holdheim **23** 51, 52; *Immenga* S. 103, *Gasteyer* BB **1983** 934 f.; **aA** OLG Nürnberg BB **1981** 1293; für höhenmäßige Begrenzung *Feine* S. 123 f.; vgl. auch § 29, 7.

64 **Zweifelhaft** ist die rechtliche **Einordnung eines Aufgelds** (Agio) bei Gründung oder Kapitalerhöhung. Da es auf die Höhe der Stammeinlagen und des Stammkapitals keinen Einfluß hat, wird es allgemein als gesellschaftsrechtliche *Nebenleistungspflicht* angesehen[104]. Bedenken hiergegen könnten sich daraus ergeben, daß § 3 Abs. 2 seinem Wortlaut nach unterscheidet zwischen der „Leistung von Kapitaleinlagen" und den eigentlichen Nebenleistungspflichten. Abgesehen von den Vorschriften der §§ 21 bis 24 über die Sicherung der Kapitalaufbringung, die nur auf Einlage- und nicht auf Nebenleistungspflichten Anwendung finden (§ 24, 3), hat die Frage in erster Linie *terminologische* Bedeutung (vgl. auch § 5, 144). Denn auch wenn man das Aufgeld als Einlagebestandteil wertet, unterliegt es nicht den für die Nominaleinlagen geltenden Grundsätzen der Kapitalaufbringung und Kapitalerhaltung; eine dem § 150 Abs. 2 Nr. 2 AktG entsprechende, die Einstellung des Aufgelds in eine gesetzliche Rücklage vorschreibende Bestimmung ist dem geltenden GmbH-Recht unbekannt[105]. Die Rechtslage entspricht in diesem zentralen Punkt also derjenigen bei Nebenleistungen, die ebenfalls *nicht* der gmbH-rechtlichen Kapitalbindung unterliegen (Rdn. 56). Somit wäre es an sich denkbar, daß das Agio entgegen seiner Zweckbestimmung zur Erhöhung des handelsrechtlichen Gewinnausweises für das Geschäftsjahr des Zuflusses (zur körperschaftsteuerlichen Behandlung vgl. Rdn. 57) und zur anschließenden Ausschüttung an die Gesellschafter verwendet wird, ein Vorgang, an dem namentlich Altgesellschafter bei Aufnahme neuer Mitglieder gegen Zahlung eines Aufgelds Interesse haben könnten. Hierin ist jedoch ein Verstoß gegen die **Grundsätze ordnungsmäßiger Bilanzierung** zu sehen (§ 42, 124). Diese Grundsätze gelten nach § 38 HGB *für alle Kaufleute*, also auch für die GmbH. Mit ihnen ist es nicht vereinbar, daß ein zur finanziellen Stärkung der Gesellschaft gezahltes Aufgeld ohne bilanzmäßige Offenlegung seiner Herkunft als Gewinn ausgewiesen und den Gesellschaftern unmittelbar wieder gutgebracht wird. Vielmehr ist seine Aufnahme in **offene Rücklage** zu verlangen, über deren Verwendung im Rahmen der Bilanzfeststellung von den Gesellschaftern zu beschließen ist. Für ein anderes Vorgehen besteht auch kein wirtschaftliches Bedürfnis. Soll das von neu aufgenommenen Gesellschaftern als Wertausgleich eingezahlte Aufgeld an die bisherigen Gesellschafter als Gewinn ausgeschüttet werden, so steht nichts entgegen, die Herkunft dieses „Gewinns" durch vorübergehende, in der Bilanz sichtbare Bildung einer Rücklage und ihre anschließende Auflösung zu Zwecken der Gewinnverwendung sichtbar zu machen.

65 Unter den **Sachleistungen** steht im Vordergrund die **Gebrauchsüberlassung** bestimmter beweglicher oder unbeweglicher Sachen, sei es unentgeltlich oder im Rahmen eines Mietvertrags (Rdn. 62). Sie kommt insbesondere dann in Betracht, wenn die Gesellschaft zur Ausübung ihrer Unternehmenstätigkeit auf die betreffende Sache, etwa das Geschäftsgrundstück, angewiesen ist, die Gesellschafter sich aber aus finanziellen, steuerlichen oder sonstigen Gründen nicht auf eine Sacheinlage einigen können. Denkbar ist auch die Verpflichtung, der Gesellschaft *Erfindungen oder gewerbliche Schutzrechte* zur Ausübung zu überlassen, ihr den *Alleinvertrieb* der Erzeugnisse eines Gesellschafters einzuräumen oder ihr sonstige Vorrechte bei der Belieferung mit Waren zu gewähren.

66 Einen Sonderfall der Sachleistungen bildet die Einräumung eines den Geschäftsanteil betreffenden satzungsmäßigen **Ankaufsrechts,** sei es zu Gunsten der Gesellschaft oder

---

104 *Scholz/Winter* 27, *Baumbach/Hueck* § 5, 3, *Immenga* S. 103.

105 **AA** *Crone-Erdmann* DB **1975** 1277 (für analoge Anwendung von § 150 Abs. 2 AktG). Nach § 248 Abs. 3 Nr. 1 RegE BilRLG wird künftig die Einstellung des Aufgelds in eine sog. Kapitalrücklage gefordert; sie unterliegt im Unterschied zur gesetzlichen Rücklage des Aktienrechts keiner Kapitalbindung.

zugunsten eines von ihr zu benennenden Mitgesellschafters oder Dritten[106]. Es gibt dem Begünstigten unter näher zu bestimmenden Voraussetzungen das Recht, von dem verpflichteten Gesellschafter die **Abtretung des Geschäftsanteils** zu verlangen[107]. Das Ankaufsrecht kann etwa auf den Tod des Gesellschafters bezogen sein und das Nachrücken unerwünschter Erben verhindern. Es kann auch vom Vorliegen eines wichtigen Grundes abhängig gemacht werden und damit die Funktion eines Ausschließungsrechts übernehmen. — Ebenfalls unter die Nebenpflichten nach § 3 Abs. 2 zu rechnen sind die **Erwerbsvorrechte** der Gesellschaft gegenüber *veräußerungswilligen* Gesellschaftern[108]. Auf die Vinkulierung der Geschäftsanteile nach § 15 Abs. 5 allein lassen sie sich nicht stützen, da deren Wirkung sich darauf beschränkt, die Übertragbarkeit der Geschäftsanteile an die Genehmigung der Gesellschaft zu knüpfen.

Die Nebenleistungspflichten können endlich auf ein **Tun oder Unterlassen** gerichtet sein. Unter den Handlungspflichten steht die Pflicht zur Übernahme der **Geschäftsführungstätigkeit** im Vordergrund. Sie bildet die *Grundlage* für Bestellung und Anstellungsvertrag, ersetzt diese aber regelmäßig nicht (Rdn. 62). Ob die Begründung einer derartigen gesellschaftsvertraglichen Pflicht gewollt ist, wird sich aus dem Gesellschaftsvertrag nicht immer zweifelsfrei ergeben. Die bloße Bestellung im Gesellschaftsvertrag nach § 6 Abs. 3 S. 2 reicht hierfür nicht aus. Die Abgrenzung ist nach ähnlichen Kriterien vorzunehmen wie bei der Frage, ob dem betreffenden Gesellschafter ein *Sonderrecht* auf die Geschäftsführung eingeräumt ist (§ 6, 18). Sonderrecht und gesellschaftsrechtliche Pflicht zur Geschäftsführung werden sich meist entsprechen. Soweit die Pflicht zur Geschäftsführung im Gesellschaftsvertrag verankert ist, führt dies zur Unanwendbarkeit von § 624 BGB auf den Anstellungsvertrag. Durch eine Kündigung nach dieser Vorschrift würde der Gesellschafter/Geschäftsführer mißbräuchlich handeln, soweit er nicht einen wichtigen Grund zur gleichzeitigen Aufhebung der gesellschaftsvertraglichen Geschäftsführungspflicht hat. Als *Unterlassungspflicht* findet sich namentlich das **Konkurrenzverbot**. Es ist sowohl als Nebenpflicht im Rahmen der Geschäftsführungstätigkeit (vgl. auch § 43, 41) als auch bei Einbringung eines Unternehmens als Sacheinlage denkbar[109]. Das Konkurrenzverbot erlischt in der Regel mit dem Ausscheiden des Gesellschafters durch Veräußerung des Geschäftsanteils. Es kann aber auch bedungen sein, daß das Konkurrenzverbot fortdauert, namentlich wenn der Sacheinleger beim Einbringen des Geschäftes für eine bestimmte Zeit die Unterlassung zusagt. **67**

γ) Ausgestaltung. Die Nebenleistungsverpflichtungen können **entgeltlich oder unentgeltlich** übernommen sein. Was gewollt ist, ist aus dem Gesellschaftsvertrag durch Auslegung zu ermitteln. Eine **Vermutung** für die Unentgeltlichkeit besteht nicht. Im Gegenteil ist insbesondere bei ungleichen Leistungspflichten (Rdn. 71) sowie bei der Übernahme von Geschäftsführungspflichten im Zweifel *nicht* anzunehmen, daß der betroffene Gesellschafter *unentgeltlich* tätig werden will. Gleiches gilt, wenn im Gesellschaftsvertrag die Begriffe Kauf, Miete, Darlehen, Lizenz u. a. zur Umschreibung der Nebenleistungspflicht verwendet sind. Auch eine Verpflichtung zur Warenlieferung wird regelmäßig nicht unentgeltlich übernommen; der Vorteil der Gesellschaft liegt hier in der Einräumung des Alleinvertriebsrechts oder einer sonstigen Vorzugsstellung (Rdn. 65). **68**

---

106 RG JW **1928** 2622, KG OLGR **22** 29, KGJ **38** A 171; *Immenga* S. 102.

107 Vgl. Näheres bei *G. Hueck* Festschrift Larenz (1973) S. 749, 756 f.

108 *Scholz/Winter* 31, *Baumbach/Hueck* 8 A, *G. Hueck* aaO (Fn. 107) S. 757, *Henrich* Vorvertrag, Optionsvertrag, Vorrechtsvertrag (1965) S. 335 ff.

109 Vgl. dazu *Scholz/Winter* 32 f., *Kirchner* GmbH-Rdsch. **1962** 26; zur kartellrechtlichen Beurteilung vgl. näher *Immenga*/Mestmäcker GWB (1981) § 1, 164 ff., 371 ff., 378.

69 Ist die Leistung als **unentgeltliche** vereinbart, so liegt hierin *keine Schenkung* an die Gesellschaft, sondern eine aus dem Gesellschaftsverhältnis fließende Nebenpflicht. Das kommt namentlich bei der Übernahme eines Konkurrenzverbots, aber auch bei „verlorenen" Zuschüssen an die Gesellschaft (Rdn. 63) in Betracht. Bei **entgeltlichen** Leistungen ist darauf zu achten, daß die vereinbarte Gegenleistung den Wert der Leistung nicht nachhaltig übersteigt. Andernfalls liegt eine *verdeckte Gewinnausschüttung* vor, die gegen das in §§ 30, 31 verankerte Gebot der Kapitalerhaltung verstoßen kann. Damit wird zwar nicht notwendig auch die Übernahme der Nebenleistungspflicht unwirksam (vgl. zur Nichtigkeitsfrage § 30, 7 ff.). Der Gesellschafter kann trotzdem gehalten sein, seine Verpflichtung zu erfüllen. Doch muß die GmbH dartun, daß er dieselbe auch gegen die Zusage einer dem wahren Wert entsprechenden Vergütung übernommen hätte.

70 Von der entgeltlichen Nebenleistung zu unterscheiden ist die **Begründung korrespondierender Rechte** des Gesellschafters gegen die Gesellschaft. Auch sie bedürfen der Aufnahme in den Gesellschaftsvertrag (Rdn. 41). Sind sie mit entsprechenden Nebenleistungspflichten verbunden, so bilden sie mit diesen eine Einheit. So kann dem Gesellschafter neben seiner *Pflicht* zur Geschäftsführung ein *Recht* darauf eingeräumt werden (§ 6, 18). So verpflichtet sich die Gesellschaft, dem Gesellschafter, der seine ganze Produktion abzuliefern hat, sie auch abzunehmen. So muß die Gesellschaft, der die Ausbeutung des Patents zusteht, diese auch betreiben. Unwirksamkeit des einen Teils hat im Zweifel die Unwirksamkeit auch des anderen zur Folge. Es bedarf des besonderen Nachweises, daß die Pflicht auch ohne das korrespondierende Recht übernommen worden wäre. Näheres zur Vereinbarung von Vorzugsrechten oder Sondervorteilen im Gesellschaftsvertrag vgl. § 5, 149 ff., 159 ff.

71 Die Verpflichtung muß **nicht** von allen Gesellschaftern **gleichmäßig** übernommen werden. Sie kann einzelnen oder auch nur einem obliegen. So wenn ein Gesellschafter den anderen gegenüber eine Dividendengarantie übernimmt, oder wenn ein Gesellschafter zusagt, für die Gesellschaft als Erfinder tätig zu sein. Zum Gleichbehandlungsgebot und zur Möglichkeit, hierauf zu verzichten, vgl. § 14, 18 ff. und § 53, 62.

72 **d) Notwendige Bestimmtheit.** Es liegt im Wesen der in die Zukunft gerichteten, der Förderung der Gesellschaft dienenden Nebenpflichten, daß sie häufig nicht schon in allen Einzelheiten im Gesellschaftsvertrag festgelegt werden können. Das steht ihrer Wirkung solange nicht entgegen, als sich aus dem Gesellschaftsvertrag ein „fester Rahmen" (*Feine* S. 130) zur Bestimmung der Pflichten ergibt und diese nicht nur ganz allgemein auf Förderung und Unterstützung der Gesellschaft lauten. Die **Mindestanforderungen an die Bestimmbarkeit des Leistungsinhalts** richten sich nach den allgemeinen Grundsätzen über schuldrechtliche Leistungspflichten[110]. Dabei ist auch auf den Grundsatz des § 53 Abs. 3 Rücksicht zu nehmen, wonach Beitragserhöhungen nur mit Zustimmung des Betroffenen möglich sind. Gegen die Bestimmbarkeit von Verlustübernahmepflichten bestehen keine Bedenken. Zu unbestimmt ist demgegenüber die Verpflichtung, die Gesellschaft „durch Bürgschaften und sonstige Sicherheitsleistungen zu stützen"; die Gesellschaft ist allerdings in dieser Form eingetragen worden (KartG JW **1924** 724). Das Reichsgericht (JW **1937** 2836[21]) hat eine Satzungsbestimmung für zulässig angesehen, in der die Gesellschafter verpflichtet wurden, sich für Darlehen der Gesellschaft, ihrem Anteil am Stammkapital entsprechend, zu *verbürgen*. Es handelte sich um den Zusammenschluß von Gemeinden zum Zwecke des Baues und Betriebs von elektrischen Straßenbahnen. Das Reichsgericht führte aus, die Satzungsbestimmung sei nach Treu und Glauben

---

110 *Larenz* Schuldrecht I[13], § 2 I, *Staudinger/I. Schmidt* BGB[12] Einl. zu §§ 241 ff., 420 f.

(§§ 133, 157 BGB) dahin auszulegen, daß sie nur Darlehen betreffe, die für die Zwecke der Gesellschaft bei ordnungsmäßiger Geschäftsführung aufgenommen werden. Man wird die Entscheidung nicht verallgemeinern dürfen. Ihre auch vom Reichsgericht betonte Besonderheit liegt darin, daß alle Gesellschafter öffentliche Körperschaften waren.

Ist der konkrete **Leistungsinhalt nicht im Gesellschaftsvertrag selbst fixiert**, **73** sondern seine Bestimmung nach Art oder Maß den Organen der Gesellschaft oder Dritten überlassen, so finden auf die Ausübung des Bestimmungsrechts **§§ 315, 317 BGB** Anwendung[111]. Die Bestimmung ist im Zweifel nach billigem Ermessen zu treffen; sie unterliegt der gerichtlichen Nachprüfung (§§ 315 Abs. 1, 3, 317 Abs. 1, 319 Abs. 1 BGB). Gleiches gilt für die etwaige **Gegenleistung**. Sie richtet sich im Zweifel nach dem Börsen- oder Marktpreis oder dem sonst verkehrsüblichen Entgelt, soweit ein solches für die Leistung zu ermitteln ist. Eine Vermutung, daß der Gesellschafter die Nebenleistung zu einem geringeren als dem verkehrsüblichen Entgelt erbringen will, besteht ebensowenig wie die Vermutung für die Unentgeltlichkeit der Leistung (Rdn. 68).

Was die **Einzelheiten der Leistungserfüllung** betrifft, insbesondere die Art **74** und Ausgestaltung der Nebenpflichten der Parteien im Rahmen der Ausführung der gesellschaftsvertraglichen Nebenleistungspflicht, so richten sich diese beim Vorhandensein eines Ausführungsvertrags (Rdn. 62) nach dem auf diesen anwendbaren *dispositiven Recht*, soweit sich nicht durch *Auslegung* des Gesellschaftsvertrags oder der Ausführungsvereinbarungen ein anderes ergibt. Danach entscheidet sich etwa, wer bei der Warenlieferung die Transport- und sonstigen Nebenkosten trägt, wann die Gefahr übergeht und wann die Mängelrüge erfolgen muß. Bei der Gebrauchsüberlassung von Sachen ist zu klären, wer für den Erhaltungsaufwand und die anfallenden Steuern aufzukommen hat. Bei einem Darlehen geht es um die Kündigungsfrist, bei der Verpflichtung zur Geschäftsführertätigkeit um die Frage, ob und in welchem Umfang der Gesellschafter/Geschäftsführer an Weisungen gebunden ist. Bei der Auslegung von Gesellschaftsvertrag und etwaiger Ausführungsvereinbarung ist auch zu berücksichtigen, daß die Parteien sich im Rahmen der personalistischen GmbH (Rdn. 52) in einem **besonderen Treueverhältnis** gegenüberstehen und die fraglichen Leistungen ihre Grundlage im Gesellschaftsvertrag haben. — Zur Behandlung von Leistungsstörungen vgl. Rdn. 81 ff.

e) Erfüllung und Leistungsstörungen

α) Grundsatzfragen. Für das Leistungsverhältnis zwischen Gesellschaft und nebenleistungsverpflichtetem Gesellschafter fragt sich, ob und inwieweit hierauf die allgemeinen **schuldrechtlichen Vorschriften** anwendbar sind. Angesichts der gesellschaftsrechtlichen Grundlage der Nebenleistungspflichten (Rdn. 41) findet sich verbreitet die Meinung, daß die schuldrechtlichen Normen des BGB nicht unmittelbar zur Anwendung kommen; sie könnten vielmehr nur *entsprechend* herangezogen werden und dies auch nur insoweit, als die Besonderheiten des Gesellschaftsverhältnisses dem nicht entgegenstehen[112]. Dem ist zwar im Ergebnis überwiegend zu folgen. Nicht zutreffend erscheint jedoch der Ansatzpunkt dieser Ansicht, da sie die *gesellschaftsrechtliche* Grundlage der Verpflichtung überbetont und außer acht läßt, daß ihre Konkretisierung häufig durch Zwischenschaltung *schuldrechtlicher Ausführungsverträge* erfolgt (Rdn. 62). **75**

Geht man demgegenüber von der **Unterscheidung zwischen gesellschaftsrechtlichem Grundverhältnis und schuldrechtlichem Ausführungsvertrag** aus, so bewendet **76**

---

111 So auch RGZ **87** 261, 265; *Scholz/Winter* 26, *Baumbach/Hueck* 8 A.

112 *Hachenburg/Schilling*[6] 32, *Scholz/Winter* 35, *Barz* GroßkommAktG § 55, 12, *Baumbach/Hueck* AktG § 55, 12, *Lutter* Kölner KommAktG § 55, 10, 14.

es bei einer bloß *entsprechenden* Anwendung der schuldrechtlichen Vorschriften über Erfüllung und Leistungsstörungen zwar in den Fällen, in denen die Nebenleistung lediglich aufgrund gesellschaftsvertraglicher Verpflichtung, ohne Zwischenschaltung eines schuldrechtlichen Ausführungsvertrags bewirkt wird. Haben die Parteien dagegen einen Ausführungsvertrag ausdrücklich oder konkludent geschlossen (Rdn. 62), so greifen die einschlägigen Vorschriften des BGB ihm gegenüber *unmittelbar* ein. In diesem Fall bestimmen sich also das Schicksal des gewährten Darlehens, die Folgen mangelhafter Erfüllung der geschuldeten Warenlieferungen oder die Beurteilung der Rechtsbeziehungen zwischen der Gesellschaft und dem gesellschaftsrechtlich zur Geschäftsführertätigkeit verpflichteten Gesellschafter nach den auf die entsprechenden Ausführungsverträge (Darlehen, Kauf, Dienstvertrag) anwendbaren schuldrechtlichen Vorschriften. Zu beachten ist allerdings — und insofern treffen die Ergebnisse der bisher hM überwiegend zu —, daß die betreffenden schuldrechtlichen Verträge nicht zwischen voneinander unabhängigen Partnern geschlossen, sondern aufgrund der bestehenden gesellschaftsrechtlichen Verpflichtung zustande gekommen sind. Das hat rechtlich eine doppelte Bedeutung. **Zum einen** berührt es die **Rechtstellung des** als Vertragspartner der GmbH **am Ausführungsvertrag beteiligten Gesellschafters**. Er unterliegt bei Ausübung seiner vertraglichen Rechte in stärkerem Maße der gesellschaftlichen **Treupflicht**, als dies bei frei ausgehandelten Verträgen zwischen Gesellschafter und Gesellschaft der Fall wäre (Rdn. 74). Auch muß er angesichts seiner fortbestehenden gesellschaftsrechtlichen Nebenleistungsverpflichtung eine **Einschränkung seines** nach allgemeinen schuldrechtlichen Grundsätzen bestehenden **Rechts zur einseitigen Beendigung des Ausführungsvertrags** durch Kündigung, Rücktritt oder auf sonstige Weise hinnehmen (Rdn. 84). **Zum anderen** ist bei Leistungsstörungen oder sonstigen im Rahmen des schuldrechtlichen Ausführungsvertrags auftretenden Erfüllungsmängeln auch zu beachten, welche **Auswirkungen** ihnen **auf das gesellschaftsrechtliche Grundverhältnis** zukommen und ob sie insbesondere zur **Auflösung** der Gesellschaft oder zum **Ausschluß** des säumigen Gesellschafters führen können (Rdn. 82, 85).

77 **β) Rechtsbeziehungen im Ausführungsvertrag.** Die **Erfüllung** der Nebenleistungspflichten richtet sich in den Fällen, in denen es zum Abschluß eines Ausführungsvertrags kommt (Rdn. 62), nach diesem Vertrag. Mit Rücksicht auf ihre gesellschaftsrechtliche Grundlage untersteht die Leistungserbringung dabei in verstärktem Maße der gesellschaftlichen Treupflicht (Rdn. 76). Auch darf das rechtliche Schicksal des Ausführungsvertrags nicht isoliert beurteilt werden, sondern ist auf dem Hintergrund der gesellschaftsrechtlichen Nebenleistungspflicht zu sehen. Fällt diese durch Satzungsänderung oder Gesellschaftsauflösung weg oder geht sie infolge Veräußerung des Geschäftsanteils auf einen neuen Gesellschafter über (Rdn. 90), so bildet das regelmäßig einen **wichtigen Grund** zur Kündigung des Ausführungsvertrags bzw. zum Rücktritt seitens des verpflichteten Gesellschafters. Eine **ordentliche Kündigung** seitens des Gesellschafters, etwa aufgrund von § 609 BGB (Darlehen) oder § 624 BGB (Dienstvertrag), scheidet demgegenüber solange aus, als seine gesellschaftsrechtliche Grundverpflichtung fortbesteht[113].

78 *Einschränkungen* hinsichtlich der Geltendmachung schuldrechtlicher Ansprüche aus dem Ausführungsvertrag können sich insbesondere für den *nebenleistungsverpflichteten Gesellschafter* ergeben. Soweit die Nebenleistungspflicht als entgeltliche ausgestaltet ist (Rdn. 68), erwirbt er durch seine Leistung zwar grundsätzlich die Rechtsstellung eines **Gläubigers** der Gesellschaft. Seine Gegenansprüche können durch Mehrheitsbeschluß

---

[113] So für das Kündigungsrecht aus § 624 BGB auch *Scholz/Winter* 37; **aA** RGZ **128** 1, 17; *Baumbach/Hueck* 8 D. Vgl. auch Rdn. 98.

der Gesellschafterversammlung nicht beeinträchtigt werden. Auch ist er grundsätzlich berechtigt, seine Ansprüche im **Konkurs** der Gesellschaft zur Konkursmasse anzumelden; die Herkunft aus der gesellschaftsvertraglichen Nebenleistungspflicht steht nicht entgegen (zum Sonderfall der kapitalersetzenden Gesellschafterdarlehen und der ihnen wirtschaftlich entsprechenden Geschäfte vgl. § 32a und die Erläut. daselbst). Das rechtliche Schicksal der dem Gesellschafter aus dem Ausführungsvertrag erwachsenden Gegenansprüche entspricht grundsätzlich demjenigen der Dividendenforderung; sie ist aufgrund der Festsetzung des Reingewinns und der Beschlußfassung über dessen Verteilung ebenfalls zum selbständigen Gläubigerrecht geworden (§ 29, 12). Das schließt allerdings nicht aus, daß der nebenleistungsverpflichtete Gesellschafter sich mit Rücksicht auf die gesellschaftsrechtliche Grundlage seiner Rechtsbeziehungen zur Gesellschaft gewisse **Einschränkungen** seiner Gegenansprüche gefallen lassen muß. So kann ein Gesellschafter, der der Gesellschaft ein Haus zum Gebrauch überlassen hat, das Vermieterpfandrecht regelmäßig nicht geltend machen. Hat der Gesellschafter sich gesellschaftsvertraglich zur Geschäftsführungstätigkeit verpflichtet, so kann er sich als Unternehmergeschäftsführer wegen seiner Vergütung nicht auf das Konkursprivileg berufen (vgl. § 35, 125). Auch die sonstigen *Vorschriften zum Schutz des Dienstverpflichteten finden* auf den gesellschaftsrechtlich zu Dienstleistungen verpflichteten Gesellschafter *grundsätzlich keine Anwendung* (vgl. auch § 35, 73 ff., 82 zur Stellung des Unternehmergeschäftsführers). Ein Vorbehalt gilt nur für den Fall, daß sich die Gesellschaftszugehörigkeit des Dienstverpflichteten auf die Dauer seiner Geschäftsführerbestellung beschränkt oder der Gesellschaft ein Ankaufsrecht hinsichtlich seines Geschäftsanteils für die Zeit nach Beendigung seiner Geschäftsführerstellung eingeräumt ist. In derartigen Fällen überwiegt ebenso wie bei der Einräumung einer im wesentlichen nominellen Beteiligung das dienstvertragliche Element; die Herkunft der Dienstverpflichtung aus der Gesellschaftsbeteiligung tritt demgegenüber in den Hintergrund.

Die **Sorgfaltspflichten** bei der Erfüllung der Nebenleistungspflichten im Rahmen **79**
des Ausführungsvertrags beurteilen sich nach § 276 BGB. Daneben hat der Gesellschafter nach § 278 BGB für Vorsatz und Fahrlässigkeit seiner Erfüllungsgehilfen einzustehen. Eine entsprechende Anwendung des **§ 708 BGB scheidet dagegen aus**; diese Vorschrift betrifft nur die Rechtsverhältnisse zwischen Gesellschaftern einer Personengesellschaft[114]. Hat der Gesellschafter die Nebenleistungspflichten als Kaufmann übernommen, so schuldet er die Sorgfalt eines ordentlichen Kaufmanns (§ 347 HGB).

Gegen die Aufnahme von **Vertragsstrafeklauseln** — etwa für den Fall des Verzugs **80**
— in den Gesellschaftsvertrag bestehen keine Bedenken[115]. Im Gegensatz zu § 55 Abs. 2 AktG ist eine solche Regelung im GmbH-Gesetz zwar nicht ausdrücklich genannt; sie ist aber auch nicht ausgeschlossen. Eine Vertragsstrafenregelung bezüglich der Nebenleistungspflicht widerspricht nicht dem Wesen der GmbH. Auf sie finden die Vorschriften der §§ 339 bis 345 BGB Anwendung[116]. Der Gesellschafter kann die richterliche Herabsetzung einer zu hohen Vertragsstrafe nach § 343 BGB dann nicht verlangen, wenn er die GmbH-Beteiligung einschließlich der Nebenleistungspflicht als Vollkaufmann im Betrieb seines Handelsgewerbes übernommen hat (§ 348 HGB). Zur Frage der *Ausschließung* eines Gesellschafters wegen Nichterfüllung von Nebenleistungspflichten vgl. Rdn. 82.

---

114 So auch *Scholz/Winter* 35, *Barz* GroßkommAktG § 55, 10.

115 *Scholz/Winter* 35, *Baumbach/Hueck* § 20, 3, *Barz* GroßkommAktG § 55, 14.

116 *Baumbach/Hueck* § 20, 3, *Barz* GroßkommAktG § 55, 29.

81 **γ) Leistungsstörungen bei einseitiger Verpflichtung.** Ist die Nebenleistungspflicht des Gesellschafters **unentgeltlich** zu erbringen, so bestimmen sich die Rechte der Gesellschaft wegen Leistungsstörungen nach **§§ 275 ff. BGB**; das Kaduzierungsverfahren der §§ 21 ff. findet keine Anwendung (so auch *Scholz/Winter* 35). Ist über die Nebenleistungen ein Ausführungsvertrag geschlossen, so gelten die genannten Vorschriften in diesem Rechtsverhältnis; andernfalls sind sie auf das gesellschaftsrechtliche Leistungsverhältnis *entsprechend* anzuwenden (Rdn. 62, 76). Zu beachten ist, daß im Fall nicht nur einmaliger, sondern wiederkehrender Pflichten für die Anwendung der §§ 280, 286, 276 BGB auf die jeweils *fällige Einzelleistung* abzustellen ist. Die Verpflichtung des Gesellschafters zur Erbringung *späterer* Leistungen wird durch die Leistungsstörung grundsätzlich nicht berührt[117]. Liegen die Voraussetzungen der genannten Vorschriften vor, so hat der Gesellschafter Schadensersatz wegen Nichterfüllung zu leisten oder Verzugszinsen zu zahlen. Bei Übernahme der Nebenleistungspflichten als Kaufmann richtet sich die Höhe der Verzugszinsen nach § 353 HGB.

82 Ob aus der Nichterfüllung der gesellschaftsvertraglichen Nebenleistungspflicht ein Recht der anderen Gesellschafter folgt, die **Auflösung der Gesellschaft** zu fordern (§ 61), kann nur aus den Gesamtumständen beantwortet werden. Die Nichtzahlung des Darlehens, die Unterlassung der Erfindertätigkeit kann diese Bedeutung haben, wenn hierdurch die Verhältnisse der GmbH wesentlich beeinflußt werden (§ 61, 17 ff.). Denkbar ist auch eine Ausschließungsklage gegen den nebenleistungsverpflichteten Gesellschafter bei dauernder Unmöglichkeit der Leistungserbringung (so auch *Scholz/Winter* 35). Voraussetzung der Ausschließung ist das Vorliegen eines *wichtigen Grundes in der Person des Auszuschließenden* (Anh. § 34, 6 f.). Im Fall unmöglicher Nebenleistungspflichten wird man einen wichtigen **Ausschließungsgrund** allerdings nur dann bejahen können, wenn zwar die Gesellschaft trotz Nichterfüllung lebensfähig bleibt, die Fortsetzung mit dem Nebenleistungsschuldner für die übrigen Gesellschafter aber nach Lage des Falles **unzumutbar** ist. Zu denken ist insbesondere an Fälle, in denen die Nebenleistungspflichten wirtschaftlich die *Hauptverpflichtung* des Gesellschafters bilden (Rdn. 52) oder dieser nur mit Rücksicht auf die von ihm zugesagten Nebenleistungen in die Gesellschaft aufgenommen wurde und die Leistungen schon kurz nach Aufnahme in die Gesellschaft nicht mehr erbringen kann. So bei dauernder Arbeitsunfähigkeit eines wegen seiner Dienstleistungen für die Gesellschaft aufgenommenen Gesellschafters. Ein *Verschulden* des Nebenleistungsverpflichteten am Eintritt des wichtigen Grundes ist hier ebensowenig Ausschlußvoraussetzung wie beim Ausschließungsrecht nach § 140 HGB (dazu *Ulmer* GroßkommHGB³ § 140, 9).

83 **δ) Leistungsstörungen bei entgeltlichen Nebenleistungspflichten.** Sind die Nebenleistungspflichten im Gesellschaftsvertrag als entgeltliche ausgestaltet, so bestimmen sich die Rechte der Parteien hinsichtlich des **Ausführungsvertrags** nach den Vorschriften der **§§ 320 ff. BGB**, soweit sich nicht aus den oben (Rdn. 76) genannten Grundsätzen Einschränkungen oder Abweichungen ergeben[118]. Zu den Rückwirkungen auf das Gesellschaftsverhältnis vgl. Rdn. 86.

84 Im einzelnen ist zu unterscheiden. Was zunächst das **Leistungsverweigerungsrecht** wegen Nichterfüllung des Vertrags (§ 320 BGB) betrifft, so bestehen gegen die Anwendung dieser Vorschrift keine grundsätzlichen Bedenken. Hat sich etwa ein Gesellschafter zu Warenlieferungen verpflichtet, so kann die Gesellschaft mangels Vorleistungspflicht

---

[117] *Barz* GroßkommAktG § 55, 12; **aA** *Scholz/Winter* 35.

[118] Vgl. *Scholz/Winter* 35, *Barz* GroßkommAktG § 55, 12, *Lutter* Kölner KommAktG § 55, 14 sowie für die entsprechende Fragestellung hinsichtlich der Beitragspflichten bei Personengesellschaften *Rob. Fischer* GroßkommHGB³ § 105, 47 c.

des Gesellschafters die Ware nicht fordern, solange sie nicht ihrerseits Zahlung anbietet. Anderes gilt dann, wenn wegen der besonderen Umstände des Einzelfalls die Berufung des Gesellschafters auf die Einrede aus § 320 BGB treuwidrig ist. — Im Fall der *Nichterfüllung* von Leistung oder Gegenleistung, die **vom Schuldner zu vertreten** ist, steht dem anderen Teil nach Maßgabe von § 325 BGB **Schadensersatz wegen Nichterfüllung** zu; gleiches gilt unter den Voraussetzungen des § 326 BGB beim Schuldner*verzug*. Auch das **Rücktrittsrecht** der §§ 325, 326 BGB kann jedenfalls hinsichtlich desjenigen *Teils* der Leistung oder Gegenleistung ausgeübt werden, der von der Leistungsstörung betroffen ist. Bei mangelhafter Warenlieferung im Rahmen eines Kaufvertrags gilt Entsprechendes hinsichtlich des Rechts auf *Wandlung oder Minderung* (§§ 462, 480 BGB). Ein Rücktritt auch hinsichtlich der in *Zukunft* geschuldeten Teilleistungen ist dagegen grundsätzlich abzulehnen, sofern sie trotz der eingetretenen Störung noch erbracht werden können. Seine Wirkungen würden sich nicht auf den Ausführungsvertrag beschränken, sondern durch Beseitigung der Nebenleistungspflicht das Gesellschaftsverhältnis als solches umgestalten und eine einseitige Satzungsänderung zur Folge haben[119]. Insoweit bewendet es vielmehr bei den nach GmbH-Recht bestehenden Rechtsbehelfen (Rdn. 86). Ist die Leistungsstörung vom Schuldner **nicht zu vertreten** oder beruht sie auf Annahmeverzug des Gläubigers, so bestimmen sich die Rechtsfolgen — ebenfalls beschränkt auf die betroffenen Teilleistungen im Rahmen des Ausführungsvertrags — nach **§§ 323, 324 BGB**.

Wie der vorstehende Überblick zeigt, kann die Anwendung der Vorschriften der §§ 320 ff. BGB zur Folge haben, daß der **Anspruch der Gesellschaft auf einzelne Nebenleistungen undurchsetzbar** wird. Ist die Leistungsstörung eine dauernde und erfaßt sie daher auch alle künftigen Nebenleistungen, so kann das letztlich dazu führen, daß die Beitragspflichten der betroffenen Gesellschafter sich auch ohne Satzungsänderung auf die Stammeinlagen beschränken. Aus gmbH-rechtlicher Sicht bestehen gegen die Anerkennung dieser Rechtsfolge in der Regel keine Bedenken. Denn ein schutzwürdiges Vertrauen Dritter, insbesondere der *Gesellschaftsgläubiger*, auf Erbringung der Nebenleistungen besteht nicht; so wenig die Gläubiger gegen einen Erlaß der Nebenleistungspflichten oder gegen die Wiederausschüttung der der Gesellschaft hieraus zufließenden Vorteile gesichert sind (Rdn. 56, 59), so wenig können sie dem nebenleistungsverpflichteten Gesellschafter die Berufung auf die Rechte aus §§ 320 ff. BGB verwehren. Was demgegenüber die *Mitgesellschafter* angeht, so haben sie zwar ein begründetes Interesse an der Erfüllung der Nebenleistungspflichten, können sich gegen unerwünschte Folgen der Nichterfüllung aber mit gesellschaftsrechtlichen Mitteln (Rdn. 86) schützen. **Anderes** gilt nur dann, wenn zwischen der Stammeinlage und der Nebenleistungspflicht eine **untrennbare Verbindung** dergestalt besteht, daß der Rücktritt von der Nebenleistungspflicht nicht ohne gleichzeitige Aufgabe der Beteiligung möglich ist. In einem solchen Fall überwiegt die Bedeutung der Stammeinlagepflicht mit der Folge, daß ein Rücktritt nach den Vorschriften der §§ 325, 326 BGB auch hinsichtlich einzelner Teilleistungen ausgeschlossen ist. Eine solch enge Verbindung kann sich nicht nur aus der Natur der Sache ergeben; sie kann auch ausdrücklich im Gesellschaftsvertrag vereinbart sein. **85**

Was die **Rechtsfolgen** von Leistungsstörungen bei entgeltlichen Nebenleistungspflichten **für das Gesellschaftsverhältnis** angeht, so bestimmen sich diese nicht nach §§ 320 ff. BGB, sondern nach den *gesellschaftsrechtlichen Rechtsbehelfen* beim Vorliegen eines wichtigen Grundes. Hinsichtlich des Rechts auf **Auflösung** der Gesellschaft bzw. auf **86**

[119] Vgl. auch *Baumbach/Hueck* 8 C, *Barz* GroßkommAktG § 55, 12; **aA** *Scholz/Winter* 35.

Ausschließung des von der Störung betroffenen Nebenleistungsschuldners gilt das oben (Rdn. 82) zu den unentgeltlichen Nebenleistungspflichten Ausgeführte. Daneben steht im Falle entgeltlicher Nebenleistungen aber auch dem verpflichteten Gesellschafter selbst ein nicht an die Auflösungsvoraussetzungen des § 61 gebundenes **Austrittsrecht aus wichtigem Grund** zu, wenn die Durchführung der Nebenleistungsvereinbarungen aus von ihm nicht zu vertretenden Gründen scheitert und sein Interesse an der Gesellschaftsbeteiligung sich speziell auf die Nebenleistungsvereinbarungen bezog. Zu denken ist etwa an die Beteiligung eines Produzenten an einer Vertriebs-GmbH unter Übertragung der Vertriebsrechte auf diese, wenn sie den übernommenen Vertriebsaufgaben aus tatsächlichen oder rechtlichen Gründen nicht mehr nachkommen kann[120]. Eine Kündigung des Gesellschaftsvertrags kommt weiter dann in Betracht, wenn dem nebenleistungsverpflichteten Gesellschafter die *Erfüllung unzumutbar* wird, insbesondere zur Gefährdung seiner wirtschaftlichen Existenz zu führen droht, und eine Befreiung von der Nebenleistungspflicht auf anderem Wege, etwa durch Veräußerung des Geschäftsanteils (Rdn. 90), nicht möglich ist (*Rob. Fischer* JZ **1954** 426, 428).

87 **ε) Schlechterfüllung.** Die vorstehenden Grundsätze gelten entsprechend, wenn die Leistungsstörung ihre Ursache nicht in Unmöglichkeit oder Verzug hat, sondern in **positiver Vertragsverletzung**. Auch in diesem Fall greifen im Rahmen des Ausführungsvertrags grundsätzlich die allgemeinen schuldrechtlichen Rechtsbehelfe ein, während Auswirkungen auf das Gesellschaftsverhältnis nur unter den in Rd. 82, 86 genannten Voraussetzungen in Betracht kommen.

88 **f) Konkurs oder Tod des verpflichteten Gesellschafters.** Im **Konkurs** *des Gesellschafters* ist die Gesellschaft entgegen verbreiteter Ansicht[120a] nicht darauf beschränkt, die Ansprüche aus der Nebenleistungspflicht des Gesellschafters als Konkursforderung zur Tabelle anzumelden. Da es sich um *satzungsrechtliche Mitgliedschaftspflichten* handelt, die jeden Inhaber des belasteten Anteils treffen, sind sie uneingeschränkt auch gegenüber der Konkursmasse durchsetzbar; entsprechend § 59 Nr. 2 (2. Alt.) KO bilden sie **Masseschulden**, deren Erfüllung für die Zeit nach Konkurseröffnung erfolgen muß. Entsprechendes gilt für Nebenleistungspflichten gegenüber Mitgesellschaftern aufgrund satzungsrechtlicher Erwerbsrechte u. a.[120b]. Auch für das Wahlrecht des Konkursverwalters nach § 17 KO im Fall entgeltlicher Nebenleistungen ist kein Raum. Will der Konkursverwalter die Haftung der Masse vermeiden, so kann er den belasteten Geschäftsanteil aus der Masse freigeben (vgl. dazu **Böhle-Stamschräder/Kilger** KO[14] § 6, 9), Im übrigen hat der Verkauf des Geschäftsanteils durch
89 den Konkursverwalter dieselbe schuldbefreiende Wirkung wie ein freiwilliger Verkauf durch den Gesellschafter (Rdn. 90).

Der **Tod** *eines Gesellschafters* beendet die Verpflichtung zu den besonderen Leistungen nur dann, wenn diese *persönlicher Art* sind (ebenso *Scholz/Winter* 36), d. h. nicht durch einen Dritten erbracht werden können oder sollen. Dahin gehörten insbesondere Tätigkeiten eines Gesellschafters als Geschäftsführer, Betriebsleiter usw. Bei *Geld- oder Sachleistungen* wird im Zweifel ein Übergang auf die Erben anzunehmen sein. Der Gesellschaftsvertrag kann vorsehen, daß der Anteil des verpflichteten Gesellschafters bei dessen Tod eingezogen wird oder daß die Erben verpflichtet sind, den Geschäftsanteil an die Gesellschaft oder einen von ihr bezeichneten Dritten zu verkaufen (vgl. Rdn. 66 und § 15, 29).

[120a] *Scholz/Winter* 37, *Baumbach-Hueck* 8 D, *Roth* 3. 2. 2; so auch noch Voraufl. 88.

[120b] Vgl. näher *Ulmer* ZHR 149 **1985** Heft 1; im Erg. auch *Rob. Fischer* GmbH-Rdsch. **1961** 21, 23f., und *Soufleros*, Ausschließung und Abfindung eines GmbH-Gesellschafters, 1983, S. 278ff., 285f.; **a. A.** KG GmbH-Rdsch. **1930** 431ff., Anh. § 15, 94 (*Schilling/Zutt*), *Niemeier*, Rechtstatsachen und Rechtsfragen der Einziehung von GmbH-Anteilen, 1982, S. 19, wohl auch *Scholz/Winter* § 15, 157.

g) Veräußerung des Geschäftsanteils

α) Übergang der Verpflichtung auf den Erwerber. Die Nebenleistungspflicht **90** ist gesellschaftsrechtlicher Natur (Rdn. 41, 54). Sie bindet, soweit sie sich nicht auf Dienstleistungen oder sonstige höchstpersönliche Leistungen bezieht (Rdn. 89), den **jeweiligen Gesellschafter.** Mit dem Übergang des Geschäftsanteils geht somit auch die Pflicht zur Erbringung der Nebenleistungen auf den Erwerber über. **Der Veräußerer wird**, soweit im Gesellschaftsvertrag nichts Abweichendes vereinbart ist (Rdn. 91), **von der Verpflichtung zur Erbringung künftiger Leistungen frei.** Die Vorschriften der §§ 22, 28 Abs. 1, die die Ausfallhaftung des Rechtsvorgängers für die vom Anteilserwerber nicht zu erlangenden Stammeinlagen oder Nachschüsse begründen, finden auf die Nebenleistungspflichten keine Anwendung; der für diese Vorschriften maßgebende Grundsatz der Aufbringung und Erhaltung des Stammkapitals hat bei den Nebenleistungspflichten keine Geltung (Rdn. 56). Die Befreiungswirkung tritt nicht nur bei entgeltlicher Anteilsveräußerung ein, sondern auch bei *unentgeltlicher Überlassung.* Erfolgt diese an einen Leistungsunfähigen, so ist freilich zu prüfen, ob es sich nicht um ein Scheingeschäft handelt oder der verpflichtete Gesellschafter durch die Veräußerung gegen seine gesellschaftliche Treupflicht verstoßen hat (zu den Anforderungen an die Anteilsveräußerung vgl. Rdn. 94 bis 96).

91 Eine **Ausnahme** von der Befreiungswirkung der Anteilsveräußerung besteht für **fällige** Leistungen. Für sie bleibt der Veräußerer verpflichtet[121]; daneben haftet auch der Erwerber (§ 16 Abs. 3). Die Verpflichtung des Veräußerers besteht ferner dann fort, wenn es sich um einen *gestreckten Leistungsvorgang* handelt und die Veräußerung während der Leistungsdauer eintritt, auch wenn die Gesamtleistung noch nicht fällig ist. So bei einer Rübenlieferungspflicht, die sich nicht in der Lieferung erschöpft, sondern auch die Verpflichtung zur Anpflanzung umfaßt. Anpflanzung und Lieferung selbst bilden hier ein unteilbares Ganzes. Veräußert ein Gesellschafter in der Zeit zwischen Beginn der Anpflanzungszeit und dem Zeitpunkt der Lieferung seinen Geschäftsanteil, so bleibt er für die Nichterfüllung seiner Verpflichtung verhaftet (RG JW **1914** 477; *Feine* S. 394). — Hat der Gesellschafter vor der Veräußerung einen **Ausführungsvertrag** mit der Gesellschaft auch hinsichtlich der *künftigen* Nebenleistungen geschlossen (Rdn. 62), so erlangt er durch die Veräußerung ein Recht zur Vertragsbeendigung durch Kündigung oder Rücktritt. Einem Leistungsverlangen der Gesellschaft kann er die Einrede der ungerechtfertigten Bereicherung wegen Wegfalls des Verpflichtungsgrundes entgegensetzen.

92 Von der auf die Dauer der Gesellschaftszugehörigkeit beschränkten Verpflichtung kann der **Gesellschaftsvertrag abweichen.** Er kann dem Veräußerer Verpflichtungen auferlegen, die auch für die Zeit nach seinem Ausscheiden fortwirken. Denkbar ist etwa, die Veräußerungsbefugnis an die **Garantie** des Verkäufers für die Erbringung der Nebenleistungen durch den Erwerber zu knüpfen. Auch kann das **Wettbewerbsverbot** (Rdn. 67) nicht nur für die Dauer der Gesellschaftszugehörigkeit, sondern für eine bestimmte darüber hinausreichende Zeit vereinbart werden, soweit nicht § 138 BGB oder kartellrechtliche Schranken entgegenstehen.

93 **Veräußert der Gesellschafter** *nicht seinen Geschäftsanteil, wohl aber* **das Objekt,** *aus dem die Leistungen zu erbringen sind,* z. B. das zum Rübenanbau dienende Landgut oder die Fabrik, in welcher die von ihm an die Gesellschaft zu liefernden Waren hergestellt werden, so hat das auf seine Leistungspflicht keinen Einfluß; diese besteht weiter (ebenso *Scholz/Winter* 36). Ein Recht, den Erwerber in Anspruch zu nehmen, hat die Gesellschaft

121 RG DR **1940** 2013; *Scholz/Winter* 36.

grundsätzlich nicht. Es bedarf hierzu besonderer Umstände, insbesondere einer Schuldübernahme. Eine Haftung des Erwerbers kommt ferner dann in Betracht, wenn er das vom nebenleistungsverpflichteten Gesellschafter veräußerte Geschäft unter dessen Firma fortführt und die Übernahme der Nebenleistungspflicht durch den Veräußerer im Betrieb seines Handelsgewerbes erfolgt ist (§ 25 Abs. 1 HGB). Es empfiehlt sich, im Gesellschaftsvertrag auch für solche Fälle Vorsorge zu treffen. Insbesondere kann den Gesellschaftern die Verpflichtung auferlegt werden, das Handelsgeschäft oder die sonstige Leistungsquelle nicht ohne den Geschäftsanteil zu veräußern.

94 **β) Anforderungen an die Anteilsveräußerung.** Die Anteilsveräußerung hat beim Bestehen von Nebenleistungspflichten erhebliche Auswirkungen für die Gesellschaft, weil damit auch die Person des Nebenleistungsschuldners wechselt (Rdn. 90). Es liegt daher nahe, daß **in der Satzung** von der nach § 15 Abs. 5 bestehenden Möglichkeit Gebrauch gemacht wird, die **Anteilsveräußerung von der Genehmigung der Gesellschaft abhängig zu machen**. Darüber hinaus können noch weitergehende Anforderungen aufgestellt werden, so die schriftliche Zusage des Erwerbers, die Nebenleistungen zu erbringen. Denkbar ist auch, daß die Satzung bestimmte Eigenschaften hinsichtlich der Person des Anteilserwerbers vorschreibt.

95 **Ohne** derartige satzungsmäßige Abtretungsvoraussetzungen ist der nebenleistungsverpflichtete Gesellschafter in der Anteilsveräußerung grundsätzlich frei. Im Unterschied zu § 55 Abs. 1 S. 1 AktG schreibt das GmbH-Gesetz nicht vor, daß bei der Vereinbarung von Nebenleistungspflichten die Veräußerung von Geschäftsanteilen an die Genehmigung der Gesellschaft zu binden ist. Die Genehmigungspflicht kann auch nicht nachträglich durch Mehrheitsbeschluß eingeführt werden, da hierdurch das Veräußerungsrecht der überstimmten Gesellschafter verletzt würde (str., vgl. § 53, 114). Eine andere Frage ist es, ob beim Fehlen eines ausdrücklichen Genehmigungsvorbehalts die Satzung nicht im Wege der **Auslegung** dahin zu verstehen ist, daß die Veräußerung nur mit Genehmigung der Gesellschaft möglich sein soll. Angesichts der strengen Anforderungen an die Auslegung körperschaftlicher Satzungsbestandteile (§ 2, 121 ff.) reicht die Vereinbarung von Nebenleistungen hierfür nicht aus; auch der Nachweis, daß die Gesellschafter die Einfügung des Vorbehalts bloß übersehen haben, vermag eine Genehmigungspflicht nicht zu begründen. Es müssen stets *besondere Umstände*, namentlich aus der Art der Verpflichtung im Zusammenhang mit dem Zweck der Gesellschaft vorhanden sein. Aus diesen muß auch für einen Dritten erkennbar sein, daß die Veräußerung nur mit Zustimmung der Gesellschaft erfolgen soll.

96 Auch wenn die Satzung die Anteilsveräußerung nicht einschränkt, wird der nebenleistungsverpflichtete Gesellschafter seinen Anteil freilich **nicht willkürlich** zum Schaden der Gesellschaft an einen Dritten abtreten können. Namentlich dann, wenn der Dritte zur Erbringung der Nebenleistungen ersichtlich nicht in der Lage ist und der Gesellschafter ihm den Anteil nur überlassen hat, um sich seiner Nebenleistungspflichten zu entledigen, kann hierin ein treuwidriges, zum **Schadensersatz** verpflichtendes Handeln des Veräußerers zu sehen sein (so auch *Scholz/Winter* 36). Angesichts der ausgeprägt **personalistischen Struktur** von Gesellschaften, in deren Satzung Nebenleistungspflichten begründet sind (Rdn. 52), erstreckt sich die *gesellschaftliche Treupflicht* auch auf Verfügungen über den Geschäftsanteil.

97 **h) Befreiung von der Nebenleistungspflicht.** Eine **Aufhebung** der Nebenleistungspflichten durch **Satzungsänderung** ist grundsätzlich jederzeit möglich; anderes gilt nur hinsichtlich bereits fälliger, von einem Gesellschaftsgläubiger *gepfändeter* Ansprüche der Gesellschaft. Da die Nebenleistungen im Unterschied zu Stammeinlagen und Nachschüssen nicht der Kapitalbindung zugunsten der Gläubiger unterliegen (Rdn. 56), sind sie *frei abänderbar*. Die Beschlußfassung hierüber bedarf der für Satzungsänderungen

erforderlichen Mehrheit; bei Erhöhung von Nebenleistungspflichten ist darüber hinaus die Zustimmung der betroffenen Gesellschafter erforderlich (§ 53 Abs. 3).

Möglichkeiten einseitiger Befreiung des nebenleistungsverpflichteten Gesellschafters bestehen demgegenüber nur in begrenztem Umfang. Zu nennen ist insbesondere die **Veräußerung des Geschäftsanteils**, soweit die Satzung hierzu nicht die Genehmigung der Gesellschaft fordert oder sonstige Erschwerungen vorsieht (Rdn. 94, 95). Mit der Veräußerung entfällt grundsätzlich die Verpflichtung hinsichtlich noch nicht fälliger Leistungen (Rdn. 90). — Dagegen besteht im Unterschied zur unbeschränkten Nachschußpflicht **kein Abandonrecht** des verpflichteten Gesellschafters, soweit nicht der Gesellschaftsvertrag ein solches begründet. Die Vorschrift des § 27 Abs. 1 greift nur unter den dort genannten, eng umschriebenen Voraussetzungen ein. Als außergewöhnliches einseitiges Austrittsrecht ist das Abandonrecht einer Analogie nur in besonderen, der Interessenlage bei der unbeschränkten Nachschußpflicht voll entsprechenden Situationen zugänglich. Dem nebenleistungsverpflichteten Gesellschafter bleibt die Möglichkeit, bei Vorliegen der Voraussetzungen des § 61 **Auflösungsklage** zu erheben. Daneben kommt in Sonderfällen auch ein Austrittsrecht aus wichtigem Grund in Betracht, wenn dem nebenleistungsverpflichteten Gesellschafter ein Festhalten am Vertrag nicht mehr zumutbar ist. Das kann dann der Fall sein, wenn die Durchführung der (entgeltlichen) Nebenleistungsvereinbarungen aus von ihm nicht zu vertretenden Gründen auf Dauer scheitert und dadurch auch sein Interesse an der Gesellschaftsbeteiligung entfällt (vgl. Rdn. 86). Denkbar ist auch, daß dem verpflichteten Gesellschafter die weitere Erfüllung der Nebenleistungspflichten *unzumutbar* wird und eine andere Möglichkeit, sich ihrer zu entledigen, nach den besonderen Umständen des Falles nicht besteht. Eine Kündigung nur der Nebenleistungspflichten unter Festhalten an der Beteiligung kommt nur in seltenen Ausnahmefällen in Betracht, wenn der wichtige Grund sich ausschließlich auf die Nebenleistungspflicht bezieht[122]. 98

IV. Vorzugsrechte und Sondervorteile der Gesellschafter

Ebenso wie die Begründung gesellschaftsrechtlicher Nebenleistungspflichten bedarf auch die Einräumung von **Vorzugsrechten** der Gesellschafter oder von gesellschaftsrechtlichen **Forderungen gegen die Gesellschaft** der Aufnahme in den Gesellschaftsvertrag. Für die Gewährung von mit den Nebenleistungspflichten *korrespondierenden Rechten* ist das oben (Rdn. 70) schon ausgeführt worden. Gleiches gilt aber auch, wenn Sonderrechte ohne entsprechende Verpflichtungen begründet werden sollen. Da sie die Mitgliedschaft gestalten und von Gesellschaft und Mitgesellschaftern respektiert werden sollen, müssen sie in der Satzung verankert sein (vgl. § 5, 152 ff., § 6, 18, § 14, 10). Soweit sie nicht, wie regelmäßig das Recht zur Geschäftsführung, höchstpersönlicher Natur sind, sind sie mit dem Geschäftsanteil verbunden und gehen mit ihm auf den Erwerber über (zu diesen „Vorzugsgeschäftsanteilen" vgl. näher § 5, 149 ff.). 99

Einen Sonderfall der Vorzugsrechte bilden die einem Gesellschafter oder auch einem Dritten bei der Gründung gewährten **besonderen Vorteile** (§ 5, 161 ff.). Sie müssen in den Gesellschaftsvertrag aufgenommen werden, wenn sie zu einer Verpflichtung der *Gesellschaft* im Zeitpunkt ihrer Entstehung führen sollen (§ 5, 166 f.). Zu derartigen 100

---

122 RGZ **128** 1, 15 ff. (17); weitergehend *Scholz/Winter* 37, *Baumbach/Hueck* 8 D, *Feine* S. 351 f.; **aA** (die Kündigung nur der Nebenleistungspflicht ablehnend) noch RGZ **73** 429, 433; *Wiedemann* Übertragung und Vererbung von Mitgliedschaftsrechten (1965) S. 91 und Voraufl. 98. Vgl. auch Rdn. 77 aE.

Gründervorrechten gehört auch der Anspruch eines Gründers auf vorzugsweise Beteiligung bei einer Erhöhung des Stammkapitals, ferner die Zusage eines Teiles des Gewinns an einen Gesellschafter als Entgelt für die Überlassung einer Erfindung statt ihrer Einbringung als Sacheinlage auf das Stammkapital. Auch die Übernahme des **notwendigen Gründungsaufwands** (Gebühren und Steuern) durch die Gesellschaft können die Gesellschafter nur verlangen, wenn und soweit das im Gesellschaftsvertrag festgesetzt ist (vgl. näher § 5, 170ff., 173).

V. Vereinbarungen außerhalb des Gesellschaftsvertrags

101 Gründer und spätere Gesellschafter sind durch Abs. 2 grundsätzlich nicht gehindert, **schuldrechtliche Verpflichtungen** außerhalb des Gesellschaftsvertrags einzugehen[123]. Derartige Vereinbarungen bedürfen **nicht der notariellen Form** (Rdn. 43). Sie können zwischen einigen oder allen Gesellschaftern vereinbart werden und unterliegen hinsichtlich der Durchsetzbarkeit, der Abänderung und der Bestimmung der beteiligten Parteien nicht den Regeln des GmbH-Gesetzes, sondern dem **allgemeinen bürgerlichen Recht**. Ihre Verletzung begründet Schadensersatzpflichten gegenüber den Vertragspartnern nach §§ 276, 280 BGB. Dagegen können **gesellschaftsrechtliche Folgerungen**, insbesondere die Einziehung des Geschäftsanteils oder der Ausschluß des vertragsbrüchigen Gesellschafters, aus der Verletzung derartiger schuldrechtlicher Pflichten **nicht** gezogen werden[124]. Auch die Anfechtung eines Gesellschafterbeschlusses wegen Verletzung einer schuldrechtlichen Nebenabrede ist ausgeschlossen. Das gilt entgegen BGH NJW **1983** 1910, 1911 auch dann, wenn sämtliche Gesellschafter an der Nebenabrede beteiligt sind[125]. In Betracht kommt hier allenfalls der Mißbrauchseinwand wegen Treupflichtverstoßes derjenigen Gesellschafter, die sich bei ihrer Stimmabgabe willkürlich über die mit der Gesellschafterstellung im Zusammenhang stehende Bindung aus der Nebenabrede hinwegsetzen.

102 **Inhaltlich** ist der Bereich zulässiger schuldrechtlicher Nebenabreden **grundsätzlich nicht begrenzt**. Im Rahmen der Vertragsfreiheit können die Gesellschafter alle Arten von Vereinbarungen im Zusammenhang mit ihrer Beteiligung an der GmbH treffen, soweit nicht zwingendes GmbH-Recht entgegensteht. Denkbar sind etwa Vereinbarungen über die gemeinsame *Ausübung des Stimmrechts* (insbesondere zur Sicherung der Mehrheitsherrschaft), über die Besetzung der Geschäftsführerstellen oder über die anzustrebende Geschäftspolitik der Gesellschaft. Derartige namentlich bei Gründung eines Gemeinschaftsunternehmens anzutreffende Vereinbarungen führen meist zu einer neben der GmbH bestehenden Gesellschaft bürgerlichen Rechts[126]. Auch **Pflichten der Gesellschafter gegenüber der GmbH** können durch formlose schuldrechtliche Abreden zwischen den Gesellschaftern nach § 328 BGB begründet werden, so die Pflicht zur Darlehensgewährung oder zur Erbringung wiederkehrender Leistungen. Auch können sich die Gesellschafter vorbehaltlich kartellrechtlicher Schranken schuldrechtlich verpflichten, der Gesellschaft keine Konkurrenz zu machen (*Kirchner* GmbH-Rdsch. **1962** 26). Ob die Gesellschaft hieraus eigene Rechte erwerben soll, richtet sich nach § 328 BGB. Die Vorschrift des § 3

---

[123] RGZ **79** 333, 336; **83** 216, 219; **112** 273, 277; **151** 321, 324, RG JW **1930** 2675; *Scholz/Winter* 7, *Baumbach/Hueck* 10; zu den *Grenzen* zulässiger schuldrechtlicher Verpflichtungen vgl. Rdn. 102.

[124] *Lutter* Kölner KommAktG § 54, 16.

[125] Ebenso *Vomhof* GmbH-Rdsch. **1984** 181. Auch *Happ*, der dem Urteil im Erg. zustimmt, kritisiert mit Recht die fehlende Begründung des BGH für seine abw. Ansicht (ZGR **1984** 168, 172ff.).

[126] RGZ **158** 248, 252; *Baumbach/Hueck* 10, MünchKomm. — *Ulmer* BGB Vor § 705, 32ff., 35.

Abs. 2 steht der Vereinbarung solcher Pflichten nicht entgegen; sie gilt nur für mitgliedschaftsrechtliche Nebenpflichten (Rdn. 41). Für die Zulässigkeit schuldrechtlicher Nebenabreden ist es auch ohne Bedeutung, ob sie so wichtig sind, daß durch sie die Erreichung des erstrebten wirtschaftlichen Ziels erst ermöglicht wird[127]. **Unzulässig** ist die Vereinbarung schuldrechtlicher Nebenpflichten freilich dann, wenn sie einen Teil der Stammeinlagen bilden oder hierauf angerechnet werden sollen (§ 5 Abs. 3, 4). Zu denken ist insbesondere an eine Umgehung der Vorschriften über die Aufnahme von *Sacheinlageversprechen* in den Gesellschaftsvertrag (§ 5 Abs. 4). Verpflichtet sich ein Gesellschafter anläßlich der Gründung außerhalb des Gesellschaftsvertrags zur *zusätzlichen* Einbringung bestimmter Sachwerte, ohne daß diese auf seine Stammeinlage angerechnet oder von der Gesellschaft vergütet werden sollen, so greift die Bestimmung des § 5 Abs. 4 nicht ein; die Vereinbarung ist wirksam[128]. Zulässig ist auch eine Stimmrechtsvereinbarung über die Herbeiführung eines Auflösungsbeschlusses nach Ablauf einer bestimmten Zeit; sie ist von der — in die Satzung selbst aufzunehmenden — *Zeitbestimmung* im Sinne von § 3 Abs. 2 (Rdn. 45 ff.) zu unterscheiden. **Verpflichtungen der Gesellschaft** können durch die Gesellschafter außerhalb des Gesellschaftsvertrags **nicht** begründet werden; ihnen steht das Verbot der Verträge zu Lasten Dritter entgegen. Soweit diese Pflichten nicht in der Satzung selbst verankert sind (Rdn. 99, 100), bedarf es für ihre Begründung der Mitwirkung der Geschäftsführer der GmbH, die sich hierbei an die Grenzen der § 30, 31 halten müssen.

Auf den **Erwerber eines Geschäftsanteils** gehen die schuldrechtlichen Pflichten **103**
nicht schon dann über, wenn er von ihrem Bestehen beim Erwerb Kenntnis hatte[129]. Die hierzu erforderliche Schuldübernahme nach §§ 414, 415 BGB kann zwar auch *konkludent* vereinbart werden; der Mitwirkung der übrigen Beteiligten bedarf es bei kumulativer Schuldübernahme nicht. Immer aber müssen aus dem Verhältnis zwischen Veräußerer und Erwerber des Geschäftsanteils Umstände erkennbar sein, die auf den Willen zur Schuldübernahme schließen lassen[130]. Die auf die bloße Kenntnis des Erwerbers abstellende Gegenansicht (*Lutter* Kölner KommAktG § 54, 19) verwischt den zwischen mitgliedschaftlichen und schuldrechtlichen Verpflichtungen bestehenden Unterschied. Sie berücksichtigt auch zu wenig, daß schuldrechtliche Verpflichtungen der genannten Art keineswegs notwendig die Gesellschafterstellung des Verpflichteten voraussetzen, sondern vielfach auch nach Veräußerung des Geschäftsanteils sinnvoll bleiben. Für die Annahme eines arglistigen Verhaltens des Erwerbers, der trotz Kenntnis der bestehenden Verpflichtung des Veräußerers nicht in die Schuldübernahme einwilligt oder später das Zustandekommen einer konkludenten Schuldübernahme bestreitet, ist daher entgegen *Lutter* aaO ohne Vorliegen erschwerender Umstände regelmäßig kein Raum.

---

127 BGH WM **1965** 1076; zur Abgrenzung mitgliedschafts- und schuldrechtlicher Pflichten vgl. Rdn. 43a.

128 BGH BB **1969** 1410, 1411; zur Problematik verschleierter Sachgründungen, bei denen nach Absprache der Gesellschafter an Stelle oder unter Anrechnung auf die vereinbarten Geldeinlagen in die Gesellschaft Sachen oder sonstige Vermögensgegenstände eingebracht werden sollen, vgl. § 5, 136 ff.

129 *Barz* GroßkommAktG § 54, 12, *Baumbach/Hueck* AktG § 54, 6; **aA** *Lutter* Kölner KommAktG § 54, 19.

130 Vgl. etwa BGH WM **1975** 100, 102, wonach sich die von zwei Gesellschaftern gesamtschuldnerisch übernommene Bürgschaft für eine Gesellschaftsverbindlichkeit in eine *unechte* Gesamtschuld zwischen ihnen verwandelt, wenn der eine Gesellschafter seinen Geschäftsanteil auf den anderen überträgt; dementsprechend kann der Ausgeschiedene bei Inanspruchnahme aus der Bürgschaft vollen Ausgleich vom verbliebenen Gesellschafter verlangen.

§ 4*

Die Firma der Gesellschaft muß entweder von dem Gegenstand des Unternehmens entlehnt sein oder die Namen der Gesellschafter oder den Namen wenigstens eines derselben mit einem das Vorhandensein eines Gesellschaftsverhältnisses andeutenden Zusatz enthalten. Die Namen anderer Personen als der Gesellschafter dürfen in die Firma nicht aufgenommen werden. Die Beibehaltung der Firma eines auf die Gesellschaft übergegangenen Geschäfts (Handelsgesetzbuch § 22) wird hierdurch nicht ausgeschlossen.

Die Firma der Gesellschaft muß in allen Fällen die zusätzliche Bezeichnung „mit beschränkter Haftung" enthalten.

Übersicht

* In Zusammenarbeit mit Notarin Dr. Irmgard Heinrich.

Schrifttum

Adler Beiträge zum Firmenrecht, ZHR **85** 93; *Bokelmann* Das Recht der Firmen- und Geschäftsbezeichnungen, 2. Aufl. (1980); *ders.* Wichtige Rechtsprechung zum Firmenrecht der GmbH & Co KG und der GmbH, GmbH-Rdsch. **1983** 236; *ders.* Die Rechtsprechung zum Firmenrecht der GmbH und GmbH & Co KG seit etwa 1977, GmbH-Rdsch. **1979** 265; *ders.* Ausgewählte Fragen des Firmenrechts, Rpfl. **1973** 44; *Hofmann* Der Grundsatz der Firmenwahrheit, JuS **1972** 233; *Heinrich* Firmenwahrheit und Firmenbeständigkeit (1982); *Jansen* Die Firma der GmbH im geschäftlichen Verkehr, GmbH-Rdsch. **1963** 163; *Jordan* Kleines Handbuch des Firmenrechts (1966); *Marx* Firmenrechtliche Grundbegriffe (1912); *Opet* Beiträge zum Firmenrecht, ZHR **49** 51; *Seydel* Die Firma der GmbH, GmbH-Rdsch. **1950** 85; *Wellmann* Die Firma der GmbH, GmbH-Rdsch. **1972** 193; *Wessel* Die Firmengründung, 4. Aufl. (1981); *ders.* Probleme bei der Firmierung der GmbH & Co., BB **1984** 1710, *Wittmann* Rechtsprechung zum Firmenrecht, BB-Beilage **1975**/12, **1971**/9 und **1969**/10. Siehe ferner die Angaben vor den einzelnen Unterabschnitten.

I. Einführung

1. Normzweck

Die Vorschrift des § 4 enthält die für die **Bildung der GmbH-Firma** maßgeblichen Regelungen; sie wird ergänzt durch das subsidiär eingreifende allgemeine Firmenrecht der §§ 18 ff. HGB (vgl. dazu Rdn. 57 ff.). Eine *neu gebildete* Firma der GmbH muß nach **Abs. 1** — als **Sach- oder Personenfirma** — entweder dem Gegenstand des Unternehmens entlehnt sein oder den Namen mindestens eines der Gesellschafter sowie beim Vorhandensein weiterer, nicht in der Firma erscheinender Gesellschafter einen das Vorhandensein eines Gesellschaftsverhältnisses andeutenden Zusatz enthalten (Abs. 1 S. 1). Die Aufnahme 1 anderer Namen als diejenigen der Gesellschafter ist nach Abs. 1 S. 2 grundsätzlich unzulässig (vgl. zur Zulassung sonstiger Namen als Firmen*zusatz* in Sonderfällen aber Rdn. 58). Mit Rücksicht auf den Grundsatz der Firmenbeständigkeit läßt Abs. 1 S. 3 *Abweichungen* von den in S. 1 und 2 aufgestellten Anforderungen für den Fall zu, daß die GmbH ein nach Maßgabe von § 22 HGB erworbenes Handelsgeschäft mit *Firma fortführt*. Zu den Sonderfällen der Firmenbildung einer durch Umwandlung oder Verschmelzung entstandenen GmbH vgl. Rdn. 75 f.

2 Zur Information des Rechtsverkehrs über die mit der Rechtsform der GmbH verbundene Beschränkung der Haftung auf das Gesellschaftsvermögen unter Ausschluß der persönlichen Haftung der Gesellschafter (§ 13 Abs. 2) schreibt § 4 **Abs. 2** vor, daß der Gesellschaftsfirma der **Zusatz „mit beschränkter Haftung" beizufügen** ist. Der Abkürzung des Zusatzes durch die Buchstaben **mbH** steht die Vorschrift nach heute ganz hM nicht entgegen (Rdn. 54). Eine Gesellschaftsfirma ohne diesen Zusatz darf wegen Verstoßes gegen § 4 Abs. 2 nicht eingetragen werden. Wird die Firma im Rechtsverkehr ohne den Zusatz benutzt, so führt das zur Rechtsscheinhaftung des unter der Firma Handelnden, wenn der Geschäftspartner wegen des fehlenden Zusatzes auf das Vorhandensein eines unbeschränkt haftenden Unternehmers vertraut (Rdn. 56).

2. Reform

Schrifttum

Wellmann Die Sachfirma der GmbH, Eine kritische Stellungnahme zu § 4 des Referentenentwurfs eines GmbH-Gesetzes, BB **1970** 153; *Wessel* Überlegungen zur Reform unseres Firmenrechts BB **1981** 822; *ders.* Ist unser Firmenrecht reformbedürftig? BB **1969** 885.

3 Die **GmbH-Novelle 1980** hat das Firmenrecht der GmbH kaum tangiert (zur Firma der GmbH & Co. vgl. Rdn. 106). Von Neuregelungen — selbst in dem durch den RegE vorgeschlagenen beschränkten Umfang (vgl. Voraufl. Rdn. 2 bis 4) — wurde abgesehen. Auch eine Anpassung von § 4 Abs. 1 an die neu geschaffene Möglichkeit der Ein-Mann-Gründung ist unterblieben, obwohl schon wegen der Formulierung „die Namen *der* Gesellschafter oder den Namen *wenigstens eines derselben*" eine Klarstellung geboten gewesen wäre (zu den daraus folgenden Problemen für das Erfordernis des Gesellschaftszusatzes vgl. Rdn. 33 ff.). Erweitert wurde allerdings das Recht der *Firmenfortführung* durch die im Zuge der GmbH-Novelle zugelassene *Umwandlung* des Unternehmens eines *Einzelkaufmanns* unter Übertragung des Geschäftsvermögens *auf eine GmbH* (§§ 56 a ff. UmwG): nach § 56 c Abs. 3 iVm § 48 Abs. 3 UmwG kann die Gesellschaft die bisherige Firma des Einzelkaufmanns unter Beifügung des mbH-Zusatzes im übrigen unverändert fortführen (vgl. Rdn. 75 und Anh. § 77, UmwG § 56 c, 2 f.). Für die ebenfalls durch die GmbH-Novelle 1980 zugelassene *Verschmelzung* von GmbH's (§§ 19 ff. KapErhG) sind dagegen besondere Vorschriften über die Firmenbildung oder -fortführung nicht getroffen worden (vgl. Rdn. 76). Bei der Zusammenfassung der Vorschriften über Verschmelzung und Umwandlung aller in Betracht kommender Rechtsformen in einem Gesetz, die im Zuge der Umsetzung der 3. EG-Richtlinie über die interne Fusion geplant ist, sollten auch die Firmenfortführungsvorschriften einheitlich geregelt werden (*Heinrich* Rdn. 61).

4 Weitergehende Änderungen oder Konkretisierungen des GmbH-Firmenrechts sind in absehbarer Zeit nicht zu erwarten, obwohl es an **Reformvorschlägen** nicht fehlt (vgl. zuletzt *Wessel* BB **1981** 822, 824). Das gilt auch für das Prinzip der relativen Firmenwahrheit (vgl. *Hofmann* JuS **1972** 193, *Heinrich* Rdn. 9, 10). Da es sich um ein allgemeines Prinzip des Firmenrechts handelt, kann eine Lösung der damit verbundenen Probleme auch nur

in einer Gesamtreform des handelsrechtlichen Firmenrechts erfolgen (*Wellmann* GmbH-Rdsch. **1972** 1930). Ob diese im Rahmen der schon lange geforderten Reform des Kaufmannsbegriffs (vgl. *Wessel* BB **1977** 1226) durchgeführt werden kann, wie es erst kürzlich von den Industrie- und Handelskammern angeregt worden ist, bleibt abzuwarten. Bei einer Neuregelung sollte mit Rücksicht auf die Rechtsangleichung für den Bereich der EWG (zu den Regelungen der Vertragsstaaten vgl. die Länderberichte in der Allgemeinen Einleitung sowie *Wellmann* BB **1970** 153, 156) auch zu prüfen sein, ob es sich empfiehlt, das System der freien Wahl der Firma einzuführen (vgl. auch *Wessel* BB **1981** 822, 824). Vor einer Entscheidung hierüber erscheint eine Änderung der Vorschriften über die Bildung des Firmenkerns nicht sinnvoll.

II. Die notwendigen Bestandteile der Firma der GmbH

Die Bestimmungen über die Bestandteile der Firma der GmbH sind teils zwingenden, 5
teils nachgiebigen Rechts. Notwendige Bestandteile sind der *Hauptteil*, auch Firmenkern genannt, womit die erforderliche Mindestbezeichnung gemeint ist (Abs. 1) und ein *notwendiger Zusatz* (Abs. 2).

A. Der notwendige Hauptteil

Der Hauptteil kann aus einer **Sachbezeichnung** (sog. Sachfirma) oder aus Personen- 6
namen (sog. Personenfirma) bestehen.

1. Sachfirma

Schrifttum

Bullinger Warenzeichen als Firmenname einer GmbH, GmbH-Rdsch. **1979** 178; *Ebert* Firmenangaben über die Art des Unternehmens, BB **1958** 611; *Fuld* Sachfirma bei einer GmbH, GmbH-Rdsch. **1925** 307; *George* Die Sachfirma der GmbH, GmbH-Rdsch. **1959** 4; *Gleiss* und *Blumers* Die Sachfirma ohne Individualisierungszusatz, BB **1970** 905; *Gofferjé* Die Sachfirma, Diss. Erlangen 1932; *Grobe* Unbekanntes Warenzeichen als Sachfirma einer GmbH, NJW **1967** 1948; *Kühn* Warenzeichen als Firma der GmbH? GmbH-Rdsch. **1967** 49; *Veismann* Die Sachfirma der GmbH, DB **1966** 99; *Veismann* und *Kühn* Nochmals: Warenzeichen als Firma der GmbH? GmbH-Rdsch. **1967** 95; *Wellmann* Die Sachfirma der GmbH, Eine kritische Stellungnahme zu § 4 des Referentenentwurfs eines GmbH-Gesetzes, BB **1970** 153; *ders.* Gattungsbegriff als Firmenbezeichnung einer GmbH, BB **1961** 1102; *ders.* Die Sachfirma der GmbH, DNotZ **1959** 534; *ders.* Praktische Erfahrungen bei der Bildung des Firmennamens, GmbH-Rdsch. **1950** 151; *Wessel* Unbekanntes Warenzeichen als Sachfirma einer GmbH, NJW **1968 733.**

Die Sachfirma muß dem Gegenstand des Unternehmens enlehnt sein. 7
a) Unternehmensgegenstand. Maßgebend ist der *Gegenstand, wie er sich aus dem* in 8
das Handelsregister eingetragenen **Gesellschaftsvertrag** oder Abänderungsbeschluß *ergibt* (vgl. §§ 3 Abs. 1 Ziff. 2, 10). Da nur eine „Entlehnung" erforderlich ist, brauchen sich Firmenbezeichnung und Fassung des Unternehmensgegenstands im Gesellschaftsvertrag nicht zu decken. Es genügt eine allgemeine Umschreibung. Grenzen hinsichtlich der Bezeichnung ergeben sich einmal aus dem Täuschungsverbot. So wird unter Finanzierung die eigene Gewährung von Darlehen, nicht nur die vermittelnde Tätigkeit verstanden (AG Rotenburg-Wümme BB **1977** 462). Zur Zulässigkeit von Zusätzen „Finanz" und „Finanzierungen" vgl. auch Rdn. 27. Mehrere zum Gegenstand erhobene Geschäftszweige können unter einem Oberbegriff zusammengefaßt werden (*Kraft* Kölner KommAktG

§ 4, 4). Es reicht auch aus, nur einen der im Gesellschaftsvertrag genannten Zweige in die Firma aufzunehmen (*Scholz/Winter* 4). Eine Gesellschaft, deren Gegenstand lautet: Herstellung chemischer Produkte, insbesondere Uranoxyd, könnte als Firmenbezeichnung „Chemische Fabrik" oder „Uranoxydfabrik" wählen. — Nicht zulässig ist es aber, die Firmenbezeichnung aus einem der ausgeübten Geschäftszweige zu wählen, der im Gesellschaftsvertrag nicht ausdrücklich angegeben ist (KG GmbHRspr. IV Nr. 49 zu § 4 „Blitz-Autokarten GmbH", *Vogel* 2). Daher kommt etwa „Schuhmaschinenfabrik" als Sachfirma nicht in Betracht, wenn der Gegenstand „Fabrikation von Maschinen" lautet, selbst wenn auch tatsächlich Schuhmaschinen gefertigt werden.

9 Die gewählte *Firmenbezeichnung muß weiter auch dem* **tatsächlich ausgeübten** *und nicht nur statutarisch festgelegten* **Unternehmensgegenstand** *entsprechen*[1]. Das folgt aus dem *Grundsatz der Firmenwahrheit.*

10 Bei der **Komplementär-GmbH einer GmbH & Co. KG** wird der Grundsatz der Firmenwahrheit demgegenüber großzügiger gehandhabt. Hier reicht es für die Zulässigkeit der Sachfirma der GmbH aus, wenn der betreffende Gegenstand die Tätigkeit der KG bildet, auch wenn die GmbH selbst nur die Geschäftsführung für die KG betreibt[2]. Es bedarf auch nicht notwendig eines Zusatzes, der auf die nur verwaltende Tätigkeit der GmbH hinweist, wie z. B. „Verwaltungsgesellschaft". Zum Unternehmensgegenstand der Komplementär-GmbH vgl. § 3, 22, zur Firma der *GmbH & Co. KG* unten Rdn. 106 ff.

11 **Nicht** zum Gegenstand gehören die **Produktionsmittel**, durch welche der Zweck der Gesellschaft erreicht wird. Eine Firma „Dampfbetriebsgesellschaft mbH" ist unstatthaft, auch wenn sie mit Dampf arbeitet (ebenso *Scholz/Winter* 4).

12 **b) Das Erfordernis des Entlehnens. α) Grundsatz.** Die Vorschrift, daß die Sachfirma dem Gegenstand des Unternehmens entlehnt sein muß, gilt ohne Einschränkung. *Reine Phantasienamen* sind damit *ausgeschlossen*, eine Phantasiebezeichnung kann nur als fakultativer Zusatz neben dem notwendigen Hauptbestandteil gewählt werden (Rdn. 57).

13 **β) Erkennbarkeit des Gegenstandes.** Fraglich ist aber, wie weit der *Begriff des Entlehnens* zu fassen ist. Der Streit geht vor allem um die Erkennbarkeit des durch das „Entlehnen" gebotenen Zusammenhangs zwischen Gegenstand und Firma. Nach Ansicht vor allem des **Kammergerichts** soll es *nicht* darauf ankommen, *ob der Gegenstand des Unternehmens aus der Sachfirma gemeinverständlich* im wesentlichen *erkennbar* sei[3]. Dabei ging das Kammergericht zunächst davon aus, daß dem Erfordernis des Entlehnens schon dann genügt sei, wenn die Firmenbildung aus der *subjektiven Sicht des Bezeichnenden* mit dem

---

[1] AG Berlin-Charlottenburg BB **1965** 805, *Wellmann* GmbH-Rdsch. **1972** 193, 196 sowie OLG Düsseldorf, zit. bei *Wellmann* aaO („Rheinische Webstuhlfabriken GmbH", obwohl zur Zeit der Anmeldung Maschinen nur entwickelt wurden, während Herstellung und Vertrieb erst nach erfolgreichem Abschluß vorgesehen waren); weitergehend *Scholz/Winter* 4.

[2] OLG Köln GmbH-Rdsch. **1979** 90, 91: „X. Verglasungs-GmbH" für den Fall, daß Gegenstand der GmbH die Führung der Glasereigeschäfte der KG und die GmbH lediglich berechtigt ist, sich an gleichartigen Unternehmen zu beteiligen, *Hesselmann* Handbuch der GmbH & Co., 16. Aufl. (1980), Rdn. 132, *Sudhoff* in: Aktuelle Probleme der GmbH & Co., Rechtsfragen der Handelsgesellschaften (1967), S. 58, *Blumers* BB **1977** 970, 973 (allerdings über die entsprechende Fassung des Unternehmensgegenstandes), *Veismann* DB **1966** 99, 101, *George* BB **1964** 326, 327; **a. A.** AG Berlin-Charlottenburg BB **1965** 805 (hinsichtlich der Firma „Fleischbearbeitung Wedding GmbH").

[3] So erstmals KG OLGR **44** 221 „Aeriola" = NW **1925** 639 m. abl. Anm. *Hachenburg* aaO S. 802, ferner KG JW **1927** 130[3] „Kosmopharm", JW **1927** 1107 „Wille u. Weg"; aus der Lit. vgl. *Feine* S. 83, *Fuld* GmbH-Rdsch. **1925** 307, *Wellmann* DNotZ **1959** 534, 536 und BB **1970** 153.

Unternehmensgegenstand in Zusammenhang gebracht werden könne. Gegen eine solche Ausweitung hat zu Recht schon *Hachenburg* (aaO Fn. 3) eingewendet, daß sich mit dieser Begründung fast immer ein Zusammenhang nachweisen und damit wohl jede Bezeichnung rechtfertigen lasse. Später hat das Kammergericht im „Multiton"-Beschluß (NJW **1958** 1830; dazu *Wellmann* DNotZ **1959** 534, 536) einen *objektiven Sinnzusammenhang* mit dem Gegenstand des Unternehmens gefordert, aber ausdrücklich daran festgehalten, daß es nicht darauf ankomme, daß dieser Zusammenhang für jemanden, der den Gegenstand des Unternehmens nicht kennt, ohne weiteres erkennbar sei[4].

Demgegenüber verlangt die weit **überwiegende Meinung** in Literatur und Rechtsprechung in Übereinstimmung mit der älteren Rechtsprechung des Kammergerichts, daß die Firma einen Hinweis auf den Gegenstand enthält, durch den dieser für das Publikum — wenn auch nicht erschöpfend — so doch **im wesentlichen erkennbar** ist[5]. 14

Stellungnahme. Die Entscheidung ist nach **Sinn und Zweck** der Vorschrift zu treffen. Nach der neueren Auffassung des Kammergerichts soll dieser Sinn nicht darin liegen, die Allgemeinheit über den Gegenstand des Unternehmens durch die Firma aufzuklären, da ja auch aus der Personenfirma der Gegenstand nicht hervorgehe. Zweck des Gesetzes sei lediglich die Ausschaltung willkürlich gewählter Firmenbezeichnungen, um die Gefahr von Täuschungen herabzusetzen[6]. Indessen sind irreführende Firmen schon nach allgemeinen firmenrechtlichen Grundsätzen unzulässig (§ 18 Abs. 2 HGB; dazu *Baumbach/Hueck* AktG[13] § 4, 4). Zwar würde auch nach Ansicht des Kammergerichts die Vorschrift des § 4 Abs. 1 S. 1 1. Alt. nicht völlig gegenstandslos werden (so aber *Baumbach/Hueck* aaO), da § 18 Abs. 2 HGB Täuschungen durch Phantasiebegriffe zumindest in solchen Fällen nicht ausschließen kann, in denen deren Täuschungseffekt nicht offenkundig ist (*Wellmann* DNotZ **1959** 537). Die Bedeutung der Vorschrift geht aber über die bloße Verhinderung einer Täuschung hinaus. Die Ausschaltung gewillkürter, nicht personen- oder gegenstandsbezogener Firmenbezeichnungen ist auch nicht ein rein formales Prinzip des deutschen Handelsrechts (so aber *Wellmann* aaO), sondern trägt dem materiellen handelsrechtlichen **Grundsatz der Firmenwahrheit** in positiver Form Rechnung[7]. Insoweit geht auch der Hinweis des Kammergerichts auf die Personenfirma, die ja auch keinen Zusammenhang mit dem Unternehmensgegenstand habe, fehl. Auch ihre Funktion ist durchaus die Aufklärung des Verkehrs. Die Bestimmungen über die 15

---

4 So auch BayObLG DB **1978** 579, 580, das die Unerheblichkeit der Frage für die Entscheidung übersieht; weitergehend *Roth* 3.2.1., wonach eine „allgemeine Bezugnahme" genügt.

5 Vgl. KG SeuffArch. **56** 8 „Hejmdal mbH", KGJ **30** A 145, 146 „Maschinengenossenschaft eGmbH", KGJ **34** A 149, 150 „Handelsselskabet Svenstrup", OLG Köln v. 1. 10. 1948 „Parkota" zit. bei *Wellmann* GmbH-Rdsch. **1950** 151, OLG Neustadt NJW **1962** 2208 „Bauhelf", OLG Celle Rpfl. **1974** 195 „Automuseum", OLG Stuttgart OLGZ **1974** 337 = BB **1974** 756 m. zust. Anm. v. *Wessel* „Fluidtechnik", OLG Frankfurt GmbH-Rdsch. **1979** 226 „Food" und „Nonfood", LG Wuppertal bei *Wittmann* BB-Beilage 12/**1975** IV 17 a „Schnellkauf", AG Bremen BB-Beilage 10/**1969** IV 3 b „Durofalt" *Scholz/Winter* 5, *Bartl/Henkes* 54, *Baumbach-Hueck* 2 A, *Brodmann* 3, *Jordan* S. 59, *Vogel* 2, *Wessel* Rdn. 301; *Veismann* DB **1966** 99, 100, *George* GmbH-Rdsch. **1959** 4, 6; früher auch *Wellmann* GmbH-Rdsch. **1950** 151. — So auch für die *Aktiengesellschaft Baumbach-Hueck* AktG[13] § 4, 4, Geßler/Hefermehl/*Eckardt*/Kropff AktG § 4, 9, *Godin-Wilhelmi* AktG[4] § 4, 5, *Meyer-Landrut* GroßkommAktG § 4, 2.

6 KG GmbH-Rdsch. **1958** 163; vgl. auch *Wellmann* DNotZ **1959** 534, 536 und BB **1970** 153, 154, *Roth* 3.2.

7 OLG Neustadt NJW **1962** 2208, 2209, *Bartl/Henkes* 55, *Heinrich* Rdn. 132; so auch *Schlegelberger/Hildebrandt/Steckhan* HGB § 20, 3 für die AG.

ursprüngliche Bildung der Personenfirma einerseits und der Sachfirma andererseits verwirklichen den Grundsatz der Firmenwahrheit nur in verschiedener Richtung: Die Personenfirma gibt Aufschluß über die Person des Geschäftsinhabers bzw. der Gesellschafter, die Sachfirma über den Gegenstand des Unternehmens. Beides ist für den Verkehr von Interesse. Daher ist mit der überwiegenden Meinung daran festzuhalten, daß der Unternehmensgegenstand aus der Sachfirma **im wesentlichen erkennbar** sein muß, wobei für die Erkennbarkeit auf die beteiligten Verkehrskreise abzustellen ist (vgl. im einzelnen *Heinrich* Rdn. 129 ff. m. w. N.).

16 **γ) Folgerungen.** Aus dem Erfordernis der Erkennbarkeit ergibt sich weiter, daß **Symbole** oder *sinnbildliche Bezeichnungen als Hauptbestandteil der Sachfirma nur zulässig* sind, soweit sie den Gegenstand des Unternehmens **allgemeinverständlich** treffen. Dabei darf die Kombinationsgabe des Publikums nicht überschätzt werden. So ist z. B. der Bezeichnung „Orlow" kein Hinweis auf elektrische Beleuchtung zu entnehmen, selbst wenn bekannt ist, daß es sich um den Namen des zweitgrößten Diamanten der Welt handelt (dennoch ist zu Recht in KGJ **19** 15 die Firma „Orlow, Gesellschaft für elektrische Beleuchtung mbH" zugelassen, da ein Symbol als *Zusatz* immer möglich ist). Entscheidend ist die *Verkehrssitte.* Bei Hotel- oder Herbergsbetrieben können bekannte typische Bezeichnungen genügen: „Weißes Rößl", „Goldener Karpfen" oder „Hamburger Hof" GmbH.

17 Aus demselben Grund können **Abkürzungen** oder *Zusammenstellungen von Anfangsbuchstaben* nur dann den Hauptbestandteil einer Sachfirma bilden, wenn sie ohne weiteres verständlich sind. Bei einer Firma „Kosmopharm-Vertriebs GmbH" (zugelassen vom KG, JW **1927** 130[3]) wird man aus „pharm" zwar auf pharmazeutische Artikel, dagegen kaum aus „Kosmo" auf Kosmetik schließen können (so auch *Scholz/Winter* 9; anders aber *Wellmann* DNotZ **1959** 534, 539). auch aus der Zusammensetzung „Parkota" läßt sich der Gegenstand **Par**fümerie, **Ko**smetika und **T**oiletten-**A**rtikel nicht erkennen (OLG Köln v. 1. 10. 1948 zit. bei *Wellmann* GmbH-Rdsch. **1950** 151). Dasselbe gilt für die Bezeichnung „Eurochix", wenn die GmbH Küken-(engl. chicken)handel betreibt (OLG Oldenburg NdsRpfl. **1968** 15).

18 Entsprechendes gilt für **fremdsprachliche** *Sachbezeichnungen*[8]. Es ist zwar nicht notwendig, daß die Sachfirma in deutscher Sprache abgefaßt ist (a. A. aber *Bokelmann* Rdn. 214). Fremdsprachliche Begriffe, vor allem aus der englischen Sprache, werden vielfach auch einem deutsch sprechenden Publikum ohne weiteres verständlich sein[9]. Die Kenntnis lateinischer, griechischer oder sonstiger Sprachen kann aber nicht vorausgesetzt werden (*George* GmbH-Rdsch. **1959** 4, 6). *Nicht ausreichend* ist, daß der Gegenstand aus der fremdsprachlichen Bezeichnung notfalls unter *Zuhilfenahme Dritter* ermittelt werden kann[10]. Abzulehnen sind dazer z. B. „Silla-GmbH"[11] und „Frumentum-GmbH"[12]. Anderes gilt aber, soweit es sich um anerkannte Fachausdrücke handelt[13]. Bei Zusätzen stellt sich dagegen nur die Frage der Täuschungseignung (vgl. OLG Frankfurt Fn. 13).

---

[8] *Wessel* Rdn. 304; für die AG *Kraft* Kölner KommAktG § 23, 8, *Meyer-Landrut* Groß-kommAktG § 4, 2.

[9] So für den Zusatz „Electronic Service" OLG Frankfurt OLGZ **1983** 25 = GmbH-Rdsch. **1983** 241, 242; dagegen Ablehnung der Allgemeinverständlichkeit von „carpets" als Bezeichnung für Teppiche durch LG Dortmund v. 5. 9. 1979 zit. bei *Wessel* aaO Fn. 294.

[10] So aber BayObLGZ **1977** 112 = DB **1978** 579 „Telepromotion", LG Wiesbaden BB-Beilage 10/**1969** unter IV 5 „Enterprise-Recreational Service GmbH", *Vogel* 2 unter Hinweis auf OLGR **43** 324.

[11] AG Bremen BB-Beilage 12/**1975** IV 17 b.

[12] **A. A.** OLG Karlsruhe OLGR **43** 324 = JW **1923** 525 m. Anm. *Bauer.*

[13] OLG Frankfurt GmbH-Rdsch. **1979** 226 „Food" und „Nonfood", OLG Stuttgart OLGZ **1974** 337 m. zust. Anm. *Wessel* BB **1974** 756 „Fluidtechnik".

δ) Verwendung von Warenzeichen. Nach den gleichen Gesichtspunkten ist zu entscheiden, ob Bezeichnungen von Waren, insbesondere Warenzeichen allein als Sachfirma verwendet werden können. Insoweit bestehen zwar dann keine firmenrechtlichen Bedenken, wenn das Warenzeichen den Unternehmensgegenstand selbst bezeichnet. Anderes gilt aber dann, wenn das Zeichen aus Phantasieworten oder Buchstabenkombinationen besteht. Hier reicht auch nicht aus, daß im Gesellschaftsvertrag die Herstellung und der Vertrieb von Waren unter dieser Bezeichnung angegeben ist[14]. Andernfalls würde damit die Möglichkeit eröffnet, doch Phantasiebezeichnungen zu wählen[15]. Das ist aber auch nach der Gegenmeinung nicht zulässig. Solche Warenzeichen werden regelmäßig auch objektiv keinen Sinnzusammenhang mit dem Unternehmen aufweisen. Vielmehr kommt es auch für die aus einem Warenzeichen gebildete Sachfirma entscheidend darauf an, daß der *Gegenstand des Unternehmens für den Verkehr erkennbar* ist. Danach ist erforderlich, daß das Warenzeichen allgemein so bekannt ist, daß es mit einem bestimmten Geschäftszweig oder Handelsbetrieb in Verbindung gebracht wird (z. B. Tesafilm für Klebebänder, Leukoplast für Heftpflaster)[16]. Auf die Eintragung in der Zeichenrolle kommt es nicht an[17]. 19

Folge dieser Ansicht ist zwar, daß einer GmbH, die zur Herstellung oder zum Vertrieb einer neuen Ware unter einem unbekannten Warenzeichen gegründet wird, die Wahl des Warenzeichens als Firmenkern regelmäßig versagt bleibt. Das rechtfertigt aber nicht, von den genannten Grundsätzen abzuweichen und die Aufnahme des Warenzeichens auch schon dann für zulässig zu erachten, wenn mit Sicherheit zu erwarten ist, daß es sich in der Vorstellung des Publikums in naher Zukunft mit einem Artikel verbinden wird, der den Gegenstand des Unternehmens erkennen läßt[18]. Soll in diesem Fall das Warenzeichen von Anfang an in der Firma erscheinen, so bleibt den Gründern immer noch die Möglichkeit, es als *Zusatz* aufzunehmen[19]. Die angestrebte Werbewirkung wird dadurch wohl kaum gemindert. Zur Frage der Täuschung von Zusätzen s. unten Rdn. 63. 20

Ob die Firma das **Recht** zur Benutzung des Warenzeichens hat, ist vom Registerrichter *nicht* nachzuprüfen (KG OLGR **42** 219, 220). 21

ε) Verwendung von Personennamen. Aus einem Personennamen allein wird die **Sachfirma kaum** jemals gebildet werden können. Ein Gesellschaftername scheidet schon deshalb aus, weil es sich dann um eine Personenfirma handeln würde. Die Verwendung fremder Namen ist aber in der Regel unstatthaft. Zwar ergibt sich das nicht schon aus § 4 Abs. 1 S. 2, da diese Vorschrift nur für die Personenfirma gilt (vgl. KG GmbHRspr. IV Nr. 12 zu § 4); doch besteht die *Gefahr der Täuschung*, da regelmäßig der Eindruck erweckt werden wird, es handele sich um den Namen eines Gesellschafters. Das gilt nicht für 22

---

14 So aber KGJ **52** 95, 97 „Santo-GmbH", *Hachenburg/Schilling*[6] 2, *Kühn* GmbH-Rdsch. **1967** 49, 95, *Fuld* GmbH-Rdsch. **1925** 307, 309.

15 So auch *Gofferjé* S. 31; vgl. auch *Wessel* Rdn. 306, *Wellmann* DNotZ **1959** 534, 539.

16 So auch die wohl h. M. vgl. AG Wilhelmshaven BB **1966** 1247[18], *Scholz/Winter* 9, *Baumbach/Hueck* 2 A, *Jordan* S. 63, 64, *Bullinger* GmbH-Rdsch. **1979** 178, *Wessel* Rdn. 306, *Veismann* GmbH-Rdsch. **1967** 95, *ders.* DB **1966** 99, 100, *Wellmann* DNotZ **1959** 534, 540; *für die AG auch Kraft* Kölner Komm-AktG § 4, 7, *Meyer-Landrut* Großkomm-AktG § 4, 2. *Nicht eindeutig demgegenüber* RG MuW **1934** 239, 242, wonach „das Warenzeichen in der Verbraucherwelt verbreitet" sein muß; ähnlich LG Düsseldorf zitiert bei *Schmatz* DNotZ **1957** 419 („AKO"-GmbH zulässig, da „eingeführtes Warenzeichen").

17 **A. A.** aber OLG Frankfurt OLGZ **1982** 144 = BB **1982** 1322 betr. Zusatz „Darius", *Bokelmann* Rdn. 342.

18 So aber *Grobe* NJW **1967** 1948, 1949 aufgrund einer Entscheidung des LG Hamburg v. 22. 2. 1967; dagegen mit Recht *Wessel* NJW **1968** 733, 734.

19 Vgl. OLG Frankfurt DB **1983** 984 (LS) „Air-Plass".

mythologische oder historische Namen, wie z. B. Salvator, Friedrich der Große und Kolumbus, weil sie ihre Eigenschaft als Personennamen verloren haben und Symbol geworden sind (KGJ **19** 15, 17, KG OLGR **19** 379, 380); ebensowenig, wenn der Name durch seine besondere Stellung in der Firma nur als sachlicher Zusatz erscheint, etwa als Hinweis auf den Begründer einer Methode (vgl. *Scholz/Winter* 16). Den Anforderungen an eine zulässige Sachfirma werden aber auch diese Namen nur genügen, wenn sie den Unternehmensgegenstand erkennbar zu kennzeichnen vermögen. Zu Personennamen als fakultative Zusätze vgl. Rdn. 57, 58.

23 **c) Individualisierung.** Über die Notwendigkeit einer *Individualisierung der Sachfirma* besteht in Rechtsprechung und Literatur grundsätzlich Einigkeit. Die Sachfirma soll so konkret und aussagekräftig gefaßt sein, daß aus ihr der **Unternehmensgegenstand erkennbar** ist und sie eine **hinteichende Unterscheidungskraft** gegenüber anderen am gleichen Ort eingetragenen Firmen der gleichen Branche besitzt. Wie diese beiden Stichworte zeigen, handelt es sich bei der Frage nach der notwendigen Individualisierung allerdings genau genommen um **zwei Fragenkreise**. *Einmal* geht es darum, im Interesse der Firmenklarheit die Art der Unternehmenstätigkeit der GmbH durch die Sachfirma erkennbar zu machen, d. h. also um die gleiche Fragestellung wie bei dem Erfordernis der *Individualisierung des Unternehmensgegenstands* (§ 3, 19 bis 22); man kann hier auch von „gesellschaftsrechtlicher Individualisierung" sprechen (vgl. Rdn. 24). Davon zu unterscheiden ist der *zweite*, an § 30 HGB anknüpfende Aspekt der Individualisierung, der sich mit der Frage der *Unterscheidungskraft der nur aus einer Branchen- oder Gattungsbezeichnung* gebildeten Sachfirma wie z. B. „Gebäudereinigungs"-, „Gewächshaus"-, „Mineralölvertriebs"-, „Möbeltransport"- oder „Transportbeton"-GmbH befaßt. Auf diese „firmenrechtliche Individualisierung", die meist nicht deutlich von der „gesellschaftsrechtlichen" getrennt wird, ist unter Rdn. 25 einzugehen.

24 Nach den Grundsätzen der Firmenwahrheit und -klarheit bedarf es einer **gesellschaftsrechtlichen Individualisierung** der Gegenstandsbezeichnung, wenn in der Firma nur das Objekt des Geschäftsbetriebes genannt ist, und wenn mangels Angabe über den Gegenstand der Tätigkeit (Herstellung, Weiterverarbeitung, Vertrieb u. a.) die Gefahr einer Täuschung über die Art der Betriebstätigkeit besteht (BGH NJW **1982** 2446). Entscheidend ist, ob die beteiligten Verkehrskreise aus der konkreten Firmenbezeichnung auf eine bestimmte, tatsächlich nicht gegebene Geschäftsart schließen. Eine allgemeingültige Regel läßt sich nicht aufstellen. Zwar wird die alleinige Nennung einer Sache vielfach auf ihre Erzeugung deuten (vgl. auch *Jordan* S. 59, 60). Andererseits läßt sich bei sehr unterschiedlichem Warensortiment nach allgemeiner Erfahrung eher auf Vertrieb schließen[20]. Keine Täuschung ist auch anzunehmen, wenn die Betriebsart völlig offen bleibt[21]. Das gleiche gilt, wenn nach der Verkehrsauffassung die Bezeichnung sowohl Herstellung als auch Vertrieb umfaßt (vgl. OLG Frankfurt OLGZ **1983** 25 für den Zusatz „Electronic-Service"). In diesem Fall ist die Firma jedoch unzulässig, wenn die Gesellschaft das Produkt nur herstellt oder damit nur Handel treibt. Ferner muß die gewählte Bezeichnung ausreichen, um den Gegenstand erkennbar werden zu lassen. Zu ungenau ist der Gegenstand in der Firma „Weltmode-GmbH" angegeben (AG Gütersloh BB **1966** 1246). Abzulehnen auch „Kaufhof-GmbH" für ein Schuhwarengeschäft (KG

[20] BGH aaO „Bauern-Spezialitäten"; **a. A.** Vorlagebeschluß OLG Stuttgart GmbH-Rdsch. **1982** 276, wonach diese Bezeichnung den Anschein erwecke, die Ware werde direkt vom Hersteller und daher besonders preisgünstig bezogen; vgl. auch LG München MittBayNot. **1982** 255: „Mode" als Hinweis auf Handel.

[21] OLG Zweibrücken OLGZ **1981** 394 = Rpfl. **1981** 308 „Tabak-Crew"; **a. A.** *Bokelmann* GmbH-Rdsch. **1983** 236, 237.

GmbHRspr. IV Nr. 23 zu § 4). Ebenso „Handelsgesellschaft mbH" (vgl. KG OLGR **43** 278, 279), es sei denn, der Gegenstand der Gesellschaft richtet sich auf den Handel ganz allgemein (KGJ **34** A 149, 150 „Handelsgesellschaft" oder „Handelsselskabet", wenn der Gegenstand „Betrieb eines Kaufmannsgeschäfts" ist). In diesem Sinne auch *Wessel* Rdn. 301, *ders* BB **1960** 1268 II 2, *George* GmbH-Rdsch. **1959** 4; a. A. KGJ **30** A 145 „Maschinengenossenschaft eGmbH".

Läßt die **Branchenbezeichnung** den Gegenstand des Unternehmens deutlich erkennen, so genügt sie den an die Sachfirma zu stellenden Anforderungen. Eine weitere **Individualisierung** der Firma ist *nicht erforderlich*, selbst wenn es sich um eine verbreitete und häufig anzutreffende Branche handelt[22]. Demgegenüber leitet die zahlenmäßig weit überwiegende **Gegenmeinung** die Notwendigkeit weitergehender Individualisierung aus der **Namensfunktion** der Firma ab[23]. Dem kann **nicht gefolgt** werden. Richtig ist zwar, daß die Firma der GmbH zugleich ihr Name ist. Dieser Bedeutung der Firma muß aber bereits durch eine Branchenbezeichnung genügt werden können; da bloßen Gegenstandsbezeichnungen regelmäßig der Namenscharakter fehlt, wäre entgegen der gesetzlichen Regelung andernfalls keine Sachfirma möglich. Auf die Häufigkeit der Bezeichnung kommt es hierfür nicht an, da man sonst auch häufigen Personenfirmen Namensqualität absprechen müßte. Ebenso läßt sich die *Verwechslungsgefahr* nicht allgemein zur Begründung der Individualisierungsforderung anführen; sie ist in § 30 HGB abschließend geregelt (*Wellmann* BB **1961** 1102). Auch die *Interessen der Konkurrenten* werden durch die Wahl einer Branchenbezeichnung *ohne* Individualisierungszusatz nicht stärker beeinträchtigt, als wenn der Sachfirma ein solcher Zusatz begefügt wäre. Zwar kann eine später an demselben Ort gegründete Gesellschaft nach § 30 Abs. 2 HGB nicht den gleichen Firmennamen wählen. Indessen ist die Branchenbezeichnung damit für die Konkurrenten nicht schon gesperrt; vielmehr kann sie mit einem Unterscheidungszusatz zur Bildung weiterer Firmen verwendet werden[24]. Auch ist schwer einzusehen, warum die aus einer schlichten Branchenbezeichnung gebildete Firma gegenüber einer solchen mit individualisierendem Zusatz werbewirksamer sein sollte; sie läuft vielmehr Gefahr, für Unternehmen gleicher Art mitzuwerben. Der Eindruck einer besonderen Bedeutung innerhalb der Branche entsteht nicht[25]. Zum namens- und firmenrechtlichen Schutz einer solchen Bezeichnung vgl. *Baumbach-Hefermehl* UWG § 16, 29f., 39; *Gleiss* und *Blumers* aaO 25

---

[22] LG Köln v. 15. 10. 1952 „Apparate-Vertrieb GmbH", zit. bei *Wellmann* GmbH-Rdsch. **1972** 197 Fußn. 41, und v. 12. 11. 1958 „Kunststoffgesellschaft mbH", zit. bei *Wellmann* BB **1970** 156 Fn. 27; *Roth* 3.2.1., *Blumers* BB **1977** 970, 971, *Gleiss* und *Blumers* BB **1970** 905.

[23] BayOLG Rpfl. **1978** 127 (LS) „Heimtextilien GmbH", OLG Hamm OLGZ **1978** 38 = DNotZ **1978** 112 „Industrie- und Baubedarf GmbH", NJW **1961** 2018 „Transportbeton GmbH"; so auch OLG Köln GmbH-Rdsch. **1978** 112, das aber die Kennzeichnung von „D. G. C. Diamond and Gems GmbH" für ausreichend hält, OLG Düsseldorf BB-Beilage 9/**1971** III 8a „Stapler-Vermietung GmbH", LG Aachen, ebenda, III 8b „Gebäudereinigungs-GmbH", LG Hannover BB-Beilage 10/**1969** IV 4 „Mineralöl-Vertrieb GmbH", *Scholz/Winter* 6, *Brodmann* 3, *Baumbach/Hefermehl* UWG § 16, 88, *Bokelmann* Rdn. 328ff., *Lamers* Bespr. der Voraufl. DNotZ **1977** 246, 247, *Veismann* DB **1966** 99, *Wellmann* BB **1961** 1102, so auch *für die AG* Geßler/Hefermehl/*Eckardt*/Kropff AktG § 4, 11, *Meyer-Landrut* Großkomm-AktG § 4, 2.

[24] *Blumers* BB **1977** 970, 971/972, *Gleiss* und *Blumers* BB **1970** 905, 906, *Ebert* B **1958** 611, 614; so auch *Wellmann* GmbH-Rdsch. **1950** 151, 153, der freilich in BB **1961** 1102 und BB **1970** 153, 156 von einer Sperrwirkung spricht.

[25] Insoweit auch *Scholz/Winter* 6; **a. A.** aber *Bokelmann* Rdn. 330, *Lamers* aaO und *Wellmann* BB **1970** 153, 156 und BB **1961** 1102.

26 **d) Unzulässige Gegenstandsbezeichnungen.** Gegenstandsbezeichnungen sind unzulässig, soweit ihr firmenrechtlicher Gebrauch geeignet ist, über Art und Umfang des Geschäfts zu **täuschen.** Die Vorschrift des § 18 Abs. 2 S. 1 HGB gilt bei Sachfirmen nicht nur für Firmenzusätze, sondern auch für den Firmenkern[26].

27 Firmenrechtlich gestattete Sachbezeichnungen können aber auch aus anderen Gründen untersagt sein. So ist aus Gründen der **öffentlichen Ordnung** im Kreditwesen die Führung bestimmter Bezeichnungen bank- und sparkassengeschäftlicher Tätigkeiten in der Firma bestimmten Unternehmen vorbehalten, z. B. Bank, Bankier, Bankgeschäft, Sparkasse, Volksbank, Bausparkasse, Kapitalanlagegesellschaft, Investment, Invest[27], Finanz und Kredit[28], Finanzierungen[29]. Entsprechendes gilt für die Bezeichnung „Steuerberatungsgesellschaft"[30] sowie „Buchprüfungsgesellschaft" und „Wirtschaftsprüfungsgesellschaft"[31], „Revisionsgesellschaft"[32]. Zur Unzulässigkeit von Firmenzusätzen vgl. Rdn. 60, zu den Folgen unzulässiger Firmierung für die Gesellschaft Rdn. 87 ff.

28 **e) Maßgeblicher Zeitpunkt für die Zulässigkeitsprüfung.** Die Sachfirma der GmbH muß grundsätzlich dem Gegenstand des Unternehmens zur Zeit der **Anmeldung** der neu gebildeten oder geänderten Firma entsprechen (näher § 9 c, 15, vgl. auch Rdn. 50). **Umstritten** ist, ob durch **Veränderung des Unternehmensgegenstandes** eine ursprünglich zutreffende Firmenbezeichnung **unzulässig** werden kann. Von der *überwiegenden Meinung* wird dies *bejaht.*[33] Nach der *Gegenansicht* soll die einmal zulässig gebildete Sachfirma trotz späterer Änderungen des Unternehmensgegenstands beibehalten werden können[34].

29 **Stellungnahme.** Auf den *Wortlaut von § 4*, „Die Firma ... muß ... von dem Gegenstande ... entlehnt sein", läßt sich weder die eine noch die andere Ansicht stützen. Er macht nicht deutlich, ob sich die Vorschrift nur auf den Zeitpunkt der Gesellschaftsgründung bezieht oder auch bei späteren Änderungen des Unternehmensgegenstandes zu beachten ist[35]. Gleiches gilt für das Verbot täuschender Firmenzusätze in § 18 Abs. 2 HGB. Eine Lösung der Frage kann vielmehr nur unter Beachtung des **Grundsatzes der Firmenwahrheit** *und seiner Durchbrechungen* gefunden werden. Der Grundsatz der Firmenwahrheit entspringt dem öffentlichen Interesse, den Handelsverkehr

---

[26] *Hüffer* GroßkommHGB § 18, 28; *Schlegelberger/Hildebrandt/Steckhan* HGB § 18, 8; OLG Köln DB **1976** 863.

[27] Vgl. KWG §§ 39 ff., KAGG §§ 7, 53; BayObLG Rpfl. **1984** 319, BB **1983** 1494 sowie BayObLGZ **1969** 215 = MDR **1970** 55, *Consbruch* BB **1966** 102.

[28] OLG Köln WRP **1980** 439, LG Regensburg Rpfl. **1983** 278 m. Anm. *Dürr.*

[29] OLG Frankfurt AG **1980** 82.

[30] §§ 3 Nr. 1, 53, 161 Abs. 1 StBerG v. 4. 11. 1975, BGBl. I 2735; zur Firma einer Steuerberatungsgesellschaft BGHZ **79** 390 und *Wilke* DStR **1982** 95.

[31] §§ 31, 128 Abs. 2, 132 Abs. 1 WirtschaftsprüferO v. 5. 11. 1975 BGBl. I 2803.

[32] OLG Frankfurt NJW **1981** 1744 (LS), OLG Düsseldorf BB **1976** 1192.

[33] Vgl. OLG Zweibrücken OLGZ **1972** 391, 393 („Beamten-Einkauf eGmbH" nach Wegfall der Beschränkung auf Beamte), KG JW **1932** 2622 (hinsichtlich des Zusatzes „Werk", wenn die Herstellung aufgegeben ist: „Speisefettwerk Hermann A. Inhaber Wilhelm A."), AG Wilhelmshaven BB **1963** 326 („Färberei und chemische Reinigung", wenn die eigene Färberei aufgegeben worden ist), *Scholz/Winter* 8, 31, *Brodmann* 3; *Düringer/Hachenburg/Hoeninger* HGB, § 18, 8 a. E., *Jordan* S. 60, *Pisko* Ehrenbergs Handbuch Band II, 1 S. 301, *Schlegelberger/Hildebrandt/Steckhan* HGB § 18, 7, *Hüffer* GroßkommHGB § 18, 32, *Wellmann* GmbH-Rdsch. **1972** 193, 198, 199, *Ebert* BB **1958** 611, 614, so jetzt auch *Sudhoff* Der Gesellschaftsvertrag der GmbH[6], S. 131.

[34] *Roth* 3.1.3., *Vogel* 8, *George* BB **1964** 326, 327, *Wessel* Rdn. 438 f., *ders.* BB **1960** 1268, 1271, *Hesselmann* GmbH-Rdsch. **1957** 109, *Marx* S. 58.

[35] KG JW **1932** 2622; **a. A.** *Hachenburg*/Schilling[6] 2 aE, *George* BB **1964** 326, 327.

vor Täuschungen zu bewahren. Die Firma soll Informationsträger sein; daher müssen die Angaben, die sie nach den Vorschriften über ihre Bildung zu enthalten hat, der Wahrheit entsprechen. Im *Widerstreit* damit steht der *Grundsatz der Firmenbeständigkeit*, der auf das vorwiegend private Interesse an der Beibehaltung bestehender Firmen mit dem ihnen eigenen Vermögenswert zurückgeht. Er bildet die Grundlage der in §§ 21, 22 und 24 HGB zugelassenen Ausnahmen vom Grundsatz der Firmenwahrheit[36]. Wie diese Vorschriften erkennen lassen, ist eine Durchbrechung des Grundsatzes der Firmenwahrheit nach der gesetzlichen Wertung nur dann vorgesehen, wenn das Handelsgeschäft selbst, zu dessen Kennzeichnung die Firma dient, fortgeführt wird. Für die Zulässigkeit der **Beibehaltung** der einmal gewählten Sachfirma ist somit entscheidend, daß trotz Änderung des Unternehmensgegenstandes die *Kontinuität des Unternehmens im wesentlichen* gewahrt bleibt[37].

Aus diesen Grundsätzen folgt zugleich, daß die ursprünglich zutreffende Sachfirma dann **unzulässig** wird, wenn die spätere **Gegenstandsänderung zu einer wesentlichen Änderung des Unternehmens** führt und diese die Gefahr einer **Irreführung des Publikums** mit sich bringt. Die Ansicht von *Roth* (3.1.3), die Firmenänderung könne im Gegenteil eine bedenkliche Irreführung darstellen, entbehrt der Begründung. Eine Firmenänderung der GmbH ist unter Beachtung der Vorschriften über die Firmenbildung jederzeit möglich. Die Änderung des Gegenstandes wirkt sich auf die Sachfirma anders aus, als auf die von den Vertretern der uneingeschränkten Firmenfortführung (*Hachenburg/Schilling*[6] 2 a. E.; *Wessel* BB 1960 1268, 1271) zum Vergleich herangezogene Personenfirma. Diese wird durch eine Änderung des Unternehmensgegenstandes nicht berührt, weil sie nur über die Person der Gesellschafter Aufschluß gibt. Aber auch das Ausscheiden des namengebenden Gesellschafters macht die Personenfirma der GmbH grundsätzlich nicht unzulässig (vgl. dazu Rdn. 78). 30

Ob und inwieweit eine Änderung des Gegenstandes zu einer die Sachfirma tangierenden Unternehmensänderung führt, entscheidet sich nach der *Gesamtheit der tatsächlichen Umstände*. Eine Satzungsänderung bezüglich des Unternehmensgegenstandes ist nicht Voraussetzung (vgl. auch Rdn. 9). Eine völlige Umgestaltung des Geschäfts kommt auch dann in Betracht, wenn die Gesellschafter etwa eine ausdrückliche Anpassung des satzungsmäßigen Unternehmensgegenstandes versäumt haben. Andererseits hat aber auch nicht jede Gegenstandsänderung die völlige Umgestaltung des Geschäfts zur Folge. An der notwendigen Kontinuität fehlt es jedenfalls dann, wenn eine „Hutfabrik GmbH" nur noch Autos herstellt. So krasse Beispiele werden — mit Ausnahme der Fälle des Mantelkaufs (vgl. § 3, 27 ff.) — freilich kaum vorkommen. Erweiterungen oder Beschränkungen des Geschäftsbetriebs sowie Veränderungen des Sortiments werden nur in Ausnahmefällen eine wesentliche Umgestaltung bewirken. Hier ist auch zu berücksichtigen, daß die Sachfirma nicht sämtliche Geschäftszweige des Unternehmens zu umfassen braucht (Rdn. 8). Eine Entscheidung kann jeweils nur im Einzelfall getroffen werden. Dabei wird es entscheidend darauf ankommen, **ob sich die Firma in der Vorstellung der beteiligten Verkehrskreise noch mit dem geänderten Unternehmen verbindet**. Soweit die GmbH noch in der gleichen Branche tätig ist oder Artikel ähnlicher Gattung vertreibt, wird das regelmäßig zu bejahen sein. Die Firma „Hutfabrik GmbH" bleibt daher zulässig, wenn die Gesellschaft zwar keine Hüte mehr herstellt, wohl aber andere Putzmacherwaren gefertigt werden. Entsprechend ist auch eine „Färberei und chemische Reinigung GmbH" weiter zuzulassen, wenn die Gesellschaft sich künftig auf 31

[36] Zur Entstehungsgeschichte der §§ 21 ff. HGB *Heinrich* Rdn. 28 f., 39 f., *Gofferjé* S. 6 ff., *Marx* S. 10 ff.

[37] So grundsätzlich auch *Hüffer* GroßkommHGB § 22, 8, § 24, 3 und *Groschuff* JW **1934** 940, 947.

die chemische Reinigung beschränkt (a. A. AG Wilhelmshaven BB **1963** 326). *Dagegen* ist im Übergang von der Herstellung zum reinen Handel eine wesentliche Veränderung zu sehen, soweit die Produktion nicht nur vorübergehend eingestellt worden ist (so im Ergebnis auch KG JW **1932** 2622; *Wellmann* GmbH-Rdsch. **1950** 151, 152). Aus den vorstehenden Grundsätzen folgt zugleich, daß eine Sachfirma **nicht unzulässig** wird, wenn nur infolge einer **Wandelung der Verkehrsanschauung** eine unzutreffende Vorstellung über die Bedeutung der Sachbezeichnung hervorgerufen werden kann[38].

32 Die Frage nach der Auswirkung einer Gegenstandsänderung auf die Sachfirma der GmbH stellte sich besonders im Hinblick auf die aus der DDR *verlagerten Unternehmen* (vgl. dazu *Wellmann* GmbH-Rdsch. **1950** 151, 152). Sie ist weiter aktuell für eine GmbH, die sich als *Komplementär-GmbH* an einer GmbH & Co. KG beteiligen will, wobei sie ihren Geschäftsbetrieb der Personengesellschaft überläßt und selbst nur noch Verwaltungsaufgaben wahrnimmt (vgl. dazu auch Rdn. 10).

2. Personenfirma

Schrifttum

Barfuss Die Geltung des § 18 Abs. 2 HGB bei einer Personenfirma. Gleichzeitig eine Anmerkung zu dem Beschluß des BayObLG vom 19. 7. 1973 (Mesirca-Fall), BB **1975** 67; *Beitzen* Bildung einer GmbH-Firma mit dem Namen einer Auslandsgesellschaft, DB **1972** 2051; *Kallmann* Zum Firmenrecht der GmbH, JW **1924** 1120; *Latinak* Täuschung mit dem Namen einer ausländischen Gesellschaft? NJW **1973** 1215; *Licht* Reichen die personellen Bestandteile der gemischten Firma für die Firmenbildung eines neuen Unternehmens aus? NJW **1961** 716; *Ripfel* Die Personenfirma der GmbH, GmbH-Rdsch. **1959** 23; *Sachs* Klarstellender Zusatz bei einer aus mehreren, aber nicht allen Gesellschafternamen nachgebildeten Firma einer GmbH erforderlich? Anmerkung zum Beschluß des BGH vom 18. 9. 1975, DB **1975** 2423; *Schäfer* Anmerkung zu BGH vom 18. 9. 1975, BB **1976** 202; *Wellmann* Der kaufmännische Firmenname als Name des Gesellschafters i. S. des § 19 HGB und § 4 GmbHG, GmbH-Rdsch. **1954** 40; *ders.* Die Bildung der Gesellschaftsfirma unter Verwendung des Firmennamens einer Muttergesellschaft, GmbH-Rdsch. **1953** 86.

33 **a) Bildung. α) Grundsatz.** Für die Bildung der Personenfirma der GmbH sieht § 4 Abs. 1 S. 1 eine inhaltlich mit § 19 Abs. 1 HGB übereinstimmende Regelung vor. Die Gesellschafter haben danach zwischen **zwei Alternativen** zu wählen. Sie können die Firma aus den Namen **sämtlicher** Gesellschafter bilden. Sie können auch nur einen **Teil** der Gesellschafternamen in die Firma aufnehmen, müssen dann aber einen das Vorhandensein eines Gesellschaftsverhältnisses andeutenden, vom Zusatz nach § 4 Abs. 2 zu unterscheidenden **Zusatz** in der Firma führen. — Die Anwendung der auf dem Grundsatz der Firmenwahrheit beruhenden Vorschrift des § 4 Abs. 1 S. 1 bereitete schon vor Inkrafttreten der GmbH-Novelle 1980 Schwierigkeiten. Insbesondere war die Eignung des Wortes „Gesellschaft" oder „GmbH" als Zusatz iSv. § 4 Abs. 1 S. 1 umstritten. Überdies wurde die Frage nach dem Informationsgehalt der in dieser Vorschrift für die Personenfirma geforderten zusätzlichen Angaben angesichts des Umstands gestellt, daß es um die Firma einer GmbH als *juristischer Person* geht und eine persönliche Haftung der dahinter stehenden Gesellschafter ausscheidet (zum Diskussions-

---

[38] OLG Frankfurt AG **1980** 82 betr. Firmenzusatz „Finanzierungen", OLG Celle BB **1952** 125 bezüglich Firmenzusatz „Industrie", *Jordan* S. 60; **a. A.** *Hüffer* GroßkommHGB § 18, 32.

stand vgl. näher Voraufl. Rdn. 34 ff.). Nachdem die GmbH-Novelle 1980 die Einmann-Gründung zugelassen hat, ohne die Vorschrift über die Firmenbildung zu ändern (Rdn. 3), ist eine **Überprüfung der bisherigen Auslegung von § 4 Abs. 1 S. 1** auch für die Mehrpersonen-GmbH unerläßlich geworden (Rdn. 34 f.).

β) Gesellschaftszusatz. § 4 Abs. 1 S. 1 schreibt einen Gesellschaftszusatz in denjenigen Fällen vor, in denen **nicht sämtliche Namen** der bei Anmeldung der Firma zum Handelsregister vorhandenen Gesellschafter (Rdn. 50) in der Firma enthalten sind. Die Vorschrift wurde früher dahin ausgelegt, daß bei der **Aufnahme nur eines Namens** in die Firma der farblose **Zusatz „Gesellschaft" oder „GmbH"** genüge, weil hieraus für jedermann erkennbar werde, daß bei der GmbH-Gründung mindestens noch ein weiterer Gesellschafter vorhanden sei. Dagegen wurde bei der Aufnahme von **zwei oder mehr Namen** ein **ausdruckskräftigerer Zusatz** verlangt, wenn die Zahl der Gründer (oder der bei Firmenänderung vorhandenen Gesellschafter) über diejenige der in der Firma genannten Gesellschafter hinausging[39]. Als solche nach S. 1 erforderlichen ausdruckskräftigen Zusätze wurden die Bezeichnungen „& Co", „& Cie", „Partner", sowie je nach Lage des Falles „Gebrüder", „Geschwister", „Erben", „& Söhne" u. a. angesehen[40]. Eine von A, B und C gegründete GmbH sollte also z. B. mit „A GmbH", „A, B & C GmbH" oder „A & Co GmbH" firmieren dürfen, nicht aber mit „A & B GmbH". Als Grund für diese Differenzierung führte der BGH noch in der Grundsatzentscheidung BGHZ **65** 89 = NJW **1975** 2293 an, § 4 Abs. 1 S. 1 sei zwar nicht dazu bestimmt, einen Irrtum über die Zahl der Gesellschafter auszuschließen. Wohl aber solle er vermeiden, daß irrige Vorstellungen über die Träger des Unternehmens hervorgerufen werden (aaO S. 91 f.). 34

Die früher h. M. kann jedenfalls seit Zulassung der Einmann-Gründung **nicht unverändert beibehalten** werden[41]. Denn seither ist schon bei der aus nur **einem** Namen gebildeten Personenfirma nicht mehr ersichtlich, ob die GmbH von einem oder mehreren Gesellschaftern gegründet ist. Nach der strengen, auf die Firmenwahrheit abstellenden Ansicht müßte daher seither bei jeder Mehrpersonengründung einer der in Rdn. 34 genannten ausdruckskräftigen Gesellschaftszusätze aufgenommen werden, wenn nicht sämtliche Gründer in der Firma erscheinen; die in BGHZ **65** 89 enthaltene, der bisher h. M. entsprechende Differenzierung ist durch Zulassung der Einmann-Gründung überholt[42]. Angesichts der heute herrschenden *Verkehrsauffassung*, die aus der Personenfirma der GmbH anders als aus derjenigen einer Personengesellschaft *keine Rückschlüsse* auf Zahl und Person der dahinter stehenden Gesellschafter zieht (so zutr. BayObLG BB **1984** 1507 f.), erscheint eine *Erschwerung* der Bildung der Personenfirma, wie sie die Ausdehnung des Erfordernisses eines ausdruckskräftigen Gesellschaftszusatzes auch auf Personenfirmen mit nur einem Gesellschafternamen bedeuten würde, *nicht* veranlaßt. Die teleologisch zutreffende, vom Wortlaut des § 4 Abs. 1 S. 1 wohl noch gedeckte Lösung besteht vielmehr darin, **in allen Fällen den farblosen Zusatz „Gesellschaft" oder „GmbH" ausreichen zu lassen** unabhängig davon, ob die Firma der GmbH nur einen oder mehrere, jedoch *nicht sämtliche* Gesellschafternamen enthält[43]; für eine einheitliche 35

---

[39] BGHZ **65** 89, 91 f. = NJW **1975** 2293; *Scholz/Winter* 11, *Rob. Fischer* 3, *Roth* 4.1, *Feine* S. 84. Zum möglichen Verzicht auf den Zusatz in Fällen abgeleiteter Firma vgl. Rdn. 53.

[40] Vgl. dazu auch *Hüffer* in GroßkommHGB § 19, 25, 32 und 33 (zur Auslegung von § 19 Abs. 1 HGB) m. Nachw.

[41] So auch BayObLG BB **1984** 1507 f., *Roth* 4.1, *Bartl/Henkes* 64; für Beibehaltung der in Rdn. 34 erwähnten Differenzierung aber *Hüffer* GroßkommHGB § 19, 45.

[42] Ebenso BayObLG, *Roth* und *Bartl/Henkes* aaO (Fn. 41).

[43] So wohl auch BayObLG BB **1984** 1507, 1508 und *Hohner* NJW **1981** 2399; **a. A.** *Roth* 4.1, *Bartl/Henkes* 64 und *Hüffer* GroßkommHGB § 19, 45.

Auslegung von § 4 Abs. 1 S. 1 und § 19 Abs. 1 HGB ist mit Rücksicht auf die Änderungen durch die GmbH-Novelle 1980 kein Raum mehr. Zur Zulässigkeit des Gesellschafts-(GmbH-)Zusatzes auch bei Aufnahme sämtlicher Gesellschafternamen in die Firma, insbesondere also bei der Firma der Einmann-GmbH, vgl. Rdn. 36.

36 γ) **Einmann-GmbH.** Für die Personenfirma der Einmann-GmbH führt die unverändert beibehaltene Fassung von § 4 Abs. 1 S. 1 zu der Frage, ob in der Firma neben dem Namen des Einmann und der nach § 4 Abs. 2 vorgeschriebenen Bezeichnung „mit beschränkter Haftung" (oder mbH) auch noch der Zusatz „Gesellschaft" (oder GmbH) verwendet werden darf. Versteht man diesen Zusatz als Hinweis nicht nur auf die Rechtsform, sondern auch auf das Vorhandensein mehrerer Gesellschafter (Rdn. 35), so müßte die strikte Anwendung von § 4 Abs. 1 S. 1 zur Verneinung der Frage führen; die Personenfirma einer nur von A gegründeten GmbH müßte also „A mbH" lauten. Diese Folgerung hat die Praxis seit 1980 indessen zu Recht nicht gezogen[43a]. Wie schon § 1 nF deutlich macht, ist durch die GmbH-Novelle 1980 auch die Einmann-Gründung als „Gesellschaft" bezeichnet worden (vgl. dazu § 1, 35). Daraus folgt, daß der Gesellschafts-Zusatz heute nicht mehr dahin verstanden werden kann, notwendig auf das Vorhandensein von zwei oder mehr Gesellschaftern hinzuweisen. Seine Funktion beschränkt sich in Verbindung mit dem nach § 4 Abs. 2 vorgeschriebenen Rechtsformhinweis seit 1980 vielmehr darauf, den Verkehr auf die *Möglichkeit* des Vorhandenseins von mehr Gesellschaftern als den in der Firma genannten Personen hinzuweisen. Zur Information über die Zahl der Gründer ist er nicht (mehr) geeignet; hierzu bedarf es der Einsicht in die Handelsregisterakten.

37 **b) Name. α) Bürgerlicher Name.** Name im Sinn von § 4 Abs. 1 ist in erster Linie der bürgerliche Name des Gesellschafters. Es genügt der *Familienname*, obwohl ohne Angabe des Vornamens aus der Firma nicht zu ersehen ist, ob es sich bei dem genannten Gesellschafter um eine Frau oder einen Mann handelt; § 18 Abs. 1 HGB ist auf die Firma der GmbH nicht anwendbar (KGJ **39** A 114, 115, *Feine* S. 85, *Scholz/Winter* 12). Welches der Familienname ist, bestimmt sich nach allgemeinen Grundsätzen. Der Name muß genau in der Form in die Firma aufgenommen werden, wie er sich aus den Personenstandsbüchern ergibt. Ein Doppelname ist vollständig zu verwenden. *Unzulässig* ist es, die Firma allein mit dem persönlichen Zunamen eines Ehegatten zu bilden (betr. Mädchennamen der Ehefrau nach altem Recht vgl. RG JW **1902** 27, 28, **a. A.** wohl nur *Pabst* DNotZ **1959** 33, 34 und BB **1957** 455, 456). Das gilt auch dann, wenn die Heirat der Gesellschafterin erst nach Abschluß des Gesellschaftsvertrags, aber vor *Anmeldung* der Gesellschaft zur Eintragung in das Handelsregister erfolgt[43b]; für die Zulässigkeit der Firma der GmbH kommt es auf den Zeitpunkt nicht des Vertragsschlusses, sondern der Anmeldung an (Rdn. 50; zur Firma der Vorgesellschaft vgl. aber Rdn. 102). Die Personenfirma der GmbH kann auch aus dem *Namen eines* **Ausländers** gebildet werden, selbst wenn er in Deutschland ungebräuchlich und schwer verständlich ist. Er braucht auch nicht als Personenname erkennbar zu sein (vgl. Rdn. 49). Namen aus fremden Schriftzeichen (z. B. arabisch oder kyrillisch) müssen aber in lateinische Schrift übertragen werden (*Wessel* Rdn. 131, *Jordan* S. 48).

38 **β) Pseudonym.** Nach im einzelnen sehr *umstrittener* Ansicht können zur Bildung der Personenfirma auch **besondere Namen** dienen, unter denen der Gesellschafter in

---

[43a] Vgl. OLG Frankfurt BB **1982** 694; so auch *Hüffer* GroßkommHGB § 19, 44, *Heinrich* Fn. 487; **a. A.** anscheinend *Scholz/Winter* § 1 nF, 34, die nur einen Rechtsformzusatz nach § 4 Abs. 2 (mbH?) für zulässig halten.

[43b] Weitergehend LG Berlin zit. bei *Kallmann* JW **1924** 1120, *Brodmann* 2 und *Vogel* 3, die auf den Zeitpunkt des *Vertragsschlusses* abstellen.

bestimmter Beziehung im Verkehr auftritt. So sind der **Künstlername** und das **Pseudonym** zulässig[44]. Der Gesetzestext steht nicht entgegen. Auch der Künstlername ist Name, mit ihm verbindet sich die Vorstellung einer bestimmten Persönlichkeit. Er genießt namensrechtlichen Schutz[45]. Dem wirtschaftlichen Interesse des Künstlers an der Verwendung seines möglicherweise zugkräftigen und einprägsamen Künstlernamens läuft auch der Grundsatz der Firmenwahrheit nicht zuwider. Die mit dem Künstlernamen gebildete Personenfirma wird sogar vielfach die Person des Gesellschafters besser kennzeichnen als bei Verwendung des bürgerlichen Namens, der dem breiten Publikum ganz unbekannt sein kann (wie z. B. Kurt W. Marek alias C. W. Ceram, Hans Békessy alias Habe oder Greta Gustafsson alias Garbo). Die Anerkennung als Künstlername setzt Berühmtheit nicht voraus; zu fordern ist aber, daß der Künstlername die Persönlichkeit kennzeichnet, wenn auch nur für die beteiligten Verkehrskreise[46]. *Dagegen* ist die Aufnahme von *Decknamen* in die Firma *unzulässig*. Ihr Sinn liegt gerade darin, die Person zu verschleiern (z. B. häufig wechselnde Falschnamen, Pseudonym eines unter anderem Namen bekannten Künstlers für *ein* neues Werk).

γ) Handelsname (Firma). *Zulässig* ist auch die Verwendung der Firma eines 39
Gesellschafters. Soweit es sich bei den Gesellschaftern der GmbH um **Handelsgesellschaften** oder *eingetragene Genossenschaften* handelt, ist das *unbestritten* (**a. A.** wohl nur *Brodmann* 2); bei ihnen hat die Firma mangels bürgerlichen Namens zugleich Namensfunktion. Was den Einzelkaufmann als Gesellschafter betrifft, so stellt sich die Frage nur, soweit er abweichend vom Regelfall des § 18 Abs. 1 HGB als Firma nicht seinen bürgerlichen Namen, sondern eine *abgeleitete Firma* führt. Die *überwiegende Meinung* gestattet in diesem Fall, die Personenfirma der GmbH unter Verwendung der abgeleiteten Firma des Einzelkaufmanns zu bilden[47]. Beteiligt sich der Kaufmann Berthold Schwarz, der die Firma „Ernst Weiß" für sein Einzelhandelsgeschäft führt, an einer GmbH, so kann die Firma der GmbH z. B. „Ernst Weiß GmbH" vorbehaltlich der Verwechslungsgefahr (§ 30 HGB) lauten. Demgegenüber versteht die *Gegenansicht* unter „Namen" im Sinn von § 4 Abs. 1 nur den *Familiennamen*. Sie lehnt eine Verwendung der namensverschiedenen Firma des Einzelkaufmanns in der Personenfirma der GmbH auch deshalb ab, weil das mit den Grundsätzen des Rechts der Firmenfortführung unvereinbar sei und die Gefahr der Irreführung für die beteiligten Verkehrskreise begründe[48].

Stellungnahme. Der überwiegenden Meinung ist zu folgen. Vorbehaltlich bestimm- 40
ter Sonderfälle, in denen die Gefahr der Irreführung naheliegt (Rdn. 43), bestehen gegen die Aufnahme der — namensverschiedenen — Firma des Einzelkaufmanns in die Personenfirma der GmbH *keine grundsätzlichen Bedenken*. Unzutreffend ist insbesondere der Standpunkt der Gegenansicht, unter „Name" im Sinn von § 4 Abs. 1 (und entsprechend § 19 Abs. 1 HGB) sei nur der Familienname zu verstehen. Zu einer solchen Einschränkung besteht schon deshalb kein Anlaß, weil durch § 17 HGB die Firma ausdrücklich als

---

[44] *Scholz/Winter* 12; *Vogel* 3; *Heinrich* Rdn. 93 ff.; **a. A.** KG KGJ **35** A 150 für die OHG, OLGR **40** 178 für eine gemischte Firma; *Bokelmann* Rdn. 294/295; *Wellmann* GmbH-Rdsch. **1972** 103 Fn. 2.

[45] RGZ **101** 226, 230, BGHZ **30** 7, 9; *Soergel-Heinrich* BGB § 12, 120, *Baumbach/Hefermehl* UWG § 16, 16.

[46] *Heinrich* Rdn. 94 ff., 98 m. w. N.; **a. A.** *Vogel* 3, der eine „gewisse Popularität" fordert; ebenso *Sudhoff* Der Gesellschaftsvertrag der GmbH[6], S. 132.

[47] LG Berlin JR **1950** 669, LG Hamburg GmbH-Rdsch. **1953** 189, *Fischer* 3, 5, *Scholz/Winter* 12, *Vogel* 3, *Heinrich* Rdn. 105 ff., 197, *Hüffer* GroßkommHGB § 19, 14; *Wellmann* GmbH-Rdsch. **1954** 40, 41; hinsichtlich der Bildung einer gemischten Firma auch Hans-OLG HansGZ **1927** Hbl. 212 Nr. 92.

[48] BayObLGZ **1954** 204, 205 = NJW **1954** 1933, *Baumbach-Hueck* 2 B; *Bokelmann* Rdn. 289 f., *Bartl/Henkes* 65.

„Name des Kaufmanns" bezeichnet wird und die Beteiligung an einer GmbH für den Kaufmann im Zweifel zu den Handelsgeschäften gehört (§§ 343, 344 HGB). Auch im Rahmen des Namens- und Wettbewerbsschutzes der §§ 12 BGB, 16 UWG werden Name und Firma gleichgestellt[49]. Käme es in § 4 Abs. 1 nur auf den Familiennamen an, so könnte die Personenfirma der GmbH entgegen einhelliger Ansicht (Rdn. 39) auch nicht aus der Firma einer Handelsgesellschaft gebildet werden.

41 *Unzutreffend* ist weiter der Einwand, der Bildung der *Personenfirma* einer GmbH unter *Verwendung der abgeleiteten Firma ihres Gesellschafters stünden die Grundsätze des Rechts zur Firmenfortführung entgegen*[50]. Er verkennt, daß es bei der Bildung der Firma der GmbH unter Verwendung der Firma eines ihrer Gesellschafter *nicht um die Fortführung der Gesellschafterfirma* geht, sondern um die Schaffung einer neuen Firma für das Handelsgeschäft der GmbH. Daß Firma der GmbH und Gesellschafterfirma im Einzelfall zu Verwechslungen Anlaß geben können, wenn die GmbH-Firma auf diese Weise gebildet wird, ist kein Problem der Auslegung des § 4 Abs. 1; die gleiche Frage würde sich auch dann stellen, wenn die Firma des Gesellschafters mit seinem bürgerlichen Namen identisch ist. Hier greift vielmehr § 30 Abs. 1 HGB ein, der in derartigen Fällen eine *deutliche Unterscheidung* der neuen Firma vorschreibt (Rdn. 79, 80).

42 Bestehen somit zwar keine grundsätzlichen Bedenken gegen die Verwendung der Firma eines Gesellschafters zur Bildung der GmbH-Firma so bedarf es doch gewisser **Einschränkungen** dieses Grundsatzes um des Prinzips der **Firmenwahrheit und -klarheit** willen.

43 **Unzulässig** ist danach die *Verwendung der Firma, wenn* die so gebildete *Personenfirma der GmbH zur Täuschung geeignet* wäre. Die der Firmenwahrheit dienende Vorschrift des § 18 Abs. 2 HGB gilt auch für die Bildung der *Personen*firma der GmbH, und zwar nicht nur im Hinblick auf den Zusatz, sondern auf die Firma in ihrer Gesamtheit (**a. A.** *Barfuß* BB **1975** 67, 68). Die Gefahr einer Täuschung besteht hier regelmäßig dann, wenn der namengebende Gesellschafter eine Sachfirma oder eine gemischte Firma (dazu Rdn. 58) führt und diese Firma Sach- oder Ortsbezeichnungen enthält, die auf die GmbH nicht zutreffen[51].

44 **Streitig** ist, ob der Täuschungsgefahr durch **Weglassen der für die GmbH irreführenden Bezeichnung** begegnet werden kann. Nach einer Ansicht ist das — abgesehen von den Rechtsformzusätzen — zu verneinen, da im Hinblick auf die eindeutige Vorschrift des § 4 Abs. 1 GmbHG in Verbindung mit § 17 HGB nur die Firma als Ganzes der Name des Gesellschafters ist[52]. Davon geht zwar grundsätzlich auch

---

[49] BGHZ **14** 155, 159, *Soergel/Heinrich* BGB § 12, 115, *Baambach-Hefermehl* UWG § 16, 17 ff., *Hefermehl* Festschr. Hueck (1959), S. 519, 522; **a. A.** zu § 12 BGB *Fabricius* JR **1972** 15; *Bleutge* Die Rechtsnatur des Firmenschutzes, Diss. Bochum 1970, S. 141 ff.

[50] So aber KG JW **1939** 423, BayObLG NJW **1954** 1935, *Jordan* S. 143.

[51] KG bei *Trojan* DNotZ **1925** 53; OLG Karlsruhe GmbH-Rdsch. **1967** 122 m. zust. Anm. *Pleyer* 123; *Heinrich* Rdn. 108 f., *Hüffer* GroßkommHGB § 19, 52 f. (betr. Firma der KG); *Licht* NJW **1961** 716, 717; *Wellmann* GmbH-Rdsch. **1953** 86, 87; **a. A.** *Ripfel* GmbH-Rdsch. **1959** 23, 24 bezüglich einer Ortsbezeichnung.

[52] OLG Frankfurt GmbH-Rdsch. **1959** 95 m. zust. Anm. v. *Hesselmann* (für „X GmbH & Co. Gesellschaft für Lochkartenbuchführung" aus „X GmbH Steuerberatungsgesellschaft"), BayObLG GmbH-Rdsch. **1971** 37 (betr. „Essener Vereins-Zunft-Bräu GmbH" aus „Zunft-Bräu GmbH" und dem Bestandteil „Essener Verein" aus der Firma des Gesellschafters „Essener Vereins-Brauerei AG" als Sachzusatz), LG Hamburg GmbH-Rdsch. **1953** 189, 190 (betr. „F. P., Verlag und Auslieferung GmbH" aus „F. P.'s Buchdruckerei-Expedition der H'er Nach-

die Gegenmeinung aus, hält aber in Einzelfällen weitere Ausnahmen für zulässig[53]. Voraussetzungen und Begründungen sind kasuistisch und lassen sich schwer einheitlich fassen. Nach der Entscheidung des BGH vom 16. März 1981[54] soll im Hinblick auf die Schwierigkeiten bei der Neubildung der **Firma der GmbH & Co KG** das **Fortlassen von** in der Firma der Komplementär-GmbH enthaltenen **Firmenbestandteilen wie „Verwaltungs-"** unter der dreifachen Voraussetzung **zulässig** sein, daß es sich bei den verbleibenden Firmenteilen um die wesentlichen und unterscheidungskräftigen handelt und diese nach § 4 auch allein als Firma zulässig wären.

Stellungnahme. So praktisch die in BGHZ **80** 353 entwickelte Lösung erscheinen mag, rechtlich **kann** sie **nicht überzeugen.** Der Grundsatz, daß nur die vollständige Firma der Name ist, gilt um so mehr, je geringer die Kennzeichnungskraft der zur Unterscheidung notwendigen Firmenzusätze ist. Zur Unterscheidung der Firma der Komplementär-GmbH von der der KG wird in der Praxis ein Zusatz wie z. B. „Verwaltungs-" für ausreichend gehalten. Wenn dieser Zusatz bei Bildung der Firma der KG ohne Gefahr für die Identifizierung der Komplementär-GmbH entfallen kann, wird seine Unterscheidungskraft in Frage gestellt (s. *Heinrich* Rdn. 111 m. weit. Nachw.). Die Entscheidung des BGH kann aber die *Problematik auch nicht vollständig lösen*; sie beschränkt sich ausdrücklich auf Firmenbestandteile wie „Verwaltungs-" und stellt ferner darauf ab, daß die Identifizierung der Komplementär-GmbH durch die Verkürzung der Namenswiedergabe in der Firma der KG nicht wesentlich erschwert sein darf. In der Praxis wird es daher beim **Grundsatz der Verwendung der vollständigen Firma** verbleiben; Ausnahmen werden — abgesehen von dem vom BGH entschiedenen Fall — entsprechend der Regelung bei Firmenfortführung (*Hüffer* GroßkommHGB § 22, 48 ff.) nur bei ganz geringfügigen Änderungen in engen Grenzen zugelassen[55]. Ist allerdings 44 a

richten"), LG Köln GmbH-Rdsch. **1977** 108 (betr. „B.-GmbH & Co. Tank KG" aus „Verwaltungsgesellschaft B.-GmbH"), *Aschenbrenner*, Die Firma der GmbH & Co., Schriften zum Wirtschaftsrecht Band 23 (1976) S. 30, *Blumers* BB **1977** 970, 971, *Bokelmann* Rdn. 221 ff., *ders.* abl. Anm. zu AG Oldenburg GmbH-Rdsch. **1975** 230 und abl. Anm. zu OLG Celle Rpfl. **1976** 418, 419 und GmbH-Rdsch. **1979** 265, 268; *Cohn* abl. Anm. zu KG JW **1929** 1401; *Heinrich* Rdn. 111 ff.; Voraufl. Rdn. 44, 46, *Schlegelberger-Hildebrandt/Steckhan* HGB[5] § 19, 5; *Wilke/Berg/Gottschling/Gaul* Handbuch der GmbH[3], 36 I Bl. I 22/5.

[53] KG bei *Trojan* DNotZ **1925** 52, 53 (zulässig Firma „Brücknerwerk GmbH" aus „Elektrizitätsgesellschaft Brückner & Co. GmbH") und JW **1929** 1401 (betr. „Maschinen- und Apparatebaugesellschaft M und H mbH" aus „M und H Maschinenbau AG"), OLG Karlsruhe GmbH-Rdsch. **1967** 122 m. zust. Anm. *Pleyer* (betr. „Schweizerhall GmbH" aus „Chemische Fabrik Schweizerhall AG"), OLG Celle NJW **1976** 2021 m. krit. Anm. *Wessel* BB **1976** 1094, 1096 und m. zust. Bespr. *Barfuß* GmbH-Rdsch. **1977** 124, zust. auch *Böttcher/Beinert/Hennerkes/Binz*, GmbH & Co.[6] S. 131, 133 (betr. „OPTIKA Betrieb für Augenoptik GmbH & Co. KG" aus der Firma des einzigen persönlich haftenden Gesellschafters, der „Optika Verwaltungsgesellschaft mit beschränkter Haftung", AG Oldenburg GmbH-Rdsch. **1975** 157 (betr. „Comtronic GmbH & Co. KG" aus der Firma des einzigen Komplementärs, der „Comtronic Beteiligungsgesellschaft mbH"), *Barfuß* abl. Anm. zu LG Köln GmbH-Rdsch. **1977** 224; *Eich* Anm. zu OLG Neustadt NJW **1964** 1376; *Kind* BB **1980** 1558, 1560, *Wellmann* GmbHR **1953** 86, 87/88, *Scholz/Winter* 12.

[54] BGHZ **80** 353, 356 und Vorlagebeschluß des OLG Köln Rpfleger **1981** 180 betr. „Betten-S... GmbH & Co. KG" aus „S...-Verwaltungs-GmbH" m. zust. Anm. *Wessel* BB **1981** 1731, *Hüffer* GroßkommHGB § 19, 56 und *Janke* MittRhNotK **1981** 285; ablehnend Vorentscheidung des LG Köln GmbH-Rdsch. **1981** 81, *Bokelmann* GmbH-Rdsch. **1983** 236 und *Heinrich* Rdn. 111 a. E.

[55] S. Vorauflage Rdn. 44; gegen eine Verallgemeinerung auch *Hüffer* aaO, *Wessel* Rdn. 255; grundsätzlich auch *Janke* aaO.

der *Namensbestandteil* so bekannt, daß er mit dem Geschäftszweig oder den Produkten der namengebenden Gesellschaft in Verbindung gebracht wird (KG DNotZ **1925** 53 nennt als Beispiel den Namen „Sarotti" in der Firma „Sarotti Chokoladen- und Cakao-Industrie AG"), so kann seine Aufnahme in die Firma der GmbH ausnahmsweise *als Gegenstandsbezeichnung* zulässig sein (*Wellmann* GmbH-Rdsch. **1953** 87; vgl. auch Rdn. 22).

45 Die Grundsätze über die Aufnahme der vollständigen Firma eines Gesellschafters gelten auch dann, wenn die *Personenfirma* der GmbH **aus den Firmen zweier oder mehrerer Gesellschafter** gebildet werden soll. Zweifelhaft ist daher die Zulässigkeit der Firmenbildung der „Siemens Schuckert-Werke GmbH" aus ihren Gründerfirmen „Siemens & Halske AG" und „Elektrizitäts-Aktiengesellschaft vormals Schuckert & Co." (*Trojan* DNotZ **1925** 53). Eine **Verkürzung** der zur Bildung der Personenfirma der GmbH dienenden Firmen ist aber zur Vermeidung der Wiederholung gleicher oder ganz ähnlicher Sachbezeichnungen möglich, soweit dadurch für den Geschäftsverkehr keine andere Vorstellung entsteht als bei ihrer vollständigen Aufnahme. So ist die Bildung der Firma „Dortmunder Union-X. Münch Bräu GmbH" aus den Firmen der Gründergesellschaften „Dortmunder Union-Brauerei AG" und „X Münch-Bräu GmbH" nicht zu beanstanden (BayObLG DB **1971** 88 hält sie als zusammengesetzte Firma für zulässig; vgl. auch Rdn. 59). Darüber hinaus kann die aus der vollständigen Firma eines Gesellschafters und der verkürzten Firma eines weiteren Gesellschafters gebildete Firma der GmbH nach den Grundsätzen über die *gemischte Firma* zulässig sein (vgl. Rdn. 59). Zum Gebot der Aufnahme der vollständigen Firma der Komplementär-GmbH bei der Bildung der *GmbH & Co.* vgl. Rdn. 113.

46 Der Grundsatz, daß in die Personenfirma der GmbH nur die vollständige Firma des Gesellschafters aufgenommen werden darf, gilt nicht für darin enthaltene **Rechtsformzusätze**. Diese *können* bei der Bildung der Personenfirma der GmbH in allen Fällen *fortgelassen* werden[56]. Darüber hinaus **müssen** sie **entfallen**, soweit ihre Beibehaltung zu einer Häufung von Rechtsformzusätzen und damit zu Mißverständnissen oder Unklarheiten über die Rechtsform der GmbH führt[57]. Ein Irrtum ist nicht immer schon dadurch ausgeschlossen, daß der letzte Gesellschaftszusatz „GmbH" lautet (**a. A.** wohl *Schmatz* Anm. zu OLG Düsseldorf DNotZ **1956** 613, 614), da dieser notwendige Zusatz nicht am Ende der Firma zu stehen braucht (vgl. Rdn. 55). So ergibt sich aus der Firma „AG A. Meier GmbH" z. B. nicht, ob es sich um eine AG handelt, die die Firma einer GmbH enthält, oder um eine GmbH. Auch ein *unmittelbares Zusammentreffen* zweier, auch *gleicher, Zusätze* in der Firma der GmbH (z. B. Meier GmbH GmbH) ist *aus Gründen der Firmenklarheit zu beanstanden*[58].

47 *Gleiches* gilt hinsichtlich des **ausländischen Rechtsformzusatzes**, der in der Firma einer *namengebenden Gesellschaft fremden Rechts* enthalten ist[59]. Ein Zusammentreffen mit

---

[56] BayObLG DB **1971** 88, KG DR **1940** 807[24] hinsichtlich der Verdoppelung des notwendigen Zusatzes „GmbH", ferner KG DNotZ **1958** 552, *Vogel* 3, *Schmatz* DNotZ **1956** 613, 615, *Wellmann* GmbH-Rdsch. **1953** 86, 87; weitergehend *Barfuß* BB **1975** 67, 69, *Bartl/Henkes* 61.

[57] BayObLG aaO und BB **1975** 1465, 1466, OLG Karlsruhe GmbH-Rdsch. **1967** 122 m. zust. Anm. *Pleyer* S. 123, *Baumbach-Hueck* 3 B, *Scholz/Winter* 12, *Bokelmann* Rdn. 306, *Wessel* Rdn. 313, *Ripfel* GmbH-Rdsch. **1959** 23, 24, *Wellmann* GmbH-Rdsch. **1953** 86, 87 und **1972** 193, 194.

[58] BayObLG BB **1979** 1465, 1466, *Eder* Handbuch der GmbH I 36 a. E.; **a. A.** *Schmatz* aaO 615.

[59] OLG Düsseldorf DNotZ **1956** 611 mit Anm. *Schmatz* 613, 615 und Anm. *Wellmann* GmbH-Rdsch. **1956** 173, KG DNotZ **1958** 552 (jeweils bezüglich des Zusatzes „Limited" in der Firma einer Gesellschaft englischen Rechts als namengebende Gesellschafterin einer deutschen GmbH); ferner *Wellmann* GmbH-Rdsch. **1972** 193, 194.

dem nach deutschem Recht zur Bildung der GmbH notwendigen Rechtsformzusatz kann nicht nur Zweifel über die Rechtsform, sondern zugleich auch über die für die Gesellschaft maßgebliche Rechtsordnung hervorrufen[60].

Eine Irreführung des Verkehrs kann ferner in Betracht kommen, wenn zur Bildung der Personenfirma der GmbH die Firma einer AG verwendet wird, die ein Phantasiewort, insbesondere eine Abkürzung oder ein **Schlagwort auf die Endung „-AG", „-ag"** enthält (vgl. z. B. „WITAG **W**estdeutsche **I**mmobilienfonds **T**reuhand **A**ktiengesellschaft). Ein solches Schlagwort könnte nämlich auf die Rechtsform der Aktiengesellschaft hindeuten (vgl. Rdn. 61). Demgegenüber liegt zwar der Einwand nahe, daß eine Täuschungsgefahr nur im Falle der Alleinverwendung des Schlagwortes zur Bezeichnung der GmbH besteht; in der Tat ergibt sich aus dem vollständigen Firmenwortlaut die Rechtsform der GmbH, da in der Firma der GmbH der Zusatz „Aktiengesellschaft" aus der Firma der namengebenden Gesellschaft entfällt und durch „Gesellschaft mit beschränkter Haftung" ersetzt wird (vgl. Rdn. 46). Ein unterscheidungskräftiges Schlagwort ist aber gerade dazu bestimmt, zumindest aber geeignet, im Verkehr als Kurzform anstelle des vollen Firmenwortlautes benutzt zu werden, so daß auch sein Täuschungsgehalt besonders gewertet werden muß (vgl. Rdn. 61). **Nicht zu beanstanden** ist allerdings die Verwendung einer solchen Firma, deren Schlagwort sich im Verkehr so durchgesetzt hat, daß es als bloßer Name erscheint und der Sinngehalt der einzelnen Buchstaben nicht mehr aufgenommen wird (dahingestellt von BayObLG BB **1979** 1465, 1466 m. abl. Anm. *Walberer*). Das ist z. B. für die Firmen der Fall, bei denen die Kurzform die ursprüngliche Firma verdrängt hat (vgl. z. B. DEMAG AG anstelle von **D**eutsche **M**aschinenf**a**briken **AG**). 48

δ) Name juristischer Personen oder Personengemeinschaften. Eine Personenfirma kann auch dann gebildet werden, wenn an der GmbH nicht (nur) natürliche Personen, sondern (auch) juristische Personen oder Personengemeinschaften beteiligt sind (*Hüffer* GroßkommHGB § 19, 39). Die Zulässigkeit der Verwendung der **Firma einer Handelsgesellschaft** als Gesellschaftername in der GmbH-Firma folgt bereits aus den Ausführungen in Rdn. 39 ff. Entsprechendes gilt aber auch in **sonstigen** Fällen der Beteiligung **juristischer Personen** (eingetragener Verein, rechtsfähige Stiftung, jur. Personen des öffentl. Rechts) an der GmbH; sie verfügen jeweils über einen eigenen Namen, der zur Verwendung in der Personenfirma herangezogen werden kann, wenn keine besonderen Umstände entgegenstehen. Bei der Beteiligung von **Personenvereinigungen** an der GmbH (vgl. dazu näher § 2, 65 ff.) kommt es darauf an, ob diese einen besonderen, von denjenigen der Mitglieder abweichenden Namen haben. Das ist bei einem nichtrechtsfähigen Verein und nicht selten auch bei einer Gesellschaft bürgerlichen Rechts der Fall (vgl. zum Namen der GbR MünchKomm.-*Ulmer* § 705, 185 f.), nicht aber bei einer Erbengemeinschaft oder ehelichen Gütergemeinschaft. Rechtsformzusätze müssen bei der Verwendung des Namens juristischer Personen oder Personengemeinschaften grundsätzlich fortgelassen werden (Rdn. 46 ff.). 48 a

ε) Erkennbarkeit als Name? Die Erkennbarkeit der Firma oder des Namens des Gesellschafters als solche ist nicht Voraussetzung für ihre Verwendung zur Bildung der GmbH-Firma[61]. *§ 4 Abs. 1 S. 1 verlangt* lediglich, daß der Name eines Gesellschafters zur Firmenbildung verwendet wird, *nicht* aber, *daß* dieser *Name* auch als solcher *erkennbar* ist. Das gilt gleichermaßen für deutsche wie ausländische Namen, für Namen natürlicher 49

---

[60] OLG Düsseldorf aaO 613.

[61] LG Wuppertal BB **1973** 722 („Rebeta"), *Bartl/Henkes* 61, *Beitzen* DB **1972** 2051, *Latinak* NJW **1973** 1215, 1216, *Wellmann* BB **1972** 1383; so jetzt auch BayObLG NJW **1973** 1886 („Mesirca") unter Aufgabe der Gegenansicht BayObLGZ **1972** 277, 282 = NJW **1972** 2185 („Celdis").

sowie juristischer Personen, auch wenn letztere einen Phantasienamen als Firma führen — wie es nach manchen Rechten zulässig ist. Das zeigt auch der Verzicht auf die Aufnahme des Vornamens: hierdurch wird auch der Name einer natürlichen Person als solcher oftmals nicht kenntlich (vgl. den Familiennamen „Mesirca" und die Beispiele bei *Beitzen* aaO). Der Grundsatz der Firmenwahrheit wird dadurch nicht berührt; Namen von Gesellschaftern in der Firma der GmbH können zwar in keinem Fall Irrtümer hervorrufen, wenn sie als solche erkennbar sind, aber sie sind nicht schon deshalb täuschend, weil sie nicht als Namen erscheinen. Daß es sich um eine Personenfirma handelt, läßt sich regelmäßig unschwer schon aus dem Fehlen einer Gegenstandsbezeichnung erkennen. Eine „nichtssagende" Phantasiebezeichnung kann über nichts täuschen. In Einzelfällen mag es demgegenüber zwar vorkommen, daß der Personenname gleichlautend mit einer deutschen Sachbezeichnung ist (vgl. z. B. die Familiennamen „Bau" und „Pelz"). auch wenn ein derartiger Name mit dem Gegenstand der GmbH nicht übereinstimmt, ist eine Irreführung aber doch nur zu befürchten, wenn er *regelwidrig* mit dem Zusatz „Gesellschaft" oder einem anderen Zusatz *zu einem Wort* verbunden wird, so daß er als Sachfirma erscheint (z. B. „Baugesellschaft mbH" oder „PELZ-HANDELSGESELLSCHAFT M. B. H.").

50 **c) Gesellschaftereigenschaft des Namensträgers.** Es dürfen nur die Namen von Gesellschaftern in die Personenfirma aufgenommen werden, § 4 Abs. 1 S. 2. Soweit es um die Firma einer **zu gründenden GmbH** geht, muß der Namensgeber nach allgemeinen Grundsätzen im Zeitpunkt der **Anmeldung** der Gesellschaft zur Eintragung in das Handelsregister *Gesellschafter* sein. Hat der Registerrichter *sachlich berechtigte* Zweifel, ob nicht die Gesellschaftereigenschaft des Namensgebers zwischenzeitlich weggefallen ist, kann er sich zusätzliche Nachweise hierüber vorlegen lassen (näher § 9c, 15; zur Firma der Vorgesellschaft vgl. Rdn. 102). Daß der Gesellschafter sich nur aus Namensgründen beteiligt, steht der Aufnahme seines Namens in die Firma grundsätzlich nicht entgegen[62]. Eine Ausnahme gilt nur, wenn die Beteiligung zum Schein erfolgt war (§ 117 BGB). Gesellschafter bei Eintragung der Gesellschaft im Handelsregister ist auch, wer seinen künftigen Geschäftsanteil schon vorher abtritt; die Abtretung wird erst im Zeitpunkt der Eintragung wirksam[63]. Soll der Anteilerwerber bereits in der *Vorgesellschaft* an die Stelle des bisherigen Gründers treten (vgl. dazu § 11, 37), erlangt diese Vertragsänderung für die eingetragene GmbH nur Wirksamkeit, wenn sie nachträglich angemeldet und in dem der Eintragung beigefügten Gesellschaftsvertrag enthalten ist (§ 9c, 16; § 10, 3). Wird die Vertragsänderung nachträglich angemeldet, darf der Name des ausgeschiedenen Gesellschafters nicht in der Firma der GmbH enthalten sein; andernfalls hat der Registerrichter die Eintragung abzulehnen. Bei **späterer Firmenänderung** muß der Träger des neu in die Firma aufzunehmenden Namens im Zeitpunkt der *Anmeldung des Änderungsbeschlusses* Gesellschafter der GmbH sein (Rdn. 86). — Der namengebende Gesellschafter muß den **Namen** im Zeitpunkt der Anmeldung der GmbH bzw. des Änderungsbeschlusses **zu Recht führen**. Ändert sich sein Name vor diesem Zeitpunkt, so kommt nur noch der neue Name für die Firmenbildung in Betracht. Dagegen nötigt eine *spätere Namensänderung* nicht zur Änderung der Firma der GmbH (§ 21 HGB).

51 **d) Zustimmung zur Namensverwendung.** Die Aufnahme des Namens eines Gesellschafters in die Firma bedarf seiner Zustimmung. Dies folgt aus dem Namensrecht. Die Zustimmung braucht **nicht ausdrücklich** erklärt zu sein. Sie liegt bei der Gründung der GmbH in der Beteiligung des namengebenden Gesellschafters am Vertragsschluß,

---

[62] KG GmbHRspr. IV § 4 Nr. 11, OLG Darmstadt GmbHRspr. IV § 15 Nr. 42; *Scholz/Winter* 14; abweichend *Bartl/Henkes* 60.

[63] KG aaO; RG DR **1941** 1947, 1949; vgl. auch § 2, 50.

bei späterer Firmenänderung in der Zustimmung zum Änderungsbeschluß (*Scholz/Winter* 13). Hat der Namensgeber dem Änderungsbeschluß nicht zugestimmt, so ist seine Einwilligung besonders nachzuweisen. Die Zustimmung zum Namensgebrauch kann auch noch nach Beschlußfassung erteilt werden. Soll die Personenfirma der GmbH mit dem Namen eines *geschäftsunfähigen* oder in der *Geschäftsfähigkeit beschränkten Gesellschafters* gebildet werden, so bedarf es der Mitwirkung des gesetzlichen Vertreters. Dagegen ist eine vormundschaftsgerichtliche Genehmigung nicht erforderlich.

Durch das **Ausscheiden** eines *namengebenden Gesellschafters* aus der GmbH verliert **52** diese grundsätzlich nicht die Befugnis, die bisherige Firma weiterzuführen (vgl. Rdn. 77, 78). Der Grund für das Ausscheiden des Gesellschafters ist gleichgültig; auch bei Einziehung (Amortisation), Kaduzierung oder Preisgabe des Anteils kann die GmbH die Firma beibehalten. Der Gesellschafter kann aber seine *Zustimmung zur Verwendung seines Namens* in der Firma zeitlich begrenzen. Er kann sie auch an die Bedingung knüpfen, daß er selbst Gesellschafter bleibt. In diesem Fall darf die Gesellschaft nach Zeitablauf bzw. nach dem Ausscheiden des Gesellschafters die Firma nur dann fortführen, wenn der Namensträger erneut seine Einwilligung erteilt.

B. Der notwendige Zusatz

Schrifttum

Sternberg Der Gesellschaftszusatz in der Handelsfirma (1975), *Winkler* Ist die Eintragung einer GmbH unter der abgekürzten Bezeichnung „GmbH" in das Handelsregister zulässig? GmbH-Rdsch. **1969** 77.

1. Grundsatz

Die Firma der GmbH muß in allen Fällen die zusätzliche Bezeichnung „**mit** **53** **beschränkter Haftung**" enthalten. In der Praxis lautet dieser notwendige Zusatz meistens „*Gesellschaft* mit beschränkter Haftung". Das Wort „Gesellschaft" ist entgegen verbreiteter Meinung aber nicht notwendig[64], auch dann nicht, wenn die Firma keinen sonstigen Zusatz enthält, der ein Gesellschaftsverhältnis andeutet[65]. § 4 Abs. 2 verlangt das nicht. Auch § 4 Abs. 1 S. 1 fordert nicht in jedem Fall den Zusatz „Gesellschaft" oder einen sonstigen ein Gesellschaftsverhältnis andeutenden Zusatz (Rdn. 34). So findet sich z. B. die Firma „Rheinischer Vulkan Chamotte- u. Dinaswerke mbH"; als abgeleitete Firma kommt etwa „Ernst Weiß mit beschränkter Haftung" in Betracht. Gegenteiliges folgt auch nicht aus dem Grundsatz der Firmenwahrheit[66]. Da keine andere Rechtsform „mit beschränkter Haftung" firmieren kann (die Genossenschaft muß nach § 3 Abs. 2 GenG die Bezeichnung „eingetragene Genossenschaft" oder die Abkürzung „eG" enthalten), kann auch kein Zweifel daran entstehen, daß es sich um eine *Gesellschaft* mit beschränkter Haftung handelt. Zur Frage, ob bei der Einmann-Gründung der Zusatz „Gesellschaft" zulässig ist, vgl. Rdn. 36.

Der Zusatz „mit beschränkter Haftung" muß in **deutscher Sprache** abgefaßt sein **54** und darf *nicht* durch eine sinnentsprechende Formulierung, z. B. „mit beschränkter

---

64 *Bartl/Henkes* 66, *Feine* S. 86, *Lichmann/Saenger* 7, *Hüffer* GroßkommHGB § 19, 43, *Kallmann* JW **1924** 1120; einschränkend *Brodmann* 7; **a. A.** *Baumbach-Hueck* 3 B; *Scholz/Winter* 24; *Vogel* 6; *Roth* 6.1.; *Bokelmann* Rdn. 357; *Sternberg* 5.56 und 57; *Ripfel* GmbH-Rdsch. **1959** 23, 24.

65 **A. A.** *Brodmann* aaO.

66 So aber *Ripfel* aaO.

Haftpflicht", ersetzt werden (*Feine* S. 85). Die **Abkürzungen „mbH" und „GmbH"** sind uneingeschränkt **zulässig** (BGHZ **62** 230, 233 = NJW **1974** 1088; vgl. zur früheren Streitfrage Voraufl. Rdn. 54).

2. Standort in der Firma

55 *Der notwendige Zusatz* kann auch in Klammern stehen (KGJ **19** 15). Er *braucht sich* **nicht am Schluß der Firma** *zu befinden*[67]. **In jedem Fall muß aber die Rechtsform der GmbH eindeutig erkennbar sein**[68]. Das ist häufig dann nicht gewährleistet, wenn der Zusatz den sachlichen und persönlichen Bestandteil der Firma trennt. So ist z. B. die Firma „Frankfurter Automaten-Gesellschaft m. b. H. Apelt u. Co." unzulässig, weil hieraus auf die Firma einer OHG oder KG mit einer GmbH als persönlich haftendem Gesellschafter geschlossen werden könnte[69]. Der GmbH-Zusatz schließt die Beifügung einer auf eine andere Gesellschaftsform hinweisenden Bezeichnung aus[70].

3. Rechtsscheinhaftung bei fehlendem Zusatz

56 Wird die Firma der GmbH **ohne den notwendigen Zusatz** gebraucht, so kann das im Einzelfall zur **Rechtsscheinhaftung der Gesellschafter bzw. Geschäftsführer der GmbH** führen[71]. Der unzulässige Firmengebrauch allein reicht hierfür allerdings nicht aus. Zwar erweckt eine Personenfirma ohne den nach § 4 Abs. 2 erforderlichen Zusatz den Anschein, es handele sich um die Firma eines Einzelkaufmanns oder einer Gesellschaft mit mindestens einem unbeschränkt haftenden Gesellschafter. Auch schließt nicht schon die zutreffende Verlautbarung der wirklichen Verhältnisse der Gesellschaft im Handelsregister die Berufung auf einen abweichenden Rechtsschein aus; auf die Wirkungen des § 15 Abs. 2 HGB kann sich derjenige nicht berufen, der durch sein Handeln einen **speziellen Vertrauenstatbestand** hervorruft[72]. Hinzukommen muß jedoch nach allgemeinen Rechtsscheingrundsätzen das Vertrauen auf den Bestand einer *bestimmten Rechtslage*[73]. Der Geschäftsgegner muß sich im Vertrauen auf die unbeschränkte persönliche Haftung des in Anspruch Genommenen auf das Geschäft eingelassen haben[74]. Ferner muß der Scheintatbestand durch das Verhalten desjenigen veranlaßt sein, dessen Einstandpflicht begründet werden soll[75]. Soll der unzulässige Firmengebrauch zur Rechtsscheinhaftung führen, so muß daher die **Firma** durch den aus Rechtsschein in Anspruch Genommenen **in einer Weise** gebraucht worden sein, die den **Anschein** erweckt, der Inhaber der Firma (wer immer das sei) hafte **unbeschränkt** (BGH NJW **1981** 2569, 2570). Wird der Anschein von einer als *Vertreter* auftretenden Person

---

67 OLG Dresden Holdheim **7** 60, LG Köln GmbH-Rdsch. **1978** 256, 257 „Dialog GmbH EDV- und Textsysteme", LG Bromberg Recht **1901** 390 Nr. 1560, *Scholz/Winter* 24, *Baumbach/Hueck* 3 B, *Brodmann* 7; *Wessel* Rdn. 316; **a. A.** LG Frankfurt Holdheim **6** 220; *Parisius-Crüger-Crecelius* 3.

68 *Wellmann* GmbH-Rdsch. **1972** 193, 197.

69 So im Ergebnis zutreffend LG Frankfurt aaO; weitere Beispiele bei *Wellmann* BB **1970** 153, 157 und GmbH-Rdsch. **1972** 193, 197.

70 Zur Behandlung des Rechtsformzusatzes der Firma der namengebenden Gesellschafterin vgl. Rdn. 46; bei der abgeleiteten Firma Rdn. 70; bei der Firma der GmbH & Co. Rdn. 113, 119 f.

71 BGHZ **62** 216, 222 = NJW **1974** 1088, **64** 11, 17 = NJW **1975** 1166 m. krit. Anm. *Heinrich* BB **1975** 760 und *K. Schmidt* JR **1975** 461, BGH NJW **1981** 2369 betr. Sachfirma.

72 BGH NJW **1972** 1418, BGHZ **62** 216, 223 = NJW **1974** 1088, *Gotthardt* JZ **1971** 312 ff., *Stimpel* ZGR **1973** 73, 91.

73 *Canaris* Die Vertrauenshaftung im deutschen Privatrecht (1971), S. 168, 179, 496.

74 OLG Nürnberg BB **1983** 1941, 1942.

75 *Canaris* aaO S. 497.

hervorgerufen, so trifft die Rechtsscheinhaftung in entsprechender Anwendung von § 179 BGB diese selbst und nicht die hinter der GmbH stehenden Gesellschafter (BGH aaO). Allerdings sind die Umstände des Einzelfalles entscheidend, insbesondere daß für den Dritten keinerlei Veranlassung bestand, sich über die Haftungsverhältnisse genauer zu erkundigen[76].

III. Die fakultativen Bestandteile der Firma

1. Allgemeines

57 Nach § 18 Abs. 2 S. 2 HGB sind *Zusätze* in der Firma gestattet, die *zur Unterscheidung der Person und des Geschäfts* dienen. Schließt sich diese Bestimmung auch an die Vorschrift über die Bildung der Firma des Einzelkaufmanns an, so ist doch anerkannten Rechts, daß sie auch für die Firma der GmbH gilt (§§ 6 HGB, 13 Abs. 3 GmbHG). Derartige Zusätze sind auch dann zulässig, wenn sie im konkreten Fall nicht zur Vermeidung von Verwechslungen notwendig sind (KGJ **20** A 267). An welcher Stelle der Firma sie stehen, ist gleichgültig. Die fakultativen Bestandteile *bilden mit den notwendigen Bestandteilen der Firma* ein *zusammenhängendes*, nicht aber untrennbares *Ganzes*. Die GmbH kann also einen solchen Zusatz auch wieder ablegen. Anderes gilt bei der abgeleiteten Firma (Rdn. 71). Sollen die Zusätze zur Unterscheidung der in der Firma genannten *Personen* von anderen Personen gleichen Namens dienen, so kommen hierfür Titel, z. B. Doktor-Titel[77], Berufsbezeichnungen und Verwandtschaftsangaben, wie z. B. Junior in Betracht. Als Zusätze zur Unterscheidung des *Geschäfts* sind einmal alle Bezeichnungen denkbar, die auch zur Bildung einer Sachfirma dienen können; darüber hinaus aber auch alle sonstigen Zusätze wie *Phantasiebezeichnungen* und schlagwortartige Abkürzungen der im Firmenkern enthaltenen Worte.

2. Die gemischte Firma

Schrifttum

Sachs zur gemischten Firma der GmbH, BB **1978** 1144 m. Erwiderung von *Wessel* 1334.

58 Durch *Zusammensetzung einer Personen- und einer Sachbezeichnung* als Firmenkern und -zusatz wird die sogenannte **gemischte Firma** gebildet. § 4 Abs. 1 S. 1 steht der Zulässigkeit einer solchen Firmenbildung nicht entgegen, auch wenn er diese Mischung nicht eigens vorsieht. Die gemischte Firma muß sowohl den *Erfordernissen der Sach- wie der Personenfirma* entsprechen[78]. Entspricht sie nur den Anforderungen der einen Art, kann es sich um eine **Personenfirma oder eine Sachfirma mit Zusatz** handeln, dessen Zulässigkeit sich nach den allgemeinen Grundsätzen, insbesondere § 18 Abs. 2 HGB richtet[79]. Die **Unterscheidung** zwischen gemischter Firma und Firma mit Zusatz ist

---

[76] BGH JZ **1971** 334 zur Haftung bei Umwandlung einer KG in eine GmbH & Co.

[77] Vgl. *Riegger* DB **1984** 441 f.

[78] OLG Stuttgart OLGZ **1971** 230 (obiter dictum), *Jordan* S. 66; *Scholz/Winter* 17, *Bartl/Henkes* 63, *Heinrich* Rdn. 70, *Wessel* Rdn. 315; **a. A.** OLG Bremen OLGZ **1978** 42 m. zust. Anm. *Ivens* DB **1978** 201 und *Sachs* BB **1978** 1144 und m. krit. Anm. *Bokelmann* GmbH-Rdsch. **1978** 111 und *Wessel* BB **1978** 421, 422 sowie 1334.

[79] *Eder* Handbuch der GmbH I 37 f.; so i. E. zwar auch OLG Bremen aaO und LG Nürnberg-Fürth MittBayNot. **1981** 35, die eine Personenfirma mit Sachzusatz zu beurteilen hatten, aber diese unzutreffend als gemischte Firma bezeichnen.

hinsichtlich der Anforderungen an die Zulässigkeit der *Firmenbildung ohne Belang*. In beiden Fällen dürfen grundsätzlich nur die Namen von *Gesellschaftern* als Bestandteil oder Zusatz verwendet werden; eine Ausnahme gilt nur für solche Fälle, in denen der Name nicht wie ein Gesellschaftername erscheint, sondern — als Name des Erfinders eines Verfahrens, einer Methode o. ä. — den Gegenstand näher bezeichnet[80]. *Bedeutung* kommt der Unterscheidung demgegenüber für die *Firmenänderung* zu. Während bei unveränderten Verhältnissen im Falle einer gemischten Firma grundsätzlich jeder Teil allein als Firma gewählt werden kann, gilt das im Falle einer Firma mit Zusatz nur für den Hauptteil. Zur Bildung der Sachfirma aus Personennamen vgl. Rdn. 22, zur Firmenänderung Rdn. 86.

59 **Ist der namengebende Gesellschafter selbst eine Gesellschaft mit gemischter Firma, so kann nicht allein die Personenbezeichnung in die neue Firma aufgenommen werden**[81]. *Anderes gilt für den Sachbestandteil*, er kann als solcher aus der Gesellschafterfirma übernommen werden, sofern er auch den Gegenstand des Unternehmens der Gesellschaft zutreffend bezeichnet. Entsprechend kann die gemischte Firma einer GmbH auch aus der vollständigen Firma einer Gesellschafterin (Personenbezeichnung) und der auf einen Sachbestandteil verkürzten Firma einer weiteren Gesellschafterin (Sachbezeichnung) gebildet werden (*Eder* Handbuch der GmbH I 37). Enthält dieser Sachbestandteil aber keine Bezeichnung des Unternehmensgegenstandes, so liegt genau genommen keine gemischte Firma vor.

3. Unzulässige Firmenzusätze

Schrifttum

George Der Grundsatz der Firmenwahrheit mit ABC der Firmenzusätze, in: Rechts- und Wirtschaftspraxis, 4. Wirtschaftsrecht (Handelsrecht), Firmenrecht I (1982); *Haberkorn* Firma, Firmenwahrheit, Firmenzusätze (1970); *Swoboda* Firmenfibel, Die firmenrechtlichen Leitsätze des DIHT (1983); *Winkler* Zur Firma des Einzelkaufmanns und der Personengesellschaft, Anh.: ABC-der Firmenzusätze, MittBayNot. **1970** 73, 82 ff.

60 **Täuschende Firmenzusätze sind unzulässig.** Das ergibt sich schon aus dem Grundsatz der Firmenwahrheit, ist aber auch ausdrücklich in § 18 Abs. 2 S. 1 HGB bestimmt. Danach gilt *für alle Firmen* (*Hüffer* GroßkommHGB § 18, 4), daß kein Zusatz beigefügt werden darf, der geeignet ist, eine Täuschung über die Art und den Umfang des Geschäfts oder die Verhältnisse des Geschäftsinhabers herbeizuführen. Die Täuschungsgefahr ist für jeden Einzelfall zu prüfen. Da es sich um einen allgemeinen firmenrechtlichen Grundsatz handelt, ist wegen Einzelheiten auf die Lehrbücher und Kommentare zum HGB zu verweisen. Beispiele häufig anzutreffender Firmenzusätze vgl. bei *Baumbach/Duden/Hopt* HGB[25] §§ 18, 19, 4 ff., *Schlegelberger/Hildebrandt/Steckhan* HGB § 18, 12 ff., *Hüffer* GroßkommHGB § 18, 39 ff., *Bokelmann* Rdn. 92 ff., *George* S. 21 ff., *Haberkorn* S. 18 ff., *Jordan* S. 77 ff., *Wessel* Rdn. 345, *Winkler* MittBayrNot. **1970** 73, 82 ff.; vgl. auch die Leitsätze des DIHT in Firmenbezeichnungsfragen bei *Swoboda*; gekürzt auch bei *Wessel* Anhang III).

61 Für die Firma der **GmbH** können sich spezielle Probleme aus solchen Zusätzen ergeben, die *auf eine* **andere Rechtsform** *hindeuten* könnten. **Unzulässig** ist daher die

[80] KG JW **1930** 2716 hinsichtlich „Chemisch-Pharmazeutische Fabrik nach Professor Dr. H GmbH" unter ausdrücklicher Aufgabe seiner früheren Ansicht.

[81] Rdn. 44a; **a. A.** KG JW **1929** 1401 („Maschinen- und Apparatebaugesellschaft *M und H* GmbH"); LG Koblenz BB-Beilage 10/**1969** IV Nr. 6 („*Kienzle* Datensysteme GmbH").

Verwendung eines Phantasieworts mit der Endung „AG“, das die Gefahr einer Verwechslung mit der Rechtsform der Aktiengesellschaft begründet[82]. Bei der Prüfung der Frage, ob ein Zusatz zur Täuschung geeignet ist, kommt es zwar grundsätzlich auf den *Gesamteindruck* der Firma an (RGZ **127** 77, 84); er wird in der vollständigen Firmenfassung schon wegen des in jedem Fall notwendigen Rechtsformzusatzes „mbH“ meist keine Irreführung über die Rechtsform befürchten lassen (BGHZ **22** 88, 89 = NJW **1956** 1873). Da *Firmenschlagworte oder schlagwortartige Abkürzungen* aber dazu bestimmt oder jedenfalls geeignet sind, im Verkehr anstelle des vollständigen Firmenwortlauts verwendet zu werden, muß ihr Täuschungsgehalt zusätzlich auch *für sich allein* beurteilt werden[83]. Dabei ist zu berücksichtigen, daß Schlagworte *auf die Buchstaben „AG“* zur Bezeichnung großer Aktiengesellschaften wie z. B. Preussag, Hapag, Demag zahlreich im Verkehr verwendet werden; sie deuten daher regelmäßig auf die Firma einer AG. Ob die Buchstaben „AG“ groß oder klein geschrieben werden, ist für die Täuschungsgefahr nicht entscheidend. *Keine* Täuschungsgefahr besteht dagegen bei Schlagwörtern mit der Endung „agg“, „ak“ oder „ac“; es entscheidet in erster Linie die Schreibform und nicht die Aussprache[84].

Unzulässig sind auch *unverständliche Abkürzungen, die als Hinweis auf eine andere Gesellschaftsform angesehen werden* können, z. B. „AG“ für „Agentur“[85]. Die Verwendung des Wortes „*Stiftung*“ in der Firma einer GmbH, die Stiftungszwecke verfolgt (vgl. dazu § 1, 20) ist aber zulässig, weil die Bezeichnung „Stiftung“ nicht eindeutig auf die staatlich genehmigten rechtsfähigen Stiftungen hinweist, sondern vornehmlich zum Ausdruck bringt, daß der Gesellschaftszweck auf wohltätige oder gemeinnützige Zuwendungen gerichtet ist[86]. Die Täuschungseignung von „HRA“ wegen Gebrauchs dieser Abkürzung für Abteilung A des Handelsregisters (Einzelkaufleute und Personengesellschaften) ist zu verneinen (offen lassend BayObLG Rpfl. **1984** 149). **62**

Das Täuschungsverbot gilt weiter für **sonstige Firmenzusätze**, insbesondere solche, die den *Gegenstand des Unternehmens* bezeichnen (zu Beispielen unzulässiger Gegenstandsbezeichnungen vgl. Rdn. 26 ff.) oder auf dessen *sonstige Verhältnisse* schließen lassen. Zur Täuschungsgefahr über Identität oder Verflechtung von Unternehmen bei Verwendung gleichlautender Buchstabenkombinationen in den sich sonst unterscheidenden Firmen vgl. BayObLG Rpfl. **1982** 107. Bei **Phantasiebezeichnungen** wird jedenfalls dann keine Täuschungsgefahr bestehen, wenn sie als solche verstanden werden; Anführungsstriche sind zur Kennzeichnung weder erforderlich noch ausreichend (**aA** BayObLG Rpfl. **1980** 346). Auch sind Phantasiezusätze nicht schon deshalb unzulässig, weil sie **63**

---

[82] BGHZ **22** 88 = NJW **1956** 1873 („INDROHAG **Ind**ustrie **Ro**stoffe **Ha**ndels**g**esellschaft mbH“), BayObLG DB **1982** 2129 („BAG **Ba**u-Anlagen**G**mbH“), BB **1979** 1465 m. abl. Anm. *Walberer* („Trebag“ Marketing und Absatzberatung GmbH), OLG Hamm GmbH-Rdsch. **1965** 113 („Mirag — **Mi**neralölgesellschaft mit beschränkter Haftung“); KG OLGZ **1965** 124, 130 (hinsichtlich der einzelkaufm. Firma „Delbag“ Deutsche L.-Baugesellschaft Dr. H. W.“); LG Göttingen NdsRpfl. **1959** 133 = BB **1959** 899 („Ledag, Großhandelsgesellschaft mit beschränkter Haftung, Export und Import Leder“); LG Hannover BB **1956** 76; *Baumbach/Hueck* 3 A; *Scholz/Winter* 26, *Bokelmann* Rdn. 181; *Wessel* Rdn. 348; *Hüffer* GroßkommHGB § 18, 27, Leitsatz des DIHT BB **1957** 835.

[83] BGH, OLG Hamm, LG Göttingen aaO; *Wellmann* GmbH-Rdsch. **1972** 193; vgl. auch Rdn. 48.

[84] *Wessel* Rdn. 348, *Hüffer* GroßkommHGB § 18, 27; **a. A.** LG Hannover BB **1955** 76; Leitsatz des DIHT BB **1957** 835.

[85] OLG Stuttgart BB **1962** 935 („Credit- und Finanzierungs-AG GmbH“).

[86] OLG Stuttgart NJW **1964** 1231; zum Vereinsnamen auch BayObLG NJW **1973** 249, *Stöber* Vereinsrecht[2] (1976), Rdn. 36; **a. A.** *Sauter-Schweyer* Der eingetragene Verein[12], S. 35.

fälschlich für Familiennamen gehalten werden könnten[87]. Da so gut wie jedes Wort oder jede Buchstabenzusammensetzung ein Personenname sein kann (vgl. die Beispiele bei *Beitzen* DB **1972** 2051), wäre andernfalls ein Phantasiezusatz kaum möglich.

IV. Die übrige Lehre vom Firmenrecht der GmbH

1. Das Wesen der Firma

64 **a) Allgemeines.** Nach § 17 Abs. 1 HGB ist die Firma der Name, unter dem der Kaufmann im Handel seine Geschäfte betreibt und die Unterschrift abgibt. Trotz des allgemeinen Verweises in § 6 Abs. 1 HGB paßt diese Definition nicht auf die Firma der GmbH. Die GmbH gilt zwar als Handelsgesellschaft (§ 13 Abs. 3), ihr Zweck braucht aber nicht auf einen Gewerbebetrieb gerichtet zu sein (§ 1). Im Gegensatz zum Einzelkaufmann hat sie außer der Firma keinen Namen. **Die Firma ist der Name der GmbH schlechthin.** Veräußert die GmbH daher ein von ihr betriebenes Handelsgeschäft mit der Firma, so entledigt sie sich nicht bloß eines Handelsnamens, sondern ihres Namens überhaupt: sie muß einen neuen Namen annehmen (Rdn. 85a).

b) Firmeneinheit

Schrifttum

Esch Zur Führung mehrerer Firmen durch Personengesellschaften, BB **1968** 253; *George* Mehrere Firmen für ein Handelsunternehmen, BB **1963** 1451; *Julius v. Gierke* Der Grundsatz der Firmeneinheit, ZHR **122** 189; *John* Der Grundsatz der Firmeneinheit in Deutschland und Österreich, Festschrift Duden, 1977, 173; *Knieper-Jahrmarkt* Zweigniederlassung, Zweigbüro, Filiale, Nebenbetrieb (1972); *Knopp* Über den Grundsatz der Firmeneinheit, ZHR **125** 161; *Kraft* Die Führung mehrerer Firmen (1966); *Nipperdey* Die Zulässigkeit doppelter Firmenführung für ein einheitliches Handelsgeschäft, Festschrift Alfred Hueck (1959) S. 195.

65 Die GmbH kann **nur eine Firma** haben, auch wenn sie mehrere getrennte Handelsgeschäfte betreibt. Das war lange Zeit unstreitig und ist auch heute noch *ganz überwiegend anerkannt*[88]. Erwirbt die GmbH ein bestehendes Handelsgeschäft, so kann sie es nicht unter der bisherigen Firma weiterführen und gleichzeitig ihre Firma beibehalten.

---

[87] *Eder* Handbuch der GmbH I 40.1; *Bokelmann* Rdn. 301; *Wellmann* GmbH-Rdsch. **1972** 193 Fußn. 5; **a. A.** Frankfurt OLGZ **1982** 144 (Firmenzusatz „Darius"); BayObLG Rpfl. **1980** 346 („Rehmit Betonwerke GmbH"); OLG Stuttgart OLGZ **1971** 230 (für die aus den Anfangsbuchstaben des Vor- und Familiennamens eines Gesellschafters gebildete Bezeichnung „PASCHE" in der Firma „PASCHE Gesellschaft mit beschränkter Haftung Industrievertretungen Import-Export, X").

[88] RGZ **85** 397, 399, **133** 213, 216, KGJ **14** 33, 37, LG Bochum BB **1973** 1000, AG Hamburg DB **1952** 329, *Feine* S. 87, *Scholz/Winter* 2, *Bartl/Henkes* 53, *Roth* 2, *Eder* Handbuch der GmbH I 47, *Vogel* 1, *Schlegelberger/Hildebrandt/Steckhan* HGB § 17, 6, *Hüffer* Groß-kommHGB § 17, 28 f., *Jansen* GmbH-Rdsch. **1963** 163, *Knopp* ZHR **125** 161, 169 f..; so auch für die *Aktiengesellschaft* KGJ **16** 5, 9; für die *Personenhandelsgesellschaften* BGHZ **67** 166 = NJW **1976** 2163, RGZ **99** 158, 159, HansOLG Hamburg MDR **1973** 854, OLG Hamm DB **1973** 1692, BayObLG DNotZ **1971** 110, OLG Schleswig NJW **1963** 1062, 1064 m. zust. Anm. *George*, OLG Celle BB **1964** 1196; OLG Frankfurt BB-Beilage 10/**1969** IV Nr. 1, *Hueck* Das Recht der OHG[4], S. 12, *George* BB **1963** 1451.

Die *Gegenansicht*[89] setzt sich in Widerspruch mit dem fundamentalen Grundsatz des Firmenrechts, daß bei Handelsgesellschaften Firma und Name eine notwendige Einheit bilden und jede Gesellschaft daher nur *eine* Firma führen kann. Der Hinweis auf den Einzelkaufmann, der unstreitig für mehrere selbständige Handelsgeschäfte auch mehrere Firmen führen kann, vermag schon wegen der unterschiedlichen Funktion der Firma bei der GmbH nicht zu überzeugen. Dieser Unterschied ist auch nicht nur ein formaler[90]. Die Führung mehrerer Firmen durch die GmbH würde die Sicherheit und Schnelligkeit des Rechtsverkehrs erheblich beeinträchtigen. Eine sichere Identitätsbezeichnung ließe sich nämlich nur durch Anführung sämtlicher Firmen der GmbH erreichen[91]. *Keine Lösung* ist es auch, der GmbH die Führung einer weiteren Firma *ohne Gesellschaftszusatz* zu gestatten[92]. Nach § 4 Abs. 2 muß die Firma in allen Fällen die zusätzliche Bezeichnung „mit beschränkter Haftung" enthalten. Eine Differenzierung zwischen Gesellschaftsfirma (für die § 4 allein gelte) und Unternehmensfirma[93] ist nicht möglich. Im Unterschied zur *Geschäftsbezeichnung* (vgl. dazu *Hüffer* GroßkommHGB § 17, 21) ist die Firma nicht der Name des Unternehmens, sondern der Name der Gesellschaft.

Für eine doppelte Firmenführung ist schließlich auch **kein wirtschaftliches** 66 **Bedürfnis** anzuerkennen. Der Vermögenswert eingeführter Firmen kann auf andere Weise erhalten werden. Es ist zulässig, der eigenen Firma diejenige des erworbenen Handelsgeschäfts anzufügen (Rdn. 73). Die GmbH kann das übernommene Unternehmen auch als Zweigniederlassung führen und dessen Firma in diejenige der Zweigniederlassung aufnehmen (Rdn. 67). Gleichartigkeit der Geschäfte ist dafür nicht Voraussetzung[94]. Soll die erworbene Firma unverändert erhalten werden, so ist schließlich auch die Fortführung des übernommenen Handelsgeschäfts als *rechtlich selbständiges Unternehmen* möglich, sei es in der Form der GmbH oder der Personenhandelsgesellschaft.

2. Die Firma der Zweigniederlassung

Schrifttum

Richert Wie hat die Firma der Zweigniederlassung zu lauten? MDR **1957** 339; *Schmidt* Die Firma von Zweigniederlassungen, Sparkasse **1964** 311.

Die *Firma der* **Zweigniederlassung** kann mit der der Hauptniederlassung völlig 67 gleichlauten; ein Zusatz, der die Zweigniederlassung als solche bezeichnet, ist in diesem Fall nicht erforderlich (RGZ **113** 213, 218). Sie kann sich aber auch von der Firma der Hauptniederlassung unterscheiden. **Eine völlig andere Firma**, die als Name einer weiteren GmbH erscheinen könnte, **darf sie aber nicht führen** (vgl. auch § 12, 14). Da eine GmbH nicht mehrere selbständige Firmen haben kann (Rdn. 65 ff.), muß die Firma der Zweigniederlassung stets den Zusammenhang mit der Firma der Hauptniederlassung und damit die *Identität der GmbH* erkennen lassen. Soweit die Zweigniederlassung eine

---

89 *Kraft* S. 65, *Knieper-Jahrmarkt* S. 105; für die *Aktiengesellschaft Kraft* Kölner KommAktG § 4, 22 ff.; für die *Personenhandelsgesellschaften* OLG Graz NJW **1962** m. zust. Anm. *Nies*, LG Wuppertal BB **1969** 459, *Esch* BB **1968** 235.

90 So aber *Kraft* S. 57, *Schlegelberger/Hildebrandt/Steckhan* HGB § 17, 6.

91 RGZ **113** 213, 216, OLG Frankfurt BB-Beilage 10/**1969** IV Nr. 1; OLG Hamm DB **1973** 1692; *Schlegelberger/Hildebrandt/Steckhan* aaO.

92 So aber *Kraft* S. 12, 59; im Ergebnis auch *Knieper-Jahrmarkt* S. 105; dagegen mit Recht LG Bochum BB **1973** 1000.

93 *Kraft* S. 64 und Kölner KommAktG § 4, 23.

94 Vgl. § 12, 6; *Krabbenhöft* Rpfl. **1956** 271; **a. A.** *Richert* Rpfl. **1956** 270, 271.

abweichende Firma führt, muß diese daher in jedem Fall die Firma der Hauptniederlassung mit einem Vermerk enthalten, der den Zusammenhang offenlegt (RG aaO), z. B. „... Zweigniederlassung der X-GmbH, Hamburg". — Die **Firmenverschiedenheit** kann einmal auf Zusätzen beruhen, die zur deutlichen Unterscheidung der Firma der Zweigniederlassung von am gleichen Ort bereits eingetragenen Firmen notwendig sind (§ 30 Abs. 3 HGB). Abgesehen von diesen notwendigen Zusätzen kann für die Zweigniederlassung auch eine besondere Firma gebildet werden, *sofern in ihr der* **Zusammenhang zwischen Haupt- und Zweigniederlassung** *klar zum Ausdruck kommt*[95]. Daher ist es auch zulässig, daß die GmbH die bisherige Firma eines hinzuerworbenen Geschäfts in der Firma der Zweigniederlassung fortführt[96]. Übernimmt die „G. Neuenhahn GmbH" in Jena das Geschäft mit der bisherigen Firma „Robert Peitz" in Camburg, um es als Zweigniederlassung weiterzuführen, so kann die Firma der Zweigniederlassung z. B. lauten „Robert Peitz Zweigniederlassung Camburg der G. Neuenhahn GmbH" (vgl. zu weiteren Möglichkeiten dieses Falles RGZ **113** 213).

68 Die Zweigniederlassung besitzt keine Rechtspersönlichkeit und kann daher auch nicht Partei eines Rechtsstreits sein (Näheres zur rechtlichen Stellung der Zweigniederlassung § 12, 13 ff.). Daraus folgt auch, daß eine Änderung der Firma der GmbH auf die Zweigniederlassungsfirma durchschlägt, ohne daß es einer gesonderten Erwähnung in der Satzung oder Anmeldung bedarf (LG Nürnberg-Fürth BB **1984** 1066). Hat die Zweigniederlassung aber eine **von der Hauptniederlassung abweichende Firma**, so **bildet** diese Firma **für den Geschäftskreis der Zweigniederlassung den einzigen Namen der GmbH** (RGZ **62** 7, 10; vgl. auch § 12, 15). Daher muß auch der Gesellschaftsvertrag der GmbH diese Firma der Zweigniederlassung enthalten. Daraus folgt weiter, daß die GmbH aus Rechtsbeziehungen für den Bereich der Zweigniederlassung *unter der Firma der Zweigniederlassung klagen und verklagt werden* kann (BGHZ **4** 62, 65 = JNW **1952** 183). Obwohl die Zweigniederlassung nicht selbst Träger von Vermögen sein kann, ist es möglich, bei *Eintragungen* von Rechten der GmbH, die der Zweigniederlassung zugewiesen sind, *im Grundbuch* die Firma und den Sitz der Zweigniederlassung anzugeben[97].

3. Firmenfortführung

a) Beim Übergang eines Geschäfts (§ 22 HGB)

Schrifttum

Berend Die Firma bei Gesellschaftsumwandlungen, Diss. Würzburg 1976; *Pabst* Wie weit kann eine abgeleitete Firma geändert werden? DNotZ **1960** 33; *Schrom* die abgeleitete Firma (§§ 21—24 HGB) DB-Beilage 15/**1964**; *Wessel* Nachträgliche Änderung einer abgeleiteten Firma nach § 24 HGB, BB **1965** 1422; *ders.* Die engen Grenzen der Fortführung einer abgeleiteten Firma, BB **1964** 1365.

---

[95] KG JFG **8** 146; **13** 62, 65; OLG München JW **1937** 1268; *Jordan* S. 119; *Schlegelberger/Hildebrandt/Steckhan* HGB § 13, 7 und 8; *Hüffer* GroßkommHGB § 17, 32, 33; *Vogel* 7; *Bartl/Henkes* 82; *Roth* 7.1; *Bokelmann* Rdn. 553 a; *Wessel* Rdn. 337, 338; *Eder* Handbuch der GmbH I 200; *Schmidt* Sparkasse **1964** 311, 313; *Jansen* GmbH-Rdsch. **1963** 163; *Richert* MDR **1957** 339, 340; **a. A.** (nur Firmen*zusatz* zulässig); *Scholz/Winter* 29; *Brodmann* 1.

[96] Das halten aber auch *Brodmann* und *Scholz/Winter* für zulässig.

[97] RGZ **62** 7, 10; LG Bonn NJW **1970** 570; *Woite* NJW **1970** 548.

69 Einen *Sonderfall* zulässiger GmbH-Firmierung regelt § 4 Abs. 1 S. 3. Danach ist die GmbH befugt, statt einer Sach- oder Personenfirma nach Maßgabe des § 4 Abs. 1 S. 1 und 2 eine **abgeleitete Firma** zu führen, wenn sie ein bestehendes Handelsgeschäft mit dem Recht zur Firmenfortführung (§ 22 HGB) erwirbt. Voraussetzung dafür ist *Erwerb und Fortführung eines bestehenden Handelsgeschäfts* eines Vollkaufmanns oder einer Zweigniederlassung mit der ausdrücklichen Zustimmung des Geschäftsinhabers oder seiner Erben, die für das Geschäft bisher regelmäßig geführte Firma fortzuführen (vgl. im einzelnen *Hüffer* GroßkommHGB § 22, 4 ff.). Liegen diese Voraussetzungen vor, so *darf* die GmbH die erworbene Firma fortführen; verpflichtet ist sie dazu nicht. Entscheidet sie sich *für* die Fortführung der erworbenen Firma, so muß sie ihre bisherige abweichende Firma aufgeben und den Gesellschaftsvertrag entsprechend ändern. Zwei Firmen kann sie auch dann nicht führen, wenn sie das erworbene Handelsgeschäft organisatorisch selbständig neben ihrem bisherigen Geschäft betreibt (Rdn. 65 f.). Zum Sonderfall der Firmierung einer Zweigniederlassung vgl. Rdn. 67.

70 Die GmbH kann die erworbene Firma mit oder ohne Beifügung eines das Nachfolgeverhältnis andeutenden Zusatzes fortführen. Da § 22 HGB eine Ausnahme von dem Grundsatz der Firmenwahrheit zugunsten der Firmenbeständigkeit macht (Rdn. 29), muß die erworbene Firma **grundsätzlich unverändert** fortgeführt werden. Das gilt freilich nur in den Grenzen des § 4 Abs. 2: auch eine abgeleitete Firma muß den **Zusatz „mit beschränkter Haftung"** enthalten. Der Grundgedanke dieser Vorschrift, die Rechtsform der GmbH in jedem Fall eindeutig erkennen zu lassen, macht es darüber hinaus erforderlich, **abweichende Gesellschaftszusätze in der erworbenen Firma zu streichen,** es sei denn, die bisherige unveränderte Firma würde durch einen Nachfolgezusatz ergänzt, der die jetzige Rechtsform eindeutig offenlegt[98]. Eine großzügigere Beurteilung ist freilich angebracht bei *Phantasiezusätzen* der erworbenen Firma, die mit einem Rechtsformzusatz gebildet sind oder zu sein scheinen, insbesondere bei Abkürzungen oder Schlagworten *auf die Endung* „-AG", „-ag". Zwar könnte der Verkehr auch hier infolge der üblichen Alleinverwendung solcher unterscheidungskräftiger Zusätze als Kurzform der Firma die Rechtsform einer AG vermuten. *Anders als* bei Verwendung eines solchen Zusatzes *bei Firmenneubildung* (vgl. Rdn. 61) ist ein generelles Verbot hier im Interesse der Firmenbeständigkeit nicht veranlaßt[99]. Im übrigen ist die Gefahr einer Täuschung über die Rechtsform hier auch kaum größer als bei Fortführung sonstiger Firmen bekannter Aktiengesellschaften mit andersendenden Schlagwörtern. Diese Gefahr nimmt das Firmenrecht aber mit Rücksicht auf den Grundsatz der Firmenbeständigkeit in Kauf.

71 **Sonstige Änderungen** der erworbenen Firma (zum Begriff Firmenänderung Rdn. 85) sind nur in sehr engen Grenzen zulässig (vgl. allg. *Hüffer* GroßkommHGB § 22, 48 f.). Insbesondere darf der *Charakter der abgeleiteten Firma* hierdurch *nicht berührt* werden, da sonst der Grund für eine Abweichung von den allgemeinen Firmierungsgrundsätzen der GmbH (§ 4 Abs. 1 S. 1 und 2) entfällt. Eine formalistische wort- und buchstabengetreue Übernahme wird freilich nicht verlangt. Änderungen, die über das rein Formale hinausgehen, können nur dann zugelassen werden, wenn hierfür ein *objektiv gerechtfertigtes Bedürfnis* besteht. Ein solches Bedürfnis kann sich einmal ergeben, um die Gefahr einer **Irreführung der Allgemeinheit auszuschließen.** So wenn sich mit der Geschäftsübernahme eine Änderung des Geschäftsgegenstands verbindet und infolgedessen die in der erworbenen gemischten Firma enthaltene

---

[98] RGZ **104** 341, 343; *Scholz/Winter* 21; *Wessel* Rdn. 477; *Hüffer* GroßkommHGB § 22, 66; *Heinrich* Rdn. 164 f.

[99] **A. A.** *Hüffer* GroßkommHGB § 22, 56.

Sachbezeichnung nicht mehr zutrifft (zur Notwendigkeit der Änderung einer Sachfirma vgl. Rdn. 28 ff.), oder wenn durch Sitzverlegung die Ortsangabe in der Firma ungenau geworden ist[100]. Zum anderen können aber auch sachlich berechtigte **Interessen des Geschäftserwerbers** im Einzelfall zu einer Änderung der abgeleiteten Firma Anlaß geben. Das hat der BGH[101] zur Firmenfortführung nach § 24 HGB anerkannt; es hat gleichermaßen für die Fälle des § 22 HGB Geltung[102]. Nach dieser Rechtsprechung sind Änderungen außer im Interesse der Allgemeinheit auch dann zulässig, wenn sie den *Grundsätzen der Firmenbildung* entsprechen, *keinen Zweifel an der Identität* der geänderten mit der erworbenen Firma *aufkommen lassen* und vom Standpunkt der Gesellschaft bei objektiver Beurteilung *infolge nachträglicher Änderung der Verhältnisse gerechtfertigt* sind (BGHZ **44**, 116, 120 = NJW **1965** 1915). Mit dieser Begründung hat der BGH es zugelassen, daß der Geschäftsinhaber aus Werbegründen ein Warenzeichen seiner Erzeugnisse (hier: „Frankona") zum Firmenbestandteil der abgeleiteten Firma machte[103]. Ein Austausch oder Fortfall des notwendigen Hauptteils der Firma liegt in keinem Fall mehr innerhalb der Grenzen, in denen eine nach § 22 HGB abgeleitete Firma noch geändert werden kann, ohne daß ihre Identität in Frage gestellt wird[104].

72 Will die GmbH die erworbene Firma nicht unverändert fortführen, ist aber eine Änderung nicht zulässig, so muß sie ihre Firma beibehalten bzw., sofern sie noch keine Firma hat, eine neue nach § 4 bilden. Dabei kann sie **Teile der erworbenen Firma verwenden**, soweit das nach den Vorschriften über die Firmenbildung zulässig ist (LG Göttingen BB **1956** 976; OLG Bremen NJW **1963** 111). Die Übernahme von Personenbezeichnungen ist somit ausgeschlossen, es sei denn, es handele sich um Namen von derzeitigen Gesellschaftern der GmbH (§ 4 Abs. 1 S. 2). Unzulässig ist die Verwendung eines auf „-ag" endenden Phantasiewortes aus der erworbenen Firma (vgl. Rdn. 61).

73 Einen Sonderfall der Firmenfortführung stellt die **Zusammenfassung zweier Firmen** dar. Sie ist außer im Falle der Verschmelzung (vgl. Rdn. 3 und Rdn. 76) immer dann zulässig, wenn die GmbH das erworbene Handelsgeschäft mit dem eigenen Unternehmen vereinigt[105]. Obwohl nach der Vereinigung rechtlich nur noch *eine* Firma besteht, wird man bei Trennung der Unternehmen auch eine Fortführung der jeweiligen früheren Firma zulassen müssen (OLG Frankfurt aaO; **a. A.** *Hüffer* aaO 52). Voraussetzung ist allerdings, daß die allgemeinen Voraussetzungen für eine Firmenfortführung gegeben sind, insbesondere die Kontinuität jedes der Unternehmen trotz der vorausgegangenen Vereinigung im wesentlichen gewahrt geblieben ist, was bei dieser Art der Firmierung naheliegt.

74 Die Frage, ob die GmbH die bisherige Firma des erworbenen Geschäfts fortführt, entscheidet sich nach den gleichen Grundsätzen wie die Frage nach der **Schuldenhaftung**

---

100 AG Regensburg DNotZ **1956** 501, 502 (u. a. zur Änderung des Zusatzes „Walhallastraße" in „Regensburg-Walhallastraße").

101 BGHZ **44** 116 = NJW **1965** 1915 mit Anm. *Fischer* LM Nr. 3 zu § 24 HGB = BB **1965** 1047 mit Anm. von *Wessel* 1422.

102 *Jordan* S. 136; *Wellmann* GmbH-Rdsch. **1972** 193, 198; *Wessel* aaO.

103 BGH aaO; dagegen aber *Pabst* DNotZ **1960** 33, 35 und *Schrom* DB-Beilage 15/**1964** III 4, da die Werbekraft der bisherigen Firma durch das Recht zur Firmenfortführung erhalten, aber nicht vermehrt werden soll; vgl. auch BayObLG MDR **1981** 849 zur Unzulässigkeit der Änderung der von einer GmbH übernommenen Firma eines Einzelkaufmanns „Salek L" durch die Einfügung des Zusatzes „Kunststoffwerk" zwischen Namen und GmbH-Zusatz.

104 OLG Celle BB **1974** 387, 388, LG Hannover DB **1976** 1008.

105 OLG Dresden JW **1916** 1550; für die AG: RG LZ **1912** 316; für eine KG: OLG Frankfurt OLGZ **1971** 50; allgemein *Hüffer* GroßkommHGB § 22, 51 f.

für die im Betrieb des Geschäfts begründeten Verbindlichkeiten des früheren Geschäftsinhabers gemäß § 25 HGB (*Hüffer* GroßkommHGB § 25, 47).

b) Firmenfortführung bei Umwandlung. Wird das **Unternehmen eines Einzelkaufmanns oder eine Personenhandelsgesellschaft (OHG, KG)** nach §§ 56 a ff., 46 ff. UmwG **in eine** zu errichtende **GmbH** umgewandelt und führt die GmbH das von der Personenhandelsgesellschaft betriebene Handelsgeschäft weiter, so kann die GmbH die Firma der Personengesellschaft mit oder ohne Beifügung eines des Nachfolgeverhältnis andeutenden Zusatzes fortführen, §§ 56 c Abs. 3 S. 1, 48 Abs. 3 S. 1 1. Alt. UmwG. Diese Bestimmung entspricht im wesentlichen der des § 22 Abs. 1 HGB; sie muß daher ebenso ausgelegt werden. Vor allem gilt auch hier der Grundsatz der unveränderten Fortführung der Firma (*Hüffer* GroßkommHGB Anm. § 22, 36, *Edgar Schmidt* MittRhNotK **1982** 185, 199; vgl. dazu Rdn. 70). Die Notwendigkeit der zusätzlichen Bezeichnung „mit beschränkter Haftung" ergibt sich ausdrücklich aus § 48 Abs. 3 S. 2 UmwG, 4 Abs. 2 GmbHG. Die Vorschrift des § 48 Abs. 3 S. 1 2. Alt. UmwG, wonach die GmbH auch ihrer nach § 4 Abs. 1 gebildeten Firma einen das Nachfolgeverhältnis andeutenden Zusatz beifügen kann, enthält keine Erweiterung des Rechts der Firmenfortführung, sondern stellt nur im Sinn der bisher schon h. M. klar, daß Nachfolgezusätze wie „ ... vormals ..." oder „ ... Nachfolger von ..." keine unzulässige Änderung der abgeleiteten Firma bilden[106]. **75**

Wird eine **Aktiengesellschaft** in eine GmbH umgewandelt, so ist im Umwandlungsbeschluß nach § 369 Abs. 5 AktG die Firma der GmbH festzusetzen. Da es sich hier um eine formwechselnde Umwandlung handelt, die Identität der Gesellschaft also unberührt bleibt, kann — mit Ausnahme der Ersetzung des Zusatzes „AG" durch „GmbH" — die bisherige Firma unverändert beibehalten werden. Entsprechendes gilt bei Umwandlung einer **KGaA** in eine GmbH (§ 388 i. V. m. § 369 Abs. 5 AktG). **75 a**

c) Firmenfortführung bei Verschmelzung. Vorschriften über die Firmierung der übernehmenden oder der durch die Verschmelzung neu gebildeten Gesellschaft sind bei Zulassung der Verschmelzung von Gesellschaften mbH in §§ 19 ff. KapErhG nicht getroffen worden. Es gelten die allgemeinen Grundsätze über die Firmenbildung oder -fortführung. Entsprechend der für die Verschmelzung von Aktiengesellschaften vertretenen Ansicht[106a] kann die übernehmende Gesellschaft die Firma der übertragenden fortführen oder mit ihrer bisherigen Firma zu einer neuen Firma verbinden (§ 77 Anh. II, KapErhG § 25, 48). Im Falle der Verschmelzung durch Neubildung kann die Firma der neuen GmbH auch aus derjenigen der sich vereinigenden Gesellschaften abgeleitet werden (vgl. Rdn. 73 und § 77 Anh. II, KapErhG § 32, 19); § 22 HGB ist entsprechend anwendbar (vgl. näher *Hüffer* GroßkommHGB, Anh. § 22, 2 ff., 6). **76**

4. Änderungen im Gesellschafterbestand

Ein Wechsel im Gesellschafterbestand ist für die Firma der GmbH **ohne Einfluß.** Bestand und Identität der Gesellschaft werden durch den Gesellschafterwechsel nicht berührt; schon deshalb stellt sich die Frage nach einer Firmenänderung nicht. Für die zu § 24 Abs. 1 HGB früher vorherrschende Ansicht, daß bei den Personenhandelsgesellschaften der Eintritt oder das Ausscheiden eines Gesellschafters einen teilweisen Inhaberwechsel zur Folge habe (vgl. dagegen zutr. jedoch *Hüffer* GroßkommHGB § 24, 7), ist bei der GmbH schon wegen deren Rechtsnatur als juristische Person kein Raum. **77**

---

106 RGZ **5** 110, 113; BayObLG OLGR **10** 229; OLG Hamburg OLGR **16** 83; *Jordan* S. 159; **a. A.** *Opet* ZHR **49** 51, 123 Fußn. 226.

106a *Schilling* GroßkommAktG § 346, 32, *Kraft* Kölner KommAktG § 346, 23, § 353, 9.

78 Die Firma der GmbH kann auch dann unverändert beibehalten werden, wenn ein **namengebender Gesellschafter ausscheidet**. Die Personenfirma wird dadurch zwar unwahr. Nach dem *Grundsatz der Firmenbeständigkeit* ist das aber solange unschädlich, als durch das Ausscheiden des Gesellschafters die Kontinuität des Unternehmens nicht berührt wird (vgl. Rdn. 29, 30). Zur Fortführung der mit dem Namen des Ausscheidenden gebildeten Firma bedarf es auch *nicht dessen Zustimmung*, denn § 24 *Abs. 2 HGB* ist *nicht anwendbar*[107]. Die Lage bei der GmbH unterscheidet sich wegen der Zulassung der Sachfirma deutlich von derjenigen bei den Personenhandelsgesellschaften, bei denen notwendigerweise wenigstens einer der persönlich haftenden Gesellschafter seinen Namen zur Firmenbildung zur Verfügung stellen muß (BGHZ **58** 322, 325 = NJW **1972** 1419). Entsprechend bedarf auch eine etwaige Firmenvervielfältigung[108] entgegen der h. M. nicht der Zustimmung des namengebenden Gesellschafters, wenn er sich diese nicht besonders vorbehalten hat[109].

5. Das Erfordernis der deutlichen Unterscheidung der Firma (§ 30 HGB)

Schrifttum

Hesselmann Neues zur GmbH & Co., GmbH-Rdsch. **1963** 31; *ders.* Zur Firmenbildung bei der GmbH & Co., GmbH-Rdsch. **1961** 104; *ders.* Die GmbH & Co im Handelsregister, Rpfl. **1958** 368; *ders.* Zum Firmenrecht bei der GmbH & Co., GmbH-Rdsch. **1957** 155; *Jurick* Zur Unterscheidbarkeit der Firma einer „GmbH & Co KG", DB **1974** 1735; *Pleyer* Nochmals: Zur Firmenbildung bei der GmbH & Co., GmbH-Rdsch. **1962** 14; *Rosenau* Aktuelle Einzelfragen zur GmbH & Co. KG auch im Hinblick auf die Mehrwertsteuer, DB **1967** 1102; *Veismann* Zur Firma der GmbH & Co. Gilt § 30 HGB im Verhältnis GmbH und GmbH & Co.? DB **1966** 529; *Wellmann* Zur Problematik der Firmenbildung bei der GmbH & Co., GmbH-Rdsch. **1962** 210; *Wessel* Die Firma der „GmbH & Co.", Folgerungen aus der Entscheidung des BGH 14. 7. 1966, BB **1966** 1327.

79 Auch für die GmbH gilt die Vorschrift des § 30 HGB, daß ihre Firma sich von allen an demselben Ort oder in derselben Gemeinde bereits bestehenden und in das Handels- oder Genossenschaftsregister **eingetragenen Firmen** deutlich **unterscheiden** muß. Eine Unterscheidung der Firma der GmbH von den im Vereinsregister desselben Ortes eingetragenen *Vereinsnamen*[110] ist nicht erforderlich[111]. Gegen eine Regelungslücke spricht schon, daß der Gesetzgeber das schon bisher von der Rechtsprechung[112] anerkannte Bedürfnis der Unterscheidung von den in das Genossenschaftsregister eingetragenen Genossenschaftsfirmen durch Neufassung des § 30 Abs. 1 HGB mit Wirkung vom 1. 1. 1974 erst klargestellt hat, obwohl die Frage der Ausdehnung auf die Vereinsnamen zu diesem Zeitpunkt schon bekannt war[113].

---

107 BGHZ **58** 322 = NJW **1972** 1419 mit Anm. *Fleck* LM Nr. 5 zu § 24 HGB; BGH WM **1969** 1321, 1322; OLG Karlsruhe GmbHRspr. II Nr. 18 zu § 4; *Brodmann* 2; *Scholz/Winter* 31; *Hüffer* GroßkommHGB § 24, 2, 14f.; **a. A.** OLG Hamburg OLGR **16** 83; *Feine* S. 87 und Fußn. 44; *Groschuff* JW **1934** 940, 948.

108 S. dazu *Hüffer* GroßkommHGB § 22, 40.

109 OLG Frankfurt MDR **1980** 316, 317; OLG Nürnberg DB **1979** 1267; *Bokelmann* GmbH-Rdsch. **1982** 153; **a. A.** BGH BB **1980** 1658; OLG Karlsruhe WRP **1978** 830, 831; *Roth* 4.2.; *Hüffer* aaO.

110 OLG Stuttgart OLGR **42** 211, LG Limburg Rpfl. **1981** 23, *Baumbach/Duden/Hopt* HGB § 30 Anm. C, *Wessel* Rdn. 147.

111 *Hüffer* GroßkommHGB § 30, 7.

112 OLG Düsseldorf BB **1961** 1027.

113 S. im einzelnen *Hüffer* aaO.

80 Zwei Firmen unterscheiden sich deutlich voneinander, wenn keine Gefahr der Verwechslung besteht. Der **Zusatz „mit beschränkter Haftung"** oder „Gesellschaft mit beschränkter Haftung" ist **kein genügendes Unterscheidungsmerkmal** für zwei sonst gleichlautende Firmen. Einem Rechtsformzusatz kommt ersichtlich keine Kennzeichnungskraft zu[114]. Dabei kommt es nicht darauf an, ob der Zusatz *ausgeschrieben ist oder nicht*. Das gilt auch, wenn die andere Firma, von der unterschieden werden soll, einen anderslautenden Rechtsform- oder einen weiteren Gesellschaftszusatz enthält; auch wenn sie den Zusatz „*in Liquidation*" führt[115]. Ebenso reicht der Zusatz „& *Co.*" weder allein noch zusammen mit einem Rechtsformzusatz zur Unterscheidung aus[116]. Dabei macht es auch keinen Unterschied, ob der Rechtsformzusatz in der einen Firma ausgeschrieben, in der anderen aber abgekürzt ist[117].

81 Die vorstehenden Grundsätze führen zu **Schwierigkeiten bei der Bildung der Firma einer GmbH & Co. KG**, bei der die GmbH einziger persönlich haftender Gesellschafter ist; denn die gemäß § 19 HGB mit dem Namen der GmbH und einem Gesellschaftszusatz gebildete Firma der KG unterscheidet sich danach nicht von der Firma der Komplementär-GmbH. **§ 30 Abs. 1 HGB** ist aber **auch im Verhältnis von Komplementär-GmbH und KG** anzuwenden und schließt die Firmengleichheit von KG und GmbH dann aus, wenn beide Gesellschaften ihren Sitz am gleichen Ort haben. Diese lange umstrittene Frage ist durch einen Grundsatzbeschluß des BGH vom Jahre 1966 klargestellt[118]. Wie der BGH zu Recht betont hat, setzt die Vorschrift des § 30 HGB nicht notwendig einen Interessengegensatz der betroffenen Firmen voraus; sie dient vielmehr in erster Linie dem *Schutz des Publikums vor Firmenverwechslungen*. Die Gefahr einer Verwechslung wird auch nicht dadurch ausgeschlossen, daß die Komplementär-GmbH in der Regel lediglich die Aufgabe hat, die Geschäfte der KG zu führen[119]. Auch wenn die GmbH sich tatsächlich nicht mit eigenen Geschäften am Handelsverkehr beteiligen sollte, braucht sie doch einen Namen, unter dem sie im Rechtsverkehr in Erscheinung tritt; auf ihn findet § 30 HGB Anwendung.

---

114 BGHZ **24** 238, 245, LG Oldenburg BB **1960** 959, *Scholz/Winter* 25, *Hüffer* Groß-kommHGB § 30, 17 S. 396, *Jordan* S. 175, *Wessel* Rdn. 145.

115 RGZ **29** 66, 68, KG GmbHRspr. IV nr. 46 zu § 4, LG Hamburg BB **1952** 478.

116 Für die GmbH & Co. KG: BGHZ **46** 7 = NJW **1966** 1813 betr. Zusatz „u. Co. KG", BayObLG BB **1980** 68 betr. „& Co. KG Handelsgesellschaft"; **a. A.** hinsichtlich der Frage des Amtslöschungsverfahrens betr. „& Co. Kommanditgesellschaft", LG Wuppertal bei *Wittmann* BB-Beilage 10/**1969** IV 2, AG Köln MittRhNotK **1981** 72; in der Praxis auch noch weitere Registergerichte.

117 OLG Frankfurt OLGZ **1973** 276, 278, BayObLG DNotZ **1969** 384, 387 und BB **1966** 1285, OLG Karlsruhe BB **1965** 806, *Brönner/Bünz* Die GmbH & Co. KG in Recht und Praxis[4], S. 62 Rdn. B 31, *Jansen* NJW **1966** 1813, 1814, *Wessel* BB **1966** 1327, *Hesselmann* GmbH-Rdsch. **1961** 181; **a. A.** LG Köln zit. bei *Wellmann* GmbH-Rdsch. **1962** 210, *Jurick* DB **1974** 1153, *Riechert* DB **1956** 493, 495; vgl. auch *Wiethölter* Die GmbH & Co. KG — Chancen und Grenzen, in: Aktuelle Probleme der GmbH & Co., S. 49, der de lege lata „KG" für hinreichend unterscheidungskräftig hält, da die Kriterien für die Unterscheidungsfähigkeit nicht das allgemeine Publikum, sondern die Kaufmannschaft zu setzen habe.

118 BGHZ **46** 7 = NJW **1966** 1813; bestätigt BB **1981** 1730; dem BGH folgend OLG Frankfurt OLGZ **1973** 276, 277; BayObLG BB **1980** 68; *kritisch* in neuerer Zeit noch *Roth* 9.2., *Heymann-Kötter* HGB § 30 Anm. 2 a. E., *K. Schmidt* Handelsrecht[2] (1983) S. 286, *Blumers* BB **1977** 970, 973, *Jurick* DB **1974** 1753, 1754.

119 LG Duisburg BB **1961** 1215; OLG Frankfurt BB **1963** 108; *Licht* GmbH-Rdsch. **1961** 180; *Wellmann* GmbH-Rdsch. **1962** 210; **a. A.** LG Koblenz zit. bei *Wellmann* aaO; *Blumers* aaO; *Mertens* GmbH-Rdsch. **1967** 45, 48; *Pleyer* GmbH-Rdsch. **1962** 14.

82 Eine vom Gesellschaftszusatz abgesehen übereinstimmende Firma mit der GmbH kann die GmbH & Co. KG daher nur führen, wenn die GmbH in einem anderen Handelsregisterbezirk eingetragen ist. Andernfalls muß sie einen **unterscheidungskräftigen Zusatz** wählen. Das wird **vielfach schwierig** sein, wenn die GmbH einen ausgefallenen Namen hat oder der Gegenstand des Unternehmens der KG schon detailliert in der GmbH-Firma enthalten ist. Hier eignen sich am besten Phantasiezusätze. **Diese Schwierigkeiten bei der Firmenbildung der GmbH & Co. KG entfallen freilich dann, wenn die GmbH & Co. KG nach Maßgabe der §§ 22, 24 HGB die von der GmbH abgeleitete Firma fortführt** (zur Notwendigkeit des Zusatzes GmbH & Co. KG vgl. Rdn. 118). Die GmbH muß dann im Wege der Firmenänderung eine neue Firma annehmen (vgl. Rdn. 85). Diese Möglichkeit kommt allerdings nur dann in Betracht, wenn die GmbH ein Handelsgeschäft betreibt und dieses — etwa im Rahmen einer Betriebsaufspaltung — zugleich mit dem Recht zur Firmenfortführung auf die GmbH & Co. KG überträgt. Anders läßt sich das Ergebnis nicht erreichen. In der Praxis wird demgegenüber als Ausweg vorgeschlagen, die Firma der Komplementär-GmbH bereits *vor* Eintragung der nach § 19 HGB allein mit deren Namen gebildeten Firma der GmbH & Co. KG durch einen unterscheidungskräftigen Zusatz zu ändern. Das scheint zwar nach § 21 HGB nicht ausgeschlossen, soweit die GmbH & Co. KG ein Grundhandelsgewerbe gem. § 1 HGB betreibt und daher schon vor Eintragung ins Handelsregister zur Firmenführung berechtigt ist[120]. Die Konstruktion ist aber abzulehnen, da sie eine offenkundige Gesetzesumgehung darstellt, die dem Grundsatz der Firmenwahrheit zuwiderläuft[121]. Er ist in § 21 HGB im Interesse der Erhaltung bestehender Firmen zwar durchbrochen, ohne daß es auf eine bestimmte Dauer des Bestehens ankäme. Als unzulässig muß es aber angesehen werden, wenn von vornherein die nach § 19 HGB unwahre Firma erstrebt wird: die spätere Firmenänderung der namengebenden Komplementär-GmbH ist nämlich bei der vorgeschlagenen Konstruktion notwendige Voraussetzung für die Firmenbildung der GmbH & Co. KG.

83 Sind Komplementär-GmbH und GmbH & Co. KG entgegen § 30 HGB mit übereinstimmender Firma im Handelsregister eingetragen, so ist ein **Einschreiten des Registergerichts** gemäß § 37 Abs. 1 HGB, §§ 140, 142 FGG (Ordnungsstrafen und Amtslöschungsverfahren) gegenüber der KG allerdings *nur dann erforderlich*, wenn sich die GmbH nicht auf ihre Aufgaben als Geschäftsführerin der KG beschränkt oder wenn die fehlende Unterscheidungskraft beider Firmen bereits zur Verwechslung geführt hat[122]. Das Einschreiten des Registergerichts steht grundsätzlich in seinem pflichtgemäßen Ermessen. Ein Anlaß zum Einschreiten besteht nur, wenn das öffentliche oder private Interesse an der Beseitigung einer Verwechslungsgefahr dies gebietet[123]. Zum Verfahren gegen eine nach § 30 Abs. 1 HGB unzulässige GmbH-Firma vgl. Rdn. 94.

---

[120] LG Duisburg GmbH-Rdsch. **1969** 219, *Hennerkes/Binz* GmbH & Co., 7. Aufl., S. 162; **a. A.** für den Fall, daß die Änderung der Firma der GmbH erst nach der KG eingetragen werden sollte, OLG Frankfurt GmbH-Rdsch. **1974** 155 mit zust. Anm. von *Hesselmann, Jurick* DB **1974** 1753, 1754, *Tiefenbacher* BB **1963** 109, *Wellmann* GmbH-Rdsch. **1962** 210, 212.

[121] *Hüffer* GroßkommHGB § 19, 64, *Heinrich* Fn. 448, *Hesselmann* Handbuch S. 66 f., *Wiedemann* JR **1967** 102, 103, *Tiefenbacher* und *Wellmann* aaO; nicht eindeutig *Bokelmann* Rdn. 424 und Fn. 760 a.

[122] LG Wuppertal DB **1967** 1257, 1258, *Brönner/Bünz* Die GmbH & Co. KG in Recht und Praxis[4], S. 62 f. Rdn. 31, *Hesselmann* Handbuch S. 67, *Jansen* NJW **1966** 1813, 1815, *Wessel* BB **1966** 1327, 1328.

[123] *Jansen* aaO.

Was die **Beurteilung der Unterscheidungsfähigkeit** zweier Firmen angeht, so kommt es *wesentlich* auf den *Gesamteindruck* von Wortbild und -klang an. So kann es Firmen trotz eines unterscheidungskräftigen Bestandteils im Hinblick auf die übrige dominierende, gleichlautende Wortkombination an der erforderlichen deutlichen Unterscheidung fehlen[124]. *Auch* der *Wortsinn* ist zu berücksichtigen. So ist z. B. die Firma „Ostdeutsche Betriebsstoffgesellschaft mbH" mit der Firma „Ostdeutsche Brennstoffvertrieb GmbH" verwechslungsfähig (RGZ **100** 45, 46). Auch die Firmen „Rabattsparverein der vereinigten Geschäftsleute (Klebesystem) Gesellschaft mbH" — „Sparverein vereinigter Geschäftsleute" unterscheiden sich ungenügend (RG Recht **1908** Nr. 1058). Soweit Phantasieworte, insbesondere Abkürzungen oder Firmenschlagworte, in einer Firma enthalten sind, kann es bei der Beurteilung der Verwechslungsgefahr auf diesen Teil der Firma ankommen, weil er zur alleinigen Bezeichnung der Firma bestimmt, zumindest aber geeignet ist[125]. Im einzelnen kann auf die Darstellungen bei *Hüffer* GroßkommHGB § 30, 13 ff. und *Jordan* S. 174 ff. verwiesen werden. In der Praxis kann sich zur Verringerung der Gefahr der Zurückweisung der angemeldeten Firma eine Voranfrage bei der zuständigen Handelskammer empfehlen. Über das Verhältnis zum *wettbewerbsrechtlichen Begriff der Verwechslungsgefahr* (§§ 16 UWG, 31 WZG) vgl. *Baumbach-Hefermehl* UWG § 16, 100. 84

6. Änderung der Firma

Die Firma der GmbH ist als Name durch den Gesellschaftsvertrag genau festgelegt. 85
Der **Begriff der Firmenänderung** umfaßt grundsätzlich jede, auch geringfügige Abweichung der im Gesellschaftsvertrag enthaltenen Bezeichnung. Für die Firma als Name sind auch die allgemeinen Rechtsschreiberegeln nicht maßgebend, so daß die Änderung der Schreibweise eine Firmenänderung bedeutet. Die Gestaltung des Schriftbildes ist jedoch grundsätzlich frei (vgl. *Hüffer* GroßkommHGB § 17, 10); ihre Änderung bedeutet i. d. R. keine Firmenänderung. Beginnt die Firma einer GmbH mit einer Buchstabenkombination, so stellt es daher keine Firmenänderung dar, wenn die in der Eintragung unmittelbar aneinandergereihten Versalien mit einer Leerstelle geschrieben werden (OLG Karlsruhe BWNotZ **1982** 19 betr. „KS" und „K S").

Eine Änderung der Firma einer GmbH kann nur durch **Änderung des Gesellschaftsvertrags** erfolgen; der Änderungsbeschluß erfordert nach gesetzlicher Regel eine Mehrheit von drei Vierteln der abgegebenen Stimmen. Erst mit Eintragung der Änderung im Handelsregister des Sitzes der Gesellschaft wird die Firmenänderung wirksam (vgl. § 53, 90, § 54, 27). Eine Firmenänderung ist grundsätzlich jederzeit zulässig. Eine Notwendigkeit hierfür ergibt sich zwar nur in Ausnahmefällen, so bei Veräußerung des Geschäfts mit Firma oder infolge grundlegender Änderung des Unternehmensgegenstandes (Rdn. 30). In der Mehrzahl der Fälle steht die Firmenänderung dagegen im Belieben der GmbH, so beim Wechsel im Mitgliederbestand (Rdn. 77 ff.) oder beim Erwerb eines Handelsgeschäfts mit dem Recht zur Firmenfortführung (Rdn. 69 ff.). Zwei Firmen kann die GmbH allerdings nicht führen (vgl. Rdn. 65). *Enthält* die *Firma* der 85 a

---

[124] OLG Frankfurt BWNotZ **1981** 151 „Brillen B. Augenoptikermeister **H.** GmbH" und „Brillen B. Augenoptikermeister **L.** GmbH", OLG Frankfurt bei *Wittmann* BB-Beilage 12/**1975** IV 6 zur Unterscheidbarkeit der Firmen von Schwesterunternehmen; AG Frankfurt Rpfl. **1980** 388 m. Anm. *Kreimer* betr. unterschiedliche Ordinalzahl in sonst gleichlautenden Firmen „XY fünfzehnte Verwaltungs-KG".

[125] RGZ **171** 321 hinsichtlich der Firmen „CHEMPHAR Chemisch-pharmazeutische Handelsgesellschaft mbH" — „Chemopharm GmbH".

GmbH den *Namen eines Gesellschafters*, so kann sie *ohne dessen Zustimmung* eine neue Firma auch unter Fortlassung seines Namens bilden. Ein *Sonderrecht* des Gesellschafters *auf Beibehaltung seines Namens* in der Firma der GmbH entsteht durch die Aufnahme allein nicht (KG RJA **12** 37, 38). Es kann aber im Gesellschaftsvertrag bedungen sein. Dann ist eine Firmenänderung ohne seine Zustimmung unzulässig.

86 Von den gesellschaftsrechtlichen Anforderungen an die Änderung der bisherigen Firma zu unterscheiden ist die Frage, welche **firmenrechtlichen Anforderungen an die geänderte Firma** zu stellen sind. Ihre Beurteilung richtet sich nach den gleichen Grundsätzen wie die *Annahme einer neuen Firma*: die Firma ist als Ganzes zu sehen, mag sie auch mehrere Bestandteile haben. Daher müssen *auch bei Firmenänderungen die für die Firmenbildung geltenden Vorschriften* beachtet werden[126]. Handelt es sich um eine *Personenfirma*, so dürfen Namen anderer Personen als der Gesellschafter im Zeitpunkt der Anmeldung der Änderung nicht in die Firma aufgenommen werden[127]. Bei der *Sachfirma* kommt es auf den Unternehmensgegenstand im Zeitpunkt der Anmeldung der Änderung an. Entsprechendes gilt auch für die Änderung der *gemischten Firma*: Auch wenn nur ein Teil entfallen soll, bleibt zu prüfen, ob der verbleibende Teil auch noch im Zeitpunkt der Änderung den Erfordernissen der Firmenbildung entspricht[128]. Im Unterschied zur Trennung zweier zusammengefaßter Firmen (Rdn. 73) handelt es sich hier nicht um eine Firmenfortführung. Besondere Schwierigkeiten bereitet die Änderung der *abgeleiteten Firma*; sie ist mit Rücksicht auf den Grundsatz der Firmenbeständigkeit nur *in engen Grenzen* zulässig (Rdn. 71).

V. Folgen der Unzulässigkeit der Firma

Schrifttum

Jansen FGG Gesetz über die Angelegenheiten der freiwilligen Gerichtsbarkeit mit Nebengesetzen und bundes- und landesrechtlichen Ergänzungs- und Ausführungsvorschriften, 2. Aufl. (1970), Band 2 §§ 142 ff.; *Keidel/Kuntze/Winkler* FGG[11] Teil A §§ 142 ff.; *Schlegelberger* FGG §§ 142 ff.

1. Vor Eintragung der GmbH

87 Die Bestimmung über die Firma der GmbH ist nach § 3 Abs. 1 Nr. 1 ein wesentliches Erfordernis des Gesellschaftsvertrags. Ihr *Fehlen* ist praktisch kaum denkbar (Vgl. § 60, 44; *Jansen* FGG § 144 a, 4). Wohl aber kann die *Bestimmung über die Firma nichtig* sein. Das kann im Ausnahmefall zur *Nichtigkeit des ganzen Gesellschaftsvertrags* führen (für generelle Nichtigkeit aber *Baumbach/Hueck* 1, *Brodmann* 1 a). Eine Erstreckung der Nichtigkeit auf die dennoch *eingetragene Gesellschaft* selbst kommt wegen des numerus clausus der Nichtigkeitsgründe (§ 75) nicht in Betracht (§ 2, 71, 76). — **Nichtig** ist die Bestimmung über die Firma, die den gesetzlichen Vorschriften über die Firmenbildung nicht entspricht, so namentlich bei Verstößen gegen § 4 GmbHG, §§ 18 Abs. 2, 22 HGB. Dagegen macht ein Verstoß gegen § 30 HGB allein die Bestimmung über die Firma nicht nichtig[129]. Andernfalls stünde unvermeidlich jeder Gesellschaftsvertrag bis zur Eintragung der Gesellschaft unter der drohenden Gefahr der Nichtigkeit, denn bei Abschluß läßt

---

[126] BayObLG BB **1984** 1506, KG JW **1929** 1401, OLG Stuttgart DNotZ **1971** 249.

[127] BayObLG und OLG Stuttgart aaO.

[128] BayObLG aaO.

[129] Vgl. § 60, 44, *Baumbach/Hueck*[11] § 75, 1 B, *Brodmann* 6, *Eder* Handbuch der GmbH I 48.1, *Scholz/K. Schmidt* § 60, 25, **a. A.** *Scholz/Winter* 34, *Bartl/Henkes* 81, *Roth* 8.

sich nicht übersehen, ob noch vor der GmbH Firmen eingetragen oder gelöscht werden, mit denen die Firma der GmbH zu verwechseln ist.

Enthält der Gesellschaftsvertrag eine unzulässige Firma, so hat der Registerrichter die Eintragung abzulehnen. I. d. R. wird die Anmeldung zunächst durch Zwischenverfügung beanstandet, um den Beteiligten Gelegenheit zur Stellungnahme oder Abhilfe durch Änderung der Satzungsbestimmung über die Firma zu geben. In der Praxis kann sich zur Vermeidung von Verzögerungen der Eintragung eine Voranfrage an Registergericht und zuständige Handelskammer empfehlen. Gegen die Zwischenverfügung (vgl. BayObLG WM **1984** 638, Rpfl. **1984** 68) und die endgültige Zurückweisung kann der Anmelder Beschwerde einlegen, über die das Landgericht entscheidet (§§ 19, 20 FGG). Beruht die Entscheidung des Beschwerdegerichts auf einer Verletzung des Gesetzes, so ist dagegen nach § 27 Abs. 1 FGG die weitere Beschwerde zulässig, über die vom Oberlandesgericht entschieden wird (§ 28 Abs. 1 FGG). Entsprechendes gilt hinsichtlich der Eintragung eines Firmenänderungsbeschlusses (zur Änderung der Firma in „Zündwarenfabrik GmbH", wenn Gegenstandsänderung nichtig, BayObLGZ **1972** 126 = DB **1972** 1015). **88**

2. Nach Eintragung

Eine unzulässige Firma bildet ein zwingendes Eintragungshindernis. Hat das Registergericht gleichwohl eingetragen, so ist die GmbH entstanden. Auch wenn der Mangel von den Beteiligten nicht behoben wird, kann sie nur durch Auflösung und Abwicklung wieder gelöscht werden. Das Rechtsmittel der Beschwerde ist gegen die erfolgte Eintragung *nicht* gegeben. In einer gleichwohl eingelegten „Beschwerde" gegen eine Eintragung kann aber eine Anregung zum **Amtsverfahren** gesehen werden. Als solches kommt zwar *nicht mehr die Amtslöschung* nach § 144 FGG in Betracht. Sie beschränkt sich seit der Neufassung des § 75 (vgl. § 75, 2, 10) auf diejenigen Fälle, in denen der Gesellschaftsvertrag keine Angaben über die Stammkapitalhöhe oder den Unternehmensgegenstand enthält oder die Bestimmung des Unternehmensgegenstands nichtig ist. *Statt dessen* hat das Registergericht nach dem neuen **§ 144 a FGG** (vgl. § 60, 40 ff.) die Gesellschaft aufzufordern, innerhalb einer bestimmten Frist eine Änderung des Gesellschaftsvertrags, die den Mangel behebt, zur Eintragung in das Handelsregister anzumelden oder die Unterlassung durch Widerspruch gegen die Verfügung zu rechtfertigen. Kommt die Gesellschaft der Aufforderung nicht nach oder wird der Widerspruch zurückgewiesen, so stellt das Registergericht den Mangel der Satzung fest. *Mit Rechtskraft* der Feststellung wird die *Gesellschaft aufgelöst*, § 60 Abs. 1 Nr. 5 (vgl. im einzelnen § 60, 40. Das Ergebnis ähnelt also dem der Amtslöschung; in beiden Fällen findet eine Abwicklung der Gesellschaft statt. Die unzulässige Firma der GmbH erlischt nicht vor dem Erlöschen der Gesellschaft selbst (vgl. Rdn. 95). Das *Verfahren nach* **§ 144 a** *FGG* kommt nicht nur *bei Fehlen*, sondern auch *bei Nichtigkeit der Bestimmung über die Firma* in Betracht[129a]. Entgegen *Meyer-Landrut* (aaO) verdrängt § 144 a FGG als die speziellere Vorschrift im Fall der unzulässigen Firma auch das in § 142 FGG vorgesehene Recht des Registergerichts zur Amtslöschung unzulässiger Eintragungen[129b]. **89**

129a H. M. *Jansen* FGG § 144 a, 4, *Keidel/Kuntze/Winkler* FGG § 144 a, 4; **a. A.** *Meyer-Landrut* GroßkommAktG § 4, 6.

129b § 2, 74; hinsichtlich § 144 FGG a. F. vgl. KG bei *Trojan* DNotZ **1927** 118, 120, BayObLGZ **1969** 215, 219 = MDR **1970** 55, *Scholz*[5] 28, *Vogel* 9, *Schlegelberger* FGG § 142, 1.

90 Einen Sonderfall regelt die Vorschrift des **§ 43 Abs. 2 KWG**. Danach hat das Registergericht eine *Firma oder* einen *Zusatz zur Firma* ausnahmsweise **von Amts wegen zu löschen**, wenn der Gebrauch infolge Verstoßes gegen den Schutz von Bezeichnungen wie „Bank" und „Sparkasse" nach §§ 39 bis 41 KWG unzulässig ist (vgl. zu diesen Bezeichnungen auch Rdn. 27). Für das Verfahren gilt § 142 Abs. 1 S. 2, Abs. 2 und 3 FGG entsprechend. Ebenso wie bei dem Verfahren nach § 144a FGG (*Jansen* FGG § 144a, 10) ist das *Registergericht nicht befugt, nach seinem pflichtgemäßen Ermessen von einem Einschreiten abzusehen*. Die Löschung ist zwingend vorgeschrieben[130].

91 Wird eine unzulässige Firma verwendet, so kann daran auch bei jahrzehntelangem Gebrauch jedenfalls dann **kein schutzwürdiger Besitzstand** erlangt werden, wenn der Gebrauch *in Mißachtung der gesetzlichen Lage abweichend vom Registereintrag* erfolgt ist[131]. Zur Rechtslage im Fall der Eintragung der unzulässigen Firma vgl. auch Rdn. 94.

92 Ist eine **Firmenänderung** in das Handelsregister eingetragen worden, obwohl die Abänderung wegen Verletzung der Vorschriften über die Firmenbildung nichtig ist, so kommt *ebenfalls* das *Verfahren nach* **§ 144a** *FGG* in Betracht[132]. Eine Löschung des Änderungsbeschlusses gemäß § 144 Abs. 2 FGG (so *Eckardt* aaO) ist nicht zulässig, denn es fehlte dann wieder die Firma. Mit Eintragung der Änderung ist nämlich die frühere Firma erloschen (vgl. Rdn. 95).

93 Dagegen wird eine bei Eintragung der GmbH wirksame Bestimmung des Gesellschaftsvertrages durch **spätere** tatsächliche Veränderung der Verhältnisse (z. B. bei der Sachfirma infolge Änderung des Gegenstandes; vgl. Rdn. 30) *nicht richtig*; § 144a FGG findet daher **keine** Anwendung[133], so auch noch Voraufl. 93.

94 Anstelle des Vorgehens nach § 144a FGG kann das Registergericht auch ein **Ordnungsgeldverfahren** wegen unzulässigen Firmengebrauchs nach § 37 Abs. 1 HGB, § 140 FGG einleiten. Über den Wortlaut des § 37 Abs. 1 HGB hinaus greift die Vorschrift auch bei Verstößen gegen das Firmenrecht der GmbH (§ 4) ein (*Hüffer* GroßkommHGB § 37, 3). Ein Gebrauch der Firma liegt schon darin, daß sie im Handelsregister eingetragen bleibt (KG OLGR **34** 330, 331). Insoweit kann also mittelbar Zwang zur Änderung einer unzulässigen Firma ausgeübt werden. Die *Wahl* zwischen diesem und dem Verfahren nach § 144a FGG *steht im Ermessen des Registergerichts*. Jedoch ist grundsätzlich dem Verfahren nach § 144a der Vorzug zu geben (vgl. im einzelnen § 60, 45; *Jansen* FGG § 144a, 4). *Gegen eine nach § **30** Abs. **1** HGB unzulässige Firma* ist nur das *Ordnungsgeldverfahren* statthaft, denn die Bestimmung über die Firma ist nicht nichtig (vgl. Rdn. 87). *Anders* als im Verfahren nach § 144a FGG kann das Registergericht von einem Einschreiten gemäß § 140 FGG *nach pflichtgemäßem Ermessen absehen*, wenn das Interesse der Gesellschaft an der Beibehaltung ihrer Firma das öffentliche Interesse an der Beachtung firmenrechtlicher Vorschriften überwiegt. Das gilt besonders, wenn eine Firma jahrelang unangefochten im Handelsregister eingetragen war und die Gesellschaft sich unter dieser Firma

---

130 *Consbruch-Möller* KWG-Komm. (1965) § 43, 3, *Szagunn-Neumann* Gesetz über das Kreditwesen, 2. Aufl. (1967), § 43, 8, *Keidel/Kuntze/Winkler* FGG § 142, 34.

131 BGHZ **44** 116, 118 = NJW **1965** 1915 und Vorinstanz OLG Celle NJW **1965** 224, BGHZ **30** 288 = NJW **1959** 2255, mit Anm. *Hefermehl*, *Scholz/Winter* 34, *Bartl/Henkes* 80; **a. A.** OLG Saarbrücken JZ **1952** 275 m. abl. Anm. *Kötter*; für Verneinung eines Besitzstands selbst bei langjähriger Eintragung einer unzulässigen GmbH-Firma OLG Hamm GmbH-Rdsch. **1965** 113.

132 *Scholz/Winter* 34; **a. A.** Geßler/Hefermehl/*Eckardt*/Kropff AktG § 4, 48.

133 So überzeugend BayObLG GmbH-Rdsch. **1980** 11 f.; vgl. auch § 53, 90, § 60, 44; **a. A.** die bisher h. M.: LG München MittBayNot. **1971** 374, 375, *Baumbach/Hueck* § 75, 1 A, *Scholz/Winter* 34, *Eder* Handbuch der GmbH I 48. 1, *Jansen* FGG § 144a, 4, *Keidel/Kuntze/Winkler* FGG § 144a, 4.

Verkehrsbedeutung erworben hat, ohne daß der Gebrauch der unzulässigen Firma zu Unzuträglichkeiten geführt hat[134].

VI. Erlöschen der Firma

95 Die Firma der GmbH erlischt regelmäßig **erst mit dem Erlöschen der Gesellschaft selbst**, also nach beendeter Liquidation (vgl. § 60, 5 f., 14), mit Löschung der Gesellschaft wegen Vermögenslosigkeit nach § 2 LöschungsG (vgl. Anhang zu § 60 §§ 1, 2 LöschG, 31) oder mit Auflösung der Gesellschaft infolge Verschmelzung oder Umwandlung (vgl. § 60, 56). Da im übrigen weder die Nichtigkeit noch die Auflösung den Untergang der im Handelsregister eingetragenen GmbH bewirkt, sondern lediglich zu deren Abwicklung führt, erlischt die Firma der GmbH selbst dann nicht, wenn die Auflösung der Gesellschaft gemäß § 60 Abs. 1 Nr. 5, § 144 a FGG auf der unzulässigen Firma beruht. Die Firma der GmbH ist in diesem Fall aber als Liquidationsfirma zu bezeichnen (Rdn. 97). *Anderes* gilt einerseits bei *Änderung der Firma*. Mit Eintragung des Änderungsbeschlusses im Handelsregister erlischt die bisherige Firma, soweit sie nicht bei Veräußerung des Geschäfts übertragen worden ist. Ebenso erlischt mit *Aufhebung einer Zweigniederlassung* auch deren besondere Firma.

96 Die **Betriebseinstellung** ist auf die Firma der GmbH grundsätzlich ohne Einfluß, da sie nicht ohne weiteres die Existenz der Gesellschaft berührt. Daher ist auch die Eintragung einer gleichlautenden Firma nach § 30 Abs. 1 HGB unzulässig, solange die GmbH noch nicht im Handelsregister gelöscht ist. Die Verwendung der Firma für ein anderes Unternehmen bei Erwerb des Gesellschaftsmantels (*Pape* BB **1955** 1099, 1101) ist nur möglich, wenn die Firma nicht durch Änderung des Unternehmensgegenstandes unzulässig wird (vgl. Rdn. 30; zum Mantelkauf vgl. § 3, 27 ff.). Zu beachten ist auch, daß der materielle Firmenschutz erlischt, wenn der Betrieb des Unternehmens nicht nur vorübergehend eingestellt wird (*Baumbach-Hefermehl* UWG § 16, 63; zum Namens- und Firmenrecht einer GmbH nach Betriebseinstellung vgl. auch BGH GRUR **1961** 420, 422).

VII. Die Firma der GmbH in besonderen Fällen

1. In der Liquidation

97 Während der Liquidation behält die GmbH ihre bisherige Firma bei. *Nach § **68** Abs.* **2** *ist sie aber* **als Liquidationsfirma zu bezeichnen**. Üblich ist der Zusatz „in Liquidation" oder „in Abwicklung" oder auch abgekürzt „i. L." oder „i. A.". Eine *Änderung* der Firma ist darin *nicht* zu sehen. Dem *Zusatz* kommt auch *keine Unterscheidungskraft* im Sinne des § 30 Abs. 1 HGB zu; eine neue gleichlautende Firma an demselben Ort darf also erst eingetragen werden, wenn die Liquidation beendet und die Gesellschaft erloschen ist (vgl. auch § 68, 13). *Veräußert* die *Liquidationsgesellschaft ihr Geschäft mit Firma*, so kann der Erwerber die bisherige Firma ohne den Liquidationszusatz fortführen. Die GmbH muß durch Änderung des Gesellschaftsvertrags, die auch im Liquidationssta-

---

134 KG NJW **1965** 254, 255, LG Göttingen NdsRpfl. **1959** 133 = BB **1959** 899 (hinsichtlich des Firmenzusatzes *„Ledag"* einer mit dieser Firma seit 1947 im Handelsregister eingetragenen GmbH; vgl. zu dieser Entscheidung auch Rdn. 61), OLG Köln BB **1977** 1671 (betr. Zusatz „Industrie" in der Firma eines Einzelkaufmanns, der nur noch Großhandel betreibt), OLG Zweibrücken OLGZ **1972** 391 (für die Genossenschaftsfirma), *Scholz/Winter* 35, *Jansen* FGG § 140, 15, *Keidel/Kuntze/Winkler* FGG § 140, 2.

dium zulässig ist (vgl. § 69, 62), eine neue Firma annehmen. Die *Annahme einer neuen Firma* ist selbst dann *notwendig*, wenn die Abwicklung der GmbH praktisch durchgeführt ist und das Erlöschen der Gesellschaft nur deshalb nicht erfolgen kann, weil die Vermögensverteilung vor Ablauf des Sperrjahres (§ 73) nicht vorgenommen werden darf (**a. A.** LG Hamburg BB **1952** 478).

2. Im Konkurs- und Vergleichsverfahren

98 Nach § 60 Abs. 1 Nr. 4 wird die Gesellschaft durch Eröffnung des **Konkursverfahrens** aufgelöst. Sie erlischt dadurch aber nicht, sondern besteht bis zur Beendigung des Konkurses oder auch darüber hinaus fort. Folglich erlischt auch ihre Firma nicht (Vgl. Rdn. 95). Die Firma enthält auch keinen auf das Konkursverfahren hindeutenden Zusatz. Auch keinen Liquidationszusatz, denn die Auflösung führt während des Konkursverfahrens nicht zur Liquidation im Sinne der §§ 66 ff. Diese kommt erst in Betracht, soweit nach Konkursbeendigung noch Vermögen vorhanden ist (vgl. im einzelnen Erläut. § 63). Auch während des Konkursverfahrens ist eine Firmenänderung zulässig. Ein Bedürfnis dafür besteht, wenn der Konkursverwalter das Geschäft der GmbH mit Firma veräußert. Hierzu ist er nach ganz h. M. auch bei einer Personenfirma ohne Einwilligung des namengebenden Gesellschafters befugt, soweit dieser die Verwendung seines Namens nicht eingeschränkt hat (BGHZ **85** 221 = NJW **1983** 755, 756; vgl. im einzelnen auch Rdn. 51). Zur Firma im Konkurs und zur Kompetenz des Konkursverwalters zur Bildung einer Ersatzfirma vgl. § 63, 70 und 82 f. m. w. N. und *Ulmer* NJW **1983,** 1697 ff.

99 Die Eröffnung des gerichtlichen **Vergleichsverfahrens** ist kein Auflösungsgrund. Die GmbH behält ihre bisherige Firma. Der Zusatz „im Vergleichsverfahren“ ist nicht mehr vorgeschrieben (so aber früher noch § 37 VergleichsO vom 5. 7. 1927).

VIII. Firma und Vorgesellschaft

Schrifttum

Fabricius Vorgesellschaften bei der AG und GmbH: Ein Irrweg?, Festschrift Walther Kastner (1972) S. 85 ff.; *Fleck* Die neuere Rechtsprechung des BGH zur Vorgesellschaft und zur Haftung des Handelnden (§ 11 Abs. 2 GmbHG, § 41 Abs. 1 AktG), ZGR **1975** 212 ff.; *Flume* Die werdende juristische Person, Festschrift Geßler (1971) S. 3 ff.; *Huber* Die Vorgesellschaft mit beschränkter Haftung de lege ferenda, Festschrift Robert Fischer (1979) S. 263 ff.; *Rittner* Die werdende juristische Person (1973).

100 Die Frage, ob und unter welchen Voraussetzungen die *im Werden begriffene Gesellschaft* bereits vor ihrer Eintragung eine Firma führen kann, beurteilt sich nach den allgemeinen Grundsätzen über die Rechtsnatur der Vorgesellschaft (vgl. zum Begriff § 11, 5). Hierzu ist heute anerkannt, daß die Vorgesellschaft weder als Gesellschaft bürgerlichen Rechts, noch als nichtrechtsfähiger Verein oder Offene Handelsgesellschaft zu behandeln ist; *ihre Rechtsverhältnisse richten sich vielmehr nach dem für die vollendete juristische Person geltenden Recht, soweit dieses nicht im Einzelfall die Rechtsfähigkeit der Gesellschaft voraussetzt* (Näheres § 11, 8 ff.). Was das Recht zur Führung der **Firma** betrifft, so knüpft das GmbH-Gesetz allerdings ausdrücklich an die Rechtsfähigkeit der Gesellschaft an. **Erst die vollendete GmbH gilt als Handelsgesellschaft** im Sinne des HGB (§ 13 Abs. 1, 3 GmbHG); nur sie hat daher das Recht, unabhängig vom Unternehmensgegenstand eine Firma zu führen.

101 Für die **Vorgesellschaft** darf hieraus freilich nicht der Umkehrschluß gezogen werden, ihr sei die Führung einer Firma stets verwehrt. Vielmehr greifen ihr gegenüber die allgemeinen handelsrechtlichen Grundsätze (§§ 1 bis 6, 17 HGB) ein. Ist ihr Zweck

schon vor Eintragung auf den **Betrieb eines Handelsgewerbes gerichtet, so hat auch die Vorgesellschaft das Recht zur Firmenführung**[135]. Dabei muß es sich um ein Grundhandelsgewerbe handeln, weil eine Eintragung der Vorgesellschaft als Sollkaufmann nicht in Betracht kommt (Rdn. 105). Der Gewerbebetrieb der Vorgesellschaft muß auch über die Größe eines minderkaufmännischen Geschäftsbetriebs (§ 4 HGB) hinausgehen; im Fall des Beginns der Geschäftstätigkeit durch die Vorgesellschaft genügt hierfür, daß der Betrieb auf ein vollkaufmännisches Unternehmen *angelegt* ist und die alsbaldige Entwicklung zu einem Vollhandelsgewerbe bevorsteht (BGHZ **10** 91, 96 = NJW **1953** 1217, **32** 307, 311 = NJW **1960** 1664). Praktisch bedeutsam ist das Recht der Firmenführung für die Vorgesellschaft somit vor allem in den Fällen, in denen sie ein **als Sacheinlage eingebrachtes Handelsgeschäft** schon vor Eintragung fortführt. Dagegen wird man die den Geschäftsbetrieb der künftigen GmbH bloß *vorbereitende* Tätigkeit der Vorgesellschaft regelmäßig *nicht* schon als eigenes Handelsgewerbe behandeln können, auch wenn die Geschäftsführer vor Eintragung bereits einige Rechtsgeschäfte namens der Gesellschaft tätigen. Entscheidend ist, ob diese Rechtsgeschäfte nur der Vorbereitung des Betriebs durch die künftige GmbH dienen oder ob die gewerbsmäßige Tätigkeit ausnahmsweise bereits durch die Vorgesellschaft aufgenommen werden soll (**a. A.** *Scholz-Winter* § 11, 7; zur Frage der Beschränkung der Tätigkeit der Vorgesellschaft auf die „notwendigen" Geschäfte vgl. § 11, 28 ff.).

Kann nach diesen Grundsätzen die Vorgesellschaft eine Firma führen, so richtet **102**
sich deren **Bildung nach GmbH-Firmenrecht** (§ 4). Ein Rückgriff auf die allgemeinen Vorschriften der §§ 18 ff. HGB ist weder notwendig noch — im Hinblick auf die von den Beteiligten angestrebte GmbH — sachgerecht. Soll die Vorgesellschaft eine **Personenfirma** haben, so muß der Namensträger im Zeitpunkt der Gesellschaftserrichtung oder der späteren Firmenbildung Gesellschafter sein. Scheidet er während des Bestehens der Vorgesellschaft aus, so ist abweichend von der Lage bei der eingetragenen GmbH (Rdn. 78) § 24 HGB entsprechend anwendbar: die bisherige Firma kann fortgeführt werden, sofern der Ausscheidende oder seine Erben einwilligen. Auch gegen die Wahl einer **Sachfirma** durch die Vorgesellschaft bestehen keine grunsätzlichen Bedenken. Eine Ausnahme gilt nur für den Fall, daß die Gesellschafter die Eintragung nicht ernsthaft betreiben und ihren Zusammenschluß daher als OHG behandeln lassen müssen (§ 11, 17). In allen Fällen ist sicherzustellen, daß die Firma der Vorgesellschaft *nicht* zu einer *Täuschung des Rechtsverkehrs* über die Rechtsnatur des Firmeninhabers führt. *Das Fortlassen des in § 4 Abs.* **2** *vorgeschriebenen Zusatzes „mit beschränkter Haftung" ist als Lösung ungeeignet;* die Gefahr von Mißverständnissen über die Rechtsform würde hierdurch eher noch erhöht[136]. Vielmehr ist die *Firma der Vorgesellschaft* — ähnlich wie im Fall der Liquidation (vgl. Rdn. 97) — *als solche zu bezeichnen*. Das kann durch einen weiteren **Zusatz** wie z. B. „in Gründung" oder „im Gründungsstadium" geschehen[137].

---

[135] *Hüffer* GroßkommHGB § 19, 14, *Feine* S. 202, *Büttner* Identität und Kontinuität bei der Gründung juristischer Personen (1967), S. 121, *Flume* Festschrift Geßler S. 3, 36; für die werdende AG: *Ballerstedt* ZHR **127** 92, 102, *Schnorr von Carolsfeld* DNotZ **1963** 410 und Fn. 29; **a. A.** wohl *Barz* Großkomm-AktG § 29, 7 und *Schreiber* Die Kommanditgesellschaft auf Aktien (1925), S. 67 für die werdende KGaA.

[136] *Rittner* S. 353 Fn. 70; **a. A.** *Fabricius* Festschrift Kastner, S. 104.

[137] H. M., vgl. *Bartl/Henkes* 77, *Roth* 7.2., *Feine* S. 202, *Heinrich* Rdn. 77, *Reinhardt* Gesellschaftsrecht (1973), Rdn. 815, *Fleck* ZGR **1975** 212, 216, *Rittner* S. 353, *Flume* in Festschrift Geßler, S. 37; **a. A.** de lege ferenda *Huber* Festschrift Fischer, S. 271.

103 Grenzen sind der Firmenführung durch die Vorgesellschaft dadurch gesetzt, daß eine **Eintragung** der Vorgesellschaft als solcher und ihrer Firma nicht in Betracht kommt. Für die Eintragung gilt der numerus clausus der Handelsgesellschaften; wird die Gründervereinigung eingetragen, so wird sie dadurch *zur GmbH* (§ 11 Abs. 1). Die Verwendung einer Firma vor Eintragung ist indessen nichts Ungewöhnliches; sie findet sich auch im Fall des Einzelkaufmanns, der Offenen Handelsgesellschaft und der Kommanditgesellschaft, die ein Grundhandelsgewerbe betreiben. Im Unterschied zu diesen Fällen kann der Registerrichter zwar nicht auch die Vorgesellschaft durch Ordnungsstrafen zur Eintragung veranlassen; § 14 HGB ist insoweit durch § 79 Abs. 2 GmbHG eingeschränkt (§ 7, 5, § 78, 10). Betreibt die Vorgesellschaft aber nicht von sich aus die Eintragung der GmbH, so muß sie sich als OHG behandeln lassen. Das hat zur Folge, daß auch der Registerrichter nach § 14 HGB durch Ordnungsstrafen auf die Wahrung der registerrechtlichen Publizität dringen kann (*Flume* Festschrift Geßler, S. 36).

104 Führt die Vorgesellschaft eine zulässige Firma, so genießt sie dafür auch *vollen* **Firmenschutz** nach § 37 HGB und § 16 UWG[138]. Für eine Unterscheidung zwischen Firmen- und Namenschutz unter Beschränkung der kaufmännisch tätigen Vorgesellschaft auf den Namenschutz[139] ist kein Raum.

105 **Betreibt die Vorgesellschaft dagegen kein oder jedenfalls kein vollkaufmännisches Handelsgewerbe, so darf sie keine Firma führen**[140]. Gegen die unzulässige Benutzung der Firma der künftigen GmbH kann das Registergericht nach § 37 Abs. 1 HGB durch Ordnungsstrafen vorgehen. Die Vorgesellschaft kann die satzungsmäßige Firma der künftigen GmbH unter Hinweis auf das Gründungsstadium aber als Namen verwenden (*Fleck* ZGR **1975** 212, 216). Das kann insbesondere für die *Grundbucheintragung* von als Sacheinlagen eingebrachten Grundstücken praktisch werden[141]. Dabei ist freilich sicherzustellen, daß die Namen der Gründer aus den Eintragungsunterlagen ersichtlich sind (weitergehend *Flume* in Geßler-Gestschrift, S. 32, der die Aufzählung der Namen sämtlicher Gründer in der Eintragung selbst verlangt). Aber auch wenn die Vorgesellschaft vorbereitend am Rechtsverkehr mit Dritten teilnimmt, kann sie dies unter Verwendung der Firma der künftigen GmbH *als Name* unter Hinzufügung eines Gründungszusatzes tun. Eine Firmenführung liegt in diesem Gebrauch nicht. Entsprechend besteht auch *noch kein Firmenschutz*, die Firma der künftigen GmbH kann jedoch schon vor Eintragung der Gesellschaft als *Name oder als besondere Geschäftsbezeichnung schutzfähig* sein[142].

IX. Die Firma der GmbH & Co.

Schrifttum

Aschenbrenner Die Firma der GmbH & Co., Schriften zum Wirtschaftsrecht Band 23 (1976); *Beinert/Hennerkes/Binz* Zur Bedeutung des Rechtsformzusatzes bei der GmbH & Co. nach bisherigem und künftigem Recht BB **1979** 299; *Bokelmann* Das Recht der Firmen-

138 *Scholz/Winter* § 11, 4, *Büttner* Identität und Kontinuität bei der Gründung juristischer Personen (1967) S. 121, *Flume* in Festschrift Geßler S. 37, *Schnorr von Carolsfeld* DNotZ **1963** 410 Fn. 29.

139 So *Barz* GroßkommAktG § 29, 7, wohl auch *Rittner* S. 353; dagegen mit Recht *Flume* aaO S. 37.

140 **A. A.** de lege ferenda *Huber* Festschrift Fischer, S. 267, wonach die Vorgesellschaft in jedem Fall die satzungsmäßige Firma führen soll.

141 BGHZ **45** 338, 348 f. = NJW **1966** 1311, *Fleck* ZGR **1975** 212, 216, *Ganßmüller* GmbH-Rdsch. **1967** 25, 28.

142 **A. A.** jedoch ohne Begründung und Unterscheidung von Firma und Namen *Scholz/Winter* § 11, 4; wie hier *Barz* GroßkommAktG § 29, 7 für die werdende AG m. weit. Nachw.

und Geschäftsbezeichnungen, 2. Aufl. (1980); *ders.* Die Firma der GmbH & Co. KG – Zugleich kritische Anmerkung zu dem Beschluß des OLG Celle v. 16. 6. 1976, Rpfl. **1976** 418; *ders.* Die abgeleitete Firma der GmbH & Co. – Zugleich eine Besprechung des Urteils des BGH v. 18. 3. 1974 GmbH-Rdsch. **1975** 25; *Blumers* Die Firma der GmbH & Co. KG, BB **1977** 970; *Brönner-Bünz* Die GmbH & Co. KG in Recht und Praxis, 4. Aufl. (1981); *Geßler* Neues Firmenrecht für die „GmbH & Co."? DB **1977** 1397; *Gröger* Die GmbH & Co. und ihre Firma, Rechtspflegerjahrbuch 1976; *Gustavus* Die Praxis der Registergerichte zum Rechtsformhinweis in der abgeleiteten Firma einer GmbH & Co., GmbH-Rdsch. **1977** 169, 193; *ders.* Zum geplanten Firmenrecht der beschränkt haftenden Personenhandelsgesellschaften, GmbH-Rdsch. **1977** 122; *Hennerkes/Binz* Die GmbH & Co., 7. Aufl. (1984); *Hesselmann* Handbuch der GmbH & Co., 16. Aufl. (1980); *Keim* Die Firma der „GmbH" und Co. „KG", MittBayNot. **1973** 257; *Klauss/Mittelbach* Die GmbH & Co. KG, 6. Aufl. (1981); *Meulenbergh* Zum Firmennamen einer GmbH & Co. KG, GmbH-Rdsch. **1979** 244; *K. Schmidt* Die GmbH & Co. – eine Zwischenbilanz, GmbH-Rdsch. **1984** 272; *Schintowski* Die schwierige Firmierung einer GmbH & Co. KG, JuS **1984** 123; *Winkler* Die Firma der GmbH & Co. KG in der neueren Rechtsprechung des BayObLG, MittBayNot. **1978** 98; *Wessel* Probleme bei der Firmierung der GmbH & Co., BB **1984** 1710. Vgl. ferner Schrifttum vor Rdn. 79 und *Vorauflage* vor Rdn. 106.

1. Reform

a) Personenfirma. Die GmbH-Novelle hat an der grundsätzlichen Einordnung der GmbH & Co. als Personenhandelsgesellschaft und damit an der Geltung der für diese bestehenden Firmenvorschriften des § 19 HGB nichts geändert. Die Firma einer GmbH & Co. kann daher auch weiterhin **nur als Personenfirma** neu **gebildet** werden (§ 19 Abs. 1 und 2 HGB). Der *Vorschlag* des Regierungsentwurfs, daneben auch die Bildung einer *Sachfirma zuzulassen*[143], wurde *nicht verwirklicht.* Vgl. zu früheren Reformvorhaben auch *Voraufl.* Rdn. 113; *Hüffer* GroßkommHGB § 19, 2 und *Bokelmann* Rdn. 506 ff. **106**

b) Kennzeichnung der Haftungsbeschränkung. α) Voraussetzung. Durch die GmbH-Novelle ist lediglich der Forderung der Rechtsprechung, insbesondere des BGH[144] nach Beifügung eines Zusatzes zur abgeleiteten Firma der GmbH & Co. entsprochen worden. Nach dem neuen § 19 Abs. 5 HGB muß die Firma einer oHG oder KG, bei der kein persönlich haftender Gesellschafter eine natürliche Person ist, in allen Fällen eine Bezeichnung enthalten, welche die „Haftungsbeschränkung" kennzeichnet. Das gilt nicht, wenn persönlich haftender Gesellschafter eine andere oHG oder KG ist, die eine natürliche Person als persönlich haftenden Gesellschafter hat. Eine Sanktion für Verstöße gegen diese Kennzeichnungspflicht wurde nicht in das Gesetz aufgenommen; insoweit bewendet es bei der Rechtsprechung des BGH zur Rechtsscheinhaftung bei Fehlen des GmbH & Co.-Zusatzes[145]. **107**

Die *Verpflichtung zur* Aufnahme einer **Haftungsbeschränkungskennzeichnung betrifft** somit **die häufigsten Erscheinungsformen der GmbH & Co.,** einmal die GmbH & Co. i. e. S., eine KG mit einer GmbH als einziger Komplementärin, darüber hinaus jede oHG und KG, an der keine natürliche Person als Komplementär unmittelbar

---

143 Entwurf § 19 a HGB i. d. F. des Art. 2 Nr. 1 des RegE, BTDrucks. 8/1347.

144 BGHZ **62** 216 = NJW **1974** 1191; **65** 103 = NJW **1976** 48; BGH NJW **1977** 1879, **1979** 1986.

145 Vgl. BGHZ **71** 354 = NJW **1978** 2030, BGH GmbH-Rdsch. **1979** 174.

oder mittelbar über eine Komplementär-OHG oder -KG (sog. doppelstöckige GmbH & Co.) beteiligt ist. **Erfaßt werden** nach dem Wortlaut von § 19 Abs. 5 HGB **auch Gesellschaften**, bei denen es zur **unbeschränkten Haftung natürlicher Personen** im Rahmen der Komplementär-Gesellschaft kommen kann, so bei Übernahme der Komplementärrolle durch eine KGaA mit natürlichen Personen als Komplementären oder im Fall einer dreistufigen GmbH & Co., auf deren dritter Ebene eine natürliche Person als Komplementär beteiligt ist. Die Ausnahmevorschrift des § 19 Abs. 5 S. 2 HGB greift hier nicht ein; ihrer erweiternden oder analogen Anwendung auf derartige Fälle[146] stehen der eindeutige Wortlaut der Vorschrift, aber auch die Probleme entgegen, die sich für den Rechtsverkehr bei Ermittlung der in der Unternehmensverbindung anzutreffenden natürlichen Personen ergeben können. — Zur Kritik an der Neuregelung vgl. Rdn. 111.

108 Die **Aufnahme des GmbH & Co.-Zusatzes** in die Personenfirma der Gesellschaft ist auch dann **zulässig, wenn** außer der Komplementär-GmbH (oder einer sonstigen nur mit ihrem beschränkten Haftungsfonds haftenden Komplementärin) auch **natürliche Personen als Komplementäre beteiligt** sind (sog. **GmbH & Co. i. w. S.**). Das folgt bei Verwendung der Komplementärfirma zur Firmenbildung bereits aus § 19 Abs. 2 HGB; gründet die A GmbH mit X als weiterem Komplementär und Y als Kommanditist eine KG, so kann die nach § 19 Abs. 2 zu bildende Firma A GmbH & Co. KG lauten. Nicht ausgeschlossen ist zwar, daß der Firmenzusatz hier als Haftungsbeschränkungszusatz verstanden wird und dadurch die unzutreffende Vorstellung hervorruft, es handle sich um eine GmbH & Co. KG ohne unbeschränkt haftende natürliche Person. Eine relevante Täuschungsgefahr verbindet sich hiermit für den Rechtsverkehr aber schon deshalb nicht, weil die Haftungslage in der Gesellschaft für Dritte nicht schlechter, sondern besser ist als es nach der Firmenbildung den Anschein hat. Da andererseits die Gesellschafter — etwa im Hinblick auf das absehbare Ausscheiden der neben der GmbH als Komplementär beteiligten natürlichen Personen und die Gefahr der Rechtsscheinhaftung bei Fehlen des GmbH & Co.-Zusatzes[147] — ein berechtigtes Interesse an der Aufnahme des Zusatzes auch ohne Vorliegen der Voraussetzungen des § 19 Abs. 5 HGB haben, sind derartige Gestaltungen zuzulassen[148].

109 **β) Form.** Im Unterschied zum Vorschlag eines § 19a HGB im RegE GmbHG, wonach der Zusatz unabhängig von der Rechtsform der Komplementärin generell „beschränkt haftende offene Handelsgesellschaft" bzw. „beschränkt haftende Kommanditgesellschaft" lauten sollte, ist durch § 19 Abs. 5 nF HGB eine **bestimmte Bezeichnung** für den Zusatz **nicht vorgeschrieben**. Man wollte die betroffenen Gesellschaften, deren Firma einen Zusatz, insbesondere die Bezeichnung **„GmbH & Co."** infolge Firmenbildung oder schon erfolgter Anpassung an die BGH-Rechtsprechung enthielt, nicht mit einer weiteren Firmenänderung belasten[149]; damit sind diese bisher üblichen und anerkannten Zusätze **auch weiterhin zulässig**. Im übrigen wurde bewußt der Entscheidung durch die Rechtsprechung überlassen, welche Anforderungen an die Kennzeichnung der Haftungsbeschränkung zu stellen sind[150]. Vgl. zur Form des Zusatzes auch Rdn. 116.

110 **γ) Geltung.** Von einer Übergangsregelung für die Verpflichtung zur Beifügung einer Bezeichnung, die die „Haftungsbeschränkung" kennzeichnet, ist abgesehen worden (anders noch der Vorschlag des § 6 HGB im RegE GmbHG, BT-Drucks. 8/1347); § 19 Abs. 5 nF HGB gilt auch für Gesellschaften, die schon vor Inkrafttreten der Novelle am

---

146 So *Baumbach/Duden/Hopt* HGB[25] § 19 3 D d.
147 Vgl. *Heinrich* Rdn. 218.
148 I. E. auch *Wessel* BB **1984** 1710, 1711.
149 Vgl. Bericht des Rechtsausschusses BT-Dr. 8/3908 S. 78.
150 Vgl. Bericht des Rechtsausschusses BT-Dr. 8/3908 S. 78.

1. 1. 1981 bestanden. Es kommt auch **kein Bestandsschutz** in Betracht, selbst wenn die Firma seit langem ohne die notwendige Bezeichnung unbeanstandet geführt worden war; das war schon für den von der Rechtsprechung geforderten Zusatz anerkannt[151].

δ) Kritik. Die Aufnahme einer Vorschrift nach Art des § 19 Abs. 5 nF HGB in das **111** Firmenrecht der Personengesellschaft ist im Grundsatz zu begrüßen; der Gesetzgeber hat sich damit die in der höchstrichterlichen Rechtsprechung (BGHZ **62** 216, 226 = NJW **1974** 1191; **65** 103, 105 = NJW **1976** 48) zu Recht erhobene Forderung nach Offenlegung der besonderen Haftungsverfassung der GmbH & Co. KG in der Firma zu eigen gemacht. Abweichend von den gesetzgeberischen Vorbildern der §§ 4 Abs. 2 GmbHG, 4 Abs. 1 S. 2 AktG handelt es sich dabei allerdings **nicht** um einen **Rechtsformzusatz**, da es eine besondere Rechtsform „GmbH & Co." nicht gibt[152]. Der Zusatz soll vielmehr *neben dem Rechtsformzusatz* OHG oder KG stehen und der *Kennzeichnung der Haftungsbeschränkung* dienen. Insoweit ist die Vorschrift jedoch nicht konsequent ausgestaltet, da sie auch dann eingreift, wenn an der Unternehmensverbindung voll haftende natürliche Personen beteiligt sind (Rdn. 107). Schließlich ist sie auch nicht hinreichend mit § 19 Abs. 2 HGB abgestimmt, was zur Folge hat, daß der „GmbH & Co."-Zusatz auch in solchen Fällen Verwendung finden kann, in denen es an den Voraussetzungen des § 19 Abs. 5 HGB fehlt (Rdn. 108).

ε) Haftungsbeschränkungszusatz und unbeschränkte Kommanditistenhaftung. **112** Bis zum Inkrafttreten von § 19 Abs. 5 nF HGB war streitig, ob der „GmbH & Co."-Zusatz in der Firma einer KG ausreiche, um die nicht im Handelsregister eingetragenen Kommanditisten vor der unbeschränkten Haftung nach § 176 Abs. 1 oder 2 HGB zu schützen. Entgegen der ganz überw. Meinung im Schrifttum[153] hatte der **BGH früher** trotz Verwendung des „GmbH & Co."-Zusatzes in der KG-Firma die unbeschränkte **Kommanditistenhaftung nach § 176 HGB bejaht**, da allein aus dem Zusatz und ohne entsprechende Handelsregistereintragung nicht mit hinreichender Sicherheit auf die Kommanditistenstellung der an der KG beteiligten natürlichen Personen geschlossen werden könne (BGH NJW **1980** 54; **a. A.** aber LG Ravensburg ZIP **1984** 1232). Unter der Geltung von § 19 Abs. 5 nF HGB deutet sich insoweit eine **Rechtsprechungsänderung** an (vgl. den Hinweis in BGH NJW **1983** 2258, 2260), da angesichts der gesetzlich vorgeschriebenen Haftungsbeschränkungskennzeichnung für ein Vertrauen des Verkehrs auf das Vorhandensein unbeschränkt haftender natürlicher Personen als Gesellschafter der KG kein Raum mehr ist. Dem ist auch dann zuzustimmen, wenn man berücksichtigt, daß der GmbH & Co.-Zusatz auch von solchen GmbH & Co. iwS verwendet werden darf, bei denen die Voraussetzungen des § 19 Abs. 5 nF HGB nicht vorliegen (Rdn. 108).

2. Firmenbildung

a) Name des persönlich haftenden Gesellschafters. Die GmbH & Co. hat **113** den Namen wenigstens eines persönlich haftenden Gesellschafters mit einem das Vorhandensein einer Gesellschaft andeutenden Zusatz zu enthalten, oder — soweit es sich um eine oHG handelt — die Namen aller Gesellschafter (§ 19 Abs. 1 HGB). Name

---

151 BGHZ **65** 103, 105 = NJW **1976** 48, OLG Frankfurt DB **1980** 1210.

152 Zutr. *K. Schmidt* GmbH-Rdsch. **1984** 272, 273 f.

153 *Limbach* GmbH-Rdsch. **1967** 165 f., *K. Schmidt* ZHR **144** (1980) 192, 202, *ders* NJW **1975** 665, 668, *Binz* GmbH-Rdsch. **1976** 29, 33, *H. Westermann* PersonengesellschaftsR⁴, Rdn. 909, wie der BGH aber *P. Hofmann* GmbH-Rdsch. **1970** 182, 186, *Flume* Die Personengesellschaft, 1977, S. 336 f.

des Gesellschafters ist *grundsätzlich* der **vollständige** *Name, bzw.* die vollständige **Firma**. Der *Grundsatz der* vollständigen Verwendung der Firma (**Firmenidentität**) gilt *nicht uneingeschränkt für* darin enthaltene *Rechtsformzusätze*. Für die Bildung der Firma der GmbH ist dieses bereits seit langem anerkannt (vgl. Rdn. 46). Es muß nunmehr jedenfalls auch für die Firmenbildung der GmbH & Co. gelten, soweit sie einen Zusatz nach § 19 Abs. 5 S. 1 HGB führt[154]. Der insoweit abweichenden, auch in der Voraufl. (Rdn. 107 f.) vertretenen *bisher h. M.*[155] *kann nicht mehr gefolgt werden*. § 19 Abs. 5 HGB gilt nach Wortlaut und Zielsetzung auch für die Firmenneubildung[156]. Der **Rechtsformzusatz in der Firma der namengebenden Komplementärin** der GmbH & Co. **kann** daher **fortgelassen werden**; er *muß entfallen, soweit seine Beibehaltung zu Unklarheiten* über die Rechtsverhältnisse der GmbH & Co. *führt*[157]. Die Firmenbildung mit der Firma der Vor-GmbH, die bereits taugliche Komplementärin sein kann[158], ist daher unter Fortlassen des Zusatzes „GmbH in Gründung" schon durch Aufnahme von „GmbH & Co." (als Haftungsbeschränkungskennzeichnung) möglich[159]. Der Rechtsformzusatz in der Firma der Komplementärin *kann auch abgekürzt* in die Firma der GmbH & Co. aufgenommen werden, selbst wenn die Firma mit ausgeschriebenem Zusatz im Handelsregister eingetragen ist, sofern die Abkürzung für die Firma der Komplementärgesellschaft selbst — wie bei der GmbH — zulässig wäre[160].

114 **Unzulässig** ist die Verwendung der vollständigen Firma der Komplementär-GmbH, wenn sie eine **Sach- oder Ortsbezeichnung** enthält, **die auf die GmbH & Co. nicht zutrifft**; zur Zulässigkeit und Voraussetzung des Fortlassens der Bezeichnung vgl. Rdn. 44.

115 **b) Zusätze zum Namen. α) Gesellschaftszusatz.** Sollen nicht die Namen aller Gesellschafter in die Firma aufgenommen werden, so ist ein **Gesellschaftszusatz** erforderlich[161], in der Firma der **KG** wegen des Verbots der Aufnahme der Namen von Kommanditisten (§ 19 Abs. 4 HGB) also **stets**[162]. Die **Art des Zusatzes** ist **nicht** ausdrücklich **vorgeschrieben**, die Firmen sollen als Gesellschaftsfirmen kenntlich sein, ohne daß jedoch die bestimmte Gesellschaftsform (oHG oder KG) angezeigt werden muß. Neben „Gesellschaft" oder KG kommen auch **alle Zusätze** in Betracht, **die auf eine Mehrheit von Gesellschaftern schließen lassen**, wie „& Co." (vgl. die Beispiele in Rdn. 34). Der Zusatz braucht die Zahl der Gesellschafter nicht erkennen zu lassen, es darf dadurch aber *kein falsches Bild von der Zahl der Gesellschafter* entstehen[163]. Zur Unzulässigkeit des Zusatzes infolge Häufung von Gesellschafts- und/oder Rechtsformzusätzen im Hinblick auf den Grundsatz der Firmenklarheit vgl. Rdn. 120.

116 **β) Haftungsbeschränkungskennzeichnung.** Einhelligkeit besteht darüber, daß bei Beteiligung einer Komplementär-GmbH die von der Rechtsprechung anerkannte

---

154 Vgl. auch *Wessel* BB **1984** 1710, 1711.

155 *Hüffer* GroßkommHGB § 19, 65 und *Hennerkes/Binz* S. 159, *Roth* 9.1. je m. Nw.

156 § 19 Abs. 5 S. 1: „ ... so **muß die Firma**, auch wenn sie nach den §§ 21, 22, 24 oder nach anderen gesetzlichen Vorschriften fortgeführt wird, **eine Bezeichnung** enthalten. ..."; vgl. auch *Hennerkes/Binz* S. 166; **a. A.** *Hüffer* GroßkommHGB § 19, 65, *Bokelmann* Rdn. 512 b, 512 g.

157 *Wessel* BB **1084** 1710, 1711; zum Grundsatz der Firmenklarheit vgl. auch Rdn. 119.

158 BGHZ **80** 129 = NJW **1981** 1373; vgl. auch § 11 Rdn. 122.

159 **a. A.** *Hüffer* GroßkommHGB § 19, 71.

160 *Hüffer* GroßkommHGB § 19, 65, 71, *Hennerkes/Binz* S. 160, *Hesselmann* Rdn. 112, *Wessel* Die Firmengründung[4] Rdn. 238.

161 *Vgl. Hüffer* GroßkommHGB § 19, 23 f. m. Nw.

162 *Hüffer* GroßkommHGB § 19, 28.

163 *Hüffer* GroßkommHGB § 19, 21 f. m. Nw.; vgl. ferner Rdn. 34 f. zur entsprechenden früheren h. M. für die Bildung der Personenfirma der GmbH.

Bezeichnung „GmbH & Co." bzw. **„GmbH & Co. KG"** in den verschiedenen Schreibweisen zur Kennzeichnung der Haftungsbeschränkung ausreicht. Ihr ist auch rechtspolitisch der Vorzug vor anderen, in der Diskussion befindlichen Bezeichnungen zu geben[164]. *Unzulässig* ist jedoch die Bezeichnung unter Fortlassen des verbindenden „und" bzw. „&" zwischen GmbH und „& Co.", sei es daß dadurch die Zusätze „GmbH" und „Co." bzw. „KG" unmittelbar aufeinandertreffen oder — durch Einschub einer Sachbezeichnung — mittelbar (vgl. auch Rdn. 120)[165]. Das folgt schon aus dem Grundsatz der Firmenklarheit (vgl. Rdn. 119). Zu weit ginge es auch, wegen der vom Gesetzgeber vorgenommenen Differenzierung zwischen Haftungsbeschränkungs- und Rechtsformzusatz (Rdn. 111) den Zusatz „GmbH & Co." sogar in solchen Fällen zuzulassen, in denen die Komplementärin eine andere Rechtsform als diejenige der GmbH oder GmbH & Co. KG hat. Ist als **Komplementär** einer KG **eine AG, ein Verein oder eine Stiftung** beteiligt, so darf als Haftungsbeschränkungszusatz daher **nicht „GmbH & Co."** verwandt werden, um eine Täuschung des Rechtsverkehrs über die Rechtsform der Komplementärin auszuschließen[166]. In derartigen Fällen ist die Haftungsbeschränkung vielmehr mit Zusätzen wie „AG & Co.", „Verein & Co." oder „Stiftung & Co." zu kennzeichnen[167]. Stattdessen ist auch die Bezeichnung „beschränkt haftende KG" zulässig[167a]; *anderes* gilt — wegen der Gefahr der Verwechslung mit dem GmbH-Zusatz — für die Bezeichnung „Kommanditgesellschaft mit beschränkter Haftung"[168].

γ) **Unterscheidungszusatz nach § 30 Abs. 1 HGB.** Soll der Sitz der GmbH & 117
Co. in demselben Bezirk errichtet werden, in dem die namengebende Komplementärin im Handelsregister eingetragen ist, so muß nach § 30 Abs. 1 HGB ein **unterscheidungskräftiger** Zusatz in die Firma der GmbH & Co. aufgenommen werden. Gesellschafts-, Rechtsformzusätze und die Haftungsbeschränkungskennzeichnung reichen hierzu nicht aus (Rdn. 80).

3. Firmenfortführung

Die Vorschriften über die Firmenfortführung (§§ 21, 22, 24 HGB) finden auch 118
Anwendung, wenn der neue Inhaber eine Personengesellschaft ist. Daher kann grundsätzlich auch eine GmbH & Co. die Firma eines Einzelkaufmanns oder eine Gesellschaftsfirma fortführen. Das wird durch **§ 19 Abs. 5 nF HGB** bestätigt, da er die **Verpflichtung zur Aufnahme der Haftungsbeschränkungskennzeichnung in die im übrigen unveränderte Firma** bestimmt. Als solche kommt hier ebenso wie bei Firmenbildung *in erster Linie „GmbH & Co."* in Betracht, wenn die Komplementärin die Rechtsform einer GmbH oder GmbH & Co. hat. In den sonstigen Fällen, bei Beteiligung einer AG,

---

164 Hinsichtlich neuer Bezeichnungen vgl. auch *Hüffer* GroßkommHGB § 19, 66, 67 und 77; *Bokelmann* Rdn. 512 g; *Lutter* DB **1980** 1317, 1324; **a. A.** *Groß* BWNotZ **1981** 97, 104, der allgemein die Bezeichnungen „beschränkt haftende KG" empfiehlt.

165 BGH NJW **1980** 2084 betr. „Johann H. GmbH Holzbau KG"; ebenso schon OLG Hamm DNotZ **1954** 92 zur neugebildeten Firma „X. GmbH Y. Industrie KG" m. abl. Anm. *Grussendorf* OLG Hamm NJW **1966** 2172 betr. „A. & Co. GmbH Kommanditgesellschaft", OLG Stuttgart BB **1977** 711 betr. „GmbH Co. KG" und 1417 betr. „M. GmbH Handels KG"; **a. A.** Vorlagebeschluß des OLG Bremen BB **1980** 68.

166 So auch *Hennerkes/Binz* S. 163 f.

167 *Hüffer* GroßkommHGB § 19, 76 f., *Hesselmann* Rdn. 125.

167a Auch ohne Erwähnung im Bericht des Rechtsausschusses ist offenbar, daß die Haftungsbeschränkung nicht deutlicher gekennzeichnet werden kann, als durch die wörtliche Benennung; vgl. auch *Roth* 9.1., *Hennerkes/Binz* S. 163, *Groß* BWNotZ **1981** 97, 104; **a. A.** *Bokelmann* Rdn. 512 g, der die Bezeichnung für „nicht angängig" hält.

168 OLG Köln MittRhNotk. **1977** 182.

eines Vereins oder einer Stiftung als Komplementär, kann die Haftungsbeschränkung durch Hinweis auf die Rechtsform dieses Komplementärs gekennzeichnet werden (etwa „AG & Co.", vgl. Rdn. 116). Daneben ist auch bei Firmenfortführung der Zusatz „beschränkt haftende KG" zulässig. Es besteht *weder* eine *Pflicht zur Offenlegung der konkreten Rechtsform der Gesellschafter noch auch der Form der Personengesellschaft als OHG oder KG*[169].

4. Firmenwahrheit und Firmenklarheit

119 Aus den Grundsätzen der Firmenwahrheit und Firmenklarheit und dem auf zuverlässige Kennzeichnung der Rechtsform gerichteten Zweck notwendiger *Rechtsformzusätze* folgt, daß diese entfallen müssen, wenn sie nicht mehr zutreffen oder zu Unklarheiten über die Rechtsform führen. Das **Erfordernis zutreffender** Rechtsformzusätze führt nicht nur zu einer Einschränkung des Grundsatzes der vollständigen Verwendung des Namens eines Gesellschafters, sofern sie bei Bildung der Firma mit anderen — auch gleichen — zusammentreffen, sondern kann eine Namensverwendung u. U. ganz ausschließen und setzt auch der Firmenfortführung Grenzen[170]. Entsprechend müssen auch *fakultative Zusätze* wie oHG und KG in der Firma der namengebenden Gesellschaft bei Bildung der Firma bzw. in der fortgeführten Firma der GmbH & Co. entfallen, wenn sie auf diese nicht zutreffen[171]. Obwohl § 19 Abs. 5 nF HGB keine Regelung trifft, muß das auch für die in jedem Fall vorgeschriebene Haftungsbeschränkungskennzeichnung gelten: der Zusatz *„GmbH & Co." muß daher entfallen, wenn Firmenträger auch nicht mehr eine GmbH & Co. i. w. S. ist*; für die besonderen Zusätze wie „beschränkt haftende KG" erscheint im Hinblick darauf, daß auch sie nur die Möglichkeit der fehlenden Einstandspflicht einer natürlichen Person signalisieren (Rdn. 111, 116) kein strengerer Maßstab gerechtfertigt[172].

120 **Unzulässig** ist die Firmenbildung, die zu einer **Häufung von Rechtsform- und Gesellschaftszusätzen** führt. Das gilt *auch für* die *Firmenfortführung*. Firmenbildungen, bei denen dem Zusatz „KG" oder „& Co." der Zusatz „GmbH & Co." unmittelbar[173] oder auch nur durch einen Gedankenstrich[174], ein Komma[175] oder eine Einklammerung[176] getrennt folgt, werden daher nach wie vor zu Beanstandungen führen. Folgen auf den Gesellschaftszusatz „& Co." dagegen noch weitere Firmenteile, so wird nicht anzunehmen sein, daß durch die Anfügung des Zusatzes „GmbH & Co." eine Unklarheit über die Verhältnisse der Gesellschaft hervorgerufen werden kann[177]. Ob die Verbindung der

[169] *Hüffer* GroßkommHGB § 22, 76 ff.

[170] Ausführlich *Heinrich* Rdn. 141, 164 ff.

[171] BGHZ **68** 12 = NJW **1977** 383.

[172] *Heinrich* Rdn. 171.

[173] BGH NJW **1981** 342 betr. K & Co. GmbH & Co. KG" = GmbH-Rdsch. **1981** 58 m. krit. Anm. *Meulenbergh*; BayObLG DB **1978** 579 betr. „X. KG GmbH & Co.", LG Köln GmbH-Rdsch. **1976** 195 betr. „B. & Co. KG GmbH & Co." m. zust. Anm. *Bokelmann* Rpfl. **1977** 62; **a. A.** OLG Frankfurt DB **1980** 1484 betr. „K. & Co. GmbH & Co. KG".

[174] BGH GmbH-Rdsch. **1979** 223 betr. „W. & R. KG — GmbH & Cie." m. abl. Anm. *Meulenbergh* 244, LG Köln GmbH-Rdsch. **1979** 31; **a. A.** Vorlagebeschluß OLG Köln MittRhNotK **1977** 182 = Rpfl. **1978** 21.

[175] BayObLG DB **1978** 838 betr. „X. KG, GmbH & Co.", OLG Oldenburg GmbH-Rdsch. **1979** 112 betr. „X. & Cie., GmbH & Co." m. abl. Anm. *Meulenbergh* GmbH-Rdsch. **1981** 244; **a. A.** Vorlagebeschluß OLG Frankfurt OLGZ **1980** 320 = DB **1980** 1484.

[176] BayObLG MDR **1978** 761 betr. X. KG. (GmbH & Co.), LG Köln GmbH-Rdsch. **1977** 84 betr. „X. KG (GmbH & Co.).

[177] OLG Frankfurt DB **1980** 1208 betr. „Friedrich W. & Co. Bekleidungswerk GmbH & Co."; **a. A.** *Hennerkes/Binz* S. 165

Haftungsbeschränkungskennzeichnung mit einem Nachfolgezusatz, z. B. „Nachf. GmbH & Co." möglich und zur Klarstellung ausreichend ist[178], scheint fraglich. Die *Schwierigkeiten* sind in den meisten Fällen *durch Fortlassen des Gesellschaftszusatzes* bzw. Umstellung des Zusatzes „KG" hinter den Zusatz „GmbH & Co." zu *lösen*[179]. Soweit dies bei Firmenbildung zu einem falschen Bild über die Zahl der Gesellschafter führt, bleibt die nach § 19 Abs. 5 HGB mögliche *Wahl eines anderen Zusatzes*, wie „beschränkt haftende KG"[180].

§ 5

Das Stammkapital der Gesellschaft muß mindestens fünfzigtausend Deutsche Mark, die Stammeinlage jedes Gesellschafters muß mindestens fünfhundert Deutsche Mark betragen.

Kein Gesellschafter kann bei Errichtung der Gesellschaft mehrere Stammeinlagen übernehmen.

Der Betrag der Stammeinlage kann für die einzelnen Gesellschafter verschieden bestimmt werden. Er muß in Deutsche Mark durch hundert teilbar sein. Der Gesamtbetrag der Stammeinlagen muß mit dem Stammkapital übereinstimmen.

Sollen Sacheinlagen geleistet werden, so müssen der Gegenstand der Sacheinlage und der Betrag der Stammeinlage, auf die sich die Sacheinlage bezieht, im Gesellschaftsvertrag festgesetzt werden. Die Gesellschafter haben in einem Sachgründungsbericht die für die Angemessenheit der Leistungen für Sacheinlagen wesentlichen Umstände darzulegen und beim Übergang eines Unternehmens auf die Gesellschaft die Jahresergebnisse der beiden letzten Geschäftsjahre anzugeben.

Übersicht

[178] Vgl. OLG Hamm DB **1981** 581.

[179] So schlagen auch *Hennerkes/Binz* für den Fall, den das OLG Hamm DB **1981** 581 zu entscheiden hatte, die Umstellung von „Profit KG Müller und Meier GmbH & Co." in „Profit Müller und Meier GmbH & Co. KG" vor.

[180] Vgl. *Groß* BWNotZ **1981** 97, 104.

Schrifttum: Siehe die Angaben vor den einzelnen Unterabschnitten.

I. Einführung

1. Normzweck

Die Vorschrift des § 5 regelt die Kapitalgrundlage der Gesellschaft. Sie bestimmt 1
die **Mindesthöhe des Stammkapitals** sowie diejenige der einzelnen **Stammeinlagen** (Abs. 1) und regelt weitere Einzelheiten über die Bildung und Ausgestaltung der Stammeinlagen (Abs. 2, 3). Darüber hinaus legt sie in Abs. 4 die Voraussetzungen fest, die bei der Vereinbarung von **Sacheinlagen** im Gründungsstadium erfüllt werden müssen. Dadurch soll dem mit Sachgründungen verbundenen besonderen Risiko für die Kapitalaufbringung Rechnung getragen werden (vgl. Rdn. 20). Die Aufnahme der Sacheinlagevereinbarungen in die Satzung dient der Publizität im Verhältnis zu Gläubigern und Anteilserwerbern und stellt zugleich sicher, daß das Registergericht über das Vorliegen einer Sachgründung informiert wird und seiner Kontrollfunktion nach § 9c S. 2 nachkommen kann[1]. — Die Regelungen des § 5 sind **zwingendes Recht**, soweit sie Mindestbeträge festsetzen, die Ausgestaltung der Stammeinlagen bestimmen oder die Sacheinlagevoraussetzungen umschreiben. Der Vereinbarung eines höheren Stammkapitals und höherer Stammeinlagen stehen sie nicht entgegen.

2. Entwicklung

a) Währungsreformen und Umstellungsgesetze. Die Vorschriften des § 5 Abs. 1 2
bis 3 fanden sich (abgesehen von der Erhöhung des Mindestkapitals von 20 000 auf 50 000 DM durch die GmbH-Novelle 1980, vgl. Rdn. 4) unverändert bereits im GmbH-Gesetz von 1892. Im Zuge der Währungsreform von 1923 und der Einführung der Goldmark wurde die Mindesthöhe des Stammkapitals und der Stammeinlagen zwar für die nach dem 30. Dezember 1923 gegründeten Gesellschaften vorübergehend auf 5000 Goldmark (Stammkapital) bzw. 50 Goldmark (Stammeinlagen) herabgesetzt. Für Neugründungen nach dem 1. Juli 1926 wurde jedoch die ursprüngliche Rechtslage durch

[1] Vgl. zur Warnfunktion gegenüber der Öffentlichkeit RGZ **114** 77, 81 und RG LZ **1918** 918; zur Informationsfunktion gegenüber dem Registergericht *Priester* BB **1980** 21.

die GmbH-Novelle vom 28. Juni 1926 wieder hergestellt. Hieran hat sich auch im Zuge der Währungsreform von 1948 nichts geändert.

3 Von den Kapitalanforderungen bei Neugründungen zu unterscheiden ist die **Umstellungsgesetzgebung**, die im Zusammenhang mit beiden Währungsreformen für bereits bestehende Gesellschaften notwendig wurde, um ihnen die **Neufestsetzung von Stammkapital und Stammeinlagen** in der neuen Währung zu ermöglichen. Insoweit wurde jeweils die Möglichkeit geschaffen, bei der Umstellung die Mindestzahlen des § 5 Abs. 1 zu unterschreiten. Als Mindestgrößen der auf Goldmark umgestellten Kapitalziffern wurden 500 bzw. 10 Goldmark zugelassen. Die D-Mark-Bilanzgesetzgebung schrieb als Mindestbeträge demgegenüber 5000 bzw. 50 Deutsche Mark vor (vgl. Einzelheiten in 6. Aufl., Einleitung und Anhang zu § 5). Diese Regelungen sind heute ohne praktische Bedeutung. Zur Anpassung von Altgesellschaften an das erhöhte Mindestkapital vgl. Rdn. 10.

4 **b) GmbH-Novelle 1980.** Durch die GmbH-Novelle 1980 wurde das gesetzliche **Mindestkapital** mit Wirkung vom 1. 1. 1981 von 20 000 auf **50 000 DM** angehoben (zu der bis zum 31. 12. 1985 befristeten Übergangsregelung für Altgesellschaften vgl. Rdn. 10, § 55, 28 f. und § 60, 52 ff.). Der Mindestbetrag für jede Stammeinlage blieb mit 500 DM zwar unverändert. Jedoch sind die Vorschriften über **Mindesteinlagen** in § 7 modifiziert worden: nach § 7 Abs. 2 S. 2 müssen künftig vor Anmeldung der Gesellschaft mindestens 25 000 DM eingezahlt werden, auch wenn das Stammkapital unter 100 000 DM liegt und die regelmäßige Mindesteinzahlung von einem Viertel (§ 7 Abs. 2 S. 1) geringer wäre. Ferner wurde für Einmanngründungen die Bestellung einer Sicherung für die ausstehenden Einlagen vorgeschrieben (§ 7 Abs. 2 S. 3). Schließlich ist in § 7 Abs. 3 nF klargestellt, daß Sacheinlagen vor Anmeldung der Gesellschaft *vollständig* erbracht werden müssen (vgl. dazu näher § 7, 24, 43 f.).

5 Änderungen brachte die GmbH-Novelle 1980 auch für **Sachgründungen**. Die Neufassung von § 5 Abs. 4 **S. 1** bezüglich der Angaben im Gesellschaftsvertrag ist zwar nur redaktioneller Art und beschränkt sich auf eine Vereinfachung des früheren Gesetzeswortlauts; das gilt auch für Begriff und Anwendungsbereich der Sacheinlagen unter Einschluß der Sachübernahmen (Rdn. 91, 93). Neu eingeführt wurde in § 5 Abs. 4 **S. 2** jedoch die Pflicht der Gesellschafter zur Erstellung eines **Sachgründungsberichts** mit dem in S. 2 näher umschriebenen Inhalt (vgl. Rdn. 129 ff.). Sie gewinnt ihre Bedeutung namentlich im Hinblick auf die Haftungssanktion des § 9 a bei falschen Angaben im Sachgründungsbericht (§ 9 a, 11 ff.). Auf die Einführung einer Pflichtprüfung, wie sie in § 33 Abs. 2 AktG für bestimmte Fälle aktienrechtlicher Sachgründungen vorgesehen ist, wurde abweichend von den Vorschlägen in § 15 RegE GmbHG 1971/1973 (dazu Voraufl. 5) verzichtet. Der Registerrichter ist dadurch nicht gehindert, von sich aus ein Sachverständigengutachten zur Bewertung der Sacheinlagen anzufordern, wenn ihm das zur Ausübung seiner Prüfungsfunktion nach § 9 c erforderlich erscheint (vgl. § 9 c, 30).

I. Stammkapital und Stammeinlagen (Abs. 1 bis 3)

1. Das Stammkapital

6 **a) Allgemeines.** Das Stammkapital der GmbH ist der **Haftungsfonds**, der den Gesellschaftsgläubigern eine gewisse Mindestaussicht auf Befriedigung ihrer Forderungen als Ausgleich für die fehlende Haftung der Gesellschafter bieten soll. Seine Zeichnung unter Aufbringung der Mindesteinlagen nach § 7 Abs. 2 und 3 bildet den Preis, den die Gesellschafter aufwenden müssen, um das mit der Rechtsform der GmbH verbundene Haftungsprivileg zu erlangen. Diese beiden Umstände erklären die zentrale Bedeutung,

die dem Stammkapital im GmbH-Recht beigemessen wird. Einerseits hat es die **Funktion, Aussagen über das im Gründungszeitpunkt vorhandene Gesellschaftsvermögen zu machen** und durch die **Registerpublizität** (§ 10) außenstehende Dritte, insbesondere künftige Gesellschaftsgläubiger, über den finanziellen Status der neuerrichteten Gesellschaft zu informieren. Der Durchsetzung dieser Publizitätsfunktion dient die *Nichtigkeitssanktion* in § 75 Abs. 1 bei fehlender Angabe über das Stammkapital im Gesellschaftsvertrag. Zum anderen enthält das Stammkapital die für die **Aufbringung und Erhaltung des Gesellschaftskapitals** maßgebende, die Kapitalflexibilität in der GmbH im Unterschied zu den Personenhandelsgesellschaften beschränkende Ziffer. Hierauf beziehen sich eine Reihe von Vorschriften des GmbH-Gesetzes. So sollen die Regelungen der §§ 7 Abs. 2 und 3, 9, 19 bis 24 die *Aufbringung* des Stammkapitals im weitestmöglichen Umfang sicherstellen. Dazu schreiben sie neben einer Mindesteinzahlung vor Anmeldung der Gesellschaft auch eine — über die Kommanditistenhaftung hinausgehende — *Ausfallhaftung* der Mitgesellschafter für die von einem Gesellschafter nicht aufgebrachten Geldeinlagen vor. Die Vorschriften der §§ 30, 31 verbieten eine Ausschüttung des zur *Erhaltung* des Stammkapitals erforderlichen Gesellschaftsvermögens an die Gesellschafter und stellen die Rückzahlung unzulässig ausgeschütteter Beträge sicher. Eine *Herabsetzung* des Stammkapitals ist nur unter strengen Voraussetzungen in einem besonderen Verfahren zulässig (§ 58). Bei Verlust der Hälfte des Stammkapitals ist unverzüglich eine Gesellschafterversammlung einzuberufen (§ 49 Abs. 3). Ist die Gesellschaft überschuldet, d. h. das Stammkapital vollständig aufgezehrt, so sind die Geschäftsführer zum Konkursantrag verpflichtet (§ 64 Abs. 1).

Diesen strengen rechtlichen Sicherungen wird die im gesetzlichen Mindestkapital **7**
zum Ausdruck kommende **wirtschaftliche Bedeutung des Stammkapitals** trotz seiner Erhöhung auf 50 000 DM zum 1. 1. 1981 (Rdn. 4) in keiner Weise gerecht. Mochte das Mindeststammkapital im Jahr 1892, bei Erlaß des GmbH-Gesetzes, noch eine gewisse Mindestgarantie für die Gesellschaftsgläubiger haben, so haben sich die Verhältnisse jedenfalls seither grundlegend gewandelt. Von den Sonderfällen der Komplementär-GmbH einer kapitalmäßig gut ausgestatteten GmbH & Co. KG sowie einer GmbH mit rein ideellen Zwecken (§ 1, 18 ff.) abgesehen, dürfte auch das auf 50 000 DM erhöhte Mindeststammkapital kaum ausreichen, um das notwendige *Startkapital* für eine auf eigene wirtschaftliche Tätigkeit ausgerichtete GmbH bereitzustellen. Es genügt der Hinweis auf die Konkursstatistik und die hohe Konkursanfälligkeit von Gesellschaften mbH namentlich in den ersten Jahren nach ihrer Gründung[1a]. Mögen auch gute Gründe dafür sprechen, es bei einem einheitlichen Mindeststammkapital zu belassen und damit der Vielfalt der Verwendungsmöglichkeiten der GmbH Rechnung zu tragen, so steht doch fest, daß eine ins Gewicht fallende Gläubigersicherung durch die Vorschriften über die Mindestkapitalaufbringung und -erhaltung heute nicht mehr erreicht werden kann. Vielmehr hat das Mindeststammkapital nur noch die **Funktion**, für die Erlangung der Haftungsbeschränkung einen gewissen Mindestpreis zu fordern und damit **völlig unseriöse Gründungen zu verhindern**, bei denen die Gesellschafter nicht einmal den Betrag der Mindesteinzahlung von 25 000 DM bereitstellen wollen oder können. Umso größere Bedeutung kommt demgegenüber den für Gesellschafterdarlehen geltenden besonderen Grundsätzen (vgl. Erläut. zu § 32 a) sowie der Frage zu, ob und unter

---

[1a] Vgl. die statist. Nachw. bei *Gessner/Rhode/Strate/Ziegert* Praxis der Konkursabwicklung in der BRD (1978) S. 177 ff. und *Hansen* GmbH-Rdsch. **1979** 241 ff. sowie *ders.* GmbH-Rdsch. **1981** 259 ff. Nach *Hansen* (aaO **1981** 261) handelt es sich dabei weniger um ein Problem der GmbH-Rechtsform als um ein solches mangelhafter Kapitalausstattung.

welchen Voraussetzungen die Anerkennung einer Außenhaftung der Gesellschafter wegen Unterkapitalisierung veranlaßt ist (vgl. näher Anh. § 30, 35 ff., 55 ff.).

8 **b) Höhe.** Das Stammkapital ist in **deutscher Währung** im Gesellschaftsvertrag anzuführen. Seine **Mindesthöhe** beträgt DM 50 000 (§ 5 Abs. 1). Es setzt sich aus den von den Gründern übernommenen Stammeinlagen zusammen und muß jedenfalls im Zeitpunkt der Gründung mit der **Summe der Stammeinlagen** übereinstimmen (§ 5 Abs. 3 S. 3). Dadurch soll sichergestellt werden, daß das Stammkapital *in voller Höhe durch die von den Gründern gezeichneten Stammeinlagen gedeckt* ist (zur Behandlung unwirksamer Beitrittserklärungen vgl. § 2, 86 ff.). Die Möglichkeit der *späteren* Auseinanderentwicklung von Stammkapital und Summe der Geschäftsanteile ist dagegen nicht ausgeschlossen (KG DR **1943** 1230; vgl. auch Erläut. zu §§ 14, 34, 58). Auch die noch nicht eingezahlten Teile der Stammeinlagen sind bei der Festsetzung des Stammkapitals einzubeziehen. Dagegen bleiben im Gesellschaftsvertrag vorgesehene Nachschüsse (§§ 26, 28) oder Nebenleistungen der Gesellschafter (§ 3 Abs. 2) außer Ansatz. Eine **Höchstbegrenzung** für das Stammkapital **besteht nicht**; ein an der Kapitalausstattung oder der Gesellschafterzahl orientierter Rechtsformzwang in die Aktiengesellschaft ist dem deutschen Recht unbekannt. Die Anwendungsvoraussetzungen des Publizitätsgesetzes orientieren sich nicht am Betrag des Stammkapitals, sondern an Bilanzsumme, Umsatzerlösen und Beschäftigtenzahl (§ 1 Abs. 1 PublG). Entsprechendes gilt für die Vorschriften über die Gliederung des Jahresabschlusses, Publizität und Prüfungspflicht nach dem BilRLG.

9 **Erhöhung und Herabsetzung** des Stammkapitals sind als Sonderfälle einer Satzungsänderung in §§ 55 bis 58 näher geregelt (vgl. Erläut. daselbst). Auch im Fall der Herabsetzung darf die Mindestkapitalziffer von DM 50 000 nicht unterschritten werden (§ 58, 29). Eine Ausnahme galt nur bei der Währungsumstellung von Altgesellschaften im Zuge der beiden Währungsreformen (Rdn. 3). So ließ § 44 Abs. 2 DM-BilanzG einen Mindestbetrag von DM 5000 für das auf DM umgestellte Stammkapital zu; eine Wiederheraufsetzung auf den allgemeinen Mindestbetrag von DM 20 000 war erst im Falle einer wesentlichen Änderung der Verhältnisse der Gesellschaft erforderlich (Näheres vgl. 6. Aufl., Einleitung und Anhang 1 zu § 5). Zur Übergangsfrist für die Anpassung des Mindestkapitals von Altgesellschaften vgl. Rdn. 10.

10 **c) Anpassung des Mindestkapitals bei Altgesellschaften.** Altgesellschaften, d. h. solche Gesellschaften, die vor dem 1. 1. 1981 entweder schon bestanden oder zur Eintragung in das Handelsregister angemeldet wurden[2], ist durch Art. 12 § 1 Abs. 1 GmbH-Novelle 1980 eine **Übergangsfrist bis zum 31. 12. 1985** zur Anpassung ihres Stammkapitals und der Mindesteinlagen an die seit 1. 1. 1981 erhöhten Mindestbeträge (Rdn. 4) eingeräumt. Innerhalb dieser Frist kann die Anpassung auch *stufenweise* erfolgen[3]. Erleichterte Beschlußvoraussetzungen sind für die Anpassung nicht vorgesehen; es bewendet bei den allgemeinen Vorschriften. Zur Frage einer Mitwirkungspflicht der Gesellschafter bei der Beschlußfassung über die Anpassung und bei der Beteiligung an der Kapitalerhöhung vgl. § 55, 28 f. und *Tillmann* GmbH-Rdsch **1983** 244 f., zur Auflösungsfolge bei nicht rechtzeitiger Anpassung vgl. § 60, 52 ff.

---

[2] Nicht ausreichend ist die Beglaubigung der Unterschrift des Anmeldenden vor dem Stichtag, wenn die Anmeldung selbst erst danach beim Handelsregister eingeht (OLG Hamm BB **1981** 933), oder eine vor dem Stichtag eingegangene mangelhafte Anmeldung, wenn dem Mangel erst danach abgeholfen wird (OLG Hamburg GmbH-Rdsch. **1983** 272).

[3] OLG Frankfurt NJW **1983** 1743, LG Münster ZIP **1982** 61.

2. Stammeinlagen

a) Allgemeines. Die Stammeinlagen legen die **Beiträge** fest, mit denen sich die Gesellschafter an der Gründung der GmbH beteiligen. Sie beziehen sich regelmäßig auf eine **Geldleistung**, und zwar in inländischer Währung, soweit nicht ausdrücklich Sacheinlagen oder Sachübernahmen nach Maßgabe von § 5 Abs. 4 im Gesellschaftsvertrag vereinbart sind. Die **Summe der Stammeinlagen ergibt die Ziffer des Stammkapitals** (§ 5 Abs. 3 S. 3; vgl. Rdn. 8). Soweit die Gesellschafter im Gesellschaftsvertrag eine über den Nominalbetrag hinausgehende Einzahlung auf die Stammeinlagen (*Überpari-Emission*) vorgesehen haben (dazu Rdn. 142), beschränken sich Stammeinlagen — und demzufolge Stammkapital — auf den Nominalbetrag. Das **Agio** ist unabhängig von seiner Qualifizierung als Einlagebestandteil oder gesellschaftsvertragliche Nebenleistungsverpflichtung (Rdn. 144) nach den Grundsätzen ordnungsmäßiger Bilanzierung in **Rücklage** einzustellen (§ 3, 64). **11**

In Höhe der übernommenen Stammeinlage steht jedem Gesellschafter ein **Geschäftsanteil** an der Gesellschaft zu (§ 14). Beide Begriffe hängen unmittelbar zusammen: während die Stammeinlage die *Einlageverpflichtung* des Gesellschafters bestimmt und gleichzeitig seinen *Anteil am Stammkapital* festlegt, bezeichnet der Geschäftsanteil die *Beteiligung* des Gesellschafters, d. h. die Gesamtheit seiner aus der Gesellschafterstellung fließenden Rechte und Pflichten (§ 3, 37). Die Begriffe werden häufig synonym verwendet. Entgegen den Vorschlägen in §§ 5, 6 RegE GmbHG 1971/73 ist eine Vereinheitlichung der Terminologie in der GmbH-Novelle 1980 unterblieben und der Begriff Stammeinlage neben demjenigen des Geschäftsanteils unverändert beibehalten worden. **12**

b) Mindestbetrag und Höhe. Der Mindestbetrag jeder Stammeinlage beträgt nach der zwingenden Vorschrift des Abs. 1 **500 DM** (zur Möglichkeit geringerer Stammeinlagen bei Altgesellschaften infolge der beiden Währungsumstellungen vgl. Rdn. 2, 3). Eine *Verminderung* von Stammeinlage und Geschäftsanteil unter diesen Betrag ist weder bei Teilveräußerung (§ 17, 12) noch im Zuge einer Kapitalherabsetzung zulässig; eine Ausnahme gilt aufgrund des Umkehrschlusses aus § 58 Abs. 2 S. 2 nur für die Kapitalherabsetzung zur Beseitigung einer Unterbilanz (Näheres vgl. § 58, 20ff., 22). Im Zuge einer *Kapitalerhöhung* ist anstelle der Zeichnung neuer Stammeinlagen auch die *Aufstockung* der bisherigen unter bestimmten Voraussetzungen möglich. Der Aufstockungsbetrag kann geringer sein als 500 DM; er muß jedoch durch hundert teilbar sein (vgl. näher § 55, 21). Ein genereller *Höchstbetrag* ist für die Stammeinlage gesetzlich ebensowenig vorgesehen wie für das Stammkapital. **13**

Neben dem Mindestbetrag stellt das Gesetz für die Bemessung der Stammeinlage in Abs. 3 S. 2 die weitere Forderung auf, daß ihr — in Deutscher Mark festzusetzender — Betrag **durch hundert teilbar** sein muß (zur Sonderregelung bei Währungsumstellungen vgl. Rdn. 3). Auch für den Fall der *Teilveräußerung* eines Geschäftsanteils bewendet es bei dem Erfordernis der Teilbarkeit durch hundert (§ 17, 12); gleiches gilt für die *Kapitalherabsetzung*, soweit sie nicht zur Beseitigung einer Unterbilanz beschlossen wird (§ 58, 20ff., 22). *Geringere* Geschäftsanteile können lediglich im Rahmen einer *Kapitalerhöhung aus Gesellschaftsmitteln* ausgegeben werden; sie müssen nach § 6 KapErhG mindestens auf 50 DM lauten und durch 10 teilbar sein (vgl. Anh. zu § 57b). — Die Vorschrift des Abs. 3 S. 2 gilt auch im Falle von **Sacheinlagen**. Ist deren nach dem Gesellschaftsvertrag anrechenbarer Wert nicht durch hundert teilbar, so muß die Stammeinlage durch Auf- oder Abrundung auf den nächsten durch hundert teilbaren Betrag gebildet werden, im Fall der Aufrundung unter *Zuzahlung* des Differenzbetrags in Geld an die Gesellschaft. Ist in einem *Vorvertrag* die Erbringung bestimmter Einlagen bei Gründung der GmbH vorgesehen, so steht der Wirksamkeit dieses Vertrags ihre **14** fehlende Teilbarkeit durch hundert nicht entgegen; dem Erfordernis des Abs. 3 S. 2 ist aber bei Abschluß des Hauptvertrags durch entsprechende Anpassung der Einlagen Rechnung zu tragen (BGH NJW **1969** 1856).

15 **c) Nur eine Stammeinlage pro Gründer.** Nach Abs. 2 kann jeder Gründer **nur eine** Stammeinlage übernehmen. Die Vorschrift soll nicht etwa die gleichmäßige Beteiligung der Gründer an der neuerrichteten Gesellschaft sicherstellen; insoweit läßt Abs. 3 S. 1 ausdrücklich zu, daß die Stammeinlagen der einzelnen Gründer **verschieden hoch** festgesetzt werden können. Sie bringt vielmehr den Zusammenhang zwischen Stammeinlage und Geschäftsanteil (Rdn. 8) zum Ausdruck und *stellt klar*, daß die Stammeinlage als Ausdruck der Beteiligung des Gründers eine jeweils einheitliche ist. Damit trägt sie gleichzeitig der Verknüpfung von Kapitalbeteiligung und persönlicher Verbindung der Gesellschafter Rechnung und unterscheidet die GmbH deutlich von einer Aktiengesellschaft, bei der das Grundkapital von vornherein in beliebig viele Teile zerlegt und so viele selbständige Mitgliedschaften (Aktien) gebildet werden können, als sich unter Zugrundelegung der Ziffer des Aktienkapitals und der Vorschriften über den Mindestbetrag jeder Aktie bilden lassen. — Der Grundsatz der einheitlichen, durch die Stammeinlage verkörperten Beteiligung gilt auch, wenn ein Gesellschafter sich teils unter seinem bürgerlichen Namen, teils unter seiner Firma beteiligen möchte[4]. Er schließt jedoch nicht aus, daß ein Gesellschafter **nach erfolgter Gründung weitere Geschäftsanteile hinzuerwerben** kann. Grenzen in dieser Hinsicht bestehen nicht[5]. Die Geschäftsanteile bleiben trotz Vereinigung in einer Hand rechtlich getrennt. — Auch die spätere **Teilveräußerung** eines einheitlichen Geschäftsanteils ist durch § 5 Abs. 2 nicht ausgeschlossen. Sie macht allerdings, ebenso wie die Gesellschafternachfolge durch mehrere Erben bei Auseinandersetzung der Erbengemeinschaft, eine *Teilung* des Geschäftsanteils nach Maßgabe von § 17 erforderlich.

16 Beteiligen sich mehrere **gesamthänderisch verbundene Personen** an der Gründung einer GmbH, so hängt die Zahl der von ihnen zu übernehmenden Stammeinlagen davon ab, ob sie die Beteiligung jeweils persönlich oder in ihrer gesamthänderischen Verbundenheit erwerben wollen. Im letzteren Fall bewendet es bei **einer Stammeinlage** (und demzufolge einem Geschäftsanteil) **für die Gesamthand**. Das ist unstreitig für die Beteiligung einer OHG oder KG an einer GmbH, gilt aber entgegen der bisher überwiegenden Meinung auch für sonstige Gesamthandsgemeinschaften (bürgerlichrechtliche Gesellschaft, Erbengemeinschaft, nichtrechtsfähiger Verein u. a., vgl. § 2, 65 ff.). Die Erklärung mehrerer an der Gesellschaftsgründung mitwirkender Personen, das Restkapital „gemeinschaftlich" übernehmen zu wollen, ist im Zweifel als gesamthänderische Übernahme *einer* Stammeinlage zu verstehen[6]. Wirken an der Gründung einer GmbH eine Gesamthandsgemeinschaft und zugleich ein oder mehrere im eigenen Namen handelnde Gesamthänder mit, so ist für jeden von ihnen eine Stammeinlage festzusetzen[7].

3. Rechtsfolgen eines Verstoßes gegen Abs. 1 bis 3

17 Die Vorschriften der Absätze 1 bis 3 über das Mindeststammkapital sowie über die Bildung und Ausgestaltung der Stammeinlagen enthalten **zwingendes Recht** (Rdn. 1). Verstöße hiergegen machen die betreffende Satzungsklausel unwirksam und bilden ein

---

[4] Für Unzulässigkeit einer solchen Doppelbeteiligung auch OLG Frankfurt GmbH-Rdsch. **1962** 157; *Scholz/Winter* 8, *Roth* 4.3.

[5] Vgl. § 15 Abs. 2; dazu und zur Frage der Zusammenlegung von Geschäftsanteilen abweichend von dieser Vorschrift vgl. § 15, 140 ff.

[6] RGZ **83** 256, 263; *Baumbach/Hueck* 3 B; einschränk. *Scholz/Winter* 8.

[7] *Scholz/Winter* 8, *Baumbach/Hueck* 3 B.

Eintragungshindernis, das vom Registerrichter im Rahmen seiner Prüfungsfunktion (§ 9 c, 6 ff.) zu beachten ist. Ist die Gesellschaft trotz eines derartigen Mangels **eingetragen**, so kommt eine **Nichtigkeitsklage** nach § 75 Abs. 1 GmbHG oder eine **Amtslöschung** nach § 144 FGG freilich nur für den seltenen Ausnahmefall in Betracht, daß der Gesellschaftsvertrag **keine Bestimmungen über die Höhe des Stammkapitals** enthält. In den **Fällen sonstiger Verstöße** gegen Absätze 1 bis 3 bewendet es bei der Möglichkeit der Amtsauflösung nach § 144 a FGG. Die Fehlerhaftigkeit einzelner Satzungsklauseln führt auch nicht etwa zur Nichtigkeit des ganzen Gesellschaftsvertrags einschließlich der Bestimmungen über den Unternehmensgegenstand und auf diesem Umweg zur Nichtigkeitsklage des § 75 Abs. 1; die Vorschrift des § 139 BGB ist im Gesellschaftsrecht nicht anwendbar (§ 2, 72).

Schwierigkeiten können sich vor allem für den Fall ergeben, daß das **Stammkapital** **18**
versehentlich **höher als die Summe der Stammeinlagen** festgesetzt ist. Das hat zur Folge, daß Gläubiger und Dritte über die Höhe des insgesamt haftenden Kapitals falsch informiert werden. Die Rechtslage ist derjenigen bei Unwirksamkeit der Beitrittserklärung eines Gesellschafters vergleichbar, bei der es wegen der Nichtigkeit einer Stammeinlage ebenfalls zu einer Differenz zwischen Stammkapital und Summe der Stammeinlagen kommt (§ 2, 86 ff.). Wie dort kann der Mangel dadurch geheilt werden, daß die Beteiligten hinsichtlich des nicht gedeckten Teils des Stammkapitals die Ausgabe weiterer Stammeinlagen nach Art einer Kapitalerhöhung beschließen (§ 2, 92) oder das Stammkapital unter Beachtung der Vorschriften des § 58 herabsetzen. Machen sie von keiner dieser Möglichkeiten Gebrauch, so führt das zwar nicht zur Gesamthaftung der Gesellschafter in Höhe des Differenzbetrags; wohl aber ist die Gesellschaft solange an einer Gewinnausschüttung gehindert, bis die Deckungslücke durch stehengelassene Gewinne geschlossen ist (§ 2, 90).

II. Sacheinlagen und Sachübernahmen (Abs. 4)

Schrifttum

Battes Die Überbewertung von Sacheinlagen im in- und ausländischen GmbH-Recht und bei der englischen Private Company (1967); *Goerdeler* Probleme der Sachgründung bei einer Reform des GmbH-Rechts, Festschrift Walter Schmidt (1959) S. 138; *Günthner* Probleme bei der Sachgründung einer GmbH, NJW **1975** 524; *Langenfeld* Verschleierte Sacheinlagen bei der GmbH, GmbH-Rdsch. **1981** 53; *Lutter* Kapital, Sicherung der Kapitalaufbringung und Kapitalerhaltung in den Aktien- und GmbH-Rechten der EWG (1964) S. 278 ff., 326 ff.; *Priester* Die Festsetzung im GmbH-Vertrag bei Einbringung von Unternehmen, BB **1980** 19; *K. Schmidt* Zur Differenzhaftung des Sacheinlegers, GmbH-Rdsch. **1978** 5; *Sudhoff* Die Sacheinlage bei Gründung einer GmbH, NJW **1982** 129; *Wiedemann* Sacheinlagen in der GmbH, Berliner Festschrift f. Ernst E. Hirsch (1968) S. 257. Vgl. auch die Angaben vor Rdn. 29.

A. Die Sacheinlage

1. Allgemeines

Die Stammeinlagen, die nach gesetzlicher Regel in einem *Geldbetrag in deutscher* **19**
Währung auszuweisen sind (Rdn. 11), müssen grundsätzlich in Geld erbracht werden (§ 19 Abs. 5). Die Geschäftsführer sollen durch das ihnen auf diese Weise zufließende liquide Startkapital in die Lage versetzt werden, das Unternehmen der GmbH aufzubauen und die dabei entstehenden Gesellschaftsschulden zu bezahlen. Es finden sich allerdings nicht

selten Gründungen, bei denen zumindest ein Teil der Einlagen nicht in Geld, sondern in **anderen Vermögenswerten** vereinbart ist, sei es durch Einbringung eines Handelsgeschäfts, eines Grundstücks oder bestimmter für das gemeinsame Unternehmen bedeutsamer Rechte. Der Anteil der Sachgründungen an den gesamten GmbH-Gründungen schwankt zwischen 10 und 18 v. H.[8]. *Gefahren für die Gesellschaft und ihre Gläubiger* kann ein solches Vorgehen vor allem dann zur Folge haben, wenn die Sacheinlagen einen *geringeren Wert* haben als der Geldbetrag der Stammeinlagen, für den sie angenommen werden; denn dadurch wird das festgesetzte Stammkapital — vorbehaltlich der Differenzhaftung des Sacheinlegers aus § 9 — von Anfang an nicht voll durch das Gesellschaftsvermögen gedeckt.

20 Im Unterschied zu den sehr einschneidenden Sachgründungsvorschriften des Aktiengesetzes beschränkt sich das GmbHG zwar darauf, **Angaben** über die Sacheinlage **in der Satzung** vorzuschreiben (§§ 5 Abs. 4 S. 1, 19 Abs. 5, 56 Abs. 1), einen **Sachgründungsbericht** zu verlangen (§ 5 Abs. 4 S. 2) und dem Registerrichter besondere **Prüfungspflichten** hinsichtlich der Vollwertigkeit der Sacheinlagen aufzuerlegen (vgl. § 9c S. 2). Immerhin sind die Verschärfungen im Vergleich zur Bargründung unverkennbar. Sie sind ebenso wie die **Differenzhaftung** des § 9 überwiegend erst durch die GmbH-Novelle 1980 ausdrücklich geregelt worden, galten aber vorbehaltlich des Gründungsberichts schon nach altem Recht (vgl. Voraufl. 20). — Den auf eine *Verschärfung des Sachgründungsrechts* zielenden Tendenzen in Gesetzgebung und Rechtsprechung ist voll zuzustimmen. Mag auch ein besonderer gesetzlicher Schutz der *Mitgründer* gegen Übervorteilung durch einen Sacheinleger angesichts des regelmäßig begrenzten Gesellschafterkreises nicht erforderlich sein, so gilt anderes doch für die zur Gesellschaft in Geschäftsbeziehungen tretenden Dritten, insbesondere die *Gesellschaftsgläubiger*. Ihre Schutzmöglichkeiten gegenüber unseriösen Sachgründungen sind gering. Sie vertrauen in der Regel auch dann auf die Stammkapitalziffer als Ausdruck der Vermögensverhältnisse der GmbH im Gründungszeitpunkt, wenn sie den Gesellschaftsvertrag eingesehen und von der Vereinbarung von Sacheinlagen Kenntnis genommen haben. Das entspricht der Funktion des Stammkapitals, Aussagen über das im Gründungszeitpunkt vorhandene Gesellschaftsvermögen zu machen (Rdn. 6); an ihr müssen sich die Gesellschafter festhalten lassen. Der **Tendenz zur Verschärfung der Anforderungen an die Sachgründung im Interesse der Gesellschaftsgläubiger** ist auch bei der Auslegung des GmbH-Rechts Rechnung zu tragen[9]. Das führt etwa dazu, den Kreis der einbringungsfähigen Gegenstände nicht zu weit zu ziehen (Rdn. 37 ff.) und strenge Anforderungen an die Bewertung der Sacheinlagen zu stellen (Rdn. 61, 62).

21 Der **Begriff der Sacheinlage** ist dahin zu bestimmen, daß es sich um die **Einbringung von Sachen oder sonstigen Vermögensgegenständen gegen Ausgabe von Beteiligungsrechten** handeln muß. Dadurch unterscheiden sich die Sacheinlagen insbesondere von gesellschaftsvertraglichen *Nebenleistungspflichten* (§ 3 Abs. 2), die sich zwar auch auf geldwerte Güter beziehen können, abweichend von den Sacheinlagen aber nicht zum Erwerb von Beteiligungsrechten führen (§ 3, 52, 55). Gleiches gilt für die Unterscheidung der Sacheinlagen gegenüber *Nachschüssen*; darüber hinaus müssen diese zwingend in Geldleistungen bestehen[10]. Nicht zu den Sacheinlagen zählen schließlich Sachleistungen der Gesellschafter an die Gesellschaft, die außerhalb einer gesellschaftsvertraglichen Verpflichtung erbracht werden, sei es *unentgeltlich*[11] oder aufgrund eines

---

[8] *Ulmer* in: Probleme der GmbH-Reform (1970) S. 49 m. weit. Nachw.

[9] So auch schon RGZ **141** 204, 212; *Baumbach/Hueck* 4 A.

[10] Vgl. § 26: „Einzahlung"; so auch *Scholz/Winter* § 26, 9.

[11] KG Recht **1928** Nr. 569: freiwillige Übernahme einer Schuld der Gesellschaft.

zwischen den Gründern geschlossenen schuldrechtlichen *Vertrags zugunsten Dritter* (§ 3, 102). — Ob die Einlage zu **Eigentum** der Gesellschaft erfolgt oder ob sie dieser nur ein **Nutzungsrecht** am eingebrachten Gegenstand verschaffen soll, ist für den Begriff der Sacheinlage unerheblich. Auch ein Nutzungsrecht (am Grundstück, an einem gewerblichen Schutzrecht u. a.) kann Gegenstand einer Sacheinlage sein (Rdn. 39), soweit es einen rechtlich faßbaren Vermögenswert verkörpert. — Zum Fall der wahlweisen Vereinbarung von Sach- oder Geldeinlage vgl. Rdn. 27, 28, zur gemischten Sacheinlage Rdn. 99 ff.

Als **Zeitpunkt für die Erbringung der Sacheinlage** schreibt § 7 Abs. 3 nF **22**
vollständige Leistung zu freier Verfügung der Geschäftsführer **vor Anmeldung der Gesellschaft** vor (Näheres vgl. § 7, 43 f.). Hierin liegt ein Unterschied nicht nur gegenüber den Geldeinlagen, die vor der Anmeldung grundsätzlich nur zu einem *Viertel* bewirkt sein müssen (§ 7 Abs. 2 S. 1), sondern auch gegenüber den Sacheinlagen bei einer Aktiengesellschaft: diese brauchen erst *nach* Eintragung der Gesellschaft bewirkt zu werden (*Barz* GroßkommAktG § 36, 16).

2. Rechtsnatur der Sacheinlagevereinbarung

Bei den rechtsgeschäftlichen Abreden zwischen Sacheinleger und Mitgründern bzw. **23**
Gesellschaft ist zwischen der *Verpflichtung* zur Sacheinlage und dem *Vollzugsgeschäft* zu unterscheiden. Die nach Maßgabe von Abs. 4 S. 1 in den Gesellschaftsvertrag aufzunehmende **Sacheinlagevereinbarung** *begründet die Sacheinbringungspflicht* des Gesellschafters. Sie ist *kein eigenständiges*, von der Satzung zu unterscheidendes *Rechtsgeschäft*; die im Aktienrecht zum Teil vertretene abweichende Ansicht[12] dient offensichtlich dem Bestreben, Mängel bei der Sacheinlage nicht auf den Beitritt durchschlagen zu lassen, und vermag, zumal sie sachliche Gründe für die rechtliche Selbständigkeit der beiden Rechtsgeschäfte nicht anführen kann, nicht zu überzeugen[13]. Vielmehr bildet die Sacheinlagevereinbarung einen *Bestandteil der Beitrittserklärung des Sacheinlegers* (zur abw. Lage bei der Kapitalerhöhung vgl. § 55, 50 f. und § 56, 6). Ihr **Inhalt** geht dahin, die mit dem Beitritt verbundene Einlageverpflichtung abweichend vom Regelfall der Geldeinlage (§ 19 Abs. 5) als Sacheinlagepflicht auszugestalten[14]. Damit ist sie, ebenso wie die Beitrittserklärung selbst, ein unselbständiger **Teil des Gesellschaftsvertrags**. Sie erzeugt *gesellschaftsrechtliche* Pflichten für den Zeichner der Stammeinlage und ist nach den *Grundsätzen über körperschaftliche Satzungsbestandteile auszulegen* (§ 2, 121 ff.). Das ist heute im Grundsatz ganz überwiegend anerkannt[15]. Zur Frage der entsprechenden Anwendung *kaufrechtlicher* Vorschriften bei Einbringung mangelhafter Sacheinlagen vgl. Rdn. 84 ff.

Von der Sacheinlagevereinbarung als Verpflichtungsgeschäft zu unterscheiden sind **24**
die seiner Erfüllung dienenden **Vollzugsakte**. Sie unterliegen den für die Verfügung

---

12 *Ritter* AktG § 20, 2a, *Kraft* Kölner Komm-AktG § 27, 6.

13 Entsprechendes gilt für die Qualifikation der Sacheinlagevereinbarung als obligatorischer Veräußerungsvertrag (so *Hachenburg/Schilling*⁶ 27) oder als einseitig verpflichtender, unentgeltlicher Vertrag (so *Schönle* NJW **1966** 2162); zu Recht ablehnend *Wiedemann* Festschrift Hirsch S. 263 und *Ensslin/Stauder* GmbH-Rdsch. **1968** 156.

14 Ähnlich schon *Boesebeck* DR **1939** 435: „Form der Kapitaldeckung"; ferner *Ensslin/Stauder* GmbH-Rdsch. **1968** 157.

15 BGHZ **45** 338, 345 = NJW **1966** 1311; *Baumbach/Hueck* 5 A, *Feine* S. 182, *Roth* 5.4.1; so auch die im Aktienrecht hM, vgl. *Barz* GroßkommAktG § 27, 3 m. weit. Nachw.; **aA** (für Selbständigkeit der aktienrechtlichen Einbringungsvereinbarung) nur *Ritter* und *Kraft* aaO Fn. 12; nicht eindeutig *Scholz/Winter* 15: schuldrechtliche Verpflichtung als unselbständiger Bestandteil des Gesellschaftsvertrags.

über die betreffenden Gegenstände geltenden **allgemeinen Vorschriften** (§ 7, 43 f.). Bei Grundstücken bedarf die Einbringung zu Eigentum der Gesellschaft also der Auflassung und Eintragung (§§ 873, 925 BGB), bei beweglichen Sachen der Einigung und Besitzverschaffung (§§ 929 bis 931 BGB), bei Forderungen und forderungsgleichen Rechten der Abtretung (§§ 398, 413 BGB), bei GmbH-Anteilen der Übertragung nach § 15 GmbHG. Zur Übertragung von Sachgesamtheiten und Handelsgeschäften vgl. Rdn. 49, 52. — Die Vollzugsakte können *nach* Gründung, aber vor Anmeldung der Gesellschaft durch Rechtsgeschäft mit dem für die Vorgesellschaft handelnden Geschäftsführer vereinbart werden (Näheres vgl. § 7, 47; zum Rechtserwerb durch die GmbH bei Eintragung § 11, 74). Sie können aber auch *in den Gesellschaftsvertrag selbst aufgenommen* werden[16]. Letzteres liegt vor allem bei *formbedürftigen* Erfüllungsgeschäften angesichts der auch für den Gesellschaftsvertrag erforderlichen notariellen Form (§ 2 Abs. 1) nahe. Bedenken gegen die Zulässigkeit einer solchen Verknüpfung bestehen nicht. Insbesondere ist in einer im Gesellschaftsvertrag enthaltenen Vollzugsvereinbarung nicht etwa eine Verfügung zugunsten Dritter zu sehen, deren Zulässigkeit bekanntlich umstritten ist und von der Rechtsprechung bisher verneint wurde[17]. Es handelt sich vielmehr um die Übertragung der einzubringenden Gegenstände in das Gesamthandsvermögen der durch den Gesellschaftsvertrag errichteten, von allen Gründern gemeinsam repräsentierten Vorgesellschaft. — Die Aufnahme des Vollzugsakts in den Gesellschaftsvertrag macht ihn nicht zum körperschaftlichen Satzungsbestandteil, sondern läßt seine **Rechtsnatur als selbständiges Verfügungsgeschäft** unberührt (*Roth* 5.4.1). Das hat Bedeutung für Auslegung und Abänderung der Vollzugsakte, aber auch für die Heilungswirkung der Eintragung, die sich auf die eigentlichen Satzungsbestandteile beschränkt.

3. Nachträgliche Änderung der Einlagevereinbarung; Wahlschuld

25 **a) Übergang von Sach- zu Geldleistung.** Die Abänderung des Gesellschaftsvertrags mit der Maßgabe, daß anstelle der vereinbarten Sachleistung die dem Nennbetrag der Stammeinlage entsprechende Geldleistung treten soll, ist als **Satzungsänderung** grundsätzlich zulässig[18]. Das gilt auch für den Fall, daß der Wert der Sacheinlage *über pari* lag (**aA** *Hachenburg/Schilling*[6] 13a); allerdings muß hier dem Erlaßverbot des § 19 Abs. 2 durch Vereinbarung eines entsprechenden Agio Rechnung getragen werden[19]. Praktische Bedeutung kommt der Satzungsänderung nur für die Zeit *vor* Anmeldung der Gesellschaft zu, da zu einem späteren Zeitpunkt die *Sacheinlage bereits erbracht* sein muß (Rdn. 22); eine Parallele zum Aktienrecht, das die Umwandlung einer Sach- in eine Bareinlage auch noch zu einem späteren Zeitpunkt zuläßt (§§ 27 Abs. 5, 26 Abs. 4 AktG), ist wegen des abweichenden Zeitpunkts für die Erbringung der Sacheinlage ausgeschlossen[20]. Ist die Sacheinlage erbracht, so ist eine Umwandlung nur noch durch Kapitalherabsetzung mit nachfolgender Barkapitalerhöhung möglich. — Der Änderungsbeschluß bedarf schon deshalb der **Zustimmung aller Mitgesellschafter,**

---

16 BGHZ **45** 338, 342 = NJW **1966** 1311; *Scholz/Winter* 15, *Baumbach/Hueck* 5 B.

17 Nachweise zum Meinungsstand bei *Erman/H. P. Westermann* BGB[7] § 328, 2, 3.

18 RG JW **1936** 42, KG JW **1937** 321, BayObLG DB **1978** 337; *Scholz/Winter* 42, *Baumbach/Hueck* 9.

19 So für das Aktienrecht *Barz* Großkomm-AktG § 27, 34; **aA** zum GmbH-Recht KG JW **1937** 321 f. und *Scholz/Winter* 42.

20 **AA** *Scholz/Winter* 42, die auf die Möglichkeit der Rückübertragung der Sacheinlage verweisen. Aber dadurch kommt die durch Erfüllung erloschene gesellschaftsvertragliche Sacheinlageforderung nicht wieder zur Entstehung.

weil er eine Änderung des Gesellschaftsvertrags der *Vor*gesellschaft enthält; diese setzt abweichend von §§ 53 ff. Einstimmigkeit voraus[21]. Das Erfordernis der Zustimmung des von der Änderung unmittelbar betroffenen Gesellschafters ergibt sich auch aus dem mit dem Änderungsbeschluß verbundenen Verlust seines Sacheinbringungsrechts. Zur *Anmeldung* des Änderungsbeschlusses bedarf es, ebenso wie zu derjenigen der Gesellschaft selbst, nach § 7 Abs. 2 der Einzahlung eines Viertels oder des in § 7 Abs. 2 S. 2 bestimmten höheren Mindestbetrags auf die neue Geldeinlage[22].

b) Übergang von Geld- zu Sachleistung. Die nachträgliche Vereinbarung einer **26** Sacheinlage anstelle der ursprünglich vorgesehenen Geldeinlage ist mit Rücksicht auf das Erlaßverbot des § 19 Abs. 2 S. 1 auch dann **unzulässig**, wenn die Gesellschaft noch nicht eingetragen ist[23]. Durch diese Änderung würde die Kapitalaufbringung der Gesellschaft nachträglich mit den aus der Vereinbarung von Sacheinlagen drohenden Risiken belastet (vgl. Rdn. 20). Auch würde die Stellung der Gläubiger durch den Wegfall der Ausfallhaftung der Mitgesellschafter nach § 24 verschlechtert, ohne daß die Eintragungskontrolle des Registergerichts einen vollwertigen Ersatz bietet[24]. Zum Sonderfall der Heilung formnichtiger Sacheinlagevereinbarungen vor Eintragung der Gesellschaft vgl. Rdn. 78.

c) Wahl zwischen Sach- und Geldeinlage. Die Vereinbarung einer **Wahlschuld** **27** des Gesellschafters (§ 262 BGB) zwischen einer Geldleistung und einer nach Maßgabe von Abs. 4 im Gesellschaftsvertrag festgesetzten Sachleistung ist **zulässig** (so auch *Scholz/Winter* 43). Steht das **Wahlrecht der Gesellschaft** zu, so ergibt sich die Zulässigkeit dieser Abrede schon daraus, daß bei einer Sacheinlage die Gesellschaft nicht verpflichtet ist, auf dieser zu bestehen. Sie kann an Erfüllungs Statt eine entsprechende Geldleistung annehmen. Verboten ist nach § 19 Abs. 5 nur die Annahme von nicht im Gesellschaftsvertrag vereinbarten Sachleistungen anstelle von Geld, nicht das Umgekehrte. Dafür, daß auch dem **Gesellschafter** ein Wahlrecht zugebilligt werden kann, spricht § 19 Abs. 5. Er behandelt die Fälle, daß statt der Geldeinlage eine Sacheinlage *geleistet* wird. Er erklärt dies für zulässig, wenn es in Ausführung einer gemäß § 5 Abs. 4 S. 1 getroffenen Bestimmung erfolgt. Daraus läßt sich auch die Zulässigkeit einer Vereinbarung ableiten, nach der der Gesellschafter statt des Geldes eine Sache leisten kann (facultas alternativa). Die Wahl muß **im Zeitpunkt der Anmeldung vollzogen** sein, da der Vollzug für die Anmeldungsvoraussetzungen und für die bei der Anmeldung abzugebende Versicherung von Bedeutung ist (*Scholz/Winter* 43).

Auch **zwischen mehreren Sachwerten** kann aus demselben Grund eine Wahlberech- **28** tigung geschaffen werden[25]. Nur müssen beide den Erfordernissen der Bestimmtheit entsprechen. Dem Interesse der Gläubiger ist genügt, wenn sie über die Möglichkeit dieser Wahl und die Art ihrer Ausübung durch die Satzung und die Erklärungen der Geschäftsführer bei der Anmeldung informiert werden. Eine Hingabe an Zahlungs Statt kann nicht nur für eine Geld-, sondern auch für eine Sacheinlage vereinbart sein (§ 19 Abs. 5). Ist sie zulässig, so ist auch das entsprechende Wahlrecht nicht zu beanstanden.

---

[21] Vgl. § 2, 15. So im Ergebnis auch *Scholz/Winter* 42 und *Roth* 5.6, allerdings unter Hinweis auf §§ 24, 53 Abs. 3.

[22] KG JW **1937** 321; *Scholz/Winter* 42, *Baumbach/Hueck* 9.

[23] EinhM, vgl. KG JW **1937** 321, BayObLG DB **1978** 337; *Scholz/Winter* 40, *Baumbach/Hueck* 9.

[24] So zutr. BayObLG DB **1978** 337 im Anschluß an KGJ **47** 108; *Scholz/Winter* 40.

[25] So auch *Scholz/Winter* 41, *Roth* § 19, 6.2.

4. Die Gegenstände der Sacheinlage

Schrifttum

Vgl. Angaben vor Rdn. 19; ferner: *Barz* Know how als Einbringungsgegenstand, Festschrift Walter Schmidt (1959) S. 157; *Knobbe-Keuk* Obligatorische Nutzungsrechte als Sacheinlagen in Kapitalgesellschaften, ZGR **1980** 214; *Siegelmann* Die Grundstücks-Sacheinlage im Recht der GmbH, GmbH-Rdsch. **1968** 115; *Skibbe* Dienstleistungen als Sacheinlage bei der GmbH, GmbH-Rdsch. **1980** 73; *Strober* Valutaforderungen zur Erfüllung von Stammeinlageverbindlichkeiten bei der GmbH zu Zeiten von Währungskursschwankungen, DNotZ **1975** 17; *Sudhoff* Dienstleistungen als Gesellschaftereinlage, NJW **1964** 1249; *Vogel* Außenstände als Sacheinlagen, GmbH-Rdsch. **1953** 47.

29 **a) Allgemeines.** Unter „Einlagen, welche nicht in Geld zu leisten sind" (Abs. 4 S. 1), sind grundsätzlich **alle vermögenswerten Gegenstände, die Gegenstand des Rechtsverkehrs sein können**, zu rechnen. Eine Beschränkung auf Sachen im Sinne von § 90 BGB ist nicht veranlaßt. Als Sacheinlagen können vielmehr auch Sachgesamtheiten oder unkörperliche Vermögensgegenstände vereinbart werden wie Forderungen, Rechte und sonstige vermögenswerte Positionen (zur Einlagefähigkeit des Rechts auf Gebrauchsüberlassung vgl. Rdn. 39). Die Neufassung des § 27 Abs. 2 AktG[26] erfordert als Gegenstand der Sacheinlage „Vermögensgegenstände, deren wirtschaftlicher Wert faßbar ist". Da sie eine Kodifizierung der im deutschen Kapitalgesellschaftsrecht allgemein anerkannten Grundsätze über Sacheinlagen enthält[27], verdient sie auch für das GmbH-Recht Beachtung.

30 Über die **Abgrenzung** zulässiger und unzulässiger Sacheinlagen und die maßgeblichen Abgrenzungskriterien gehen die Ansichten z. T. auseinander (vgl. näher Rdn. 31 ff., 37 ff.). Das im Anschluß an den Entwurf zum AktG 1884[28] lange Jahrzehnte maßgebliche Kriterium der *Bilanzfähigkeit* des Vermögenswerts begegnet in der neueren Diskussion zunehmenden Vorbehalten (Rdn. 31). Ähnliches gilt angesichts der Vielfalt der als Sacheinlagen in Betracht kommenden Gegenstände für das Merkmal der *Übertragbarkeit* (Rdn. 33). Beide Merkmale sind für die Bestimmung des Kreises der als Sacheinlagen in Betracht kommenden Vermögenswerte zwar von Belang, treffen jedoch nicht den Kern des Problems. Entscheidend ist vielmehr die **funktionale Äquivalenz der Sacheinlage mit dem Geldbetrag, an dessen Stelle sie nach Abs. 4 S. 1 angenommen wird** (Rdn. 35). Wie die Bareinlage muß die Sacheinlage zur freien Verfügung der Gesellschaft *eingebracht* werden und ihr reale Vermögenswerte zuführen, die den Geschäftsführern die Kapitalgrundlage zur Aufnahme des Geschäftsverkehrs und zur Sicherung der Gläubiger verschaffen (vgl. näher Rdn. 31—36).

31 **α) Bilanzfähigkeit?** Auf die Bilanzfähigkeit des als Sacheinlage vorgesehenen Wirtschaftsguts ist zur Abgrenzung tauglicher und untauglicher Sacheinlagegegenstände jahrzehntelang in Rechtsprechung und Schrifttum abgestellt worden[29]. Demgegenüber überwiegen in neuerer Zeit zu Recht die Bedenken gegen die Eignung dieses Kriteriums[30].

---

[26] Geändert durch G. v. 9. 11. 1978 zur Durchführung der 2. EG-Richtlinie zur Koordinierung des Gesellschaftsrechts.

[27] So die Amtl. Begr. des Gesetzes (BT-Drucks. 8/1678 S. 12); zustimm. *Döllerer* ZGR **1979** 355 f., *Hüffer* NJW **1979** 1065, 1067, *Knobbe-Keuk* ZGR **1980** 214 f.

[28] S. 151, dazu *Barz* GroßkommAktG § 27, 6.

[29] Vgl. etwa KGJ **44** A 146; **45** 175, LG Köln GmbH-Rdsch. **1959** 133, *Baumbach/Hueck* 5 A, *Schlegelberger/Quassowski* AktG 1937 § 20, 4, *Teichmann/ Koehler* AktG § 20, 4, *Schnorr v. Carolsfeld* DNotZ **1963** 418.

[30] Vgl. namentlich *Ballerstedt* ZHR 127 **1965** 97 und *Lutter* Kapital, Sicherung der Kapitalaufbringung und Kapitalerhaltung in den Aktien- und GmbH-Rechten der EWG (1964) S. 229 ff.; so auch *Scholz/Winter* 16, *Rob.*

Der BGH deutete schon 1959 Vorbehalte an mit dem — freilich wenig scharfen — Hinweis, die Bilanzfähigkeit sei nicht wörtlich zu nehmen; maßgebend sei, ob ein übertragbarer Vermögenswert vorhanden sei[31]. Von anderer Seite wurde auf die unterschiedlichen Bilanzierungszwecke hingewiesen[32]; sie sind nicht nur für die betriebswirtschaftlichen Bilanzierungstheorien von Bedeutung, sondern beeinflussen in den durch Gesetz und GOB gezogenen Grenzen auch das Bilanz*recht* und die danach zulässigen Wertansätze[33]. Entscheidend *gegen* das Merkmal der Bilanzfähigkeit als Abgrenzungskriterium spricht aber, daß damit die Eignung des Vermögensgegenstands als Sacheinlage nicht vom Zweck der Regelungen über die Sachgründung und -kapitalerhöhung abhängig gemacht wird, sondern von der bilanzmäßigen Beurteilung. Richtig ist vielmehr der umgekehrte Schluß, die bilanzmäßige Behandlung eines Vorgangs an der *gesellschaftsrechtlichen* Wertung zu orientieren[34]. Hat ein Gegenstand einen **gegenwärtig faßbaren Vermögenswert** und kommt er von daher als Sacheinlage in Betracht, so ist er auch geeignet, in der — als Vermögensbilanz zu verstehenden — gesellschaftsrechtlichen Eröffnungsbilanz in Ansatz gebracht zu werden[35]. Dem stehen auch nicht etwa die aktienrechtlichen Vorschriften des § 153 Abs. 3 und 5 AktG entgegen, die ein grundsätzliches Aktivierungsverbot für immaterielle Anlagewerte sowie für den Geschäfts- oder Firmenwert enthalten. Sofern sie überhaupt als Ausdruck der Grundsätze ordnungsmäßiger Bilanzierung anzusehen und damit auch für die GmbH-Bilanz verbindlich (§ 39 HGB) sind, lassen sie doch eine Ausnahme für den *entgeltlichen* Erwerb der genannten Anlagewerte zu. Hierunter fällt aber auch der Erwerb *durch Sacheinbringung* gegen Ausgabe von Beteiligungsrechten[36].

Ist somit die Bilanzfähigkeit *kein* geeignetes Abgrenzungs*kriterium* und eignet sie **32**
sich aus den in Rdn. 31 genannten Gründen auch nicht als *Mindest*voraussetzung für die Beurteilung der Sacheinlagequalität des Vermögensgegenstands[37], so bestehen doch keine Bedenken, auf die **handelsrechtlichen Aktivierungsgrundsätze als Indiz** dafür zurückzugreifen, daß der Wirtschaftsverkehr bestimmten Gegenständen einen Vermögenswert zuerkennt. Das gilt jedenfalls für die *Eignung* eines Gegenstands, in die Bilanz aufgenommen zu werden (so auch *Rob. Fischer* 3a). Dagegen bedarf es hinsichtlich der *Höhe des Wertansatzes* zusätzlicher Überlegungen. Sie beziehen sich insbesondere auf die Frage, ob es auf den Wert der Einlage *für die Gesellschaft selbst* und ihren spezifischen Unternehmenszweck ankommt *oder* auf den *objektiven*, dem Gläubigerzugriff zugänglichen

Fischer 3a, *Barz* GroßkommAktG § 27, 6, *Kraft* Kölner KommAktG § 27, 11, *Skibbe* GmbH-Rdsch. **1980** 73.

[31] BGHZ **29** 300, 304 = NJW **1959** 934, im Anschluß an *Rob. Fischer* GroßkommAktG² § 20, 6.

[32] So namentlich *Ballerstedt* und *Lutter* aaO (Fn. 30); **aA** *Knobbe-Keuk* ZGR **1980** 216.

[33] Vgl. nur die unterschiedlichen Maßstäbe für die Jahresbilanz als periodenbezogene Erfolgsrechnung einerseits, die Überschuldungs-(Liquidations-)bilanz als Vermögensstatus andererseits (§ 63, 24f.). Die Gegenkritik von *Knobbe-Keuk* ZGR **1980** 216, die im Ansatz zutreffend auf die Unerheblichkeit betriebswirtschaftlicher Bilanztheorien für das an §§ 39, 40 HGB zu orientierende Bilanz*recht* verweist, läßt diesen Unterschied außer Betracht.

[34] **AA** *Knobbe-Keuk* ZGR **1980** 216 unter Betonung des (unstreitigen) *Rechts*charakters der juristischen Bilanzierungsgrundsätze (vgl. dazu Fn. 33).

[35] So auch *Scholz/Winter* 16; allgemein zur Bilanzierungsfähigkeit vgl. *Adler/Düring/Schmaltz* Rechnungslegung und Prüfung der Aktiengesellschaft, 4. Aufl. Bd. 1 (1968) § 149, 30ff., 34.

[36] *Adler/Düring/Schmaltz* aaO (Fn. 35), § 153, 116, *Döllerer* BB **1965** 1407, *Kropff* DB **1966** 673.

[37] So aber *Lutter* aaO (Fn. 30) S. 231 und *Knobbe-Keuk* ZGR **1980** 217.

Verkehrswert (Rdn. 62). — Darüber, daß Einbringungsgegenstände neben dem faßbaren Vermögenswert noch *weitere Anforderungen* erfüllen müssen, vgl. Rdn. 34, 35.

33 **β) Übertragbarkeit?** Als weiteres Kriterium für die Sacheinlage wird verbreitet die Übertragbarkeit des Vermögenswertes genannt[38]. Dabei wird freilich nicht immer deutlich unterschieden, ob es nur um die Übertragbarkeit **an die Gesellschaft** geht, um ihr die freie Verfügung über den Einbringungsgegenstand zu verschaffen (so jetzt *Roth* 5.3), **oder** generell um die Eignung der Sacheinlage, Gegenstand des Rechtsverkehrs und damit auch **Zugriffsobjekt für die Gläubiger** zu sein. Im letztgenannten, die Möglichkeit der Weiterübertragung aus dem Gesellschaftsvermögen oder zumindest der Überlassung zur Ausübung an Dritte umfassenden Sinn hat sich vor allem *Lutter*[39] ausgesprochen: nur dadurch könnten der für Sacheinlagen geltende Grundsatz der realen Kapitalaufbringung gewahrt und die im Interesse der Gesellschaftsgläubiger gebotene Gleichwertigkeit von Geld- und Sacheinlage hergestellt werden. Abweichend hiervon hat die *Rechtsprechung* keine Bedenken getragen, auch unübertragbare Vermögenspositionen wie die Einräumung einer Inseratenvertretung (KGJ **44** A 146) oder einer Generalvertretung (KG OLGR **24** 163) als Sacheinlagen anzuerkennen. Nach *Barz* (GroßkommAktG § 27, 6) soll es für die Einbringungsfähigkeit auf die „verkehrstypische Nutzbarkeit" des Einbringungsgegenstands ankommen. Sie sei auch bei Vertragspositionen, Lizenz-, Nießbrauchs- und Markenrechten sowie Firma und Know how gegeben, unabhängig davon, ob und inwieweit eine Zwangsvollstreckung in diese Vermögenswerte in Betracht kommt.

34 Die **Stellungnahme** hat zu differenzieren. So richtig der Ansatz *Lutters* ist, im Interesse der Gesellschaftsgläubiger auf die *reale Kapitalaufbringung* abzustellen und sich nicht mit künftigen Ertragschancen zufriedenzugeben, läßt sich daraus doch nicht das Erfordernis der freien Übertragbarkeit des Einbringungsgegenstands oder seiner Überlassung zur Ausübung an Dritte ableiten. Der Gläubigerzugriff ist auch dann gegeben, wenn der Gegenstand *zwar nicht isoliert veräußert, wohl aber im Rahmen des Gesellschaftsunternehmens den Gläubigerinteressen zugänglich gemacht werden kann*[40]. Das ist etwa bei einer auf die Gesellschaft übergegangenen *Firma* oder einem *Warenzeichen* der Fall; sie können nicht als Einzelgegenstände, aber zusammen mit dem Unternehmen übertragen werden. Darüber hinaus sind auch Nießbrauchsrechte, Vertragspositionen und andere unübertragbare Vermögenswerte jedenfalls dann einbringungsfähig, wenn sie in einem Konkurs- oder Vergleichsverfahren zugunsten der Gläubiger mit Beschlag belegt und durch Weiterführung des Unternehmens deren Interessen dienstbar gemacht werden können. Entscheidend ist also, daß der Gesellschaft die Vermögensgegenstände vom Sacheinleger nicht einseitig entzogen werden können, sondern zur **freien Verfügung der Gesellschaft** (§ 7 Abs. 3) stehen. Dazu müssen sie ihr vom Sacheinleger oder in dessen Auftrag in einer Weise übertragen sein, daß Einwirkungsmöglichkeiten aus der Sphäre des Sacheinlegers nicht mehr bestehen (§ 7, 45, 47).

35 **γ) Funktionale Äquivalenz.** Mit den beiden Merkmalen des *faßbaren Vermögenswerts* (Rdn. 31) und der *freien Verfügung* der Gesellschaft über den Einbringungsgegenstand (Rdn. 34) sind die zwei wesentlichen Voraussetzungen dafür genannt, daß dem Grundsatz der realen Kapitalaufbringung Rechnung getragen und die **Gleichwertigkeit von Geld- und Sacheinlage** sichergestellt wird. Ein *drittes* Erfordernis ist für den Fall zu beachten, daß der Einbringungsgegenstand in Rechten der Gesellschaft gegenüber dem Sacheinleger oder dessen Vermögen besteht. Dem Erfordernis der **Sacheinbringung** entsprechen solche Rechte nur dann, wenn sie zu einer **Aussonderung aus dem Vermögen des**

---

[38] So *Hachenburg/Schilling*[6] 15, 16, *Baumbach/Hueck* 5 A, *Scholz*[5] 15, *Würdinger* Aktienrecht[4] S. 42.

[39] AaO (Fn. 30) S. 232.

[40] So auch *Scholz/Winter* 16.

Sacheinlegers führen[41]. Demnach kann zwar die Begründung *dinglicher* Rechte zugunsten der Gesellschaft (einer Grundschuld oder eines Nießbrauchs am Gesellschaftergrundstück, einer ausschließlichen Patentlizenz u. a.) Einbringungsgegenstand sein, nicht aber die Einräumung obligatorischer Ansprüche gegen den Gesellschafter[42]. So wenig eine Geldeinlage durch Hingabe eines Wechsels oder Übernahme der Bürgschaft zugunsten der Gesellschaft erbracht werden kann (§ 7, 33, 36), so wenig können ein Wechselakzept, eine Darlehenszusage oder die Dienstleistungsverpflichtung eines Gesellschafters Gegenstand einer Sacheinlage sein. Andernfalls wäre die Gleichwertigkeit von Geld- und Sacheinlage in Frage gestellt und einer Umgehung der Vorschriften über die Kapitalaufbringung Tür und Tor geöffnet.

Das Aussonderungserfordernis besagt freilich nur, daß der Sacheinleger durch die **36** Einlage seine Rechte am Einbringungsgegenstand aufgegeben haben muß. **Nicht erforderlich** ist dagegen, daß die Sacheinlage zuvor **im Eigentum des Sacheinlegers** gestanden hat und von diesem auf die Gesellschaft übertragen worden ist[43]. Ebenso wie der Geldeinleger seiner Verpflichtung dadurch nachkommen kann, daß er einen Dritten zur Zahlung anweist (§ 7, 38), kann auch der Sacheinleger den Berechtigten veranlassen, den Gegenstand *unmittelbar* an die Gesellschaft zu übertragen; der Dritte handelt hier für Rechnung des Einlegers (BayObLG OLGR **1** 248). Zulässig ist auch die Einbringung durch den Sacheinleger mit Zustimmung des Berechtigten (§ 185 BGB); diese kann bereits im Gesellschaftsvertrag selbst erteilt werden (BayObLG aaO). Es handelt sich jeweils um die Frage, welche Anforderungen an den **Vollzugsakt** zu stellen sind. Diese bestimmen sich nach den allgemein für Verfügungsgeschäfte geltenden Grundsätzen (Rdn. 24); auf die Wirksamkeit der Einlageverpflichtung des Sacheinlegers haben sie keinen Einfluß. Ansprüche wegen *Sach- oder Rechtsmängeln* sind von der Gesellschaft nur gegen den Sacheinleger geltend zu machen, nicht gegen den für ihn handelnden Dritten. — Soweit der nichtberechtigte Sacheinleger ohne Zustimmung des Berechtigten verfügt, richtet sich der **gutgläubige Erwerb** der Gesellschaft nach § 166 BGB. Danach schadet nicht nur fehlende Gutgläubigkeit des in den Erwerb eingeschalteten Geschäftsführers (§ 166 Abs. 1), sondern auch diejenige eines der Mitgründer[44].

b) Einlagefähige Vermögensgegenstände. Entsprechend den vorstehenden **37** Grundsätzen erweisen sich als *einlagefähig* alle Gegenstände, die im Zeitpunkt der Einbringung einen faßbaren, zur Verfügung der Gesellschaft stehenden Vermögenswert haben und hinsichtlich dieses Wertes aus dem Vermögen des Sacheinlegers ausgeschieden werden können. Im einzelnen gilt folgendes:

α) Sachen. Ihre Eignung als Sacheinlage ist unbestritten, jedenfalls soweit sie an **38** die Gesellschaft **übereignet** werden. Das gilt für bewegliche Sachen ebenso wie für Grundstücke (zur Grundbucheintragung bei Übertragung des Grundstücks auf die Vorgesellschaft vgl. § 7, 44). Das Eigentum des Sacheinlegers ist nicht Voraussetzung (Rdn. 36). Soweit er der Gesellschaft kein Eigentum verschaffen kann, lebt seine subsidiäre Bareinlagepflicht wieder auf (Rdn. 81). **Künftige** Sachen können Gegenstand einer Sacheinlage nur sein, wenn sie bis zum Zeitpunkt der Einbringung, d. h. also **vor Anmeldung** der Gesellschaft (Rdn. 22), entstanden sind: auf den Zeitpunkt des Vertrags-

---

41 So zu Recht *Lutter* S. 231; ähnlich auch *Barz* GroßkommAktG § 27, 6.

42 Ebenso *Roth* 5.3.2; **aA** *Skibbe* GmbH-Rdsch. **1980** 73, 74 für Dienstleistungspflichten des Gesellschafters (vgl. dazu Rdn. 42). Zum Sonderfall der Einbringung eines Anspruchs auf Nutzung/Gebrauch von Sachen des Einlegers vgl. Rdn. 39.

43 HM, vgl. RGZ **118** 113, 120, RG JW **1936** 42; *Scholz/Winter* 21, *Barz* GroßkommAktG § 27, 11.

44 Nur auf die Mitgründer abstellend aber *Hachenburg/Schilling*[6] 27, *Baumbach/Hueck* 5 D.

schlusses kommt es nicht an[45]. Das gilt abweichend vom früheren Recht (Voraufl. 91) auch für den Fall der *Sachübernahme*, da auch insoweit seit 1981 der Vollzug vor Anmeldung vorgeschrieben ist (Rdn. 94). Die Einbringung eines bebauten Grundstücks mit der Maßgabe, daß das einzubringende Gebäude vom Sacheinleger auf seine Kosten erst *nach* Eintragung der Gesellschaft errichtet werden soll, bezieht sich in Wahrheit auf ein unbebautes Grundstück und eine Verpflichtung zur Erstellung eines Werkes. Da letzteres nicht wirksam als Sacheinlage vereinbart werden kann (Rdn. 59), ist das Sacheinlageversprechen **teilweise unwirksam**[46]. In Höhe des Wertes des unwirksamen Teils trifft den Einleger eine Pflicht zur Geldleistung (Rdn. 77, 81).

39 Anstelle der Übereignung der Sachen an die Gesellschaft ist auch die Bestellung von **Nutzungsrechten** an ihnen sowie die **Gebrauchsüberlassung** an die Gesellschaft zulässiger Gegenstand einer Sacheinlage. Das ist hinsichtlich der Begründung **beschränkt dinglicher Rechte** (Dienstbarkeit, Nießbrauch u. a.) an Sachen des einbringenden Gesellschafters einhellig anerkannt[47]. Entsprechendes gilt für **obligatorische Nutzungsrechte**, soweit es sich um übertragbare (§ 399 BGB) Ansprüche des Einlegers **gegen einen Dritten** handelt, etwa aus einem Miet- oder Pachtvertrag[48]. Darüberhinausgehend erkennt die ganz hM die Möglichkeit an, als Sacheinlage auch den Gebrauch einer dem **Sacheinleger** gehörenden Sache in die Gesellschaft einzubringen[49]. Trotz beachtlicher, hieran neuerdings geübter Kritik[50] ist dem unter der Voraussetzung zuzustimmen, daß der *Besitz* der Sache aus dem Vermögen des Sacheinlegers ausgeschieden und auf die Gesellschaft übertragen sein muß (zust. *Roth* 5.3.1). Außerdem muß den erhöhten Risiken einer derartigen Einlage für die Kapitalaufbringung und -erhaltung der Gesellschaft durch entsprechend vorsichtige Bewertung Rechnung getragen werden[51]. Sind diese Voraussetzungen erfüllt, so wiegen die gegen die hM vorgebrachten Bedenken nicht so schwer, daß deshalb mit einer jahrzehntelangen Rechtsentwicklung gebrochen und die zumal bei Personengesellschaften gängige Gebrauchsüberlassung an Sachen des Einlegers (Einbringung *quoad usum*) als Gegenstand der Sacheinlage aus dem GmbH-Recht gestrichen werden müßte (vgl. auch § 56, 16).

40 **β) Forderungen.** Sie sind einlagefähig, soweit sie einen faßbaren Vermögenswert haben, an die Gesellschaft abgetreten werden können und sich nicht gegen den Sacheinleger selbst richten (Rdn. 31, 33, 35). Ist die Abtretung an die Zustimmung des Schuldners geknüpft (§ 399 BGB), so bedarf es dieser nicht schon bei Abschluß des Gesellschaftsvertrags, sondern erst im Zeitpunkt der Abtretung[52]. Der Umstand, daß die

---

[45] So auch *Scholz/Winter* 17, *Roth* 5.3.1; ebenso für das Aktienrecht *Barz* GroßkommAktG § 27, 9 und *Kraft* Kölner KommAktG § 27, 19; **aA** noch *Schlegelberger/Quassowski* AktG 1937 § 20, 4.

[46] **AA** (für generelle Unwirksamkeit) RGZ **86** 210, 213; *Hachenburg/Schilling*[6] 13.

[47] Vgl. etwa BGHZ **45** 338, 344 = NJW **1966** 1311; *Scholz/Winter* 17; dazu auch unten Rdn. 46.

[48] Vgl. nur *Knobbe-Keuk* ZGR **1980** 214, 223 trotz ihrer Kritik an der hM zur Gebrauchsüberlassung an Sachen des Einlegers (vgl. Nachw. in Fn. 49).

[49] KGJ **38** 161; *Scholz/Winter* 17, *Roth* 5.3.1, *Barz* GroßkommAktG § 27, 11, *Kraft* Kölner KommAktG § 27, 18, *Döllerer* ZGR **1979** 355 f. (unter Aufgabe seines gegenteiligen Standpunktes in BB **1971** 1245, 1251); vgl. auch RGSt. **61** 259, 260.

[50] *Knobbe-Keuk* ZGR **1980** 214, 217 ff. unter Hinweis auf die fehlende Bilanzierungsmöglichkeit eines derartigen, gegen den Sacheinleger gerichteten obligatorischen Nutzungsrechts.

[51] So auch *Döllerer* ZGR **1979** 356.

[52] Vgl. Rdn. 36; auf den Zeitpunkt der Eintragung der GmbH abstellend *Scholz/Winter* 18, was unvereinbar ist mit der Einbringung der Sacheinlagen vor Anmeldung zum Handelsregister (§ 7 Abs. 3).

Forderung *bestritten*, in ihrer Höhe *unbestimmt* bzw. hinsichtlich der Realisierbarkeit *zweifelhaft* ist, steht ihrer Einlagefähigkeit nicht grundsätzlich entgegen, muß aber bei der Bewertung beachtet werden und kann im Einzelfall zu Rechtsmängelansprüchen gegen den Einleger führen (zu kapitalersetzenden Gesellschafterdarlehen vgl. Rdn. 44). Gleiches gilt, wenn die Forderung auf einem vom Einleger noch nicht vollständig erfüllten gegenseitigen Vertrag beruht oder aus sonstigen Gründen der Einrede der *Gegenleistung* ausgesetzt ist; auch diese Umstände schließen die Einlagefähigkeit nicht aus, sondern haben nur Einfluß auf die Bewertung. Daß der Sacheinleger sich der Gesellschaft gegenüber verpflichtet, die Gegenleistung zu erbringen, muß bei der Bewertung außer Betracht bleiben (Rdn. 35). — Zu den Bewertungsproblemen bei der Einbringung von **Valutaforderungen** in Zeiten schwankender Wechselkurse vgl. *Strober* DNotZ **1975** 17.

Bei künftigen Forderungen ist zu unterscheiden. Handelt es sich um eine bei **41**
Einbringung **befristete** Forderung, bei der nur der Leistungszeitpunkt, nicht aber der Leistungsgegenstand ungewiß ist, so bestehen gegen ihre Einlagefähigkeit keine Bedenken[53]; der Ungewißheit des Leistungszeitpunkts ist durch einen Bewertungsabschlag Rechnung zu tragen. Ist die Forderung dagegen **aufschiebend bedingt** oder betrifft sie einen im Zeitpunkt der Einbringung noch nicht angebrochenen Zeitraum, so ist auch die Entstehung selbst ungewiß; als Sacheinlage kommt sie nicht in Betracht[54]. Ungeeignet sind danach auch Ansprüche auf künftiges Gehalt, auf künftige Dividende u. a. Ungültig ist auch eine Abrede, daß die Einlage durch die künftigen Gewinnbezüge des Gesellschafters gedeckt werden soll.

Lebhaft umstritten ist die Frage, ob und inwieweit auf **Dienstleistungen** gerichtete **42**
Forderungen den Gegenstand einer Sacheinlage bilden können. Das betrifft einerseits die **eigene künftige Tätigkeit des Gesellschafters**. Ihre Einlagefähigkeit wird von der ganz hM zu Recht verneint[55]. Der Grund hierfür liegt — auch abgesehen von den mit dem Dienstleistungsanspruch verbundenen „übergroßen persönlichen Risiken"[56] — in der Begründung einer **Forderung gegen den Einleger**, die als Einbringungshandlung nicht ausreicht (Rdn. 35). Das gilt auch für die Verpflichtung zur Erbringung von *Diensten bei der Gründung* der Gesellschaft. Dienstpflichten eines Gesellschafters können in der Satzung nur in der Form von **Nebenleistungsverpflichtungen** nach § 3 Abs. 2 vereinbart werden (§ 3, 67). Zur Behandlung von Ansprüchen, die auf einen Werkerfolg gerichtet sind, vgl. Rdn. 59.

Entgegen einer bisher verbreiteten Ansicht[57] ist die Einlagefähigkeit auch für solche **43**
ausnahmsweise übertragbaren Forderungen eines Gesellschafters zu verneinen, die sich auf **Dienstleistungen Dritter** beziehen[58]. Das folgt aus der Wertung des neugefaßten

---

[53] So zutr. *Kraft* Kölner KommAktG § 27, 32; **aA** *Hachenburg/Schilling*[6] 16, *Roth* 5.3.2, *Barz* GroßkommAktG § 27, 9.

[54] So wohl auch *Scholz/Winter* 18.

[55] KGJ **44** 147; *Scholz/Winter* 19, *Baumbach/Hueck* 5 A, *Rob. Fischer* 3 a, *Roth* 5.3.2; so auch für das Aktienrecht *Barz* GroßkommAktG § 27, 7 mit eingehenden Nachweisen, *Kraft* Kölner KommAktG § 27, 26, *Lutter* aaO (Fn. 30) S. 232; **aA** *Skibbe* GmbH-Rdsch. **1980** 73, 74, *Langenfeld* GmbH-Rdsch. **1981** 53, 55, und früher *Sudhoff* NJW **1964** 1249, 1252 ff. (anders jetzt *ders.* NJW **1982** 129, 130), für vertretbare Dienstleistungen auch *Godin/Wilhelmi* AktG[4] § 27, 12; offenlassend BGH NJW **1979** 216.

[56] So *Lutter* aaO (Fn. 30) S. 232 und in Kölner KommAktG § 183, 14; in diesem Sinne jetzt auch § 27 Abs. 2 AktG (vgl. Rdn. 43).

[57] Voraufl. 43, *Baumbach/Hueck* 5 B, *Hüffer* NJW **1979** 1065, 1067, *Knobbe-Keuk* ZGR **1980** 223 Fn. 31, *Skibbe* GmbH-Rdsch. **1980** 74 f., *Sudhoff* NJW **1982** 130; Gegenansichten vgl. in Fn. 58.

[58] So zu Recht *Scholz/Winter* 19, *Roth* 5.3.2, *Barz* GroßkommAktG § 27, 7, *Lutter* Kölner KommAktG § 183, 14.

§ 27 Abs. 2, 2. Hs AktG; sie verdient auch für das GmbH-Recht Beachtung[59]. Der Anerkennung derartiger Ansprüche als Sacheinlage steht zwar das Erfordernis der Aussonderung aus dem Vermögen des Einlegers (Rdn. 35) nicht entgegen. Wohl aber trifft auf sie der Gesichtspunkt des übergroßen personenbezogenen Risikos zu, der in § 27 Abs. 2 AktG seinen Niederschlag gefunden hat.

44 Die **Einlagefähigkeit einer gegen die Gesellschaft gerichteten Forderung** wird von der hM zu Recht bejaht[60]. Die Notwendigkeit, in derartigen Fällen den Weg der Sachgründung zu gehen, anstatt gegen die Geldeinlageforderung der GmbH mit der Gegenforderung des Gesellschafters aufzurechnen, folgt aus dem Aufrechnungsverbot des § 19 Abs. 5 (vgl. dazu näher § 19, 56 ff.). Daß die Einlage einer Forderung gegen die Gesellschaft nicht zu einer Vermehrung von deren Aktiven führt, sondern die Verbindlichkeiten verringert, steht der Anerkennung ihrer *Einlagefähigkeit* und ihrer Behandlung als *Sacheinlage* nicht entgegen, da eine Vermögensmehrung der Gesellschaft durch Kapitalzuführung ebensogut auf diesem Wege erreicht werden kann[61]. Auch steht heute außer Zweifel, daß bereits die *Vorgesellschaft* Forderungsschuldner sein kann, sei es aus rechtsgeschäftlichem Handeln (§ 11, 44 ff.) oder aus der Einbringung eines Handelsgeschäfts mit Aktiven *und Passiven* durch einen Mitgründer (Rdn. 53). Eine Schuldbefreiung durch Sacheinlage ist daher schon vor Anmeldung und Eintragung möglich, *sofern die einzubringende Forderung schon entstanden ist und sich gegen die Vorgesellschaft richtet* (OLG Hamburg GmbH-Rdsch. **1982** 157). Einlagefähig sind grundsätzlich auch **kapitalersetzende Gesellschafterdarlehen**, jedoch ist dem Risiko ihrer Undurchsetzbarkeit im Konkurs der Gesellschaft (§ 32 a Abs. 1) oder der Rückforderung der von der Gesellschaft geleisteten Rückzahlung zur Konkursmasse (§ 32 a KO) durch einen entsprechenden Bewertungsabschlag, der im Einzelfall zu einem Nullwert führen kann, Rechnung zu tragen (§ 32a, 32b, 161). Zur Tilgung einer Verbindlichkeit der Gesellschaft als tauglicher Gegenstand einer Sacheinlage vgl. Rdn. 57. — Hinsichtlich der **Bewertung** der Forderungen gegen die Gesellschaft ist besondere Vorsicht geboten. Ihr Ansatz zum *Nennwert* unter Anrechnung auf eine entsprechende Stammeinlage setzt voraus, daß sie sich aufgrund der Vermögensverhältnisse der (Vor-)Gesellschaft als vollwertig, fällig und liquide erweist[62]. Ist das nicht der Fall, so hat der Registerrichter die Eintragung der Sachgründung nach § 9 c S. 2 abzulehnen. Wenn er versehentlich dennoch einträgt, haftet der Sacheinleger in Höhe des Minderwerts der Forderung nach § 9.

45 Ist die einzubringende Forderung (noch) nicht existent, soll sie insbesondere erst mit oder nach der Eintragung der GmbH entstehen, oder ist sie mit Rücksicht auf §§ 30, 31 nicht durchsetzbar, so hat der zur Einbringung verpflichtete Gesellschafter statt dessen

---

[59] Vgl. Rdn. 29; **aA** für Ansprüche auf Dienstleistungen *Hüffer* NJW **1979** 1067, *Skibbe* GmbH-Rdsch. **1980** 75.

[60] BGHZ **15** 52, 60 = NJW **1954** 1842, BGH WM **1959** 1113, 1114, BGH NJW **1970** 469, KG JW **1935** 2899; *Scholz/Winter* 18, *Baumbach/Hueck* 5 B, *Roth* 5.3.2, *Barz* GroßkommAktG § 27, 12, *Lutter* aaO (Fn. 30) S. 233 ff.; **aA** *Kraft* Kölner KommAktG § 27, 35, *Schnorr v. Carolsfeld* DNotZ **1963** 418.

[61] HM, vgl. BGHZ **15** 52, 60 = NJW **1954** 1842, BGH NJW **1970** 469, KG JW **1935** 2899, OLG Frankfurt BB **1983** 790, OLG Köln BB **1984** 1636, 1637, LG Berlin BB **1977** 213; *Scholz/Winter* 18, *Lutter* aaO (Fn. 30) 234, 239; **aA** (für Behandlung als Geldeinlage) *Gessler* Festschrift Möhring (1975) S. 173, 179 ff. mit der unzutr. Begründung, daß es auf die Bewertung der einzubringenden Forderung und ihre Kontrolle durch das Registergericht nicht ankomme (vgl. dazu Fn. 62).

[62] So im Grundsatz schon BGHZ **15** 52, 57 = NJW **1954** 1842; vgl. weiter LG Berlin BB **1973** 213; *Lutter* aaO (Fn. 30) S. 240, *Wiedemann* GroßkommAktG § 183, 1, *Gustavus* BB **1973** 214 f.; **aA** Geßler aaO (Fn. 61) S. 182, 191 f.; im Ergebnis auch *Priester* DB **1976** 1801, 1804 f. und *Scholz/Priester* § 56, 29 ff., 33 (vgl. dagegen aber § 56, 43 f.).

die dem vereinbarten Wert der Sacheinlage entsprechende *Bareinlage* zu leisten (Rdn. 81). Diese Einschränkung ist auch bei Vereinbarung der Einbringung eines **Gründerlohns** von Bedeutung. Da seine Gewährung selbst bei Festsetzung im Gesellschaftsvertrag mit Rücksicht auf §§ 30, 31 nur wirksam ist, wenn er sich in einem der Gründertätigkeit angemessenen Rahmen hält (Rdn. 175), kann er auch nur in diesen Grenzen zum Gegenstand einer Sacheinlage gemacht werden.

γ) Sonstige Rechte. Auch sie können grundsätzlich den Gegenstand von Sacheinla- **46**
gen bilden, soweit sie den allgemeinen Anforderungen an die Einlagefähigkeit (Rdn. 29 ff., 35) entsprechen. *Unbedenklich* ist danach vor allem die Einbringung **beschränkt dinglicher Rechte** wie Grundpfandrechte, Erbbaurechte oder Nießbrauch (Rdn. 39). Sie brauchen bei Abschluß des Gesellschaftsvertrags noch nicht zu bestehen, sondern können vom Einlageschuldner durch das Vollzugsgeschäft zugunsten der Gesellschaft neu geschaffen werden. Der Umstand, daß das Recht an einer Sache des Gesellschafters bestellt ist, steht nicht entgegen (Rdn. 35). Ein bereits bestehendes Nießbrauchsrecht kann zwar nicht auf die Gesellschaft übertragen werden; möglich ist aber die Überlassung zur Ausübung (§ 1059 S. 2 BGB).

Einlagefähig sind weiter **sonstige absolute Rechte**, insbesondere **Immaterialgüter-** **47**
rechte, soweit sie einen faßbaren Vermögenswert verkörpern und der Gesellschaft überlassen werden können. Zu nennen sind Urheber- und Patentrechte, Geschmacks- und Gebrauchsmusterrechte, aber auch eine ausschließliche Lizenz an diesen Rechten. Mit Rücksicht auf den Grundsatz der realen Kapitalaufbringung ist freilich bei der *Bewertung* derartiger Rechte *mit besonderer Vorsicht* zu verfahren[63]. Bei *Warenzeichenrechten* bedarf es zur Übertragung der gleichzeitigen Übertragung des Geschäftsbetriebs, für den sie eingetragen sind (§ 8 Abs. 1 S. 2, 3 WZG). Andernfalls ist nur eine *Gebrauchsüberlassung* möglich, die freilich *nicht mit dinglicher Wirkung* ausgestattet werden kann[64] und daher nur in Ausnahmefällen als Einlagegegenstand in Betracht kommt. Zur Behandlung der nur mit dem Handelsgeschäft übertragbaren *Firma* oder eines *good will* vgl. Rdn. 52, zur Einlagefähigkeit sonstiger gewerblicher Vermögenswerte (Erfindungen, Know how u. a.) Rdn. 56. Eingebracht werden können grundsätzlich auch öffentlichrechtliche Rechte, insbesondere *Konzessionen*, sofern sie nicht höchstpersönlicher Natur sind.

Mitgliedschaftsrechte an anderen Gesellschaften oder Vereinigungen sind nur dann **48**
einlagefähig, wenn die Anteilsübertragung möglich ist. Das ist zwar bei Aktien und GmbH-Geschäftsanteilen der Fall, bei Anteilen an Personenhandelsgesellschaften jedoch nur dann, wenn der Gesellschaftsvertrag die Übertragung zuläßt. Die Vinkulierung von Aktien oder Geschäftsanteilen nimmt ihnen nicht die Einlagefähigkeit, kann aber im Einzelfall zur Haftung des Sacheinlegers wegen Nichterfüllung führen, wenn die erforderliche Zustimmung zur Veräußerung des Anteilsrechts verweigert wird. — Die Vereinbarung im Gesellschaftsvertrag, den Geschäftsanteil einer anderen GmbH als Sacheinlage einzubringen, kann zugleich als Übertragung nach § 15 Abs. 3 zu verstehen sein (KG DR **1941** 1087; vgl. auch Rdn. 24).

δ) Sach- und Rechtsgesamtheiten. Einlagefähig sind ferner Sach- und Rechtsge- **49**
samtheiten (so auch *Scholz/Winter* 20). Das hat besondere Bedeutung für die Einbringung eines Handelsgeschäfts (Rdn. 52), kommt aber auch in anderem Zusammenhang vor. Kennzeichnend für diese Fälle ist, daß eine Reihe von Einzelgegenständen räumlich oder sachlich so zueinander in Beziehung gesetzt sind, daß sie für den Rechtsverkehr eine Einheit bilden. Die *Übertragung* der Sach- oder Rechtsgesamtheit erfolgt im Unterschied zum gesellschaftsrechtlichen Verpflichtungsgeschäft *nicht einheitlich*, sondern erfordert

---

63 Rdn. 62; zu großzügig BGHZ **29** 300, 304 = NJW **1959** 934 — Operette.

64 Näheres bei *Baumbach/Hefermehl* Warenzeichenrecht[11] Anh. § 8, 2.

den Abschluß einzelner, der Art der jeweils zusammengehörigen Sachen und Rechte entsprechender Verfügungsgeschäfte[65]. — Im einzelnen kommt etwa die Einbringung eines Nachlaßvermögens, einer Konkursmasse, eines Gesellschaftsvermögens oder eines Handelsgeschäfts in Betracht; daneben ist an ein Warenlager, ein Wertpapierdepot, eine Flotte oder einen Kraftfahrzeugpark zu denken. Besonders zu beachten ist in diesen Fällen die deutliche Angabe des Einbringungsgegenstands im Gesellschaftsvertrag (Rdn. 115). Auch kann die Einbringung — von den Fällen der §§ 25, 27 HGB abgesehen (dazu Rdn. 50, 54) — eine **Haftung** der GmbH für die Schulden des Sacheinlegers wegen Vermögensübernahme (§ 419 BGB) oder nach erbrechtlichen Vorschriften (Rdn. 50) zur Folge haben. Wird vom Konkursverwalter eine *Auffang-GmbH* gegründet und in diese das Unternehmen des Gemeinschuldners eingebracht, so sind damit auch ohne ausdrücklichen Haftungsausschluß nur die *Aktiva* gemeint; § 419 BGB ist hier nicht anwendbar[66]. Wollen die Gesellschafter einer *bürgerlichrechtlichen* Gesellschaft ihre gemeinsame Tätigkeit in der Rechtsform der GmbH fortsetzen, so müssen sie sich dazu des Mittels der Sachgründung bedienen und das Gesellschaftsvermögen nach Maßgabe von § 5 Abs. 4 in die GmbH einbringen; vom Umwandlungsgesetz wird dieser Vorgang nicht erfaßt (vgl. Anh. § 77, UmwG § 40, 4). — Zu den verschiedenen Möglichkeiten des *Wertansatzes* für die Einbringung einer Sach- oder Rechtsgesamtheit und der Wahl des *Bewertungsstichtags* vgl. Rdn. 61 ff.

50 Auf die Verpflichtung zur Einbringung einer **Erbschaft** finden die Vorschriften über den *Erbschaftskauf* (§§ 2371 bis 2385 BGB) entsprechende Anwendung. Erbschaften als Sacheinlagen finden sich insbesondere dann, wenn mehrere Erben den Gesamtnachlaß zusammenhalten und in der Rechtsform der GmbH verselbständigen oder das zum Nachlaß gehörende Handelsgeschäft auf gemeinsame Rechnung fortführen wollen, ohne für die künftigen Geschäftsverbindlichkeiten zu haften. — Was die **Haftung der Gesellschaft für die Nachlaßverbindlichkeiten** betrifft, so folgt sie zwingend aus § 2382 BGB. Die Gesellschaft hat jedoch dieselben Möglichkeiten der *Haftungsbeschränkung* wie der Erbe (§§ 2383, 1975 ff. BGB). Gehört zum Nachlaß ein Handelsgeschäft und führt die GmbH dieses *unter der bisherigen Firma* fort, so haftet sie ebenso wie die einbringenden Erben für die bisherigen Geschäftsverbindlichkeiten nach §§ 27, 25 HGB unbeschränkt[67]. Die Firma wird auch dann fortgeführt, wenn ihr der nach § 4 Abs. 2 zwingende GmbH-Zusatz angefügt wird oder sonstige zur Vermeidung einer Irreführungsgefahr *notwendige* Änderungen, etwa hinsichtlich der Ortsbezeichnung, vorgenommen werden (Näheres vgl. bei § 4, 70 ff.).

51 Soll nur der **Anteil eines Miterben** in die Gesellschaft eingebracht werden, so haben die übrigen Miterben das Vorkaufsrecht nach §§ 2034, 2035 BGB; es kann nach Einbringung des Miterbenanteils in die Gesellschaft auch ihr gegenüber ausgeübt werden (§ 2035 Abs. 1 BGB). Die Ausübung des Vorkaufsrechts führt, wenn sie **nach** Anteilsübertragung auf die Gesellschaft erfolgt, zu einem Zahlungsanspruch der Gesellschaft gegen die ausübenden Miterben[68]; seine Höhe bestimmt sich nach dem im Gesellschaftsvertrag für den Anteil vereinbarten Wert (Rdn. 116 f.). Wird das Vorkaufsrecht bereits **vor** Einbringung des Anteils ausgeübt, so hat das eine Umgestaltung der Einlagepflicht des Gesellschafter/Erben zur Folge. Er haftet zwar nicht auf Schadensersatz

---

[65] Näheres vgl. bei *Staudinger/Dilcher* BGB[12] § 90 Vorbem. 17 f.

[66] BGHZ **66** 217, 228 = NJW **1976** 1398, RGZ **58** 166, 168 (zu § 25 HGB); MünchKomm. — *Möschel* BGB § 419, 36; offenlassend noch BAG NJW **1966** 1984.

[67] Zu den Voraussetzungen des Ausschlusses der unbeschränkten Haftung nach § 27 Abs. 2 HGB vgl. *Hüffer* GroßkommHGB[4] § 27, 21 f.

[68] *Erman/Schlüter* BGB[7] § 2035, 3.

wegen Nichterfüllung, da der Rechtsmangel auf Gesetz beruht und von ihm nicht zu vertreten ist[69]. Entsprechend den Grundsätzen über die Behandlung von Beitrittsmängeln bei der in Vollzug gesetzten Vorgesellschaft (§ 2, 77 f.) wird der Beitritt des Sacheinlegers in der Regel aber auch nicht hinfällig; vielmehr tritt an die Stelle der gescheiterten Sacheinlage die Pflicht des Gesellschafters, den ihm von den Miterben zu zahlenden, nach dem vereinbarten Wert der Sacheinlage zu bemessenden Geldbetrag einzulegen (vgl. Rdn. 82).

ε) Handelsgeschäft (Unternehmen). Einen besonders wichtigen Fall der Einlage einer Sach- und Rechtsgesamtheit bildet die Einbringung eines Handelsgeschäfts (Unternehmens). Es kann sich um die einfache Umwandlung des Geschäfts eines Einzelkaufmanns oder einer Handelsgesellschaft in eine GmbH handeln (Rdn. 53). Es kann die Einlage des Handelsgeschäfts durch einen Gesellschafter verbunden sein mit Bareinlagen anderer Gesellschafter, um dem Unternehmen neues Kapital zuzuführen. Es kann die Gründung erfolgen, um ein Unternehmen, das sich in Schwierigkeiten befindet, vor dem Zusammenbruch zu bewahren. Beteiligen sich Gläubiger an der Gründung mit der Maßgabe, daß sie ihre durch die Geschäftsübernahme gegen die Gesellschaft gerichteten Forderungen als Sacheinlage einbringen, so ist allerdings der Wertansatz hierfür besonders kritisch zu prüfen (Rdn. 44). Die *Zulässigkeit der Geschäftseinbringung* war schon bisher allgemein anerkannt, sofern die Regelungen des § 5 Abs. 4 eingehalten waren[70]; seit der GmbH-Novelle 1980 ist die Einbringung eines Unternehmens als Sacheinlage in § 5 Abs. 4 S. 2 ausdrücklich erwähnt. Die Einbringung kann sich auf *Firma* und *Kundenstamm* erstrecken[71]. Sie kann das gesamte Handelsgeschäft umfassen oder sich auf die Aktiven unter Ausschluß der Passiven beschränken (zur Haftung nach § 419 BGB vgl. Rdn. 49; zum Fall der Firmenfortführung Rdn. 54). Denkbar ist auch, Forderungen und/oder Schulden vorbehaltlich der Haftung aus §§ 419 BGB, 25 HGB nur in eingeschränktem Umfang zu übernehmen, etwa „die in dem anliegenden Verzeichnis aufgeführten"[72]. — Im einzelnen wirft die Einbringung eines Unternehmens eine Reihe von **Problemen** auf. Sie betreffen vor allem den Einbringungs- und Bewertungsstichtag (Rdn. 65 ff.) sowie die Festlegung eines bei der Einbringung sich ergebenden, vom Sacheinleger oder von der Gesellschaft auszugleichenden Mehr- oder Minderbetrags gegenüber der Stammeinlage im Gesellschaftsvertrag (Rdn. 103). Zur Zulässigkeit von Geschäftsführungshandlungen zwecks Fortführung des Handelsgeschäfts vor Eintragung der Gesellschaft vgl. § 11, 30, 50. **52**

Einer Sachgründung der GmbH unter Einbringung des Handelsgeschäfts bedarf es in den Fällen nicht, in denen das Umwandlungsgesetz die Möglichkeit einer **Umwandlung** in eine neuerrichtete GmbH eröffnet. Das ist seit 1981 für das **Unternehmen eines Einzelkaufmanns** der Fall (§§ 56 a ff. UmwG; vgl. Anh. § 77). Auch eine **Personenhandelsgesellschaft** kann in eine GmbH umgewandelt werden, sofern alle Gesellschafter an der neuerrichteten GmbH beteiligt und das ganze Vermögen der Personenhandelsgesellschaft auf die GmbH übertragen werden soll (§§ 46 ff. UmwG, vgl. Anh. § 77). Die Möglichkeit der Umwandlung schließt nicht aus, daß die Beteiligten statt dessen den Weg der Sachgründung unter Liquidation der Personengesellschaft wählen. Das kann **53**

---

[69] MünchKomm. — *Dütz* BGB § 2034, 40.

[70] RGZ **70** 220, 223 f., RG JW **1911** 495, BGHZ **45** 338, 342 f. = NJW **1966** 1311; *Barz* GroßkommAktG § 27, 8.

[71] RG LZ **1915** 231; gegen einen besonderen Wertansatz hierfür aber LG Köln GmbH-Rdsch. **1959** 133.

[72] RG BauersZ **19** 84, BGHZ **45** 338, 342 f. = NJW **1966** 1311; *Scholz/Winter* 20; zur Auslegung von Sacheinlagevereinbarungen ohne ausdrückliche Einbeziehung der Passiva vgl. Rdn. 54, 55.

vor allem dann von Bedeutung sein, wenn im Zuge der Umgründung auch die Beteiligungsverhältnisse neu geordnet oder weitere Gesellschafter aufgenommen werden sollen.

54 **Führt die GmbH die Firma** des als Sacheinlage eingebrachten Handelsgeschäfts **fort, so haftet sie für die Geschäftsverbindlichkeiten** des Sacheinlegers nach § 25 Abs. 1 HGB. Diese Haftung bezieht sich im Zweifel nicht nur auf das Außenverhältnis; mangels besonderer Vereinbarung ist vielmehr auf eine **Übernahme der Passiven** auch im Innenverhältnis zu schließen (RG LZ **1916** 742; vgl. auch Rdn. 55). Eine Schuldbefreiung des Sacheinlegers tritt dadurch noch nicht ein; sie bedarf der Genehmigung der Gläubiger (§ 415 BGB). Wird der Sacheinleger in Anspruch genommen, so kann er von der Gesellschaft Ersatz verlangen. — Ist die Übernahme auf die Aktiven beschränkt und will die Gesellschaft aus diesem Grunde trotz Firmenfortführung ihre Haftung für die Altschulden auch im Außenverhältnis ausschließen, so muß sie nach Maßgabe von § 25 Abs. 2 HGB für die *Publizität* des Haftungsausschlusses sorgen. Zur Haftung bei Fortführung eines zum *Nachlaß* gehörenden Handelsgeschäfts vgl. Rdn. 50. Ob beim Firmenübergang zugleich ein Konkurrenzverbot als gesellschaftsvertragliche Nebenpflicht vereinbart wird, ist Frage der Vertragsgestaltung (§ 3, 67).

55 **Ohne Firmenfortführung** hängt die Außenhaftung der Gesellschaft vom Inhalt der Sacheinlagevereinbarungen ab, soweit nicht eine Haftung aus § 419 BGB folgt. Hat die Gesellschaft das eingebrachte Handelsgeschäft mit Aktiven *und Passiven* übernommen, so liegt hierin im Zweifel zugleich ein Schuldbeitritt nach § 415 Abs. 3 BGB; er wird mit Abschluß der Sacheinlagevereinbarung wirksam (BGHZ **45** 338, 342 f. = NJW **1966** 1311). Ist über die Übernahme der Passiven eine ausdrückliche Vereinbarung nicht getroffen, so ist die Frage durch *Auslegung* der Sacheinlagevereinbarung zu klären. Anhaltspunkte bieten die Wertansätze für die Sacheinlage und die zugrundegelegte Einbringungsbilanz (Rdn. 65 ff.); Umstände, die sich nicht aus der Satzung oder den Registerunterlagen ergeben, bleiben für die Auslegung außer Betracht (§ 2, 123). Im Zweifel deutet die Einbringung des Unternehmens *ohne* Fortführung der Firma darauf hin, daß eine Haftung der GmbH für die Geschäftsverbindlichkeiten nicht gewollt ist (*Scholz/Winter* 20).

56 **ζ) Sonstige Vermögenswerte.** Wie oben (Rdn. 29 ff., 35) festgestellt, richtet sich die Einlagefähigkeit eines Gegenstands nicht nach seiner Rechtsnatur, sondern danach, ob er im Zeitpunkt der Einbringung einen faßbaren, dem Gläubigerzugriff zugänglichen **Vermögenswert** repräsentiert. Das führt vor allem im gewerblichen Bereich zu einer Erweiterung der einlagefähigen Gegenstände über den Kreis der gewerblichen Schutzrechte hinaus. Für den *good will* oder *Kundenstamm* ist das im Zusammenhang mit der Einbringung eines Handelsgeschäfts bereits festgestellt (Rdn. 52); eine isolierte Einbringung wird hier nur selten in Betracht kommen. Anders liegt es dagegen bei nicht zum Patent angemeldeten **Erfindungen, Fabrikationsgeheimnissen** und sonstigem gewerblich verwertbarem **Know how:** sie können, *sofern ihnen bei der im Interesse der Gesellschaftsgläubiger gebotenen strengen Beurteilung* (Rdn. 20) *ein Vermögenswert* in der Gesellschaft *zukommt*, den Gegenstand einer Sacheinlage bilden[73]. Für *Erfindungen* folgt das schon daraus, daß ihr Wert sich nicht in erster Linie nach der Erteilung eines Patents bestimmt, sondern nach der gewerblichen Verwertbarkeit; auch hängt die Entscheidung über die Patentanmeldung nicht nur von den Erfolgschancen des Antrags auf Patenterteil-

[73] Ganz hM, vgl. RG JW **1936** 42, KG OLGR **27** 363, KGJ **45** A 175, KG Recht **1913** Nr. 2790; *Scholz/Winter* 18, *Barz* Großkomm-AktG § 27, 6 und Festschrift W. Schmidt (1959) S. 157, 162 ff., *Kraft* Kölner Komm-AktG § 27, 38; **aA** für Know how *Ballerstedt* ZHR 127 **1965** 97.

lung, sondern auch davon ab, ob der Berechtigte bereit ist, die mit der Anmeldung verbundene Offenlegung der Erfindung (§ 30 PatG) in Kauf zu nehmen. Aber auch für das *Know how*, d. h. die für ein bestimmtes Verfahren oder auch die erfolgreiche Organisation eines Betriebes erforderlichen Kenntnisse und Erfahrungen[74], sollte die Einlagefähigkeit im Grundsatz nicht zweifelhaft sein. Die dagegen von *Ballerstedt* ZHR 127 **1965** 97 vorgebrachten Bedenken tragen der wirtschaftlichen Bedeutung des Know how, wie sie insbesondere in Gestalt von Know how-Lizenzen mit oft erheblichen Lizenzgebühren zum Ausdruck kommt, nicht hinreichend Rechnung. Mit zunehmender Komplizierung der Fabrikations- und Vertriebsprozesse (Datenverarbeitung, Marketing) gewinnt das Know how im Vergleich zu patentierten Erfindungen immer größeres Gewicht. Voraussetzung für die selbständige Einlagefähigkeit ist freilich, daß es nicht ausschließlich auf den Betrieb des Sacheinlegers bezogen ist, sondern davon abgelöst und auch für das Unternehmen der neuerrichteten Gesellschaft nutzbar gemacht werden kann. — Ist die Einlagefähigkeit von Erfindungen und Know how nach diesen Grundsätzen gegeben, so können sie auch entsprechend § 153 Abs. 3 AktG *in der Eröffnungsbilanz der Gesellschaft in Ansatz gebracht werden.*

Die **Befreiung der GmbH von einer Verbindlichkeit**, etwa durch Tilgung einer **57** Darlehensschuld der Gesellschaft, ist eine taugliche Einlageleistung, bedarf aber zur Vollwertigkeitsprüfung der Einhaltung der Vorschriften über Sacheinlagen (so zutr. OLG Hamburg GmbH-Rdsch. **1982** 157). Dagegen erscheint zweifelhaft, ob auch übertragbare **Vertragsangebote**, die dem Gründer von Dritten gemacht sind, einlagefähig sein können. Die *Rechtsprechung* hat es im Einzelfall gelegentlich bejaht[75]. Dem kann allenfalls in denjenigen Sonderfällen zugestimmt werden, in denen das Angebot sich auf eine Leistung von fest bestimmter Dauer bezieht und ihr Wert denjenigen der Gegenleistung nachhaltig übersteigt[76].

c) Als Sacheinlage ungeeignete Vermögensgegenstände. Ungeeignet sind einer- **58** seits diejenigen Gegenstände, die erst *nach* Eintragung der Gesellschaft entstehen sollen: sie genügen nicht der an Sacheinlagen gestellten, eine Eintragungs*voraussetzung* bildenden Anforderung, *vor* Anmeldung der Gesellschaft in diese eingebracht zu werden (Rdn. 22). **Künftige** Sachen oder sonstige Vermögensgegenstände können als Sacheinlage daher nur dann vereinbart werden, wenn sie rechtzeitig *vor Anmeldung* der Gesellschaft zur Entstehung kommen; das gilt abweichend vom früheren Recht im Hinblick auf § 7 Abs. 3 nF auch für die Vereinbarung einer Sachübernahme (Rdn. 94). — Die Vereinbarung einer **Erwerbschance** statt des Vollrechts als Sacheinlage kommt nur in denjenigen Ausnahmefällen in Betracht, in denen sich die Erwerbschance zu einem gegenwärtig faßbaren Vermögenswert konkretisiert hat, so das *Anwartschaftsrecht* bei beweglichen Sachen oder der durch Vormerkung gesicherte Auflassungsanspruch bei Grundstücken. Zur Behandlung *künftiger Forderungen* vgl. Rdn. 41.

Nicht einlagefähig sind **obligatorische Ansprüche gegen den Einlageschuldner**, **59** da es hier an einer realen Kapitalaufbringung unter Aussonderung des Einlagegegenstands aus dem Gründervermögen fehlt (Rdn. 35). Das gilt für *Dienstleistungsverpflichtungen* des Gründers, sei es im Rahmen der Gründung oder für die Zeit nach Entstehung der GmbH (vgl. Rdn. 42), aber auch für das *Versprechen zur Schaffung eines Werkes oder zur Bewirkung eines bestimmten Erfolgs*[77]. Sollen derartige Tätigkeitspflichten eines Gründers im Gesellschaftsvertrag verankert werden, so kann das in der Form von — entgeltlichen

[74] *Barz* Festschrift W. Schmidt S. 157 f.; zur Rechtsnatur des know how vgl. auch *Pfister* Das technische Geheimnis „Know how" als Vermögensrecht (1974) S. 31 ff.

[75] RG SeuffArch. **87** Nr. 71, KG RJA **12** 58.

[76] So auch *Scholz/Winter* 18.

[77] Zust. *Roth* 5.3.2, *Sudhoff* NJW **1982** 129, 130.

oder unentgeltlichen — Nebenleistungspflichten nach § 3 Abs. 2 geschehen. Auf die Stammeinlage werden sie nicht angerechnet. Als Einlagegegenstände ungeeignet sind ferner die Einräumung einer *Darlehensforderung*, die Hingabe eines *Wechselakzepts* oder die Zusage einer *Bürgschaftsübernahme* durch den Gründer. Ihnen würde jeweils auch der Einwand einer *Umgehung der Einzahlungspflicht* vor Anmeldung der Gesellschaft im Fall von Geldeinlagen entgegenstehen (§ 7, 32). **Abweichendes** gilt nur dann, wenn Ansprüche gegen den Gründer entweder durch Hypothek, Pfandrecht, Sicherungsübereignung u. a. **dinglich gesichert** sind oder — wie im Fall der Gebrauchsüberlassung (Rdn. 39) — zu einer **Besitzverschaffung** an die Gesellschaft führen. Hier ist dem Erfordernis der *Einbringung* bei der Gesellschaft unter Aussonderung aus dem Gründervermögen immerhin im Ansatz Rechnung getragen. Der Einlagegegenstand erschöpft sich nicht in einem obligatorischen Anspruch gegen den Gründer; die Gesellschaft erlangt einen gegenüber dem Gründervermögen verselbständigten Vermögenswert.

60 Obligatorische **Ansprüche gegen Dritte** sind demgegenüber nur dann nicht einlagefähig, wenn sie entweder wegen damit verbundener Gegenansprüche oder leichter Kündigungs- oder Rücktrittsmöglichkeit keinen eigenen Vermögenswert verkörpern oder wenn sie weder übertragen noch auch zur Ausübung überlassen werden können. Generell ungeeignet als Sacheinlage sind nach der Wertung des § 27 Abs. 2 AktG Ansprüche auf Dienstleistungen, auch wenn sie sich gegen Dritte richten (Rdn. 43).

5. Bewertung der Sacheinlage

Schrifttum

Ballerstedt Kapital, Gewinn und Ausschüttung bei Kapitalgesellschaften (1949), insbes. S. 89 ff.; *Wiedemann* Sacheinlagen in der GmbH, Berliner Festschrift f. Ernst E. Hirsch (1968) S. 257.

61 **a) Allgemeines.** Das GmbHG geht für die Bewertung der Sacheinlagen im Gesellschaftsvertrag von der **Höchstwertbegrenzung** aus: die Gegenstände der Sacheinlage dürfen auf die Stammeinlageverpflichtung *höchstens* zu ihrem wirklichen Wert (Rdn. 62) angerechnet werden. Das hierin zum Ausdruck kommende **Verbot der Unterpari-Emission** war früher umstritten[78]. Seit der GmbH-Novelle 1980 und der dadurch in § 9 nF eingeführten Haftung des Sacheinlegers für die Differenz zwischen dem Nennbetrag der Stammeinlage und dem dahinter zurückbleibenden Wert der Sacheinlage hat es im GmbHG seinen ausdrücklichen Niederschlag gefunden (zur Geltung für die Zeit vor dem 1. 1. 1981 vgl. Voraufl. 61, 134). Nach **unten** ist der Wertansatz demgegenüber nach wie vor **unbegrenzt**[79], solange dadurch das gesetzliche Mindeststammkapital (Rdn. 6 ff.) nicht unterschritten wird. Das GmbH-Recht beschränkt sich darauf, die Erhaltung von Gesellschaftsvermögen in Höhe des Stammkapitals als Haftungsfonds sicherzustellen (§ 30). Im Unterschied zum Aktienrecht kennt es keine gesetzliche Rücklage und steht damit auch einer Ausschüttung von Aufgeld, Nachschüssen u. a. an die Gesellschafter grundsätzlich nicht entgegen (dazu eingehend *Ballerstedt* S. 89 ff.). Der im Aktienrecht erörterte Streit über die von der hM zugelassene

[78] Gegen seine Geltung im GmbH-Recht noch BGHZ **29** 300, 307 f. = NJW **1959** 934; *Hachenburg/Schilling*[6] 11 a, 28 a, 42, *Boesebeck* DR **1939** 436, *Ensslin/Stauder* GmbH-Rdsch. **1968** 156; **aA** BGHZ **68** 191, 195 = NJW **1977** 1196; Voraufl. 61, 134, *Scholz/Winter* 22, *Goerdeler* Festschrift W. Schmidt S. 139.

[79] EinhM, vgl. OLG Stuttgart GmbH-Rdsch. **1982** 109, 110; *Scholz/Winter* 22, *Rob. Fischer* § 9, 1, *Sudhoff* NJW **1982** 131.

Unterbewertung von Sacheinlagen[80] hat daher für das GmbH-Recht keine Bedeutung (*Ballerstedt* S. 90 f.); unterhalb der Höchstwerte sind die Gesellschafter im Wertansatz frei (zur Überpari-Emission und ihrer gmbH-rechtlichen Behandlung vgl. näher Rdn. 142 ff.). — Soll der Wert des eingebrachten Gegenstands nur teilweise auf die Stammeinlage angerechnet, im übrigen aber dem Gesellschafter eine entsprechende Gutschrift, Zahlung o. ä. von der Gesellschaft erbracht werden (sog. gemischte Sacheinlage, vgl. Rdn. 99), so muß sich das ausdrücklich oder konkludent (kraft objektiver Auslegung) aus dem Gesellschaftsvertrag ergeben (vgl. näher Rdn. 102).

Was die Ermittlung des **Höchstwerts** der einzubringenden Gegenstände angeht, so steht den Gesellschaftern nach zutr. neuerer, durch die Wertung der §§ 9, 9c S. 2 nF bestätigter Ansicht ein Beurteilungsspielraum nicht zu[81]. Wohl aber ist nach der objektiven Zweckbestimmung der Gegenstände im Rahmen der Gesellschaft zu unterscheiden. Handelt es sich um *Gegenstände des* **Anlagevermögens**, so richtet sich der Höchstwert nach dem Wert, den die Nutzung des Gegenstands für die Gesellschaft hat; er entspricht dem nach §§ 38, 40 Abs. 2 HGB für die Eröffnungsbilanz der GmbH maßgebenden Höchstwert[82]. Auf den Einzelveräußerungswert, der nicht selten darunter liegen wird, kommt es ebensowenig an wie auf die Möglichkeit der Einzelverwertung, soweit es um die Einlagefähigkeit von Vermögensgegenständen geht (Rdn. 34). *Vorsicht* ist freilich vor allem beim Wertansatz *immaterieller Vermögenswerte* (Urheberrechte, Patente, Know how u. a.) geboten; das nicht durch bisherige Verwertungserfolge untermauerte Vertrauen auf ihren etwaigen künftigen Nutzen reicht regelmäßig nicht aus, ihnen mehr als einen nur geringfügigen Wert beizumessen[83]. Sollen Einlagegegenstände dagegen dem **Umlaufvermögen** der Gesellschaft zugeführt werden und dem Unternehmen daher nicht auf Dauer dienen, so ist abweichend von den vorstehenden Grundsätzen in der Regel auf den Einzelveräußerungswert abzustellen[84]. 62

Der **Zeitpunkt der Bewertung** ist gesetzlich nur für die Zwecke der Differenzhaftung geregelt; er richtet sich dort nach dem Zeitpunkt der **Anmeldung** (§ 9 Abs. 1). Wertminderungen zwischen Abschluß des Gesellschaftsvertrags oder Einbringung der Sache und Anmeldung der Gesellschaft gehen zu Lasten des Sacheinlegers. Wertsteigerungen kommen ihm insoweit zugute, als der Ausgleich eines ursprünglich vorhandenen Minderwerts oder die Berechnung des Differenzbetrags bei wirksam vereinbarter gemischter Sacheinlage in Frage steht (vgl. näher § 9, 15). Mittelbar wirkt sich das Abstellen in § 9 Abs. 1 auf den Anmeldungszeitpunkt allerdings auch auf die Sacheinlagevereinbarungen aus. Denn weil den Vorschriften über die Differenzhaftung zwingende Geltung zukommt (§ 9, 1), können die Gesellschafter hiervon auch im Rahmen von § 5 Abs. 4 nicht zum Nachteil der Gesellschaft abweichen. Die **Vereinbarung eines** vom Anmeldungszeitpunkt **abweichenden Bewertungsstichtags** steht daher unter dem Vorbehalt, daß der Wert der Sacheinlage bei der Anmeldung *nicht* unter den Nennbetrag der Stammeinlage *abgesunken* ist. Wohl aber können die Gesellschafter dem Sacheinleger im Rahmen schuldrechtlicher Nebenabreden (§ 3, 101 ff.) einen internen Ausgleich für den 63

[80] Vgl. statt aller *Barz* GroßkommAktG § 27, 24 b m. weit. Nachw.; gegen willkürliche Unterbewertung namentlich *Ballerstedt* S. 69 ff.

[81] So auch *Roth* § 9, 2.2 und schon bisher *K. Schmidt* GmbH-Rdsch. **1978** 5, 8, *Wiedemann* Festschrift E. Hirsch S. 257, 261 f.; **aA** BGHZ **68** 191, 196 = NJW **1977** 1196; selbst zum neuen Recht noch *Rob. Fischer* § 9, 1.

[82] *Ballerstedt* S. 96; ähnlich *Wiedemann* Festschrift E. Hirsch S. 263: „Zeitwert im Beschaffungsmarkt" und *Scholz/Winter* § 9 nF, 9.

[83] **AA** BGHZ **29** 300, 306 ff. = NJW **1959** 934.

[84] Vgl. RG LZ **1912** 666 für den Wertansatz eines Warenlagers: Großhandelsveräußerungspreis.

Fall von Wertminderungen zwischen Vertragsschluß oder Einbringung und Anmeldung zusagen. — Zur Behandlung von Wertminderungen, die erst nach Anmeldung der Gesellschaft eintreten, bei der Gründungskontrolle durch das Registergericht vgl. § 9c, 17.

64 Die Vollwertigkeit der Sacheinlage ist vom **Registerrichter** im Rahmen seiner Kontrollfunktion zu prüfen. Er kann sich hierzu neben den Angaben in Gesellschaftsvertrag und Sachgründungsbericht (§ 5 Abs. 4 S. 1 und 2) auf die nach § 8 Abs. 1 Nr. 4 und 5 mit der Anmeldung einzureichenden Unterlagen stützen und sich — auch von Amts wegen — weitere Nachweise verschaffen (vgl. näher § 9c, 29f.). Erweist sich die Sacheinlage als nicht vollwertig und sind die Gesellschafter nicht zu einer Korrektur des Ansatzes bereit, so hat er nach § 9c S. 2 die Anmeldung trotz der in § 9 vorgesehenen Differenzhaftung des Sacheinlegers zurückzuweisen (§ 9c, 32).

b) Bewertungsfragen bei Einbringung eines Unternehmens

65 Ist ein Unternehmen (Handelsgeschäft) Gegenstand der Sacheinlage, so führt das zu **besonderen Problemen im Hinblick auf den Wertansatz im Gesellschaftsvertrag und die Kontrolle der Vollwertigkeit**. Die Schwierigkeiten beruhen nicht nur auf den bekannten Problemen, die sich mit jeder Unternehmensbewertung verbinden[85]. Hinzu kommt vielmehr die Diskrepanz zwischen dem Interesse der Gesellschafter, zu klaren Wertverhältnissen bei Abschluß des Gesellschaftsvertrags für die Festsetzung der Beteiligungsverhältnisse und sonstigen Einbringungsabreden zu kommen und sie möglichst aus der letzten für das Unternehmen erstellten Jahresbilanz abzuleiten, und der Notwendigkeit eines aktuellen, auf den Anmeldungszeitpunkt bezogenen Wertnachweises für die Registerkontrolle. Insbesondere in den nicht seltenen Fällen einer sog. **gemischten Sacheinlage** (Rdn. 99), in denen nicht der gesamte (Buch-)Wert des eingebrachten Unternehmens auf die Stammeinlage des Gründers angerechnet, sondern ihm ein Teil als Darlehen gutgeschrieben oder in anderer Form vergütet werden soll[86], ergeben sich Schwierigkeiten bei der Ermittlung des auch die Gegenleistung der Gesellschaft umfassenden „Verrechnungswerts". In der Praxis haben sich hierzu seit langem **zwei Einbringungsmethoden** entwickelt (vgl. Rdn. 66, 67). Ihre Vereinbarkeit mit der Neufassung der Gründungsvorschriften durch die GmbH-Novelle 1980 bedarf der Überprüfung (Rdn. 68f.).

66 **α) Besondere Einbringungsbilanz.** Nach der **einen** Methode wird das Unternehmen aufgrund einer **auf den Tag der Einbringung zu errichtenden Bilanz** (sog. Einbringungsbilanz) in die Gesellschaft eingebracht; gewählt wird also ein relativ zeitnahes, freilich nicht voll mit dem nach § 9 maßgebenden Anmeldungszeitpunkt übereinstimmendes Datum. Auch abgesehen von dieser zeitlichen Abweichung liegt der *Nachteil* des Abstellens auf die Einbringungsbilanz darin, daß im Gesellschaftsvertrag ein genauer Wertansatz für die Sacheinlage selbst dann nicht möglich ist, wenn Einlagevereinbarung und Einbringung zusammenfallen. Denn die auf das Einbringungsdatum zu errichtende Bilanz kann wegen der ständigen Änderungen des einzubringenden

[85] Vgl. dazu namentlich *Großfeld* Unternehmensbewertung im Gesellschaftsrecht (1983) und *Piltz* Die Unternehmensbewertung in der Rechtsprechung (1983). Zu den betriebswirtschaftlichen Bewertungsmethoden vgl. Wirtschaftsprüfer-Handbuch (1981) S. 1248ff.

[86] Vgl. zu dieser Gestaltungspraxis *Priester* BB **1980** 19 (unter Hinweis auf die steuerlichen Vorteile aus der Behandlung des Überschusses als Darlehen) und GmbH-Rdsch. **1982** 112.

Geschäftsvermögens immer erst *nach dem Zeitpunkt des Gesellschaftsvertragsschlusses* als dem frühesten Einbringungsdatum erstellt werden. Soll nach der Einbringungsabrede der sich aus der Einbringungsbilanz ergebende Überschuß gegenüber dem Nennbetrag der Stammeinlage dem Sacheinleger gutgebracht (gemischte Sacheinlage, vgl. Rdn. 99) bzw. eine etwaige Unterdeckung von ihm durch Zahlung der Differenz ausgeglichen werden (sog. Mischeinlage, vgl. § 7, 25), so stellt sich für die Zulässigkeit dieser Methode die *Frage*, ob der zu erstattende oder nachzuzahlende Betrag im Gesellschaftsvertrag selbst angegeben werden muß, sei es ziffernmäßig genau[87] oder wenigstens schätzweise[88], oder ob es genügt, daß er aufgrund der gesellschaftsvertraglichen Abrede bestimmbar ist und erst durch die später zu erstellende und zum Handelsregister einzureichende Einbringungsbilanz konkretisiert wird[89]. Von ihrer Beantwortung nach § 5 Abs. 4 S. 1 (Rdn. 102 f.) hängt es ab, ob an der Methode, das Unternehmen zu den Werten der Einbringungsbilanz einzubringen und den Differenzbetrag zugunsten oder zu Lasten des Sacheinlegers auszugleichen, auch weiterhin festgehalten werden kann (Rdn. 68).

β) Letzte Jahresbilanz. Die **andere** Methode geht dahin, die Einbringung im **67**
Gesellschaftsvertrag **rückwirkend auf den letzten vorangehenden Bilanzstichtag** vorzunehmen mit der Maßgabe, daß das Geschäft zwischenzeitlich als *für Rechnung der Vorgesellschaft* geführt gilt. Dabei kann der voraussichtliche Ertrag des Unternehmens für die Zeit zwischen Bilanzstichtag und dem Tag der — hier regelmäßig mit dem Einlageversprechen zusammenfallenden — Einbringung beim Wertansatz für die Sacheinlage berücksichtigt werden. Die Einlagevereinbarung kann aber auch dahin ausgestaltet sein, daß dem Sacheinleger ein finanzieller Ausgleich in Höhe des voraussichtlichen Ertrags zustehen soll; es darf sich freilich nicht um eine verschleierte Gründervergütung oder sonstige Kapitalrückzahlung handeln. Eine *Ausgleichung der tatsächlichen Wertveränderungen* zwischen Bilanzstichtag und Einbringung soll dagegen *nicht* stattfinden. Vielmehr sollen Chancen und Risiken der Weiterführung des Handelsgeschäfts vom Bilanzstichtag an grundsätzlich auf die Gesellschaft übergehen[90]. *Bedenken* gegen die nach dieser Methode erforderliche gesellschaftsvertragliche Rückwirkungsvereinbarung bestehen — auch abgesehen von der Gefahr ihrer steuerlichen Nichtanerkennung[91] — deshalb, weil sie dem

---

[87] Das fordert *Günthner* NJW **1975** 524, 526 im Anschluß an RGZ **125** 323, 329; so wohl auch *Sudhoff* NJW **1982** 132.

[88] So OLG Stuttgart GmbH-Rdsch. **1982** 109, 111 und Voraufl. 100.

[89] So OLG Zweibrücken GmbH-Rdsch. **1981** 214, 215; *Priester* BB **1980** 22 f., *ders.* GmbH-Rdsch. **1982** 112 f. und *Scholz/Priester* § 56, 45. Die von *Priester* angeführten Urteile RGZ **159** 321, 327 und BayObLG DB **1979** 1075 geben für seine Ansicht nichts her, da es dort jeweils nicht um die (im Gesellschaftsvertrag enthaltene) Bezifferung von Anrechnungsbetrag und überschießendem Wert ging, sondern um die davon zu unterscheidende Frage, ob der Gesellschaftsvertrag die Gutschrift des Überschusses zugunsten des Sacheinlegers ausdrücklich vorsehen muß oder ob die Begründung einer solchen Gegenleistungspflicht der Gesellschaft auch durch Auslegung ermittelt werden kann (so RG und BayObLG aaO).

[90] *Barz* GroßkommAktG § 27, 8, *Goerdeler* Festschrift W. Schmidt S. 147 f.; einschränkend für den Fall außerordentlicher Verluste und Wertminderungen aber *Würdinger* Aktienrecht[4] S. 98.

[91] Der BFH hat es wiederholt abgelehnt, die in § 17 Abs. 7 UmwStG 1969 (= § 20 Abs. 7 UmwStG 1977) für die Einbringung eines Unternehmens im Wege der *Umwandlung* zugelassene ertragsteuerliche Rückwirkung auf einen Zeitpunkt von höchstens 6 Monaten vor Anmeldung des Umwandlungsbeschlusses analog auf die *Sachgründung* einer GmbH außerhalb des Umwandlungsrechts anzuwenden (vgl. BFH GmbH-Rdsch. **1982** 96, 97, und DB **1983** 807). Demgegenüber läßt die Finanzverwaltung die Rückwirkung bis zu 6 Monaten zu (vgl. BMF-Erlaß v. 16. 6. 1978, BStBl. **1978** I 235 Tz. 1, bestätigt durch Erlaß v. 14. 6. 1982, BStBl. **1982** I 624; so auch *Widmann/Mayer* Umwandlungsrecht Rdn. 6969).

Risiko von Wertminderungen zwischen Bilanzstichtag und Anmeldungszeitpunkt keine Rechnung trägt. Das zwingende Verbot der Unterpari-Emission kann auch durch Vereinbarung rückwirkender Sacheinbringung nicht umgangen werden; entscheidend ist nach § 9 Abs. 1, welcher Wert, bezogen auf den Zeitpunkt der Anmeldung, der Gesellschaft tatsächlich zugeflossen ist[92]. Hat das eingebrachte Unternehmen zwischenzeitlich **Verluste oder Wertminderungen** erlitten, die bei der Unternehmensbewertung zum Bilanzstichtag noch nicht berücksichtigt wurden, und ist dadurch der Wert der Sacheinlage unter den Nennbetrag der Stammeinlage abgesunken, so hat der Registerrichter die Eintragung der Gesellschaft zu verweigern (Rdn. 64). Trägt er gleichwohl ein, ist der Sacheinleger nach § 9 Abs. 1 zur *Nachzahlung* der Differenz verpflichtet (Rdn. 71).

68 **γ) Abwägung.** Die Abwägung zwischen den beiden Methoden aus der Sicht des novellierten Gründungsrechts zeigt, daß gegen beide im Hinblick darauf Bedenken bestehen, daß § 9 Abs. 1 für die Einlagenbewertung auf den Anmeldungszeitpunkt abstellt. Ihnen kann nicht schon dadurch abgeholfen werden, daß laufenden Änderungen unterliegende Bilanzpositionen, darunter namentlich die Gegenstände des Umlaufvermögens, aus der Sacheinlagevereinbarung ausgeklammert und zum Gegenstand eines gesonderten Übertragungsvertrags gemacht werden[93]; dem steht die Einheitlichkeit des Einbringungsgegenstands Unternehmen, aber auch der Umstand entgegen, daß Wertschwankungen zu Lasten der Gesellschaft sich nicht auf das Umlaufvermögen zu beschränken brauchen. Berücksichtigt man weiter die Risiken aus der Differenzhaftung und aus der steuerlichen Nichtanerkennung von Rückwirkungsvereinbarungen, so erweist sich das Abstellen auf eine erst nach dem Vertragsschluß zu erstellende **Einbringungsbilanz im Regelfall als vorzugswürdig**, da sie für möglichst zeitnahe Werte sorgt[94]. Auch wird dem Registerrichter dadurch die Wertkontrolle jedenfalls dann erleichtert, wenn die Zeitspanne zwischen Einbringung und Anmeldung möglichst kurz gehalten wird. Mit Rücksicht hierauf sollte der Nachteil dieser Methode, daß sich der Verrechnungswert der Sacheinlage und die dem Einleger über die Anrechnung auf die Stammeinlage hinaus ggf. zustehende Gegenforderung nicht allein aus dem Gesellschaftsvertrag ergeben, sondern der Konkretisierung durch die zum Handelsregister einzureichende Einbringungsbilanz bedürfen, nicht entscheidend ins Gewicht fallen (vgl. Rdn. 103).

69 Der Weg der **rückwirkenden** Einbringung zu den Werten der letzten **Jahresbilanz** empfiehlt sich demgegenüber in Fällen, in denen auf eine Ausgleichung zwischen Sacheinleger und Gesellschaft für die Zwischenzeit verzichtet wird, das Unternehmen nicht mit Wertverlusten rechnen muß und den mit der Rückwirkung verbundenen steuerlichen Risiken keine ausschlaggebende Bedeutung zukommt. Der Vorteil dieses Vorgehens liegt nicht zuletzt darin, daß es keiner gesonderten Erstellung der GmbH-Eröffnungsbilanz (§ 39 Abs. 1 HGB) bedarf, sondern hierfür an die Positionen und Werte der letzten Jahresbilanz angeknüpft werden kann.

---

[92] Vgl. Rdn. 63; die früher verbreitete abweichende, eine Rückwirkung auch zu Lasten der Gesellschaft zulassende Auffassung (BGHZ **45** 338, 339 = NJW **1966** 1311; *Hachenburg/Schilling*[6] 19, wohl auch *Goerdeler* Festschrift W. Schmidt S. 148) ist durch die neuere Rechtsentwicklung überholt.

[93] So aber *Sudhoff* NJW **1982** 133 f. im Hinblick auf die Warenvorräte.

[94] So zutr. *Priester* BB **1980** 22 f. und GmbH-Rdsch. **1982** 112 f.; **aA** *v. Rössing* Die Sachgründung nach der GmbH-Novelle 1980 (1984) S. 76 ff., 80 ff., der auch nach neuem Recht die *rückwirkende* Einbringung und Bewertung auf den letzten Bilanzstichtag als die dem Interesse des Sacheinlegers am besten entsprechende Methode empfiehlt, dies freilich um den Preis einer eventuellen Differenzhaftung des Sacheinlegers nach § 9 Abs. 1.

Soweit es um die Einbringung des Unternehmens eines Einzelkaufmanns im Rahmen einer Einmanngründung geht oder die Voraussetzungen eines der anderen im UmwG enthaltenen Umwandlungstatbestände vorliegen (vgl. Anh. § 77, UmwG §§ 46 ff., 56 a ff.), verdient die **Umwandlung** in jedem Fall den **Vorzug** vor der nicht nur hinsichtlich des Vollzugs, sondern auch hinsichtlich der Vertragsgestaltung schwerfälligeren GmbH-Sachgründung. **70**

c) Rechtsfolgen der Überbewertung nach Eintragung der Gesellschaft

Schrifttum

Battes Die Überbewertung von Sacheinlagen im in- und ausländischen GmbH-Recht und bei der englischen Private Company (1967); *Wiedemann* Sacheinlagen in der GmbH, Berliner Festschrift f. Ernst E. Hirsch (1968) S. 257 ff.

α) Differenzhaftung. Ist die Gesellschaft eingetragen, obwohl der Wert der Sacheinlage hinter dem Nennbetrag der Stammeinlage zurückblieb und der Registerrichter die Eintragung hätte ablehnen müssen (§ 9 c S. 2), so steht ihr gegen den Sacheinleger ein unverzichtbarer Anspruch auf Geldzahlung in Höhe der Wertdifferenz zu (§§ 9 Abs. 1, 19 Abs. 2); anderes gilt, wenn der Wert zwar den Nennbetrag der Stammeinlage erreicht, nicht aber denjenigen eines im Gesellschaftsvertrag vorgesehenen Aufgelds (Rdn. 117). Die jahrzehntelange Auseinandersetzung über das Bestehen eines solchen Anspruchs und über seinen Rechtsgrund (vgl. näher Voraufl. 71 ff.) ist durch die Neuregelung von § 9 im Zuge der GmbH-Novelle 1980 beendet. Für die Durchsetzung des Anspruchs haften subsidiär die Mitgesellschafter nach § 24. Näheres zu Voraussetzungen und Geltendmachung des Anspruchs auf den Differenzbetrag vgl. in den Erläut. zu § 9. **71**

β) Nichtigkeit? Die Nichtigkeit der Sacheinlagevereinbarung wegen Überbewertung wurde *früher* verbreitet für den Fall bejaht, daß die Überbewertung ***willkürlich*** erfolgt war oder die Grenzen des kaufmännisch Vertretbaren eindeutig überschritt[95]. Maßgeblich hierfür war der Gesichtspunkt, auf diesem Wege im Interesse des Gläubigerschutzes die Aufbringung des Stammkapitals sicherzustellen; an die Stelle nichtiger Sacheinlagevereinbarung sollte entsprechend der gesetzlichen Regel die Geldeinlageverpflichtung des Gesellschafters in Höhe des Nennbetrags seiner Stammeinlage treten[96]. Die Grundlage für eine solche teleologisch begründete Ausdehnung der Nichtigkeitsgründe ist nach Einführung der Differenzhaftung in § 9 nF entfallen[97]. Das folgt daraus, daß dem Gläubigerschutz schon auf diesem Wege ausreichend Rechnung getragen wird und Gesellschaft und Sacheinleger an der Aufrechterhaltung der Sacheinlagevereinbarung im übrigen regelmäßig ein berechtigtes Interesse haben. Anderes gilt beim **Eingreifen eines der allgemeinen rechtsgeschäftlichen Nichtigkeitsgründe** gegenüber der Sacheinlagevereinbarung, darunter namentlich § 138 BGB. Es läßt die Existenz der Gesellschaft als juristische Person zwar unberührt und eröffnet auch nicht die Nichtigkeits- **72**

[95] So namentlich *Hachenburg/Schilling*[6] 28 a im Anschluß an RGZ **159** 321, 336; ihm folgend BGHZ **29** 300, 307 = NJW **1959** 934, Voraufl. 70, *Scholz/Winter* 23, *Battes* aaO S. 92 f., *Lutter* aaO (Fn. 30) S. 326; **aA** *Wiedemann* Festschrift E. Hirsch S. 260 ff., *K. Schmidt* GmbH-Rdsch. **1978** 6 f.; für das Aktienrecht auch *Barz* GroßkommAktG § 27, 24 e, *Kraft* Kölner KommAktG § 27, 56.

[96] BGHZ **28** 314, 316 = NJW **1959** 383; **45** 338, 345 = NJW **1966** 1311; Voraufl. 70, *Scholz/Winter* 39, *Battes* aaO Fn. 95.

[97] Ganz hM, vgl. *Scholz/Winter* § 9 nF, 4, *Rob. Fischer* § 9, 1, *Geßler* BB **1980** 1385, 1387.

klage nach § 75 oder das Amtslöschungsverfahren nach § 144 FGG[98]. Wohl aber verpflichtet die Nichtigkeit den Sacheinleger zur vollen Leistung des Nennbetrags der Stammeinlage oder eines im Gesellschaftsvertrag vorgesehenen höheren Ausgabebetrags in **Geld**[99]. Die vor der Anmeldung geleistete Sacheinlage kann er wegen fehlenden Rechtsgrunds (§ 812 BGB) herausverlangen; eine Anrechnung auf die Geldeinlagepflicht scheitert an § 19 Abs. 5.

73 γ) **Schadensersatzpflicht.** Eine über die Differenzhaftung bzw. die Geldeinlage bei Nichtigkeit der Sacheinlagevereinbarung hinausgehende Schadensersatzpflicht der Gründer wegen Überbewertung der Sacheinlagen ist nach §§ 5 Abs. 4 S. 2, 9 a Abs. 1–3 nF zu bejahen, wenn der Schaden der Gesellschaft auf schuldhaft unrichtigen Angaben im Sachgründungsbericht beruht (vgl. näher Erläut. zu § 9 a). Daneben kommt auch eine Haftung nach *allgemeinen Grundsätzen* in Betracht, so insbesondere bei vorsätzlich sittenwidriger Gläubigerschädigung (§ 826 BGB) sowie im Falle vorsätzlicher Kredittäuschung (§ 263 StGB iVm. § 823 Abs. 2 BGB)[100]. Sie ist vor allem für Schäden aus der Zeit vor dem 1. 1. 1981 von Interesse, für die die durch die GmbH-Novelle 1980 eingeführte Gründerhaftung nicht gilt.

6. Mängel der Sacheinlagevereinbarung oder ihres Vollzugs

Schrifttum

Vgl. Nachweise vor Rdn. 19. Ferner: *Crisolli* Die Rechtsnatur der Sacheinlageverpflichtung eines Aktionärs, ZHR 93 **1929** 226; *Ensslin/Stauder* Rechtsfragen bei mangelhafter Sacheinlage in die GmbH, GmbH-Rdsch. **1968** 155; *Meier-Hedde* Die Haftung des OHG-Gesellschafters für Sachmängel an seiner Einlage, Diss. Hamburg 1972, S. 78 ff.; *Schönle* Die Haftung des GmbH-Gesellschafters für mangelhafte Sacheinlagen, NJW **1965** 2133.

74 a) **Allgemeines.** Die Behandlung von Mängeln und Leistungsstörungen bei Sacheinlagevereinbarungen ist im Recht der Kapitalgesellschaften (GmbH und AG) nicht besonders geregelt. Das hat zu jahrzehntelangen Auseinandersetzungen über die Frage geführt, nach welchen Rechtsvorschriften sich die Beurteilung zu richten habe und welche Rechtsfolgen angemessen seien. Während *Hachenburg* noch in der 5. Auflage dieses Kommentars (Anm. 28 f., 47 f.) die Meinung vertreten hatte, bei fehlerhaft vereinbarter oder auf eine unmögliche Leistung gerichteter Sacheinlage sei der Beitritt des Sacheinlegers unwirksam bzw. sein Geschäftsanteil einzuziehen, hat sich inzwischen allgemein die Ansicht durchgesetzt, daß entsprechend den für sonstige Beitrittsmängel anerkannten Grundsätzen (vgl. § 2, 78 ff.) auch **Mängel der Sacheinlagevereinbarung oder ihres Vollzugs den Bestand der Gesellschaft und den Beitritt des betroffenen Gesellschafters nicht berühren** und den Beteiligten auch kein Rücktrittsrecht geben. Die Kapitalaufbringung der Gesellschaft muß vielmehr ggf. durch entsprechende **Geldeinzahlungspflichten des Sacheinlegers** gewährleistet werden.

75 Hinsichtlich der **Begründung** für die Wirksamkeit des Beitritts trotz fehlerhafter Sacheinlagevereinbarung sowie für die Geldleistungspflicht bei Mängeln der Sacheinlagevereinbarung oder ihres Vollzugs ist zwar im einzelnen danach zu differenzieren, welcher Art die Mängel sind und ob sie sich nur auf den als Sacheinlage einzubringenden Gegenstand beziehen oder die Wirksamkeit der Vereinbarung als solche betreffen (vgl.

---

[98] So schon die ganz hM vor 1981, vgl. Voraufl. 69 m. Nachw., auch zu Gegenstimmen.

[99] Vgl. Nachw. in Fn. 96.

[100] RG Holdheim **10** 142; *Scholz/Winter* 24.

näher Rdn. 78 bis 90). Gemeinsam ist aber all diesen Fällen, daß ihre Lösung sich in erster Linie an den **für Gründungsmängel der GmbH anerkannten Grundsätzen** zu orientieren hat (vgl. Rdn. 76). Daneben kommt je nach Lage des Falles der Rückgriff auf die **allgemeinen Vorschriften des BGB über Leistungsstörungen** in Betracht (zu ihrer entsprechenden Anwendung auf das Gesellschaftsverhältnis vgl. auch § 3, 75, 76, zum Eingreifen neben der Differenzhaftung des Sacheinlegers vgl. unten Rdn. 77). Dagegen kann der hM **nicht** darin gefolgt werden, bei Mangelhaftigkeit von Sacheinlagen das **kaufrechtliche Mängelgewährleistungsrecht** entsprechend auf das Verhältnis zwischen Gesellschaft und Sacheinleger anzuwenden. Eine unmittelbare Anwendung dieser Vorschriften scheidet schon deshalb aus, weil die Sacheinlagevereinbarung als *körperschaftlicher*, die Geldleistungspflicht des Beitretenden modifizierender *Satzungsbestandteil* (Rdn. 23) weder ein Kaufvertrag noch ein kaufähnliches Veräußerungsgeschäft (§§ 445, 493 BGB) ist. Gleiches gilt aber auch für den Gesellschaftsvertrag als Ganzes und die Beitrittserklärung des Sacheinlegers: ihre Behandlung als kaufähnlicher Austausch von Beiträgen gegen Beteiligungsrechte vermag im Fall der *Gründung einer Kapitalgesellschaft* nicht zu überzeugen[101]. Auch sind die Rechtsfolgen der kaufrechtlichen Sachmängelvorschriften jedenfalls im Fall von Wandlung und Minderung nur schwer mit dem gesellschaftsrechtlichen Grundsatz der Kapitalaufbringung und -erhaltung in Einklang zu bringen (Rdn. 86, 89). Diese Gründe legen es nahe, auf die wenig tragfähige Krücke kaufrechtlicher Mängelvorschriften ganz zu verzichten (Rdn. 88 ff.). Ihrer bedarf es auch nicht angesichts des sonstigen zugunsten der Gesellschaft verfügbaren Instrumentariums für die Sicherung der Kapitalaufbringung.

Aus dem **Gründungsrecht der GmbH** ist für die Beurteilung von Mängeln bei **76**
Sacheinlagen vornehmlich auf **drei Grundsätze** abzustellen. Von Bedeutung ist erstens der in einer Reihe von Vorschriften anerkannte **Bestandsschutz der GmbH** und seine Anwendung auf fehlerhafte Beitrittserklärungen (§ 2, 75 ff.); er schließt im Interesse der *Kapitalerhaltung* die Berufung auf *Beitrittsmängel* aller Art nach Eintragung der GmbH grundsätzlich aus. Der zweite — damit zusammenhängende — Grundsatz betrifft die **Sicherung der Kapitalaufbringung** (§§ 7 Abs. 2 und 3, 19) und das in § 9 nF verankerte Verbot der Unterpari-Emission (Rdn. 61): er steht Vereinbarungen zwischen Gesellschaft und Gesellschaftern entgegen, die eine unter dem Nennbetrag der Stammeinlage liegende Einlageleistung zulassen oder auf Stundung oder Erlaß der Einlage gerichtet sind, und soll im Gründungsstadium der Gesellschaft die Unversehrtheit des Stammkapitals als Haftungsfonds für die Gläubiger gewährleisten. Als dritter Grundsatz ist schließlich die besonders in § 19 Abs. 5 zum Ausdruck kommende **Funktion der Sacheinlagevereinbarung** zu beachten, die nach gesetzlicher Regel bestehende **Geldeinlagepflicht abzuwandeln.** Die Sacheinlagevereinbarung begründet nicht etwa die Beitragspflicht, sondern modifiziert sie nur; die Geldeinlagepflicht besteht *subsidiär* weiter (*Wiedemann* Festschrift E. Hirsch S. 261). Die in § 19 Abs. 5 angeordnete Pflicht zur Geldeinlage bei nicht wirksam vereinbarter Sacheinlage ist danach auch dann zu bejahen, wenn die vereinbarte Sachleistung aus anderen Gründen, etwa wegen nachträglicher Unmöglichkeit oder Mangelhaftigkeit des Einlagegegenstands, nicht erbracht werden kann (Rdn. 81 f., 84 ff.).

Die Einführung der **Differenzhaftung** in § 9 nF durch die GmbH-Novelle 1980 **77**
hat die Lösung der mit mangelhaften Sacheinlagen verbundenen Probleme zwar vereinfacht, weil damit die verschuldensunabhängige Pflicht des Sacheinlegers klargestellt ist, der Gesellschaft Werte in Höhe des Nennbetrags der Stammeinlage zuzuführen und einen

[101] So im Ansatz zutreffend schon *Schönle* NJW **1965** 2133, 2135 und NJW **1966** 2161 f. entgegen der hM (vgl. Rdn. 84 ff.).

etwaigen im Zeitpunkt der Anmeldung vorhandenen Minderwert durch Geldzahlung auszugleichen, und dies unabhängig davon, worauf der Minderwert beruht und ob er in die Sphäre des Sacheinlegers oder der Gesellschaft fällt. Die Anwendung der allgemeinen **Grundsätze des BGB über Leistungsstörungen** bleibt daneben aber weiterhin von Interesse, soweit deren Voraussetzungen vorliegen; die Gesellschaft hat insoweit die Wahl des Vorgehens (vgl. § 9, 21). Die Ansprüche wegen Leistungsstörung sind für die Gesellschaft namentlich in solchen Fällen interessant, in denen der Wert der vereinbarten Sacheinlage trotz deren Mangelhaftigkeit den Nennwert der entsprechenden Stammeinlage erreicht, dabei aber hinter dem vertraglich vorgesehenen *Aufgeld* oder der beabsichtigten Unterbewertung zurückbleibt: hier kann die Gesellschaft ihren durch mangelhafte Leistung erlittenen Schaden nach Leistungsstörungsrecht liquidieren, auch wenn die Differenzhaftung nicht eingreift (zur Nichtberücksichtigung eines Aufgelds im Rahmen der Differenzhaftung vgl. § 9, 12).

78 b) **Formmängel.** Zur wirksamen Vereinbarung einer Sacheinlage bedarf es der Aufnahme der in § 5 Abs. 4 S. 1 genannten Angaben (vgl. Rdn. 106 ff.) in *notarieller* Form (§ 2 Abs. 1) in den Gesellschaftsvertrag. **Ohne diese Form ist die Sacheinlagevereinbarung** der Gesellschaft gegenüber **unwirksam**[102]; der Beitretende bleibt zur *Geldleistung* verpflichtet (§ 19 Abs. 5) mit der Folge, daß zur Eintragung der Gesellschaft die in § 7 Abs. 2 bestimmte Mindesteinzahlung nachgewiesen werden muß. Der Gesellschafter kann die als Sacheinlage vorgesehenen Gegenstände zwar später an die Gesellschaft veräußern, wenn die Geschäftsführer zum Erwerb bereit sind und das Vorgehen sich nicht als verschleierte Sachgründung erweist (Rdn. 136). Eine Aufrechnung mit dem hierfür erworbenen Vergütungsanspruch gegen die Einlageverpflichtung ist nach § 19 Abs. 5 aber selbst dann ausgeschlossen, wenn die Gesellschaft ihr zustimmt. Eine *Heilung* des Formmangels durch Vertragsänderung ist ***nur bis zur Eintragung zulässig***[103]. Andernfalls könnte die gerade bei Sacheinlagen vordringliche Kontrollfunktion des Registerrichters (§ 9 c S. 2) umgangen werden. Aus diesem Grund erstreckt sich auch bei einem insgesamt formlos abgeschlossenen Gesellschaftsvertrag die Heilungswirkung der Eintragung (§ 2, 20) nicht auf die Sacheinlagevereinbarung.

79 Ein zur Geldleistungspflicht führender Formmangel liegt auch dann vor, wenn der **Gesellschaftsvertrag zwar die Geldeinlage ausschließt, die Sacheinlage aber nur unvollständig beschreibt**. Auch in diesem Fall ist den zum Schutz der Gläubiger aufgestellten, streng zu beachtenden Vorschriften des § 5 Abs. 4 S. 1 nicht genügt. Das führt nicht etwa zur Unwirksamkeit der Beitrittserklärung (Rdn. 74), sondern macht nur die Sacheinlagevereinbarung unwirksam und läßt die Geldleistungspflicht fortbestehen[104]. — Zur Zulässigkeit der Vereinbarung einer Wahlschuld zwischen Geld- und Sacheinlage vgl. Rdn. 27.

80 c) **Willensmängel.** Zum grundsätzlichen Ausschluß der Geltendmachung von Willensmängeln der *Beitrittserklärung* nach Eintragung der Gesellschaft vgl. § 2, 104 ff. (dort [Rdn. 103] auch zur Rechtslage bei der Vorgesellschaft). Im vorliegenden Zusammenhang geht es nur um die Frage, ob die von Willensmängeln beeinflußte **Sacheinlagevereinbarung** als solche, unabhängig von der Beitrittserklärung, von einem der Gründer

---

102 RGZ **118** 113, 117, BGHZ **45** 338, 343 = NJW **1966** 1311.

103 Diese Einschränkung machen auch §§ 27 Abs. 4, 183 Abs. 2 S. 4 AktG entgegen der weitergehenden früheren Rechtsprechung RG LZ **1908** 297, RGZ **130** 248, 255, RG JW **1932** 1647; zur Unzulässigkeit des nachträglichen Übergangs von der Geld- zur Sacheinlage vgl. aber Rdn. 26.

104 BGHZ **28** 314, 316 = NJW **1959** 383, KG OLGR **42** 218, KG JFG **2** 259; *Scholz/Winter* 38, *Baumbach/Hueck* 8 B.

angefochten werden kann[105]. Die Zulässigkeit der Anfechtung hängt, sofern die übrigen Anfechtungsvoraussetzungen der §§ 119, 123 BGB gegeben sind, von *zwei Umständen* ab. So fragt sich einerseits, ob die Sacheinlagevereinbarung trotz ihrer Unselbständigkeit (Rdn. 23) beseitigt werden kann, ohne daß davon auch die Beitrittserklärung berührt wird. Entsprechend den für **Teilanfechtungen** geltenden Grundsätzen[106] ist hierfür maßgebend, ob die Parteien den Gesellschaftsvertrag auch ohne die Sacheinlagevereinbarung geschlossen hätten. Wurde ein Gesellschafter etwa nur mit Rücksicht auf die von ihm versprochene *Sach*einlage (Grundstück, Patent u. a.) in die Gesellschaft aufgenommen, so ist die Anfechtbarkeit regelmäßig zu verneinen[107]. Eine zweite Grenze kann sich aus dem Grundsatz der **Kapitalerhaltung** für den Fall ergeben, daß der Gesellschafter die Sacheinlage bereits erbracht und dadurch die Eintragung der Gesellschaft ermöglicht hat, aber nicht in der Lage ist, die im Fall der Anfechtung an ihre Stelle tretende Geldeinlage zu leisten. Ist eine Anfechtung danach ausgeschlossen, so bleibt für den betroffenen *Gesellschafter* die Möglichkeit der Auflösungsklage (§ 61) bzw. des Austrittsrechts aus wichtigem Grund; die *Gesellschaft* ihrerseits kann den Ausschluß des Gesellschafters beantragen, wenn sein Verbleiben in der Gesellschaft nicht zumutbar ist (zum Austritts- und Ausschlußrecht vgl. Anhang zu § 34).

d) Leistungsstörungen

α) Anfängliche Unmöglichkeit. Ist die Erfüllung der **Sacheinlagepflicht** — 81
bezogen auf das vereinbarte Einbringungsdatum (Rdn. 38) — anfänglich objektiv unmöglich, so hat das nach § 306 BGB die Nichtigkeit der Sacheinlagevereinbarung zur Folge. Es bewendet bei der gesetzlichen **Geldleistungspflicht des beitretenden Gesellschafters**. Das ist bei Unmöglichkeit der Einbringung von **Sachen** heute im Ergebnis durchweg anerkannt[108]. Die im Anschluß an die Rechtsprechung des Reichsgerichts (RGZ **68** 271, 276; **86** 210, 213) früher verbreitete Annahme, der Beitritt selbst sei wegen des Mangels nichtig[109], ist mit dem Bestandsschutz der GmbH unvereinbar und daher inzwischen überholt.

β) Nachträgliche Unmöglichkeit. Auch die nachträgliche Unmöglichkeit läßt die 82
Erfüllung der Sacheinlagevereinbarung scheitern. Ist sie vom einbringungspflichtigen Gesellschafter **nicht zu vertreten**, so entfällt damit zwar seine Sacheinbringungspflicht (§ 275 BGB); an ihre Stelle tritt entsprechend § 19 Abs. 5 die subsidiär bestehende gesetzliche Geldeinlageverpflichtung[110]. Im Fall **zu vertretender Unmöglichkeit** steht der Gesellchaft daneben wahlweise ein Schadensersatzanspruch entsprechend § 325 BGB zu[111]. Mit Rücksicht auf das Verbot der Unterpari-Emission muß er mindestens den Nennbetrag der Stammeinlage erreichen. Das in § 325 BGB ebenfalls vorgesehene *Rücktrittsrecht* ist im Hinblick auf den Bestandsschutz der GmbH (Rdn. 74) ausgeschlossen[112].

---

105 Generell gegen die Anfechtung der Sacheinlagevereinbarung *Barz* GroßkommAktG § 27, 14.

106 Vgl. dazu *Soergel/Hefermehl* BGB[11] § 142, 6 m. Rspr.-Nachw.

107 Ebenso *Scholz/Winter* 38, *Roth* 5.7; vgl. auch *Kraft* Kölner KommAktG § 27, 54.

108 *Scholz/Winter* 39, *Baumbach/Hueck* 5 D, *Rob. Fischer* 3 d, *Roth* 5.7; ebenso für das Aktienrecht *Barz* GroßkommAktG § 27, 16, *Kraft* Kölner KommAktG § 27, 58.

109 *Feine* S. 183, *Düringer/Hachenburg/Bing* HGB § 186, 46, *Schlegelberger/Quassowski* AktG 1937 § 20, 15, *Teichmann/Koehler* AktG 1937 § 20, 6 a.

110 Ebenso BGHZ **45** 338, 345 = NJW **1966** 1311; *Scholz/Winter* 25, *Baumbach/Hueck* 5 D, *Rob. Fischer* 3 d.

111 Vgl. Rdn. 77; so auch *Barz* GroßkommAktG § 27, 17, *Kraft* Kölner KommAktG § 27, 64.

112 Ebenso *Barz* aaO § 27, 17; im Ergebnis auch *Scholz/Winter* 25 und *Kraft* aaO § 27, 64.

83 γ) **Verzug.** Hier gelten die vorstehenden Grundsätze entsprechend. Erfüllt der einbringungspflichtige Gesellschafter trotz angemessener Nachfrist seine Sacheinlagepflicht als Anmeldevoraussetzung (§ 7 Abs. 3) aus von ihm zu vertretenden Gründen nicht, so kann die Gesellschaft wiederum auf die subsidiäre Geldeinlagepflicht zurückgreifen[113]. Sie kann aber auch an der Sachleistung festhalten und daneben nach § 286 Abs. 1 BGB Verzugsschaden wegen verspäteter Leistung verlangen[114]. Schließlich kann sie sich unter Ablehnung der verspäteten Sachleistung entsprechend § 326 BGB auch ganz auf einen Schadensersatzanspruch beschränken. Ein Rücktritt von der Beitrittsvereinbarung ist ausgeschlossen (Rdn. 75).

84 δ) **Rechtsmängel.** Die in Rdn. 81, 82 für den Fall der Unmöglichkeit der Sacheinlage dargelegte Geldeinlagepflicht des Gründers greift als Rechtsfolge auch bei Rechtsmängeln ein. Das gilt namentlich für die Unmöglichkeit der **Einbringung von Rechten.** Der entsprechenden Anwendung von § 437 BGB[115] bedarf es hierfür nicht; sie ist auch aus den oben (Rdn. 75) genannten Gründen abzulehnen. Damit scheidet zwar abweichend von den Rechtsfolgen der Rechtsmängelvorschrift des § 437 BGB, die über § 440 Abs. 2 auf § 325 BGB verweist, ein Schadensersatzanspruch bei nicht zu vertretender Unmöglichkeit des Gesellschafters aus. Die Gesellschaft ist auf die Geldeinlageforderung beschränkt, kann dafür aber bei Nichtzahlung den Anteil kaduzieren[116] und die Mitgesellschafter im Wege der Ausfallhaftung (§ 24) in Anspruch nehmen. Das Ergebnis gestattet die *Gleichbehandlung anfänglich unmöglicher Sacheinlagevereinbarungen ohne Rücksicht auf den Einbringungsgegenstand*, entspricht der Interessenlage besser als ein nur gegen den Einbringungsschuldner gerichteter, möglicherweise nicht beizutreibender vertraglicher Schadensersatzanspruch und erklärt zugleich die Unanwendbarkeit von § 439 BGB. Unberührt bleibt das Recht der Gesellschaft, den Gesellschafter im Fall zu vertretender Unmöglichkeit aus culpa in contrahendo bei Abschluß des Gesellschaftsvertrags bzw. nach § 307 BGB auf Schadensersatz in Anspruch zu nehmen.

85 Ist der als Sacheinlage einzubringende Gegenstand zwar vorhanden, aber **mit Rechten Dritter belastet**, so steht das regelmäßig ebenfalls einer *vertragsgemäßen* Leistung durch den Sacheinleger entgegen (zum *gutgläubig lastenfreien Erwerb* vgl. aber Rdn. 36); die gesetzliche Geldeinlagepflicht tritt an ihre Stelle. Auch hierfür bedarf es nicht des Rückgriffs auf kaufrechtliche Rechtsmängelvorschriften (§§ 434, 435 BGB). Die Rechtsfolge ergibt sich vielmehr daraus, daß die vertragsmäßige Erfüllung der Sacheinlagevereinbarung, die nach § 7 Abs. 3 eine Anmeldevoraussetzung bildet, unmöglich geworden ist. Nach den Grundsätzen über die GmbH-Gründung, insbesondere über die Sicherung der Kapitalaufbringung und den Zusammenhang zwischen Sach- und Geldeinlage (Rdn. 76) hat sie zur Folge, daß die subsidiäre Geldeinlagepflicht wieder auflebt. Hat der beitretende Gesellschafter sich zur Einbringung *mehrerer* Gegenstände verpflichtet und erweist sich die Einbringung nur bei einem **Teil** von ihnen als undurchführbar, so hat die Sacheinlagevereinbarung im übrigen Bestand, es sei denn, daß die Gesellschaft an einer Teilleistung kein Interesse hat[117].

86 ε) **Sachmängel.** Die rechtliche Beurteilung der Einbringung mangelhafter Sachen hat sich im Laufe der Jahrzehnte gewandelt. Im Anschluß an die *Rechtsprechung des Reichsgerichts* war **früher** die Meinung verbreitet, die Sacheinlagevereinbarung sei als

---

113 So auch *Scholz/Winter* 25, *Barz* Großkomm-AktG § 27, 18, *Kraft* Kölner KommAktG § 27, 65; **aA** RG JW **1934** 3196.

114 *Barz* und *Kraft* aaO (Fn. 113).

115 So die hM, vgl. BGHZ **45** 338, 345 = NJW **1966** 1311; *Scholz/Winter* 25 und 39, *Baumbach/Hueck* 5 D, *Barz* aaO § 27, 19, *Kraft* aaO § 27, 59.

116 So auch *Hachenburg/Schilling*[6] § 21, 1 (anders noch § 5, 28, 5. Abs.); **aA** RGZ **68** 271, 275.

117 **AA** (für generelle Unwirksamkeit) RGZ **86** 210, 213; *Hachenburg/Schilling*[6] 13.

kaufähnliches Veräußerungsgeschäft (§ 493 BGB) anzusehen, jedoch komme ein Recht der Gesellschaft auf Wandlung oder Minderung nicht in Betracht. Seine Geltendmachung würde zum Ausscheiden des Sacheinlegers aus der Gesellschaft oder zur Herabsetzung des Kapitalanteils führen und sei daher mit dem Grundsatz der Erhaltung des Stammkapitals unvereinbar. Soweit Sacheinlagevereinbarung und damit auch Beitrittserklärung nicht im Einzelfall nichtig seien, könne die Gesellschaft vielmehr nur **Schadensersatz** in Höhe der mangelbedingten Wertminderung vom Sacheinleger fordern und das auch nur dann, wenn dieser den Mangel *zu vertreten* habe[118]. Demgegenüber läßt die **heute hM** die Wandlung und Minderung der Sacheinlagevereinbarung grundsätzlich zu. Insbesondere sieht sie es als unbillig an, daß die Gesellschaft die eingebrachte Sache trotz des Mangels soll behalten müssen. Hinsichtlich der *Rechtsfolgen* soll § 462 BGB mit Rücksicht auf den Kapitalerhaltungsgrundsatz freilich nur in abgewandelter Form zur Anwendung kommen. Die **Wandlung** soll danach zur Folge haben, daß die Sacheinlagevereinbarung beseitigt und der Gesellschafter statt dessen zur Geldeinzahlung aufgrund seiner in der Beitrittserklärung liegenden Kapitaldeckungszusage verpflichtet wird, während sich im Fall der **Minderung** die Zahlungspflicht des Gesellschafters auf den Minderungsbetrag beziehen soll[119]. Der *Bundesgerichtshof* hat zur entsprechenden Anwendung der §§ 459 ff. BGB noch nicht Stellung genommen, wohl aber diejenige der Rechtsmängelvorschriften der §§ 434 ff. BGB bejaht[120]. Demgegenüber lehnt *Schönle* (NJW **1965** 2133, 2137) die entsprechende Anwendung kaufrechtlicher Vorschriften zwar ab, kommt aber dennoch zum gleichen Ergebnis wie die hM, indem er die Anfechtung der Sacheinlagevereinbarung wegen Irrtums über eine verkehrswesentliche Eigenschaft (§ 119 Abs. 2 BGB: Mangelfreiheit) zuläßt und so die Bardeckungspflicht des Sacheinlegers aufleben läßt. Auf das der Gesellschaft zustehende Recht, sich wahlweise auch auf die Differenzhaftung des Gründers zu berufen (Rdn. 77), ist bisher nur vereinzelt hingewiesen worden (*Scholz/Winter* 9 § nF, 10).

Die vorstehenden Grundsätze werden von der hM für den Regelfall der Einbringung einer *unvertretbaren Sache* vertreten. Bei **vertretbaren** Sachen soll daneben eine Ersatzlieferungspflicht des Sacheinlegers nach **§ 480 BGB** bestehen. Beim **Fehlen einer zugesicherten Eigenschaft** oder dem arglistigen Verschweigen eines Mangels soll der Sacheinleger nach **§ 463 BGB** zum Schadensersatz verpflichtet sein[121]. **Unanwendbar** sollen dagegen die Vorschriften der **§§ 464 BGB, 377 HGB** über den Verlust der Sachmängelansprüche sein, da sie mit dem Grundsatz der Kapitalaufbringung unvereinbar seien[122]. **87**

Stellungnahme. Den Ansichten über das Fortbestehen einer Erfüllungspflicht bei Einbringung mangelhafter *vertretbarer* Sachen, über den Schadensersatzanspruch beim *Fehlen zugesicherter Eigenschaften bzw. Arglist* sowie über die Unverzichtbarkeit dieser Ansprüche (Rdn. 87) ist **im Ergebnis zuzustimmen**. Sie folgen bereits aus allgemeinen schuldrechtlichen Grundsätzen, **ohne daß es der problematischen Heranziehung** **88**

[118] RGZ **68** 271, 274; **86** 210, 215, RG JW **1934** 3196; so auch *Brodmann* 5 c, *Crisolli* ZHR 93 **1929** 237 ff., *Schlegelberger/Quassowski* AktG 1937 § 20, 10.

[119] So *Hachenburg/Schilling*⁶ 28, *Scholz/Winter* 25, *Baumbach/Hueck* 5 D, *Rob. Fischer* 3 d, *Boesebeck* DR **1939** 435, *Ensslin/Stauder* GmbH-Rdsch. **1968** 157 f., *Wiedemann* Festschrift E. Hirsch S. 264 f.; für das Aktienrecht *Barz* GroßkommAktG § 27, 20, *Kraft* Kölner KommAktG § 27, 67 f.

[120] BGHZ **45** 338, 345 = NJW **1966** 1311; so auch schon RGZ **86** 210, 213 f.; vgl. dazu Rdn. 84 f.

[121] *Scholz/Winter* 25, *Barz* GroßkommAktG § 27, 20, *Kraft* Kölner KommAktG § 27, 66.

[122] *Scholz/Winter* 25, *Barz* aaO § 27, 20, *Kraft* aaO § 27, 69, *Boesebeck* DR **1939** 435, *Ensslin/Stauder* GmbH-Rdsch. **1968** 158; **aA** für § 464 BGB *Wiedemann* Festschrift E. Hirsch S. 265, für § 377 HGB *Crisolli* ZHR 93 **1929** 230 ff., 237.

des Kaufrechts (Rdn. 75) **bedarf**, und werden auch durch die Differenzhaftung des Sacheinlegers nicht verdrängt (Rdn. 77). So besteht der Einbringungsanspruch fort, weil die Leistung einer mangelhaften vertretbaren Sache nicht vertragsgemäß ist (§ 243 Abs. 1 BGB). Die Verletzung der in der Zusicherung liegenden Garantie führt ebenso wie das arglistige Handeln des Sacheinlegers zu vertraglichen Schadensersatzansprüchen der Gesellschaft. Die **Unverzichtbarkeit** dieser Ansprüche ergibt sich aus § 19 Abs. 2 GmbHG.

89 **Nicht gefolgt werden kann der hM dagegen in der Behandlung des „Wandlungsrechts" der Gesellschaft.** Das Besondere und für den Sacheinleger häufig Unbillige liegt hier ja darin, daß die Wandlungserklärung der Gesellschaft ihn zu einer **Geldleistung anstelle der Sacheinbringung** verpflichtet, die er durch die Sacheinlagevereinbarung gerade abbedungen hat. Indem die hM einerseits die Sacheinlagevereinbarung — zutreffend — als *Teil* der Beitrittserklärung ansieht[123], andererseits aber keine Bedenken hat, die Wandlung nur auf diesen Teil zu erstrecken, spaltet sie ein einheitliches Rechtsgeschäft entgegen § 139 BGB in mehrere Teile auf und übergeht dadurch die berechtigten Interessen des Sacheinlegers. Das mag zwar dann veranlaßt sein, wenn es das Interesse der Gesellschaft und ihrer Gläubiger an der Aufbringung des Stammkapitals und der satzungsmäßig bedungenen Einlagen gebietet; hier muß sich auch der Sacheinleger an seiner durch den Beitritt übernommenen Kapitaldeckungspflicht festhalten lassen. Es würde aber zu weit führen, beim Vorliegen eines Sachmangels regelmäßig bereits die Auflösung der Sacheinlagevereinbarung im Gesellschafts- oder Gläubigerinteresse für notwendig zu halten oder eine Schranke nur bei treupflichtwidrigem Rückgriff auf die Geldeinzahlungspflicht anzuerkennen[124].

90 Die **Lösung** ergibt sich vielmehr aus den oben (Rdn. 76) ausgeführten allgemeinen Grundsätzen. Danach entscheidet über die Frage, ob die Gesellschaft die mangelhafte Sache als (Teil-)Erfüllung annehmen muß oder sich auf Nichterfüllung berufen kann, die *Geeignetheit* der Sache für die Zwecke der Gesellschaft; sie ist durch Vertragsauslegung zu bestimmen. Die bloß **objektive Wertminderung** infolge des Mangels *reicht für die Bejahung der Unmöglichkeit nicht aus*; ihr kann — und muß wegen des Verbots der Unterpari-Emission — durch **Zahlung der Differenz** seitens des Gesellschafters nach § 9 Abs. 1 Rechnung getragen werden. **Anderes gilt, wenn die Funktionstauglichkeit der Sache infolge des Mangels nicht nur unerheblich beeinträchtigt ist:** ein Wertausgleich in Geld ist hier weder der Gesellschaft zumutbar noch trägt er den Interessen der Gläubiger hinreichend Rechnung. Hier — aber auch *nur hier* — kommt der **Rückgriff auf die gesetzliche Geldeinlagepflicht** des Gesellschafters in Betracht. Die rechtliche Begründung hierfür folgt nicht aus § 462 BGB, sondern aus den oben (Rdn. 81, 82) zur *Unmöglichkeit der Sacheinlage* genannten Grundsätzen. — **Im Ergebnis führt somit** nicht jeder, sondern **nur ein schwerwiegender Sachmangel zum vollen Aufleben der gesetzlichen Geldeinlagepflicht** unter Zurückweisung der Sacheinlage[125]. Dadurch stimmt die Lösung mit der Rechtsfolge überein, die für sonstige Fälle objektiv überbewerteter Sacheinlagen gewonnen wurde (Rdn. 71 ff.).

---

[123] Rdn. 23; anders nur *Kraft* Kölner Komm-AktG § 27, 5 ff.

[124] So immerhin *Ensslin/Stauder* GmbH-Rdsch. **1968** 158 f.

[125] **AA** auch neuerdings *Scholz/Winter* 25; weit. Nachw. vgl. in Fn. 119.

B. Die Sachübernahme

1. Allgemeines

a) Begriff und Abgrenzung. Unter einer nach § 5 Abs. 4 S. 1 im Gesellschaftsvertrag zu regelnden **Sachübernahme** (Rdn. 93) versteht man im *GmbH-Recht* eine Vereinbarung, nach der die **Vergütung für Vermögensgegenstände**, die die Gesellschaft im Zusammenhang mit der Gründung aufgrund eines entgeltlichen Rechtsgeschäfts erwirbt, abweichend von § 19 Abs. 5 **auf Stammeinlagen angerechnet** werden soll[126]. Im Unterschied zur Sacheinlagevereinbarung zielt diejenige über die Sachübernahme nicht auf die **Einbringung von Gegenständen in die Gesellschaft**; diese **ist Gegenstand eines besonderen entgeltlichen Rechtsgeschäfts**, meist eines Kaufvertrags. Sinn und Zweck der Sachübernahme ist es vielmehr, die Anrechnung der Sachleistung auf die Stammeinlage oder die Aufrechnung mit dem Gegenanspruch abweichend von § 19 Abs. 5 zuzulassen. Ob der in der Sachübernahmevereinbarung vorausgesetzte, auf entgeltliche Leistung der Gegenstände an die Gesellschaft gerichtete Vertrag mit dem Gesellschafter selbst oder mit einem Dritten geschlossen wird, ist nicht entscheidend. Auch **Verträge mit Dritten** sind eine geeignete Grundlage für die Sachübernahme, wenn die Gegenforderung des Dritten zur Begleichung der Einlage eines Gesellschafters dienen soll[127]. Andererseits werden **Verträge mit Gesellschaftern** über die Veräußerung von Gegenständen an die Gesellschaft nur erfaßt, wenn sie unmittelbar oder mittelbar (durch Aufrechnung u. a.) zur Erfüllung der Einlagepflicht des Gesellschafters führen sollen. — Der *weitergehende aktienrechtliche* Begriff der Sachübernahme, der die Übernahme von Vermögensgegenständen durch die Gesellschaft auch dann erfaßt, wenn die dafür zu gewährende Vergütung *nicht* auf Einlageverpflichtungen angerechnet werden soll (vgl. § 27 Abs. 1 S. 1 AktG), hat für das GmbH-Recht *keine* Geltung[128]. 91

Sonstige Vereinbarungen mit Gesellschaftern oder Dritten über Leistungen an die Gesellschaft, die *nicht* auf Stammeinlagen angerechnet werden sollen, sind keine Sachübernahmen; sie bedürfen zu ihrer Wirksamkeit daher grundsätzlich auch nicht der Aufnahme in die Satzung. Die Geschäftsführer sind nach Eintragung der Gesellschaft frei, Rechtsgeschäfte hierüber auch mit Gesellschaftern als Vertragspartner abzuschließen (zur verschleierten Sachgründung vgl. aber Rdn. 136). Soll die Gesellschaft dagegen *schon bei der Gründung* und ohne besonderes Rechtsgeschäft ein Recht auf Leistung erlangen oder zur Annahme verpflichtet werden, so muß die Vereinbarung *aus diesem Grund* in die Satzung aufgenommen werden. Hierfür kommt einerseits die Vereinbarung einer *Nebenleistungspflicht* des Gesellschafters nach § 3 Abs. 2 in Betracht[129]; sie kann auch als entgeltliche ausgestaltet werden (§ 3, 68). Denkbar ist auch die Begründung des *Vorzugsrechts* eines Gesellschafters auf Leistung an die Gesellschaft, soweit dem nicht die für Sondervorteile geltenden Schranken (Rdn. 168) entgegenstehen. 92

b) Behandlung in der GmbH-Novelle 1980. Die Sachübernahme ist abweichend vom früheren Recht seit der GmbH-Novelle 1980 in § 5 Abs. 4 S. 1 nicht mehr ausdrücklich neben der Sacheinlage erwähnt. Diese auf einen Vorschlag des BT-Rechtsausschusses zurückgehende „Vereinfachung" sollte das bisher geltende Recht nicht inhaltlich ändern, sondern beruhte auf der Annahme, daß es sich auch bei der 93

126 Ganz hM; vgl. RGZ **41** 120, 125, BGHZ **28** 314, 318f. = NJW **1959** 383; *Scholz/Winter* 27, *Baumbach/Hueck* 6 B; vgl. auch § 5 Abs. 4 aF.

127 RGZ **41** 120, 125; *Scholz/Winter* 28, *Baumbach/Hueck* 6 A.

128 EinhM, vgl. BGHZ **28** 314, 318f. = NJW **1959** 383; *Scholz/Winter* 30. Hieran hat auch die Neufassung von § 5 Abs. 4 nichts geändert (Bericht des BT-Rechtsausschusses, BT-Drucks. 8/3908 S. 69).

129 So auch *Scholz/Winter* 30, *Roth* 5.1.2.

Sachübernahme letztlich um eine Sacheinlage handele[130]. Die Prämisse ist angesichts der zwischen Sacheinlage und Sachübernahme bestehenden Unterschiede (Rdn. 91) zwar unzutreffend[131]. Gleichwohl hat die Neufassung nicht etwa zur Folge, daß Sachübernahmen künftig auch ohne Aufnahme in den Gesellschaftsvertrag und entsprechende Gründungskontrolle zulässig sind; das folgt schon aus dem Umgehungsverbot des § 19 Abs. 5. Die **Wirksamkeit der Sachübernahmevereinbarung** setzt somit nach wie vor voraus, daß die **für Sachgründungen geltenden Vorschriften** eingehalten werden[132]. Dementsprechend ist nunmehr die Sacheinlage i. S. von § 5 Abs. 4 S. 1 nF als Oberbegriff zu verstehen, der neben der eigentlichen Sacheinlage (Sacheinlage i. e. S., Rdn. 21) sowohl die Sachübernahme als auch die gemischte Sacheinlage (Rdn. 99) umfaßt.

94 Eine **Änderung** gegenüber dem bisherigen Recht ist hinsichtlich der Sachübernahme allerdings **durch § 7 Abs. 3 nF** eingetreten. Während es vor 1981 bei Sachübernahmevereinbarungen als ausreichend angesehen wurde, daß vor Anmeldung die nach § 7 Abs. 2 vorgeschriebene Mindesteinzahlung geleistet war, und die Gegenstände der Sachübernahme auch erst später unter Anrechnung auf die Stammeinlage an die Gesellschaft übertragen werden konnten (Voraufl. 91), bedarf es seit 1981 der **Bewirkung** der „Sacheinlagen" i. w. S., d. h. aber auch derjenigen **der Sachübernahme** (Rdn. 93 aE) **vor Anmeldung der Gesellschaft**. Die Änderung hat Bedeutung für solche Sachübernahmevereinbarungen, bei denen der von der Gesellschaft zu übernehmende Gegenstand entweder erst nach Anmeldung hergestellt (vgl. Rdn. 58) oder aus sonstigen Gründen erst später an die Gesellschaft geleistet werden sollte: sie können entgegen dem früheren Recht nicht mehr Gegenstand einer Sachübernahme sein[133]. Ist die Sachübernahme bei Anmeldung nicht vollzogen, so hat der Registerrichter die beantragte Eintragung abzulehnen, falls die Gründer nicht auf die Sachübernahme verzichten und es bei der Geldeinlage bewenden lassen (zur Möglichkeit satzungsrechtlich zugelassener *Wahl* zwischen Sach- und Geldeinlage und zur Notwendigkeit, das Wahlrecht vor Anmeldung der Gesellschaft auszuüben, vgl. Rdn. 27).

2. Voraussetzungen der Sachübernahme

95 Es gelten entsprechende Grundsätze wie für die Sacheinlage. Insbesondere muß der durch die Sachübernahme in Bezug genommene Gegenstand des entgeltlichen Erwerbsgeschäfts **einlagefähig** sein, d. h. im Zeitpunkt der Übernahme einen faßbaren, der Verfügung der Gesellschaft zugänglichen Vermögenswert haben und aus dem Vermögen des Einbringers ausgeschieden werden können[134]. Auch die **Bewertung** des der Sachübernahme zugrundeliegenden Gegenstands und des dafür gewährten Entgelts richtet sich nach den für die Sacheinlage geltenden Grundsätzen (vgl. Rdn. 61 ff.). In der *Unterbewertung* des einzubringenden Gegenstands sind die Beteiligten grundsätzlich frei. Eine *Überbewertung* durch Vereinbarung eines den Wert im Anmeldungszeitpunkt übersteigenden Entgelts verstößt wegen des wirtschaftlichen Zusammenhangs zwischen Sachübernahme und Stammeinlage gegen das zwingende Verbot der Unterpari-Emission und löst bei gleichwohl erfolgender Eintragung die Differenzhaftung des betreffenden

---

130 So Bericht des BT-Rechtsausschusses, BT-Drucks. 8/3908 S. 69.

131 So zutr. auch *Scholz/Winter* § 5 nF, 15 b, *Rob. Fischer* 3 e, *Roth* 5.1.2, *Hüffer* JuS **1983** 165.

132 EinhM, vgl. Nachw. in Fn. 131; ferner *Geßler* BB **1980** 1386, *W. Müller* WPg **1980** 372, *Priester* DNotZ **1980** 519.

133 So auch *Scholz/Winter* § 5 nF, 15; **aA** in teleologischer Reduktion von § 7 Abs. 3 *Roth* 5.3.2.

134 Rdn. 29 ff., 35; für Erweiterung des Kreises der übernahmefähigen Gegenstände aber *Kraft* Kölner KommAktG § 27, 77.

Gründers aus (Rdn. 71). Schließlich ist seit 1981 auch der bis dahin bestehende Unterschied hinsichtlich des Vollzugs von Sachübernahmen und -einlagen (Voraufl. 91 f.) entfallen: nach § 7 Abs. 3 müssen nicht nur die Sacheinlagen i. e. S., sondern auch die Gegenstände der Sachübernahme vor Anmeldung der Gesellschaft an diese geleistet und die Anrechnung auf die Stammeinlage erfolgt sein (Rdn. 94).

3. Rechtsfolgen bei Mängeln

a) Formmängel. Die Sachübernahmevereinbarung ist unter Wahrung der notariellen Form nach Maßgabe von § 5 Abs. 4 S. 1 in den Gesellschaftsvertrag aufzunehmen. Ist diesem Erfordernis nicht genügt, so kann nach § 19 Abs. 5 die Gegenleistung nicht auf die Stammeinlage angerechnet werden; die Pflicht zur Geldeinlageleistung bleibt bestehen. Im übrigen gelten die Ausführungen zur Sacheinlage (Rdn. 78, 79) entsprechend. 96

b) Willensmängel. Die **Sachübernahmevereinbarung** bildet ebenso wie diejenige über die Sacheinlage einen **Bestandteil des Gesellschaftsvertrags** (Rdn. 23). Entsprechend den für Sacheinlagen geltenden Grundsätzen kann sie, auch wenn eine der Anfechtungsvoraussetzungen der §§ 119, 123 BGB vorliegt, **nur in engen Grenzen angefochten** werden, nämlich dann, wenn die Beteiligten den Gesellschaftsvertrag auch ohne die Sachübernahmevereinbarung abgeschlossen hätten (Teilanfechtung) und wenn durch die Anfechtung die Kapitalaufbringung und -erhaltung nicht gefährdet wird (vgl. näher Rdn. 80). Der Beitritt als solcher ist nach Eintragung der Gesellschaft überhaupt nicht, davor nur nach Maßgabe der Grundsätze über die fehlerhafte Gesellschaft anfechtbar (§ 2, 103 ff.). Von der Anfechtung der Sachübernahmevereinbarung zu unterscheiden ist diejenige des ihr zugrundeliegenden, den **entgeltlichen Erwerb** der fraglichen Gegenstände durch die Gesellschaft **betreffenden Rechtsgeschäfts**. Sie richtet sich nach allgemeinen Grundsätzen, soweit nicht ausnahmsweise der enge Zusammenhang mit der Sachübernahmevereinbarung zu Einschränkungen nötigt. — Wird die Sachübernahmevereinbarung oder das ihr zugrundeliegende Erwerbsgeschäft wirksam angefochten, so bewendet es bei der Geldeinlagepflicht des Gründers. 97

c) Leistungsstörungen. Sie betreffen nicht die Sachübernahmevereinbarung als Verrechnungsabrede in Abweichung von § 19 Abs. 5 (Rdn. 91), sondern die Erfüllung der Leistungspflichten aus dem zugrundeliegenden Erwerbsgeschäft. Insoweit gelten die allgemeinen Grundsätze[135]. Der Gesellschaft stehen Ansprüche aus Unmöglichkeit oder Verzug hinsichtlich der Verpflichtungen des anderen Teils aus dem Erwerbsgeschäft zu; daneben besteht die Stammeinlagepflicht des Gründers mangels Verrechnung mit der Entgeltforderung fort. Auch die Anwendung kaufrechtlicher Mängelvorschriften auf das als Kaufvertrag oder kaufähnliches Veräußerungsgeschäft (§§ 445, 493 BGB) zu qualifizierende Erwerbsgeschäft begegnet anders als bei der Sacheinlagevereinbarung (Rdn. 75, 84 ff.) grundsätzlich keinen Bedenken. Mindert sich wegen der vorhandenen Mängel die Entgeltforderung des Veräußerers oder fällt sie ganz weg, so ist auch für eine Verrechnung mit der Stammeinlageverpflichtung trotz deren Zulassung im Gesellschaftsvertrag kein Raum; der Gründer bleibt zur Zahlung der entsprechenden Geldleistung verpflichtet. Sieht die Gesellschaft trotz vorhandener Mängel der an die Gesellschaft veräußerten Sache davon ab, ihre Mängelgewährleistungsrechte geltend zu machen, so hindert das nicht die Entstehung und Durchsetzbarkeit der Differenzhaftung des Gründers nach § 9 Abs. 1 wegen eines hinter dem Nennbetrag der Stammeinlage zurückbleibenden Werts der mangelhaften Sache. 98

[135] So grundsätzlich auch *Scholz/Winter* 28 f.

C. Die gemischte Sacheinlage

1. Begriff

99 Eine gemischte Sacheinlage oder Sachübernahme liegt vor, wenn der **Gegenwert der einzubringenden Gegenstände nicht ausschließlich auf die Einlage verrechnet, sondern teilweise** dem Sacheinleger auf andere Weise **gutgebracht** wird[136]. Die Vergütung des die Einlage überschießenden Wertes kann auf verschiedene Weise erfolgen. Neben der *Zahlung* an den Sacheinleger oder der Gutschrift als Darlehen kommt vor allem die *Übernahme von Schulden* durch die Gesellschaft in Betracht. Die Einlage eines Unternehmens mit Aktiven *und Passiven* (Rdn. 52 ff.) ist daher streng genommen auch dann eine *gemischte* Sacheinlage, wenn der Wert des Geschäfts in vollem Umfang auf die Stammeinlage angerechnet wird.

100 Über die vorstehende Definition hinausgehend wird der Begriff der gemischten Sacheinlage teilweise auch auf diejenigen Fälle angewendet, in denen ein Gesellschafter sich zu einer **Mischeinlage aus Sach- und Geldwerten** verpflichtet[137]. Das hat sich zu Recht nicht durchgesetzt[138]. Die mit der gemischten Sacheinlage verbundenen, die Vergütung des überschießenden Wertes an den Gesellschafter betreffenden Probleme (Rdn. 102 f.) stellen sich hier nicht. Eine Ausweitung des Begriffs auf die Fälle der Mischeinlage ist daher nicht zweckmäßig. — Keine gemischte, sondern eine einfache Sacheinlage liegt auch vor, wenn der Gegenstand nur **teilweise oder in beschränktem Umfang** an die Gesellschaft eingebracht wird. Zu denken ist an die Einräumung des Miteigentums an einer Sache oder die Gewährung einer ausschließlichen Lizenz an dem beim Gesellschafter verbleibenden Patent. In allen diesen und ähnlichen Fällen steht nichts im Wege, daß die Gesellschaft nach ihrer Entstehung durch ihren Geschäftsführer die in den Händen des Gründers verbliebenen Rechte durch einen besonderen, erst nachträglich vereinbarten *Kaufvertrag* erwirbt.

2. Rechtliche Beurteilung

101 **a) Einheitliches Rechtsgeschäft.** Die gemischte Sacheinlage bildet ein einheitliches, den Grundsätzen über Sacheinlagen unterstehendes Rechtsgeschäft[139]. Haben die Gründer durch Vereinbarung der gemischten Sacheinlage zum Ausdruck gebracht, daß sie trotz unterschiedlicher Anrechnungs- und Vergütungsregelung ein einheitliches Rechtsgeschäft wollten, so kann dieses nicht nachträglich in einen gesellschafts- und einen kaufrechtlichen Teil aufgespalten werden. Zu dem gleichen Ergebnis führt auch der mit § 5 Abs. 4 bezweckte Gläubigerschutz: ihm wäre nicht damit gedient, wenn sich die Angaben im Gesellschaftsvertrag darauf beschränken würden, den auf die Sacheinlage entfallenden Geldwert anzuführen, ohne auch über die Vergütung Auskunft zu geben (Rdn. 102). Daher unterliegt grundsätzlich auch der auf die Vergütung entfallende Teil der Sacheinlagevereinbarung gesellschaftsrechtlichen Vorschriften.

---

[136] RGZ **159** 321, 326 f., OLG Stuttgart GmbH-Rdsch. **1982** 109, 110; *Scholz/Winter* 32, *Baumbach/Hueck* 6 C, *Feine* S. 107; für das Aktienrecht vgl. *Barz* GroßkommAktG § 27, 21, *Kraft* Kölner KommAktG § 27, 93.

[137] So *Scholz*[5] 25, *Vogel* 8, zur Mischeinlage vgl. näher § 7, 25.

[138] Zustimm. *Scholz/Winter* 32.

[139] RGZ **159** 321, 326, KG JW **1928** 1822; *Scholz/Winter* 32, *Baumbach/Hueck* 6 C, *Boesebeck* DR **1939** 435, *Barz* GroßkommAktG § 27, 21; einschränkend (nur bei unteilbarer Sachleistung) *Kraft* Kölner KommAktG § 27, 93; **aA** noch *Ritter* AktG § 20, 6, *Schlegelberger/Quassowski* AktG 1937 § 20, 6, *Teichmann/Koehler* AktG § 20, 3.

b) Die Aufnahme der Vergütungsregelung in den Gesellschaftsvertrag. Die nach § 5 Abs. 4 S. 1 geforderten Wertangaben (Rdn. 116) beschränken sich im Fall der gemischten Sacheinlage nicht auf den Geldwert, mit dem der eingebrachte Gegenstand auf die Stammeinlage angerechnet wird (Rdn. 99). Der Gesellschaftsvertrag muß vielmehr auch regeln, daß die Sacheinlage nicht nur auf die Stammeinlage angerechnet, sondern daß dafür zusätzlich eine **Vergütung von der Gesellschaft geleistet** wird[140]. Einer ausdrücklichen Vereinbarung bedarf es nicht; es genügt, daß diese sich im Wege der Auslegung ergibt[141]. Anzugeben sind weiter auch **Art und Höhe der dem Gesellschafter zugesagten Vergütung**, d. h. der Gegenstand der Gegenleistung der Gesellschaft, die Höhe einer etwaigen Ausgleichszahlung oder der Umfang der von der Gesellschaft übernommenen Schulden[142]. Soweit dieser Betrag bei Abschluß des Gesellschaftsvertrags noch nicht ziffernmäßig feststeht, genügt die Aufnahme derjenigen Angaben, die für die **Bestimmbarkeit** der Vergütung erforderlich sind und dem Registerrichter die notwendige Grundlage zur Ausübung seiner Kontrollfunktion zur Verfügung stellen[143]. Mit Rücksicht auf die Vollwertigkeitskontrolle der Sacheinlagen muß sich die Höhe der Vergütung jedoch spätestens im Zeitpunkt der richterlichen Kontrolle konkretisiert haben. 102

Dem Verzicht auf die Angabe der konkreten Höhe der Gegenleistung im Gesellschaftsvertrag kommt vor allem für die **Einbringung eines Unternehmens** Bedeutung zu, da der — meist an den Buchwerten des Unternehmens ausgerichtete — Einbringungswert sich erst aus der Einbringungsbilanz ergibt. Sie kann jedoch erst nach Abschluß des Gesellschaftsvertrags erstellt werden, soweit nicht eine rückwirkende Einbringung zu den Werten der letzten, schon vor Vertragsabschluß erstellten Jahresbilanz vorgesehen ist (vgl. dazu und zu den Vor- und Nachteilen der beiden in Betracht kommenden Einbringungsmethoden Rdn. 65 ff., 68 f.). Wollte man sich insoweit nicht mit der Bestimmbarkeit begnügen, sondern auf der Angabe der konkreten Höhe der Gegenleistung im Gesellschaftsvertrag bestehen[144], so wäre nur der Weg rückwirkender Einbringung gangbar; gegen ihn sprechen aber sowohl gesellschafts- als auch steuerrechtliche Bedenken (Rdn. 67 f.). Anstelle der exakten Angabe der Höhe der von der Gesellschaft zu erbringenden Gegenleistung diejenige einer *geschätzten* Zahl zuzulassen[145], hilft letztlich nicht weiter, da auch der Schätzwert, soll er aussagekräftig sein, das Vorhandensein entsprechender Bewertungsgrundlagen voraussetzt und sich überdies die Frage nach den Rechtsfolgen einer ungenauen Schätzung stellt[146]. Berücksichtigt man andererseits, daß dem Registerrichter die Höhe der von der Gesellschaft zu leistenden Vergütung durch Vorlage der Einbringungsbilanz nachgewiesen werden muß und er dadurch über die für die Wertkontrolle nach § 9 c S. 2 erforderlichen Ausgangsdaten verfügt, und daß auch die Gläubiger sich durch Einblick in die bei den Handelsregisterunterlagen befindliche Einbringungsbilanz die notwendigen Informationen über die Höhe der dem Gründer zufließenden Vergütung verschaffen können, so erweist es sich trotz der Tendenz 103

---

140 RGZ **125** 323, 329, BGHZ **45** 338, 342 = NJW **1966** 1311.

141 So ausdrücklich RGZ **159** 321, 326, BayObLG DB **1979** 1075 f.; *Priester* BB **1980** 20.

142 RGZ **114** 77, 81, BGHZ **45** 338, 342 f. = NJW **1966** 1311; OLG Stuttgart GmbH-Rdsch. **1982** 109, 111; *Scholz/Winter* 32, *Roth* 5.4.2, *Feine* S. 107; vgl. auch Rdn. 119.

143 So zutr. OLG Zweibrücken GmbH-Rdsch. **1981** 214, 215; *Priester* BB **1980** 22 f. und GmbH-Rdsch. **1982** 113; **aA** *Günthner* NJW **1975** 526 (exakte Bezifferung notwendig); für Angabe zumindest eines Schätzwerts OLG Stuttgart GmbH-Rdsch. **1982** 109, 111. Diese auch in der Voraufl. (Rdn. 100) vertretene Ansicht wird angesichts der überzeugenden Kritik von *Priester* aaO aufgegeben.

144 So *Günthner* NJW **1975** 526.

145 So OLG Stuttgart GmbH-Rdsch. **1982** 109, 111, im Anschluß an Voraufl. 100.

146 So zutr. *Priester* GmbH-Rdsch. **1982** 113.

der GmbH-Novelle 1980 zur Verschärfung des Sachgründungsrechts (Rdn. 20) als ausreichend, wenn der Gesellschaftsvertrag nur die zur **Bestimmbarkeit** der Höhe der Gegenleistung erforderlichen Angaben enthält[147].

104 **c) Mängel.** Enthält der Gesellschaftsvertrag entgegen den Grundsätzen in Rdn. 102 f. **keine Angaben** über eine die Stammeinlage übersteigende Vergütung, *so können Ansprüche des Sacheinlegers gegen die Gesellschaft aus der gemischten Sacheinlage nicht geltend gemacht werden*[148]. Die Gesellschaft ist an die Angaben im Gesellschaftsvertrag gebunden. Sie darf die eingebrachten Gegenstände nur mit dem Nennbetrag der dafür gewährten Stammeinlage in der Eröffnungsbilanz ansetzen, soweit nicht ausdrücklich die Einbringung mit einem Aufgeld vorgesehen ist. Die Zahlung einer **Vergütung** an den Gründer wäre eine **verbotene Rückgewähr des Stammkapitals** (§ 30). — Dem Sacheinleger bleibt in diesem Fall, soweit nicht ausnahmsweise eine *Anfechtung* der Sacheinlagevereinbarung möglich ist (Rdn. 80), nur die Möglichkeit, sich wegen der entgangenen Vergütung an die **Mitgründer** zu halten. Er kann von ihnen *Mitwirkung bei der nachträglichen Änderung des Gesellschaftsvertrags* durch Aufnahme der Vergütungsregelung verlangen. Ein solcher Beschluß bedarf allerdings der *Einstimmigkeit*. Ferner sind nach Eintragung die für die *Kapitalherabsetzung* bestehenden Vorschriften (§ 58) einzuhalten, da die Gewährung einer in der Satzung zunächst nicht vorgesehenen Vergütung an den Sacheinleger den Gläubigern gegenüber die gleiche Wirkung hat wie die Rückzahlung eines Teils der Einlage. Eine Auflösungsklage wird der Sacheinleger auf die Nichterwähnung der Vergütung im Gesellschaftsvertrag regelmäßig nicht stützen können.

105 Hinsichtlich der **sonstigen Mängel** (Form, Willensmängel, Bewertung, Sach- und Rechtsmängel des Einlagegegenstands) ist in vollem Umfang auf die für einfache Sacheinlagen geltenden Grundsätze zu verweisen, bei gemischten Sachübernahmen auf die entsprechenden Übernahmeregeln. Da die gemischte Sacheinlage ein *einheitliches gesellschaftsrechtliches Rechtsverhältnis* bildet (Rdn. 101), kann die Vereinbarung über die an den Einleger zu zahlende Vergütung nicht abweichend hiervon nach Kaufrecht behandelt werden. Näheres vgl. bei Rdn. 61 ff., 74 ff., 96 ff.

D. Die Festsetzung von Sacheinlage und Sachübernahme im Gesellschaftsvertrag

1. Allgemeines

106 Alle Einlagen, welche nicht in Geld bestehen, müssen unter Nennung des *Gegenstands* der Sacheinlage, des Betrags der betreffenden Stammeinlage sowie der Person des sie übernehmenden Gesellschafters (vgl. Rdn. 109) im Gesellschaftsvertrag festgesetzt werden (§ 5 Abs. 4 S. 1). Entsprechendes gilt im Fall einer Sachübernahme für den von der Gesellschaft zu erwerbenden Gegenstand und die Stammeinlage, auf die die Vergütung angerechnet werden soll (Rdn. 93). Die Aufnahme in das Gründungsprotokoll oder in eine *Anlage* zum Gesellschaftsvertrag reicht für die in § 5 Abs. 4 S. 1 geforderten Mindestangaben nicht aus[149]. Die gesetzlich vorgeschriebene Offenlegung hat den **Zweck**, Dritte und namentlich potentielle **Gläubiger** der Gesellschaft über die Art der Aufbringung des Stammkapitals zu informieren und sie dadurch vor den erhöhten

---

[147] Zutr. daher OLG Zweibrücken GmbH-Rdsch. **1981** 214, 215; *Priester* BB **1980** 22 f. und GmbH-Rdsch. **1982** 112 f., *Roth* 5.4.2.

[148] RGZ **114** 77, 81; **118** 113, 117; *Scholz/Winter* 32.

[149] *Gustavus* DNotZ **1971** 231, *Winkler* DNotZ **1980** 587; **aA** (Aufnahme nur in das Gründungsprotokoll) *Röll* GmbH-Rdsch. **1982** 252.

Gefahren zu warnen, die sich aus einer Sachgründung für die Kapitalausstattung der Gesellschaft ergeben können (Rdn. 1, 20). Zugleich dient sie auch dazu, dem **Registerrichter** die Ausübung seiner Kontrollfunktion bei Sachgründungen (Rdn. 64) zu ermöglichen. Ohne die Festsetzung im Gesellschaftsvertrag ist die Vereinbarung über die Sacheinlage oder Sachübernahme **der Gesellschaft gegenüber unwirksam**[150]. Eine *Heilung* nach Eintragung der Gesellschaft ist *ausgeschlossen* (Rdn. 78). Die Unwirksamkeit beschränkt sich freilich auf die Vereinbarung der Sacheinlage oder -übernahme. Der Gesellschafter wird nicht etwa von seiner Einlagepflicht befreit, sondern ist wegen des Scheiterns der Sacheinlagevereinbarung zur **Erbringung einer entsprechenden Geldeinlage** verpflichtet (Rdn. 127).

Was **Umfang und Inhalt** der Angaben im Gesellschaftsvertrag betrifft, so müssen **107**
diese die dem Schutzzweck der Vorschrift (Rdn. 106) genügende **Bestimmtheit** aufweisen. Sie müssen einerseits *Gläubigern* und sonstigen interessierten Dritten die erforderlichen Aufschlüsse geben, um sich ein Bild von der Kapitalgrundlage der Gesellschaft zu machen. Andererseits müssen sie aber auch den *Registerrichter* in die Lage versetzen, seine Kontrollfunktion ohne umfangreiche Rückfragen und Nachforschungen bei den Beteiligten auszuüben. Dabei ist es wegen des *körperschaftlichen Charakters* dieser Vereinbarungen erforderlich, daß die notwendigen **Angaben aus dem Gesellschaftsvertrag selbst oder den damit verbundenen Anlagen**[150a] **ersichtlich** sind; eine Auslegung unter Heranziehung sonstiger Umstände, insbesondere mündlicher Erklärungen der Gründer oder nicht zum Bestandteil des Gesellschaftsvertrags gemachter Vereinbarungen, scheidet aus (vgl. § 2, 121 ff.). Gleiches gilt für die Vereinbarung der Gegenleistung der Gesellschaft im Fall von *gemischten Sacheinlagen* (Rdn. 102 f.). — **Nebenabreden,** die im Hinblick auf Sacheinlagen oder Sachübernahmen getroffen sind, bedürfen dann und insoweit der Aufnahme in den Gesellschaftsvertrag, als sie für die Wertverhältnisse der einzubringenden Sachen von Bedeutung sind oder dazu dienen, den Gegenstand der Sacheinlage genauer zu umschreiben[151]. Ist eine danach anzuführende Nebenabrede nicht im Gesellschaftsvertrag oder seiner Anlage enthalten, so berührt das zwar die Gültigkeit der Sacheinlagevereinbarung regelmäßig nicht; der Sacheinleger kann die Nebenabrede der Gesellschaft aber nicht entgegenhalten. Zur Verbindlichkeit von nicht in den Gesellschaftsvertrag aufgenommenen Vereinbarungen *zwischen den Gründern* vgl. Rdn. 126 und § 3, 102.

Die **Frist zur Beibehaltung der Angaben über Sacheinlagen oder -übernahmen** **108**
nach Eintragung der Gesellschaft ist im GmbH-Gesetz nicht geregelt. Berücksichtigt man, daß die Sacheinlagen *vor* Anmeldung der Gesellschaft geleistet sein müssen, daß Ansprüche gegen Sacheinleger wegen eines Minderwerts innerhalb von 5 Jahren nach Eintragung verjähren (§ 9 Abs. 2) und daß die Gesellschaft nach Ablauf dieser Zeit in aller Regel ihre Lebensfähigkeit vorbehaltlich späterer Rückschläge erwiesen hat, so erscheint eine **fünfjährige Frist** erforderlich, aber auch ausreichend[152]. Gegen eine analoge Anwendung der in §§ 27 Abs. 5, 26 Abs. 5 AktG geregelten, wesentlich längeren

---

[150] EinhM, vgl. RGZ **82** 299, 303; **118** 113, 117, BGHZ **45** 338, 343 = NJW **1966** 1311; *Scholz/Winter* 38.

[150a] Zur Zulässigkeit der Festsetzung der notwendigen Angaben in einer mit dem Gesellschaftsvertrag verbundenen Anlage vgl. RG JW **1933** 52; *Baumbach/Hueck* 7, *Scholz/Winter* 33.

[151] RGZ **114** 77, 81; *Barz* GroßkommAktG § 27, 25, *Kraft* KölnerKommAktG § 27, 43; **aA** — für generelle Pflicht zur Aufnahme von Nebenabreden — noch *Düringer/Hachenburg/Bing* HGB³ § 186, 21.

[152] So auch *Scholz/Winter* § 5 nF, 33b unter Hinweis auf § 5b Abs. 4 RegE GmbH-Novelle, der die Beibehaltung für die Dauer von 5 Jahren nach *Abwicklung* der Vereinbarungen vorschrieb; **aA** LG Hamburg GmbHRdsch. **1968** 207 und *Scholz/Winter* § 3, 15 (für analoge Anwendung von §§ 27 Abs. 5, 26 Abs. 5 AktG).

Beibehaltungsfrist (30 Jahre seit Gründung, 5 Jahre seit vollständiger Erfüllung der Sacheinlagepflichten) spricht der geschlossene Gesellschafterkreis und die bessere Überschaubarkeit der Verhältnisse in der GmbH. Zur Möglichkeit der Streichung der Angaben über die Stammeinlagen im Fall der *Bargründung* vgl. § 3, 38, zur Notwendigkeit einer (formellen) Satzungsänderung für die Streichung § 53, 27.

2. Die einzelnen Angaben

109 **a) Sacheinleger.** Der oder die zur Sacheinlage oder Sachübernahme befugten Gesellschafter müssen mit hinreichender Deutlichkeit im Gesellschaftsvertrag angegeben sein[153]. Das war in § 5 Abs. 4 aF ausdrücklich vorgeschrieben. Die Neufassung von S. 1 weist auf die Angabe der Person nicht mehr besonders hin, hat sachlich an dem Erfordernis aber nichts geändert[154]. Eine Bezeichnung des Gesellschafters mit dem Namen ist nicht stets erforderlich. Bringen etwa die beiden Gesellschafter einer OHG ihr Geschäft in die nur von ihnen gegründete GmbH ein, so genügt als Angabe „die beiden Gesellschafter". Sind die Gesellschafter zu Beginn der Urkunde namentlich aufgeführt, so reicht es auch aus, bei der Einlagefestsetzung von ihnen unter Ziffer 1, 2 usw. zu sprechen.

110 **b) Gegenstand der Sacheinlage.** Insoweit ist einerseits erforderlich, daß über die **Identität** der als Sacheinlage oder -übernahme einzubringenden Gegenstände kein Zweifel besteht. Zu verlangen ist aber auch, daß die Festsetzungen im Gesellschaftsvertrag etwaige auf den einzubringenden Gegenständen ruhende oder mit ihnen verbundene **Belastungen** erkennen lassen, da nur so dem Informationsbedürfnis der Gläubiger Genüge getan und der Registerrichter in die Lage versetzt wird, seine Kontrollfunktion auszuüben (Rdn. 106).

111 Bei beweglichen **Sachen** ist zwischen vertretbaren und unvertretbaren zu unterscheiden. **Vertretbare Sachen und Wertpapiere** sind *unter Angabe von Zahl oder Menge nach Gattungsmerkmalen* zu umschreiben[155]. Sind Waren zum Marktpreis aus dem Geschäftsbetrieb des Sacheinlegers zu leisten, so kann die notwendige Bestimmtheit schon bei bloßer Angabe eines Geldbetrags, in dessen Höhe ein Lieferanspruch besteht, gegeben sein (RGZ **141** 204, 207).

112 Bei **unvertretbaren Sachen** ist die nähere Kennzeichnung in objektiv bestimmbarer Weise erforderlich; gleiches gilt für **Immobilien.** Eine vollständige Charakterisierung im Gesellschaftsvertrag selbst oder seinen Anlagen kann nicht verlangt werden. So genügt zwar nicht die Angabe, der Gesellschafter werde „Liegenschaften" einbringen. Nicht zu beanstanden ist aber die Angabe, eingebracht würden sämtliche Liegenschaften eines Gesellschafters, die am Tage der Gründung im Grundbuch auf seinen Namen als Eigentum eingetragen sind. Durch diese Verweisung auf das Grundbuch ist die Identität der Gegenstände objektiv festgelegt. Eine detaillierte Aufzählung oder gar eine Bezeichnung nach Grundbuchblättern und Nummern, nach Lage und Beschaffenheit ist nicht nötig. Bei einer Mehrheit von Gegenständen bildet die Angabe der Zahl ein wesentliches Erfordernis. Nur bei Sach- oder Rechtsgesamtheiten entfällt es (KG RJA **10** 125; vgl. auch Rdn. 115). Ungenau ist daher die Angabe „Schiffe und Inventar". Es genügt auch nicht, wenn „Material, Werkzeug, Maschinen und Einrichtungsgegenstände" als Sacheinlage angegeben werden (OLG Kiel JR **1948** 325). Die notwendige Konkretisierung wurde auch nicht dadurch erreicht, daß es in dem betreffenden Gesellschaftsvertrag

[153] EinhM, vgl. *Scholz/Winter* 5 nF, 33a, *Rob. Fischer* 3c, *Roth* 5.4.2, *Geßler* BB **1980** 1387.

[154] Vgl. Nachw. in Fn. 153. Nach dem Bericht des BT-Rechtsausschusses (BT-Drucks. 8/3908 S. 69) war die ausdrückliche Regelung entbehrlich, weil jede Stammeinlage einem bestimmten Gesellschafter zugeordnet ist.

[155] So auch *Scholz/Winter* 35.

hieß, die Gesellschafter seien sich über Menge und Wert der eingebrachten Gegenstände einig.

Bei **Forderungen** kommt es auf den Schuldner, den Leistungsgegenstand und die Schuldursache an, soweit nicht die Umstände des einzelnen Falles die Anführung eines dieser Momente entbehrlich machen[156]. Ungenügend ist z. B. die Erklärung, Forderungen aus Immobilienverkäufen an Bewohner einer bestimmten Stadt einzubringen (LG Hamburg Holdheim **13** 59). Dagegen ist es zulässig, die betragsmäßig bereits feststehende Forderung aus einem bestimmten Grundstücksverkauf, bei dem der Verkäufer den ihm vom Vermittler noch nicht aufgegebenen Käufer selbst nicht kennt, als Einlage anzugeben. Sind mehrere Mitschuldner vorhanden, so genügt die Angabe eines derselben. Die Angabe der Schuldursache ist entbehrlich, wenn sich aus der Leistungsverpflichtung die *Identität der Forderung* ergibt. Sollen ganze *Gruppen von Forderungen* eingebracht werden, so reicht zur Bestimmung der Identität die summarische Aufzählung (Forderungen aus Kontokorrentverkehr, aus Bankverbindung, aus Warenlieferungen usw.) aus. Der Angabe der Gesamtsumme im Gesellschaftsvertrag bedarf es nicht; es genügt die Einreichung eines Forderungsverzeichnisses bei Anmeldung der Gesellschaft (§ 8 Abs. 1 Nr. 5). Gleiches gilt, wenn „alle Außenstände" eines bestimmten Unternehmens in die Gesellschaft eingelegt werden sollen. **113**

Für die Einbringung von **immateriellen Gütern** gelten entsprechende Grundsätze. Bei *Patenten, Gebrauchsmustern* usw. braucht die Registernummer nicht angegeben zu werden, jedoch läßt sich durch deren Benennung die Beschreibung des Inhalts vermeiden. Bei *Urheberrechten* ist das Werk anzugeben. Bei Einbringen des Geschäftsanteils einer GmbH genügt die Angabe der Firma und des Sitzes der Gesellschaft. Die Angabe des Nominalbetrages ist nur dann erforderlich, wenn dem Sacheinleger ausnahmsweise mehrere Anteile an der GmbH zustehen. **114**

Bei **Unternehmen** oder anderen **Sachgesamtheiten** kann sich die Angabe im Gesellschaftsvertrag selbst auf die im Verkehr übliche Bezeichnung beschränken, wenn sie zur Identifizierung ausreicht. Dem Gesetz entsprechen daher Angaben wie: „Das Aktivvermögen der Konkursmasse der Aktiengesellschaft Iduna", „das unter der Firma Nikolaus Mauer betriebene Handelsgeschäft mit allen Aktiven und Passiven" oder „mit den aus Wareneinkauf herrührenden Passiven" usw. Entgegen der Voraufl. (Rdn. 112) bedarf es auch **keiner genaueren Beschreibung in einer Anlage zum Gesellschaftsvertrag**, etwa durch Beifügung der (meist erst später erstellten) Einbringungsbilanz zum Gründungsprotokoll bei Einbringung des Unternehmens[157]. Für die Wertkontrolle des Registergerichts genügt es, wenn die Einbringungsbilanz bei *Anmeldung* der Gesellschaft eingereicht wird[158]. Sollen freilich bestimmte Gegenstände der Sachgesamtheit von der Einbringung ausgenommen sein, so ist das im Gesellschaftsvertrag besonders anzugeben[159]. **115**

c) Betrag der Stammeinlage. Im Gesellschaftsvertrag anzugeben ist nicht der dem Gegenstand der Sacheinlage objektiv zukommende Wert (Rdn. 61 f.), sondern der **Betrag, mit dem der Gegenstand auf die Stammeinlage angerechnet wird,** oder mit anderen Worten der Nennwert des hierfür zu gewährenden Geschäftsanteils. Das war entgegen **116**

---

156 Ebenso *Scholz/Winter* 35.

157 So zutr. *Priester* BB **1980** 19 ff. und *Scholz/Winter* 35; **aA** Voraufl. 112, *Sudhoff* NJW **1982** 133. Vgl. auch § 56, 20.

158 *Priester* BB **1980** 21; für Notwendigkeit einer Einbringungsbilanz auch *Goerdeler* Festschrift W. Schmidt S. 143 f., der von der Entwicklung eines entsprechenden Handelsbrauchs spricht. Zur Erstellung der Einbringungsbilanz und den unterschiedlichen Einbringungsmethoden vgl. Rdn. 65 ff.

159 OLG München OLGR **32** 135; *Scholz/Priester* § 56, 44, *Priester* BB **1980** 20.

dem mißverständlichen Wortlaut von § 5 Abs. 4 aF („Geldwert, für welchen die Einlage angenommen wird") schon bisher anerkannt[160] und ist durch die Neufassung bestätigt worden. Ungenau wäre die Angabe, daß der Gesellschafter X auf seine Stammeinlage von 50 000 DM ein Grundstück, geschätzt zu 60 000 DM, einbringe, weil offenbliebe, ob die 50 000 DM Stammeinlage durch das zu 60 000 DM geschätzte Grundstück gedeckt oder ob der Betrag von 10 000 DM herausbezahlt werden soll. Die Gültigkeit der Sacheinlagevereinbarung wird durch eine derartige Wertangabe freilich nicht berührt. Es ist Frage der Auslegung, ob hier eine Überpari-Emission gewollt ist (Rdn. 117) oder ob der überschießende Betrag im Sinne einer gemischten Sacheinlage an den Gesellschafter zu zahlen ist (RGZ **159** 321, 327). Eine Zahlungspflicht der Gesellschaft kann dabei freilich nur anerkannt werden, wenn sie sich objektiv erkennbar aus den getroffenen Vereinbarungen ergibt (Rdn. 102 f.). — Bezeichnet der Gesellschaftsvertrag zwar die Stammeinlage, auf die die Anrechnung erfolgen soll, enthält er aber **keine ausdrückliche Wertfestsetzung** für die Sacheinlage, so hat das auf die Gültigkeit der Einlagevereinbarung keinen Einfluß. Die Sacheinlage wird in diesem Fall vielmehr zum Nennbetrag der Stammeinlage eingebracht. Das Einbringen des Geschäfts mit allen Aktiven unter Übernahme aller Passiven aufgrund einer zu errichtenden Bilanz bedeutet also, daß als Wert des einzubringenden Geschäfts der Betrag des vom Sacheinleger gezeichneten Anteils angesetzt wird (zur Möglichkeit der *Ausgleichung* von Wertschwankungen zwischen Vertragsschluß und Einbringungsstichtag vgl. Rdn. 65 ff.).

117 Eine *Ausnahme* von diesen Grundsätzen gilt im Fall ausdrücklich vereinbarter **Überpari-Emission** (Rdn. 142). Ist im Gesellschaftsvertrag generell eine über dem Nennbetrag der Geschäftsanteile liegende Einzahlung auf die Stammeinlagen vorgesehen, so richtet sich auch der für die Registerkontrolle maßgebliche Wert der Sacheinlage nach diesem erhöhten Satz. Werden die Geschäftsanteile zu 200 % ausgegeben, so muß auch der Wert des als Sacheinlage einzubringenden Grundstücks den zweifachen Nennbetrag der vom Sacheinleger übernommenen Stammeinlage erreichen, soweit der Gesellschaftsvertrag nicht ausdrücklich einen niedrigeren Wertansatz für die Sacheinlage enthält. Andernfalls liegt ein Fall unzulässiger, die Gefahr einer Irreführung der Gläubiger begründenden *Überbewertung* vor. Sie ist vom Registerrichter im Rahmen seiner Kontrollfunktion zu beanstanden. Wird die Gesellschaft gleichwohl eingetragen, so ist ein Anspruch gegen den Sacheinleger auf Zahlung der Wertdifferenz im Regelfall allerdings nicht gegeben; die Voraussetzungen der Differenzhaftung nach § 9 Abs. 1 liegen nicht vor (§ 9, 12).

118 Nicht erforderlich ist, daß bei der **Einbringung mehrerer Sachen** für jede derselben ein besonderer Anrechnungsbetrag genannt wird. Das Gesetz verlangt nur die Angabe des Nennbetrags der anzurechnenden Stammeinlagepflicht. Er kann **einheitlich festgesetzt** werden[161]. Erst recht nicht bedarf es einer Aufschlüsselung der Werte der einzelnen Gegenstände, wenn diese Zubehör der vereinbarten Sacheinlage bilden[162].

119 Die vorstehenden Grundsätze gelten entsprechend für die erforderlichen Angaben bei einer **Sachübernahme** (Rdn. 91, 95). Hier muß der Betrag der Stammeinlage angegeben werden, auf den die Vergütung für den an die Gesellschaft zu veräußernden Gegenstand angerechnet werden soll. Nicht erforderlich ist, daß der anzusetzende Wert endgültig bestimmt ist; ebenso wie im Fall gemischter Sacheinlagen (Rdn. 102) genügt **Bestimmbarkeit**. Das kann Bedeutung für die Veräußerung eines Unternehmens an die

---

[160] Vgl. KG RJA **10** 125 und OLGR **22** 28; Voraufl. 113, *Scholz/Winter* 36.

[161] KG KGJ **36** A 133; **aA** BayObLG Holdheim **4** 356.

[162] Geschäftsbücher, Inhaltsbeschreibungen eines Patents u. a.; vgl. BayObLG SeuffArch. **62** Nr. 75.

Gesellschaft haben, wenn die Vereinbarung dahin geht, daß die Anrechnung sich auf den aus der Einbringungsbilanz hervorgehenden Buchwert beschränkt und der Einbringende die verbleibende Differenz in Geld auszugleichen hat (sog. Mischeinlage, vgl. Rdn. 66 und § 7, 25).

Zu den Grundsätzen für die **Bewertung** von Sacheinlagen und zu den **Rechtsfolgen** 120
einer Überbewertung nach Eintragung der Gesellschaft vgl. Rdn. 61 ff., 71 ff. Regelmäßige Rechtsfolge einer Überbewertung ist, wenn der Registerrichter den Mangel nicht bemerkt und die Gesellschaft einträgt, die *Differenzhaftung* des Sacheinlegers (Rdn. 71). Daneben kommt in Sonderfällen eine *Schadensersatzpflicht* gegenüber Gesellschaft und Gläubigern nach §§ 823 Abs. 2, 826 BGB in Betracht (Rdn. 73).

3. Schuldübernahme

Die Schuldübernahme tritt in Verbindung mit Sacheinlagen vor allem in den Fällen 121
auf, in denen es um die Einbringung eines *Unternehmens mit Aktiven und Passiven* geht. Zu denken ist weiter an die Einbringung von Grundstücken, die mit Grundpfandrechten belastet sind, oder von Rechten aus entgeltlichen Verträgen (Patentlizenz u. a.). Die Notwendigkeit einer Angabe der Schuldübernahme im Gesellschaftsvertrag folgt zwar nicht aus § 5 Abs. 4 S. 1. Jedoch kann eine **Verbindlichkeit der Gesellschaft** aus der rechtsgeschäftlichen Schuldübernahme nur begründet werden, wenn diese ausdrücklich in den Gründungsvertrag aufgenommen wird (zur gemischten Sacheinlage vgl. auch Rdn. 102, 104). Eine diesen Anforderungen nicht genügende Gründervereinbarung könnte — als Vertrag zu Lasten Dritter — der eingetragenen Gesellschaft nicht entgegengesetzt werden[163].

Hinsichtlich der **Anforderungen an die Angaben über die übernommenen** 122
Schulden kann auf die Feststellungen zur Konkretisierung von Einlagegegenständen (Forderungen, Sachgesamtheiten, Rdn. 113 bis 115) verwiesen werden. Bei der Übernahme der Passiven eines Handelsgeschäfts reicht die Verweisung auf eine vor Anmeldung zu erstellende *Einbringungsbilanz* aus, wenn sich aus ihr in Verbindung mit den der Bilanzerstellung dienenden Unterlagen der genaue Bestand der übernommenen Schulden bestimmen läßt[164]. Zulässig ist auch eine Festsetzung im Gesellschaftsvertrag, wonach die Einlage des Handelsgeschäfts in der Weise erfolgen soll, daß die Gesellschaft die Passiven *bis zu der Höhe* übernimmt, welche sich als Überschuß der Aktiven über die Stammeinlage ergibt, während der Mehrbetrag vom Sacheinleger selbst zu tragen ist. Diese **Vereinbarung** hat Bedeutung für das *Innenverhältnis* zwischen Gesellschaft und Sacheinleger und begrenzt den Betrag, bis zu dem die Gesellschaft die Schuldenzahlung ohne Rückgriff auf den Sacheinleger übernimmt. Dritten gegenüber kann die Gesellschaft sich im Fall gesetzlicher oder rechtsgeschäftlicher Schuldübernahme freilich auf eine derartige Begrenzung nicht berufen, da sie nicht bestimmte Passiven von der Übernahme ausnimmt.

4. Rechtsfolgen der Nichtbeachtung der in Abs. 4 S. 1 vorgeschriebenen Angaben

Zu unterscheiden ist zwischen den Fällen, in denen der Wille, Sacheinlagen zu 123
machen, aus dem Vertrag überhaupt nicht erkennbar ist (Rdn. 124 bis 126) und denjenigen,

163 RG JW **1905** 214, RG Recht **1909** Nr. 2528; *Scholz/Winter* 36.

164 *Priester* BB **1980** 81 f., *Kraft* Kölner Komm-AktG § 27, 44; **aA** BayObLG LZ **1919** 60, 61 und *Baumbach/Hueck* 7, die die Angabe der übernommenen Schulden im Gesellschaftsvertrag selbst verlangen.

in denen dieser Wille zwar ersichtlich ist, aber seinem Inhalt nach nicht den Erfordernissen der Vollständigkeit der Erklärung entspricht (Rdn. 127).

124 a) **Fehlende Angaben im Gesellschaftsvertrag.** Enthält der Gesellschaftsvertrag nichts darüber, daß andere als Geldeinlagen zu machen sind, so bewendet es bei der gesetzlichen Pflicht zur Geldleistung in Höhe des Nennbetrags der Stammeinlage (§ 19). Die gegenteilige Absicht der Gründer ist mangels Verlautbarung im Gesellschaftsvertrag unbeachtlich; Leistung von Sachen statt Geld befreit den Gesellschafter nicht (§ 19 Abs. 5; vgl. Rdn. 78). Der Registerrichter kann die Eintragung der Gesellschaft daher nicht mit der Begründung verweigern, eine zwischen den Gründern vereinbarte Sacheinlage sei im Gesellschaftsvertrag nicht enthalten; anderes gilt nur dann, wenn die Bargründung sich als Scheingeschäft erweist. Er hat beim Fehlen von Sacheinlagevereinbarungen nur darauf zu achten, daß die Mindesteinzahlungen auf das Stammkapital geleistet sind (§ 7 Abs. 2). Auf welche Weise die Gesellschafter die Leistung der restlichen Einlage erbringen, unterliegt nicht seiner Prüfung. Das Gesetz begnügt sich damit, in § 5 Abs. 4 S. 1 die Aufnahme der Abreden über Sacheinlagen und Sachübernahmen in den Gesellschaftsvertrag und in § 19 Abs. 5 die Unwirksamkeit jeder nicht durch den Gesellschaftsvertrag gestatteten Erfüllung der Einlage durch andere als Geldeinlagen zu bestimmen. Auch eine Aufrechnungsabrede, die der Umgehung der Vorschriften über die Sacheinlagen dient, ist unwirksam (verschleierte Sachgründung, vgl. Rdn. 136 ff.). Mit der Unwirksamkeitserklärung jeder nicht aus dem Vertrag ersichtlichen Abrede über Sacheinlagen ist ein hinreichender Schutz der *Gläubiger* geschaffen. Die *Gesellschafter* vor Verlusten zu behüten, die ihnen durch die fortbestehende Verpflichtung zur Geldleistung trotz Erbringung der Sachleistung (§ 19 Abs. 5) entstehen könnten, ist nicht Aufgabe des Registerrichters.

125 Wird die Sacheinlagevereinbarung versehentlich nicht in den Gesellschaftsvertrag aufgenommen, so kann die zur **Heilung des Formmangels** erforderliche Vertragsergänzung nur **bis zur Eintragung** der Gesellschaft erfolgen (vgl. Rdn. 78). Der von der Unwirksamkeit betroffene Gesellschafter kann, wenn er den Mangel rechtzeitig bemerkt, die Eintragung durch eine auf die Fehlerhaftigkeit des Gesellschaftsvertrags gestützte **einstweilige Verfügung** abwenden (§ 2, 73). Auch eine *Anfechtung* des Gesellschaftsvertrags wegen Irrtums über die Einhaltung der Formvorschrift ist allenfalls bis zur Eintragung möglich; bezüglich der Vorgesellschaft kann sie nur solange erfolgen, als diese noch nicht in Vollzug gesetzt ist (§ 2, 103). Nach diesem Zeitpunkt bleibt nur die Abwicklung der Vorgesellschaft nach den Regeln über die fehlerhafte Gesellschaft. — Ist die **Gesellschaft eingetragen**, so kommt eine Berufung auf den Vertragsmangel nur im Wege der Auflösungsklage (§ 61) in Betracht. Sie setzt freilich voraus, daß die *Verhältnisse der Gesellschaft* selbst von dem Mangel berührt werden (vgl. § 61, 10). Es genügt hierzu, daß die Gesellschaft ohne die Sacheinlage zur Erreichung des Gesellschaftszwecks weniger geeignet ist, nicht aber, daß der Gesellschafter sich benachteiligt fühlt. In solchen Fällen kommt nur ein **persönlicher Anspruch gegen die anderen Gründer** in Betracht, daß diese bei der Auflösung der Gesellschaft mitwirken (vgl. über solche ausnahmsweise aus der Treupflicht folgende Stimmpflichten § 53, 65). — Zur nachträglichen Veräußerung des Gegenstands einer versehentlich nicht in den Gesellschaftsvertrag aufgenommenen Sacheinlage an die Gesellschaft vgl. Rdn. 136ff.

126 Die Unwirksamkeit der Sacheinlagevereinbarung der Gesellschaft gegenüber hindert nicht, daß zwischen den Gründern **wirksame Nebenabreden außerhalb des Gesellschaftsvertrags** getroffen werden können (§ 3, 101 ff.). Zu denken ist an vorvertragliche Vereinbarungen über die Gesellschaftsgründung oder an Abreden über eine Kapitalerhöhung. Die Nebenabreden können sich nach Art eines *Vertrags zugunsten Dritter* auch auf die Einbringung von Sachen in die Gesellschaft beziehen (BGH WM **1965** 1076;

BGH BB **1969** 1410). Ob die Gesellschaft einen Anspruch hierauf erwerben soll, ist Frage der Auslegung. Auf die Einlageverpflichtung des Gesellschafters können derartige Leistungen freilich nicht angerechnet werden; dem stehen zwingend die Vorschriften der §§ 5 Abs. 4, 19 Abs. 5 entgegen.

b) Unvollständigkeit der Angaben über die Sacheinlage. Ist im Gesellschaftsvertrag zwar die **Geldeinlage ausgeschlossen**, die Sacheinlage aber nur unvollständig umschrieben, so wird auch hierdurch nicht die Gültigkeit der Beitrittserklärung, sondern nur diejenige der Abreden über den Einlagegegenstand berührt. Soweit die Sacheinlagevereinbarung nicht den in Abs. 4 S. 1 genannten Mindestanforderungen (Rdn. 106 ff.) entspricht, tritt an ihre Stelle die gesetzliche **Geldeinlagepflicht**[165]; anderes gilt nur dann, wenn die Mängel der Angaben über die Sacheinlagepflicht, gemessen am Zweck des § 5 Abs. 4 S. 1 (Rdn. 1, 20), unerheblich sind (vgl. § 56, 30). Die **Höhe** der Geldeinlage bestimmt sich nach dem Nennbetrag der übernommenen Stammeinlage, soweit nicht im Gesellschaftsvertrag ein höherer *Ausgabebetrag* vereinbart ist. Für die Möglichkeiten der *Heilung* des Vertragsmangels bis zur Eintragung und seine Geltendmachung nach Eintragung der Gesellschaft im Wege der *Auflösungsklage* gelten die Feststellungen zum Fehlen der Sacheinlagevereinbarung (Rdn. 125) entsprechend. 127

5. Auseinanderfallen von Beitrittserklärung und Gesellschaftsvertrag

Erklärt ein Gesellschafter abweichend vom Willen der anderen seinen Beitritt mit der Maßgabe, statt Geld eine Sache einbringen zu wollen, so ist der Gesellschaftsvertrag nicht zustande gekommen, solange die anderen Gesellschafter das geänderte Angebot nicht annehmen (§ 150 Abs. 2 BGB). Die Rechtslage ist hier ähnlich wie bei der *bedingten* Beitrittserklärung (§ 2, 95 ff.). Bis zur Eintragung kommt nur die Entstehung einer *fehlerhaften* Gesellschaft in Betracht, die auf Verlangen jedes Gesellschafters abzuwickeln ist (§ 2, 77, 99). Ist die Eintragung trotz des Mangels erfolgt, so wird dadurch der Gesellschaftsvertrag einschließlich der unter Vorbehalt abgegebenen Beitrittserklärung gültig; ein Recht zum Ausscheiden oder zur Kündigung aus wichtigem Grund steht dem unter Vorbehalt Beigetretenen nur nach Maßgabe der allgemeinen Grundsätze zu (§ 2, 72, 97). 128

E. Der Sachgründungsbericht (Abs. 4 S. 2 nF)

1. Inhalt und Zweck der Vorschrift

Die Pflicht der Gesellschafter zur Erstellung eines Sachgründungsberichts ist seit der **GmbH-Novelle 1980** gesetzlich geregelt. Der von sämtlichen Gesellschaftern zu unterzeichnende Bericht (Rdn. 132) ist nach § 8 Abs. 1 Nr. 4 nF der Anmeldung der Gesellschaft zum Handelsregister beizufügen. Sein Fehlen oder seine Unvollständigkeit führt zur Zurückweisung der Anmeldung; die Wirkung einer gleichwohl erfolgenden Eintragung wird dadurch nicht berührt (§ 8, 22). Im Unterschied zum aktienrechtlichen Vorbild (§ 32 AktG) wird der Bericht nur für den Fall der **Sachgründung** vorgeschrieben, während es für die Bargründung bei den in § 8 geforderten Angaben der *Geschäftsführer* im Rahmen der Anmeldung bewendet. Der **Zweck** der Regelung geht dahin, bei der Vereinbarung von Sacheinlagen oder Sachübernahmen den Schutz von Gläubigern und 129

[165] BGHZ **28** 314, 316 = NJW **1959** 383; *Scholz/Winter* 28, *Baumbach/Hueck* 8 B; vgl. auch Rdn. 79.

sonstigen Dritten gegen eine unzulängliche Kapitalaufbringung zu verstärken und dem Gericht die Gründungsprüfung zu erleichtern[166]. Die Bedeutung des Berichts wird durch die an seine Unrichtigkeit geknüpften zivil- und strafrechtlichen Sanktionen unterstrichen (Rdn. 135). — Für den Fall der *Sachkapitalerhöhung* ist die Erstattung eines Sacheinlageberichts der Gesellschafter nicht vorgesehen (str., vgl. § 56, 49). Der Registerrichter ist aber nicht gehindert, sich von den Geschäftsführern die für seine Prüfung erforderlichen Unterlagen, darunter ggf. auch Erklärungen der Gesellschafter, vorlegen zu lassen[167].

2. Berichtspflichtige Personen

130 Der Sachgründungsbericht ist von **sämtlichen Gesellschaftern** zu erstellen. Das sind im Regelfall die Gründer, soweit nicht während der Dauer der Vorgesellschaft ein Gesellschafterwechsel stattgefunden hat (§ 2, 44 f.). Als **Stichtag** für die Gesellschaftereigenschaft ist im Hinblick auf § 8 Abs. 1 Nr. 4, der die Beifügung des Berichts bei Anmeldung der Gesellschaft vorschreibt, nicht auf den Tag der Eintragung abzustellen[168], sondern auf denjenigen der **Anmeldung**, soweit sie ordnungsmäßig und vollständig bewirkt ist; der Bericht eines vor der Anmeldung ausgeschiedenen Gründers ist gegenstandslos[169]. Beim Tod eines Gründers haben die Erben als Gesellschafter an der Erstellung des Berichts mitzuwirken[170]. Eine **Pflicht** zur Erstellung des Berichts besteht zwar nicht gegenüber dem Registergericht; dieses kann vielmehr nur die unvollständige Anmeldung zurückweisen. Wohl aber sind die **Gesellschafter untereinander** verpflichtet, den Bericht als Entstehungsvoraussetzung der Gesellschaft zu erstellen[171].

131 Die Erstellung des Berichts ist — schon wegen der daran geknüpften Sanktionen (Rdn. 135) — höchstpersönlicher Natur. Im Unterschied zum Gründungsgeschäft (§ 2, 21) ist **rechtsgeschäftliche Vertretung ausgeschlossen**[172]. Sind Gesellschafter der Vorgesellschaft nicht voll geschäftsfähig, so ist der Bericht von den **gesetzlichen Vertretern** zu erstellen. Bei juristischen Personen und Personengesellschaften haben die **organschaftlichen Vertreter** in vertretungsberechtigter Zahl mitzuwirken.

3. Form

132 Der Bericht ist nicht Teil des Gesellschaftsvertrags, sondern muß nach § 8 Abs. 1 Nr. 4 der Anmeldung als Unterlage beigefügt werden. Er bedarf daher nicht notarieller Form, wohl aber der **Schriftform**[173]; es gilt § 126 Abs. 1 BGB[174]. Die **Unterzeichnung** muß **durch sämtliche berichtspflichtige Gesellschafter,** ihre gesetzlichen oder organschaftlichen Vertreter (Rdn. 130f.) erfolgen. Nach hM soll es genügen, wenn jeder Gesellschafter einen eigenen Bericht erstellt und unterzeichnet[175]. Dem ist nur dann

---

166 Begr. RegE BT-Drucks. 8/1347 S. 30.

167 So auch OLG Stuttgart GmbH-Rdsch. **1982** 109, 112 unter Offenlassung der Frage, ob § 5 Abs. 4 S. 2 auf die Sachkapitalerhöhung entsprechend anwendbar ist.

168 So aber *Scholz/Winter* § 5 nF, 36 b.

169 *Scholz/Winter* aaO 36 b.

170 *Kraft* Kölner KommAktG § 32, 3, *Scholz/Winter* aaO 36 b.

171 So zutr. *Kraft* Kölner KommAktG § 32, 5 für den aktienrechtlichen Gründungsbericht.

172 EinhM, vgl. *Scholz/Winter* aaO 36 b, *Priester* DNotZ **1980** 520 f., *Barz* GroßkommAktG § 32, 2, *Kraft* Kölner KommAktG § 32, 4.

173 *Scholz/Winter* aaO 36 c, *Roth* 5.5.

174 So auch *Scholz/Winter* und *Roth* aaO (Fn. 173) trotz Fehlens einer ausdrücklichen Vorschrift über das Schriftformerfordernis.

175 So für das Aktienrecht *Barz* GroßkommAktG § 32, 2, *Kraft* Kölner KommAktG § 32, 7; ihnen folgend *Scholz/Winter* § 5 nF, 36 c.

zuzustimmen, wenn die verschiedenen Berichte inhaltlich übereinstimmen, da andernfalls der Zweck des Berichtserfordernisses (Rdn. 129) gefährdet wird.

4. Inhalt

133 **a) Allgemeines.** Der Inhalt des Berichts richtet sich nach seiner Funktion, die für die Angemessenheit der Leistungen für Sacheinlagen wesentlichen Umstände darzulegen (Abs. 4 S. 2). Das Gesetz sieht im Unterschied zu § 32 Abs. 2 AktG für den Regelfall davon ab, einen bestimmten Mindestinhalt vorzuschreiben, und stellt auf die **Umstände des Einzelfalls** ab[176]. Danach sind bei **Sacheinlagen** je nach der Art des Einlagegegenstands nähere Angaben über dessen **wertbestimmende Eigenschaften** zu machen, insbesondere über Beschaffenheit, Menge und Alter sowie über etwaige Eigenschaftszusicherungen[177]. Angaben über Anschaffungs- oder Herstellungskosten der Sacheinlage oder über ihren Marktpreis sind geboten, soweit sie für die Wertbestimmung von Bedeutung sind[178]. Im Gesellschaftsvertrag nur allgemein gekennzeichnete Sacheinlagen sind im Bericht näher zu umschreiben; dabei genügt ggf. die Verweisung auf Anlagen wie Einbringungsbilanzen, Vermögensverzeichnisse u. a. Für **Sachübernahmen** gilt entsprechendes; insoweit bedarf es auch des Berichts über das der Sachübernahme zugrundeliegende Erwerbsgeschäft (Rdn. 91). Im Fall **gemischter Sacheinlagen** (Rdn. 99) muß der Bericht sich auch auf die dem Gesellschafter neben der Anrechnung auf die Stammeinlage zu gewährende Gegenleistung und auf die Aufteilung des Werts der Sacheinlage zwischen beiden erstrecken[179].

134 **b) Jahresergebnisse des eingebrachten Unternehmens.** Sie sind kraft ausdrücklicher Vorschrift (Abs. 4 S. 2, 2. Hs.) für die **beiden letzten Geschäftsjahre** im Sachgründungsbericht anzugeben, wenn ein Unternehmen Gegenstand der Sacheinlage ist. Hierfür bietet sich die Einreichung der beiden letzten Jahresabschlüsse an; sie müssen nach Maßgabe der gesetzlichen Bilanzierungs- und Bewertungsvorschriften (§ 39 HGB) erstellt sein. Ist Gegenstand der Einlage ein Unternehmens*teil*, so hat sich auch die Angabe der Jahresergebnisse hierauf zu beziehen[180]. **Stichtag** für die Fristberechnung ist der Tag der Anmeldung[181]. Besteht das Unternehmen zu diesem Zeitpunkt noch nicht zwei Jahre, so sind die Erträge während der Zeit des Bestehens anzugeben, sofern wenigstens ein Geschäftsjahr vor Einbringung des Unternehmens abgeschlossen wurde und dem darin erzielten Ergebnis eine — sei es auch eingeschränkte — Aussagekraft zukommt[182].

5. Sanktionen

135 Haben die Gesellschafter im Sachgründungsbericht **falsche Angaben** gemacht, so haften sie der Gesellschaft nach § 9a Abs. 1, 3 auf **Schadensersatz** und können nach § 82 Abs. 1 Nr. 1 **bestraft** werden (vgl. die Erläut. zu diesen Vorschriften). Maßstab für die Schadensersatzhaftung ist die Sorgfalt eines ordentlichen Geschäftsmanns (§ 9a Abs. 3). Mangelnde Geschäftserfahrung führt nicht zum Haftungsausschluß[183].

---

176 Begr RegE aaO (Fn. 166) S. 30; so auch *Scholz/Winter* aaO 36 d, *Priester* DNotZ **1980** 521.

177 Vgl. *Scholz/Winter* aaO 36 d, *Geßler* BB **1980** 1387, *Barz* GroßkommAktG § 32, 3, *Kraft* Kölner KommAktG § 32, 10.

178 *Scholz/Winter* aaO 36 d, *Deutler* GmbH-Rdsch. **1980** 148.

179 So auch *Scholz/Winter* aaO 36 d.

180 *Kraft* Kölner KommAktG § 32, 13.

181 **AA** *Kraft* Kölner KommAktG § 32, 12 (Abschluß des Gesellschaftsvertrags).

182 So auch *Scholz/Winter* aaO 36 d.

183 RGZ **144** 348, 355 f.; *Barz* GroßkommAktG § 32, 2.

IV. Die verschleierte Sachgründung

1. Umgehung der Sachgründungsvorschriften und Aufrechnungsverbot

136 **Daß die GmbH Gegenstände von einem Gesellschafter nach ihrer Entstehung erwirbt, wird durch die Bestimmung des § 5 Abs. 4 nicht grundsätzlich ausgeschlossen.** Die in § 5 Abs. 4 enthaltenen Sachgründungsvorschriften und die damit verbundene Gründungskontrolle durch den Registerrichter (§ 9c S. 2) können im GmbH-Recht aber leicht **umgangen** werden. Der personalistische Charakter der typischen GmbH und das Weisungsrecht der Gesellschafter gegenüber den Geschäftsführern könnten es dem an einer Sacheinbringung interessierten Gründer unschwer ermöglichen, auch ohne formelle Festsetzung im Gesellschaftsvertrag unter Verrechnung mit seiner Geldeinlagepflicht Gegenstände in die Gesellschaft einzubringen, sofern nur die Mitgründer keine Einwendungen gegen dieses Vorgehen erheben. Dies gilt um so mehr deshalb, weil das geltende GmbH-Recht im Unterschied zum Aktienrecht (§ 52 AktG) keine Vorschriften über die nachträgliche Veräußerung von Vermögensgegenständen an die Gesellschaft (sog. „Nachgründung") enthält. Die Durchsetzung des Schutzzwecks des § 5 Abs. 4 wäre dadurch trotz des weiten Sacheinlagebegriffs in § 5 Abs. 4 nF[184] und der Einbeziehung der Sachübernahme in die Vorschriften über Sacheinlagen (Rdn. 91, 95) ernsthaft gefährdet.

137 Dieser Gefahr trägt die Vorschrift des **§ 19 Abs. 5** Rechnung. Sie schließt nicht nur die **Erbringung von Sachleistungen** in Anrechnung auf die Geldleistungspflicht des Gründers aus, sondern ebenso auch jedes Rechtsgeschäft zwischen Gesellschaft und Gründer, durch das der Vergütungsanspruch des Gesellschafters aus der Veräußerung von Vermögenswerten gegen die Einlageforderung der Gesellschaft **aufgerechnet** werden könnte. Ob die Aufrechnung einseitig erklärt oder vereinbart wird, macht keinen Unterschied (vgl. näher § 19, 47 ff., 56). Erfüllungswirkung kann ihr nur in den seltenen Ausnahmefällen zukommen, in denen der Gesellschafter zahlungsunfähig oder die Erbringung seiner Geldeinlage aus anderen Gründen ernsthaft gefährdet ist (§ 19, 55).

138 Der Grundgedanke des § 19 Abs. 5 findet auch dann Anwendung, wenn die **Geldeinlage** von dem einlagepflichtigen Gesellschafter **zwar erbracht, aber** als „Vergütung" für den an die Gesellschaft veräußerten Vermögenswert **alsbald zurückgezahlt** wird[185]. Eine mit dieser Zweckbestimmung erbrachte Geldeinlage gelangt im Regelfall schon nicht in die freie Verfügung der Geschäftsführer (§ 7, 45 f.). Selbst wenn die freie Verfügung aber zu bejahen ist, hat die Erbringung der alsbald zurückgewährten Geldeinlage doch *keine Erfüllungswirkung*, da sie der **Umgehung des Aufrechnungsverbots** in § 19 Abs. 5 dient (BGHZ **28** 314, 319 f. = NJW **1959** 383). Der Gesellschafter, der ohne entsprechende Festsetzung im Gesellschaftsvertrag Vermögensgegenstände an die neuerrichtete Gesellschaft veräußert, riskiert daher, im Gesellschaftskonkurs nochmals auf Zahlung seiner Einlage in Anspruch genommen zu werden. — Das rechtliche Schicksal des Veräußerungsgeschäfts, das den Gegenstand der verschleierten Sacheinlage bildet, im im GmbHG nicht geregelt. **Analog § 27 Abs. 3 AktG** ist jedenfalls das schuldrechtliche Geschäft **unwirksam**[186].

---

[184] Vgl. dazu Bericht des BT-Rechtsausschusses, BT-Drucks. 8/3908, S. 69, wonach der weite Sacheinlagebegriff in § 5 Abs. 4 S. 1 nF es der Rechtsprechung ermöglichen soll, auch Fälle verschleierter Sachgründungen sachgerecht zu entscheiden.

[185] So auch *Scholz/Winter* 30, *Roth* 5.1.2; für eine AG BGH WM **1975** 177, 178.

[186] Für analoge Anwendung von § 27 Abs. 3 S. 1 AktG auch BGHZ **45** 338, 343 = NJW **1966** 1311; *Baumbach/Hueck* 8 B.

2. Umgehungsvoraussetzungen

Besondere Bedeutung kommt angesichts dieser Rechtsfolgen der Frage zu, welches die **Voraussetzungen für die Annahme einer verschleierten Sacheinlage oder Sachübernahme** sind. Entgegen einer Tendenz im neueren Aktienrecht[187] besteht kein Anlaß, eine verschleierte Sachgründung nur dann anzunehmen, wenn es zu konkreten Vereinbarungen der Gründer über die Einlegung von Sachwerten anstelle der Geldleistung gekommen ist. Da das geltende GmbH-Recht im Unterschied zum Aktienrecht keine der Nachgründungsregelung (§ 52 AktG) entsprechende, das Sachgründungsrecht absichernde Umgehungsvorschrift kennt (Rdn. 136), darf das Eingreifen von § 19 Abs. 5 nicht an zu strenge Nachweisanforderungen geknüpft werden, wenn der Schutzzweck der Sacheinlagevorschriften nicht leerlaufen soll (vgl. auch OLG Köln ZIP **1984** 834, 836 und *Heim* ZHR 108 **1941** 181, 198 f.). Auch wird der Nachweis darüber, daß die Sachgründungsvorschriften durch eine formlose Gründervereinbarung umgangen wurden, regelmäßig nur schwer zu führen sein. Zu weit geht es andererseits, eine verschleierte Sachgründung schon dann zu bejahen, wenn Gesellschafter Vermögenswerte an die GmbH veräußern, die Gegenstand einer Sacheinlage sein könnten[187a]. Erforderlich, aber auch genügend ist es vielmehr, daß die Veräußerung von Vermögenswerten an die Gesellschaft **in zeitlichem und sachlichem Zusammenhang mit der Geldeinlagepflicht des Gesellschafters** steht (Rdn. 140). Ähnlich hat das **Reichsgericht** eine verschleierte Sachgründung dann bejaht, wenn eine von den Beteiligten beabsichtigte Einbringung oder Übernahme von nicht in Geld bestehenden Vermögenswerten auf die zu gründende Gesellschaft bereits dermaßen *feste Gestalt angenommen* hat, daß mit ihrer Verwirklichung bestimmt gerechnet werden kann[188]. Diese Definition unterliegt zwar ebenso wie die Bezugnahme auf die Intentionen der Gründer[189] insofern *Bedenken*, als sie auf *subjektive* Umstände als Umgehungsvoraussetzungen abstellt[190]. Zuzustimmen ist ihr aber darin, daß es auf das Vorliegen einer besonderen Gründervereinbarung nicht ankommen kann. **139**

Im einzelnen wird sich das Vorliegen einer verschleierten Sachgründung nur unter *Berücksichtigung der Gesamtumstände* klären lassen, soweit nicht ausnahmsweise eine entsprechende Gründervereinbarung nachweisbar ist. Ein **zeitlicher** Zusammenhang zwischen Geldeinlagepflicht und Veräußerungsgeschäft ist insbesondere dann anzunehmen, wenn die Zahlung des Entgelts an den Gesellschafter im wesentlichen aus Mitteln bewirkt wird, die der Gesellschafter als Geldeinlage geleistet hat. Entsprechendes gilt, wenn zunächst von der Gesellschaft das Entgelt gezahlt wird und der Gesellschafter diese Mittel anschließend zur Tilgung seiner Einlageschuld verwendet. Indizien für eine **sachliche** Verbindung zwischen Einlagepflicht und Veräußerungsgeschäft sind vor allem dann gegeben, wenn es sich bei den veräußerten Gegenständen um *unvertretbare Sachen* handelt und der Veräußerungspreis nicht wesentlich von der fälligen Einlageschuld abweicht. Ob das Veräußerungsgeschäft vom Gesellschafter selbst oder auf seine Anweisung von einem Dritten abgeschlossen wird, ist nicht entscheidend. Bilden den Gegenstand der Veräußerung demgegenüber *vertretbare Sachen*, die zur Verfolgung des **140**

---

187 *Ballerstedt* ZHR 127 **1965** 98 f., *Barz* GroßkommAktG § 27, 25.

187a So *Langenfeld* GmbH-Rdsch. **1981** 53, 55, im Interesse eines klaren und umfassenden Anwendungsbereichs der Sachgründungsvorschriften. Da er im Folgenden (aaO) die „Verkehrsgeschäfte" zwischen GmbH und Gesellschaftern selbst wieder ausnimmt, ist mit dieser Ansicht allerdings für die Abgrenzung nichts gewonnen.

188 So wörtlich RGZ **167** 99, 108; im gleichen Sinne auch schon RGZ **121** 99, 102, KGJ **25** A 85, KG JFG **1** 204, 208.

189 So *Hachenburg/Schilling*⁶ 49, wohl auch *Langenfeld* GmbH-Rdsch. **1981** 53, 55.

190 Dagegen zu Recht *Teichmann* Die Gesetzesumgehung (1962) S. 69 ff.

Unternehmenszwecks benötigt werden, und bemißt sich das vereinbarte Entgelt nach dem Marktpreis, so besteht zur Annahme einer verschleierten Sachgründung regelmäßig kein Anlaß.

141 Eine verschleierte Sachgründung liegt schließlich auch dann vor, wenn die **Einlageforderung gegen einen** vor Eintragung der Gesellschaft begründeten **Darlehensanspruch des Gesellschafters aufgerechnet** wird. Von wem die Aufrechnung erklärt wird, ist abweichend von § 19 Abs. 2 S. 2 ohne Bedeutung. Soll der Darlehensanspruch auf die Einlageforderung angerechnet werden, so kann das nur in der Form des § 5 Abs. 4 S. 1 geschehen[191].

V. Abweichungen des Ausgabebetrags vom Nennwert der Stammeinlage

1. Ausgabe von Geschäftsanteilen über pari

142 Die Ausgabe von Geschäftsanteilen gegen ein über den Nennwert der Stammeinlage hinausgehendes **Aufgeld (Agio)** ist nach heute einhM **zulässig**, auch wenn gesetzliche Vorschriften hierzu nicht bestehen[192]. Das folgt aus der für das Innenverhältnis der GmbH geltenden grundsätzlichen Dispositionsfreiheit der Gesellschafter und aus dem Fehlen einer Gläubigergefährdung bei Vereinbarung eines Aufgelds. Eine Irreführung des Verkehrs könnte mit solchen Regelungen nur dann verbunden sein, wenn entweder das Aufgeld nur zum Schein vereinbart wäre (zur Kontrolle bei Sacheinlagen vgl. Rdn. 117) oder wenn es zum Ausweis von Scheingewinnen verwendet würde. Dieser Gefahr steht allerdings entgegen, daß schon nach geltendem Recht eine Offenlegung der Gewinnherkunft im Interesse der Bilanzklarheit und -wahrheit nach den Grundsätzen ordnungsmäßiger Buchführung geboten ist. Daher ist das Aufgeld zumindest vorübergehend in die Rücklage einzustellen[193]. — *Keinen* Fall der Überpari-Emission bildet die *Unterbewertung* der einzubringenden Sachen, soweit Wertansatz und Nennbetrag des Geschäftsanteils sich decken[194]. Gleiches gilt bei einer den Nennbetrag des Geschäftsanteils wertmäßig übersteigenden, als gemischte Einlage geplanten Sacheinlage, bei der versehentlich die Angabe des Vergütungsanspruchs im Gesellschaftsvertrag unterblieben ist (Rdn. 104).

143 **Wirtschaftliche Bedeutung** kommt dem Agio vor allem **bei Kapitalerhöhungen** unter Aufnahme neuer Gesellschafter zu. Insbesondere in den Fällen, in denen die Anteile der bisherigen Gesellschafter einen über dem Nennbetrag liegenden Wert erreicht haben, würde die Kapitalerhöhung zu pari eine Verminderung des Anteilswerts für die Altgesellschafter zur Folge haben. Sie ist zwar solange unproblematisch, als die neuen Stammeinlagen von den bisherigen Gesellschaftern im Verhältnis ihrer Geschäftsanteile

---

191 Vgl. Rdn. 44 und § 19, 59; so auch OLG Köln BB **1984** 1636, 1637; *Scholz/Winter* § 19, 20 und *Roth* § 19, 6.4; **aA** *Geßler* Festschrift Möhring (1975) S. 181 f., mit der formalen Begründung, es handele sich um einen Vorgang, der sich nur auf der Passivseite der Bilanz vollziehe; im Ergebnis auch *Priester* DB **1976** 1804.

192 Vgl. *Scholz/Winter* 11, *Baumbach/Hueck* 3 A; **aA** noch *Brodmann* § 3, 7 d.

193 Vgl. § 3, 64. Der RegE BilRLG schreibt diese Einstellung in eine „Kapitalrücklage" in § 248 Abs. 3 Nr. 1 ausdrücklich vor. Eine gesetzliche Kapitalbindung ist damit, anders als nach § 150 AktG, allerdings nicht verbunden.

194 Mißverständlich daher Begr. RegE GmbH-Novelle, BT-Drucks. 8/1347, S. 30, wonach die Gesellschaft — als „Überpari-Emission" — eine Sacheinlage zu einem geringeren als ihrem tatsächlichen Wert annehmen kann, ohne daß es im Gesellschaftsvertrag offengelegt werden muß. Zur Zulässigkeit der Unterbewertung von Sacheinlagen vgl. auch Rdn. 61.

gezeichnet werden. Anderes gilt dagegen bei einer Veränderung der Beteiligungsverhältnisse im Zuge der Kapitalerhöhung. Die Vereinbarung eines Aufgelds kann aber auch bei einer **gemischten Sachgründung** von Interesse sein. Soll für die von einem Teil der Gründer einzubringenden Sacheinlagen aus steuerlichen Gründen ihr unter dem tatsächlichen Wert liegender Buchwert fortgeführt werden, so darf auch der Nennbetrag der hierfür ausgegebenen Geschäftsanteile diesen Wert nicht übersteigen. Ein Ausgleich kann hier dadurch erfolgen, daß die Bareinleger sich zur Erbringung eines Aufgelds entsprechend der Differenz zwischen Buchwert und tatsächlichem Wert der Sacheinlagen verpflichten.

Die **Rechtsnatur des Aufgelds** ist nach hM als gesellschaftsrechtliche Nebenleistungspflicht und nicht als Teil der Stammeinlagepflicht zu bestimmen[195]. Die Frage hat allerdings, abgesehen von der Unanwendbarkeit der §§ 21 bis 24 auf Nebenleistungspflichten (§ 24, 3), im wesentlichen nur *terminologische Bedeutung* (§ 3, 64). Denn einerseits bedarf die Vereinbarung eines Aufgelds in jedem Fall der Aufnahme in den Gesellschaftsvertrag, unabhängig davon, ob es sich um einen Einlagebestandteil oder eine Nebenleistungspflicht handelt; auch sind beide Verpflichtungsgründe an den Geschäftsanteil gebunden und betreffen nicht etwa den Gründer persönlich (vgl. für die Nebenleistungspflicht § 3, 90). Zum anderen geht das Aufgeld seinem Wesen nach selbst dann nicht in die Bemessung von Stammeinlage und Stammkapital ein und unterliegt daher auch nicht der Kapitalbindung der §§ 30, 31, wenn es einen Einlagebestandteil bildet. Und schließlich besteht auch Einigkeit darüber, daß unabhängig von der Qualifizierung des Aufgelds die Mindesteinzahlung nach § 7 Abs. 2, die bei Anmeldung der Gesellschaft nachgewiesen werden muß, sich nur auf den *Nennbetrag* der Stammeinlage und nicht auf einen etwa höheren Ausgabebetrag bezieht (vgl. § 7, 23; abweichend § 36 Abs. 2 AktG). **144**

Wird im Rahmen einer **Sacheinlage** der angenommene Wert des einzubringenden Gegenstands auf die Stammeinlage und ein Aufgeld aufgeteilt und ist der objektive **Wert des Gegenstands geringer** als der angenommene Wert, so hat der Registerrichter die Eintragung zurückzuweisen. Dies folgt zwar nicht aus dem Verbot der Unterpari-Emission (Rdn. 146), sofern der Wert der Sacheinlage den Nennbetrag der Stammeinlage erreicht, wohl aber aus der mit dem vertraglich vereinbarten Wert unter Aufspaltung in Stammeinlage und Aufgeld verbundenen Gefahr der Irreführung über den objektiven Wert der Sacheinlage (Rdn. 117, vgl. auch § 9c, 28, 31). **145**

2. Das Verbot der Unterpari-Emission

Im Unterschied zur Überpari-Emission, die keine Gefahren für die Kapitalausstattung der Gesellschaft und die Gläubigersicherung begründet, ist die Ausgabe von Geschäftsanteilen gegen eine **unter dem Nennbetrag** liegende Einlage **zwingend verboten**[196]. Das folgt auch ohne ausdrückliche Regelung aus den Vorschriften, die die *Kapitalaufbringung und Kapitalerhaltung* der Gesellschaft sicherstellen (vgl. insbesondere §§ 19 Abs. 2, 30), und ist für Sacheinlagen durch die Differenzhaftung in § 9 Abs. 1 nF noch besonders unterstrichen worden. Die Vorschriften sollen gewährleisten, daß die durch die Stammkapitalziffer bestimmten, den Haftungsfonds der Gesellschaft bildenden Mittel ihr von den Gesellschaftern in vollem Umfang zur Verfügung gestellt und nicht wieder entzogen werden. Mit diesem Grundgedanken wäre es unvereinbar, wenn die Kapitalaufbringung **146**

---

195 Vgl. *Scholz/Winter* 11, *Immenga* Die personalistische Kapitalgesellschaft (1970) S. 103; wohl auch *Baumbach/Hueck* 3.

196 BGHZ **68** 191, 195 = NJW **1977** 1196; *Scholz/Winter* 11.

dadurch gefährdet oder unmöglich gemacht würde, daß bereits im Gesellschaftsvertrag eine Einlageleistung vereinbart wird, die den mit der Stammeinlage identischen Nennbetrag des Geschäftsanteils (§ 14) unterschreitet.

147 Sieht der Gesellschaftsvertrag entgegen diesen Grundsätzen eine Unterpari-Emission vor, so muß der Registerrichter im Rahmen seiner Kontrollfunktion (§ 9 c) die **Eintragung verweigern**. Trägt er gleichwohl ein, so sind die Gesellschafter entsprechend § 19 Abs. 2 unabhängig von den getroffenen Vereinbarungen zur Einlageleistung in *voller* Höhe der von ihnen gezeichneten Stammeinlage verpflichtet; bei **überbewerteten Sacheinlagen** greift § 9 Abs. 1 ein (Rdn. 71; zur Frage der Nichtigkeit wegen Überbewertung vgl. Rdn. 72).

148 **Einzelfälle.** Im Falle einer **Kapitalerhöhung zu Sanierungszwecken** befreit die Einbringung von Forderungen gegen die Gesellschaft die Sacheinleger nur dann von einer Geldeinlagepflicht, wenn die Forderungen nicht zum Nennbetrag, sondern zu dem ihnen angesichts der finanziellen Lage der Gesellschaft zukommenden, geringeren tatsächlichen Wert eingebracht werden (Rdn. 44). Wird ein **Handelsgeschäft** *rückwirkend auf den Stichtag der letzten Jahresbilanz* eingebracht (Rdn. 67), so sind bis zum Anmeldungsstichtag eingetretene Wertminderungen durch den Sacheinleger nach § 9 Abs. 1 durch Geldleistung auszugleichen, soweit der Einlagewert unter den Nennbetrag der Stammeinlage gesunken ist.

VI. Die Ausgabe von Vorzugsgeschäftsanteilen

1. Begriff, Wesen

149 **Vorzugsgeschäftsanteile** sind Geschäftsanteile, die ihrem Inhaber im Vergleich zu den übrigen Gesellschaftern ein besonderes Vorrecht **(Vorzugsrecht)** gewähren. Die Vorzugsrechte können *als Vermögens- oder als Herrschaftsrechte* ausgestaltet sein; zu denken ist an Gewinnvorrechte, erhöhtes Stimmrecht, Geschäftsführungs- oder Kontrollbefugnisse (Rdn. 155 ff.). Ein *Vorzug* liegt freilich nur dann vor, wenn der Anteilsinhaber eine *relativ bessere* Rechtsstellung als andere Gesellschafter hat. Davon zu unterscheiden sind unterschiedliche Einlagevereinbarungen (Sach- statt Bareinlage) oder unterschiedlich hohe Nennbeträge der Geschäftsanteile. Die damit verbundenen unterschiedlichen Berechtigungen entsprechen dem Wesen der Kapitalgesellschaft, das nur auf eine *relative* Gleichheit der Rechte abstellt, und begründen daher kein Vorzugsrecht.

150 **Kennzeichnen des Vorzugsrechts** und damit auch Abgrenzungskriterium zum Sondervorteil (Rdn. 161) ist seine **Verbindung** *nicht mit der Person des Gesellschafters*, sondern **mit dem Geschäftsanteil**. Um einen Vorzugsgeschäftsanteil handelt es sich daher nur dann, wenn das Vorzugsrecht nach der Satzungsregelung *auf die jeweiligen oder bestimmte Anteilserwerber übergeht*. Ist das Vorrecht dagegen einem Gesellschafter *persönlich* gewährt, so liegt hierin ein *Sondervorteil*, und zwar unabhängig davon, ob er als solcher übertragbar ist oder nicht bzw. ob er dem Gesellschafter auf Dauer oder nur für die Zeit seiner Mitgliedschaft gewährt ist[197]. Von den Vorzugsgeschäftsanteilen zu unterscheiden sind weiter die *Schuldverschreibungen*. Diese können zwar — als Gewinnschuldverschreibung — ebenfalls gewinnabhängig ausgestaltet sein und dadurch eine gewisse Ähnlichkeit mit

[197] Die Terminologie ist überwiegend unscharf; mit dem Geschäftsanteil verbundene Vorzugs-(Sonder-)rechte werden terminologisch meist nicht klar gegenüber persönlichen Sondervorteilen abgegrenzt (vgl. etwa *Scholz/Winter* § 3, 38 und § 14, 14 ff., *Roth* § 14, 3.3). Der hier gewählten Terminologie im Grundsatz folgend *Scholz/Priester* § 53, 122 und 136.

Vorzugsgeschäftsanteilen ohne Stimmrecht aufweisen; anders als jene enthalten sie aber kein Mitgliedschaftsrecht. Die Ausgabe von Schuldverschreibungen kommt im Unterschied zu den Aktiengesellschaften bei der GmbH schon aus Publizitätsgründen nur vereinzelt vor; wegen näherer Einzelheiten wird auf die entsprechenden Erläuterungen in den Aktienrechtskommentaren verwiesen.

2. Zulässigkeit

Während § 11 AktG für die Aktiengesellschaft die Schaffung von Vorzugsaktien ausdrücklich zuläßt, fehlt im GmbH-Gesetz eine entsprechende Vorschrift. Dennoch besteht kein Zweifel, daß auch bei der GmbH Vorzugsgeschäftsanteile geschaffen werden können[198]. Wegen der im GmbH-Recht geltenden grundsätzlichen Dispositionsfreiheit für das Innenverhältnis haben die Gesellchafter weitgehende Freiheit bei der Ausgestaltung der Mitgliedschaftsrechte, solange dadurch der Grundsatz der Kapitalaufbringung und -erhaltung nicht berührt wird (Rdn. 157). Die Ausgabe der Vorzugsgeschäftsanteile muß wegen ihrer die Mitgliedschaftsrechte gestaltenden Natur freilich **im Gesellschaftsvertrag** geregelt sein[199]. Für die wichtigsten Inhalte von Vorzugsrechten, nämlich die vom Gesetz abweichende Gewinn- und Vermögensverteilung und die Stimmberechtigung, ist das ausdrücklich in §§ 29 Abs. 2, 45 Abs. 2 iVm 47 Abs. 2, 72 S. 2 vorgeschrieben. 151

3. Begründung, Aufhebung

Die **Begründung** von Vorzugsrechten kann bereits im Zeitpunkt der **Gründung** durch entsprechende Vereinbarung im Gesellschaftsvertrag erfolgen. Werden Vorzugsrechte erst nach Entstehung der Gesellschaft geschaffen, so bedarf es hierzu einer **Satzungsänderung**. In Abweichung von den in § 53 Abs. 2 enthaltenen Mehrheitserfordernissen setzt sie regelmäßig die **Zustimmung sämtlicher durch die Änderung benachteiligter Gesellschafter** voraus. Das folgt aus der mit der Schaffung von Vorzugsgeschäftsanteilen meist verbundenen *Durchbrechung des Gleichbehandlungsgrundsatzes* (vgl. näher § 53, 62 und 109; Ausnahmen vgl. sogleich und Rdn. 153; allgemein zum Grundsatz der Gleichbehandlung in der GmbH vgl. auch § 14, 18 ff.). Anderes gilt, wenn der Gesellschaftsvertrag die Schaffung von Vorzugsrechten durch satzungsändernden Mehrheitsbeschluß zuläßt: hier bewendet es bei den Voraussetzungen des § 53 Abs. 2. Ist die erforderliche Zustimmung nicht von allen Gesellschaftern erteilt worden, so ist die Satzungsänderung nicht nichtig, sondern entsprechend § 243 Abs. 2 AktG nur **anfechtbar**, soweit der Beschluß nicht seinem Inhalt nach mit dem Wesen der Gesellschaft unvereinbar ist oder gegen die guten Sitten verstößt[200]. 152

Da die Zustimmung aller betroffenen Gesellschafter in Abweichung von § 53 Abs. 2 mit Rücksicht auf den Grundsatz der Gleichbehandlung notwendig ist, bedarf es ihrer dann nicht, wenn der Beschluß alle Gesellschafter **inhaltlich gleich** trifft. Hier genügt die **satzungsändernde Mehrheit**. Entscheidend ist dabei ein objektiver Maßstab: es muß allen Gesellschaftern unter gleichen Voraussetzungen die Möglichkeit offenstehen, Vorzugsgeschäftsanteile zu erwerben[201]. Das ist z. B. der Fall, wenn den Gesellschaftern 153

198 HM, vgl. *Scholz/Winter* § 14, 14 ff., *Baumbach/Hueck* vor § 13, 3, *Brodmann* 7, *Feine* S. 137.

199 So auch *Scholz/Winter* § 14, 16.

200 So zutr. die heute ganz hM, vgl. RGZ **118** 67, 72 f.; *Scholz/Winter* § 14, 34, *Scholz/K. Schmidt* § 45, 45, *Scholz/Priester* § 53, 48, *A. Hueck* Mangelhafte Gesellschafterbeschlüsse bei der GmbH, Festschrift Molitor (1962) S. 401, 404, *Götz Hueck* Der Grundsatz der gleichmäßigen Behandlung im Privatrecht (1958) S. 317.

201 *Götz Hueck* aaO (Fn. 200).

im Rahmen von Sanierungsmaßnahmen die Umwandlung ihrer bisherigen Anteile in Vorzugsgeschäftsanteile gegen eine den gewährten Vorzugsrechten entsprechende Zuzahlung angeboten wird (RGZ **76** 155, 158). Ebenso kann durch Mehrheitsbeschluß eine Erhöhung des Stammkapitals unter Ausgabe von Vorzugsgeschäftsanteilen vorgenommen werden, sofern das Bezugsrecht der bisherigen Gesellschafter nicht ausgeschlossen ist[201a]. In diesen Fällen mag zwar eine Verkürzung der Rechte der bisherigen Gesellschafter eintreten. Das steht der Zulässigkeit des Mehrheitsbeschlusses aber nicht entgegen, wenn sie ihren Ausgleich in der Zuführung entsprechender Mittel zum Gesellschaftsvermögen findet und jeder Gesellschafter die Möglichkeit hat, die Benachteiligung durch entsprechende, angemessen festgesetzte Zuzahlung oder Übernahme neuer Stammeinlagen abzuwenden. Eine Vermehrung der den Gesellschaftern obliegenden Leistungen, die nach § 53 Abs. 3 der Zustimmung sämtlicher Beteiligten bedarf, ist mit diesen Maßnahmen nicht verbunden (§ 53, 70).

154 Was die **Aufhebung** von Vorzugsrechten oder ihre Ablösung betrifft, so bedarf sie neben der in § 53 Abs. 2 vorgeschriebenen satzungsändernden Mehrheit auch der **Zustimmung der Inhaber der betroffenen Anteile**[202]. Einer Übernahme des Grundgedankens des § 179 Abs. 3 AktG, wonach bei Satzungsänderungen zum Nachteil einer Gattung die Zustimmung der qualifizierten Mehrheit der betroffenen Aktionäre ausreicht, steht der stärker *personalistische* Charakter der GmbH entgegen. Er gestattet es auch in den Fällen, in denen das Vorzugsrecht sich auf mehrere Anteile erstreckt, grundsätzlich *nicht*, sein Schicksal von der Entscheidung der qualifizierten Mehrheit der auf die Vorzugsgeschäftsanteile entfallenden Stimmen abhängig zu machen. Das wirksam entstandene Vorzugsrecht hat vielmehr **Sonderrechtscharakter im Sinne von § 35 BGB**[203]. Das Fehlen der Zustimmung macht den Beschluß **unwirksam**, ohne daß es einer Anfechtung durch den verletzten Gesellschafter bedarf[204]. Der Vorzugsgeschäftsanteil kann aber im Gesellschaftsvertrag auch in der Weise bestellt sein, daß das Vorzugsrecht abänderbar durch Mehrheitsbeschluß verliehen worden ist. Es kann auch von vornherein eine Ablösungsregelung vorgesehen sein, so namentlich bei den vermögensrechtlichen Vorzugsrechten. Bei Zahlung der Ablösungssumme sind die aus § 30 folgenden Grenzen der Kapitalerhaltung zu beachten (Rdn. 157).

4. Inhalt

155 Die **inhaltliche Ausgestaltung der Vorzugsgeschäftsanteile** steht grundsätzlich im Belieben der Gesellschafter, soweit nicht zwingende Regelungen des GmbH-Gesetzes entgegenstehen. Im einzelnen lassen sich *Vermögensrechte und Herrschaftsrechte* unterscheiden (Rdn. 156, 158). Die Anteile können **mit einem oder mehreren Vorzugsrechten ausgestattet** sein. So sind oft Vorzugsdividenden und Liquidationsvorrechte verbunden. Es kann auch sein, daß sich das Vorzugsrecht mit einer **Minderung** der sonstigen auf dem Anteil beruhenden Gesellschafterrechte verbindet, so wenn als Ausgleich für einen Vorzug bei der Gewinnverteilung *kein* oder nur ein reduziertes Stimmrecht eingeräumt wird.

156 Unter den **vermögensrechtlichen** Vorzugsrechten steht im Vordergrund ein gegenüber der Kapitalbeteiligung **erhöhtes Gewinnrecht**. Es kann auch bestimmt sein,

---

201a Vgl. § 53, 110; so auch *Scholz/Priester* § 53, 47 und 136.

202 Vgl. § 53, 111; so auch *Scholz/Priester* § 53, 100 und 136.

203 HM, vgl. § 14, 12, *Scholz/Winter* § 14, 15, *Baumbach/Hueck* vor § 13, 3 A.

204 RGZ **148** 175, 186, BGHZ **15** 177, 181 = NJW **1955** 178; vgl. dazu § 53, 83.

daß zuerst der Vorzugsgeschäftsanteil bis zu einer bestimmten Höhe dividendenberechtigt ist, ehe eine Gewinnverteilung auf die anderen Geschäftsanteile stattfindet (**Vorab-Dividende**). Zulässig ist auch ein sog. **Nachzahlungs- oder Nachbezugsrecht**, das die Vorabgewährung des Ausfalls eines gewinnlosen Jahres aus dem Reingewinn der folgenden Jahre vorsieht (RGZ **82** 138, 140). Für die stimmrechtslose Vorzugsaktie ist dieses Recht in § 139 Abs. 1 AktG zwingend vorgeschrieben. Ein allgemeiner gesellschaftsrechtlicher Grundsatz, der mangels entgegenstehender Vereinbarung oder gar zwingend auch im GmbH-Recht zu beachten wäre, kann hierin freilich nicht gesehen werden. Zulässig sind weiter auch Vorzugsrechte, die eine am Gesamtumsatz der Gesellschaft oder an bestimmten Geschäften ausgerichtete Erfolgsbeteiligung gewähren, z. B. aufgrund der Einbringung eines Handelsgeschäfts oder eines Patents. Auch hier wird aber stets zu prüfen sein, ob eine Verbindung mit dem Geschäftsanteil gewollt ist oder ob das Recht als Sondervorteil ausgestaltet sein soll[205]. Vorzugsrechte können weiter als **Erwerbsvorrechte** bei der Anteilsveräußerung oder der Ausgabe neuer Geschäftsanteile eingeräumt werden[206]. Schließlich kann sich das Vorzugsrecht auch auf die **Verteilung des Liquidationserlöses** beziehen. Es kann insoweit einem Gesellschafter ein größerer Betrag, als er seinem Geschäftsanteil entspräche, zugewiesen werden. Das kommt vor allem zum Ausgleich für die unverhältnismäßig niedrige Bewertung einer Sacheinlage in Betracht. Es kann auch vereinbart werden, daß dem Inhaber des Vorzugsgeschäftsanteils eine bestimmte Sache oder ein Recht, z. B. ein Patent, in der Liquidation zufallen soll. Es kann aber auch den Geldeinlegern ein Anspruch auf Deckung vor den Sacheinlegern zugestanden sein. Alle diese Vorzugsrechte wirken bei der Auflösung einer GmbH nur unter den Gesellschaftern. Den Gläubigern gegenüber sind sie ohne Belang.

Eine zwingende Grenze bei der Ausgestaltung der vermögensrechtlichen Vorzugs- **157**
rechte bildet der **Grundsatz der Kapitalerhaltung** (§ 30 Abs. 1). Er steht der Einräumung eines Vorzugsrechts entgegen, das auf die Zahlung fester Beträge unabhängig von der Vermögenslage der Gesellschaft gerichtet ist. Ein gewinnunabhängig ausgestaltetes Vorzugsrecht ist freilich nicht schon dann unzulässig, wenn es ohne ausdrücklichen Vorbehalt im Sinne von § 30 Abs. 1 vereinbart ist. Wohl aber kann die Auszahlung von im Gesellschaftsvertrag höhenmäßig bestimmten Beträgen (Zinsen, Umsatzprovisionen u. a.) nur erfolgen, soweit dadurch nicht das zur Erhaltung des Stammkapitals erforderliche Vermögen angegriffen wird (vgl. § 30, 13 ff., 23, 44).

Der Inhalt des Vorzugsrechts kann nicht nur in Vermögensrechten, sondern auch **158**
in sog. **Herrschaftsrechten** bestehen. So insbesondere in einem erhöhten **Stimmrecht**, in dem Recht, jederzeit die Gesellschafterversammlung einzuberufen, in dem Recht auf den Vorsitz in der Gesellschafterversammlung oder im Aufsichtsrat, in dem Recht, daß gegen die mit dem Vorzugsgeschäftsanteil verbundenen Stimmen eine Satzungsänderung nicht beschlossen werden kann usw. Denkbar ist auch ein Vorzugsrecht auf **Geschäftsführung** und Vertretung der Gesellschaft; wegen der persönlichen Natur der Geschäftsführerbestellung wird es freilich meist als höchstpersönlicher Sondervorteil ausgestaltet sein[207]. Die Tatsache, daß ein Gesellschafter im Gesellschaftsvertrag zum Geschäftsführer bestellt worden ist, läßt für sich allein noch nicht den Schluß auf die Einräumung eines Vorzugsrechts bzw. eines Sondervorteils zu (vgl. näher § 6, 17 f.).

---

205 Vgl. zum letzteren Fall RG JW **1917** 468, 469 sowie Rdn. 163.

206 *Götz Hueck* Festschrift Larenz (1973) S. 749 ff., *Herren* Statutarische Berechtigungen zum Erwerb von Aktien und GmbH-Anteilen, Diss. Bern 1973.

207 Rdn. 164; nicht eindeutig BGH GmbH-Rdsch. **1963** 212.

V. Sondervorteile und Gründungsaufwand

1. Überblick

159 *Sondervorteilen*, die Gesellschaftern anläßlich der Gründung der Gesellschaft eingeräumt werden, und Ansprüchen auf Ersatz von *Gründungsaufwand* oder auf Entlohnung der bei Gründung der Gesellschaft geleisteten Dienste ist gemeinsam, daß sie sich als Vorbelastung der künftigen GmbH auswirken. Das kann **Gefahren für Gläubiger, aber auch für Mitgesellschafter** begründen, die von der Existenz der Vorbelastungen keine Kenntnis haben. Um diesen Gefahren entgegenzuwirken, sind im *Aktienrecht* nähere Bestimmungen über die Voraussetzungen getroffen worden, unter denen Verpflichtungen der Gesellschaft aus Sondervorteilen und Gründungsaufwand begründet werden können (§ 26 AktG). Maßgebend kommt es danach auf die Aufnahme derartiger Verpflichtungen in die Satzung *vor* Eintragung der Gesellschaft an. Entsprechende Vorschriften enthielt § 5a RegE GmbHG 1977. Sie sind als unnötig, weil *geltendes ungeschriebenes* Recht[208], nicht in die GmbH-Novelle 1980 übernommen worden. Für die Behandlung von Vereinbarungen über *Sondervorteile* sind sie daher auch ohne ausdrückliche Regelung zu beachten[209]. Für den *Gründungsaufwand* findet sich eine Bestätigung in § 9a Abs. 1, der eine Schadensersatzpflicht für derartige Zahlungen der Gesellschaft begründet, wenn sie nicht im Gesellschaftsvertrag vorgesehen sind[210]. Vgl. näher Rdn. 161 ff., 170 ff.

160 Gegenüber diesen Gemeinsamkeiten überwiegen allerdings die **Unterschiede zwischen Sondervorteilen und Gründungsaufwand.** Während die Übernahme des *Gründungsaufwands* durch die Gesellschaft *Vergütungscharakter* hat und dazu bestimmt ist, die in ihrem Interesse erbrachten Aufwendungen (Steuern, Gebühren u. a.) sowie die für sie geleisteten Dienste auszugleichen, ist für die *Sondervorteile* deren Einräumung *ohne* Bezug auf eine bestimmte *Gegenleistung* kennzeichnend. Demgemäß können Sondervorteile nur für *Gesellschafter* begründet werden; Ansprüche aus Gründungsaufwand kommen dagegen auch für *Dritte* in Betracht, die bei Gründung der Gesellschaft mitgewirkt haben. Der Anspruch auf Gründungsaufwand ist ein *normales Gläubigerrecht*, soweit er im Gesellschaftsvertrag verlautbart ist und sich auf die angemessenen Gründungskosten beschränkt, während sich der Anspruch auf Sondervorteile nicht nur in seiner Entstehung, sondern auch in seiner späteren Behandlung von sonstigen Gläubigerrechten unterscheidet. Das hat Bedeutung für das Eingreifen von § 30 (vgl. Rdn. 168, 175).

2. Sondervorteile

161 **a) Begriff und Wesen.** Sondervorteile, z. T. auch „Sonderrechte" genannt[211], sind **Rechte, die Gesellschaftern** aus Anlaß der Gründung oder eines späteren Beitritts **gegenüber der Gesellschaft ohne Bezug auf eine bestimmte, gleichwertige Gegenleistung eingeräumt werden.** Sie sind nicht nur von den Ansprüchen auf Gründungsaufwand (Rdn. 170), sondern auch von den *Vorzugsrechten aus Vorzugsgeschäftsanteilen* (Rdn. 149 ff.) scharf zu unterscheiden. Die auf dem Vorzugsgeschäftsanteil beruhenden Vorzugsrechte sind echte Mitgliedschaftsrechte im Sinne von § 35 BGB, die in Begründung und Fortbestand von ihrer satzungsmäßigen Regelung abhängig sind; bei Veräußerung

---

208 So ausdrücklich Bericht des BT-Rechtsausschusses (BT-Drucks. 8/3908, S. 70) als Grund für die von ihm vorgeschlagene Streichung.

209 So auch *Scholz/Winter* § 5 nF, 44a, *Roth* 6 und *Geßler* BB **1980** 1386 f.

210 So zutr. auch *Scholz/Winter* und *Geßler* aaO (Fn. 209).

211 Zur Terminologie vgl. Rdn. 150 und Fn. 197.

des Geschäftsanteils gehen sie mit diesem auf den Erwerber über (Rdn. 150, 154). Demgegenüber setzen Sondervorteile nur bei ihrer *Begründung* voraus, daß der Begünstigte Gesellchafter ist[212]. Sie werden dem Begünstigten **persönlich** gewährt, unabhängig von seinem Geschäftsanteil, und können daher auch getrennt von diesem übertragen werden, soweit sie nicht — wie im Fall von Herrschaftsrechten (Rdn. 164) — *höchstpersönlich* ausgestaltet und an die Gesellschafterstellung des Begünstigten gebunden sind.

Der Sache nach handelt es sich bei den Sondervorteilen um das Korrelat zu den in **162**
§ 3 Abs. 2 vorgesehenen Nebenleistungspflichten der Gesellschafter, allerdings ohne daß die Begründung der einen Art von Rechten diejenige der anderen bedingt. Entscheidend ist, daß beide der **Sozialsphäre der Gesellschaft** zuzurechnen sind und den spezifisch personalistischen, auf die Person der Gesellschafter zugeschnittenen Charakter der betreffenden GmbH zum Ausdruck bringen (§ 3, 52, 53, 99). Die *Sondervorteile unterscheiden sich daher auch deutlich von gewöhnlichen*, aus Austauschverträgen mit der GmbH entstandenen *Gläubigerrechten* der Gesellschafter (vgl. auch § 14, 16 f.). Das hat Bedeutung nicht nur für die Anforderungen an die Begründung der Sondervorteile, sondern auch für die ihrer Geltendmachung gesetzten Grenzen (Rdn. 166, 168). **Anlaß für die Einräumung derartiger Sondervorteile** an einen oder bestimmte Gesellschafter können die Verdienste der Begünstigten um die Entstehung der Gesellschaft sein oder das Interesse der Mitgesellschafter, sie zum Eintritt in die Gesellschaft zu bewegen. Denkbar ist aber auch die Einräumung eines Sondervorteils im Zusammenhang mit bestimmten Sacheinlagen, so die Gewährung einer laufenden Umsatzprovision an den Einbringer eines von der GmbH fortgeführten Unternehmens oder die Zusage bestimmter Zahlungen im Zusammenhang mit der Einbringung eines Patents oder Urheberrechts. Hier zeigen sich gewisse Parallelen zum Fall der gemischten Sacheinlage; bei ihr werden als Gegenleistung freilich nicht künftige, unter dem Vorbehalt des § 30 stehende (Rdn. 168) Vorrechte, sondern eine bereits im Zuge der Einbringung zu leistende Vergütung im Gesellschaftsvertrag festgesetzt (Rdn. 99).

Inhaltlich ist die Art der möglichen Sondervorteile grundsätzlich *nicht begrenzt* (zu **163**
den Anforderungen an die *Begründung* von Sondervorteilen vgl. aber Rdn. 166, 168). Das ist unbestritten für die Gewährung **vermögensrechtlicher** Ansprüche[213]. Zu denken ist an besondere Gewinnanteile (RG JW **1917** 468), Umsatzprovisionen (KG JW **1938** 2754), Naturalleistungen der Gesellschaft, aber auch an Ansprüche des Begünstigten *auf Abschluß* entgeltlicher Verträge mit der Gesellschaft in der Form der Einräumung von Belieferungs- oder Vorkaufsrechten u. a. Daß die Vereinbarung zugleich auch für die Gesellschaft vorteilhaft ist, steht nicht entgegen (RG LZ **1908** 297, 298). Soweit die Sondervorteile übertragbar sind, können über sie auch **Genußscheine** ausgestellt werden, die als kaufmännische Verpflichtungsscheine nach § 363 HGB an Order lauten können[214]. Nicht um Sondervorteile, sondern um **gewöhnliche Gläubigerrechte** handelt es sich dagegen bei Ansprüchen, die einem Gesellschafter **aus einem** mit der GmbH geschlossenen **Austauschvertrag** zustehen, auch wenn der Austauschvertrag selbst aufgrund eines Sonderrechts zustande gekommen ist. So liegt ein Sondervorteil nicht vor, wenn einem Gesellschafter als Gegenleistung für ein partiarisches Darlehen ein Gewinnvoraus zugesagt ist[215]. Derartige Gläubigerrechte unterstehen daher auch nicht den für Sondervorteile geltenden Zulässigkeitsvoraussetzungen. — Zu den für vermögensrechtliche Sondervorteile geltenden Schranken aus § 30 vgl. Rdn. 168.

---

212 So auch *Scholz/Priester* § 53, 122. Zur notwendig mitgliedschaftlichen Natur der in der Satzung begründeten Rechte vgl. § 3, 44.

213 Vgl. auch *Scholz/Priester* § 53, 122.

214 *Barz* GroßkommAktG § 27, 5.

215 RGZ **81** 17, 20 f., RG JW **1915** 1430.

164 Neben Vermögensrechten können aber auch **Kontroll- oder Herrschaftsrechte** bestimmten Gesellschaftern als Sondervorteile eingeräumt werden[216]. Die Frage ist zwar in der entsprechenden aktienrechtlichen Diskussion umstritten[217]. Die von der Gegenansicht vorgetragenen Bedenken, Herrschaftsrechte könnten nicht als „Gläubigerrechte" gewährt werden, sind aber nicht stichhaltig. Sie berücksichtigen nicht den erheblichen Unterschied, der zwischen der *Begründung* von — nur Gesellschaftern zugänglichen — Sondervorteilen und derjenigen von normalen Gläubigerrechten besteht (Rdn. 162). Der Umstand, daß bestimmte Herrschafts- oder Kontrollrechte nur Gesellschaftern eingeräumt werden können, spricht daher *nicht gegen ihre Begründung als Sondervorteil, sondern nur gegen ihre Übertragbarkeit* an Dritte. Die in Kontroll- oder Herrschaftsrechten bestehenden Sondervorteile sind ihrer Natur nach somit regelmäßig **höchstpersönlich**. Das unterscheidet sie auch von den entsprechenden *Vorzugsrechten*, die dem *jeweiligen Inhaber* eines bestimmten Geschäftsanteils eingeräumt werden (Rdn. 158).

165 Der Katalog der als Sondervorteile denkbaren Kontroll- oder Herrschaftsrechte ist entsprechend der grundsätzlichen Dispositionsfreiheit im GmbH-Recht sehr weit. Im Unterschied zum Aktienrecht ist es dabei auch möglich, einzelnen Gesellschaftern unmittelbaren Einfluß auf die Geschäftsführung zu verschaffen. Als **Beispiele für Herrschaftsrechte** seien etwa genannt das Recht auf Bestellung zum Geschäftsführer[218] oder auf Benennung eines Geschäftsführers (BGH DNotZ **1974** 239), die Einräumung von Weisungsbefugnissen gegenüber der Geschäftsführung, das Entsendungsrecht zu einem bei der GmbH bestehenden Aufsichts- oder Beirat sowie ein besonderes Stimm- oder Einspruchsrecht in der Gesellschaftsversammlung. Unter den **Kontrollrechten** ist insbesondere zu denken an ein besonderes Auskunftsrecht außerhalb der Gesellschafterversammlung oder an ein Recht auf Büchereinsicht. Alle diese Rechte können, soweit sie nicht als Vorzugsrechte mit dem Geschäftsanteil verbunden sind und dem jeweiligen Anteilsinhaber zustehen sollen, nur als Sondervorteile begründet werden. Sie sind im Zweifel auf die Dauer der Mitgliedschaft des Berechtigten in der Gesellschaft begrenzt und gehen mit seinem Ausscheiden unter[219].

166 **b) Zulässigkeitsvoraussetzungen und -grenzen.** Sondervorteile können nur *Gesellschaftern* eingeräumt werden (§ 3, 44). Sie regeln — unabhängig von der Frage ihrer späteren Übertragbarkeit — das **Rechtsverhältnis zwischen Gesellschaftern und Gesellschaft** und begründen Rechte des begünstigten Gesellschafters gegen die Gesellschaft. Sie müssen zu ihrer Wirksamkeit nach einhelliger Meinung **in die Satzung aufgenommen** werden[220]. Die entsprechende Vorschrift des § 26 Abs. 1 AktG enthält einen dem Schutz von Gläubigern und künftigen Anteilserwerbern dienenden, die Publizität des Sondervorteils gewährleistenden allgemeinen Grundsatz. Er ist im GmbH-Recht auch ohne Übernahme der aktienrechtlichen Regelung anwendbar (Rdn. 159). Allerdings stellen die Sondervorteile trotz ihrer Verlautbarung in der Satzung *keine materiellen* Satzungsbestandteile dar. Zwar ist ihre Aufnahme *Wirksamkeitserfordernis* für

[216] Vgl. § 14, 10; so wohl auch *Scholz/Winter* § 14, 17 und *Scholz/Priester* § 53, 122.

[217] *Dafür* die überwiegende Meinung, vgl. *Baumbach/Hueck* AktG[13] § 26, 3, *Barz* Großkomm-AktG § 26, 5, *Würdinger* Aktienrecht[4] S. 43, *Schlegelberger/Quassowski* AktG 1937 § 19, 5; **aA** *Godin/Wilhelmi* AktG § 26, 2, *Kraft* Kölner KommAktG § 26, 9.

[218] RGZ **170** 358, 368, BGH NJW **1969** 131; vgl. auch § 6, 18.

[219] Zur Frage, ob und welche Herrschafts- und Kontrollrechte Nichtgesellschaftern der GmbH als Gläubigerrechte eingeräumt werden können, vgl. die Meinungsübersicht bei *Ulmer* Festschrift W. Werner (1984) S. 917ff.

[220] RGZ **113** 241, 244f.; **125** 323, 334f., BGH NJW **1969** 131; *Scholz/Winter* § 3, 38 und § 14, 16, *Scholz/Priester* § 53, 122, *Baumbach/Hueck* § 3, 8 B, *Roth* 6 und § 3, 3.2.1; vgl. auch § 3, 41.

die Einräumung. Die Einräumung selbst erfolgt jedoch durch **schuldrechtlichen Vertrag** zwischen Gesellschaft und Gesellschafter; dementsprechend sind sie in ihrem Bestand auch von der Zugehörigkeit des Gesellschafters zur Gesellschaft unabhängig und können durch Erlaßvertrag zwischen Berechtigtem und Gesellschaft nach § 397 BGB auch ohne Satzungsänderung beseitigt werden (vgl. Rdn. 168, 169).

Nicht in den Gesellschaftsvertrag aufgenommene Vereinbarungen über Son- 167
dervorteile begründen nur persönliche Ansprüche zwischen den Kontrahenten (§ 3, 101 ff.). Sie können gegenüber diesen erzwungen werden, solange die Gründer noch allein Gesellschafter sind. Ist die Aufnahme in den Gesellschaftsvertrag versehentlich unterblieben, so kommt ein Anspruch auf nachträgliche Aufnahme als Wirksamkeitsvoraussetzung in Betracht. Im übrigen sind die Vertragspartner verpflichtet, den Bevorrechtigten so zu stellen, wie er es wäre, wenn sein Vorrecht im Gesellschaftsvertrag stände. Sie haben ihm von dem Reingewinn so viel abzugeben, als erforderlich, um das ihm zugesagte Mehr zu gewähren. Sie haben ihm bei der Liquidation den ihm versprochenen Anteil oder Gegenstand zu überlassen. Für alles dies aber besteht nur ein schuldrechtlicher Anspruch gegen die einzelnen Gesellschafter. Sobald die Geschäftsanteile in fremde Hände übergegangen sind, bleibt nur der Anspruch auf Schadensersatz wegen Nichterfüllung.

Sondervorteile können **bei Gründung der Gesellschaft eingeräumt werden, aber 168**
auch nach ihrer Entstehung durch Eintragung. Soweit die Vorschriften des § 26 Abs. 3 S. 2, Abs. 4 AktG die nachträgliche Gestaltungsfreiheit der Gesellschafter einschränken, scheidet die analoge Anwendung auf das GmbH-Recht aus (zur abweichenden Lage bei nachträglicher Übernahme von Gründungsaufwand vgl. Rdn. 174). Erforderlich für ihre nachträgliche Begründung ist allerdings nicht nur eine (formelle) **Satzungsänderung** zur Verlautbarung des Sondervorteils in der Satzungsurkunde[221], sondern auch ein den Sondervorteil begründender **schuldrechtlicher Vertrag** zwischen der Gesellschaft, vertreten durch ihre Geschäftsführer, und dem Begünstigten. Das folgt aus dem Charakter des Sondervorteils als eines persönlichen, nicht mit der Mitgliedschaft (dem Geschäftsanteil) verbundenen Rechts[221a]. Allerdings bedürfen die Geschäftsführer einer besonderen Ermächtigung zum Abschluß des Vertrages; diese muß **einstimmig** erfolgen, da die Einräumung von Sondervorteilen eine *Durchbrechung des Gleichbehandlungsgrundsatzes* (§ 14, 18 ff.) enthält und daher nur mit Zustimmung auch der nicht selbst begünstigten Gesellschafter möglich ist[222]. Dagegen wird der **Gläubigerschutz** durch die nachträgliche Einräumung von Sondervorteilen, auch soweit sie vermögensrechtlicher Art sind, nicht unmittelbar berührt. Denn die der Erhaltung des Stammkapitals dienenden **Vorschriften der §§ 30, 31 gelten auch gegenüber den Ansprüchen aus Sondervorteilen**[223]. Sie machen die Gewährung entsprechender Leistungen der Gesellschaft auch ohne ausdrückliche Beschränkung davon abhängig, daß durch die Leistungen nicht das zur Erhaltung des Stammkapitals erforderliche Vermögen der Gesellschaft vermindert wird (RGZ **113** 241, 244). Diese Einschränkung gilt unabhängig von der Art der vermögensrechtlichen Sondervorteile; auch Umsatzprovisionen dürfen daher nur aus dem jeweiligen Bilanzüberschuß gezahlt werden[224]. Die aus §§ 30, 31 folgenden Einwendungen richten sich auch gegen einen etwaigen Zessionar (§ 404 BGB).

---

221 So aber RGZ **165** 129, 132, RG DR **1943** 1230; *Scholz/Winter* § 14, 16, *Scholz/Priester* § 53, 122; vgl. auch § 53, 110.

221a Vgl. dazu näher *Ulmer* aaO (Fn. 219) S. 926f.

222 Vgl. § 53, 110, so auch *Scholz/Priester* § 53, 122 und *Roth* § 53, 411; zur entsprechenden Lage bei Vorzugsrechten vgl. Rdn. 152.

223 Vgl. § 30, 44, *Scholz/Winter* § 14, 17, *Roth* 6, *Feine* S. 133; zum Aktienrecht vgl. *Barz* GroßkommAktG § 26, 5, *Kraft* Kölner KommAktG § 26, 6.

224 *Kraft* aaO § 26, 7; **aA** *Barz* aaO § 26, 5 aE.

169 Eine **Aufhebung der Sondervorteile** setzt wegen ihrer Verselbständigung gegenüber der Mitgliedschaft einen **Erlaßvertrag** (§ 397 BGB) zwischen Rechtsinhaber und Gesellschaft voraus[225]. *Einer Satzungsänderung bedarf es hierfür nicht* (RG JW **1917** 468, 469). Wird die Satzungsregelung durch den Wegfall des Sondervorteils gegenstandslos, so kann die Satzung durch formelle Änderung (§ 53, 27) mit einfacher Mehrheit berichtigt werden. Der Einhaltung der in § 26 Abs. 5 AktG vorgesehenen Mindestfrist vor Streichung bedarf es nach geltendem GmbH-Recht nicht. — *Allein durch eine Satzungsänderung kann der Sondervorteil nicht aufgehoben werden*, da er wegen seiner Verselbständigung gegenüber der Mitgliedschaft nicht mehr zur Disposition der Gesellschafterversammlung steht. Ein satzungsändernder Beschluß ist daher ohne Zustimmung des begünstigten Gesellschafters unwirksam[226]; stimmt der Begünstigte zu, so wird hierin zugleich sein Einverständnis mit einem Erlaß des Sonderrechts nach § 397 BGB zu sehen sein. — Zur Frage eines *Entzugs* des Sondervorteils *aus wichtigem Grund* vgl. § 14, 11 f.

3. Gründungsaufwand

170 **a) Allgemeines.** Gründungsaufwand sind einerseits die gesetzlich bestimmten **Kosten, die im Zusammenhang mit der Errichtung der Gesellschaft und der Erbringung der Einlagen entstehen**, d. h. also Notar- und Gerichtsgebühren, Veröffentlichungskosten, Gesellschaftsteuer, Verkehrsteuern bei Einbringung von Sacheinlagen, andererseits der **Gründerlohn**, d. h. die vertraglichen Vergütungen an Gründer oder Dritte für beratende Tätigkeiten aus Anlaß der Gründung. Rechtliche Probleme wirft die Behandlung des Gründungsaufwands in zweifacher Hinsicht auf. Einmal fragt sich, ob seine Übernahme durch die Gesellschaft einer ausdrücklichen *Vereinbarung im Gesellschaftsvertrag* bedarf (Rdn. 172, 173). Zum anderen ist zu prüfen, ob und unter welchen Voraussetzungen der *Grundsatz der Kapitalerhaltung* (§ 30) durch eine Übernahme des Gründungsaufwands zu Lasten der Gesellschaft berührt wird (Rdn. 174).

171 **Nicht zum Gründungsaufwand gehören die Aufwendungen für den Betrieb des Unternehmens der künftigen GmbH**[227]. Ob und inwieweit die künftige GmbH aus derartigen Handlungen der Geschäftsführer der Vorgesellschaft verpflichtet wird, hängt von dem Umfang der Vertretungsmacht der Geschäftsführer der Vorgesellschaft ab (vgl. § 11, 50). Die Angabe *dieser* Aufwendungen im Gesellschaftsvertrag ist zur Begründung entsprechender Verpflichtungen der GmbH nicht erforderlich. Die handelnden Geschäftsführer haften hierfür bis zur Eintragung der GmbH auch persönlich (§ 11 Abs. 2, vgl. § 11, 92 ff.).

172 **b) Festsetzung des Gründungsaufwands im Gesellschaftsvertrag.** Die Frage, ob die Übernahme des Gründungsaufwands zu Lasten der Gesellschaft ähnlich wie im Aktienrecht (§ 26 Abs. 2 AktG) einer entsprechenden Festsetzung im Gesellschaftsvertrag bedürfe, war **früher umstritten**[228]. Die Voraufl. (Rdn. 160 f.) unterschied danach, ob es sich um Kosten handelt, die wie die Registergebühren (§ 2 Nr. 1 KostO) und die Gesellschaftsteuer (§ 10 Abs. 1 KVStG) unmittelbar von der Gesellschaft geschuldet werden, oder um solche, die kraft gesetzlicher oder rechtsgeschäftlicher Verpflichtung von den Gründern selbst zu tragen sind. Im letzten Fall sollte die Erstattung durch die

---

225 RG JW **1917** 469, KG JW **1938** 2754; *Scholz/Priester* § 53, 122, *Ulmer* aaO (Fn. 219) S. 926 f.

226 RGZ **148** 175, 186, BGHZ **15** 177, 181 = NJW **1955** 178, KG JW **1938** 2754.

227 *Barz* GroßkommAktG § 26, 11, *Kraft* Kölner KommAktG § 26, 24 und 25.

228 Vgl. Nachw. in Voraufl. 160 und bei *Scholz/Winter* 44.

Gesellschaft nur aufgrund entsprechender Offenlegung im Gesellschaftsvertrag möglich sein[229].

Die **GmbH-Novelle 1980** hat die Frage, abweichend von dem auf Übernahme von § 26 AktG zielenden RegE 1977[230], zwar nicht ausdrücklich geregelt. Aus der Entstehungsgeschichte[231] sowie aus der Haftungssanktion des § 9a Abs. 1 für falsche, d. h. auch unvollständige oder fehlende Angaben über Gründungsaufwand (§ 9a, 26), ist aber zu entnehmen, daß der Gesetzgeber von der **analogen Anwendung des § 26 Abs. 2 AktG** ausgeht. Diese Ansicht hat sich inzwischen auch überwiegend durchgesetzt[232]. Ihr ist abweichend von der Voraufl. (Rdn. 161) zu folgen. Dafür spricht nicht nur die Entstehungsgeschichte der GmbH-Novelle 1980 und der Zusammenhang mit § 9a Abs. 1, sondern auch die auf Verstärkung des Gläubigerschutzes im Gründungsstadium gerichtete Grundtendenz des GmbH-Rechts (Rdn. 20). Der mit § 26 Abs. 2 AktG verfolgte **Zweck**, die Vorbelastungen des Stammkapitals durch Gründungsaufwand *offenzulegen* und mangels Offenlegung den gesamten Aufwand im *Innenverhältnis*, unabhängig von den zur Kostentragung nach außen verpflichteten Personen, den Gründern aufzuerlegen[233], hat auch für die GmbH-Gründung seine Berechtigung[234]. **173**

Die **Rechtsfolgen** der analogen Anwendung von § 26 Abs. 2 AktG bestehen darin, daß die Erstattung der von den Gründern getragenen Gründungskosten durch die GmbH eine entsprechende **Festsetzung im Gesellschaftsvertrag** voraussetzt. Sie muß den **Gesamtbetrag** des zu Lasten der Gesellschaft zu übernehmenden Gründungsaufwands erkennen lassen[235]; eine *Einzelaufstellung* ist ggf. bei Anmeldung der Gesellschaft vorzulegen. Die Notwendigkeit der Festsetzung gilt nicht nur für einen vertraglich vereinbarten *Gründerlohn*, sondern auch für die kraft Gesetzes anfallenden *Gebühren und Steuern*[236]. Fehlt es an einer derartigen Festsetzung, so sind die Gründer verpflichtet, der Gesellschaft auch solche Kosten zu erstatten, für die sie selbst als Gebühren- oder Steuerschuldner in Anspruch genommen wurde[237]. Eine spätere Festsetzung von Gründungsaufwand im Gesellschaftsvertrag ist ausgeschlossen, nachdem die Gesellschaft in das Handelsregister eingetragen ist (vgl. § 26 Abs. 3 AktG); dadurch würde die Gründungskontrolle durch das Registergericht gefährdet. Für die notwendige Beibehaltung der Bestimmungen über den Gründungsaufwand reicht abweichend von § 26 Abs. 5 AktG ein Zeitraum von fünf Jahren aus (vgl. Rdn. 108). **174**

---

229 Voraufl. 161; so wohl auch *Roth* 6; für weitergehende Erstattungsmöglichkeit (auch sonstige notwendige Aufwendungen der Gründer) *Scholz/Winter* 44.

230 § 5a RegE GmbHG 1977, BT-Drucks. 8/1347 (vgl. Begr. aaO S. 29: Übernahme zur Klarstellung der zum geltenden Recht bestehenden Streitfrage geboten).

231 Vgl. Bericht des BT-Rechtsausschusses, BT-Drucks. 8/3908, S. 70: die vorgeschlagene Regelung des § 5a RegE enthalte „geltendes, ungeschriebenes Recht". Dazu mit Recht kritisch *Scholz/Winter* § 5 nF, 44a, *Rob. Fischer* 5, *Deutler* GmbH-Rdsch. **1980** 148, *Geßler* BB **1980** 1386 f.; unklar *Roth* 6.

232 Vgl. die Nachw. in Fn. 231, ferner OLG Hamm BB **1984** 87, 88. Schon bisher in diesem Sinne *Baumbach/Hueck* 10.

233 Vgl. *Barz* GroßkommAktG § 26, 10, *Heim* ZHR 108 **1941** 207.

234 So auch OLG Hamm BB **1984** 87, 88.

235 So zu § 26 Abs. 2 AktG auch *Barz* GroßkommAktG § 26, 12 und *Kraft* Kölner KommAktG § 26, 16; **aA** *K. Schmidt/Priester* Die GmbH-Novelle — Konsequenzen für die Praxis (1980) S. 20.

236 So für § 26 Abs. 2 AktG auch *Barz* GroßkommAktG § 26, 10 und *Kraft* Kölner KommAktG § 26, 22 f. m. weit. Nachw.; **aA** für die auf die Gesellschaft entfallenden Kosten *Godin/Wilhelmi* AktG⁴ § 26, 5 und *Roth* 6.

237 Vgl. Nachw., auch zu Gegenansichten (*Roth*, *Godin/Wilhelmi*), in Fn. 236.

175 c) **Gründungsaufwand und Kapitalerhaltung.** Die Übernahme des Gründungsaufwands zu Lasten der Gesellschaft führt in denjenigen Fällen, in denen die Leistungen auf die Stammeinlage zum *Nennwert* erfolgen sollen, notwendig zur Verminderung des Vermögens der Gesellschaft unter den zur Deckung des Stammkapitals erforderlichen Stand. Diese Konsequenz ist entsprechend der in § 26 AktG enthaltenen Wertung[238] auch für das GmbH-Recht hinzunehmen[239]. Daraus entstehende Anfangsverluste müssen von den Gesellschaftern der Vor-GmbH zwar nicht im Rahmen der Unterbilanzhaftung (vgl. § 11, 81 ff.) ausgeglichen werden; sie verhindern jedoch eine Gewinnausschüttung vor (Wieder-)Auffüllung des zur Kapitaldeckung erforderlichen Vermögens. Die **Einschränkung der Kapitalerhaltungsgrundsätze analog § 26 AktG gilt nur für den notwendigen Gründungsaufwand**; dazu kann neben den Gebühren und Steuern auch ein angemessener, der Vergütung für eine zur Errichtung der GmbH erforderliche Vorbereitungs- und Beratungstätigkeit dienender Gründerlohn gehören[240]. Wird an die Gründer oder ihnen nahestehende Personen im Zusammenhang mit der Gründung eine unangemessen hohe Vergütung gewährt, so handelt es sich um einen Sondervorteil, für den die Schranken der §§ 30, 31 voll zu beachten sind (Rdn. 168). Daneben kommt in derartigen Fällen eine Haftung aus § 9a Abs. 2 in Betracht (§ 9a, 41).

§ 6

Die Gesellschaft muß einen oder mehrere Geschäftsführer haben.

Geschäftsführer kann nur eine natürliche, unbeschränkt geschäftsfähige Person sein. Wer wegen einer Straftat nach den §§ 283 bis 283d des Strafgesetzbuchs verurteilt worden ist, kann auf die Dauer von fünf Jahren seit der Rechtskraft des Urteils nicht Geschäftsführer sein; in die Frist wird die Zeit nicht eingerechnet, in welcher der Täter auf behördliche Anordnung in einer Anstalt verwahrt worden ist. Wem durch gerichtliches Urteil oder durch vollziehbare Entscheidung einer Verwaltungsbehörde die Ausübung eines Berufs, Berufszweiges, Gewerbes oder Gewerbezweiges untersagt worden ist, kann für die Zeit, für welche das Verbot wirksam ist, bei einer Gesellschaft, deren Unternehmensgegenstand ganz oder teilweise mit dem Gegenstand des Verbots übereinstimmt, nicht Geschäftsführer sein.

Zu Geschäftsführern können Gesellschafter oder andere Personen bestellt werden. Die Bestellung erfolgt entweder im Gesellschaftsvertrag oder nach Maßgabe der Bestimmungen des dritten Abschnitts.

Ist im Gesellschaftsvertrag bestimmt, daß sämtliche Gesellschafter zur Geschäftsführung berechtigt sein sollen, so gelten nur die der Gesellschaft bei Festsetzung dieser Bestimmung angehörenden Personen als die bestellten Geschäftsführer.

---

[238] *Barz* GroßkommAktG § 26, 2 und 9, *Kraft* Kölner KommAktG § 26, 18.

[239] So im Erg. auch *Scholz/Winter* 44, *Rob. Fischer* 5; nicht eindeutig *Roth* 6.

[240] So für § 26 Abs. 2 AktG auch *Barz* GroßkommAktG § 26, 10 und *Kraft* Kölner KommAktG § 26, 27.

Übersicht

I. Einführung

1. Normzweck

§ 6 enthält einige Regelungen über Auswahl und Bestellung der **Geschäftsführer.** 1
Es handelt sich um die **Vorwegnahme** derjenigen Vorschriften über die Geschäftsführung der Gesellschaft aus dem Dritten Abschnitt (§§ 35 ff.), die schon für das **Gründungsstadium,** vor Eintragung der Gesellschaft, von Bedeutung sind. Die Vorschrift soll sicherstellen, daß die GmbH von Anfang an ein **handlungsfähiges Organ** hat; dies ist im Gründungsstadium schon wegen der Anmeldung der Gesellschaft beim Handelsregister erforderlich. — Zum Zweck der Neuregelung des Abs. 2 S. 2 und 3 über den befristeten Ausschluß von der Geschäftsführerstellung bei bestimmten Vorstrafen und Berufsverboten vgl. Rdn. 2.

2. Reform

Durch die **GmbH-Novelle 1980*** neu eingeführt wurde **Abs. 2**; die bisherigen 2
Absätze 2 und 3 wurden inhaltlich und redaktionell unverändert zu Abs. 3 und 4. In Abs. 2 nF beschränkt sich **Satz 1** auf die gesetzliche Verankerung des schon bisher als ungeschriebenes Recht geltenden Grundsatzes, daß zu Geschäftsführern nur *natürliche, unbeschränkt geschäftsfähige Personen* bestellt werden können (vgl. § 35, 29; so auch bisher schon § 76 Abs. 3 S. 1 AktG). Die **Sätze 2 und 3** wurden (ebenso wie die entsprechende Regelung in § 76 Abs. 3 S. 2 und 3 AktG) auf Empfehlung der Kommission zur Bekämpfung der Wirtschaftskriminalität eingefügt. Sie sollen verhindern, daß Personen, die wegen bestimmter Konkursdelikte bestraft worden sind oder gegen die ein Berufsver-

bot verhängt worden ist, alsbald ihre Geschäfte unter dem Deckmantel einer GmbH wieder aufnehmen und hierdurch Dritte gefährden[1].

3. Aufbau der Kommentierung

3 Die Erläuterungen zu § 6 beschränken sich auf die für den **Gründungsvorgang** wesentlichen Aspekte der Geschäftsführerbestellung unter Einschluß der damit ggf. verbundenen Regelungen im Gesellschaftsvertrag (§ 6 Abs. 3 S. 2). Alle für die Geschäftsführer, ihre Auswahl, Zahl, Bestellung und Funktionen **allgemein maßgeblichen Fragen** werden **im Rahmen des dritten Abschnitts**, insbesondere in den Erläuterungen zu § 35, dargestellt.

II. Geschäftsführer als notwendiges Organ (Abs. 1)

1. Allgemeines

4 Der Geschäftsführer ist das zum Betrieb des Unternehmens, zur Ausführung der Gesellschafterbeschlüsse und zur Verlautbarung des Gesellschaftswillens nach außen **unverzichtbare Geschäftsführungs- und Vertretungsorgan der GmbH** (§ 35, 17). Das Fehlen von Geschäftsführern bildet ein zwingendes Eintragungshindernis (Rdn. 5). Fallen die Geschäftsführer nach Eintragung durch Abberufung, Tod oder aus sonstigen Gründen weg, so hört dadurch die Gesellschaft zwar nicht zu bestehen auf. Wohl aber haben die Gesellschafter unverzüglich neue Geschäftsführer zu bestellen; daneben besteht auch das Notbestellungsrecht des Gerichts (Rdn. 21). Mit Ordnungsstrafen kann die Neubestellung von Geschäftsführern dagegen nicht erzwungen werden[2]. Können die Gesellschafter sich nicht mehrheitlich auf die Bestellung neuer Geschäftsführer einigen, so bildet dieser Mangel einen wichtigen Auflösungsgrund nach § 61 Abs. 1 (vgl. auch § 35, 20).

2. Im Gründungsstadium

5 Die Notwendigkeit der Geschäftsführerbestellung bereits im Gründungsstadium ergibt sich vor allem aus dem Umstand, daß die **Anmeldung zum Handelsregister** von sämtlichen Geschäftsführern zu bewirken ist (§§ 7 Abs. 1, 78 GmbHG). Ohne die danach erforderlichen Geschäftsführer kann die Gesellschaft nicht beim Handelsregister angemeldet und darf dementsprechend auch nicht eingetragen werden (§ 9 c, 22). Hat der Registerrichter die bei der Anmeldung nicht ordnungsgemäß vertretene Gesellschaft gleichwohl eingetragen, so ist die GmbH trotz dieses Mangels zur Entstehung gelangt[3]. Eine auf den Mangel gestützte Nichtigkeitsklage oder Amtslöschung nach § 144 FGG ist ausgeschlossen. Wohl aber ist eine *Amtslöschung nach § 142 FG* möglich, soweit die Anmeldung nicht nur formal mangelhaft, sondern auch inhaltlich nicht vom Willen der nicht mitwirkenden Geschäftsführer gedeckt war (vgl. § 7, 10). Fallen Geschäftsführer *nach* Anmeldung, aber *vor* Eintragung weg, so bleibt zwar die Anmeldung entsprechend § 130 Abs. 2 BGB wirksam. Der oder die neubestellten Geschäftsführer müssen jedoch

---

[1] Vgl. Begr. RegE GmbHG, BT-Drucks. 8/1347 S. 31.

[2] KGJ **45** 178, 180; *Scholz/Winter* 3.

[3] Vgl. § 9 c, 38, § 10, 15; so auch *Scholz/Winter* 3, *Roth* 2.

nachträglich die Versicherung nach § 8 Abs. 2 und 3 gegenüber dem Registergericht abgeben[4]; bis dahin darf die Eintragung nicht erfolgen (§ 35, 19).

3. Zahl und Stellung der Geschäftsführer

Für die Geschäftsführer gelten grundsätzlich auch dann, wenn ihre Bestellung in den Gesellschaftsvertrag aufgenommen ist, die allgemeinen Regeln (Erläut. zu § 35). Die **Zahl** der Geschäftsführer *kann* bereits im Gesellschaftsvertrag festgelegt werden; enthält er eine Zahlenangabe und ist diese als Höchstzahl zu verstehen, so macht deren Überschreitung den Gesellschafterbeschluß wegen Satzungsverstoßes anfechtbar[5]. Ist im Gesellschaftsvertrag **keine** zahlenmäßige Festsetzung erfolgt, so unterliegt nicht nur die Auswahl der Geschäftsführer, sondern auch die Bestimmung von deren Zahl der Beschlußfassung der Gesellschafter; es entscheidet die einfache Mehrheit. Zu den mitbestimmungsrechtlichen Vorschriften über die Mindestzahl der Geschäftsführer vgl. § 35, 22, zur Frage, ob die Bestellung im Gesellschaftsvertrag ein *Sonderrecht* des Gesellschafter/Geschäftsführers begründet, vgl. Rdn. 18. 6

Auch **Stellung und Funktion** der im Gründungsstadium bestellten Geschäftsführer richten sich grundsätzlich nach den allgemeinen Regeln. Die Geschäftsführer *vertreten* die Gesellschaft nach außen und *führen die Geschäfte* nach Maßgabe des Gesellschaftsvertrags und der ihnen von der Gesellschafterversammlung erteilten Weisungen (vgl. § 35, 211 ff. und § 37, 3 ff.). Zur Frage der *Beschränkung der Geschäftsführungs- und Vertretungsbefugnis* bis zur Eintragung der GmbH, also des Handelns für die **Vorgesellschaft**, vgl. § 11. 7

III. Eignungsvoraussetzungen für die Geschäftsführer (Abs. 2 nF)

1. Allgemeines

a) Natürliche, unbeschränkt geschäftsfähige Personen (Abs. 2 S. 1). Dieses durch Abs. 2 S. 1 nF im Zuge der GmbH-Novelle 1980 geregelte Erfordernis für die Stellung eines Geschäftsführers galt nach ganz hM schon nach bisherigem Recht (§ 35, 29). Es trägt nicht nur der persönlichen Verantwortlichkeit der Geschäftsführer für die Erfüllung ihrer Funktionen innerhalb der Gesellschaft Rechnung, sondern auch und vor allem den sie treffenden öffentlichrechtlichen Pflichten (vgl. §§ 35 a, 39, 40, 41, 64 Abs. 1). **Juristische Personen und sonstige Personenvereinigungen** können somit, anders als im Recht der Personengesellschaft, **nicht** zu Geschäftsführern bestellt werden. — **Verliert** eine zum Geschäftsführer bestellte natürliche Person die **unbeschränkte Geschäftsfähigkeit**, so erlischt dadurch automatisch ihre Geschäftsführerstellung, ohne daß es der Abberufung durch die Gesellschafterversammlung oder durch das nach der Satzung hierfür zuständige Organ bedarf[6]. Rechtshandlungen des nicht mehr wirksam bestellten Geschäftsführers namens der Gesellschaft sind gültig, soweit die Voraussetzungen des § 15 Abs. 1 HGB vorliegen bzw. eine Zurechnung seines Handelns gegenüber der GmbH nach den Regeln der Duldungs- oder Anscheinsvollmacht in Betracht kommt. — Fehlt es **von Anfang an** an einer der Eintragungsvoraussetzungen des Abs. 2 S. 1, so ist eine gleichwohl erfolgte Bestellung unwirksam; es greifen die Grundsätze über die fehlerhafte Geschäftsführerbestellung ein[7]. Im Verhältnis zu Dritten gilt bei Handelsregi- 8

---

[4] Vgl. § 7, 10 und § 8, 20; **aA** zu § 8 Abs. 2 *Scholz/Winter* § 8, 7 und *Scholz/Priester* § 57, 6; offenlassend KG NJW **1972** 951, 952.

[5] So auch *Scholz/Winter* 4.

[6] EinhM, vgl. BayObLG BB **1982** 1508; § 35, 34, *Rob. Fischer* 3, *Roth* 3.2, *Lutter* DB **1980** 1317, 1320.

[7] Vgl. näher § 35, 61 m. Nachw.; eingehend jetzt *U. Stein* Das faktische Organ (1984) S. 100 ff., 119 ff.

stereintragung des fehlerhaft Bestellten § 15 Abs. 3 HGB. Zu weiteren spezialgesetzlichen Schranken für die Übernahme der Geschäftsführungsfunktionen in der GmbH vgl. § 35, 30 ff.

9 **b) Ausländer.** Das GmbHG stellt als Eignungsvoraussetzung für Geschäftsführer **nicht** auf deren **Staatsangehörigkeit** oder **Wohnsitz** ab. Daraus folgert die ganz hM zu Recht, daß **auch Ausländer zu Geschäftsführern einer GmbH bestellt** werden können und daß ein inländischer Wohnsitz des Geschäftsführers grundsätzlich nicht gefordert werden, er vielmehr seine Funktionen auch vom Ausland aus auf brieflichem, telefonischem Wege u. a. wahrnehmen kann[8]. — In gewissem *Widerspruch* zu diesem allgemein anerkannten Grundsatz steht die offenbar durch ein DIHT-Rundschreiben an die Industrie- und Handelskammern vom 30. 3. 1976[9] angeregte **Praxis einiger Registergerichte**, sich bei Anmeldung einer GmbH durch ausländische Geschäftsführer deren Aufenthaltserlaubnis vorlegen zu lassen und diese auf das Vorhandensein von Einschränkungen bezüglich einer inländischen Erwerbstätigkeit zu prüfen[10]. Die Frage darf *nicht* verwechselt werden mit dem sich im Rahmen von § 1 stellenden Problem, ob die *Gründung* einer GmbH unter Beteiligung von Ausländern der Umgehung auslandsrechtlicher Einschränkungen für die inländische Erwerbstätigkeit der *Gesellschafter* dient mit der Folge, daß der Gesellschaftsvertrag nach § 138 Abs. 1 BGB nichtig und die beantragte Eintragung der Gesellschaft abzulehnen ist (vgl. dazu § 1, 28).

10 Für die **Prüfung der Geschäftsführerqualifikation von Ausländern durch das Registergericht** ist heute zu Recht ganz überwiegend anerkannt, daß hierzu nur bei Vorliegen besonderer Umstände Anlaß besteht[11]. Die Wahrnehmung gewerbe- oder ausländerpolizeilicher Aufgaben ist nicht Sache der Registergerichte[12]. Auch darf das Verbot oder die Einschränkung einer inländischen Erwerbstätigkeit nach §§ 2 Abs. 1, 7 Abs. 3 AuslG nicht mit dem — einen Ausschlußgrund bildenden — Berufsverbot i. S. von § 6 Abs. 2 S. 3 GmbHG gleichgesetzt oder verwechselt werden[13]. Das Registergericht hat vielmehr nur dann **Anlaß zu Ermittlungen** über den ausländerrechtlichen Status eines ausländischen Geschäftsführers im Rahmen der Gründungskontrolle, wenn die Umstände des Einzelfalles den **Verdacht der Umgehung von ausländerrechtlichen Vorschriften** durch die Bestellung des Ausländers zum Geschäftsführer begründen und die Bestellung daher möglicherweise nach § 138 Abs. 1 BGB nichtig ist[14]. Das kann der

---

[8] OLG Frankfurt NJW **1977** 1595, LG Braunschweig DB **1983** 706, LG Köln GmbH-Rdsch. **1983** 48; *Scholz/Winter* 8, *Scholz/U. H. Schneider* § 39, 21, *Roth* 3.3, *Miller* DB **1983** 978; so im Grundsatz auch OLG Düsseldorf GmbH-Rdsch. **1978** 110 (jedenfalls wenn daneben ein im Inland ansässiger Geschäftsführer vorhanden ist). Zu früher vertretenen abw. Ansichten vgl. Nachw. in Voraufl. 7.

[9] Vgl. dazu *Bartl* BB **1977** 571 Fn. 1.

[10] Nachw. bei *Bartl* BB **1977** 571, 574 f., *Braasch* Gründungsprobleme bei der GmbH (1975) S. 193 ff. und *Miller* DB **1983** 977 f.; die Praxis wurde gebilligt von LG Köln GmbH-Rdsch. **1983** 48 und GmbH-Rdsch. **1984** 157; abweichend die vorherrschende Rechtsprechung (vgl. Nachw. in Fn. 11).

[11] So OLG Celle DB **1977** 993, OLG Frankfurt NJW **1977** 1595, OLG Düsseldorf GmbH-Rdsch. **1978** 110, LG Aachen RIW **1981** 856 f., LG Braunschweig DB **1983** 706; § 39, 16, *Bartl* BB **1977** 571, 575, *Roth* 3.3; generell eine Prüfungskompetenz in dieser Hinsicht ablehnend *Scholz/Winter* 8 und *Miller* DB **1983** 977 ff.; **aA** (Prüfungskompetenz grundsätzlich bejahend) LG Köln Rpfleger **1976** 313 und GmbH-Rdsch. **1983** 48; *Rob. Fischer* 6.

[12] So zutr. *Miller* DB **1983** 978 gegen LG Köln GmbH-Rdsch. **1983** 48 und GmbH-Rdsch. **1984** 157.

[13] So aber LG Köln GmbH-Rdsch. **1983** 48 und **1984** 157; tendenziell auch *Rob. Fischer* 6; **aA** zu Recht *Huber* Ausländer- und Asylrecht (1983) Rdn. 139 und *Miller* DB **1983** 977 f.

[14] So zu Recht namentlich *Bartl* BB **1977** 575 f. sowie die ihm folgende hM (vgl. Nachw. in Fn. 11).

Fall sein, wenn der zum Geschäftsführer bestellte Ausländer sich im Inland tatsächlich aufhält, ohne eine Aufenthalts- oder Erwerbserlaubnis für das Inland zu besitzen, oder wenn ihm diese aufgrund seines früheren Verhaltens entzogen worden ist[15]. Fehlen derartige besondere Umstände, so besteht für Amtsermittlungen hinsichtlich des ausländerrechtlichen Status des ausländischen Geschäftsführers im Rahmen von § 12 FGG kein Anlaß (vgl. auch § 9 c, 12, 22); die beantragte Eintragung der GmbH oder diejenige der Vertretungsbefugnis des Geschäfsführers (§ 39 Abs. 1) darf nicht von ausländerrechtlichen Nachweisen abhängig gemacht werden.

2. Spezielle Ausschlußgründe

a) Verurteilung wegen einer Konkursstraftat (Abs. 2 S. 2). Die *rechtskräftige* Verurteilung wegen einer der Konkursstraftaten Bankrott (§§ 283, 283 a StGB), Verletzung der Buchführungspflicht (§ 283 b StGB), Gläubiger- oder Schuldnerbegünstigung (§§ 283 c, d StGB) führt nach Abs. 2 S. 2 nF zu einem **absoluten Ausschlußgrund** für die Geschäftsführerbestellung auf die Dauer von **fünf Jahren** unabhängig vom Unternehmensgegenstand der Gesellschaft. Die Frist beginnt mit Rechtskraft des Urteils. Sie berechnet sich grundsätzlich nach §§ 187 ff. BGB; jedoch wird die Zeit nicht eingerechnet, in der der Täter auf behördliche Anordnung in einer Anstalt verwahrt wird (Abs. 2 S. 2, 2. Hs.). Auf die Verhängung eines gerichtlichen Berufsverbots nach § 70 StGB kommt es für das Eingreifen des Ausschlußgrunds des Abs. 2 S. 2 nicht an (vgl. aber Abs. 2 S. 3, dazu Rdn. 13). Eine rechtskräftige Verurteilung wegen anderer Straftaten, darunter auch Betrug und Untreue (§§ 263, 266 StGB), löst den Ausschlußgrund des Abs. 2 S. 2 nicht aus[16]; insoweit ist ggf. ein gerichtliches Berufsverbot nach Abs. 2 S. 3 zu beachten. 11

Besteht der Ausschlußgrund schon bei Bestellung zum Geschäftsführer, so macht er den **Bestellungsbeschluß nach § 134 BGB nichtig** („kann nicht"). Auf subjektive Umstände wie die Kenntnis des für die Bestellung zuständigen Gesellschaftsorgans kommt es nicht an. Gleiches gilt, wenn die Rechtskraft des auf eine der Konkursstraftaten gestützten Strafurteils erst *nach* der Bestellung eintritt; dadurch endet die Bestellung zum Geschäftsführer ebenso wie bei Wegfall der unbeschränkten Geschäftsfähigkeit (Rdn. 8), ohne daß es einer Abberufung durch das zuständige Gesellschaftsorgan bedarf[17]. Der daneben bestehende Anstellungsvertrag endet nicht automatisch, kann aber in der Regel aus wichtigem Grund gekündigt werden[18]. Ein gegen den Geschäftsführer gerichtetes Strafverfahren hat bis zur Rechtskraft des Strafurteils auf die Wirksamkeit der Bestellung keinen Einfluß; anderes gilt im Fall eines vollziehbaren Berufsverbots der zuständigen Verwaltungsbehörde (Abs. 2 S. 3). — Zu der in § 8 Abs. 3 nF vorgeschriebenen Versicherung der Geschäftsführer bei Anmeldung der Gesellschaft über das Nichtvorliegen eines der Ausschlußgründe des § 6 Abs. 2 S. 2 und 3 vgl. § 8, 30 f. 12

b) Gerichtliches oder behördliches Berufsverbot (Abs. 2 S. 3). Ein **gerichtliches** Berufsverbot kann — als Maßregel der Sicherung und Besserung (§ 61 Nr. 7 StGB) — von den Strafgerichten nach § 70 StGB wegen einer unter Mißbrauch des Berufs oder Gewerbes des Täters begangenen rechtswidrigen Tat für die Dauer von einem Jahr **bis zu fünf Jahren** verhängt werden; es wird mit Rechtskraft des Strafurteils wirksam (§ 70 13

[15] Vgl. näher *Bartl* BB **1977** 575 f.

[16] Zur Ablehnung der Einbeziehung dieser Straftaten in den absoluten Ausschlußgrund des § 6 Abs. 2 S. 2 vgl. Bericht des BT-Rechtsausschusses, BT-Drucks. 8/3908 S. 70.

[17] So auch *Scholz/Winter* § 6 nF, 8 c, *Rob. Fischer* 3, *Lutter* DB **1980** 1320.

[18] *Scholz/Winter* aaO 8 c. Zur Kündigung aus wichtigem Grund vgl. § 38, 15 ff., 55 ff.

Abs. 4 StGB). Seine Wirkung bezüglich der *Geschäftsführerbestellung* bestimmt sich nach § 6 Abs. 2 S. 3: ein **Ausschlußgrund** liegt — als **relativer** (S. 3) — nur vor, soweit der Unternehmensgegenstand der Gesellschaft ganz oder teilweise mit dem Gegenstand des Berufsverbots übereinstimmt. Ist diese Voraussetzung gegeben, so treten die Wirkungen des Ausschlußgrunds automatisch mit Rechtskraft des Berufsverbots ein; es gilt das in Rdn. 12 Ausgeführte. Der Ablauf der Verbotsfrist oder die nachträgliche Aussetzung des Berufsverbots zur Bewährung (§ 70 a StGB) lassen den Ausschlußgrund — ggf. vorübergehend (§ 70 b StGB) — entfallen; eine durch das Verbot beendete Geschäftsführerbestellung lebt allerdings nicht automatisch wieder auf. Ein *vorläufiges Berufsverbot* nach § 132 a StPO löst die *gesellschaftsrechtliche* Wirkung des § 6 Abs. 2 S. 3 *nicht* aus[19]; seine strafrechtliche Wirksamkeit nach § 132 a Abs. 1 S. 2 StPO i. V. m. § 70 Abs. 3 StGB bleibt hiervon unberührt.

14 Für die auf einer **vollziehbaren Entscheidung einer Verwaltungsbehörde** beruhenden Berufsverbote gelten die Ausführungen in Rdn. 13 entsprechend. Auch bei ihnen handelt es sich um einen **relativen** Ausschlußgrund, für dessen Eingreifen es auf den Unternehmensgegenstand der Gesellschaft ankommt. Als Rechtsgrundlage des behördlichen Berufsverbot kommt die Generalklausel des § 35 Abs. 1 GewO oder eine der ihr nach § 35 Abs. 8 GewO vorgehenden gewerberechtlichen Spezialregelungen[20] in Betracht. Die *Dauer* des Ausschlußgrunds richtet sich nach derjenigen des behördlichen Verbots; er greift nicht ein, solange das Verbot infolge Widerspruchs oder Anfechtungsklage nicht vollziehbar ist (vgl. § 80 VwGO).

3. Satzungsrechtliche Eignungsvoraussetzungen

15 In nicht der Arbeitnehmermitbestimmung unterliegenden Gesellschaften kann die Satzung Eignungsvoraussetzungen für Geschäftsführer **in grundsätzlich beliebigem Umfang** regeln (vgl. § 35, 35); sie sind für die Gesellschafterversammlung oder das sonst zur Bestellung der Geschäftsführer zuständige Gesellschaftsorgan verbindlich. Ein dagegen verstoßender Gesellschafterbeschluß über die Geschäftsführerbestellung ist zwar wirksam; er kann aber selbst dann, wenn er mit satzungsändernder Mehrheit gefaßt ist, von der überstimmten Minderheit als Satzungsdurchbrechung angefochten werden (§ 53, 30 ff., 32; einschr. § 35, 40 [*Mertens*]). In **mitbestimmten** Gesellschaften ergeben sich Grenzen für die Satzungsautonomie der Gesellschafter aus der dem mitbestimmten Aufsichtsrat übertragenen Personalkompetenz. Mit ihr sind nur solche satzungsrechtlichen Eignungsvoraussetzungen vereinbar, die sachbezogen sind und das Auswahlermessen des Aufsichtsrats nicht unverhältnismäßig einengen[21]. Das trifft etwa für Eignungskriterien wie das Lebensalter, den Wohnsitz, die nach Lage des Falles objektiv erforderliche Fachausbildung oder Zuverlässigkeit u. a. zu[22].

IV. Der Grundsatz der Drittorganschaft (Abs. 3 S. 1)

16 § 6 Abs. 3 S. 1 hebt hervor, daß für die GmbH ebenso wie für andere Kapitalgesellschaften neben oder anstelle von Gesellschaftern auch **Dritte** zu Geschäftsführern bestellt werden können. Der aus dem Personengesellschaftsrecht bekannte *Grundsatz der*

---

[19] So auch *Scholz/Winter* aaO 8 b.

[20] § 4 ApothG, §§ 15, 16 GastG, § 78 GükG, § 25 PBefG, § 47 WaffG u. a.; vgl. näher *Landmann/Rohmer* GewO[13] (1983) § 35, 23 ff.

[21] Vgl. näher Hanau/*Ulmer* MitbestG (1981) § 31, 10 ff., 13 m. Nachw.; dazu auch § 35, 36 ff., 38 (*Mertens*).

[22] Vgl. dazu mit weit. Beisp. Hanau/*Ulmer* aaO (Fn. 21) Rdn. 15.

Selbstorganschaft (§§ 709, 714 BGB, 114, 125 HGB) *gilt für die GmbH nicht*. Das GmbH-Gesetz macht auch grundsätzlich *keinen Unterschied* zwischen Gesellschafter- und Dritt-Geschäftsführern: beide sind weisungsgebunden und können nach gesetzlicher Regel (§ 46 Nr. 5) von der Gesellschafterversammlung mit einfacher Mehrheit bestellt und abberufen werden. — Zum Sonderfall des Einmanngesellschafter/Geschäftsführers und zur Anwendbarkeit von § 181 BGB auf seine Rechtsgeschäfte mit der GmbH vgl. die Erläut. zu § 35 Abs. 4 nF, zur Frage der Einräumung eines *Sonderrechts* auf Geschäftsführung an einen Gesellschafter durch seine Bestellung zum Geschäftsführer im Gesellschaftsvertrag vgl. Rdn. 18.

V. Die Bestellung der Geschäftsführer (Abs. 3 S. 2)

1. Im Gesellschaftsvertrag

Das Gesetz eröffnet in Abs. 3 S. 2 die Möglichkeit, die Geschäftsführer statt durch 17
Beschluß der Gesellschafterversammlung (§ 46 Nr. 5) bereits im Gesellschaftsvertrag zu bestellen. Hierbei handelt es sich **nicht** um einen **materiellen Satzungsbestandteil**, sondern um einen vom Abschluß des Gesellschaftsvertrags zu unterscheidenden Beschluß der Gründer, der aus Zweckmäßigkeitsgründen in den Gesellschaftsvertrag aufgenommen und in einem einheitlichen Vorgang mitbeurkundet werden kann. Gleiches gilt für die etwaige Aufnahme von Teilen des Anstellungsvertrags in die Satzung[23]. Derartige in der Satzung nur *verlautbarte* Regelungen sind als sog. **formelle Satzungsbestandteile** zu qualifizieren (§ 53, 14). Sie nehmen nicht an der Bestandskraft der Satzung teil, sondern unterliegen hinsichtlich ihrer Wirksamkeit, ihrer Gültigkeitsdauer und ihrer späteren Änderung oder Aufhebung den allgemein für die Organbestellung und den Anstellungsvertrag geltenden Vorschriften[24]. Bestellung und Abberufung von Geschäftsführern erfolgen danach grundsätzlich mit *einfacher Mehrheit*[25]. Auch über die spätere Streichung derartiger Regelungen im Gesellschaftsvertrag entscheiden die Gesellschafter nicht mit satzungsändernder, sondern mit einfacher Mehrheit (§ 53, 27). Die Unwirksamkeit der Bestellung zum Geschäftsführer ist ohne Einfluß auf die Gültigkeit des Gründungsaktes selbst. Eine Bestellung im Gesellschaftsvertrag kommt regelmäßig nur für die ersten Geschäftsführer in Betracht; später richtet sich das Verfahren nach dem dritten Abschnitt (Rdn. 19).

Soll einem oder mehreren **Gesellschaftern** ein **Sonderrecht auf Geschäftsführung** 18
eingeräumt werden, so bedarf es hierfür einer entsprechenden Regelung im Gesellschaftsvertrag (§ 5, 152 und 158). Abweichend von dem in Rdn. 17 Ausgeführten nimmt sie — als **materieller Satzungsbestandteil** — an der Bestandskraft der Satzung teil und kann nur unter Einhaltung der für Satzungsänderungen geltenden Vorschriften geändert oder aufgehoben werden (§ 53, 11 ff., 16 ff., 23). Der Umstand, daß im Gesellschaftsvertrag ein *Gesellschafter* zum ersten Geschäftsführer bestellt wird, reicht wegen der Regelung in § 6 Abs. 3 S. 2 zum Nachweis eines entsprechenden Sonderrechts nicht aus; er enthält nicht einmal ein Indiz für dessen Annahme (§ 53, 22). Hinzukommen müssen vielmehr **besondere** aus der Satzung selbst oder den Handelsregisterunterlagen hervorgehende

[23] BGHZ **18** 205, 208 = NJW **1955** 1716.

[24] EinhM, vgl. BGHZ **18** 205, 208 = NJW **1955** 1716, BGH BB **1968** 1399, RGZ **44** 95, 98; *Scholz/Winter* 10, *Roth* 4.2. Allgemein zur Unterscheidung zwischen materiellen und formellen Satzungsbestandteilen und zur Änderung formeller Bestandteile vgl. § 53, 16 ff., 27.

[25] Vgl. § 47 Abs. 1; zur Bestellung von Geschäftsführern schon vor Eintragung der Gesellschaft durch die einfache Mehrheit vgl. BGHZ **80** 212, 215 = NJW **1981** 2125, dazu § 11, 35.

Umstände, die im Wege der gebotenen *objektiven Auslegung* (§ 2, 121 ff., 126) den Schluß darauf zulassen, daß die Gesellschafter mit der Geschäftsführerregelung in der Satzung ein derartiges Sonderrecht begründen wollten[26]. Hinweise enthalten etwa die Bestellung zum Geschäftsführer auf Lebenszeit oder auf die Dauer der Mitgliedschaft des Gesellschafter/Geschäftsführers[27] oder der personalistische Zuschnitt des Gesellschaftsvertrags und die Einräumung paritätischer Rechte an die verschiedenen beteiligten Familienstämme[28]. Dagegen reich die Beschränkung des Widerrufs auf das Vorliegen eines wichtigen Grundes (§ 38 Abs. 2) für die Annahme eines Sonderrechts im Regelfall nicht aus[29]. Führt die Auslegung zur Bejahung eines derartigen Sonderrechts, so handelt es sich im Zweifel — als **Sondervorteil** (§ 5, 161) — um ein *höchstpersönliches*, auf die Dauer der Mitgliedschaft des Berechtigten beschränktes Recht und nicht um ein mit dem Geschäftsanteil verbundenes, auf den Anteilserwerber übergehendes sog. Vorzugsrecht[30]. *Nichtgesellschaftern* kann ein Sonderrecht auf Bestellung zum Geschäftsführer in der Satzung *nicht* eingeräumt werden[31]. Zulässig ist aber die satzungsmäßige Begründung eines Sonderrechts von Gesellschaftern auf Benennung oder Bestellung eines Geschäftsführers; in Ausübung dieses Rechts kann auch ein Nichtgesellschafter zum Geschäftsführer bestellt werden. — Zum Widerruf der Bestellung eines kraft Sonderrechts tätigen Geschäftsführers aus wichtigem Grund vgl. § 38, 30 ff., 40.

2. Nach den Bestimmungen des dritten Abschnitts

19 Im Regelfall erfolgt die Geschäftsführerbestellung durch **Beschluß der Gesellschafter** (§ 46 Nr. 5); er regelt auch die Einzelheiten des Anstellungsvertrags. Wird die Gesellschaft durch alle Gesellschafter als Geschäftsführer angemeldet, so kann darin die Bestellung der Anmelder zu Geschäftsführern zum Ausdruck kommen. — Im Gesellschaftsvertrag kann die Zuständigkeit zur Geschäftsführerbestellung abweichend geregelt, insbesondere die Bestellung einem **Aufsichtsrat** übertragen oder einem Gesellschafter ein Ernennungsrecht eingeräumt werden. Vgl. dazu § 35, 42 ff. und § 45, 15; zum Sonderfall der mitbestimmten GmbH vgl. Rdn. 22.

3. Bei der Einmanngründung

20 Die durch die GmbH-Novelle 1980 zugelassene Einmanngründung (vgl. § 1, 36 ff.) soll der Gründung durch zwei oder mehr Gesellschafter grundsätzlich gleichgestellt sein, soweit keine Sonderregelungen nach Art der §§ 7 Abs. 2 S. 3, 8 Abs. 2 S. 2 nF getroffen sind. Für die Bestellung eines **Fremdgeschäftsführers** gelten daher die Ausführungen in Rdn. 17, 19 entsprechend. Dabei kann offenbleiben, ob der Einmann-Gründerorganisation ebenso wie der Mehrpersonen-Vorgesellschaft *eigene (Teil-) Rechtsfähigkeit* zukommt oder ob sie als *Sondervermögen des Gründers* mit eigener Handlungsorganisation zu qualifizieren ist (vgl. näher § 11, 14 ff.). Bedeutung erlangt die Streitfrage allerdings in den nicht

---

[26] EinhM, vgl. BGHZ **18** 205, 208 = NJW **1955** 1716, BGH NJW **1969** 131, BGH GmbH-Rdsch. **1982** 129, 130, RGZ **170** 358, 367 f.; § 38, 30, *Scholz/Winter* 10, *Roth* 4.2, *Rob. Fischer* GmbH-Rdsch. **1953** 131, 132 f. und Festschrift W. Schmidt (1959) S. 121, *Fleck* GmbH-Rdsch. **1970** 221, 223.

[27] RG LZ **1914** 1762, RG LZ **1919** 596, 597, OLG Hamburg GmbH-Rdsch. **1954** 188.

[28] BGH GmbH-Rdsch. **1982** 129, 130 f.; *Scholz/Winter* 10, *Immenga* aaO (Fn. 28), S. 95.

[29] RGZ **44** 95, 98 f.; oA *Scholz/Winter* 10; zweifelnd *Immenga* Die personalistische Kapitalgesellschaft (1970) S. 95.

[30] Vgl. § 5, 150; so auch *Fleck* GmbH-Rdsch. **1970** 223.

[31] Vgl. § 3, 44 und *Ulmer* Festschrift Werner (1984) S. 911, 919 f.

seltenen Fällen, in denen der **Einmann** sich **selbst** zum (Allein-)**Geschäftsführer** bestellt. Auch abgesehen von dem hier zu berücksichtigenden Verbot des Selbstkontrahierens (vgl. Erläut. zu § 35 Abs. 4 nF) bereitet die Beurteilung dieses Rechtsverhältnisses zwischen dem Einmann und der Gründerorganisation Schwierigkeiten. Handelt es sich bei ihr nicht um eine (teil-)rechtsfähige Einheit, sondern nur um ein Sondervermögen des Gründers ohne eigene Rechtspersönlichkeit, so ist für Rechtsgeschäfte des Gründers mit ihr vor Eintragung der Gesellschaft kein Raum. Ein Anstellungsvertrag könnte für die Zeit bis zur Eintragung nicht wirksam geschlossen werden. Die Bestellung wäre als einseitige rechtsgeschäftliche Erklärung des Gründers zu qualifizieren, die ihn zwar zur Vertretung des Sondervermögens und zur Verfügung über die Gegenstände des Sondervermögens legitimiert und seine organschaftliche Haftung nach § 9a Abs. 1 begründet, jedoch noch kein der Geschäftsführerstellung in der eingetragenen Gesellschaft entsprechendes zweiseitiges Rechtsverhältnis zwischen Sondervermögen und Gründerschaft schafft. Entsprechendes gilt für den Anstellungsvertrag.

4. Durch gerichtliche Notbestellung

Sie ist nach der analog anwendbaren Vorschrift des **§ 29 BGB** in *dringenden Fällen* **21**
auf *Antrag eines Beteiligten* (Gesellschafter, Gläubiger) zulässig, wenn die GmbH nicht die zur ordnungsmäßigen Vertretung erforderliche Mindestzahl von Geschäftsführern hat, also auch beim Wegfall eines von zwei Gesamtgeschäftsführern[32]. Zuständig ist das **Amtsgericht** des Sitzes der Gesellschaft. Die Bestellung erfolgt „bis zur Behebung des Mangels"; sie erlischt also auch ohne Widerruf, wenn die erforderlichen Organmitglieder von den Gesellschaftern bestellt werden (vgl. näher § 35, 63 ff.). — Anstelle der Notbestellung durch das Registergericht kommt auch die Bestellung eines **Prozeßvertreters** (oder „-pflegers") **durch das Prozeßgericht** entsprechend **§ 57 ZPO** in Betracht, wenn die GmbH in einem gegen sie angestrengten Prozeß wegen Fehlens eines ordnungsgemäßen Vertreters *prozeßunfähig* ist und für den Kläger Gefahr im Verzug besteht. Die Befugnisse des Prozeßvertreters beschränken sich auf den Prozeß, für den er vom Prozeßgericht bestellt ist. Die Möglichkeit der Bestellung eines Prozeßpflegers beseitigt allerdings nicht die Dringlichkeit für die Notbestellung nach § 29 BGB; das folgt schon aus dem begrenzten Aufgabenkreis des Prozeßpflegers[33].

5. In der mitbestimmten GmbH

Nach § 31 MitbestG 1976 ist die Bestellung der Geschäftsführer in der mitbestimmten **22**
GmbH Sache des paritätisch zusammengesetzten Aufsichtsrats (vgl. näher § 35, 46 ff. und die Kommentare zum MitbestG). Die erstmalige Bestellung eines obligatorischen, paritätisch besetzten Aufsichtsrats erfordert allerdings auch dann, wenn — etwa infolge Einbringung eines Unternehmens mit mehr als 2000 Arbeitnehmern als Sacheinlage — die Anwendung des MitbestG auf die betreffende GmbH schon bei deren **Gründung** geboten ist, die Einhaltung des sog. **Statusverfahrens** nach § 6 Abs. 2 MitbestG i. V. mit §§ 96 Abs. 2 bis 99 AktG. Daraus folgt, daß die **ersten Geschäftsführer** der neuerrichteten GmbH in jedem Fall, unabhängig von der Arbeitnehmerzahl der Gesell-

---

32 EinhM, vgl. RGZ **116** 116, 118 f.; **138** 98, 101; BayObLG NJW **1981** 995, 996; § 35, 63, *Scholz/Winter* 14, *Roth* 2.

33 HM, vgl. OLG Celle NJW **1965** 504, 505; § 35, 65, *Scholz/Winter* 14, Geßler/*Hefermehl*/Eckardt/Kropff AktG § 85, 7, *Soergel/Schultze-v. Lasaulx* BGB[11] § 29, 11, *Palandt/Heinrichs* BGB[43] § 29, 2; **aA** *Erman/Westermann* BGB[7] § 29, 2.

schaft, nach Maßgabe von § 6 Abs. 3 S. 2 GmbHG ohne Beteiligung des paritätisch zu besetzenden Aufsichtsrats bestellt werden[34]. Zur erstmaligen Anwendung des MitbestG 1976 auf eine schon *bestehende* GmbH und zu der nach Ablauf von fünf Jahren gewährten Möglichkeit, die Bestellung der amtierenden Geschäftsführer unter erleichterten Bedingungen zu widerrufen, vgl. § 37 Abs. 2, 3 MitbestG; zur erstmaligen Anwendung der §§ 12, 13 MontanmitbestG auf die Geschäftsführerbestellung in einer der Montanmitbestimmung unterliegenden GmbH vgl. Voraufl. 12.

VI. Die Auslegungsregel des Abs. 4

23 Abs. 4 enthält eine Auslegungsvorschrift für einen bestimmten Fall der Bestellung der Geschäftsführer *im Gesellschaftsvertrag*. Er greift ein, wenn nach dem Vertrag **sämtliche** Gesellschafter zur Geschäftsführung berechtigt sein sollen, und stellt klar, daß damit nur diejenigen Gesellschafter gemeint sind, die der Gesellschaft im Zeitpunkt der Festsetzung angehören. Später in die GmbH eintretende Gesellschafter werden nicht ohne besondere Bestellung Geschäftsführer. Mit dem Ausscheiden aus der Gesellschaft erlischt das Geschäftsführeramt, soweit es nicht schon vorher widerrufen oder niedergelegt wird. Auch hier kommt die Annahme eines Sonderrechts der Gründer mangels konkreter gegenteiliger Anhaltspunkte nicht in Betracht (vgl. Rdn. 18).

VII. Weitere Vorschriften über die Geschäftsführer

24 Weitere Vorschriften enthält das Gesetz an anderen Stellen. So sprechen sich über die Bestellung der Geschäftsführer, wenn sie nicht im Gesellschaftsvertrag geregelt ist, §§ 46 Nr. 5, 47 ff. aus. Es ist auf die Vorschrift zu verweisen, daß die Geschäftsführer sich selbst anzumelden haben (§§ 39, 78). Ferner auf die Vorschrift, daß ihr Name im Handelsregister eingetragen und bekanntgemacht wird (§ 10). Ihre Obliegenheiten und Befugnisse sind hauptsächlich durch die §§ 35 bis 44, 64, 66, 75, 78, 80, 81, ihre zivilrechtliche Verantwortlichkeit durch die §§ 9 a, 43, ihre strafrechtliche durch die §§ 82 bis 85 geregelt. Über Stellvertreter der Geschäftsführer bestimmt § 44.

§ 7

Die Gesellschaft ist bei dem Gericht, in dessen Bezirk sie ihren Sitz hat, zur Eintragung in das Handelsregister anzumelden.

Die Anmeldung darf erst erfolgen, wenn auf jede Stammeinlage, soweit nicht Sacheinlagen vereinbart sind, ein Viertel eingezahlt ist. Insgesamt muß auf das Stammkapital mindestens soviel eingezahlt sein, daß der Gesamtbetrag der eingezahlten Geldeinlagen zuzüglich des Gesamtbetrags der Stammeinlagen, für die Sacheinlagen zu leisten sind, fünfundzwanzigtausend Deutsche Mark erreicht. Wird die Gesellschaft nur durch eine Person errichtet, so darf die Anmeldung erst erfolgen, wenn mindestens die nach den Sätzen 1 und 2 vorgeschriebenen Einzahlungen geleistet sind und der Gesellschafter für den übrigen Teil der Geldeinlage eine Sicherung bestellt hat.

---

[34] Vgl. näher Hanau/*Ulmer* MitbestG (1981), § 6, 7 und 10 f. m. Nachw.

Die Sacheinlagen sind vor der Anmeldung der Gesellschaft zur Eintragung in das Handelsregister so an die Gesellschaft zu bewirken, daß sie endgültig zur freien Verfügung der Geschäftsführer stehen.

Übersicht

I. Einführung

1. Normzweck

§ 7 stellt in **Abs. 1** klar, daß die an die Eintragung im Handelsregister gebundene Entstehung der Gesellschaft als juristische Person (§§ 11 Abs. 2, 13 Abs. 1) der vorherigen **Anmeldung** (durch die Geschäftsführer, Rdn. 9) bedarf, und bestimmt das für die Anmeldung **zuständige Gericht**. Mit der Anknüpfung der örtlichen Zuständigkeit an den **Sitz** der Gesellschaft wird zugleich bestätigt, daß als GmbH nur solche Gesellschaften errichtet werden können, die ihren Sitz **im Inland** haben (vgl. Allg. Einl. 75, 87). 1

Die **Anforderungen an die Geld- und Sacheinlagen**, der Mindestbetrag und die Notwendigkeit ihrer Bewirkung vor Anmeldung der Gesellschaft sind in **Abs. 2 S. 1, 2 und Abs. 3** näher geregelt. Dadurch soll die Kontrolle namentlich der Sacheinlagen durch 2 das Registergericht erleichtert und zugleich sichergestellt werden, daß die neugegründete GmbH mit einem Mindestbetrag an frei verfügbaren eigenen Mitteln ins Leben tritt. Dieser **Mindestbetrag** ist in Abs. 2 S. 2 auf **25 000 DM** festgesetzt; er hat bei Bargründungen mit einem Stammkapital von unter 100 000 DM zur Folge, daß auf die einzelnen Stammeinlagen mehr als ein Viertel zu leisten ist (Rdn. 26). Für Altgesellschaften aus der Zeit vor dem 1. 1. 1981 ist in Art. 12 § 1 Abs. 2 GmbH-Novelle 1980 eine Übergangsfrist bis zum 31. 12. 1985 zur Anpassung der geleisteten Mindesteinzahlungen an den durch die GmbH-Novelle 1980 neu eingeführten Mindestbetrag vorgesehen (Rdn. 29).

3 Eine **Sonderregelung für Einmanngründungen** ist in **Abs. 2 S. 3** enthalten. Danach ist für die bei Anmeldung ausstehenden, die Mindestbeträge der S. 1 und 2 überschreitenden Einlagen eine **Sicherung** zu bestellen. Sie soll an die Stelle der — wegen der Beteiligung nur *eines* Gründers fehlenden — Ausfallhaftung der Mitgesellschafter nach § 24 treten. Nach § 19 Abs. 4 nF wird sie auch dann gefordert, wenn die Anteilsvereinigung in einer Hand nicht schon im Gründungszeitpunkt besteht, aber innerhalb von drei Jahren nach Eintragung der Gesellschaft eintritt. Zur Anwendung auch auf den Fall der wirtschaftlichen Neugründung unter Verwendung eines GmbH-Mantels vgl. Rdn. 55.

2. Reform

4 Die Vorschrift des § 7 hat — mit Ausnahme des unveränderten Abs. 1 — eine wesentliche Umgestaltung durch die **GmbH-Novelle 1980** erfahren. Neu ist die Einführung eines **Mindestgesamtbetrags** der Einlagen in Abs. 2 S. 2; dafür wurde auf die bisher (Abs. 2 S. 1 aF) vorgeschriebene Mindesteinzahlung pro *Stammeinlage* in Höhe von 250 DM verzichtet. Ebenfalls neu ist — als Folge der Zulassung der Einmanngründung (§ 1, 36 ff.) — das Verlangen nach einer **Sicherung der ausstehenden Einlage des Einmanns** in Abs. 2 S. 3. Die in Abs. 3 nF vorgeschriebene **volle Bewirkung der Sacheinlagen** vor Anmeldung der Gesellschaft entsprach für **Sacheinlagen ieS** schon dem bisher geltenden, ungeschriebenen Recht (Voraufl. 44); für *Sachübernahmen* ergibt sie sich erstmals aus der Neufassung (Rdn. 43). In § 7 b Abs. 2 RegE GmbH-Novelle war bei Grundstücken als Sacheinlagen alternativ die Möglichkeit vorgesehen, an Stelle der Einbringung die Eintragung einer *Vormerkung* vor Anmeldung der Gesellschaft genügen zu lassen; diese Regelung ist in die GmbH-Novelle 1980 nicht übernommen worden. — Zu den nicht in die GmbH-Novelle 1980 aufgenommenen, weitergehenden Vorschlägen des RegE GmbHG 1971/73 vgl. Voraufl. 3 f.

II. Die Anmeldung der Gesellschaft (Abs. 1)

1. Anmeldepflicht — Art und Durchsetzung

5 **a) Keine öffentlichrechtliche Pflicht.** Die Vorschrift des § 7 Abs. 1 begründet keine öffentlichrechtliche Anmeldepflicht. Ebenso wie die Errichtung der Gesellschaft steht auch ihre Anmeldung als Entstehungsvoraussetzung für die GmbH im *Belieben der Gründer*[1]; diese können den Geschäftsführern entsprechende Anweisungen geben. Das wird durch § 79 Abs. 2 bestätigt; danach können Ordnungsstrafen zur Erzwingung der Anmeldung nach § 7 nicht verhängt werden. Betreiben die Gründer nicht unverzüglich nach Abschluß des GmbH-Vertrags die Eintragung der Gesellschaft, so laufen sie freilich

[1] EinhM, vgl. *Scholz/Winter* 1, *Rob. Fischer* 1, *Roth* 2.1. Zur Zulässigkeit des Widerrufs der Anmeldung vgl. Rdn. 18.

Gefahr, daß ihre Vereinigung als OHG behandelt wird mit der Folge der unbeschränkten und unbeschränkbaren persönlichen Haftung für die Gesellschaftsschulden (§ 11, 17 ff.). Für die Geschäftsführer greift bis zur Eintragung die Handelndenhaftung des § 11 Abs. 2 ein.

b) Privatrechtliche Pflicht. Auch eine privatrechtliche Pflicht zur Anmeldung 6
folgt *nicht aus § 7 Abs. 1*. Für die zur Anmeldung berufenen **Geschäftsführer** ergibt sie sich vielmehr aus den mit der Geschäftsführerstellung übernommenen Pflichten und deren Konkretisierung durch die Weisungen der Gesellschafter. Sind die Anmeldevoraussetzungen (§ 7 Abs. 2 und 3) erfüllt und haben die Gesellschafter keine gegenteilige Weisung erteilt, so sind die Geschäftsführer zu unverzüglicher Anmeldung verpflichtet. Andernfalls haften sie nach § 43 auf Schadensersatz und müssen bei grundloser Weigerung mit ihrer Abberufung rechnen[2]. Zur gerichtlichen Durchsetzbarkeit der Anmeldepflicht vgl. Rdn. 8. — Was die Gesellschafts**gründer** betrifft, so sind sie zur Mitwirkung bei der Anmeldung weder verpflichtet noch auch berechtigt[3]. Wohl aber folgt aus dem **Gesellschaftsvertrag** ihre Pflicht, alles zur Entstehung der GmbH Erforderliche zu veranlassen. Dazu gehört neben der Mindesteinzahlung, der Erstellung des Sachgründungsberichts bei Vereinbarung von Sacheinlagen und der Beseitigung etwaiger sonstiger Anmeldungshindernisse[4] auch die Mitwirkung an den etwa erforderlichen Maßnahmen gegenüber den Geschäftsführern.

c) Gerichtliche Durchsetzung. Die klageweise Durchsetzbarkeit der privatrechtli- 7
chen Anmeldepflicht ist vor allem *im Aktienrecht umstritten*, und zwar sowohl gegenüber den Gründern als auch gegenüber Vorstand und Aufsichtsrat. Von den **Gegnern** eines gerichtlichen Anmeldezwangs[5] wird vor allem auf die Bedenken hingewiesen, die sich aus einer Ersetzung der in § 37 Abs. 1 S. 1 AktG geforderten Versicherung der Anmeldenden durch das Urteil (§§ 894 ZPO, 16 HGB) ergeben. Die Richtigkeitsgewähr für die Versicherung nach § 37 Abs. 1 S. 1 AktG bzw. die zivil- und strafrechtliche Verantwortlichkeit der Anmeldenden im Falle einer unrichtigen Versicherung sei bei einem Vorgehen nach § 894 ZPO nicht sichergestellt. Zu einer Verurteilung zur Anmeldung bestehe auch kein Bedürfnis. Vielmehr könnten die Anmeldepflichtigen bei grundloser Weigerung auf Schadensersatz in Anspruch genommen werden; gegenüber Aufsichtsrat und Vorstand bestehe auch die Möglichkeit des Widerrufs der Bestellung.

Die **Rechtslage bei der GmbH** ist derjenigen bei der AG vergleichbar, weil auch 8
hier die Anmeldenden das Vorliegen der Anmeldevoraussetzungen zu versichern (§ 8 Abs. 2 und 3) und für die Richtigkeit dieser Versicherung zivil- und strafrechtlich einzustehen haben (§§ 9 a, 82 Abs. 1 Nr. 1, 4). Auch kommen wie im Aktienrecht als mittelbare Sanktionen Schadensersatzansprüche und Abberufung der Geschäftsführer in Betracht. Das schließt indessen nicht aus, auch eine unmittelbare **Klage auf Anmeldung der Gesellschaft** gegen die Geschäftsführer zuzulassen[6]. Die Klage ist nur begründet, wenn die Anmeldevoraussetzungen des § 7 Abs. 2 und 3 erfüllt sind; den beklagten

---

2 *Scholz/Winter* 1, *Roth* 2.1. Weitergehend OLG Hamm GmbH-Rdsch. **1984** 343, das die Pflicht der Geschäftsführer zur Anmeldung solange bejaht, wie der Gesellschaftsvertrag nicht einvernehmlich aufgehoben oder wirksam gekündigt ist.

3 Die in § 78 RegE GmbH-Novelle (BT-Drucks. 8/1347) in Anlehnung an § 36 Abs. 1 AktG vorgesehene Mitwirkung auch der *Gesellschafter* an der Anmeldung der Gesellschaft ist von der GmbH-Novelle 1980 nicht übernommen worden. Zu den Folgeproblemen dieser Änderung für die Gründerhaftung vgl. § 9 a, 29 f.

4 Insoweit einschränkend *Scholz/Winter* 1.

5 HM, vgl. *Barz* GroßkommAktG § 36, 3, *Kraft* Kölner KommAktG §§ 36, 37, 6 und 7, *Godin/Wilhelmi* AktG[4] § 36, 3; **aA** im neueren Schrifttum nur *Baumbach/Hueck* AktG[13] § 36, 2.

6 So auch *Scholz/Winter* 1, *Hüffer* GroßkommHGB[4] § 16, 16.

Geschäftsführern bleibt es überlassen, deren Fehlen im Prozeß geltend zu machen. Daher besteht auch nicht die Gefahr, durch Verurteilung der Geschäftsführer die Schutzfunktion der Anmeldevorschriften auszuhöhlen[7]. Fraglich kann nur sein, ob die **Vollstreckung** nach § 894 ZPO zu erfolgen hat mit der Eintragungsfolge des § 16 HGB, oder ob nach den Vorschriften für die Vornahme *unvertretbarer* Handlungen (§ 888 ZPO) vorzugehen ist. Geht man mit der hM davon aus, daß abweichend von § 12 Abs. 2 HGB die Anmeldung nach § 7 Abs. 1 von den Geschäftsführern *höchstpersönlich* zu bewirken ist (Rdn. 12), so ist auch für das Eingreifen von § 16 HGB iVm. § 894 ZPO kein Raum. Die beklagten Geschäftsführer sind vielmehr, wenn das Vorliegen der Anmeldevoraussetzungen nachgewiesen ist, zur Anmeldung der Gesellschaft zu verurteilen und können, wenn sie dem Urteil nicht freiwillig nachkommen, nach **§ 888 ZPO** durch Geldstrafen oder Haft zur Vornahme der Handlung angehalten werden[8].

2. Anmeldende Personen

9 **a) Geschäftsführer.** Anzumelden haben nach § 78 **sämtliche** Geschäftsführer, auch die stellvertretenden[9]. Die Gesellschafter und der etwa ernannte Aufsichtsrat wirken dabei nicht mit. Sind Geschäftsführer wegen Fehlens einer der Eignungsvoraussetzungen des § 6 Abs. 2 nicht wirksam bestellt (§ 6, 8, 11 ff.), so können sie auch nicht an der Anmeldung der Gesellschaft mitwirken. Die Wirksamkeit der Anmeldung beurteilt sich in diesem Fall allein nach der Mitwirkung der übrigen Geschäftsführer. Schreibt der Gesellschaftsvertrag die Vertretung der Gesellschaft durch eine Mehrheit vor, so reichen zwei verbleibende Geschäftsführer zur wirksamen Anmeldung. — Fällt ein Geschäftsführer erst *nach* Anmeldung, aber vor Eintragung der Gesellschaft weg, so hat das auf die Wirksamkeit der Anmeldung keinen Einfluß; § 130 Abs. 2 BGB ist analog anwendbar[10]. Entsprechendes gilt für die Bestellung eines neuen Geschäftsführers nach wirksam erfolgter Anmeldung. Sie macht eine erneute Anmeldung nicht erforderlich. Wohl aber bedarf es der Wiederholung der nach § 8 Abs. 2 und 3 geforderten *Versicherung* bei Geschäftsführerwechsel während des Eintragungsverfahrens (vgl. § 8, 23).

10 Erfolgt die **Anmeldung nicht durch alle Geschäftsführer**, so hat der Registerrichter die Anmeldung zurückzuweisen (BayObLG WM **1984** 638). Trägt er die Gesellschaft aus Versehen dennoch ein, so wird der Mangel hierdurch geheilt, soweit nicht die Eintragung auf *wesentlichen Verfahrensmängeln* beruht und das Registergericht daher zur **Amtslöschung nach § 142 FGG** befugt ist. Mit Rücksicht auf den grundsätzlichen Bestandsschutz für eingetragene Gesellschaften und die starke Einschränkung der Nichtigkeitsgründe des § 75 GmbHG iVm. § 144 FGG durch die Neufassung von 1969 ist für ein Amtslöschungsverfahren nach § 142 FGG allerdings nur noch in denjenigen **Sonderfällen** Raum, in denen die unter Verletzung wesentlicher Verfahrensvorschriften erfolgte Eintragung zu einem besonders **schwerwiegenden vom Willen der Beteiligten nicht gedeckten Eingriff in die Rechte der Beteiligten** führt[11]. Das ist nicht

---

[7] So zu Recht *Baumbach/Hueck* AktG § 36, 2.

[8] Ebenso *Scholz/Winter* und *Hüffer* aaO (Fn. 6).

[9] RG LZ **1914** 398 Nr. 17; *Scholz/Winter* 4, *Rob. Fischer* 1, *Roth* 2.2; vgl. auch KG OLGR **41** 208 zum Erfordernis der Mitwirkung sämtlicher Geschäftsführer auch bei Einzelvertretungsbefugnis.

[10] Vgl. Rdn. 17; so auch *Scholz/Winter* 7, *Hüffer* GroßkommHGB[4] § 8, 44.

[11] Vgl. § 2, 74 sowie die Nachw. in Fn. 13. Anders die hM *vor* der Neufassung der Nichtigkeitsgründe; sie ließ das Amtslöschungsverfahren nach § 142 FGG wegen wesentlicher Verfahrensmängel neben der auf Vertragsmängel gestützten Löschung nach § 144 FGG uneingeschränkt auch gegenüber Gesellschaften zu (vgl. die Nachw. in Voraufl. 9; so auch heute noch *Jansen* FGG[2] § 144, 6, *Keidel/Kuntze/Winkler* FGG[11] § 144, 1).

schon bei formellen oder inhaltlichen Mängeln der Anmeldung oder der ihr nach § 8 beizufügenden Unterlagen und bei der Eintragung durch ein örtlich unzuständiges Gericht der Fall[12]. Auch die Nichtmitwirkung eines oder mehrerer der zur Anmeldung berufenen Geschäftsführer reicht, für sich genommen, nicht aus, um die Amtslöschung zu rechtfertigen. **Anderes gilt aber dann, wenn die Anmeldung nicht nur formal fehlerhaft war, sondern auch inhaltlich dem Willen der nichtmitwirkenden Geschäftsführer widersprach.** Da es eine Anmeldepflicht für die Vorgesellschaft nicht gibt (Rdn. 5), müssen Entstehung und Bestand der GmbH von einem auf die Anmeldung gerichteten Willen des hierfür zuständigen Organs abhängig gemacht werden; eine Amtslöschung nach § 142 FGG ist hier ausnahmsweise zulässig[13]. — Auf den Willen der *Gesellschafter* kommt es demgegenüber *nicht* an[14]. Erfolgte die Anmeldung *gegen* deren Willen, so begründet das zwar möglicherweise eine Schadensersatzpflicht der handelnden Geschäftsführer, nicht aber einen Anspruch auf Löschung der GmbH. Wohl aber haben die Gesellschafter bei einer gegen ihren Willen erfolgten Anmeldung die Möglichkeit, die Geschäftsführer zum Widerruf der Anmeldung (Rdn. 18) zu veranlassen oder, falls diese sich weigern, sie abzuberufen und an ihre Stelle Personen zu bestellen, die zur Ausführung der Weisungen der Gesellschafter bereit sind.

b) Bevollmächtigte? Streitig ist, ob eine Anmeldung durch Bevollmächtigte 11
erfolgen kann. Die **überwiegende Meinung verneint** die Möglichkeit gewillkürter Vertretung, da die Versicherung nach § 8 Abs. 2 von den Geschäftsführern *höchstpersönlich* abgegeben werden müsse[15]. Die Gegenansicht[16] beruft sich auf § 12 Abs. 2 HGB, der die Form der Vollmacht zur Anmeldung beim Handelsregister regelt und deren Zulässigkeit damit implizit bejaht.

Stellungnahme. Bei der Lösung der Frage ist *zu differenzieren zwischen der Abgabe* 12
der für die Anmeldung erforderlichen Erklärungen in der Form des § 12 Abs. 1 HGB (vgl. Rdn. 21) *und der Einreichung* dieser Erklärungen beim Handelsregister. Was die **Abgabe der Erklärungen**, insbesondere der Versicherung nach § 8 Abs. 2 betrifft, so ist mit der überwiegenden Meinung an der **höchstpersönlichen Natur** festzuhalten. Wenn das GmbH-Gesetz in § 78 ausdrücklich eine Anmeldung durch sämtliche Geschäftsführer vorschreibt und deren unrichtige Angaben nach § 82 Abs. 1 Nr. 1 und 4 unter Strafsanktion stellt, so bringt es damit die Bedeutung zum Ausdruck, die es der Einschaltung der Geschäftsführer in den Gründungsvorgang und ihren Erklärungen im Rahmen der Anmeldung im Interesse der Ordnungsmäßigkeit der Gründung beimißt. Dem kann auch nicht die Vorschrift des § 12 Abs. 2 HGB entgegengehalten werden; sie läßt sich vielmehr dahin erklären, daß den nach HGB zu bewirkenden Anmeldungen kein der Gründung von Kapitalgesellschaften vergleichbares Gewicht zukommt. Aus diesen Überlegungen folgt, daß § 78 GmbHG als Spezialvorschrift der Regelung des § 12 Abs. 2 HGB vorgeht; *eine Stellvertretung bei Abgabe der zur Anmeldung der GmbH erforderlichen Erklärungen ist ausgeschlossen.* Anderes gilt für die **Einreichung** der von den Geschäftsführern in gehöriger

---

[12] So auch *Scholz/Winter* 7; **aA** für den Fall örtlicher Unzuständigkeit *Jansen* FGG § 144, 6 (vgl. dazu unten Rdn. 15).

[13] So auch *Roth* 2.5 und für das Aktienrecht *Barz* GroßkommAktG § 39, 4; im Ergebnis auch *Scholz/Winter* 7 und *Rob. Fischer* 2 unter analoger Anwendung von § 142 FGG in derartigen Fällen.

[14] Ebenso *Scholz/Winter* 7, *Rob. Fischer* 2; **aA** noch *Hachenburg/Schilling*[6] 10.

[15] *Scholz/Winter* 4, *Baumbach/Hueck* 2 A, *Rob. Fischer* 1, *Hüffer* GroßkommHGB[4] § 12, 6 f., *Jansen* FGG § 128, 12 und *Gustavus* GmbH-Rdsch. **1978** 219, 225; so auch im Aktienrecht *Barz* GroßkommAktG § 36, 8, *Baumbach/Hueck* AktG § 36, 4, *Godin/Wilhelmi* AktG § 36, 7; nicht eindeutig *Roth* 2.2.

[16] KG JW **1932** 2626; *Hachenburg/Schilling*[6] 7, *Feine* S. 145, *Vogel* 1; für das Aktienrecht *Kraft* Kölner KommAktG §§ 36, 37, 18 f.

Form abgegebenen Anmeldungserklärungen beim Handelsregister; sie kann auch einem bevollmächtigten Dritten übertragen werden. Insbesondere gilt auch der **Notar**, der die Anmeldungserklärung beurkundet oder beglaubigt, nach § 129 FGG als ermächtigt, sie beim Handelsregister einzureichen[17].

13 **c) Unbefugte Dritte.** Anmeldung durch einen hierzu nicht Befugten ist *keine wirksame Anmeldung*. Ein Recht, die eingetragene Gesellschaft wieder zu löschen, folgt aber für den Registerrichter hieraus nur dann, wenn die Eintragung dem Willen der Geschäftsführer nicht entspricht (Rdn. 10). Gleiches gilt, wenn ein ordnungsgemäß beurkundeter Vertrag und die bereits unterzeichnete Anmeldung vom Notar entgegen den ihm erteilten Weisungen versehentlich eingereicht wurden[18].

3. Zuständiges Gericht

14 Die Anmeldung der Gesellschaft erfolgt bei demjenigen Gericht, in dessen Bezirk die Gesellschaft ihren **Sitz** hat. Das ist der Ort, den der Vertrag als Gesellschaftssitz bezeichnet (§ 3, 9); zur Möglichkeit eines Doppelsitzes und zu seinen registerrechtlichen Konsequenzen vgl. § 3, 11 ff.). Dies kann innerhalb Deutschlands auch ein freigewählter Ort sein, an welchem sich der Geschäftsbetrieb oder die Verwaltung nicht befindet, solange die Wahl des satzungsmäßigen Sitzes nicht mißbräuchlich ist (§ 3, 9). Hat die Gesellschaft ihre Geschäftsleitung oder eine sonstige Niederlassung an einem Ort *außerhalb des Gerichtsbezirks* des Sitzes, so ist zugleich mit der Anmeldung der Gesellschaft auch die (Zweig-)Niederlassung nach § 12 GmbHG, § 13 HGB anzumelden. Näheres vgl. bei § 12.

15 Die **örtliche Zuständigkeit** des Gerichts am Sitz der GmbH **ist ausschließlich und zwingend.** Weder die Gesellschafter noch der Geschäftsführer können ein anderes Gericht wählen. Die Anmeldung bei dem unzuständigen Registergericht ist zurückzuweisen. Trägt dieses infolge eines Irrtums über den Sitz die GmbH gleichwohl ein, so kommt sie freilich zur Entstehung[19]. Auch scheidet eine Amtslöschung nach § 142 FGG wegen dieses Verfahrensmangels aus[20]. Durch eine Abgabe der Akten an das zuständige Registergericht, Löschung der Gesellschaft hier und Eintragung dort läßt sich die Unstimmigkeit beheben.

16 Registergericht ist das **Amtsgericht** (§ 125 Abs. 1 FGG). Für mehrere Amtsgerichtsbezirke kann die Justizverwaltung des Landes ein gemeinsames Registergericht bestimmen[21]. Näheres zu *Stellung und Funktionen* des Registergerichts vgl. § 10, 4 ff.

4. Rechtsnatur und Inhalt der Anmeldung

17 **a) Rechtsnatur und Widerruf.** Die Anmeldung ist *keine Willenserklärung*. Sie führt nicht unmittelbar zu privatrechtlichen Rechtswirkungen. Sie fällt auch nicht unter § 130 Abs. 3 BGB; diese Vorschrift betrifft nur die sog. „amtsempfangsbedürftige Willenserklärung", die der Vornahme eines privatrechtlichen Rechtsgeschäfts gegenüber der Behörde dient (*Soergel-Hefermehl* BGB[11] § 130, 32). Die Anmeldung ist vielmehr

---

[17] Ebenso *Scholz/Winter* 4, *Rob. Fischer* 1, *Roth* 2.2, *Hüffer* GroßkommHGB[4] § 12, 7; **aA** noch *Hachenburg*[5] 8.

[18] *Scholz/Winter* 7, *Rob. Fischer* 2.

[19] Heute einhM, vgl. *Scholz/Winter* § 10, 8, *Jansen* FGG § 7, 9 und § 125, 8, *Keidel/Kuntze/Winkler* FGG § 7, 30 und § 125, 12; **aA** noch *Scholz*[5] § 10, 7.

[20] Vgl. Rdn. 10; **aA** *Jansen* FGG[2] § 125, 8 und § 144, 6, *Keidel/Kuntze/Winkler* FGG[11] § 125, 12.

[21] § 125 Abs. 2; vgl. die Zusammenstellung bei *Hüffer* GroßkommHGB[4] § 8 Anh. II.

ein *auf Herbeiführung behördlichen Handelns gerichteter* **höchstpersönlicher** (Rdn. 12), **organschaftlicher Akt**[22]. Das hindert nicht, bestimmte Vorschriften über Willenserklärungen entsprechend anzuwenden (Rdn. 9; zur Rechtsnatur der Versicherung nach § 8 Abs. 2 vgl. § 8, 23). — Die Anmeldung ist **empfangsbedürftig**. Empfänger ist das Gericht. Die unterschriebene Anmeldung als solche ist nur vorbereitend. Übersendung an den Rechtsanwalt der Gesellschaft zur Überprüfung gehört noch in dieses Stadium. Eine Einreichung der Anmeldung beim Gericht *gegen den Willen der Beteiligten* durch ein Versehen des Notars ist *wirkungslos* (Rdn. 13). An die Unrichtigkeit der in der Urkunde enthaltenen Versicherungen der Geschäftsführer nach § 8 Abs. 2 und 3 können daher auch keine Haftungs- oder Strafsanktionen geknüpft werden.

Bis zur vollendeten Eintragung kann die Anmeldung **widerrufen** werden (KG OLGR **43** 205). Das zeigt den Unterschied zur rechtsgeschäftlichen Willenserklärung; dort bindet die dem anderen Beteiligten zugegangene Erklärung. Widerruft *einer von mehreren Geschäftsführern* die Anmeldung, so wird wegen der notwendigen Mitwirkung aller bei der Anmeldung auch die der übrigen wirkungslos (*Scholz/Winter* 7, *Roth* 2.5.). Berufen die Gesellschafter den Widerrufenden ab oder legt er sein Amt nieder, so hat die Anmeldung der Verbleibenden als genügend zu gelten (Rdn. 9). Die Abberufung oder die Amtsniederlegung, um sich der Mitwirkung bei der Anmeldung zu entziehen, macht die Anmeldung der Verbleibenden nicht unwirksam. Gründe für den Widerruf brauchen nicht angegeben zu werden. **18**

Der **Irrtum** über den Inhalt der Erklärung hat auf die Wirksamkeit der Anmeldung keinen Einfluß. Insbesondere gibt es *nach der Eintragung keine Anfechtung* der auf einem Irrtum beruhenden, eine unrichtige Versicherung enthaltenden Anmeldung. *Bis zur Eintragung* kann die Anmeldung *berichtigt* werden (so auch *Roth* 2.5). Das gilt vor allem für die mit ihr verbundenen Versicherungen. Die strafbare Handlung ist mit dem Eintreffen bei dem Registergericht begangen (§ 82, 40 und 42). **19**

b) Inhalt. Der Inhalt der Anmeldung ergibt sich aus der Vorschrift des § 8 (vgl. Erläut. daselbst). Sie tritt als Spezialvorschrift für die Anmeldung der GmbH an die Stelle des § 29 HGB[23]. Damit sind keine anderen, sondern nur *zusätzliche* Anmeldeerfordernisse aufgestellt. Die nach § 29 HGB anzumeldende Firma ist in dem nach § 8 Abs. 1 Nr. 1 der Anmeldung beizufügenden Gesellschaftsvertrag enthalten; gleiches gilt für den dem „Ort der Handelsniederlassung" im Sinne von § 29 HGB entsprechenden Sitz der Gesellschaft. Zur Anmeldung von Zweigniederlassungen vgl. § 12, 19 ff. **20**

5. Form

Die Anmeldung erfolgt in öffentlich beglaubigter Form (§ 12 Abs. 1 HGB). Die Wahl der notariellen Form ist zulässig. Zur Unanwendbarkeit von § 12 Abs. 2 HGB (Vollmacht) vgl. Rdn. 12. **21**

6. Haftung der Anmeldenden

Die *Verantwortlichkeit* für die inhaltliche Richtigkeit der Anmeldung ist in *zivilrechtlicher* Hinsicht in § 9 a, in *strafrechtlicher* in § 82 Abs. 1 Nr. 1 und 4 geregelt (vgl. die Erläut. daselbst). Schadensersatzansprüche stehen nicht nur der Gesellschaft zu (§ 9 a Abs. 1), **22**

---

[22] So auch *Hüffer* GroßkommHGB[4] § 8, 43; **aA** *Schlegelberger/Hildebrandt/Steckhan*[5] § 12, 10 (Rechtsgeschäft).

[23] *Scholz/Winter* 6, *Roth* 2.3, *Hüffer* GroßkommHGB[4] § 29, 2.

sondern kommen auch für diejenigen sonstigen Beteiligten (Gesellschafter, Gläubiger) in Betracht, die durch unrichtige Angaben der Geschäftsführer bei der Anmeldung einen Schaden erlitten haben (vgl. § 9 a, 51 ff.).

III. Einlageleistung vor Anmeldung

1. Mindesteinzahlungen als Anmeldevoraussetzung

23 **a) Auf die einzelnen Stammeinlagen (Abs. 2 S. 1, Abs. 3).** Hinsichtlich der auf die einzelnen Stammeinlagen geforderten Mindestleistung vor Anmeldung unterscheidet das Gesetz zwischen Geld- und Sacheinlagen. Bei **Geldeinlagen** genügt — vorbehaltlich des Gesamtbetrags von 25 000 DM (Rdn. 26) — die **Einzahlung von einem Viertel pro Stammeinlage (Abs. 2 S. 1).** Im Unterschied zur Rechtslage bis 1980 (Voraufl. 25) kann sie auch 250 DM unterschreiten, wenn die betreffende Stammeinlage auf einen Betrag unter 1000 DM festgesetzt ist; die absolute Mindesteinzahlung beträgt seither 125 DM (vgl. §§ 5 Abs. 1, 7 Abs. 2 S. 1 nF). Ein im Gesellschaftsvertrag vorgesehenes **Aufgeld** bleibt für die Berechnung und Kontrolle der Mindesteinzahlung außer Betracht[24]. Mehrzahlungen auf einen Teil der Stammeinlagen vermögen Minderzahlungen auf andere Stammeinlagen nicht auszugleichen, wenn diese nicht den vom Gesetzgeber als **Liquiditätsnachweis** geforderten Mindestbetrag von einem Viertel erreichen[25]; die Eintragung ist ggf. abzulehnen.

24 Sind **Sacheinlagen** vereinbart, so müssen sie nach Abs. 3 **vollständig** vor Anmeldung der Gesellschaft geleistet sein und zur freien Verfügung der Geschäftsführer stehen (Rdn. 43; zur Einbringung von Grundstücken vgl. Rdn. 44). Das gilt nicht nur für Sacheinlagen ieS[26], sondern — insoweit abweichend nicht nur von § 36 a Abs. 2 AktG, sondern auch vom früheren Recht (vgl. Voraufl. § 5, 91) — auch für **Sachübernahmen**[27]; diese sind durch § 5 Abs. 4 S. 1 nF den Sacheinlagen ieS vollständig gleichgestellt (§ 5, 93). Ausweislich der Entstehungsgeschichte[28] beruht die Änderung für Sachübernahmen auch nicht etwa auf einem Redaktionsversehen; sie kann daher nicht ohne weiteres im Wege teleologischer Reduktion korrigiert werden[29]. Im Ergebnis führt die Gleichstellung der Sachübernahmen mit den Sacheinlagen in § 7 Abs. 3 zu einer starken Einschränkung des Anwendungsbereichs der Sachübernahmen, da der Vermögensgegenstand, dessen Vergütung auf die Stammeinlagepflicht angerechnet werden soll, vor Anmeldung an die Gesellschaft geleistet und die Verrechnung vollzogen sein muß[30]. Die bisherige Praxis, statt dessen vor Anmeldung der Gesellschaft ein Viertel des Nennbetrags der Stammeinlage

---

[24] So auch *Baumbach/Hueck* 3 D und für den Fall der Kapitalerhöhung *Scholz/Priester* § 56 a, 3; zur abweichenden Lage im Aktienrecht vgl. § 36 a Abs. 1 AktG.

[25] EinhM, vgl. RGSt. **33** 252, 253; *Scholz/Winter* 9, *Rob. Fischer* 3, *Roth* 3.2, *Schoenes* NJW **1983** 373, 375.

[26] So die einhM schon vor der GmbH-Novelle 1980, vgl. RGZ **84** 332, 337; **141** 204, 209; BGHZ **45** 338, 347 = NJW **1966** 1311; *Scholz/Winter* 15; weit. Nachw. in Voraufl. 44.

[27] So auch *Scholz/Winter* § 7 nF, 15 c; **aA** *Roth* 6 und § 5, 5.3.2.

[28] Vgl. § 7 b Abs. 1 S. 2 RegE GmbH-Novelle, der die Durchführung der Sachübernahme *vor* Anmeldung der Gesellschaft ausdrücklich vorschrieb, und ihre nur auf redaktionellen Gründen (weite Fassung des Sacheinlagebegriffs in § 5 Abs. 4 S. 1 nF) beruhende Streichung in den Beratungen des BT-Rechtsausschusses (Ausschußbericht, BT-Drucks. 8/3908, S. 71).

[29] So aber *Roth* § 5, 5.3.2; unter Hinweis auf § 19 Abs. 5 nF auch *Gersch/Herget/Marsch/Stützle* GmbH-Reform 1980, Rdn. 235.

[30] Vgl. namentlich § 5, 38 und 94 zur Problematik der bei Gründung der GmbH vom Sacheinleger noch nicht angeschafften oder hergestellten Einlagegegenstände.

einzuzahlen und die Sachübernahmevereinbarung erst zu einem späteren Zeitpunkt durchzuführen (Voraufl. § 5, 91), ist mit § 7 Abs. 3 nF nicht vereinbar.

Soll die Leistung auf die Stammeinlage — als sog. **Mischeinlage**[31] — teils in Geld und teils in Sacheinlagen bewirkt werden, so ist entsprechend auch hinsichtlich der Mindesteinzahlung zu verfahren. Die geschuldete Sacheinlage ist vollständig zu bewirken. Die Höhe der Mindesteinzahlung in Geld bestimmt sich nach demjenigen Teilbetrag der Stammeinlage, der nicht durch die Sacheinlage gedeckt ist; auf ihn ist ein Viertel einzuzahlen[32]. 25

b) Gesamtbetrag (Abs. 2 S. 2). Als **zusätzliche** Anmeldevoraussetzung legt Abs. 2 S. 2 nF fest, daß der Gesamtbetrag der geleisteten Einlagen unter Einschluß der Stammeinlagen, für die Sacheinlagen zu leisten sind, **mindestens 25000 DM** erreichen muß. Welche Gesellschafter den danach erforderlichen, ggf. über die Einbringungspflichten aus Abs. 2 S. 1, Abs. 3 hinausgehenden Mehrbetrag erbringen, bleibt ihrer Vereinbarung überlassen (*Schoenes* NJW **1983** 375). Fehlt es an einer entsprechenden Regelung im Gesellschaftsvertrag, so sind Mindesteinzahlungen von allen Gesellschaftern *im gleichen Verhältnis* zu erbringen; das folgt aus § 19 Abs. 1[33]. Bei einer Bargründung mit 50000 DM Stammkapital hat danach jeder Gesellschafter auch ohne ausdrückliche Regelung im Gesellschaftsvertrag nicht nur ein Viertel, sondern 50% seiner Einlage vor Anmeldung einzuzahlen. 26

c) Zwingende Geltung. Die Regelungen über die Mindesteinzahlungen in § 7 Abs. 2 und 3 bilden zwingende **Mindestvoraussetzungen** der Anmeldung. Ihre Einhaltung muß nach § 8 Abs. 2 von den Geschäftsführern bei der Anmeldung ausdrücklich versichert werden; sie unterliegt der Kontrolle durch das Registergericht im Rahmen seiner Prüfungsfunktion (§ 9c, 23f.). Zulässig ist die Vereinbarung **weitergehender**, eine höhere Mindesteinlage schon *vor* der Eintragung der Gesellschaft fordernder Regelungen[34]. Sie stehen dem Zweck der Vorschrift, den Geschäftsführern die Verfügung über einen Mindestfonds bei Entstehung der GmbH im Interesse der Gesellschaft und ihrer Gläubiger zu sichern, nicht entgegen. Ihre Wirkungen beschränken sich freilich auf die Begründung weitergehender Mindesteinzahlungspflichten im *Innenverhältnis*; im Verhältnis zum Registergericht bewendet es bei der Regelung des § 7 Abs. 2[35]. Zur Befreiungswirkung *freiwillig* erbrachter Mehreinzahlungen vor Eintragung der Gesellschaft vgl. Rdn. 42. 27

d) Rechtsfolgen fehlender Anmeldevoraussetzungen. Wird die Gesellschaft angemeldet, ohne daß die Mindesteinlageleistungen erbracht sind oder die Versicherung hierüber nach § 8 Abs. 2 abgegeben wird, so ist die Anmeldung nicht ordnungsgemäß. Die Gesellschaft darf vor Beseitigung des Mangels nicht eingetragen werden. Ist die Eintragung gleichwohl erfolgt, so ist die GmbH freilich trotz des Mangels **wirksam entstanden**. Der Registerrichter kann die Gesellschaft nicht wieder löschen. Verletzt sind nur formelle Vorschriften über die Art der Anmeldung; § 142 FGG greift nicht ein 28

---

31 Im Unterschied zur *gemischten* Sacheinlage, bei der die Gesellschaft zur Zahlung einer Vergütung an den Sacheinleger in Höhe des den Nennbetrag der Stammeinlage übersteigenden Werts des einzubringenden Vermögensgegenstands verpflichtet wird (§ 5, 99).

32 EinhM, vgl. RGSt. **48** 153, 160, RG Recht **1914** Nr. 1519; **1915** Nr. 761; *Scholz/Winter* 13, *Rob. Fischer* 5, *Roth* 3.2; weit. Nachw. in Voraufl. 25.

33 Vgl. § 19, 9; so auch *Scholz/Winter* § 7 nF, 8c.

34 RGZ **149** 293, 303f.; BGHZ **15** 66, 68 = NJW **1954** 1844; **37** 75, 77 = NJW **1962** 1009; **aA** *Lutter* Kapital, Sicherung der Kapitalaufbringung und Kapitalerhaltung in den Aktien- und GmbH-Rechten der EWG (1964), S. 127ff. (130); *ders.* Kölner Komm-AktG § 54, 35f. Vgl. dazu auch Rdn. 41.

35 Ebenso *Scholz/Winter* 12, *Baumbach/Hueck* 3D.

(§ 2, 74). Auch liegt nicht etwa Nichtigkeit der Gesellschaft vor[36]. Eine Nichtigkeitsklage ist, ebenso wie eine Amtslöschung nach § 144 FGG, nur in den Fällen des § 75 möglich (§ 2, 75; vgl. auch Erläut. zu § 75). Die eingeschränkte Geltendmachung von Entstehungsmängeln nach Eintragung der Gesellschaft beruht auf dem *Bestandsschutzgedanken* im Interesse der Beteiligten, insbesondere der Gesellschaftsgläubiger, aber auch der Gesellschafter. Er setzt sich auch gegenüber Mängeln aufgrund fehlender Anmeldevoraussetzungen durch und schließt deren nachträgliche Geltendmachung aus. Mißbräuchen ist durch die Haftung der Anmeldenden bei Abgabe unrichtiger Erklärungen und durch die Prüfungsfunktion des Registergerichts vor der Eintragung entgegenzuwirken (vgl. §§ 9 a, 9 c).

29 **e) Übergangsregelung.** Die GmbH-Novelle 1980 enthält für **Altgesellschaften** (§ 5, 10) in Art. 12 § 1 Abs. 1 und 2 eine bis zum 31. 12. 1985 befristete Übergangsregelung zur Anpassung der Einlageleistung an den in § 7 Abs. 2 S. 2 nF geforderten Mindestbetrag von 25 000 DM. Soweit das Kapital einer Altgesellschaft schon vor Ablauf der Übergangszeit auf 50 000 DM erhöht wird, ist auch die nach neuem Recht geforderte Mindesteinlage zu erbringen (BayObLG BB **1984** 1447; vgl. auch § 56, 24 f.). Bei Gesellschaften mit einem **Stammkapital von zwischen 50 000 und 100 000 DM,** bei denen es zur Anpassung an die GmbH-Novelle einer Kapitalerhöhung *nicht* bedarf, schreibt Art. 12 § 1 Abs. 2 eine **Versicherung der Geschäftsführer** gegenüber dem Registergericht des Inhalts vor, daß der Gesamtbetrag der geleisteten Geld- und Sacheinlagen 25 000 DM erreicht. Sachübernahmen sind dabei nur insoweit zu berücksichtigen, als sie tatsächlich durchgeführt sind; eine Rückwirkung der hierauf bezogenen Neuregelung in § 7 Abs. 3 (Rdn. 24) ist in Art. 12 § 1 der GmbH-Novelle nicht angeordnet[37]. Die Versicherung ist entsprechend § 78 von *sämtlichen* Geschäftsführern abzugeben[38], und zwar als Teil der Anmeldung ebenso wie diese selbst (Rdn. 21) in öffentlich beglaubigter Form (§ 8, 24). Liegt die Versicherung dem Registergericht nicht bis zum Ablauf der Übergangsfrist am 31. 12. 1985 vor, so ist die Gesellschaft in diesem Zeitpunkt aufgelöst (§ 60, 54). Zur Möglichkeit und zu den Voraussetzungen eines Fortsetzungsbeschlusses in diesem Fall vgl. Art. 12 § 1 Abs. 3, dazu § 60, 102.

30 Soweit vor Abgabe der Versicherung die **Einforderung von Einlagen zur Erreichung des Mindestbetrags von 25 000 DM** erforderlich ist, gelten hierfür die allgemeinen Regeln. Danach bedarf es eines mit einfacher Mehrheit zu fassenden, alle Gesellschafter gleichmäßig belastenden Gesellschafterbeschlusses (§ 19, 15 und § 46, 9). Eine Zustimmungspflicht der Gesellschafter hierzu im Interesse des Bestands der Gesellschaft besteht zwar nicht stets und ohne weiteres; angesichts der von den Gesellschaftern schon übernommenen Einlagepflichten ist sie aber unter erleichterten Voraussetzungen zu bejahen als bei der Beschlußfassung über die Anpassung des Stammkapitals an das erhöhte gesetzliche Mindestkapital[39].

2. Bewirkung der Einlageleistung

31 **a) Geldeinlagen. α) Einzahlung.** Im Unterschied zum Aktienrecht verzichtet das GmbHG auf eine ausdrückliche Bestimmung über die Art und Weise der Einzahlung. § 7 a Abs. 2 RegE GmbH-Novelle, der die entsprechende Vorschrift des § 54 Abs. 3

[36] RGZ **82** 288, 289; **82** 375, 382, JW **1913** 1043[13], LZ **1913** 755[6]; *Scholz/Winter* 16.

[37] So zutr. *Scholz/Winter* § 7 nF, 8 e.

[38] Ebenso *Scholz/Winter* § 7 nF, 8 d; wohl auch *Roth* 4.1.2.

[39] Vgl. dazu § 56, 28 m. Nachw.; zurückhaltend gegenüber einer Zustimmungspflicht zum Einforderungsbeschluß aber *Scholz/Winter* § 7 nF, 8 f., und *Baums* StuW **1980** 299.

AktG inhaltlich unverändert übernehmen wollte, ist vom BT-Rechtsausschuß als unnötig, weil dem geltenden Recht entsprechend, gestrichen worden[40]. Sachlich hat sich damit gegenüber dem bisherigen Recht nichts geändert; statt **Barzahlung** kann die Leistung auch durch bestätigten **Bundesbankscheck** oder **Kontogutschrift** zugunsten der Vorgesellschaft oder der Geschäftsführer erfolgen. Für die Erfüllung der Anmeldevoraussetzung ist letztlich entscheidend, daß der eingezahlte Betrag zur freien Verfügung der Geschäftsführer steht[41].

Die **Barzahlung** hat in **gesetzlich anerkannten inländischen Zahlungsmitteln** 32 zu geschehen, d. h. in Banknoten der Deutschen Bundesbank oder Scheidemünzen[42]. Die Zahlungsmittel müssen der Gesellschaft, vertreten durch die Geschäftsführer, zu *Eigentum* übertragen werden und *zu ihrer freien Verfügung stehen* (Rdn. 45). Zahlung in sonstigen, insbesondere ausländischen Zahlungsmitteln, ist ebenso wie die *Hingabe von Wechseln oder Schecks* keine „Einzahlung" iSv. § 7 Abs. 2[43]. Gleiches gilt für die Übertragung des Anspruchs aus einem dem Gesellschafter persönlich zur Verfügung gestellten Kredit (BGH GmbH-Rdsch. **1952** 108). Erfüllung und damit Einlageleistung treten in derartigen Fällen vielmehr nur ein, wenn und soweit die Gesellschaft aufgrund der erfüllungshalber entgegengenommenen Leistungen durch Einlösung, Umtausch u. a. Zahlung erhält[44]. — Stehen der Gesellschaft mehrere Ansprüche gegen den Gesellschafter zu und leistet dieser zunächst ohne Zweckbestimmung (§ 366 BGB), so wird die Einlageschuld nur dann erfüllt, wenn bei der späteren Zweckbestimmung das Geld noch voll zur Verfügung der Gesellschaft steht (BGHZ **51** 157, 159 = NJW **1981** 1373).

Die Hingabe von Schecks oder Wechseln ist grundsätzlich nicht als Einzahlung 33 anzusehen, da ihre Einlösung nicht gesichert ist (Rdn. 32). Anderes gilt bei **von der Bundesbank bestätigten Schecks** innerhalb der Einlösungsfrist von acht Tagen nach Ausstellung des Schecks (§ 23 Abs. 1, 3 BBankG). Da die Bundesbank innerhalb dieser Frist zur Einlösung verpflichtet ist, stehen diese Schecks gesetzlichen Zahlungsmitteln gleich[45]. Sonstige bestätigte Schecks, insbesondere auch Bestätigungen durch Kreditinstitute, sind wegen des Annahmeverbots in Art. 4 ScheckG dem deutschen Zahlungsverkehr unbekannt. Sie scheiden daher als Erfüllungsleistungen für die in § 7 Abs. 2 geforderte Einzahlung aus.

Die Kontogutschrift steht, wenn es sich um ein im *Inland* geführtes Konto der 34 Gesellschaft oder der Geschäftsführer bei einem **Kreditinstitut** (Bank, Sparkasse, Giro-Zentrale) oder beim **Postscheckamt** handelt, der Barzahlung jedenfalls dann gleich, wenn die Gutschrift ohne Vorbehalt erfolgt ist, die Geschäftsführer freie Verfügung darüber haben und gegen die Bonität des Kreditinstituts keine Bedenken bestehen. Darauf, ob das Konto vor der Gutschrift einen Debetsaldo ausweist, kommt es nicht an, solange der Kontokorrentkredit nicht gekündigt ist und die Gesellschaft über die Mittel frei verfügen kann (OLG Düsseldorf WM **1984** 586, 597 f., OLG Frankfurt ZIP **1984** 836, 837). Unbedenklich ist es auch, daß das Kreditinstitut zugleich *Gründer* der Gesellschaft ist und seine Einlage durch Gutschrift auf einem von ihm geführten

---

40 Ausschußbericht, BT-Drucks. 8/3908 S. 71.

41 EinhM, vgl. BGH GmbH-Rdsch. **1962** 233, RGZ **41** 120, 122; **72** 266, 268, RG JW **1910** 119; *Scholz/Winter* 10, *Rob. Fischer* 3.

42 § 14 Abs. 1 BBankG (BGBl. **1957** I 745); Gesetz über die Ausprägung von Scheidemünzen (BGBl. **1950** 323).

43 **AA** noch RGZ **41** 120, 123 und RGSt. **36** 185, 186 f. für solche Schecks und Sichtwechsel, bei denen wegen der Bonität der bezogenen Bank und der Höhe des Zahlungsbetrags nach allgemeiner Anschauung mit der Einlösung sicher(?) zu rechnen sei.

44 So auch RG JW **1912** 950; *Scholz/Winter* 10, *Rob. Fischer* 3.

45 Vgl. § 54 Abs. 3 S. 1 AktG; so auch *Scholz/Winter* 10.

Gesellschaftskonto erbringt. Gegen die Wertung dieser Gutschrift als Einlage ist eingewandt worden, daß sie in derartigen Fällen nur auf einer „Umbuchung", nicht aber auf einer „Leistung" des Gründers beruhe und durch diesen Vorgang daher nur ein Schuldgrund durch einen anderen ersetzt werde[46]. Der Einwand überzeugt nicht, da er den Vorgang der Kontogutschrift in dem genannten Fall ohne zwingenden Anlaß einer Sonderbehandlung unterwirft. Wenn die Gutschrift *ohne Vorbehalt* erfolgt, erlangen die Geschäftsführer dadurch die freie Verfügung über den gutgeschriebenen Betrag, unabhängig von der Gründereigenschaft des Kreditinstituts. Fehlt es aber an der *Bonität* des Kreditinstituts, so sind die bei ihm erfolgten Kontogutschriften auch dann einer Einzahlung bei der Gesellschaft nicht gleichwertig, wenn das Institut nicht zugleich Gründer der Gesellschaft ist.

35 Was die Person des **Kontoinhabers** angeht, so ist heute unbestritten, daß das Konto auch schon im Gründungsstadium für die **Gesellschaft** geführt werden kann[47]. Ob als Kontoinhaber die — künftige — GmbH, die „GmbH in Gründung" oder die Gründergesellschaft angegeben ist, ist für die Rechtsinhaberschaft unerheblich: in allen Fällen steht das Konto bis zur Registereintragung der **Vorgesellschaft**, danach der **GmbH** zu, ohne daß es eines Übertragungsaktes bedarf (§ 11, 47 und 74). Das Konto kann aber auch auf den Namen des oder der **Geschäftsführer** lauten, soweit es sich nicht um ein persönliches Konto der Organmitglieder handelt, sondern um ein in ihrer *Organeigenschaft* eröffnetes Konto[48]. Rechtlich stehen auch die Gutschriften auf diesem Konto der Gesellschaft und nicht etwa den Geschäftsführern persönlich zu. Diese durch § 54 Abs. 3 S. 2 AktG ausdrücklich klargestellte Zuordnung gilt auch im GmbH-Recht[49]. Im Falle einer *Einmanngründung* wäre es allerdings mit der auch hier erforderlichen Aussonderung der Einlagen aus dem Gründervermögen *unvereinbar*, wenn das Einlagenkonto auf den *Namen des Gründers* als Alleingeschäftsführer der Gründerorganisation geführt würde (Rdn. 52). — Als weitere Möglichkeit kommt schließlich die Kontoerrichtung durch einen **Treuhänder** der Gesellschaft in Betracht. Die Gutschriften auf diesem Konto haben Einzahlungswirkung, wenn es sich um eine uneigennützige (Verwaltungs-) Treuhand handelt und den Geschäftsführern im Verhältnis zum Treuhänder die freie Verfügung über das Konto spätestens vom Zeitpunkt der Eintragung an (Treuhandkonto des Notars) zusteht.

36 **β) Ungeeignete Erfüllungsformen.** Werden die Einlageleistungen nicht in der für die „Einzahlung" erforderlichen Art und Weise (Rdn. 31 ff.) erbracht, also insbesondere durch Scheck, Wechsel oder andere Erfüllungsformen, die einer Barzahlung wirtschaftlich nicht gleichwertig sind, so tritt auch keine Erfüllung der Einlageforderungen ein. Die Annahme von Leistungen an **Erfüllungs Statt** ist hinsichtlich der gesetzlichen Mindesteinzahlung **ausgeschlossen**[50]. Soweit die Geschäftsführer nicht durch Verwertung der erfüllungshalber entgegengenommenen Leistungen, insbesondere durch Einlösung des Schecks oder Wechsels, die Einzahlungswirkung nachträglich noch herbeiführen können, bleiben die Gründer zur Leistung verpflichtet. Auch die Anmeldung kann bis

---

[46] RG Holdheim **14** (1904) 142; *Hachenburg/Schilling*[6] 20, 23; *Lutter* Kölner KommAktG § 54, 26; **aA** *Geßler* Festschrift Möhring (1975) S. 173, 174 ff.; *Schlegelberger/Quassowski* AktG 1937 § 49, 6; *Dorpalen* BankA **1934** 339 f.

[47] BGH GmbH-Rdsch. **1962** 233, BGHZ **45** 339, 347 = NJW **1966** 1311; *Scholz/Winter* 10; so auch § 54 Abs. 3 S. 1 AktG.

[48] So die im Aktienrecht hM, vgl. *Barz* GroßkommAktG § 54, 17, *Baumbach/Hueck* AktG § 54, 11, *Lutter* Kölner KommAktG § 54, 29.

[49] Vgl. Rdn. 31; so auch BGH GmbH-Rdsch. **1962** 233; *Scholz/Winter* 10, *Rob. Fischer* 3.

[50] RGZ **144** 348, 351; *Scholz/Winter* 10, *Lutter* Kölner KommAktG § 54, 31.

zum Erfüllungseintritt nicht vollzogen werden. Wegen der ohne Erfüllungswirkung erbrachten Leistungen steht den Gründern ein Anspruch aus *ungerechtfertigter Bereicherung* zu[51].

37 *Ausgeschlossen* ist auch die Bewirkung der Mindesteinlage durch **Aufrechnung** des Gründers mit einer Forderung gegen die Gesellschaft[52]. Das hat seinen Grund nicht darin, daß den Gründern gegen die noch nicht eingetragene Gesellschaft keine fälligen, eine Aufrechnung ermöglichenden Ansprüche zustehen können[53]. Auch wenn man vom Bestehen solcher Ansprüche (etwa aufgrund einer aus Aktiven und Passiven bestehenden Sacheinlage oder aus rechtsgeschäftlichem Handeln der Vorgesellschaft) ausgeht, *muß die Aufrechnung doch an Sinn und Zweck der Regelung des § 7 Abs. 2 scheitern.* Die Funktion dieser Vorschrift, den Geschäftsführern ein Mindestbetriebskapital für die eingetragene GmbH zu gewährleisten, darf nicht durch anderweitige Erfüllungsformen wie die Aufrechnung gefährdet werden. Über § 19 Abs. 2 S. 2 hinausgehend betrifft das für die Mindesteinzahlung bestehende Aufrechnungsverbot daher nicht nur die einseitige Aufrechnung durch den Gründer, sondern ebenso die *Aufrechnung seitens der Gesellschaft oder einen zwischen Gesellschaft und Gründer geschlossenen Aufrechnungsvertrag.* — Zum Sonderfall der **im Gesellschaftsvertrag vereinbarten Verrechnung** einer Gründerforderung mit dessen Einlageschuld, die als *Sacheinlage* nicht unter das für Geldeinlagen bestehende Aufrechnungsverbot fällt, vgl. § 5, 40 f.

38 **γ) Einzahlung durch Dritte oder mit Fremdmitteln.** *Nicht erforderlich ist, daß der Gesellschafter die Einzahlung persönlich oder aus eigenen Mitteln leistet.* Es kann für ihn auch **ein anderer** einzahlen[54]. Das kommt namentlich dann vor, wenn jemand nicht mit seinem Namen bei der Gründung hervortreten will und einen anderen für sich den Gesellschaftsvertrag abschließen läßt (Treuhänder- oder Strohmanngründung, vgl. § 2, 49 ff.). Nur darf die **Zahlung nicht durch die Gesellschaft selbst**, sei es aus eigenen oder Fremdmitteln, geschehen[55]. Gleiches gilt für die Einzahlung durch den *Geschäftsführer* aus namens der Gesellschaft aufgenommenen Mitteln. Zahlung aus Privatmitteln des Geschäftsführers ist dagegen unschädlich, wenn sie nicht unter Rückzahlungsvorbehalt, sondern zu freier Verfügung der Gesellschaft erfolgt und die Rückzahlung sich nach dem schuldrechtlichen Verhältnis zwischen Gesellschafter und Geschäftsführer bestimmt.

39 *Unerheblich* ist auch, ob der **Gesellschafter** die Einlage aus **eigenen oder Fremdmitteln** macht: auch wenn er die Einzahlung auf Kredit beschafft, steht sie grundsätzlich zu freier Verfügung der Gesellschaft (zum Sonderfall der kreditierten, der Gesellschaft vom Gründer nur *vorübergehend* überlassenen Einlage vgl. Rdn. 46). Anderes gilt dann, wenn der Gesellschafter den Kredit bei einem Dritten nur gegen Bürgschaft der Gesellschaft oder Verpfändung von Gegenständen der Gesellschaft erlangt, da die Einlage infolge des von der Gesellschaft übernommenen Haftungsrisikos ihr nicht als vollwertiges Betriebskapital zur Verfügung steht[56]. Nicht erst die Inanspruchnahme der von der Gesellschaft gestellten Sicherheiten, sondern bereits die Hingabe dieser Sicherheiten hindert die Erfüllungswirkung der Einlageleistung. Die Anmeldevoraussetzung des § 7 Abs. 2 ist in diesem Fall nicht erfüllt. Melden die Geschäftsführer unter Abgabe der

---

[51] *Barz* GroßkommAktG § 54, 15, *Lutter* aaO § 54, 31, *Godin/Wilhelmi* AktG § 54, 7.

[52] So auch *Scholz/Winter* 10, *Roth* 3.4.

[53] So aber noch *Hachenburg/Schilling*[6] 20, *Baumbach/Hueck* 3 C.

[54] Vgl. RGSt. **30** 300, 318 für das Aktienrecht; so auch *Scholz/Winter* 10.

[55] RGZ **47** 180, 185 f., RG Holdheim **10** (1910) 121, BGHZ **28** 77, 78 = NJW **1958** 1351; *Scholz/Winter* 10, *Lutter* Kölner KommAktG § 54, 32. Vgl. auch Rdn. 39 und Fn. 56.

[56] RGZ **47** 180, 185; **98** 276, 277; OLG Köln WM **1984** 740, 742, *Scholz/Winter* 10, *Roth* 3.4, *Lutter* Kölner KommAktG § 54, 32; **aA** noch *Hachenburg/Schilling*[6] 25.

Versicherung nach § 8 Abs. 2 gleichwohl an, so machen sie sich schadensersatzpflichtig und strafbar.

δ) Freiwillige Mehrleistungen der Gesellschafter vor Eintragung der GmbH

Schrifttum

Barz Geldeinlage-Zahlungen der Gesellschafter vor Eintragung der GmbH, GmbH-Rdsch. **1962** 189; *Hofmann* Voreinzahlungen auf Anteile an Kapitalgesellschaften und Genossenschaften, AG **1963** 261; *Lutter* Kapital, Sicherung der Kapitalaufbringung und Kapitalerhaltung in den Aktien- und GmbH-Rechten der EWG (1964), S. 126 ff.; *Pleyer* Freiwillige Zahlungen auf die Stammeinlage vor Eintragung der GmbH ins Handelsregister, GmbH-Rdsch. **1962** 156; *Wolany* Voreinzahlung auf Aktien, AG **1966** 79, 118, 148; *v. Bismarck* Rechtsnatur und Haftungsverhältnisse der Gründungs-GmbH, Diss. Kiel 1963; *Gröning* Wird ein GmbH-Gesellschafter von seiner Geldeinlageverpflichtung befreit, wenn er Einzahlungen auf seine Stammeinlage leistet, bevor die GmbH in das Handelsregister eingetragen ist? Diss. Köln 1966; *Ulbrich* Bedeutung und Anrechnung von Leistungen auf GmbH-Stammeinlagen im Gründungsstadium, Diss. Münster 1965.

40 Erbringen die Gesellschafter **freiwillig** über § 7 Abs. 2 S. 1 und 2 oder eine im Gesellschaftsvertrag geregelte höhere Mindesteinzahlungspflicht hinaus *weitere Einlageleistungen vor Eintragung der Gesellschaft*, so hängt deren **Erfüllungswirkung** nach **ständiger Rechtsprechung** von Reichsgericht und Bundesgerichtshof und der überwiegenden Meinung im Schrifttum davon ab, daß und inwieweit die Leistungen im Eintragungszeitpunkt **noch in Geld vorhanden** sind[57]. Nach der **Gegenansicht**[58] soll *jede* den Geschäftsführern erbrachte, in das Gesellschaftsvermögen geflossene Leistung Erfüllungswirkung haben, unabhängig vom Zeitpunkt ihrer Erbringung und ihrem Vorhandensein bei Entstehung der GmbH. Nach einer **dritten Ansicht** schließlich soll die vor der Eintragung geleistete Einzahlung *nur in den Grenzen des § 7 Abs. 2 S. 2 und 2* befreien; eine *satzungsmäßige* Erhöhung der Mindesteinzahlungspflicht sei entgegen der Rechtsprechung unwirksam und daher auch für den Umfang der Erfüllungswirkung der Einlageleistung ohne Bedeutung[59]. Die Gesellschafter sollen nach dieser Ansicht freilich von der Einlagepflicht befreit werden, wenn und soweit die Mehreinlage im Zeitpunkt der Eintragung noch vorhanden ist und daher der GmbH als Gläubigerin der Einlageforderung zufließt. Entgegen der Rechtsprechung soll die *befreiende Wirkung sich auch nicht auf das noch vorhandene Geld beschränken*; vielmehr sollen auch die aus den Mehreinlagen getätigten Anschaffungen in Höhe ihres Wertes im Zeitpunkt der Eintragung zur Befreiung der vorleistenden Gründer führen[60].

41 **Stellungnahme.** Von den vorstehenden Ansichten kann jedenfalls der **letztgenannten** insoweit **nicht gefolgt** werden, als sie die Mindesteinzahlungspflicht des § 7 Abs. 2 S. 1 und 2 für absolut zwingend hält und eine gesellschaftsvertragliche Erhöhung der

---

[57] RGZ **83** 370, 374 ff; **141** 204, 209; **149** 293, 303 f., BGHZ **15** 66, 68 = NJW **1954** 1844; **37** 75, 78 = NJW **1962** 1009; **51** 157, 159 = NJW **1969** 840; **80** 129, 137 = NJW **1981** 1373; so auch *Baumbach/Hueck* 3 E, *Vogel* 3, *Ulbrich* S. 47, 53; wohl auch *Rob. Fischer* 3, *Roth* § 11, 2.3.1; ebenso für das Aktienrecht *Barz* GroßkommAktG § 41, 9, *Hofmann* AG **1963** 261 ff., 292 ff.

[58] OLG Saarbrücken JZ **1951** 446; *Hachenburg/Schilling*[6] 26, *Scholz/Winter* 12, *Feine* S. 138, *Barz* GmbH-Rdsch. **1962** 189, *v. Brunn* BB **1956** 261, 262, *Gröning* S. 66 ff.

[59] *Lutter* Kölner KommAktG § 54, 35; wohl auch *Pleyer* GmbH-Rdsch. **1962** 156.

[60] So außer *Lutter* und *Pleyer* (aaO Fn. 59) auch *Brodmann* 11 a; *Ulbrich* S. 68 ff.

vor der Eintragung zu erbringenden Leistungen ausschließt (vgl. auch Rdn. 27). Auch wenn man grundsätzlich ein schutzwertes Gläubigerinteresse daran anerkennt, daß das Stammkapital bei Entstehung der GmbH unversehrt vorhanden ist, reicht es doch nicht so weit, satzungsrechtlich vorgeschriebene Leistungen über die in § 7 Abs. 2 vorgesehene Höhe hinaus für unzulässig zu halten. Da der Gesellschaftsvertrag mit der Anmeldung zum Handelsregister einzureichen ist (§ 8 Abs. 1 Nr. 1) und seine Einsicht jedermann offensteht, können die Gläubiger sich über eine derartige Vereinbarung informieren, falls sie ihr für die Kreditwürdigkeit der Gesellschaft ausnahmsweise wesentliche Bedeutung zumessen sollten. Auch die Neuregelungen aus der **GmbH-Novelle 1980** bestätigen, daß die Gründungsvorschriften *nicht* etwa darauf abzielen, den Geschäftsführern vor Eintragung der Gesellschaft nur die Mindesteinlagen von 25 % bzw. 25 000 DM zur Verfügung zu stellen. Neben der Regelung über die *volle* Bewirkung der Sacheinlagen vor Anmeldung (§ 7 Abs. 3 nF) folgt das vor allem daraus, daß §§ 7 Abs. 2 S. 3, 8 Abs. 2 S. 2 nF es im Falle einer Einmanngründung ausdrücklich zulassen, statt der Bestellung einer Sicherung für die Resteinlage (Rdn. 55 ff.) die Geldeinlage vollständig vor Anmeldung einzuzahlen. Mit ständiger Rechtsprechung und ganz überwiegender Ansicht in der Literatur ist daher auch für Geldeinlagen anzunehmen, daß **Mehrleistungen** die Gesellschafter dann **befreien, wenn sie im Gesellschaftsvertrag vorgesehen sind**. Zur davon zu unterscheidenden Unterbilanzhaftung der Gründer für den Fall, daß die Einlagen bei Eintragung der Gesellschaft wegen vorherigen Geschäftsbeginns schon teilweise oder ganz verbraucht sind, vgl. § 11, 81 ff.

Der Streit um die Erfüllungswirkung von Mehrleistungen beschränkt sich damit **42**
auf diejenigen Einlagen, die **freiwillig**, ohne entsprechende Satzungsbestimmung, vor Eintragung der Gesellschaft *erbracht* und *bei Entstehung der GmbH nicht mehr in Geldmitteln vorhanden* sind. Insoweit steht der Erfüllungswirkung zwar nicht die angeblich beschränkte Vertretungsmacht der Geschäftsführer entgegen[61]. Entscheidend ist vielmehr, daß es bei Gründung der GmbH mit dem für den Eintragungszeitpunkt anerkannten Grundsatz der **Unversehrtheit des Stammkapitals** (§ 11, 82) unvereinbar wäre, das Risiko freiwillig erbrachter, vor Eintragung verlorener oder verbrauchter Mehrleistungen auf die Gläubiger abzuwälzen; anderes gilt für freiwillige Mehrleistungen bei einer Kapitalerhöhung (§ 56 a, 17). Sind freiwillige Mehrleistungen bei Entstehung der Gesellschaft ganz oder teilweise nicht mehr vorhanden, so steht es den Gründern frei, die Geschäftsführer zum Widerruf der Anmeldung zu veranlassen und dadurch die Entstehung der GmbH zu verhindern (Rdn. 18) oder die Stammeinlagen entsprechend herabzusetzen. (§ 19 nF, 46 a). Betreiben sie die Eintragung aber unverändert weiter, so müssen sie die zwischenzeitlich eingetretenen **Verluste ersetzen, soweit diese die freiwilligen Mehreinlagen vermindert haben**. Das ist für Verluste aus vorzeitiger Geschäftsaufnahme von der ganz hM inzwischen sogar dann anerkannt, wenn diese die gesetzlich vorgeschriebenen Mindesteinlagen betreffen (sog. Unterbilanzhaftung, vgl. § 11, 81 ff.). *Entgegen der Rechtsprechung*[62] kann es allerdings auch bei freiwilligen Mehrleistungen nicht darauf ankommen, ob die Geldleistungen bei Eintragung noch **unverändert** als Bargeld oder Kontogutschrift vorhanden sind. Maßgeblich ist vielmehr der **Wert des Gesellschaftsvermögens** im

---

[61] Dieses vom Reichsgericht (vgl. noch RGZ **149** 293, 303) in den Vordergrund gestellte Argument hat der BGH (aaO Fn. 57) zu Recht nicht aufgegriffen; zust. auch *Scholz/Winter* 12.

[62] So noch BGHZ **37** 75, 78 = NJW **1962** 1009; **51** 157, 162 = NJW **1969** 840. In BGHZ **80** 129, 137 = NJW **1981** 1373 wird demgegenüber nur darauf abgestellt, daß die Zahlungen der Gesellschaft noch im Zeitpunkt der Eintragung „unverbraucht" zur Verfügung stehen; ob damit ein Verzicht auf das Erfordernis unveränderten Vorhandenseins verbunden ist, wird nicht deutlich.

Zeitpunkt der Eintragung[63]. Ist er trotz Umschichtung des Vermögens nicht unter den Betrag des Stammkapitals gesunken, so entfallen die Gläubigerschutzgründe, die einer Erfüllungswirkung der freiwilligen Mehrleistungen entgegenstehen. An dem *unveränderten* Vorhandensein der geleisteten Einlagen bei Eintragung haben die Gläubiger kein schutzwürdiges Interesse. Die Beweislast für die volle Deckung des Stammkapitals trotz Vermögensumschichtung vor Eintragung trifft allerdings die Gesellschafter, die freiwillige Mehrleistungen erbracht haben.

43 **b) Sacheinlagen.** Zur Notwendigkeit ihrer Bewirkung vor Anmeldung der Gesellschaft vgl. § 7 Abs. 3, dazu Rdn. 24. Die Art ihrer **Bewirkung** richtet sich nach den für die Verfügung über die betreffenden Einlagegegenstände geltenden Vorschriften. Das Eigentum an beweglichen Sachen ist nach §§ 929 bis 931 BGB auf die Vorgesellschaft zu übertragen. Forderungen und sonstige Rechte sind nach §§ 398, 413 BGB abzutreten, soweit gesetzlich nicht weitergehende Vorschriften (§ 1154 BGB, § 15 Abs. 3 GmbHG u. a.) aufgestellt sind; die Abtretung kann schon im Gesellschaftsvertrag selbst erfolgen. Bei beweglichen Sachen und Forderungen erfolgt die Einbringung häufig durch *konkludente* Verfügung im Zusammenhang mit dem Gründungsakt und der Bestellung der ersten Geschäftsführer. Entscheidend ist, daß der Gegenstand der Sacheinlage vor Anmeldung zur **freien Verfügung** der Geschäftsführer steht (Rdn. 45, 47). Bei **Sachübernahmen** (§ 5, 91) muß zusätzlich zur Veräußerung des Vermögensgegenstands an die Gesellschaft auch noch die Verrechnung der Entgeltforderung mit der Stammeinlagepflicht vor Anmeldung der Gesellschaft erfolgen (Rdn. 24; zur abweichenden Lage bei Altgesellschaften vgl. Rdn. 29). Zur Sonderproblematik der Bewirkung von Sacheinlagen bei der Einmann-Gründung vgl. Rdn. 53 f.

44 Für die Einbringung von **Grundstücken** und anderen Vermögensgegenständen, deren Übertragung an die Eintragung im Grundbuch oder einem entsprechenden Register gebunden ist, sind die hierfür geltenden Vorschriften maßgebend. Daß bereits die **Vorgesellschaft** nach §§ 873, 925 BGB das Grundstück erwerben und als Berechtigte ins Grundbuch eingetragen werden kann, entspricht heute ganz hM[64]. Mit Eintragung der Gesellschaft im Handelsregister tritt die entstandene GmbH im Wege der Gesamtrechtsnachfolge an die Stelle der infolge der Eintragung beendeten Vorgesellschaft (§ 11, 74 f.); die noch auf den Namen der Vorgesellschaft lautende Grundbucheintragung ist zu berichtigen. Fraglich ist, ob es für die Bewirkung der Einbringung von Grundstücken und anderen Immobiliarsachenrechten als **Anmeldevoraussetzung** ausreicht, daß die Einigung bindend vollzogen (§§ 873 Abs. 2, 925 BGB) ist[65]. Der dagegen bei Entstehung der GmbH-Novelle 1980 vorgebrachte Einwand, ein solches Vorgehen verschaffe den Geschäftsführern nicht die freie Verfügung (Rdn. 45, 47) über das Grundstück, da es nicht ausschließe, daß der Sacheinleger das Grundstück zwischenzeitlich an einen Dritten veräußere[66], entfällt nach § 17 GBO jedenfalls dann, wenn die Geschäftsführer vor Anmeldung der Gesellschaft den Eintragungsantrag beim Grundbuchamt gestellt haben

---

[63] So zu Recht *Lutter* Kölner KommAktG § 54, 35, *Pleyer* GmbH-Rdsch. **1962** 156, 160.

[64] BGHZ **45** 338, 348 = NJW **1966** 1311, BayObLG GmbH-Rdsch. **1979** 205, 206 f.; *Scholz/Winter* 15, *Rob. Fischer* § 11, 2 c, *Roth* 6, *Siegelmann* GmbH-Rdsch. **1968** 115 ff.; zweifelnd noch *Baumbach/Hueck* 4 B; zu früheren Gegenansichten vgl. Nachw. in Voraufl. 45. Allg. zur Rechtsfähigkeit der Vorgesellschaft vgl. § 11, 44 ff.

[65] So die hM bis zum Inkrafttreten der GmbH-Novelle 1980, vgl. Voraufl. 45 und *Scholz/Winter* 15; auch heute noch *Rob. Fischer* 4.

[66] Vgl. Begr. RegE GmbH-Novelle, BT-Drucks. 8/1347 S. 33, vom BT-Rechtsausschuß voll bestätigt (Ausschußbericht, BT-Drucks. 8/3908 S. 71).

und ihm keine anderen Anträge vorgehen[67]. Entgegen der Entstehungsgeschichte von § 7 Abs. 3 nF erscheint es daher vertretbar, auch nach neuem Recht die **bindende Einigung** als Anmeldevoraussetzung genügen zu lassen, wenn der **Eintragungsantrag** nach § 17 GBO von den Geschäftsführern gestellt ist und ihm keine die Einlageleistung gefährdenden sonstigen Anträge vorgehen[68]. Dafür sprechen namentlich die Beschleunigung des Eintragungsverfahrens beim Handelsregister und die entfallende Notwendigkeit, die Grundbucheintragung der Vorgesellschaft nach Entstehung der GmbH zu berichtigen. Aus denselben Gründen sollte entgegen der Entstehungsgeschichte[69] auch die Eintragung einer **Auflassungsvormerkung** zugunsten der Vorgesellschaft als für die Anmeldung der Gesellschaft ausreichende Einbringung angesehen werden (so auch *Roth* 6; **aA** *Scholz/Winter* § 7 nF, 15 b, *Rob. Fischer* 4).

3. Freie Verfügung der Geschäftsführer

a) Begriff und Anforderungen. Die vor Anmeldung zu leistenden Einlagen müssen zur freien Verfügung der Geschäftsführer stehen. Das ist für Sacheinlagen in § 7 Abs. 3 ausdrücklich geregelt. Es gilt ebenso für Geldeinlagen, wie sich aus dem Zweck der Vorschriften über Mindesteinlagen und dem Inhalt der nach § 8 Abs. 2 S. 1 abzugebenden Versicherung der Geschäftsführer ergibt. Der **Begriff der freien Verfügung** setzt dabei nicht notwendig umfassende Herrschaftsmacht und Verfügungsbefugnis seitens der Geschäftsführer als Organ der (Vor-)Gesellschaft voraus; hieran kann es bei Sacheinlagen je nach ihrer Art auch fehlen. Entscheidend ist jedoch, daß der Gegenstand der Einlage völlig aus dem Herrschaftsbereich des Gesellschafters ausgesondert und **der Gesellschaft endgültig und ohne Beschränkungen oder Vorbehalte durch den Einleger zugeflossen** ist. 45

Für **Geldeinlagen** ergibt sich die freie Verfügung der Geschäftsführer im Regelfall aus den Anforderungen an die Art der Bewirkung (Barzahlung, Kontogutschrift oder bestätigter Bundesbankscheck, vgl. Rdn. 31 ff.). Die Eigentumsbegründung der Vorgesellschaft am Geld ist nicht erforderlich. Es genügt die Forderungsberechtigung der Geschäftsführer als Organ der Vorgesellschaft aus einer uneingeschränkten **Kontogutschrift**[70] oder die wirtschaftliche Eigentümerstellung bei Zwischenschaltung eines Treuhänders. Unschädlich ist der Umstand, daß das Gesellschaftskonto vor der Gutschrift einen Debetsaldo aufweist oder daß das kontoführende Kreditinstitut selbst Einlageschuldner ist (vgl. näher Rdn. 34). Dagegen begründen eine Einzahlung oder Überweisung des Geldes mit der Abrede, daß es alsbald nach der Anmeldung wieder an den Gesellschafter zurückfließen solle, **nicht** die vom Gesetz geforderte freie Verfügung der Geschäftsführer (*Scholz/Winter* 10). Dasselbe gilt, wenn der bestätigte (Bundesbank-)Scheck dem Geschäftsführer nur zur Vorlage beim Notar oder Registergericht überlassen und alsbald zurückzugeben ist (RGZ **157** 213, 225 für die Kapitalerhöhung einer AG) oder wenn ein Gesellschafter der Gesellschaft einen ihm persönlich eingeräumten Bankkredit zur 46

---

67 So zu Recht *Priester* DNotZ **1980** 523 und *Roth* 6 unter Hinweis auf die Sperrfunktion des § 17 GBO.

68 So auch *Priester* DNotZ **1980** 523 und *Roth* 6; **aA** *Scholz/Winter* § 7 nF, 15 b, *Hüffer* ZHR 148 **1984** 74, 76.

69 Vgl. die Ablehnung von § 7 b Abs. 2 RegE GmbH-Novelle, der eine Vormerkung ausreichen lassen wollte, durch den BT-Rechtsausschuß als nicht ausreichend (Ausschußbericht, BT-Drucks. 8/3908 S. 71).

70 Anders bei einem Sperrvermerk der Bank auf dem Konto der Gesellschaft mit Rücksicht auf einen dem Gesellschafter zur Einzahlung gewährten Kredit, vgl. BGH GmbH-Rdsch. **1962** 233, *Scholz/Winter* 11.

Verfügung gestellt[71] oder sich das Geld mit Einverständnis der Geschäftsführer nur zum Zweck der *vorübergehenden* Einlage beschafft hat[72]. Auch wenn die Einlage zunächst durch Eigentumsübertragung oder vorbehaltlose Gutschrift auf dem Gesellschaftskonto wirksam geleistet wurde, macht ein *gleichzeitig abgegebenes Rückzahlungsversprechen* der Geschäftsführer ihre Versicherung nach § 8 Abs. 2 S. 1 *unrichtig*. Daß die Rückzahlungsverpflichtung nach Eintragung der Gesellschaft undurchsetzbar ist, wenn die Rückzahlung entgegen § 30 aus dem zur Erhaltung des Stammkapitals erforderlichen Vermögen erfolgen müßte, steht nicht entgegen. Denn die Kapitalerhaltungsvorschriften der §§ 30 ff. greifen erst nach Eintragung der Gesellschaft ein (vgl. näher § 11, 9); auch wird selbst durch eine später undurchsetzbare Rückzahlungsverpflichtung die reale Aufbringung der gesetzlich vorgeschriebenen Mindesteinlagen gefährdet (vgl. auch § 9 a, 19). Entsprechendes gilt, wenn die Einlageleistung *nicht ernstlich gewollt* war, die Abmachung etwa dahin ging, daß die Einlage nur *zum Schein erfolgen* (RG JW **1915** 356) oder die eingezahlten Mittel als Kaufpreis für eine der GmbH vom Gründer zu veräußernde Sache verwendet werden sollten (BGHZ **28** 314, 319 f. = NJW **1959** 383; zur *verschleierten Sachgründung* vgl. auch § 5, 136 ff.). Dann ist keine wirksame Einlage erbracht. Das Geld war dem Geschäftsführer zwar übergeben; die Gesellschaft sollte aber keine dauernden Rechte daran erwerben. Gleiches gilt, wenn der Geschäftsführer sich die von den Gesellschaftern noch nicht erbrachte Mindesteinzahlung *von dritter Seite* beschafft hatte, um den Einzahlungsnachweis erbringen zu können (Rdn. 38). In diesen Fällen ist Erfüllung nicht eingetreten. Der Geschäftsführer hat keine freie Verfügungsmacht. Seine Versicherung ist unrichtig.

47 Bei **Sacheinlagen** ist hinsichtlich der freien Verfügung der Geschäftsführer nach der Art der vereinbarten Einlage zu differenzieren. Im Fall von **beweglichen Sachen**, die der Gesellschaft zu Eigentum übertragen werden sollen, ist im Regelfall die Übereignung an die Vorgesellschaft erforderlich[73]; eine aufschiebend bedingte Übereignung reicht nicht aus[74]. Bei bloßer Gebrauchsüberlassung reicht die Besitzverschaffung zugunsten der Gesellschaft aus (§ 5, 39). Bei **Grundstücken** und grundstücksgleichen Rechten genügt die Verschaffung der durch bindende Einigung und Eintragungsantrag gesicherten Anwartschaft, auch wenn der Rechtserwerb selbst erst später eintritt (str., vgl. Rdn. 44). **Forderungen oder sonstige Rechte** sind der Gesellschaft je nach dem Inhalt der Sacheinlagevereinbarung zu übertragen oder ihr unwiderruflich zur Ausübung zu überlassen (§ 5, 40 ff., 47). Der Begründung rechtsgeschäftlicher Verfügungsmacht der Gesellschaft bedarf es für die „freie Verfügung" iSv. § 7 Abs. 3 nicht, wohl aber der Aussonderung aus dem Vermögen des Sacheinlegers (§ 5, 34). Bei Fabrikationsgeheimnissen, Know how usw. genügt es, wenn den Geschäftsführern die hierfür wesentlichen Informationen zugänglich gemacht werden. Jeweils ist entscheidend, daß die Verwendung der Sacheinlage für die Gesellschaft den Geschäftsführern ohne weiteres möglich ist und insbesondere nicht von weiteren Mitwirkungshandlungen des Sacheinlegers abhängt.

48 **b) Vorbelastungen und Gründungsaufwand.** Beginnt die Gesellschaft ihre Geschäfte schon **vor der Anmeldung** zum Handelsregister und verringern sich dadurch die geleisteten Einzahlungen oder werden Sacheinlagen von den Geschäftsführern veräußert, so stehen sie bei Anmeldung nicht mehr zur freien Verfügung der Geschäftsfüh-

---

[71] Vgl. BGH GmbH-Rdsch. **1952** 108, ähnlich RG JW **1931** 2991.

[72] RGSt. **24** 287, 289; **30** 300, 314; zum Regelfall der mit Fremdmitteln bewirkten Einlage vgl. aber Rdn. 39.

[73] BGHZ **45** 338, 347 f. = NJW **1966** 1311, RGSt. **48** 153 ff.; *Scholz/Winter* 15, *Feine* S. 142.

[74] So zutr. *Scholz/Winter* 15 gegen BGH GmbH-Rdsch. **1959** 94 (betr. eine Kapitalerhöhung).

rer. Eine gleichwohl von ihnen abgegebene Versicherung nach § 8 Abs. 2 S. 1 ist unrichtig und löst die Haftungssanktionen der §§ 9a Abs. 1, 82 Abs. 1 Nr. 1 aus. Stellt der Registerrichter den Mangel fest, so muß er die Eintragung ablehnen. Dagegen sind Verfügungen oder sonstige Vorbelastungen des Gesellschaftsvermögens, die **nach Anmeldung** aufgrund des Geschäftsbeginns der Vorgesellschaft eintreten, unschädlich. Sie begründen weder eine Pflicht der Geschäftsführer zur Berichtigung der Anmeldung noch berechtigen sie im Regelfall das Registergericht zur Ablehnung des Eintragungsantrags (str., vgl. § 11, 88f.). Das Abstellen auf den Anmeldungszeitpunkt hat den Vorteil, die Geschäftsführer alsbald zur Anmeldung zu veranlassen, und vermeidet wiederholte Rückfragen des Registergerichts bei nicht ganz kurzer Dauer des Eintragungsverfahrens. Es trägt auch dem Erfordernis der Mindesteinlagen hinreichend Rechnung, da dieses nur die Bewirkung der betreffenden Leistungen zugunsten der Gesellschaft im Anmeldungszeitpunkt sicherstellen, nicht aber den unveränderten Besitzstand der Gesellschaft bis zur Eintragung garantieren will (vgl. auch Rdn. 2, 23). Gegen eine Verminderung des zur Deckung des Stammkapitals erforderlichen Gesellschaftsvermögens durch Geschäftsbeginn vor Eintragung der Gesellschaft schützt hinreichend die Unterbilanzhaftung der Gründer (§ 11, 81 ff.).

Hinsichtlich des für die Errichtung der Gesellschaft **notwendigen Gründungsaufwands** (insbes. Gebühren und Steuern, vgl. § 5, 170) ist zu differenzieren. Ist seine Übernahme durch die Gesellschaft im Gesellschaftsvertrag *nicht* festgesetzt, so fällt der Gründungsaufwand ausschließlich den Gründern zur Last; das gilt auch für solche Kosten, für die die Gesellschaft kraft Gesetzes selbst Schuldner ist[75]. Zahlungen vor Anmeldung zu Lasten der Mindesteinlagen sind unzulässig und führen zur Zurückweisung der Anmeldung. Werden sie nicht offengelegt, so machen sie die Versicherung nach § 8 Abs. 2 S. 1 unrichtig (vgl. auch § 9a, 19). Anderes gilt, wenn der Gesellschaftsvertrag die Übernahme des Gründungsaufwands zu Lasten der Gesellschaft vorsieht. In diesem Fall ist seine Zahlung aus der zur Anmeldung erforderlichen Mindesteinlage entsprechend § 26 Abs. 2 AktG unschädlich[76]. Die Versicherung über die freie Verfügbarkeit der eingezahlten Einlagen ist insoweit daher *einschränkend* zu verstehen in dem Sinne, daß eine zwischenzeitliche Verminderung durch Begleichung der notwendigen Gründungskosten aus der Einzahlung sie nicht unrichtig macht. 49

IV. Besonderheiten der Einmanngründung

Schrifttum. Vgl. Nachw. in § 1 (vor Rdn. 36).

1. Gründungsprobleme

Für den Fall der Einmanngründung schreibt § 7 Abs. 2 S. 3 die Bestellung einer **Sicherung** für die bei Anmeldung noch nicht erbrachten, über die Mindesteinlagen nach Abs. 2 S. 1 und 2 hinausgehenden Einlagen vor. Dadurch soll die hier fehlende Ausfallhaftung der Mitgesellschafter (§ 24) kompensiert werden (Rdn. 3). Weitere, gesetzlich nicht geregelte Probleme ergeben sich aus dem **Fehlen der Gesamthandsstruktur** der Einmann-Gründerorganisation (zur Frage ihrer rechtlichen Verselbständigung 50

[75] Vgl. § 5, 173; so auch *Scholz/Winter* 17 (selbst bei Festsetzung im Gesellschaftsvertrag); **aA** *Baumbach/Hueck* 3 B; für die auf die Gesellschaft selbst entfallenden Kosten auch *Roth* 3.5 und § 5, 6, wohl auch *Rob. Fischer* 3.

[76] Ebenso *Baumbach/Hueck* 3 B, *Rob. Fischer* 3, *Roth* 3.5; **aA** *Scholz/Winter* 17 (noch zum alten Recht, in der Kommentierung zu § 7 nF nicht geändert).

gegenüber dem Gründer vor Eintragung der Gesellschaft vgl. § 11, 14 ff.). Sie sind bei Anwendung von § 7 Abs. 2 und 3 deshalb zu beachten, weil sie zu Schwierigkeiten bei der Bewirkung der vor Anmeldung zu leistenden Einlagen und ihrer Überlassung zur freien Verfügung der Geschäftsführer führen können (Rdn. 51 ff.). In Zweifelsfällen muß der Registerrichter die notwendigen Nachweise anfordern und die Eintragung ggf. davon abhängig machen, daß der Gründer für eine klare Trennung von Gründervermögen und geleisteten Einlagen sorgt.

2. Bewirkung der Einlagen

51 **a) Grundlagen.** Für die Frage, ob im Falle der Einmanngründung die gesetzlich vorgeschriebenen Mindesteinlagen in einer der Mehrpersonen-Vorgesellschaft vergleichbaren Weise erbracht werden können, sind zwei Problemkreise zu unterscheiden[77]. Der eine betrifft die **Veränderung der dinglichen Zuordnung** durch Bewirkung der Einlageleistung. Sie setzt das Vorhandensein eines vom Gründer zu unterscheidenden, nicht erst durch Eintragung der Gesellschaft, sondern bereits durch Satzungserrichtung und Geschäftsführerbestellung zur Entstehung kommenden *Rechtssubjekts* voraus[78]. Sieht man demgegenüber in der Einmann-Gründerorganisation nur ein *Sondervermögen* des Gründers als Vorstufe zur Entstehung der GmbH[79], so bleibt trotz Schaffung des Sondervermögens durch Einlageleistung die dingliche Berechtigung des Gründers an den „eingebrachten" Gegenständen erhalten (zur Rechtsnatur der Einmann-Gründerorganisation vgl. näher § 11, 14 ff.). Der andere Fragenkreis zielt auf die **Sicherung der Kapitalaufbringung** ab, die mit den Vorschriften über die Mindesteinlagen erreicht werden soll. Sie wird nicht allein durch Anerkennung rechtlicher Selbständigkeit der Gründerorganisation gewährleistet, sondern setzt zusätzlich die organisatorische Verselbständigung der Vor-„Gesellschaft" gegenüber dem Einmann voraus. Bei Bestellung eines *Fremdgeschäftsführers* ist sie zumindest im Ansatz — wenn auch eingeschränkt durch dessen Weisungsbindung — vorhanden, während sie zur Fiktion wird, wenn der Einmanngründer persönlich das Geschäftsführeramt übernimmt. Da in diesen Fällen auch die Geschäftsführerhaftung nach § 9 a Abs. 1 in der Gründerhaftung aufgeht, stellt sich die **Frage nach zusätzlichen Sicherungen** über die Regelung des § 7 Abs. 2 S. 3 hinaus bei solchen Einmanngründungen, in denen der Einmann sich zum Alleingeschäftsführer bestellt[80].

52 **b) Geldeinlagen.** Von der rechtlichen *Möglichkeit*, die in § 7 Abs. 2 S. 1 und 2 vorgeschriebenen Mindesteinlagen vor Anmeldung der Gesellschaft zu bewirken, geht der Gesetzgeber auch für den Fall der Einmanngründung aus, ohne auf die Problematik ihrer rechtlichen Qualifikation Rücksicht zu nehmen (vgl. § 7 Abs. 2 S. 3, § 8 Abs. 2 S. 2). Sieht man die Einmann-Gründerorganisation als ebenso rechtsfähig an wie

---

[77] So zutr. *Hüffer* ZHR 145 **1981** 521, 531 f.

[78] Für Rechtsfähigkeit der Einmann-Gründerorganisation namentlich *K. Schmidt* NJW **1980** 1769, 1775 und ZHR 145 **1981** 540, 556 ff.; ebenso im Erg. *Scholz/Winter* § 1 nF, 41 f., *Geßler* BB **1980** 1385, 1389, *John* BB **1982** 507 f., 513, *Raiser* Recht der Kapitalgesellschaften (1983) § 26 V 2 S. 173, *Tillmann* Das neue GmbH-Recht in der Diskussion (1981) S. 142. Für *Fiktion* der Rechtsfähigkeit *Priester* DNotZ **1980** 515, 524.

[79] Dafür mit z. T. unterschiedlicher Begründung *Rob. Fischer* § 1, 1, *Flume* Die juristische Person (1983) § 5 IV 2 S. 172 ff. und DB **1980** 1781, 1783, *Hueck* GesR[18] § 35 IV 2 a cc S. 329, *Fezer* JZ **1981** 608, 616, *Hüffer* ZHR 142 **1978** 492 ff. und 145 **1981** 531 f., *Ulmer* BB **1980** 1003.

[80] So auch *Hüffer* ZHR 145 **1981** 538 f.

die Mehrpersonen-Vorgesellschaft, so stellen sich hinsichtlich der **Einzahlung** keine besonderen Probleme; sie kann auch hier durch Barzahlung, Kontogutschrift oder bestätigten Bundesbankscheck erfolgen (Rdn. 31 ff.). Auch bei Qualifikation der Gründerorganisation als Sondervermögen des Gründers bleibt immerhin die Gutschrift auf einem Bankkonto, das auf den *Namen der Gesellschaft* lautet, sei es durch Überweisung oder unter Einlösung des Bundesbankschecks, um jedenfalls äußerlich zu einer gewissen Vermögenssonderung zu kommen und den Zugriff der Privatgläubiger des Gründers zu erschweren[81]. Was demgegenüber die **Kapitalsicherung** zugunsten der künftigen GmbH betrifft, so läßt sie sich auch bei Gutschrift auf ein Konto der Gesellschaft allenfalls dann erreichen, wenn ein *Fremd*geschäftsführer bestellt ist, dem die alleinige Verfügungsbefugnis über das Konto zusteht und der für die Richtigkeit der Versicherung nach § 8 Abs. 2 einzustehen hat. Übernimmt dagegen der Einmann persönlich die Geschäftsführerstellung, so ist die Kapitalsicherung selbst dann ernsthaft gefährdet, wenn man die Gründerorganisation als rechtsfähig qualifiziert, da es keinerlei Mitspracherechte von Mitgesellschaftern oder Treupflichten des Einmanngründers ihnen gegenüber gibt. In derartigen Fällen sollte das Registergericht die Eintragung daher zumindest dann, wenn die Bonität des Einmanngründers nicht außer Zweifel steht, von dem Nachweis abhängig machen, daß entweder die Mindesteinzahlung auf ein Notar-Anderkonto erfolgt[82] oder auf andere Weise eine Sicherung hierfür bestellt wird (vgl. dazu Rdn. 57).

c) Sacheinlagen. Einer **Übertragung** der Sacheinlagen an die Gründerorganisation, 53
wie sie bei der Mehrpersonen-Vorgesellschaft zur Einbringung jedenfalls von **beweglichen Sachen, Forderungen und sonstigen Rechten** gefordert wird (Rdn. 43), steht zwar selbst dann, wenn der Einmann zugleich Alleingeschäftsführer ist, nicht das Verbot des Selbstkontrahierens (§ 181 BGB) entgegen, da es um die Erfüllung der Einlagepflicht geht. Die Übertragung ist aber nur denkbar, wenn man die Gründerorganisation als rechtlich selbständig anerkennt (Rdn. 51). Andernfalls muß sich die Einbringung der Gegenstände darauf beschränken, diese aus dem Privat- in das Sondervermögen des Gründers zu verbringen und der Verfügungsbefugnis des Geschäftsführers zu unterstellen[83]. Was die **Kapitalsicherung** angeht, so stellen sich jedenfalls dann, wenn der Einmann zugleich Alleingeschäftsführer der Gründerorganisation ist, die gleichen Probleme wie bei der Geldeinlage (Rdn. 52). Auch hier muß das Registergericht prüfen, ob die Versicherung des Geschäftsführers ausreicht, wonach die in der Gründungsurkunde bezeichneten Gegenstände der Sacheinlage in die Gründerorganisation eingebracht sind, oder ob es die Eintragung von zusätzlichen Sicherungen wie der Bestellung eines Treuhänders u. a. abhängig machen soll, um den Erwerb der Sacheinlagen durch die künftige GmbH sicherzustellen (Rdn. 57). Bei **Sachgesamtheiten** wie Unternehmen u. a. bedarf es überdies der Erstellung und Einreichung einer vom Einmann unterschriebenen, öffentlich beglaubigten **Übersicht über die einzubringenden Vermögensgegenstände und Verbindlichkeiten** analog § 56 c Abs. 3 iVm. § 52 Abs. 4 UmwG als Grundlage für die Gesamtrechtsnachfolge der GmbH im Zeitpunkt der Eintragung[84].

Bei **Grundstücken** kommt die Eintragung der Gründerorganisation in das Grund- 54
buch nur in Betracht, wenn man sie ebenso wie die Mehrpersonen-Vorgesellschaft als

81 Zu den Risiken aus dem Vollstreckungszugriff der Privatgläubiger des Gründers und aus dem Gründerkonkurs für die Kapitalsicherung bei der Einmanngründung vgl. *Hüffer* ZHR 142 **1978** 499 ff.

82 Dafür *Hüffer* ZHR 145 **1981** 534, *Ulmer* BB **1980** 1003; **aA** *K. Schmidt* ZHR 145 **1981** 551.

83 Vgl. *Hüffer* ZHR 145 **1981** 526, 538 f. **aA** trotz Behandlung der Gründerorganisation als Sondervermögen des Gründers *Flume* aaO (Fn. 79) S. 175 f.

84 So *Hüffer* ZHR 142 **1978** 505 und *Ulmer* BB **1980** 1004.

grundbuchfähig ansieht[85]. Andernfalls bleibt — abgesehen von der bindenden Einigung und dem Eintragungsantrag zugunsten der *künftigen GmbH* (Rdn. 44) — die Möglichkeit, für diese eine **Auflassungsvormerkung** im Grundbuch einzutragen; sie kann auch zugunsten noch nicht vorhandener Personen bestellt werden[86]. Die entgegenstehende Entstehungsgeschichte von § 7 Abs. 3 nF[87] schließt dieses Vorgehen nicht aus, weil sie von der unzutreffenden Wertung ausgeht, die Eintragung einer Vormerkung für die künftige GmbH biete weniger Sicherheit als die Übertragung des Grundstücks an die Gründerorganisation vor Anmeldung der Gesellschaft[88].

3. Bestellung einer Sicherung (Abs. 2 S. 3)

55 **a) Anwendungsbereich.** Zum Normzweck von § 7 Abs. 2 S. 3, die fehlende Ausfallhaftung der Mitgesellschafter (§ 24) für die vom Einmanngründer geschuldete Resteinlage auszugleichen, vgl. Rdn. 3. Die Vorschrift greift daher nicht nur ein, wenn die Gesellschaft durch einseitige Errichtungserklärung (§ 2, 5 a) des Einmann gegründet wird. Sie ist vielmehr auch im Fall sog. **wirtschaftlicher Neugründung** durch Verwendung eines GmbH-Mantels (vgl. § 3, 29 f.) sowie dann anwendbar, wenn es nach Gründung, aber **vor Eintragung zur Anteilsvereinigung** in einer Hand kommt, sei es durch rechtsgeschäftliche Vereinbarung, Erbfall o. ä.[89] (zum Gesellschafterwechsel in der Vorgesellschaft vgl. § 2, 14). Da die Ausfallhaftung nach § 24 nur eingreift, wenn der Mitgründer im Zeitpunkt der Einforderung der restlichen Stammeinlage noch Gesellschafter ist (§ 24, 16), kann der vor Eintragung Ausgeschiedene hierfür nicht mehr haftbar gemacht werden. Die Geschäftsführer haben die Anteilsvereinigung entsprechend § 19 Abs. 4 S. 2 anzuzeigen und die Versicherung nach § 8 Abs. 2 S. 2 abzugeben. Trägt der Registerrichter in Unkenntnis der Anteilsvereinigung ohne das Vorliegen einer Sicherung nach Abs. 2 S. 3 ein, so führt das zwar zur Entstehung der Gesellschaft. Analog §§ 19 Abs. 4, 60 Abs. 1 Nr. 5 GmbHG iVm. § 144 b FGG ist gegen sie jedoch das Auflösungsverfahren einzuleiten, wenn die Bestellung der Sicherung nicht alsbald nachgeholt wird (vgl. dazu § 60, 48). Zur Notwendigkeit der Bestellung einer Sicherung bei Anteilsvereinigung *nach* Eintragung vgl. § 19 Abs. 4. — **Tritt** nach Einmanngründung, aber *vor* Anmeldung ein **zweiter Gesellschafter bei**, so entfällt die Notwendigkeit einer Sicherung als Anmeldevoraussetzung. Erfolgt der Beitritt nach Anmeldung, aber vor Eintragung, erledigt sich der Sicherungszweck (Rdn. 62); der Prüfung der Sicherung durch das Registergericht bedarf es nicht.

56 **b) Gegenstände der Sicherung.** Zu sichern ist nach Abs. 2 S. 3 die über die gesetzliche Mindesteinlage (Abs. 2 S. 1 und 2) hinausgehende **restliche Geldeinlage**, soweit der Einmanngründer sie nicht vor Anmeldung schon voll eingezahlt hat (zur Zulässigkeit satzungsmäßig vorgesehener oder freiwilliger Volleinzahlung vor Eintragung der Gesellschaft vgl. Rdn. 40 ff.). **Sacheinlagen** sind nach § 7 Abs. 3 vor Anmeldung schon voll zu bewirken; insoweit ist eine zusätzliche Sicherung auch bei der Einmanngrün-

---

[85] Dafür *K. Schmidt* ZHR 145 **1981** 560; **aA** *Hüffer* ZHR 145 **1981** 537.

[86] Vgl. näher *Hüffer* ZHR 142 **1978** 497 ff., 500 und ZHR 145 **1981** 537.

[87] Vgl. die Nichtübernahme der in § 7 b Abs. 2 RegE GmbH-Novelle vorgesehenen Möglichkeit, bei einem Grundstück als Sacheinlage die Eintragung einer Vormerkung als Anmeldevoraussetzung genügen zu lassen, in die GmbH-Novelle 1980, weil sie bei der Rechtsanwendung zu neuen Unsicherheiten führen werde (Bericht des BT-Rechtsausschusses, BT-Drucks. 8/3908 S. 71), dazu auch Rdn. 44.

[88] *Hüffer* ZHR 145 **1981** 537; **aA** *K. Schmidt* ZHR 145 **1981** 552.

[89] So auch *Roth* 5.1, *K. Schmidt* ZHR 145 **1981** 559 f.

dung nicht vorgeschrieben. Anderes gilt, wenn sich die Sacheinlage bei der Gründungsprüfung als überbewertet oder mangelhaft erweist; hier bedarf es einer Sicherung in Höhe der Differenzhaftung des Gründers[90].

Eine **Erstreckung der Sicherung auf geleistete Einlagen** kann sich wegen der Unsicherheiten, die sich für die Bewirkung der Einlagen aus der umstrittenen Rechtsnatur der Einmann-Gründerorganisation und der unzureichenden Verselbständigung insbesondere im Fall der Alleingeschäftsführung durch den Einmann ergeben (Rdn. 51 ff.), als notwendig erweisen. Hat der Registerrichter in derartigen Fällen aufgrund der Art der Einlagen oder aufgrund des Fehlens eines Fremdgeschäftsführers sachlich berechtigte Zweifel, ob die **Kapitalsicherung** zugunsten der Gesellschaft in Höhe der Mindesteinlagen entsprechend den gesetzlichen Gründungsvorschriften bei der Einmanngründung gewährleistet ist, so kann er im Rahmen der Gründungsprüfung die Eintragung davon abhängig machen, daß der Einmann entsprechende, der Kapitalsicherung der Mindesteinlagen für die künftige Gesellschaft dienende Sicherheiten zusätzlich zur Sicherung der Resteinlage nach § 7 Abs. 2 S. 3 bestellt (Rdn. 52 f.). **57**

c) Arten der Sicherung. Nach der Entstehungsgeschichte des Abs. 2 S. 3 nF[91] kommen als Sicherungsmittel *nicht nur* die in **§ 232 Abs. 1 BGB** zugelassenen Sicherheiten in Betracht, darunter die Hinterlegung von Geld oder Wertpapieren, die Verpfändung von Staatsanleihen oder beweglichen Sachen sowie die Bestellung von Hypotheken[92]. Sie bilden auch nicht etwa den Regelfall zulässiger Sicherungen nach Abs. 2 S. 3[93]. Unbedenklich ist vielmehr auch die Stellung eines **selbstschuldnerischen Bürgen** oder eines **Schuldmitübernehmers**, da deren Haftung der Ausfallhaftung nach § 24 nicht nur funktionell gleichwertig ist, sondern der Gesellschaft sogar eine leichtere Zugriffsmöglichkeit verschafft[94]. Aber auch gegen **Grundschulden, Sicherungsübereignung** u. a. sind Einwendungen wegen ihrer Tauglichkeit als Sicherungsmittel nicht zu erheben. Unbenommen bleibt in jedem dieser Fälle die Vollwertigkeitsprüfung durch das Registergericht. **58**

Bei der **Auswahl der geeigneten Sicherungsmittel** sind allerdings auch die mit der **Rechtsnatur der Einmann-Gründerorganisation** verbundenen Probleme (Rdn. 51) zu berücksichtigen. Sieht man in der Gründerorganisation keine (teil-)rechtsfähige Einheit, sondern nur ein Sondervermögen des Gründers, so entfällt die Möglichkeit einer Bestellung von Sicherungen durch Vertrag zwischen Gründer und Gründerorganisation (Rdn. 61). Für dingliche Sicherungen des Gründers (Pfandrecht, Hypothek, Sicherungsübereignung) ist dann kein Raum. Dagegen können auch ohne Beteiligung der Gründerorganisation die **Hinterlegung**, die Vereinbarung einer **Bürgschaft** oder **Schuldmitübernahme** oder die Bestellung einer **Auflassungsvormerkung** zugunsten der künftign GmbH vorgenommen werden[95]. Ihnen kommt somit unter den zulässigen Sicherungen (Rdn. 58) der Vorrang zu, da die Wirksamkeit ihrer Bestellung nicht von der rechtlichen Qualifikation der Gründerorganisation abhängt. **59**

---

90 So auch *Scholz/Winter* § 7 nF, 10 c.

91 Vgl. den Hinweis auf den gewählten Ausdruck „Sicherung" statt Sicherheit (§ 232 BGB), Begr. RegE GmbH-Novelle, BT-Drucks. 8/1347 S. 32.

92 So aber *Müller* Wpg. **1980** 370.

93 So aber *Deutler* GmbH-Rdsch. **1980** 146, *Geßler* BB **1980** 1388, *Priester* DNotZ **1980** 524.

94 So zu Recht *Scholz/Winter* § 7 nF, 10 d; vgl. auch *Rob. Fischer* 6, *Roth* 5.1.

95 So zutr. *Hüffer* ZHR 145 **1981** 535; zur Problematik der Sicherungsbestellung zugunsten der Gründerorganisation vgl. auch *Rob. Fischer* 6.

60 **d) Bestellung.** Sie hat **vor Anmeldung** der Gesellschaft in einer Weise zu erfolgen, die der Gesellschaft die uneingeschränkte und vorbehaltlose Verwertungsbefugnis im Sicherungsfall verschafft[96]. Die Einräumung der Sicherungen durch den Einmanngründer persönlich ist nicht erforderlich; zulässig ist auch die Bestellung von Sicherungen, die der Gesellschaft von dritter Seite zur Verfügung gestellt werden. **Verringert sich nachträglich der Wert** der bestellten Sicherungen unter den Betrag der Resteinlagen, so sind sie analog § 240 BGB in geeigneter Weise zu **ergänzen**[97]. Eine unzureichende Sicherung führt zur Ablehnung des Eintragungsantrags, im Fall gleichwohl erfolgter Eintragung zur Einleitung des Auflösungsverfahrens analog § 60 Abs. 1 Nr. 5 GmbHG iVm § 144 b FGG (vgl. § 60, 48).

61 **Probleme aus der Rechtsnatur der Einmann-Gründerorganisation** (§ 11, 14 ff.) ergeben sich in denjenigen Fällen, in denen die Bestellung nach der Art der Sicherung ein **Rechtsgeschäft zwischen Gründer und Gründerorganisation**, vertreten durch den Geschäftsführer, voraussetzt, so namentlich bei dinglichen Sicherungen (Rdn. 59). Ist die Gründerorganisation als Sondervermögen des Gründers zu qualifizieren und nicht als (teil-)rechtsfähige Einheit nach Art der Mehrpersonen-Vorgesellschaft, so ist für Rechtsgeschäfte zwischen ihr und dem Gründer persönlich auch dann kein Raum, wenn das Sondervermögen durch einen Fremdgeschäftsführer repräsentiert wird. Zur Vermeidung dieser Unsicherheit empfiehlt sich die Wahl einer Sicherung zugunsten der künftigen GmbH, für deren Bestellung es der Mitwirkung des Geschäftsführers der Gründerorganisation nicht bedarf (Hinterlegung, Bürgschaft, Schuldmitübernahme u. a., vgl. Rdn. 59).

62 **e) Freigabe der Sicherung.** Erledigt sich der Sicherungszweck durch **Einzahlung der Resteinlage** oder durch Kapitalherabsetzung oder entfällt er durch **Hinzutritt eines Mitgesellschafters**, sei es aufgrund des nachträglichen Beitritts zur Vorgesellschaft, durch Abtretung eines Teils des Geschäftsanteils des Einmanns an der eingetragenen GmbH oder durch Beteiligung an einer Kapitalerhöhung, so entfällt auch die Notwendigkeit der Sicherung; der Sicherungsgeber kann die Freigabe von der Gesellschaft verlangen[98]. Dagegen führt der Ablauf der in § 19 Abs. 4 genannten **Dreijahresfrist** nicht zur Erledigung des Sicherungszwecks. Die Frist betrifft nur die *nachträgliche* Anteilsvereinigung. Eine zeitliche Begrenzung auch des mit § 7 Abs. 2 S. 3 verfolgten Sicherungszwecks muß schon daran scheitern, daß die auf die Sicherung vertrauenden Gläubiger in diesem Fall mangels entsprechender Erfüllungs- oder Haftungssurrogate schlechtergestellt würden[99]. Die unberechtigte Rückgabe von Sicherungen vor Wegfall des Sicherungszwecks führt analog § 19 Abs. 2 zur Nichtigkeit des Aufhebungsvertrags. Es kann auch das Auflösungsverfahren nach § 144 b FGG eingeleitet werden.

§ 8

Der Anmeldung müssen beigefügt sein:

1. der Gesellschaftsvertrag und im Fall des § 2 Abs. 2 die Vollmachten der Vertreter, welche den Gesellschaftsvertrag unterzeichnet haben, oder eine beglaubigte Abschrift dieser Urkunden,

---

96 Ebenso *Scholz/Winter* § 7 nF, 10 e.

97 Vgl. *Scholz/Winter* § 7 nF, 10 e.

98 So auch *Scholz/Winter* § 7 nF, 10 f., *Deutler* GmbH-Rdsch. **1980** 146 f., *Geßler* BB **1980** 1388.

99 Ebenso *Scholz/Winter* § 7 nF, 10 f.

2. die Legitimation der Geschäftsführer, sofern dieselben nicht im Gesellschaftsvertrag bestellt sind,

3. eine von den Anmeldenden unterschriebene Liste der Gesellschafter, aus welcher Name, Vorname, Stand und Wohnort der letzteren sowie der Betrag der von einem jeden derselben übernommenen Stammeinlage ersichtlich ist,

4. im Fall des § 5 Abs. 4 die Verträge, die den Festsetzungen zugrunde liegen oder zu ihrer Ausführung geschlossen worden sind, und der Sachgründungsbericht,

5. wenn Sacheinlagen vereinbart sind, Unterlagen darüber, daß der Wert der Sacheinlagen den Betrag der dafür übernommenen Stammeinlagen erreicht,

6. in dem Fall, daß der Gegenstand des Unternehmens der staatlichen Genehmigung bedarf, die Genehmigungsurkunde.

In der Anmeldung ist die Versicherung abzugeben, daß die in § 7 Abs. 2 und 3 bezeichneten Leistungen auf die Stammeinlage bewirkt sind und daß der Gegenstand der Leistungen sich endgültig in der freien Verfügung der Geschäftsführer befindet. Wird die Gesellschaft nur durch eine Person errichtet und die Geldeinlage nicht voll eingezahlt, so ist auch zu versichern, daß die nach § 7 Abs. 2 Satz 3 erforderliche Sicherung bestellt ist.

In der Anmeldung haben die Geschäftsführer zu versichern, daß keine Umstände vorliegen, die ihrer Bestellung nach § 6 Abs. 2 Satz 2 und 3 entgegenstehen, und daß sie über ihre unbeschränkte Auskunftspflicht gegenüber dem Gericht belehrt worden sind. Die Belehrung nach § 51 Abs. 2 des Gesetzes über das Zentralregister und das Erziehungsregister in der Fassung der Bekanntmachung vom 22. Juli 1976 (BGBl. I S. 2005) kann auch durch einen Notar vorgenommen werden.

In der Anmeldung ist ferner anzugeben, welche Vertretungsbefugnis die Geschäftsführer haben.

Die Geschäftsführer haben ihre Unterschrift zur Aufbewahrung bei dem Gericht zu zeichnen.

Übersicht

I. Einführung

1. Normzweck

1 Die Vorschrift regelt die **inhaltliche Ausgestaltung der** nach § 7 zu bewirkenden **Anmeldung** der Geschäftsführer, insbesondere die der Anmeldung beizufügenden Anlagen (Abs. 1), die von den Geschäftsführern abzugebenden *Versicherungen* (Abs. 2 und 3) und die *Zeichnung ihrer Unterschrift* (Abs. 5). Die Pflicht zur *Angabe der Vertretungsbefugnis* der Geschäftsführer in der Anmeldung (Abs. 4) wurde 1969 im Zuge der europäischen Rechtsangleichung neu aufgenommen[1]. Sie dient als Grundlage für die entsprechende, in § 10 Abs. 1 S. 2 angeordnete Eintragung der Vertretungsverhältnisse im Interesse der Klarheit des Handelsverkehrs innerhalb der EWG.

2. Reform

2 Die **GmbH-Novelle 1980** hat für § 8 eine Reihe von Änderungen gebracht. Sie betreffen einerseits die bei Anmeldung einzureichenden **Anlagen**, die um die in Abs. 1 Nr. 4 und 5 nF genannten Unterlagen bei Sachgründungen (Sachgründungsbericht; Verträge über die Festsetzung der Sacheinlagen und Unterlagen über ihren Wert) erweitert wurden. Auch die bei der Anmeldung abzugebende **Versicherung** der Geschäftsführer ist ausgeweitet worden und umfaßt jetzt — als Folgeänderung zu §§ 6 Abs. 2 S. 2 und 3, 7 Abs. 2 S. 3 nF — auch die Versicherung darüber, daß der Geschäftsführerbestellung keine Ausschlußgründe entgegenstehen (Abs. 3 nF) und daß bei Einmanngründungen eine Sicherung hinsichtlich der Resteinlage bestellt ist (Abs. 2 S. 2 nF). Bedeutung kommt diesen Änderungen nicht zuletzt für die in § 9a Abs. 1 nF vorgesehene Geschäftsführerhaftung wegen falscher Angaben bei Gründung der Gesellschaft zu.

II. Die Anlagen der Anmeldung (Abs. 1)

1. Der Gesellschaftsvertrag und die Vollmachten (Nr. 1)

3 **a) Die Vertragsurkunde.** Einzureichen ist eine Ausfertigung oder beglaubigte Abschrift des Gesellschaftsvertrags. Es ist erforderlich, daß **alle Bestimmungen des Gesellschaftsvertrags in einer Urkunde enthalten** sind[2]. Das gilt analog § 54 Abs. 1 S. 2 auch dann, wenn der Gesellschaftsvertrag nach Anmeldung, aber *vor Eintragung der Gesellschaft geändert* wird (§ 2, 14 f.): auch hier bedarf es der Einreichung der Neufassung

---

[1] Durch das Gesetz zur Durchführung der Ersten Richtlinie des Rates der Europäischen Gemeinschaften zur Koordinierung des Gesellschaftsrechts (BGBl. **1969** I 1146).

[2] OLG Köln GmbH-Rdsch. **1973** 11, OLG Frankfurt BB **1981** 694; vgl. auch § 2, 7 ff.

in einer einheitlichen Urkunde[3]. Das folgt aus dem Zweck der Ergänzung von § 54 Abs. 1 durch das KoordG 1969 (BGBl. I 1146). Die Neuregelung soll sicherstellen, daß nach jeder Änderung des Gesellschaftsvertrags ohne weiteres der neueste Stand aus einer einzigen beim Handelsregister befindlichen Urkunde zu ersehen ist (vgl. § 54, 2). Dieser Zweckbestimmung würde es zuwiderlaufen, wenn nicht auch schon bei der erstmaligen Anmeldung einer GmbH der Inhalt des Gesellschaftsvertrags unmittelbar aus einer einzigen Urkunde zu entnehmen ist. Die eingereichte Urkunde verbleibt in den beim Handelsregister geführten Akten. Sie kann von jedermann eingesehen werden (§ 9 Abs. 1 HGB); Abschriften sind zulässig (§ 9 Abs. 2 HGB).

b) Die Vollmachten. Hat sich bei der Abfassung des Gesellschaftsvertrags ein Gesellschafter durch einen Bevollmächtigten vertreten lassen, so ist der Anmeldung die Vollmacht in Urschrift oder in beglaubigter Abschrift beizufügen. Die Urschrift der Vollmacht muß notariell beurkundet oder beglaubigt sein (§ 2 Abs. 2; vgl. § 2, 21). Für die **Einreichung zum Handelsregister** genügt eine *Abschrift* dieser Urkunde. Die *Beglaubigung* kann durch jede zur Erteilung von öffentlichen Beglaubigungen befugte Urkundsperson erfolgen[4]. — Handelte der Vertreter **ohne** oder ohne förmliche Vertretungsmacht und ist dieser Mangel inzwischen formwirksam geheilt (§ 2, 30), so gelten für den **Nachweis der Heilung** gegenüber dem Registergericht die vorstehenden Grundsätze entsprechend: auch insoweit genügt Beifügung einer *beglaubigten Abschrift* der Heilungsurkunde. 4

Hat ein **gesetzlicher Vertreter** mitgewirkt, so bestimmt sich der Nachweis seiner Legitimation nach den für seine Vertretungsmacht geltenden Vorschriften (§ 2, 26). Die **Genehmigung des Vormundschaftsgerichts** ist **formlos** wirksam (§ 2, 62a). Ihr Vorliegen ist vom Registergericht **von Amts wegen** zu prüfen; eines Nachweises bei der Anmeldung bedarf es nicht (*Stöber* Rpfleger **1968** 2, 11). 5

2. Die Legitimation der Geschäftsführer (Nr. 2)

Sie ist nur beizufügen, wenn die Geschäftsführer nicht bereits im Gesellschaftsvertrag bestellt sind (zur Art und Weise der Geschäftsführerbestellung vgl. § 6, 17 ff.). Der Beschluß der Gesellschafter braucht nicht allein deshalb beurkundet oder beglaubigt zu werden, um die Eintragung zu ermöglichen; einfache Schriftform genügt[5]. Die Anmeldung des Beschlusses durch die Geschäftsführer zeugt im allgemeinen für die Richtigkeit. Doch kann der Registerrichter nach § 12 FGG jederzeit Ermittlungen über die Grundlagen der Eintragung anstellen. Läßt der Gesellschaftsvertrag eine *mündliche Beschlußfassung* zu, so ist zur Beifügung nach Nr. 2 im Rahmen der Anmeldung gleichwohl eine **schriftliche Bescheinigung** der Gesellschafter erforderlich. 6

3. Die Liste der Gesellschafter (Nr. 3)

Die Liste muß **von den Anmeldern unterschrieben** sein. Sie muß **Namen,** *Vornamen, Stand (Beruf) und Wohnort der Gesellschafter* enthalten. Als Vorname genügt der 7

[3] HM, vgl. OLG Köln GmbH-Rdsch. **1973** 11, OLG Schleswig GmbH-Rdsch. **1975** 183, OLG Stuttgart DNotZ **1979** 359, BayObLG Rpfleger **1978** 143; *Scholz/Priester* § 54, 14, *Roth* 2.1, *Groß* Rpfleger **1972** 241, 244; **aA** OLG Stuttgart MittBayNot **1973** 227, LG München I MittBayNot **1974** 229 f.; *Scholz/Winter* 2, *Gustavus* DNotZ **1971** 229, 232 f.; offenlassend BayObLG DB **1978** 880. Vgl. auch § 54, 4 und 16 ff.

[4] Dazu vgl. *Hüffer* GroßkommHGB[4] § 12, 2 f.

[5] Ebenso *Scholz/Winter* 3, *Rob. Fischer* 1, *Roth* 2.1 (Nr. 2).

Rufname. Bei juristischen Personen genügt die Angabe der Firma oder des sonstigen Namens, unter welchem die juristische Person im Rechtsverkehr auftritt, und ihres Sitzes. Bei Personengesellschaften, die in das Handelsregister eingetragen sind, genügt die Angabe der Firma der Gesellschaft und ihres Sitzes. Bei solchen, die nicht eingetragen sind, ist zu ihrer Identifizierung weiter die Angabe der einzelnen Gesellschafter notwendig (ebenso *Scholz/Winter* 4), bei einer Erbengemeinschaft diejenige der Miterben (OLG Hamm BB **1975** 292, 293). Beteiligt sich ein Einzelkaufmann unter seiner Firma an der GmbH (vgl. § 2, 63), so muß in der Liste gleichwohl auch sein von der Firma etwa abweichender bürgerlicher Name aufgeführt werden[6]. Das führt nicht etwa zu Unklarheiten über die Person des Gesellschafters[7], sondern fördert gerade die Klarheit. Nur so kann die für die Stammeinlage haftende Person bei späterer Veräußerung des Geschäftsbetriebs mit Firma ohne weiteres festgestellt werden.

8 Die Liste ist auf den **Zeitpunkt der Anmeldung** zu erstellen. Bei späteren Änderungen, auch solchen vor Eintragung der Gesellschaft, muß sie nicht berichtigt werden[8]. Sie bietet daher keine Gewähr dafür, daß die in ihr angeführten Personen auch weiterhin Gesellschafter sind. Sie ist alljährlich im Monat Januar zu erneuern, soweit sich Veränderungen ergeben haben (§ 40). Außerdem ist sie bei Kapitalerhöhungen zu ergänzen (§ 57 Abs. 3 Nr. 2). — Sind an der Gründung **Strohmänner** beteiligt (§ 2, 49 ff.), so sind diese und nicht die Auftraggeber in der Liste anzugeben. Das gilt auch dann, wenn der Geschäftsführer die Strohmanneigenschaft und den Namen des Hintermanns kennt, ja sogar wenn der Hintermann sich den künftigen Geschäftsanteil schon vor Eintragung auf diesen Zeitpunkt abtreten läßt. Gesellschafter und damit haftbar nach §§ 19, 24 ist der Strohmann und nicht der Hintermann (§ 2, 51 ff.).

9 Die Liste muß weiter den **Betrag der** von jedem Gesellschafter übernommenen **Einlage** enthalten. Ob es sich um *Sach- oder Geldeinlagen* handelt und wieviel darauf eingezahlt ist, braucht aus der Liste nicht hervorzugehen[9].

4. Verträge über Sacheinlagen (Nr. 4, 1. Fall)

10 Zur Vereinbarung einer Sacheinlage bedarf es nach § 5 Abs. 4 S. 1 zwar der Festsetzung im Gesellschaftsvertrag, nicht aber des Abschlusses zusätzlicher oder gesonderter Verträge über ihre Festsetzung. Die „Ausführung" der Sacheinlagevereinbarung erfolgt jedenfalls bei beweglichen Sachen, Forderungen, sonstigen Rechten und immateriellen Vermögensgegenständen häufig durch konkludente Übertragung an die Gesellschaft, ohne besonderes schriftliches Verfügungsgeschäft (§ 7, 43). Hieran sollte sich auch durch das Beifügungserfordernis der Nr. 4 nF nichts ändern. **Die Beifügung setzt das Vorliegen schriftlicher Verträge** über die Festsetzung oder Ausführung der Sacheinlagen **voraus**[10]. Bedeutung erlangt die Nr. 4 (erster Fall) somit einerseits bei **formbedürftigen Übertragungsakten** (§§ 925, 873 BGB; § 15 Abs. 3 GmbHG u. a.), zum anderen bei **Sachübernahmen**, wenn ihnen schriftliche Verträge über den Erwerb bestimmter Vermögensgegenstände durch die Gesellschaft und über das dafür zu gewährende, mit der Stammeinlagepflicht ganz oder teilweise zu verrechnende Entgelt zugrundeliegen (vgl. § 5, 91). Auch im Fall gemischter Sacheinlagen (§ 5, 99) oder

---

[6] OLG Dresden OLGR **34** 356; **aA** *Scholz/Winter* 4, *Baumbach/Hueck* 1 Ac.

[7] So aber *Scholz/Winter* 4.

[8] **AA** *Roth* 2.1 unter unzutr. Berufung auf *Scholz/Winter* 4.

[9] KGJ **38 A** 161, 162 f.; *Scholz/Winter* 4.

[10] So im Anschluß an die Kommentare zu § 37 Abs. 4 Nr. 2 AktG (*Barz* GroßkommAktG § 37, 5 und *Kraft* Kölner KommAktG §§ 36 und 37, 41) auch *Scholz/Winter* § 8 nF, 4b, *Roth* 2.1 (Nr. 4) und *Priester* DNotZ **1980** 521 f.

Mischeinlagen (§ 5, 100) wird es zusätzlich zur Vereinbarung nach § 5 Abs. 4 S. 1 nicht selten zu schriftlichen Verträgen zwischen den Gründern oder zwischen dem Sacheinleger und der Vorgesellschaft, vertreten durch ihren Geschäftsführer, kommen. Sie fallen unter die Beifügungspflicht nach Nr. 4.

5. Der Sachgründungsbericht (Nr. 4, 2. Fall)

Bei Sacheinlagen stets beizufügen ist der in § 5 Abs. 4 S. 2 nF vorgeschriebene, von den im Zeitpunkt der Anmeldung beteiligten Gesellschaftern zu erstellende und zu unterzeichnende Sachgründungsbericht. Zu seinem Inhalt vgl. näher § 5, 129. Gesellschafter, die der Gesellschaft erst nach Anmeldung, aber vor Eintragung beitreten, brauchen keinen eigenen Bericht zu erstellen (§ 5, 130). Anderes gilt nur bei nachträglicher Vereinbarung einer Sacheinlage; die Einreichung zum Handelsregister obliegt auch in diesem Fall den Geschäftsführern im Rahmen ihrer Anmeldungsfunktion. **11**

6. Unterlagen über den Wert der Sacheinlagen (Nr. 5)

Die nach Nr. 5 für den Fall von Sacheinlagen beizufügenden Bewertungsunterlagen sind dazu bestimmt, dem Registerrichter die erforderlichen **Informationen für die Kontrolle des Wertes der vereinbarten Sacheinlage** (§ 9c S. 2) zu verschaffen, soweit sie sich nicht bereits aus dem Sachgründungsbericht ergeben. Nach dieser Funktion richten sich auch die Anforderungen an Art und Inhalt der Unterlagen; sie sind je nach Art des Einlagegegenstands für den Einzelfall zu bestimmen[11]. Bei **beweglichen Sachen, Wertpapieren u. a.** kommt etwa der Nachweis der Anschaffungs- oder Herstellungskosten der Sacheinlage durch Kaufverträge, Rechnungen u. a. in Betracht, ferner die Vorlage von Preislisten, Kurszetteln oder Tarifen[12]. Bei Einbringung von **Unternehmen** genügt im allgemeinen die Einbringungsbilanz, wenn die Einbringung zu Buchwerten erfolgt und die Ordnungsmäßigkeit der Bilanzierung durch einen Wirtschaftsprüfer oder Steuerberater testiert ist[13]. Der Vorlage der Jahresabschlüsse für die vorausgegangenen Geschäftsjahre bedarf es gewöhnlich nicht; es genügt die nach § 5 Abs. 4 S. 2 vorgeschriebene Angabe der Jahresergebnisse der beiden letzten Geschäftsjahre im Sachgründungsbericht[14]. Bei **immateriellen Vermögenswerten** wie gewerblichen Schutzrechten, Urheberrechten u. a. wird regelmäßig das Wertgutachten eines Sachverständigen erforderlich sein[15]. Entsprechendes gilt bei Einbringung von **Grundstücken**, Gebäuden oder **Beteiligungen**, wenn diese nicht kurz vorher vom Sacheinleger angeschafft oder hergestellt worden sind und die hierfür nachgewiesenen Kosten nach Lage des Falles einen ausreichenden Anhalt für die Bewertung ergeben[16]. **12**

7. Die Genehmigungsurkunde (Nr. 6)

a) Allgemeines. Die für die Praxis bedeutsamste Vorschrift über die der Anmeldung beizufügenden Unterlagen enthält die Nr. 6, die im Falle eines genehmigungsbedürftigen **13**

---

[11] Vgl. Begr. RegE GmbH-Novelle (BT-Drucks. 8/1347 S. 34); so auch *Scholz/Winter* § 8 nF, 4d, *Roth* 2.1 (Nr. 5).

[12] Begr. RegE aaO (Fn. 11), *Scholz/Winter* § 8 nF, 4d, *Deutler* GmbH-Rdsch. **1980** 148, *Geßler* BB **1980** 1387, *Priester* DNotZ **1980** 522.

[13] *Scholz/Winter* § 8 nF, 4d, *Priester* DNotZ **1980** 522.

[14] So auch *Scholz/Winter* § 8 nF, 4d; **aA** *Lutter* DB **1980** 1318.

[15] *Scholz/Winter* § 8 nF, 4d, *Geßler* BB **1980** 1387, *Priester* DNotZ **1980** 522.

[16] So auch *Scholz/Winter* § 8 nF, 4d.

Unternehmensgegenstands die Beifügung der **Genehmigungsurkunde der zuständigen Verwaltungsbehörde** verlangt. Sie hat auch in neuerer Zeit zu einer Vielzahl von Gerichtsentscheidungen Anlaß gegeben. Insoweit ist heute anerkannt, daß die **Entscheidung der Behörde für das Registergericht bindend** ist, unabhängig davon, ob es sich um die Erteilung oder Versagung der Genehmigung oder um ein sog. Negativattest des Inhalts handelt, daß die Gesellschaft nach ihrem Unternehmensgegenstand einer Genehmigung nicht bedarf[17]. Hat das Registergericht Zweifel hinsichtlich der Genehmigungsbedürftigkeit, so kann es die Eintragung davon abhängig machen, daß ihm ein **Negativattest** der zuständigen Behörde vorgelegt wird[18].

14 Die Genehmigung muß der **Gesellschaft** selbst erteilt worden sein; eine Genehmigung für den Geschäftsführer persönlich reicht nicht aus (KG HRR **1932** Nr. 1760). Soweit es nach den einschlägigen Genehmigungsvorschriften auf **subjektive Anforderungen** ankommt wie etwa Zuverlässigkeit oder berufliche Qualifikationen (vgl. §§ 4 Abs. 1 Nr. 1 und 4 GastG; 30 Abs. 1 Nr. 1, 35 GewO), sind diese von den **vertretungsberechtigten Personen der Gesellschaft** zu erbringen[19].

15 Der Nachweis der Genehmigung ist **Eintragungsvoraussetzung**. Daher muß die Urkunde beigebracht werden, *bevor* das Gericht über die Eintragung entscheidet[20]. Entsprechendes gilt bei der Genehmigungsbedürftigkeit von *Teilen* des Unternehmensgegenstands (BayObLG DB **1979** 2028) sowie für die Eintragung von *Änderungen* des Unternehmensgegenstands, wenn diese das Genehmigungserfordernis auslösen können (BayObLG Rpfleger **1978** 448). Insoweit enthält Nr. 6 eine Einschränkung von § 7 HGB (*Brüggemann* GroßkommHGB[4] § 7, 6). Ist die Gesellschaft trotz Fehlens der erforderlichen Genehmigung eingetragen worden, so ist diese nachzufordern; die Vorlegung kann durch Zwangsgelder erzwungen werden[21]. Wird die Genehmigungsurkunde trotz Aufforderung nicht vorgelegt, so liegt hierin ein Grund für die Erhebung der *Auflösungsklage*, da die Erreichung des genehmigungsbedürftigen Gesellschaftszwecks ohne Genehmigung unmöglich ist (§ 61 Abs. 1). Dagegen scheidet eine Auflösung durch die zuständige Verwaltungsbehörde wegen fehlender Gewerbeerlaubnis in aller Regel aus (§ 62, 11 und 23). Zum Fall des *nichtigen* Unternehmensgegenstands vgl. § 3, 17 ff.

16 Die Vorschrift des § 8 Abs. 1 Nr. 6 bezieht sich **nicht** auf Fälle, in denen es nur um die *Genehmigung einzelner* **Betriebsanlagen** geht[22]. Daher ist die Genehmigungsurkunde zur Eintragung nicht nötig, wenn eine GmbH gegründet wird zur Erstellung und zum Betrieb genehmigungsbedürftiger Anlagen[23]. — Die Eintragung kann auch nicht vom Nachweis ausländerrechtlicher Genehmigungen abhängig gemacht werden (vgl. näher § 1, 27 f. und § 6, 9 f.).

16a **Umstritten** ist, ob zu den Genehmigungen iSv § 8 Abs. 1 Nr. 6 auch die **Eintragung in die Handwerksrolle** (bzw. die Bestätigung der Handwerkskammer darüber, daß bei

---

[17] EinhM., vgl. BayObLG Rpfleger **1978** 448 und BB **1979** 1467, KG RJA **17** 107; *Scholz/Winter* 12, *Baumbach/Hueck* 1, *Roth* 2.1 (Nr. 6). Zur Bindung der Zivilgerichte an verwaltungsaktabhängige Vorfragen des öffentlichen Rechts vgl. auch *Mußgnug* Festschrift 125 Jahre Jurist. Gesellschaft zu Berlin (1984) S. 479 ff.

[18] BayObLG BB **1976** 437 und BB **1979** 1467; *Scholz/Winter* 12.

[19] Vgl. OLG Hamburg BB **1982** 2087; *Landmann/Rohmer* GewO[13] § 30, 7 und § 35, 23 ff., *Mörtel* GastG[3] § 23, 4.

[20] BayObLG BB **1976** 437 und Rpfleger **1978** 181, OLG Frankfurt WM **1980** 22; *Scholz/Winter* 11.

[21] KGJ **41** 123, 130; *Scholz/Winter* 11. Zum Verfahren vgl. Erläut. bei § 79.

[22] *Scholz/Winter* 5, *Baumbach/Hueck* 1, *Rob. Fischer* 1, *Barz* GroßkommAktG § 37, 5.

[23] Vgl. §§ 4 ff. Bundes-ImmissionsschutzG, §§ 7 ff. AtomG.

der anzumeldenden Gesellschaft die Eintragungsvoraussetzungen nach §§ 7 bis 9 HandwO vorliegen) gehört. Obergerichtliche Rechtsprechung und überwiegendes Schrifttum verneinen die Frage im wesentlichen mit der Begründung, die Eintragung in die Handwerksrolle schaffe nur die Erlaubnis zur *Ausübung* der Handwerkstätigkeit, während § 8 Abs. 1 Nr. 6 auf die hiervon zu unterscheidende Genehmigungsbedürftigkeit des *Gegenstands* des Unternehmens der GmbH abstelle[24]. Diese im wesentlichen formale Begründung hat neuerdings entschiedenen Widerspruch gefunden (*Bodens* GmbH-Rdsch. **1984** 177 ff.). Der hM wird zu Recht entgegengehalten, daß die Eintragung in die Handwerksrolle ebenso wie die Erteilung der gewerberechtlichen Genehmigung ein begünstigender Verwaltungsakt sei, dessen Fehlen oder Widerruf zur Untersagung der Aufnahme oder Fortführung der Geschäftstätigkeit nach § 16 Abs. 3, 4 HandwO führen kann; die Rechtslage entspricht insoweit also voll derjenigen beim Fehlen oder Widerruf der Gewerbeerlaubnis (vgl. § 15 Abs. 2 GewO, dazu auch BVerwG NJW **1960** 1830). Einzuräumen ist demgegenüber zwar, daß die Genehmigungsbedürftigkeit des Unternehmensgegenstands aufgrund gewerberechtlicher Vorschriften in der Regel leichter feststellbar ist als die — von der *Art und Weise* der Gewerbeausübung abhängige[24a] — Notwendigkeit der Eintragung in die Handwerksrolle. Das hindert das Registergericht aber nicht, sich in Zweifelsfällen ein Negativattest der Handwerkskammer vorlegen zu lassen, zumal diese nach §§ 126 FGG, 23 HRV ohnehin in das Eintragungsverfahren eingeschaltet ist. Nach allem **sprechen die besseren Gründe für die Erstreckung von § 8 Abs. 1 Nr. 6 auf die Erlaubnis zur Ausübung eines Handwerksbetriebs;** die abw. Ansicht in der Voraufl. (§ 8, 12) wird aufgegeben. Das Registergericht hat die Eintragung in solchen Fällen, in denen die Annahme einer handwerklichen Tätigkeit der Gesellschaft aufgrund ihres Unternehmensgegenstands und ihres Zuschnitts naheliegt, von einer entsprechenden Bescheinigung der Handwerkskammer abhängig zu machen[24b]. Will die Vorgesellschaft den Gewerbebetrieb schon aufnehmen, so bestehen trotz § 7 Abs. 4 HandwO, der auf die Eintragung der *juristischen Person* in die Handwerksrolle abstellt, keine Bedenken gegen die Eintragung schon der *Vorgesellschaft,* nachdem deren Fähigkeit zur Geschäftsaufnahme vor Handelsregistereintragung anerkannt ist (§ 11, 50). Der abweichende Wortlaut von § 7 Abs. 4 HandwO ist insoweit überholt; die Handwerkskammer muß sich in diesen Fällen bis zur Entstehung der GmbH nicht etwa auf die Bestätigung beschränken, daß die Voraussetzungen für die Eintragung in die Handwerksrolle vorliegen[24c]. Dementsprechend ist auch für § 4 Abs. 2 GastG anerkannt, daß die Erlaubnis zum Gaststättenbetrieb schon der Vorgesellschaft erteilt werden kann, obwohl die Vorschrift auf die Erteilung der Erlaubnis an die *juristische Person* abstellt[24d].

---

[24] So BayObLG BB **1982** 763, OLG Frankfurt BB **1983** 400 und BB **1984** 13, OLG Stuttgart Justiz **1980** 48; *Scholz/Winter* 5, *Rob. Fischer* 1, *Eyermann/Fröhler/Honig* HandwO³ § 7, 11, *Jansen* FGG² § 125, 26; **aA** aber OLG Schleswig Rpfleger **1982** 186 sowie die weiteren in Fn. 24 b zitierten Stimmen.

[24a] Zur typologisch, an der Art und Ausgestaltung des Geschäftsbetriebs orientierten Abgrenzung der handwerklichen von sonstigen gewerblichen Betrieben vgl. *Brüggemann* GroßkommHGB⁴ § 1, 72 ff., *Gierke/Sandrock* Handels- und Wirtschaftsrecht⁹ I § 7 I 2 S. 123 ff., *K. Schmidt* Handelsrecht § 10 IV 3 b S. 230.

[24b] AG Osnabrück GewA **1968** 232, AG Fürth GewA **1973** 132, AG Göppingen BB **1974** 903, wohl auch OLG Schleswig Rpfleger **1982** 186; ebenso *Bodens* GmbH-Rdsch. **1984** 177 f., *v. Ebner* GewA **1980** 209, 211 Fn. 13, *Siegert/Musielak* Das Recht des Handwerks² § 6, 6 m. weit. Nachw.

[24c] Generell gegen die Eintragungsfähigkeit der Vorgesellschaft in die Handwerksrolle *Bodens* GmbH-Rdsch. **1984** 178, *v. Ebner* GewA **1975** 41, 43, 47.

[24d] Vgl. *Michel/Kienzle* GaststättenG⁸ § 1, 21, *Hoffmann/Seitter* Gaststättenrecht² 1 § 2, 2.

17 **b) Allgemein gehaltener Unternehmensgegenstand.** Maßgeblich für die Entscheidung über die Genehmigungsbedürftigkeit des Unternehmensgegenstandes ist der in der Satzung bezeichnete Gegenstand (BayObLG BB **1976** 437, 438). Dabei kommt es *nicht* darauf an, zu welcher Betätigung *allgemein gefaßte Satzungsbestimmungen* denkbarerweise ermächtigen könnten, sondern worauf sich die Tätigkeit der Gesellschaft **konkret** richten soll[25]. Es ist nicht Aufgabe des Registergerichts, sich bei der Prüfung der Eintragungsvoraussetzungen mit allen nur denkbaren künftigen Entwicklungen zu befassen und zu ihrer gewerberechtlichen Unbedenklichkeit Stellung zu nehmen. Vielmehr hat das Gericht seine Prüfung an denjenigen Voraussetzungen zu orientieren, deren *tatsächliche Grundlagen* für den Zeitpunkt der Eintragung nach objektiver Beurteilung gegeben sind (OLG Celle NJW **1964** 1964 f.). In Zweifelsfällen kann es ein Negativattest anfordern (Rdn. 13). Ist allerdings der satzungsmäßige Unternehmensgegenstand so weit gefaßt, daß die konkret angestrebte Tätigkeit gar nicht festgestellt werden kann, so hat das Registergericht die Anmeldenden zur Individualisierung aufzufordern[26]. Sehr allgemein gefaßte Angaben wie „Handelsgeschäfte jeder Art" reichen als zulässige Bezeichnung des Unternehmensgegenstandes nicht aus (OLG Köln WM **1981** 805).

18 **c) Zusammenwirken von Genehmigungsbehörde und Registergericht.** Macht die *Genehmigungsbehörde* die Erteilung der Genehmigung von der Vorlage einer **Bescheinigung des Registergerichts über die sonstige Unbedenklichkeit der Eintragung** abhängig, so hat das Gericht diese Bescheinigung bei Vorliegen der sonstigen Eintragungsvoraussetzungen auszustellen[27]. Ist aufgrund spezialgesetzlicher Vorschrift (z. B. § 15 Abs. 5 S. 2 GüKG) die Erteilung der *Genehmigung* ausnahmsweise erst **nach** erfolgter *Eintragung* zulässig, so macht das eine **Abweichung** von der in § 8 vorgesehenen Reihenfolge notwendig. Das Registergericht darf die Eintragung hier statt an die Vorlage der Genehmigungsurkunde nur an eine Bescheinigung der Behörde binden, daß der Genehmigung außer der fehlenden Eintragung der Gesellschaft in das Handelsregister keine sonstigen Bedenken entgegenstehen[28]. Würden sowohl Genehmigungsbehörde als auch Registergericht auf der Erfüllung der sie jeweils betreffenden gesetzlichen Vorschriften bestehen, so würde dies zur Unmöglichkeit der Entstehung der GmbH in solchen Fällen führen.

19 **d) Beispiele erforderlicher Genehmigungen.** Der Erlaubnis bedarf eine Gesellschaft für den gewerbsmäßigen Betrieb von Gast- und Schankwirtschaften (§ 2 GastG), einer Privatkrankenanstalt (§ 30 GewO), für das Betreiben von Spielhallen u. a. (§§ 33 c ff. GewO), von Pfandleih-, Bewachungs- und Versteigerungsunternehmen (§§ 34 ff. GewO), für die gewerbsmäßige Tätigkeit als Makler, Bauträger oder Baubetreuer (§ 34 c GewO), für die entgeltliche oder geschäftsmäßige Personenbeförderung mit Straßenbahnen, Obussen und Kraftfahrzeugen im Linien- oder Gelegenheitsverkehr (§ 2 PBefG), für das Betreiben von Geschäften des Güterfern- und Güternahverkehrs (§§ 8, 80, 90 GüKG) u. a. Zur Erlaubnispflicht für den Betrieb von Versicherungs- und Bankgeschäften, Bausparkassen und Investmentgeschäften vgl. § 1, 13 ff., zur Eintragung der GmbH in die Handwerksrolle als Erlaubnis für das Betreiben eines Handwerks vgl. Rdn. 16 a, zu den Grenzen freiberuflicher Tätigkeit vgl. § 1, 16.

---

25 OLG Celle NJW **1964** 1964 f., OLG Frankfurt WM **1980** 22; *Scholz/Winter* 5.

26 OLG Köln WM **1981** 805; zu Notwendigkeit und Ausmaß der Individualisierung des Unternehmensgegenstandes vgl. § 3, 19 ff.

27 *Scholz/Winter* 14, *Barz* GroßkommAktG § 37, 5.

28 **AA** *Kraft* Kölner KommAktG §§ 36 und 37, 47.

8. Sonstige Anlagen

a) Urkunde über die Bestellung des Aufsichtsrates. Die Pflicht zur Beifügung 20
der Urkunden über die Bestellung eines Aufsichtsrates ist nicht in § 8 geregelt. Sie ergibt sich vielmehr aus der Verweisung auf § 37 Abs. 4 Nr. 3 AktG in § 52 Abs. 2[29]. Diese Verpflichtung trifft unterschiedslos sowohl für den Fall des fakultativen Aufsichtsrates, dessen Bildung durch den Gesellschaftsvertrag vorgesehen ist, wie auch für die Fälle eines obligatorischen Aufsichtsrates zu. Die Urkunde ist mit der Anmeldung einzureichen, wenn der Aufsichtsrat *vor der Eintragung* der Gesellschaft in das Handelsregister gebildet werden muß[30]. Anzugeben sind bei der Anmeldung Name, Beruf und Wohnort der Mitglieder des ersten Aufsichtsrates (§ 40 Abs. 1 Nr. 4 AktG). Diese Angaben werden nicht eingetragen. Das Gericht macht sie aber bekannt. Wird der Aufsichtsrat erst *nach der Eintragung* gebildet, so ist dies gemäß § 52 Abs. 2 S. 2 wie im Fall des Wechsels von Aufsichtsratsmitgliedern durch die Geschäftsführer bekanntzumachen und die Bekanntmachung zum Handelsregister einzureichen. Über Zusammensetzung und Aufgaben des Aufsichtsrates sowie zum Verhältnis zwischen Aufsichtsrat und Geschäftsführern vgl. die Erläuterungen zu § 52.

b) Sonstige? Der Beifügung sonstiger Unterlagen bedarf es bei Anmeldung einer 21
Mehrpersonen-Vorgesellschaft **nicht**. Das gilt namentlich für die bis 1980 erforderliche kapitalverkehrsteuerrechtliche Unbedenklichkeitsbescheinigung (Voraufl. 18); sie muß nach § 7 Abs. 5 KVStDV idF v. 4. 7. 1980 nicht mehr vorgelegt werden. Auch ausländerrechtliche Aufenthalts- oder Erwerbserlaubnisse brauchen bei Anmeldung einer inländischen GmbH nicht eingereicht zu werden, unabhängig davon, ob als Gründer oder Geschäftsführer Ausländer beteiligt sind (vgl. § 1, 27f., § 6, 9f.). Bei einer **Einmanngründung** ist zusätzlich eine **Vermögensübersicht** entsprechend §§ 52 Abs. 4, 56c Abs. 3 UmwG einzureichen, wenn als Einlage ein Unternehmen oder eine sonstige **Sachgesamtheit** eingebracht wurde (vgl. § 7, 53, § 11, 78).

9. Rechtsfolgen fehlender Anlagen

Fehlt es an einer der vorgeschriebenen Anlagen oder sind sie unvollständig oder 22
unrichtig, so hat der Registerrichter die Eintragung abzulehnen. Ist die Eintragung erfolgt, so kann dieser Mangel der Anmeldung eine Löschung von Amts wegen nicht begründen (vgl. § 7, 28). Zur Frage ob die Beibringung fehlender Unterlagen durch Zwangsgelder erzwungen werden kann, vgl. § 79, 8 f.

III. Versicherung der Geschäftsführer (Abs. 2 und 3)

1. Grundlagen

Die **Versicherung** nach Abs. 2 und 3 ist notwendiger Bestandteil der Anmeldung. 23
Sie ist damit **keine** eigene **rechtsgeschäftliche Willenserklärung** (so zu Recht *Gottschling* GmbH-Rdsch **1961** 83), sondern nur eine Mitteilung über Tatsachen an das Registergericht, für deren Richtigkeit der Erklärende einzutreten hat (§ 9a Abs. 1). Eine *Vertretung* bei Abgabe der Versicherung ist ausgeschlossen (§ 7, 12). Ebenso finden die Vorschriften des BGB über die Anfechtung eines Rechtsgeschäfts wegen *Irrtums* keine Anwendung.

---

29 So auch *Scholz/Winter* 6, *Roth* 2.2.

30 Vgl. § 11, 34, § 52, 45 ff. und *Deutler* BB 1969 691; zur Bildung des ersten Aufsichtsrats in der mitbestimmten GmbH vgl. auch § 6, 22.

Auch wenn der Geschäftsführer durch *Täuschung* eines Gesellschafters über die erfolgte Einzahlung zur Abgabe der Versicherung bestimmt wird, kann er diese nicht anfechten. Wohl aber kann — und muß[31] — er die Versicherung bis zur Eintragung **berichtigen** bzw. die Anmeldung insgesamt widerrufen (§ 7, 17 bis 19). Erfolgt die Berichtigung nicht, lösen auch durch Irrtum oder Täuschung veranlaßte Versicherungen die Haftungssanktion des § 9a Abs. 1 aus, soweit der Geschäftsführer nicht nachweist, daß er die Unrichtigkeit trotz Anwendung der Sorgfalt eines ordentlichen Geschäftsmanns nicht erkennen konnte (vgl. § 9a, 33). Treten *nach* wirksam vorgenommener Anmeldung **Änderungen** bezüglich der Umstände ein, auf die sich die Versicherung bezieht, so wird dadurch eine Pflicht zur Berichtigung regelmäßig nicht ausgelöst[32]. — Wird der Geschäftsführer nach Anmeldung, jedoch vor Eintragung *abgelöst oder stirbt* er, so wird dadurch zwar die Wirksamkeit der *Anmeldung* nicht berührt (§ 7, 9). Der **neue Geschäftsführer** muß jedoch *die Versicherung wiederholen*[33]. Dies folgt aus dem Zweck der Vorschrift, den Nachweis der für die Gründungskontrolle durch das Registergericht wesentlichen Umstände zu erbringen und *sämtliche* Geschäftsführer (§ 78) hierfür zivil- und strafrechtlich eintreten zu lassen. Er hat auch dann Bedeutung, wenn der Geschäftsführerwechsel erst nach Anmeldung eintritt.

24 Die Versicherungen sind **in der Anmeldung** abzugeben. Das heißt nicht, daß sie in derselben Urkunde stehen müssen. Eine gesonderte Erklärung ist zulässig; auch diese bedarf freilich der für die Anmeldung vorgeschriebenen Form (§ 7, 21). Das Wort „versichern" selbst muß nicht verwendet werden. Es genügt die Angabe mit dem vorgeschriebenen Inhalt[34]. *Mehrere* Geschäftsführer können gesonderte Versicherungen abgeben. Empfänger der Versicherungen ist das Registergericht. Daß sie dem für die Eintragung zuständigen Registerführer vorgelegt werden, ist nicht erforderlich. Entscheidend für die *Richtigkeit* der Versicherung ist daher, daß ihr Inhalt im Augenblick des *Eingangs der Anmeldung beim Gericht* zutrifft[35]. Darauf, daß die Versicherung auch schon für den Zeitpunkt zutrifft, in dem der Erklärende unterschreibt oder seine Unterschrift beglaubigen läßt oder die Versicherung zu notariellem Protokoll erklärt, kommt es nicht an. Erfolgt die Einreichung der Anmeldung ohne den Willen der Geschäftsführer, etwa durch ein Versehen der Kanzlei des amtierenden Notars, so haften die Geschäftsführer im Fall der Unrichtigkeit ihrer Angaben nicht. Sie sind allerdings verpflichtet, das Versehen unverzüglich richtigzustellen.

2. Inhalt der Versicherungen

25 **a) Geleistete Mindesteinlagen (Abs. 2 S. 1).** Die Versicherung nach Abs. 2 S. 1 muß die **zwei** Erklärungen umfassen, daß die in § 7 Abs. 2 S. 1 und 2, Abs. 3 vorgeschriebenen Mindesteinlagen **geleistet** sind (vgl. Rdn. 26 f.) und daß sie sich in der **freien Verfügung** der Geschäftsführer befinden (Rdn. 28). Auf den *Nachweis* der Einlageleistung anstelle der Versicherung der Geschäftsführer hat die GmbH-Novelle 1980 abweichend von § 8 Abs. 2 RegE *verzichtet*, da die haftungs- und strafbewehrte Versicherung im Regelfall ausreichend schien, um dem Registergericht die erforderlichen

---

31 So zutr. *Scholz/Winter* 7 und *Roth* 3.

32 So auch *Scholz/Winter* 7; zweifelnd *Roth* 3. Vgl. dazu auch § 9c, 14 f.

33 **AA** — nur bei Unvollständigkeit der ursprünglichen Anmeldung — *Scholz/Winter* 7 und *Scholz/Priester* § 57, 6; offenlassend KG NJW **1972** 951, *Roth* 3.

34 KG RJA **12** 49, 50; *Rob. Fischer* 2.

35 RGSt **43** 323; **43** 431, RG LZ **1916** 617; *Scholz/Winter* 7, *Roth* 3.

Informationen für die Gründungskontrolle zu verschaffen[36]. Im Falle sachlich berechtigter Zweifel kann sich das Registergericht derartige Nachweise zusätzlich vorlegen lassen. — Ein nach Anmeldung eintretender **Gesellschafterwechsel** führt nur dann zur Notwendigkeit erneuter Versicherung, wenn er sich mit einer Änderung des Stammkapitals und der Einlagen verbindet (§ 9c, 16).

Zu den vor Anmeldung zu leistenden **Mindesteinlagen** und zu den Anforderungen an ihre **Bewirkung** vgl. Näheres in § 7, 23 ff., 31 ff. Was die Versicherung hierüber angeht, so läßt die neuere höchstrichterliche Rechtsprechung nicht die pauschale Erklärung genügen, die in § 7 Abs. 2 und 3 vorgeschriebenen Einlagen seien vor Anmeldung geleistet worden, sondern verlangt die Angabe sowohl der konkreten ziffernmäßigen Beträge der von jedem Gesellschafter geleisteten Zahlungen oder der sonstigen Einlagen als auch der Art und Weise ihrer Bewirkung[37]. Dem ist bei **Bargründungen** hinsichtlich der **Höhe der eingezahlten Beträge** zuzustimmen, weil die Mitteilung nur des Gesamtbetrags der Einzahlungen oder die pauschale Versicherung, die Einzahlungen nach § 7 Abs. 2 S. 1 und 2 seien geleistet, dem Registergericht nicht ohne weiteres die erforderlichen eindeutigen Informationen für seine Prüfungstätigkeit verschaffen[38]. Dagegen geht die Forderung, *stets* auch die **Art und Weise** der Einlageleistung in die Versicherung einzubeziehen, zu weit[39]. Anlaß hierzu kann aber dann bestehen, wenn — wie im Fall von Einmanngründungen (§ 7, 51 ff.) — die Bewirkung der Einlageleistung auf Schwierigkeiten stößt. 26

Die in Rdn. 26 angeführten Bedenken gegen zu weitgehende Anforderungen der Rechtsprechung an den Inhalt der Versicherung gelten namentlich für den Fall umfangreicher **Sacheinlagen** wie bei Einbringung eines Handelsgeschäfts. Insoweit muß im Regelfall die Versicherung genügen, daß die im Gesellschaftsvertrag vereinbarten, im Sachgründungsbericht näher umschriebenen Sacheinlagen ordnungsgemäß eingebracht worden sind. Hinzu kommt die Vorlage der nach § 8 Abs. 1 Nr. 4 und 5 beizufügenden Unterlagen. Verbleiben dem Registerrichter gleichwohl sachlich berechtigte Zweifel an der ordnungsmäßigen Einlageleistung, so kann er im Einzelfall zusätzliche Informationen von den Geschäftsführern anfordern (§ 9c, 12, 24). Bei **Sachübernahmen** (§ 5, 91) muß die Versicherung neben der Information über die Durchführung des zugrundeliegenden Erwerbsgeschäfts auch die Erklärung umfassen, daß die vorgesehene Verrechnung der Vergütung mit der Einlageforderung erfolgt ist (§ 7, 43). 27

Die Versicherung muß sich ausdrücklich auch darauf erstrecken, daß die geleisteten Einlagen sich endgültig in der **freien Verfügung der Geschäftsführer** befinden (vgl. dazu näher § 7, 45 ff.). Durch die GmbH-Novelle 1980 neu aufgenommen wurde der Zusatz **endgültig**; in inhaltlicher Übereinstimmung mit dem früheren Recht stellt er klar, daß eine vorübergehende, auf den Zeitpunkt der Anmeldung bezogene Überlassung der Einlagegegenstände durch den Gesellschafter an die Gesellschaft nicht ausreicht. Sind aus den Geldeinlagen vor der Anmeldung schon Gründungskosten (insbes. Gebühren und Steuern) bezahlt worden, so bleibt die Richtigkeit der uneingeschränkten Versicherung nur dann unberührt, wenn der Gesellschaftsvertrag die Übernahme von Gründungskosten in entsprechender Höhe vorsieht (§ 7, 49). *Nach Anmeldung* erfolgende Dispositionen der Geschäftsführer über die geleisteten Einlagen machen die Versicherung nicht unrichtig und begründen daher auch keine Pflicht zur Berichtigung; das gilt namentlich für den 28

[36] Vgl. Bericht des BT-Rechtsausschusses, BT-Drucks. 8/3908 S. 71.

[37] BayObLG DB **1980** 438 und 439, OLG Hamm DB **1982** 945; so auch *Roth* 3.

[38] **AA** wohl *Scholz/Priester* § 57, 8 f. und *Kanzleiter* DNotZ **1980** 649.

[39] So auch *Scholz/Priester* § 57, 8 f.

Fall, daß die Vorgesellschaft mit den Geschäften vor Eintragung beginnt (str., vgl. näher § 11, 88 f.). Zu den besonderen Problemen, die sich bezüglich der freien Verfügung der Geschäftsführer als Mittel der Kapitalsicherung bei der **Einmanngründung** ergeben, vgl. § 7, 52 f. Sie können dem Registerrichter Anlaß geben, zusätzliche Informationen über Bestand und Sicherung des für die Gründerorganisation errichteten Sondervermögens einzuholen.

29 **b) Sicherung bei der Einmanngründung (Abs. 2 S. 2).** Die Versicherung der Geschäftsführer darüber, daß die in § 7 Abs. 2 S. 3 vorgeschriebene Sicherung für die Resteinlagen (§ 7, 55 ff.) bestellt ist, muß sich sowohl auf die **Sicherungsmittel** als auch auf die Art und Weise ihrer **Bestellung** erstrecken. Sie muß auch Informationen über den **Wert** der Sicherheiten und über die Art seiner Berechnung enthalten[40], damit das Registergericht die Erreichung des Sicherungszwecks kontrollieren kann. Ist abweichend von § 7 Abs. 2 S. 1 und 2 auch die **Resteinlage** schon vor der Anmeldung **geleistet**, so tritt an die Stelle der Versicherung über die Sicherungsbestellung diejenige über Art und Höhe der satzungsmäßig vorgesehenen oder freiwilligen Mehrleistungen sowie darüber, daß sie sich in der freien Verfügung der Geschäftsführer befinden[41]. Entsprechend erstreckt sich auch die Gründungskontrolle des Registergerichts hierauf (§ 9c, 28).

30 **c) Ausschlußgründe vom Geschäftsführeramt (Abs. 3 S. 1).** Die in § 6 Abs. 2 S. 2 und 3 genannten **absoluten und relativen Ausschlußgründe** sind zwingender Natur; sie verhindern, wenn sie vorliegen, die Wirksamkeit der Geschäftsführerbestellung (§ 6, 11 ff.). Zu ihrer Kontrolle bei der Gründungsprüfung verlangt § 8 Abs. 3 nF, daß die Geschäftsführer bei der Anmeldung auch hierüber eine Versicherung abgeben; treten solche Ausschlußgründe erst später (vor oder nach Eintragung) ein, so sind sie nach § 39 Abs. 1 anzumelden. Die Versicherung muß sich auch darauf beziehen, daß die Geschäftsführer nach § 51 Abs. 2 BZRG über ihre **unbeschränkte Auskunftspflicht** gegenüber dem Gericht **belehrt** worden sind; ohne eine solche Belehrung könnten sie sich auf die beschränkte Offenbarungspflicht nach § 51 Abs. 1 Nr. 1 BZRG berufen. Zur Belehrung nach § 51 Abs. 2 BZRG ist neben dem Registergericht, aufgrund der Sonderregelung in § 8 Abs. 3 S. 2 nF, auch der die Unterschrift der Geschäftsführer beglaubigende *Notar* befugt; verpflichtet hierzu ist er nur, wenn er von den Geschäftsführern darum besonders ersucht wird[42].

31 Die Praxis zu § 8 Abs. 3 begnügt sich nicht mit der pauschalen Angabe der Geschäftsführer, daß keine Ausschlußgründe der in § 6 Abs. 2 S. 2 und 3 genannten Art vorliegen, sondern verlangt **konkrete, ins einzelne gehende Erklärungen**. Die gesetzlichen Ausschlußgründe sind einzeln anzusprechen; ihr Nichtvorliegen ist unter Bezugnahme auch auf den Unternehmensgegenstand darzulegen[43]. Im Unterschied zu den Versicherungen nach § 8 Abs. 2 genügt es jedoch, wenn **jeder Geschäftsführer** die Versicherung nach Abs. 3 **nur für seine Person** abgibt. Eine Versicherung bezüglich der Mitgeschäftsführer kann von ihnen schon deshalb nicht verlangt werden, weil sie die hierfür erforderliche Kenntnis über das Nichtvorliegen der absoluten und relativen Ausschlußgründe bei diesen nicht ohne weiteres besitzen. Dementsprechend begnügt sich auch § 39 Abs. 3 nF damit, bei später neu bestellten Geschäftsführern die entsprechende Versicherung nur von diesen und nicht auch von den Mitgeschäftsführern zu verlangen.

---

40 Ebenso *Scholz/Winter* § 8 nF, 7 b.

41 So auch *Scholz/Winter* § 8 nF, 7 b.

42 Vgl. Begr. RegE, BT-Drucks. 8/1347 S. 34; *Scholz/Winter* § 8 nF, 7 c, *Priester* DNotZ **1980** 525 f.

43 BayObLG BB **1982** 200, DB **1982** 2126 und BB **1984** 238; ähnlich LG Darmstadt Rpfleger **1982** 152; **aA** (allg. Bezugnahme auf § 6 Abs. 2 genügt) LG Kassel Rpfleger **1982** 229.

IV. Die Angabe der Vertretungsbefugnis (Abs. 4)

Die Angabe der Vertretungsbefugnis der Geschäftsführer bei der Anmeldung der Gesellschaft (und ebenso ihre Eintragung, vgl. § 10 Abs. 1 S. 2) ist seit 1969 ***in jedem Fall*** vorgeschrieben, auch dann, wenn die Vertretungsbefugnis von der gesetzlichen Regelung (§ 35 Abs. 2 S. 2) nicht abweicht[44]. Die Angabe, ob **Einzel- oder Gesamtvertretungsmacht** besteht und wie die letztere gestaltet ist (vgl. näher § 35, 241 ff.), muß **ausdrücklich** erfolgen[45]; die Möglichkeit, die Art der Vertretungsbefugnis aus dem Vorhandensein nur eines Geschäftsführers oder aus den Bestimmungen des Gesellschaftsvertrags zu entnehmen, reicht nicht aus[46]. Ist die Vertretungsbefugnis bestimmter Geschäftsführer abweichend von der generellen Regelung in der Gesellschaft ausgestaltet, so ist auch dieses anzugeben[47]. Anzumelden ist ferner die **Befreiung vom Verbot des Selbstkontrahierens** (§ 181 BGB)[48]. Enthält der Gesellschaftsvertrag nur eine Ermächtigung hierzu, ist von ihr aber kein Gebrauch gemacht, so entfällt auch die Angabe bei der Anmeldung[49]. Die **Form** der Angaben richtet sich nach § 12 Abs. 1 HGB (öffentliche Beglaubigung). — Zur Art der Eintragung der Vertretungsbefugnis vgl. § 10, 9 ff. 32

V. Die Zeichnung der Unterschriften (Abs. 5)

Die Geschäftsführer haben ihre Unterschrift zur Aufbewahrung beim Gericht zu zeichnen (Abs. 5). Die Zeichnung muß in **öffentlich beglaubigter Form** (§ 12 HGB) erfolgen. Hierzu ist erforderlich, daß die Zeichnung in Gegenwart des beglaubigenden Notars vollzogen wird; dies soll auch im Beglaubigungsvermerk zum Ausdruck kommen (§ 41 S. 1 BeurkG). Die nachträgliche Anerkennung einer bereits vollzogenen Zeichnung durch den Notar ist unzulässig[50]. 33

Die Zeichnung dient zur Prüfung der Echtheit der Unterschrift und kann von jedermann eingesehen werden[51]. Bei der Anmeldung einer **GmbH & Co KG,** deren Kommanditist zugleich Geschäftsführer der Komplementär-GmbH ist, genügt ***eine*** Namensunterschrift des Kommanditisten den Anforderungen sowohl des § 8 Abs. 5 GmbHG als auch des § 108 Abs. 2 HGB[52].

Die Zeichnung muß *dem ganzen Umfang nach* **handschriftlich** sein. Ihr **Zweck** geht dahin, die Vergleichbarkeit der authentischen mit den namens der Geschäftsführer abgegebenen Unterschriften zu ermöglichen. Aus diesem Grunde kann sich die Zeichnung nicht auf die Niederlegung eines Handzeichens beschränken (*Jansen* BeurkG § 41, 3). Andererseits bedarf es aber auch *nicht der Zeichnung der Firma* neben der Unterschrift. Das Erfordernis der Unterschriftszeichnung ist auch dann erfüllt, wenn die Unterschrift der Geschäftsführer in öffentlich beglaubigter Form *auf der Anmeldeerklärung* selbst abgegeben ist. Das Gericht kann die Eintragung nicht davon abhängig machen, daß die Unterschriftszeichnung auf einem besonderen Blatt erfolgt[53]. 34

---

[44] Die Neuregelung geht auf das KoordG zurück (vgl. Fn. 1).

[45] BGH NJW **1975** 213, 214, BayObLG WM **1980** 473.

[46] BayObLG WM **1980** 473.

[47] BayObLG BB **1974** 291, OLG Köln DNotZ **1970** 748.

[48] BGHZ **87** 59, 61 = NJW **1983** 1676; BayObLG BB **1980** 597 und WM **1982** 1033, 1034, OLG Frankfurt NJW **1983** 944, OLG Köln DB **1980** 1390.

[49] BayObLG WM **1982** 1033, 1034, OLG Frankfurt BB **1984** 238.

[50] OLG Frankfurt DB **1974** 131; *Scholz/Winter* 9, *Hüffer* Großkomm HGB[4] § 12, 21.

[51] *Hüffer* GroßkommHGB[4] § 12, 21.

[52] BayObLG DB **1974** 1520, OLG Celle WM **1979** 1249, 1250, OLG Düsseldorf OLGZ **1966** 346; **aA** noch BayObLG DB **1973** 175, 176.

[53] KG RJA **9** 244, KG OLGR **41** 195; *Scholz/Winter* 9, *Hüffer* GroßkommHGB[4] § 12, 22.

35 Die **Änderung der Firma** der GmbH macht eine Wiederholung der Zeichnung der Unterschrift durch die Geschäftsführer ***nicht notwendig***[54]. Gleiches gilt, wenn ein Prokurist zum Geschäftsführer ernannt wird: hier genügt die Bezugnahme auf die Zeichnung nach § 53 Abs. 2 HGB. Dagegen genügt es nicht, daß die Unterschrift des Geschäftsführers aus dessen früherer Tätigkeit bei einer ***anderen*** Gesellschaft schon beim Handelsregister hinterlegt ist, denn sie muß bei den Registerakten der GmbH sein.

36 Der Zeichnung bedarf es auch zur Aufbewahrung der Unterschriften beim Gericht der **Zweigniederlassung** (§ 13 Abs. 2 HGB; vgl. § 12, 22).

§ 9

Erreicht der Wert einer Sacheinlage im Zeitpunkt der Anmeldung der Gesellschaft zur Eintragung in das Handelsregister nicht den Betrag der dafür übernommenen Stammeinlage, hat der Gesellschafter in Höhe des Fehlbetrages eine Einlage in Geld zu leisten.

Der Anspruch der Gesellschaft verjährt in fünf Jahren seit der Eintragung der Gesellschaft in das Handelsregister.

Übersicht

I. Einführung

1. Normzweck

1 Die zwingende Vorschrift des § 9 verpflichtet den **Sacheinleger**, zusätzlich zur vereinbarten Sacheinlage eine **Geldeinlage** zu erbringen, wenn und soweit der objektive

[54] So auch *Scholz/Winter* 9.

Wert des Gegenstands der Sacheinlage oder -übernahme nicht den Nennbetrag der übernommenen Stammeinlage erreicht. **Zweck** der Vorschrift ist die **Sicherung der Kapitalaufbringung** bei Vereinbarung von Sacheinlagen im Gründungsstadium oder bei späteren Kapitalerhöhungen (vgl. § 56 Abs. 2). Sie bestätigt dadurch zugleich die Geltung des im GmbHG ungeschriebenen Verbots der Unterpari-Emission (§ 5, 146; vgl. auch § 9 Abs. 1 AktG). — Als maßgebenden **Stichtag** für die Wertfeststellung der Sacheinlage bestimmt § 9 Abs. 1 den Zeitpunkt der Anmeldung. Diese Entscheidung stellt einen gesetzlichen Kompromiß dar zwischen dem Interesse des Sacheinlegers am Abstellen auf das Datum der *Einbringung* und der auf den Zeitpunkt der *Eintragung* bezogenen Geltung des Grundsatzes voller Kapitalaufbringung (vgl. Rdn. 15 f.). Zur Behandlung der Fälle, in denen die Wertminderung erst nach Anmeldung, aber vor Eintragung der Gesellschaft eingetreten ist, vgl. Rdn. 16, 19.

2. Reform

§ 9 nF ist durch die *GmbH-Novelle 1980* in das GmbHG eingefügt worden; gleichzeitig 2
wurde die in § 9 aF geregelte Haftung der Anmeldenden nach §§ 9 a und b übernommen und dort neu geregelt. Sachlich handelt es sich bei der Neuregelung des § 9 im wesentlichen um eine **Klarstellung** und gesetzliche Verankerung schon bisher anerkannter Grundsätze über die Kapitalsicherung[1]. Dementsprechend bestehen auch keine Bedenken gegen die Anwendung dieser Grundsätze auf Sacheinlagen, die noch unter der Geltung des alten Rechts vereinbart worden sind (Rdn. 3).

3. Übergangsrecht

Eine Übergangsregelung für Sacheinlagevereinbarungen aus der Zeit vor dem 3
1. 1. 1981 ist in der GmbH-Novelle 1980 nicht enthalten. Die **rückwirkende Anwendung** von § 9 nF **scheidet** zwar **aus**, soweit es um Sachgründungen geht, die — als Altgesellschaften (§ 5, 10) — vor dem 1. 1. 1981 beim Handelsregister angemeldet worden sind[2]. Für sie bleibt das **bisherige Recht maßgebend** (vgl. näher Voraufl. § 5, 63, 71 f. und 134; BGHZ **68** 191, 195 f. = NJW **1977** 1196). **Unterschiede** ergeben sich danach aber nur hinsichtlich des **Bewertungszeitpunkts**, der bisher nach zutr. Ansicht nicht auf die Anmeldung der Gesellschaft, sondern auf die **Einbringung** der als Sacheinlage zu leistenden Vermögensgegenstände bezogen war (vgl. Voraufl. § 5, 63). Er konnte im Fall von Sachübernahmen sogar auf die Zeit *nach* der Eintragung fallen (Voraufl. § 5, 91). Hinsichtlich der **Verjährung** des Anspruchs auf die Wertdifferenz fehlte es bisher an einer gesetzlichen Regelung. Insoweit bestehen keine Bedenken, die fünfjährige Verjährung des § 9 Abs. 2 nF als Ausdruck eines allgemeinen Rechtsgrundsatzes (vgl. etwa §§ 9 Abs. 3 aF, 9b Abs. 2 nF, 31 Abs. 5, 43 Abs. 4 GmbHG, §§ 51, 62 Abs. 3 AktG) entsprechend auf nach altem Recht zu beurteilende Sacheinlagevereinbarungen anzuwenden. Die Verjährung beginnt grundsätzlich mit der Eintragung der Gesellschaft; ist die Sacheinbringung zu einem späteren Zeitpunkt erfolgt, so ist dieser auch für den Verjährungsbeginn maßgebend.

---

[1] Vgl. BGHZ **68** 191, 195 f. = NJW **1977** 1196; Voraufl. § 5, 63, 71 f., 134 f.; *Scholz/Winter* § 5, 24, *Boesebeck* DR **1939** 436, *Rob. Fischer* LM Nr. 1 zu § 5 GmbHG, *K. Schmidt* GmbH-Rdsch. **1978** 5, *Wiedemann* Festschrift E. Hirsch (1968) 257, 260 ff.; stark relativierend demgegenüber noch Begr. RegE BT-Drucks. 8/1347 S. 34 f.

[2] So auch *Roth* 4; **aA** *Scholz/Winter* § 9 nF, 1.

II. Grundlagen der Differenzhaftung

1. Rechtsnatur des Anspruchs

4 Der auf eine „Einlage in Geld" gerichtete Anspruch ist **gesellschaftsrechtlicher Natur;** er unterscheidet sich nach Entstehung und Durchsetzbarkeit deutlich von Schadensersatz- oder Gewährleistungsansprüchen wegen Leistungsstörungen bei Erbringung der Sacheinlage (vgl. dazu Rdn. 20 f). Als Anspruch auf eine — die Sacheinlage ergänzende — **Geldeinlage** unterliegt er in grundsätzlich vollem Umfang den für die Erbringung von Einlageleistungen geltenden Regeln[3]; eine Einschränkung gilt nur hinsichtlich der Entstehung des Anspruchs und des Leistungszeitpunkts (Rdn. 7, 9). Daher gilt für die Erfüllung des Anspruchs die Vorschrift des **§ 19** einschließlich des dort geregelten Stundungs-, Erlaß- und Aufrechnungsverbots; bei *Einmanngesellschaften* (§ 19 Abs. 4) führt die nicht rechtzeitige Erfüllung oder Sicherheitsleistung zur Einleitung des Auflösungsverfahrens nach § 60 Abs. 1 Nr. 5 GmbHG iVm § 144 b FGG. Die Rechtsfolgen nicht rechtzeitiger Zahlung richten sich nach **§§ 20 bis 24;** die Mitgesellschafter haften subsidiär für die Aufbringung des Differenzbetrags[4]. Bei Anteilsveräußerung bleibt der Veräußerer neben dem Erwerber zur Leistung verpflichtet (§ 16 Abs. 3). Dem Rückzahlungsverbot des **§ 30** unterfallen auch Leistungen aufgrund der Differenzhaftung.

2. Anwendungsbereich

5 **a) Sachgründung.** Die Differenzhaftung des § 9 Abs. 1 ist in denjenigen Fällen anwendbar, in denen bei Gründung der Gesellschaft **Sacheinlagen** vereinbart worden sind; bei Kapitalerhöhungen findet § 9 aufgrund der Verweisung in § 56 Abs. 2 Anwendung (vgl. § 56, 32 ff.). Zu den Sacheinlagen iSv § 5 Abs. 4 S. 1 gehören nicht nur die Sacheinlagen ieS, sondern auch die **Sachübernahmen** (§ 5, 91, 93) und die **gemischten Sacheinlagen** (§ 5, 99). Maßgebend ist jeweils, daß kraft gesellschaftsvertraglicher Vereinbarung die Stammeinlageverpflichtung ganz oder teilweise durch andere Leistungen als Geld erfüllt werden soll und daß sich aus den damit verbundenen Bewertungsproblemen Risiken für die Kapitalaufbringung der Gesellschaft ergeben können. — Auf *verschleierte Sacheinlagen* (§ 5, 136 ff.) findet § 9 *keine* Anwendung. Sie werden nach § 19 Abs. 5 in vollem Umfang als Geldeinlagen behandelt.

6 **b) Umwandlung.** Die Differenzhaftung greift auch ein, wenn eine GmbH durch übertragende Umwandlung einer Personenhandelsgesellschaft (§§ 46 ff. UmwG) oder eines einzelkaufmännischen Unternehmens (§§ 56 a ff. UmwG) gegründet wird. Das folgt aus der Verweisung in §§ 47 Abs. 2, 56 b Abs. 2 UmwG auf die — ergänzend anwendbaren — Vorschriften des GmbHG[5]. Maßgebender Bewertungsstichtag ist allerdings nicht der Tag der Anmeldung, sondern der Stichtag der Umwandlungsbilanz (Anh. § 77, UmwG § 47, 4 und 6).

3. Entstehung und Fälligkeit

7 **a) Eintragung der Gesellschaft.** Die Differenzhaftung hat den Zweck, die **Vollständigkeit des Stammkapitals bei Entstehung der Gesellschaft** trotz minderwer-

---

[3] So im Anschluß an Begr. RegE, BT-Drucks. 8/1347 S. 35; auch *Scholz/Winter* § 9 nF, 14 und *Rob. Fischer* 3.

[4] EinhM, vgl. *Scholz/Winter* § 9 nF, 14, *Rob. Fischer* 3, *Geßler* BB **1980** 1387, *Lutter* DB **1980** 1319, *Priester* DNotZ **1980** 530.

[5] Vgl. LG Hamburg BB **1977** 1669, 1670; Anh. § 77, UmwG § 47, 6, *Roth* 2.1.

tiger Sacheinlagen sicherzustellen (Rdn. 1). Sie greift daher erst — und nur — dann ein, wenn es trotz bestehender Wertdifferenz zur Eintragung der Gesellschaft kommt[6]; anderes gilt bei Sachkapitalerhöhungen (§ 56, 36). Stellt der Registerrichter im Rahmen der Gründungskontrolle die Überbewertung der Sacheinlage fest, so hat er die Eintragung abzulehnen (§ 9c S. 2, vgl. dazu Rdn. 18). Jedoch bezieht sich seine Wertkontrolle abweichend von § 9 Abs. 1 auf den Zeitpunkt der *Eintragung* und nicht auf denjenigen der Anmeldung (§ 9c, 17). Daher können **Wertveränderungen zwischen Anmeldung und Eintragung** — bei Wert*minderung* — zu einem erst nach Anmeldung entstehenden Eintragungshindernis führen; im Falle einer Wert*steigerung* können sie das ursprünglich vorhandene Eintragungshindernis entfallen lassen. Für die Höhe der Differenzhaftung bleibt unabhängig von diesen späteren Wertschwankungen der Wert bei *Anmeldung* der Gesellschaft maßgebend (Rdn. 16). Die Eintragung der Gesellschaft ist zwar Anspruchsvoraussetzung; sie hat aber keinen Einfluß auf die Anspruchshöhe.

Die **Beschränkung** der Differenzhaftung auf die Fälle, in denen die Gesellschaft **8**
durch **Eintragung** zur Entstehung kommt, beruht auf dem schutzwerten **Interesse der** danach zur Geldleistung verpflichteten **Sacheinleger**. Sie sollen zur Erbringung anderer als der vereinbarten Leistungen nur verpflichtet sein, wenn diese Rechtsfolge zur Sicherung der Kapitalaufbringung in der entstandenen Gesellschaft erforderlich ist. Stellen sie rechtzeitig vor Eintragung die Überbewertung fest, so haben sie die Möglichkeit, durch Information des Registergerichts oder auf Widerruf der Anmeldung (§ 7, 17) gerichtete Weisung an die Geschäftsführer die Eintragung zu verhindern und dadurch der Haftung nach § 9 Abs. 1 zu entgehen. Auch aus Gründen des Gläubigerschutzes bedarf es keiner Vorverlegung der Haftung auf die Zeit vor Entstehung der Gesellschaft[7]. Für ihn besteht vor Eintragung nur dann ein Bedürfnis, wenn die Gesellschaft ihre Geschäfte in dieser Zeit schon aufnimmt. In derartigen Fällen greift zugunsten der Gläubiger aber schon die Handelndenhaftung der Geschäftsführer nach § 11 Abs. 2 und daneben die rechtsgeschäftliche Gründerhaftung als unmittelbare Außenhaftung ein (vgl. dazu § 11, 61 ff.); sie machen einen zusätzlichen Schutz durch die Differenzhaftung nach § 9 vor Eintragung entbehrlich.

b) Fälligkeit. Sie tritt bereits unmittelbar mit der **Eintragung der Gesellschaft** **9**
bei Entstehung des Anspruchs (§ 271 Abs. 1 BGB) ein, ohne daß es eines Einforderungsbeschlusses der Gesellschafter nach § 46 Abs. 2 bedarf. Das folgt aus der Funktion des Anspruchs, die schon vor Anmeldung zu leistende Sacheinlage (§ 7 Abs. 3) in Höhe des Fehlbetrags durch eine Geldeinlage zu ergänzen. Auch auf die Einforderung der Zahlung durch die Geschäftsführer kommt es für die Fälligkeit nicht an[8]; das Abstellen hierauf wäre auch schwer vereinbar mit dem Verjährungsbeginn im Zeitpunkt der Eintragung der Gesellschaft (vgl. §§ 198 S. 1, 202 Abs. 1 BGB). Der Einforderungszeitpunkt ist allerdings maßgebend für die Verpflichtung des Sacheinlegers, **Verzugszinsen** wegen nicht rechtzeitiger Zahlung des geschuldeten Differenzbetrags zu entrichten (§ 20, 3 ff.).

4. Kein Verschulden

Als gesellschaftsrechtliche Einlagepflicht (Rdn. 4) ist die Differenzhaftung unabhän- **10**
gig von einem Verschulden des Sacheinlegers hinsichtlich der Überbewertung[9]. Sie greift

---

[6] Vgl. Begr. RegE aaO S. 35, *Rob. Fischer* 1, *Geßler* BB **1980** 1387; so auch die bisher hM, vgl. BGHZ **68** 191, 196 = NJW **1977** 1196; Voraufl. § 5, 135, *Scholz/Winter* § 5, 24; **aA** jetzt aber *dies.* § 9 nF, 5.

[7] So aber *Scholz/Winter* § 9 nF, 5.

[8] **AA** *Scholz/Winter* § 9 nF, 15.

[9] Begr. RegE aaO S. 35, *Scholz/Winter* § 9 nF, 7.

auch bei auf *Zufall* beruhender Wertminderung in der Zeit zwischen Einbringung und Anmeldung und sogar dann ein, wenn die Wertminderung oder der Untergang der Sacheinlage von einem *anderen* Beteiligten *verschuldet* ist (Rdn. 15). Auch auf eine willkürliche oder kaufmännisch nicht vertretbare Überbewertung kommt es für das Eingreifen von § 9 nicht an; eine solche führt entgegen dem früheren Recht auch nicht etwa zur Nichtigkeit der Sacheinlagevereinbarung unter Ersetzung durch eine Geldleistungspflicht (§ 5, 72). Maßgeblich für die Differenzhaftung des Sacheinlegers sind allein **objektive** Gründe, darunter das Vorhandensein eines Fehlbetrags zwischen Wert der Sacheinlage und Nennbetrag der Stammeinlage im Anmeldezeitpunkt (Rdn. 11 ff.) sowie die gleichwohl erfolgte Eintragung der Gesellschaft (Rdn. 7).

III. Anspruchshöhe

1. Fehlbetrag

11 **a) Die Maßgeblichkeit des Betrags der Stammeinlage.** Die Höhe der nach § 9 Abs. 1 geschuldeten Geldeinlage bestimmt sich nach der **Differenz zwischen dem objektiven Wert der Sacheinlage und dem Nennbetrag der dafür gewährten Stammeinlage.** Bei Vereinbarung einer Sachübernahme kommt es darauf an, ob der Wert der an die Gesellschaft veräußerten Sache hinter dem Betrag der dafür vereinbarten, auf die Stammeinlageverpflichtung anzurechnenden Vergütung zurückbleibt (vgl. § 5, 91). Ist eine **gemischte Sacheinlage** (§ 5, 99) oder eine **Mischeinlage** (§ 5, 100) vereinbart, so sind zur Feststellung des Fehlbetrags die entweder von der Gesellschaft zu erbringenden oder zusätzlich an sie zu leistenden Zahlungen bei der Ermittlung des Werts der Sacheinlage voll zu berücksichtigen[10]. Das gilt auch dann, wenn ihrer Durchsetzung — wie bei der Überbewertung einer gemischten Sacheinlage — der Einwand des § 30 entgegensteht. Der Gesellschaft steht es nach § 19 Abs. 2 allerdings frei, gegen den Zahlungsanspruch des Sacheinlegers aus der gemischten Sacheinlage mit ihrem Gegenanspruch aus der Differenzhaftung aufzurechnen; anderes gilt für den Sacheinleger (§ 19, 34). Bei Mischeinlagen erhöht sich durch § 9 Abs. 1 der Betrag der vom Gesellschafter zu leistenden Geldeinlage. Diesen Rechtsfolgen kann namentlich bei *Einbringung eines Handelsgeschäfts* Bedeutung zukommen, wenn der Registerrichter die Eintragung vorgenommen hat, sich nachträglich aber herausstellt, daß der Wert des Unternehmens in der Einbringungsbilanz überhöht angesetzt wurde (vgl. näher § 5, 65 ff.). Daß die Wertminderung auf *Mängeln* des als Sacheinlage geleisteten Vermögensgegenstands beruht, steht dem Eingreifen von § 9 Abs. 1 nicht entgegen. Weitergehende Ansprüche der Gesellschaft wegen Leistungsstörungen bleiben unberührt (Rdn. 21).

12 **b) Höherer Ausgabebetrag?** Die Vereinbarung eines **Aufgelds** für die Ausgabe der Stammeinlagen bzw. die ihr entsprechende Angabe eines den Anrechnungsbetrag übersteigenden Werts der Sacheinlage im Gesellschaftsvertrag ist für die Höhe der Differenzhaftung **ohne Bedeutung**[11]. Die Vorschrift des § 9 beschränkt sich darauf, eine Überbewertung von Sacheinlagen im Verhältnis zum **Nennbetrag** der Stammeinlage auszugleichen und dadurch die Aufbringung des Stammkapitals der Gesellschaft sicherzustellen (Rdn. 1). In Übereinstimmung damit unterfällt die Zahlung eines Aufgelds weder der Gründungskontrolle (§ 9c, 28) noch der Kapitalsicherung. Die Gesellschaft ist durch §§ 30, 31 nicht gehindert, eingeforderte Aufgelder wieder an die Gesellschafter auszuschütten, solange dadurch nicht das zur Deckung des Stammkapitals erforderliche Vermögen angegriffen wird.

[10] Ebenso *Scholz/Winter* § 9 nF, 13.

[11] So auch *Scholz/Winter* § 9 nF, 7.

2. Bewertungsmaßstäbe

Für die Berechnung des Fehlbetrags maßgebend ist der **objektive Wert** der vom Sacheinleger eingebrachten Vermögensgegenstände. Dabei ist die **Zweckbestimmung für die Gesellschaft** zu berücksichtigen[12]. Das gilt namentlich für Einlagegegenstände, die zur Nutzung als *Anlagegegenstände* in der Gesellschaft bestimmt sind; ihnen kann auch ein über dem (Wieder-) Veräußerungswert liegender Wert zukommen (vgl. § 5, 62). Ein Beurteilungsspielraum der Gesellschaft für die Wertbemessung ist nicht anzuerkennen[13]. Im Streitfall entscheidet das für die Geltendmachung des Differenzanspruchs zuständige Prozeßgericht über den Wert, der dem eingebrachten Gegenstand bei Anmeldung der Gesellschaft zukam; es ist an Wertfestsetzungen durch die Beteiligten nicht gebunden. Zu den Sonderproblemen der Bewertung des eingebrachten Handelsgeschäfts und den dabei in Betracht kommenden Einbringungsmethoden vgl. § 5, 65 ff. 13

Die **Beweislast** für das Vorliegen einer Überbewertung und deren Höhe trägt nach allgemeinen Grundsätzen die Gesellschaft; zur Amtsermittlung im Eintragungsverfahren vgl. demgegenüber § 9c, 36. Mit Rücksicht auf die der Differenzhaftung zukommende Kapitalsicherungsfunktion sprechen allerdings gute Gründe für eine Beweislast**umkehr** zugunsten der Gesellschaft. Das gilt jedenfalls dann, wenn die Gesellschaft Umstände vorträgt, aus denen sich der Verdacht der Überbewertung ergibt: hier ist es Sache des Gesellschafters, den Nachweis der Vollwertigkeit der Einlageleistung zu führen. 14

3. Bewertungsstichtag

a) Anmeldung. Für die Wertermittlung maßgebend ist nach der auf einem **Kompromiß des Gesetzgebers**[14] beruhenden, inhaltlich eindeutigen Regelung des § 9 Abs. 1 der Wert der Sacheinlage im Zeitpunkt der Anmeldung. Seit der Einbringung eingetretene, nicht auf Maßnahmen der Gesellschaft beruhende **Wertsteigerungen** kommen bis zur Anmeldung dem Sacheinleger zugute und vermindern seine Differenzhaftung oder schließen sie aus[15]. Ebenso gehen umgekehrt **Wertminderungen** seit der Einbringung zu seinen Lasten[16]. Der *zufällige Untergang* des Gegenstands der Sacheinlage vor Anmeldung der Gesellschaft führt zur Geldeinlagepflicht des Sacheinlegers in Höhe des vollen Nennbetrags der Stammeinlage, soweit der Gesellschaft kein Ersatz für die untergegangene Sache, etwa aus Versicherungsleistungen, zusteht. Auch solche Wertminderungen vor Anmeldung, die von *Geschäftsführern oder Mitgesellschaftern zu vertreten* sind, befreien den Sacheinleger nicht von der Haftung nach § 9 Abs. 1; sie gewähren ihm aber je nach Lage des Falles einen Ersatzanspruch gegen den Schädiger. Entsprechendes gilt bei verzögerter Anmeldung, wenn sie dazu beiträgt, daß der Wert der Sacheinlage vor Anmeldung unter den Nennbetrag der Stammeinlage sinkt. 15

b) Spätere Wertänderungen. Wertänderungen, die erst **nach Anmeldung** beim Einlagegegenstand eintreten und deren rückwirkende Berücksichtigung auf den Anmel- 16

---

12 Vgl. § 5, 62; ebenso *Scholz/Winter* § 9 nF, 9.

13 Ebenso *Scholz/Winter* § 9 nF, 9; zum bisherigen Recht auch *K. Schmidt* GmbH-Rdsch. **1978** 5, 8 und *Wiedemann* Festschrift E. Hirsch (1968) S. 261 f.; **aA** noch BGHZ **68** 191, 196 = NJW **1977** 1196 und *Rob. Fischer* 1.

14 Vgl. Begr. RegE aaO S. 35, wonach die Regelung dazu bestimmt ist, das Risiko von Wertminderungen zwischen Abschluß des Gesellschaftsvertrags und Eintragung der Gesellschaft zugunsten der Gesellschaftsgläubiger möglichst einzuschränken, während die Gesellschafter es in der Hand haben, ob sie ihre Einlage schon längere Zeit vor Anmeldung leisten wollen.

15 So auch *Scholz/Winter* § 9 nF, 11.

16 Begr. RegE aaO S. 35, *Rob. Fischer* 2.

dungszeitpunkt nicht nach allgemeinen Bewertungsgrundsätzen veranlaßt ist, bleiben für die Berechnung der nach § 9 Abs. 1 zu zahlenden Geldeinlage **außer Ansatz.** Das gilt namentlich für spätere **Wertminderungen**. Sie führen, wenn der Registerrichter unter Verstoß gegen § 9c S. 2, etwa mangels Kenntnis von dem eingetretenen Minderwert, die Eintragung gleichwohl vornimmt, zu einer Unterbilanz bei der neuentstandenen GmbH, soweit ihr nicht sonstige, zum Ausgleich des Minderwerts in Betracht kommende Ansprüche zustehen (vgl. Rdn. 20f). Eine entsprechende Anwendung von § 9 Abs. 1 scheidet angesichts des eindeutigen Wortlauts der Vorschrift, aber auch angesichts der Tatsache aus, daß dem Gesetzgeber die Möglichkeit einer derartigen Entwicklung nicht unbekannt war[17]. Aus denselben Erwägungen können dem Sacheinleger aber auch spätere **Wertsteigerungen** nicht zugute kommen (so auch *Roth* 2.3). Die Gegenansicht könnte sich zwar unter Hinweis auf den Normzweck (Rdn. 1) auf die teleologische Reduktion von § 9 Abs. 1 stützen; ihr steht jedoch der Kompromißcharakter der Bestimmung über den Bewertungszeitpunkt (Rdn. 15) entgegen.

IV. Verjährung (Abs. 2)

17 Der Anspruch verjährt nach § 9 Abs. 2 in **fünf Jahren seit Eintragung der Gesellschaft**. Die Fristberechnung richtet sich nach §§ 187 ff. BGB; für die Hemmung und Unterbrechung der Verjährung gelten die §§ 202 ff., 208 ff. BGB. Die fehlende Einforderung der ergänzenden Geldeinlage hat auf den Lauf der Verjährungsfrist keinen Einfluß (Rdn. 9). Zum späteren Verjährungsbeginn, wenn eine nach altem Recht vereinbarte Sachübernahme erst nach Eintragung der Gesellschaft durchgeführt wird, vgl. Rdn. 3.

V. Das Verhältnis von Differenzhaftung und Registerkontrolle

1. Überbewertung als Eintragungshindernis

18 Die GmbH-Novelle 1980 hat in § 9c S. 2 dem Registergericht ausdrücklich die Aufgabe zugewiesen, bei Sachgründungen den Wert der Sacheinlagen zu kontrollieren und die Eintragung abzulehnen, wenn sich die Vollwertigkeit der Sacheinlage nicht nachweisen läßt (vgl. näher § 9c, 29 ff.). Sieht man vom Sonderfall der Wertminderung zwischen Anmeldung und Eintragung (Rdn. 16) ab, so ist die Eintragung auch dann abzulehnen, wenn die volle Aufbringung des Stammkapitals dank der Differenzhaftung des § 9 Abs. 1 im Fall der Eintragung gewährleistet wäre. Der sich hier andeutende **Wertungswiderspruch** (vgl. § 56, 33) mag sich daraus erklären, daß der Gesetzgeber der Durchsetzbarkeit der Differenzhaftung mißtraute und die Sicherung der Kapitalaufbringung in erster Linie über die Gründungskontrolle erreichen wollte. Fest steht jedenfalls, daß das Eintragungshindernis der Überbewertung von Sacheinlagen nicht allein durch das Entstehen des gesetzlichen Anspruchs auf Geldeinlage in Höhe des Fehlbetrags gegen den Sacheinleger behoben wird.

---

[17] Vgl. den Hinweis in der Begr. RegE aaO S. 35, daß der Registerrichter, dem die Wertminderung nach der (mit der Anmeldung meist zusammenfallenden) Einbringung bekannt werde, die Eintragung nach § 9c S. 2 abzulehnen habe. — Gegen eine Differenzhaftung des Sacheinlegers für Wertminderungen nach Anmeldung auch *v. Rössing* Die Sachgründung nach der GmbH-Novelle 1980 (1984) S. 142; **aA** *Binz* Haftungsverhältnisse im Gründungsstadium der GmbH & Co KG (1976) S. 133 (vgl. dazu § 11, 86).

2. Beseitigung des Eintragungshindernisses

Stellt der Registerrichter die Überbewertung einer Sacheinlage fest und lehnt er aus diesem Grunde die beantragte Eintragung ab, so ist die Gründung gleichwohl nicht notwendig gescheitert. Den Gesellschaftern steht es vielmehr frei, das Hindernis durch **einstimmige Anpassung des Gesellschaftsvertrags** zu beseitigen, sei es unter Senkung des Nennbetrags der vom Sacheinleger übernommenen Stammeinlage oder durch vertragliche Verpflichtung des Sacheinlegers zu einer zusätzlichen Geldeinlage in Höhe der festgestellten Differenz (zu Vertragsänderungen vor Eintragung vgl. § 2, 14 f.). Daneben haben die Gesellschafter aber auch die Möglichkeit, den Differenzbetrag vor Eintragung **freiwillig zu zahlen**. Wird die Zahlung dem Registergericht von den Geschäftsführern entsprechend § 8 Abs. 2 versichert, so ist das Eintragungshindernis nicht vollwertiger Deckung des Stammkapitals durch das Gesellschaftsvermögen im Entstehungszeitpunkt weggefallen; die beantragte Eintragung kann nicht länger abgelehnt werden[18]. Die Kapitalbindung hinsichtlich der freiwilligen Zahlung ergibt sich aus § 30, ohne daß es einer Anpassung des Gesellschaftsvertrags bedarf. 19

VI. Sonstige Ansprüche der Gesellschaft bei Überbewertung

1. Schadensersatz (§ 9a)

Schadensersatzansprüche aus § 9a wegen falscher Angaben von Gesellschaftern oder Geschäftsführern bei Errichtung der Gesellschaft (Abs. 1) oder wegen vorsätzlicher oder grobfahrlässiger Schädigung der Gesellschaft durch Einlagen (Abs. 2) können — und werden vielfach — mit Ansprüchen auf den Fehlbetrag nach § 9 **konkurrieren**. Richten sich die Ansprüche gegen verschiedene Personen, so besteht zwischen ihnen eine unechte Gesamtschuld. Der Anspruch aus § 9 schließt die Annahme eines Schadens der Gesellschaft iSv § 9a nicht aus (§ 9a, 38). Anderes gilt, nachdem der Sacheinleger die zusätzliche Geldeinlage geleistet hat und der Gesellschaft aus der Überbewertung kein sonstiger Schaden entstanden ist. Ein Regreß zwischen den unechten Gesamtschuldnern richtet sich nach den allgemeinen Vorschriften; § 426 Abs. 1 S. 1 BGB greift nicht ein. 20

2. Ansprüche wegen Leistungsstörungen

Wird die vom Sacheinleger geschuldete Leistung aus von ihm zu vertretenden Gründen nicht vertragsgemäß erbracht, so stehen der Gesellschaft schuldrechtliche Ansprüche wegen Leistungsstörungen gegen ihn zu (vgl. näher § 5, 74 ff.). Auch diese **konkurrieren** mit Ansprüchen aus § 9, falls die Gesellschaft die Sacheinlage wegen Fehlerhaftigkeit nicht insgesamt zurückweist und auf Geldleistung besteht (§ 5, 90). Ein Vorgehen der Gesellschaft nach allgemeinem Schuldrecht anstelle von § 9 kommt namentlich dann in Betracht, wenn die Sacheinlagen nach dem Gesellschaftsvertrag einen *über* den Nennbetrag der Stammeinlage hinausgehenden Wert haben sollten und der auf die Differenz zwischen tatsächlichem Wert der Sacheinlage und Nennbetrag der Stammeinlage beschränkte Anspruch aus § 9 daher keinen oder einen nur unvollkommenen Ausgleich schafft[19]. 21

---

[18] Ebenso *Scholz/Winter* § 9 nF, 17; vgl. auch BGHZ **80** 129, 143 = NJW **1981** 1373 zur Gründungsprüfung des Registergerichts im Hinblick auf Vorbelastungen der Gesellschaft aus der Geschäftsaufnahme vor Eintragung.

[19] Vgl. § 5, 77; für ein Wahlrecht der Gesellschaft zwischen beiden Arten von Ansprüchen auch *Scholz/Winter* § 9 nF, 10.

3. Unterbilanzhaftung

22 Die verbreitet ebenfalls als "Differenzhaftung" bezeichnete **Unterbilanzhaftung der Gründer einer Vorgesellschaft**, deren Stammkapital **wegen vorzeitigen Geschäftsbeginns** schon ganz oder teilweise bei Eintragung verbraucht ist (vgl. näher § 11, 81 ff.), beruht auf dem gleichen Grundgedanken wie § 9[20]. Wie dort geht es darum, durch zusätzliche Geldeinlagen der Gesellschafter die Kapitalaufbringung der Gesellschaft zu sichern und das Stammkapital im Zeitpunkt ihrer Entstehung unversehrt zu erhalten. Unterschiedlich sind allerdings die Gründe, die zum Eingreifen der Differenz- bzw. der Unterbilanzhaftung führen. Auch ist der Fehlbetrag im Fall der Unterbilanzhaftung nicht auf den Stichtag der Anmeldung, sondern auf denjenigen der Eintragung zu berechnen (§ 11, 86). Schon deshalb sollten bei Herausarbeitung der Grundsätze für die Unterbilanzhaftung die Parallelen zwischen den beiden Arten von Ansprüchen nicht überstrapaziert werden.

§ 9a

Werden zum Zweck der Errichtung der Gesellschaft falsche Angaben gemacht, so haben die Gesellschafter und Geschäftsführer der Gesellschaft als Gesamtschuldner fehlende Einzahlungen zu leisten, eine Vergütung, die nicht unter den Gründungsaufwand aufgenommen ist, zu ersetzen und für den sonst entstehenden Schaden Ersatz zu leisten.

Wird die Gesellschaft von Gesellschaftern durch Einlagen oder Gründungsaufwand vorsätzlich oder aus grober Fahrlässigkeit geschädigt, so sind ihr alle Gesellschafter als Gesamtschuldner zum Ersatz verpflichtet.

Von diesen Verpflichtungen ist ein Gesellschafter oder ein Geschäftsführer befreit, wenn er die die Ersatzpflicht begründenden Tatsachen weder kannte noch bei Anwendung der Sorgfalt eines ordentlichen Geschäftsmannes kennen mußte.

Neben den Gesellschaftern sind in gleicher Weise Personen verantwortlich, für deren Rechnung die Gesellschafter Stammeinlagen übernommen haben. Sie können sich auf ihre eigene Unkenntnis nicht wegen solcher Umstände berufen, die ein für ihre Rechnung handelnder Gesellschafter kannte oder bei Anwendung der Sorgfalt eines ordentlichen Geschäftsmannes kennen mußte.

Übersicht

[20] So im Ansatz zutr. BGHZ **80** 129, 141 = NJW **1981** 1373; gegen die Überbetonung dieser Parallele aber *K. Schmidt* NJW **1981** 1346 und *Ulmer* ZGR **1981** 603.

I. Einführung

1. Normzweck

1 § 9a regelt die **zivilrechtliche Verantwortlichkeit der Gesellschafter** einschließlich ihrer Hintermänner **sowie der Geschäftsführer bei Gründung** der GmbH. Der Zweck der Haftungsvorschriften geht dahin, im Interesse der Gesellschaftsgläubiger und sonstiger Dritter die Ordnungsmäßigkeit der Gründung sowie die reale Aufbringung und Erhaltung des statutarisch festgesetzten Stammkapitals zu gewährleisten, indem die an der Gründung beteiligten Personen zur Beachtung der Gründungsvorschriften angehalten werden[1]. Das Gesetz differenziert sowohl hinsichtlich der Haftungsvoraussetzungen als auch hinsichtlich des Kreises der Haftpflichtigen zwischen einer Schädigung der Gesellschaft durch falsche Angaben (Abs. 1) und sonstigen, auf andere Umstände (Einlagen, Gründungsaufwand) zurückzuführenden Schäden (Abs. 2). Abs. 3 stellt klar, daß es sich um eine *verschuldensabhängige Haftung* handelt, und enthält eine gesetzliche Vermutung für das Verschulden der Haftpflichtigen. Abs. 4 erstreckt die Haftung auf die *Hintermänner* von treuhänderischen Gründern (S. 1) und bestimmt, daß das Verschulden des Treuhänders dem Auftraggeber zuzurechnen ist (S. 2). Diese Ergänzung soll die Umgehung der Gründerhaftung durch

[1] Vgl. Begr. RegE (BT-Drucks. 8/1347) S. 35; zur aktienrechtlichen Gründungshaftung vgl. BGHZ **64** 52, 58 = NJW **1975** 974; *Barz* GroßkommAktG § 46,2.

Vorschieben vermögensloser Strohmänner verhindern (*Barz* GroßkommAktG § 46, 2). – Zur analogen Anwendung des § 9a auf die „wirtschaftliche Neugründung" vgl. Rdn. 11.

2 **Anspruchsberechtigter** nach § 9a ist die eingetragene **Gesellschaft** (Rdn. 7 f.). Eine Haftung gegenüber sonstigen Beteiligten (Gesellschafter und Gläubiger) kommt nur nach § 82 Abs. 1, der bestimmte vorsätzliche Falschangaben durch Gesellschafter und Geschäftsführer gegenüber dem Registergericht mit Strafe bedroht (vgl. § 82, 15 ff.), i. V. m. § 823 Abs. 2 BGB in Betracht (Rdn. 52).

3 Werden falsche Angaben im Zusammenhang mit einer **Kapitalerhöhung** gemacht, finden nach § 57 Abs. 4 die Vorschriften des § 9a Abs. 1, 3 für die Haftung der *Geschäftsführer* entsprechende Anwendung (näher § 57, 21 ff.). Anders als bei Falschangaben im Gründungsstadium ist eine Haftung der *Gesellschafter* für falsche Angaben im Zuge einer Kapitalerhöhung *nicht* vorgesehen.

4 Die Haftung aus § 9a ist in den in § 9b Abs. 1 gesetzten Grenzen (vgl. § 9b, 4 ff.) **zwingender Natur**. Sie kann nachträglich nicht erlassen werden. Ebenso ist es unzulässig, im Gesellschaftsvertrag oder in den einzelnen Anstellungsverträgen mit den Geschäftsführern im voraus einen allgemeinen Haftungsausschluß zu vereinbaren[2].

2. Reform

5 Die Vorschrift des § 9a wurde durch die GmbH-Novelle 1980 eingeführt. In Anlehnung an das Aktienrecht (§ 46 AktG) verschärft sie die Gründungshaftung im Vergleich zu § 9 aF, der lediglich eine Haftung der zur Anmeldung berufenen *Geschäftsführer* (§ 78) für die Richtigkeit ihrer Angaben über die Leistung der Einlagen vorsah, in mehreren Punkten. Zum einen erstreckt sich die Haftung nach Abs. 1 nunmehr auf *sämtliche* „zum Zwecke der Errichtung der Gesellschaft" gemachten *Angaben*, zum anderen ist der Personenkreis der Haftpflichtigen um die *Gesellschafter* (und etwaige Hintermänner) erweitert. Nicht übernommen wurde die im RegE vorgeschlagene Änderung des § 78, die eine Mitwirkung aller Gesellschafter bei der Anmeldung der Gesellschaft zur Eintragung ins Handelsregister vorsah[3]. Das ist bei Prüfung der Gesellschafterhaftung nach § 9a Abs. 1 für solche Angaben zu beachten, die nicht von den Gesellschaftern selbst stammen oder veranlaßt wurden und bei denen sich daher die Zurechnungsfrage stellt (Rdn. 30). Eine Verschärfung gegenüber dem alten Recht ergibt sich auch aus der in Abs. 2 vorgesehenen Haftung der Gesellschafter und ihrer Hintermänner für solche Schäden der Gesellschaft, die nicht auf falschen Angaben, sondern auf Einlagen oder Gründungsaufwand beruhen. Die in Abs. 3 normierte Beweislastumkehr im Hinblick auf das Verschulden der Haftpflichtigen galt demgegenüber schon nach bisherigem Recht (vgl. Voraufl. § 9, 9).

3. Übergangsregelung

6 § 9a findet als Teil der Vorschriften über die Errichtung und Eintragung der Gesellschaft nach Art. 12 § 2 der GmbH-Novelle auf Gesellschaften, die bereits **vor dem 1. 1. 1981** zur Eintragung in das Handelsregister angemeldet, aber noch nicht eingetragen waren, **keine Anwendung**. Für solche Gesellschaften bleibt es bei der Regelung des § 9 aF über die Haftung der anmeldenden Geschäftsführer für die Richtigkeit ihrer Angaben

---

[2] So auch *Scholz/Winter* § 9 aF, 1, *Roth* § 9b,5, *Baumbach/Hueck* § 9,2 A.

[3] Vgl. Bericht des Rechtsausschusses (BT-Drucks. 8/3908) S. 71.

hinsichtlich der auf die Stammeinlage gemachten Leistungen. Das neue Recht und damit auch die verschärften Haftungsvorschriften des § 9a sind jedoch auf solche vor dem 1. 1. 1981 zum Handelsregister angemeldete Gesellschaften anwendbar, bei denen im Zeitpunkt der Anmeldung ein Eintragungshindernis bestand, das erst nach dem Stichtag behoben wurde[4].

II. Grundlagen der Haftung

1. Anspruchsberechtigter

Anspruchsberechtigter ist die **Gesellschaft**. Daß die GmbH zum Zeitpunkt der 7
Vornahme der schädigenden Handlung noch nicht als juristische Person besteht, steht nicht entgegen[5]. Ein eigenes Klagerecht von *Gläubigern* der GmbH sieht das Gesetz *nicht* vor. Ein Gesellschaftsgläubiger kann den Anspruch der Gesellschaft jedoch pfänden und sich zur Einziehung überweisen lassen. Hat ein Gläubiger die Pfändung und Überweisung des Anspruchs erwirkt, kann ihm das Fehlen eines Gesellschafterbeschlusses (Rdn. 9) nicht entgegengehalten werden[6]. Das gilt auch im *Konkurs* der Gesellschaft; der Anspruch fällt in die Konkursmasse. Über seine Geltendmachung entscheidet der Konkursverwalter. Er kann von den Gesellschaftern zur Erhebung der Klage weder gezwungen noch von ihr abgehalten werden (näher § 63, 79).

Soweit es um die Pfändung des Ersatzanspruchs wegen nichtgeleisteter Einzahlungen 7a
auf die Stammeinlagen geht, richtet sie sich nach denselben engen Voraussetzungen wie die Pfändung der Einlageforderung (vgl. dazu § 19, 67 ff., 71), da mit Erfüllung des Anspruchs aus § 9a die Einlageforderung der GmbH auf den Regreßpflichtigen übergeht (Rdn. 47).

2. Anspruchsvoraussetzungen

a) Eintragung der Gesellschaft. Der Anspruch entsteht erst mit **Eintragung** der 8
Gesellschaft ins Handelsregister[7]. Das folgt aus dem Zweck der Vorschriften über die Gründungshaftung, die Aufbringung des festgesetzten Stammkapitals zu gewährleisten. Er bezieht sich ebenso wie die sonstigen Regelungen über die Kapitalaufbringung und Kapitalerhaltung auf die eingetragene GmbH als juristische Person (vgl. auch § 11, 9 und 84). Der Vorgesellschaft steht der Anspruch daher trotz ihrer heute zu Recht anerkannten Teilrechtsfähigkeit (§ 11, 44 ff.) nicht zu. Lehnt der Registerrichter die Eintragung ab oder wird der Eintragungsantrag zurückgenommen, so scheiden Ansprüche nach § 9a aus. Zur (beschränkten) Gründerhaftung für Verbindlichkeiten der Vorgesellschaft gegenüber Dritten vgl. aber § 11, 57 ff. Auch können vorsätzlich falsche Angaben gegenüber dem Registergericht zur strafrechtlichen Verantwortung von Gründern

---

[4] OLG Hamburg GmbH-Rdsch. **1983** 272.

[5] BGHZ **64** 52, 57 = NJW **1975** 974 für die aktienrechtliche Gründerhaftung; ebenso schon RGZ **100** 175, 177 für die Haftung nach § 826 BGB wegen betrügerischer Überbewertung einer Sacheinlage.

[6] Zum Verzicht auf einen Gesellschafterbeschluß nach § 46 Nr. 2 für den Fall der Pfändung der Einlageforderung vgl. § 19,17 und BGH NJW **1980** 2253.

[7] Ganz hM, vgl. *Scholz/Winter* §§ 9a, 9b nF, 32f., *Roth* 2.3, *Rob. Fischer* 1, *Kion* BB **1984** 864; ebenso für das Aktienrecht *Barz* GroßkommAktG § 46,2, *Kraft* Kölner KommAktG § 46,4; **aA** *Raiser* KapitalGesR S. 187 und für das Aktienrecht Geßler/Hefermehl/*Eckardt*/Kropff AktG vor §§ 46–51,2.

und Gesellschaftern nach § 82 Abs. 1 führen und iVm § 823 Abs. 2 BGB deliktische Schadensersatzansprüche der Gläubiger der Vor-GmbH auslösen (Rdn. 52).

9 **b) Beschlußfassung der Gesellschafter.** Die Klageerhebung durch die Gesellschaft setzt nach § 46 Nr. 8 einen Beschluß der Gesellschafter voraus. Ohne ihn ist die Klage als unbegründet abzuweisen[8]. Der oder die betroffenen Gesellschafter haben bei dem Beschluß nach § 47 Abs. 4 S. 2 *kein Stimmrecht*. Richtet sich die Klage gegen alle oder einen Teil der Geschäftsführer, muß der Beschluß auch Regelungen über die *Vertretung der Gesellschaft im Prozeß* enthalten[9]. Anderes gilt nur, wenn die Beklagten inzwischen als Geschäftsführer ausgeschieden sind; damit ist das Vertretungshindernis für die derzeitigen Geschäftsführer entfallen. Der durch den Beschluß bestellte Bevollmächtigte hat im Prozeß die Stellung eines besonderen gesetzlichen Vertreters der Gesellschaft.

3. Rechtsnatur des Anspruchs

10 Wie Abs. 3 ausdrücklich klarstellt, handelt es sich bei den Ansprüchen aus § 9a um **verschuldensabhängige Schadensersatzansprüche**. Eine *garantieähnliche* Ausgestaltung weisen die Ansprüche nur hinsichtlich ihres *Umfanges* auf[10]; werden falsche Angaben gemacht, haben die Ersatzpflichtigen die Gesellschaft so zu stellen, wie wenn die Angaben richtig gewesen wären (Rdn. 34). Dementsprechend tritt die gesamtschuldnerische Haftung für nicht oder nicht vollständig erbrachte Einlagen nach Abs. 1 auch dann ein, wenn der Gesellschaft wegen des Fortbestehens des Einlageanspruchs ein besonderer Schaden nicht entstanden ist (Rdn. 35 f.). Entgegen der ganz hM[11] sind die Ansprüche *nicht* als *deliktische* oder deliktsähnliche zu qualifizieren. Es handelt sich vielmehr um spezifisch gesellschaftsrechtliche Ansprüche, die auf der Verletzung der aus der Mitgliedschaft bzw. der Organstellung der Geschäftsführer fließenden Pflicht gegenüber der Gesellschaft beruhen (so zutr. *Raiser* KapitalGesR S. 187).

III. Haftung für falsche Angaben (Abs. 1)

1. Angaben im Zusammenhang mit dem Gründungsverfahren

11 Die Angaben müssen zum **Zweck der Errichtung** der Gesellschaft gemacht werden. Darunter ist nicht nur der Abschluß des Gesellschaftsvertrages als der eigentliche Errichtungsakt zu verstehen, sondern entsprechend der Überschrift des ersten Abschnitts des GmbHG der **gesamte Gründungsvorgang**. Unerheblich ist, ob die gemachten Angaben gesetzlich vorgeschrieben sind und ob sie objektiv geeignet sind, das Registergericht zur Eintragung der Gesellschaft zu veranlassen. Auch freiwillige falsche Angaben, die im Zusammenhang mit der Gründung der Gesellschaft gemacht werden, können die Haftung nach § 9a Abs. 1 auslösen (vgl. Rdn. 18). — Zur **analogen Anwendung** von § 9a Abs. 1 in den Fällen der Mantelverwendung zur wirtschaftlichen Neugründung vgl. § 3, 30, zu derjenigen bei Verletzung der Anzeigepflicht nach § 19 Abs. 4 vgl. Rdn. 25.

---

[8] Vgl. § 46,31 und *Scholz/K. Schmidt* § 46,101.

[9] Vgl. § 46,36 f. und *Scholz/K. Schmidt* § 46, 113 ff.

[10] Zur aktienrechtlichen Parallelvorschrift des § 46 Abs. 1 ebenso Geßler/Hefermehl/*Eckardt*/Kropff § 46,15 f. unter Hinweis auf die Entstehungsgeschichte; vgl. auch *Lutter* Kapital, Sicherung der Kapitalaufbringung und Kapitalerhaltung in den Aktien- und GmbH-Rechten der EWG (1964) S. 278.

[11] *Scholz/Winter* §§ 9a, 9b nF,5; für das Aktienrecht *Barz* GroßkommAktG § 46,2, *Kraft* Kölner KommAktG § 46,14, Geßler/Hefermehl/*Eckardt*/Kropff AktG vor §§ 46–51,2; ebenso noch Voraufl. § 9,3.

Anders als nach § 9 aF ist es für die Haftung nach § 9a Abs. 1 *nicht* erforderlich, daß die **Angaben gegenüber dem Registergericht** gemacht werden, wenngleich diese Fälle den Hauptanwendungsbereich des Abs. 1 bilden. Es genügen auch Angaben **gegenüber sonstigen Personen und Stellen**, insbes. Sachverständigen, die mit der Bewertung von Sacheinlagen befaßt sind[12]. Auch bei falschen Angaben gegenüber der *Behörde*, die im Falle eines genehmigungspflichtigen Unternehmensgegenstandes zur Erteilung der Genehmigung zuständig ist, ist wegen der Behandlung der Genehmigungsurkunde als Anmeldungsvoraussetzung (§ 8 Abs. 1 Nr. 6) der erforderliche innere Zusammenhang mit dem Gründungsverfahren zu bejahen[13]. Dagegen lassen sich falsche Angaben gegenüber Mitgründern nicht unter § 9a Abs. 1 bringen, da sie als solche nicht zu einem Schaden der *Gesellschaft* führen können[14]. Zur Frage der haftpflichtigen Personen (Geschäftsführer, Gesellschafter und Hintermänner) sowie zur Zurechnung der von den Geschäftsführern stammenden falschen Angaben gegenüber Gesellschaftern und Hintermännern vgl. Rdn. 28 ff. Eine Haftung für Angaben *Dritter* setzt voraus, daß die Haftpflichtigen sich diese — etwa durch Beifügung von dritter Seite erstellter Unterlagen bei der Anmeldung — zu eigen machen[15]. 12

2. Art der Angaben

Entgegen dem Vorschlag in § 9a Abs. 1 RegE hat das Gesetz darauf verzichtet, die Angaben, deren Unrichtigkeit die Haftung nach § 9a auslöst, nach dem Vorbild des § 46 Abs. 1 S. 1 AktG abschließend aufzuzählen. Den Schwerpunkt der haftungsrelevanten Angaben bilden zwar die im RegE aufgeführten Angaben über die Übernahme der Stammeinlagen, die Geld- und Sacheinlagen einschl. der für ihre Bewertung maßgeblichen Umstände, die Leistung der Einlagen, die Bestellung der bei der Einmanngründung vorgeschriebenen Sicherheiten sowie über den Gründungsaufwand. Darüber hinaus können jedoch auch sonstige Angaben zu einer Haftung nach § 9a Abs. 1 führen[16]. Bedeutung hat dies etwa für die Versicherung der Geschäftsführer nach § 8 Abs. 3 S. 1, daß ihrer Bestellung keine Hindernisse entgegenstehen (näher Rdn. 27). 13

3. Falsche Angaben

a) Allgemeines. Angaben sind **falsch**, wenn sie mit der Wirklichkeit nicht übereinstimmen. Die Feststellung ist *objektiv*, d. h. unabhängig von der Vorstellung der Gesellschafter und Geschäftsführer zu treffen. Falsch sind die Angaben nicht nur dann, wenn sie ausdrückliche **unwahre** Tatsachenbehauptungen enthalten. Unrichtigkeit liegt vielmehr auch bei **Unvollständigkeit** der Angaben zu einem bestimmten Gegenstand vor, insbesondere wenn die Erklärungen erst durch Weglassen bestimmter Umstände 14

---

12 So auch *Scholz/Winter* §§ 9a, b nF, 10; für das Aktienrecht *Barz* GroßkommAktG § 46,5, *Kraft* Kölner KommAktG § 46,17; **aA** offenbar *Roth* 2.1.

13 Wie hier *Barz* GroßkommAktG § 46,5; **aA** *Scholz/Winter* §§ 9a, 9b nF 10, *Kraft* Kölner KommAktG § 46,18, Geßler/Hefermehl/*Eckardt*/Kropff AktG § 46,9.

14 Vgl. § 57,24; **aA** die hM, vgl. *Scholz/Winter* §§ 9a, 9b nF, 10; für das Aktienrecht *Barz* GroßkommAktG § 46,5, *Kraft* Kölner KommAktG § 46,17.

15 Weitergehend — generell für Haftung bei falschen Angaben Dritter — die hM, vgl. *Scholz/Winter* §§ 9a, 9b nF,9, *Barz* GroßkommAktG § 46,5, *Kraft* Kölner KommAktG § 46,18, Geßler/Hefermehl/*Eckardt*/Kropff AktG § 46,11.

16 **AA** *Scholz/Winter* §§ 9a, 9b nF,7, die der Streichung nur redaktionelle Bedeutung beimessen.

einen mit der Wirklichkeit nicht übereinstimmenden Sinn erhalten[17]. Beispiele bilden etwa das Verschweigen von Mängeln einer Sacheinlage oder die Nichterwähnung, daß die eingebrachten Sachen einem Dritten zur Sicherung übereignet sind (BGH BB **1958** 891). Umgekehrt kann eine Haftung nach § 9a trotz Unrichtigkeit einer isolierten Angabe ausscheiden, wenn die Unrichtigkeit aus dem Gesamtzusammenhang der gemachten Angaben oder den beigefügten Unterlagen ohne weiteres erkennbar ist[18]. Das völlige Schweigen über bestimmte Umstände fällt nur dann unter § 9a Abs. 1, wenn die Angaben entgegen einer gesetzlichen Vorschrift unterlassen werden[19]. Das folgt aus dem allgemeinen Grundsatz, daß ein Unterlassen dem positiven Tun nur dann gleichgestellt werden kann, wenn eine Rechtspflicht zum Handeln besteht.

15 **b) Der maßgebliche Zeitpunkt.** Für die Frage, ob eine Angabe falsch ist, d. h. nicht mit der Wirklichkeit übereinstimmt, kommt es *grundsätzlich* auf die Sachlage zum Zeitpunkt der *Abgabe* der Erklärung an. Werden Angaben gegenüber dem *Registergericht* gemacht, sind die tatsächlichen Umstände im Zeitpunkt des **Eingangs der Anmeldung beim zuständigen Registergericht** entscheidend. Durch eine Veränderung der tatsächlichen Umstände *nach* Anmeldung werden die Angaben nicht unrichtig; eine Pflicht zu fortlaufender Anpassung an die veränderten Umstände besteht nicht (vgl. § 7, 48). Fordert allerdings das Registergericht im Rahmen seiner Prüfungspflicht zusätzliche Angaben in bezug auf bestimmte Umstände an (näher § 9c, 12ff.), so ist insoweit die Sachlage im Zeitpunkt der Abgabe der ergänzenden Erklärungen maßgebend; spätere Veränderungen sind also zu berücksichtigen. Eine generelle Pflicht zur Anpassung auch der sonstigen, von der Zwischenverfügung nicht betroffenen Angaben an veränderte Umstände besteht freilich auch in diesem Fall nicht. — Zur Frage, unter welchen Voraussetzungen die Geschäftsführer von sich aus Änderungen nachmelden müssen, die nach dem Zeitpunkt der Anmeldung eingetreten sind, vgl. § 9c, 16. Ist eine solche Meldepflicht zu bejahen, so führt die Nichtmeldung zum Eingreifen von § 9a Abs. 1 (Rdn. 14).

16 **c) Berichtigung falscher Angaben.** Eine im *Zeitpunkt der Anmeldung falsche* Angabe kann bis zur Eintragung berichtigt werden. Die Berichtigung läßt die Haftung nach § 9a Abs. 1 entfallen. Da der Anspruch aus § 9a erst mit Eintragung der GmbH entsteht (vgl. Rdn. 8), ist auch für das Vorliegen der übrigen Haftungsvoraussetzungen auf diesen Zeitpunkt abzustellen[20]. Bereits entstandene Schadensersatzansprüche nach § 82 Abs. 1 Nr. 1, 2, 4 iVm § 823 Abs. 2 BGB (Rdn. 52) bleiben von der Berichtigung unberührt.

4. Einzelfälle

17 **a) Übernahme von Stammeinlagen.** Die Angabe der von den einzelnen Gründern übernommenen Stammeinlagen gehört zu den notwendigen Bestandteilen des Gesellschaftsvertrags. Die hierüber im Gesellschaftsvertrag getroffenen Bestimmungen enthalten das Einlageversprechen des Gesellschafters und sichern die Aufbringung des Stammkapitals (§ 3, 35). Auch die nach § 8 Abs. 1 Nr. 3 der Anmeldung beizufügende Gesellschafterliste muß den Betrag der von den Gesellschaftern übernommenen Stammeinlagen enthalten. Unrichtig sind die diesbezüglichen Angaben, wenn einer oder mehrere im

---

[17] So auch *Scholz/Winter* §§ 9a, 9b nF, 12, *Roth* 2.1.

[18] So RGZ **127** 186, 193f. für den Fall einer falsa demonstratio im Gesellschaftsvertrag.

[19] Ausschußbericht aaO (Fn. 3) S. 71, *K. Schmidt* NJW **1980** 1771; weitergehend *Scholz/Winter* §§ 9a, 9b nF, 12.

[20] So auch die ganz hM, vgl. *Roth* 2.2, *Kion* BB **1984** 864, *Barz* GroßkommAktG § 46,7; im Grundsatz auch *Scholz/Winter* §§ 9a, 9b nF, 13 und *Kraft* Kölner KommAktG § 46,20, die allerdings eine Haftung für bis zur Berichtigung verursachte bzw. entstandene Schäden bejahen.

Gesellschaftsvertrag aufgeführte Gründer eine entsprechende Beitrittserklärung überhaupt nicht oder nur zum Schein abgegeben haben (vgl. auch § 2, 50, 107). Die Beteiligung von *Strohmännern* an der Gründung macht die Angaben bezüglich der Übernahme der Stammeinlage dagegen *nicht* unrichtig. Eine Scheinerklärung des Strohmanns liegt regelmäßig schon deshalb nicht vor, weil er den Rechtserfolg, die Gründung der GmbH, tatsächlich herbeiführen will. Daß er auf Rechnung des Hintermanns handelt, ist insoweit ohne Belang (§ 2, 50). Einer Offenlegung des Treuhandverhältnisses im Gesellschaftsvertrag oder in der Gesellschafterliste bedarf es selbst dann nicht, wenn der Strohmann den Geschäftsanteil an der künftigen GmbH schon vor Eintragung auf den Hintermann überträgt, da die Anteilsübertragung erst im Zeitpunkt der Eintragung der GmbH Wirksamkeit erlangt[21].

b) Leistung der Einlagen. α) Bareinlagen. Die Anmeldung der Gesellschaft **18**
darf nur erfolgen, wenn auf jede Bareinlage mindestens 1/4 eingezahlt ist (§ 7 Abs. 2 S. 1, näher § 7, 23 ff.) und der Gesamtbetrag der auf die Stammeinlagen gezahlten Beträge sich auf mindestens 25.000 DM beläuft (§ 7 Abs. 2 S. 2, näher § 7, 26). In der Anmeldung haben die Geschäftsführer zu versichern, daß die entsprechenden Leistungen auf die Stammeinlage **bewirkt** sind und sich endgültig in ihrer freien Verfügung befinden (§ 8 Abs. 2 S. 1). Für den Inhalt der Versicherung über das **Bewirken** der Einlageleistungen läßt die neuere Rechtsprechung nicht die pauschale Angabe genügen, die vorgeschriebenen Einlagen seien vor der Anmeldung geleistet, sondern verlangt Angaben über den konkreten ziffernmäßigen Betrag der von jedem Gesellschafter geleisteten Zahlung sowie über die Art und Weise der Leistungsbewirkung (vgl. § 8, 27 f.). **Falsch** sind die diesbezüglichen Angaben nicht nur, wenn entgegen der Versicherung Zahlungen überhaupt nicht oder nicht in dieser Höhe erfolgt sind, sondern auch dann, wenn wahrheitswidrig die Leistungsbewirkung durch Barzahlung oder in wirtschaftlich gleichwertiger Weise (bestätigter Bundesbankscheck, Kontogutschrift, vgl. näher § 7, 32 ff.) versichert wird, während die „Einlageleistung" stattdessen in einer der Barzahlung wirtschaftlich nicht gleichwertigen Erfüllungsform erfolgt ist. Wird die Versicherung abgegeben, daß **Einlageleistungen über den gesetzlichen Mindestbetrag hinaus** erbracht wurden, so erstreckt sich zwar die Prüfung des Registergerichts hierauf nicht (vgl. § 9c, 28). Im Hinblick auf den Zweck des § 9a Abs. 1, Dritte vor Falschangaben zu schützen, lösen diesbezügliche unrichtige Angaben jedoch die Haftungssanktion des § 9a Abs. 1 aus. Dafür spricht auch, daß bei der Neufassung der Gründungshaftung die in § 9 Abs. 1 aF enthaltene Bezugnahme auf Angaben über die Leistung der gesetzlich vorgeschriebenen Mindesteinlagen (§ 7 Abs. 2 aF) gestrichen wurde[22].

Die Versicherung der Geschäftsführer erstreckt sich weiter darauf, daß die geleisteten **19**
Stammeinlagen **endgültig in ihrer freien Verfügung** stehen. Das setzt voraus, daß der Gesellschaft die Leistung endgültig und ohne Beschränkung oder Vorbehalte durch den Einleger zugeflossen ist (§ 7, 45). Dabei ist grundsätzlich unerheblich, ob der Gesellschafter die Einlage aus eigenen oder Fremdmitteln macht. Erfolgt die Einlageleistung jedoch aus einem von der GmbH aufgenommenen Kredit[23] oder erhält der Gesellschafter den Kredit nur gegen Gewährung einer Sicherheit durch die Gesellschaft[24], so steht die Einlage wegen der die Gesellschaft treffenden Rückzahlungspflicht bzw. des von ihr übernommenen Haftungsrisikos nicht zur freien Verfügung der Geschäftsführer (näher

---

[21] Vgl. BGHZ **21** 378, 383 = NJW **1957** 19; näher § 2,50.

[22] So auch *Roth* 2.2.b; einschränkend *Scholz/Winter* §§ 9a, 9b nF, 21: Haftung nur für falsche Angaben über statutarisch festgesetzte, nicht über freiwillige Mehrleistungen.

[23] So im Fall BGH WM **1984** 652.

[24] RGZ **47** 180, 185; **98** 276, 277, OLG Köln ZIP **1984** 176, 177; vgl. auch § 7,39.

§ 7, 39). Eine dennoch von den Geschäftsführern abgegebene uneingeschränkte Versicherung nach § 8 Abs. 2 ist falsch. Entsprechendes gilt, wenn die geleisteten Einzahlungen sich bereits *vor Anmeldung* der Gesellschaft dadurch verringern, daß diese mit den Geschäften vor Anmeldung beginnt. Dagegen machen Vorbelastungen *nach Anmeldung* der GmbH die auf den Anmeldungszeitpunkt bezogenen Versicherungen der Geschäftsführer *nicht* unrichtig und lösen die Haftungssanktion nach § 9a Abs. 1 GmbHG nicht aus[25]. Den Schutz der Gesellschaftsgläubiger gewährleistet in diesen Fällen die Unterbilanzhaftung der Gründer (§ 11, 81 ff., 88). Falsch sind die Angaben weiterhin, wenn sich die Einlagen zwar im Zeitpunkt der Anmeldung in der Verfügung der Geschäftsführer befinden, die Zahlung aber nur zum Schein[26] oder unter Vereinbarung einer Rückzahlungsverpflichtung der Gesellschaft oder eines Rückzahlungsvorbehalts[27] erfolgte (vgl. auch § 7, 46). Entsprechendes gilt, wenn bereits im Zeitpunkt der Anmeldung *außerhalb des Gesellschaftsvertrags* Abreden über die Verwendung der eingezahlten Mittel als Kaufpreis für einen der GmbH von einem der Gründer zu veräußernden Gegenstand (vgl. Rdn. 23) oder über die Gewährung von Sondervorteilen oder die Übernahme von Gründungsaufwand durch die Gesellschaft (Rdn. 26) getroffen wurden. In all diesen Fällen stehen die eingezahlten Mittel trotz der (Form-) Nichtigkeit derartiger Vereinbarungen (vgl. § 5, 78 ff., 172 ff.) nicht zur endgültigen freien Verfügung der Geschäftsführer. Durch die getroffenen Abreden wird die Aufbringung der gesetzlich vorgeschriebenen Mindesteinlagen zumindest faktisch erheblich gefährdet; es finden die Grundsätze über verschleierte Sachgründungen Anwendung (§ 5, 136 ff.; vgl. auch Rdn. 23). — Zahlungen auf einen im *Gesellschaftsvertrag festgesetzten*, von der Gesellschaft zu übernehmenden *Gründungsaufwand* machen die Versicherung der Geschäftsführer auch dann nicht unrichtig, wenn sie diese Zahlungen nicht ausdrücklich offenlegen; auf den Zeitpunkt der Zahlung kommt es nicht an. Die Versicherung ist von vornherein einschränkend in dem Sinne zu verstehen, daß keine Verminderungen der gezahlten Einlagen über die Begleichung der im Gesellschaftsvertrag festgesetzten Gründungskosten hinaus eingetreten sind (§ 7, 49).

20 **β) Sacheinlagen.** Sollen Sacheinlagen geleistet werden, so müssen der Gegenstand der Sacheinlage und der Betrag der Stammeinlage, auf die sich die Sacheinlage bezieht, im Gesellschaftsvertrag festgesetzt werden (§ 5 Abs. 4 S. 1, näher § 5, 78 ff.). Entsprechendes gilt für **Sachübernahmen** (§ 5, 91 ff.). Fehlt es an dieser Form, ist die Sacheinlagevereinbarung der Gesellschaft gegenüber unwirksam; der Gründer bleibt zur Geldleistung verpflichtet und muß demzufolge vor der Anmeldung die nach § 7 Abs. 2 erforderliche Mindesteinlage in Geld einzahlen (vgl. näher § 5, 78). Eine trotz Nichtigkeit der Vereinbarung erfolgte Leistung der Sacheinlage hat keine Erfüllungswirkung. Die Versicherung der Geschäftsführer über die Einzahlung der Mindestbeträge nach § 8 Abs. 2 ist in diesem Fall auch dann falsch, wenn der als Sacheinlage vorgesehene Gegenstand vollständig vor Anmeldung geleistet ist und sein Wert dem Nennbetrag der Stammeinlage entspricht.

21 Bei Vereinbarung von Sacheinlagen haben die Gesellschafter einen **Sachgründungsbericht** zu erstellen. In ihm sind die für die Angemessenheit der Leistungen für Sacheinlagen wesentlichen Umstände darzulegen (§ 5 Abs. 4 S. 2, vgl. § 5, 133). Im Unterschied zu § 32 AktG schreibt das Gesetz keinen bestimmten Mindestinhalt für den Bericht vor, sondern stellt auf die Umstände des Einzelfalls ab. In jedem Fall muß der Bericht die für die Wertbestimmung der Sacheinlage relevanten Faktoren *vollständig* angeben: die Haftungssanktion des Abs. 1 lösen nicht nur inhaltlich unrichtige Angaben

---

[25] Vgl. § 7,48; **aA** wohl BGHZ **80** 182, 185 = NJW **1981** 1373.

[26] RG JW **1915** 356.

[27] RG JW **1912** 950 betr. die Vereinbarung der Rückgabe eines der Gesellschaft überlassenen Wechsels nach Eintragung.

wie etwa falsche Eigenschaftszusicherungen aus, sondern auch unvollständige wie etwa das Verschweigen eines für die Bewertung maßgeblichen Mangels der eingebrachten Sache (vgl. Rdn. 14). Neben dem Sachgründungsbericht (§ 8 Abs. 1 Nr. 4, 2. Alt.) sind der Anmeldung Unterlagen darüber beizufügen, daß der Wert der Sacheinlage den Betrag der dafür übernommenen Stammeinlage erreicht (§ 8 Abs. 1 Nr. 5). Darin enthaltene falsche Angaben lösen die Haftungssanktion auch dann aus, wenn sie von Dritten stammen. Mit der Beifügung der Unterlagen zur Anmeldung machen sich die Geschäftsführer diese Angaben zu eigen (vgl. auch Rdn. 12).

Die Versicherung der Geschäftsführer nach § 8 Abs. 2 S. 1 muß sich für den Fall, 22
daß Sacheinlagen geleistet sind, auch darauf beziehen, daß diese vor Anmeldung der Gesellschaft **vollständig geleistet** sind und sich endgültig in der **freien Verfügung** der Geschäftsführer befinden[28]. Im Falle der Vereinbarung von Sachübernahmen muß sich die Versicherung auch darauf beziehen, daß die Verrechnung des Kaufpreises mit der Stammeinlagepflicht erfolgt ist (§ 8, 27). Für die Unrichtigkeit der Versicherung bei Leistungen unter Vorbehalt oder bei Vereinbarung einer Rückgabe nach Anmeldung gilt das für Bareinlagen Ausgeführte entsprechend (vgl. Rdn. 19).

Zweifelhaft ist, ob und unter welchen Voraussetzungen eine **verschleierte Sacheinlage** unter den Tatbestand des § 9a Abs. 1 fällt. Eine solche liegt vor, wenn der Gesellschaftsvertrag keine Abreden über Sacheinlagen enthält und der Gesellschafter dementsprechend zunächst seiner Bareinzahlungspflicht nachkommt, die Geldeinlage ihm aber alsbald als „Vergütung" für die Veräußerung eines Vermögenswertes an die Gesellschaft zurückgezahlt wird (vgl. näher § 5, 138). Erfolgt die Veräußerung in zeitlichem und sachlichem Zusammenhang mit der Geldeinlagepflicht, so hat die ursprüngliche Einlageleistung keine Erfüllungswirkung. Der Gesellschafter bleibt weiterhin zur Einzahlung verpflichtet unabhängig davon, ob die Gründer bereits vor Anmeldung der Gesellschaft außerhalb der Satzung eine Abrede bezüglich der Veräußerung des Gegenstands an die GmbH getroffen haben (näher § 5, 139). Das Eingreifen des § 9a **Abs. 1** setzt in derartigen Fällen den Nachweis voraus, daß die entsprechenden Abreden *vor Anmeldung* getroffen worden sind und die Dispositionsfreiheit der Geschäftsführer über die geleistete Einlage beschränkt haben[29]; in diesem Fall ist ihre Versicherung, die geleisteten Bareinlagen stünden zu ihrer freien Verfügung, unrichtig (Rdn. 19). Lag eine solche Vereinbarung im Zeitpunkt der Anmeldung dagegen noch nicht vor oder gelingt der — in der Praxis schwer zu führende — Nachweis nicht, so kommt immerhin noch eine Gesellschafterhaftung unter den erhöhten subjektiven Voraussetzungen des **Abs. 2** in Betracht (Rdn. 40). 23

c) Sicherungen für nicht eingezahlte Einlagen. Wird die Gesellschaft nur durch eine Person errichtet, muß der Einmanngründer vor Anmeldung der Gesellschaft für die nicht eingezahlten Teile der Einlage eine Sicherung bestellen (§ 7 Abs. 2 S. 3). Die Versicherung der Anmeldenden muß sich darauf erstrecken, daß die Sicherung bestellt ist (§ 8 Abs. 2 S. 2). Sie muß sowohl die Sicherungsmittel als auch die Art und Weise der Bestellung bezeichnen und darüber hinaus Informationen über den Wert der Sicherung und die Art seiner Berechnung enthalten[30]. Eine Haftung nach § 9a Abs. 1 wird nicht nur durch Falschangaben über die Bestellung der Sicherung als solche ausgelöst, sondern 24

[28] Zu den Anforderungen an die Leistungsbewirkung und die freie Verfügbarkeit bei Sacheinlagen vgl. näher § 7,24,43,47.

[29] Ebenso wohl *Scholz/Winter* §§ 9a, 9b nF, 12; weitergehend — für generelles Eingreifen des § 9a Abs. 1 bei verschleierter Sachgründung — aber offenbar *Rcb. Fischer* 2, *Raiser* KapitalGesR S. 186; grundsätzlich am Eingreifen der Haftungssanktionen des § 9a in diesen Fällen zweifelnd noch *ders.* in: Das neue GmbH-Recht in der Diskussion, S 32.

[30] Vgl. § 8,29; ebenso *Scholz/Winter* § 8 nF, 7b.

auch durch unrichtige oder unvollständige Angaben über die für die Berechnung des Wertes der Sicherheiten erheblichen Umstände. Dagegen scheidet eine Haftung aus, wenn zwar die der Sicherungsbestellung zugrundeliegenden Tatsachen richtig und vollständig angegeben sind, die bestellte Sicherheit sich aber wegen der fehlenden Verselbständigung der Gründerorganisation aus *Rechtsgründen* als unzureichend erweist (vgl. § 7, 59) und der Registerrichter die Gesellschaft dennoch einträgt.

25 Im Falle einer innerhalb von drei Jahren nach Eintragung der Gesellschaft im Handelsregister eintretenden **Anteilsvereinigung in der Hand eines Gesellschafters** muß dieser innerhalb von drei Monaten die ausstehenden Geldeinlagen voll einzahlen oder der Gesellschaft eine Sicherung für die noch ausstehenden Beträge bestellen. Dadurch soll verhindert werden, daß die der Sicherung der Kapitalaufbringung bei Einmanngründungen dienende Vorschrift des § 7 Abs. 2 S. 3 umgangen wird (vgl. näher § 19 nF, 46b). Der **Geschäftsführer hat** die Vereinigung der Anteile unverzüglich zum Handelsregister **anzuzeigen** (§ 19 Abs. 4 S. 2). Eine spezielle Haftungsnorm für den Fall, daß der Geschäftsführer dieser Pflicht nicht nachkommt, sieht die GmbH-Novelle *nicht* vor. Eine Haftung nach § 43, auf die der RegE verweist[31], wird in aller Regel daran scheitern, daß die Nichtanzeige im Einverständnis mit dem Einmann-Gesellschafter erfolgt und ein Fall des § 43 Abs. 3 nicht vorliegt. Die insoweit bestehende Haftungslücke ist durch **analoge Anwendung des § 9a Abs. 1** auf den Fall der Nichtanzeige zu schließen; dafür spricht namentlich auch der Charakter von § 19 Abs. 4 als Umgehungsvorschrift (vgl. dazu § 19 nF, 46i).

26 **d) Sondervorteile und Gründungsaufwand.** Zweifelhaft ist, ob die Nichtoffenlegung außerhalb des Gesellschaftsvertrags getroffener Abreden über die Gewährung von *Sondervorteilen* an Gesellschafter oder die Übernahme von *Gründungsaufwand* durch die Gesellschaft die Haftungssanktion des § 9a Abs. 1 auslöst. Dagegen könnte sprechen, daß derartige Abreden die Gesellschaft nur dann binden, wenn sie in die Satzung selbst aufgenommen sind (§ 5, 166 und 174). Dies gilt selbst für solche Gründungskosten, die kraft Gesetzes auf die Gesellschaft entfallen; fehlt es an der Festsetzung, sind die Gründer der Gesellschaft zur Erstattung dieser Kosten verpflichtet (§ 5, 174). Für die aktienrechtliche Gründerhaftung wird deshalb verbreitet die Ansicht vertreten, die Nichtangabe solcher — ohnedies formnichtiger — Abreden mache die Angaben weder unrichtig noch unvollständig; die in der Nichtangabe liegende Negativerklärung entspreche vielmehr der geltenden Rechtslage[32]. Dem ist jedenfalls für das Verschweigen entsprechender Abreden *bei Gründung*[33] der GmbH nicht zu folgen. Insoweit sprechen die besseren Gründe für das **Eingreifen des § 9a Abs. 1**, zumal diese Vorschrift im Hinblick auf den *Inhalt* der Gründungshaftung die Erstattung von nicht unter den Gründungsaufwand aufgenommenen Vergütungen ausdrücklich vorsieht. Trotz ihrer Formnichtigkeit schränken die diesbezüglichen Abreden faktisch die freie Verfügung der Geschäftsführer über die eingezahlten Einlagen ein und machen die Versicherung der Geschäftsführer nach § 8 Abs. 2 unrichtig (vgl. auch Rdn. 19).

27 **e) Eignung der Geschäftsführer.** Nach § 8 Abs. 3 muß der Anmeldung die Versicherung der Geschäftsführer beigefügt werden, daß keine Umstände vorliegen, die ihrer Bestellung nach § 6 Abs. 2 S. 2 und 3 entgegenstehen (näher zu den absoluten und relativen Ausschlußgründen vom Geschäftsführeramt § 6, 11 ff.). Ein bereits bei Bestellung vorliegender Ausschlußgrund macht die Bestellung unabhängig von der Kenntnis des

---

[31] Vgl. Begr. RegE aaO (Fn. 1) S. 38 und Ausschußbericht aaO (Fn. 3) S. 73; ebenso *Scholz/Winter* § 19 nF, 5.

[32] *Barz* GroßkommAktG § 46,11, *Godin/Wilhelmi* AktG[4] § 46,6.

[33] Zur Rechtslage bei der *Kapitalerhöhung* vgl. § 57,26.

Bestellungsorgans nichtig. Werden bei der Anmeldung **falsche Angaben** über die Eignung der Geschäftsführer gemacht, so lösen sie ebenfalls die Haftung nach § 9a Abs. 1 aus[34]. Auch solche Angaben können *mittelbar* die reale Aufbringung des Stammkapitals gefährden, etwa weil die Gesellschaft zur Zahlung von Bezügen aus dem Anstellungsvertrag verpflichtet bleibt, obgleich die Geschäftsführerbestellung nichtig ist. Daß derartige Angaben im Katalog des RegE nicht enthalten waren, steht ihrer Einbeziehung unter § 9a Abs. 1 nicht entgegen (Rdn. 13). — Zu den Anforderungen an den Inhalt der Versicherungen vgl. § 8, 21. Falsch sind die Versicherungen insbesondere, wenn eine zum Eingreifen des Ausschlußgrundes führende Verurteilung verschwiegen wird. Auf die beschränkte Offenbarungspflicht nach § 51 Abs. 1 Nr. 1 BZRG können sich die Geschäftsführer nicht berufen, sofern sie nach § 51 Abs. 2 BZRG über ihre unbeschränkte Auskunftspflicht gegenüber dem Registergericht belehrt worden sind (vgl. § 8, 30).

5. Haftpflichtige Personen

a) Geschäftsführer. Für falsche Angaben im Zusammenhang mit der Gründung 28 der Gesellschaft haften **sämtliche Geschäftsführer**, und zwar unabhängig davon, ob die Angaben von ihnen oder von Dritten stammen. Als Anmeldende (§ 78) trifft die Geschäftsführer die Verpflichtung zur Überprüfung der inhaltlichen Richtigkeit sämtlicher Unterlagen, die sie der Anmeldung beifügen. Auch falsche Angaben im von den Gesellschaftern zu erstellenden Sachgründungsbericht oder die inhaltliche Unrichtigkeit eines der Anmeldung beigefügten Bewertungsgutachtens von Sachverständigen lösen die Haftung der Geschäftsführer nach Abs. 1 aus[35]; daß das GmbHG abweichend von §§ 33, 34 AktG keine ausdrückliche Prüfungspflicht der Geschäftsführer hinsichtlich des Inhalts des Gründungsberichts statuiert, steht nicht entgegen[35a]. Nach § 9a Abs. 1 haftet auch ein Geschäftsführer, dessen Bestellung zwar fehlerhaft ist, der aber sein Amt tatsächlich ausgeübt und bei der Anmeldung der Gesellschaft mitgewirkt hat[36].

b) Gesellschafter. § 9a Abs. 1 nF hat die Gründungshaftung auf die Gesellschafter 29 ausgedehnt, entgegen dem RegE allerdings davon abgesehen, die Gründer auch zur Mitwirkung an der Anmeldung der Gesellschaft zu verpflichten (Rdn. 5). Eine Einschränkung der Gesellschafterhaftung für falsche Angaben war ausweislich der Materialien[37] mit dem Verzicht auf die Anmeldepflicht nicht beabsichtigt. Nach **bisher einhelliger Auffassung** sollen demzufolge **sämtliche Gesellschafter uneingeschränkt** für die Richtigkeit der während des Gründungsverfahrens gemachten Angaben haften unter Einschluß der von den Geschäftsführern gegenüber dem Registergericht abgegebenen Versicherungen und der beigefügten Unterlagen[38]. Dem ist in dieser Allgemeinheit **nicht** zu folgen. Eine Haftung der Gesellschafter aus § 9a Abs. 1 greift vielmehr grundsätzlich **nur** für solche Angaben ein, die sie entweder **selbst** — etwa im Sachgründungsbericht — **gemacht** oder zu deren Abgabe sie die Geschäftsführer oder sonstige Dritte **veranlaßt** haben. Eine darüber hinausgehende *generelle* Einstandspflicht der Gründer für die von Geschäftsführern oder Dritten gemachten Angaben, wie sie für das Aktienrecht anerkannt

---

34 BayObLG BB **1982** 200; *Raiser* KapitalGesR S. 186; **aA** offenbar *Scholz/Winter* §§ 9a, 9b nF, 7.

35 EinhM, vgl. *Scholz/Winter* §§ 9a, 9b nF, 9, *Roth* 2.3; *Rob. Fischer* 2.

35a Die abweichende Ansicht der Voraufl. (§ 9,37) ist durch die Neufassung des § 9a überholt.

36 Näher zu den Voraussetzungen der fehlerhaften Organstellung *U. Stein* Das faktische Organ (1984) S. 119 ff.

37 Vgl. Ausschußbericht aaO (Fn. 3) S. 71.

38 *Scholz/Winter* §§ 9a, 9b nF, 9, *Roth* 2.3., *Rob. Fischer* 2, *K. Schmidt* NJW **1980** 1771, *Deutler* GmbH-Rdsch. **1980** 148.

ist[39], würde eine Mitwirkung der Gesellschafter bei der Anmeldung (vgl. § 36 AktG) und die daraus resultierende Verantwortlichkeit für die dabei gemachten Angaben voraussetzen. Beim Fehlen dieses Mitwirkungserfordernisses läßt sich eine generelle Pflicht der Gesellschafter zur Überwachung des Gründungsvorgangs nicht begründen. Das bestätigt auch die Regelung des § 57 Abs. 4, die die Haftung für falsche Angaben im Zusammenhang mit einer *Kapitalerhöhung* auf die zur Anmeldung berufenen Geschäftsführer beschränkt. Der Inkongruenz zwischen Mitwirkung bei der Anmeldung und Gründungshaftung, die durch die Nichtübernahme der im RegE vorgesehenen Änderung des § 78 entstanden ist (Rdn. 5), ist durch restriktive Auslegung des § 9a Abs. 1 im Hinblick auf die Haftung der Gesellschafter Rechnung zu tragen. Einer Exkulpation nach § 9a Abs. 3 bedarf es zum Haftungsausschluß nur dann, wenn die falschen Angaben den Gesellschaftern objektiv zuzurechnen sind.

30 Eine **Ausnahme** von dem in Rdn. 29 aufgestellten Grundsatz restriktiver Auslegung des § 9a Abs. 1 gilt für solche Gesellschafter, die allein oder zusammen mit nahestehenden Personen eine **maßgebliche Beteiligung** an der GmbH halten und deshalb typischerweise in der Lage sind, auf das Anmeldungsverfahren und die dabei von den Geschäftsführern gemachten oder unterlassenen Angaben Einfluß zu nehmen. Von ihnen ist entsprechend dem mit § 9a Abs. 1 verfolgten Zweck, die Gesellschafter für die Richtigkeit der Angaben verantwortlich zu machen (vgl. Begr. RegE S. 35), die Ausübung dieses Einflusses im Hinblick auf die Angaben bei Anmeldung der Gesellschaft zu verlangen. Eine maßgebliche Beteiligung liegt jedenfalls bei solchen Gesellschaftern vor, die allein oder zusammen mit nahestehenden Personen über eine **Mehrheit der Stimmrechte** verfügen und dadurch den Geschäftsführern Weisungen erteilen können. Sie müssen im Fall unrichtiger Angaben den Entlastungsbeweis nach § 9a Abs. 3 führen, wenn sie der Gründungshaftung nach § 9a Abs. 1 entgehen wollen.

31 **Scheidet ein Gesellschafter** im Verlauf des Gründungsverfahrens **aus,** berührt dies seine Verantwortlichkeit für bis zu seinem Ausscheiden gemachte Angaben nicht[40]. Auch der Ausgeschiedene kann — wie jeder Gesellschafter — dem Registergericht von der Falschangabe Mitteilung machen und so die Eintragung der Gesellschaft verhindern. Was andererseits die Möglichkeit angeht, die Anmeldung zurückzunehmen bzw. die Falschangabe in der Anmeldung zu korrigieren, so steht sie auch den in der Vorgesellschaft *verbliebenen* Gesellschaftern *nicht* zu, sondern ist ausschließlich Sache der für die Anmeldung zuständigen Geschäftsführer. — Ein erst nach Anmeldung der Gesellschaft beigetretener Gesellschafter haftet dagegen nur für solche Angaben, die nach seinem Beitritt — etwa auf Anforderung des Registergerichts — gemacht wurden.

32 **c) Hintermänner (Abs. 4).** Um eine Umgehung der Gründungshaftung durch das Vorschieben vermögensloser Strohmänner zu verhindern, bezieht das Gesetz in § 9a Abs. 4 Personen, für deren Rechnung die Gesellschafter Stammeinlagen übernommen haben, ausdrücklich in die Haftung ein. Der Auftraggeber haftet nicht nur für eigenes, sondern auch für ein Verschulden des auf seine Rechnung handelnden Gesellschafters (Abs. 4 S. 2, näher Rdn. 33). Im übrigen gilt aber auch für die Haftung der Hintermänner aus den in Rdn. 29, 30 genannten Gründen die Notwendigkeit restriktiver Auslegung von § 9a Abs. 1 und 4: das Eingreifen dieser Vorschrift setzt voraus, daß die konkrete Ausgestaltung des Treuhandverhältnisses eine beherrschende Stellung des Hintermannes indiziert und dem Hintermann deshalb Einflußmöglichkeiten auf das Gründungsverfahren einräumt. Treuhandmodelle mit Unterbeteiligungscharakter scheiden aus dem Anwen-

---

[39] Vgl. nur *Barz* GroßkommAktG § 46,22, *Kraft* Kölner KommAktG § 46,42.

[40] So auch *Roth* 2.5; **aA** *Scholz/Winter* §§ 9a, 9b nF, 14.

dungsbereich der Gründungshaftung ebenso aus wie sonstige mittelbare Beteiligungen ohne nennenswerte Einflußmöglichkeiten auf die Gesellschaft[41].

6. Verschulden

Abs. 3 regelt eine *Beweislastumkehr* im Hinblick auf das Verschulden der Haftpflichtigen; sie war bereits für das alte Recht anerkannt (vgl. Voraufl. § 9, 9). Gehaftet wird für Vorsatz und Fahrlässigkeit. Der in Anspruch Genommene muß zu seiner Entlastung den Nachweis führen, daß er die Unrichtigkeit der Angaben weder kannte noch kennen mußte. Dementsprechend entfällt die Haftung der Geschäftsführer für eine durch Täuschung seitens eines Gesellschafters veranlaßte falsche Versicherung nach § 8 Abs. 2 nur, wenn die Geschäftsführer die Unrichtigkeit trotz Anwendung der erforderlichen Sorgfalt nicht erkennen konnten (§ 8, 23; zum internen Ausgleich zwischen den Haftpflichtigen vgl. Rdn. 45). Fahrlässigkeitsmaßstab ist die *Sorgfalt eines ordentlichen Geschäftsmanns*; der Haftpflichtige kann sich nicht damit entlasten, ihm habe die erforderliche Ausbildung oder Erfahrung gefehlt[42]. Der Hintermann eines Gesellschafters haftet nicht nur für eigenes, sondern auch für Verschulden des auf seine Rechnung handelnden Gesellschafters (Abs. 4 S. 2). Dementsprechend muß er, soweit die objektiven Haftungsvoraussetzungen gegeben sind (vgl. Rdn. 30, 32), zu seiner Entlastung den Nachweis führen, daß weder er noch der Gesellschafter die Unrichtigkeit der Angaben kannte oder bei Anwendung der erforderlichen Sorgfalt erkennen konnte[43]. Maßgebender **Zeitpunkt** für die Kenntnis oder die fahrlässige Unkenntnis der Unrichtigkeit ist die Eintragung der Gesellschaft[44]. Erfährt ein Gesellschafter oder Geschäftsführer vor der Eintragung, daß bei der Anmeldung unrichtige Angaben gemacht wurden, oder hätte er die Unrichtigkeit später erkennen können, muß er zur Vermeidung einer Haftung die Angaben berichtigen bzw. die Rücknahme der Anmeldung veranlassen. **33**

7. Anspruchsinhalt

a) Schadensersatz. Der Anspruch geht auf Ersatz des gesamten der Gesellschaft durch die falschen Angaben entstandenen Schadens. Die Gesellschaft ist so zu stellen, wie wenn die falschen Angaben richtig gewesen wären, nicht nur so wie wenn die falschen Angaben unterblieben wären[45]. Unerheblich ist daher der Einwand des Haftpflichtigen, ein Schadensersatzanspruch entfalle, weil ohne die falschen Angaben die Gesellschaft mangels Eintragung nicht entstanden wäre[46]. Die Haftung erstreckt sich auf sämtliche der Gesellschaft durch die Falschangaben entstandenen Folgeschäden, auch soweit sie sich daraus ergeben, daß die Gesellschaft Ansprüche Dritter wegen der zu geringen Kapitalgrundlage aus eigener Kraft nicht erfüllen kann[47] oder daß ihr ein günstiger Geschäftsabschluß entgeht. Auf ein Mitverschulden der übrigen Beteiligten oder der **34**

---

[41] So zutr. *K. Schmidt* NJW **1980** 1771, ihm folgend *Scholz/Winter* §§ 9a, 9b nF, 15.

[42] So auch *Scholz/Winter* §§ 9a, 9b nF, 18 im Anschluß an die einhM im Aktienrecht, vgl. *Barz* GroßkommAktG³ § 46,19, *Kraft* Kölner KommAktG § 46,21.

[43] *Scholz/Winter* §§ 9a, 9b nF, 17, *Roth* 4, *Rob. Fischer* 5.

[44] So auch *Scholz/Winter* §§ 9a, 9b nF, 16; für das Aktienrecht RGZ **127** 186, 193.

[45] Vgl. für die aktienrechtliche Gründerhaftung RGZ **144** 348, 357; *Barz* GroßkommAktG § 46,8, *Baumbach/Hueck* AktG¹³ § 46,5.

[46] So auch *Scholz/Winter* §§ 9a, 9b, 19; für das Aktienrecht RGZ **144** 348, 356 f., BGHZ **64** 52, 57 = NJW **1975** 974.

[47] Vgl. BGHZ **64** 52, 61 = NJW **1975** 974; zust. *K. Schmidt* DB **1975** 1782.

Gesellschaft können sich die als Gesamtschuldner haftenden Personen nicht berufen (Rdn. 37).

35 **b) Leistung fehlender Einlagen und Ersatz von Gründungsaufwand als Mindestschaden.** Ohne besonderen Schadensnachweis kann die GmbH — wie § 9a Abs. 1 ausdrücklich hervorhebt — entgegen den falschen Angaben **fehlende Einzahlungen** sowie die Erstattung einer nicht unter den **Gründungsaufwand** aufgenommenen Vergütung verlangen. Entgegen dem mißverständlichen Wortlaut greift diese Haftung nicht nur ein, wenn *Geldeinlagen* (teilweise) nicht erbracht worden sind, sondern auch dann, wenn die falschen Angaben sich auf die Leistung oder Bewertung von *Sacheinlagen* beziehen und deren Wert nicht den Betrag der hierfür übernommenen Stammeinlage erreicht[48]. Art und Umfang der Ersatzleistung bestimmen sich grundsätzlich nach der Abweichung zwischen der vertraglich vorgesehenen und der tatsächlichen Kapitalaufbringung (vgl. aber auch Rdn. 18 zur Haftung für falsche Angaben über freiwillige Mehrleistungen). Sind die vereinbarten Bareinlagen entgegen der abgegebenen Versicherung nicht oder nicht im angegebenen Umfang geleistet, haben die Haftpflichtigen die Einlagen bzw. einen etwaigen Differenzbetrag selbst zu entrichten. Zwischen den Haftpflichtigen und dem Einlageschuldner besteht ein (unechtes) **Gesamtschuldverhältnis**[49]. Eine Verpflichtung der GmbH zur vorrangigen Inanspruchnahme des Einlageschuldners besteht nicht[50]. Daß die Einlageschuld des Gesellschafters fortbesteht, steht der Annahme eines Schadens im Rahmen des § 9a Abs. 1 auch dann nicht entgegen, wenn gegen die Zahlungsfähigkeit des Gesellschafters keine Bedenken bestehen und der Einlageanspruch deshalb vollwertig ist[51]. Ist eine Sacheinlage entgegen der Versicherung nicht geleistet, haben die Haftpflichtigen Geldersatz in Höhe des Betrages der hierfür übernommenen Stammeinlage zu leisten. Werden falsche Angaben im Hinblick auf die Bewertung von Sacheinlagen gemacht, richtet sich der Anspruch auf die Differenz zwischen dem Wert der geleisteten Einlage und dem Betrag der übernommenen Stammeinlage[52]; im Falle einer Überpari-Emission (§ 5, 142 ff.) oder der Einbringung zu einem unter dem angeblichen tatsächlichen Wert der Einlage liegenden Buchwert ist zusätzlich der der Gesellschaft zugesagte, aber nicht zufließende höhere Wert der Sacheinlage zu ersetzen. Der Anspruch der GmbH gegen den Sacheinleger aus § 9 auf Zahlung des Differenzbetrages steht der Annahme eines Schadens der Gesellschaft nicht entgegen (str., vgl. Rdn. 38).

36 Werden falsche Angaben darüber gemacht, daß die Einlagen **zur freien Verfügung** der Geschäftsführer stehen, ist für die Frage nach dem zu ersetzenden Schaden zu differenzieren. Fehlt es endgültig an der freien Verfügung über die Einlagen, weil die zunächst wirksam geleisteten Einzahlungen im Zeitpunkt der Anmeldung (ganz oder teilweise) durch Übernahme eines nicht in den Gesellschaftsvertrag aufgenommenen Gründungsaufwands, durch Einräumung von Sondervorteilen oder durch vorzeitige Aufnahme des Geschäftsbetriebs verbraucht sind, so haben die Haftpflichtigen den Differenzbetrag zu erstatten. Auf das Bestehen und die Durchsetzbarkeit eines Rückzahlungsanspruchs gegen den Empfänger kommt es nicht an[53]. Entsprechendes gilt, wenn im Zeitpunkt der Anmeldung aufgrund vorzeitiger Geschäftsaufnahme *rechtlich verbindliche* Vorbelastungen vorliegen, die zu einer Verringerung des Gesellschaftsvermögens führen,

[48] So im Ergebnis auch *Scholz/Winter* §§ 9a, 9b nF, 22.

[49] Vgl. zum internen Ausgleich zwischen Ersatzpflichtigem und Einlageschuldner Rdn. 46 f.

[50] So auch *Barz* GroßkommAktG § 46,10.

[51] Ebenso *Scholz/Winter* §§ 9a, 9b nF, 21.

[52] *Scholz/Winter* §§ 9a, 9b nF, 22.

[53] Vgl. Rdn. 38; so auch *Scholz/Winter* §§ 9a, 9b nF, 23.

oder wenn an den eingebrachten Gegenständen wirksame dingliche Rechte Dritter bestehen. Dagegen realisiert sich der Schaden der Gesellschaft in denjenigen Fällen, in denen die Unrichtigkeit der Versicherung auf außerhalb des Gesellschaftsvertrags getroffenen Abreden, etwa solchen über verschleierte Sacheinlagen, beruht (vgl. Rdn. 23), erst mit der Durchführung der formnichtigen Absprache, also dann, wenn der Gesellschafter seine Einlage als Vergütung für den Erwerb des Vermögensgegenstandes durch die Gesellschaft zurückerhält. Bis dahin besteht der Ersatzanspruch nur dem Grunde nach[54]. Unerheblich ist auch insoweit, ob der Gesellschafter zur Erfüllung der fortbestehenden Einlageforderung in der Lage ist (vgl. Rdn. 35). Entsprechendes gilt in den Fällen, in denen außerhalb des Gesellschaftsvertrags Vereinbarungen hinsichtlich der Übernahme von Gründungsaufwand durch die Gesellschaft getroffen wurden (Rdn. 26). Auch hier ist ein ersatzfähiger Schaden erst mit Auszahlung des Gründungsaufwands gegeben.

c) Mitwirkendes Verschulden. Die haftungsmindernde Berücksichtigung eines **37** mitwirkenden Verschuldens anderer Gründer oder Geschäftsführer bei Entstehung eines Schadens zu Lasten der Gesellschaft ist nach dem Schutzzweck des § 9a ausgeschlossen; die Anwendung der §§ 254 Abs. 1, 31 BGB scheidet aus[55]. Im Aktienrecht wird zwar die Anwendung des § 254 *Abs. 2* BGB für den Fall erwogen, daß der Vorstand *nach Eintragung der Gesellschaft* seiner Schadensminderungspflicht nicht nachkommt[56]. Ob dem für das GmbH-Recht zu folgen ist[57], erscheint jedoch schon wegen der abweichenden Struktur der GmbH und der Bindung der Geschäftsführer an die Weisungen der Gesellschafterversammlung zweifelhaft.

d) Einfluß anderer Ansprüche der GmbH auf den Ersatzanspruch. Auf den **38** Anspruch aus § 9a Abs. 1 wegen **fehlender Einzahlungen** ist es ohne Einfluß, daß der Gesellschaft der Anspruch gegen den Einlageschuldner verbleibt und dieser zur Zahlung in der Lage ist (Rdn. 35, 36). Entsprechendes gilt für den Anspruch wegen Erstattung von Vergütungen, die nicht unter den Gründungsaufwand aufgenommen wurden; ein etwaiger Rückgewähranspruch gegen den Empfänger aus § 31 (vgl. § 5, 175) hindert die Annahme eines Schadens nicht[58]. Anderes soll nach *K. Schmidt* (GmbH-Rdsch. **1978** 5,7) in den Fällen gelten, in denen es um die Haftung für falsche Angaben hinsichtlich der **Bewertung von Sacheinlagen** geht, sofern der Gesellschaft ein liquider Anspruch aus Differenzhaftung wegen Überbewertung (§ 9 nF) gegen den Sacheinleger zusteht. Dem ist im Hinblick auf die garantieähnliche Ausgestaltung des Umfangs der Haftung nach § 9a Abs. 1 (Rdn. 10) **nicht** zu folgen. Der Anspruch der GmbH aus der Differenzhaftung ist im Rahmen des § 9a Abs. 1 nicht etwa anders zu behandeln als der fortbestehende Einlageanspruch in den Fällen fehlender Bareinzahlung. Die abweichende Entscheidung BGHZ **64** 52, 62, auf die sich *K. Schmidt* für seine Ansicht beruft, betrifft den anders gelagerten Fall der Haftung des aktienrechtlichen Gründungsprüfers (§§ 59 iVm 168 AktG), bei dem es an der garantieähnlichen Ausgestaltung des Haftungstatbestandes fehlt. — Der „Subsidiarität" des Schadensersatzanspruchs gegenüber der Differenzhaftung des Sacheinlegers (so *K. Schmidt* aaO) ist im Rahmen des internen Ausgleichs zwischen Haftpflichtigen und Einlageschuldner Rechnung zu tragen (vgl. Rdn. 47)

---

[54] Weitergehend — für Ersatzpflicht unabhängig vom Eintritt eines Schadens — aber *Rob. Fischer* GroßkommAktG² § 39,10 und *Godin/Wilhelmi* AktG² § 39,8.

[55] *Scholz/Winter* §§ 9a, 9b nF, 24; so für das Aktienrecht auch RGZ **154** 276, 286, BGHZ **64** 52, 61 = NJW **1975** 974; *K. Schmidt* DB **1975** 1782 ff.

[56] RGZ **154** 276, 290; *Barz* GroßkommAktG § 46,8, *Kraft* Kölner KommAktG § 46,24.

[57] So *Scholz/Winter* §§ 9a, 9b nF, 24.

[58] Ebenso *Scholz/Winter* §§ 9a, 9b nF, 23; **aA** *Barz* GroßkommAktG § 46,11.

IV. Haftung für Schädigung durch Einlagen oder Gründungsaufwand (Abs. 2)

1. Auffangtatbestand

39 § 9a Abs. 2 enthält einen Auffangtatbestand für Fälle, in denen die Gesellschaft „durch Einlagen oder Gründungsaufwand" geschädigt wird. Nach der Entstehungsgeschichte (vgl. Ausschußbericht S. 71 f.) ist die Vorschrift **im Verhältnis zu Abs. 1 subsidiär.** Sie soll nur Anwendung finden, wenn im Hinblick auf Einlagen oder Gründungsaufwand keine unrichtigen oder unvollständigen Angaben gemacht wurden und Abs. 1 deshalb nicht eingreift[59]. Da eine Schädigung durch Einlagen in aller Regel mit falschen Angaben verbunden sein wird, verbleibt für Abs. 2 nur ein *enger Anwendungsbereich*. Eigenständige Bedeutung kommt der Vorschrift nur für bestimmte Fälle der verschleierten Sacheinlage (Rdn. 40) und bei ordnungsgemäßer Festsetzung eines *überhöhten* Gründungsaufwands (Rdn. 41) zu. Das bestätigt ein Blick auf die aktienrechtliche Parallelvorschrift (§ 46 Abs. 2 AktG), deren praktische Bedeutung allem Anschein nach gering ist und bei der einschlägige höchstrichterliche Entscheidungen soweit ersichtlich kaum vorliegen. Auch der BT-Rechtsausschuß hat ein praktisches Bedürfnis für die Einführung des § 9a Abs. 2 bezweifelt, sich im Hinblick auf möglicherweise nicht durch Abs. 1 erfaßte Fälle aber für eine Übernahme der Vorschrift aus dem Regierungsentwurf entschieden[60].

2. Objektive Haftungsvoraussetzungen

40 **a) Schädigung durch Einlagen.** Abs. 2 erfaßt Schädigungen der Gesellschaft, die im Zusammenhang mit der Erbringung der Einlageleistungen verursacht werden. Daß falsche Angaben in bezug auf die Einlageleistung gemacht werden, ist abweichend von Abs. 1 nicht erforderlich. Unter den objektiven Tatbestand des Abs. 2 lassen sich deshalb auch die Fälle einer **verschleierten Sacheinlage** bringen, in denen sich nicht nachweisen läßt, daß der Erwerb eines Vermögensgegenstandes durch die GmbH von einem Gesellschafter unter Rückgewähr seiner Geldeinlage bereits im Zeitpunkt der Anmeldung der Gesellschaft vereinbart war und daß die Versicherung der Geschäftsführer nach § 8 Abs. 2 deshalb falsch ist (vgl. Rdn. 23). Eine Schädigung „durch Einlagen" liegt hier darin, daß der Erbringung der Geldeinlage aufgrund der alsbaldigen Rückgewähr an den Gesellschafter keine Erfüllungswirkung zukommt (näher § 5, 138 ff.). Dagegen fällt die in der Literatur[61] häufig als Beispiel für die Anwendung des Abs. 2 angeführte **Überbewertung von Sacheinlagen** nach Einführung des Sachgründungsberichts, der die erforderlichen Angaben über die der Bewertung zugrundeliegenden Umstände enthalten muß, in aller Regel unter § 9a Abs. 1 (vgl. Rdn. 20).

41 **b) Schädigung durch Gründungsaufwand.** Eine von Abs. 2 erfaßte Schädigung der Gesellschaft durch Gründungsaufwand liegt vor, wenn dieser zwar ordnungsgemäß im Gesellschaftsvertrag festgesetzt wurde, aber unangemessen hoch ist[62]. In Betracht kommt etwa eine überhöhte Vergütung für Beratungstätigkeiten im Zusammenhang mit der Gründung der GmbH. Erfolgt die Auszahlung an einen Gründer oder eine ihm

---

[59] So auch *Roth* 3, *Eder* Handbuch der GmbH I Rdn. 85; **aA** — für Anwendung des Abs. 2 neben Abs. 1 in den Fällen falscher Angaben — offenbar *Scholz/Winter* §§ 9a, 9b nF, 26, *Barz* GroßkommAktG § 46, 11, *Kraft* Kölner KommAktG § 46,30.

[60] Ausschußbericht aaO (Fn. 3) S. 71 f.

[61] Vgl. *Scholz/Winter* §§ 9a, 9b nF, 26, *Barz* GroßkommAktG § 46,13.

[62] Vgl. Ausschußbericht aaO (Fn. 3) S. 72; so auch *Scholz/Winter* §§ 9a, 9b nF, 26, *Roth* 3, *Barz* GroßkommAktG § 46,13.

nahestehende Person, greift daneben ein Rückzahlungsanspruch der GmbH gegen den Empfänger aus § 31 ein (näher § 2, 54a). Ein liquider Rückzahlungsanspruch hindert freilich die Annahme eines Schadens auch im Rahmen des § 9a Abs. 2 nicht (Rdn. 44).

3. Haftpflichtige Personen

Die Haftung nach Abs. 2 erstreckt sich lediglich auf die **Gesellschafter** und etwaige **Hintermänner** (vgl. Abs. 4). Eine Haftung der *Geschäftsführer* für Schädigungen der Gesellschaft, die *nicht* auf falschen Angaben beruhen, sieht § 9a Abs. 2 nicht vor; die Geschäftsführer können sich jedoch nach § 43 schadensersatzpflichtig machen (Rdn. 48 f.). Die Haftung des *Hintermanns*, für dessen Rechnung ein Gesellschafter eine Stammeinlage übernommen hat, greift auch dann ein, wenn nur den Treuhänder ein (vermutetes) Verschulden an der Schädigung der Gesellschaft nach § 9a Abs. 2 trifft (vgl. § 9a Abs. 4 S. 2). 42

4. Verschulden

Hinsichtlich des für die Haftung erforderlichen Verschuldens ist **zu differenzieren** zwischen dem bei *jedem* Haftpflichtigen (außer dem Hintermann, Abs. 4 S. 2) erforderlichen, nach Abs. 3 *vermuteten* Verschulden und dem nach Abs. 2 zusätzlich vorausgesetzten, *qualifizierten* Verschulden. Letzteres muß — iS von **Vorsatz oder grober Fahrlässigkeit** — bei zumindest **einem** Gesellschafter gegeben sein. Nicht erforderlich ist, daß es sich dabei um den unmittelbar betroffenen Gesellschafter (den Einlageschuldner bzw. den Empfänger der Gründungsvergütung) handelt[63]. Entsprechend § 9a Abs. 4 S. 1 reicht es auch aus, wenn Vorsatz oder grobe Fahrlässigkeit in der Person eines *Hintermannes* vorliegen[64]. Die Gesellschaft trägt die **Beweislast** für das Vorliegen nicht nur des objektiven Tatbestands, sondern auch dafür, daß zumindest einem Gesellschafter im Hinblick auf die Schädigung Vorsatz oder grobe Fahrlässigkeit zur Last fällt; die Beweislastumkehr nach Abs. 3 findet insoweit keine Anwendung[65]. Hinsichtlich des bei **jedem** Haftpflichtigen erforderlichen, nach Abs. 3 *vermuteten* Verschuldens genügt **einfache Fahrlässigkeit**; sie muß sich lediglich auf den objektiven Tatbestand des Abs. 2, nicht aber auf das Verschulden des unmittelbaren Schädigers beziehen[66]. Steht das Verschulden des unmittelbaren Schädigers fest, so hat der in Anspruch genommene Gesellschafter nach Abs. 3 den Entlastungsbeweis im Hinblick auf sein eigenes Verschulden zu führen. Zu den Anforderungen an den Entlastungsbeweis des Gesellschafters und eines etwaigen Hintermannes vgl. Rdn. 33. 43

5. Schadensumfang

Zu ersetzen ist in erster Linie derjenige Schaden der Gesellschaft, der ihr dadurch entsteht, daß sie weniger an Einlagen erhält, als ihr zusteht, oder daß sie einen zu hohen Gründungsaufwand vergütet (*Roth* 3). Hinzu kommen etwaige Folgeschäden (zutr. *Scholz/Winter* §§ 9a, 9b nF, 30). Der fortbestehende, liquide Anspruch gegen den primären Einlageschuldner oder ein Erstattungsanspruch gegen den Empfänger der Vergütung 44

---

[63] HM, vgl. *Scholz/Winter* §§ 9a, 9b nF, 27, *Godin/Wilhelmi* AktG[4] § 46,11.

[64] Zutr. *Scholz/Winter* §§ 9a, 9b nF, 27.

[65] HM, vgl. für das Aktienrecht *Barz* GroßkommAktG § 46,21, *Kraft* Kölner Komm-AktG § 46,31,34; nicht eindeutig *Scholz/Winter* §§ 9a, 9b nF, 28.

[66] So auch *Scholz/Winter* §§ 9a, 9b nF, 28, *Barz* GroßkommAktG § 46,19.

steht der Annahme eines Schadens auch im Rahmen des Abs. 2 nicht entgegen[67]. Fehlende Leistungen auf die Stammeinlage stellen auch in den Fällen des Abs. 2 den ohne konkreten Schadensnachweis zu ersetzenden Mindestschaden der Gesellschaft dar.

V. Gesamtschuldnerische Haftung

1. Verhältnis mehrerer Haftpflichtiger

45 Mehrere nach § 9a für denselben Schaden verantwortliche Personen haften der Gesellschaft als **Gesamtschuldner**. Es steht somit in ihrem Belieben, wen sie in Anspruch nehmen will. Für das Verhältnis der Haftpflichtigen zueinander gilt § 426 BGB. Eine von § 426 Abs. 1 S. 1 BGB abweichende interne Beteiligungsquote kann sich nicht nur aus unterschiedlichen Kapitalanteilen der Gründer, sondern vor allem auch in Analogie zu § 254 BGB daraus ergeben, daß die Haftpflichtigen in unterschiedlicher Weise an der Verursachung des Schadens mitgewirkt haben oder der Grad ihres Verschuldens differiert. Die analoge Anwendung des § 254 BGB kann zur völligen internen Freistellung einzelner Haftpflichtiger führen[68], etwa wenn sie durch Täuschung seitens anderer Haftpflichtiger zu einer Falschangabe veranlaßt wurden und ihnen im Hinblick auf die Unrichtigkeit nur leichte Fahrlässigkeit zur Last fällt (zur Haftung für eine durch Täuschung veranlaßte falsche Versicherung nach § 8 Abs. 2 vgl. Rdn. 33 und § 8, 23).

2. Verhältnis der Haftpflichtigen zum Einlageschuldner

46 Trifft die Schadensersatzpflicht nach § 9a mit der Einlagepflicht eines Gesellschafters zusammen, so besteht auch zwischen Einlageschuldner und Schadensersatzpflichtigem eine — sog. **unechte** (Rdn. 47) — **Gesamtschuld gegenüber der Gesellschaft**[69]. Beide Verpflichtungen sind auf dieselbe Leistung, die Erbringung der Stammeinlage, gerichtet und dienen der Gewährleistung der realen Aufbringung des Stammkapitals. Die Gesellschaft kann deshalb beide Schuldner nebeneinander in Anspruch nehmen. Hinsichtlich eines den Betrag der Einlage *übersteigenden Schadens* gilt das Vorstehende freilich nur, soweit auch der Gesellschafter wegen Verletzung seiner Einlagepflicht auf den weitergehenden Schaden haftet. — Entsprechendes gilt für das Verhältnis zwischen einem Schadensersatzanspruch nach § 9a und einem Anspruch aus der Differenzhaftung nach § 9 oder einem Rückgewährsanspruch der Gesellschaft nach § 31.

47 Für den Ersatzanspruch des aus § 9a Verpflichteten gegen den säumigen Gesellschafter gilt § 426 Abs. 2 BGB; im **Innenverhältnis** ist der **säumige Gesellschafter** abweichend von § 426 Abs. 1 BGB allein verpflichtet. Leistet ein nach § 9a Ersatzpflichtiger, so geht die Einlageforderung der Gesellschaft auf ihn über[70]. Er hat jedoch keinen Anspruch auf den Geschäftsanteil des Säumigen; das Rechtsverhältnis zwischen Gesellschaft und Gesellschafter wird durch die Gründungshaftung nicht berührt (so auch *Barz* GroßkommAktG § 46, 10).

---

67 Vgl. Rdn. 38; wie hier Geßler/Hefermehl/*Eckardt*/Kropff AktG § 46,20; **aA** *Scholz/Winter* §§ 9a, 9b nF, 30 für den Fall eines liquiden Differenzhaftungsanspruchs gegen den Sacheinleger, allerdings unter unzutr. Berufung auf BGHZ **29** 300, 306 = NJW **1959** 934.

68 So auch *Scholz/Winter* §§ 9a, 9b nF, 34, *Barz* GroßkommAktG § 46,22, *Kraft* Kölner KommAktG § 46,43.

69 So auch *Roth* 2.3, *Lutter* DB **1980** 1320, *Kraft* Kölner KommAktG § 46,42; offenlassend *Barz* GroßkommAktG, § 46,22; **aA** wegen fehlender Gleichstufigkeit der Verpflichtungen *Scholz/Winter* §§ 9a, 9b nF, 35.

70 **AA** *Scholz/Winter* §§ 9a, 9b nF, 35, wonach die Ersatzpflichtigen analog § 255 BGB nur gegen Abtretung des Einlageanspruchs zur Zahlung verpflichtet sind.

VI. Sonstige Regreßansprüche aus Anlaß der Gründung

1. Ansprüche der Gesellschaft

Ansprüche nach § 43 gegen die Geschäftsführer wegen Verletzung ihrer Pflicht zu ordnungsgemäßer Geschäftsführung können der **Gesellschaft** bereits im Gründungsstadium zustehen. § 43 gehört zu den Vorschriften, die die Rechtsfähigkeit der Gesellschaft und damit die Eintragung nicht voraussetzen (vgl. näher § 11, 9 und 33). Erfolgt die Schädigung jedoch durch eine der von **§ 9a Abs. 1** erfaßten Handlungen, so geht diese Vorschrift der allgemeinen Geschäftsführerhaftung als **lex specialis** vor[71]. § 43 findet nur Anwendung, falls es trotz der falschen Angaben nicht zur Eintragung der Gesellschaft kommt und ein Anspruch aus § 9a Abs. 1 deshalb nicht entsteht (vgl. Rdn. 8). Dagegen bleibt die Haftung der Geschäftsführer nach § 43 wegen Mitwirkung bei Schädigungen der Gesellschaft durch Einlagen und Gründungsaufwand von der nur für Gesellschafter geltenden Sondervorschrift des § 9a Abs. 2 unberührt. Zu beachten ist freilich, daß das Einverständnis aller Gesellschafter mit der schädigenden Handlung die Haftung nach § 43 ausschließt, soweit nicht ein Fall des § 43 Abs. 3 vorliegt[72]. 48

Im einzelnen kommt eine **nach § 43 relevante Sorgfaltspflichtverletzung im Gründungsstadium** insbesondere in Betracht, wenn ein Geschäftsführer, ohne daß sich eine entsprechende Vereinbarung bereits bei Anmeldung der Gesellschaft nachweisen läßt, einen Teil der geleisteten Einzahlungen vor Eintragung der Gesellschaft an den Einzahlenden zurückgibt oder am Vollzug einer verschleierten Sacheinlage mitwirkt. Entsprechendes gilt, wenn die Geschäftsführer bereits vor Eintragung der Gesellschaft mit den Geschäften beginnen und durch unsorgfältige Geschäftsführung die eingezahlten Geldeinlagen zwischen Anmeldung und Eintragung ganz oder teilweise verbrauchen. 49

Die **Verjährung** der Ansprüche aus § 43 richtet sich nach § 43 Abs. 4; sie beginnt mit Begehung der Handlung. Die Befugnis der Gesellschaft, auf die Ansprüche aus § 43 zu verzichten, ist nach § 43 Abs. 3 nur eingeschränkt, soweit entgegen §§ 30, 33 Zahlungen erfolgt sind und dadurch das Gesellschaftsvermögen unter den Betrag des Stammkapitals absinkt. In diesem Fall findet § 9b entsprechende Anwendung (§ 43 Abs. 3 S. 2). 50

2. Ansprüche von Gesellschaftern und Gläubigern

a) Deliktische Ansprüche. α) Nach allgemeinen Vorschriften. Schadensersatzansprüche von Gesellschaftern und Dritten, insbes. **Gläubigern** der GmbH, gegen die Gesellschafter und Geschäftsführer wegen pflichtwidriger Handlungen bei der Gründung der Gesellschaft können sich einmal aus den allgemeinen Vorschriften ergeben. In Betracht kommen in erster Linie Ansprüche aus **§ 826 BGB**, daneben auch aus **§ 823 Abs. 2 BGB** iVm § 263 StGB bzw. — gegenüber geschädigten Gesellschaftern — iVm § 266 StGB. Erforderlich ist in jedem dieser Fälle die *vorsätzliche Schädigung* der Betroffenen durch Mitwirkung bei Handlungen zum Nachteil der zu gründenden Gesellschaft. Zu denken ist an die Mitwirkung bei einer Sachgründung mit wertlosen oder überbewerteten Sacheinlagen. Zwischen der für die Gesellschaft nachteiligen Handlung und der Schädigung betroffener Dritter muß ein adäquater Kausalzusammenhang bestehen. Die Person des Geschädigten braucht bei der Handlung nicht festzustehen; wohl aber müssen sich die Geschäftsführer der Möglichkeit des Schadensverlaufs und -eintritts bewußt gewesen sein und sie billigend in Kauf genommen haben[73]. In diesem Rahmen kann auch eine 51

[71] So auch *Scholz/Winter* §§ 9a, 9b nF, 38, *Roth* 2.7.

[72] Vgl. näher § 43,67 ff. und *Scholz/U. H. Schneider* § 43,94 ff.

[73] RGZ **143** 48, 51.

Haftung gegenüber Personen eingreifen, die im Zeitpunkt der schädigenden Handlung noch nicht Gesellschafter oder Gläubiger der Gesellschaft waren, aber später im Vertrauen auf die Ordnungsmäßigkeit des Gründungsvorgangs zu ihr in Beziehung getreten sind. Auf die Eintragung der Gesellschaft kommt es für das Entstehen der deliktischen Ansprüche nicht an.

52 **β) § 82 Abs. 1 Nr. 1, 2, 4 iVm § 823 Abs. 2 BGB.** Neben diesen allgemeinen Vorschriften kommt eine spezielle **Haftung von Geschäftsführern und Gesellschaftern** gegenüber betroffenen Dritten **wegen Gründungsschwindels** in Betracht, soweit die Strafsanktionen für vorsätzliche falsche Angaben *gegenüber dem Registergericht* in den in § 82 Abs. 1 Nr. 1, 2 und 4 genannten Fällen als Schutzgesetze zugunsten von Gesellschaftern und Gläubigern zu werten sind. Der Schutzgesetzcharakter von § 82 Nr. 1 aF wurde früher überwiegend verneint[74]. Demgegenüber wird im Anschluß an die Rechtsprechung des Reichsgerichts zur entsprechenden aktienrechtlichen Vorschrift des § 313 aF HGB (= § 399 Abs. 1 Nr. 1 AktG 1965)[75] im neueren Schrifttum zutreffend der Schutzgesetzcharakter **bejaht**, und zwar sowohl im Verhältnis zu Gesellschaftern als auch zu Gläubigern[76]. Schutzgut ist das Vertrauen auf die Richtigkeit der von Gesellschaftern und Geschäftsführern im Zusammenhang mit der Gründung und Anmeldung der Gesellschaft gemachten Angaben. Gegen die Schutzgesetzeigenschaft kann insbesondere auch nicht die Haftungsvorschrift des § 9a Abs. 1 angeführt werden[77], da sie Ansprüche nur für die Gesellschaft eröffnet (Rdn. 7). Anhaltspunkte dafür, daß sie eine Haftung gegenüber *Dritten* aus Vorgängen im Zusammenhang mit der Anmeldung der Gesellschaft ausschließen soll, sind nicht ersichtlich. Abweichend von § 9a Abs. 1 tritt die Haftung nur für solche Angaben ein, die der Täter selbst gemacht hat; eine Haftung der Gesellschafter kommt somit nur für falsche Angaben im *Sachgründungsbericht* (§ 82 Abs. 1 Nr. 2) in Betracht. Weiterhin muß der Täter zumindest mit bedingtem Vorsatz gehandelt haben[78]. Eine Haftung von Geschäftsführern oder Gesellschaftern *gegenüber Dritten* wegen *fahrlässig* unrichtiger Angaben scheidet aus. — Zur Notwendigkeit des adäquaten Kausalzusammenhangs zwischen falschen Angaben und dem Schadenseintritt und zum Personenkreis der Ersatzberechtigten vgl. Rdn. 51.

53 **γ) Verhältnis der Ansprüche Dritter zum Anspruch der GmbH aus § 9a.** Zweifelhaft ist das Verhältnis der deliktischen Ansprüche Dritter zum Anspruch der Gesellschaft aus § 9a, soweit sich der dem Dritten entstandene Schaden rechnerisch mit dem der Gesellschaft deckt. Die Gefahr einer Doppelhaftung des Schädigers ist ausgeschlossen, wenn die *Gesellschaft* ihren Anspruch geltend macht und Befriedigung erlangt; dadurch entfällt auch der Schaden des Dritten[79]. Dagegen befreit die Leistung des Schädigers an den *Dritten* ihn nicht von seiner Verpflichtung gegenüber der Gesellschaft; der Schädiger kann eine doppelte Inanspruchnahme vermeiden, indem er an die Gesellschaft leistet[80].

54 **b) Vertragliche Ansprüche.** Weitergehende Ansprüche der Gesellschafter untereinander können sich aus der Verletzung von neben dem Gesellschaftsvertrag bestehenden

---

[74] *Vogel* § 82,1, *Feine* S. 223; ebenso noch *Scholz*[5] § 82,2, anders aber offenbar *ders.* § 9,3.

[75] RGZ **157** 213, 217; **159** 211, 224.

[76] § 82,64, *Scholz/Winter* §§ 9a, 9b nF, 39, *Scholz/Tiedemann* § 82,7, *Roth* 2.7, für § 82 aF auch schon *Baumbach/Hueck* § 9,1 C und § 82,1 B; zweifelnd *Fleck* GmbH-Rdsch. **1974** 224, 234.

[77] So aber *Fleck* aaO (Fn. 76).

[78] § 82,51, *Scholz/Tiedemann* § 82,35.

[79] Vgl. für das Aktienrecht RGZ **115** 289, 296; **157** 213, 216; *Barz* GroßkommAktG § 46, 3, *Kraft* Kölner KommAktG § 46,11.

[80] So auch *Kraft* Kölner KommAktG § 46,11.

schuldrechtlichen Abreden ergeben (vgl. näher § 3, 101 f.). Solche Abreden sind im Grundsatz inhaltlich unbegrenzt zulässig. Sie können auch die Übernahme von Pflichten im Gründungsstadium zum Inhalt haben. Die Rechtsfolgen einer Verletzung bestimmen sich nach §§ 276, 280 BGB.

§ 9b

Ein Verzicht der Gesellschaft auf Ersatzansprüche nach § 9a oder ein Vergleich der Gesellschaft über diese Ansprüche ist unwirksam, soweit der Ersatz zur Befriedigung der Gläubiger der Gesellschaft erforderlich ist. Dies gilt nicht, wenn der Ersatzpflichtige zahlungsunfähig ist und sich zur Abwendung oder Beseitigung des Konkursverfahrens mit seinen Gläubigern vergleicht.

Ersatzansprüche der Gesellschaft nach § 9a verjähren in fünf Jahren. Die Verjährung beginnt mit der Eintragung der Gesellschaft in das Handelsregister oder, wenn die zum Ersatz verpflichtende Handlung später begangen worden ist, mit der Vornahme der Handlung.

Übersicht

I. Einführung

1. Normzweck

1 § 9b **Abs. 1** beschränkt aus Gründen des Gläubigerschutzes (Rdn. 2) die nach allgemeinem bürgerlichem Recht bestehende Befugnis der Gesellschaft, auf die Ansprüche aus § 9a zu verzichten oder sich über sie zu vergleichen. Verzicht und Vergleich sind unwirksam, soweit der Ersatz zur Befriedigung der Gesellschaftsgläubiger erforderlich ist. Die Unwirksamkeit nach § 9b Abs. 1 tritt bei Vorliegen der Voraussetzungen von selbst ein (Rdn. 10). Eine Ausnahme gilt nur für solche Vergleiche, die ein Haftpflichtiger mit seinen Gläubigern zur Abwendung oder Beseitigung des Konkursverfahrens geschlossen hat (Abs. 1 S. 2, vgl. Rdn. 12 ff.). **Abs. 2** bestimmt für die Ansprüche aus § 9a eine fünfjährige Verjährungsfrist und regelt den Beginn der Verjährung.

2 **Zweck** der Begrenzung der Verzichts- und Vergleichsmöglichkeiten der Gesellschaft in Abs. 2 ist *ausschließlich* der **Gläubigerschutz;** Gesellschaft und Minderheit werden vom Schutzzweck nicht mit erfaßt[1]. Darin unterscheidet sich die Vorschrift von der entsprechenden aktienrechtlichen Regelung des § 50 AktG, die einen Verzicht oder

[1] Vgl. Begr. RegE BT-Drucks. 8/1347, S. 36.

Vergleich in den ersten drei Jahren generell ausschließt und auch für die spätere Zeit einer Aktionärsminderheit von 10% ein Widerspruchsrecht einräumt. Bei der Beschlußfassung überstimmte Gesellschafter können die Wirksamkeit des Verzichts oder Vergleichs daher nur unter Berufung auf die *allgemeinen Stimmrechtsschranken* in der GmbH, insbesondere wegen eines etwaigen Treupflichtverstoßes der für den Verzicht oder Vergleich stimmenden Gesellschafter, anfechten. Im übrigen ist der Verzicht oder Vergleich nach § 9b Abs. 1 *solange und insoweit wirksam,* als die der Gesellschaft dadurch entgangenen Mittel nicht zur Befriedigung der Gläubiger benötigt werden (Rdn. 9 ff.). — Einem Verzicht auf oder einem Vergleich über Regreßansprüche gegen **Gesellschafter** und **Hintermänner**[2] kann darüber hinaus **§ 30** entgegenstehen, soweit dadurch das Gesellschaftsvermögen unter den Betrag des Stammkapitals absinkt oder eine bestehende Unterbilanz erweitert wird (vgl. § 30, 35).

2. Reform

3 Die Vorschrift des § 9b enthält die Regelungen des § 9 Abs. 2 und 3 aF mit geringen sprachlichen Änderungen. Abweichend vom alten Recht beginnt die Verjährungsfrist nach aktienrechtlichem Vorbild (§ 51 AktG) in Fällen, in denen die schädigende Handlung erst nach Eintragung der Gesellschaft begangen wurde, nicht schon mit Eintragung der Gesellschaft ins Handelsregister, sondern erst mit Vornahme der schädigenden Handlung.

II. Verzicht und Vergleich (Abs. 1)

1. Allgemeines

4 Gläubiger der Regreßansprüche nach § 9a ist die **Gesellschaft** (§ 9a, 7). Sie ist nach allgemeinem bürgerlichen Recht daher grundsätzlich auch befugt, über den Anspruch zu verfügen, insbesondere auf ihn zu verzichten oder sich über ihn zu vergleichen, *soweit nicht § 9b Abs. 1 entgegensteht.* **Zuständig** für die Beschlußfassung über Verzicht oder Vergleich ist jedenfalls in den Fällen, in denen der Anspruch sich gegen einen Gesellschafter oder einen noch amtierenden Geschäftsführer richtet (§ 46 Nr. 8), die *Gesellschafterversammlung.* Sind der oder die Regreßpflichtigen Gesellschafter, so sind sie nach § 47 Abs. 4 S. 1 von der Beschlußfassung ausgeschlossen.

5 Wird der Verzicht oder Vergleich nur mit einem **Teil der Regreßpflichtigen** geschlossen, so beschränkt sich die Wirkung grundsätzlich auf die an der Vereinbarung Beteiligten. Gegenüber den restlichen Gesellschaftern oder Geschäftsführern besteht der Anspruch unverändert fort; es verbleibt ihnen aber auch der interne Ausgleichsanspruch gegen die von der Haftung befreiten Personen[3]. Der Grundsatz der Einzelwirkung erleidet im Fall des *Verzichts* eine Ausnahme dann, wenn von den Beteiligten die Haftungsbefreiung *sämtlicher Haftungsschuldner* beabsichtigt war (§ 423 BGB); die Beweislast für diese Gesamtwirkung liegt bei den nichtbeteiligten Gesamtschuldnern[4]. Demgegenüber ist beim *Vergleich,* der das *gegenseitige* Nachgeben beider Seiten voraussetzt (§ 779 Abs. 1 BGB), eine entsprechende Gesamtwirkung wegen der Unwirksamkeit von Verträgen zu Lasten Dritter ausgeschlossen[5]. Die nichtbeteiligten Gesamtschuldner

---

2 Zur Anwendung der §§ 30, 31 auf die Hintermänner von Gesellschaftern vgl. näher § 2,54.

3 BGHZ **11** 170, 174 = NJW **1954** 595; *Palandt/Heinrichs* BGB[43], § 426,5a.

4 *Erman/H. P. Westermann* BGB[7], § 423,2.

5 **AA** noch *Hachenburg/Schilling*[6] § 9,16.

können sich dem Vergleich jedoch nachträglich anschließen, wenn die Gesellschaft damit einverstanden ist und sie bereit ist, die Abmachung über die Gegenleistung als auch für sie verbindlich anzuerkennen.

2. Von Abs. 1 erfaßte Rechtsgeschäfte

a) Verzicht. Gemeint sind die in § 397 BGB geregelten Tatbestände des **Erlaßvertrags** und des **negativen Schuldanerkenntnisses**. Beide setzen einen *Vertrag* zwischen Gläubiger und Schuldner voraus; einen einseitigen Forderungsverzicht des Gläubigers kennt das geltende Recht nicht. Unter den Verzicht fällt auch der *Teilerlaß* bezüglich eines Teils des Regreßanspruchs oder der Erlaß des Anspruchs nur gegen einen von mehreren Gesamtschuldnern (Rdn. 5). Kein Verzicht, sondern Erfüllung durch einen Gesamtschuldner liegt vor, wenn der Anspruch der Gesellschaft dadurch erlischt, daß der säumige Gesellschafter den entgegen der Versicherung der Geschäftsführer noch nicht eingezahlten Betrag nachträglich leistet und ein weitergehender Schaden der Gesellschaft nicht besteht (§ 9a, 35, 46 f.). 6

b) Vergleich. Maßgebend ist der Begriff des Vergleichs in **§ 779 BGB,** d. h. die Beseitigung des Streits oder der Ungewißheit der Parteien über ein Rechtsverhältnis (hier: den Regreßanspruch) im Wege *gegenseitigen* Nachgebens. Ein Vergleich kann auch darin liegen, daß den Haftpflichtigen ein Teil der Schuld erlassen, ihnen Stundung bewilligt oder die Abtragung in *Raten* gestattet wird, *wenn sie ihrerseits* die Zahlungspflicht insoweit *anerkennen*. Das Verbot des Erlasses oder der Stundung (§ 19 Abs. 2) bezieht sich nur auf die Einlagepflicht als solche, nicht auf die Ersatzhaftung hierfür nach § 9a. 7

c) Prozeßverzicht und -vergleich. Die Begrenzung der Wirksamkeit nach Abs. 2 erstreckt sich auch auf solche Verzichte und Vergleiche, die im Rahmen von Rechtsstreitigkeiten über den Regreßanspruch als *Prozeßhandlungen* vorgenommen werden. Soweit es den **Prozeßvergleich** (§ 794 Abs. 1 Nr. 1 ZPO) betrifft, folgt dies aus der *Doppelnatur dieses Instituts*, das nach hM sowohl Prozeßhandlung als auch materiellrechtliches Rechtsgeschäft ist[6]. Nach dieser Theorie ist der Prozeßvergleich nicht nur von den prozessualen, sondern auch von den *materiellrechtlichen* Wirksamkeitsvoraussetzungen abhängig; er kann wirksam nur zustande kommen, soweit die *Dispositionsbefugnis* der Parteien reicht. Gleiches muß aber auch für den Fall des **Prozeßverzichts** und des prozessualen Anerkenntnisses (§§ 306, 307 ZPO) gelten. Hier ist zwar in neuerer Zeit die Lehre von der Doppelnatur überwiegend durch die Lehre vom Doppeltatbestand ersetzt worden[7]. Diese Lehre geht davon aus, daß das Vorbringen als Prozeßhandlung dem Prozeßrecht untersteht, das Rechtsgeschäft dagegen nach den maßgebenden Normen des materiellen Rechts zu beurteilen ist. Auch für sie gilt aber der allgemeine Grundsatz, daß Prozeßhandlungen, soweit sie eine Verfügung über den Streitgegenstand betreffen, die Dispositionsbefugnis der Partei hierüber voraussetzen[8]. Zu den sonstigen Folgen von § 9b Abs. 1 für die prozessuale Handlungsfähigkeit der Gesellschaft vgl. Rdn. 16. 8

---

6 BGHZ **16** 388, 390 = NJW **1955** 705, BGH NJW **1972** 159, NJW **1980** 1753, *Rosenberg/Schwab* Zivilprozeßrecht[13] § 132 III 1, S. 777 f., im Grundsatz auch *Stein/Jonas/Münzberg* ZPO[20], § 794, 6, 58 f.

7 Vgl. statt aller *Stein/Jonas/Leipold* ZPO[20], vor § 128, 255.

8 So *Blomeyer* Zivilprozeßrecht § 13 II 3, *Rosenberg/Schwab* Zivilprozeßrecht[13], § 134 IV 3b, S. 803 und V 2d, S. 809; im Grundsatz auch *Stein/Jonas/Schumann/Leipold*, ZPO[19], § 306, II; **aA** *Baumbach/Lauterbach/Hartmann*, ZPO[42], vor § 306, 2 A.

3. Die Wirksamkeitsgrenzen

9 **a) Voraussetzungen der Unwirksamkeit.** Voraussetzung der Unwirksamkeit ist, daß die erlassenen Beträge *zur Befriedigung der Gläubiger* benötigt werden. Das ist grundsätzlich der Fall nicht nur im Konkurs der Gesellschaft, sondern auch schon bei Vorliegen der **Konkursvoraussetzungen,** also bei *Zahlungsunfähigkeit* oder *Überschuldung.* Dabei ist unerheblich, ob der Eintritt der Konkursvoraussetzungen bei Abschluß des Verzichts oder Vergleichs schon vorhersehbar war. Die (Mit-)*Ursächlichkeit* von Verzicht oder Vergleich für die später eingetretene Zahlungsunfähigkeit oder Überschuldung wird innerhalb der fünfjährigen Verjährungsfrist des Abs. 2 in aller Regel gegeben sein, jedenfalls solange die Einlagen entgegen den bei Gründung gemachten Angaben noch nicht oder nicht vollständig geleistet sind. Aber auch wenn die Konkursvoraussetzungen (noch) nicht vorliegen, kann bereits eine Inanspruchnahme der Regreßpflichtigen im *Interesse der Gläubiger* geboten sein. So bei nicht bloß vorübergehenden **Zahlungsschwierigkeiten** oder -verzögerungen der Gesellschaft; Zahlungsunfähigkeit im technischen Sinne muß nicht eingetreten sein. Bei Gesellschaftern und Hintermännern sind zudem die Schranken des § 30 zu beachten (vgl. Rdn. 2). In keinem Fall ausreichend ist die Berufung auf das generelle Interesse der Gläubiger an Vermehrung des ihrem Zugriff unterliegenden Gesellschaftsvermögens. — Der Nachweis der Voraussetzungen für die Unwirksamkeit des Verzichts oder Vergleichs nach § 9b Abs. 1 ist Sache der sich darauf berufenden Gesellschaft; den Haftpflichtigen steht der Gegenbeweis der fortbestehenden Zahlungsfähigkeit bzw. des die Schulden übersteigenden Gesellschaftsvermögens offen.

10 **b) Eintritt und Geltendmachung der Unwirksamkeit.** Im Unterschied zur Ausgestaltung der Gläubigerschutzbestimmungen im Konkurs- und Anfechtungsrecht (§§ 29 KO, 1 AnfG) tritt die Unwirksamkeit nach § 9b Abs. 1 bei Vorliegen der Voraussetzungen **von selbst** ein. Ihrer gerichtlichen Geltendmachung durch die Gesellschaft bedarf es nicht. Aber auch eine außergerichtliche Gestaltungserklärung, etwa ein Widerruf oder Rücktritt der Gesellschaft, ist nicht erforderlich[9]. Da § 9b Abs. 1 die Dispositionsbefugnis der Gesellschaft über den Regreßanspruch zwingend begrenzt, werden auch die Wirkungen eines zwischen Gesellschaft und Haftungsschuldnern vereinbarten Verzichts oder Vergleichs durch diese Grenzen bestimmt. Das entspricht der Rechtsfigur der **auflösenden Bedingung,** deren Eintritt die Wirkungen des Rechtsgeschäfts von selbst beseitigt[10]. Daraus folgt, daß grundsätzlich auch der *Haftpflichtige selbst sich auf die Unwirksamkeit berufen kann,* etwa um von anderen ihm lästigen Teilen des mit der Gesellschaft geschlossenen Vergleichs freizukommen[11]. Im Einzelfall kann die Berufung auf die Unwirksamkeit seitens des Haftpfichtigen freilich mißbräuchlich sein.

11 Ist nur ein **Teil des Anspruchs** der Gesellschaft gegen die Ersatzpflichtigen **zur Befriedigung ihrer Gläubiger erforderlich,** so besteht für den Rest der Verzicht oder der Vergleich weiter, sofern nicht die Auslegungsregel des **§ 139 BGB** zur Annahme voller Unwirksamkeit führt. Die gleiche Frage stellt sich, falls der Erlaß Teil einer *umfassenderen* Vergleichsregelung ist, für die *restlichen Bestandteile* des Vergleichs. Beschränkt sich das Nachgeben der Gesellschaft im Sinne von § 779 BGB freilich auf den Teilerlaß oder die Stundung des Regreßanspruchs, so ist mit deren nachträglicher Unwirksamkeit auch die Grundlage für die vom Haftpflichtigen in dem Vergleich übernommenen Verpflichtungen entfallen.

12 **c) Der Sonderfall des Abwendungsvergleichs (Abs. 1 S. 2).** Ein zur **Abwendung oder Beseitigung des Konkursverfahrens** durch den Ersatzpflichtigen mit seinen

---

[9] **AA** noch *Hachenburg/Schilling*[6], § 9,15.

[10] So auch *Scholz/Winter* § 9 aF, 7, *Roth* 2.2.

[11] **AA** *Hachenburg/Schilling*[6] § 9,16.

Gläubigern abgeschlossener Vergleich unterliegt nicht der Unwirksamkeitsfolge des Satzes 1, auch wenn die Gesellschaft schon bei Vergleichsschluß oder später auf die erlassenen Mittel zur Befriedigung ihrer Gläubiger angewiesen ist. Die Interessenlage bei einem nicht auf das Rechtsverhältnis des Haftpflichtigen zur Gesellschaft beschränkten, der Erhaltung der Zahlungsfähigkeit des Haftpflichtigen dienenden Vergleich ist eine grundsätzlich andere als beim Vergleich im Sinne von Satz 1. Die Unwirksamkeitsfolge ist daher hier so wenig veranlaßt wie bei der entsprechenden aktienrechtlichen Regelung (§ 50 S. 2 AktG). Die beschränkte Dispositionsfreiheit der Gesellschaft nach § 9b Abs. 1 S. 1 soll einer im Interesse *aller* Gläubiger des Haftpflichtigen liegenden Sanierungsaktion nicht entgegenstehen.

Voraussetzung für das Eingreifen der Ausnahmevorschrift des Abs. 1 S. 2 ist nach dem Gesetzeswortlaut die **Zahlungsunfähigkeit** des Haftpflichtigen. Bei der insoweit unveränderten Übernahme der Vorschrift des § 9 Abs. 2 aF durch die GmbH-Novelle wurde offenbar übersehen, daß durch die Neufassung des § 9a, der die Haftung für falsche Angaben auf die Gesellschafter erstreckt, nunmehr auch *juristische Personen* als Haftpflichtige in Betracht kommen, für die neben der Zahlungsunfähigkeit auch die Überschuldung einen Konkursgrund darstellt (vgl. etwa § 63 Abs. 1, §§ 207 f. KO). Da ein sachlicher Unterschied zwischen einem Vergleich zur Abwendung des Konkursverfahrens wegen Zahlungsunfähigkeit und wegen Überschuldung nicht ersichtlich ist, ist das Redaktionsversehen durch erweiternde Auslegung des § 9b Abs. 1 S. 2 zu korrigieren. Die Ausnahmevorschrift erfaßt somit auch einen Vergleich zur Abwendung des Konkursverfahrens wegen **Überschuldung** mit solchen Haftpflichtigen, bei denen das Vorliegen einer Überschuldung einen Konkursgrund darstellt. Ist der Haftpflichtige dagegen eine natürliche Person, ist das Vorliegen einer Überschuldung weder erforderlich noch bildet es für sich genommen einen Grund zum Eingreifen der Ausnahmevorschrift[12]. 13

Ferner muß der Vergleich **zur Abwendung oder Beseitigung des Konkursverfahrens** über das Vermögen des Haftpflichtigen geschlossen sein. Zur Abwendung des Konkurses dient das Vergleichsverfahren nach der Vergleichsordnung. Der gerichtlich bestätigte Vergleich wirkt gegen alle Gläubiger, auch die am Verfahren nicht teilnehmenden (§ 82 VerglO). Der Schuldner kann auch ohne das Gericht sich mit seinen Gläubigern verständigen. Diese Abmachungen binden nur die zustimmenden Gläubiger. Eine Zustimmung aller ist nicht erforderlich. Verlangt ist aber, daß der Schuldner die Gläubiger als Gesamtheit abfinden will. Er kann zwar einzelne ausnehmen. Aber das muß eine Ausnahme sein, der Zweck des Vergleichs muß in der Abwendung des sonst unvermeidlichen Konkurses liegen[13]. Ist das *Konkursverfahren bereits eröffnet*, so kann dessen *Beseitigung* entweder durch Zwangsvergleich (§§ 173 ff. KO) oder durch außergerichtliche Zustimmung aller Gläubiger (§ 202 Abs. 1 KO) herbeigeführt werden. 14

Der Vergleich zur Abwendung oder Beseitigung des Konkurses und der streitbeendende Vergleich (§ 779 BGB) können zusammentreffen. Entscheidend ist das erstere Moment. Es macht den Vergleich unantastbar. 15

4. Prozessuale Fragen

Die Beschränkung der Dispositionsfreiheit der Gesellschaft nach § 9b Abs. 1 kann im Einzelfall Fragen nach der Zulässigkeit und den Rechtsfolgen bestimmter Prozeßhandlungen in dem über den Regreßanspruch geführten Rechtsstreit aufwerfen. Sie werden wegen der wesentlich einschneidenderen Beschränkungen der Verzichtsmög- 16

[12] So auch *Scholz/Winter* § 9 aF, 8.

[13] Zust. *Scholz/Winter* § 9 aF, 9.

lichkeiten der AG nach § 50 S.1 AktG vor allem im Aktienrecht erörtert[14]. Für das GmbH-Recht kommt ihnen, abgesehen von den mit der Wirksamkeit eines Prozeßverzichts, -anerkenntnisses oder -vergleichs verbundenen Fragen (Rdn. 8) nur beschränkte Bedeutung zu. Auch für Klagen über Regreßansprüche gelten grundsätzlich die **allgemeinen Verfahrensgrundsätze.** Es herrscht die Verhandlungs-, nicht die Untersuchungsmaxime. Ein rechtskräftig als nichtbestehend festgestellter Regreßanspruch kann nicht erneut geltend gemacht werden. Ist der Prozeß für die Gesellschaft nachlässig geführt worden, so kommen wegen des daraus entstandenen Schadens regelmäßig nur Ersatzansprüche der Gesellschaft gegen den Bevollmächtigten in Betracht. Dagegen wird der *Arglisteinwand* gegenüber der Berufung auf die Rechtskraft des klagabweisenden Urteils nur in seltenen Fällen durchgreifen[15]. Zweifelhaft ist allerdings, ob **Versäumnisurteil** gegen die GmbH bei einem auf § 9a Abs.1 oder 2 gestützten Klageantrag ergehen kann. Fordert man für die Zulässigkeit des Versäumnisurteils gegen den Kläger, daß der Streitgegenstand seiner Disposition unterliegt[16], so wird man die Frage *verneinen* müssen[17]; eine vorläufige Wirksamkeit des Urteils mit der Möglichkeit ihres späteren Wegfalls bei Vorliegen der Voraussetzungen von § 9b Abs. 1 S. 1 (Rdn. 9ff.) wäre mit dem für Urteile geltenden Grundsatz des Bestandsschutzes unvereinbar.

III. Verjährung (Abs. 2)

17 Die besondere Verjährungsvorschrift des Abs. 2 gilt nur für Ersatzansprüche der Gesellschaft nach § 9a, nicht für sonstige Schadensersatzansprüche gegen Geschäftsführer und Gesellschafter im Zusammenhang mit der GmbH-Gründung (dazu vgl. § 9a, 48ff.)[18]. Die **Verjährungsfrist** beträgt **5 Jahre.** Sie beginnt grundsätzlich mit der Eintragung der Gesellschaft im Handelsregister. Auf die Kenntnis der die Ersatzpflicht begründenden Umstände durch die zur Entscheidung über die Geltendmachung der Ansprüche berufenen Personen kommt es nicht an. Die Verjährungsfrist läuft auch dann ab Eintragung der Gesellschaft, wenn der *Schaden* erst zu einem späteren Zeitpunkt eintritt[19]. Lediglich soweit die zum Ersatz verpflichtende *Handlung* erst nach Eintragung der Gesellschaft begangen wurde, beginnt der Lauf der Frist erst mit **Vornahme der Handlung** (S. 2). Praktische Bedeutung kommt dieser Ausnahmeregelung nicht nur für eine Haftung nach § 9a Abs. 2 zu[20], sondern auch im Rahmen der analogen Anwendung des § 9a Abs. 1 auf die wirtschaftliche Neugründung (vgl. § 3, 30 und § 9a, 11) und auf die Verletzung der Anzeigepflicht nach § 19 Abs. 4 S. 2 (§ 9a, 25 und § 19 nF, 46 i).

18 **Nach rechtskräftiger Feststellung** der Forderung tritt an die Stelle der Verjährungsfrist des § 9b Abs. 2 die **dreißigjährige Verjährungsfrist** (§ 218 Abs. 1 S. 1 BGB). Entsprechendes gilt nach § 218 Abs. 1 S. 2 BGB, wenn über die Forderung ein nach § 9b Abs. 1 wirksamer *Prozeßvergleich* abgeschlossen wurde[21]. Dagegen wird durch den Abschluß eines nach § 9b Abs. 1 wirksamen *außergerichtlichen Vergleichs* regelmäßig eine neue fünfjährige Verjährungsfrist in Lauf gesetzt[22], soweit nicht *ausnahmsweise* im Wege

---

[14] Vgl. Näheres bei *Barz* GroßkommAktG § 50,7 bis 10, *Kraft* Kölner KommAktG § 50,29 bis 33.

[15] So auch *Barz* GroßkommAktG § 50,10 unter Berufung auf BGHZ **13** 71 = NJW **1954** 880; weitergehend offenbar *Scholz/Winter* § 9 aF, 7.

[16] *Blomeyer* Zivilprozeßrecht, § 54 III 2b.

[17] **AA** *Scholz/Winter* § 9 aF,7.

[18] EinhM, vgl. *Scholz/Winter* § 9 aF,11, *Roth* 4.

[19] Ebenso *Scholz/Winter* §§ 9a, 9b nF, 37.

[20] So aber *Scholz/Winter* §§ 9a, 9b, nF, 37, *Roth* 3 und § 9a,3.

[21] So auch *Roth* 3; **aA** offenbar *Scholz/Winter* § 9 aF, 11 und *Rob. Fischer* 2, die dem Vergleichsabschluß keinerlei Bedeutung für den Lauf der Verjährung beimessen.

[22] §§ 208, 217 BGB; so auch *Roth* 3; **aA** die in Fn. 21 Genannten.

des Vergleichs das ursprüngliche Schuldverhältnis durch ein neues ersetzt wird, der Haftpflichtige etwa ein abstraktes Schuldversprechen abgibt, für das die regelmäßige Verjährung des § 195 gilt[23]. Der Wille zur Ersetzung des bisherigen Schuldverhältnisses durch ein neues muß sich aus dem Vergleich *deutlich* ergeben; für ihn besteht keine Vermutung[24].

Die **Hemmung und die Unterbrechung der Verjährung** richten sich nach den allgemeinen Vorschriften des BGB. Zu beachten ist, daß durch den Abschluß eines nach § 9b Abs. 1 zugunsten der Gläubiger *unwirksamen Vergleichs* weder eine Unterbrechung noch eine Hemmung der Verjährungsfrist für die Ansprüche aus § 9a eintritt[25]. Weder stellen Erklärungen des Schuldners in einem *unwirksamen* Vergleich ein Anerkenntnis nach § 208 BGB dar[26], noch berechtigt der Vergleich, soweit der Ersatz zur Befriedigung der Gläubiger nötig ist, den Verpflichteten zur Verweigerung der Leistung nach § 202 BGB[27]. Ebenso tritt eine Hemmung nicht ein, wenn die Gesellschaft in den letzten sechs Monaten der Verjährungszeit ohne Geschäftsführer war; die Bestimmung des § 206 BGB über die geschäftsunfähigen Personen gilt nicht für juristische Personen. Die Gesellschafter haben für die rechtzeitige Bestellung der Geschäftsführer Sorge zu tragen. Die Unterbrechung der Verjährung gegenüber einem von mehreren Ersatzpflichtigen ist ohne Einfluß auf den Fortgang der Verjährung zugunsten der anderen (§ 425 Abs. 2 BGB). Der Ausgleich unter den Ersatzpflichtigen wird dadurch so wenig berührt wie durch den Erlaß gegenüber nur einem Teil von ihnen (Rdn. 5). **19**

Die **Wirkung der Verjährung** richtet sich nach §§ 222 ff. BGB. Der Ersatzpflichtige hat ein Leistungsverweigerungsrecht, das im Prozeß im Wege der Einrede geltend gemacht werden muß. Die Verjährung kann rechtsgeschäftlich **weder ausgeschlossen noch erschwert** werden (§ 225 S. 1 BGB). Eine Erleichterung ist dagegen statthaft, aber nur vorbehaltlich der Unwirksamkeit der Vereinbarung gem. § 9b Abs. 1 S. 1 zugunsten der Gläubiger[28]. **20**

§ 9c

Ist die Gesellschaft nicht ordnungsgemäß errichtet und angemeldet, so hat das Gericht die Eintragung abzulehnen. Dies gilt auch, wenn Sacheinlagen überbewertet worden sind.

Übersicht

[23] Vgl. MünchKomm.—*Hüffer* BGB § 780,40.

[24] MünchKomm.—*Pecher* BGB § 779,20.

[25] Insoweit zutr. *Scholz/Winter* § 9 aF, 11 und *Rob. Fischer* 2.

[26] Vgl. MünchKomm.—*v. Feldmann* BGB § 208, 12 m. Nachw.

[27] So schon *Baumbach/Hueck* § 9,3.

[28] **AA** — für generelle Unwirksamkeit einer Verjährungsabkürzung — aber *Scholz/Winter* § 9 aF, 7 und *Roth* 3.

Schrifttum

Braasch Gründungsprobleme bei der GmbH. Eine Untersuchung über die Prüfungspraxis beim Registergericht Hamburg, Diss. Hamburg 1975; *Groß* Zum Prüfungsrecht des Registerrichters bei GmbH-Verträgen, Rpfleger **1976** 235; *Menold* Das materielle Prüfungsrecht des Handelsregisterrichters, Diss. Tübingen 1966; *Sachs* GmbH-Verträge und Registerrecht, BWNotZ **1975** 134.

I. Einführung

1. Normzweck

1 Die Vorschrift ist durch die GmbH-Novelle 1980 neu eingeführt. Sie bestimmt, unter welchen Voraussetzungen das Registergericht die Eintragung der Gesellschaft abzulehnen hat. Solche Ablehnungsgründe sind die nicht ordnungsgemäße Errichtung oder Anmeldung der Gesellschaft (S. 1) sowie die Überbewertung von Sacheinlagen (S. 2). Damit wird die schon zum bisherigen Recht allgemein anerkannte, wenn auch nicht ausdrücklich geregelte **registerrichterliche Prüfungspflicht** hinsichtlich der formellen und der materiellen Eintragungsvoraussetzungen bestätigt. Sachlich bringt § 9c somit kein neues Recht, sondern lediglich eine *Klarstellung*[1]. Das gilt uneingeschränkt auch für die in S. 2 hervorgehobene Überbewertung von Sacheinlagen. Denn schon bisher stand der Eintragung nach zutr. Ansicht nicht nur eine „nicht unwesentliche", sondern *jede* Überbewertung entgegen, soweit dadurch der Wert der Sacheinlage hinter dem Nennbetrag der entsprechenden Stammeinlage zurückblieb[2]. Eine sachliche Erweiterung der Prüfungspflichten des Registerrichters folgt aus der Neufassung der Gründungsvorschriften der §§ 5 bis 8 durch die GmbH-Novelle 1980.

2 Der Prüfungsfunktion des Registergerichts kommt auch nach der GmbH-Novelle unveränderte **Bedeutung** zu. Die durch die Novelle bewirkten Verschärfungen des

---

[1] Ausschußbericht (BT-Drucks. 8/3908) S. 72.
[2] Vgl. Voraufl. § 10, 16; eine Verschärfung des bisherigen Rechts durch § 9c bejahen aber *Scholz/Winter* 1, *Müller* WPg **1980** 372.

Gründungsrechts können nicht verhindern, daß potentielle Gläubiger den Gefahren unseriöser Gründungspraktiken ausgesetzt sind. Dabei ist zu berücksichtigen, daß die in § 5d RegE für bestimmte Sacheinlagen vorgesehene Gründungsprüfung durch neutrale Prüfer auf Veranlassung des Rechtsausschusses unter Hinweis auf die Prüfungsfunktion des Registergerichts gestrichen worden ist (Ausschußbericht S. 72). Neue Gefahren verbinden sich auch mit der durch die Novelle ermöglichten Einmanngründung (§ 1, 3). Eine wesentliche Prüfungsfunktion besteht deshalb neben der allgemeinen Gesetzmäßigkeitskontrolle der Eintragung und der Vermeidung unrichtiger Eintragungen im Handelsregister namentlich darin, die *Kapitalaufbringung schon im Rahmen der Gründungskontrolle* nach Maßgabe der §§ 7 bis 9 *sicherzustellen*. Seinen Ausdruck findet das nicht nur in der Hervorhebung der Überbewertung von Sacheinlagen als Eintragungshindernis (S. 2), sondern auch darin, daß die Zahlung der Mindesteinlagen sowie im Fall der Einmanngründung die Bestellung einer Sicherung für die Resteinlagen bei der Anmeldung zu versichern sind (§ 8 Abs. 2). Der Erleichterung der Registerkontrolle dienen die Vorschriften der § 5 Abs. 4 S. 2, §§ 7, 8, die die Anmeldung von der Erfüllung einer Reihe von Voraussetzungen abhängig machen und besondere Anforderungen an ihren Inhalt stellen. Entsprechendes gilt für die in § 9a bestimmte Haftung von Geschäftsführern, Gesellschaftern und Hintermännern für falsche Angaben, die zum Zweck der Errichtung der Gesellschaft gemacht werden.

2. Anwendungsbereich

Der Anwendungsbereich des § 9c bezieht sich unmittelbar nur auf die registerrichterliche Prüfung bei **Gründung der Gesellschaft**. Die Bedeutung der Vorschrift geht darüber jedoch hinaus und betrifft im Grundsatz auch die anderen Fälle eintragungsbedürftiger Vorgänge. Für *Kapitalerhöhungen* folgt das aus § 57a, der auf § 9c verweist (vgl. Erläut. zu § 57a). Hinsichtlich *anderer Satzungsänderungen* fehlt es zwar an Regelungen über die Eintragungskontrolle. Das gestattet aber nicht etwa den Umkehrschluß, in diesem Bereich sei für eine registerrichterliche Prüfung kein Raum (vgl. § 54, 40, § 57a, 2). Vorbehaltlich sachlich veranlaßter Modifikationen findet auch hier die Eintragungskontrolle nach allgemeinen Grundsätzen statt (vgl. näher § 54, 40ff.). Zur analogen Anwendung der Gründungsvorschriften unter Einschluß der registerrichterlichen Gründungsprüfung im Fall der Verwendung eines GmbH-Mantels oder einer Vorrats-GmbH zum Zwecke der wirtschaftlichen Neugründung vgl. § 3, 30. 3

3. Reform

Die geltende Fassung des § 9c beruht auf dem Vorschlag des BT-Rechtsausschusses. Gegenüber der entsprechenden Regelung in § 9d RegE weist sie eine Reihe von redaktionellen Änderungen auf; sachliche Abweichungen vom RegE sind damit nicht verbunden. So verzichtet § 9c auf eine ausdrückliche Regelung der registerrichterlichen Prüfungspflicht; diese ergibt sich bereits aus der Pflicht zur Ablehnung der Eintragung bei nicht ordnungsgemäßer Errichtung und Anmeldung. Auch sieht er angesichts der allgemein anerkannten Befugnis des Registerrichters, ggf. einen sachverständigen Prüfer einzuschalten (Rdn. 14), davon ab, die Möglichkeit der registerrichterlichen Anordnung einer Sachgründungsprüfung ausdrücklich zu regeln. Schließlich unterscheidet S. 2 nicht zwischen Sacheinlagen und Sachübernahmen; er trägt damit der Terminologie in § 5 Abs. 4 Rechnung (§ 5, 93; vgl. zum Ganzen Ausschußbericht S.72). 4

4. Übergangsrecht

5 Eine Übergangsregelung für die registerrichterliche Prüfung der Eintragungsvoraussetzungen ist in der GmbH-Novelle 1980 **nicht** enthalten. Hinsichtlich der Eintragung von *vor* dem Inkrafttreten der Novelle am 1. 1. 1981 angemeldeten, aber noch nicht eingetragenen Gesellschaften verweist Art. 12 § 2 der Novelle auf die bisherigen *gesetzlichen* Vorschriften. Das ist mißverständlich, weil die registerrichterliche Prüfung bisher zwar allgemein anerkannt, jedoch gesetzlich nicht geregelt war. Unabhängig davon verbleibt es für die Prüfungspflicht von Altgesellschaften mangels abweichender Vorschriften beim früheren Recht. Eine Rückwirkung von § 9c scheidet aus; sachliche Abweichungen sind damit freilich nicht verbunden (Rdn. 1). Zu Unterschieden kommt es für Neugründungen allerdings hinsichtlich einzelner, durch die GmbH-Novelle 1980 modifizierter Anmeldungsvoraussetzungen und -unterlagen nach §§ 5 bis 8. Diese finden im Rahmen von § 9c auch dann Anwendung, wenn zum Zeitpunkt der Anmeldung einer Altgesellschaft Eintragungshindernisse bestanden und diese erst nach dem 1. 1. 1981 behoben worden sind (vgl. OLG Hamburg GmbH-Rdsch. **1983** 272).

II. Gründungsprüfung durch das Registergericht

1. Grundlagen

6 **a) Prüfungspflicht des Registerrichters.** Die Prüfung der Eintragungsvoraussetzungen durch das Registergericht ist auch durch die GmbH-Novelle 1980 *nicht ausdrücklich geregelt* worden. Entgegen § 9d Abs. 1 RegE, der eine entsprechende positive Regelung traf, beschränkt sich § 9c darauf, die Gründe für die Ablehnung der Eintragung zu bestimmen. Mittelbar hat damit freilich auch die registerrichterliche Prüfungspflicht ihre gesetzliche Anerkennung gefunden[3], denn die Entscheidung über die Ablehnung der Eintragung setzt notwendig die vorherige Prüfung der Eintragungsvoraussetzungen voraus. Die **Rechtsgrundlage** für die Prüfungsfunktion folgt entgegen verbreiteter Ansicht nicht unmittelbar aus dem das Verfahren der freiwilligen Gerichtsbarkeit beherrschenden Grundsatz der Amtsermittlung (§ 12 FGG); er bestimmt nur, *wie* der Registerrichter sich die entscheidungserheblichen Tatsachen beschaffen kann, sagt aber nicht, *welche* Umstände der Prüfung unterliegen[4]. Die Notwendigkeit zur Prüfung von GmbH-Anmeldungen beruht vielmehr, im Unterschied zur allgemeinen Prüfungskompetenz bei Führung des Handelsregisters, auf dem geltenden **Normativsystem** (zust. *Hüffer* GroßkommHGB[4] § 8, 58). Es macht die zur Entstehung der Gesellschaft als juristische Person erforderliche Eintragung von der Erfüllung bestimmter Eintragungsvoraussetzungen abhängig (Näheres vgl. Rdn. 18 ff.) und knüpft an die Eintragung die weitere Rechtswirkung, daß die meisten Gründungsmängel danach nicht mehr geltend gemacht werden können (vgl. Rdn. 38 und § 10, 15, 17). Die Eintragung greift somit tief in die Rechtsstellung nicht nur der Gründer, sondern auch Dritter ein. Das erfordert eine sorgfältige Prüfung des Vorliegens der Eintragungsvoraussetzungen durch das Registergericht.

7 Mangels ausdrücklicher gesetzlicher Regelung ist für die **Ausgestaltung der Prüfungspflicht** im einzelnen, deren Voraussetzungen und Umfang, auch künftig auf die bisher in Rechtsprechung und Literatur entwickelten Grundsätze (vgl. Voraufl. § 10,

[3] Allg. Ansicht, vgl. BayObLG BB **1983** 83; Ausschußbericht S. 72, *Rob. Fischer* 1.

[4] So auch *Hüffer* GroßkommHGB[4] § 8, 54 und *Menold* S. 65 ff.

7 ff.) zurückzugreifen. Dabei ist entgegen auch heute noch verbreiteter Ansicht[5] für eine Differenzierung zwischen Prüfungs*pflicht* und umfassenderem Prüfungs*recht* kein Raum. Die Gründungskontrolle hat sich auf *alle* für die Eintragung relevanten Voraussetzungen zu erstrecken (Rdn. 8). Eine andere, hiervon zu unterscheidende Frage (so auch *Hüffer* GroßkommHGB[4] § 8, 56) ist es, ob sich der Registerrichter bei der Prüfung auf die zur Anmeldung eingereichten Unterlagen beschränken oder darüber hinaus weitere Ermittlungen anstellen muß (vgl. Rdn. 11 f.). Ist eine Erweiterung der Prüfung sachlich nicht geboten, so bleibt auch für ein umfassenderes, im Ermessen des Registerrichters stehendes Prüfungs*recht* kein Raum. Die Gegenmeinung vernachlässigt den Umstand, daß die Prüfungskompetenz dem Registerrichter allein dazu eingeräumt ist, die für die Eintragung relevanten Umstände auf ihr Vorliegen zu prüfen. Besteht im Hinblick auf die Entscheidungsfindung keine Notwendigkeit für weitere Prüfungen, so kann auch ein Recht hierzu nicht anerkannt werden (*Groß* Rpfleger **1976** 237).

b) Gegenstand der Prüfung. Gegenstände und sachlicher Umfang der Prüfung 8
sind durch § 9c nicht abschließend geklärt. Die Unterscheidung zwischen der Ordnungsmäßigkeit von Errichtung und Anmeldung der Gesellschaft einerseits, der Wertkontrolle von Sacheinlagen andererseits bietet nur einen ersten Anhalt. Entscheidend ist insoweit das Ziel der Prüfungsfunktion, das Vorliegen der Eintragungsvoraussetzungen festzustellen. Daraus folgt, daß der sachliche Umfang der Prüfung sich auf **sämtliche gesetzlichen Eintragungsvoraussetzungen** erstreckt (Näheres vgl. Rdn. 18 ff.). Dem Registerrichter steht nicht etwa ein Ermessen oder Beurteilungsspielraum zu, nur bestimmte Umstände einer Prüfung zu unterziehen. Für eine Beschränkung der Prüfung auf bestimmte, besonders häufige oder gefährliche Gründungsmängel wie die Unwirksamkeit des Beitritts von Minderjährigen, die Überbewertung von Sacheinlagen oder die Unvollständigkeit der Anmeldung ist deshalb kein Raum. Ebenso kann das Registergericht nicht solche Mängel unberücksichtigt lassen, die durch Eintragung geheilt werden, da ihm die Prüfungsfunktion als Amtspflicht gegenüber allen Beteiligten obliegt (vgl. Rdn. 36 und § 10, 18). Der Prüfung unterliegen auch **ungeschriebene Eintragungsvoraussetzungen,** die im Interesse einer gesicherten Kapitalaufbringung in Rechtsprechung und Lehre entwickelt worden sind (*Hüffer* GroßkommHGB[4] § 8, 59). Neben Besonderheiten bei der Einmanngründung gilt das etwa für das Verbot eindeutiger Unterkapitalisierung (Rdn. 26). Die Eintragungskontrolle erstreckt sich dagegen **nicht** auf die Bewirkung im Gesellschaftsvertrag oder gesondert vereinbarter **Mehrleistungen** bei der Gründung; eine Ausnahme gilt nur im Fall der Einmanngründung (Rdn. 28). — Ist die Eintragungskontrolle abgeschlossen und tritt das Gericht aufgrund besonderer Umstände in eine *erneute Prüfung einzelner Eintragungsvoraussetzungen* ein (Rdn. 15), so ist die Prüfung auf diese Punkte zu beschränken. Das Gericht darf die erneute Kontrolle nicht ohne sachlich berechtigten Grund auch auf andere oder gar sämtliche Eintragungsvoraussetzungen erstrecken (vgl. auch § 3, 15 zur Sitzverlegung).

Die **Ordnungsmäßigkeit von Errichtung und Anmeldung** der Gesellschaft 9
ist vom Registergericht **in formeller und materieller Hinsicht** zu prüfen. Der registerrichterlichen Kontrolle unterliegen vor allem Rechtmäßigkeit und inhaltliche Richtigkeit der Eintragungsgegenstände[6]. Bei Verstößen gegen *zwingendes Gesellschaftsrecht* ist die Eintragung abzulehnen (BayObLG BB **1983** 83, 84, KG KGJ **35** A 178, 180).

[5] *Scholz/Winter* § 10, 3, *Rob. Fischer* 1, *Roth* 2.2; Nachw. zum älteren Schrifttum vgl. Voraufl. § 10, 7; wie hier aber *Würdinger* GroßkommHGB[3] § 8, 8, *Braasch* S. 24, *Menold* S. 67 f.

[6] EinhM, vgl. BayObLG BB **1983** 83 und GmbH-Rdsch. **1982** 210, OLG Köln WM **1981** 1263, 1264; *Scholz/Winter* 2, § 10, 2 f., *Hüffer* GroßkommHGB[4] § 8, 53 f., *Roth* 2.1; Nachw. zu älterer Rspr. und Lit. vgl. Voraufl. § 10, 4.

Dagegen unterliegen Abweichungen vom *dispositiven* Recht *nicht* der Prüfung (zu unklaren Regelungen vgl. aber Rdn. 10). Auch eine Prüfung der **Zweckmäßigkeit** gesellschaftsvertraglicher Regelungen findet **nicht** statt[7]. Der Registerrichter darf die Eintragung nicht davon abhängig machen, daß aus seiner Sicht unzweckmäßige oder wenig interessengerechte Regelungen im Gesellschaftsvertrag abgeändert oder gestrichen und lückenhafte Bestimmungen ergänzt werden. *Nicht* zu den Prüfungsgegenständen gehören auch die *wirtschaftlichen Grundlagen* der Gesellschaft; ein Vorbehalt gilt nur für die Fälle offensichtlicher Unterkapitalisierung (vgl. Rdn. 26). Die verschiedenen Einschränkungen beruhen darauf, daß die Funktion der Prüfung auf eine **Gesetzmäßigkeitskontrolle** im Hinblick auf die Eintragungsvoraussetzungen gerichtet ist und daß den Beteiligten ein **Anspruch auf Eintragung** zusteht. Im Interesse alsbaldiger Eintragung ist es auch nicht Aufgabe des Registergerichts, auf unzweckmäßige Bestimmungen des Gesellschaftsvertrags hinzuweisen (**aA** *Roth* 2.1) oder den Beteiligten redaktionelle Verbesserungsvorschläge zu unterbreiten (vgl. aber Rdn. 10).

10 Das Registergericht hat die Satzung darauf zu kontrollieren, ob sie in den für **Dritte bedeutsamen Teilen,** wie etwa bei den Regelungen über die Kapitalverhältnisse (§§ 55 bis 58) oder die Vertretungsmacht der Geschäftsführer (§ 35 Abs. 2), **offensichtliche Unklarheiten oder Unrichtigkeiten** enthält[8]. Eine *generelle*, von der Außenwirkung der Bestimmungen unabhängige Kontrolle der Satzung auf Eindeutigkeit und Klarheit ihres Inhalts ist zwar nicht seine Aufgabe[9]. Wohl aber hat das Registergericht darauf zu achten, daß der Satzungswortlaut in den für *Nichtgesellschafter* relevanten Teilen nicht die Gefahr einer Irreführung begründet[10]. Im Hinblick auf die Außenwirkung der Satzung und die für ihre Auslegung geltenden objektiven Grundsätze (§ 2, 121 ff.) ist die Eintragung von der Klarstellung offensichtlich mehrdeutiger oder aus sonstigen Gründen mißverständlicher Satzungsbestandteile abhängig zu machen.

2. Umfang

11 **a) Grundsatz.** Die Prüfung beschränkt sich im Grundsatz auf die nach § 8 beizufügenden **Anmeldungsunterlagen,** darunter namentlich den Gesellschaftsvertrag, Unterlagen über die Festsetzung und den Wert von Sacheinlagen sowie den Sachgründungsbericht und Versicherungen über die Leistung der Mindesteinlagen (Näheres vgl. Rdn. 18, 22 f.). Darüber hinaus ist hinsichtlich der Firma im Regelfall das Gutachten der Industrie- und Handelskammer einzuholen (vgl. § 23 S. 2 HRV). Prüfungsrecht und -pflicht (Rdn. 7) bestehen in diesen Fällen nicht erst dann, wenn die Richtigkeit der Angaben Zweifeln oder Bedenken unterliegt[11]. Der Prüfung bedarf es nicht nur zur Behebung von Zweifeln, sondern um die Entscheidung über die Eintragung vorzubereiten. Deshalb ist bei *jeder* Anmeldung anhand der eingereichten Unterlagen festzustellen, ob sie vollständig sind und die Eintragung der Gesellschaft gestatten. Dabei ist freilich zu beachten, daß die registerrichterliche Tätigkeit in Handelssachen **funktionell** weniger

---

[7] Ganz hM, vgl. BayObLG BB **1983** 83 und BB **1975** 249, 250, OLG Köln GmbH-Rdsch. **1982** 187, 188; *Scholz/Winter* § 10, 3, *Rob. Fischer* 1, *Roth* 2.1; **aA** nur *Groß* BWNotZ **1973** 99 ff.; gegen ihn *Sachs* BWNotZ **1975** 134 ff.

[8] HM, vgl. KG DR **1942** 1059, BayObLG DB **1971** 1612, OLG Stuttgart Justiz **1980** 354, 355; *Scholz/Winter* 2, § 10, 3, *Hüffer* GroßkommHGB⁴ § 8, 57, *Rob. Fischer* 1.

[9] Insoweit zutr. OLG Köln WM **1981** 1263, 1264 und LG Frankfurt Rpfleger **1976** 251; **aA** anscheinend OLG Stuttgart, *Scholz/Winter* und *Rob. Fischer* aaO Fn. 8 sowie *Groß* Rpfleger **1976** 237; weitergehend auch *Sachs* BWNotZ **1975** 136.

[10] **AA** OLG Köln und LG Frankfurt aaO Fn. 9.

[11] Zutr. *Hüffer* GroßkommHGB⁴ § 8, 56; vgl. auch BayObLG GmbH-Rdsch. **1982** 210, 211; **aA** RGZ **140** 174, 181; *Rob. Fischer* 1, *Roth* 2.2; weit. Nachw. aus älterer Rspr. und Schrifttum vgl. Voraufl. § 10, 7.

dem Zivilprozeß als vielmehr einer **Verwaltungstätigkeit** entspricht. Es kann *nicht* darum gehen, für das Vorliegen der Eintragungsvoraussetzungen die *volle Überzeugung* des Gerichts zu verlangen[12]. Vielmehr genügt es nach der für das Verwaltungshandeln geltenden Wahrscheinlichkeitsregel, daß als Ergebnis der Prüfung **kein sachlich berechtigter Anlaß zu Zweifeln** an der ordnungsmäßigen Errichtung und Anmeldung der Gesellschaft und am Vorliegen der sonstigen Eintragungsvoraussetzungen (Rdn. 18 ff.) besteht.

Sind dagegen nach den Umständen des Einzelfalls **Zweifel** zu bejahen, so ist der 12
Registerrichter zu **weiteren Maßnahmen** verpflichtet, um die Eintragungsvoraussetzungen festzustellen[13]. Neben eigenen Sachverhaltsermittlungen kann er die Beteiligten zu den erforderlichen Aufklärungen veranlassen (Rdn. 14, 34). Er darf freilich seine Prüfungsfunktion *nicht überspannen*, um das Eintragungsverfahren nicht unnötig zu verzögern und die Beteiligten über Gebühr zu belasten[14]. Das *routinemäßige* Anfordern von Nachweisen, etwa Bestätigungen des Kreditinstituts über die Kontogutschrift oder Belege über die Sicherungen iSv § 7 Abs. 2 S. 3, wäre als Überspannung der Prüfungsfunktion ebenso abzulehnen wie die routinemäßige Anordnung einer Sachgründungsprüfung durch einen neutralen Prüfer. Diese Maßnahmen stünden auch im Widerspruch zur Entstehungsgeschichte der Novelle, die abweichend von § 8 Abs. 2 RegE auf die obligatorische Einführung derartiger Nachweise bewußt verzichtet und auch die in § 5d RegE vorgesehene Gründungsprüfung nicht übernommen hat (vgl. Rdn. 2). *Zu eng* wäre es freilich, weitere Maßnahmen des Registergerichts zur Sachverhaltsaufklärung von *besonderen Anforderungen* an dessen Bedenken abhängig zu machen[15]. Wohl aber muß der Registerrichter gegenüber den Beteiligten *begründen*, worauf seine Zweifel am Vorliegen der Eintragungsvoraussetzungen beruhen, wenn er weitere Unterlagen oder Aufklärungen verlangt oder die Eintragung der Gesellschaft nach § 9c ablehnt. Das Fehlen dieser Angaben kann zu einer Verletzung des rechtlichen Gehörs der Beteiligten führen (Art. 103 Abs. 1 GG)[16]. Näheres zum Verfahren vgl. Rdn. 33 ff.

b) Die Art der Sachverhaltsermittlung. Eine Bindung des Registergerichts an 13
bestimmte Maßnahmen, um die Zweifel über die Eintragungsvoraussetzungen zu beseitigen, besteht nicht. Das Gericht kann sich **aller** zur Aufklärung des Sachverhalts **geeigneten Maßnahmen** bedienen. Mit Rücksicht auf die Prüfungspflicht und den Eintragungsanspruch der Beteiligten (Rdn. 9) ist bei der Auswahl der Maßnahmen freilich einerseits dem *Gebot hinreichender Sachaufklärung* (§ 12 FGG), andererseits aber auch dem *Interesse der Beteiligten* an alsbaldiger Eintragung und Begrenzung der Prüfungskosten Rechnung zu tragen (zur Kostenpflicht der Gesellschaft vgl. Rdn. 30). Bei mehreren in Betracht kommenden Maßnahmen steht die Auswahl im Ermessen des Gerichts. Das Auswahlermessen reduziert sich auf eine bestimmte Maßnahme, wenn nur sie zur Behebung der Zweifel über das Vorliegen von Eintragungsvoraussetzungen geeignet ist.

Unter Berücksichtigung dieser Grundsätze kann der Registerrichter von den 14
anmeldenden Geschäftsführern weitere Aufklärung, namentlich die **Vorlage bestimmter**

---

12 So aber *Menold* S. 68, 90 ff., *Groß* Rpfleger **1976** 237, *Lutter* DB **1980** 1319; ähnlich *Baums* StuW **1980** 299, der „Gewißheit" verlangt.

13 So auch *Hüffer* GroßkommHGB[4] § 8, 56, *Raiser* KapitalGesR S. 168, *Scholz/Winter* 2; nur für ein *Recht* des Richters zu weiteren Maßnahmen anscheinend *Deutler* GmbH-Rdsch. **1980** 148 und *Geßler* BB **1980** 1387; Nachw. zu abw. Ansichten vgl. in Fn. 5.

14 KGJ **30** A 122, 125; *Raiser* KapitalGesR S. 168, *Scholz/Winter* 2, *Geßler* BB **1980** 1387.

15 Besondere oder begründete Zweifel verlangen KGJ **30** A 109, 114 f.; **39** A 122, 126; *Scholz/Winter* § 10, 3, *Baumbach/Hueck* § 10, 2 B, *Roth* 2.2, *Priester* DNotZ **1980** 523; noch weitergehend *Rob. Fischer* 1, der auf *ernstliche* Bedenken abstellt.

16 Vgl. *Keidel/Kuntze/Winkler* FGG[11] § 12, 72 ff.

Nachweise, z. B. Bestätigungen des Kreditinstituts über die Kontogutschrift, Belege über die Sicherungen iSv § 7 Abs. 2 S. 3 oder Sachverständigengutachten über den Wert von Sacheinlagen verlangen. Er kann aber auch **eigene Ermittlungen** anstellen und sich dabei *sachverständiger Prüfer* bedienen[17]. In Betracht kommt namentlich die Anordnung einer Gründungsprüfung durch einen unabhängigen, vom Registerrichter ausgewählten Sachverständigen, wenn sachlich berechtigte Zweifel an der Vollwertigkeit von Sacheinlagen bestehen. Zu denken ist schließlich auch an die Mitwirkung der zuständigen Industrie- und Handelskammer (§ 126 FGG, § 23 S. 2 HRV). Über diese Maßnahmen der Sachverhaltsaufklärung hinaus kann der Registerrichter im Einzelfall befugt und verpflichtet sein, *besondere,* über § 8 hinausgehende *Nachweise über die Kapitalsicherung* zu verlangen. Insoweit ist namentlich an die Sicherung der an die Einmann-Gründerorganisation geleisteten Mindesteinlagen zu denken (vgl. Rdn. 24). Weitere Beispiele vgl. Rdn. 22 ff.

3. Zeitpunkt

15 **a) Grundsatz.** Die registerrichterliche Prüfung bezieht sich nach § 9c S. 1 auf die *ordnungsgemäße Errichtung und Anmeldung* der Gesellschaft, d. h. auf Umstände, die im **Zeitpunkt der Anmeldung** vorliegen müssen[17a]. Hierzu gehören nach § 8 Abs. 1 bis 3 Form und Inhalt des Gesellschaftsvertrags, die Liste der Gesellschafter, die Legitimation der Geschäftsführer und das Nichtvorliegen von absoluten oder relativen Ausschlußgründen in ihrer Person, die Angaben über die Erbringung der Mindesteinlagen an die Gesellschaft und die Begründung der freien Verfügung der Geschäftsführer hierüber, ferner die Bestellung einer Sicherung hinsichtlich der ausstehenden Einlagen im Falle einer Einmanngründung sowie das Vorliegen der gewerberechtlichen Genehmigung bei Genehmigungsbedürftigkeit des Unternehmensgegenstands (vgl. Rdn. 18 ff.). Führt die Prüfung zu *sachlich berechtigten Zweifeln* des Registergerichts am Vorliegen einer der Eintragungsvoraussetzungen, so kann es sich **zusätzliche Nachweise** hierüber vorlegen lassen (Rdn. 12 ff.). Das gilt grundsätzlich auch dann, wenn Zweifel daran bestehen, ob nicht eine der bei Anmeldung vorliegenden **Eintragungsvoraussetzungen zwischenzeitlich** dadurch **weggefallen** ist, daß Einlagen an die Gesellschafter zurückgegeben wurden, ein die Bestellung beendender Ausschlußgrund bei einem der Geschäftsführer eingetreten ist, einer der Gründer aus der Vorgesellschaft ausgeschieden ist oder die behördliche Genehmigung für den Unternehmensgegenstand widerrufen wurde. Eine *Ausnahme* gilt für den Verbrauch der Mindesteinlagen infolge des Beginns der Geschäftstätigkeit *nach* Anmeldung; insoweit ist das Registergericht auf die Nachprüfung der Leistung der Einlagen und ihrer *endgültigen* Verbringung in die freie Verfügung der Geschäftsführer beschränkt, während es deren weiteres Schicksal nach dem Zeitpunkt der Anmeldung nicht zu kontrollieren hat (str., vgl. § 11, 88 f.). Eine bloß routinemäßige Aufforderung an die Geschäftsführer, die bei der Anmeldung abzugebenden Versicherungen zu wiederholen oder die nach § 8 Abs. 1 einzureichenden Unterlagen auf den neuesten Stand zu bringen, ist freilich auch dann nicht zulässig, wenn seit der Anmeldung ein längerer Zeitraum verstrichen ist.

16 **b) Anzeigepflicht der Geschäftsführer bei nachträglichen Änderungen?** Von dem maßgeblichen Prüfungszeitpunkt und der Anforderung zusätzlicher Nachweise durch

---

[17] EinhM, vgl. Ausschußbericht S. 72, *Scholz/Winter* 3, *Rob. Fischer* 2, *Roth* 3.1, *Geßler* BB **1980** 1387, *Lutter* DB **1980** 1319, *Timm* GmbH-Rdsch. **1980** 290.

[17a] Für den Zeitpunkt der Eintragung aber BayObLG WM **1984** 1535, 1536 zur Richtigkeit der Firma (freilich ohne sich mit der Frage des Zeitpunkts der Prüfung näher auseinanderzusetzen).

das Registergericht zu unterscheiden ist die **Frage, ob** und inwieweit **die Geschäftsführer ihrerseits verpflichtet sind, nach der Anmeldung eingetretene Änderungen** der Eintragungsvoraussetzungen dem Registergericht unaufgefordert **anzuzeigen.** Eine solche Pflicht ist nur in denjenigen Fällen zu bejahen, in denen eine entsprechende Anzeigepflicht auch für die Geschäftsführer der eingetragenen GmbH besteht, so bei *nachträglicher Anteilsvereinigung* (§ 19 Abs. 4 S. 2 nF) sowie bei *Beendigung der Geschäftsführerstellung*, sei es infolge Abberufung, Amtsniederlegung oder nachträglichen Eintritts eines Ausschlußgrundes (§ 39 Abs. 1). Wird nachträglich ein weiterer Geschäftsführer bestellt, so hat er die Versicherung über das Nichtvorliegen von Ausschlußgründen in seiner Person abzugeben (vgl. § 39 Abs. 3) und die Versicherungen iSv § 8 Abs. 2 über die Bewirkung der Einlageleistungen zu wiederholen (vgl. Rdn. 23). Im übrigen sind die Geschäftsführer zur unaufgeforderten Berichtigung oder Ergänzung der im Zeitpunkt der Anmeldung richtigen und vollständigen Versicherungen und Unterlagen **nicht** verpflichtet (vgl. auch § 8, 8 und 11). Sie haben daher auch keine Schadensersatz- oder Strafsanktionen nach §§ 9a Abs. 1, 82 Abs. 1 Nr. 1 und 4 zu befürchten, wenn sie es unterlassen, auf eingetretene Änderungen hinzuweisen (vgl. § 9a, 15). — Betreffen die Änderungen den **Gesellschaftsvertrag** einschließlich der an der Gründung **beteiligten Gesellschafter,** so liegt deren nachträgliche Anmeldung (§ 8, 3) im eigenen Interesse der Gesellschaft. Denn diese Änderungen erlangen nur dann Wirksamkeit für die eingetragene GmbH, wenn sie den Gegenstand der Eintragung nach § 10 bilden bzw. in dem der Eintragung beigefügten Gesellschaftsvertrag (§ 10, 3) enthalten sind; das folgt auch aus § 54 Abs. 3. Die Geschäftsführer müssen daher mit Schadensersatzansprüchen der Gesellschaft nach § 43 rechnen, wenn sie es unter Verstoß gegen ihre Sorgfaltspflichten versäumen, die von den Gesellschaftern wirksam vereinbarten Änderungen des Gesellschaftsvertrags (vgl. § 2, 14 f.) nachträglich anzumelden.

c) Bewertung der Sacheinlagen. Eine Ausnahme von dem in Rdn. 15 dargelegten **17**
Grundsatz, wonach für die ordnungsgemäße Errichtung und Anmeldung der Gesellschaft auf den Zeitpunkt der Anmeldung abzustellen ist, gilt für die Prüfung des Werts der Sacheinlagen nach § 9c S. 2. Sie hat auf den **Zeitpunkt der Eintragung** zu erfolgen, da die mit dem Verbot der Unterpari-Emission (§ 5, 146) angestrebte Unversehrtheit des Stammkapitals zu diesem Zeitpunkt gegeben sein muß (§ 11, 82). Erreichte der Wert der Sacheinlage zwar im Anmeldungszeitpunkt den Nennbetrag der übernommenen Stammeinlage, ist er jedoch seither unter den Nennbetrag gesunken, so muß das Registergericht die Eintragung ablehnen[18], wenn die Gründer nicht von sich aus das Eintragungshindernis durch Änderung des Gesellschaftsvertrags oder freiwillige Nachzahlung der Wertdifferenz beseitigen (vgl. Rdn. 32). Daß die Vorschrift des § 9 über die Differenzhaftung des Sacheinlegers nicht auf den Zeitpunkt der Eintragung, sondern auf denjenigen der Anmeldung abstellt (vgl. § 9, 15 f.), steht nicht entgegen[19]. — Aus entsprechenden Gründen wie hinsichtlich des Wertes der Sacheinlagen kommt es auch für die Vollwertigkeit der vom Einmanngründer nach § 7 Abs. 2 S. 3 zu bestellenden **Sicherung für die ausstehende Geldeinlage** auf den Eintragungszeitpunkt an (§ 7, 60); auch insoweit geht es um die Gewährleistung der Unversehrtheit des Stammkapitals im Zeitpunkt der Eintragung.

---

[18] So auch BGHZ **80** 129, 136 f. = NJW **1981** 1373; Begr. RegE BT-Drucks. 8/1347 S. 35, *Roth* 2, *Baums* StuW **1980** 300 Fn. 34, *Fleck* GmbH-Rdsch. **1983** 12; **aA** *Rössing* Die Sachgründung nach der GmbH-Novelle 1980 (1984) S. 142 ff., 144; wohl auch *Rob. Fischer* 2; für Berücksichtigung der Wertminderung der Sacheinlage, wenn ihre Ursachen schon vor der Anmeldung liegen, *Scholz/Winter* 5 und *Geßler* BB **1980** 1387.

[19] Für Anknüpfung an § 9 aber *Scholz/Winter* 5, *Rob. Fischer* 2, *Geßler* BB **1980** 1387.

III. Die einzelnen Prüfungsgegenstände

1. Ordnungsmäßigkeit von Errichtung und Anmeldung (S. 1)

18 **a) Inhalt des Gesellschaftsvertrags.** Die mit der Eintragung der GmbH verbundenen Wirkungen, insbesondere die Heilung der meisten Vertragsmängel (vgl. § 2, 76), verlangen eine sorgfältige Prüfung des eingereichten Gesellschaftsvertrags. Der Registerrichter hat die Eintragung abzulehnen, wenn der Gesellschaftsvertrag auf Willensmängeln beruht oder wenn er gegen zwingendes formelles oder materielles Recht verstößt; darauf, ob die Mängel den Vertrag insgesamt unwirksam machen oder sich auf einzelne Gegenstände beschränken, kommt es nicht an[20]. Abreden der Gesellschafter im Bereich des dispositiven Rechts unterliegen vorbehaltlich offenkundiger, für Nichtgesellschafter relevanter Mängel nicht der Prüfung des Gerichts (Rdn. 9 f.). Das gilt auch für die Aufnahme fakultativer Abreden iSv § 3 Abs. 2 in den Gesellschaftsvertrag (§ 3, 2).

19 Hinsichtlich der Wirksamkeit des **Gesellschaftsvertrags** sind zunächst dessen **formelle Voraussetzungen** zu prüfen. Neben der notariellen *Form* und der Unterzeichnung durch sämtliche Gesellschafter (§ 2 Abs. 1) ist festzustellen, ob der Gesellschaftsvertrag den Anforderungen des § 3 Abs. 1 an seinen *Mindestinhalt* entspricht. Ist das nicht der Fall, so hat der Registerrichter die Eintragung abzulehnen (vgl. § 3, 6, 8 f.. 18 ff., 32 ff., 35 f.; zum Fehlen der Festsetzungen iSv § 5 Abs. 4 S. 1 vgl. Rdn. 21). Unvollständige oder irreführende Angaben sind auf Verlangen des Gerichts anzupassen oder zu streichen (vgl. Rdn. 10). Zu prüfen ist weiterhin die **materielle Wirksamkeit** des Gesellschaftsvertrags insgesamt oder einzelner seiner Regelungen. Die Prüfung beschränkt sich nicht auf die Beachtung solcher Mängel, die sich nachteilig für Dritte auswirken können, sondern erstreckt sich auf alle Verstöße gegen zwingendes Recht. — Im Hinblick auf den **Unternehmensgegenstand** kommt eine Zurückweisung des Eintragungsantrags nicht nur wegen Gesetz- oder Sittenwidrigkeit, sondern auch wegen nicht hinreichender Individualisierung in Betracht (§ 3, 18 ff.). Denkbar ist auch der Einwand des Scheingeschäfts (§ 117 BGB), wenn der satzungsrechtlich vorgesehene Unternehmensgegenstand das Vorliegen einer *Vorratsgründung* (§ 3, 26) verdecken oder den Registerrichter über die *Genehmigungsbedürftigkeit* des tatsächlich angestrebten Unternehmensgegenstands täuschen soll. Liegen Anhaltspunkte für eine **verschleierte Sachgründung** (§ 5, 136) vor, so ist die Prüfung auch hierauf zu erstrecken[21]. Ein Eintragungshindernis kann sich damit verbinden, wenn sich die *Mindesteinlagen* mit Rücksicht auf die der verschleierten Sacheinlage zugrundeliegenden Vereinbarungen *nicht endgültig in der freien Verfügung der Geschäftsführer* befinden. Das ist der Fall, wenn die Mindesteinlage einvernehmlich mit der Maßgabe gezahlt wird, sie nach Eintragung der Gesellschaft zum Erwerb eines Vermögensgegenstands vom Gründer zu verwenden (§ 7, 46). Wird die Gesellschaft gleichwohl eingetragen, so hat der Sacheinleger eine Bareinlage zu erbringen (§ 5, 138). Die Prüfung erstreckt sich darüberhinaus auch auf den **sonstigen Inhalt** des Gesellschaftsvertrags. Auch wenn nur *einzelne Vereinbarungen gesetz- oder sittenwidrig* sind, ist die Eintragung der Gesellschaft abzulehnen[22]. Zu beachten ist daher auch, ob die gewählte *Firma* mit § 4 vereinbar ist (§ 4, 88) und die Vereinbarungen über die

---

[20] *Scholz/Winter* § 10, 3; **aA** LG Frankfurt NJW **1976** 522; *Roth* 2.1. Zur Unanwendbarkeit der Teilnichtigkeitsregel des § 139 BGB auf GmbH-Verträge vgl. § 2, 72.

[21] St.Rspr., vgl. KGJ **10** 32; **25** A 85; **33** A 314; KG JFG **1** 204, 208; OLG Karlsruhe JFG **1** 182, 183.

[22] OLG Stuttgart GmbH-Rdsch. **1967** 232, OLG Hamburg DNotZ **1950** 472, LG Mannheim BB **1957** 448 und 592; *Kraft* Kölner KommAktG § 38, 6.

Stammeinlagen den Anforderungen des § 5 Abs. 1 bis 3 entsprechen. Abzulehnen ist die Eintragung auch im Fall der Sukzessivgründung (§ 2, 9) oder wenn der Verdacht besteht, daß die GmbH-Gründung der Umgehung ausländerrechtlicher Vorschriften dient (vgl. § 1, 28; zur Prüfungskompetenz im Hinblick auf die Bestellung ausländischer Geschäftsführer vgl. § 6, 9 f.).

Eintragungshindernisse können sich weiterhin im Hinblick auf die **Beitrittserklärungen der Gründer** und sonstige Umstände in ihrer Person ergeben. Das Gericht muß prüfen, ob die Beitrittserklärungen der einzelnen Gründer wirksam und die Stammeinlagen voll gezeichnet sind. Hierzu gehört die Kontrolle ordnungsgemäßer Vertretung der bei Vertragsabschluß nicht selbst beteiligten Gründer (§ 2 Abs. 2, vgl. dazu § 2, 21 ff., 30), die Genehmigung des Vormundschaftsgerichts bei nicht voll geschäftsfähigen Beteiligten (§ 1822 Nr. 3, 10 BGB, vgl. § 2, 62 f.) bzw. die Zustimmung des Ehegatten bei Vorliegen der Voraussetzungen des § 1365 BGB (§ 2, 60). Der Registerrichter hat insoweit auch *sonstige Beitrittsmängel*, insbesondere angefochtene[23], bedingte[24] oder befristete[25] Beitrittserklärungen von Amts wegen zu beachten (§ 2, 96, 101 ff.); bei Streit über die Wirksamkeit der Anfechtung kann er das Eintragungsverfahren aussetzen (Rdn. 35). Der Umstand, daß die genannten Beitrittsmängel durch Eintragung geheilt werden (§ 2, 97, 102, 104 ff.), steht nicht entgegen, da er sich nur auf die Wirkungen der Eintragung bezieht, das Fehlen ihrer Voraussetzungen aber nicht berührt. Ebenso wird die Prüfung der Vertragsmängel durch das Registergericht nicht dadurch ausgeschlossen, daß die Grundsätze über die fehlerhafte Gesellschaft auf die in Vollzug gesetzte Vorgesellschaft Anwendung finden (§ 2, 77). Hinsichtlich der Gründer ist auch zu prüfen, ob ausländischen Gesellschaften als Gründer die **Rechtsfähigkeit** fehlt (§ 2, 64) oder ob im Fall der Beteiligung von Gesellschaften bürgerlichen Rechts oder nichtrechtsfähigen Vereinen sachlich berechtigte Zweifel daran bestehen, ob sie in der Lage sind, ihre ausstehende Einlage zu erbringen (§ 2, 68). 20

Kein Eintragungshindernis bildet das Vorliegen einer sog. *Strohmanngründung*. Die Gründung der Gesellschaft unter Beteiligung des „Strohmanns" erfolgt nicht zum Schein, auch wenn der Anteil des Strohmanns sofort nach Eintragung auf den Mitgesellschafter übergehen soll (§ 2, 50). Ebenfalls kein Eintragungshindernis bildet die wirtschaftliche Neugründung unter Verwendung eines *GmbH-Mantels*; jedoch hat sich die registerrichterliche Kontrolle in diesem Fall auf die Einhaltung der Kapitalaufbringungsvorschriften zu erstrecken (vgl. § 3, 29 f.). Auch das Fehlen von Festsetzungen iSv § 5 Abs. 4 S. 1 über Sacheinlagen stellt grundsätzlich kein Eintragungshindernis dar, selbst wenn die Beteiligten in Wirklichkeit eine Sachgründung bezwecken und diese nur nicht offenlegen wollen (vgl. § 5, 124). Allerdings fehlt es in derartigen Fällen regelmäßig an der freien Verfügung der Geschäftsführer über die Mindesteinlagen als Eintragungsvoraussetzung (vgl. Rdn. 19). 21

b) Anmeldungsvoraussetzungen. Hinsichtlich der Ordnungsmäßigkeit der Anmeldung ist die **Legitimation der Anmelder** einschließlich der *Vollständigkeit* des bei der Anmeldung mitwirkenden Personenkreises (vgl. im einzelnen § 7, 9 f. und Erläut. zu § 78) zu prüfen. Zweifel am Vorliegen der **Eignungsvoraussetzungen des § 6 Abs. 2** und damit an der wirksamen Bestellung zum Geschäftsführer (vgl. § 6, 8, 11 ff., § 7, 9) sind aufzuklären (zur Anmeldung durch ausländische Geschäftsführer vgl. § 6, 9 f., zum 22

---

23 *Scholz/Winter* § 2, 46 und § 10, 4, *Roth* § 2, 6.3.

24 Entgegen *Scholz/Winter* § 3, 18, *Baumbach/Hueck* § 3, 2, *Feine* S. 181, *Anton* GmbH-Rdsch. **1973** 77, gilt das auch dann, wenn sich die Bedingung bis zur Eintragung erledigt, vgl. § 2, 96.

25 **AA** für Befristungen, die sich mit der Eintragung erledigen, *Scholz/Winter* § 2, 18.

Geschäftsführerwechsel nach Anmeldung vgl. § 7, 9). Das Gericht hat weiter die **Vollständigkeit der Anmeldungsunterlagen** iSv § 8 festzustellen. Dabei ist nach § 8 Abs. 1 Nr. 6 insbesondere auch die **Genehmigungsbedürftigkeit** des Unternehmensgegenstands zu prüfen und ggf. auf die Vorlage der behördlichen Genehmigungsurkunde zu drängen (zum Genehmigungserfordernis und zum Zusammenwirken von Genehmigungsbehörde und Registergericht vgl. § 8, 13 ff., 18). Bei Zweifeln kann der Registerrichter die Eintragung von der Vorlage eines *Negativattests* der zuständigen Verwaltungsbehörde abhängig machen, wenn der Anmeldung keine Genehmigungsurkunde beigefügt ist (BayObLG BB **1976** 437, 438). Im Fall der **Sachgründung** hat der Registerrichter darauf zu achten, daß ein *Sachgründungsbericht* (§ 8 Abs. 1 Nr. 4, vgl. dazu § 5, 129, § 8, 11) und *Unterlagen über den Wert der Sacheinlage* beigefügt sind (§ 8 Abs. 1 Nr. 5). Diese Unterlagen müssen so umfassend sein, daß dem Gericht die ordnungsgemäße Erfüllung seiner Prüfungspflicht möglich ist (vgl. Näheres § 5, 107, 109 ff., § 8, 12). Soweit über *Einbringungsverträge* iSv § 8 Abs. 1 Nr. 4 schriftliche Unterlagen vorhanden sind, müssen sie der Anmeldung beigefügt werden. Dagegen ist es nicht erforderlich, entsprechende Verträge generell in zumindest schriftlicher Form abzuschließen (§ 8, 10).

23 Der Prüfung unterliegen weiter die vom Geschäftsführer höchstpersönlich (§ 7, 12, § 8, 23) abzugebenden **Versicherungen** iSv § 8 Abs. 2 **über die Bewirkung der Einlageleistungen**. Sie müssen hinreichend konkret sein und dürfen sich nicht auf eine bloße Wiederholung des Wortlauts des § 8 Abs. 2 beschränken (§ 8, 26 f., 29; zur Form der Versicherung vgl. § 8, 24). Im Fall eines Geschäftsführerwechsels nach Anmeldung ist die Versicherung vom neuen Geschäftsführer zu wiederholen (§ 8, 23). Die Prüfung hat sich auch auf die inhaltliche Richtigkeit der Versicherungen zu erstrecken. Neben der Vollwertigkeit der nach § 7 Abs. 2 S. 3 zu bestellenden Sicherheit (vgl. § 7, 58) ist auch zu prüfen, ob sich die Mindest- oder Sacheinlagen endgültig in der freien Verfügung der Geschäftsführer befinden (§ 8, 28).

24 Grundsätzlich beschränkt sich die Prüfung auf den Inhalt der bei Anmeldung abgegebenen Versicherungen. **Zusätzliche Informationen** oder den Nachweis der von der Versicherung erfaßten Umstände kann der Registerrichter nur verlangen, wenn die Versicherungen nicht vollständig oder hinreichend klar sind oder wenn sachlich berechtigter Anlaß besteht, an ihrer inhaltlichen Richtigkeit zu zweifeln[26]. Bezüglich der **freien Verfügung** über die Einlagen ist von Bedeutung, ob die Geldeinlagen *vor* Anmeldung ohne entsprechende Satzungsregelung zur Zahlung von *Gründungskosten* verwendet worden sind (§ 7, 49, § 8, 28; zur Zahlung von Gründungskosten nach Anmeldung vgl. § 7, 48). Entsprechendes gilt, wenn sich mit der Leistung der Mindesteinlage *Absprachen über deren Rückzahlung* nach Eintragung der Gesellschaft verbinden. Daß derartige Absprachen mit Rücksicht auf das Verbot von Rückzahlungen aus dem zur Erhaltung des Stammkapitals erforderlichen Vermögen nach § 30 unwirksam sind, steht nicht entgegen (§ 7, 46). Die Eintragung ist daher abzulehnen, wenn zwischen den Beteiligten bei der Leistung der Mindesteinlage Einvernehmen darüber besteht, daß sie nach Eintragung als Gegenleistung für den Erwerb eines Vermögensgegenstands an den Gesellschafter zurückfließen soll (sog. *verschleierte Sachgründung*, vgl. Rdn. 19). Eine Eintragung der Gesellschaft kann in derartigen Fällen nur erfolgen, wenn die Gründer auf die Durchführung des Rückzahlungsversprechens oder der verschleierten Sachgründung verzichten und der Geschäftsführer die entsprechende Versicherung abgibt. Zweifel an der inhaltlichen Richtigkeit der Versicherung können auch bei der **Einmanngründung**

---

[26] Vgl. Rdn. 12; ganz hM im Hinblick darauf, daß der BT-Rechtsausschuß auf solche Nachweise verzichtet hat (Ausschußbericht S. 71), vgl. *Scholz/Winter* 2, *Priester* DNotZ **1980** 523 f., *K. Schmidt* NJW **1980** 1770; **aA** anscheinend *Raiser* KapitalGesR S. 167.

auftreten (Näheres § 7, 50ff.). Hier muß der Registerrichter bei Bedenken, wie sie etwa dann naheliegen, wenn für die Einmann-GmbH kein Fremdgeschäftsführer bestellt ist und die Bonität des Einmanngründers nicht außer Zweifel steht, nicht nur Nachweise über die *Leistung* der Mindesteinlagen oder der Sacheinlagen verlangen. Vielmehr muß er die Eintragung ggf. vom *Nachweis zusätzlicher Sicherungen* wie die Einzahlung auf ein Notaranderkonto (§ 7, 52), die Bestellung eines Treuhänders für die Sacheinlage (§ 7, 53) oder davon abhängig machen, daß der Geschäftsführer die Versicherung nach § 8 Abs. 2 unmittelbar vor Eintragung bestätigt[27]. Zur Versicherung über die schon vor Anmeldung geleistete Resteinlage des Einmanngründers iSv § 7 Abs. 2 S. 3 vgl. Rdn. 28.

Zu prüfen ist vom Registergericht schließlich die formelle und materielle Richtigkeit der **Versicherung über fehlende Ausschlußgründe vom Geschäftsführeramt** in der Person der Anmelder (§ 8 Abs. 3, vgl. § 8, 30f.); ggf. muß es Auskünfte aus dem Zentralregister einholen[28]. Weiterhin muß die Angabe der **Vertretungsbefugnisse** (§ 8 Abs. 4) und die Zeichnung der Unterschriften der Geschäftsführer erfolgt sein (§ 8 Abs. 5; vgl. Näheres § 8, 32ff.). Ggf. ist auch die Urkunde über die Bestellung eines Aufsichtsrats einzureichen (§ 8, 20). Der Vorlage der kapitalverkehrsteuerlichen Unbedenklichkeitsbescheinigung bedarf es nach § 7 Abs. 5 KVStDV in der Fassung vom 4. 7. 1980 nicht mehr (§ 8, 21). **25**

c) Prüfung sonstiger Umstände? α) Kapitalaufbringung. Offensichtliche Unterkapitalisierung. Über die vorgenannten, vom Gesetzgeber ausdrücklich geregelten Eintragungsvoraussetzungen hinaus können mit Rücksicht auf den grundsätzlichen Eintragungsanspruch (Rdn. 9) nur solche Umstände in die registerrichterliche Prüfung einbezogen werden, bei denen es sich um — ausdrückliche oder ungeschriebene — **Voraussetzungen für die Eintragung** der GmbH handelt (Rdn. 8). Eine generelle Prüfung der Finanzierungsgrundlagen und der Wirtschaftlichkeit der geplanten Unternehmenstätigkeit scheidet deshalb aus. Wohl aber kann der Registerrichter bei **schwerwiegenden Zweifeln an der Aufbringung des ausstehenden Stammkapitals** Anlaß zu Amtsermittlungen haben, etwa weil die Zahlungsfähigkeit eines maßgeblichen Gesellschafters ernsthaft gefährdet und der Ausfall auch von den Mitgesellschaftern voraussichtlich nicht oder nur teilweise zu erlangen ist (*Koch* ZHR 146 **1982** 136ff.). Wie sich aus §§ 7 Abs. 2 S. 3, 8 Abs. 2 entnehmen läßt, ist die Sicherung der Kapitalaufbringung schon Gegenstand der Gründungskontrolle (vgl. auch Rdn. 2, 32). Darüber hinaus ist dem Registerrichter eine Prüfung der Finanzierungsgrundlagen auch dann nicht schlechthin verwehrt, wenn man das gesetzliche Mindeststammkapital und die Mindesteinlagen nicht als die einzige Untergrenze für die Kapitalausstattung der Gesellschaft ansieht, sondern zusätzlich auf das ungeschriebene **Verbot eindeutiger (materieller) Unterkapitalisierung** abstellt (vgl. dazu Anh. zu § 30, 55ff., 59). Auch bei grundsätzlicher Anerkennung dieses Verbots wird der Registerrichter zwar nur in Ausnahmefällen, beim Vorliegen deutlicher Verdachtsgründe, Anlaß zur Amtsermittlung haben. Zur Zurückweisung des Eintragungsantrags ist er aber dann berechtigt und verpflichtet, wenn die Eintragungsunterlagen und die eingeholten Auskünfte erkennen lassen, daß der Haftungsfonds der Gesellschaft unter Berücksichtigung der voraussichtlichen Einnahmen zur Befriedigung der künftigen Gläubiger *offensichtlich* nicht ausreicht[29].

---

27 Dafür *Hüffer* GroßkommHGB[4] § 8, 60, *ders.* ZHR 145 **1981** 534, *Ulmer* BB **1980** 1003; deutlich zurückhaltender aber *Raiser* in: Das neue GmbH-Recht in der Diskussion (1981) S. 39f.; **aA** *Baums* StuW **1980** 302, *K. Schmidt* ZHR 145 **1981** 551.

28 BayObLG GmbH-Rdsch. **1982** 210f.; *Deutler* GmbH-Rdsch. **1980** 149.

29 So auch *Koch* ZHR 146 **1982** 136; ähnlich *Raiser* KapitalGesR S. 168; enger wohl *Deutler* ZHR 140 **1976** 525; **aA** KG JW **1924** 1178; *Scholz/Winter* § 10, 3, *Hüffer* Groß-

27 **β) Vorbelastungen des Stammkapitals nach Anmeldung?** Die höchstrichterliche Rechtsprechung erstreckt die registerrichterliche Eintragungskontrolle auch darauf, daß das Gesellschaftsvermögen nicht durch die Geschäftstätigkeit der Vorgesellschaft gemindert ist[30]. Dem ist zuzustimmen, soweit die Vermögensminderung *vor Anmeldung* eingetreten ist (§ 7, 48). Dagegen könnte dieser Ansicht im Regelfall *nicht gefolgt* werden, wenn sie sich auch auf Vorbelastungen *nach Anmeldung* beziehen sollte (vgl. näher § 7, 48, und § 11, 88 f.). Sie hätte nicht nur zur Folge, daß das auch in der höchstrichterlichen Rechtsprechung überwundene Vorbelastungsverbot nunmehr in anderem Zusammenhang erneut Beachtung erlangte, sondern würde auch die dem Gläubigerschutz dienende, von der Eintragung abhängige Unterbilanzhaftung der Gründer zum Ausgleich der bis zur Eintragung der GmbH eingetretenen Stammkapitalverluste (§ 11, 81 ff.) wenn nicht funktionslos machen, so doch zumindest erschweren. Hinzu kommt der Widerspruch zwischen dem berechtigten Interesse der Gründer (Rdn. 9, 13), eine alsbaldige Eintragung zu erwirken, und der registerrichterlichen Prüfung, die sich notwendigerweise mit einer Verzögerung der Eintragung verbindet. Eine **Ausnahme** ist im Interesse des Gläubigerschutzes nur für den Fall veranlaßt, in dem über Vorbelastungen des Gesellschaftsvermögens hinaus sachlich berechtigte Zweifel daran bestehen, ob die Ansprüche der GmbH aus der Unterbilanzhaftung der Gründer sich mit Rücksicht auf deren schlechte Vermögensverhältnisse als durchsetzbar erweisen und ob die Gesellschaft nicht aus *diesem* Grund mit einer Unterbilanz oder gar im Zustand der Überschuldung zur Entstehung kommen würde[31].

28 **γ) Freiwillige oder satzungsmäßige Mehrleistungen?** Die an den *gesetzlichen* Eintragungsvoraussetzungen orientierte registerrichterliche Prüfungspflicht erstreckt sich **nicht** darauf, ob und in welchem Umfang über die gesetzlichen Mindesteinlagen hinausgehende Mehrleistungen freiwillig oder kraft satzungsrechtlicher Verpflichtung vor Anmeldung erbracht sind (zur Zulässigkeit satzungsrechtlicher Regelungen über Mehrleistungen vgl. § 7, 27, 41). Dementsprechend darf der Registerrichter bei Bargründungen die Eintragung nicht davon abhängig machen, daß die über die Mindesteinlagen des § 7 Abs. 2 S. 1 und 2 hinaus vor Eintragung zu erbringenden Mehrleistungen erfolgt sind[32]. Auch wenn in der Satzung die Ausgabe von Geschäftsanteilen gegen ein **Aufgeld** (Agio) vereinbart worden ist, bestimmen sich die der registerrichterlichen Prüfung unterliegenden Mindesteinzahlungen iSv § 7 Abs. 2 grundsätzlich nach dem Nennbetrag der Stammeinlage und nicht nach dem höheren Ausgabebetrag (§ 5, 144). *Anderes* gilt ausnahmsweise dann, wenn eine *Sacheinlage* in der Weise mit einem Aufgeld verbunden ist, daß der angenommene Wert des einzubringenden Gegenstands auf die Stammeinlage und ein davon getrennt ausgewiesenes Agio aufgeteilt ist. Erreicht hier der objektive Wert des Gegenstands nicht den der Sacheinlagevereinbarung zugrundegelegten Wert, so muß der Registerrichter die Eintragung ablehnen, auch wenn der Wert der Sacheinlage den Nennbetrag der Stammeinlage erreicht[33]; entsprechendes gilt, wenn die Satzung generell eine über dem Nennbetrag der Geschäftsanteile liegende Einzahlung auf die Stammeinlagen vorsieht. Anderenfalls bestünde in diesen Fällen die Gefahr einer Irreführung über den objektiven Wert der Sacheinlage (vgl. § 5, 117, 145). Eine weitere Ausnahme vom Verzicht auf die Kontrolle von Mehrleistungen ist im Fall der

---

kommHGB[4] § 8, 61, *Eder* Handbuch der GmbH I 87.3, *Barz* GroßkommAktG § 38, 5, *Kraft* Kölner KommAktG § 38, 5.

[30] BGHZ **80** 129, 143 = NJW **1981** 1373; **80** 182, 184 f. = NJW **1981** 1452.

[31] *Ulmer* ZGR **1981** 607; zust. *Koch* ZHR 146 **1982** 138. Vgl. auch § 11, 89.

[32] Vgl. § 7, 27; so auch *Scholz/Winter* § 7, 12, *Baumbach/Hueck* § 7, 3 D.

[33] *Geßler* BB **1980** 1387; **aA** *Scholz/Winter* 4, *Müller* WPg **1980** 373.

Einmanngründung veranlaßt, wenn abweichend von § 7 Abs. 2 S. 1 und 2 die Resteinlage insgesamt oder z. T. schon vor der Anmeldung geleistet worden ist. Für eine Versicherung über die Sicherungsbestellung für die Resteinlage iSv § 7 Abs. 2 S. 3 ist in diesem Fall kein Raum. An ihre Stelle tritt die Versicherung über Art und Höhe der Mehrleistung und darüber, daß sie sich endgültig in der freien Verfügung des Geschäftsführers befindet (§ 8, 29). Dementsprechend erstreckt sich hierauf auch die Gründungskontrolle des Registergerichts.

2. Bewertung von Sacheinlagen (S. 2)

a) Überbewertung. Der Registerrichter hat nach § 9c S. 2 die Eintragung auch dann abzulehnen, wenn Sacheinlagen überbewertet worden sind, d. h. der *Wert der Sacheinlage nicht den Nennbetrag der dafür übernommenen Stammeinlage erreicht.* Damit hebt die GmbH-Novelle die besondere Bedeutung der Bewertung von Sacheinlagen für die Aufbringung des Stammkapitals hervor (Ausschußbericht S. 72). Die Vorschrift bringt sachlich kein neues Recht; eine Bewertungskontrolle bei Sacheinlagen war mit Rücksicht auf das **Verbot der Unterpari-Emission** (§ 5, 146) schon früher allgemein anerkannt (vgl. Nachw. Voraufl. § 10, 16). Im Rahmen seiner Prüfungspflicht muß sich der Registerrichter ein eigenes Urteil darüber bilden, ob der Wert der einzubringenden oder zu übernehmenden Sache (§ 5, 93) den Nennbetrag der entsprechenden Stammeinlage erreicht; bei *Mischeinlagen* (§ 7, 25) ist auf denjenigen anteiligen Nennbetrag der Stammeinlage abzustellen, der nach der Satzungsregelung auf die Sacheinlage entfallen soll. Die Prüfung ist im Regelfall anhand der Anmeldungsunterlagen vorzunehmen. Bei Sachgründungen sind das vor allem die Festsetzung im Gesellschaftsvertrag iSv § 5 Abs. 4 S. 1, der Sachgründungsbericht (§ 5 Abs. 4 S. 2, § 8 Abs. 1 Nr. 4) sowie die Unterlagen über den Wert der Sache und die Abdeckung der entsprechenden Stammeinlage (§ 8 Abs. 1 Nr. 5, vgl. Näheres bei § 8, 12). Im Fall der Einbringung eines **Unternehmens** sind die beiden letzten Jahresergebnisse, bei jüngeren Unternehmen das vorhandene anzugeben[34]. Dagegen bedarf es im Regelfall nicht auch der Vorlage von Jahresabschlüssen[35]. Zum Wertnachweis iSv § 8 Abs. 1 Nr. 5 genügt in der Regel die Vorlage einer geprüften Einbringungsbilanz[36]. Sind diese Unterlagen unvollständig oder nicht hinreichend präzise (Rdn. 22), so hat das Registergericht durch Zwischenverfügung für ordnungsgemäße Anmeldungsunterlagen zu sorgen. Führt die Prüfung anhand dieser Unterlagen zu einer plausiblen Bewertung, die auch den Nennbetrag der entsprechenden Stammeinlage abdeckt, so ist die Gesellschaft einzutragen. 29

Hat der Registerrichter **sachlich berechtigte Zweifel daran, ob der objektive Wert der Sacheinlage den Nennbetrag der entsprechenden Stammeinlage erreicht,** so muß er vor Eintragung weitere Maßnahmen zur Ermittlung des Werts der Sacheinlage veranlassen. Hierzu kann er **von den Anmeldern weitere Unterlagen anfordern** über den Wert des Gegenstands der Sacheinlage, etwa in Form von Nachweisen über Höhe und Zeitpunkt ihrer Anschaffungs- oder Herstellungskosten (§ 8, 12) oder von Sachverständigengutachten. Der Registerrichter kann aber auch selbst einen **sachverständigen Prüfer beauftragen.** Die Kosten für die Erstellung des Gutachtens trägt nach §§ 2 Nr. 1, 137 Nr. 4 KostO die Gesellschaft (zur Erstattung durch die Gründer bei fehlender Festsetzung im Gesellschaftsvertrag vgl. § 5, 174). Dagegen können nach 30

---

[34] § 5, 134; so auch *Scholz/Winter* § 5 Abs. 1 und 4 nF, 36d, *Lutter* DB **1980** 1319.

[35] § 8, 12; so auch *Scholz/Winter* § 8 Abs. 1–3 nF, 4d; **aA** *Lutter* DB **1980** 1318.

[36] Vgl. § 8, 12; weitergehend – für Vorlage eines Sachverständigengutachtens – *Rösing* (aaO Fn. 18) S. 113, 136.

diesen Vorschriften nicht auch die anmeldenden Geschäftsführer als Kostenschuldner in Anspruch genommen werden[37]. Sie haften aber nach § 11 Abs. 2 bis zur Eintragung der GmbH[38]. Ein Vorschuß kann vom Gericht für das gesamte Verfahren, nicht aber allein für die Kosten des Gutachtens verlangt werden[39]. Freilich darf das Gericht von derartigen Maßnahmen **nicht routinemäßig**, sondern nur bei sachlich berechtigten Zweifeln Gebrauch machen[40]; die Zweifel sind zu begründen (Rdn. 12). Das folgt auch daraus, daß der Gesetzgeber entgegen der weitergehenden Regelung des § 5d RegE von einer obligatorischen Gründungsprüfung gerade abgesehen hat (Rdn. 2). Sachverständigengutachten kommen danach namentlich bei gewerblichen Schutzrechten, Urheberrechten und Lizenzen in Betracht, daneben aber auch im Fall von Beteiligungen an nicht börsennotierten Gesellschaften, bei Grundstücken oder Gebäuden als Sacheinlagen[41]. Anderes kann im Einzelfall dann gelten, wenn der Gründer den Gegenstand der Sacheinlage kurz vor der Einbringung angeschafft oder hergestellt hat und geeignete Unterlagen über die dabei angefallenen Kosten vorlegt (ähnlich *Scholz/Winter* § 8 Abs. 1–3 nF, 4d). Besteht für die Gegenstände der Sacheinlage ein **Marktpreis** oder treten Bewertungsprobleme mit Rücksicht auf einen eindeutig unter dem wirklichen Wert liegenden Wertansatz nicht auf, so ist für die Einschaltung eines sachverständigen Prüfers regelmäßig kein Raum (*Lutter* DB **1980** 1319).

31 Im einzelnen hat sich die registerrichterliche Prüfung einerseits darauf zu erstrecken, ob sich die im Gesellschaftsvertrag benannten **Gegenstände für eine Sacheinlage eignen** (Näheres vgl. bei § 5, 37 ff.). Zum anderen und vor allem ist zu prüfen, ob der **objektive Wert** des Gegenstands der Sacheinlage den **Nennbetrag der Stammeinlage abdeckt**[42]. Maßgebender *Bewertungsstichtag* ist derjenige der Eintragung (Rdn. 17). Wertminderungen zwischen Anmeldung und Eintragung sind deshalb ebenso zu berücksichtigen wie *Wertsteigerungen* (Rdn. 32). Ein Eintragungshindernis iSv § 9c S. 2 liegt auch vor, wenn die Differenz zwischen dem angenommenen Wert der Sacheinlage und dem Nennbetrag der Stammeinlage an den Sacheinleger auszuzahlen ist (sog. gemischte Sacheinlage, § 5, 99) und der objektive hinter dem angenommenen Wert zurückbleibt. Die mangelnde Abdeckung eines ausdrücklich vereinbarten **Agio** infolge Überbewertung der Sacheinlage unterliegt zwar nicht der Schranke des § 9c S. 2; die Eintragung ist aber regelmäßig wegen der Gefahr einer Irreführung abzulehnen (Rdn. 28). — Zu den Bewertungsgrundsätzen vgl. näher § 5, 61 ff.

32 **b) Rechtsfolgen der Überbewertung.** Bestehen unter Berücksichtigung der genannten Prüfungsgrundsätze und des für jede Bewertung anzuerkennenden Beurteilungsspielraums sachlich berechtigte Zweifel daran, daß der Wert der Sacheinlage den Nennbetrag der entsprechenden Stammeinlage erreicht, so ist die **Eintragung abzulehnen**. Das gilt unabhängig vom Ausmaß der Unterdeckung; einer *„nicht unwesentlichen"* Überbewertung (so noch § 38 Abs. 2 S. 2 AktG) bedarf es für die Ablehnung *nicht*[43]. Ebenso ist kein Raum für einen vom Gericht zu respektierenden Bewertungsspielraum der Gründer (*Roth* 3.1; **aA** *Scholz/Priester* § 57a, 10); eine derartige Einschränkung findet

---

[37] Vgl. allgemein für Anmeldekosten § 78, 23, *Scholz/Tiedemann* § 78, 17, *Baumbach/Hueck* § 78, 2.

[38] § 11, 98, 100 f.; so auch *Scholz/Tiedemann* § 78, 17.

[39] HM, vgl. OLG Dresden JW **1927** 2933; *Jansen* FGG² Vorbem. § 12, 79, § 13a, 8, *Keidel/Kuntze/Winkler* FGG § 15, 15.

[40] EinhM, vgl. *Scholz/Winter* 3, *Rob. Fischer* 2, *Roth* 3.1, *Deutler* GmbH-Rdsch. **1980** 148, *Lutter* DB **1980** 1319, *Priester* DNotZ **1980** 523 f.

[41] So auch *Scholz/Winter* § 8 Abs. 1–3 nF, 4d, *Geßler* BB **1980** 1387, *Priester* DNotZ **1980** 522.

[42] EinhM, vgl. *Scholz/Winter* 4, *Baums* StuW **1980** 301, *Geßler* BB **1980** 1387, *Lutter* DB **1980** 1319, *Müller* WPg **1980** 373.

[43] Vgl. *Rössing* (aaO Fn. 18) S. 140; so auch *Scholz/Winter* 1; **aA** noch dies. § 5, 37.

weder im Wortlaut des § 9c S. 2 eine Stütze, noch ist sie mit dem Zweck dieser Vorschrift vereinbar, die Kapitalaufbringung im Rahmen der Gründungskontrolle sicherzustellen (Rdn. 2). Dem Eintragungshindernis der Überbewertung steht auch nicht entgegen, daß die Gesellschaft mit Eintragung den Sacheinleger aus der Differenzhaftung des § 9 in Anspruch nehmen kann (§ 9, 7, 18)[44]; der Verstoß der Sacheinlagevereinbarung gegen das Verbot der Unterpari-Emission wird dadurch nicht beseitigt. Das **Eintragungshindernis** der Überbewertung **entfällt** aber, wenn der Sacheinleger vor Eintragung den **Differenzbetrag zahlt und** der Geschäftsführer die Zahlung **entsprechend § 8 Abs. 2 versichert**[45]. Die Gründer können auch durch eine Änderung des Gesellschaftsvertrags die Überbewertung beseitigen, indem sie entweder den Nennbetrag des Stammkapitals und der vom Sacheinleger übernommenen Stammeinlage entsprechend anpassen oder eine Verpflichtung des Sacheinlegers aufnehmen, den Differenzbetrag durch eine zusätzliche Geldeinlage auszugleichen (§ 9, 19). Andererseits kann die bei Anmeldung vorliegende Überbewertung aber auch dadurch entfallen, daß zu einem späteren Zeitpunkt der **Wert der Sacheinlage steigt**. Da die Bewertungskontrolle auf den Zeitpunkt der Eintragung bezogen ist (Rdn. 17), hat sie auch diesen Umstand zu berücksichtigen (§ 9, 7; **aA** *Roth* 3.2).

IV. Verfahren

1. Zuständigkeit und Verfahrensablauf

Die **sachliche Zuständigkeit** zur Führung des Handelsregisters und zur Vornahme 33
der beantragten Eintragungen unter Einschluß der Gründungskontrolle nach § 9c liegt ausschließlich bei den **Amtsgerichten** (§ 8 HGB, § 125 Abs. 1 FGG). **Örtlich** zuständig ist das Amtsgericht, in dessen Bezirk sich der satzungsmäßige Sitz der Gesellschaft befindet (§ 7 Abs. 1 GmbHG, dazu vgl. § 7, 14f.). Zum Fall des *Doppelsitzes* der Gesellschaft vgl. § 3, 13, zur örtlichen Zuständigkeit für Eintragungen im Falle einer Zweigniederlassung vgl. § 12, 25ff. Für mehrere Amtsgerichtsbezirke kann die Justizverwaltung des Landes ein gemeinschaftliches Registergericht bestimmen (§ 125 Abs. 2 FGG, vgl. § 7, 16). Die **funktionelle** Zuständigkeit innerhalb des Registergerichts bestimmt sich nach dem Rechtspflegergesetz vom 5. 11. 1969 (BGBl. I 2065). Bei grundsätzlicher Übertragung der Geschäfte in Handelssachen auf den Rechtspfleger (§ 3 Nr. 2d RpflG) bleiben danach dem **Richter** insbesondere die auf **erste Eintragung der GmbH** gerichteten Verfügungen vorbehalten[46].

Hat der Registerrichter *sachlich berechtigte Zweifel* am Vorliegen der Eintragungsvor- 34
aussetzungen, so kann er die Anmelder durch zu begründende **Zwischenverfügung** zur Vorlage weiterer Unterlagen, auch Sachverständigengutachten, oder zu Auskünften auffordern (Rdn. 12,14). Der Amtsermittlungsgrundsatz des § 12 FGG besagt *nicht*, daß die Beteiligten von der Mitwirkung an der Sachaufklärung entbunden sind oder das Gericht gehalten ist, sich die zur Prüfungstätigkeit erforderlichen Unterlagen in erster Linie selbst zu beschaffen (*Keidel/Kuntze/Winkler* FGG[11] § 12, 53ff.). Das Gericht kann aber

[44] EinhM, vgl. *Scholz/Winter* § 9 nF, 17, *Fleck* GmbH-Rdsch. **1983** 12, *Geßler* BB **1980** 1387.

[45] Ebenso *Scholz/Winter* 6, § 9 nF, 17, *Rössing* (aaO Fn. 18) S. 145, *Fleck* GmbH-Rdsch. **1983** 12; vgl. auch BGHZ **80** 129, 143 = NJW **1981** 1373 zur Gründungsprüfung des Registergerichts im Hinblick auf Vorbelastungen des Gesellschaftsvermögens aus der Geschäftsaufnahme vor Eintragung.

[46] § 17 Nr. 1a RpflG. Näheres vgl. bei *Keidel/Kuntze/Winkler* FGG[11] § 125, 19ff., *Bruggemann* Rpfleger **1970** 198ff. sowie in den Kommentaren zum Rechtspflegergesetz (*Arnold/Meyer-Stolte* 1978[3], *Herbst* 1977[2], *Riedel/Schneider/Schleicher* Stand 1983).

auch selbst Sachverständigengutachten einholen; die Zahlung eines Auslagenvorschusses hierfür kann nicht verlangt werden (Rdn. 30). Führen die Nachprüfungen zu behebbaren **Beanstandungen**, so ist den Beteiligten durch Zwischenverfügung Gelegenheit zu geben, diese abzustellen[47]; dazu kann ihnen vom Registerrichter eine *Frist* zur Beseitigung gesetzt werden (§ 26 S. 2 HRV). Die Zwischenverfügung ist an die *Geschäftsführer* als die anmeldepflichtigen Personen (§ 78) zu richten, nicht auch an die Gründer. Diese sind freilich im Innenverhältnis aufgrund des Gesellschaftsvertrags verpflichtet, an der Beseitigung von Eintragungshindernissen mitzuwirken (vgl. näher § 7, 6).

35 Bei **Streitigkeiten zwischen den Beteiligten** über das Vorliegen der Eintragungsvoraussetzungen kann der Registerrichter seine Entscheidung über die Eintragung bis zur Entscheidung des Prozeßgerichts **aussetzen.** Ist der Streit noch nicht rechtshängig, so kann er den Beteiligten auch eine Frist zur Klageerhebung setzen (§ 127 FGG). Die Aussetzung erfolgt von Amts wegen; sie kann durch Anregung eines Beteiligten veranlaßt sein (*Keidel/Kuntze/Winkler* FGG § 127, 14). Eine Aussetzung kommt insbesondere dann in Betracht, wenn über die Wirksamkeit der *Anfechtung einer Beitrittserklärung* gestritten wird[48]. Über die Aussetzung entscheidet der Registerrichter nach pflichtgemäßem *Ermessen.* Er hat dabei einerseits zu berücksichtigen, ob der Anfechtungsgrund oder das sonstige Eintragungshindernis hinreichend glaubhaft gemacht ist, andererseits ob durch die Verzögerung der Eintragung nicht schwere Nachteile für die Gesellschaft entstehen, die eine sofortige Entscheidung erforderlich machen können[49]. — Zur Möglichkeit der Beteiligten, durch eine beim Prozeßgericht beantragte **einstweilige Verfügung** die Aussetzung der Eintragung zu bewirken, vgl. § 2, 73.

2. Ablehnung der Eintragung

36 Macht das Registergericht nicht von der Möglichkeit der Aussetzung Gebrauch und sind die Eintragungshindernisse nicht behebbar oder auf die Zwischenverfügung innerhalb der Frist nicht behoben worden, so muß es die Eintragung **ablehnen;** insoweit besteht **kein Ermessen** des Gerichts. Die *materielle Beweislast* für das Vorliegen der Eintragungsvoraussetzungen tragen die Anmelder[50]. Mit Rücksicht auf den Amtsermittlungsgrundsatz (§ 12 FGG) hat das Gericht zwar das Vorliegen der Eintragungsvoraussetzungen von Amts wegen festzustellen und alle erforderlichen Maßnahmen zu treffen. Lassen sich gleichwohl sachlich berechtigte Zweifel des Gerichts am Vorliegen der Eintragungsvoraussetzungen nicht ausräumen, insbesondere auch nicht durch weitere Nachweise oder Erklärungen der Anmelder, so ist der Anspruch auf Eintragung (Rdn. 9) zu verneinen. Die Eintragung ist **insgesamt abzulehnen,** auch wenn sich die Beanstandungen nur auf Teile der Satzung beziehen. Eine Streichung der beanstandeten Regelungen durch das Gericht unter Eintragung der Gesellschaft im übrigen kommt nicht in Betracht[51]. Die ablehnende Entscheidung ist zu **begründen** (§ 26 S. 1 HRV). Vor der Entscheidung ist den Beteiligten durch Anhörung *rechtliches Gehör* zu gewähren[52]. Verletzt der Registerrichter seine Amtspflichten gegenüber den Beteiligten im Rahmen

---

[47] OLG Hamm NJW **1963** 1554, KGJ **50** A 1, 3, KG JFG **4** 184, 186 f.

[48] Zur entsprechenden Lage bei der Anfechtung von Hauptversammlungsbeschlüssen im Aktienrecht vgl. *Zöllner* Kölner KommAktG § 243,41 ff., *Schilling* GroßkommAktG § 243, 6.

[49] KGJ **21** A 240, 243, BayObLG OLGR **28** 337; *Scholz/Winter* § 10, 4, *Keidel/Kuntze/Winkler* FGG § 127, 15 m. weit. Nachw. (Fn. 5).

[50] *Jansen* FGG § 12, 10, *Keidel/Kuntze/Winkler* FGG § 12, 102, 103a.

[51] BayObLG OLGE **2** 516 Nr. 31; *Barz* GroßkommAktG § 38, 2, *Kraft* Kölner KommAktG § 38, 6.

[52] Näheres dazu bei *Keidel/Kuntze/Winkler* FGG § 12, 70a ff.

der Gründungskontrolle, so greift die Staatshaftung nach § 839 BGB, Art. 34 GG ein[53]. Das kann bei amtspflichtwidrig verzögerter Eintragung zu Ansprüchen der Beteiligten führen, bei Eintragung trotz fehlender Eintragungsvoraussetzungen auch zu Ansprüchen von Gläubigern der Gesellschaft (vgl. näher § 10, 18).

Gegen Entscheidungen des Registergerichts, die den Eintragungsantrag ablehnen, sowie gegen *Zwischenverfügungen* ist das unbefristete Rechtsmittel der **Beschwerde** (§ 19 FGG) gegeben. Der zwischenzeitliche Wegfall von Eintragungshindernissen ist bei der Beschwerdeentscheidung zu berücksichtigen (§ 23 FGG). Beschwerdeberechtigt sind nach § 20 Abs. 2 FGG die **Geschäftsführer** als die zur Anmeldung berufenen Vertreter der Gesellschaft (§ 7, 9). Entsprechend der Notwendigkeit der Mitwirkung *sämtlicher* Geschäftsführer bei der Anmeldung muß die Beschwerde, um zulässig zu sein, von allen Geschäftsführern oder in ihrem Namen eingelegt werden[54]; dagegen hat nach § 20 Abs. 1 FGG jeder einzelne Anmelder ein Beschwerderecht, wenn sich die Beanstandung gegen eine nicht von allen Geschäftsführern bewirkte Anmeldung richtet (BayObLG BB **1984** 804). Den *Gesellschaftern* steht ein selbständiges Beschwerderecht nicht zu. Ebenfalls nicht beschwerdeberechtigt sind die Organe des Handelsstandes iSv § 126 FGG, etwa die Industrie- und Handelskammern (BayObLG BB **1984** 171, 172). Die Entscheidung des Beschwerdegerichts (§ 30 Abs. 1 FGG: Landgericht, Kammer für Handelssachen) kann unter den gleichen Voraussetzungen durch das Rechtsmittel der **weiteren Beschwerde** angefochten werden; sie ist auf die Rüge von Gesetzesverletzungen beschränkt (§ 27 FGG). — **Gegen die erfolgte Eintragung findet eine Beschwerde nicht statt**[55]. Der Grund liegt nicht im Fehlen einer Entscheidung[56], denn auch die Eintragung beruht auf einer durch Vollzug verlautbarten Verfügung des Registerrichters, wohl aber in der konstitutiven Wirkung der Eintragung. Sie hat *erhöhte Bestandskraft* (§§ 142, 144, 144a FGG) und kann daher im Beschwerdeverfahren nicht beseitigt werden[57]. Eine unzulässige Beschwerde gegen die Eintragung kann aber als Anregung für eine Amtslöschung der Gesellschaft nach § 144 FGG, in besonderen Fällen (§ 7, 10) auch nach § 142 FGG, oder zur Einleitung eines Amtsauflösungsverfahrens (§ 144a FGG) verstanden werden. 37

V. Amtslöschung

Die **Voraussetzungen** der Amtslöschung von Gesellschaften, deren Eintragung der Registerrichter pflichtwidrig vorgenommen hat, richten sich nach der Vorschrift des **§ 144 Abs. 1 S. 2 FGG**; sie geht hinsichtlich *materieller Mängel* als Sondervorschrift der Regelung des § 142 FGG vor (§ 2, 74). Für eine Amtslöschung ist deshalb nur Raum, wenn die Nichtigkeitsgründe des § 75 Abs. 1 vorliegen, d. h. Vereinbarungen über die **Höhe des Stammkapitals** oder über den **Unternehmensgegenstand** fehlen oder die letztgenannten nichtig sind. Für *wesentliche Verfahrensmängel* verbleibt es dagegen bei der Anwendung von § 142 Abs. 1 FGG[58]. Die fehlende Mitwirkung einzelner zur Anmeldung berufener Geschäftsführer rechtfertigt die Amtslöschung nur dann, wenn die fehlerhafte Anmeldung auch inhaltlich dem Willen der nichtmitwirkenden Geschäftsführer widersprach (vgl. Näheres § 7, 10). Fehlen in der Satzung Regelungen über Firma, Sitz und 38

---

[53] Vgl. *Habscheid* Freiwillige Gerichtsbarkeit[7], 1983, S. 58, *Hüffer* GroßkommHGB[4] § 8, 75 ff.

[54] BayObLG BB **1984** 171, 172 und 804; so auch *Scholz/Winter* § 10, 4, *Baumbach/Hueck* § 10, 2 B, *Roth* 4; **aA** *Brodmann* § 10, 2e.

[55] St.Rspr. vgl. KGJ **41 A** 102; **48 A** 137; *Scholz/Winter* § 10, 4, *Roth* 4, *Keidel/Kuntze/Winkler* FGG § 19, 3.

[56] So aber die in Fn. 55 Genannten.

[57] So auch *Hüffer* GroßkommHGB[4] § 8, 86; hilfsweise auch KGJ **41 A** 102, 104 f.

[58] § 2, 74; OLG Hamm OLGZ **1971** 226, 227; *Keidel/Kuntze/Winkler* FGG § 144, 1.

Betrag der Stammeinlagen der Gesellschafter (§ 3 Abs. 1 Nr. 1 und 4) oder sind sie bzw. die Vereinbarung über die Höhe des Stammkapitals (§ 3 Abs. 1 Nr. 3) trotz Eintragung der Gesellschaft nichtig, so kann von Amts wegen das **Auflösungsverfahren nach § 144a FGG** eingeleitet werden (§ 60, 40 ff.). Eine Amtslöschung nach § 144 FGG kommt nur dann in Betracht, wenn diese Mängel ausnahmsweise zur Nichtigkeit auch des Unternehmensgegenstands führen (§ 2, 76). — Zur Amtslöschung nach § 2 LöschG vgl. Anh. § 60, 14 ff.

39 Das **Löschungsverfahren** ist *von Amts wegen* einzuleiten; an der Löschung interessierte Beteiligte des Eintragungsverfahrens, aber auch Dritte können die Amtslöschung anregen. Zuständig ist das Registergericht, nach § 143 FGG auch das ihm vorgeordnete Landgericht. Die Beteiligten sind von der beabsichtigten Löschung unter Fristsetzung für einen Widerspruch zu benachrichtigen (§§ 142 Abs. 2, 144 Abs. 3 FGG). Die Löschung darf nur erfolgen, wenn Widerspruch nicht erhoben worden oder die den Widerspruch zurückweisende Verfügung des Registergerichts, ggf. des Landgerichts (§ 141 Abs. 3 FGG) rechtskräftig geworden ist (§§ 141 Abs. 4, 142 Abs. 3 FGG). Die **Entscheidung über die Löschung** steht im pflichtgemäßen **Ermessen** des Gerichts[59]. Es hat neben dem Interesse der Gesellschaft an der Aufrechterhaltung der sie betreffenden Eintragung das öffentliche Interesse an der Beseitigung einer unrichtigen oder gesetzwidrigen Eintragung im Handelsregister zu berücksichtigen[60]. Näheres zum Verfahren vgl. bei § 75, 59 ff.

§ 10

Bei der Eintragung in das Handelsregister sind die Firma und der Sitz der Gesellschaft, der Gegenstand des Unternehmens, die Höhe des Stammkapitals, der Tag des Abschlusses des Gesellschaftsvertrages und die Personen der Geschäftsführer anzugeben. Ferner ist einzutragen, welche Vertretungsbefugnis die Geschäftsführer haben.

Enthält der Gesellschaftsvertrag eine Bestimmung über die Zeitdauer der Gesellschaft, so ist auch diese Bestimmung einzutragen.

In die Veröffentlichung, durch welche die Eintragung bekanntgemacht wird, sind außer dem Inhalt der Eintragung die nach § 5 Abs. 4 Satz 1 getroffenen Festsetzungen und, sofern der Gesellschaftsvertrag besondere Bestimmungen über die Form enthält, in welcher öffentliche Bekanntmachungen der Gesellschaft erlassen werden, auch diese Bestimmungen aufzunehmen

Übersicht

[59] § 75, 57, *Keidel/Kuntze/Winkler* FGG § 144, 31 ff.

[60] OLG Hamm OLGZ **1974** 139, 144 und OLGZ **1969** 507, 508 f.

I. Einführung

1. Normzweck

Die Vorschrift des § 10 bestimmt, welche **Angaben** über die neugegründete Gesellschaft **in das Handelsregister einzutragen** sind (Abs. 1 und 2) und welchen Inhalt die **Veröffentlichung** haben muß (Abs. 3). Über die allgemeine Publizitätsfunktion des Handelsregisters (§ 15 HGB) hinausgehend kommt ihr deshalb besondere Bedeutung zu, weil die **Eintragung zur Entstehung der Gesellschaft als juristische Person führt** (Umkehrschluß aus § 11 Abs. 1) und eine *Heilung* der meisten Vertragsmängel zur Folge hat. Mit Rücksicht auf diese Wirkungen bedarf das Vorliegen der Eintragungsvoraussetzungen bei Kapitalgesellschaften genauer Prüfung durch den Registerrichter, sog. richterliche Prüfungsfunktion. Sie war schon nach bisher geltendem Recht allgemein anerkannt und hat durch die Vorschrift des § 9c ihre gesetzliche Bestätigung gefunden (vgl. im einzelnen Erläut. zu § 9c). 1

2. Reform

Eine **Änderung** hat die Vorschrift des § 10 durch das Koordinierungsgesetz vom 15. 8. 1969[1] erfahren. Die Änderung betrifft die Angaben über die *Vertretungsbefugnis der Geschäftsführer*. Entsprechend der Erweiterung der Anmeldungserfordernisse durch Einfügung von § 8 Abs. 3 (jetzt Abs. 4 nF, vgl. dazu § 8, 32) wurde auch für die Eintragung der GmbH in jedem Fall die Angabe der Vertretungsmacht der Geschäftsführer vorgeschrieben (§ 10 Abs. 1 S. 2). Der in § 10 Abs. 2 aF genannte zusätzlich mögliche Eintragungsinhalt wurde auf den Fall der Zeitbestimmung beschränkt. Die *GmbH-Novelle 1980* hat sich darauf beschränkt, die Verweisung in § 10 Abs. 3 auf § 5 Abs. 4 an die Änderung dieser Vorschrift anzupassen. Auf die Einführung einer Pflicht zur Veröffentlichung der Angaben über Sondervorteile und Gründungsaufwand, wie sie im RegE vorgesehen war, hat der Gesetzgeber auf Vorschlag des BT-Rechtsausschusses verzichtet. 2

II. Eintragung der Gesellschaft

1. Gesellschaftsgründung

Art und Umfang der die Gesellschaftsgründung betreffenden Eintragungen im Handelsregister sind in § 10 Abs. 1 und 2 abschließend geregelt. Das Gesetz unterscheidet dabei zwischen den *notwendigen* Eintragungen nach Abs. 1 und den vom 3

[1] Vgl. Gesetz zur Durchführung der Ersten Richtlinie des Rates der Europäischen Gemeinschaften zur Koordinierung des Gesellschaftsrechts, BGBl. 1969 I 1146.

Vertragsinhalt abhängigen *möglichen* Eintragungen nach Abs. 2. Eine Eintragung des *Gesellschaftsvertrags* als solchen ist nicht vorgesehen. Der Vertrag befindet sich aber bei den Registerunterlagen (vgl. § 8 Abs. 1 Nr. 1); er steht daher für jedermann zur Einsicht offen (§ 9 Abs. 1 HGB). Gleiches gilt für die *Namen der Gesellschafter und die Höhe der* von ihnen übernommenen *Stammeinlagen*. Sie sind nicht in das Handelsregister einzutragen, sondern ergeben sich aus einer bei der Anmeldung einzureichenden, alljährlich zu erneuernden bzw. zu bestätigenden Liste (§ 8 Abs. 1 Nr. 3, § 40). Auch die Vereinbarungen über *Sacheinlagen* werden nicht in das Handelsregister eingetragen (RGZ **78** 359, 362); allerdings ist in § 10 Abs. 3 ihre Veröffentlichung vorgesehen (Rdn. 19).

4 Die Eintragung setzt voraus, daß die Gesellschaft bereits **wirksam errichtet** ist. Sie kann daher erst erfolgen, nachdem der Gesellschaftsvertrag für alle Beteiligten bindend geworden ist. Ist die Entstehung der Gesellschaft vom Eintritt einer Bedingung oder einer Frist abhängig gemacht, so genügt nicht der Nachweis des Eintritts der Bedingung oder der Frist; vielmehr bedarf es eines erneuten Vertragsschlusses in der Form des § 2 (str., vgl. § 2, 96, 102).

5 Zum **Verfahren** vgl. § 9c, 33 ff.. — Die Eintragungen sind in **Abteilung B** des Handelsregisters zu bewirken (§§ 3 Abs. 3, 43 HRV). Sie sollen mit dem **Datum der Eintragung** und der *Unterschrift* des zuständigen Beamten versehen werden (§ 130 Abs. 1 FGG). Dem Eintragungsdatum kommt deshalb besondere Bedeutung zu, weil die Gesellschaft als juristische Person mit der Eintragung entsteht (Rdn. 14). Auch richtet sich der Beginn der Verjährung für die Differenzhaftung iSv § 9 und für die Schadensersatzhaftung von Gründern und Geschäftsführern iSv § 9a nach dem Zeitpunkt der Eintragung (§§ 9 Abs. 2, 9b Abs. 2 S. 2). Die erfolgte Eintragung soll den Anmeldern bekannt gemacht werden (§ 130 Abs. 2 FGG). Zu den Eintragungskosten vgl. §§ 79, 26 KostO. Sie sind im voraus zu entrichten (§ 8 Abs. 1 S. 1 KostO).

2. Sonstige Eintragungen

6 Wird der **Gesellschaftsvertrag** in den nach § 10 Abs. 1 oder 2 einzutragenden Punkten **geändert**, so ist auch der Inhalt der Änderung in das Handelsregister einzutragen (§ 54 Abs. 2 S. 1). So wenn der Sitz verlegt (vgl. auch § 13c Abs. 2, 3 HGB), die Firma oder der Gegenstand des Unternehmens geändert oder das Stammkapital erhöht wird. Anzugeben ist auch der Tag, an dem der betreffende Änderungsbeschluß gefaßt wurde; er entspricht dem Tag des Vertragsschlusses iSv § 10 Abs. 1[2]. Bei sonstigen Satzungsänderungen genügt die Bezugnahme im Handelsregister auf die eingereichten Änderungsurkunden. Vgl. näher § 54, 24 ff.

7 Eine Änderung in der Person der **Geschäftsführer** oder in der Art ihrer **Vertretungsbefugnis** bedarf, auch wenn sie nicht durch Satzungsänderung, sondern durch einfachen Gesellschafterbeschluß erfolgt, der Eintragung nach § 39 (§ 39, 7).

III. Notwendiger Inhalt der Eintragung

1. Angaben nach Abs. 1 S. 1

8 Die Angaben nach Abs. 1 S. 1 dienen der **Individualisierung** der Gesellschaft. Stets einzutragen sind danach:
— die **Firma** und der **Sitz** der Gesellschaft (§ 3 Nr. 1)

---

[2] *Baumbach/Hueck* § 54, 23, *Roth* § 54, 3, *Scholz/Priester* § 54, 52.

– der **Gegenstand des Unternehmens** (§ 3 Nr. 2; zum notwendigen Maß an Individualisierung vgl. § 3, 19 ff.)
– die **Höhe des Stammkapitals** (§ 3 Nr. 3), nicht aber diejenige der einzelnen Stammeinlagen[3]
– der **Tag des Vertragsabschlusses;** beim zeitlichen Auseinanderfallen der einzelnen Beitrittserklärungen (Stufenbeurkundung, vgl. § 2, 7 f.) genügt die Angabe des Datums der *letzten* Erklärung
– die Personen der **Geschäftsführer** einschließlich der *stellvertretenden*[4]. Die Eintragung soll nicht nur den Familiennamen angeben, sondern auch Vornamen, Beruf und Wohnort umfassen (§ 43 Nr. 4 HRV). Soweit *Aufsichtsratsmitglieder* schon im Zeitpunkt der Anmeldung bestellt sind, sind ihre Namen zwar anzumelden und bekanntzumachen (Rdn. 20), nicht aber im Handelsregister einzutragen.

2. Vertretungsbefugnis der Geschäftsführer (Abs. 1 S. 2)

Schrifttum

Bokelmann Anmeldung und Eintragung der Vertretungsbefugnis von Geschäftsführern und Vorstandsmitgliedern in das Handelsregister nach neuem EWG-Recht, NJW **1969** 2120; *Bühler* Die Befreiung des Geschäftsführers der GmbH von § 181 BGB, DNotZ **1983** 588; *Groß* Eintragung und Anmeldung der Vertretungsbefugnis der Geschäftsführer der Gesellschaft mbH, Rpfleger **1970** 156; *Gustavus* Die registerrechtlichen Bestimmungen des Gesetzes zur Durchführung der Ersten EWG-Richtlinie zur Koordinierung des Gesellschaftsrechts , BB **1969** 1335; *Kanzleiter* Registereintragung der Vertretungsbefugnis des GmbH-Geschäftsführers, Rpfleger **1984** 1; *Kirberger* Zur Bezugnahme auf Bestimmungen des Gesellschaftsvertrages in der Anmeldung nach § 8 Abs. 3 GmbHG, Rpfleger **1976** 237; *Lappe* Änderungen des Registerrechts der GmbH, GmbH-Rdsch. **1970** 9.

a) **Allgemeines.** Die zwingende Angabe der Vertretungsbefugnis der Geschäftsführer unabhängig davon, ob die Art der Vertretungsmacht im Gesellschaftsvertrag abweichend von § 35 Abs. 2 S. 2 geregelt ist, ist durch das KoordG von 1969 ausdrücklich vorgeschrieben (Rdn. 2). Die Eintragung hat in **generell-konkreter Form** zu erfolgen[5], d. h. sie beschränkt sich grundsätzlich auf die **generelle Eintragung** der innerhalb der Gesellschaft nach Gesetz oder Satzung geltenden Vertretungsbefugnis in Spalte 6 (§ 46 Nr. 6 d HRV) des Registerblatts und sieht im Unterschied zur früher verbreiteten *konkreten Eintragungsmethode*[6] davon ab, die Vertretungsbefugnis *jedes* Geschäftsführers bei dessen Eintragung ausdrücklich zu vermerken, wenn sie nicht von der gesetzlichen bzw. allgemein gesellschaftsvertraglich geregelten abweicht. Ein Vertretungszusatz bei Eintragung des einzelnen Geschäftsführers ist nur dann erforderlich, wenn dessen Vertretungsmacht von der generell in der Gesellschaft geltenden abweicht[7]. Der Vorteil dieser Eintragungsmethode liegt darin, daß sie sich nicht unnötig von der *bisherigen Eintragungspraxis* entfernt; auch trägt sie durch Vermeidung überflüssiger Eintragungen stärker zur *Übersichtlichkeit und Klarheit* des Handelsregisters bei. – Aus Wortlaut und 9

[3] RGZ **78** 359, 361; **83** 256, 265, RG JW **1911** 779; vgl. auch Rdn 3.

[4] OLG Stuttgart NJW **1960** 2150; *Scholz/Winter* 5, *Roth* 2.

[5] Heute allgM, vgl. BGHZ **87** 59, 63 = NJW **1983** 1676, BayObLG BB **1980** 597, WM **1980** 473, 474, BB **1974** 291; weit. Rspr.-Nachw. vgl. Voraufl. 28; *Scholz/Winter* 7, *Roth* § 8, 4, *Geßler* BB **1970** 627, *Groß* Rpfleger **1970** 156 ff., *Kanzleiter* Rpfleger **1984** 2, *Kirberger* Rpfleger **1976** 237.

[6] *Bokelmann* NJW **1969** 2120, 2121, *Gustavus* BB **1969** 1335, *ders.* BB **1970** 594, 595, *Lappe* GmbH-Rdsch. **1970** 9, 10.

[7] Vgl. Nachw. in Fn. 5.

Sinn des KoordG, sich aus dem Handelsregister umfassend und leicht über die Vertretungsbefugnis der Geschäftsführer informieren zu können, folgt, daß die Angabe der Vertretungsbefugnis *in jedem Fall*, also auch bei einem **Alleingeschäftsführer** erforderlich ist[8].

10 Die Angaben über die Vertretungsbefugnis müssen so gefaßt sein, daß sich die **Vertretungsregelung allein aus dem Handelsregister ablesen** läßt. Deshalb ist in der Angabe ausdrücklich zu bestimmen, ob *Einzel- oder Gesamtvertretungsmacht* besteht und wie letztere gestaltet ist[9]. Nicht ausreichend ist die Möglichkeit, die Art der Vertretungsbefugnis aus tatsächlichen Umständen, wie etwa dem Vorhandensein nur eines Geschäftsführers, oder aus dem Gesellschaftsvertrag zu entnehmen[10]. *Nicht* einzutragen ist demgegenüber eine in der Satzung geregelte *Ermächtigung* der Gesellschafterversammlung, abweichende Vertretungsbefugnisse einzuräumen, etwa die Befreiung vom Selbstkontrahierungsverbot oder die Einräumung von Einzelvertretungsmacht, wenn von dieser Ermächtigung noch kein Gebrauch gemacht worden ist. Den Gegenstand der Eintragung bilden nur die *tatsächlichen,* nicht aber die möglichen Vertretungsverhältnisse[11]. Anzumelden und einzutragen ist jedoch die aufgrund der Ermächtigung im Einzelfall vorgenommene Änderung der Vertretungsbefugnisse (Rdn. 7, § 39, 7). — *Bedingte und befristete* Vertretungsregelungen sind dann eintragungsfähig, wenn sich der Eintritt der Bedingung oder Befristung unmittelbar der Registereintragung entnehmen läßt oder offenkundig ist[12]. Das ist z. B. zu bejahen, wenn die Befreiung vom Selbstkontrahierungsverbot für den Fall vorgesehen ist, daß die Gesellschaft nur einen Geschäftsführer hat, oder wenn die einzutragende Änderung der Vertretungsbefugnis zu einem fest bestimmten Termin eintreten soll.

11 **b) Befreiung vom Selbstkontrahierungsverbot.** Nach §§ 181 BGB, 35 Abs. 4 nF GmbHG bedarf es zur Wirksamkeit von Insichgeschäften eines Geschäftsführers in jedem Fall einer entsprechenden Gestattung (vgl. Näheres Erläut. zu § 35 nF). Die heute in Rechtsprechung und Literatur ganz herrschende Meinung sieht die Befreiung vom Selbstkontrahierungsverbot als eine **eintragungspflichtige Tatsache** an[13]. Dem ist entgegen der Voraufl. (Rdn. 30) **zuzustimmen.** Die namentlich früher verbreitete Gegenmeinung[14] berücksichtigt nicht hinreichend den durch das KoordG 1969 geprägten Zweck des § 10 Abs. 1 S. 2, die Vertretungsverhältnisse im Register im Interesse der Rechtssicherheit umfassend und eindeutig zu verlautbaren (so auch BGHZ **87** 59, 61 = NJW **1983** 1676). Die Eintragungspflicht der Befreiung vom Selbstkontrahierungsverbot ergibt sich daraus, daß sie zu einer Erweiterung der grundsätzlich durch § 181 BGB eingeschränkten Vertretungsbefugnis führt. Die Eintragung der Befreiung muß in einer Weise erfolgen, daß sich ihre Voraussetzungen und ihr Eintritt allein dem Register

---

8 Vgl. EuGH BB **1974** 1500 auf Vorlage des BGH (BB **1974** 808), BGHZ **63** 261, 264 f. = NJW **1975** 213, BayObLG BB **1980** 597; so auch *Scholz/Winter* 7, *Rob. Fischer* 1, *Roth* § 8, 4; **aA** noch OLG Frankfurt BB **1971** 797.

9 BayObLG WM **1980** 473, 474; vgl. dazu näher § 35, 241 ff.

10 BayObLG WM **1980** 473, 474; *Roth* § 8, 4.

11 HM, vgl. OLG Frankfurt BB **1984** 238, 239, OLG Karlsruhe BB **1984** 238, BayObLG WM **1982** 1033, 1034; weitergehend *Kanzleiter* Rpfleger **1984** 2 f.

12 *Kanzleiter* Rpfleger **1984** 3; vgl. auch BGHZ **87** 59, 62 f = NJW **1983** 1676.

13 BGHZ **87** 59, 61 = NJW **1983** 1676, BayObLG BB **1980** 597 und WM **1982** 1033, 1034, OLG Frankfurt NJW **1983** 944, OLG Köln DB **1980** 1390 und BB **1981** 143; *Rob. Fischer* 1, *Hüffer* GroßkommHGB[4] § 8, 34, *Roth* § 8, 4, *Bühler* DNotZ **1983** 592 f., *Geßler* BB **1980** 1389, *Kanzleiter* Rpfleger **1984** 3, *Kreutz* Festschrift Mühl (1981) S. 427.

14 Vgl. OLG Karlsruhe NJW **1963** 2328, LG Oldenburg BB **1972** 769, LG Köln DB **1980** 922, AG Hamburg WM **1980** 1158, 1159; *U. Hübner* Interessenkonflikt und Vertretungsmacht (1977) S. 234.

entnehmen lassen, ohne daß es eines Rückgriffs auf außerhalb des Registers liegende Umstände bedarf. Nicht eintragungsfähig ist deshalb die Ermächtigung der Gesellschafterversammlung zur Befreiung iSv § 181 BGB (Rdn. 10). Entsprechendes gilt für eine Regelung, die den Geschäftsführer befreit, wenn er alleiniger Gesellschafter ist, da diese Voraussetzung als solche aus dem Handelsregister nicht ersichtlich ist[15].

Der **Inhalt der Eintragung** über die Befreiung vom Selbstkontrahierungsverbot 12
ist ***umstritten.*** Während die eine Ansicht *jede Regelung* eintragen will, soweit es nicht nur um die Befreiung für ein einziges konkretes Geschäft geht (*Bühler* DNotZ **1983** 593), macht die Gegenmeinung die Eintragung *im Einzelfall* davon abhängig, ob der *Zweck des § 10 Abs. 1 S. 2* eine Publikation der Befreiungstatbestände im Register verlangt (so *Kanzleiter* Rpfleger **1984** 4). Für die *Stellungnahme* ist davon auszugehen, daß der Umfang der Befreiung gesetzlich nicht festgelegt ist. Sie kann sich ***generell*** auf jedes Geschäft erstrecken, näher bestimmte *Fallgruppen* erfassen oder auf einzelne ***konkrete Geschäfte*** beschränkt sein[16]. Ihre Wirksamkeit hängt nicht von der — rein deklaratorischen — Eintragung ab. Einzutragen sind daher alle diejenigen Befreiungen, denen Bedeutung über den Einzelfall hinaus auch für ***künftige*** Geschäfte zukommt. Auf den mehr oder weniger großen Umfang der Befreiung kommt es nicht an.

IV. Bestimmungen über die Zeitdauer (Abs. 2)

Enthält der Gesellschaftsvertrag Bestimmungen über die Zeitdauer (vgl. § 3, 13
45 ff.), so sind auch diese einzutragen. Hierzu gehören **nicht** Vereinbarungen, die den Gesellschaftern ein **Kündigungsrecht** gewähren[17]. Auch eine ausdrückliche Vereinbarung, daß die Gesellschaft auf ***unbestimmte*** Zeit bestehen soll, ist keine eintragungsfähige Bestimmung iSv § 10 Abs. 2.

V. Wirkungen der Eintragung

1. Grundsatz

Durch die Eintragung gelangt die Gesellschaft als juristische Person zur 14
Entstehung (Umkehrschluß aus § 11 Abs. 1). Maßgebend ist das Eintragungsdatum (Rdn. 5). Die Bekanntmachung der Eintragung ist zur Entstehung nicht erforderlich. Bedeutung kommt ihr aber für die Publizitätswirkung des § 15 HGB zu (Rdn. 24 f.).

2. Eintragungsmängel

a) Fehlen von Eintragungsvoraussetzungen. Soweit die Eintragung wegen 15
Fehlens einer Eintragungsvoraussetzung nicht hätte erfolgen dürfen (§ 9c, 36), hindert das die Entstehung der GmbH regelmäßig nicht. Vielmehr führt die Eintragung im Interesse der Bestandskraft der Gesellschaft und der Rechtssicherheit **grundsätzlich zur Heilung bestehender Gründungsmängel** (vgl. § 2, 76, 86, 95 ff.; § 5, 72, 74, 125). **Ausnahmen** gelten einerseits bei solchen Mängeln, deren Beachtung im **Interesse schutzwürdiger Personen** zwingend geboten ist; sie können auch noch nach Eintragung geltend gemacht werden, freilich ohne die Wirksamkeit der Gesellschaft als solche in Frage zu stellen (vgl. § 2, 82 ff.). Andererseits sind auch bestimmte **besonders**

---

15 BGHZ **87** 59, 62 f.; *Kanzleiter* Rpfleger **1984** 3.

16 Vgl. *Bühler* DNotZ **1983** 592, *Kanzleiter* Rpfleger **1984** 3 f.

17 *Scholz/Winter* 6, *Baumbach/Hueck* § 3, 7, *Rob. Fischer* 2; tendenziell auch BayObLG BB **1975** 249, 250; **aA** RGZ **79** 418, 422, OLG Hamm GmbH-Rdsch. **1971** 57, 59.

schwerwiegende Mängel von der Heilungswirkung ausgenommen. Dazu gehören die **Nichtigkeitsgründe** des § 75 Abs. 1, die nach Eintragung entweder durch Nichtigkeitsklage geltend gemacht werden oder zur Amtslöschung nach § 144 FGG führen können. Demgegenüber ist beim Fehlen sonstiger wesentlicher Gesellschaftsvertragsbestimmungen, die nicht die Nichtigkeitsklage begründen, nur die Einleitung der *Amtsauflösung* nach § 144a FGG möglich (§ 9c, 38). Eine *Amtslöschung* nach § 142 FGG ist schließlich ausnahmsweise dann zulässig, wenn eine Anmeldung der Gesellschaft entweder gar nicht oder nicht durch sämtliche Geschäftsführer erfolgt war und auch inhaltlich nicht deren Willen entsprach (§ 7, 10).

16 **b) Unrichtige Eintragung durch das Registergericht.** Anders ist die Rechtslage, wenn die Eintragungsvoraussetzungen gegeben sind, das Registergericht aber die **Eintragung als solche fehlerhaft oder unvollständig** bewirkt hat. Amtslöschung oder Nichtigkeitsklage scheiden hier von vornherein aus, da sie sich auf Mängel der Eintragungsvoraussetzungen beziehen. Das Registergericht ist vielmehr grundsätzlich befugt und im Rahmen ordnungsgemäßer Amtsführung auch verpflichtet, fehlerhafte oder unvollständige Eintragungen von Amts wegen zu **berichtigen**[18]. Die Antragsteller können auch ihrerseits durch Beschwerde nach § 20 Abs. 2 FGG auf die Berichtigung des Registers hinwirken. Die Entstehung der Gesellschaft wird durch fehlerhafte oder unvollständige Eintragung grundsätzlich nicht berührt (zum Sonderfall *fehlender Identität* vgl. Rdn. 17). Ist die unrichtige oder unvollständige Eintragung freilich bekanntgemacht, so kann sie nach § 15 Abs. 3 HGB der Gesellschaft von Dritten bis zur Berichtigung entgegengesetzt werden (Rdn. 25). — Zur Unschädlichkeit der Eintragung durch das *örtlich unzuständige* Registergericht vgl. § 7, 15.

17 Eine **Ausnahme** von der grundsätzlichen Unschädlichkeit von Eintragungsfehlern für die Entstehung der GmbH und von der Zulässigkeit der Berichtigung der Eintragung (Rdn. 16) gilt dann, wenn die unrichtige oder unvollständige Eintragung **ernsthafte Zweifel an der Identität der Gesellschaft** begründet[19]. *Wann das der Fall ist, ist im GmbH- und Aktienrecht streitig.* Nach einer Ansicht ist eine Identifizierung nur bei vollständiger und zutreffender Angabe von Firma, Sitz und Unternehmensgegenstand möglich (*Godin/Wilhelmi* AktG § 39, 1a). Eine andere Auffassung stellt auf Firma und Sitz ab[20] oder verlangt jedenfalls die zutreffende Angabe der Firma (*Baumbach/Hueck* 3), um die Gesellschaft zur Entstehung zu bringen. Alle diese Ansichten vermögen nicht zu überzeugen, da sie die entscheidende Frage unnötig schematisieren. **Maßgeblich muß vielmehr sein, ob die Eintragung bei objektiver Auslegung die Identität der Gesellschaft hinreichend bestimmt**[21]. Das wird regelmäßig dann zu bejahen sein, wenn Firma und Sitz der Gesellschaft eingetragen sind, sei es auch mit geringen Ungenauigkeiten. Fehlt lediglich die Angabe des Sitzes, so wird das angesichts der begrenzten örtlichen Zuständigkeit des Registergerichts (§ 9c, 33) die Identifikation der Gesellschaft meist nicht wesentlich erschweren. Anderes gilt hinsichtlich der **Firma**; ihr Fehlen oder ihre entstellte Wiedergabe bildet regelmäßig ein Entstehungshindernis (so auch *Scholz/Winter* 8, *Roth* 4.2), soweit nicht aufgrund besonderer Umstände die eingetragenen Angaben die Identität der Gesellschaft dennoch erkennen lassen. — Wird

---

18 Vgl. § 17 HRV, dazu *Keidel/Kuntze/Winkler* FGG[11] § 18, 4, 11a, *Scholz/Winter* 8, *Roth* 4.2. Zu den Grenzen einer Berichtigung bei zentralen Angaben in der Eintragung vgl. Rdn. 17 und § 57, 50 f. (Umfang der Kapitalerhöhung).

19 Für Identifikation einer Kapitalgesellschaft durch Firma und Sitz *John* Die organisierte Rechtsperson (1977) S. 130.

20 *Baumbach/Hueck* AktG § 39, 3, *Düringer/Hachenburg (Bing)* HGB § 198, 4; vgl. auch *John* aaO (Fn. 19).

21 So zu Recht auch *Barz* GroßkommAktG § 39, 4, *Kraft* Kölner KommAktG § 39, 11.

die Firmeneintragung später *nachgeholt,* so erlangt die Gesellschaft mit diesem Datum Rechtsfähigkeit (*Scholz/Winter* 8, *Roth* 4.2).

c) **Amtshaftung.** Die Fehlerhaftigkeit von Eintragung und Bekanntmachung kann zu **Amtshaftungsansprüchen** *der Gesellschaft, der Gesellschafter oder der auf den Registereintrag vertrauenden Dritten* führen, wenn das Registergericht seine Prüfungsfunktion verletzt, insbesondere die Eintragung trotz objektiv berechtigter Bedenken vorgenommen hat[22]. Die Amtspflicht des Registerrichters zur Prüfung der Anmeldungen besteht gegenüber all denen, für die die Eintragung im Handelsregister aufgrund der damit verbundenen Rechtswirkungen Bedeutung hat oder später erlangen kann[23]. Amtshaftungsansprüche kommen namentlich in Betracht, wenn das Registergericht die Eintragung ohne pflichtgemäße Gründungsprüfung vorgenommen hat[24]. Das Richterprivileg des § 839 Abs. 2 S. 1 BGB greift bei Handlungen des Registerrichters nicht ein[25]. Die Anmelder müssen die Richtigkeit und Vollständigkeit der Eintragung anhand des ihnen nach § 130 Abs. 2 FGG mitgeteilten Textes überprüfen und ggf. gegen eine unrichtige Eintragung vorgehen, wenn nicht die Gesellschaft ihre Ansprüche aus der Amtshaftung verlieren soll (§ 839 Abs. 3 BGB)[26]. Gleiches gilt für die Überprüfung der Bekanntmachung (RG JW **1938** 593; vgl. auch Rdn. 25). Gesellschaftern kann die unterlassene Nachprüfung durch die Anmelder im Rahmen von § 839 Abs. 3 BGB nicht entgegengesetzt werden, weil sie am Anmeldungsverfahren nicht beteiligt sind. 18

VI. Veröffentlichung (Abs. 3)

1. Inhalt

Die Pflicht zur Bekanntmachung der Eintragungen in das Handelsregister ist in § 10 Abs. 1 HGB geregelt. Demgegenüber bestimmt § 10 Abs. 3 GmbHG den Inhalt der Veröffentlichung. Danach sind veröffentlichungspflichtig **alle** nach Abs. 1 und 2 in das Handelsregister **einzutragenden Angaben** (Rdn. 8, 9). *Darüber hinaus* schreibt Abs. 3 die Veröffentlichung von zwei weiteren Arten von Vereinbarungen vor, soweit sie im Gesellschaftsvertrag enthalten sind. Das betrifft einerseits die Festsetzungen über **Sacheinlagen** nach § 5 Abs. 4 S. 1; erfaßt werden damit aber auch *Sachübernahmen* (vgl. § 5, 93). Ihre Veröffentlichung ist erforderlich, um die für Dritte erheblichen wirtschaftlichen Grundlagen der Gesellschaft offenzulegen (RGZ **36** 108, 112). Die Veröffentlichung umfaßt auch die *Namen der Sacheinleger* (*Scholz/Winter* 10, *Roth* 3). Einer genauen Umschreibung der Sacheinlagen oder der vollständigen Wiedergabe der betreffenden Angaben im Gesellschaftsvertrag bedarf es dagegen nicht; es genügt eine Fassung, die das Wesentliche erkennen läßt. Ebenso zu veröffentlichen sind **Bestimmungen über die Form öffentlicher Bekanntmachungen**, sofern solche im Gesellschaftsvertrag enthalten sind (vgl. dazu § 3, 40). 19

Zu veröffentlichen sind weiter die **Namen der Aufsichtsratsmitglieder**, sofern die Gesellschaft einen fakultativen oder obligatorischen Aufsichtsrat hat und dieser im 20

---

[22] RGZ **127** 153, 156; **140** 174, 181 ff., 184; BGHZ **84** 285, 287; *Habscheid* Freiwillige Gerichtsbarkeit (1983[7]) S. 58, *Hüffer* GroßkommHGB[4] § 8, 75 ff.

[23] RGZ **140** 174, 184; so auch *Hüffer* GroßkommHGB[4] § 8, 76, *Scholz/Winter* 8; einschränk. — kein Schutz der Gesellschaft bei Eintragung einer unzulässigen Firma — BGHZ **84** 285, 287.

[24] Vgl. § 9c, 36; *Hüffer* GroßkommHGB[4] § 8, 77.

[25] BGHZ **10** 55, 60 = NJW **1953** 1298; **13** 142, 144 = NJW **1954** 1283, BGH NJW **1956** 1716; *Papier* MünchKommBGB § 839, 207.

[26] Vgl. *Scholz/Winter* 8; allgemein zu unrichtigen Handelsregistereintragungen vgl. RGZ **131** 12, 14.

Zeitpunkt der Eintragung bereits gebildet ist (vgl. hierzu § 8, 20 und § 52, 45 ff.). Die Veröffentlichungspflicht folgt insoweit nicht aus § 10 Abs. 3, sondern aus § 52 Abs. 2 S. 1 GmbHG i. V. m. § 40 Abs. 1 Nr. 4 AktG; sie ist *zwingenden* Rechts[27]. Bei *späterer* Bestellung des Aufsichtsrats oder Änderungen in seiner Zusammensetzung genügt *Bekanntmachung durch die Geschäftsführer* im Bundesanzeiger und in den Gesellschaftsblättern sowie deren Einreichung zum Handelsregister (§ 52 Abs. 2 S. 2).

21 Eine Veröffentlichungspflicht besteht schließlich für das **Eintragungsdatum**, das nach § 130 Abs. 1 FGG einen Teil des Eintragungsinhalts bildet, sowie für die Angabe des registerführenden **Amtsgerichts**, um den amtlichen Charakter der Bekanntmachung zu kennzeichnen (§ 33 Abs. 2 HRV).

22 Die Zusammenstellung in Rdn. 19—21 enthält einen **abschließenden Katalog** der zu veröffentlichenden Angaben. Einer Bekanntmachung sonstiger Umstände bedarf es nicht, mögen sie auch für die Gestaltung der Gesellschaft von Bedeutung sein. Nicht zu veröffentlichen sind namentlich Zahl und Namen der Gesellschafter sowie der Betrag ihrer Stammeinlagen, soweit diese nicht durch Sacheinlagen oder Sachübernahmen zu erbringen sind (Rdn. 19), ferner die Vereinbarung von Vorrechten, Nebenleistungspflichten oder Nachschüssen im Gesellschaftsvertrag oder die Bestimmungen über das Geschäftsjahr.

2. Ort der Veröffentlichung

23 Der Ort der Veröffentlichung richtet sich nach **§ 10 Abs. 1 S. 1 HGB.** Danach hat die Veröffentlichung im **Bundesanzeiger** zu erfolgen, daneben in den vom Amtsgericht nach § 11 Abs. 1 HGB bezeichneten Blättern.

3. Rechtswirkungen

24 **Die rechtliche Bedeutung der Veröffentlichung bestimmt sich ausschließlich nach § 15 HGB.** Für die Entstehung der GmbH kommt es auf die Veröffentlichung nicht an; sie wird bereits durch die Eintragung bewirkt (Rdn. 14). Fehlt es an der vorhergehenden Eintragung, so ist die Gesellschaft trotz Veröffentlichung noch nicht entstanden (zur Möglichkeit der Rechtsscheinhaftung nach § 15 Abs. 3 HGB vgl. aber Rdn. 25). Das gilt auch, wenn die Eintragung zwar erfolgt ist, sie die Gesellschaft aber mangels hinreichender Bestimmung der Identität nicht zur Entstehung gebracht hat (Rdn. 17). Hier ist nach erfolgter Berichtigung die Veröffentlichung *in vollem Umfang* zu wiederholen. In den sonstigen Fällen der Veröffentlichung fehlerhafter oder unvollständiger Eintragungen kann sich die erneute Veröffentlichung dagegen auf die *berichtigten Angaben* beschränken. Bei offensichtlich unwesentlichen Berichtigungen kann von einer Bekanntmachung auch ganz abgesehen werden (§ 17 Abs. 3 HRV). Einer erneuten Veröffentlichung bedarf es auch dann, wenn zwar die Eintragung richtig war, die Veröffentlichung aber unrichtig oder unvollständig bewirkt wurde.

25 Die Vorschrift des **§ 15 HGB** stellt auf Eintragung und Bekanntmachung ab. Ihre Wirkungen beschränken sich daher auf die **eintragungspflichtigen** Tatsachen nach § 10 Abs. 1 und 2. Die sonstigen in die Veröffentlichung aufzunehmenden Angaben werden von der Publizitätswirkung dieser Vorschrift nicht erfaßt[28]. — Wegen der Einzelheiten der Publizitätswirkung nach § 15 HGB wird auf die einschlägigen Kommentare verwiesen.

---

27 Vgl. § 52, 47; *Roth* § 52, 3, *Baumbach/Hueck* § 52, 2 He.

28 EinhM, vgl. BGHZ **55** 267, 273 = NJW **1971** 1268; *Hüffer* GroßkommHGB[4] § 15, 16, *K. Schmidt* HandelsR (1983[2]) § 14 II 2a (S. 300).

Nicht abschließend geklärt ist vor allem der Anwendungsbereich der 1969 neugefaßten Vorschrift des **§ 15 Abs. 3 HGB**, die die Rechtsscheinwirkungen der **unrichtigen Bekanntmachung** einer einzutragenden Tatsache regelt. Wegen des sehr weit gefaßten, über die bisher anerkannten Rechtsscheingrundsätze hinausgehenden Wortlauts dieser Vorschrift sind in der Literatur verschiedene Versuche einer restriktiven Auslegung unternommen worden; Gerichtsentscheidungen stehen noch aus. Es herrscht die Ansicht vor, daß § 15 Abs. 3 Rechtsscheinwirkungen nur gegenüber solchen Personen entfaltet, die eine Eintragung — sei es auch zutreffend — angemeldet haben oder sich eine Anmeldung zurechnen lassen müssen (sog. *Veranlassungsprinzip*)[29]. Von anderer Seite wird auf das Merkmal der *einzutragenden Tatsache* abgestellt; danach soll § 15 Abs. 3 nur in den Fällen eines „reinen Bekanntmachungsfehlers" eingreifen, in denen der Registerinhalt zutrifft und nur die Bekanntmachung fehlerhaft erfolgte[30]. Diesen Ansichten ist zutreffend entgegengehalten worden, daß mit § 15 Abs. 3 eine **Erweiterung des Verkehrsschutzes** in dem Sinne bezweckt war, das *Vertrauen auf die Bekanntmachung ohne Rücksicht auf die Art ihres Zustandekommens oder auf das tatsächliche Vorliegen oder die Eintragung der bekanntgemachten Tatsache* zu schützen[31]. § 15 Abs. 3 schafft somit eine Obliegenheit des Unternehmers, die richtige Offenlegung der Verhältnisse seines Unternehmens zu überwachen und nötigenfalls eine sofortige Richtigstellung zu veranlassen[32]. Diese Obliegenheit gilt freilich nur für *registerpflichtige Personen*; ihre Verletzung setzt die Möglichkeit rechtzeitiger Kenntniserlangung und Richtigstellung bei Anwendung der geschäftsüblichen Sorgfalt voraus. Werden auch völlig unbeteiligte Dritte, insbesondere Privatpersonen, von der Falschbekanntmachung betroffen, so entfaltet § 15 Abs. 3 ihnen gegenüber keine Wirkung[33]. — Wegen fehlerhafter Bekanntmachung kommen auch **Amtshaftungsansprüche** in Betracht[34].

§ 11

Vor der Eintragung in das Handelsregister des Sitzes der Gesellschaft besteht die Gesellschaft mit beschränkter Haftung als solche nicht.

Ist vor der Eintragung im Namen der Gesellschaft gehandelt worden, so haften die Handelnden persönlich und solidarisch.

Übersicht

[29] Vgl. *von Olshausen* BB **1970** 137, 139, *ders.* NJW **1971** 966, *Bürck* AcP 171 **1971** 340 und *Hüffer* GroßkommHGB[4] § 15, 48, 53 ff. m. weit. Nachw. in Fn. 24. So auch *Canaris* Vertrauenshaftung im deutschen Privatrecht (1971) S. 162 ff.; einschränk. auf Fälle ordnungsmäßiger Anmeldung aber *Capelle/Canaris* HandelsR (1980[19]) § 3 III 5 (S. 26 f.).

[30] *Beuthien* NJW **1970** 2283, *ders.* Festschrift Reinhardt (1972) S. 199, 204.

[31] *Schlegelberger/Hildebrandt/Steckhan* HGB[5] § 15, 26 ff.

[32] So wohl auch *K. Schmidt* HandelsR (1983[2]) § 14 III 2 d (S. 315 f.) m. weit. Nachw.; **aA** *Canaris* (aaO Fn. 29) S. 162 ff.

[33] *Schlegelberger/Hildebrandt/Steckhan* HGB[5] § 15, 26 und *K. Schmidt* aaO Fn. 32.

[34] Vgl. Rdn. 18, *K. Schmidt* HandelsR, § 14 IV (S. 318) sowie *Gammelin* Rechtsscheinhaftung des Kaufmanns und Regreßansprüche gegen den Staat bei fehlerhaftem Publikationsakt der Presse (1973).

Schrifttum

Kommentare und Lehrbücher zum GmbH-Recht. Ferner die **Monographien** von *Binz* Haftungsverhältnisse im Gründungsstadium der GmbH & Co KG (1976); *Brausch* Gründungsprobleme bei der GmbH (1975); *Büttner* Identität und Kontinuität bei der Gründung juristischer Personen (1967); *Dregger* Haftungsverhältnisse bei der Vorgesellschaft von AG, GmbH, Genossenschaft und Verein (1951); *John* Die organisierte Rechtsperson (1977); *Rittner* Die werdende juristische Person (1973); *K. Schmidt* Zur Stellung der OHG im System der Handelsgesellschaften (1972); *M. Scholz* Die Haftung im Gründungsstadium der GmbH (1979); *Theobald* Vor-GmbH und Gründerhaftung (1984); sowie die **Abhandlungen** von *Dilcher* Rechtsfragen der sog. Vorgesellschaft, JuS **1966** 89; *Fabricius* Vorgesellschaften bei der Aktiengesellschaft und der Gesellschaft mit beschränkter Haftung: ein Irrweg? Festschrift Kastner (1972) S. 85; *Fleck* Die neuere Rechtsprechung des BGH zur Vorgesellschaft und zur Haftung des Handelnden, ZGR **1975** 212; *ders.* Neueste Entwicklungen in der Rechtsprechung zur Vor-GmbH, GmbH-Rdsch. **1983** 5; *Flume* Die werdende juristische Person, Festschrift Geßler (1971) S. 3; *Huber* Haftungsprobleme der GmbH & Co KG im Gründungsstadium, Festschrift Hefermehl (1976) S. 127; *ders.* Die Vorgesellschaft mbH — de lege ferenda betrachtet, Festschrift Rob. Fischer (1979) S. 263; *Kuhn* Die Vorgesellschaft, WM **1956** Sonderbeilage 5; *Lieb* Abschied von der Handelndenhaftung, DB **1970** 961; *Ostheim* Probleme der Vorgesellschaft bei der GmbH, JBl. 100 **1978** 337; *K. Schmidt* Der Funktionswandel der Handelndenhaftung im Recht der Vorgesellschaft, GmbH-Rdsch. **1973** 146; *Schultze-v. Lasaulx* Gedanken zur Rechtsnatur der Vorgesellschaft, Festschrift Olivecrona (1964) S. 576; *Ulmer* Das Vorbelastungsverbot im Recht der GmbH-Vorgesellschaft — notwendiges oder überholtes Dogma? Festschrift Ballerstedt (1975) S. 279; *Wiedemann* Das Rätsel Vorgesellschaft, JurA **1970** 439. Vgl. auch die Nachw. vor den einzelnen Unterabschnitten.

I. Einführung

1. Normzweck

1 § 11 befaßt sich in knappster Form mit den **Rechtsverhältnissen der Gründervereinigung** („Vorgesellschaft") im Zeitraum zwischen Abschluß des Gesellschaftsvertrags und Eintragung der Gesellschaft. Die Vorschrift geht zurück auf die — noch unter der Geltung des *Konzessionssystems* erlassene — aktienrechtliche Regelung in Art. 211 ADHGB. Daraus erklärt sich auch die **negative Fassung des Absatzes 1** („besteht die Gesellschaft als solche nicht"[1]; Eine konkrete Anordnung findet sich lediglich in § 11 Abs. 2; danach begründet das Handeln namens der Gesellschaft vor ihrer Eintragung die **persönliche Haftung des Handelnden** (zur umstrittenen Funktion dieser Vorschrift und zum Kreis der „Handelnden" vgl. Rdn. 92 ff., 98 f.). Im übrigen hat der GmbH-Gesetzgeber, aktienrechtlichem Vorbild (§ 41 AktG) folgend, von einer näheren gesetzlichen Ausgestaltung der Rechtsverhältnisse der Vorgesellchaft abgesehen und die Klärung der insoweit bestehenden Streitfragen der Wissenschaft und Rechtsprechung überlassen[2].

2. Entwicklung

2 Die Vorschrift des § 11 hat seit ihrer Einführung im Jahre 1892 **keine Änderung** erfahren. Im Zuge der (gescheiterten) GmbH-Reform 1971/1973 war zwar beabsichtigt, sie entsprechend § 41 Abs. 2 AktG um einen Absatz zu erweitern, der die befreiende Schuldübernahme zwischen der eingetragenen GmbH und denjenigen, die nach § 11 Abs. 2 aus Handlungen vor Eintragung haften, ohne Zustimmung der Gläubiger zuläßt[3]. Der Vorschlag war jedoch systematisch verfehlt[4]; er ist überdies durch die seitherige Rechtsentwicklung überholt (Rdn. 109). Zu Recht ist er daher in der GmbH-Novelle 1980 nicht berücksichtigt worden.

3 Zu einer wesentlichen **Fortbildung** des Rechts der Vorgesellschaft hat die neuere **höchstrichterliche Rechtsprechung** aufgrund entsprechender Vorklärung in der wissenschaftlichen Diskussion geführt. Dadurch wurde der Auftrag des Gesetzgebers zur **Klärung der anstehenden Streitfragen** (Rdn. 1) in zentralen Punkten erfüllt. Schwerpunkte der Rechtsfortbildung sind die Anerkennung der Teilrechtsfähigkeit der Vorgesellschaft (Rdn. 44 ff.), die Aufgabe des Vorbelastungsverbots und seine Ersetzung durch die sog. Differenz- (besser: Unterbilanz-)haftung der Gründer (Rdn. 50, 81 ff.) sowie die Klarstellung der Gesamtrechtsnachfolge der eingetragenen GmbH in die Rechte und Pflichten der Vorgesellschaft (Rdn. 74 f.). Fortentwickelt wurde auch die Handelndenhaftung aus § 11 Abs. 2, namentlich soweit es um ihr Erlöschen bei Eintragung der Gesellschaft geht (Rdn. 109). Nach wie vor umstritten ist allerdings die Frage, ob und in welchem Umfang die Gründer aus Rechtsgeschäften der Vorgesellschaft bis zur Eintragung auch persönlich haften (Rdn. 57 ff.).

4 **Neue Probleme** für das Recht der Vorgesellschaft sind demgegenüber aus der Zulassung der **Einmanngründung** zu erwarten. Insoweit steht die wissenschaftliche Diskussion noch am Anfang; höchstrichterliche Entscheidungen sind noch nicht ergangen.

---

[1] Zur Entstehungsgeschichte des Art. 211 ADHGB vgl. näher *Fabricius* Festschrift Kastner S. 89 ff.

[2] So ausdrücklich Begr. RegE 1971, BT-Drucks. VI/3088, S. 96 in Übereinstimmung mit dem entsprechenden Vorgehen im Aktienrecht (vgl. zuletzt Begr. zu § 41 AktG 1965, zit. bei *Kropff* Aktiengesetz, 1965, S. 60).

[3] § 22 Abs. 2 RegE 1971 (vgl. dazu Voraufl. 2).

[4] Zur Kritik vgl. *Ulmer* in: Probleme der GmbH-Reform (1970) S. 42 (59, 61).

Abgesehen von der auch hier eingreifenden Handelndenhaftung aus § 11 Abs. 2 fragt sich namentlich, inwieweit die für die *gesamthänderisch strukturierte Mehrpersonen-Vorgesellschaft* entwickelten Grundsätze (Teilrechtsfähigkeit und Verselbständigung gegenüber den Gründern, beschränkte Gründerhaftung, Rechtsübergang auf die eingetragene GmbH) auch für die *Einmann-Gründerorganisation* übernommen werden können oder welcher Modifikationen es insoweit bedarf (vgl. dazu Rdn. 12 ff., 45, 68, 78).

II. Die Vorgesellschaft

1. Die Mehrpersonen-Gründung

a) Begriff und Wesen. Die auf der Gründung von zwei oder mehr Personen beruhende **Vorgesellschaft ist ein durch den Abschluß des Gesellschaftsvertrags (§ 2) entstandener, bis zur Eintragung der Gesellschaft und der damit verbundenen Erlangung der Rechtsfähigkeit (§ 13 Abs. 1) fortbestehender gesamthänderischer Personenverband der Gründer.** Die GmbH gelangt im Unterschied etwa zur Stiftung oder zu den rechtsfähigen Anstalten des öffentlichen Rechts nicht uno actu zur Entstehung[5]. Vielmehr durchläuft sie nach dem in §§ 1 bis 11 zugrundegelegten Normativsystem zwingend eine Entwicklung vom notariellen Vertragsschluß über die Bestellung der Geschäftsführer, die Leistung der Mindesteinlagen und die Anmeldung beim Handelsregister bis zur Eintragung. Daher kommt es **bei jeder GmbH-Gründung** durch zwei oder mehr Personen notwendig zu dem als „Vorgesellschaft" bezeichneten Durchgangsstadium. Es beginnt mit dem Vertragsschluß, d. h. der notariellen Feststellung der Satzung als dem **Zeitpunkt der Errichtung** (vgl. § 2, 8) und endet mit der Eintragung der Gesellschaft in das Handelsregister als dem **Zeitpunkt der Entstehung** der Gesellschaft als juristische Person (zur Zeitdauer zwischen Errichtung und Entstehung vgl. Rdn. 11). Von der Vorgesellschaft als notwendiger Vorstufe der GmbH strikt zu unterscheiden ist die der Satzungsfeststellung etwa vorausgehende Vorgründungsgesellschaft (Rdn. 20 ff.). Zum Sonderfall der Einmann-Gründerorganisation vgl. Rdn. 12 ff.. 5

Sachlich handelt es sich bei der Mehrpersonen-Vorgesellschaft um den **in der Entstehung begriffenen**, mangels Rechtsfähigkeit aber noch nicht vollendeten **Personenverband der GmbH.** Zwischen beiden Arten von Gesellschaften bestehen trotz ihrer unterschiedlichen Struktur als Gesamthandsgemeinschaft oder juristische Person enge Verbindungen. Die Gemeinsamkeit beschränkt sich auch nicht auf die **Identität der** als Gründer und Gesellschafter beteiligten **Personen.** Vielmehr bildet die Vorgesellschaft auch **in organisatorischer** (Besetzung der Organe) **und vermögensrechtlicher Hinsicht** (Mindesteinlagen) die Vorstufe und das **Durchgangsstadium auf dem Weg zur GmbH. Mit der Eintragung** und der damit verbundenen Erlangung der Rechtsfähigkeit **wandelt sich die Vorgesellschaft in die GmbH um,** die Gesamthandsgemeinschaft der Gründer wird zur juristischen Person (zur Gesamtrechtsnachfolge der GmbH in die Rechte und Pflichten der Vorgesellschaft vgl. Rdn. 74 f.). Daraus folgt zugleich, daß die Vorgesellschaft als solche nach Eintragung der GmbH nicht mehr fortbesteht. **Nicht ausgeschlossen** ist freilich, daß die Gründer neben der Vorgesellschaft, wenn auch in personellem und sachlichem Zusammenhang mit ihr, eine **Personengesellschaft** mit einem über die Vorgesellschaft hinausgehenden **eigenständigen Zweck** gründen. Deren Fortbestand wird durch die Eintragung der GmbH nicht berührt[6]. Solche Gestaltungen 6

---

[5] Vgl. dazu näher *Rittner* Die werdende juristische Person (1973) S. 17 ff., 52 ff., *Flume* Die juristische Person (1983) S. 142 ff. und *Kübler* Gesellschaftsrecht (1981) § 24 S. 309 ff.

[6] Vgl. BayObLG NJW **1965** 2254, 2256 sowie die Fallgestaltung in BGHZ **22** 240 = NJW **1957** 218.

kommen — in Form einer Gesellschaft bürgerlichen Rechts — namentlich bei der Gründung von Gemeinschaftsunternehmen[7] sowie in ähnlich gelagerten Fällen vor, bei denen es den Gründern darum geht, über die gemeinsame Beteiligung an der GmbH hinaus gemeinschaftlich auf diese Einfluß zu nehmen und die Stimmrechtsausübung untereinander abzustimmen[8].

7 **b) Rechtsnatur.** Die **früher** vorherrschende Ansicht hielt es mit Rücksicht auf den numerus clausus der Gesellschaftsformen für erforderlich, die Vorgesellschaft im Grundsatz einem der gesetzlich geregelten Verbandstypen zu unterstellen. Umstritten war allerdings die Art der Zuordnung: während das Reichsgericht[9] und ein Teil des älteren Schrifttums[10] die Vorgesellschaft im Regelfall als **Gesellschaft bürgerlichen Rechts** behandelten, sprachen sich andere im Hinblick auf die körperschaftliche Struktur der angestrebten GmbH für die Einordnung als **nichtrechtsfähiger Verein** aus[11]. Für den Sonderfall, daß die Gesellschaft ihre Geschäftstätigkeit bereits *vor Eintragung* begonnen hatte und diese Tätigkeit sich auf den Betrieb eines *Grundhandelsgewerbes* bezog, wurde teilweise das Vorliegen einer **Offenen Handelsgesellschaft** angenommen[12]. Eine *Minderheitsmeinung* schließlich sah in der Vorgesellschaft eine **Vereinigung besonderer Art,** die durch die angestrebte, durch Eintragung entstehende Rechtsform vorgeprägt sei[13].

8 Nach **heute ganz hM** ist die Vorgesellschaft ein **Gebilde eigener Art, das durch die angestrebte Rechtsform weitgehend vorgeprägt** ist, sich von ihm aber namentlich durch die fehlende Rechtsfähigkeit und den im Regelfall nicht schon auf Gewinnerzielung o. ä., sondern auf Erlangung der Rechtsfähigkeit gerichteten Zweck unterscheidet. Diese an die frühere Minderheitsmeinung (Rdn. 7 aE) anknüpfende Ansicht ist vom **Bundesgerichtshof** in st. Rspr. vertreten worden[14]. Danach handelt es sich bei der im Werden begriffenen Gesellschaft um „eine Organisation, die einem Sonderrecht untersteht, das aus den im Gesetz oder im Gesellschaftsvertrag gegebenen Gründungsvorschriften und dem Recht der rechtsfähigen Gesellschaft, soweit es nicht die Eintragung voraussetzt, besteht" (BGHZ **21** 242, 246). Das neuere **Schrifttum** hat sich diese Formel fast durchweg entweder zu eigen gemacht[15] oder stimmt ihr jedenfalls im Ergebnis zu[16]. Wenn die

[7] Zur sog. „Grundvereinbarung" zwischen den Muttergesellschaften eines Gemeinschaftsunternehmens vgl. *Gansweid* Geimeinsame Tochtergesellschaften im deutschen Konzern- und Wettbewerbsrecht (1976) S. 57 ff., 63 ff. und *G. Wiedemann* Gemeinschaftsunternehmen im deutschen Kartellrecht (1981) S. 86 ff.

[8] Vgl. § 3, 101 ff. (schuldrechtliche Nebenabreden) und MünchKomm. - *Ulmer* Vor § 705, 33 ff.

[9] RGZ **58** 55, 56; **83** 370, 373; **105** 228, 229; **151** 86, 91.

[10] *Brodmann* 1, *Scholz* JW **1938** 3149, *Gottschling* GmbH-Rdsch. **1953** 152; so auch noch *Hachenburg*[5], 2.

[11] *Rud. Fischer* Ehrenbergs Handbuch III 1 S. 109, *Vogel* § 2, 1, *Bayer* JZ **1952** 551, *Paul* NJW **1947/48** 417 ff.; so auch in neuerer Zeit noch *Baumbach/Hueck* 1, *Flume* Festschrift Geßler S. 25, 27 f., *Schultze-v. Lasaulx* Festschrift Olivecrona S. 605 ff.

[12] OLG Frankfurt NJW **1947/48** 429, OLG Hamburg JZ **1952** 436, OLG Oldenburg BB **1955** 713; *Scholz*[5] 13, *Heymann* JherJb. 75 **1925** 417, 422, *Merkert* BB **1951** 322 f., *Möhring* GmbH-Rdsch. **1951** 70, *Fabricius* Festschrift Kastner S. 112; so auch kürzlich noch BayObLG GmbH-Rdsch. **1979** 13, 14; zum Sonderfall der *unechten* Vorgesellschaft vgl. Rdn. 17 f.

[13] So namentlich *O. Schreiber* Die Kommanditgesellschaft auf Aktien (1925) S. 36, 56 f., 65, *Feine* S. 196 ff.; so auch *Hachenburg/Schilling*[6] 2, *Dregger* S. 69, 72 f.

[14] BGHZ **21** 242, 246 = NJW **1956** 1435; **45** 338, 347 = NJW **1966** 1311; **51** 30, 32 = NJW **1969** 509; so auch BAG NJW **1963** 680, BayObLG NJW **1965** 2254, im Ansatz auch schon RGZ **82** 288, 290; **143** 368, 372.

[15] Vgl. etwa *Scholz/Winter* 2, *Rob. Fischer* 2b, *Wiedemann* GesR I § 3 I 1a S. 146, *Kübler* GesR § 24 II 2d S. 314, *K. Schmidt* GmbH-Rdsch. **1973** 146, 148 f., sowie die Nachw. in Fn. 13.

[16] So *Roth* 4.1, *John* Die organisierte Rechtsper-

Formel auch nicht ohne weiteres dazu geeignet ist, eine Antwort auf die Vielzahl der Fragen zu geben, die sich für die Rechtsverhältnisse der Vorgesellschaft nach innen und außen stellen (Rdn. 25 ff., 44 ff.), weist sie der Lösung doch den richtigen Weg und vermeidet die sachlich verfehlte Alternative von Gesellschaft bürgerlichen Rechts und nichtrechtsfähigem Verein. Demgegenüber vermag die in neuerer Zeit nur noch vereinzelt anzutreffende Einordnung der Vorgesellschaft als nichtrechtsfähiger Verein[17] nicht zu überzeugen. So sind das der Verbandsstruktur entsprechende Mehrheitsprinzip beim nichtrechtsfähigen Verein und die Unabhängigkeit des Vereins vom jeweiligen Mitgliederbestand auf die Vorgesellschaft nicht übertragbar (vgl. näher Rdn. 36 f.). Die Fortführung des als Sacheinlage eingebrachten Handelsgeschäfts wäre mit der Rechtsnatur des nichtrechtsfähigen Vereins und der Haftungsbeschränkung auf das Vereinsvermögen nicht zu vereinbaren[18]. Die Vorschrift des § 11 Abs. 2 GmbHG liefe angesichts der inhaltlich übereinstimmenden Regelung des § 54 S. 2 BGB leer. Auch der Hinweis auf den *numerus clausus der Gesellschaftsformen* vermag die Notwendigkeit der Einordnung der Vorgesellschaft in einen der gesetzlich geregelten Verbandstypen nicht zu begründen. Er läßt außer Acht, daß der Gesetzgeber durch die — sei es auch unvollkommene — Regelung der aktien- und gmbH-rechtlichen Vorgesellschaft die Existenz dieses Verbandstyps als Durchgangsstadium zur juristischen Person der AG oder GmbH ausdrücklich anerkannt und ihn nicht etwa dem Recht der Personengesellschaft oder des Vereins unterstellt hat. Nach allem wird den **Besonderheiten der Vorgesellschaft** am besten dadurch Rechnung getragen, daß man bis zur Eintragung für die Beziehungen zwischen den Gründern und für die Teilnahme der Gesellschaft am Rechtsverkehr auf die GmbH-Satzung und das GmbH-Gesetz abstellt, soweit dem nicht die fehlende Rechtsfähigkeit entgegensteht.

Im einzelnen bedarf es zur Klärung der Rechtsverhältnisse der Vorgesellschaft 9
somit jeweils einer Prüfung der Frage, ob die betreffenden Vorschriften des GmbHG schon auf das Gründungsstadium anwendbar sind oder ob die Entwicklung eigenständiger Rechtsregeln für die Vorgesellschaft erforderlich ist. Soweit es um die **Stellung der Geschäftsführer** und ihr Verhältnis zu den Gesellschaftern geht, kann grundsätzlich auf die §§ 35 ff. zurückgegriffen werden; allerdings ergeben sich aus der fehlenden Eintragung gewisse Einschränkungen für die Geschäftsführungsbefugnis und Vertretungsmacht (vgl. § 6 Abs. 3 und unten Rdn. 28 f., 33, 53). Für die **Rechtsbeziehungen zwischen den Gründern** und die Änderung des Gesellschaftsvertrags gilt bis zur Eintragung das Einstimmigkeitsprinzip (Rdn. 36); dagegen werden die Beschlüsse in Geschäftsführungsangelegenheiten mehrheitlich gefaßt (Rdn. 35). Die **Vorschriften über Aufbringung und Erhaltung des Stammkapitals** (§§ 19 ff., 30 f.) sind bis zur Eintragung noch nicht unmittelbar anwendbar[18a]; an ihrer Stelle gelten die Sonderregelungen der §§ 7 Abs. 2 und 3, 8 Abs. 2 über die Mindesteinzahlungen als in der Anmeldung nachzuweisende Eintragungsvoraussetzung. Eine Verfügung über die Geschäftsanteile (§§ 15—17) setzt deren Entstehung voraus; sie ist erst mit dem Zeitpunkt der Eintragung gegeben (§ 14, 1). Die Beschränkung der **Außenhaftung** auf das Gesellschaftsvermögen § 13 Abs. 2)

son (1977) S. 311 ff.; wohl auch *Flume* aaO (Fn. 5) S. 148 ff., 155 f.

17 So noch *Baumbach/Hueck* 1 und Üb vor § 1, 2, ferner *Schultze-v. Lasaulx* und *Flume* (aaO Fn. 11).

18 Insoweit zu Recht *Fabricius* Festschrift Kastner S. 112 gegen *Schultze-v. Lasaulx* Festschrift Olivecrona S. 609, freilich unter unzutreffender Gleichsetzung der wirtschaftlich tätigen Vorgesellschaft mit einer OHG.

18a Gegen „unmittelbare und uneingeschränkte" Anwendung der §§ 19, 30 ff. im Gründungsstadium auch BGHZ **80** 129, 133 = NJW **1981** 1373, BGH WM **1980** 955, 956; **aA** *Scholz/Winter* 9.

ist als zwar nicht notwendiges, aber typisches Merkmal juristischer Personen ebenfalls an die Eintragung nach vorangegangener Registerkontrolle geknüpft; über den Umfang der Gründerhaftung für das rechtsgeschäftliche Handeln der Vorgesellschaft herrscht Streit (Rdn. 57 ff.). Was schließlich die **Rechtsfähigkeit** der Vorgesellschaft angeht, so kommt eine uneingeschränkte Anwendung von § 13 Abs. 1 im Hinblick auf den Vorbehalt in § 11 Abs. 1 nicht in Betracht. Der Umfang der (Teil-)Rechtsfähigkeit ist vielmehr im Rahmen der Gesamthandsstruktur der Vorgesellschaft nach den ihr übertragenen Aufgaben zu bestimmen (Rdn. 44, 46 ff.).

10 **c) Dauer der Vorgesellschaft, Rechtstatsachen.** Die Vorgesellschaft beginnt mit der Feststellung der Satzung (§ 2, 8). Sie endet durch Umwandlung in die GmbH im Zeitpunkt der Eintragung (§ 10, 14). Die Länge des Zeitraums zwischen den beiden Terminen und damit die Zeitdauer der Vorgesellschaft hängt nicht nur davon ab, wann die Geschäftsführer den Antrag auf Eintragung der Gesellschaft stellen (zum Fehlen einer öffentlichrechtlichen Pflicht zur Anmeldung vgl. § 7, 5). Vielmehr ist für die Eintragungsdauer auch von Bedeutung, ob es sich um eine Bar- oder eine Sachgründung (mit zusätzlichen Prüfungsaufgaben für den Registerrichter) handelt, ob die Firmenwahl schon vor Satzungsfeststellung mit den zuständigen Stellen geklärt ist und ob das Registergericht bei seiner Prüfung Eintragungshindernisse feststellt[19].

11 Die verschiedenen Gründe für die Verzögerung der Eintragung erklären die sehr **unterschiedliche Eintragungsdauer** bei den Neugründungen der letzten Jahrzehnte. Sie betrugen nach rechtstatsächlichen Untersuchungen für die Amtsgerichtsbezirke Lübeck, Kiel und Flensburg[20] sowie für Düsseldorf[21] zwischen weniger als 1 Monat und mehr als 1 Jahr, wobei der **Schwerpunkt jeweils bei Zeiträumen zwischen 1 und 3 Monaten seit Satzungsfeststellung** lag. Zu den gleichen Ergebnissen gelangte eine für den Amtsgerichtsbezirk Hamburg durchgeführte Untersuchung[22]. Diese relativ langen, durch das stärker formalisierte Gründungsverfahren im Zuge der GmbH-Novelle 1980 wohl noch zunehmenden Fristen erklären das Interesse der Gründer an der Möglichkeit eines Geschäftsbeginns schon vor Eintragung der Gesellschaft. Sie unterstreichen zugleich die Notwendigkeit, die Vorgesellschaft in dieser Zeit als einen nicht nur vermögens-, sondern auch handlungsfähigen Personenverband mit eigenem Namens- bzw. Firmenrecht auszugestalten (Rdn. 46 ff.).

2. Die Einmanngründung

Schrifttum: vgl. Nachw. vor § 1, 36.

12 **a) Überblick.** Durch die GmbH-Novelle 1980 ist die **Einmanngründung gesetzlich zugelassen und der Gründung durch zwei oder mehr Personen grundsätzlich gleichgestellt worden** (vgl. § 1, 36 ff.). Der Gesetzgeber beschränkte sich hierzu im Gründungsrecht der GmbH auf wenige Regelungen, nämlich auf die ausdrückliche

---

[19] Nach den rechtstatsächlichen Feststellungen von *Braasch* Gründungsprobleme der GmbH. Eine Untersuchung über die Prüfungspraxis beim Registergericht Hamburg (1975) S. 116, traten solche Eintragungshindernisse bei 64% der in die Untersuchung einbezogenen 585 GmbH-Anmeldungen beim Handelsregister Hamburg im Jahr 1970 auf.

[20] *v. Bismarck* Rechtsnatur und Haftungsverhältnisse der Gründungs-GmbH, Diss. Kiel 1963.

[21] *Gröning* Wird ein GmbH-Gesellschafter von seiner Geldeinlageverbindlichkeit befreit, wenn er Einzahlungen auf seine Stammeinlage leistet, bevor die GmbH in das Handelsregister eingetragen ist? Diss. Köln 1966, Anhang Tabellen 2 bis 8.

[22] *Braasch* aaO (Fn. 19) S. 97 f.

Zulassung der Errichtung der GmbH „durch eine oder mehrere Personen" in § 1 nF unter gleichzeitiger redaktioneller Anpassung von § 2 Abs. 1 S. 1 nF, auf die Begründung einer Obliegenheit des Einmanns, in Höhe der bei Anmeldung ausstehenden Einlagen der Gesellschaft eine Sicherung zu bestellen (§ 7 Abs. 2 S. 3 nF), sowie schließlich auf die Einbeziehung dieser Sicherungsbestellung in die von den Geschäftsführern bei Anmeldung abzugebende Versicherung gegenüber dem Handelsregister (§ 8 Abs. 2 S. 2 nF). Im übrigen ging die Erwartung des Gesetzgebers offenbar dahin, die Einmann-Gründerorganisation werde rechtlich ebenso behandelt wie die Mehrpersonen-Vorgesellschaft, so daß es zusätzlicher Vorschriften nicht bedürfe. Warnende Hinweise, die auf den wesentlichen Strukturunterschied zwischen der Vorgesellschaft als gegenüber den Gründern verselbständigter *Gesamthand* und der Einmanngründung hinwiesen[23], fanden keine Beachtung. Es fragt sich, ob sich die vom Gesetzgeber beabsichtigte *Einheitslösung* für die verschiedenen Arten von GmbH-Gründungen trotz dieses Strukturunterschiedes realisieren läßt.

b) Gründungsprobleme. Im einzelnen wirft die neue Rechtsfigur der Einmann-Gründerorganisation für das Stadium zwischen Errichtung und Eintragung (Rdn. 5) zahlreiche Probleme auf; eine höchstrichterliche Klärung ist noch nicht in Sicht. Die Fragen betreffen zum einen die **Rechtsstellung des Einmann** als „Mitglied" der Gründerorganisation. So fragt sich, ob er von der Errichtung der Gründungsurkunde an ebenso wie der Gründer einer Vorgesellschaft eigene (Mitsprache-)Rechte und (Einlage-)Pflichten gegenüber der Gründerorganisation hat oder ob die notarielle Protokollierung des „Gesellschaftsvertrags" jedenfalls solange ein rein interner Akt des Einmanngründers ist, als er noch keinen Geschäftsführer bestellt hat. Fraglich ist weiter die Rechtsstellung des oder der **Geschäftsführer**: stehen sie in einem Rechtsverhältnis zur Gründerorganisation oder aber zum Gründer persönlich, und wie steht es namentlich in den nicht seltenen Fällen, in denen sich der Gründer selbst zum Geschäftsführer bestellt (vgl. § 6, 20)? Weitere Probleme ergeben sich im Zusammenhang mit der **Bewirkung der Mindesteinlage** und der **Bestellung einer Sicherung** für die restliche Stammeinlage (vgl. § 7, 51 ff., 55 ff.). Es fragt sich namentlich, ob das Erbringen dieser Leistungen zu einer Änderung der rechtlichen Zuordnung führt und ob die Gründerorganisation ähnlich wie die Vorgesellschaft eigenständige Rechte an den Einlagegegenständen und den Sicherheiten erwirbt. Kommt es zu **rechtsgeschäftlichem Handeln** der „Gesellschaft" **vor Eintragung**, so erscheint zweifelhaft, wer hieraus auf Seiten der Gründerorganisation berechtigt und verpflichtet wird und ob insbesondere den Einmanngründer auch dann, wenn er nicht selbst handelt, abweichend von der Mehrpersonen-Gründung die *un*beschränkte Haftung trifft (vgl. Rdn. 68). Schließlich kann auch die Rechtslage bei **Eintragung der Gesellschaft** Schwierigkeiten bereiten, da die Gesamtrechtsnachfolge der GmbH sich hier nicht auf das klar abgegrenzte Gesamthandsvermögen der Vorgesellschaft bezieht, sondern auf die rechtlich zunächst nur unzureichend definierte Gründerorganisation (Rdn. 78). Sämtliche Fragen zielen letztlich ab auf die Rechtsnatur der Einmann-Gründerorganisation (vgl. Rdn. 14 ff.). 13

c) Rechtsnatur. α) Fragestellung. Die Frage nach der gesetzlich nicht geregelten Rechtsnatur der Einmann-Gründerorganisation bildet das **zentrale Problem** der Einmanngründung und der mit ihr verbundenen Schwierigkeiten[24]. Zur Gleichstellung mit 14

---

[23] So namentlich *Hüffer* ZHR 142 **1978** 486, 492 ff.; vgl. auch schon *Ballerstedt* ZHR 135 **1971** 397 und *Meyer-Cording* JZ **1978** 10 ff.

[24] Vgl. die Zusammenstellung der Gründungsprobleme in Rdn. 13. **AA** freilich *Flume* Die juristische Person S. 172 ff., der die Einmanngründung zwar als Sondervermögen *des Gründers* behandelt, gleichwohl aber keine Schwierigkeit darin sieht, sie der Mehrpersonen-Vorgesellschaft gleichzustellen und

der Vorgesellschaft wäre es erforderlich, die Rechtsfigur der *Gesamthand* und ihre der Zusammenfassung und Verselbständigung des Gesamthandvermögens dienende Funktion auch für die Einmanngründung fruchtbar zu machen. Ein solches Modell scheitert jedoch schon daran, daß es eine Einmann-Gesamthand nicht gibt; diese setzt vielmehr notwendig einen Zusammenschluß von zwei oder mehr Personen voraus[25]. Anknüpfungspunkt für die Bestimmung der Rechtsnatur kann somit nur die **Gründerorganisation** als solche sein, bestehend aus einem Vermögen (den erbrachten und noch ausstehenden Einlagen), einem Träger (dem Gründer) und einem Vertretungsorgan (dem Geschäftsführer). Es fragt sich, ob sie als (noch) dem Gründer zugeordnetes Sondervermögen mit eigener Organisation zu qualifizieren ist oder ob ihr eigene, derjenigen der Mehrpersonen-Vorgesellschaft vergleichbare (Teil-)Rechtsfähigkeit zukommt.

15 **β) Meinungsstand.** Im Schrifttum stehen sich die Vertreter der Ansicht, die die Gründerorganisation für **(teil-)rechtsfähig** halten[26], und diejenigen, die sie als **Sondervermögen des Gründers** qualifizieren[27], etwa gleich stark gegenüber. Für die *(Teil-)Rechtsfähigkeit* wird vorgebracht, sie entspreche am besten dem Plan des Gesetzgebers, die Kapitalaufbringung zugunsten der entstehenden Gesellschaft und ihrer Gläubiger schon vor Anmeldung durch Mindesteinlagen und Sicherungsbestellung zu gewährleisten, sie erlaube eine klare Trennung zwischen dem Vermögen der Gründerorganisation und demjenigen des Gründers persönlich und verhindere dadurch den Zugriff der Privatgläubiger des Gründers auf das Sondervermögen, und sie biete schließlich auch die beste Grundlage für die Umwandlung in die GmbH im Zeitpunkt der Eintragung[28]. Demgegenüber stimmen die Anhänger der Lehre vom *Sondervermögen* trotz der zwischen ihnen bestehenden Meinungsunterschiede darin überein, daß das Privatrecht die Erlangung der Rechtsfähigkeit jeweils von besonderen, regelmäßig normativ festgelegten Voraussetzungen abhängig macht und daß die (Teil-)Rechtsfähigkeit eines Sondervermögens ohne Gesamthandsstruktur dem geltenden Recht nur in Form der durch *Verleihung* der Rechtsfähigkeit entstehenden Stiftung (§ 80 BGB) bzw. in derjenigen der *eingetragenen* Kapitalgesellschaften bekannt ist[29].

16 **γ) Stellungnahme.** Den Vertretern der Lehre von der **(Teil-)Rechtsfähigkeit** der Gründerorganisation ist zuzugeben, daß sie am besten geeignet wäre, dem *Plan des Gesetzgebers* Rechnung zu tragen. Sie würde zur weitgehenden Gleichstellung der Einmanngründung mit der Vorgesellschaft führen, soweit man vom Fehlen jeder Kontrolle durch Mitgründer oder Dritte im – verbreiteten – Fall der Bestellung des Einmann zum Alleingeschäftsführer absieht. Entscheidend **gegen** diese Lösung sprechen jedoch rechtsdogmatische Bedenken. Das zeigt der Vergleich mit den erheblich stärker

---

den Geschäftsführer für befähigt zu halten, bei Einziehung der Einlagen und sonstigen Geschäftsführungshandlungen für das *Sondervermögen*(?) Rechte zu erwerben und Verpflichtungen zu begründen.

25 So zutr. *Fleck* GmbH-Rdsch. **1983** 16, *Flume* aaO (Fn. 24) S. 173 und *Hüffer* ZHR 145 **1981** 527 f. gegen *K. Schmidt* NJW **1980** 1775 (relativierend jetzt *ders.* ZHR 145 **1981** 557 f.).

26 So namentlich *K. Schmidt* NJW **1980** 1769, 1775 und ZHR 145 **1981** 540, 556 ff.; ebenso im Erg. *Scholz/Winter* § 1 nF, 41 f., *Geßler* BB **1980** 1385, 1389, *John* BB **1982** 507 f., 513, *Raiser* Recht der Kapitalgesellschaften § 26 V 2 S. 173, *Tillmann* in: Das neue GmbH-Recht in der Diskussion (1981) S. 142; wohl auch *Roth* 6.3. Für *Fiktion* der Rechtsfähigkeit *Priester* DNotZ **1980** 515, 524.

27 Dafür mit z. T. unterschiedlicher Begründung *Rob. Fischer* § 1, 1, *Flume* aaO (Fn. 24) § 5 IV 2 S. 172 ff. und DB **1980** 1781, 1783, *Hueck* GesR[18] § 35 IV 2a cc S. 329, *Fezer* JZ **1981** 606, 618, *Hüffer* ZHR 142 **1978** 492 ff. und 145 **1981** 513 f., *Ulmer* BB **1980** 1003; wohl auch *Brinkmann* GmbH-Rdsch. **1982** 271 f. und *Fleck* GmbH-Rdsch. **1983** 5, 16 f.

28 Vgl. namentlich *K. Schmidt*, *John* und *Raiser* aaO Fn. 26.

29 Vgl. einerseits *Hüffer*, andererseits *Flume* aaO Fn. 27.

verselbständigten, eigenständiger Verwaltung unterstellten Sondervermögen im (Nachlaß-)Konkurs oder in der Testamentsvollstreckung. In diesen Fällen bleibt trotz der weitgehenden organisatorischen Verselbständigung die dingliche Zuordnung zum Gemeinschuldner oder Erben als Inhaber des Sondervermögens unberührt; zur Anerkennung der (Teil-)Rechtsfähigkeit der fraglichen Vermögensmassen ist es nach ganz hM nicht gekommen[30]. (Teil-)Rechtsfähig sind im deutschen Privatrecht außer den natürlichen Personen vielmehr nur die gesetzlich ausdrücklich anerkannten *juristischen Personen* nach Maßgabe der jeweiligen Entstehungsvoraussetzungen sowie die durch das Element der *Personenverbindung* gekennzeichneten *Gesamthandsgemeinschaften*. Dem Gesetzgeber stünde es zwar frei, über diesen Stand der Personenlehre hinauszugehen und — sei es auch im Wege der Fiktion (vgl. § 84 BGB) — Vermögensmassen als solche als teilrechtsfähig zu behandeln, soweit sie nur eine Mindestorganisation aufweisen, die ihre Verselbständigung gegenüber dem Träger des Sondervermögens ermöglicht. Nicht angängig erscheint es jedoch, eine derart grundlegende Änderung ohne ausdrückliche dahingehende Gesetzesregelung allein schon aufgrund einer nicht hinreichend durchdachten neuen Rechtsfigur nach Art der Einmanngründung zu bejahen, wie es die Vertreter der Lehre von der (Teil-)Rechtsfähigkeit der Gründerorganisation befürworten. Aus diesen Gründen verdient die Theorie der **Gründerorganisation als organisatorisch verselbständigtes Sondervermögen des Einmanngründers** den Vorzug, auch wenn damit erhebliche Konstruktionsschwierigkeiten für die Einmanngründung verbunden sind. Ihnen ist im jeweiligen Sachzusammenhang Rechnung zu tragen (vgl. unten Rdn. 45, 68, 78, ferner § 6, 20 und § 7, 51 ff., 55 ff.).

3. Die unechte Vorgesellschaft

Schrifttum

Binz Haftungsverhältnisse im Gründungsstadium der GmbH & Co KG (1976); *Flume* Die Haftung der Vorgesellschaft bei der Gründung einer Kapitalgesellschaft, Festschrift v. Caemmerer (1978), S. 517 ff.; *Kuhn* Die Vorgesellschaft, WM **1956** Sonderbeilage 5; *K. Schmidt* Zur Stellung der OHG im System der Handelsgesellschaften (1972); *ders.* Der Funktionswandel der Handelndenhaftung im Recht der Vorgesellschaft, GmbH-Rdsch. **1973** 146; *Schultze—v. Lasaulx* Die unechte Vorgesellschaft, JZ **1952** 390; *Theobald* Vor-GmbH und Gründerhaftung (1984).

Vor der Eintragung untersteht die Vorgesellschaft als *werdende* GmbH im **Regelfall** 17
einem durch das GmbH-Gesetz und die jeweilige Satzung vorgeprägten, im Hinblick auf die fehlende Rechtsfähigkeit modifizierten Organisationsstatut (Rdn. 8, 25 ff.). Voraussetzung hierfür ist allerdings, daß es sich bei der Gründervereinigung um eine *echte Vorgesellschaft* handelt, d. h. um einen als Vorstufe und Durchgangsstadium zur GmbH errichteten Personenverband (Rdn. 6) bzw. um die ihr entsprechende Einmann-Gründerorganisation (Rdn. 12). Hieran fehlt es, wenn der oder die Gründer zwar einen notariellen GmbH-Vertrag geschlossen, aber **von Anfang an nicht die Absicht haben, die Eintragung als GmbH herbeizuführen.** Sie treten hier nur zum Schein als Mitglieder

[30] Vgl. dazu *Hüffer* ZHR 142 **1978** 507 f., *ders.* ZHR 145 **1981** 525 f. und *Ulmer* BB **1980** 1003. Abweichend nur die Vertreter der „Organtheorie" im Konkursrecht, die den Konkursverwalter als Organ der — als selbständiges Rechtssubjekt verstandenen — Konkursmasse behandeln (so in neuerer Zeit noch *Bötticher* ZZP 77 **1964** 55 ff. und *Hanisch* Rechtszuständigkeit der Konkursmasse (1973) passim); vgl. dazu auch *Jaeger/Henckel* KO[9] § 6, 5 ff. (9, 167) und *K. Schmidt* ZHR 145 **1981** 556.

einer Vor-GmbH auf. Ihr eigentlicher Gesellschaftszweck ist demgegenüber auf den Betrieb eines Handelsgewerbes gerichtet, sei es in gesamthänderischer Verbundenheit unter gemeinsamer Firma oder — im Fall einer Einmanngründung — als einzelkaufmännisches Unternehmen. Es liegt eine sog. **unechte Vorgesellschaft** vor. Auf sie finden nach dem *numerus clausus der Verbandstypen* nicht die für die Vorgesellschaft geltenden Grundsätze Anwendung. Vielmehr wird die Gesellschaft, sobald sie in vollkaufmännischer Weise mit der Geschäftstätigkeit beginnt, zur **Offenen Handelsgesellschaft** (§§ 105, 123 Abs 2 HGB). Auf die abweichende Bezeichnung im Gesellschaftsvertrag kommt es nicht an[31].

18 Möglich ist auch, daß eine ursprünglich als *echte* Vorgesellschaft nach § 2 Abs. 1 gegründete Personenvereinigung **nachträglich zur unechten Vorgesellschaft wird.** Entscheidend hierfür ist nicht die vorzeitige Aufnahme des Geschäftsbetriebs (Rdn. 19) oder die objektive Dauer des Eintragungsverfahrens, sondern der gemeinsame Betrieb eines Handelsgewerbes trotz **Wegfall der Absicht der Gründer, die Eintragung herbeizuführen.** Das kann sich aus der Rücknahme des Eintragungsantrags oder seiner rechtskräftigen Ablehnung durch das Registergericht ergeben, wenn die Gründer die gemeinsame Tätigkeit gleichwohl fortsetzen[32]. Aber auch dann, wenn es noch nicht zur rechtskräftigen Ablehnung oder zur Rücknahme des Eintragungsantrags gekommen ist, kann ein **Indiz** für den Wegfall der Eintragungsabsicht darin liegen, daß Beanstandungen des Registergerichts nicht abgeholfen wird oder die Gründer das Eintragungsverfahren gegenüber dem schon begonnenen Geschäftsbetrieb stark vernachlässigen bzw. sich die Wahl offenlassen wollen, in welcher Rechtsform sie das gemeinsame Unternehmen am zweckmäßigsten betreiben[32a]. In allen diesen Fällen greift das Recht der OHG — darunter insbesondere die zwingende Außenhaftung nach § 128 HGB — schon deshalb ein, weil die besonderen Merkmale der Vorgesellschaft, namentlich ihr Charakter als *Vorstufe* der von den Gründern angestrebten rechtsfähigen GmbH, hier *nicht* gegeben sind. Auf die Feststellung eines „Mißbrauchs" der Rechtsform der Vorgesellschaft[33] kommt es nicht

---

[31] HM, vgl. BGHZ **22** 240, 243 = NJW **1957** 218; **51** 30, 32 = NJW **1969** 509, BGH WM **1965** 246, BayObLG NJW **1965** 2254, 2256, KG Recht **1929** Nr. 1836; *Scholz/Winter* 2, *Roth* 4.5, *Rob. Fischer* 2f., *Feine* S. 195, *Kuhn* WM **1956** Sonderbeil. 5, 16, *K. Schmidt* Stellung der OHG S. 284; *ders.* GmbH-Rdsch. **1973** 149; **aA** wegen unüberwindlicher Abgrenzungsschwierigkeiten *Flume* Festschrift v. Caemmerer S. 517, 518f.; zweifelnd auch *Binz* Haftungsverhältnisse im Gründungsstadium der GmbH & Co KG (1976) S. 162ff. und *Theobald* Vor-GmbH und Gründerhaftung (1984) S. 50f. — Zur Frage unbeschränkter Außenhaftung der Gründer einer *echten* Vorgesellschaft bei Aufnahme des Geschäftsbetriebs vor Eintragung vgl. Rdn. 63f.

[32] So auch *Binz* aaO (Fn. 31) S. 174f.; ähnlich *Rob. Fischer* 2f., *Roth* 4.5 und *K. Schmidt* Stellung der OHG, S. 284, 358, der auch die Vernachlässigung der Eintragungsabsicht durch sämtliche Gründer genügen läßt. Weit. Nachw. für das Abstellen auf die Absicht der Gründer bei *Binz* aaO S. 163 Fn. 455.

[32a] Vgl. etwa *Kuhn* aaO (Fn. 31) S. 17. Die Abgrenzung für den Übergang von der echten zur unechten Vorgesellschaft ist im einzelnen umstritten (vgl. die Übersicht bei *Binz* aaO S. 162ff., *Büttner* Identität und Kontinuität bei der Gründung juristischer Personen (1967) S. 79ff., und *Theobald* aaO S. 50f.). Zutreffend ist, daß rein objektive Kriterien für die Annahme einer unechten Vorgesellschaft nicht ausreichen, wenn die Gründer einen Gesellschaftsvertrag nach § 2 Abs. 1 geschlossen haben (so namentlich *Binz* und *Theobald* aaO gegen *Schultze-v. Lasaulx* JZ **1952** 390, 394). Wohl aber können sie als Indiz für die fehlende oder weggefallene Eintragungsabsicht Verwendung finden. — Die Möglichkeit einer praktikablen Abgrenzung schlechthin verneinend aber *Flume* aaO Fn. 31.

[33] So aber BGHZ **20** 281, 287 = NJW **1956** 946; *Kuhn* aaO (Fn. 31) S. 17.

an. — Das Vorstehende gilt entsprechend für die *unechte Einmanngründung*: hier wird der Einmann persönlich als Inhaber des Handelsgeschäfts behandelt.

Vom Fall der unechten Vorgesellschaft zu unterscheiden ist die Rechtslage 19 **einer Gründerorganisation, die im Einvernehmen der Beteiligten mit der Geschäftstätigkeit schon vor Erlangung der Rechtsfähigkeit beginnt**, dabei aber die Eintragung ernsthaft weiterbetreibt. Insoweit wird jedenfalls in denjenigen Fällen, in denen es um die **Weiterführung eines eingebrachten Handelsgeschäfts** geht, von der ganz überwiegenden Meinung zutreffend die Rechtsnatur als Vorgesellschaft anerkannt[34]. Die für die Anwendung von OHG-Recht eintretende *Gegenansicht*[35] geht nicht nur unzutreffend von einem zu engen Verständnis des numerus clausus der Verbandstypen aus (Rdn. 8). Vielmehr verkennt sie auch die Besonderheiten, die die werdende GmbH von der als gesamthänderische Vereinigung auf Dauer errichteten OHG unterscheiden. Aus den gleichen Gründen sind auch diejenigen Ansichten abzulehnen, die im Falle einer **Bargründung** die mit der Geschäftstätigkeit vor Eintragung beginnende Vorgesellschaft als OHG behandeln oder doch den mit dem Geschäftsbeginn einverstandenen Gründern die **unbeschränkte Haftung** für die vor Eintragung entstandenen Verbindlichkeiten aus Rechtsgeschäften namens der Gesellschaft auferlegen (vgl. Näheres Rdn. 59 ff., 63 f.).

4. Die Vorgründungsgesellschaft

Schrifttum

Ganßmüller Die werbende Vor-GmbH, GmbH-Rdsch. **1953** 116; *K. Schmidt* Rechtsgrundlagen der Mitunternehmerschaft im Vorgründungsstadium der GmbH, GmbH-Rdsch. **1982** 6; *Schultze-v. Lasaulx* Die unechte Vorgesellschaft, JZ **1952** 390.

Die Vorgesellschaft entsteht mit dem Abschluß des Gesellschaftsvertrages nach § 2. 20 Dem gehen beim Vorhandensein von zwei oder mehr an der GmbH-Gründung interessierten Parteien meist Verhandlungen voraus über Art und Ausgestaltung der zu errichtenden Gesellschaft, Höhe des Gesellschaftskapitals und Zusammensetzung des an der Gründung zu beteiligenden Personenkreises. Diese **erste Phase des Zusammenwirkens der Gründer** ist strikt zu unterscheiden nicht nur von der Zeit nach Eintragung der GmbH als *dritter* Phase, sondern auch von dem die *zweite* Phase bildenden Stadium der Vorgesellschaft. Gehen die Verhandlungen in der ersten Phase über bloß vorbereitende Gespräche hinaus und führen sie bereits zu **rechtsverbindlichen Vereinbarungen** zwischen einzelnen oder allen Gründern über die Herbeiführung der GmbH-Gründung oder über einzelne Punkte der künftigen Zusammenarbeit in der GmbH, so handelt es sich um eine **Vorgründungsgesellschaft**.

Für die Vorgründungsgesellschaft finden sich im GmbH-Gesetz keine Regelungen. 21 Abweichend vom Recht der Vorgesellschaft (Rdn. 8, 9) gelten die allgemeinen Vorschriften. Das führt hinsichtlich der **Rechtsnatur** der Vorgründungsgesellschaft zur Einordnung in den Katalog der gesetzlich geregelten Gesellschaftstypen. Die Vorgründungsgesellschaft bildet danach eine **Gesellschaft bürgerlichen Rechts**, soweit ihr Zweck sich

---

[34] BGHZ **51** 30, 32 = NJW **1969** 509; **65** 378, 380 f. = NJW **1976** 419; **80** 129, 132 = NJW **1981** 1373, BayObLG NJW **1965** 2254, 2257; *Scholz/Winter* 2, *Rob. Fischer* 2c, *Fleck* GmbH-Rdsch. **1983** 7, *Ganßmüller* GmbH-Rdsch. **1953** 116, 119, *Kuhn* aaO (Fn. 31) S. 17.

[35] Vgl. die Nachw. in Fn. 12; so auch *Flume* aaO (Fn. 31) S. 518 f. sowie bezüglich des Außenverhältnisses diejenigen Autoren, die sich für die *unbeschränkte* Gründerhaftung bei Geschäftsaufnahme der Vorgesellschaft vor Eintragung aussprechen (Rdn. 63 Fn. 121).

auf die Vorbereitung der GmbH-Gründung beschränkt[36]. Verfolgen die Gesellschafter in dieser ersten Phase ausnahmsweise zugleich **werbende Zwecke** im Rahmen eines Handelsgewerbes unter gemeinsamer Firma, so greift der Rechtsformzwang des § 105 HGB ein; die Gesellschaft wird zur **Offenen Handelsgesellschaft**[37].

22 Hinsichtlich der **Form** des Vor(gründungs)vertrags bedarf es notarieller Beurkundung entsprechend § 2, soweit er eine **Verpflichtung der Beteiligten zur Gründung der GmbH** enthält und sich nicht auf die Regelung von Nebenfragen für den Fall der GmbH-Gründung beschränkt. Diese Differenzierung folgt aus dem Schutzzweck des § 2 (vgl. näher § 2, 37 f.). Aus einem Vorvertrag, der abweichend von diesen Grundsätzen ohne Beachtung notarieller Form geschlossen wird, können Pflichten zur Mitwirkung bei der GmbH-Gründung nicht abgeleitet werden. Die **Formnichtigkeit** erfaßt nur dann den ganzen Vorvertrag, wenn er sich im wesentlichen auf die Herbeiführung der GmbH-Gründung beschränkt. Enthält er daneben weitere, nicht formbedürftige eigenständige Vertragsteile, so bleibt deren Wirksamkeit im Zweifel vom Formmangel unberührt (§ 2, 40).

23 Die **Rechte und Pflichten innerhalb der Vorgründungsgesellschaft** und die Beziehungen der Gesellschafter zu Dritten richten sich entsprechend der Rechtsnatur der Gesellschaft (Rdn. 21) nach den Vorschriften der §§ 705 ff. BGB, bei werbender Tätigkeit nach §§ 105 ff. HGB (vgl. Näheres bei § 2, 42 bis 45). Für eine — sei es auch nur entsprechende — Anwendung von Teilen des GmbH-Rechts ist in dieser Phase regelmäßig noch kein Raum. Als Gesellschaft bürgerlichen Rechts ist die Vorgründungsgesellschaft nur beschränkt rechtsfähig, soweit sie überhaupt — als Außengesellschaft — am Rechtsverkehr teilnimmt[38]. Die **Gesellschafter haften** aus den von ihnen im Namen der Gesellschaft geschlossenen Rechtsgeschäften nach §§ 421, 427 BGB grundsätzlich unbeschränkt persönlich. Die Haftung besteht auch nach Gründung und Eintragung der GmbH fort, soweit die Verträge nicht ausdrücklich oder konkludent abweichende, die Haftung auf das Gründungsstadium beschränkende Vereinbarungen enthalten[39]. Mit der notariellen Feststellung der GmbH-Satzung ist im Regelfall der Zweck der Vorgründungsgesellschaft erreicht und die Gesellschaft beendigt (§ 726 BGB; vgl. auch § 2, 42). Soweit während der Gesellschaftsdauer Gesamthandsvermögen gebildet wurde, bedarf es freilich noch einer Auseinandersetzung nach §§ 730 ff. BGB; solange besteht die Gesellschaft als aufgelöste fort. Ein automatischer Übergang des Gesellschaftsvermögens auf die

---

[36] Ganz hM, vgl. BGH NJW **1983** 2822; *Scholz/Winter* § 2, 67, *Rob. Fischer* 2g, *Baumbach/Hueck* Üb vor § 1, 2 F, *Feine* S. 190, MünchKomm. — *Ulmer* Vorb. § 705, 15, *Soergel/Schultze-v. Lasaulx* BGB[10] Vorb. § 705, 83, *K. Schmidt* GmbH-Rdsch. **1982** 6, 7 f.; **aA** (schlicht mehrseitig verpflichtender Vertrag) nur *Roth* § 2, 7.3.

[37] Ebenfalls ganz hM, vgl. BGHZ **22** 240, 244 = NJW **1957** 218, BGH NJW **1983** 2822, OGH NJW **1949** 343, 382, OLG Celle NJW **1951** 36, BayObLG NJW **1965** 2254, 2256; *Roth* § 2, 5.2, *Ganßmüller* GmbH-Rdsch. **1953** 116, 120, *Kübler* GesR § 24 I 2 c S. 311, *Schultze-v. Lasaulx* JZ **1952** 390, 394, MünchKomm. — *Ulmer* Vorb. § 705, 15; **aA** *K. Schmidt* Stellung der OHG, S. 257, 261 und *ders.* GmbH-Rdsch. **1982** 7 f.: er hält den Betrieb eines Unternehmens für unvereinbar(?) mit dem Zweck der Vorgründungsgesellschaft und kommt deshalb in derartigen Fällen zur Annahme von *zwei* unterschiedlichen Gesellschaften (GbR und OHG).

[38] Vgl. näher MünchKomm. — *Ulmer* § 705, 111 ff.

[39] So auch BGH NJW **1983** 2822 unter Betonung der dem Haftungsschuldner obliegenden Beweislast für die Vereinbarung einer Haftungsbegrenzung; anders wohl noch BGH NJW **1982** 932, 933, wo die Haftungsbegrenzung als typische Vereinbarung in derartigen Fällen angesehen wurde. Vgl. auch Rdn. 24 zur Vertreterhaftung bei Entstehung der GmbH.

Vorgesellschaft oder auf die eingetragene GmbH findet nicht statt[40]. Die Mitglieder der Vorgründungsgesellschaft haben allerdings die Möglichkeit, durch Vertrag zugunsten Dritter Rechte für die künftige GmbH zu begründen. Demgegenüber können sich *Verpflichtungen* der GmbH aus dem Handeln in der Vorgründungsgesellschaft nur ergeben, wenn diese oder die Vorgesellschaft in die Rechtsverhältnisse eintritt (zur abweichenden Lage bei Verpflichtungen der Vorgesellschaft vgl. Rdn. 74).

Umstritten ist die Anwendung der Haftungsvorschrift des § 11 Abs. 2 auf die Personen, die rechtsgeschäftlich für die Vorgründungsgesellschaft handeln. Im Anschluß an die ständige Rechtsprechung des Reichsgerichts[41] wurde sie bisher vom **Bundesgerichtshof**[42] und der **überwiegenden Meinung im Schrifttum**[43] für den Fall **bejaht**, daß (so RGZ **122** 172, 174) „durch die Verhandlungen zwischen den Gründern schon greifbare Ansätze zu der künftigen Gesellschaft geschaffen sind". Dem kann, wie jetzt auch der *Bundesgerichtshof* unter Aufgabe seiner bisherigen Rechtsprechung anerkannt hat (BGH NJW **1984** 2164), **nicht gefolgt** werden[44]. Für eine analoge Anwendung von § 11 Abs. 2 auf das Vorgründungsstadium besteht schon deshalb kein Anlaß, weil mit § 179 BGB eine Vorschrift vorhanden ist, die den berechtigten Belangen des Rechtsverkehrs beim Handeln mit einem vollmachtlosen Vertreter ausreichend Rechnung trägt. Auch spricht der — ohnehin problematische (Rdn. 94) — Schutzzweck des § 11 Abs. 2 selbst dann nicht für eine Anwendung der Vorschrift im Vorgründungsstadium, wenn man ihn (auch) dahin verstehen wollte, die Geschäftsführer zu alsbaldiger Anmeldung der Gesellschaft im Interesse ihrer Entstehung zu veranlassen (Rdn. 92). Das Handeln vor Gründung der GmbH führt allerdings nur dann und insoweit zur **Haftung der Handelnden aus § 179 BGB**, als diese ohne Vollmacht der Vorgründungsgesellschafter auftreten; das Handeln namens der künftigen GmbH bzw. der GmbH in Gründung steht der Verpflichtung der Vorgründungsgesellschaft nicht entgegen (BGH aaO). Weiß der andere Teil, daß die GmbH noch nicht gegründet ist, so ist für die Haftung nach § 179 Abs. 3 BGB kein Raum. Die Haftung aus § 179 BGB entfällt nicht schon bei Eintragung der Gesellschaft, da das Handeln für die Vorgründungsgesellschaft die eingetragene Gesellschaft nicht unmittelbar berechtigt oder verpflichtet (Rdn. 23), wohl aber dann, wenn die GmbH nach Eintragung die in ihrem Namen geschlossenen Geschäfte genehmigt[45]. 24

III. Das Innenverhältnis der Vorgesellschaft

1. Grundlagen

Die Rechtsverhältnisse innerhalb der Gründervereinigung und die Rechte und Pflichten der Gründer sind **gesetzlich nur sehr unvollkommen geregelt.** Die einschlägi- 25

[40] HM, vgl. OLG Celle WM **1984** 494, 501; *Scholz/Winter* § 2, 67, *Roth* 5.3, *K. Schmidt* GmbH-Rdsch. **1982** 8 f. **aA** *Soergel/Schultze-v. Lasaulx* BGB[10] Vorb. § 705, 84.

[41] RGZ **122** 172, 175; **151** 86, 91; so auch KG JW **1926** 2100.

[42] BGH NJW **1962** 1008; **1980** 287; **1982** 932, 933; **1983** 2822; so auch LG Münster GmbH-Rdsch. **1983** 73; **aA** jetzt BGH NJW **1984** 2164 unter Aufgabe der bisher. Rspr.

[43] *Baumbach/Hueck* 3C, *Roth* 5.2, *Scholz*[5] 4, *Brodmann* 3, *Kuhn* aaO (Fn. 31) S. 12; ebenso im Aktienrecht *Barz* GroßkommAktG § 41, 20 und *Kraft* Kölner KommAktG § 41, 32; Gegenans. vgl. in Fn. 44.

[44] So schon *Hachenburg, Schilling* und *Ulmer* in den Voraufl. dieses Komm. (vgl. Voraufl. 20) sowie *K. Schmidt* Stellung der OHG S. 265 ff. und GmbH-Rdsch. **1982** 8.

[45] Vgl. § 179 Abs. 1 BGB; für Erlöschen der Handelndenhaftung analog § 11 Abs. 2 bei Eintragung der GmbH und Eintritt in die Verbindlichkeit auch BGH NJW **1982** 932; **aA** LG Münster GmbH-Rdsch. **1983** 73 m.abl. Anm. *K. Schmidt* (aaO 74).

gen Vorschriften betreffen nur die Bestellung der ersten Geschäftsführer (§ 6 Abs. 1 bis 3), die Erstellung eines Sachgründungsberichts und die Leistung der Einlagen (§§ 5 Abs. 4 S. 2, 7 Abs. 2 und 3, 82 Abs. 1) sowie die Haftung wegen nicht vollwertiger Einlagen oder sonstiger Gründungsmängel (§§ 9, 9a). Soweit nicht der **Gesellschaftsvertrag** Regelungen enthält, die sich auch — oder nur — auf die Rechtsverhältnisse vor Eintragung beziehen, ist zu prüfen, welche der für das **Innenverhältnis der GmbH** geltenden Vorschriften des GmbHG nicht notwendig die Eintragung voraussetzen und daher auch schon im Gründungsstadium Anwendung finden können (vgl. Rdn. 8 f.). Die Rechtsnatur der Vorgesellschaft als eine durch die angestrebte Rechtsform weitgehend vorgeprägte Gesellschaft eigener Art (Rdn.7) hilft für diese Prüfung nur begrenzt weiter[46]. Es bedarf vielmehr einer Einzelanalyse der verschiedenen Regelungsbereiche im Hinblick auf die Gesamthandsstruktur und die sonstigen besonderen Verhältnisse der Vorgesellschaft im Vergleich zur GmbH (vgl. Rdn. 28 ff.). — Zur Behandlung der *fehlerhaften Vorgesellschaft* vgl. § 2, 19 und 77.

26 Die **Auslegung des Gesellschaftsvertrags** beschränkt sich im Unterschied zur Rechtslage nach Eintragung der Gesellschaft (§ 2, 121 ff.) nicht auf rein objektive, für jedermann erkennbare Auslegungskriterien, sondern kann auch **subjektive Umstände und Vorstellungen der Gründer** berücksichtigen[46a]. Die Gesellschaft hat sich noch nicht vom persönlichen Zusammenschluß der Gründer zur rechtsfähigen Kapitalgesellchaft entwickelt, die für Vertragsänderungen dem Mehrheitsprinzip unterliegt (Rdn. 36). Auch ist der Gesellschafterwechsel im Gründungsstadium nur unter erschwerten Bedingungen, mit Zustimmung aller Beteiligten, möglich (Rdn. 37). Was schließlich das Vertrauen des Rechtsverkehrs auf den Inhalt der Gesellschaftssatzung angeht, so sind die Voraussetzungen hierfür vor Eintragung der Gesellschaft regelmäßig noch nicht gegeben. Dann aber besteht auch kein Anlaß, den Gründern entgegen §§ 133, 157 BGB für das Gründungsstadium die Berufung auf subjektive Umstände bei der Vertragsauslegung zu versagen. Die Frage kann abgesehen von der Auslegung von Sacheinlagevereinbarungen namentlich dann Bedeutung erlangen, wenn sich vor Eintragung der Gesellschaft herausstellt, daß der notarielle Text des Gesellschaftsvertrags in bestimmten Punkten vom übereinstimmenden Vertragswillen der Gründer abweicht. Hier ist es jedem Gründer unbenommen, von den übrigen die Anpassung des Wortlauts an das gemeinsam Gewollte zu verlangen (vgl. auch Rdn. 31).

27 Auf die **Einmann-Gründerorganisation** sind die folgenden Erläuterungen trotz der gesetzlich für sie angestrebten Gleichstellung mit der Mehrpersonen-Vorgesellschaft (Rdn. 12) nicht ohne weiteres zu übertragen. Rechtsfragen, die das Innenverhältnis der Gründer betreffen, stellen sich hier nur, wenn es vor Eintragung zur Aufnahme von Mitgesellschaftern kommt; das setzt eine Vertragsänderung in der Form des § 2 Abs. 1 voraus (Rdn. 37). Für die Annahme eines Gesamthandsvermögens ist abweichend von der Vorgesellschaft wegen des Vorhandenseins nur *eines* Gründers kein Raum (Rdn. 14). Demgegenüber richten sich zwar die Rechtsverhältnisse der Gesellschaftsorgane grundsätzlich nach den gleichen Regeln wie diejenigen bei der Vorgesellschaft (Rdn. 33 ff.). Schwierigkeiten kann jedoch die Geschäftsführerbestellung durch den Einmanngründer namentlich in den Fällen bereiten, in denen er selbst das Geschäftsführeramt übernehmen will (vgl. § 6, 2o).

---

[46] So unter Hinweis auf das bestehende Analogieproblem eingehend *Rittner* Die werdende juristische Person (1973) S. 320 ff.; ähnlich *Wiedemann* JurA 1970 458 und *Scholz/Winter* 2.

[46a] **AA** (für einheitliche Auslegung vor und nach Eintragung) *Ostheim* JBl. **1978** 350.

2. Zweck der Vorgesellschaft

Schrifttum

Fleck Neueste Entwicklungen in der Rechtsprechung zur Vor-GmbH, GmbH-Rdsch. **1983** 5; *John* Zur Problematik der Vor-GmbH, insbes. bei der Einmanngründung, BB **1982** 505; *K. Schmidt* Die Vor-GmbH als Unternehmerin und als Komplementärin, NJW **1981** 1345; *Ulmer* Das Vorbelastungsverbot im Recht der GmbH-Vorgesellschaft — notwendiges oder überholtes Dogma? Festschrift Ballerstedt (1975) S. 279; *ders.* Abschied vom Vorbelastungsverbot im Gründungsstadium der GmbH, ZGR **1981** 593.

a) Allgemeines. Die Frage nach dem Zweck der Vorgesellschaft hat nach zutr. hM **wesentliche Bedeutung für den Umfang** nicht nur **der Geschäftsführungsbefugnis**, sondern auch der **Vertretungsmacht der Geschäftsführer** der Vorgesellschaft (vgl. Rdn. 33, 52 f.). Beschränkt sich der Zweck auf die Herbeiführung der Eintragung als Entstehungsvoraussetzung der GmbH, so sind die Geschäftsführer auch nur befugt und in der Lage, die zur Entstehung **notwendigen Geschäfte** namens der Vorgesellschaft vorzunehmen, d. h. die auf die Eintragung und die Herbeiführung der Eintragungsvoraussetzungen gerichteten Rechtshandlungen[47]. Den Gesellschaftern steht es jedoch frei, im Rahmen ihrer Privatautonomie den Zweck der Vorgesellschaft zu erweitern und die Geschäftsführer mit dem Beginn der Geschäftstätigkeit schon vor Eintragung zu beauftragen (Rdn. 29); sie müssen dann freilich auch die damit verbundenen Haftungsfolgen (Rdn. 57 ff., 81 ff.) tragen. Insbesondere bei Sachgründungen ist eine derartige konkludente Erweiterung des Zwecks der Vorgesellschaft je nach dem Gegenstand der Sacheinlage nicht selten anzutreffen (Rdn. 30). 28

b) Bargründung. Der **Zweck** einer auf Bargründung beruhenden Vorgesellschaft **beschränkt sich nach gesetzlicher Regel auf die Herbeiführung der Entstehung der Gesellschaft**[48]. Entsprechend begrenzt ist neben der Geschäftsführungsbefugnis (Rdn. 33) auch die Vertretungsmacht der Geschäftsführer (str., vgl. Rdn. 52 f.); sie können nur die zur Entstehung notwendigen Geschäfte mit Wirkung für die Vorgesellschaft vornehmen. Die **Gründer** sind allerdings nicht gehindert, den **Zweck der Vorgesellschaft zu erweitern** und dadurch die Aufnahme der Geschäftstätigkeit der Gesellschaft schon vor Eintragung zuzulassen[49]. Das kann durch **ausdrückliche Regelung** im Gesellschaftsvertrag geschehen, kann sich aber auch im Wege der **Auslegung** aufgrund des übereinstimmenden Gründerwillens ergeben (Rdn. 26); so wenn die GmbH dazu bestimmt ist, die Komplementärstellung in einer alsbald nach ihrer Gründung errichteten KG zu übernehmen (Rdn. 122). Die Rechtsprechung läßt darüber hinaus auch eine **formlose nachträgliche Änderung des Gesellschaftsvertrags** genügen[50], etwa durch 29

---

[47] BGHZ **80** 129, 139 = NJW **1981** 1373; *Roth* 4.3.2; **aA** (für unbegrenzte Vertretungsmacht schon im Gründungsstadium) *Scholz/Winter* 7 und *Rob. Fischer* 2c, vgl. dazu Rdn. 52 f. Allgemein zur Lehre von den „notwendigen Geschäften" als Korrelat des — inzwischen überholten — Vorbelastungsverbots der werdenden GmbH vgl. Voraufl. 22 f. m. Nachw.

[48] BGHZ **80** 129, 139 = NJW **1981** 1373, RGZ **83** 370, 373; **105** 228, 229; vgl. auch Fn. 47.

[49] So unter Überwindung des Vorbelastungsverbots (Fn. 47) die heute hM, vgl. BGHZ **80** 129, 139 = NJW **1981** 1373; *Rob. Fischer* 2c, *Roth* 4.3.2, *Flume* Die juristische Person S. 159, *Fleck* GmbH-Rdsch. **1983** 8 f., *John* BB **1982** 505, 512, *K. Schmidt* NJW **1981** 1345, *Ulmer* ZGR **1981** 593, 596 ff.; **aA** *Theobald* aaO (Fn. 31) S. 21, der unzutr. von einem grundsätzlich *uneingeschränkten* Zweck der Vorgesellschaft ausgeht und den Gründern die Möglichkeit einer Beschränkung einräumt.

[50] BGHZ **80** 129, 139 = NJW **1981** 1345; zust. *Roth* 4.3.2, *Fleck* GmbH-Rdsch. **1983** 9, *K. Schmidt* NJW **1981** 1345; ebenso schon früher *Ostheim* JBl. **1978** 349.

einen Beschluß der Gründer, durch den sie die Geschäftsführer zur Vornahme bestimmter Geschäfte oder allgemein zum Beginn der Geschäftstätigkeit schon vor Eintragung anweisen. Die Form des § 2 Abs. 1 wird als verzichtbar angesehen, weil die Bedeutung der Änderung sich auf die Zeit bis zur Eintragung der GmbH beschränkt[51]. In jedem Fall bedarf der Beschluß der Einstimmigkeit[52]: er ändert den Gesellschaftsvertrag (Rdn. 36) und begründet eine erweiterte, über den Betrag der Stammeinlagen hinausgehende Haftung der Gesellschafter (Rdn. 81 ff.). Beginnen die Geschäftsführer mit Kenntnis der Gesellschafter vor Eintragung mit den Geschäften, so liegt darin ein *Indiz* dafür, daß der Zweck der Vorgesellschaft sich nicht auf die Entstehung der Gesellschaft beschränkt, sondern auf die Verfolgung des satzungsmäßigen Zwecks der GmbH schon vor Eintragung erweitert worden ist.

30 c) **Sachgründung.** Sacheinlagen sind nach § 7 Abs. 3 vollständig vor Anmeldung der Gesellschaft zu leisten. Bestehen sie in einem Unternehmen oder in sonstigen Vermögensgegenständen, deren Beschaffenheit eine alsbaldige Aufnahme der Geschäftstätigkeit der Vorgesellschaft oder doch die Nutzung der eingebrachten Wirtschaftsgüter vor Eintragung der Gesellschaft erforderlich macht, so liegt in der Vereinbarung der Sacheinlage das **konkludente Einverständnis der Gründer** mit der entsprechenden Tätigkeit der Vorgesellschaft. Ihr Zweck richtet sich neben der Entstehung der Gesellschaft auch auf die Vornahme der „wirtschaftlich notwendigen" Geschäfte[53]; im Fall der Einbringung eines Unternehmens oder entsprechender Wirtschaftsgüter ist das auch ohne zusätzliche Gesellschafterbeschlüsse gleichbedeutend mit der Verfolgung des satzungsmäßigen Zwecks schon vor Eintragung (BGH NJW **1963** 859; BHGZ **45** 338, 343 = NJW **1966** 1311).

3. Gründerpflichten

31 Im Mittelpunkt der Gründerpflichten steht die Mitwirkung bei den zur Entstehung der GmbH erforderlichen Handlungen. Die Gründer sind danach vor allem verpflichtet zur **Erbringung der** vor Anmeldung der Gesellschaft zu leistenden **Einlagen,** d. h. zur Einzahlung von 25% oder dem höheren absoluten Mindestbetrag der Bareinlagen (Näheres § 7, 23 ff.) bzw. zur Übertragung der als Sacheinlagen versprochenen Gegenstände auf die Gesellschaft (Näheres hierzu § 5, 29 ff. und § 7, 43 f.). Die Einlagen sind an die Vorgesellschaft zu Händen ihrer Geschäftsführer zu leisten und werden Gesamthandseigentum der Gründervereinigung (Rdn. 32). Auch im übrigen sind die Gründer **verpflichtet, an der Vollendung der juristischen Person und der Ausräumung etwaiger Eintragungshindernisse mitzuwirken**[54]. Hierzu gehört die Bestellung der Geschäftsführer, soweit sie nicht in der Satzung erfolgt ist, die Erstellung eines Sachgründungsberichts sowie die Erteilung der vom Registergericht gewünschten

---

[51] Bedenken gegen diese Argumentation im Hinblick auf die *Warnfunktion* der Form des § 2 Abs. 1 (vgl. § 2, 6a) bei *Ulmer* ZGR **1981** 599 f.; zweifelnd auch *John* BB **1982** 512 Fn. 128; gegen diese Bedenken aber *Fleck* GmbH-Rdsch. **1983** 9.

[52] BGHZ **80** 129, 139 = NJW **1981** 1373; *Flume* aaO (Fn. 49) S. 159, *Roth* 4.3.2.

[53] BGHZ **53** 210, 212 = NJW **1970** 806; **80** 129, 139 = NJW **1981** 1373; so auch schon die früher hM, vgl. Voraufl. 26 f., *Ballerstedt* ZHR 127 **1965** 101, *Büttner* aaO (Fn. 32a) S. 153 f., *Dregger* S. 50 ff., *John* Die organisierte Rechtsperson (1977) S. 327, *Lieb* DB **1970** 961, 966 f., *Rittner* S. 357 ff., 365 f., *K. Schmidt* GmbH-Rdsch. **1973** 147 f., *Wiedemann* JurA **1970** 446 ff., 451 f.

[54] St.Rspr., vgl. RGZ **58** 55, 56; **82** 288, 290; **151** 86, 91; *Scholz/Winter* 13, *Flume* aaO (Fn. 49) S. 157 f., *Barz* GroßkommAktG § 29, 3.

zusätzlichen Auskünfte. Erweist sich der beurkundete Gesellschaftsvertrag als mangelhaft, stimmt er insbesondere nicht mit dem gemeinsamen Willen der Gründer überein (Rdn. 26) oder enthält er Unklarheiten und führt deshalb zu Beanstandungen des Registergerichts, so sind die Gründer in den Grenzen des Zumutbaren zur Abhilfe durch **Vertragsanpassung** verpflichtet[55]. Der Anspruch auf Mitwirkung beruht auf dem Gesellschaftsvertrag und steht den Gründern untereinander zu; er kann von ihnen persönlich ohne Einschaltung der Geschäftsführer gerichtlich geltendgemacht werden[56]. — Zu den Mitsprache- und Kontrollrechten der Gründer vor Eintragung der GmbH vgl. Rdn. 35.

4. Gesellschaftsvermögen

Die geleisteten Einlagen und die sonstigen namens der Gesellschaft vor Eintragung 32
erworbenen Vermögensgegenstände werden **Gesamthandsvermögen** der Gründer[57]. Anderes gilt nur für die Einmann-Gründerorganisation (Rdn. 14). Die Fehlerhaftigkeit der Beitrittserklärung steht der Begründung von Gesamthandseigentum an den Einlagen des fehlerhaft Beigetretenen nicht entgegen (BGH LM Nr. 1 zu § 11 GmbHG). Zur Zwangsvollstreckung in das Gesellschaftsvermögen und zum Konkurs der Vorgesellschaft vgl. Rdn. 48.

5. Organe

a) Geschäftsführer. Die zur Vertretung der Vorgesellschaft und zur Führung der 33
Geschäfte berufenen Organe der Vorgesellschaft sind die Geschäftsführer. Sie sind zuständig für die Anmeldung der Gesellschaft (§ 7, 9) und müssen schon deshalb im Gründungsstadium bestellt werden, sei es in der Satzung oder durch Beschluß der Gesellschafterversammlung (§ 6, 17 ff.). Der für das Personengesellschaftsrecht anerkannte Grundsatz der Selbstorganschaft gilt nicht für die Vorgesellschaft (§ 6 Abs. 3 S. 1). Das GmbH-Gesetz kennt auch keinen Unterschied zwischen Geschäftsführern der Vorgesellschaft und solchen der eingetragenen GmbH. Die Aufgaben der Geschäftsführer richten sich nach Gesetz und Satzung[58]. Nach gesetzlicher Regel beschränken sich Geschäftsführungs- und Vertretungsbefugnis entsprechend dem regelmäßigen Zweck der Vorgesellschaft (Rdn. 28 f.) bei *Bargründungen* auf die zur Entstehung der Gesellschaft als juristische Person erforderlichen Maßnahmen, soweit die Satzung nicht ausdrücklich oder stillschweigend eine Erweiterung des Zwecks der Vorgesellschaft enthält oder die Gründer dies einstimmig beschließen (Rdn. 29). Demgegenüber ist der Kreis der Aufgaben bei *Sachgründungen* in der Regel nicht beschränkt (Rdn. 30). Auch ohne ausdrückliche Erweiterung des Zwecks obliegen den Geschäftsführern insoweit namentlich auch alle Maßnahmen zur Sicherung des Bestands oder des Wertes der an die Vorgesellschaft geleisteten Sacheinlagen[59]. Eines Rückgriffs auf die Grundsätze der Geschäftsführung ohne Auftrag bedarf es nicht. — Die *Haftung* der Geschäftsführer richtet sich auch im Gründungsstadium schon nach § 43, soweit nicht die Sonderregelung des § 9a Abs. 1 eingreift (vgl. § 9a, 48).

---

55 Einschr. wohl *Scholz/Winter* 13.

56 So auch *Flume* aaO (Fn. 49) S. 158; **aA** (Geltendmachung primär durch die Geschäftsführer) *Scholz/Winter* 13.

57 *Scholz/Winter* 5, *Flume* aaO (Fn. 49) S. 156, *Feine* S. 203, *Kuhn* WM-Beilage 5/**1956** 13, *Lieb* DB **1970** 964 f., *Wiedemann* JurA **1970** 460; zur heute überholten abw. Ansicht *Büttners* aaO (Fn. 32a) S. 109 ff. vgl. Voraufl. 40.

58 RGZ **58** 55, 56; **83** 370, 373; **105** 228, 229.

59 BGHZ **80** 129, 139 = NJW **1981** 1373, BGH NJW **1963** 859; *Ballerstedt* ZHR 127 **1965** 101.

34 **b) Aufsichtsrat.** Die Bestellung eines **obligatorischen** Aufsichtsrats setzt nach zutr. Ansicht die Einhaltung des in § 97 AktG vorgesehenen Statusverfahrens voraus (vgl. § 6, 22 und § 52, 50; abw. § 52, 48 für den ersten Aufsichtsrat nach § 77 BetrVG 1952). Schon deshalb erfolgt die Bestellung regelmäßig nicht schon im Gründungsstadium, sondern erst **nach Eintragung** der Gesellschaft. Abweichendes kommt für den **fakultativen** Aufsichtsrat in Betracht, wenn der Gesellschaftsvertrag seine Bestellung schon im Gründungsstadium vorsieht oder ihm bestimmte, vor Eintragung zu erfüllende Funktionen wie die Bestellung der ersten Geschäftsführer (KG OLGR **27** 382, 383) überträgt (vgl. § 52, 45). Ist danach ein Aufsichtsrat bei der Gesellschaft vorhanden, so richten sich seine Funktionen schon vor Eintragung nach § 52 Abs. 1 und den dort in Bezug genommenen Vorschriften des AktG, soweit der Gesellschaftsvertrag nicht wirksam Abweichendes bestimmt[60].

35 **c) Gesellschafterversammlung.** Sie besteht als das für die Willensbildung der Gesellschaft maßgebende Organ schon **vor Eintragung.** Ihre Kompetenzen richten sich — in den Grenzen des Zwecks der Vorgesellschaft (Rdn. 28 ff.) und der gesetzlichen Vorschriften über die Kapitalaufbringung — nach § 46. Es gilt vorbehaltlich abweichender Bestimmung des Gesellschaftsvertrags das **Mehrheitsprinzip des § 47 Abs. 1,** soweit es um die **Bestellung und Abberufung von Geschäftsführern** geht[61], aber auch bei **sonstigen Beschlüssen in Fragen der Geschäftsführung**[62]. Seine Anwendung setzt anders als bei Vertragsänderungen (Rdn. 36) nicht etwa die Entstehung der Gesellschaft voraus. Anwendbar sind auch die sonstigen Vorschriften des § 47 über das Stimmrecht und seine Ausübung[63] sowie die Regelungen der **§§ 48 bis 51** über die Gesellschafterversammlung und ihre Einberufung[64]. Die Geltendmachung von Beschlußmängeln richtet sich wie bei Personengesellschaften nach den allgemeinen Grundsätzen; für eine Analogie zu §§ 241 ff. AktG ist bis zur Eintragung der Gesellschaft kein Raum[65]. Das Auskunfts- und Einsichtsrecht der Gesellschafter nach **§§ 51a und b** ist von der Eintragung unabhängig; es besteht daher schon im Gründungsstadium.

6. Vertragsänderungen, Gesellschafterwechsel

36 **Änderungen des Gesellschaftsvertrags** im Stadium der Vorgesellschaft sind grundsätzlich möglich. Daß die Anmeldung der Gesellschaft bereits erfolgt ist, steht nicht entgegen. Der geänderte Gesellschaftsvertrag ist beim Handelsregister einzureichen (§§ 8 Abs. 1 Nr. 1, 54; zur Anwendbarkeit von § 54 Abs. 1 S. 2 vgl. § 8, 3). Die Änderungen müssen ebenso wie der ursprüngliche Vertragsabschluß **notariell beurkundet** werden; sie setzen die **Zustimmung aller Gründer** voraus[66]. Das folgt aus der Stellung der

---

60 So auch *Scholz/Winter* 14.

61 Ganz hM, vgl. BGHZ **80** 212, 214 = NJW **1981** 2125; *Scholz/Winter* 14, *Rob. Fischer* § 47, 1, *Roth* § 47, 2.5, *Flume* aaO (Fn. 49) S. 159; **aA** bezüglich der Abberufung noch RAG JW **1935** 443.

62 Ebenso *Scholz/Winter* 14, *Rittner* S. 343 f., *Bayer* JZ **1952** 552, 553 f.; für Beschlüsse über die vom Zweck der Vorgesellschaft gedeckten Maßnahmen auch BGHZ **80** 212, 214 f. = NJW **1981** 2125; **aA** (für Einstimmigkeit) demgegenüber noch RGZ **58** 55, 56; *Baumbach/Hueck* § 47, 1B, *Rob. Fischer* § 47, 1, *Roth* § 47, 2.5, *Flume* aaO S. 159.

63 Ebenso *Scholz/Winter* 14.

64 *Scholz/Winter* 14, *Rittner* S. 343, *Bayer* JZ **1952** 552 f.; **aA** bezüglich § 48 Abs. 1 RAG JW **1935** 443, 444.

65 **AA** *Scholz/Winter* 14, *Rittner* S. 346 f., *Bayer* JZ **1952** 554 f.; für Berechnung der Dreijahresfrist des § 242 AktG zur Heilung von Nichtigkeitsgründen erst ab Eintragung der GmbH BGHZ **80** 212, 216 f. = NJW **1981** 2125.

66 EinhM, vgl. *Scholz/Winter* 15, *Roth* 4.6, *Feine* S. 207, *Flume* aaO (Fn. 49) S. 159, *Rittner* S. 344, *Wiedemann* JurA **1970** 459.

einzelnen Gründer als Partner des — mangels Eintragung noch nicht zur körperschaftlichen GmbH-Satzung gewordenen — Gesellschaftsvertrags. Der Vertrag kann wie bei den Personengesellschaften vom Einstimmigkeitsprinzip abweichen (vgl. § 2, 15). Ist für Satzungsänderungen nur generell eine bestimmte qualifizierte Mehrheit vorgeschrieben, so bezieht sich diese Regelung im Zweifel *nicht* auf das Stadium *vor* Eintragung der Gesellschaft. — Zur Änderung des *Zwecks der Vorgesellschaft* vgl. Rdn. 28 f.

Das Prinzip der Einstimmigkeit und die Formvorschrift des § 2 gelten grundsätzlich **37** auch für den **Gesellschafterwechsel** im Gründungsstadium, unabhängig davon, ob es sich um den Beitritt neuer Gesellschafter (BGHZ **15** 204, 206 = NJW **1955** 219) oder um das Ausscheiden eines der Gründer (BGHZ **21** 242, 246 = NJW **1956** 1435, BGH WM **1983** 230) handelt[67]. Der Gesellschafterwechsel im Gründungsstadium ist strikt zu unterscheiden von der erst für die Zeit *nach Entstehung* der GmbH möglichen *Übertragung* des Geschäftsanteils; sie kann freilich schon vor der Eintragung mit Wirkung für diesen Zeitpunkt vereinbart werden (§ 2, 50). Kommt es im Gründungsstadium nur zum Ausscheiden *oder* zum Eintritt eines Gesellschafters oder verbindet sich die Auswechslung eines Gesellschafters mit einer Änderung der gezeichneten Stammeinlage, so bedarf es auch der **Anpassung der Höhe des Stammkapitals**[68]. Auch diese kann grundsätzlich nur einstimmig erfolgen (zur Frage einer Kündigung aus wichtigem Grund vgl. Rdn. 39). Sie hat Auswirkungen auch auf die in § 7 Abs. 2 als Anmeldevoraussetzung vorgeschriebene Mindesteinzahlung. Die Vorschriften über die Kapitalherabsetzung (§ 58) sind vor Eintragung der GmbH nicht zu beachten. Gläubigern der Vorgesellschaft kann eine spätere Herabsetzung des Stammkapitals freilich nicht entgegengehalten werden; ausscheidende Gründer bleiben aus den bis zum Ausscheiden entstandenen Verbindlichkeiten der Vorgesellschaft im Rahmen der beschränkt persönlichen Haftung unabhängig von der Eintragung der GmbH verpflichtet (Rdn. 66). — Die **Ausschließung** eines Gesellschafters aus wichtigem Grund durch einstimmigen Beschluß der übrigen ist schon im Gründungsstadium möglich[69]. Sie macht ebenfalls eine Anpassung des Stammkapitals erforderlich. An den wichtigen Grund sind im Vergleich zur eingetragenen GmbH (Anh. § 34, 6 ff., 11: ultima ratio) geringere Anforderungen zu stellen. Demgegenüber beziehen sich die *Kaduzierung* (§ 21) und die *Einziehung* (§ 34) auf den *Geschäftsanteil* des betroffenen Gesellschafters; sie setzen die Entstehung des Geschäftsanteils durch Eintragung der Gesellschaft voraus[70].

7. Auflösung

a) Auflösungs- und Beendigungsgründe. Im Regelfall endet die Vorgesellschaft mit Eintragung der Gesellschaft im Handelsregister; an ihre Stelle tritt **38** die neuentstandene GmbH (Rdn. 6). Da Vermögen und Schulden insgesamt auf die GmbH übergehen (Rdn. 74), kommt es nicht zu einer Abwicklung der Vorgesellschaft. Zum Sonderfall einer neben der Vorgesellschaft bestehenden, durch die Eintragung nicht berührten Gesellschaft mit gleichem Gesellschafterkreis, aber eigenständigem Zweck vgl. Rdn. 6 aE. Ebenso wie die Eintragung bildet aber auch deren endgültiges Scheitern, insbesondere die **rechtskräftige Ablehnung des Eintragungsantrags**, einen Auflösungsgrund entsprechend § 726 BGB, da der Zweck der Vorgesellschaft unmöglich wird.

---

67 *Scholz/Winter* 15, *Feine* S. 207, *Flume* S. 159, *Rittner* S. 346, *Wiedemann* JurA **1970** 459 f.

68 § 5 Abs. 3 S. 3; gegen Zulässigkeit eines „freiwilligen" Austritts vor Entstehung der GmbH aber *Rittner* S. 345.

69 Ebenso *Scholz/Winter* 15; wohl auch *Flume* Die juristische Person S. 153.

70 So auch RGZ **58** 55, 56 f. (Kaduzierung) und allg. *Scholz/Winter* 15; **aA** für die Einziehung *Brodmann* 2.

Hier bedarf es regelmäßig einer Abwicklung, da die vor Anmeldung zu leistenden Einlagen (§ 7 Abs. 2) zur Bildung von Gesamthandsvermögen geführt haben. Setzen die Gründer die Vorgesellschaft trotz Scheiterns der Eintragung fort, so wandelt sie sich je nach Art des Gesellschaftszwecks in eine Gesellschaft bürgerlichen Rechts oder OHG um („unechte Vorgesellschaft", vgl. Rdn. 18).

39 **Weitere Auflösungsgründe bilden der Konkurs der Vorgesellschaft** (§ 60 Abs. 1 Nr. 4, zur Konkursfähigkeit vgl. Rdn. 48), die Kündigung aus wichtigem Grund und der Auflösungsbeschluß. Die **Kündigung aus wichtigem Grund** setzt voraus, daß die vertraglich vereinbarte Gründung der GmbH bzw. die gemeinsame Verfolgung des Gesellschaftszwecks im Rahmen der eingetragenen GmbH für den Kündigenden unzumutbar geworden ist. Dies gilt insbesondere dann, wenn sich bereits vor Eintragung ein wichtiger Auflösungsgrund im Sinne von § 61 zeigt. Der Grund kann je nach der Struktur der Gesellschaft und der Ausprägung ihres personalistischen Charakters auch in der Person eines Mitgründers liegen[71]. Die für die eingetragene GmbH in § 61 vorgesehene Auflösungs*klage* ist auf die Vorgesellschaft angesichts ihres unfertigen Zustands und des Fehlens der Rechtsfähigkeit nicht zu übertragen[72]. Ein **Auflösungsbeschluß** kann auch ohne Vorliegen eines wichtigen Grundes schon vor Eintragung gefaßt werden. Abweichend von der für sonstige Vertragsänderungen geltenden Einstimmigkeit (Rdn. 36) reicht hierfür die **Dreiviertelmehrheit** aus, da die überstimmte Minderheit kein berechtigtes Interesse daran hat, die Eintragung der GmbH durchzusetzen, wenn die Mehrheit alsbald danach die Auflösung wirksam beschließen kann[73].

40 **Der Tod oder der Konkurs eines Gründers** sind keine eigenständigen Auflösungsgründe[74]; sie **können** den Mitgründern aber je nach Lage des Falles einen **wichtigen Grund zur Kündigung geben**[75]. Der Fortbestand der Vorgesellschaft trotz **Gesellschafterkonkurses** ist vom Reichsgericht (RGZ **82** 288, 290) zutreffend bejaht worden; man denke etwa an eine GmbH-Gründung, die kurz vor der Eintragung steht und bei der der in Konkurs gefallene Gründer seine Einlage bereits vollständig erbracht hat. Gleiches gilt aber auch für den **Tod** eines Gründers (nicht eindeutig hierzu BGHZ **78** 311, 315 = NJW **1981** 682); die abweichenden Vorschriften der §§ 727 BGB, 131 Nr. 4 HGB sind angesichts des stärker körperschaftlichen Charakters der Vorgesellschaft nicht anzuwenden. Schwierigkeiten können sich hier freilich für den Fall ergeben, daß der Gründer *mehrere* Erben hinterläßt, da nach bisher überwiegender Meinung eine Erbengemeinschaft nicht Gründer der GmbH sein kann (vgl. dagegen aber § 2, 69 m. Nachw.).

41 **b) Liquidation.** Über die Notwendigkeit der Liquidation einer aufgelösten Vorgesellschaft, bei der es bereits zur Bildung des Gesamthandsvermögen gekommen war, besteht in Rechtsprechung und Literatur Einigkeit. **Umstritten** ist dagegen, nach welchen Vorschriften sich die Liquidation richtet. Der **Bundesgerichtshof**[76] und ein Teil der

---

71 So auch *Scholz/Winter* 16; **aA** *Flume* S. 158. Vgl. auch Rdn. 40 zum Tod oder Konkurs eines Mitgründers als Kündigungsgrund und Rdn. 37 zur Möglichkeit der Ausschließung aus wichtigem Grund.

72 So auch *Barz* GroßkommAktG § 29, 12; **aA** *Scholz/Winter* 16, *Feine* S. 208, *Ritter* S. 347.

73 So zutr. *Flume* S. 158; ebenso im Erg. *Scholz/Winter* 16, *Feine* S. 208.

74 Ganz hM, vgl. *Scholz/Winter* 16, *Feine* S. 208, *Flume* aaO S. 158, *Rittner* S. 348, *Barz* GroßkommAktG § 29, 13, *Kraft* Kölner KommAktG § 1, 35.

75 So für den Konkurs eines Mitgründers auch *Flume* aaO (Fn. 69) S. 158 Fn. 34; weitergehend (für Kündigungsrecht auch der *Erben* oder des Konkursverwalters) *Wiedemann* Übertragung und Vererbung von Mitgliedschaftsrechten, S. 57.

76 BGH NJW **1963** 859, BGHZ **51** 30, 34 = NJW **1969** 509, BGHZ **86** 122, 127 = NJW **1983** 876, so auch BayObLG NJW **1965** 2234; **aA** BAG NJW **1963** 680, 681.

Literatur[77] gehen davon aus, daß vor Eintragung der GmbH insoweit die Liquidationsvorschriften des **Personengesellschaftsrechts** (§§ 730 ff. BGB, 145 ff. BGB) eingreifen. Diese Meinung führt dazu, daß die Abwicklung grundsätzlich von *allen Gesellschaftern gemeinschaftlich* vorzunehmen ist mit der Folge ihrer *unbeschränkt gesamtschuldnerischen* Haftung nach §§ 421, 427 BGB[78]. Demgegenüber spricht sich die Gegenansicht unter Hinweis auf den Gläubigerschutz der §§ 66 ff., aber auch mit Rücksicht auf die den Gesellschaftern als Liquidatoren drohende unbeschränkt persönliche Haftung, für die Anwendung von **GmbH-Recht** aus[79].

Stellungnahme. Die Gründe für die Anwendung des Liquidationsrechts der 42 Personengesellschaft vermögen nicht zu überzeugen. Das anfängliche Argument des Bundesgerichtshofs, durch die Auflösung der Vorgesellschaft trete das persönliche Element in den Vordergrund (BGH NJW **1963** 859), ist inzwischen zwar mit Recht fallengelassen worden (BGHZ **51** 30, 34 = NJW **1969** 509). Aber auch die an seine Stelle getretene Begründung, § 66 beruhe auf dem besonderen öffentlichen Interesse an der Liquidation aufgelöster *juristischer* Personen, ist nicht tragfähig. Die entscheidende Frage geht vielmehr dahin, ob es veranlaßt ist, die Organstellung der Geschäftsführer im Auflösungszeitpunkt enden und an ihre Stelle das gemeinsame Handeln aller Gründer treten zu lassen mit der Folge unbeschränkter Haftung für die im Liquidationsstadium eingegangenen Verbindlichkeiten. Dabei verdient Beachtung, daß der Bundesgerichtshof (NJW **1963** 859) in anderem Zusammenhang selbst das Argument zurückgewiesen hat, Geschäftsführungsbefugnis und Vertretungsmacht der Geschäftsführer der Vorgesellschaft seien notwendig auf die Herbeiführung der Eintragung beschränkt und entfielen daher im Zeitpunkt der Auflösung[80]. Dem ist zuzustimmen. Um so weniger sind dann aber Gründe ersichtlich, die ein Eingreifen von § 66 ausschließen könnten. Im Gegenteil entspricht die Anwendung dieser Vorschrift, wie das BAG (NJW **1963** 680) mit Recht betont hat, der vom Bundesgerichtshof in ständiger Rechtsprechung bejahten Rechtsnatur der Vorgesellschaft als einer von den Personengesellschaften zu unterscheidenden, werdenden GmbH (Rdn. 7). Auch geht es nicht an, für das Liquidationsstadium der Vorgesellschaft die von den Gründern mit der Wahl der GmbH-Rechtsform getroffene Entscheidung zugunsten der *Drittorganschaft* zu ignorieren und von ihnen insoweit gemeinschaftliches Handeln zu verlangen.

Aus den in Rdn. 42 genannten Gründen ist auf Antrag einer Minderheit auch 43 die gerichtliche **Notbestellung eines Liquidators analog § 66 Abs. 2** zulässig[81]. Entsprechend anwendbar sind weiter auch die **Gläubigerschutzvorschriften der §§ 71 und 73**[82]; hieran besteht vor allem deshalb ein vordringliches Interesse, weil die Gründer für Gesellschaftsschulden aus der Zeit vor Eintragung nur beschränkt auf ihre Einlage haften (Rdn. 57 ff., 63). Soweit es zur Durchführung der Liquidation erforderlich ist, können die Liquidatoren ausstehende Einlagen von den Gründern einfordern (§ 69, 17; so auch *Scholz/Winter* 17). Eine allgemeine Nachschußpflicht entsprechend § 735 BGB

---

77 *Baumbach/Hueck* Üb vor § 1, 2D, *Rob. Fischer* 2 f., *Feine* S. 208, *Fleck* ZGR **1975** 215, *Dilcher* JuS **1966** 89, 90 *Horn* NJW **1964** 86, 90, *Riedel* GmbH-Rdsch. **1973** 220, *Schultze-v. Lasaulx* Festschrift Olivecrona S. 604 Fn. 67a; de lege ferenda auch *Huber* Festschrift Rob. Fischer S. 294.

78 BGHZ **51** 30, 33 = NJW **1969** 509; vgl. auch Rdn. 43.

79 § 66, 30 (*Hohner*), *Scholz/Winter* 17, *Ganßmüller* GmbH-Rdsch. **1963** 101 und **1970** 170, 172; wohl auch *Rittner* S. 349 f. und *Wiedemann* JurA **1970** 458. Ebenso BAG NJW **1963** 680, 681.

80 Vgl. auch *Fleck* in Anm. zu BGHZ **51** 30, LM Nr. 16 zu § 11 GmbHG, der die Beauftragung eines *Dritten* mit der Liquidation für zulässig hält.

81 Vgl. § 66, 30; so auch *Kraft* Kölner Komm-AktG § 265, 15.

82 Ebenso *Scholz/Winter* 17.

besteht in der Vorgesellschaft nicht (BGHZ **86** 122, 125 = NJW **1983** 876). – Zum Sonderfall der nach Scheitern des Eintragungsverfahrens fortgesetzten, sog. *unechten* Vorgesellschaft vgl. Rdn. 17 ff.

IV. Das Außenverhältnis der Vorgesellschaft

1. Teilrechtsfähigkeit

44 **a) Grundsatz.** Die Vorgesellschaft unterscheidet sich von der GmbH durch das Fehlen der Eintragung und der damit verbundenen Erlangung der vollen Rechtsfähigkeit (Rdn. 5, 6). Sie ist keine juristische Person, sondern bei Vorhandensein von zwei oder mehr Gründen eine **gesamthänderische Personenvereinigung**. Das schließt es freilich nicht aus, sie – ähnlich wie die OHG oder den nichtrechtsfähigen Verein – mit Rücksicht auf die vorhandene Organisation und die Teilnahme am Rechtsverkehr **teilweise einer juristischen Person gleichzustellen**[83]. Ein Bedürfnis hierfür ist im Interesse nicht nur der Gründer, sondern auch des Rechtsverkehrs namentlich in den Fällen gegeben, in denen die Geschäftsführer vor Entstehung der GmbH das eingebrachte Handelsgeschäft fortführen oder aus anderen Gründen im Rahmen des satzungsmäßigen Zwecks der Vorgesellschaft (Rdn. 28 f.) werbend tätig werden.

45 Für die **Einmann-Gründerorganisation** sind die Grundsätze über die Teilrechtsfähigkeit der Vorgesellschaft *nicht ohne weiteres* zu übernehmen. Vielmehr ist je nach der Entscheidung im Streit um ihre Rechtsnatur (Rdn. 15 f.) zu differenzieren. Erkennt man die *(Teil-)Rechtsfähigkeit* der Gründerorganisation an (Rdn. 15), so hat das auch Bedeutung für ihre Außenbeziehungen: sie ist dann schon vor Eintragung als selbständiger Träger von Rechten und Pflichten zu behandeln und steht der GmbH als juristischer Person vorbehaltlich der Vertretungsmacht der Geschäftsführer (Rdn. 52 f.) grundsätzlich gleich. Folgt man dagegen der hier vertretenen Ansicht, wonach die Gründerorganisation bis zur Eintragung ein – wenn auch verselbständigtes – *Sondervermögen des Gründers* bildet (Rdn. 16), so bleibt der Gründer das maßgebliche Zuordnungssubjekt, wenn auch Rechtsinhaberschaft (des Gründers) und Organstellung (der Geschäftsführer) beim Sondervermögen auseinanderfallen. Das Handeln der Geschäftsführer erfolgt im Namen und mit Wirkung für die Gründerorganisation als Vorstufe zur GmbH. Insoweit bietet sich dann auch eine Parallele an zur Behandlung der Vorgesellschaft als gegenüber den Gründern verselbständigter, teilrechtsfähiger Personengruppe.

46 **b) Folgerungen.** Die Vorgesellschaft kann unter der für die GmbH vorgesehenen Firma als **Namen** auftreten; sie genießt insoweit auch Namensschutz (§ 4, 105). Zur Vermeidung einer Irreführung des Verkehrs muß sie allerdings den Zusatz „GmbH in Gründung" o. ä. verwenden (vgl. § 4, 102). Als **Firma** ist der Name dann zu behandeln, wenn der Zweck der Gesellschaft schon vor Eintragung auf den Betrieb eines *Handelsgewerbes* gerichtet ist (vgl. näher § 4, 101 ff.). Insoweit kommt ihr auch die **Kaufmannseigenschaft** zu[84]; sie kann Prokuristen und Handlungsbevollmächtigte bestellen. §§ 343 ff.

---

[83] *Scholz/Winter* 3, *Flume* Die juristische Person S. 160 ff.; vgl. auch BGHZ **80** 129, 132 = NJW **1981** 1373 zur Komplementärfähigkeit einer Vor-GmbH bei Gründung einer GmbH & Co KG.

[84] *Scholz/Winter* 4, *Rob. Fischer* 2C, *Ballerstedt* ZHR 127 **1965** 102, *Rittner* S. 359, *K. Schmidt* JZ **1973** 303 f., *Kraft* Kölner KommAktG § 1, 34; vgl. auch BGHSt **3** 23, 26 (Buchführungspflicht); *weitergehend Feine* S. 204, *Flume* aaO (Fn. 83) S. 161, wohl auch *Roth* 4.2 (Kaufmannseigenschaft unabhängig vom Gesellschaftszweck); **aA** *Barz* Großkomm-AktG § 29, 9 (Kaufmann stets erst ab Eintragung).

HGB finden Anwendung. Eine Eintragung als Vorgesellschaft in das *Handelsregister* ist allerdings nicht möglich[85]. Betreibt die Vorgesellschaft ein Handelsgewerbe, ohne einen Antrag auf Eintragung als GmbH zu stellen, oder verfolgt sie im Einvernehmen der Gründer den Antrag nicht weiter, so wird sie — als *unechte* Vorgesellschaft (Rdn. 17 f.) — zur OHG und unterliegt als solche dem Registerzwang nach §§ 14, 29, 106 HGB (so auch *Flume* Die juristische Person S. 162). — Zur Fähigkeit der Vor-GmbH, sich an einer *GmbH-Gründung* zu beteiligen, vgl. § 2, 68, zu derjenigen, *Komplementär* einer GmbH & Co KG zu sein, vgl. Rdn. 122.

Anerkannt ist weiter die Fähigkeit der Vorgesellschaft, ein auf ihren Namen lautendes **Konto** zu unterhalten, auf das die Mindesteinzahlungen überwiesen (§ 7, 33) und sonstige Zahlungen geleistet werden können[86]. Auch die **Grundbuchfähigkeit** der Vorgesellschaft ist heute nicht mehr zweifelhaft[87]; das folgt schon aus § 7 Abs. 3 (vgl. § 7, 44). Entgegen BHGZ **45** 338, 348 darf die Eintragung freilich *nicht* unter der Firma der *künftigen* GmbH erfolgen, sondern hat entweder auf den *Namen der Vorgesellschaft* oder auf die Gründer in ihrer gesamthänderischen Verbundenheit (§ 47 GBO) zu lauten; andernfalls würde das Grundbuch zumindest vorübergehend unrichtig[88]. Nach Entstehung der GmbH ist das Grundbuch zu berichtigen; für eine nochmalige Auflassung ist kein Raum[89]. — Die Vorgesellschaft ist nach zutr. neuerer Ansicht auch **wechselfähig**[90]. Das folgt aus der Zulassung ihrer Teilnahme am Rechtsverkehr, insbesondere bei Fortführung eines eingebrachten Unternehmens schon vor Eintragung; sie bedingt die aktive und passive Wechselfähigkeit. Unterzeichnen Geschäftsführer einen auf die Vorgesellschaft gezogenen Wechsel in deren Namen (Rdn. 56) als Akzeptant, so haften sie in Höhe der Wechselverbindlichkeit auch persönlich aus § 11 Abs. 2 (BGH NJW **1962** 1008). 47

Die **passive Parteifähigkeit** der Vorgesellschaft steht heute außer Streit[91]. Sie beruht auf ihrer (Teil-)Rechtsfähigkeit (Rdn. 8, 44), ohne daß es des Rückgriffs auf § 50 Abs. 2 ZPO bedarf. Aus denselben Gründen erscheint es auch vertretbar, mit einer vordringenden Ansicht die **aktive Parteifähigkeit** zu bejahen[92], wobei die Prozeßführung ggf. eine Erweiterung des Zwecks der Vorgesellschaft und — daraus folgend — der organschaftlichen Vertretungsmacht der Geschäftsführer voraussetzt (Rdn. 28 ff., 52 f.). Zur **Zwangsvollstreckung** in das Gesellschaftsvermögen bedarf es eines gegen die Vorgesellschaft gerichteten Vollstreckungstitels (vgl. § 735 ZPO). Ihre **Konkursfähigkeit** 48

---

[85] BayObLG NJW **1965** 2254, 2257; *Scholz/Winter* 4; im Erg. auch *K. Schmidt* JZ **1973** 303 f.

[86] BGHZ **45** 338, 347 = NJW **1966** 1311, BGH WM **1962** 644; *Scholz/Winter* 5, *Flume* aaO (Fn. 83) S. 160.

[87] BGHZ **45** 338, 348 = NJW **1966** 1311; *Scholz/Winter* 5, *Rob. Fischer* 2c, *Roth* 2.2, *Binz* aaO (Fn. 31) S. 197 f., wohl auch *Rittner* S. 360 f. sowie hinsichtlich der Eintragung einer Auflassungsvormerkung BayObLG GmbH-Rdsch. **1979** 205, 206 und OLG Hamm DB **1981** 1973; **aA** noch *Baumbach/Hueck* Üb vor § 1, 2B, zweifelnd *Barz* GroßkommAktG § 29, 8.

[88] So auch *Flume* aaO (Fn. 83) S. 161, *Wiedemann* JurA **1970** 462.

[89] Vgl. Rdn. 74; so auch BGHZ **45** 338, 348 = NJW **1966** 1311.

[90] *Baumbach/Hefermehl* WG[14] Einl. 24, *Scholz/Winter* 5, *K. Schmidt* Stellung der OHG S. 304, *Binz* aaO S. 198; **aA** noch BGH NJW **1962** 1008, *Rob. Fischer* 2c, *Barz* Großkomm-AktG § 29, 8, *Feine* S. 202.

[91] Vgl. BGHZ **79** 239, 241, OLG Hamburg BB **1973** 1505, BAG NJW **1963** 680, 681; *Scholz/Winter* 6, *Rob. Fischer* 2c, *Flume* aaO (Fn. 83) S. 162, *Rittner* S. 361, *Binz* S. 196 m.weit. Nachw.; **aA** noch *Hachenburg/Schilling*[6] 7, *Kuhn* aaO (Fn. 31) S. 8.

[92] BayObLG BB **1978** 1685 (freilich unter Behandlung der Vor-GmbH als OHG); *Scholz/Winter* 6, *K. Schmidt* Stellung der OHG S. 304 Fn. 2, *Binz* aaO (Fn. 31) S. 196 f., *Büttner* aaO (Fn. 32a) S. 124 ff., *Fabricius* Festschrift Kastner S. 108; offenlassend BAG NJW **1963** 680, 681 und *Rittner* S. 361; **aA** *Flume* aaO (Fn. 83) S. 162.

wird entsprechend § 213 KO heute einhellig bejaht[93]. Auch die **Vergleichsfähigkeit** ist analog § 108 VerglO inzwischen anerkannt[94].

2. Rechtsgeschäfte der Vorgesellschaft

Schrifttum

Vgl. Nachw. vor Rdn. 28. Ferner: *Flume* Zur Enträtselung der Vorgesellschaft, NJW **1981** 1753; *M. Scholz* Die Haftung im Gründungsstadium der GmbH (1979); *Theobald* Vor-GmbH und Gründerhaftung (1984). *Wünsch* Die Haftung der Gründer einer GmbH, GesRZ **1984** 1.

49 **a) Überblick.** Die Frage, ob und unter welchen Voraussetzungen die Vorgesellschaft, vertreten durch ihre Geschäftsführer, Rechte erwerben und Verbindlichkeiten eingehen kann, war **früher** heftig umstritten. Während die hM bei *Sachgründungen*, insbes. solchen unter Einbringung eines Unternehmens, eine großzügige Haltung einnahm und die Aufnahme der Geschäftstätigkeit schon vor Eintragung gestattete, wurde für *Bargründungen* mit Rücksicht auf das sog. **Vorbelastungsverbot** überwiegend an der Beschränkung der Tätigkeit der Vorgesellschaft auf die zur Eintragung im Handelsregister notwendigen Geschäfte festgehalten (vgl. näher Voraufl. 22 ff., 53 ff.). Dadurch sollte erreicht werden, daß die GmbH im Zeitpunkt der Eintragung mit unversehrtem Stammkapital, ohne Vorbelastungen aus der Gründungsphase, zur Entstehung kam. Soweit vor Eintragung für die (künftige) GmbH gehandelt worden war, sollte die Wirksamkeit von der Genehmigung der Rechtsgeschäfte namens der GmbH durch die Geschäftsführer *nach* erfolgter Eintragung abhängen.

50 Die **Lehre vom Vorbelastungsverbot** und von der Beschränkung der Vor-GmbH auf die „notwendigen" Geschäfte erwies sich nicht nur als wenig praktikabel, sondern wegen der üblichen Genehmigung der Rechtsgeschäfte aus dem Gründungsstadium durch die beteiligten Geschäftsführer auch als ungeeignet für die Zwecke der Kapitalsicherung[95]. Sie wurde daher **durch das Grundsatzurteil BGHZ 80, 129 = NJW 1981, 1373** unter grundsätzlicher Zustimmung der Literatur[96] **zu Recht aufgegeben**. Seither steht das rechtsgeschäftliche Handeln namens der Vorgesellschaft zwar nicht etwa im Belieben der Geschäftsführer. Die Gründer haben es jedoch in der Hand, durch einvernehmliche Erweiterung des Zwecks der Vorgesellschaft die Geschäftsführer zur vorzeitigen Geschäftsaufnahme zu ermächtigen und ihnen dadurch die entsprechende Vertretungsmacht für die Vorgesellschaft einzuräumen (Rdn. 28 f.). Bei Sachgründungen ist je nach dem Gegenstand der Sacheinlage (Unternehmen!) eine konkludente Erweiterung des Gesellschaftszwecks anzunehmen (Rdn. 30). Unberührt von dieser Erweiterung bleibt die in § 11 Abs. 2 angeordnete, gesetzliche Handelndenhaftung für rechtsgeschäftliche

---

[93] BayObLG NJW **1965** 2254, 2257, OLG Nürnberg AG **1967** 362, 363; *Scholz/Winter* 6, *Jaeger/Weber* KO[8] §§ 207, 208, 3b, *Mentzel/Kuhn/Uhlenbruck* KO[9] Vorb. § 207, D 4, *Flume* S. 162, *Heintzmann* BB **1979** 454; so für die Vor-AG auch *Barz* GroßkommAktG § 29, 8, *Kraft* Kölner KommAktG § 1, 33. Weit. Nachw. in Voraufl. 52

[94] *Bley/Mohrbutter* VerglO[3] § 108, 33b, *Scholz/Winter* 6, *Binz* S. 196; aaO (Fn. 31); **aA** noch LG Tübingen DRiZ **1950** 18.

[95] Vgl. die Zusammenfassung der Kritik an der überkommenen Lehre bei *Ulmer* Festschrift Ballerstedt S. 279, 287 ff. Eingehend zur Entwicklung der Rechtsprechung und zur Bedeutung der Neuorientierung durch BGHZ **80** 129 auch *Fleck* GmbH-Rdsch. **1983** 5 ff.

[96] Vgl. nur *Flume* NJW **1981** 1753 ff., *John* BB **1982** 505, 510 ff., *K. Schmidt* NJW **1981** 1345 ff., *Ulmer* ZGR **1981** 593 ff.

Verbindlichkeiten der Vorgesellschaft; sie greift — anders als § 179 BGB — nicht nur dann ein, wenn es an der Vertretungsmacht des Handelnden fehlt (Rdn. 96, 103).

Folge der in Rdn. 50 skizzierten **Fortentwicklung** des Rechts der Vorgesellschaft 51 ist einerseits eine **Vereinfachung**, andererseits aber auch eine **Verlagerung der Probleme**, die sich mit dem Handeln der Vorgesellschaft verbinden. Vereinfacht haben sich die Fragen, die die Wirksamkeit der vorzeitigen Geschäftsaufnahme der Vor-GmbH und das Schicksal der hieraus resultierenden Rechte und Pflichten bei Eintragung der Gesellschaft betreffen. Insoweit kommt es heute nur noch auf die Prüfung des Zwecks der Vorgesellschaft (Rdn. 28ff) und des daran ausgerichteten Umfangs der Vertretungsmacht der Gründer an (Rdn. 52). Unverändert geblieben ist die Frage, welche Anforderungen an das Handeln namens der Vor-Gesellschaft und dessen Erkennbarkeit für den Rechtsverkehr zu stellen sind (Rdn. 56). Zusätzliche Probleme stellen sich demgegenüber für die Gründerhaftung im Zusammenhang mit der Geschäftsaufnahme vor Eintragung. Insoweit geht es nicht nur um Grund und Höhe einer rechtsgeschäftlichen Außenhaftung der Gründer für Verbindlichkeiten der Vorgesellschaft (Rdn. 57 ff.), sondern auch um die Konkretisierung der an die Stelle des Vorbelastungsverbots getretenen, der Unversehrtheit des Stammkapitals im Entstehungszeitpunkt der Gesellschaft dienenden Differenz- (besser: Unterbilanz-)haftung der Gründer gegenüber der GmbH (Rdn. 81 ff.).

b) Vertretungsmacht der Geschäftsführer. Der Umfang der Vertretungsmacht 52 der Geschäftsführer als Organe der Vorgesellschaft richtet sich ebenso wie ihre Geschäftsführungsbefugnis (Rdn. 33) nach dem Gesellschaftszweck (Rdn. 28 ff.). Die Vorschrift des § 37 Abs. 2 ist auf die *entstandene* GmbH als Handelsgesellschaft zugeschnitten und gilt daher erst ab Eintragung[97]. *Abweichend* hiervon hält eine starke Tendenz in der neueren Literatur[98] die Regeln über die **unbeschränkte und unbeschränkbare Vertretungsmacht** der Geschäftsführer unabhängig vom Gesellschaftszweck schon auf das Gründungsstadium für anwendbar. Dem ist jedoch **nicht** zu folgen. Die Gegenansicht läßt außer Betracht, daß die Vorgesellschaft vom Gesetzgeber bewußt als *Durchgangsstadium* zur rechtsfähigen GmbH angelegt ist, während die Rechtsform der GmbH den Gesellschaftern grundsätzlich die Möglichkeit verschaffen soll, unter Beschränkung auf ihre Einlagepflicht am Rechtsverkehr teilzunehmen. Die unbeschränkte Vertretungsmacht der Geschäftsführer im Gründungsstadium hätte für die Gesellschafter aber erhebliche zusätzliche Haftungsfolgen (vgl. Rdn. 81 ff., 86), denen sie nicht ohne ihr Einverständnis mit der vorzeitigen Geschäftsaufnahme ausgesetzt sein sollten. Auch der Schutz von Gläubigern und Rechtsverkehr läßt die unbeschränkte Vertretungsmacht nicht als unverzichtbar oder vorrangig gegenüber den Gesellschafterinteressen erscheinen. Den Gläubigern bleibt in jedem Fall die Handelndenhaftung nach § 11 Abs. 2, daneben ggf. die Rechtsscheinhaftung einzelner Gründer (Rdn. 54). Sind die Gründer allerdings mit dem vorzeitigen Geschäftsbeginn einverstanden, so führt das zu einer *typisierten*, alle gewöhnlichen Geschäfte umfassenden Vertretungsmacht der Geschäftsführer (Rdn. 53.).

Nach gesetzlicher Regel umfaßt die Vertretungsmacht die zur Entstehung 53 der GmbH notwendigen Rechtshandlungen, also namentlich die Entgegennahme der

[97] BGHZ **53** 210, 212 = NJW **1970** 806; **65** 378, 383 = NJW **1976** 419; **72** 49 = NJW **1978** 1691; **80** 129, 139 = NJW **1981** 1373; so auch *Fleck* GmbH-Rdsch. **1983** 8 f., *John* BB **1982** 512, *Rittner* S. 354 ff., 357 f., *K. Schmidt* NJW **1981** 1345, *Wünsch* GesRZ **1984** 2; wohl auch *Flume* NJW **1981** 1753 ff., 1756 und *Roth* 4.3.2. Gegenansichten vgl. in Fn. 98.

[98] So *Scholz/Winter* 7, *Rob. Fischer* 2c, *Binz* aaO (Fn. 31) S. 134 ff., 143, *Dregger* S. 82, *Raiser* KapGesR S. 183, *Reinhardt/Schultz* GesR Rdn. 829, *M. Scholz* aaO S. 29, *Theobald* aaO (Fn. 31) S. 24, 29 ff. (31).

Mindesteinlage, die Anmeldung der Gesellschaft, die Bezahlung der Steuern und Gebühren und den Verkehr mit dem Handelsregister (Rdn. 29). Die Gründer sind jedoch nicht gehindert, den Zweck der Vorgesellschaft und entsprechend auch die Vertretungsmacht der Geschäftsführer über diesen Bereich hinaus auszudehnen. Die **Erweiterung** kann ausdrücklich oder stillschweigend erfolgen (Rdn. 29 f.). Eine konkludente Ausdehnung ist namentlich dann zu vermuten, wenn es sich um eine *Sachgründung* handelt (Rdn. 30) oder die Geschäftsführer im Einvernehmen mit den Gründern alsbald nach ihrer Bestellung mit der Vorbereitung der werbenden Tätigkeit für die künftige GmbH beginnen. Soweit die Ermächtigung zur Vertretung der Vorgesellschaft sich nicht auf einzelne konkrete Geschäfte beschränkt, sondern den Geschäftsführern die werbende Tätigkeit schon vor Eintragung ermöglichen soll, steht das Ausmaß der sachlichen Ausdehnung mit Rücksicht auf den Gläubigerschutz allerdings nicht im freien Belieben der Gründer; das wäre unvereinbar mit der Sicherheit des Rechtsverkehrs. Die Gründer haben in derartigen Fällen vielmehr die Wahl zwischen der gesetzlichen und einer **typisierten satzungsmäßigen**, alle gewöhnlichen Rechtshandlungen der Geschäftsführer namens der Gesellschaft umfassenden **Vertretungsmacht**[99]. Die zur Erhaltung des Charakters der Vorgesellschaft als Durchgangsstadium auf dem Weg zur GmbH gebotenen zusätzlichen Beschränkungen sind nicht hier, sondern für die Bestimmung der Geschäftsführungsbefugnis der Organe der Vorgesellschaft zu beachten. Werden sie nicht eingehalten, so kann das zu Schadensersatzansprüchen gegen die Geschäftsführer führen; die Wirksamkeit der Rechtsgeschäfte wird hiervon jedoch nicht berührt. — Nicht von der Vertretungsmacht der Organe der Vorgesellschaft (und der GmbH) erfaßt werden diejenigen Rechtsgeschäfte, die wie Vereinbarungen, über Sacheinlagen oder -übernahmen, Sondervorteile oder Gründungsaufwand wirksam nur im Gesellschaftsvertrag getroffen werden können (§ 5, 19 ff. und 159 ff.).

54 Bewendet es bei der **gesetzlichen**, auf die notwendigen Geschäfte beschränkten **Vertretungsmacht der Organe**, so ist eine Verpflichtung der Vorgesellschaft aus sonstigen Rechtshandlungen der Geschäftsführer namens der Gesellschaft ausgeschlossen. Neben der Organhaftung nach § 11 Abs. 2 kommt hier nur eine **Rechtsscheinhaftung** derjenigen Gründer in Betracht, die trotz des beschränkten Gesellschaftszwecks mit der vorzeitigen Aufnahme der werbenden Tätigkeit einverstanden waren oder sie zumindest geduldet hatten. Soweit in diesem Fall nicht die Voraussetzungen einer unechten Vorgesellschaft vorliegen (Rdn. 17 f.), ist die **Haftung der Gründer freilich auch nach Rechtsscheingrundsätzen höhenmäßig begrenzt;** die Gläubiger sind nicht besser zu stellen als wenn die Vertretungsmacht der Geschäftsführer bestünde[100]. Maßgebend ist allerdings nicht die jeweilige Stammeinlage der aus Rechtsschein haftenden Gründer, sondern — als Äquivalent für den fehlenden Anspruch gegen die Vorgesellschaft und die übrigen Gründer — die Höhe des Stammkapitals.

55 Neben der Vertretungsmacht für die Vorgesellschaft steht den Geschäftsführern *keine* besondere **Vertretungsmacht für die künftige GmbH** zu; diese setzt die Eintragung der GmbH und die Organstellung der Geschäftsführer ihr gegenüber voraus. Vor diesem Zeitpunkt bedarf es einer Vertretungsmacht der Geschäftsführer mit Bezug auf die künftige GmbH auch deshalb nicht, weil die Rechte und Pflichten der Vorgesellschaft mit der Eintragung auf die GmbH übergehen (Rdn. 74). Selbst wenn die Geschäftsführer

---

[99] Kritisch zur typisierten Erweiterung der Vertretungsmacht, da sie dem Sicherheitsbedürfnis des Rechtsverkehrs nicht genüge, und stattdessen für unbeschränkte und unbeschränkbare Vertretungsmacht *Theobald* aaO S. 33 ff.

[100] BGHZ **61** 59, 64 f. = NJW **1973** 1691; *Canaris* Die Vertrauenshaftung im deutschen Privatrecht (1971) S. 167 ff.

ausnahmsweise ein Rechtsgeschäft nur namens der *künftigen* GmbH und unter der *aufschiebenden Bedingung*[101] ihres Entstehens abschließen wollen, handeln sie insoweit als Organ der *Vor*gesellschaft, wenn auch je nach deren Gesellschaftszweck mit bindender Wirkung für die GmbH nach deren Entstehung. Daher hat auch ein Wechsel in der Person der Geschäftsführer zwischen Vertragsschluß und Eintragung auf die Wirksamkeit des Rechtsgeschäfts keinen Einfluß. Ein *Widerruf* des Vertragspartners entsprechend § 178 BGB ist ausgeschlossen (BGH NJW **1973** 798).

c) Handeln im Namen der Gesellschaft. Die Geschäftsführer sind das Vertretungsorgan der *Vorgesellschaft* (Rdn. 33). Ihr Handeln bezieht sich daher grundsätzlich auf diese, sofern sie erkennen lassen, daß sie nicht im eigenen Namen auftreten, sondern für die Gesellschaft (§ 164 Abs. 2 BGB). Nicht entscheidend ist für die Zurechnung des Vertretungshandelns gegenüber der Vorgesellschaft, daß deren Rechtsform als noch nicht entstandene GmbH offengelegt wird, etwa durch den — zur Vermeidung einer Irreführung des Verkehrs gebotenen (Rdn. 46) — Zusatz „in Gründung". Auch wenn die Geschäftsführer den mit der Firma der künftigen GmbH meist übereinstimmenden Namen der Vorgesellschaft (Rdn. 46) ohne einen solchen Zusatz verwenden und beim Geschäftspartner dadurch die unzutreffende Vorstellung hervorrufen, die GmbH sei schon entstanden, ändert das am Handeln für die *Vor*gesellschaft nichts[102]. Diese wird verpflichtet, sofern die Geschäftsführer im Rahmen ihrer Vertretungsmacht tätig geworden sind (Rdn. 52 f.). Eine abweichende, zur aufschiebend bedingten Verpflichtung erst der *künftigen* GmbH (Rdn. 55) führende Vereinbarung müßte besonders getroffen sein. Sie ergibt sich nicht schon aus der Verwendung der GmbH-Firma und sie entspricht regelmäßig auch nicht dem Interesse des Geschäftspartners; sie ist daher nicht zu vermuten (BGHZ **72** 45, 48 = NJW **1978** 1978). Wollte der andere Teil nicht mit der Vorgesellschaft, sondern nur mit der eingetragenen GmbH kontrahieren und irrte er sich über die Rechtsform des Vertragspartners, so kann er den Vertrag nach § 119 Abs. 2 BGB anfechten[103]. — Zur entsprechenden Beurteilung des Handelns im Namen der Gesellschaft bei der Handelndenhaftung nach § 11 Abs. 2 vgl. Rdn. 101. 56

3. Gründerhaftung

Schrifttum

Vgl. Nachw. vor Rdn. 28 und 49. Ferner: *Binz* Haftungsverhältnisse im Gründungsstadium der GmbH & Co KG (1976); *Brinkmann* Begrenzte Haftung der Einmann-GmbH in Gründung? GmbH-Rdsch. **1982** 269; *Fleck* Die neuere Rechtsprechung des BGH zur Vorgesellschaft und zur Haftung des Handelnden , ZGR **1975** 212; *Flume* Die werdende

101 *Scholz/Winter* 8, *Binz* aaO S. 245 f. m. Nachw.; **aA** OLG Hamm NJW **1974** 1472 und *Hachenburg/Schilling*[6] 4: Rechtsbedingung.

102 So zutr. die neuere hM, vgl. *Scholz/Winter* 8, *Roth* 3.2.3, *Flume* Festschrift Geßler S. 20 ff., 31, *Barz* GroßkommAktG § 41, 20, *Rittner* S. 366, *K. Schmidt* NJW **1973** 1595 f., *Wiedemann* JurA **1970** 455, 460, *Binz* aaO S. 243, 247 und jetzt auch BGHZ **72** 45, 47 = NJW **1978** 1978; **aA** die frühere Rspr., die jedenfalls für die Handelndenhaftung nach § 11 Abs. 2 darauf abstellte, ob die Geschäftsführer für die eingetragene GmbH, für die Vor-GmbH oder für beide zugleich aufgetreten waren (vgl. BGHZ **51** 30, 33 = NJW **1969** 509; **53** 210, 211 = NJW **1970** 806, BGH GmbH-Rdsch. **1974** 153, 154). Weit. Lit.-Nachw. zu diesem — inzwischen wohl überholten — Meinungsstreit vgl. in Voraufl. 56 und 75.

103 Für Wahlrecht des Vertragspartners entsprechend § 179 BGB aber *Roth* 3.2.3, 3.6 und 4.3.3. Dagegen spricht nicht nur die Sonderregelung des § 11 Abs. 2 (vgl. Rdn. 105), sondern auch das Handeln der Geschäftsführer mit Vertretungsmacht.

juristische Person, Festschrift Geßler (1971) S. 3; *ders.* Die Haftung der Vorgesellschaft bei der Gründung einer Kapitalgesellschaft, Festschrift v. Caemmerer (1978) S. 517; *ders.* Die Gründung der Einmann-GmbH nach der GmbH-Novelle, DB **1980** 1781; *Huber* Haftungsprobleme der GmbH & Co KG im Gründungsstadium, Festschrift Hefermehl (1976) S. 127; *ders.* Die Vorgesellschaft mbH — de lege ferenda betrachtet, Festschrift Rob. Fischer (1979) S. 263; *Hüffer* Das Gründungsrecht der GmbH, JuS **1983** 161; *Lieb* Abschied von der Handelndenhaftung, DB **1970** 961; *Ostheim* Probleme der Vorgesellschaft bei der GmbH, JBl. 100 **1978** 337; *Priester* Die Unversehrtheit des Stammkapitals bei Eintragung der GmbH — ein notwendiger Grundsatz? ZIP **1982** 1141; *W. H. Roth* Die Gründerhaftung im Recht der Vor-GmbH, ZGR **1984** 597; *K. Schmidt* Zur Stellung der OHG im System der Handelsgesellschaften (1972); *ders.* Der Funktionswandel der Handelndenhaftung im Recht der Vorgesellschaft, GmbH-Rdsch. **1973** 146; *Schultz* Rechtsfragen der Vor-GmbH im Licht der jüngsten höchstrichterlichen Rechtsprechung, JuS **1982** 732; *Wiedemann* Das Rätsel Vorgesellschaft, JurA **1970** 439.

57 **a) Fragestellung.** Die Existenz der Gesellschaft (als *werdende* juristische Person) schon vor Eintragung und die ihr nicht nur bei Sach-, sondern auch bei Bargründungen nach heute hM eröffnete Möglichkeit, bereits in der Gründungsphase am Rechtsverkehr teilzunehmen, Rechte zu erwerben und Verbindlichkeiten einzugehen, haben die **Frage nach der Haftung der Gründer mit ihrem Privatvermögen für Verbindlichkeiten der Vorgesellschaft** in den Mittelpunkt der Diskussionen über das Recht der Vor-GmbH rücken lassen. Die Lösung ist gesetzlich nicht vorgegeben. § 13 Abs. 2, der die persönliche Haftung der Gesellschafter für Verbindlichkeiten der (eingetragenen) Gesellschaft ausschließt, läßt sich nicht ohne weiteres im Wege eines Umkehrschlusses als Anspruchsgrundlage gegenüber den Gesellschaftern im Gründungsstadium verstehen[104]. Auch der Rückgriff auf die Haftungsverhältnisse in der BGB-Gesellschaft, der OHG oder dem nichtrechtsfähigen Verein führt angesichts der Eigenständigkeit der Vor-GmbH (Rdn. 8) nicht unmittelbar weiter. Die tragenden Grundsätze für das Ob und Wie einer Gründerhaftung zu entwickeln, ist vielmehr Sache von Rechtsprechung und Wissenschaft im Rahmen ihrer Funktion, die Regelungsprobleme in der Vor-GmbH zu klären (Rdn. 1).

58 **Maßgebliche Daten für die Lösung** des Regelungsproblems sind einerseits das Fehlen der Registerkontrolle hinsichtlich der Kapitalausstattung im Gründungsstadium der Gesellschaft sowie die eingeschränkte Geltung der Kapitalsicherungsvorschriften (Rdn. 9). Sie legen es nahe, den Gesellschaftsgläubigern eine zusätzliche, über die Haftung des Gesellschaftsvermögens hinausgehende Sicherung zu verschaffen, um ihre Stellung derjenigen der Gläubiger der eingetragenen GmbH anzugleichen. Andererseits verdient aber auch das in der Wahl der Rechtsform der GmbH dokumentierte Interesse der Gründer Berücksichtigung, ihre Haftung grundsätzlich auf den Betrag der Stammeinlage zu begrenzen; es wird nach außen, beim rechtsgeschäftlichen Handeln der Vor-GmbH, regelmäßig durch einen Rechtsform-Zusatz im Namen oder in der Firma der Vor-GmbH verlautbart (Rdn. 56). Bei der Lösung zu berücksichtigen sind weiter die gesetzliche Handelndenhaftung nach § 11 Abs. 2 für rechtsgeschäftliche Verbindlichkeiten der Vor-GmbH sowie die mit Eintragung der Gesellschaft zur Entstehung kommende, anteilige Unterbilanzhaftung der Gesellschafter, durch die die Unterdeckung des Stammkapitals

---

104 So aber *Roth* 4.4; im Erg. auch *Flume* Die jurist. Person S. 165 und *Theobald* Vor-GmbH und Gründerhaftung (1984) S. 82, die meinen, die Gegner der unbeschränkten Gründerhaftung müßten die „Ausnahme des Haftungsausschlusses" darlegen. Zu Recht krit. dazu schon *Rittner* S. 364 f. — Für entsprechende Anwendung von § 13 Abs. 2 im Gründungsstadium aber *Scholz/Winter* 10 sowie die weiteren in Fn. 109 genannten Autoren.

infolge von Anlaufverlusten aus dem Gründungsstadium ausgeglichen wird (Rdn. 81 ff.). Eine systemkonforme Lösung der Fragen der Gründerhaftung muß sich in diesen vorgegebenen Rahmen einpassen, dabei aber auch bemüht sein, das ohnehin nicht leicht durchschaubare Haftungsrecht der Vor-GmbH nicht zusätzlich zu komplizieren.

b) Meinungsstand. Die **Rechtsprechung des BGH** hat sich in neuerer Zeit mehrfach mit der Frage der Gründerhaftung für wirksam begründete Verbindlichkeiten der Vor-GmbH befaßt. Die Notwendigkeit hierfür ergab sich nicht zuletzt aus der zutr. Reduzierung der Handelndenhaftung des § 11 Abs. 2 auf die Geschäftsführer als Mitglieder des gesetzlichen Vertretungsorgans der Vor-GmbH unter Einschluß der faktisch als Geschäftsführer tätigen Personen (Rdn. 98 f.); sie schloß eine auf das Einverständnis mit der vorzeitigen Geschäftsaufnahme gestützte Haftung derjenigen Gründer, die nicht selbst als Geschäftsführer tätig waren, nach § 11 Abs. 2 aus[105]. Der BGH sprach sich wiederholt für eine **Außenhaftung der Gründer** mit ihrem Privatvermögen aus, soweit sie sich ausdrücklich oder konkludent mit der vorzeitigen Geschäftsaufnahme einverstanden erklärt hatten, **beschränkte diese jedoch auf den Betrag der noch nicht geleisteten Einlage**[106]. In BGHZ **80** 129, 144 = NJW **1981** 1373 hat der BGH zwar Zweifel an der Beibehaltung dieser Rechtsprechung angedeutet; in späteren Urteilen zu den Haftungsverhältnissen vor Eintragung der GmbH werden diese Zweifel jedoch nicht mehr erwähnt[107]. Bei Eintragung der Gesellschaft soll die Außenhaftung der Gründer entfallen und durch die dann einsetzende Unterbilanzhaftung gegenüber der GmbH ersetzt werden[108]. **59**

Im **Schrifttum** finden sich zur Gründerhaftung in der Vor-GmbH **drei Ansichten.** **60**
Die eine **verneint** eine Außenhaftung der Gründer außerhalb des § 11 Abs. 2 und des Sonderfalls der unechten Vorgesellschaft (Rdn. 17 f.) schlechthin; sie verweist die Gesellschaftsgläubiger auf das Vermögen der Vor-GmbH einschließlich der noch offenen Einlageansprüche gegen die Gründer[109]. Nach der zweiten Ansicht, die sich im wesentlichen mit der BGH-Rechtsprechung deckt, sollen die Gründer für Verbindlichkeiten der Vor-GmbH **beschränkt auf ihre noch nicht geleistete Einlage** haften[110]; das Haftungsmodell orientiert sich maßgeblich an der Kommanditistenhaftung (§§ 171 Abs. 1, 172 Abs. 4 HGB). Am weitesten geht die betont gläubigerfreundliche dritte Ansicht, die sich für eine **unbeschränkte Gründerhaftung** für die Zeit bis zur Eintragung der GmbH ausspricht[111]. Sie beruft sich vor allem auf die geringere Kapitalsicherung in der Vor-

---

105 St. Rspr. seit BGHZ **47** 25, 28 f. = NJW **1967** 828; zum weitergehenden Begriff der „Handelnden" in der früheren Rechtsprechung des BGH und namentlich des RG vgl. Nachw. in Voraufl. 70.

106 BGHZ **65** 378, 383 = NJW **1976** 419; **72** 45, 49 f. = NJW **1978** 1978, BGH WM **1980** 955, 956.

107 Vgl. BGHZ **80** 182, 186 = NJW **1981** 1452, BGH WM **1983** 86 und 230, 231, BGH BB **1983** 1433, BGH NJW **1984** 2164; dazu auch *Fleck* GmbH:Rdsch. **1983** 7 f.

108 BGHZ **80** 129, 144 = NJW **1981** 1373.

109 So *Scholz/Winter* 10, *Rob. Fischer* 2d, *Binz* Haftungsverhältnisse im Gründungsstadium der GmbH & Co KG (1976) S. 218 ff., 231 ff., *M. Scholz* S. 81 ff., *Schultz* JuS **1982** 738; ebenso, jedoch auflösend bedingt bei Nichteintragung der GmbH *Huber* Festschrift Rob. Fischer S. 281 ff., 288 und *Priester* ZIP **1982** 1141, 1151 f.

110 So schon *Feine* S. 205 f., ebenso *Fleck* ZGR **1975** 228 f. und GmbH-Rdsch. **1983** 7, *Hüffer* JuS **1983** 167 f., *Lieb* DB **1970** 967, *Reinhardt/Schultz* GesR Rdn. 824 f., *Rittner* S. 364 f., *Ulmer* Festschrift Ballerstedt S. 296 ff. und ZGR **1981** 608 ff., *Wünsch* GesRZ **1984** 3.

111 So namentlich *Flume* Die juristische Person S. 164, *ders.* Festschrift v. Caemmerer S. 517 ff., DB **1980** 1782 f. und NJW **1981** 1954 ff. und *Theobald* aaO (Fn. 104) S. 75 ff. (94 ff., 121 ff.); ferner *John* BB **1982** 511 f., *Ostheim* JBl. **1978** 351, *Wiedemann* JurA **1970** 454 ff.; wohl auch *Dilcher* JuS **1966** 94, *Brinkmann* GmbH-Rdsch. **1982** 209 ff. und *Roth* 4.4.2;

GmbH, verglichen mit der Lage bei der eingetragenen Gesellschaft, sowie auf den Wertungswiderspruch, der zwischen einer auf die Einlage beschränkten Gründerhaftung und der grundsätzlich unbeschränkten Differenzhaftung der Gründer bestehe[112].

61 **c) Stellungnahme. α) Haftungsgrund.** Mangels gesetzlicher Regelung (Rdn. 57) hat sich die Entscheidung über die Anerkennung einer persönlichen Außenhaftung der Gründer für Verbindlichkeiten, die durch rechtsgeschäftliches, von der Vertretungsmacht (Rdn. 52 f.) gedecktes Handeln der Geschäftsführer oder auf sonstige Weise wirksam für die Vor-GmbH begründet worden sind, nach der **Abwägung der Interessen der Beteiligten auf dem Hintergrund der gesetzlich geregelten Haftungsstrukturen des Gesellschaftsrechts** zu richten[113]. Dabei scheidet eine auf rechtsgeschäftlicher Verpflichtung der Gründer persönlich beruhende, gesamtschuldnerische Außenhaftung nach §§ 421, 427 BGB aus[114]. Ihr steht entgegen, daß die Geschäftsführer nicht als Vertreter der Gründer, sondern als Organ der Vor-GmbH (Rdn. 33) am Geschäftsverkehr teilnehmen und eine Verpflichtung nur dieser Gesellschaft (bzw. nach Eintragung eine solche der GmbH) herbeiführen wollen. Die im Recht der BGB-Gesellschaft vorherrschende, zur persönlichen Haftung der Gesellschafter führende Theorie der Doppelverpflichtung[115] läßt sich auf die Vor-GmbH nicht übertragen[116]. Nicht zu überzeugen vermag aber auch die von Teilen des Schrifttums[117] vertretene Verneinung einer Außenhaftung der Gründer, solange die Gesellschaft noch nicht im Handelsregister eingetragen ist. Das folgt aus dem Vergleich der Kapitalsicherungsgrundsätze in Vor-GmbH und eingetragener GmbH. Die Vor-GmbH verfügt noch nicht über ein registergerichtlich überprüftes, der strikten Kapitalbindung der §§ 30, 31 unterliegendes Haftkapital; dieses Manko wird auch durch die in mehrfacher Hinsicht problematische Handelndenhaftung des § 11 Abs. 2 nicht voll ausgeglichen[118]. Zudem greifen die Differenzhaftung der Sacheinleger (§ 9 Abs. 1) und die auf Ausgleich eines Fehlbetrags aus dem Gründungsstadium gerichtete Unterbilanzhaftung der Gründer erst ab Eintragung ein (vgl. Rdn. 84 und § 9, 7). Schließlich sprechen auch die weniger verfestigte Struktur der Vor-GmbH als Gesamthand und die Möglichkeit, daß die Gründer von der Eintragung der GmbH Abstand nehmen und die Vor-GmbH liquidieren, für die **Notwendigkeit, im Gläubigerinteresse an der bisherigen Rechtsprechung des BGH zur Außenhaftung der Gründer festzuhalten.**

---

ebenso für den Fall *unternehmerischer* Tätigkeit der Vor-GmbH *K. Schmidt* Stellung der OHG S. 317 ff. (336, 345), sowie *ders.* GmbH-Rdsch. **1973** 150 ff., NJW **1976** 421 f., **1978** 1980 und **1981** 1347. Für *subsidiär*-unbeschränkte Gründerhaftung *W. H. Roth* ZGR **1984** 597 ff., 626 f.

[112] Vgl. namentlich *Flume, W. H. Roth* und *Theobald* (aaO Fn. 111).

[113] So im Ansatz zutr. auch *Binz* aaO (Fn. 109) S. 218 ff., *W. H. Roth* ZGR **1984** 609 ff. und *Theobald* aaO (Fn. 104) S. 82 ff.

[114] So aber *Flume* Festschrift Gessler S. 33 (abw. — für Akzessorietät — dann wohl Festschrift v. Caemmerer S. 528), *Kübler* GesR S. 315; wohl auch *Lieb* DB **1970** 967, *Wiedemann* JurA **1970** 457, *Riedel* NJW **1971** 355; ebenso der vom BGH für die beschränkte Gründerhaftung gewählte Ansatz (vgl. Nachw. in Fn. 106); Gegenansichten vgl. in Fn. 116 und 119.

[115] Vgl. dazu BGHZ **74** 240, 242 = NJW **1979** 1821, BGH NJW **1979** 2304; MünchKomm. — *Ulmer* § 714, 21 ff.

[116] So auch *Binz* S. 225, *Huber* Festschrift Hefermehl S. 151 und Festschrift Rob. Fischer S. 282, 286, *M. Scholz* S. 86, *Theobald* S. 75 ff., 80, *W. H. Roth* ZGR **1984** 608 f.

[117] Vgl. die Nachw. in Fn. 109 sowie die Andeutung eines möglichen Einschwenkens der Rechtsprechung auf diese Linie in BGHZ **80** 129, 144 = NJW **1981** 1373.

[118] So unter Hinweis auf die durch § 11 Abs. 2 nicht abgesicherten gesetzlichen Verbindlichkeiten zutr. *Theobald* S. 115 ff.

62 Als **Rechtsgrund der Außenhaftung** bietet es sich an, den aus dem Recht der Personenhandelsgesellschaften (OHG, KG) und der KGaA bekannten **Grundsatz akzessorischer Gesellschafterhaftung** für Verbindlichkeiten der Gesellschaft zu übernehmen[119]. Er erstreckt sich auf *sämtliche* vor Eintragung entstandenen Gesellschaftsverbindlichkeiten, nicht nur solche aus rechtsgeschäftlichem Handeln namens der (Vor-) GmbH, und erfaßt daher auch solche (Alt-)Verbindlichkeiten der Vor-GmbH, die auf der Einbringung eines Handelsgeschäfts oder ähnlichen zur Haftung der Vor-GmbH ohne eigene Geschäftsabschlüsse führenden Vorgängen beruhen[120]. Die Vorschrift des § 13 Abs. 2 steht nicht entgegen; sie findet bis zur Eintragung der Gesellschaft keine Anwendung (Rdn. 9).

63 **β) Höhenmäßige Beschränkung.** Hinsichtlich des Haftungsumfangs verdient die **Beschränkung auf die gezeichnete und noch nicht erbrachte Einlage** unter Einschluß der subsidiären Ausfallhaftung nach § 24 den Vorzug vor der in Teilen der Literatur geforderten unbeschränkten Haftung[121]. Den Befürwortern der unbeschränkten Haftung ist zwar einzuräumen, daß die Haftungsbeschränkung im Gründungsstadium sich nicht voll mit der weitergehenden Unterbilanzhaftung der Gründer bei Eintragung deckt und daß dieser Unterschied im Einzelfall zum Bestreben der Gründer führen kann, die Eintragung und damit die über die Stammeinlagepflicht hinausgehende Unterbilanzhaftung zu vermeiden[122]. Eine entsprechende Diskrepanz hinsichtlich der Haftungssituation in der Zeit vor und nach Eintragung tritt jedoch auch nach dem Konzept der unbeschränkten Haftung ein; sie fällt bei der gebotenen Abwägung sogar stärker ins Gewicht. So führt die unbeschränkte Haftung bis zur Eintragung zur *gesamtschuldnerischen* primären *Außenhaftung* der Gründer unabhängig von ihrer Beteiligungshöhe, während die durch die Eintragung ausgelöste Unterbilanzhaftung die Gründer nur *anteilig, gegenüber der GmbH,* zur Erstattung des Fehlbetrags aus der Gründungsphase verpflichtet. Den Gläubigern wird mit der zur Haftung aus § 11 Abs. 2 hinzutretenden, unbeschränkten Gründerhaftung eine wesentlich größere Zugriffsmöglichkeit eröffnet, als sie es angesichts der von ihnen vorausgesetzten Rechtsform der GmbH erwarten können. Entsprechend drastisch verschlechtert sich demgemäß ihre Gläubigerstellung bei Eintragung der GmbH, wenn diese den Wegfall nicht nur der Handelndenhaftung (Rdn. 109), sondern auch der Außenhaftung der Gründer zur Folge hat (Rdn. 66). Die an ihre Stelle tretende Unterbilanzhaftung gegenüber der GmbH schafft schon deshalb keinen vollen Ausgleich, weil sie nur auf dem Umweg über die Vollstreckung in das Gesellschaftsvermögen durchsetzbar ist und überdies dem konkurrierenden Zugriff der Neugläubiger aus der Zeit nach Eintragung der GmbH unterliegt.

64 Alles in allem führt der Vergleich zwischen den systematischen Nachteilen beschränkter und unbeschränkter Gründerhaftung somit zu dem Ergebnis, daß die **beschränkte Gründerhaftung** der im GmbH-Recht angelegten Haftungsverfassung besser entspricht als die unbeschränkte. Ihr gebührt daher für die Gründungsphase der **Vorzug**, ohne daß es dazu einer Anlehnung an die Haftungsstruktur des nichtrechtsfähigen Vereins bedarf

---

119 Dafür auch *Flume* Festschrift v. Caemmerer S. 528, *K. Schmidt* NJW **1976** 421 und NJW **1978** 1980, *Theobald* S. 80ff., *Wünsch* GesRZ **1984** 4; **aA** *Huber* Festschrift Rob. Fischer S. 282f., 286 sowie die Vertreter der Theorie von der Doppelverpflichtung (Fn. 114).

120 Vgl. näher *Theobald* aaO (Fn. 104) S. 139 und unten Rdn. 65.

121 So auch die ständ. Rspr. des BGH (Nachw. in Fn. 106) sowie die in Fn. 110 aufgeführten Autoren; Gegenansichten (für unbeschränkte Haftung) in Fn. 111.

122 Als „geradezu paradox" bezeichnet deshalb *Flume* NJW **1981** 1755 die These der beschränkten Gründerhaftung bei uneingeschränkter Differenzhaftung; so im Erg. auch *John* BB **1982** 512, *K. Schmidt* NJW **1981** 1347, *W. H. Roth* ZGR **1984** 622ff. und *Theobald* S. 127ff.

(so noch Voraufl. Rdn. 62; dazu krit. *Flume* Die jurist. Person S. 165). Diese schon in der Entstehungsgeschichte des GmbHG anklingende Wertung[123] wird durch einen **Vergleich mit** den für die **unechte Vorgesellschaft** anerkannten Haftungsgrundsätzen (Rdn. 17 f.) bestätigt. Wenn die unbeschränkte Gesellschafterhaftung dort mit der fehlenden oder weggefallenen Eintragungsabsicht der Gründer und dem in diesem Fall eingreifenden OHG-Recht begründet wird, so liegt darin zugleich die Bestätigung, daß eine derart weitgehende Haftungssanktion für den Regelfall der *echten* Vorgesellschaft nicht geboten ist, diese vielmehr den Haftungsrahmen der werdenden GmbH sprengt. Es ist daher weder zufällig noch mit angeblichen Abgrenzungsschwierigkeiten[124] zu erklären, daß besonders engagierte Vertreter der unbeschränkten Gründerhaftung sich gegen eine Sonderbehandlung der unechten Vor-GmbH wenden[125]. Schließlich nötigt auch die in § 11 Abs. 2 vorgesehene **unbeschränkte Haftung der handelnden Geschäftsführer** nicht zu einer Erweiterung der *Außen*haftung der Gründer. Richtig ist zwar, daß es unbillig wäre, wenn die Geschäftsführer beim Scheitern der GmbH-Gründung uneingeschränkt für die auf Veranlassung der Gründer eingegangenen Verbindlichkeiten der Vor-GmbH aufkommen müßten, ihren Ersatzanspruch nach §§ 675, 670 BGB gegen die Vor-GmbH aber nur beschränkt gegenüber den Gründern durchsetzen könnten[126]. Diese Rechtsfolge ergibt sich jedoch nicht zwangsläufig aus der beschränkten Außenhaftung der Gründer; vielmehr steht in derartigen Fällen den Geschäftsführern nicht selten ein vertraglicher Aufwendungsersatzanspruch gegen die Gründer persönlich zu (Rdn. 114).

65 **d) Folgeprobleme der Anerkennung beschränkter Gründerhaftung. α) Sachlicher und zeitlicher Umfang.** In **sachlicher** Hinsicht erstreckt sich die beschränkte Gründerhaftung, ähnlich wie diejenige der Kommanditisten nach §§ 171 Abs. 1, 172 Abs. 4 HGB, auf **sämtliche Verbindlichkeiten der Vor-GmbH,** unabhängig von ihrem Rechtsgrund und ihrem Entstehungszeitpunkt. Das folgt aus ihrer akzessorischen Natur (Rdn. 62). Die Gründer haften daher — anders als die Geschäftsführer nach § 11 Abs. 2 (Rdn. 100) — auch für solche Verbindlichkeiten der Vor-GmbH, die auf der Fortführung eines als Sacheinlage eingebrachten Handelsgeschäfts (§ 25 Abs. 1 HGB), auf einer Vermögensübernahme (§ 419 BGB) oder auf sonstigen gesetzlichen Haftungsgründen beruhen[127].

66 **Zeitlich** beschränkt sich die persönliche Gründerhaftung, ebenso wie die Handelndenhaftung aus § 11 Abs. 2 (Rdn. 97), auf die **Gründungsphase**; sie erlischt mit

---

[123] Vgl. Begr. zum Entwurf eines GmbHG, Stenograph. Berichte über die Verhandl. des Dt. Reichstages, 8. Legislaturperiode, I. Session 1890/92, Nr. 660 S. 3715 ff., 3736, wo die *un*beschränkte Gesellschafterhaftung im Gründungsstadium nach dem Muster der Kommanditistenhaftung vor Eintragung (Art. 163 ADHGB = § 176 HGB) als für die GmbH zu weitgehend ausdrücklich abgelehnt worden war. Ein Argument für den *generellen* Ausschluß jeder Gründerhaftung läßt sich hieraus entgegen *Scholz/Winter* 10 freilich *nicht* ableiten.

[124] Hierauf stellen *Flume* Festschrift v. Caemmerer S. 518 f. und *Theobald* S. 50 f. ab.

[125] So *Flume* aaO (Fn. 124) und *Theobald* S. 133 ff. Vgl. aber auch *Flume* Die jurist. Person S. 154, wo die Einordnung der Vor-GmbH als OHG wegen ihrer Natur als „Vorstadium der mit der Eintragung entstehenden juristischen Person" abgelehnt wird — ein Argument, das bei der unechten Vor-GmbH gerade nicht zutrifft (vgl. oben Rdn. 17 f.).

[126] Das heben etwa *Flume* NJW **1981** 1755 ff., *John* BB **1982** 512 und *Theobald* aaO (Fn. 104) S. 131 hervor.

[127] So auch *Theobald* S. 138 f., *Wünsch* GesRZ **1984** 4; für unbeschränkte Gründerhaftung im Rahmen von § 25 Abs. 1 HGB OLG Saarbrücken JZ **1952** 35 m. krit. Anm. *Weipert*; **aA** (Haftung nur der Vor-GmbH) RGZ **143** 368, 372 f.; im Grundsatz auch *K. Schmidt* Stellung der OHG S. 339 f., 343 und *Binz* aaO (Fn. 109) S. 229.

Eintragung der GmbH. Dieser vom BGH[128] entwickelten Einschränkung ist zu folgen[129]. Sie ist für die Gesellschaftsgläubiger zumutbar, da diese durch Eintragung der GmbH den erwarteten Schuldner erlangen und mittelbar zudem durch die dann entstehenden, der Pfändung durch die GmbH-Gläubiger unterliegenden (Rdn. 81) Ansprüche der GmbH aus der Unterbilanzhaftung der Gründer gegenüber der GmbH gesichert sind. Vor allem aber spricht für die zeitliche Einschränkung, daß dadurch der andernfalls unausweichliche Konflikt zwischen den Kapitalsicherungsvorschriften des GmbHG und dem Rückgriffsanspruch der auf Zahlung in Anspruch genommenen Gründer (Rdn. 67) für die Zeit nach Eintragung der Gesellschaft vermieden wird. — Scheidet ein Gründer vor Eintragung aus der Vorgesellschaft aus, so bleibt seine Außenhaftung für die bis dahin begründeten Verbindlichkeiten der Gesellschaft unberührt; sie erlischt auch nicht durch Eintragung der GmbH (BGH WM **1983** 230).

β) Interner Ausgleich. Gründer, die vor Eintragung von Gesellschaftsgläubigern **67**
auf Zahlung in Anspruch genommen werden und die Gläubiger im Rahmen der beschränkten Gründerhaftung befriedigen, können sich gegenüber dem über die Mindesteinzahlung hinausgehenden, grundsätzlich fortbestehenden Einlageanspruch der Gesellschaft auf ihren **Aufwendungsersatzanspruch analog § 110 HGB** gegen die GmbH berufen[130]. Das Aufrechnungsverbot des § 19 Abs. 2 erfährt insoweit eine Einschränkung[131]. Einen Ausgleich von den Mitgesellschaftern nach § 426 Abs. 1 S. 1 BGB können sie nur verlangen, wenn die Eintragung scheitert und die Vor-GmbH liquidiert wird. Die Haftung der Mitgründer beschränkt sich auf die von ihnen gezeichneten und noch nicht erbrachten Einlagen; in diesem Rahmen richtet sich der Ausgleich nach dem Kapitalverhältnis der Gründer[132]. Zur Erbringung weitergehender Leistungen sind sie auch im Rahmen der Liquidation nicht verpflichtet[133].

e) Haftung des Einmanngründers. Der Grundsatz akzessorischer Gründerhaf- **68**
tung für Verbindlichkeiten der Vor-GmbH (Rdn. 62) gilt entsprechend für den Fall der Einmann-Gründerorganisation. Sieht man in ihr kein selbständiges Rechtssubjekt, sondern ein Sondervermögen des Gründers (Rdn. 16), so liegt die Bedeutung der *persönlichen* Gründerhaftung darin, den „Gesellschafts"-Gläubigern über das Sondervermögen hinaus den Zugriff auch auf das Privatvermögen des Gründers zu öffnen. Fraglich ist allerdings, ob es auch in diesem Fall grundsätzlich bei der beschränkten Gründerhaftung bewendet[134] oder ob den Besonderheiten der Einmanngründung, darunter insbesondere der geringeren

---

128 BGHZ **80** 129, 144 = NJW **1981** 1373; **aA** für Verbindlichkeiten aus der *Vorgründungsphase* BGH NJW **1983** 2822 (vgl. dazu oben Rdn. 23). Für Forthaftung der Gründer im Falle eines vor Eintragung ergangenen Anerkenntnisurteils, gegen das sie nach Eintragung nicht sofort vorgegangen sind, LAG Hannover ZIP **1983** 63.

129 So auch schon *Flume* Festschrift v. Caemmerer S. 528 f., *Ostheim* JBl. **1978** 352, *K. Schmidt* Stellung der OHG S. 346 ff. und NJW **1978** 1980, *Wiedemann* JurA **1970** 456 f. Ebenso jetzt *Fleck* GmbH-Rdsch.**1983** 13, und *Theobald* S. 140 f.; **aA** noch Voraufl. 64 und *Schultz* JuS **1982** 738 f.

130 So auch *K. Schmidt* Stellung der OHG S. 356 f. und GmbH-Rdsch. **1973** 152; **aA** *Theobald* S. 142 f.

131 Vgl. Rdn. 9; **aA** anscheinend BGH WM **1980** 955, 956, wonach der Gründer durch Befriedigung von Gläubigern der Vor-GmbH von seiner Einlagepflicht zwar gegenüber der Vor-GmbH, aber nicht gegenüber der eingetragenen GmbH frei wird (die Verweisung des BGH aaO auf BGHZ **65** 378, 383 f. = NJW **1976** 419 stützt diese These nicht).

132 Für Ausgleich entsprechend der Kapitalbeteiligung auch *K. Schmidt* Stellung der OHG, S. 357 und *Theobald* S. 136, 143.

133 Vgl. BGHZ **86** 122, 125 = NJW **1983** 876 unter Hinweis auf das Nichteingreifen von § 735 BGB.

134 So *Fleck* GmbH-Rdsch. **1983** 17.

Verselbständigung des Sondervermögens gegenüber dem Einmann und der fehlenden Kontrolle und Einbindung des Einmann durch die übrigen Gesellschafter, durch unbeschränkte Gründerhaftung Rechnung zu tragen ist[135]. Geht man entsprechend der Entstehungsgeschichte von der grundsätzlichen Gleichstellung der Einmann- mit der Mehrpersonen-Gründung aus, so kann auch dem Einmanngründer die Berufung auf die **beschränkte** Gründerhaftung nicht ohne weiteres versagt werden. Allerdings entfällt die Möglichkeit der Haftungsbeschränkung hier meist schneller als bei der Mehrpersonen-Gründung. Die unbeschränkte Haftung des Einmann tritt nicht nur dann ein, wenn er die Geschäftsführerstellung übernimmt und dadurch der Haftung aus § 11 Abs. 2 unterliegt, sondern auch bei seinem sonstigen Auftreten nach außen, sei es als faktischer Geschäftsführer der Vor-GmbH oder aber ohne klar erkennbares Handeln für diese (§ 164 Abs. 2 BGB). Schließlich ist auch der Umschlag von der echten zur unechten Vor-GmbH, d. h. die Behandlung der Gründerorganisation als gewöhnlicher Geschäftsbetrieb des Gründers, bei der Einmanngründung eher zu bejahen als bei der Mehrpersonen-Gründung[136]. Denn anders als bei dieser (Rdn. 18) reicht hier regelmäßig schon die vom Gründer veranlaßte *objektive* Verschleppung der Eintragung aus, um daraus auf die Aufgabe oder Zurückstellung der Eintragungsabsicht des Gründers zu schließen und die Gründerorganisation nicht mehr dem Recht der Vor-GmbH zu unterstellen, sondern nach allgemeinen zivilrechtlichen Grundsätzen dem Gründer persönlich zuzurechnen.

4. Deliktische Haftung der Vor-GmbH (§ 31 BGB)

69 Als teilrechtsfähige Personenvereinigung mit handlungsfähigen Organen (Rdn. 33 ff.) und eigenem Gesellschaftsvermögen haftet die Vor-GmbH für Schäden, die ihre Geschäftsführer oder sonstigen Organmitglieder im Rahmen ihrer Organfunktionen Dritten durch eine zum Schadensersatz verpflichtende Handlung zugefügt haben. Das folgt aus der **entsprechenden Anwendung von § 31 BGB.** Die Vorschrift gilt nicht nur für Personen- und Kapitalgesellschaften mit eigener Organisation[137], sondern auch für werdende juristische Personen nach Art der Vor-GmbH, die sich über das reine Innenverhältnis hinaus durch ihre Organe am Rechtsverkehr beteiligen und dadurch die Gefahr einer Schädigung Dritter begründen[138]. Soweit danach eine Schadensersatzpflicht der Vor-GmbH begründet wird, haften hierfür auch die Gründer persönlich, wenn auch unter Beschränkung auf die noch ausstehende Einlage. Das folgt aus der akzessorischen Natur der beschränkten Gründerhaftung (Rdn. 62).

V. Die Rechte und Pflichten der GmbH im Zeitpunkt der Eintragung

1. Überblick

70 **a) Der frühere Meinungsstand.** Die Rechtsverhältnisse der durch Eintragung entstandenen GmbH und ihre Beziehung zur Vor-GmbH waren früher lebhaft umstritten (vgl. Voraufl. 22 ff., 89 ff.). Das galt namentlich für die Frage, inwieweit die Aktiven

---

[135] Auf diese Umstände stellt *Brinkmann* GmbH-Rdsch. **1982** 271 ab. Für unbeschränkte Haftung namentlich des Einmanngründers auch *Flume* DB **1980** 1782 und NJW **1981** 1756.

[136] So auch *Fleck* GmbH-Rdsch. **1983** 17.

[137] Für OHG, KG, AG und GmbH einhM, vgl. RGZ **76** 35, 38, BGH NJW **1952** 537, 538 und BGH WM **1974** 153 (OHG und KG), RGZ **91** 72, 75 und **163** 21, 29 f. (GmbH); dazu MünchKomm. — *Reuter* § 31, 5, 8 ff. und *Soergel/Schultze-v. Lasaulx* BGB[11] § 31, 8 und 11. Zur Anwendbarkeit von § 31 auch auf die BGB-Gesellschaft, soweit sie eine der OHG oder KG vergleichbare Struktur aufweist, vgl. MünchKomm. — *Ulmer* § 705, 189 ff., 191 m. Nachw. zum Meinungsstand.

und Passiven der Vor-GmbH durch Eintragung der GmbH auf diese als juristische Person übergingen. Nach überwM war ein solcher Übergang *nur* für die **Rechte und Pflichten aus den „notwendigen" Geschäften** zu bejahen; im übrigen sollte es einer Genehmigung der Geschäftsführer der eingetragenen GmbH nach § 177 BGB bedürfen, um die GmbH aus solchen in ihrem Namen eingegangenen Geschäften zu berechtigen und zu verpflichten (vgl. Nachw. in Voraufl. 89). Nach der neueren Gegenansicht sollte die GmbH mit der Eintragung in *alle* Rechte und Verbindlichkeiten der Vor-GmbH eintreten, unabhängig von deren Art und Gegenstand (Voraufl. 90). Eine dritte, nur vereinzelt vertretene Ansicht *lehnte* einen automatischen Übergang der Rechte und Pflichten der Vorgesellschaft auf die GmbH *generell ab* und verlangte in *jedem* Fall eine Genehmigung nach § 177 BGB, soweit es sich nicht um statuarisch geregelte Rechtsverhältnisse (Rdn. 79) handelte (Voraufl. 90). Den Hintergrund der Auseinandersetzung bildete das Dogma des Vorbelastungsverbots (vgl. Rdn. 49); ihm sollte nach hM dadurch Rechnung getragen werden, daß die neu entstandene GmbH nur durch solche Verbindlichkeiten aus der Zeit vor Eintragung belastet wurde, die auf sog. notwendigen Geschäften der Vor-GmbH beruhten[139].

Die Unsicherheit in der Beurteilung der Rechtsverhältnisse der neu entstandenen GmbH zeigte sich auch, soweit es um das **Verhältnis zwischen Vor-GmbH und GmbH** ging. Vorherrschend war die sog. **Identitätstheorie**, wonach Vor-GmbH und GmbH eine identische, durch Eintragung zur juristischen Person fortentwickelte Gesellschaft bilden[140]. Daneben war vereinzelt von „Kontinuität" zwischen Vor-GmbH und GmbH die Rede[141], ohne daß eine klare rechtliche Einordnung dieses in erster Linie deskriptiven Begriffs erreicht wurde. In neuerer Zeit gewann demgegenüber die Ansicht an Boden, zwischen Vor-GmbH und GmbH komme es im Eintragungszeitpunkt zu einer der Umwandlung nach §§ 40 ff. UmwG vergleichbaren **Gesamtrechtsnachfolge** mit der Folge, daß die Vor-GmbH mit der Eintragung untergehe und die GmbH unter automatischem Übergang aller Aktiven und Passiven voll an ihre Stelle trete[142]. **71**

b) Die Rechtsfortbildung durch BGHZ 80, 129. Durch das Grundsatzurteil BGHZ **80** 129 = NJW **1981** 1373 vom 9. März 1981 sind die bisherigen Auseinandersetzungen über die Rechtsverhältnisse bei Eintragung der GmbH überholt. Der BGH hat unter Übernahme entsprechender Vorschläge aus der neueren Literatur[143] das **72**

---

138 HM, vgl. *Scholz/Winter* 11, *Rob. Fischer* 2d, *Flume* Festschrift Geßler S. 42, *Dregger* S. 82 f., *Büttner* aaO (Fn. 32a) S. 122 f., *Rittner* S. 362; einschr. *John* Die organis. Rechtsperson S. 323, 326 (nur beim Betrieb eines Handelsgewerbes durch die Vor-GmbH); **aA** noch *Baumbach/Hueck* 3B; im Aktienrecht auch *Barz* GroßkommAktG § 29, 10 und *Würdinger* AktienR⁴ § 21 II 1 e, S. 102. In RGZ **151** 86, 90 f. ist die Anwendbarkeit von § 31 BGB auf die Vor-GmbH offengeblieben, der Übergang der etwaigen Haftung auf die GmbH bei Eintragung aber verneint worden.

139 Vgl. zum Für und Wider des Vorbelastungsverbots näher *Ulmer* Festschrift Ballerstedt S. 279 ff. m. Nachw. zum Diskussionsstand.

140 Dafür eingehend namentlich *Dregger* S. 50 ff., 63 ff.; so auch *Feine* S. 201 ff., *Scholz* GmbH-Rdsch. **1956** 4, *Dilcher* JuS **1966** 92 ff.; im Grundsatz auch die st. Rspr. des Reichsgerichts (vgl. RGZ **82** 288, 290, **154** 276, 286; weit. Nachw. in Voraufl. 25). Krit. zur Identitätstheorie vor allem *Schultze-v. Lasaulx* Festschrift Olivecrona S. 586 ff.

141 So *Büttner* aaO S. 130 ff.; tendenziell auch *Flume* Festschrift Geßler S. 25 f. und *Rittner* S. 325 f. Kritisch zur „Kontinuität" unter Hinweis auf die weitgehende Übereinstimmung mit der Theorie von der Identität zwischen Vor-GmbH und GmbH *Reinhardt/Schultz* GesR Rdn. 830.

142 *Scholz/Winter* 36, *Wiedemann* JurA **1970** 443 f., 450, *Ulmer* Festschrift Ballerstedt S. 300, *Binz* aaO (Fn. 109) S. 74 Fn. 193; so jetzt auch BGHZ **80** 129 (138, 140) = NJW **1981** 1373, BGH NJW **1982** 932; **aA** *Flume* Die jur. Person S. 167.

143 Vgl. *Ulmer* Voraufl. Rdn. 27 ff., 91 und Festschrift Ballerstedt S. 290 ff., 299 f.; zustimm. *Binz* aaO S. 87 ff., 124 ff., und *M. Scholz* aaO

Vorbelastungsverbot aufgegeben und es durch die sog. **Differenz- (besser: Unterbilanz-)Haftung** der mit dem vorzeitigen Geschäftsbeginn einverstandenen Gründer gegenüber der GmbH **ersetzt**, deren Höhe durch die Differenz zwischen Stammkapital und bei Eintragung noch vorhandenem Reinvermögen der GmbH bestimmt wird (vgl. näher Rdn. 81 ff., 86). Damit ist zugleich der Weg dafür frei, ohne Beeinträchtigung des Haftungsfonds der Gesellschaft den vollen **Übergang aller Aktiven und Passiven** der Vor-GmbH auf die neu entstandene GmbH im Zeitpunkt der Eintragung anzuerkennen. Die GmbH tritt mit Eintragung voll an die Stelle der bisherigen Vor-GmbH; der Gesellschaftsvertrag der Vor-GmbH wird zum Statut der GmbH.

2. Die Wirkungen der Eintragung

73 **a) Entstehung der GmbH.** Die Entstehung der GmbH als juristische Person im Zeitpunkt der Eintragung ist Kennzeichen des im deutschen Kapitalgesellschaftsrecht geltenden Systems der Normativbestimmungen[144]. Für die GmbH ist es in §§ 11 Abs. 1, 13 Abs. 1 gesetzlich verankert. Die GmbH entsteht nicht als völlig neue Gesellschaft, sondern entwickelt sich aus der Vor-GmbH als werdender juristischer Person. Dementsprechend werden die Organe und die Gesellschafter der Vor-GmbH durch die Eintragung zu solchen der GmbH, deren Rechtsverhältnisse bestimmen sich ebenso wie diejenigen der Vor-GmbH in erster Linie nach dem Gesellschaftsvertrag. **Die Vor-GmbH geht durch Umwandlung in der eingetragenen GmbH auf.** Im Ergebnis entspricht dieser Vorgang der Ansicht der Identitätstheorie (Rdn. 71). Gegen sie spricht jedoch, daß sie den Strukturunterschied zwischen Gesamthand und juristischer Person außer Acht läßt und in einer Art naturalistischer Betrachtung von den äußeren Gemeinsamkeiten beider Gesellschaften auf deren rechtliche Identität schließt. Sachlich ist damit im Vergleich zu der aus dem Umwandlungsrecht bekannten, für die Rechtsanwendung unproblematischen Figur der Gesamtrechtsnachfolge (Rdn. 74) nichts gewonnen.

74 **b) Gesamtrechtsnachfolge in Rechte und Verbindlichkeiten der Vor-GmbH.** Die Umwandlung der Vor-GmbH als Gesamthandsgemeinschaft in die GmbH als juristische Person (Rdn. 73) führt zum Übergang der Aktiven und Passiven von der Vor-GmbH auf die GmbH im Wege der Gesamtrechtsnachfolge, soweit diese Rechtsverhältnisse sich nicht aufgrund besonderer Vereinbarung auf die Vor-GmbH beschränken. Vom Übergang erfaßt werden einerseits die vor Eintragung bewirkten **Geld- und Sacheinlagen** einschließlich der damit etwa verbundenen Verbindlichkeiten; bei Grundstücken oder sonstigen Immobiliarrechten ist die auf den Namen der Vor-GmbH lautende Eintragung (§ 7, 44) zu berichtigen. Zum anderen gehen auf die GmbH aber auch alle **Rechte und Pflichten der Vor-GmbH aus Rechtsgeschäften** über, die die Geschäftsführer im Rahmen ihrer Vertretungsmacht (Rdn. 52 f.) mit Wirksamkeit für die Vor-GmbH abgeschlossen haben[145]. Der Grundsatz der Kapitalerhaltung steht wegen der Unterbilanzhaftung der Gründer (Rdn. 81 ff.) nicht entgegen. *Prozesse* gegen die Vor-GmbH wurden durch die Eintragung nicht unterbrochen, sondern gegen die GmbH als juristische Person fortgesetzt[146]; die Parteibezeichnung ist zu berichtigen. — Vom Übergang zwingend ausgeschlossen sind lediglich solche Vereinbarungen über Grün-

---

S. 108 ff., 124 ff. Kritisch zum Vorbelastungsverbot auch schon *Dregger* S. 50 ff., *Büttner* S. 153 f., *Lieb* DB **1970** 966 f., *Rittner* S. 365 f., *K. Schmidt* GmbH-Rdsch. **1973** 147 f., *Wiedemann* JurA **1970** 446 ff., *Scholz/Winter* 7, 36.

144 Vgl. dazu *Rittner* S. 91 ff., und *Wiedemann* GesR § 4 II 1 S. 207.

145 BGHZ **80** 129, 140 = NJW **1981** 1373; BGH NJW **1982** 932; *Scholz/Winter* 36, *Roth* 2.3.1, 2.3.2, *Flume* Die juristische Person S. 167.

146 Vgl. RGZ **85** 256, 259 (Verein).

dungsaufwand, Sondervorteile u. a., die wirksam nur im Gesellschaftsvertrag getroffen werden können (vgl. § 5, 159 ff.). Sind sie im Gesellschaftsvertrag enthalten, so binden sie die GmbH schon kraft statutarischer Festsetzung (Rdn. 79).

Einer **Genehmigung** der von den Geschäftsführern der Vor-GmbH abgeschlossenen Geschäfte **nach § 177 BGB** für die eingetragene GmbH bedarf es nur in denjenigen Fällen, in denen die Geschäftsführer außerhalb ihrer Vertretungsmacht (Rdn. 52 f.) gehandelt und die Vor-GmbH daher nicht wirksam berechtigt und verpflichtet haben[147]. Entsprechendes gilt bei Verträgen, die von den Geschäftsführern mit Wirkung nur für die eingetragene GmbH geschlossen wurden und erst mit Eintragung zur Entstehung kommen sollten, soweit sie außerhalb des satzungsmäßigen Zwecks der Vor-GmbH und der mit ihm korrespondierenden Vertretungsmacht der Geschäftsführer liegen (Rdn. 55). — Von der Gesamtrechtsnachfolge *nicht* erfaßt und nur durch rechtsgeschäftliche Übernahmevereinbarung für die GmbH verbindlich werden auch Rechte und Verbindlichkeiten einer vor oder neben der Vor-GmbH bestehenden *Vorgründungsgesellschaft*, wenn sie nicht zuvor auf die Vor-GmbH übergeleitet worden sind[148]. 75

c) Erlöschende Verbindlichkeiten. Die Entstehung der GmbH und der Übergang der Verbindlichkeiten der Vor-GmbH auf sie hat zur Folge, daß die den Gläubigern der Vor-GmbH daneben zustehenden Ansprüche gegen Geschäftsführer und Gründer der Vor-GmbH in Wegfall kommen. Hinsichtlich der **Handelndenhaftung** des § 11 Abs. 2 beruht das auf der beschränkten, durch Eintragung der Gesellschaft gegenstandslos werdenden Funktion dieser gesetzlichen Haftung (Rdn. 94). Sie erledigt sich mit der Entstehung der GmbH, da die Gläubiger damit den erwarteten Schuldner erlangen. Aber auch die persönliche, auf die ausstehenden Einlagen beschränkte **Gründerhaftung** für Verbindlichkeiten der Vor-GmbH (Rdn. 57 ff., 64) entfällt im Zeitpunkt der Eintragung (Rdn. 66); ihr Fortbestand wäre mit den Vorschriften des § 19 über die uneingeschränkte Kapitalaufbringung nur schwer zu vereinbaren[149]. Die mit dem Wegfall dieser Haftung verbundene Verschlechterung der Stellung der Gesellschaftsgläubiger wird zumindest teilweise durch die an die Stelle der Gründerhaftung tretende, freilich nur gegenüber der GmbH bestehende Unterbilanzhaftung ausgeglichen. 76

d) Durch die Eintragung neu entstehende Ansprüche der GmbH. Die Vorschriften über die Sicherung von Kapitalaufbringung und -erhaltung (§§ 9 ff., 19, 30 ff.) greifen uneingeschränkt erst mit Eintragung ein (Rdn. 9). Erst zu diesem Zeitpunkt gilt der auf die Entstehung der GmbH bezogene Grundsatz der **Unversehrtheit des Stammkapitals** (Rdn. 32). Dementsprechend wird die in § 9 Abs. 1 geregelte **Differenzhaftung des Sacheinlegers** wegen Überbewertung der Sacheinlage erst durch Eintragung der GmbH begründet (§ 9, 7); entsprechendes gilt für die **Schadensersatzansprüche** der Gesellschaft **gegen Gründer und Geschäftsführer** nach § 9a Abs. 1 und 2 (§ 9a, 8). Auch die **Unterbilanzhaftung der Gründer** (Rdn. 81 ff.) setzt voraus, daß die GmbH eingetragen wird und daß sie im Entstehungszeitpunkt wegen der im Einvernehmen der Gründer erfolgten vorzeitigen Geschäftsaufnahme einen auf Anlaufverlusten beruhenden Fehlbetrag aufweist (Rdn. 84, 86). Da eine mit Zwangsgeld durchsetzbare Pflicht zur Eintragung nicht besteht (§ 7, 5), können die Gründer diese Haftung vermeiden, indem sie die Geschäftsführer zur Rücknahme der Anmeldung veranlassen. Sie müssen dann 77

[147] **AA** die Vertreter der Ansicht, die die Vorschrift des § 37 Abs. 2 über die unbeschränkte Vertretungsmacht schon auf das Gründungsstadium anwenden wollen (vgl. Nachw. in Rdn. 52 Fn. 98).

[148] BGH NJW **1983** 2822; *K. Schmidt* GmbH-Rdsch. **1982** 9; vgl. auch Rdn. 23.

[149] Vgl. *Fleck* GmbH-Rdsch. **1983** 7 und *Ulmer* ZGR **1981** 613 f.; zur eingeschränkten Geltung von § 19 Abs. 2 *vor* Eintragung der GmbH vgl. Rdn. 67.

allerdings den Fortbestand der beschränkten Gründerhaftung in Kauf nehmen sowie mit Rückgriffsansprüchen der aus § 11 Abs. 2 forthaftenden Geschäftsführer rechnen (Rdn. 114). Veranlassen sie die Fortsetzung der werbenden Tätigkeit trotz Rücknahme der Anmeldung, so kommen sie nach den Grundsätzen über die unechte Vorgesellschaft (Rdn. 17 ff.) überdies in die unbeschränkte akzessorische Außenhaftung für Verbindlichkeiten der Gesellschaft nach § 128 HGB.

78 **e) Besonderheiten der Einmanngründung?** Die Vorschriften der §§ 11, 13 gelten uneingeschränkt auch für die Einmanngründung. Auch in diesem Fall kommt die GmbH als solche (als juristische Person) erst mit der Eintragung zur Entstehung mit der Maßgabe, daß das Sondervermögen der Einmann-Gründerorganisation (Rdn. 14), darunter namentlich die Einlagen und die nach § 7 Abs. 2 S. 3 bestellten Sicherungen, auf die GmbH übergehen. Das Erlöschen von Ansprüchen der Gesellschaftsgläubiger und die Neuentstehung von Forderungen der GmbH gegen Gründer und Geschäftsführer richten sich nach den in Rdn. 76, 77 dargelegten Grundsätzen. **Die rechtliche Qualifizierung der Gründerorganisation** als (teil-)rechtsfähige Einheit oder Sondervermögen des Gründers (Rdn. 15 f.) **ist für die Gesamtrechtsnachfolge der GmbH ohne Bedeutung.** Wie die Regelung der §§ 56a ff. UmwG über die übertragende Umwandlung des Unternehmens eines Einzelkaufmanns auf eine neu entstehende GmbH zeigt, ist eine Gesamtrechtsnachfolge der GmbH nicht nur in das Gesamthandsvermögen der Vor-GmbH möglich, sondern auch in ein zwar gegenständlich abgegrenztes, rechtlich aber dem Gründer persönlich zugeordnetes Sondervermögen nach Art des einzelkaufmännischen Unternehmens[150]. Der Umfang der Gesamtrechtsnachfolge entspricht demjenigen bei der Vor-GmbH (Rdn. 74). Im Interesse der Rechtsklarheit ist die Eintragung der auf einer Einmanngründung beruhenden Gesellschaft allerdings entsprechend §§ 52 Abs. 4, 56c Abs. 3 UmwG von der Vorlage einer **Übersicht über die Vermögensgegenstände und etwaigen Verbindlichkeiten des Sondervermögens** abhängig zu machen, wenn es sich um eine **Sachgründung unter Einbringung eines Unternehmens oder einer sonstigen Sachgesamtheit** handelt (§ 7, 53).

3. Rechte und Pflichten der GmbH aus dem Gesellschaftsvertrag

79 Von den der Gesamtrechtsnachfolge unterliegenden Rechten und Verbindlichkeiten der Vor-GmbH (Rdn. 74) zu unterscheiden sind solche Rechte und Pflichten der GmbH, die im Gesellschaftsvertrag selbst begründet sind. Sie entstehen entsprechend der Rechtsnatur des Gesellschaftsvertrags als Organisationsstatut der GmbH und Grundlage ihrer Rechtsbeziehungen zu den Gesellschaftern (§ 2, 4 f.) unmittelbar in der Person der GmbH, ohne daß es eines Rechtsübergangs von der Vorgesellschaft auf sie bedarf. Soweit die Gründer im Gesellschaftsvertrag Verpflichtungen gegenüber der eingetragenen GmbH übernommen haben, erwirbt diese mit dem **Zeitpunkt ihrer Entstehung** die korrespondierenden **Rechte**. So die über die Mindesteinzahlung (§ 7 Abs. 2 und 3) hinausgehenden Einlagenansprüche oder die Forderungen aus Nebenleistungspflichten der Gesellschafter (§ 3 Abs. 2). Umgekehrt wird die Gesellschaft auch ihrerseits durch den Gesellschaftsvertrag **verpflichtet** zur Zahlung einer Vergütung im Falle gemischter Sacheinlagen (§ 5, 99, 102), zur Erfüllung von Ansprüchen aus Sondervorteilen der Gründer (§ 5, 161 ff.) oder zur Übernahme des Gründungsaufwands (§ 5, 174). Als zwingende Schranke ist dabei abgesehen vom Gründungsaufwand (§ 5, 175) die zur

[150] *K. Schmidt* ZHR 145 **1981** 562, *John* BB **1982** 513; zweifelnd noch *Hüffer* ZHR 142 **1978** 504 f.

Sicherung der Kapitalerhaltung bestimmte Vorschrift des § 30 zu beachten. Auch sonstige Rechte und Verbindlichkeiten können sich für die Gesellschaft unmittelbar aus dem Gesellschaftsvertrag ergeben (*Baumbach/Hueck 2*). Man denke etwa an Verbindlichkeiten eines als Sacheinlage mit Aktiven und Passiven eingebrachten Handelsgeschäfts, wenn das Vollzugsgeschäft einen Teil des Gesellschaftsvertrags bildet (BGHZ **45** 338, 342 f. = NJW **1966** 1311; vgl. auch § 5, 54).

Mit der Eintragung kommen weiter solche Rechte zugunsten der Gesellschaft zur Entstehung, die sich aus **formlosen Nebenabreden** der Gründer **im Sinne eines Vertrags zugunsten Dritter** ergeben (§ 2. 16). Auch insoweit bedarf es keines besonderen Erwerbs- oder Rechtsnachfolgetatbestands nach Eintragung der GmbH. **80**

4. Die Unterbilanz-(Differenz-)haftung der Gründer

Schrifttum. Vgl. Nachw. vor Rdn. 28, 49 und 57.

a) Grundlagen. Die Zulassung der Geschäftsaufnahme vor Eintragung der Gesellschaft unter Verzicht auf das Vorbelastungsverbot (Rdn. 50) macht es notwendig, dem für das Kapitalgesellschaftsrecht konstitutiven, wenn auch ungeschriebenen Grundsatz der Unversehrheit des Stammkapitals bei Eintragung der Gesellschaft (Rdn. 82) auf andere Weise Rechnung zu tragen. Als geeignetes Instrument hierfür hat sich die **Haftung der Gründer auf die Differenz zwischen Stammkapital und bei Eintragung noch vorhandenem Gesellschaftsvermögen** erwiesen[151]. Sie ist vom BGH im Rahmen der ihm für das Recht der Vor-GmbH eingeräumten Rechtsfortbildungskompetenz (Rdn. 1, 3) aufgegriffen und durch die Grundsatzentscheidung BGHZ **80** 129 = NJW **1981** 1373 unter ganz überwiegender Zustimmung der Literatur[152] als **fester Bestandteil des (Vor-)GmbH-Rechts** verankert worden. Sachlich handelt es sich um eine der Haftung nach §§ 30, 31 Abs. 1 entsprechende (BGH WM **1982** 40), nicht auf die Höhe des Stammkapitals beschränkte, unverzichtbare anteilige Haftung der einzelnen Gesellschafter gegenüber der GmbH, die durch Eintragung zur Entstehung kommt und für die die Mitgesellschafter die Ausfallhaftung entsprechend § 24 tragen (vgl. näher Rdn. 84, 86 f.). Die Ansprüche der GmbH hieraus sind ebenso wie diejenigen aus § 31 Abs. 1 (vgl. dazu BGHZ **69** 274, 282 ff. **abtretbar** und **pfändbar.** Zur *terminologischen Unterscheidung gegenüber der Differenzhaftung* nach § 9 Abs. 1 sollte diese Haftung *als* **Unterbilanzhaftung** *bezeichnet* werden[153]. — Zur Anwendbarkeit der Unterbilanzhaftung im Fall der *Mantelverwendung* vgl. § 3, 31. **81**

Der **Rechtsgrund** der Unterbilanzhaftung läßt sich nicht einfach in einer Analogie zur Differenzhaftung für überbewertete Sacheinlagen nach § 9 Abs. 1 finden[154]. Von dieser unterscheidet sie sich nicht nur in den Voraussetzungen (Verluste aus vorzeitigem Geschäftsbeginn, Maßgeblichkeit des Eintragungs- statt des Anmeldungszeitpunkts), sondern auch in den Rechtsfolgen (anteilige Haftung aller Gesellschafter)[155]. Ebenso **82**

[151] Entwickelt von *Ulmer* Voraufl. Rdn. 28 ff. und Festschrift Ballerstedt S. 290 ff. Schon vor dem BGH-Urteil zustimm. *Ostheim* JBl. **1978** 347 f., *Hüffer* JuS **1980** 487, *Kübler* GesR S. 313, *Binz* aaO (Fn. 109) S. 124 ff., *M. Scholz* aaO S. 127 ff.; **aA** *Scholz/Winter* 38 und *Huber* Festschrift Rob. Fischer S. 291 f.

[152] Vgl. *Flume* NJW **1981** 1753 f., *Hüffer* JuS **1983** 167, *Raiser* KapGesR S. 182 f., *Roth* 2.3.2, *K. Schmidt* NJW **1981** 1345 f., *Theobald* aaO (Fn. 104) S. 53 ff., *Ulmer* ZGR **1981** 602 f.; **aA** *Priester* ZIP **1982** 1145 ff., 1149 f., und *Schultz* JuS **1982** 737. Vgl. auch die Nachw. in Fn. 151.

[153] Zustimm. *Fleck* GmbH-Rdsch. **1983** 11.

[154] So aber BGHZ **80** 129, 141 = NJW **1981** 1373; dagegen zu Recht auch *John* BB **1982** 510, *Raiser* aaO (Fn. 152) S. 182, *K. Schmidt* NJW **1981** 1345 f., *Theobald* aaO S. 57 f. So jetzt auch *Fleck* GmbH-Rdsch. **1983** 10.

[155] Vgl. eingehend dazu *Theobald* S. 57 f.

deckt sich die Unterbilanzhaftung nicht mit der Haftung der Gesellschafter beim Verbrauch freiwilliger Einlageleistungen vor Eintragung der Gesellschaft (vgl. § 7, 41): diese trifft nur diejenigen Gesellschafter, die die freiwilligen Vorleistungen erbracht haben, und beschränkt sich in ihrer Höhe auf die über die Mindesteinlagen des § 7 Abs. 2 hinausgehenden Einlagepflichten. Beide Haftungskomplexe stehen allerdings insofern in sachlichem Zusammenhang mit der Unterbilanzhaftung, als auch sie **Ausdruck des ungeschriebenen Grundsatzes der Kapitalaufbringung auf den Stichtag der Eintragung** sind[156]. Mit ihm ist es unvereinbar, sich mit der einmaligen Kapitalaufbringung unabhängig vom Eintragungszeitpunkt begnügen zu wollen und mit dieser Begründung die Unterbilanzhaftung für Anlaufverluste vor Eintragung abzulehnen[157]. Abweichendes läßt sich auch nicht etwa dem Sachgründungsrecht entnehmen. Zwar hat der Gesetzgeber die Differenzhaftung des § 9 Abs. 1 im Kompromißwege (§ 9, 15) auf diejenige Wertdifferenz beschränkt, die im Zeitpunkt der *Anmeldung* der Gesellschaft bestand, und diese Entscheidung ist auch bei Ausgestaltung der Unterbilanzhaftung zu respektieren (Rdn. 86). Daraus läßt sich jedoch kein Verzicht auf die Unversehrtheit des Stammkapitals bei Eintragung entnehmen; das zeigt nicht zuletzt die auf den *Eintragungszeitpunkt* bezogene Registerkontrolle des § 9c S. 2 (§ 9c, 17). Den Rechtsgrund der Unterbilanzhaftung bildet somit der durch höchstrichterliche Rechtsfortbildung für den Fall vorzeitiger Geschäftsaufnahme konkretisierte, das überholte Vorbelastungsverbot ersetzende Grundsatz der Unversehrtheit des Stammkapitals bei Entstehung der GmbH[158].

83 Was die **Einordnung der Unterbilanzhaftung in das Haftungssystem der entstehenden GmbH** angeht, so ist ihre Entstehung vor allem im Zusammenhang zu sehen mit dem Wegfall der Außenhaftung von Gründern und Handelnden gegenüber den Gesellschaftsgläubigern als Folge der Eintragung der GmbH (Rdn. 76). Der Wegfall beruht darauf, daß die Gesellschaftsgläubiger durch die Eintragung denjenigen Schuldner erlangen, den sie beim Geschäftsabschluß mit der (Vor-)Gesellschaft erwartet haben, und daß eine weitergehende Absicherung nach Durchführung der Registerkontrolle und Abschluß des Eintragungsverfahrens nicht veranlaßt ist. Diese Wertentscheidung vermag allerdings nur zu überzeugen, wenn die Unversehrtheit des Stammkapitals bei Eintragung gewährleistet und dieses nicht etwa ganz oder teilweise im Gründungsstadium verbraucht ist. Nicht ausgeschlossen ist zwar, daß sich für die Gründer mit der Eintragung eine Verschärfung ihrer Haftung verbindet, wenn an die Stelle der — auf die Einlage beschränkten — gesamtschuldnerischen Außenhaftung die von der Höhe der Einlageverpflichtung unabhängige (Rdn. 86) anteilige Unterbilanzhaftung tritt[159]. Berücksichtigt man jedoch den in derartigen Fällen nicht selten von den Gründern eingeräumten, bis zur Eintragung bestehenden Schuldbefreiungsanspruch der Geschäftsführer gegen die Gründer hinsichtlich ihrer Handelndenhaftung nach § 11 Abs. 2 (Rdn. 114), so erledigt sich der Einwand einer systemwidrigen Wertungsdiskrepanz zwischen beschränkter Gründerhaftung und darüber hinausgehender Unterbilanzhaftung (vgl. dazu auch Rdn. 61).

---

[156] Vgl. dazu *Kübler* GesR S. 223 ff., 313, *Lutter* Kapital, Sicherung der Kapitalaufbringung und Kapitalerhaltung S. 50 ff., 128, *Wiedemann* GesR § 10 IV 2 S. 558 ff. und *ders.* JurA **1970** 453 f.

[157] So aber *Huber, Priester* und *Scholz/Winter* aaO (Fn. 151, 152).

[158] Ebenso *Fleck* GmbH-Rdsch. **1983** 11, *M. Scholz* S. 129, *Theobald* S. 58 f.

[159] Hierauf verweisen in krit. Auseinandersetzung mit der Lehre von der *beschränkten* Gründerhaftung namentlich *Flume* NJW **1981** 1755, *ders.* Die juristische Person S. 164 f., *W. H. Roth* ZGR **1984** 622 ff. und *Theobald* S. 126 ff., 132 f.

b) Voraussetzungen. α) Eintragung der Gesellschaft. Entsprechend dem Rechtsgrund der Unterbilanzhaftung, die Unversehrtheit des Stammkapitals bei Eintragung zu gewährleisten (Rdn. 82), greift sie nur ein, wenn es zur **Entstehung der GmbH** durch Eintragung kommt[160]. Bis dahin besteht die beschränkte Außenhaftung der Gründer sowie daneben die unbeschränkte Handelndenhaftung der Geschäftsführer nach § 11 Abs. 2 fort. Stellt sich vor Eintragung der Gesellschaft heraus, daß wesentliche Teile des Stammkapitals infolge vorzeitigen Geschäftsbeginns verbraucht sind, so können die Gründer die Geschäftsführer zur Rücknahme des Eintragungsantrags anweisen, um der Unterbilanzhaftung zu entgehen (§ 7, 6 und 18). Sie riskieren dadurch allerdings die unbeschränkte Außenhaftung nach den Grundsätzen über die unechte Vorgesellschaft (Rdn. 17f.), wenn sie nicht unverzüglich für Auflösung und Liquidation der Vor-GmbH Sorge tragen. Auch bleibt der vertragliche Schuldbefreiungsanspruch der Geschäftsführer ihnen gegenüber unberührt (Rdn. 114). 84

β) Einverständnis der Gründer mit der vorzeitigen Geschäftsaufnahme. Die Unterbilanzhaftung greift nur ein, wenn die Gründer durch Vereinbarung entsprechender Sacheinlagen oder auf sonstige Weise (Rdn. 29f.) übereinstimmend der **vorzeitigen Geschäftsaufnahme zugestimmt** haben. Das folgt aus der grundsätzlichen Beschränkung des Zwecks der Vorgesellschaft auf die zur Eintragung notwendigen Geschäfte und der entsprechenden Einschränkung der Vertretungsmacht der Geschäftsführer (Rdn. 52f.). Handeln die Geschäftsführer namens der Gesellschaft außerhalb dieser Vertretungsmacht, so können sie die Vor-GmbH dadurch nicht verpflichten. Daher kann hieraus auch keine Vorbelastung der GmbH im Zuge der Gesamtrechtsnachfolge entstehen, die durch die Unterbilanzhaftung auszugleichen wäre. Unberührt bleibt in derartigen Fällen allerdings die Handelndenhaftung der Geschäftsführer nach § 11 Abs. 2 sowie die Rechtsscheinhaftung derjenigen Gründer, die mit der vorzeitigen Geschäftsaufnahme einverstanden waren oder sie doch geduldet haben (Rdn. 54). 85

c) Anspruchshöhe. α) Fehlbetrag. Der Anspruch richtet sich auf denjenigen Fehlbetrag im Gesellschaftsvermögen (die „Unterbilanz"), der infolge von vorzeitiger Geschäftsaufnahme und daraus resultierenden Anlaufverlusten im Verhältnis zum nominellen Stammkapital eingetreten ist. Er ist ggf. durch Erstellung einer **Zwischenbilanz auf den Eintragungszeitpunkt** zu ermitteln (zur Beweislast vgl. Rdn. 90). Maßgeblich sind abweichend von § 30 nicht die für die Jahresbilanz geltenden Bilanzierungs- und Bewertungsgrundsätze, sondern diejenigen einer nach dem going-concern-Prinzip erstellten *Vermögensbilanz* (so auch *Priester* ZIP **1982** 1142); ein Ansatz für Anlaufkosten (§ 153 Abs. 4 S. 2 AktG) scheidet aus[160a]. **Der Fehlbetrag kann die Höhe des Stammkapitals übersteigen,** wenn die Gesellschaft bei Eintragung überschuldet ist; eine Beschränkung der Unterbilanzhaftung auf die übernommenen Stammeinlagen ist nicht veranlaßt[161]. Bei der Berechnung des Fehlbetrags **unberücksichtigt** bleiben Anlaufverluste, die auf der im Gesellschaftsvertrag ausgewiesenen Übernahme des **Gründungsaufwands** in angemessener Höhe (§ 5, 174f.) beruhen; das folgt aus der entsprechenden Anwendung von § 26 Abs. 2 AktG[162]. Außer Ansatz zu lassen sind aber 86

---

160 Ganz hM, vgl. BGHZ **80** 129, 139f. = NJW **1981** 1373, *Binz* S. 128f., *Fleck* GmbH-Rdsch. **1983** 10, *Flume* NJW **1981** 1755f., *John* BB **1982** 510, *M. Scholz* S. 130, *Theobald* S. 66; zweifelnd nur *Raiser* KapGesR S. 183f.

160a **AA** *Binz* aaO (Fn. 109) S. 107ff., *Priester* ZIP **1982** 1143.

161 HM, vgl. BGH GmbH-Rdsch. **1982** 235; *Fleck* GmbH-Rdsch. **1983** 10, *Flume* NJW **1981** 1755f., *John* BB **1982** 510f., *M. Scholz* S. 129, *Theobald* aaO (Fn. 104) S. 62; **aA** *Binz* S. 130f.; offenlassend *K. Schmidt* NJW **1981** 1346.

162 So auch BGHZ **80** 129, 141 = NJW **1981** 1373; *Binz* S. 106; **aA** *M. Scholz* S. 129f., *Theobald* S. 63; wohl auch *Raiser* aaO

auch solche Wertdifferenzen, die durch eine von der vorzeitigen Geschäftsaufnahme unabhängige **Wertminderung von Sacheinlagen** in der Zeit zwischen Anmeldung und Eintragung der Gesellschaft veranlaßt sind[163]; ihre Einbeziehung in die Unterbilanzhaftung wäre nicht vereinbar mit der Begrenzung der Differenzhaftung des § 9 Abs. 1 auf Wertminderungen, die schon zum Stichtag der Anmeldung vorhanden waren. – **Nicht ausgeschüttete Erträge** der Gesellschaft, die nach Eintragung die Unterbilanz vermindern oder beseitigen, **wirken haftungsbefreiend** für die Gesellschafter[164].

87 **β) Anteilige Haftung, Fälligkeit.** Als einlagenähnliche Haftung (Rdn. 81) trifft die Unterbilanzhaftung die Gesellschafter nicht als Gesamtschuldner, sondern anteilig entsprechend der Höhe ihrer Kapitalbeteiligung[165]. Sie erstreckt sich nicht nur auf die Gründer, sondern auch auf die nach Gründung, aber vor Eintragung beigetretenen Gesellschafter. Der Anspruch ist **mit Eintragung fällig**, ohne daß es eines Einforderungsbeschlusses der Gesellschafter bedarf (vgl. § 9, 9 zur entsprechenden Rechtslage bei der Differenzhaftung). Bei **Undurchsetzbarkeit** des Anspruchs finden die Vorschriften der §§ 21 ff., 24 über die Kaduzierung des Geschäftsanteils und die Ausfallhaftung der Mitgesellschafter entsprechende Anwendung[166]. Ein Erlaß des Anspruchs ist entsprechend § 31 Abs. 4 ausgeschlossen.

88 **d) Durchsetzung. α) Keine Eintragungsvoraussetzung.** Nach Ansicht des **BGH** hat sich die bei der Anmeldung abzugebende Versicherung der Geschäftsführer nach § 8 Abs. 2 S. 1 und die entsprechende **Prüfung des Registergerichts** bei Bargründung darauf zu erstrecken, inwieweit das Anfangskapital der GmbH durch Schulden vorbelastet ist[167]. Sollte diese Aussage dahin zu verstehen sein, daß das Registergericht auch die *nach Anmeldung* eintretenden Vorbelastungen zu kontrollieren und die Eintragung entsprechend § 9c S. 2 von deren vorherigem freiwilligem Ausgleich durch die Gründer abhängig zu machen hat, ist ihr **nicht zu folgen**[168]. Gegen sie sprechen sowohl praktische als auch dogmatische Gründe[169]. Die Ausdehnung der Registerkontrolle auf den Ausgleich wäre **unpraktikabel**, weil die Höhe des auszugleichenden Fehlbetrags sich erst bestimmen läßt, wenn die Gründungsphase beendet und die Eintragung erfolgt ist. Außerdem würde sie unvermeidlich zur weiteren Verlängerung des Eintragungsverfahrens und der damit für den Bestand der Gesellschaft verbundenen Unsicherheit führen; das entspricht weder dem Interesse der Gründer noch auch demjenigen der Gesellschaftsgläubiger. **Dogmatisch** läßt sich das Verlangen nach Ausgleich der Unterbilanz vor Eintragung jedenfalls nicht auf eine Analogie zu § 9c S. 2 stützen. Denn das Eintragungshindernis der Überbewertung beruht auf dem darin liegenden Verstoß gegen das zwingende Verbot der Unterpari-Emission (§ 5, 146); es ist deshalb vom Registergericht zu kontrollieren. Demgegenüber gibt es jedenfalls nach heute hM kein entsprechendes Verbot der Vorbelastung des Stammkapitals der GmbH mehr, auf das die Nichteintragung gestützt werden könnte (Rdn. 50). Auch entfällt die durch die vorzeitige Geschäftsaufnahme

---

(Fn. 160) S. 183, nach Haftungsschuldner differenzierend Voraufl. § 5, 161 und *Hüffer* JuS **1983** 166.

163 So wohl auch *Fleck* GmbH-Rdsch. **1983** 11; **aA** *M. Scholz* S. 129, *Theobald* S. 65 f.; wohl auch *Binz* S. 133 Fn. 367.

164 Ebenso *Fleck* GmbH-Rdsch. **1983** 13, *Priester* ZIP **1982** 1143, *M. Scholz* S. 132, *Theobald* S. 69.

165 EinhM, vgl. BGHZ **80** 129, 141 = NJW **1981** 1373, BGH GmbH-Rdsch. **1982** 235; *Binz* S. 128, *M. Scholz* S. 131, *Theobald* S. 65, 71.

166 Vgl. BGHZ **80** 129, 141 = NJW **1981** 1373 und die weit. Nachw. in Fn. 165.

167 BGHZ **80** 129, 143; für einschränk. Interpretation dieser Aussage *Fleck* GmbH-Rdsch. **1983** 11 f.

168 Vgl. *Ulmer* ZGR **1981** 607. So auch *Binz* S. 125, *Priester* ZIP **1982** 1144, *M. Scholz* S. 125; **aA** *K. Schmidt* NJW **1981** 1346, *Raiser* aaO (Fn. 160) S. 182; nicht eindeutig *Theobald* S. 67 ff., 71 (Prüfungspflicht des Registerrichters, soweit ihm Vorbelastungen nach Anmeldung bekannt werden).

verursachte Unterbilanz ohne entsprechende Maßnahmen der Gründer schon dadurch, daß der Anspruch der Gesellschaft auf Ausgleich der Unterbilanz automatisch mit der Eintragung entsteht (Rdn. 84). Schließlich läßt sich den Vorschriften über die Mindesteinlagen und über die hierauf bezogene Versicherung der Geschäftsführer bei Anmeldung (§§ 7 Abs. 2 und 3, 8 Abs. 2 S. 1) auch nicht etwa entnehmen, daß die Mindesteinlagen bei Eintragung noch unverändert im Gesellschaftsvermögen vorhanden sein müssen (vgl. § 7, 42 zur Tilgungswirkung freiwilliger Einlageleistungen vor Eintragung). Das Registergericht ist nach allem im Regelfall nicht befugt, die Eintragung der GmbH vom vorherigen Ausgleich der Unterbilanz abhängig zu machen.

Eine **Ausnahme** von dem in Rdn. 88 dargelegten Grundsatz kommt nur dann in Betracht, wenn das Registergericht sachlich berechtigte Zweifel daran hat, ob der oder die Gründer in der Lage sind, ihren Verpflichtungen aus der Unterbilanzhaftung nachzukommen. Insoweit gilt entsprechendes wie hinsichtlich der Aufbringung der noch ausstehenden Einlagen (vgl. § 9c, 27). Eine Kontrolle des Registergerichts wird danach vor allem bei **Einmanngründungen** in Betracht kommen, wenn Anhaltspunkte dafür bestehen, daß der Geschäftsbetrieb vorzeitig aufgenommen wurde und sich hieraus Verluste ergeben haben. In derartigen Fällen mag man wegen der fehlenden Ausfallhaftung von Mitgesellschaftern (§ 24) sogar an eine entsprechende Anwendung der Bestimmungen über die Bestellung von Sicherungen für ausstehende Einlagen (§§ 7 Abs. 2 S. 3, 19 Abs. 4) in Höhe der voraussichtlichen Unterbilanz denken. Zumindest aber hat das Registergericht die Möglichkeit, bei sachlich berechtigten Zweifeln an der Zahlungsfähigkeit oder -willigkeit des Gründers die Eintragung von der Bestellung entsprechender Sicherungen durch den Einmann abhängig zu machen[170]. 89

β) Beweislast. Die Voraussetzungen der Unterbilanzhaftung sind nach allgemeinen Beweisgrundsätzen an sich von der GmbH als Anspruchsberechtigtem zu beweisen. Daran ist jedenfalls insoweit festzuhalten, als es um den in die Sphäre der Gesellschaft fallenden Nachweis des Geschäftsbeginns vor Eintragung geht. Dagegen ist die **Beweislast hinsichtlich des fehlenden Einverständnisses mit der vorzeitigen Geschäftsaufnahme sowie hinsichtlich der Vollständigkeit des Stammkapitals** bei Eintragung den **Gesellschaftern** aufzuerlegen[171]. Es handelt sich um Umstände, die in ihre Sphäre als „Herren der Gesellschaft" fallen und bei denen sie es in der Hand haben, sich durch entsprechende Beweissicherung wie die Erstellung einer Zwischenbilanz auf den Stichtag der Eintragung (Rdn. 86) vor finanziellen Nachteilen zu bewahren; daher ist die entsprechende Anwendung der für die Kommanditistenhaftung (§ 171 Abs. 1 HGB) geltenden Beweisgrundsätze geboten[172]. 90

γ) Verjährung. Der Anspruch der Gesellschaft auf Ausgleich der Unterbilanz verjährt in **fünf Jahren seit Eintragung** der Gesellschaft[173]. Das folgt aus der entsprechenden Anwendung der nicht nur für die Differenzhaftung geltenden (§ 9 Abs. 2), sondern auch für sonstige Ersatzansprüche im Aktien- und GmbH-Recht üblichen fünfjährigen Verjährungsfrist. Für diese Lösung spricht auch, daß eine nach fünfjährigem Bestand der GmbH eintretende Kapitaldeckungslücke aller Wahrscheinlichkeit nach nicht auf Anlaufverluste vor Eintragung zurückzuführen ist und daß die Beweisführung mit zunehmendem zeitlichen Abstand von der Eintragung immer schwieriger wird. 91

169 Vgl. dazu auch *Binz* S. 124 f., *Priester* ZIP **1982** 1143, *Theobald* S. 67.

170 So tendenziell wohl auch *John* BB **1982** 514.

171 Ebenso *Binz* S. 132, *M. Scholz* S. 131 und *Theobald* S. 70 f.

172 So in zutr. Abwägung *Theobald* S. 70 f.

173 HM, vgl. *Binz* S. 132, *Fleck* GmbH-Rdsch. **1983** 13, *Priester* ZIP **1982** 1143, *M. Scholz* S. 132; **aA** *Theobald* S. 69.

VI. Die Haftung der Handelnden (Abs. 2)

Schrifttum

Fleck Die neuere Rechtsprechung des BGH zur Vorgesellschaft und zur Haftung des Handelnden, ZGR **1975** 212; *ders.* Neueste Entwicklungen in der Rechtsprechung zur Vor-GmbH, GmbH-Rdsch. **1983** 5; *Flume* Die werdende juristische Person, Festschrift Geßler (1971) S. 3; *Huber* Die Vorgesellschaft mbH — de lege ferenda betrachtet, Festschrift Rob. Fischer (1979) S. 263; *Kuhn* Die Vorgesellschaft, WM **1956** Sonderbeilage 5; *Lieb* Abschied von der Handelndenhaftung, DB **1970** 961; *Ostheim* Gedanken zu § 2 öGmbHG idF der Novelle 1980, GesRZ **1982** 124; *K. Schmidt* Der Funktionswandel der Handelndenhaftung im Recht der Vorgesellschaft, GmbH-Rdsch. **1973** 146; *M. Scholz* Die Haftung im Gründungsstadium der GmbH (1979); *Wiedemann* Das Rätsel Vorgesellschaft, JurA **1970** 439.

1. Funktion und Bedeutung des § 11 Abs. 2

92 **a) Die ursprüngliche Funktion der Vorschrift.** Die Handelndenhaftung nach § 11 Abs. 2 geht ebenso wie diejenige nach § 41 Abs. 1 S. 2 AktG im wesentlichen unverändert auf die aktienrechtliche Regelung in Art. 211 Abs. 2 ADHGB zurück (Rdn. 1). Sie wurde noch unter der Geltung des *Konzessionssystems* erlassen und entstammt somit einer Zeit, in der man der Geschäftsaufnahme der Gesellschaft vor Verleihung der Rechtsfähigkeit besonders kritisch gegenüberstand. Ihr wurde ursprünglich eine zweifache Funktion zugeschrieben (vgl. Voraufl. 66 f.). Im Rahmen der **Straffunktion** sollte sie die für die Vorgesellschaft Handelnden der unbeschränkt persönlichen Haftung unterwerfen, um sie davon abzuhalten, vor Entstehung der Gesellschaft als juristische Person für diese tätig zu werden. Kam es dennoch zu solchem Handeln, so sollte sie aufgrund der **Sicherungsfunktion** gewährleisten, daß den mit der Vorgesellschaft in rechtsgeschäftlichen Kontakt tretenden Dritten schon vor deren Entstehung ein Schuldner zur Verfügung stehe. Im Zuge des Übergangs zum *Normativsystem* wurde der Handelndenhaftung schließlich eine dritte, die **Druckfunktion** zugewiesen; sie sollte die Mitglieder des Vertretungsorgans veranlassen, durch ordnungsmäßige Anmeldung alles in ihrer Macht Stehende zur alsbaldigen Entstehung (= Eintragung) der Gesellschaft zu unternehmen (Voraufl. 67).

93 **b) Auswirkungen des geänderten Rechts der Vorgesellschaft.** Der Übergang vom Konzessions- zum Normativsystem, vor allem aber die durch die höchstrichterliche Rechtsprechung bewirkten Änderungen des Rechts der Vorgesellschaft (Rdn. 3) haben dazu geführt, daß die **Handelndenhaftung** einen **erheblichen Bedeutungswandel erfahren** hat. So ist heute bei *Bargründungen* die Zulässigkeit der Geschäftsaufnahme vor Eintragung anerkannt, wenn die Gründer ihr zugestimmt haben (Rdn. 29); bei *Sachgründungen* stellt der alsbaldige Geschäftsbeginn mit Zustimmung der Gründer sogar die Regel dar (Rdn. 30). Die Gläubiger erwerben in derartigen Fällen aus dem Handeln der Geschäftsführer namens der Gesellschaft Ansprüche gegen die Vor-GmbH als Gesamthand, daneben auch solche gegen die Gründer persönlich, wenn auch unter Beschränkung auf deren Einlagepflicht (str., vgl. Rdn. 63 f.). Die Ansprüche gegen die Vor-GmbH richten sich nach Eintragung der GmbH kraft Gesamtrechtsnachfolge gegen diese, ohne daß es einer Genehmigungserklärung bedarf (Rdn. 74). Ein nennenswertes Bedürfnis für Gläubigersicherung durch § 11 Abs. 2 besteht beim Handeln vor Eintragung somit — vom Sonderfall einer unterkapitalisierten Gesellschaft abgesehen — nur noch in den Fällen, in denen entweder die Geschäftsführer die Geschäfte ohne Zustimmung der Gründer beginnen und daher ihre gesetzlich begrenzte Vertretungsmacht (Rdn. 52)

überschreiten, oder in denen es an der Mitwirkung der zur Vertretung der (Vor-) Gesellschaft erforderlichen Zahl von Geschäftsführern fehlt.

Infolge des Bedeutungswandels der Handelndenhaftung ist **§ 11 Abs. 2 weitgehend funktionslos** geworden. Die *Straffunktion* wird zu Recht schon lange als überholt angesehen[174], sie hat sich spätestens mit der Überwindung des Vorbelastungsverbots erledigt. Die *Druckfunktion* [175] hat schon deshalb allenfalls beschränkte Bedeutung, weil die Geschäftsführer abgesehen von der ordnungsmäßigen Anmeldung der Gesellschaft und der Reaktion auf etwaige Zwischenverfügungen des Gerichts keine Möglichkeit haben, auf die Dauer und den Gang des Eintragungsverfahrens Einfluß zu nehmen. Und die *Sicherungsfunktion*[176] hat eigenständige Bedeutung nur noch in denjenigen Sonderfällen, in denen eine rechtsgeschäftliche Verpflichtung der Vorgesellschaft an der fehlenden Vertretungsmacht des oder der namens der Gesellschaft handelnden Geschäftsführer scheitert (vgl. Rdn. 93 aE); insoweit könnte den betroffenen Gläubigern freilich meist schon mit § 179 BGB geholfen werden. Einer ersatzlosen Streichung von § 11 Abs. 2 steht allerdings die EG-Rechtsangleichung entgegen (vgl. *W. H. Roth* ZGR **1984** 618). Der **Bundesgerichtshof** sieht den verbleibenden — eng begrenzten — Sinn des § 11 Abs. 2 zu Recht nur noch darin, dem Gläubiger einen *Ausgleich* dafür zu geben, daß die Kapitalgrundlage der ihm zunächst haftenden Vorgesellschaft noch nicht in gleichem Maße wie bei der eingetragenen GmbH gerichtlich kontrolliert, bekanntgemacht und durch zwingende Schutzvorschriften abgesichert ist[177]. Auf diese **Ausgleichsfunktion** als Residuum der ursprünglich weiterreichenden Sicherungsfunktion reduziert sich im Regelfall der Normzweck des § 11 Abs. 2 aus heutiger Sicht, sofern man nicht der — problematischen (s.o.) — Druckfunktion noch eigenständige Bedeutung zumessen will. 94

c) Folgerungen. Dem Bedeutungswandel des § 11 Abs. 2 und seiner weitgehenden Funktionslosigkeit ist bei Auslegung und Anwendung der Vorschrift Rechnung zu tragen. Beide Umstände sprechen für eine grundsätzlich **enge Auslegung** der Vorschrift[178] und empfehlen Zurückhaltung gegenüber ihrer analogen Anwendung außerhalb des Rechts der Vorgesellschaft (Rdn. 97). Dementsprechend ist für die Bestimmung des Kreises der Handelnden, die als Schuldner in Betracht kommen, schon seit langem anerkannt, daß hierunter nur Geschäftsführer der Vor-GmbH und ihnen vergleichbare, wie Geschäftsführer auftretende Personen fallen, nicht aber die mit dem Geschäftsbeginn einverstandenen Gründer (Rdn. 98 f.). Ebenfalls auf dieser Erwägung beruht die st.Rspr. des BGH, die die Handelndenhaftung des § 11 Abs. 2 entfallen läßt, wenn es zur Eintragung der GmbH kommt und diese als Gesamtrechtsnachfolgerin der Vor-GmbH 95

---

[174] So schon RGZ **159** 33, 43 und *Feine* S. 204; ebenso BGHZ **47** 25, 29 = NJW **1967** 828; *Scholz/Winter* 19; **aA** noch *Riedel* BB **1974** 1459 ff.

[175] Dafür noch BGHZ **47** 25, 29 = NJW **1967** 828, BGH LM § 11 GmbHG Nr. 10 (1961); Voraufl. 69, *K. Schmidt* GmbH-Rdsch. **1973** 152, *Wiedemann* JurA **1970** 465; **aA** *Scholz/Winter* 19; zweifelnd auch *Fleck* GmbH-Rdsch. **1983** 13; ähnlich BGHZ **69** 95, 103 = NJW **1977** 1683.

[176] Sie wurde vom BGH lange Zeit als Hauptfunktion des § 11 Abs. 2 angesehen, vgl. BGHZ **47** 25, 29 = NJW **1967** 828; **53** 210, 214 = NJW **1970** 806; **65** 378, 380 f. = NJW **1976** 419; **66** 359, 360 = NJW **1976** 1685; **69** 95, 103 = NJW **1977** 1683; **76** 320, 323 = NJW **1980** 1630. Kritisch zur Sicherungsfunktion jedoch schon *Lieb* DB **1970** 967 f., *K. Schmidt* GmbH-Rdsch. **1973** 152, *Wiedemann* JurA **1970** 465; so jetzt auch *Scholz/Winter* 19, *Rob. Fischer* 3a. Weit. Nachw. vgl. in Voraufl. 69.

[177] BGHZ **80** 182, 184 = NJW **1981** 1452; so auch *Scholz/Winter* 19 aE, *Fleck* GmbH-Rdsch. **1983** 14; ebenso schon *Feine* S. 204.

[178] Ebenso *Rob. Fischer* 3a und *Priester* ZIP **1982** 1152 f.; vgl. auch *Fleck* GmbH-Rdsch. **1983** 13 f. und die Rspr. des BGH zum Erlöschen der Handelndenhaftung bei Eintragung der Gesellschaft (Rdn. 109).

auch für diejenigen Verbindlichkeiten haftet, die Gegenstand der Handelndenhaftung sind (Rdn. 109).

96 Die **systematische Stellung** von § 11 Abs. 2 im Haftungssystem des Vorgesellschaftsrechts ist aufgrund der eingetretenen Wandlungen dahin zu umschreiben, daß die Handelndenhaftung im **Regelfall** zur **akzessorischen gesetzlichen Haftung der Geschäftsführer für die von ihnen im Namen der Gesellschaft begründeten rechtsgeschäftlichen Verbindlichkeiten der Vorgesellschaft** führt. Die Haftung entfällt durch Eintragung der Gesellschaft; Ersatzansprüche der Geschäftsführer, die vor Eintragung einen Gesellschaftsgläubiger befriedigt haben, bleiben hiervon unberührt (Rdn. 109).

96a Für den **Sonderfall**, daß Geschäftsführer namens der Gesellschaft **ohne Vertretungsmacht** handeln, **verdrängt § 11 Abs. 2** im Gründungsrecht der Vor-GmbH die Vorschrift des **§ 179 BGB**[179]. Die Gläubiger erlangen in diesen Fällen abweichend von § 179 Abs. 2 und 3 einen Erfüllungsanspruch gegen den oder die Handelnden unabhängig davon, ob der Mangel der Vertretungsmacht den Geschäftsführern bekannt war oder ob die Gläubiger ihn kennen mußten; ein Vorbehalt gilt nur bei *Kenntnis eines Gläubigers* vom Mangel der Vertretungsmacht (Rdn. 103). Das Wahlrecht zwischen Erfüllung und Schadensersatz (§ 179 Abs. 1 BGB) steht den Gläubigern nicht zu (Rdn. 105). Die Haftung der Geschäftsführer entfällt, wenn die eingetragene GmbH das in ihrem Namen eingegangene Rechtsgeschäft genehmigt (Rdn. 110).

2. Anwendungsbereich

97 Der Anwendungsbereich des § 11 Abs. 2 beschränkt sich nach gesetzlicher Regel auf Rechtshandlungen von Geschäftsführern der **Vorgesellschaft**, d. h. auf solche Rechtsgeschäfte namens der Gesellschaft, die in der Zeit **zwischen Gründung und Eintragung der Gesellschaft** zustandegekommen sind. Die Vorschrift gilt nicht nur für die von zwei oder mehr Gründern errichtete Vorgesellschaft, sondern auch für die **Einmanngründung**. Die Fälle wirtschaftlicher Neugründung durch (Wieder-)**Verwendung eines GmbH-Mantels**, auf die das GmbH-Gründungsrecht nach Umgehungsgrundsätzen entsprechend angewandt wird (§ 3, 30), stehen der Vor-GmbH bis zur Eintragung der zur wirtschaftlichen Neugründung vorgenommenen Satzungsänderungen (Firma, Unternehmensgegenstand, ggf. auch Sitz) gleich. Bei ihnen kommt der verbliebenen Sicherungsfunktion des § 11 Abs. 2 meist größeres Gewicht zu als im Regelfall der Vor-GmbH (§ 3, 31). Auf die **Vorgründungsgesellschaft** ist § 11 Abs. 2 entgegen der bisher überwM **nicht** anwendbar (Rdn. 24). Das ist abweichend von der bisherigen Rechtsprechung jetzt auch durch BGH NJW **1984** 2164 anerkannt. — Zur Frage analoger Anwendung von § 11 Abs. 2 auf die Vor-GmbH & Co KG vgl. Rdn. 128 ff., 130.

3. Kreis der Handelnden

98 **a) Geschäftsführer.** Handelnde im Namen der Gesellschaft (§ 11 Abs. 2) sind in erster Linie die **Mitglieder des Vertretungsorgans** der Vorgesellschaft, d. h. die Geschäftsführer (Rdn. 33). Abweichend von der weitergehenden Rechtsprechung namentlich des *Reichsgerichts*, das schon die Zustimmung zur Geschäftsaufnahme genügen ließ und daher auch die *Gründer* zu den Handelnden zählte (vgl. Voraufl. 70), hat der **Bundesgerichtshof** diese Einschränkung in st. Rspr. seit BGHZ **47** 25, 28 f. = NJW

[179] So auch *Scholz/Winter* 27; **aA** wohl *Roth* 3.2.1; die Möglichkeit eines Eingreifens von § 179 BGB *anstelle* von § 11 Abs. 2 in diesen Fällen bejahend *Fleck* GmbH-Rdsch. **1983** 14 und *K. Schmidt* NJW **1973** 1596 f.

1967 828 unter zutr. Betonung der mit § 11 Abs. 2 verfolgten Funktionen (Rdn. 94) anerkannt[180]; sie ist von der Literatur ganz überwiegend gebilligt worden[181]. Fließende Grenzen bestehen seither nur noch im Hinblick auf Gründer, die selbst als „faktische Geschäftsführer" auftreten (Rdn. 99). Auf die Wirksamkeit der Bestellung zu Geschäftsführern kommt es für die Haftung ebensowenig an wie auf die Vertretungsmacht beim Handeln namens der Gesellschaft (Rdn. 103). — Unterhalb der Geschäftsführungsebene tätige Personen, namentlich **Prokuristen, Handlungsbevollmächtigte** oder sonstige ihnen gleichstehende, nicht zu den Organmitgliedern gehörende Vertreter der Vor-GmbH werden von der Handelndenhaftung des § 11 Abs. 2 nach heute einhM in aller Regel **nicht** erfaßt[182]. Soweit sie ohne Vertretungsmacht handeln, richtet sich ihre Haftung nach § 179 BGB. Eine *Ausnahme* ist nur dann veranlaßt, wenn sie im Rechtsverkehr als faktische Geschäftsführer der Vor-GmbH auftreten; als solche müssen sie sich dann auch behandeln lassen[183].

b) Gründer? Eine Handelndenhaftung von Gründern, die — ohne Geschäftsführer **99**
der Vor-GmbH zu sein — der Geschäftsaufnahme durch die Geschäftsführer zugestimmt haben, **scheidet** abweichend von einer früher verbreiteten Ansicht (vgl. Nachw. in Voraufl. 70 f.) nach heute ganz hM **aus**[184]. Die Gründer sind als solche, bei fehlender Zugehörigkeit zum Vertretungsorgan der Vor-GmbH, nicht Handelnde i. S. v. § 11 Abs. 2. Für wirksam begründete Verbindlichkeiten der Vor-GmbH haften sie nur nach den Grundsätzen über die beschränkt persönliche Gründerhaftung (Rdn. 57 ff.). **Abweichendes** gilt, wenn und soweit einzelne Gründer **nach Art von Geschäftsführern** im Rechtsverkehr auftreten und namens der Gesellschaft, wenn auch ohne Vertretungsmacht, für diese rechtsgeschäftliche Erklärungen abgeben. In diesen Fällen findet § 11 Abs. 2 nach den für „faktische Geschäftsführer" geltenden Grundsätzen[185] ausnahmsweise auch auf die betreffenden Gründer selbst Anwendung[186]. Sie haften in den sachlichen und zeitlichen Grenzen des § 11 Abs. 2 unbeschränkt persönlich. Die Haftung entfällt, wenn die GmbH aufgrund der Eintragung oder aufgrund anschließender Genehmigung der ohne Vertretungsmacht eingegangenen Verbindlichkeiten für diese haftet (Rdn. 109 f.). Scheitert die Eintragung oder verweigert die eingetragene GmbH die Genehmigung des Geschäfts, so besteht die Handelndenhaftung der Gründer als faktische Geschäftsführer fort. Sie können sich den Gläubigern gegenüber namentlich auch nicht darauf berufen, daß sie nur eine höhenmäßig beschränkte Einlagepflicht gegenüber der Gesellschaft übernommen und diese erfüllt haben.

---

180 Vgl. namentlich BGHZ **65** 378, 381 = NJW **1976** 419 m. Anm. *Fleck* LM § 11 GmbHG Nr. 20, BGH WM **1980** 955.

181 *Scholz/Winter* 21 f., *Rob. Fischer* 3b, *Roth* 3.3; so namentlich auch schon *Lieb* DB **1970** 963 ff. und *K. Schmidt* Stellung der OHG S. 323 ff., *ders.* GmbH-Rdsch. **1973** 146 ff., 151.

182 BGHZ **66** 359, 361 = NJW **1976** 1685; *Scholz/Winter* 21, *Rob. Fischer* 3b, *Roth* 3.3, *Fleck* ZGR **1975** 226, *K. Schmidt* GmbH-Rdsch. **1973** 146 f.; **aA** noch *Riedel/Raabe* NJW **1966** 1007, *Riedel* NJW **1971** 352, *Eder* GmbH-Handbuch I 193.

183 BGH NJW **1980** 287; vgl. auch BGHZ **65** 378, 380 f. = NJW **1976** 419 und BGH WM **1980** 955.

184 BGHZ **47** 25, 29 = NJW **1967** 828; **65** 378, 381 = NJW **1976** 419; vgl. auch die Nachw. in Fn. 180, 181.

185 Vgl. dazu näher *U. Stein* Das faktische Organ, 1984, insbes. S. 69 ff., 119 ff., 143 ff. und *dies.* ZHR 148 **1984** 207 ff. Verf. differenziert zwischen fehlerhaft bestellten Geschäftsführern und sonstigen, wie Geschäftsführer auftretenden Personen und spricht sich für die Beschränkung jedenfalls der Organhaftung wegen Sorgfaltsverstößen (§§ 43, 64 u. a.) auf die erstgenannte Fallgruppe aus.

186 BGHZ **51** 30, 35 = NJW **1969** 509; **65** 378, 380 f. = NJW **1976** 419, BGH NJW **1980** 287, BGH WM **1980** 955; *Scholz/Winter* 21, *Roth* 3.3.

4. Haftungsvoraussetzungen

100 **a) Rechtsgeschäftliches Handeln namens der Gesellschaft.** Als Haftung aus **rechtsgeschäftlichem Handeln** namens der Gesellschaft (Rdn. 96) setzt § 11 Abs. 2 voraus, daß die Ansprüche der Gläubiger auf dem Abschluß eines — sei es auch unwirksamen — Rechtsgeschäfts mit der Gesellschaft beruhen. Die Geschäftsführer haften daher **nicht für Altschulden** aufgrund der Fortführung des Handelsgeschäfts (§ 25 Abs. 1 HGB, vgl. Rdn. 65). Ebenso greift § 11 Abs. 2 nicht ein beim deliktischen Handeln eines Mitgeschäftsführers (zur Gründerhaftung entsprechend § 31 BGB vgl. Rdn. 69). **Anderes gilt für Ansprüche auf Schadensersatz oder aus ungerechtfertigter Bereicherung:** soweit sie ihre Grundlage in einem Handeln der Geschäftsführer namens der Gesellschaft haben, müssen diese auch hierfür nach § 11 Abs. 2 einstehen[187].

101 Ein Handeln namens der *künftigen* GmbH ist nicht erforderlich. Die Handelndenhaftung greift in allen Fällen rechtsgeschäftlichen Handelns **namens der Gesellschaft** ein, unabhängig davon, ob deren Name (die Firma) — rechtlich zutreffend (Rdn. 46) — mit dem Rechtsformzusatz GmbH i.Gr., Vor-GmbH o.ä. bezeichnet wird oder ob die Handelnden im Rechtsverkehr den Anschein hervorrufen, die Gesellschaft sei schon als GmbH entstanden[188]. Von der — häufig zufälligen — Art des Auftretens der Geschäftsführer kann die Anwendung von § 11 Abs. 2 nicht abhängen, solange nur deutlich ist, daß die Handelnden das Rechtsgeschäft nicht im eigenen Namen, sondern für eine von ihnen vertretene (Vor-)GmbH abschließen wollen (zur entsprechenden Beurteilung bei Prüfung der Verpflichtung der Vor-GmbH aus derartigen Handlungen vgl. Rdn. 56). — Eine **Ausnahme** gilt nur in denjenigen Sonderfällen, in denen das fragliche Geschäft namens der *künftigen* GmbH unter der **aufschiebenden Bedingung ihrer Eintragung** geschlossen wird (Rdn. 55). Hier soll die Bindungswirkung nach dem Willen beider Seiten erst mit Eintragung eintreten. Dann besteht aber auch kein Anlaß, dem anderen Teil schon vorab nach § 11 Abs. 2 einen Schuldner zu verschaffen[189]. Die Vereinbarung einer derartigen Bedingung ist allerdings nicht zu vermuten; das gilt auch dann, wenn ausdrücklich namens der künftigen GmbH gehandelt wird[190].

102 **b) Art der Mitwirkung.** Die grundsätzliche Beschränkung des Kreises der für die Haftung aus § 11 Abs. 2 in Betracht kommenden Personen auf die *Geschäftsführer* (Rdn. 98) gibt noch keine Antwort auf die Frage, welcher *Grad an Mitwirkung* für die Haftung zu fordern ist. Hierfür ist der Umstand wesentlich, daß die Handelndenhaftung nicht auf dem Veranlassungsprinzip beruht, sondern an **rechtsgeschäftliches Handeln** anknüpft[191]. Eine **Haftung für den einzelnen Geschäftsführer wird daher nur**

---

187 **AA** ohne nähere Differenzierung nach dem Rechtsgrund dieser Ansprüche RG LZ **1927** 1473, 1474; *Scholz/Winter* 25, *Kuhn* WM **1956** Beil. 5 S. 12f., *Barz* GroßkommAktG § 41, 20 aE.

188 So im Anschluß an die im neueren Schrifttum hM (vgl. *Scholz/Winter* 23, *Barz* GroßkommAktG § 41, 20, *Dregger* S. 108, *Dilcher* JuS **1966** 95, *Flume* Festschrift Geßler S. 22, *K. Schmidt* GmbH-Rdsch. **1973** 149f. und NJW **1973** 1596, *Wiedemann* JurA **1970** 460f.; **aA** nur *Roth* 3.2.1 und 3.2.3: *keine* Haftung beim Handeln für die *Vor*-GmbH) jetzt auch die BGH-Rspr., wenn auch aufgrund der methodisch problematischen Annahme, der Geschäftsführer handele *zugleich* für die Vorgesellschaft und für die künftige GmbH (vgl. BGHZ **72** 45, 47 = NJW **1978** 1978, dazu auch *Fleck* Anm. LM § 11 GmbHG Nr. 20 unter 1 aE). Die abweichende, das Eingreifen von § 11 Abs. 2 nur an das Handeln für die *künftige* GmbH anknüpfende frühere Rspr. (vgl. Nachw. in Voraufl. 75) ist überholt (*Fleck* GmbH-Rdsch. **1983** 14).

189 RGZ **32** 97, 99; *Scholz/Winter* 23, *Flume* Festschrift Geßler S. 22, *K. Schmidt* GmbH-Rdsch. **1973** 150, *Ostheim* GesRZ **1982** 126.

190 So zu Recht *Fleck* Anm. LM § 11 GmbHG Nr. 20 unter 1 aE.

191 BGHZ **53** 210, 214 = NJW **1970** 806; **65** 378, 380 = NJW **1976** 419; *Scholz/Winter* 22, *Kuhn* WM **1956** Beil. 5 S. 12f.

begründet, wenn er entweder unmittelbar oder durch Einschaltung eines Dritten mittelbar am Vertragsabschluß beteiligt ist. Dementsprechend haftet der Geschäftsführer auch dann, wenn er einem Angestellten oder einem Dritten Vollmacht zum Handeln für die Gesellschaft erteilt und ihn allgemein oder im Einzelfall zum Handeln ermächtigt hat (BGHZ **53** 206, 208 = NJW **1970** 806). Gleiches gilt, wenn einer von mehreren gesamtvertretungsbefugten Geschäftsführern den anderen mit der Alleinvertretung beauftragt (BGH NJW **1974** 1284). Ist die Geschäftsführung dagegen nach dem Ressortprinzip aufgeteilt oder haben die Geschäftsführer Alleinvertretungsmacht, so trifft die Haftung aus § 11 Abs. 2 nur diejenigen Geschäftsführer, die an dem konkreten Rechtsgeschäft unmittelbar oder mittelbar selbst beteiligt waren. Die bloße Stellung als Organ der Vorgesellschaft reicht zur Haftungsbegründung auch dann nicht aus, wenn der Geschäftsführer durch Annahme der Bestellung sein generelles Einverständnis mit dem alsbaldigen Beginn der werbenden Tätigkeit erteilt hat. Auch die nachträgliche Zustimmung zu einem bereits *wirksam* namens der Gesellschaft abgeschlossenen Vertrag macht den Zustimmenden nicht etwa zum Handelnden im Sinne von § 11 Abs. 2[192]. Ebenso scheidet eine Haftung nach § 11 Abs. 2 für Rechtsgeschäfte namens der (Vor-) Gesellschaft aus, die erst *nach* Amtsniederlegung des betr. Geschäftsführers abgeschlossen worden sind (BGH WM **1983** 230).

Die **Vertretungsmacht** der Geschäftsführer gehört **nicht** zu den notwendigen Haftungsvoraussetzungen. Ihren im Hinblick auf die Sicherungsfunktion wichtigsten Anwendungsbereich behält die Vorschrift des § 11 Abs. 2 gerade in denjenigen Fällen, in denen der andere Teil mangels Vertretungsmacht der handelnden Geschäftsführer keinen Anspruch gegen die Vor-GmbH erlangt (Rdn. 93 aE). Das Fehlen der Vertretungsmacht kann entweder auf der fehlenden Zustimmung der Gründer zur vorzeitigen Geschäftsaufnahme (Rdn. 53) oder darauf beruhen, daß es an der nach Gesetz oder Satzung notwendigen Mitwirkung weiterer Geschäftsführer zur wirksamen Verpflichtung der Gesellschaft fehlt. Beide Umstände sind angesichts der noch fehlenden Eintragung der Gesellschaft für den Rechtsverkehr regelmäßig nicht erkennbar. Seinem Schutz dient die gegenüber § 179 BGB verschärfte (Rdn. 96a) *gesetzliche* Haftung der Handelnden aus § 11 Abs. 2[193]. **Kennt der andere Teil** allerdings das **Fehlen der Vertretungsmacht** des als Geschäftsführer Handelnden und ist er gleichwohl, etwa im Vertrauen auf die Genehmigung des Vertrags nach Eintragung der Gesellschaft, zum Abschluß bereit, so besteht für seine Sicherung durch § 11 Abs. 2 kein Bedürfnis; die Handelndenhaftung greift nicht ein[194]. Das folgt aus der teleologischen Reduktion von § 11 Abs. 2, ohne daß es eines Rückgriffs auf die (weitergehende) Einschränkung des § 179 Abs. 3 BGB bedarf. Der Fall ist dem Vertragsabschluß unter der aufschiebenden Bedingung der Eintragung der GmbH vergleichbar, in dem § 11 Abs. 2 ebenfalls nicht eingreift (Rdn. 101). **103**

c) Handeln gegenüber Dritten. Die Haftung aus § 11 Abs. 2 besteht **nur gegenüber Dritten**; gegenüber Gesellschaftern greift sie auch dann nicht ein, wenn diese als Drittgläubiger rechtsgeschäftliche Forderungen gegen die Vorgesellschaft erwerben[195]. **104**

---

[192] HM, vgl. RGZ **70** 296, 302 f., BGH LM § 11 GmbHG Nr. 9; *Scholz/Winter* 22.

[193] So auch *Scholz/Winter* 21; einschränk. wohl BGHZ **53** 210, 216 = NJW **1970** 806 (keine Haftung eines *gesamt*-vertretungsbefugten Geschäftsführers für Erklärungen eines von ihm (unter-)bevollmächtigten Dritten, wenn die Vollmacht mangels Mitwirkung des Mitgeschäftsführers nicht wirksam begründet worden ist) und *Fleck* Anm. LM § 11 GmbHG Nr. 17.

[194] So auch *Scholz/Winter* 21; **aA** *Ostheim* GesRZ **1982** 127.

[195] Ganz hM, vgl. RGZ **105** 152, 153, BGHZ **15** 204, 206 = NJW **1955** 219; **76** 320, 325 = NJW **1980** 1630; *Scholz/Winter* 24, *Rob Fischer* 3c, *Roth* 3.5, *Ostheim* GesRZ **1982** 126 f.; **aA** nur *Riedel* NJW **1970** 404 ff.

Der Grund liegt darin, daß die Gründer, wenn sie mit der Aufnahme der werbenden Tätigkeit einverstanden sind, das Risiko des Handelns nicht auf die Geschäftsführer abwälzen können. Vielmehr haben diese im Zweifel ihrerseits einen Schuldbefreiungsanspruch gegen die Gründer wegen der ihnen aus § 11 Abs. 2 drohenden Belastungen (Rdn. 114). Überschreiten die Geschäftsführer die ihnen eingeräumte Geschäftsführungsbefugnis, so haften sie den Gründern schon nach § 43 auf Schadensersatz (Rdn. 33). — Eine Handelndenhaftung der Geschäftsführer aus *gesellschaftsrechtlichen* Rechtsgeschäften (etwa für den Schadensersatzanspruch eines Beitretenden aus Verschulden bei Vertragsschluß, vgl. BGHZ **15** 204, 206 = NJW **1955** 219) scheidet schon deshalb aus, weil diese Geschäfte bis zur Eintragung nicht namens der Gesellschaft abgeschlossen werden, sondern zwischen den Gründern persönlich zustande kommen (Rdn. 36, 37).

5. Haftungsumfang und -inhalt

105 **a) Allgemeines.** Entsprechend der verbliebenen Sicherungsfunktion der Handelndenhaftung (Ausgleichsfunktion, vgl. Rdn. 94) bestimmen sich ihr Umfang und Inhalt nach den namens der Gesellschaft eingegangenen Verpflichtungen. Im **Regelfall**, bei wirksamer Verpflichtung der Vorgesellschaft, steht die Handelndenhaftung im Verhältnis der **Akzessorietät zur Gesellschaftsverbindlichkeit** (Rdn. 96). Deren Ausgestaltung und Höhe bestimmen bis zur Eintragung auch die Haftung des oder der Handelnden als Gesamtschuldner (RGZ **72** 401, 406). Die Handelnden können sich auch ihrerseits auf die der Gesellschaft zustehenden Einwendungen und Einreden berufen (Rdn. 107). Ist die Vorgesellschaft kaufmännisch tätig (Rdn. 46), so unterfällt die Handelndenhaftung den *Vorschriften über Handelsgeschäfte.* Die Klage des anderen Teils ist Handelssache nach § 95 Abs. 1 Nr. 1 GVG, wenn auch er Kaufmann ist[196]. Es gilt die zweijährige (§ 196 Abs. 1 Nr. 1 BGB), bei einseitigen Handelsgeschäften die vierjährige Verjährungsfrist (§ 196 Abs. 2 BGB) auch gegenüber dem persönlich Haftenden[197]. — Fehlt es an einer wirksamen Verpflichtung der Vorgesellschaft, weil der Handelnde ohne Vertretungsmacht tätig geworden ist (Rdn. 93 aE), so ist zwar für ein Akzessorietätsverhältnis der Handelndenhaftung zur Gesellschaftsverbindlichkeit kein Raum. Auch in diesem Fall ist freilich der Inhalt des Rechtsgeschäfts maßgebend für die Ausgestaltung der gesetzlichen Handelndenhaftung[198] einschließlich der Einwendungen und Einreden, die dem Handelnden gegenüber dem anderen Teil zustehen. Ein Recht, entsprechend § 179 Abs. 1 BGB zwischen Erfüllung und Schadensersatz zu wählen, ist dem anderen Teil wegen der Sonderregelung des § 11 Abs. 2 auch in diesem Fall nicht eröffnet (*Scholz/Winter* 27; **aA** *Roth* 3.2.3, 3.6 und 4.3.3). Der Handelnde haftet aus § 11 Abs. 2 auf Erfüllung *seiner* Verbindlichkeit; seine Stellung entspricht nicht derjenigen eines Bürgen, der für eine fremde Verbindlichkeit einzustehen hat (BGHZ **69** 95, 103 = NJW **1977** 1683).

106 Für Verbindlichkeiten aus namens der (Vor-)GmbH begründeten **Dauerschuldverhältnissen** wird verbreitet die Ansicht vertreten, der Handelnde hafte nicht für diejenigen Teilleistungen, die nach Eintragung der GmbH erbracht werden[199]. Dem ist jedenfalls im Ergebnis zuzustimmen. Soweit es sich um Verbindlichkeiten aus *Ausführungsgeschäften* aufgrund eines einheitlichen, mit der Vor-GmbH abgeschlossenen **Rahmenvertrags** handelt, die ihrerseits erst *nach* Eintragung der GmbH zustandegekom-

---

196 *Berkenbrock* JZ **1980** 21 ff.; weitergehend (stets Handelssache analog § 95 Abs. 1 Nr. 4e GVG) LG Hannover NJW **1968** 56.

197 RGZ **75** 203, 205, BGHZ **69** 95, 104 = NJW **1977** 1683.

198 RGZ **75** 203, 206, BGHZ **53** 210, 214 = NJW **1970** 806, **69** 95, 104 = NJW **1977** 1683; *Scholz/Winter* 27, *Rob. Fischer* 3c, *Feine* S. 205.

199 Vgl. BGHZ **70** 132, 141 = NJW **1978** 636; *Scholz/Winter* 28, *Rob. Fischer* 3c.

men sind, fehlt es bereits an einer Haftungsbegründung vor Eintragung[200]. Was demgegenüber solche vor Eintragung abgeschlossene Dauerschuldverhältnisse, wie **Sukzessivlieferungsverträge, Miet- und Arbeitsverträge** betrifft, die selbst die Rechtsgrundlage der gegenseitigen Ansprüche bilden, so hat die Nichtanwendung von § 11 Abs. 2 auf spätere Teilleistungen ihren Grund *nicht* etwa in einem ausdrücklichen oder stillschweigenden *Haftungsausschluß* für die nach Eintragung fälligen Ansprüche des Dritten[201]. Sie folgt vielmehr aus dem Erlöschen der Handelndenhaftung bei Eintragung der GmbH, soweit diese für die in ihrem Namen begründeten Verbindlichkeiten haftet (Rdn. 109). Sollte der Geschäftsführer vor Eintragung ohne Vertretungsmacht gehandelt und die Vorgesellschaft daher nicht wirksam verpflichtet haben, so ist nach Eintragung die Genehmigung durch die nunmehr unbeschränkt vertretungsbefugten Geschäftsführer (§ 37 Abs. 2) jedenfalls darin zu sehen, daß sie die Leistungen des anderen Teils aus dem Dauerschuldverhältnis für die Gesellschaft weiterhin entgegennehmen. Für eine Haftung des Handelnden nach Eintragung ist somit in aller Regel kein Raum, soweit es um Verbindlichkeiten aus Dauerschuldverhältnissen geht.

b) Einwendungen und Gegenansprüche der Geschäftsführer. Die grundsätzlich **107**
akzessorische Natur der Handelndenhaftung und die Ausgestaltung ihres Inhalts nach Maßgabe des namens der Gesellschaft abgeschlossenen Rechtsgeschäfts (Rdn. 105) haben zur Folge, daß der Handelnde sich auf **alle Einwendungen und Einreden** berufen kann, die der Vorgesellschaft als Vertragspartnerin entweder selbst zustehen oder ihr doch zustünden, wenn wirksam für sie gehandelt worden wäre; eine Ausnahme gilt nur für den Einwand mangelnder Vertretungsmacht des Handelnden. Die für die akzessorische Haftung der OHG-Gesellschafter geltenden Vorschriften der **§ 129 Abs. 1 bis 3 HGB** finden auf die aus § 11 Abs. 2 haftenden Geschäftsführer entsprechende Anwendung[202]. Anderes gilt für persönliche Einwendungen oder Einreden von *Mit*geschäftsführern; auf sie können sie sich nur nach Maßgabe der §§ 422 bis 425 BGB berufen. Eine Berufung auf die Haftungsbeschränkung der Gründer ist den aus § 11 Abs. 2 haftenden Geschäftsführern verwehrt.

Gegenansprüche aus dem namens der Gesellschaft abgeschlossenen Rechtsgeschäft **108**
stehen nicht den Geschäftsführern zu, sondern der (Vor-)Gesellschaft, soweit sie beim Abschluß wirksam vertreten wurde oder das Geschäft nachträglich genehmigt hat[203]. Die Geschäftsführer können sich zwar auf § 320 BGB berufen und danach bei gegenseitigen Verträgen ihre Leistung Zug um Zug von der Gegenleistung an die Gesellschaft abhängig machen, wenn die Gesellschaft nicht zur Vorleistung verpflichtet ist. Ein Erfüllungsanspruch, auch ein solcher auf Leistung an die Gesellschaft, steht ihnen jedoch selbst dann nicht zu, wenn sie ihrerseits schon geleistet haben[204]. Anderes gilt bei *fehlender Bindung der* nicht wirksam vertretenen *Gesellschaft*. Insoweit ist entsprechend § 179 Abs. 1 BGB ein eigener Erfüllungsanspruch der Geschäftsführer anzuerkennen, wenn der andere Teil auch nach Kenntniserlangung von der fehlenden Bindung der Gesellschaft seinerseits auf Erfüllung besteht[205].

---

200 So zutr. RGZ **117** 192, 194; *Scholz/Winter* 28.

201 So aber noch RGZ **116** 71, 74, BGH NJW **1955** 1228, BGH § 11 GmbHG Nr. 2, 6 und 14; Voraufl. 80, *Kuhn* WM **1956** Beil. 5 S. 12; dagegen zutr. BGHZ **70** 132, 141 f. = NJW **1978** 636 und *Scholz/Winter* 28.

202 So zutr. *Ostheim* GesRZ **1982** 127; im Erg. auch *Scholz/Winter* 29.

203 HM, vgl. OLG Frankfurt GmbH-Rdsch. **1952** 108, 109; *Scholz/Winter* 31, *Roth* 3.6, *Barz* GroßkommAktG § 41, 25, *Kuhn* WM **1956** Beil. 5 S. 12, *Ostheim* GesRZ **1982** 127; **aA** KG JW **1937** 46, OLG Köln GmbH-Rdsch. **1966** 214; *Scholz* GmbH-Rdsch. **1956** 4.

204 So zutr. *Scholz/Winter* 31 und *Kraft* Kölner KommAktG § 41, 39; **aA** noch Voraufl. 81.

205 Ebenso *Scholz/Winter* 31, *Roth* 3.6, *Barz* GroßkommAktG § 41, 25, *Heim* ZHR **108** **1941** 181, 183, *Scholz* GmbH-Rdsch. **1952** 109 f.

109 **c) Schicksal bei Eintragung.** Kommt es zur Eintragung der Gesellschaft und wird die GmbH entweder kraft Rechtsnachfolge (Rdn. 74) oder kraft Genehmigung des in ihrem Namen ohne Vertretungsmacht abgeschlossenen Rechtsgeschäfts Schuldner der vertraglichen Verpflichtungen, so besteht für die — ohnehin beschränkte (Rdn. 94) — Sicherungsfunktion des § 11 Abs. 2 kein Bedürfnis mehr. Der **Bundesgerichtshof** hat sich daher in teleologischer Reduktion von § 11 Abs. 2 für den **Wegfall der Handelndenhaftung im Zeitpunkt der Eintragung** ausgesprochen, wenn der andere Teil dadurch die GmbH als den von ihm vorausgesetzten Schuldner erlangt[206]. Dem ist abweichend von der Voraufl. (Rdn. 83) mit der heute ganz hM[207] **zuzustimmen**; die Lösung verdient namentlich auch den Vorzug vor einer Analogie zu der mißglückten Befreiungsvorschrift des § 41 Abs. 2 AktG[208]. Die Enthaftung tritt auch dann ein, wenn der Anspruch aus der Handelndenhaftung bereits geltendgemacht, insbesondere rechtshängig ist; insoweit führt die Eintragung zur Erledigung der Hauptsache mit der Kostenfolge des § 91a ZPO. Hat freilich der Geschäftsführer schon vor Eintragung erfüllt und ist dementsprechend der Anspruch des anderen Teils gegen die Gesellschaft nach § 426 Abs. 2 BGB auf ihn übergegangen, so kann er das Geleistete nicht wegen Wegfalls des rechtlichen Grundes nach § 812 BGB zurückverlangen.

110 Die **Handelndenhaftung besteht** trotz Eintragung der GmbH ausnahmsweise **fort, wenn und soweit die GmbH** aus dem zugrundeliegenden Rechtsgeschäft **nicht verpflichtet** wird. Voraussetzung hierfür ist einerseits das Handeln des oder der Geschäftsführer ohne Vertretungsmacht für die Vorgesellschaft, andererseits die **fehlende Genehmigung durch die GmbH** nach Eintragung. Lehnt die GmbH das Erfüllungsverlangen des Gläubigers mangels vertraglicher Bindung ab, so ist es Sache der aus § 11 Abs. 2 haftenden Geschäftsführer, den **Beweis** für den Eintritt der Enthaftung (und damit für die Bindung der GmbH) zu führen.

6. Vertraglicher Haftungsausschluß

111 Die Vorschrift des Abs. 2 ist **dispositiv**[209]. Die Geschäftsführer können ihre Haftung daher durch Vereinbarung mit dem Vertragspartner der Gesellschaft auch dann ausschließen, wenn der Vertrag nicht unter der aufschiebenden Bedingung der Entstehung der GmbH geschlossen ist und eine Haftung der Geschäftsführer nicht schon aus diesem Grunde entfällt (Rdn. 101). Der Haftungsausschluß kann uneingeschränkt vereinbart werden; er kann auch unter der Bedingung erfolgen, daß die Gesellschaft sich nicht vom Vertrag lossagt (BGH LM Nr. 14 zu § 11 GmbHG). **Ein stillschweigender Haftungsausschluß** für alle vor Eintragung entstandenen Verbindlichkeiten **ist nicht zu vermuten**[210]; er sollte auch nicht als Scheinargument zur Korrektur der überholten

---

[206] BGHZ **80** 182, 183 f. = NJW **1981** 1452 und BGH NJW **1982** 932; obiter auch schon BGHZ **69** 95, 103 f. = NJW **1977** 1683; **70** 132, 139 ff. = NJW **1978** 636 und **76** 320, 323 = NJW **1980** 1630. Nachw. zur früheren Gegenansicht vgl. in Voraufl. 82.

[207] Vgl. *Scholz/Winter* 32, *Rob. Fischer* 3d, *Roth* 3.4, *Flume* NJW **1981** 1753, *K. Schmidt* NJW **1978** 639; so auch schon *Dregger* S. 109 f., *Scholz* GmbH-Rdsch. **1956** 3, 6 und *Flume* Festschrift Geßler S. 43 ff.; **aA** noch *Feine* S. 205, *Huber* Festschrift Rob. Fischer S. 279 ff., *Sudhoff* GmbH-Rdsch. **1965** 107, 109, *Wiedemann* JurA **1970** 464 f.; weit. Nachw., auch zu differenz. Ansichten, vgl. in Voraufl. 82.

[208] HM, vgl. BGHZ **70** 132, 140 = NJW **1978** 636; *Fleck* ZGR **1975** 230 f., *Flume* Festschrift Geßler S. 45, *Scholz/Winter* 32; **aA** *M. Scholz* aaO S. 157 f.

[209] EinhM, vgl. BGHZ **53** 210, 213 = NJW **1970** 806, BGH NJW **1973** 798; *Scholz/Winter* 34, *Rob. Fischer* 3c.

[210] So auch *Scholz/Winter* 34, *Ballerstedt* ZHR 127 **1965** 102 f., *Barz* GroßkommAktG § 41, 26 aE.

Regelung des § 11 Abs. 2 dienen. Nachdem die Rechtsprechung für den Regelfall das Wegfallen der Haftung bei Eintragung der GmbH anerkannt hat (Rdn. 109), hat der vertragliche Haftungsausschluß seine Bedeutung weitgehend verloren. Das gilt namentlich für die Frage einer Forthaftung der handelnden Geschäftsführer aus Dauerschuldverhältnissen (Rdn. 106).

7. Befreiungs- und Regreßansprüche der haftenden Geschäftsführer

a) Gegen die (Vor-)GmbH. Die Handelndenhaftung trifft die Geschäftsführer infolge der Erfüllung ihrer Geschäftsführerfunktion vor Eintragung der Gesellschaft, sofern der **Zweck der Vorgesellschaft** über die Herbeiführung der Entstehung der GmbH hinaus bereits **auf die Aufnahme des Geschäftsbetriebs gerichtet** war. Ihnen steht daher aus dem Anstellungsvertrag ein **Anspruch gegen die Vor-GmbH** zu[211]; dieser richtet sich im Falle ihrer Inanspruchnahme durch Gesellschaftsgläubiger auf **Aufwendungsersatz** (§§ 675, 670 BGB), im übrigen auf **Schuldbefreiung** nach § 257 BGB. Hinzukommen im Falle der Zahlung der Geschäftsführer etwaige Regreßansprüche gegen die Gesellschaft nach Maßgabe von § 426 Abs. 1 und 2 BGB. Der Schuldbefreiungsanspruch erlischt, wenn es zur Eintragung der GmbH mit der Folge des Wegfalls der Handelndenhaftung kommt (Rdn. 109). 112

Haben Geschäftsführer rechtsgeschäftlich namens der Gesellschaft gehandelt, **ohne** hierzu durch den **Gesellschaftszweck oder das Einverständnis der Gründer** befugt zu sein, so richten sich ihre Aufwendungsersatz- und Befreiungsansprüche nach den Regeln der **Geschäftsführung ohne Auftrag** (§§ 677, 683, 670 BGB). Voraussetzung für die ausnahmsweise Entstehung solcher Ansprüche ist wegen des der vorzeitigen Geschäftsaufnahme entgegenstehenden Willens der Gründer ein Handeln der Geschäftsführer zur Erfüllung einer öffentlichrechtlichen Pflicht der Vorgesellschaft oder zur Abwehr einer ihr drohenden dringenden Gefahr (§§ 679, 680 BGB). 113

b) Gegen die Gründer? Die Geltendmachung von Aufwendungsersatz- und Schuldbefreiungsansprüchen gegen die Gründer persönlich ist für die nach § 11 Abs. 2 haftenden Geschäftsführer namentlich dann von Interesse, **wenn die Eintragung scheitert** und es weder zur Enthaftung der Geschäftsführer (Rdn. 109) noch zur Unterbilanzhaftung der Gründer gegenüber der GmbH (Rdn. 81 ff., 84) kommt[212]. Der **BGH** hat solche Ansprüche für den Fall des Einverständnisses der Gründer mit der vorzeitigen Geschäftsaufnahme **bejaht** und sie auf eine interessengerechte Auslegung des *Anstellungsvertrags* der Geschäftsführer gestützt (BGHZ **86** 122, 126 = NJW **1983** 976). Dem ist im *Ergebnis* zuzustimmen (so auch *W. H. Roth* ZGR **1984** 620). Allerdings vermag die Begründung nicht zu überzeugen, soweit sie den Rechtsgrund für die Gründerhaftung im Anstellungsvertrag sieht. Dieser bindet zwar die Vor-GmbH, nicht aber die Gründer persönlich; sie haften insoweit nur beschränkt bis zur Höhe ihrer noch nicht erbrachten Einlage (Rdn. 63 f.). Wohl aber liegt es bei interessengerechter Auslegung nahe, eine neben dem Anstellungsvertrag bestehende **Schuldbefreiungszusage der** 114

---

211 Ebenso *Scholz/Winter* 33.

212 Hierauf verweisen — zur Begründung der von ihnen vertretenen *unbeschränkten* Gründerhaftung — namentlich *Flume* Festschrift Geßler S. 34, Festschrift v. Caemmerer S. 519 ff. und NJW **1981** 1755, sowie *K. Schmidt* Stellung der OHG S. 355 ff. und NJW **1981** 1347. Zum potentiellen Interessenkonflikt zwischen Gründern und Geschäftsführern hinsichtlich des Betreibens der Eintragung wegen der damit verbundenen Wirkungen (Begründung der Unterbilanzhaftung; Wegfall der Handelndenhaftung) vgl. auch *U. Huber* Festschrift Rob. Fischer S. 288 ff.

Gründer persönlich gegenüber den Geschäftsführern anzunehmen, wenn diese von den Gründern zur vorzeitigen Aufnahme des Geschäftsbetriebs und zur Übernahme von Risiken aus der Handelndenhaftung in einem Umfang veranlaßt werden, der voraussichtlich durch das — beschränkte — Stammkapital der Gesellschaft nicht gedeckt ist. Eine derartige Vereinbarung kann unbeschadet des mit der Vor-GmbH bestehenden Anstellungsvertrags konkludent zwischen den Gründern und den Geschäftsführern geschlossen werden. Die Gründer handeln insoweit nicht für die Vor-GmbH als Mitglieder der Gesellschafterversammlung, sondern übernehmen eine persönliche Verpflichtung gegenüber den Geschäftsführern durch formlos wirksame, vom Gesellschafts- und Anstellungsvertrag unabhängige Vereinbarung.

VII. Die Besteuerung der Vorgesellschaft

Schrifttum

Blümich/Klein/Steinbring/Stutz Körperschaftssteuergesetz, 4. Aufl. 1965; *Felix/Streck* KStG, 2. Aufl. 1984; *Heckmann* Der Beginn der Körperschaftsteuerpflicht bei Kapitalgesellschaften, DB **1976** 980; *Herrmann/Heuer* Kommentar zur Einkommensteuer und Körperschaftsteuer, Stand 1982; *Henninger* Die Besteuerung der Vor- und Gründergesellschaft, GmbH-Rdsch. **1974** 269; *Salditt* Zur Körperschaftsteuerpflicht der nichtrechtsfähigen „Kapitalgesellschaft", StuW **1971** 191; *Schuhmann* Vorgesellschaft, Gründungsgesellschaft, unechte Vorgesellschaft im Steuerrecht, GmbH-Rdsch. **1981** 196; *Streck* Die Körperschaftsteuerpflicht juristischer Personen im Gründungsstadium, BB **1972** 261.

1. Körperschaftsteuer

115 **a) Vorgesellschaft.** Die selbständige **Besteuerung der Vorgesellschaft** (steuerrechtlich: „Gründergesellschaft" genannt) **nach Körperschaftsteuerrecht** — anstelle der bei den Personengesellschaften geltenden Besteuerung der *Gesellschafter* als Mitunternehmer nach dem EStG — ist in ständiger Rechtsprechung von Reichsfinanzhof und Bundesfinanzhof **im Grundsatz anerkannt**[213]. Entsprechendes hat nach Ansicht der steuerrechtlichen Literatur auch für die *Einmanngründung* zu gelten, wobei die Frage der Rechtsnatur der Einmann-Gründerorganisation überwiegend offenbleibt [213a]. Im Unterschied zur Besteuerung der Vorgründungsgesellschaft (Rdn. 118) setzt die Anwendung des KStG den **Abschluß eines notariellen Gesellschaftsvertrags** voraus. Sofern die Gesellschaft in Vollzug gesetzt ist, sollte auch ein *fehlerhafter* Vertrag genügen[214].

116 **Umstritten** sind zwei weitere in der Rechtsprechung des Reichsfinanzhofs und Bundesfinanzhofs aufgestellte Erfordernisse für die körperschaftsteuerliche Anerkennung der Vorgesellschaft: **die nachfolgende Eintragung** der Gesellschaft und die **Aufnahme einer nach außen in Erscheinung tretenden geschäftlichen Tätigkeit** der Gesell-

---

[213] RFH **11** 249; **36** 244, BFH BStBl. **1952** III 172; **1973** II 568, WM **1983** 689, 690; *Felix/Streck* KStG § 1, 8, *Herrmann/Heuer* KStG § 1, 84, *Knobbe-Keuk* Bilanz- und Unternehmenssteuerrecht[4] S. 343, *Scholz/Winter* 40, *Henninger* GmbH-Rdsch. **1974** 269 f., *Streck* BB **1972** 261 ff.; **aA** *Heckmann* DB **1976** 980 ff., *Schuhmann* GmbH-Rdsch. **1981** 198 f.

[213a] Vgl. etwa *Felix/Streck* KStO[2] § 1, 8, *Tipke* Steuerrecht, 1983[9], S. 312; auf die Rechtsfähigkeit der Gründerorganisation abstellend *Tillmann* in: Das neue GmbH-Recht in der Diskussion, 1981, S. 142.

[214] So für den Fall einer formnichtigen Beitrittserklärung auch BFH BStBl. **1973 II** 568; zur gesellschaftsrechtlichen Behandlung der fehlerhaften Vorgesellschaft vgl. § 2, 19 und 77.

schaft[215]. Gegen beide Erfordernisse ist im Schrifttum verbreitet Kritik angemeldet worden[216]. Die **Kritiker** verweisen zu Recht auf die neueren Entwicklungen bei der *gesellschaftsrechtlichen* Behandlung der Vorgesellschaft, namentlich auf deren Anerkennung als eine besondere, von den klassischen Gesellschaftstypen zu unterscheidende Organisationsform (dazu Rdn. 8). Diese Anerkennung ist — trotz des Charakters der Vorgesellschaft als Vorstufe zur GmbH (Rdn. 6) — *nicht* davon abhängig, daß es später tatsächlich zur **Eintragung** kommt, solange nur der Eintragungswille der Gründer fortbesteht. Die nachfolgende Eintragung ist daher nur *Indiz* für den Eintragungswillen; die Körperschaftsteuerpflicht bleibt selbst dann bestehen, wenn die Eintragung scheitert und es zur Abwicklung der Vorgesellschaft kommt (*Streck* BB **1972** 265, zur Abwicklung vgl. Rdn. 41 ff.). Gleiches gilt aber auch für das Erfordernis der **Geschäftstätigkeit nach außen** (dahingestellt in BFH BStBl. **1973** II 568, 569). Auch insoweit handelt es sich weder um ein Wesensmerkmal der Vorgesellschaft, noch stellt die Vorschrift des § 1 KStG auf ein solches Kriterium ab (*Streck* BB **1972** 262). Hinzu kommt, daß sich die Frage der Besteuerung eines etwaigen Ertrags regelmäßig erst dann stellen wird, wenn die Vorgesellschaft ihre werbende Tätigkeit begonnen hat. Schließlich sprechen auch **praktische Gesichtspunkte** gegen die beiden in der Rechtsprechung aufgestellten zusätzlichen Erfordernisse; für die Beteiligten ist es unzumutbar, die steuerrechtliche Beurteilung *rückwirkend* von einem späteren Ereignis abhängig zu machen (vgl. *Streck* BB **1972** 263 mit Hinweisen auch auf methodische Bedenken). Die echte Vorgesellschaft sollte daher ohne Einschränkung als Körperschaftsteuersubjekt behandelt werden.

Haben die Gründer nicht den Willen, die Eintragung herbeizuführen, so liegt eine **117**
unechte Vorgesellschaft vor. Geben sie die Eintragungsabsicht *später* auf, so wandelt sich die ursprünglich echte in eine unechte Vorgesellschaft um. Ihre steuerrechtliche Behandlung richtet sich nach der gesellschaftsrechtlichen Beurteilung (Rdn. 17 f.). Soweit nicht im Einzelfall die Annahme eines nichtrechtsfähigen Vereins oder Zweckvermögens (§ 1 Abs. 1 Nr. 5 KStG) in Betracht kommt, sind die Gesellschafter in Höhe der auf sie entfallenden Gewinne einkommensteuerpflichtig[217]. Eine Rückwirkung der Umwandlung ist entgegen der hM freilich abzulehnen (vgl. Näheres bei *Streck* BB **1972** 261 f. m. weit. Nachw., 265).

b) Vorgründungsgesellschaft. Ebenso wie bei der gesellschaftsrechtlichen Beurtei- **118**
lung (Rdn. 20 ff.) gelten für die Vorgründungsgesellschaft (steuerrechtlich: „Vorgesellschaft" genannt) auch im Steuerrecht keine Besonderheiten gegenüber sonstigen Personengesellschaften. Die **Gesellschafter sind Mitunternehmer** im Sinne von § 15 Abs. 1 Nr. 2 EStG, wobei nicht entscheidend ist, ob die Vorgründungsgesellschaft eine OHG oder aber eine Gesellschaft bürgerlichen Rechts bildet[218]. Das hat zur Folge, daß etwaige **Verluste** im Rahmen der Vorgründungsgesellschaft steuerlich nicht der GmbH, sondern den Mitunternehmern zugute kommen. Dieses Ergebnis läßt sich auch nicht

215 RFH RStBl. **1934** 835, BFH BStBl. **1952** III 172, DB **1953** 524, WM **1983** 689, 690 FG Düsseldorf EFG **1956** 95; *Blümich/Klein/Steinbring/Stutz* KStG § 1, 5b (3) 2, *Henninger* GmbH-Rdsch. **1974** 270; ähnlich auch *Salditt* StuW **1971** 194 f., 202.

216 Vgl. namentlich *Streck* BB **1972** 262 f.; so auch *Felix/Streck* KStG² § 1, 8, *Stolterfoht* in Anm. zu BFH BStBl. **1973** II 568, StRK § 1 R. 74; im Hinblick auf das Erfordernis der Eintragung auch *Knobbe-Keuk* Bilanz- und Unternehmenssteuerrecht⁴ S. 343 und *Scholz/Winter* 40.

217 *Streck* BB **1972** 265; so im Ergebnis auch die auf das Fehlen der nachfolgenden Eintragung abstellende höchstrichterliche Rechtsprechung, vgl. Rdn. 116.

218 OFH StRK § 1 KStG R. 7, BFH StRK § 1 KStG R. 25; *Herrmann/Heuer* KStG § 1, 83, *Knobbe-Keuk* Bilanz- und Unternehmenssteuerrecht⁴, S. 219, 343, *Henninger* GmbH-Rdsch. **1974** 269, *Schuhmann* GmbH-Rdsch. **1981** 196, *Streck* BB **1972** 261.

dadurch ändern, daß der Einbringungsstichtag des in die GmbH einzubringenden Handelsgeschäfts der Vorgründungsgesellschaft vertraglich rückdatiert wird; die **Rückdatierung findet steuerrechtlich grundsätzlich keine Anerkennung**[219].

2. Vermögensteuer, Grunderwerbsteuer

119 Für die **Vermögensteuerpflicht** der Vorgesellschaft gelten die gleichen Grundsätze wie für die Körperschaftsteuerpflicht (Rdn. 115 ff.). Auch sie beginnt frühestens mit dem Tage des notariellen Vertragsschlusses und setzt den Eintragungswillen der Gründer voraus (BFH BStBl. **1960** III 319). Zusätzlich wird man hier freilich auf die **Bildung von Gesamthandsvermögen** bei der Vorgesellschaft abzustellen haben, sei es durch die Einlageleistungen der Gründer oder durch die Aufnahme des Geschäftsbetriebs vor Eintragung; die Einlageforderungen im Gesellschaftsvertrag, deren Durchsetzung von den weiteren Entscheidungen der Gründer abhängt, reichen hierfür nicht aus[220]. Dem von BFH auch insoweit aufgestellten Merkmal der aktiven Teilnahme am Wirtschaftsverkehr[221] ist aus den gleichen Gründen wie bei der Körperschaftsteuer (Rdn. 116) nicht zu folgen.

120 Im **Grunderwerbsteuerrecht** werden Vorgesellschaft und GmbH als das gleiche Rechtsgebilde angesehen[222]. Die Grunderwerbsteuer für einen für die Vorgesellschaft steuerpflichtigen Erwerbstatbestand kann auch noch gegenüber der GmbH festgesetzt werden. Der Übergang des Eigentums an den in die Vorgesellschaft eingebrachten Grundstücken auf die eingetragene GmbH (Rdn. 74) löst entgegen § 1 Abs. 1 Nr. 3 S. 1 GrEStG keine erneute Grunderwerbsteuerpflicht aus.

VIII. Die Vor-GmbH & Co KG

Schrifttum

Binz Haftungsverhältnisse im Gründungsstadium der GmbH & Co KG, 1976; *ders.* Haftungsverhältnisse bei werbender Tätigkeit der Vor-GmbH & Co KG, GmbH-Rdsch. **1976** 29; *Hennerkes/Binz* Die GmbH & Co.[7] (1984), S. 20 ff.; *dies.* Zur Handelndenhaftung im Gründungsstadium einer GmbH & Co KG, DB **1982** 1971; *Huber* Haftungsprobleme der GmbH & Co KG im Gründungsstadium, Festschrift Hefermehl (1976) S. 127; *Hüffer* Gesellschafterhaftung und Geschäftsführerhaftung in der Vor-GmbH & Co KG, JuS **1980** 485; *Kuhn* Zur werdenden GmbH & Co KG, Festschrift Hefermehl (1976) S. 159; *K. Schmidt* Haftungsverhältnisse bei werbender Tätigkeit in den Gründungsstadien der GmbH & Co, NJW **1975** 655; *ders.* Die Vor-GmbH als Unternehmerin und Komplementärin, NJW **1981** 1345; *Ulmer* Abschied vom Vorbelastungsverbot im Gründungsstadium der GmbH, ZGR **1981** 593, 614.

1. Überblick

121 **a) Die GmbH & Co KG als Personengesellschaft.** Die GmbH & Co KG unterliegt als Sonderform der *Kommanditgesellschaft* grundsätzlich den Vorschriften der §§ 161 ff. i.V.m. 105 ff. HGB. Das gilt auch für ihre **Entstehung; sie richtet sich nach den für**

---

[219] RFH RStBl. **1932** 474; **1934** 835; *Herrmann/Heuer* KStG § 1, 86.

[220] *Scholz/Winter* 40; im Ergebnis ähnlich RFH RStBl. **1930** 373, BFH BStBl. **1960** III 319; nicht eindeutig BFH BStBl. **1952** III 180.

[221] So auch *Henninger* GmbH-Rdsch. **1974** 269 m. weit. Literaturnachw.

[222] BFH BStBl. **1957** III 28; *Henninger* GmbH-Rdsch. **1974** 269.

Personengesellschaften geltenden Grundsätzen. Die Eintragung im Handelsregister hat daher im Regelfall, bei einem auf den Betrieb eines **Grundhandelsgewerbes** (§ 1 HGB) gerichteten Gesellschaftszweck, *deklaratorische* Bedeutung. Die Gesellschaft entsteht im Innenverhältnis bereits mit dem Vertragsschluß (§ 105 Abs. 2 HGB i.V.m. § 705 BGB). Auch nach *außen* wird sie schon *vor* Eintragung wirksam, wenn sie vor diesem Zeitpunkt mit der Geschäftstätigkeit beginnt (§ 123 Abs. 2 HGB). Im Falle eines **sollkaufmännischen Unternehmens** (§ 2 HGB) setzt die Entstehung *als Kommanditgesellschaft* zwar zusätzlich die — in diesem Fall *konstitutiv* wirkende — Eintragung voraus. Bis zur Eintragung besteht die Gesellschaft jedoch schon als Gesellschaft bürgerlichen Rechts; als solche kann sie auch schon am Rechtsverkehr teilnehmen (vgl. Rdn. 123).

b) Die Komplementärfähigkeit der Vor-GmbH. Beruht die Schaffung der GmbH & Co KG nicht auf der Umwandlung einer bis dahin bestehenden Normal-KG durch Beitritt einer GmbH als neuem Komplementär, sondern handelt es sich um eine Neugründung, so werden die Beteiligten meist die KG unmittelbar nach der GmbH zu einem Zeitpunkt gründen, in dem die GmbH noch nicht im Handelsregister eingetragen, d. h. als solche noch nicht entstanden ist. Das wirft die Frage nach der Komplementärfähigkeit der Vor-GmbH auf. Sie ist vom **Bundesgerichtshof** nach anfänglichem Zögern[223] inzwischen **anerkannt** worden[224] und wird auch im Schrifttum heute einhellig bejaht[225]. Voraussetzung für die Wirksamkeit der Beteiligung der Vor-GmbH, vertreten durch ihre Geschäftsführer, an der Gründung der KG ist, daß die Gründer ihnen eine gegenüber dem gesetzlichen Regelfall **erweiterte Vertretungsmacht** eingeräumt haben (Rdn. 52 f.). Das kann auch konkludent geschehen und kommt regelmäßig schon darin zum Ausdruck, daß der Zweck der Vor-GmbH auf die Übernahme der Komplementärstellung in einer gemeinsam mit den Gründern als Kommanditisten zu errichtenden GmbH & Co KG gerichtet ist[226]. Die Entstehung der GmbH & Co KG durchläuft in diesem Fall mehrere Stufen. Bis zur Eintragung der GmbH ist sie Vor-GmbH & Co KG (bzw. im Fall von § 2 HGB: Soll-KG), sodann zunächst nicht eingetragene GmbH & Co (Soll-)KG. Erst nach Eintragung auch der KG ist der Entstehungsprozeß vollständig abgeschlossen. Das kann namentlich für die Haftungsverhältnisse im Gründungsstadium Bedeutung erlangen (vgl. Rdn. 126 ff., 132 f.). 122

2. Die fehlende Eintragung von KG oder GmbH

a) Die Soll-GmbH & Co KG. Ist der Zweck der (Vor-)GmbH & Co KG auf den Betrieb eines **sollkaufmännischen Gewerbes** nach § 2 HGB gerichtet, so wird dieses erst durch Eintragung im Handelsregister zum Handelsgewerbe im Sinne von § 161 Abs. 1 HGB. Die Gesellschaft entsteht in diesem Fall *intern* zwar auch bereits mit dem 123

---

[223] Dahingestellt lassend BGHZ **69** 95, 98 = NJW **1977** 1683; **70** 132 (134, 138 f.) = NJW **1978** 636; **76** 320, 323 = NJW **1980** 1630; ablehnend noch BGHZ **63** 45, 47 = NJW **1974** 1905

[224] BGHZ **80** 129 (132 ff., 143) = NJW **1981** 1373 (unter Aufgabe des der Haftung aus § 128 HGB vor Eintragung der GmbH entgegenstehenden Vorbelastungsverbots).

[225] *Scholz/Winter* 5, *Rob. Fischer* 2e, *Roth* 7.3, *Baumbach/Duden/Hopt* HGB[25] Anh. § 177a, II 2A, *Hennerkes/Binz*[7] S. 23; so auch früher schon *Binz* aaO (Fn. 109) S. 145 ff., 213, *Flume* Die Personengesellschaft S. 337, *Huber* Festschrift Hefermehl S. 148 f., 156, *Hüffer* JuS **1980** 487; **aA** noch *Kuhn* Festschrift Hefermehl S. 160, 169 f., *K. Schmidt* NJW **1975** 665 f., 669 (anders jetzt *ders.* NJW **1981** 1347) und *Brönner/Bünz* Die GmbH & Co KG[4], S. 77.

[226] *Hüffer* JuS **1980** 487, *Ulmer* ZGR **1981** 616, Hennerkes/Binz[7] S. 23; allg. zur Bestimmung des Zwecks der Vor-GmbH vgl. Rdn. 28 ff.

Vertragsschluß, bis zur Eintragung aber nicht als KG, sondern in der Rechtsform einer **Gesellschaft bürgerlichen Rechts**[227]. Auch *nach außen*, in den Rechtsbeziehungen zu Dritten, ist zwar nicht die Entstehung als Gesellschaft bürgerlichen Rechts, wohl aber die Erlangung der Rechtsform KG an die — hier *konstitutiv* wirkende — Eintragung gebunden. Bis zur Eintragung fehlt der Gesellschaft daher namentlich die Befugnis zur Firmenführung, zur Bestellung von Prokuristen und Handlungsbevollmächtigten und zur Berufung auf die Vorschriften für Handelsgeschäfte. Die Eintragung bestimmt im Unterschied zum GmbH-Recht somit zwar nicht über die Entstehung der Gesellschaft, wohl aber über ihre Qualifikation als KG. Zur deutlichen Unterscheidung von der noch im Entstehungsprozeß begriffenen Vor-GmbH & Co KG (Rdn. 124) empfiehlt es sich, die noch nicht eingetragene KG insoweit als **Soll-GmbH & Co KG** zu bezeichnen[228].

124 **b) Die Vor-GmbH & Co KG.** Steht nicht nur die Eintragung der KG aus, sondern auch diejenige der GmbH, so hat das zwar auf die KG-Gründung keinen Einfluß (Rdn. 122), wohl aber auf die Struktur der als **Komplementär** beteiligten Gesellschaft. Diese ist bis zur Eintragung **Gesamthand** (Rdn. 5) bzw. im Fall der Einmanngründung ein **Sondervermögen** des Gründers (Rdn. 14 ff.). Schwierigkeiten können sich hier namentlich in denjenigen Fällen ergeben, in denen Personenidentität besteht zwischen Einmanngründer der GmbH und einzigem Kommanditisten. Es fragt sich, ob die Einmann-Gründerorganisation schon so weit verselbständigt ist, daß sie mit dem Einmann als Kommanditisten einen Gesellschaftsvertrag nach § 161 HGB i. V. m. § 705 BGB abschließen kann; das ist jedenfalls aus der Sicht der Sondervermögenstheorie (Rdn. 16) zu verneinen. — Zur analogen Anwendung von § 11 Abs. 2 auf Rechtsgeschäfte der Vor-GmbH & Co KG vgl. Rdn. 128 ff.

125 Im Falle der Beteiligung einer Vor-GmbH an der Gründung der KG stellt sich auch die **Frage, ob die KG** in das Handelsregister (Abteilung A) schon **eingetragen werden kann, bevor die Eintragung der GmbH** (in Abteilung B) **erfolgt** ist. Die Frage hat Bedeutung vor allem in denjenigen Fällen, in denen die Vor-GmbH & Co. ein sollkaufmännisches Unternehmen nach § 2 HGB betreibt und erst durch die Eintragung die Rechtsform der KG erlangt. Berücksichtigt man, daß es hier nicht um die Eintragung der (Vor-)GmbH mit eigenem (soll-)kaufmännischen Geschäftsbetrieb geht (vgl. dazu Rdn. 46), sondern um die davon zu unterscheidende Eintragung der KG als Personengesellschaft unter Einschluß ihrer Gesellschafter (§§ 161 Abs. 2, 106 HGB), so **steht die noch ausstehende Eintragung der GmbH derjenigen der KG nicht entgegen**[229]. Gesellschafter und Rechtsverkehr haben ein berechtigtes Interesse an alsbaldiger Verlautbarung der Rechtsverhältnisse der GmbH & Co KG im Handelsregister sowie — im Falle des § 2 HGB — an der Erlangung der Rechtsform der KG. Verzögerungen bei der Eintragung der GmbH brauchen sich nicht auf diejenige der KG auszuwirken. Auch Unklarheiten für den Rechtsverkehr sind aus diesem Vorgehen nicht zu befürchten; er kann sich die notwendigen Informationen über die Gesellschafter der Vor-GmbH aus den Handelsregisterunterlagen der KG-Eintragung verschaffen. Als Komplementär der KG ist in derartigen Fällen die Vor-GmbH zunächst als solche aufzuführen; nach

---

[227] Zur Anwendbarkeit von KG-Recht auf die Beziehungen zwischen den Gesellschaftern schon vor Eintragung im Handelsregister vgl. *Rob. Fischer* GroßkommHGB³ § 105, 62b und MünchKomm. — *Ulmer* § 705, 2.

[228] Vgl. etwa die Fälle BGHZ **59** 179 = NJW **1972** 1660; **61** 59 = NJW **1973** 1691 und **69** 95 = NJW **1977** 1683; zur Haftung der Kommanditisten einer Soll-GmbH & Co KG vgl. Rdn. 133.

[229] So auch *Baumbach/Duden/Hopt* aaO (Fn. 225) II 1 B, *K. Schmidt* NJW **1981** 1347; wohl auch *Fleck* GmbH-Rdsch. **1983** 16; **aA** BayObLG GmbH-Rdsch. **1967** 9 und **1969** 22, 23, OLG Hamm BB **1976** 1094, *Roth* 7.3.

Entstehung der GmbH durch Eintragung in Abteilung B des Registers ist die Komplementär-Angabe in Abteilung A zu berichtigen[230].

3. Die Haftungsverhältnisse vor Eintragung

a) Die Haftung in der Vor-GmbH. α) Grundsatz. Die Vor-GmbH haftet als **Komplementärin** der GmbH & Co KG für deren Verbindlichkeiten nach § 128 HGB unbeschränkt persönlich, unabhängig von etwaigen Beschränkungen im KG-Vertrag. Die unbeschränkte und unbeschränkbare Vertretungsmacht des Komplementärs (§§ 161 Abs. 2, 126 Abs. 2 HGB) gilt schon vor Eintragung; auf etwaige Beschränkungen der Vertretungsmacht des Geschäftsführers der Vor-GmbH in bezug auf Eigengeschäfte der Vor-GmbH (Rdn. 52 f.) kommt es für das *Handeln namens der KG* nicht an. Betreibt die GmbH & Co ein sollkaufmännisches Unternehmen (§ 2 HGB) und wird sie daher erst durch Eintragung zur KG, so gelten die vorstehenden Grundsätze vor Eintragung schon entsprechend; die Soll-KG wird haftungsrechtlich der eingetragenen KG weitgehend gleichgestellt[231]. 126

Innerhalb der Vor-GmbH trifft die Außenhaftung für Verbindlichkeiten der KG nach § 128 HGB neben der Vor-GmbH selbst (als Gesamthand) auch die **Gründer** persönlich, allerdings beschränkt auf ihre noch nicht geleistete Einlage (Rdn. 63 f.). Den KG-Gläubigern haftet also schon vor Eintragung der GmbH Vermögen aus der Sphäre des Komplementärs in Höhe von dessen Stammkapital, wenn auch noch ohne die der GmbH-Eintragung vorangehende gerichtliche Kontrolle und Kapitalsicherung. Die Haftungslage ist derjenigen bei Eigengeschäften der Vor-GmbH voll vergleichbar, sieht man von den zusätzlichen Ansprüchen ab, die den KG-Gläubigern gegen die Kommanditisten zustehen (Rdn. 132 f.). Das führt zu der doppelten Frage, ob auch die Handelndenhaftung und die Grundsätze über die Unterbilanzhaftung in der als Komplementärin tätigen Vor-GmbH anzuwenden sind (Rdn. 128, 131). 127

β) Handelndenhaftung (§ 11 Abs. 2). Die Geltung der Handelndenhaftung für den oder die Geschäftsführer, die vor Eintragung der GmbH die Geschäfte der KG (über die Vertretung der Komplementär-Vor-GmbH) führen, wird mit unterschiedlichen Gründen **überwiegend bejaht.** Nach Ansicht eines Teils der Literatur greift § 11 Abs. 2 in diesen Fällen *unmittelbar* ein, weil es um die Haftungsfolgen aus dem Handeln der Geschäftsführer als Vertreter der Vor-GmbH gehe[232]. Demgegenüber bejaht der *Bundesgerichtshof*[233] die *analoge* Anwendung von § 11 Abs. 2; er sieht den Grund für die entsprechende Anwendung darin, daß der Geschäftsführer durch sein Handeln für die KG die akzessorische Haftung der Vor-GmbH nach § 128 HGB auslöst. Die **Gegner** einer unmittelbaren oder analogen Anwendung von § 11 Abs. 2 verweisen auf das 128

[230] Vgl. zur entsprechenden Lage bei der Grundbucheintragung der Vor-GmbH oben Rdn. 47.

[231] Vgl. *Hennerkes/Binz*[7] S. 24 f. sowie allg. MünchKomm. — *Ulmer* § 714 Rdn. 32 m. weit. Nachw. — Zur Unanwendbarkeit von § 176 Abs. 1 HGB vgl. Rdn. 133.

[232] So *Flume* Personengesellschaft S. 337, *Huber* Festschrift Hefermehl S. 142 ff. (144, 156) sowie jetzt *K. Schmidt* NJW **1981** 1346 f. (**aA** noch *ders.* NJW **1975** 667 f.); früher auch *Binz* GmbH-Rdsch. **1976** 34 (anders dann *ders.* Haftungsverhältnisse S. 253 ff. und *Hennerkes/Binz* aaO S. 31 f. und DB **1982** 1972).

[233] BGHZ **80** 129, 133 = NJW **1981** 1373 (offenlassend noch BGHZ **70** 132 (134, 138) **76** 320, 322 f.; **aA** — für Anwendung von § 179 BGB — noch BGHZ **63** 45, 48 f.). So auch *Baumbach/Duden/Hopt* aaO (Fn. 225) II 2 c, *Fleck* GmbH-Rdsch. **1983** 15, *Klamroth* BB **1974** 1179 und Voraufl. 104; für Anwendung des § 179 BGB aber noch *Hesselmann* Handbuch der GmbH & Co[16] S. 137 f.

Vorhandensein der KG als des vom anderen Teil erwarteten Schuldners schon vor Eintragung der GmbH und auf das Fehlen eines für die Anwendung von § 11 Abs. 2 erforderlichen, zusätzlichen Sicherungsbedürfnisses[234].

129 **Stellungnahme.** Der **Anwendung von § 11 Abs. 2** auf Rechtsgeschäfte, die der Geschäftsführer der Vor-GmbH namens der Vor-GmbH & Co KG (oder der Soll-KG) abschließt, **ist zuzustimmen.** Allerdings handelt es sich **nicht** um die **unmittelbare** Anwendung dieser Vorschrift, da der Geschäftsführer nach außen nicht namens der (Vor-)GmbH, sondern namens der KG (bzw. der Soll-KG) auftritt. Auch wenn man berücksichtigt, daß er dabei seinerseits als Vertreter der Vor-GmbH als geschäftsführender Komplementärin tätig wird, geht es in dem für die Anwendung von § 11 Abs. 2 allein maßgebenden *Außen*verhältnis doch nicht um die Doppelvertretung von KG und Vor-GmbH[235], sondern nur um diejenige der KG; diese Gesellschaft soll Vertragspartner des Dritten werden[236]. Unzutreffend ist es auch, die Handelndenhaftung des § 11 Abs. 2 darauf zu stützen, daß die *akzessorische* Außenhaftung der Vor-GmbH nach § 128 HGB *rechtsgeschäftlich,* durch den von den Geschäftsführern erklärten Beitritt zur KG, begründet wird[237]. Diese Ansicht läßt in formaler Betrachtung die spezifische Schutzfunktion des § 11 Abs. 2 außer Betracht, dem *anderen Teil* bis zur Entstehung der *GmbH als Vertragspartner* einen zusätzlichen Schuldner zu geben; sie setzt sich auch unzutreffend darüber hinweg, daß § 11 Abs. 2 nicht im Innenverhältnis, sondern nur auf Verträge mit außenstehenden *Dritten* anwendbar ist (Rdn. 104).

130 Für die **analoge Anwendung von § 11 Abs. 2** in Fällen der genannten Art spricht nicht nur die zutreffende, vom Gesetzgeber des HGB akzeptierte Tendenz der Rechtsprechung, Gläubigerschutzvorschriften des GmbH-Rechts auf die GmbH & Co KG entsprechend anzuwenden[238]. Wesentlich ist vor allem, daß die **Ausgleichsfunktion** als einzige heute noch relevante Funktion des § 11 Abs. 2 (Rdn. 94) Bedeutung auch beim Auftreten der Vor-GmbH als Komplementärin einer (Vor-)GmbH & Co KG hat. Denn solange der Haftungsfonds der Vor-GmbH noch nicht gerichtlich kontrolliert ist und die Kapitalsicherungsvorschriften des GmbHG nicht voll eingreifen, besteht ein durch Anwendung von § 11 Abs. 2 zu befriedigendes Sicherungsbedürfnis der KG-Gläubiger in gleichem Maße wie bei unmittelbarer Geschäftsteilnahme der Vor-GmbH. Die zusätzliche Haftung der Kommanditisten schafft angesichts ihrer höhenmäßigen Beschränkung und der regelmäßig geringen Bemessung des Stammkapitals der GmbH keinen vollen Ausgleich. Solange die Handelndenhaftung des § 11 Abs. 2 noch im GmbH-Recht angewandt wird, ist sie daher trotz der gebotenen engen Auslegung (Rdn. 95) analog auch auf die Geschäfte der Vor-GmbH & Co KG (oder Soll-KG) anzuwenden[239]. Die

---

234 So namentlich *Binz* und *Hennerkes/Binz* (aaO Fn. 232). Gegen die Anwendung von § 11 Abs. 2 ursprünglich auch *K. Schmidt* NJW **1975** 667 f. (anders jetzt *ders.* NJW **1981** 1346 f.).

235 So aber *Binz* GmbH-Rdsch. **1976** 34; wohl auch *Flume* und *K. Schmidt* aaO Fn. 232.

236 Eine Doppelvertretung kommt allenfalls in den Fällen der sollkaufmännischen Vor-GmbH & Co in Betracht, die bis zur Eintragung der KG noch Gesellschaft bürgerlichen Rechts ist und bei der daher § 128 HGB noch nicht eingreift (vgl. dazu Münch-Komm. — *Ulmer* § 714, 21 ff., 27 f.).

237 So aber *Huber* Festschrift Hefermehl S. 143 f. unter Qualifizierung des Beitritts zur KG als bürgschaftsähnliche Haftungsübernahme.

238 Vgl. die überwiegend auf entsprechende BGH-Urteile zurückgehenden Vorschriften der §§ 19 Abs. 5, 129a, 130a und b, 172a und 177a HGB sowie die Rechtsprechung zur analogen Anwendung von § 30 GmbHG auf die GmbH & Co KG (BGHZ **60** 324, 328 = NJW **1973** 1036).

239 **AA** unter Hinweis auf die enge Auslegung und weitgehende Funktionslosigkeit von § 11 Abs. 2 *Binz* und *Hennerkes/Binz* aaO Fn. 232.

analoge Anwendung führt zur Haftung der *Geschäftsführer* der Vor-GmbH für die unter ihrer Mitwirkung (Rdn. 102) abgeschlossenen Geschäfte der KG[240]. Die Haftung entfällt, sobald es zur Eintragung der GmbH in das Handelsregister kommt (Rdn. 109).

γ) Unterbilanzhaftung. Der Geschäftsbeginn der KG vor Eintragung der GmbH kann dazu führen, daß deren Stammkapital im Zeitpunkt der Eintragung nicht mehr voll durch Gesellschaftsvermögen gedeckt ist. Das folgt aus der Haftung der GmbH für die Verbindlichkeiten der KG nach § 128 HGB; ihr steht im Fall von Anfangsverlusten der KG jedenfalls dann kein vollwertiger Ersatz- oder Befreiungsanspruch der GmbH gegen die KG nach § 110 HGB gegenüber, wenn durch die Anfangsverluste die Kommanditeinlagen verbraucht sind. Insoweit liegen die Voraussetzungen für die Unterbilanzhaftung der GmbH-Gründer (Rdn. 81 ff.) auch im Falle der GmbH & Co KG vor, wenn die KG ihre Tätigkeit vor Eintragung der GmbH aufgenommen hat. Die für die Unterbilanzhaftung erforderliche Zustimmung der GmbH-Gründer zur vorzeitigen Geschäftsaufnahme (Rdn. 85) liegt darin, daß sie mit der Beteiligung der Vor-GmbH als Komplementärin der KG einverstanden sind. Damit schaffen sie die Voraussetzung für die unbeschränkte und unbeschränkbare Vertretungsmacht der Vor-GmbH als Komplementärin der KG (§ 126 Abs. 2 HGB) und für die daraus bei der Vor-GmbH resultierenden Haftungsfolgen nach § 128 HGB. Die Rechtsfolgen der Unterbilanzhaftung bestimmen sich nach dem Recht der Vor-GmbH (Rdn. 86 ff.). 131

b) Die Haftung der Kommanditisten. Betreibt die noch **nicht eingetragene (Vor-)GmbH & Co KG** ein **Grundhandelsgewerbe** (§ 1 HGB), so findet grundsätzlich **§ 176 Abs. 1 HGB** auf die bis zur Eintragung der KG begründeten Verbindlichkeiten Anwendung. Die Kommanditisten haften den Gesellschaftsgläubigern unbeschränkt, dies allerdings unter dem Vorbehalt, daß den Gläubigern ihre Beteiligung als Kommanditist nicht bekannt ist. Unter Berufung auf diesen Vorbehalt ist im Schrifttum zu Recht der Standpunkt vertreten worden, im Falle eines **GmbH & Co-Zusatzes** in der Firma der KG müßten die Gläubiger davon ausgehen, daß sämtliche als Gesellschafter beteiligte *natürliche* Personen in dieser KG die Stellung von *Kommanditisten* haben und sich daher schon vor Eintragung der KG auf ihre Haftungsbeschränkung berufen können[241]. Dem wird sich mit Rücksicht auf die Sondervorschrift des § 19 Abs. 5 HGB über die Firma der GmbH & Co KG voraussichtlich auch der BGH anschließen[242]. Eine unbeschränkte Kommanditistenhaftung für Gesellschaftsverbindlichkeiten vor Eintragung der (Vor-) GmbH & Co KG scheidet somit in aller Regel aus. 132

Die in Rdn. 132 dargestellten Grundsätze gelten auch für die ein Unternehmen i.S. des § 2 HGB betreibende **Soll-GmbH & Co KG** (Rdn. 123), die schon vor Eintragung als GmbH & Co KG auftritt. Dabei kann offenbleiben, ob der Rechtsprechung des BGH zu folgen ist, wonach eine als KG auftretende, noch nicht eingetragene Soll-KG wie eine eingetragene KG zu behandeln ist und die unbeschränkte Kommanditistenhaftung nach 133

---

[240] Die abweichende, auf die Haftung der *Vor-GmbH* als handelnder Geschäftsführer der KG abstellende Ansicht der Voraufl. (Rdn. 104) gebe ich auf.

[241] So erstmals *Limbach* GmbH-Rdsch. **1967** 165 f.; ihr folgend *Binz* aaO (Fn. 109) S. 27 und GmbH-Rdsch. **1976** 33, *Huber* Festschrift Hefermehl S. 131, *K. Schmidt* JZ **1974** 220, NJW **1975** 668 und ZHR 144 **1980** 202 f.; jetzt auch *Baumbach/Duden/Hopt* aaO (Fn. 225) II 2 D; **aA** *Flume* Personengesellschaft S. 336 f., *Hofmann* GmbH-Rdsch. **1970** 185 f. und *Brönner/Binz* GmbH & Co KG[4] S. 77.

[242] Vgl. die Ankündigung in BGH NJW **1983** 2258, 2260, wonach entgegen BGH NJW **1980** 54 die Anwendung von § 176 Abs. 1 HGB auf die Kommanditisten einer mit dem GmbH & Co.-Zusatz firmierenden, noch nicht eingetragenen KG künftig wegen der Neueinführung von § 19 Abs. 5 HGB möglicherweise zu verneinen ist.

§ 176 Abs. 1 HGB schon aus diesem Grunde ausscheidet[243]. Auch wenn man dem nicht zustimmt, läßt doch der GmbH & Co-Zusatz in der (Schein-)Firma der Soll-KG erkennen, daß keine der beteiligten natürlichen Personen die unbeschränkte Haftung in der KG übernehmen soll. Dann aber führt auch die Anwendung von § 176 Abs.1 HGB nicht zu einem anderen Ergebnis (Rdn. 132).

§ 12

Auf die Anmeldung der Errichtung einer Zweigniederlassung finden die Bestimmungen in § 8 Abs. 1 und 2 keine Anwendung. Der Anmeldung ist eine Abschrift des Gesellschaftsvertrages und der Liste der Gesellschafter beizufügen. Das Gericht des Sitzes hat vor Weitergabe der Anmeldung die bei ihm eingereichte Abschrift des Gesellschaftsvertrages und der Liste der Gesellschafter zu beglaubigen.

Die Eintragung hat die in § 10 Abs. 1 und 2 bezeichneten Angaben zu enthalten. In die Veröffentlichung, durch welche die Eintragung bekanntgemacht wird, sind auch die in § 10 Abs. 3 bezeichneten Bestimmungen aufzunehmen, die nach § 5 Abs. 4 Satz 1 getroffenen Festsetzungen jedoch nur dann, wenn die Eintragung innerhalb der ersten zwei Jahre nach der Eintragung in das Handelsregister des Sitzes der Gesellschaft erfolgt.

Übersicht

---

[243] Ständ. Rspr., vgl. BGHZ **59** 179, 181 = NJW **1972** 1660; **61** 59, 65 ff. = NJW **1973** 1691 und **69** 95, 98 = NJW **1977** 1683; zustimm. *Baumbach/Duden/Hopt* aaO (Fn. 225) II 1 C, *Rob. Fischer* 2 e, *Canaris* NJW **1974** 455, *Hennerkes/Binz*[7] S. 25 f., *Huber* Festschrift Hefermehl S. 135 f.; im Erg. auch *K. Schmidt* JZ **1974** 220 und NJW **1975** 665, 668; **aA** namentlich *Flume* Festschrift Westermann (1974) S. 136 ff., ferner *Beyerle* BB **1975** 945, 947 f., *Westermann* PersGesR[4] I Rdn. 835 und *Roth* 7.2.

Schrifttum

Vgl. die Kommentare zu §§ 13—13b HGB. Ferner: *Groschuff* Eintragungsverfahren bei Zweigniederlassung und bei Sitzverlegung, JW **1937** 2425; *Köbler* Rechtsfragen der Zweigniederlassung, BB **1969** 845; *Knieper-Jahrmarkt* Zweigniederlassung, Zweigbüro, Filiale, Nebenbetrieb (1972); *Wendel* Das Handelsregisterrecht der Zweigniederlassung, DB **1959** Beilage Nr. 1; *Edlich* Die Zweigniederlassung als Organisationsform (1965) [aus betriebswirtschaftlicher Sicht].

I. Einführung

1. Normzweck

§ 12 ist die einzige Bestimmung des GmbH-Gesetzes, die sich mit der **Errichtung einer Zweigniederlassung** (ZwN) befaßt. Sie regelt die Anforderungen an Anmeldung, Verfahren, Eintragung und Veröffentlichung der neuerrichteten ZwN. **Im übrigen gilt** — mit einer geringfügigen Modifikation durch § 59 GmbHG (vgl. § 59, 3) — für die Registereintragung von Vorgängen, die die Gesellschaft einschließlich ihrer ZwN betreffen, **das HGB**. Darin sind an die Stelle des § 13 aF durch Gesetz vom 10. August 1937 (RGBl. I 897) die Vorschriften der §§ 13, 13a und 13b nF HGB getreten. Der Zweck der Reform von 1937 lag in der **Konzentration** aller die Gesellschaft und ihre Niederlassungen betreffenden Anmeldungen **bei dem für den Sitz der Gesellschaft zuständigen Handelsregister** sowie in der Aufteilung der mit der ZwN-Eintragung verbundenen Prüfungsaufgaben (vgl. Voraufl. 2). Die einschlägigen HGB-Vorschriften lauten: 1

§ 13 HGB

(1) Die Errichtung einer Zweigniederlassung ist von einem Einzelkaufmann oder einer juristischen Person beim Gericht der Hauptniederlassung, von einer Handelsgesellschaft beim Gericht des Sitzes der Gesellschaft zur Eintragung in das Handelsregister des Gerichts der Zweigniederlassung anzumelden. Das Gericht der Hauptniederlassung oder des Sitzes hat die Anmeldung unverzüglich mit einer beglaubigten Abschrift seiner Eintragungen, soweit sie nicht ausschließlich die Verhältnisse anderer Niederlassungen betreffen, an das Gericht der Zweigniederlassung weiterzugeben.

(2) Die gesetzlich vorgeschriebenen Unterschriften sind zur Aufbewahrung beim Gericht der Zweigniederlassung zu zeichnen; für die Unterschriften der Prokuristen gilt dies nur, soweit die Prokura nicht ausschließlich auf den Betrieb einer anderen Niederlassung beschränkt ist.

(3) Das Gericht der Zweigniederlassung hat zu prüfen, ob die Zweigniederlassung errichtet und § 30 beachtet ist. Ist dies der Fall, so hat es die Zweigniederlassung einzutragen und dabei die ihm mitgeteilten Tatsachen nicht zu prüfen, soweit sie

im Handelsregister der Hauptniederlassung oder des Sitzes eingetragen sind. Die Eintragung hat auch den Ort der Zweigniederlassung zu enthalten; ist der Firma für die Zweigniederlassung ein Zusatz beigefügt, so ist auch dieser einzutragen.

(4) Die Eintragung der Zweigniederlassung ist von Amts wegen dem Gericht der Hauptniederlassung oder des Sitzes mitzuteilen und in dessen Register zu vermerken; ist der Firma für die Zweigniederlassung ein Zusatz beigefügt, so ist auch dieser zu vermerken. Der Vermerk wird nicht veröffentlicht.

(5) Die vorstehenden Vorschriften gelten sinngemäß für die Aufhebung einer Zweigniederlassung.

§ 13a HGB

(1) Ist eine Zweigniederlassung in das Handelsregister eingetragen, so sind alle Anmeldungen, die die Hauptniederlassung oder die Niederlassung am Sitz der Gesellschaft oder die eingetragenen Zweigniederlassungen betreffen, beim Gericht der Hauptniederlassung oder des Sitzes zu bewirken; es sind so viel Stücke einzureichen, wie Niederlassungen bestehen.

(2) Das Gericht der Hauptniederlassung oder des Sitzes hat in der Bekanntmachung seiner Eintragung im Bundesanzeiger anzugeben, daß die gleiche Eintragung für die Zweigniederlassungen bei den namentlich zu bezeichnenden Gerichten erfolgen wird; ist der Firma für eine Zweigniederlassung ein Zusatz beigefügt, so ist auch dieser anzugeben.

(3) Das Gericht der Hauptniederlassung oder des Sitzes hat sodann seine Eintragung unter der Angabe der Nummer des Bundesanzeigers, in der sie bekanntgemacht ist, von Amts wegen den Gerichten der Zweigniederlassungen mitzuteilen; der Mitteilung ist ein Stück der Anmeldung beizufügen. Die Gerichte der Zweigniederlassungen haben die Eintragung ohne Nachprüfung in ihr Handelsregister zu übernehmen. In der Bekanntmachung der Eintragung im Register der Zweigniederlassung ist anzugeben, daß die Eintragung im Handelsregister des Gerichts der Hauptniederlassung oder des Sitzes erfolgt und in welcher Nummer des Bundesanzeigers sie bekanntgemacht ist. Im Bundesanzeiger wird die Eintragung im Handelsregister der Zweigniederlassung nicht bekanntgemacht.

(4) Betrifft die Anmeldung ausschließlich die Verhältnisse einzelner Niederlassungen, so sind außer dem für das Gericht der Hauptniederlassung oder des Sitzes bestimmten Stück nur so viel Stücke einzureichen, wie Zweigniederlassungen betroffen sind. Das Gericht der Hauptniederlassung oder des Sitzes teilt seine Eintragung nur den Gerichten der Zweigniederlassungen mit, deren Verhältnisse sie betrifft. Die Eintragung im Register der Hauptniederlassung oder des Sitzes wird nur im Bundesanzeiger bekanntgemacht.

(5) Abs. 1, 3 und 4 gelten sinngemäß für die Einreichung von Schriftstücken und die Zeichnung von Unterschriften.

§ 13b HGB

(1) Befindet sich die Hauptniederlassung eines Einzelkaufmanns oder einer juristischen Person oder der Sitz einer Handelsgesellschaft im Ausland, so haben alle eine inländische Zweigniederlassung betreffenden Anmeldungen, Zeichnungen, Einreichungen und Eintragungen bei dem Gericht zu erfolgen, in dessen Bezirk die Zweigniederlassung besteht.

(2) Die Eintragung der Errichtung der Zweigniederlassung hat auch den Ort der Zweigniederlassung zu enthalten; ist der Firma für die Zweigniederlassung ein Zusatz beigefügt, so ist auch dieser einzutragen.

(3) Im übrigen gelten für die Anmeldungen, Zeichnungen, Einreichungen, Eintragungen und Bekanntmachungen, soweit nicht das ausländische Recht Abweichungen nötig macht, sinngemäß die Vorschriften für Hauptniederlassungen oder Niederlassungen am Sitz der Gesellschaft.

2. Reform

Durch die GmbH-Novelle 1980 ist die Vorschrift des § **12 sachlich nicht verändert** worden. Die Einfügung von „Satz 1" bei dem in § 12 **Abs. 2** in Bezug genommenen § 5 Abs. 4 dient der redaktionellen Anpassung an die neugefaßte Verweisungsnorm des § 4, Abs. 4. Versäumt wurde es ebenso wie schon im Rahmen des KoordG 1969, die Regelung in § 12 **Abs. 1**, wonach § 8 Abs. 1 und 2 auf die Anmeldung der Zweigniederlassung nicht anzuwenden sind, an die Neufassung von § 8 anzupassen und über die schon genannten Absätze hinaus auch auf Abs. 3 und 4 nF zu erstrecken (so zu Recht *Ahlers* DNotZ **1981** 290, 291 f.). Diesem offensichtlichen Redaktionsversehen ist bei der Auslegung von § 12 Abs. 1 Rechnung zu tragen (Rdn. 22). 2

Eine **mittelbare Änderung** der Regelungen in § 12 über die Anmeldung der Zweigniederlassung ergibt sich aus der Neufassung des **§ 78** (vgl. § 78, 2). Danach genügt seit der GmbH-Novelle 1980 für die Anmeldung der Errichtung einer Zweigniederlassung die Mitwirkung von Geschäftsführern *in vertretungsberechtigter Zahl*, während bisher die Mitwirkung sämtlicher Geschäftsführer vorgeschrieben war. — Zu weiteren im Zuge der großen GmbH-Reform 1971/1973 geplanten Änderungen, die von der GmbH-Novelle 1980 nicht übernommen wurden, vgl. Voraufl. Rdn. 3. 3

II. Die Zweigniederlassung

1. Begriff und Wesen

a) Allgemeines. Eine Zweigniederlassung im Sinne des Gesetzes ist vorhanden, wenn an einem von der Hauptniederlassung (HN) räumlich getrennten Ort Geschäfte der Gesellschaft abgeschlossen werden, der zwar nicht rechtlich, wohl aber organisatorisch und räumlich selbständige Betrieb nach seiner Organisation auf Dauer angelegt ist und der damit Beauftragte eine selbständige Tätigkeit entwickelt[1]. Für die **organisatorische Selbständigkeit** der ZwN, die sie von einer bloßen Abteilung ohne eigene *firmen- und registerrechtliche Bedeutung* unterscheidet, ist entscheidend die Befugnis des Leiters der ZwN, für die Gesellschaft Geschäfte abzuschließen und sie im Rechtsverkehr zu vertreten. Auf das Innenverhältnis zur HN (dazu Rdn. 8) kommt es nicht an. Bloße Vorbereitungs-, Vermittlungs- und Ausführungsverhandlungen reichen nicht aus: ein Auslieferungslager, eine Fabrikationsstelle ohne eigene Geschäftsorganisation, ein Ingenieurbüro sind nicht als ZwN anzusehen (so auch *Hüffer* GroßkommHGB⁴ Vor § 13, 13). Ebenso ist eine Geschäftsstelle, in der nur die von der Zentrale gesandten Waren zu bestimmten Preisen durch Angestellte verkauft werden, keine eintragbare ZwN (RGZ **50** 428, 429, KGJ **18** 17). Eine ZwN ist auch nicht schon anzunehmen, wenn ein Geschäftsführer an einem vom Sitz der Zentrale verschiedenen Ort wohnt, von dort aus Waren verkauft und die erzielten Aufträge der Zentrale zur Ausführung übermittelt, soweit im übrigen die Merkmale der ZwN nicht vorliegen. ZwN sind ferner nicht Agenturen, weil der Agent (Handelsvertreter) sein eigenes Handelsgeschäft betreibt. — Die **Leitung der ZwN** kann einem Geschäftsführer, einem Prokuristen oder einem Handlungsbevollmächtigten übertragen sein (zur Vertretung der ZwN vgl. Rdn. 16); für den Begriff der ZwN ist das ohne Bedeutung. Eigene 4

---

[1] KGJ **5** 22, 23; **14** 9, 12; **18** 17, 18; **28** A 208, 209; ROHG **14** 402; *Scholz/Winter* 3; allgemein zum Begriff der ZwN vgl. auch *Düringer/Hachenburg* HGB § 13, 2, *Hüffer* GroßkommHGB⁴ Vor § 13, 9 ff., *Schlegelberger/Hildebrandt/Steckhan* HGB § 13, 5, *Kühler* BB **1969** 845 f.

Rechtsfähigkeit kommt der ZwN nicht zu; rechtlich ist sie trotz gewisser Verselbständigung Teil des Unternehmens der GmbH (Rdn. 13).

5 **Umstritten** ist, ob zum Begriff der ZwN gehört, daß ihr ein **abgesonderter Teil des Geschäftsvermögens** zugewiesen ist[2] und daß ihre Geschäfte durch **gesonderte Buchführung** erfaßt werden[3]. Nach richtiger Ansicht sind **beide Merkmale notwendige Voraussetzungen für das Bestehen einer ZwN**; die nähere Ausgestaltung kann dabei je nach Lage des Falles schwanken. Für das **Geschäftsvermögen** folgt das bereits aus dem Erfordernis der *räumlichen Trennung* der ZwN von der HN und der *Dauer* ihrer Geschäftstätigkeit. Die früher verbreitete Ansicht, ein kaufmännisches Unternehmen (und damit auch eine ZwN) könne auch ohne ein Minimum an eigener Organisation und Betriebsvermögen geführt werden, wird den heutigen *Geschäftsanforderungen* selbst bei reinen Vermittlungs- oder sonstigen Dienstleistungsunternehmen nicht mehr gerecht. Hat die ZwN ein abgesondertes Geschäftsvermögen und nimmt sie selbständig am Rechtsverkehr teil, so bedarf es allein schon aus diesen Gründen auch **gesonderter Buchführung** hinsichtlich des Geschäftsvermögens der ZwN und der von ihr getätigten Geschäfte (nicht eindeutig BGH NJW **1972** 1859, 1860). Ob diese Bücher am Ort der ZwN oder bei der HN geführt werden, ist nicht entscheidend (zust. *Hüffer* aaO Vor § 13, 15). Aus der *Selbständigkeit* der ZwN gegenüber der HN folgt, daß auch die *Geschäftsabwicklung zwischen HN und ZwN* trotz fehlender schuldrechtlicher Beziehungen zwischen ihnen in Form interner Buchungen (Gutschriften und Belastungen) erfaßt werden kann (vgl. *Hüffer* aaO Vor § 13, 18).

6 Die **von der ZwN getätigten Geschäfte** müssen sich *im Rahmen des Unternehmens* der GmbH bewegen. Gleichartig brauchen sie nicht zu sein (so auch *Scholz/Winter* 3). Die HN kann sich mit der Herstellung von Waren befassen, deren Vertrieb aber der ZwN übertragen. Erwirbt eine GmbH zu ihrem bisherigen Geschäft ein auf anderen Gebieten tätiges Unternehmen, so hat das Auswirkungen auf ihren Unternehmensgegenstand. Es bedarf der Änderung des Gesellschaftsvertrags (vgl. § 3, 23, 23a). Das hinzu erworbene Unternehmen wird registerrechtlich zur ZwN. Zwei oder mehrere voneinander unabhängige Hauptniederlassungen, ggf. mit je selbständiger Firma, können von juristischen Personen des Handelsrechts im Unterschied zu den Einzelkaufleuten nicht betrieben werden. Das folgt aus der Einheit von Gesellschaft, Firma und Unternehmen. Zum Sonderfall des *Doppelsitzes* vgl. § 3, 11 bis 13.

7 Die **rechtliche Bedeutung der ZwN** beruht auf ihrer *weitgehenden Verselbständigung* gegenüber der HN der GmbH. Die ZwN bildet einen eigenen, von der HN zu unterscheidenden Mittelpunkt für die Geschäfte der GmbH (RGZ **77** 60, 63). Eigene Rechtsfähigkeit kommt der ZwN zwar nicht zu (Rdn. 13). Das HGB nimmt von der Verselbständigung aber dadurch Kenntnis, daß es einerseits die Bildung einer *besonderen Firma* der ZwN zuläßt (Rdn. 14) und eine auf den Betrieb der ZwN beschränkte Erteilung der **Prokura** gestattet (Rdn. 16), andererseits die gesonderte Registrierung der ZwN bei dem örtlich zuständigen Handelsregister vorschreibt. Diese besonderen Rechtsfolgen sind

---

[2] Dafür *Hüffer* GroßkommHGB[4] Vor § 13, 15, *Schlegelberger/Hildebrandt/Steckhan* HGB § 13, 5, *Baumbach/Duden/Hopt* HGB[25] § 13, 1 C d; dagegen (typisches, aber nicht notwendiges Merkmal) *Pisko* Ehrenbergs Handbuch II, S. 271, *Kraft* Kölner KommAktG § 42, 15.

[3] *Dafür* die hM, vgl. KGJ **18** 17, 18f.; **28** 208, 209, KG SeuffArch **55** 40, BayObLG BankA **6** 150 und BB **1980** 335; *Hüffer* GroßkommHGB[4] Vor § 13, 15, *Schlegelberger/Hildebrandt/Steckhan* HGB § 13, 5, *Döllerer* BB **1981** 25; wohl auch *Baumbach/Duden/Hopt* HGB[25] § 13, 1C d; *dagegen Pisko* aaO (Fn. 2) S. 271, *Kraft* Kölner KommAktG § 42, 15; so auch LG Mainz MDR **1969** 148 für die besonderen Verhältnisse im Kreditwesen; zweifelnd *Scholz/Winter* 3.

es auch, die eine klare *Abgrenzung zwischen ZwN und unselbständiger Betriebsabteilung* der Gesellschaft notwendig machen. — Die **Zahl** der möglichen ZwN einer Gesellschaft ist **nicht begrenzt**; ZwN können auch am Ort der HN gebildet werden (Rdn. 9). Zulässig ist es auch, dem Leiter einer ZwN die Befugnis zur Errichtung weiterer ZwN („Enkelbetriebe" der HN) einzuräumen; die Anmeldung beim Handelsregister bleibt aber auch in diesem Fall Sache der GmbH-Geschäftsführer und muß beim Register der HN erfolgen.[4]

b) Verhältnis zur Hauptniederlassung. Die **Hauptniederlassung** wird im GmbH-Recht nicht nach der Größe oder wirtschaftlichen Bedeutung der verschiedenen in Betracht kommenden Niederlassungen bestimmt. Sie ist vielmehr **identisch mit dem Sitz** der Gesellschaft[5]; dessen Festlegung kann im Gesellschaftsvertrag grundsätzlich *frei vereinbart* werden (§ 3, 9). Daher ist die im allgemeinen Handelsrecht geforderte **Nachordnung der ZwN gegenüber der HN im GmbH-Recht ohne Bedeutung** (so auch *Hüffer* aaO Vor § 13, 24). Auch wenn am vertraglichen Sitz der Gesellschaft nur die Verwaltung oder ein Kleinbetrieb geführt wird oder eine örtliche Niederlassung sogar ganz fehlt, ändert das — vorbehaltlich mißbräuchlicher Vertragsgestaltung (§ 3, 9) — nichts an der Maßgeblichkeit der Sitzwahl sowie der daraus folgenden Bestimmung der HN und des für sie *zuständigen Registergerichts*. Selbständige Niederlassungen der GmbH außerhalb des Sitzortes sind somit unabhängig von ihrer Größe stets ZwN[6]. Durch Änderung des satzungsmäßigen Sitzes im Gesellschaftsvertrag nach §§ 53, 54 kann die ZwN zur HN und diese zu jener werden. 8

Nicht ausgeschlossen ist, daß eine **ZwN auch am Sitz der Gesellschaft** selbst gebildet wird. Die früher hierfür verbreitete Bezeichnung als „unechte" ZwN ist irreführend, da die Natur der ZwN und ihre rechtliche Behandlung durch das örtliche Zusammentreffen mit der HN nicht berührt werden[7]. Voraussetzung für eine derartige Gestaltung ist die **räumliche und organisatorische Trennung** der ZwN von der HN und die **Selbständigkeit** des Auftretens nach außen; es müssen auch in diesem Fall sämtliche Merkmale einer ZwN erfüllt sein (Rdn. 4, 5). — Aus der Verschiedenheit der Niederlassungen ergeben sich Rechtsfolgen bei der Führung des Handelsregisters. Es sind ein **gesondertes Registerblatt** für die ZwN anzulegen (§ 13 Abs. 4 HRV) und gesonderte Akten für sie zu führen (§ 8 Abs. 2 HRV). 9

2. Errichtung und Auflösung

Die ZwN entsteht mit ihrer Errichtung. Die Eintragung im Handelsregister hat deklaratorische Bedeutung. Zur Errichtung gehört alles, was zur Betriebseröffnung gehört: Erwerb eines Geschäftslokals, Anstellung von Personal, Anschaffung von Waren. Die Betriebseröffnung selbst ist nicht erforderlich[8]. 10

Die **Errichtung** gehört zu den **Geschäftsführungshandlungen**. Der Gesellschaftsvertrag bestimmt mitunter, daß die Gesellschaft ZwN errichten darf. Das ist unnötig. Die Satzung kann aber bestimmen, daß die Errichtung von ZwN *nicht* zulässig ist. Dann 11

[4] So zutr. *Hüffer* GroßkommHGB[4] Vor § 13, 17 und *Köbler* BB **1969** 845.

[5] So auch *Hüffer* aaO Vor § 13, 23 und *Roth* 2; **aA** *Kraft* Kölner KommAktG § 42, 8 im Hinblick auf die von ihm für Handelsgesellschaften vertretene Theorie der Firmenmehrheit.

[6] KGJ **13** 42, 45; **39** A 117, 119; *Scholz/Winter* 3.

[7] So auch KG JW **1929** 671 und *Hüffer* aaO Vor § 13, 11; für *analoge* Anwendung von §§ 12 GmbHG, 13 HGB in diesem Fall *Scholz/Winter* 24.

[8] Ebenso *Hüffer* aaO Vor § 13, 16; **aA** *Scholz/Winter* 4; *Baumbach/Hueck* 1 B.

darf eine ZwN erst errichtet werden, nachdem die Satzung geändert ist. Verlangt die Satzung für die Errichtung einer ZwN einen Gesellschafterbeschluß, so ist damit im Zweifel die Genehmigung durch die Gesellschafter mit *einfacher Mehrheit* gemeint (§ 47 Abs. 1). Von Gesetzes wegen ist weder ein solcher Beschluß noch die Zustimmung eines etwa bestehenden Aufsichtsrats einzuholen. Der Geschäftsführer ist vielmehr auch im Innenverhältnis grundsätzlich allein zu handeln befugt. Nach außen ist er stets dazu berechtigt, auch wenn der Gesellschaftsvertrag die Geschäftsführungsbefugnis insoweit einschränkt (§ 37 Abs. 2). Der Registerrichter darf die Eintragung einer ZwN daher auch nicht vom Nachweis der Genehmigung der Gesellschafterversammlung oder des Aufsichtsrats abhängig machen.

12 Für die **Aufhebung** als actus contrarius der Errichtung gilt das vorstehend Gesagte entsprechend (vgl. § 13 Abs. 5 HGB). Auch sie ist ein *tatsächlicher* Akt und hängt nicht von der Löschung des ZwN-Eintrags im Handelsregister ab. Maßgebend ist die nicht nur vorübergehende Beendigung des Geschäftsbetriebs der ZwN oder der Verlust der Selbständigkeit bzw. eines sonstigen wesentlichen Merkmals (so auch *Hüffer* aaO Vor § 13, 16). Wird eine ZwN **verlegt,** so sind dem Handelsregister des *neuen* Ortes über das Gericht des Sitzes (Rdn. 19, 25) die gleichen Unterlagen wie bei einer Neuerrichtung einzureichen. Dem Handelsregister des bisherigen Ortes ist — ebenfalls über das Gericht des Sitzes (Rdn. 31) — die Verlegung lediglich anzuzeigen; es hat die Eintragung der ZwN zu löschen. Die in einzelnen Gerichtsentscheidungen aufgeworfene Frage, ob die Verlegung nur durch förmliche Aufhebung der alten und Gründung einer neuen ZwN möglich ist (so LG Köln NJW **1951** 75) oder ob diese beiden Akte entbehrlich sind (so LG Mönchen-Gladbach BB **1958** 929), ist falsch gestellt. Denn es handelt sich auch hier nur um eine Geschäftsführungsmaßnahme und die Eintragung hat nur deklaratorische Bedeutung (Rdn. 10, 12).

3. Rechtliche Stellung

13 **a) Keine Rechtsfähigkeit.** Die ZwN als solche hat keine eigene Rechtsfähigkeit[9]. Sie bildet vielmehr einen *Teil des Unternehmens der GmbH* und nimmt dadurch an der Rechtsfähigkeit der Gesellschaft teil. Dementsprechend ist auch nicht die ZwN, sondern die GmbH Träger der Rechte und Pflichten, die sich aus dem Betrieb der ZwN ergeben[10]. Das gilt auch dann, wenn die organisatorisch der ZwN zugeordneten Grundstücke unter deren Firma (Rdn. 14) im Grundbuch eingetragen werden. Dadurch wird nur die organisatorische Zuordnung der Grundstücke verlautbart; das Eigentum der Gesellschaft an ihnen wird nicht berührt (Rdn. 15).

14 **b) Firma.** Die Firma der ZwN kann mit derjenigen der GmbH identisch sein; sie kann sich aber auch von dieser unterscheiden. **Eine völlig andere Firma,** die als Name einer selbständigen GmbH erscheinen könnte, **darf die ZwN nicht führen** (str., vgl. § 4, 67). Die Firmenverschiedenheit kann einmal auf **Zusätzen** zur Firma der GmbH beruhen, insbesondere solchen, die zur Unterscheidung von am gleichen Ort bereits eingetragenen Firmen notwendig sind (§ 30 Abs. 3 HGB). Zulässig ist es aber auch, bei Errichtung der ZwN eine **besondere Firma** zu bilden, sofern nur der Zusammenhang mit der Firma der GmbH deutlich wird (§ 4, 67). Die Führung der *besonderen Firma* muß

---

[9] EinhM, vgl. *Scholz/Winter* 5, *Baumbach/Hueck* 1 B, *Rob. Fischer* 1, *Roth* 2.

[10] RGZ **62** 7, 10; **107** 44, 46; KGJ **53** 97; *Hüffer* GroßkommHGB⁴ Vor § 13, 18, *Scholz/Winter* 5.

im **Gesellschaftsvertrag festgesetzt** sein[11]. Das gilt nicht für bloße Zusätze wie „Filiale", „Filiale Frankfurt" o. ä. (LG Nürnberg-Fürth BB **1984** 1066).

Hat die ZwN eine von der HN abweichende Firma, so **bildet diese Firma für den Geschäftskreis der ZwN den einzigen Namen der GmbH** (RGZ **62** 7, 10). Sie ist auch **grundbuchfähig**[11a]. Die Eintragung unter der Firma der ZwN bringt die organisatorische Zuordnung des Grundstücks zum Geschäftsvermögen der ZwN zum Ausdruck. Ein Recht kann auch von der Firma der HN auf die davon abweichende Firma der ZwN umgeschrieben werden. Eine Rechtsänderung liegt darin nicht. Berechtigter ist nach wie vor die GmbH. Die Umschreibung hat daher im Wege der Berichtigung zu erfolgen (KG JW **1937** 1743; *Hüffer* aaO Vorb. § 13, 21). 15

c) Vertretung. Zur Vertretung der ZwN bedarf es weder eines Geschäftsführers noch eines Prokuristen. Es genügt ein Handlungsbevollmächtigter (ROHG **17** 320; *Hüffer* aaO Vor § 13, 14). Die Bestellung eines besonderen Geschäftsführers für die ZwN ist nicht zulässig (KGJ **12** 30, 34 für das Aktienrecht; vgl. auch § 35, 245). Wohl aber kann ein besonderer Prokurist für die ZwN bestellt werden. Voraussetzung dieser sogenannten Filialprokura ist nach § 50 Abs. 3 HGB, daß der Firma ein Zusatz beigefügt ist, der sie als Firma der ZwN bezeichnet[12]. Die Vertretung der ZwN erstreckt sich nicht auf Anmeldungen zum Handelsregister; diese sind von den Geschäftsführern der Gesellschaft am Sitz der HN zu bewirken (Rdn. 30). 16

d) Die Zweigniederlassung im Prozeß. *Die Frage, ob die ZwN unter ihrer Firma klagen oder verklagt werden kann, ist nicht richtigt gestellt.* Auch wenn die ZwN über eine gewisse Selbständigkeit gegenüber der HN verfügt, ist sie doch ebensowenig wie diese ein eigenes Rechtssubjekt und damit auch **nicht selbst parteifähig** (§ 50 Abs. 1 ZPO). Klagen und verklagt werden aus den bei der ZwN entstehenden Rechtsbeziehungen kann nicht die ZwN, sondern nur die GmbH selbst. Diese ist die Trägerin der Rechte und Pflichten. **Wohl aber kann die Gesellschaft unter ihrer Filialfirma** (Rdn. 14) **klagen und verklagt werden.** Soll sich der Prozeß gegen die ZwN, die eine besondere Firma führt, richten, so muß hierbei auch die Sonderfirma gebraucht werden[13]. 17

Einen eigenen allgemeinen **Gerichtsstand** hat die ZwN nicht, da sei keinen zweiten Sitz begründet. Aber für alle Klagen, die eine Beziehung zum Geschäftsbetrieb der ZwN aufweisen, ist gemäß § 21 ZPO der *Gerichtsstand der Niederlassung* gegeben[14]. Für die von der ZwN abgeschlossenen Geschäfte ist er zugleich Gerichtsstand des Erfüllungsortes (§§ 269 Abs. 2 BGB, 29 ZPO). Ist eine angegriffene Wettbewerbshandlung in der ZwN begangen worden, so ist diese die gewerbliche Niederlassung im Sinne des § 24 UWG (OLG München GmbH-Rdsch. **1914** 425). 18

III. Die registerrechtliche Behandlung der Zweigniederlassung

1. Grundsatz

Wegen des Zusammenhangs der die Gesellschaft selbst und ihre ZwN betreffenden Eintragungen sind alle wesentlichen der Eintragung vorangehenden Funktionen **beim** 19

---

[11] KGJ **40** A 64; vgl. auch § 4, 68; **aA** *Scholz/Winter* § 4, 29.

[11a] RGZ **62** 7, 10; KG JW **1937** 1743, LG Bonn NJW **1970** 570; *Scholz/Winter* 5, *Hüffer* aaO Vor § 13, 21.

[12] EinhM, vgl. *Hüffer* aaO Vor § 13, 14, *Scholz/Winter* 7, *Roth* 2.

[13] BGHZ **4** 62, 65; *Hüffer* aaO Vor § 13, 20, *Scholz/Winter* 8.

[14] BGHZ **4** 62, 65, BGH NJW **1975** 2142, OGHZ **2** 143, 146; *Hüffer* aaO Vor § 13, 20, *Scholz/Winter* 8.

Registergericht der HN konzentriert (vgl. Rdn. 1). Dort sind die *Anmeldungen* zu bewirken, auch soweit sie Vorgänge der ZwN betreffen. Auch die *Prüfungsfunktion* liegt grundsätzlich beim Gericht der HN; Ausnahmen sind nur insoweit vorgesehen, als es wegen der Sachnähe des Gerichts der ZwN geboten ist (Rdn. 26). Das Gericht der ZwN ist dementsprechend im Regelfall an die Entscheidungen des für die HN zuständigen Gerichts gebunden. Diesem und nicht dem Gericht der ZwN steht auch die Befugnis zu, die Anmeldung der ZwN nach § 14 HGB zu erzwingen (Rdn. 20).

2. Anmeldung der Errichtung

20 **a) Anmeldepflicht.** Die **Errichtung der ZwN ist** im Unterschied zur Errichtung der Gesellschaft (§ 7, 5) **anmeldepflichtig** (§ 13 Abs. 1 S. 1 HGB). Der Unterschied beruht darauf, daß die Eintragung der ZwN nur deklaratorischer Natur ist, während die Eintragung der GmbH zu ihrer Entstehung als juristische Person führt und daher der Entscheidung der Beteiligten überlassen bleiben soll (§ 78, 8). Die Anmeldung kann vom Registergericht der HN (Rdn. 19) nach § 14 HGB erzwungen werden[15].

21 Zur Anmeldung verpflichtet sind die **Geschäftsführer**. Aufgrund der Änderung des § 78 durch die GmbH-Novelle 1980 (Rdn. 3) genügt die Anmeldung durch eine **vertretungsberechtigte Zahl.** Die Anmeldung erfolgt in *öffentlich beglaubigter Form* (§ 12 Abs. 1 HGB). *Bevollmächtigung* ist zulässig. Die einzureichenden Unterschriften (Rdn. 22) sind *persönlich* zu zeichnen.

22 **b) Inhalt.** Über den *Inhalt der Anmeldung* heißt es in § 12 Abs. 1 nur, daß die **Errichtung der ZwN anzumelden** ist; insoweit ist anzugeben, daß die GmbH eine Zweigniederlassung in dem betreffenden **Ort** betreibt und unter welcher **Firma.** Außerdem sind zur Aufbewahrung bei dem Gericht der ZwN die **Unterschriften sämtlicher Geschäftsführer und Prokuristen** zu zeichnen, letztere mit Ausnahme der auf den Betrieb einer anderen Niederlassung beschränkten Prokuren. Die Zeichnungspflicht beruht auf § 13 Abs. 2 HGB[16]; für die Geschäftsführer ergibt sie sich auch aus der durch § 12 Abs. 1 nicht ausgeschlossenen Vorschrift des § 8 Abs. 5 GmbHG. Dagegen bedarf es weder einer erneuten Versicherung der Geschäftsführer nach § 8 Abs. 3 nF noch der Angabe ihrer Vertretungsbefugnis nach § 8 Abs. 4. Der fehlende Hinweis in § 12 Abs. 1 auf die Nichtanwendung dieser beiden Absätze bei der Anmeldung der Errichtung einer ZwN beruht auf einem Redaktionsversehen[17].

23 **c) Beilagen.** Die Beilagen der Anmeldung sind in **Abs. 1 S. 2** bestimmt. Beizufügen ist danach eine **Abschrift des Gesellschaftsvertrags** in der im Anmeldungszeitpunkt gültigen Fassung. Einer Beifügung auch der ursprünglichen Fassung und der seitherigen Änderungsbeschlüsse bedarf es nicht[18]. Beizufügen ist weiter eine Abschrift der **Liste der Gesellschafter.** Insoweit ist der letztangemeldete Stand (§ 40) maßgebend. Zwischenzeitliche Veränderungen sind nicht zu berücksichtigen (*Scholz/Winter* 15, *Brodmann* 1b); das folgt aus der Beglaubigungsfunktion des Gerichts der HN (Rdn. 25).

24 *Nicht beizufügen* sind im Unterschied zur Anmeldung der Gesellschaft selbst die in § 8 Abs. 1 Nr. 2 und 4 bis 6 bezeichneten Unterlagen, also die Legitimation der Geschäftsführer, die Unterlagen über Sacheinlagen und die Genehmigungsurkunde. Zur Unanwendbarkeit von § 8 Abs. 2 bis 4 vgl. Rdn. 22.

---

15 Vgl. näher *Hüffer* GroßkommHGB[4] § 13, 2.

16 Vgl. dazu näher *Hüffer* aaO § 13, 10.

17 Vgl. Rdn. 2; so auch *Hüffer* GroßkommHGB[4] § 13, 3, *Ahlers* DNotZ **1981** 290, 291 f. und für § 8 Abs. 3 nF *Roth* 3.1; **aA** für § 8 Abs. 4 nF (= § 8 Abs. 3 idF des KoordG 1969) noch *Scholz/Winter* 11.

18 KGJ **26** A 225; *Scholz/Winter* 14, *Baumbach/Hueck* 2 B.

3. Zusammenwirken von Registergericht des Sitzes und Zweigregister

a) Aufgaben des Registergerichts des Sitzes. Die Aufgaben des Registergerichts des Sitzes bestimmen sich nach § 12 Abs. 1 S. 3 GmbHG und § 13 Abs. 1 S. 2 HGB. Das Gericht des Sitzes **beglaubigt** die bei ihm eingereichten Abschriften des Gesellschaftsvertrags und der Liste der Gesellschafter. Auch die bereits von einem Notar beglaubigte Abschrift des Gesellschaftsvertrags ist zu beglaubigen[19], denn die Beglaubigung des Registergerichts bezeugt die Übereinstimmung mit dem bei ihm aufbewahrten Exemplar. Zugleich *prüft* es die Ordnungsmäßigkeit und Vollständigkeit der Anmeldung und die Legitimation der Geschäftsführer[20]; einer erneuten Prüfung des Gesellschaftsvertrags bedarf es im Zuge der Anmeldung einer ZwN nicht. Sodann **gibt** es die Anmeldung mit den Beilagen und den gezeichneten Unterschriften an das Gericht der ZwN **weiter** und fügt eine **beglaubigte Abschrift seiner Eintragungen** bei, soweit sie nicht ausschließlich die Verhältnisse anderer Niederlassungen betreffen. 25

b) Behandlung durch das Zweigregister. Das Gericht der ZwN hat zunächst zu prüfen, ob die ZwN errichtet und § 30 HGB beachtet ist (§ 13 Abs. 3 HGB). Darüber, wann die ZwN errichtet ist, siehe Rdn. 10. § 30 HGB verlangt, daß die Firma sich von allen an demselben Ort bestehenden und in das Handelsregister eingetragenen Firmen deutlich unterscheidet (Näheres § 4, 79 ff.). Das kann nach § 30 Abs. 2 und 3 auch durch einen Zusatz geschehen. Nicht dagegen hat das Zweigregister die ihm mitgeteilten, im Hauptregister eingetragenen Tatsachen zu prüfen (§ 13 Abs. 3 S. 2 HGB). 26

Nach erfolgter Eintragung (Rdn. 28) hat das Gericht der ZwN diese dem Gericht des Sitzes **mitzuteilen**. Das Gericht des Sitzes hat sie in seinem Register zu vermerken einschließlich eines etwaigen Firmenzusatzes. Eine Veröffentlichung des Vermerks erfolgt nicht (§ 13 Abs. 4 HGB). 27

4. Eintragung im Zweigregister und Veröffentlichung

Die **Eintragung** umfaßt außer dem *Ort* und einer etwaigen besonderen *Firma* der ZwN auch die in § 10 Abs. 1 und 2 bezeichneten Angaben (§ 12 Abs. 2 S. 1), also Firma, Sitz und Gegenstand, Höhe des Stammkapitals, Datum des Gesellschaftsvertrags sowie die Personen der Geschäftsführer einschließlich ihrer Vertretungsbefugnis, ferner gegebenenfalls die Bestimmungen des Gesellschaftsvertrags über die Dauer der Gesellschaft (§ 10, 13). 28

Die Eintragung ist durch **Veröffentlichung** seitens des Zweigregisters bekanntzumachen (§ 12 Abs. 2 S. 2). Außer dem Inhalt der Eintragung sind etwaige Bestimmungen des Gesellschaftsvertrags über die Form der Bekanntmachungen, in den ersten zwei Jahren des Bestehens der Gesellschaft auch die nach § 5 Abs. 4 S. 1 getroffenen Bestimmungen über Sacheinlagen oder Sachübernahmen zu veröffentlichen. 29

5. Spätere Änderungen

Ihnen ist der § 13a HGB gewidmet. Auch hier gilt Konzentration beim Gericht des Sitzes, bei dem alle Anmeldungen zu erfolgen haben. Die Änderungen werden von den Gerichten der ZwN übernommen, mit Ausnahme solcher, die lediglich eine andere Niederlassung betreffen. Besonderheiten für die ZwN einer GmbH bestehen insoweit nicht. Vgl. Näheres in den Erläut. zu § 13a HGB. 30

---

[19] So auch *Hüffer* aaO § 13, 5; **aA** KGJ **26** 225.

[20] Zu den Gegenständen der Prüfung vgl. näher *Hüffer* aaO § 13, 4.

6. Die Aufhebung der Zweigniederlassung

31 Das in Rdn. 20 bis 29 Ausgeführte gilt nach § 13 Abs. 5 HGB auch für die Aufhebung der ZwN. Sie erfolgt durch Einstellung des Geschäftsbetriebs der ZwN oder Verlust eines ihrer wesentlichen Merkmale (Rdn. 12). Sie ist beim Handelsregister des Sitzes anzumelden, das sie an das Zweigregister weitergibt. Dieses prüft, ob die ZwN nicht mehr besteht, trägt das Erlöschen ein, veröffentlicht es und teilt es dem Hauptregister mit. Dieses vermerkt das Erlöschen in seinem Register, veröffentlicht es aber nicht.

IV. Die inländische Zweigniederlassung einer ausländischen Gesellschaft

Schrifttum

Balser/Pichura Zweigniederlassungen ausländischer Kapitalgesellschaften in Deutschland (1958); *Grasmann* System des internationalen Gesellschaftsrechts (1970); *Schilling* Zweigniederlassung und Tochtergesellschaft im deutschen Niederlassungsrecht, RiW **1954** 37; *Ebling* Die Rechtsfähigkeit ausländischer juristischer Personen aus der Sicht des deutschen internationalen Privatrechts, RIW/AWD **1970** 450; *Gliech* Zur Genehmigung des Gewerbebetriebs einer dem deutschen Recht nicht vergleichbaren juristischen Person im Inland gemäß § 12 GewO, RIW/AWD **1967** 22; *Jepsen* Die Genehmigung des Gewerbebetriebs ausländischer juristischer Personen in der BRD, RIW/AWD **1966** 21.

1. Begriff der „ausländischen" Gesellschaft

32 Mit der Bezeichnung „ausländische" GmbH oder Gesellschaft ist eine Gesellschaft gemeint, deren Rechtsverhältnisse sich nach ausländischem Gesellschaftsrecht bestimmen, deren **Gesellschaftsstatut** also **nicht das deutsche GmbH-Gesetz** ist. Die Entscheidung darüber, welches Recht Gesellschaftsstatut ist, richtet sich nach Internationalem Gesellschaftsrecht (Näheres vgl. in Allg. Einl. 73ff.). Aus den in Allg. Einl. 75ff., 87 genannten Gründen folgt die Kommentierung der **eingeschränkten Gründungstheorie.** Diese erkennt unabhängig vom tatsächlichen Verwaltungssitz eine nach dem Recht des satzungsmäßigen Sitzes gegründete Gesellschaft an und behandelt sie auch im übrigen grundsätzlich nach dem Recht des Gründungsstaates. Einen Vorbehalt zugunsten des Rechts des tatsächlichen Sitzes macht sie — abgesehen von den zwingenden Einschränkungen aufgrund des ordre public[21] — nur in engen Grenzen im Interesse des *Gläubigerschutzes* (Näheres vgl. in Allg. Einl. 83ff., 87 sowie unten Rdn. 35).

33 Die Behandlung der inländischen Niederlassung einer ausländischen Gesellschaft als ZwN einer GmbH setzt weiter voraus, daß die ausländische Gesellschaft die **wesentlichen Merkmale einer GmbH** aufweist und daher weder als Personengesellschaft noch als Aktiengesellschaft zu qualifizieren ist[22]. Ist die ausländische Gesellschaft als Kapitalgesellschaft strukturiert, so wird in erster Linie die Anwendung der entsprechenden *aktienrechtlichen* Vorschriften (§ 44 AktG) in Betracht kommen. Dies zumal deshalb, weil die Aktiengesellschaft oder die ihr angenäherten ausländischen Rechtsformen die historische Grundform bilden und im Ausland wesentlich verbreiteter sind als der Gesellschaftstyp der GmbH[23]. Gesichtspunkte, die *für die Rechtsform der GmbH* sprechen, sind einerseits das gesetzliche Abstellen auf wenige Gesellschafter als Regelfall und die

---

[21] Art. 30 EGBGB; vgl. dazu (jeweils für die AG) RGZ **73** 366, 368f., KG LZ **1929** 786.

[22] So auch *Scholz/Winter* 28, *Hüffer* aaO § 13 b, 6.

[23] EinhM, vgl. *Hüffer* aaO § 13 b, 6, *Kronstein* Kölner KommAktG § 44, 8, *Balser/Pichura* S. 21.

beschränkte Übertragbarkeit der Anteile, andererseits die schwache Ausprägung von Kontrollvorschriften bei der Gründung und während des Bestehens der Gesellschaft[24]. Danach läßt sich die Vergleichbarkeit mit der deutschen GmbH jedenfalls für die folgenden Gesellschaftsformen konstatieren (vgl. im einzelnen die entsprechenden Länderberichte in Teil B III der Allg. Einl., Rdn. 129 ff.): *Gesellschaft mit beschränkter Haftung* (GmbH) nach **österreichischem** und **schweizerischem** Recht, *société à responsabilité limitée* (S. A. R. L.) nach **französischem** und **luxemburgischen** Recht, *société de personnes à responsabilité limitée* (S. P. R. L.) nach **belgischem** Recht, *società a responsabilità limitata* (S. R. L.) nach **italienischem** Recht, *besloten vennootschap* (B. V.) nach **niederländischem** Recht, *Anpartsselskab* (ApS) nach **dänischem** Recht; wohl auch für die *private company* nach **britischem, nordirischem und irischem** Recht sowie die *close corporation* nach dem Recht der **U. S. A.**[25].

2. Die Rechtsstellung der inländischen Zweigniederlassung

a) Die grundsätzliche Maßgeblichkeit des ausländischen Gesellschaftsstatuts. 34
Das **deutsche Recht** ist — neben der registerrechtlichen Behandlung der ZwN (Rdn. 38 ff.) — für die Beantwortung der Frage maßgebend, welche **Voraussetzungen an das Vorliegen einer Niederlassung** zu stellen sind[26]. Es gelten die oben (Rdn. 4, 5) genannten Grundsätze; die inländische Betriebsstätte ist selbst dann ZwN, wenn der oder die Geschäftsbetriebe der ausländischen Gesellschaft sich ausschließlich im Inland befinden[27]. Demgegenüber richten sich die **materiellrechtlichenen Rechtsverhältnisse** der Gesellschaft, auch soweit es die inländische Niederlassung angeht, grundsätzlich nach dem **ausländischen Gesellschaftsstatut**[28]. Dieses entscheidet über Voraussetzungen und Grenzen der **Rechtsfähigkeit,** über die Art der **Firmierung** (vorbehaltlich §§ 13b Abs. 2, 30 HGB), über die Anforderungen an die **Kapitalausstattung,** über Satzungsänderung und Anteilsübertragung sowie — vorbehaltlich des Schutzes inländischer Gläubiger (Rdn. 35) — über Ausgestaltung und Befugnisse der **Gesellschaftsorgane**. Eine Satzungsänderung wird daher, wenn das ausländische Recht für ihre Wirksamkeit auf die Eintragung verzichtet, schon mit der Beschlußfassung wirksam; eine Pflicht zur — deklaratorischen — Eintragung in das Handelsregister am Sitz der inländischen ZwN ergibt sich freilich aus § 54 Abs. 3 GmbHG i. V. m. § 13b Abs. 3 HGB (RG DR **1940** 2007). Eigene Rechtsfähigkeit kommt der inländischen Niederlassung einer ausländischen Gesellschaft so wenig zu wie der ZwN einer nach deutschem Recht gegründeten GmbH[29]. Gleiches gilt für die Parteifähigkeit: Prozeßpartei ist nicht die inländische Niederlassung, auch wenn sie unter ihrer von der ausländischen Firma abweichenden Niederlassungsfirma klagt oder verklagt wird (Rdn. 17), sondern die ausländische Gesellschaft (BGHZ **4** 62, 65). Daher muß die ausländische Gesellschaft, auch wenn sie durch ihre Niederlassung im Inland klagt, auf Verlangen des Beklagten nach §§ 110 ff. ZPO *Sicherheit leisten*[30]. Der *Gerichtsstand* bestimmt sich nach §§ 21, 23 ZPO.

b) Die Vertretungsmacht in der Niederlassung. Die **organschaftliche Vertretungsmacht** durch die Geschäftsführer der ausländischen Gesellschaft oder die ihnen 35

---

[24] *Kronstein* aaO § 44, 8, *Balser/Pichura* S. 21 f.

[25] **AA** *Scholz/Winter* 28 für die britische private company und jedenfalls idR (?) auch für die amerikanische close corporation.

[26] *Hüffer* GroßkommHGB[4] § 13 b, 9, *Scholz/Winter* 29, *Barz* GroßkommAktG § 44, 3.

[27] KGJ **35** A 354, 355; *Balser/Pichura* S. 9; vgl. auch Rdn. 8.

[28] So auch *Hüffer* aaO § 13 b, 1 und 13, *Scholz/Winter* 26.

[29] RGZ **38** 403, 406; **116** 330, 332; *Hüffer* aaO § 13 b, 13, *Balser/Pichura* S. 10; vgl. Rdn. 13.

[30] RGZ **38** 403, 406, OLG Frankfurt MDR **1973** 232; *Hüffer* aaO § 13 b, 16.

vergleichbaren Organe richtet sich nach dem Gesellschaftsstatut; entsprechend dem in Rdn. 34 Ausgeführten gilt daher **grundsätzlich** das **ausländische Recht**[31]. Eine nach dem maßgeblichen Auslandsrecht zulässige Beschränkung der Vertretungsmacht *kann* in das inländische Register eingetragen werden[32]. Auch wenn eine solche Eintragung erfolgt ist, kann sich ein Schutzbedürfnis für den gutgläubigen inländischen Rechtsverkehr in den Fällen ergeben, in denen das maßgebende Auslandsrecht eine Beschränkung der Vertretungsmacht zuläßt oder, nach Art der ultra-vires-Lehre, von einer beschränkten Verpflichtungsfähigkeit der Gesellschaft ausgeht. Eine undifferenzierte Lösung, die es entweder bei den Grundsätzen des Auslandsrechts bewenden ließe (so *Hachenburg/Schilling*[6] 20) oder von der zwingend unbeschränkten Vertretungsmacht der Gesellschaftsorgane ausginge (so *Barz* GroßkommAktG § 44, 2), würde den besonderen Verhältnissen der Inlandstätigkeit ausländischer Gesellschaften nicht gerecht. Vielmehr ist in entsprechender Anwendung von Art. 7 Abs. 3 S. 1 EGBGB eine Ausweitung der Vertretungsmacht nach dem Muster des *deutschen* GmbH-Rechts nur, aber auch stets dann veranlaßt, wenn die Gesellschaft im Inland am *inländischen Geschäftsverkehr* teilnimmt und der *Geschäftspartner gutgläubig* ist, d. h. wenn er die nach dem Gesellschaftsstatut bestehenden Schranken weder gekannt noch grobfahrlässig nicht gekannt hat[33].

36 Anderes gilt für die Vertretungsmacht von **Prokuristen und Handlungsbevollmächtigten,** die für die inländische Niederlassung tätig werden. Sie richtet sich nicht nach dem Gesellschafts-, sondern nach dem davon zu unterscheidenden **Vollmachtsstatut**[34]. Soweit die mit *rechtsgeschäftlicher* Vertretungsmacht ausgestatteten Personen im Rahmen der inländischen Niederlassung bestellt sind, bestimmt sich der Umfang der Vertretungsbefugnis nach §§ 49 ff. HGB.

37 **c) Fremdenrechtliche Probleme.** Von der Frage nach dem Gesellschaftsstatut der ausländischen Gesellschaft und ihrer Anerkennung im Inland zu trennen ist die fremdenrechtliche Behandlung der Gesellschaft hinsichtlich ihrer inländischen Niederlassung. Sie richtet sich nach der Ausgestaltung der jeweiligen fremdenrechtlichen Bestimmungen (Näheres vgl. in Allg. Einl. 119, 125 ff.). Im Rahmen des Niederlassungsrechts ist dabei besonders die **gewerberechtliche Genehmigung nach § 12 GewO** von Bedeutung. Sie ist Voraussetzung dafür, daß eine ausländische juristische Person sich im Inland über eine inländische Betriebsstätte gewerblich betätigen kann. Durch das Genehmigungserfordernis soll eine Gefährdung inländischer Gläubiger aus der Inlandstätigkeit kapitalschwacher ausländischer Gesellschaften verhindert sowie der Umgehung inländischer Gesellschaftsrechtsvorschriften durch Auslandsgründungen begegnet werden (Allg. Einl. 125; *Hüffer* aaO § 13b, 12). Keine Anwendung findet § 12 GewO auf juristische Personen, die nach dem Recht eines Mitgliedstaates der **Europäischen Wirtschaftsgemeinschaft** gegründet sind und ihren Sitz, ihre Hauptverwaltung oder Hauptniederlassung innerhalb der Gemeinschaft haben. Sie sind nach § 12a GewO von der Genehmigungspflicht freigestellt (Allg. Einl. 126).

3. Die registerrechtliche Behandlung der inländischen Zweigniederlassung

38 **a) Maßgeblichkeit deutschen Registerrechts.** Die registerrechtliche Behandlung der inländischen Niederlassung richtet sich unabhängig vom Gesellschaftsstatut der

---

[31] Ebenso *Scholz/Winter* 26, *Roth* 4.

[32] KG LZ **1929** 785; *Balser/Pichura* S. 12.

[33] So zu Recht die heute hM, vgl. näher Allg. Einl. 89 (*Behrens*), MünchKomm.-*Ebenroth* Nach Art. 10, 245 ff., *Staudinger/Großfeld* BGB[12] IntGesR 192 ff., *Soergel/Kegel* BGB[10] Vor Art. 7, 155.

[34] BGHZ **43** 21, 26 = NJW **1965** 487, OLG Hamm IPRspr. **1956/57** Nr. 27; Allg. Einl. 89, *Hüffer* aaO § 13 b, 15, *Scholz/Winter* 26.

ausländischen Gesellschaft nach **deutschem Registerrecht** (*Balser/Pichura* S. 25). Es entscheidet darüber, ob ein **eintragungspflichtiger Tatbestand** gegeben ist, insbesondere ob die inländische Betriebsstätte die Voraussetzungen einer Niederlassung erfüllt (Rdn. 34), es regelt die **Art und Weise der Anmeldung** der Niederlassung, den **Inhalt von Eintragung und Bekanntmachungen** und das **Registerverfahren** (*Hüffer* aaO § 13b, 18).

Im Unterschied zu § 44 AktG enthält das GmbH-Gesetz selbst keine besonderen Bestimmungen über inländische ZwN ausländischer Gesellschaften. **Es gilt § 13b HGB.** Alle Anmeldungen, Zeichnungen, Einreichungen und Eintragungen haben bei dem Gericht zu erfolgen, in dessen Bezirk die ZwN besteht. Dabei gelten die Vorschriften für Niederlassungen am Sitz der Gesellschaft. **Registerrechtlich wird also die inländische ZwN einer ausländischen Gesellschaft so behandelt, als ob sie eine HN wäre** (*Hüffer* aaO § 13b, 19). Bei **mehreren** ZwN derselben Gesellschaft in den Bezirken verschiedener Gerichte wird jede als HN behandelt. Die Anmeldungen, Zeichnungen und Einreichungen haben bei jedem dieser Gerichte zu erfolgen (*Balser/Pichura* S. 38). Die Eintragungen und Bekanntmachungen werden unabhängig voneinander bewirkt (*Hüffer* aaO § 13b, 23). Nach gesetzlicher Regel besteht keine gegenseitige Mitteilungspflicht. 39

b) Die Anmeldung. Die Anmeldung ist durch **sämtliche Geschäftsführer** bzw. die ihnen vergleichbaren Organe der ausländischen Gesellschaft zu bewirken (§§ 7, 78). Ihre **Erzwingung** durch Ordnungsstrafen nach § 14 HGB ist nur **gegenüber den anmeldepflichtigen Personen** und nur dann möglich, wenn diese sich **im Inland** aufhalten[35]. Ein Vorgehen gegen einen nicht zu den Gesellschaftsorganen gehörenden Leiter der inländischen Niederlassung scheidet wegen fehlender Anmeldepflicht aus[36]. 40

Anzumelden ist die Errichtung der ZwN unter Angabe des Orts und eines etwaigen besonderen Firmenzusatzes (13b Abs. 2 HGB). Die Anmeldung ist in deutscher Sprache zu fassen. Die Beilagen der Anmeldung ergeben sich nicht aus § 12, sondern aus § 8 GmbHG, soweit nicht das ausländische Recht Abweichungen nötig macht[37]. Es sind also beizufügen der **Gesellschaftsvertrag** in der Ursprache im Original oder in beglaubigter Abschrift; das Registergericht kann eine beglaubigte Übersetzung verlangen (*Balser/Pichura* S. 34). Die **Form** der zum Handelsregister einzureichenden Urkunden bestimmt sich — unabhängig von der beim Vertragsschluß zu beobachtenden, vom Recht des Gründungsstaats vorgeschriebenen Form — nach § 12 HGB: es genügt **öffentliche Beglaubigung**[38]. Die **Legitimation der Geschäftsführer** wird durch Vorlage eines Handelsregisterauszuges oder des Bestellungsbeschlusses nachgewiesen, wenn sie sich nicht aus dem Gesellschaftsvertrag selbst ergibt. Weiter ist die **Liste der Gesellschafter** vorzulegen, schließlich die **Genehmigungsurkunde**, wenn der Gegenstand des Unternehmens der inländischen Genehmigung bedarf. Die Versicherung nach § 8 Abs. 2 ist nicht erforderlich, da die Gründung im Ausland durch den deutschen 41

35 HM, vgl. BayObLGZ **1908** 340, 343; *Jansen* FGG § 132, 49, *Keidel/Kuntze/Winkler* FGG § 132, 17; zweifelnd *Hüffer* aaO § 13 b, 22.

36 HM, vgl. KGJ **35** A 354, 356; *Hüffer* aaO § 13 b, 23, *Scholz/Winter* 33, *Jansen* FGG § 132, 49, *Balser/Pichura* S. 30; so für das Aktienrecht auch *Barz* GroßkommAktG § 44, 4, *Kronstein* Kölner KommAktG § 44, 18; **aA** *Schlegelberger/Hildebrandt/Steckhan* HGB § 13 b, 4.

37 So auch *Hüffer* aaO § 13 b, 21, *Scholz/Winter* 30.

38 Zur *Legalisierung ausländischer Urkunden* und zum Verzicht hierauf beim Vorhandensein entsprechender völkerrechtlicher Vereinbarungen mit dem betreffenden ausländischen Staat vgl. *Keidel/Kuntze/Winkler* FGG Teil B BeurkG Einl. 67 ff., *Bülow* DNotZ **1955** 9 ff.

Registerrichter nicht nachzuprüfen ist (*Scholz/Winter* 30). Anderes gilt für die Versicherung nach § 8 Abs. 3 nF. Nach § 8 Abs. 5 haben die Geschäftsführer ihre **Unterschriften** zur Aufbewahrung beim Gericht zu zeichnen. § 44 Abs. 2 AktG schreibt darüber hinaus vor, daß bei der Anmeldung das Bestehen der Gesellschaft und die Genehmigung zur Zulassung zum Gewerbebetrieb im Inland (Rdn. 37) nachzuweisen sind. Beides wird man auch für die GmbH fordern müssen[39]. Das **Bestehen der Gesellschaft** ist Voraussetzung für die Errichtung der inländischen ZwN; es kann, soweit es im Sitzstaat ein dem deutschen Handelsregister vergleichbares Register gibt, durch **Registerauszug** nachgewiesen werden (*Balser/Pichura* S. 36). Die (inländische) **Zulassung zum Gewerbebetrieb** ist Voraussetzung für die Eröffnung der ZwN (Rdn. 37).

42 **c) Eintragung und Bekanntmachung.** Sie sind wie bei einer inländischen Hauptniederlassung vorzunehmen. Ihr Inhalt bestimmt sich nach § 10 GmbHG und § 13b Abs. 2 HGB.

43 **d) Laufende Einreichungen.** Auch hinsichtlich der Einreichungen gelten die für die Hauptniederlassung erlassenen Vorschriften. Es sind also alljährlich im Januar die Liste der Gesellschafter nach § 40 und bei inländischen Niederlassungen ausländischer Banken (§ 53 KWG) die Bilanz nach § 25a KWG iVm § 9 PublG einzureichen.

4. Zweigniederlassungen einer GmbH mit Sitz in der DDR

44 Für ZwN und Betriebsstätten von Einzelkaufleuten und Gesellschaften, die ihre **HN (Sitz) in Deutschland außerhalb des Währungsgebietes** haben, enthält § 2 DM-BilanzG[40] besondere Vorschriften. **Sie sind zur gesonderten Buchführung und Bestellung eines sogenannten ständigen Vertreters,** der die Stellung eines gesetzlichen Vertreters hat, **verpflichtet.** Die Errichtung der ZwN und der ständige Vertreter sind zum Handelsregister anzumelden und einzutragen. Erfolgt die Anmeldung nicht innerhalb von sechs Monaten nach Errichtung der ZwN, so hat das Registergericht von Amts wegen die Errichtung der ZwN einzutragen, einen ständigen Vertreter zu bestellen und dessen Bestellung einzutragen (§ 2 Abs. 4 DM-BilanzG). Diese Verpflichtungen gelten auch, wenn die Merkmale einer ZwN nicht vorliegen, es sich vielmehr nur um eine **Betriebsstätte** (Warenlager, Reparaturbetrieb u. a.) handelt; sie ist nach § 2 DM-BilanzG der ZwN gleichgestellt. Abweichend von den §§ 13, 13a HGB ist die Errichtung der ZwN und die Bestellung des ständigen Vertreters beim Gericht des Ortes der ZwN zur Eintragung anzumelden. Dieses hat die Eintragung von Amts wegen dem Gericht des Sitzes der Gesellschaft mitzuteilen (§ 2 Abs. 3 DM-BilanzG)[41].

5. Zweigniederlassungen inländischer Gesellschaften im Ausland

45 Ihre Errichtung und Eintragung sowie die gewerberechtlichen Voraussetzungen ihres Tätigwerdens richten sich nach dem Recht des jeweiligen Niederlassungsstaates. Näheres hierzu vgl. in den Abschnitten „Fremdenrecht" der rechtsvergleichenden Länderberichte in Teil B III der Allgemeinen Einleitung.

---

[39] Ebenso *Hüffer* aaO § 13 b, 23, für die Genehmigung nach § 12 GewO auch *Scholz/Winter* 30.

[40] Gesetz über die Eröffnungsbilanz in Deutscher Mark und die Kapitalneufestsetzung vom 21. 8. 1949, BGBl. **1950** I 2, zuletzt ergänzt durch das 4. DMBEG vom 7. 4. 1961, BGBl. I 413; Abdruck von § 2 bei *Hüffer* aaO Vor § 13, 29.

[41] Näheres vgl. bei *Hachenburg/Schilling*[6] 22 und in den Erl. zu § 2 DM-BilanzG bei *Geiler/Stehlik/Veith* Rdn. 32 und *Schmölder/Geßler/Merkle* Bem. III B 5a, b.

ZWEITER ABSCHNITT

Rechtsverhältnisse der Gesellschaft und der Gesellschafter

§ 19

Die Einzahlungen auf die Stammeinlagen sind nach dem Verhältnis der Geldeinlagen zu leisten.

Von der Verpflichtung zur Leistung der Einlagen können die Gesellschafter nicht befreit werden. Gegen den Anspruch der Gesellschaft ist die Aufrechnung nicht zulässig. An dem Gegenstand einer Sacheinlage kann wegen Forderungen, welche sich nicht auf den Gegenstand beziehen, kein Zurückbehaltungsrecht geltend gemacht werden.

Durch eine Kapitalherabsetzung können die Gesellschafter von der Verpflichtung zur Leistung von Einlagen höchstens in Höhe des Betrags befreit werden, um den das Stammkapital herabgesetzt worden ist.

Vereinigen sich innerhalb von drei Jahren nach der Eintragung der Gesellschaft in das Handelsregister alle Geschäftsanteile in der Hand eines Gesellschafters oder daneben in der Hand der Gesellschaft, so hat der Gesellschafter innerhalb von drei Monaten seit der Vereinigung der Geschäftsanteile alle Geldeinlagen voll einzuzahlen oder der Gesellschaft für die Zahlung der noch ausstehenden Beträge eine Sicherung zu bestellen oder einen Teil der Geschäftsanteile an einen Dritten zu übertragen. Die Geschäftsführer haben die Vereinigung der Geschäftsanteile unverzüglich zum Handelsregister anzuzeigen.

Eine Leistung auf die Stammeinlage, welche nicht in Geld besteht oder welche durch Aufrechnung einer für die Überlassung von Vermögensgegenständen zu gewährenden Vergütung bewirkt wird, befreit den Gesellschafter von seiner Verpflichtung nur, soweit sie in Ausführung einer nach § 5 Abs. 4 Satz 1 getroffenen Bestimmung erfolgt.

Übersicht

I. Änderungen durch die GmbH-Novelle 1980

1. Redaktionelle Änderungen

2a Die Vorschrift des § 19 wurde durch die GmbH-Novelle 1980 in allen Teilen geändert und um zwei Absätze (Abs. 3 und 4 nF) erweitert; der bisherige Abs. 3 wurde zu Abs. 5. Mit Ausnahme von Abs. 4 nF (vgl. Rdn. 2b, 46b ff.) sind die Änderungen jedoch rein redaktioneller Natur. So ist in **Abs. 1** entsprechend der bisher ganz hM (vgl. § 19, 5) nunmehr klargestellt, daß sich die Pflicht zur Gleichbehandlung bei Einforderung der Einzahlungen nur auf die *Geldeinlagen* bezieht. **Abs. 2** ist nur sprachlich umformuliert, wobei das Verbot der Befreiung von der Einlagepflicht die in § 19 Abs. 2 aF ausdrücklich genannten Fälle des Erlasses und der Stundung umfaßt[1]; eine sachliche Änderung verbindet sich damit nicht. In **Abs. 3** wird entsprechend der Regelung in § 66 Abs. 3 AktG ausdrücklich auf den Sonderfall der Befreiung von der Einlagepflicht durch Kapitalherabsetzung abgestellt (vgl. Rdn. 46a); auch insoweit handelt es sich nur um die Bestätigung schon bisher geltenden Rechts (§ 19, 28). Die Änderung von **Abs. 5** schließlich beschränkt sich darauf, die Verweisung auf § 5 Abs. 4 um den Zusatz „Satz 1" zu erweitern; sie ist eine Folge der Neufassung von § 5 Abs. 4 durch die GmbH-Novelle 1980.

2. Inhaltliche Änderungen

2b Die einzige inhaltliche Änderung von § 19 findet sich in **Abs. 4.** Er begründet im Anschluß an die Zulassung der Einmanngründung durch die GmbH-Novelle 1980 (§ 1, 36 ff.) im Falle einer Mehrpersonengründung die Obliegenheit des späteren Alleingesellschafters, entsprechend § 7 Abs. 2 S. 3 nF eine Sicherung für noch ausstehende Einlagen zu bestellen, wenn die Anteilsvereinigung innerhalb von drei Jahren nach Entstehung der Gesellschaft eintritt und nicht innerhalb von drei Monaten beseitigt wird. Dadurch soll einer Umgehung von § 7 Abs. 2 S. 3 durch Strohmanngründung vorgebeugt und der infolge Anteilsvereinigung wegfallenden Ausfallhaftung der Mitgesellschafter (§ 24) für eine begrenzte, für die Lebensfähigkeit der Gesellschaft erfahrungsgemäß besonders kritische Zeit nach der Gründung Rechnung getragen werden (vgl. Rdn. 46 b). — Zur Anwendbarkeit der Neuregelung auf Altgesellschaften vgl. § 60, 42.

II. Befreiung durch Kapitalherabsetzung (Abs. 3 nF)

46a Die Vorschrift stellt in Anlehnung an § 66 Abs. 3 AktG klar, daß das in § 19 Abs. 2 enthaltene Verbot der Befreiung von der Einlagepflicht die Gesellschafter nicht hindert, eine Kapitalherabsetzung bei nicht voll eingezahlten Stammeinlagen zu beschließen, daß die Befreiung jedoch **höchstens in Höhe des Herabsetzungsbetrags** erfolgen kann (so bisher schon § 19, 28). Für die Kapitalherabsetzung sind die Vorschriften des § 58 einzuhalten. Zur Durchführung der Kapitalherabsetzung bedarf es besonderer Erlaßverträge zwischen Gesellschaft und Gesellschaftern (vgl. § 58, 65). Sie können erst abgeschlossen werden, wenn die Kapitalherabsetzung nach Ablauf des Sperrjahrs und Befriedigung oder Sicherstellung der berechtigten Gläubiger im Handelsregister eingetragen ist. Vgl. Näheres in Erläut. zu § 58.

---

[1] Begr. RegE, BT-Drucks. 8/1347 S. 38; so auch *Scholz/Winter* § 19 nF, 1.

III. Nachträgliche Anteilsvereinigung (Abs. 4 nF)

1. Allgemeines

a) Normzweck. Die Obliegenheit des Alleingesellschafters, bei Anteilsvereinigung innerhalb von drei Jahren nach Eintragung der Gesellschaft dieser eine Sicherung für die noch ausstehenden Einlageleistungen zu bestellen, dient der Ergänzung der Sicherungspflicht bei der Einmanngründung (§ 7 Abs. 2 S. 3 nF) und ihrer **Absicherung gegen Umgehungen** durch Einschaltung eines Strohmanns im Gründungsstadium. Regelungsziel ist ebenso wie im Fall von § 7 Abs. 2 S. 3 (§ 7, 3) die **Ersetzung der fehlenden Ausfallhaftung der Mitgesellschafter** (§ 24) durch dingliche oder persönliche Sicherungen für die ausstehenden Einlagen. Zwar bleiben die durch Anteilsveräußerung ausscheidenden Mitgründer hinsichtlich der auf sie selbst entfallenden Stammeinlagepflicht trotz ihres Ausscheidens zur Zahlung verpflichtet (vgl. § 16 Abs. 3). Von dem Risiko subsidiärer Ausfallhaftung nach § 24 werden sie durch ihr Ausscheiden jedoch befreit, wenn die ausstehenden Einlagen bis zu diesem Zeitpunkt noch nicht eingefordert worden waren (§ 24, 16). 46b

b) Entstehung. Die Endfassung von § 19 Abs. 4 beruht auf dem **Vorschlag des BT-Rechtsausschusses.** Von § 19 Abs. 4 RegE weicht sie vor allem in zwei Punkten ab[2]. Zum einen ist die Pflicht zur Bestellung von Sicherungen auf diejenigen Fälle beschränkt, in denen die Anteilsvereinigung innerhalb von *drei Jahren* nach Eintragung der Gesellschaft eintritt, weil Gesellschaften in der Anlaufphase verhältnismäßig stärker insolvenzgefährdet seien als später[3]. Und zum anderen hat der Ausschuß die im RegE vorgesehene Auflösung der Gesellschaft, die bei Nichterfüllung einer der Obliegenheiten des Abs. 4 S. 1 innerhalb von zwei Jahren nach Anteilsvereinigung automatisch eintreten sollte, durch ein vom Registergericht einzuleitendes *Auflösungsverfahren* ersetzt; dem entsprechen auch die Folgeänderungen in § 60 Abs. 1 Nr. 5 GmbHG und § 144 b FGG. Die Schwäche dieser Neuregelung liegt darin, daß das Gesetz nur unzulänglich dafür Vorsorge trifft, die Information des Registergerichts über die Anteilsvereinigung als auslösendes Moment für das Auflösungsverfahren sicherzustellen (Rdn. 46i). 46c

2. Der Sicherungsfall (Abs. 4 S. 1)

a) Anteilsvereinigung. Erforderlich ist die **nachträgliche Vereinigung aller Anteile** in der Hand eines Gesellschafters. Der Rechtsgrund für die Anteilsvereinigung (rechtsgeschäftlicher Erwerb, Erbgang u.a.) ist ohne Belang. Die Vorschrift findet auch Anwendung auf *Personenvereinigungen* als Gesellschafter (§ 2, 65 ff.); daß bei ihnen je nach Lage des Falles mehr als eine natürliche Person für die Verbindlichkeiten der Personenvereinigung haften kann, steht nicht entgegen[4]. Anderes gilt bei *Mitberechtigung mehrerer* Personen an dem (oder den) vorhandenen Geschäftsanteil(en); mit Rücksicht auf die in § 18 Abs. 2 angeordnete gesamtschuldnerische Haftung aller Beteiligten bedarf es hier keiner zusätzlichen Sicherungen. Auch die Beteiligung von *Strohmännern* (Treuhändern) neben dem Treugeber an der Gesellschaft ist der Anteilsvereinigung nicht gleichzustellen, weil sie die Inhaberschaft des Strohmanns am Anteil und dementsprechend auch seine Haftung für die Einlagen nicht tangiert (zur Strohmanngründung als Mehrpersonengründung vgl. § 2, 49 ff.). — **Eigene Anteile** der GmbH bleiben nach ausdrücklicher Regelung in Abs. 4 S. 1, 1. Hs., für die Anwendung von § 19 Abs. 4 außer 46d

---

[2] Vgl. Ausschußbericht, BT-Drucks. 8/3908 S. 73.

[3] Ausschußbericht aaO (Fn. 2) S. 73.

[4] So auch *Scholz/Winter* § 19 nF, 3.

Betracht; sie stehen dem Eingreifen der Vorschrift daher nicht entgegen, wenn sich sämtliche übrigen Anteile in einer Hand vereinigen. – Erfolgt die Anteilsvereinigung schon **vor Eintragung** der Gesellschaft, ohne daß das Registergericht hiervon Kenntnis erlangt und die Eintragung von der Versicherung der Geschäftsführer nach § 8 Abs. 2 S. 2 über die Bestellung von Sicherungen abhängig macht, so steht das der späteren Anteilsvereinigung gleich; §§ 19 Abs. 4, 60 Abs. 1 Nr. 5 GmbHG, 144b FGG sind entsprechend anwendbar (§ 7, 55).

46e **b) Dreijahresfrist.** Die Anwendung von § 19 Abs. 4 beschränkt sich auf diejenigen Fälle, in denen die **Anteilsvereinigung innerhalb von drei Jahren nach Eintragung** der Gesellschaft eintritt. Liegt diese Voraussetzung vor, so kann das Amtsauflösungsverfahren eingeleitet werden[5]. Bei wirtschaftlicher Neugründung durch Mantelverwendung (§ 3, 27 ff., 30) tritt an die Stelle der Eintragung der Gesellschaft die Eintragung der durch die Neugründung veranlaßten Satzungsänderungen. Maßgebender **Stichtag für die Anteilsvereinigung** ist nicht die notarielle Beurkundung der Anteilsabtretung nach § 15 Abs. 3, sondern die **Anmeldung des Erwerbs** unter Nachweis des Übergangs bei der Gesellschaft (§ 16 Abs. 1)[6]. Bis dahin gilt im Verhältnis zur Gesellschaft noch der Veräußerer als Rechtsinhaber; er haftet auch noch nach § 24. – Zum Übergangsrecht bei der Vereinigung der Anteile an einer Altgesellschaft nach dem 1. 1. 1981 vgl. § 60, 42.

46f **c) Obliegenheiten des Gesellschafters.** Zur Abwendung des Auflösungsverfahrens nach § 144b FGG sind dem Alleingesellschafter in Abs. 4 S. 1 **drei Möglichkeiten** eingeräumt. Er kann die ausstehenden Einlagen **einzahlen** und dadurch den Sicherungszweck des § 19 Abs. 4 gegenstandslos machen. Er kann durch Veräußerung von Anteilen oder Kapitalerhöhung einen **anderen Gesellschafter** beteiligen und dadurch die Anteilsvereinigung beseitigen. Er kann schließlich der Gesellschaft eine **Sicherung bestellen** für die ausstehenden Einlagen. Für diesen Fall gelten die Grundsätze über Art und Höhe der bei Einmann-Gründungen in Betracht kommenden Sicherungen (§ 7, 56 ff.) entsprechend. Die besonderen Schwierigkeiten hinsichtlich der Bestellung der Sicherungen, die auf der umstrittenen Rechtsnatur der Einmann-Gründerorganisation beruhen (§ 7, 50 f., 61), bestehen im Fall der *eingetragenen* Einmann-GmbH nicht.

46g Die Entscheidung über die Wahl zwischen den vorgenannten Möglichkeiten und deren Vollzug hat der Alleingesellschafter **innerhalb von drei Monaten** seit Anteilsvereinigung zu treffen; maßgebend ist auch für diese Frist der Tag der Anmeldung des Anteilserwerbs bei der Gesellschaft (Rdn. 46e). Wird dem Registergericht die Erfüllung der Obliegenheit nicht innerhalb der Dreimonatsfrist nachgewiesen (Rdn. 46k), so hat es das Amtsauflösungsverfahren nach § 144b FGG einzuleiten und für die Nachholung der gebotenen Maßnahmen eine Frist zu setzen. Bleibt der Gesellschafter auch während dieser Frist untätig, so stellt das Gericht den Mangel fest; mit Rechtskraft dieser Feststellung ist die Gesellschaft aufgelöst (Rdn. 46k).

3. Die Anzeigepflicht der Geschäftsführer (Abs. 4 S. 2)

46h Nach Abs. 4 S. 2 sind die Geschäftsführer verpflichtet, die Anteilsvereinigung **unverzüglich** beim Registergericht anzuzeigen. Die Pflicht wird durch die Anmeldung des Erwerbs nach § 16 Abs. 1 ausgelöst (Rdn. 46e). Sie trifft **jeden** Geschäftsführer; eine

[5] *Scholz/K. Schmidt* § 60, 29, *Stöber* ZIP **1981** 357 ff.

[6] Ebenso *Roth* § 19, 5.1.

Mitwirkung der übrigen ist auch bei Gesamtvertretung nicht erforderlich[7]. Die Anzeige ist formfrei; § 12 Abs. 1 HGB findet keine Anwendung.

Eine besondere zivil- oder strafrechtliche **Sanktion** bei Nichterfüllung der Anzeigepflicht ist durch die GmbH-Novelle 1980 nicht eingeführt worden. Der Hinweis des BT-Rechtsausschusses auf den Schadensersatzanspruch der Gesellschaft aus § 43 Abs. 2 wegen Verletzung der Sorgfaltspflichten[8] hilft nur dann weiter, wenn man den Anspruch analog § 43 Abs. 3 S. 3 als unverzichtbar behandelt, da die Nichterfüllung der Anzeigepflicht regelmäßig auf dem Willen des Alleingesellschafters beruhen wird. Angesichts der Funktion von § 19 Abs. 4, die Vorschriften der §§ 7 Abs. 2 S. 3, 8 Abs. 2 S. 2 gegen eine Umgehung durch Strohmanngründung mit anschließender Anteilsvereinigung abzusichern (Rdn. 46b), sprechen gute Gründe für die **Schadensersatzpflicht der Geschäftsführer analog § 9a Abs. 1** wegen unterlassener Anzeige (§ 9a, 25); anderes gilt mit Rücksicht auf das strafrechtliche Analogieverbot für § 82 Abs. 1 Nr. 1. Hat das Registergericht Anlaß zu der Vermutung, eine Anteilsvereinigung könnte innerhalb der Dreijahresfrist eingetreten sein, so kann es die Geschäftsführer nach § 14 HGB durch Androhung von **Zwangsgeld** zu einer Anzeige auffordern[9]. 46i

4. Folgen der Obliegenheitsverletzung

a) Amtsauflösung. Erlangt das Registergericht durch Anzeige der Geschäftsführer (Rdn. 46h) oder auf sonstige Weise Kenntnis von der Anteilsvereinigung und wird ihm nicht innerhalb der Dreimonatsfrist nachgewiesen oder glaubhaft gemacht (§ 15 Abs. 2 FGG), daß der Gesellschafter seiner Obliegenheit aus § 19 Abs. 4 S. 1 entsprochen und eine der dort genannten Wahlmöglichkeiten (Rdn. 46 f) vollzogen hat, so hat es **gegen den Gesellschafter** das Amtsauflösungsverfahren nach § 144b FGG einzuleiten und ihn zur Abstellung des Mangels innerhalb einer bestimmten, für die erforderlichen Maßnahmen ausreichend bemessenen Frist aufzufordern; die **Gesellschaft** ist als materiell Beteiligte auch formell am Feststellungsverfahren zu beteiligen (BayObLG DB **1984** 1241). Nach fruchtlosem Ablauf der Frist hat es durch Verfügung den Mangel festzustellen. Mit Rechtskraft dieser Verfügung ist die Gesellschaft nach § 60 Abs. 1 Nr. 5 aufgelöst (§ 144b iVm § 144a Abs. 2 und 3 FGG; vgl. dazu näher § 60, 49 ff. und die Erläut. zu § 144b FGG). 46k

b) Fortsetzung der Gesellschaft. Die Auflösung nach § 60 Abs. 1 Nr. 5 aufgrund gerichtlicher Mangelfeststellung schließt die Fortsetzung der Gesellschaft nicht aus. Voraussetzung ist die **Beseitigung des Mangels** durch Volleinzahlung der Einlage, Sicherungsbestellung oder Aufnahme eines Mitgesellschafters sowie ein **Fortsetzungsbeschluß** des oder der Gesellschafter (§ 60, 101). Der Beschluß kann konkludent gefaßt werden; er ist regelmäßig bereits in der Vornahme einer der in § 19 Abs. 4 S. 1 zur Wahl gestellten Maßnahmen zu sehen, auch wenn die besonderen Nachweisvoraussetzungen des § 48 Abs. 3 nicht erfüllt sind. 46l

---

7 So auch *Scholz/Winter* § 19 nF, 5, *Roth* § 19, 5.2.

8 Ausschußbericht aaO (Fn. 2) S. 73.

9 **AA** *Scholz/Winter* § 19 nF, 5; zur Anwendbarkeit von § 14 HGB auf die Pflicht zur Einreichung der Gesellschafterliste nach § 40 vgl. § 40, 6 und *Hüffer* in GroßkommHGB[4] § 14, 3.

§ 32a

Hat ein Gesellschafter der Gesellschaft in einem Zeitpunkt, in dem ihr die Gesellschafter als ordentliche Kaufleute Eigenkapital zugeführt hätten, statt dessen ein Darlehen gewährt, so kann er den Anspruch auf Rückgewähr des Darlehens im Konkurs über das Vermögen der Gesellschaft oder im Vergleichsverfahren zur Abwendung des Konkurses nicht geltend machen. Ein Zwangsvergleich oder ein im Vergleichsverfahren geschlossener Vergleich wirkt für und gegen die Forderung des Gesellschafters.

Hat ein Dritter der Gesellschaft in einem Zeitpunkt, in dem ihr die Gesellschafter als ordentliche Kaufleute Eigenkapital zugeführt hätten, statt dessen ein Darlehen gewährt und hat ihm ein Gesellschafter für die Rückgewähr des Darlehens eine Sicherung bestellt oder hat er sich dafür verbürgt, so kann der Dritte im Konkursverfahren oder im Vergleichsverfahren zur Abwendung des Konkurses über das Vermögen der Gesellschaft nur für den Betrag verhältnismäßige Befriedigung verlangen, mit dem er bei der Inanspruchnahme der Sicherung oder des Bürgen ausgefallen ist.

Diese Vorschriften gelten sinngemäß für andere Rechtshandlungen eines Gesellschafters oder eines Dritten, die der Darlehensgewährung nach Absatz 1 oder 2 wirtschaftlich entsprechen.

§ 32b

Hat die Gesellschaft im Fall des § 32a Abs. 2, 3 das Darlehen im letzten Jahr vor der Konkurseröffnung zurückgezahlt, so hat der Gesellschafter, der die Sicherung bestellt hatte oder als Bürge haftete, der Gesellschaft den zurückgezahlten Betrag zu erstatten. Die Verpflichtung besteht nur bis zur Höhe des Betrages, mit dem der Gesellschafter als Bürge haftete oder der dem Wert der von ihm bestellten Sicherung im Zeitpunkt der Rückzahlung des Darlehens entspricht. Der Gesellschafter wird von der Verpflichtung frei, wenn er die Gegenstände, die dem Gläubiger als Sicherung gedient hatten, der Gesellschaft zu ihrer Befriedigung zur Verfügung stellt. Diese Vorschriften gelten sinngemäß für andere Rechtshandlungen, die der Darlehensgewährung wirtschaftlich entsprechen.

Übersicht

Schrifttum

Beinert/Hennerkes/Binz Kapitalersetzende Darlehen und GmbH-Novelle, GmbH-Rdsch. **1981** 10; *Fleck* Das kapitalersetzende Bankdarlehen in der GmbH, Festschrift für Winfried Werner (1984) S. 107; *Gebhard* Kapitalersetzende Gesellschafterdarlehen: Stehenlassen als Gewähren i. S. des § 32 a GmbHG? DB **1984** 1385; *Gessler* Die GmbH-Novelle, BB **1980** 1385; *ders.* Zur Problematik bei kapitalersetzenden Gesellschafterdarlehen, ZIP **1981** 228; *Hommelhoff* Das Risikokapital der GmbH, in: Roth (Herausg.), Die Zukunft der GmbH, 1982, S. 15 ff; *ders.* Eigenkapital-Ersatz im Konzern und in Beteiligungsverhältnissen, WM **1984** 1105; *Immenga* Kapitalersetzende Aktionärsdarlehen als Haftkapital? ZIP **1983** 1405; *Kamprad* Gesellschafterdarlehen an die GmbH und GmbH & Co KG, 2. Aufl. 1981; *K. Müller* Der Tatbestand des kapitalersetzenden Gesellschafterdarlehens in § 32 a Abs. 1 GmbHG, GmbH-Rdsch. **1982** 33; *Obermüller* Patronatserklärungen und kapitalersetzende Darlehen, ZIP **1982** 915; *K. Schmidt* Fortschritte und Abstimmungsprobleme im Recht der kapitalersetzenden Gesellschafterdarlehen, ZGR **1980** 567; *ders.* Gesellschafterdarlehen als Insolvenzrechtsproblem, ZIP **1981** 689; *ders.* Kapitalersetzende Bankkredite? ZHR 147 **1983** 165; *Thöne* Behandlung der Gesellschafterdarlehen im Konkurs der Gesellschaft nach der GmbH-Novelle, DB **1980** 2179; *Timm* Das neue GmbH-Recht in der Diskussion, GmbH-Rdsch. **1980** 286; *Ullrich* Gesellschafterdarlehen der Banken in der Finanzkrise der GmbH, GmbH-Rdsch. **1983** 133; *Ulmer* Die neuen Vorschriften über kapitalersetzende Darlehen und eigene Geschäftsanteile der GmbH, in: Das neue GmbH-Recht in der Diskussion, 1981, 55; *ders.* Umstrittene Fragen im Recht der Gesellschafterdarlehen (§ 32 a GmbHG), ZIP **1984** 1163. Vgl. weiter die Nachw. vor Rdn. 56, 95, 125 und 168 sowie in Anh. § 30 (vor Rdn. 1).

I. Einführung

1. Regelungsinhalt

a) Überblick. Die Vorschriften der **§§ 32 a, 32 b** über kapitalersetzende Gesellschafterdarlehen sind durch die GmbH-Novelle 1980 eingeführt worden. Sie enthalten trotz ihrer relativ komplizierten Ausgestaltung nur einen **Teil des für kapitalersetzende Gesellschafterdarlehen geltenden Rechts**. In unmittelbarem sachlichem Zusammenhang damit stehen die ebenfalls neueingeführten, bei Sicherung oder Rückzahlung kapitalersetzender Darlehen vor der Insolvenz der Gesellschaft eingreifenden **Anfechtungstatbestände der §§ 32 a KO, 3 b AnfG** (vgl. Text in Rdn. 72). Sie verpflichten den Gesellschafter als Darlehensgläubiger im Fall der Rückzahlung zur Erstattung der Darlehensvaluta an den Konkursverwalter oder den anfechtenden Gläubiger, sofern 1 die gesetzlich für die Anfechtung vorgesehene, äußerst knappe Jahresfrist zwischen Rückzahlung und Konkurseröffnung (Anfechtung) eingehalten ist. Schließlich finden neben den genannten Neuregelungen auch weiterhin die zu §§ 30, 31 entwickelten **Rechtsprechungsgrundsätze** Anwendung. Danach sind Rückzahlungsansprüche aus kapitalersetzenden Darlehen schon *vor* der Insolvenz der Gesellschaft undurchsetzbar, wenn die Rückzahlung zur Entstehung oder Vergrößerung einer Unterbilanz oder Überschuldung der Gesellschaft führen würde (vgl. näher Rdn. 141 ff.).

2 Die gesetzliche Neuregelung enthält eine auf die *Insolvenz* der GmbH bezogene und erst bei ihrem Vorliegen eingreifende, sog. **insolvenzrechtliche Lösung** für eigenkapitalersetzende Gesellschafterdarlehen. Der Rückzahlung des Darlehens oder sonstigen Erfüllungshandlungen zwischen Gesellschafter und Gesellschaft *vor* Eintritt von deren Insolvenz steht sie vorbehaltlich der in Rdn. 1 genannten Anfechtungstatbestände *nicht* entgegen. Entsprechendes gilt für Zahlungsansprüche dritter Kreditgeber gegen die GmbH in Fällen, in denen Gesellschafter sich für das Darlehen verbürgt oder sonstige Sicherungen gestellt haben (§ 32 a Abs. 2). Die Undurchsetzbarkeit derartiger Ansprüche schon vor Insolvenz der GmbH kann sich aber aus den zu §§ 30, 31 entwickelten Rechtsprechungsgrundsätzen ergeben. Geschäftsführer, die eigenkapitalersetzende Darlehen zu Lasten des Stammkapitals entgegen § 30 zurückzahlen, schulden der GmbH nach § 43 Abs. 3 auch dann Schadensersatz, wenn sie in Ausführung einer Gesellschafterweisung handeln.

3 **b) Die Ausgestaltung der Neuregelung.** Im einzelnen bestimmt **§ 32 a Abs. 1**, daß **Gesellschafter** eigenkapitalersetzende Darlehen im **Konkurs oder Vergleich der GmbH** nicht geltendmachen können. Zugleich umschreibt er den **eigenkapitalersetzenden Charakter** der Darlehen dahin, daß sie der GmbH von ihren Gesellschaftern in einem Zeitpunkt gewährt worden sein müssen, in dem ihr die Gesellschafter als *ordentliche Kaufleute* Eigenkapital zugeführt hätten. Hat die Gesellschaft das eigenkapitalersetzende Darlehen innerhalb eines Jahres vor der Konkurseröffnung oder der vergeblichen Vollstreckung in ihr Vermögen zurückgezahlt, so gewähren die Anfechtungstatbestände der **§§ 32 a KO, 3 b AnfG** dem anfechtenden Konkursverwalter oder Vollstreckungsgläubiger einen Erstattungsanspruch gegen den betreffenden Gesellschafter. Entsprechendes gilt — ohne Befristung auf ein Jahr vor Konkurseröffnung oder Insolvenz — für die Anfechtung von Sicherungsgeschäften zwischen der GmbH und dem Darlehensgläubiger.

4 Die Vorschrift des **§ 32 a Abs. 2** betrifft die sog. mittelbaren Gesellschafterdarlehen, d. h. **Kredite Dritter** an die GmbH, die **von Gesellschaftern** durch Bürgschaften oder sonstige Sicherungen **besichert** werden. Er verweist den dritten Kreditgeber in der Insolvenz der GmbH in erster Linie an den Sicherungsgeber und läßt die Geltendmachung des Darlehens im Konkurs oder Vergleich der Gesellschaft nur mit dem Betrag zu, mit dem der Dritte bei Verwertung der Sicherheit ausgefallen ist. Ist die Rückzahlung an den Dritten innerhalb eines Jahres *vor* der Konkurseröffnung erfolgt, so begründet **§ 32 b** anstelle der für die Rückzahlung an Gesellschafter geltenden Anfechtungslösung einen **Erstattungsanspruch** der GmbH **gegen den** durch die Rückzahlung frei gewordenen **Gesellschafter als Sicherungsgeber**. Der Anspruch ist auf den Wert der bestellten Sicherung begrenzt; auch kann sich der Gesellschafter dadurch von der Zahlungspflicht befreien, daß er der Gesellschaft die Sicherungsgegenstände zur Befriedigung herausgibt (Rdn. 139).

5 In **§ 32 a Abs. 3** schließlich hat der Gesetzgeber eine **Generalklausel zur Erfassung von Umgehungsfällen** aufgenommen. Sie soll sicherstellen, daß die Vorschriften des § 32 a Abs. 1 und 2 sowie die daran anknüpfenden Anfechtungs- und Erstattungsfolgen auch auf Rechtshandlungen angewendet werden, die der Darlehensgewährung nach Abs. 1 oder 2 **wirtschaftlich entsprechen.** Erfaßt werden im Anschluß an Abs. 1 und 2

sowohl Rechtsgeschäfte von *Gesellschaftern* als auch solche *Dritter* mit der GmbH, die zur Vermehrung des Fremdkapitals der Gesellschaft unter Einsatz von Gesellschaftermitteln führen. Die Vorschrift wurde auf Vorschlag des BT-Rechtsausschusses anstelle der stark kasuistischen Regelungen des RegE (abgedruckt in Rdn. 80) eingeführt; sie soll es den Gerichten ermöglichen, neben den im RegE ausdrücklich angeführten Umgehungsgeschäften unter Beteiligung von Gesellschaftern (Stundung fälliger Forderungen gegen die GmbH, Erwerb gestundeter Forderungen von Dritten) oder ihnen nahestehenden Personen (Ehegatten, minderjährige Kinder, verbundene Unternehmen) auch andere vergleichbare Fälle den Vorschriften über kapitalersetzende Gesellschafterdarlehen zu unterstellen[1]. Damit enthält sie einen bewußten und gewollten Auftrag des Gesetzgebers an die Gerichte, für umfassende, nicht an der äußeren Gestaltung orientierte Anwendung der neuen Vorschriften zu sorgen. Das ist bei Konkretisierung des Anwendungsbereichs von Abs. 3 zu berücksichtigen (vgl. näher Rdn. 79 ff.).

2. Normzweck

Der Normzweck der Vorschriften über Gesellschafterdarlehen ist **komplexer Natur.** 6
Der Satz aus der Amtl. Begründung, es gehe darum, den Gesellschaftern die Berufung auf ihre formelle Rechtsstellung abzuschneiden und die von ihnen gewährten, eigenkapitalersetzenden Darlehen so einzuordnen, wie sie in diesen Fällen ihrer Natur entsprechen[2], ergibt allenfalls eine erste Orientierung. In **negativer** Hinsicht lassen sich zunächst zwei Eingrenzungen vornehmen. So steht fest, daß durch die Neuregelung **keine gesetzliche Pflicht zu angemessener Kapitalausstattung** der GmbH seitens ihrer Gesellschafter eingeführt wurde — das *Ob* der Finanzierung bleibt weiterhin grundsätzlich ihrer Entscheidung überlassen[3], nur beim *Wie* müssen sie auf die Belange der Gesellschaft und ihrer Gläubiger Rücksicht nehmen und dürfen nicht an Stelle der objektiv gebotenen Einbringung haftenden Kapitals auf eine andere, ihnen weniger riskant erscheinende Finanzierungsform ausweichen[4]. Und ebenso ist anerkannt, daß §§ 32a und b **nicht generell die Darlehensfinanzierung der GmbH durch ihre Gesellschafter unterbinden** oder einem grundsätzlichen Unwerturteil unterwerfen wollen[5]. Für die Gewährung von Gesellschafterdarlehen anstelle der Zufuhr von Eigenkapital kann es eine Vielzahl legitimer Gründe geben (vgl. Anh. § 30, 69). Daher besteht auch kein Anlaß, allein aus dem Vorliegen eines Gesellschafterdarlehens, ohne Hinzutreten besonderer Gründe, auf dessen eigenkapitalersetzende Funktion zu schließen[6].

---

[1] So ausdrücklich Bericht des Rechtsausschusses, BT-Drucks. 8/3908, S. 74. Die kasuistische Regelung einzelner von der Generalklausel erfaßter Umgehungsfälle war vorgesehen in § 32a Abs. 1 S. 3, Abs. 2, Abs. 5 bis 7 RegE GmbHG (vgl. Text in Rdn. 80).

[2] RegE GmbHG, BT-Drucks. 8/1347, S. 39.

[3] Zur Sonderproblematik der Haftung wegen eindeutiger Unterkapitalisierung vgl. Anh. § 30, 35 ff.; sie ist durch die GmbH-Novelle 1980 nicht berührt worden (Rdn. 13).

[4] Ganz hM, vgl. etwa BGHZ **76** 326 (329—334) = NJW **1980** 1524, BGH NJW **1984** 1893, 1895; *Fleck* Festschr. Werner S. 109 f., 116, *K. Schmidt* ZHR 147 **1983** 176, *Wiedemann* GesR I, 1980, S. 569 f.; weitergehend — für *Rechtspflicht* auf Zuführung der für die nicht kreditwürdige GmbH bestimmten Finanzierungsmittel als Eigenkapital — *Lutter/Hommelhoff* ZGR **1979** 52 ff. und *Fastrich* NJW **1983** 262.

[5] Anders nur *Flume* Die jurist. Person, 1983, S. 84 f. und für die personalist. GmbH *Immenga* S. 418 ff., 423; de lege ferenda auch *Ballerstedt* ZHR 135 **1971** 393 f. und *Lutter* in: Probleme der GmbH-Reform, 1970, S. 76 f.

[6] Die in § 47 Abs. 2 RefE GmbHG 1969 enthaltenen Vermutungsregelungen über den kapitalersetzenden Charakter bestimmter Gesellschafterdarlehen sind daher schon im RegE 1971 zu Recht fallengelassen worden.

7 **Positiv** formuliert richtet sich der Normzweck der §§ 32a und b auf den **Gläubigerschutz in der Insolvenz der GmbH**. Ungeachtet ihrer insolvenzrechtlichen Ausgestaltung (Rdn. 2) enthalten die Vorschriften den — freilich nur begrenzt erfolgreichen (Rdn. 11) — Versuch des Gesetzgebers, die Rechtsprechungsgrundsätze zu kapitalersetzenden Darlehen zu kodifizieren. Sie sind daher *auf dem Hintergrund der Kapitalsicherungsvorschriften der §§ 30, 31 und im Lichte der bisherigen Rechtsprechung zu interpretieren*, soweit ihr Regelungsinhalt nicht Abweichungen erfordert[7]. Den Anstoß für die Sonderbehandlung der Gesellschafterdarlehen gegenüber gewöhnlichen Krediten bildet danach die **Doppelrolle des darlehensgewährenden Gesellschafters** und sein mit der Stellung in der GmbH typischerweise verbundenes unternehmerisches Eigeninteresse. Er soll durch die Neuregelung daran gehindert werden, sich in der Krise der GmbH auf den Darlehenscharakter der der Gesellschaft zur finanziellen Stärkung zugeführten Mittel zu berufen und dadurch das Finanzierungsrisiko ganz oder teilweise auf die Gläubiger abzuwälzen[8]. Außer der konkurrierenden oder gar vorrangigen Befriedigung der Gesellschafter als Darlehensgläubiger in der Krise der GmbH soll dadurch zugleich verhindert werden, daß der nicht mehr kreditwürdigen Gesellschaft der Fortbestand in der Krise durch Darlehensfinanzierung ermöglicht, bei Außenstehenden der Eindruck einer mit genügend Kapital ausgestatteten und deshalb wirtschaftlich lebensfähigen Gesellschaft hervorgerufen und durch die Verschleppung der Krise das verbliebene Gesellschaftsvermögen zu Lasten der Gläubiger weiter verringert wird[9]. Insoweit ist die Regelung zugleich Ausdruck der **besonderen Finanzierungsverantwortung**, die das GmbHG den Gesellschaftern wegen ihrer Insiderstellung auferlegt[10].

8 Der gegen die Verschleppung der Krise zielende Schutzaspekt der Neuregelung macht zugleich deutlich, daß der verbreiteten Klage über die **Sanierungsfeindlichkeit** der Vorschriften und Grundsätze über Gesellschafterdarlehen[11] ein **Mißverständnis** über den Zweck dieser Vorschriften zugrundeliegt. Nicht die Sanierung als solche soll durch sie erschwert oder verhindert werden, sondern lediglich die Spekulation auf dem Rücken der Gläubiger bei Fehlschlagen der Sanierung durch Berufung auf den Darlehenscharakter der von den Gesellschaftern bereitgestellten Mittel[12].

3. Rechtstatsachen

9 Auf die bei Unternehmen in der Rechtsform der GmbH typischer Weise geringe Eigenkapitalausstattung und die Notwendigkeit von Regelungen zum Schutz der

---

7 So zur. namentlich *Fleck* aaO (Fn. 4) S. 113, 115f., ähnlich *K. Schmidt* ZIP **1981** 690ff., *Ullrich* GmbH-Rdsch. **1983** 142; vgl. auch BGH NJW **1984** 1893, 1894. Einschr. wohl *Scholz/Winter* 9, die auf die unterschiedliche Ausgestaltung der Neuregelung gegenüber den Rechtsprechungsgrundsätzen zu §§ 30, 31 verweisen und darin ein „anderes Konzept" sehen.

8 BGHZ **76** 326, 329 = NJW **1980** 1524; ebenso schon BGHZ **31** 258, 268ff. = NJW **1960** 285; vgl. weiter *Fleck* aaO (Fn. 4) 116, *K. Schmidt* ZHR 147 **1983** 183, *Ullrich* GmbH-Rdsch. **1983** 142.

9 BGHZ **76** 326, 335 = NJW **1980** 1524; **81** 252, 257 = NJW **1981** 2570; *Fleck* aaO (Fn. 4) S. 111, 116, *Geßler* ZIP **1981** 231, *K. Schmidt* ZHR 147 **1983** 176f., *Ullrich* GmbH-Rdsch. **1983** 143f.

10 Das betont zu Recht namentlich *Fleck* aaO (Fn. 4) S. 116; ähnlich auch *Ullrich* GmbH-Rdsch. **1983** 142, der die Grundsätze über Gesellschafterdarlehen darauf zurückführt, daß der Gesellschafter in der Krise der GmbH sich der Sonderbeziehung zu ihr nicht entziehen dürfe.

11 So vor allem *Claussen* ZHR 147 **1983** 195ff., *Uhlenbruck* GmbH-Rdsch. **1982** 141ff., und *H. P. Westermann* ZIP **1982** 379, 386ff. und **1983** 1281ff.

12 Vgl. nur *Fleck* aaO (Fn. 4) S. 108ff., 123f., *K. Schmidt* ZHR 147 **1983** 175ff. und *Ullrich* GmbH-Rdsch. 1983 143f.; dazu auch unten Rdn. 57.

Gläubiger weisen auch die verfügbaren Rechtstatsachen zur Kapitalausstattung und Insolvenzanfälligkeit von Unternehmen in der Rechtsform der GmbH hin; statistische Zahlen über Häufigkeit und Umfang der Finanzierung der GmbH mit *Gesellschafterdarlehen* liegen allerdings *nicht* vor. So waren **zum 31. 12. 1980** von den insgesamt 255 940 eingetragenen Gesellschaften mbH 154 965 oder **60,5 % nur mit dem seinerzeit erforderlichen Mindeststammkapital von DM 20 000,— ausgestattet**; auch bei einem Großteil der übrigen Gesellschaften (72 342 oder 28,3 %) lag das Stammkapital noch unter DM 100 000,—. Das gesamte Stammkapital aller 255 940 GmbH belief sich auf rd. 99,1 Mrd. DM gegenüber rd. 92,0 Mrd. DM Grundkapital der zum 31. 12. 1980 bestehenden 2 141 Aktiengesellschaften[13]. Auch wenn man berücksichtigt, daß an der überdurchschnittlichen Zunahme der Zahl der Gesellschaften mbH mit gesetzlichem Mindeststammkapital[14] die Verwendung der GmbH als Komplementär einer GmbH & Co KG wesentlichen Anteil hat, bleibt die Entwicklung beunruhigend. Dies bestätigt auch die **Insolvenzstatistik,** in der die GmbH unter allen Gesellschaften nach wie vor die mit Abstand führende Position einnimmt. So entfielen im Jahr 1982 6 061 Konkurs- bzw. Vergleichsanträge auf Unternehmen in der Rechtsform der GmbH gegenüber 1 400 Anträgen bei Personengesellschaften und 13 bei AG und KGaA. Besonders bemerkenswert ist dabei die hohe Zahl von 4 308 (71,1 % aller Insolvenzen) Ablehnungen von GmbH-Konkursen mangels Masse gegenüber nur 707 (50,5 %) bei Personengesellschaften und 5 (38,5 %) bei AG und KGaA (Statistisches Jahrbuch **1983** 132). Im Jahr 1983 standen 5882 GmbH-Insolvenzen 1279 von Personengesellschaften und 22 bei AG und KGaA gegenüber. Die Zahl der mangels Masse abgelehnten GmbH-Konkurse belief sich auf 4289 (72,9% aller Insolvenzen) gegenüber nur 654 (51,2%) bei Personengesellschaften und 1 (4,5%) bei AG und KGaA (Statistisches Jahrbuch **1984** 135). Die durchschnittliche Befriedigungsquote bei den im Jahre 1981 eröffneten GmbH-Konkursen betrug für bevorrechtigte Forderungen 32,5 %, für nicht bevorrechtigte Forderungen 3,8 % (Statistisches Jahrbuch **1983** 133).

4. Entstehungsgeschichte

Vorschriften über Gesellschafterdarlehen waren im Anschluß an die Rechtsprechung **10**
von RG und BGH zu dieser Finanzierungsart (vgl. Anh. § 30, 75 f.) bereits in §§ 49, 50 RegE GmbHG 1971 vorgesehen (vgl. Anh. § 30, 4). Sie wurden im wesentlichen unverändert in §§ 32 a, 32 b RegE GmbHG 1977 übernommen. Demgegenüber geht die durch die GmbH-Novelle 1980 **Gesetz gewordene Fassung der §§ 32 a, 32 b auf die Arbeiten des Unterausschusses des BT-Rechtsausschusses** zurück; sie ist entsprechend dessen Empfehlungen (BT-Drucks. 8/3908 S. 15, 73 f.) unverändert vom Bundestag verabschiedet worden. Die Abweichungen von den Vorschlägen des RegE 1977 sind ganz überwiegend nur redaktioneller Art. Sie bestehen insbesondere in der starken Straffung des § 32 a und seiner Verkürzung von sieben auf drei Absätze, in der Einführung einer Generalklausel für Umgehungsfälle in § 32 a Abs. 3 anstelle der

---

13 Wirtschaft und Statistik **1981** 401 ff. — Für das Jahr 1983 liegen die entsprechenden nur alle drei Jahre erhobenen Zahlen noch nicht endgültig vor. Nach einer vorläufigen Statistik hatten zum 31. 12. 1983 von den erfaßten 260 774 Gesellschaften mbH (ohne Baden-Württemberg) 200 352 (76,8%) ein Stammkapital von zwischen 20 000 und 50 000 DM (vgl. Statistisches Jahrbuch **1984** 118 f.).

14 Sie stieg von rd. 19 000 im Jahr 1962 über rd. 35 000 im Jahr 1968 (Zahlen nach *Barz*, in: GmbH-Reform, 1970, S. 38) auf rd. 75 000 im Jahr 1974 (vgl. Wirtschaft und Statistik **1975** 182 ff.) und rd. 255 000 im Jahr 1980 (vgl. Nachw. in Fn. 13).

kasuistischen Regelung des RegE (vgl. dazu Rdn. 80) sowie in der Herausnahme der neuen Anfechtungstatbestände aus § 32 b und ihrer Einstellung in die entsprechenden Spezialgesetze (§§ 32 a KO, 3 b AnfG). Die einzige inhaltliche Änderung betrifft die in § 32 a Abs. 6 RegE vorgesehene widerlegliche Vermutung, daß Darlehen von Ehegatten oder minderjährigen Kindern eines Gesellschafters aus Mitteln des Gesellschafters gewährt wurden; sie ist in den Umgehungstatbestand des § 32 a Abs. 3 nicht übernommen worden (vgl. Rdn. 108).

5. Verhältnis zum alten Recht

11 **a) Gesellschafterdarlehen.** Die Neuregelung war nach der Amtl. Begründung zum RegE GmbHG 1977 dazu bestimmt, eine gesetzliche Grundlage für die Rechtsprechung zu den kapitalersetzenden Gesellschafterdarlehen zu schaffen und bestehende Zweifelsfragen auszuräumen (BT-Drucks. 8/1347, S. 39). Sie sollte nach der Intention des Gesetzgebers *an die Stelle der Rechtsprechungsgrundsätze treten*, d. h. diese nicht etwa nur ergänzen. Es zeigte sich jedoch bald, daß §§ 32 a, 32 b sich in ihren Rechtsfolgen deutlich von denjenigen der bisherigen Rechtsprechung unterscheiden und daß sie im Falle ausschließlicher Geltung eine spürbare Verschlechterung des auf der Grundlage der §§ 30, 31 erreichten Gläubigerschutzes gegenüber kapitalersetzenden Gesellschafterdarlehen zur Folge hätten. Die **Unterschiede in den Rechtsfolgen** betreffen namentlich die aus § 30 Abs. 1 folgende Undurchsetzbarkeit des Rückzahlungsanspruchs des Darlehensgebers gegen die GmbH vor Überwindung der Krise, während § 32 a diese Rechtsfolge erst im Konkurs oder Vergleich der Gesellschaft eingreifen läßt, sowie die kurze, auf Rückzahlungen innerhalb eines Jahres vor Konkurseröffnung oder Gläubigeranfechtung beschränkte Anfechtungsfrist der §§ 32 a KO, 3 b AnfG im Vergleich zur fünfjährigen Verjährungsfrist des § 31 Abs. 5 (Rdn. 143). Zu Recht hat sich daher BGH NJW **1984** 1891, 1893 im Anschluß an die ganz hM in der Literatur[15] für die **Fortgeltung der Rechtsprechung zu §§ 30, 31 neben der Neuregelung der §§ 32 a, 32 b** im Fall kapitalersetzender Darlehen ausgesprochen.

12 Der **Anwendungsbereich der Rechtsprechungsgrundsätze** zu §§ 30, 31 umfaßt kapitalersetzende Gesellschafterdarlehen allerdings nicht in voller Höhe, sondern nur insoweit, als die Rückzahlung bei der GmbH eine **Unterbilanz bzw. Überschuldung** hervorgerufen hat oder hervorrufen würde (vgl. näher Rdn. 148). Das beruht darauf, daß die Kapitalsicherung der §§ 30, 31 sich auf die Erhaltung von Gesellschaftsvermögen in Höhe des nominellen Stammkapitals beschränkt, nicht aber zur Erhaltung des darüberhinausgehenden, für die Lebensfähigkeit der Gesellschaft erforderlichen Gesellschaftskapitals herangezogen werden kann[16]. — Einzelheiten zur Anwendung der §§ 30, 31 auf Gesellschafterdarlehen vgl. unten Rdn. 144 ff. und in Anh. § 30, 68 ff. Zum *Übergangsrecht* für Gesellschafterdarlehen aus der Zeit vor Inkrafttreten der GmbH-Novelle vgl. Rdn. 166 f.

13 **b) Haftung wegen Unterkapitalisierung.** Die Frage, ob und unter welchen Voraussetzungen die Gesellschafter einer eindeutig unterkapitalisierten GmbH persönlich für deren Verbindlichkeiten einzustehen haben, wird in der **Literatur** kontrovers

---

[15] *Fleck* aaO (Fn. 4) S. 115, *Geßler* ZIP **1981** 233, *Kamprad* S. 47, *Lutter* DB **1980** 1321, *Ulmer* in: Das neue GmbH-Recht, S. 66; **aA** *Scholz/Winter* 13, *K. Schmidt* NJW **1980** 1772 (relativierend aber *ders.* ZIP **1981** 696 f.); nicht eindeutig *Rob. Fischer* 1, *Roth* 3.5.

[16] BGHZ **76** 326, 333 ff. = NJW **1980** 1524; BGHZ **81** 252, 259 = NJW **1981** 2570, BGH NJW **1984** 1036, 1037; so auch Anh. § 30, 73 und 89; **aA** *Lutter/Hommelhoff* ZGR **1979** 41 f.

behandelt[17]; eine Klärung durch die Rechtsprechung steht bisher aus[18]. **Die GmbH-Novelle 1980 hat sich hierzu weder positiv noch negativ geäußert.** So heißt es in der Amtl. Begründung zum RegE 1977 (aaO S. 38), der Entwurf sehe von Vorschriften darüber ab, daß die Gesellschaft mit einem ihrem Geschäftszweig und Geschäftsumfang entsprechenden Eigenkapital ausgestattet werden müsse. Eine solche Regelung könne im Interesse eines verstärkten Gläubigerschutzes zwar erwägenswert sein, erweise sich aber als nicht durchführbar. Das Schweigen der Novelle zu diesem Punkt kann daher ebensowenig wie die Heraufsetzung des Mindeststammkapitals auf 50 000 DM als Absage an die Lehre von der eindeutigen Unterkapitalisierung als selbständigem Haftungsgrund für die maßgebenden Gesellschafter angesehen werden[19]. Zu den Voraussetzungen und dem Rechtsgrund der Haftung wegen Unterkapitalisierung sowie zur Unterscheidung dieser Fälle von der Finanzierung der GmbH über Gesellschafterdarlehen („nominelle" Unterkapitalisierung) vgl. näher Anh. § 30, 22 und 35 ff.

In der neueren **Rechtsprechung** herrscht demgegenüber die Tendenz vor, bei eindeutiger, zu voraussehbarer Schädigung der Gläubiger führender Unterkapitalisierung der GmbH eine Haftung der maßgebenden Gesellschafter aus **§ 826 BGB** aufgrund der objektiven Umstände und ohne ins einzelne gehenden, nur schwer zu führenden Nachweis des subjektiven Schädigungsvorsatzes zu bejahen[20]. Das führt im Einzelfall zum gleichen Ergebnis wie die um die Entwicklung *objektiver* Haftungsmaßstäbe bemühte Lehre von der Haftung wegen Unterkapitalisierung, gestattet jedoch keine allgemein gültigen Aussagen über die Grenzen des — noch — zulässigen Finanzierungsverhaltens der Gesellschafter einer GmbH. Zu sonstigen *besonderen* Haftungsgründen für Gesellschafter und Geschäftsführer bei unzureichender Kapitalausstattung der GmbH vgl. Anh. § 30, 25 ff. 14

6. Verhältnis zu sonstigen Vorschriften

a) §§ 30, 31 GmbHG. Das Auszahlungsverbot des § 30 wird durch die Spezialvorschriften der §§ 32a, 32b nicht berührt (vgl. Rdn. 11). Soweit durch die Rückzahlung eines kapitalersetzenden Darlehens das zur Deckung des Stammkapitals erforderliche Vermögen angegriffen oder eine bereits bestehende Überschuldung vergrößert wird, haftet der Zahlungsempfänger nach § 31 Abs. 1 und 2, ohne daß es einer Konkurs- oder Gläubigeranfechtung bedarf[21]. Dabei bleiben für die nach § 30 Abs. 1 erforderliche Berechnung auf der Passivseite der GmbH-Bilanz die Verbindlichkeit der Gesellschaft aus dem Darlehen und ihre Verminderung als Folge der Rückzahlung außer Ansatz, da ihrer Berücksichtigung der eigenkapitalersetzende Charakter des Darlehens entgegensteht. Mitgesellschafter haften für die Erstattung nach § 31 Abs. 3 subsidiär; ihre Haftung 15

---

17 Vgl. Nachw. in Anh. § 30, 35 ff.; für Haftung wegen Unterkapitalisierung seither auch *Lutter/Hommelhoff* ZGR **1979** 57 ff., *Meyer-Cording* JZ **1978** 11 f., *Wiedemann* GesR I S. 565 ff., 572; **aA** *Wilhelm* Rechtsform und Haftung bei der juristischen Person (1981) S. 287 ff. und *Schulze-Osterloh* ZGR **1983** 143 ff.

18 Ablehnend BGHZ **68** 312, 319 = NJW **1977** 1449 (VIII. ZS) m. krit. Anm. *K. Schmidt*; einschränk. dazu BGH NJW **1977** 1683, 1686 (II. ZS); offenlassend BGH BB **1981** 750, 751; für Haftung wegen Unterkapitalisierung OLG Hamburg BB **1973** 1231, wohl auch BSG ZIP **1984** 1217, 1202 f. Vgl. im übrigen die Rspr.-Nachw. in Anh. § 30, 49 ff.

19 So wohl auch *Deutler* GmbH-Rdsch. **1980** 149 und *K. Schmidt* NJW **1980** 1772 f.

20 Vgl. etwa BGH NJW **1979** 2104, 2105, OLG Karlsruhe BB **1978** 1332, 1333; für rein objektive Haftungsvoraussetzungen aber BSG ZIP **1984** 1217, 1200 ff.

21 BGH NJW **1984** 1891, 1892; so auch die in der Literatur hM (vgl. die Nachw. in Fn. 15).

beschränkt sich auf die Höhe des Stammkapitals[22]. Für Geschäftsführer, die die Rückzahlung unter Verstoß gegen § 30 Abs. 1 veranlassen, folgt die Schadensersatzhaftung gegenüber der Gesellschaft aus § 43 Abs. 3.

16 **b) § 64 Abs. 1 GmbHG.** Auf den Konkursgrund der Zahlungsunfähigkeit hat die Regelung der §§ 32a, 32b keinen Einfluß. Die Zuführung von finanziellen Mitteln an die insolvente GmbH kann, auch wenn sie in Form eines eigenkapitalersetzenden Darlehens erfolgt, die Zahlungsunfähigkeit zumindest vorübergehend beseitigen (vgl. § 63, 17). Demgegenüber ist für den **Konkursgrund der Überschuldung** (vgl. dazu § 63, 18ff.) zu unterscheiden. Liegt eine Überschuldung vor, so wird sie nicht allein durch die Gewährung eines Gesellschafterdarlehens behoben, da dieses trotz seiner Undurchsetzbarkeit im Konkurs oder Vergleich im *Überschuldungsstatus* anzusetzen ist[23]. Anderes gilt, wenn der darlehensgewährende Gesellschafter mit der GmbH einen Forderungsrücktritt für die Zeit bis zu Beseitigung der Krise vereinbart hat; er schließt die Rückforderung des Darlehens vor Eintritt der Bedingung schon kraft vertraglicher Vereinbarung aus (Anh. § 30, 78f.). Wird das Darlehen vom Gesellschafter gewährt, um den Konkursgrund der Überschuldung zu beseitigen, so ist darin regelmäßig die konkludente Vereinbarung eines Forderungsrücktritts zu sehen.

17 **c) § 341 HGB.** Nach § 341 Abs. 1 HGB kann der stille Gesellschafter, soweit er nicht am Verlust teilnimmt, seine Einlage im Konkurs des Inhabers des Handelsgeschäfts als Konkursgläubiger geltendmachen. Ist der Stille zugleich GmbH-Gesellschafter und ist seine der GmbH geleistete Einlage ein wirtschaftlich der Darlehensgewährung vergleichbares Geschäft (vgl. Rdn. 93), so steht § 32a Abs. 1 und 3 der Rückforderung der Einlage abweichend von § 341 Abs. 1 HGB auch dann entgegen, wenn eine Teilnahme des Stillen am Verlust der GmbH im Vertrag über die stille Gesellschaft ausgeschlossen ist (§ 336 Abs. 2 HGB). **Insoweit verdrängt** also **§ 32a den Rückforderungsanspruch nach § 341 Abs. 1 HGB**[24].

18 **d) Anfechtungstatbestände.** Die bisher für **eigenkapitalersetzende Gesellschafterdarlehen** bejahte Möglichkeit, beim Nichteingreifen von §§ 30 Abs. 1, 31 Abs. 1 GmbHG ihre **Erstattung** je nach Lage des Falles über die Anfechtung nach §§ 31 Nr. 2, 32 Nr. 1 KO oder § 3 AnfG durchzusetzen (vgl. Anh. § 30, 90), ist durch die Neuregelung zwar nicht ausgeschlossen, hat jedoch ihr **Interesse verloren**. Denn insoweit greifen bereits die auf dieselbe Rechtsfolge gerichteten, an dieselben Anfechtungsfristen gebundenen Anfechtungstatbestände der §§ 32a KO, 3b AnfG ein. Auf den Nachweis der besonderen Anfechtungsvoraussetzungen eines der Anfechtungstatbestände der §§ 31, 32 KO, 3 AnfG kommt es daher seit Inkrafttreten der GmbH-Novelle 1980 nicht mehr an. Entsprechendes gilt für die Anwendung der nicht fristgebundenen Absichtsanfechtung nach § 31 Nr. 1 KO, soweit sie sich auf die Bestellung von **Sicherheiten** der GmbH für ein vom Gesellschafter gewährtes, eigenkapitalersetzendes Darlehen bezieht (Anh. § 30, 91). Sie ist durch die – ebenfalls nicht fristgebundene – Anfechtungsbefugnis der §§ 32a S. 1 KO, 3b S. 1 AnfG bei Gewährung von Sicherheiten der Gesellschaft für kapitalersetzende Gesellschafterdarlehen (vgl. unten Rdn. 76) gegenstandslos geworden.

19 Für längerfristige (Gesellschafter-)Darlehen, bei denen es am **eigenkapitalersetzenden Charakter fehlt**, wird im Fall ihrer Rückzahlung innerhalb eines Jahres vor Konkurseröffnung teilweise die **Anfechtbarkeit analog § 342 HGB** vertreten[25]. Als

---

22 BGHZ **60** 324, 331 = NJW **1973** 1036; vgl. auch § 31, 20.

23 Ganz hM im Hinblick auf § 32a Abs. 1 S. 5 RegE GmbHG 1977, vgl. näher § 63, 41; so auch *Scholz/Winter* 112, *Roth* 3.1, *K. Schmidt* ZIP **1981** 695.

24 So auch *Scholz/Winter* 72, *Roth* 5.3.

25 *K. Schmidt* ZHR 140 **1976** 475, 492 und KTS

Analogiegrund wird auf die einem stillen Gesellschafter ähnliche „Insider"-Qualität des Darlehensgebers derartiger längerfristiger Kredite verwiesen, die in der außerplanmäßigen, auf Vereinbarung beruhenden Rückzahlung des Darlehens vor der Insolvenz des Inhabers zum Ausdruck komme. Da die Analogie entgegen anderen, durch die Neuregelung überholten Stimmen[26] nicht auf den Eigenkapitalcharakter des (Gesellschafter-) Darlehens abstellt, sondern auf dessen längerfristigen Charakter, ist sie von der Einführung der neuen Anfechtungstatbestände für Gesellschafterdarlehen nicht berührt[27]. **Fraglich** ist allerdings, ob der Vorschrift des § 342 HGB wirklich ein derart weitgehender, über die stille Beteiligung deutlich hinausgehender Anwendungsbereich einzuräumen ist und ob dem nicht die Begrenzung der Anfechtbarkeit von vor Konkurseröffnung vorgenommenen Rechtshandlungen auf die in §§ 30 bis 32a KO geregelten Spezialtatbestände entgegensteht.

II. Das eigenkapitalersetzende Gesellschafterdarlehen (§ 32a Abs. 1)

A. Voraussetzungen

1. Überblick

Zum Eingreifen der Vorschriften über eigenkapitalersetzende Gesellschafterdarlehen müssen nach dem Grundtatbestand des § 32a Abs. 1 **drei Voraussetzungen** vorliegen. Es muß der Gesellschaft erstens ein **Darlehen** gewährt sein; dem steht die rechtsgeschäftlich vereinbarte Belassung einer fälligen Forderung als Darlehen, die Stundung oder der vereinbarte Verzicht auf ein Kündigungsrecht gleich (Rdn. 21 ff.). Die Gewährung oder Belassung des Darlehens muß zweitens durch einen **Gesellschafter** oder in engem sachlichem Zusammenhang mit der ehemaligen oder künftigen Gesellschafterstellung des Darlehensgebers stehen (Rdn. 31, 35 ff.). Und schließlich muß das Darlehen im Zeitpunkt der Gewährung oder Belassung **Eigenkapitalersatzfunktion** aufweisen, d. h. der Gesellschaft in einem Zeitpunkt gewährt oder belassen worden sein, in dem ihr die Gesellschafter als ordentliche Kaufleute Eigenkapital zugeführt hätten (Rdn. 39 ff.). — Die genannten drei Voraussetzungen sind mutatis mutandis auch dann von Bedeutung, wenn anstelle des Grundfalls des Abs. 1 entweder die Sicherheitsgewährung eines Gesellschafters für ein der GmbH von einem Dritten gewährtes Darlehen (Abs. 2) oder eine der Darlehens- oder Sicherheitsgewährung wirtschaftlich entsprechende Rechtshandlung eines Gesellschafters oder einer ihm vergleichbaren Person (Abs. 3) in Frage steht. 20

2. Darlehensgewährung

a) Grundfall. Die Darlehensgewährung i. S. von § 32a Abs. 1 ist ein Rechtsgeschäft nach § 607 BGB mit der GmbH über die zeitlich befristete Überlassung von Geld als Fremdkapital. Für die Anwendungsvoraussetzungen entscheidend ist nicht erst der Zeitpunkt der Hingabe des Geldes, sondern bereits die **Begründung einer Rechtspflicht** hierzu durch den Darlehensgeber[28]. Sie kann mit der Hingabe zusammenfallen, wird ihr aber meist — als Darlehensversprechen — vorhergehen[29]. Auf die umstrittene Qualifika- 21

1977 65, 71; zustimm. *Benne* Haftungsdurchgriff bei der GmbH (1978) S. 160 f., 191, für *Gesellschafter*darlehen auch *Scholz/Winter* 17.

[26] *Immenga* S. 415, *Sonnenberger* NJW **1969** 2036 f., *Steindorff* ZHR 132 **1969** 280 f.

[27] So zutr. *K. Schmidt* ZIP **1981** 697.

[28] So auch *Roth* 2.4; **aA** *Scholz/Winter* 75, wohl auch *K. Schmidt* ZGR **1980** 573.

[29] Das ist für die Theorie vom Konsensualvertrag die Regel, während die Lehre vom Realvertrag, der durch Hingabe der Darlehensvaluta zustandekommt, sich insoweit mit

tion des Darlehens als Konsensual- oder Realvertrag[30] kommt es für die Anwendung von § 32a Abs. 1 nicht an. Darlehenscharakter haben auch die Einräumung einer *Kreditlinie* an die Gesellschaft sowie der Abschluß eines *Factoringvertrags*, wenn er nicht auf Ankauf der Forderungen der Gesellschaft abzielt, sondern auf Forderungseinzug unter zwischenzeitlicher Kreditierung der erfüllungshalber abgetretenen Forderungen[31]. Die Rechtsfolgen des § 32a Abs. 1 und der damit verbundenen Anfechtungstatbestände greifen freilich erst ein, wenn der Gesellschaft die Darlehensvaluta zugeflossen ist. — Zur Einbeziehung von wirtschaftlich der Darlehensgewährung entsprechenden Rechtshandlungen durch § 32a Abs. 3 vgl. Rdn. 82ff.

22 **b) Belassen des Darlehens. α) Fragestellung und Meinungsstand.** Nach ständiger **Rechtsprechung des BGH** zu §§ 30, 31 steht das Belassen eines Darlehens oder sonstiger dem Gesellschafter von der GmbH geschuldeter finanzieller Leistungen (Gewinne, Geschäftsführertantiemen u. a.) der Gewährung eines Gesellschafterdarlehens gleich[32]. Der Gleichstellung kommt vor allem in denjenigen Fällen Gewicht zu, in denen die eigenkapitalersetzende Funktion nicht schon bei der Gewährung des Darlehens, sondern erst im Zeitpunkt des Belassens vorliegt. Auf die zunächst offengelassene Frage, ob für die Gleichstellung auch subjektive Kriterien beim Gesellschafter wie die tatsächliche oder mögliche Kenntnis von der Krise der GmbH von Bedeutung sind[33], kam der BGH später nicht mehr zurück. Auch wurden die verschiedenen möglichen Gründe für das Belassen des Darlehens in keinem der Fälle näher erörtert; insbesondere ging der BGH *nicht* darauf ein, ob die Nichtgeltendmachung auf einer entsprechenden Verlängerungs- oder Stundungs*vereinbarung* mit der GmbH oder auf einem *einseitigen* Verhalten des Gesellschafters beruhte[34]. Demgegenüber hat das OLG Hamburg (WM **1984** 1088, 1089) zu beiden Fragen einen sehr weitgehenden, auf möglichst umfassenden Gläubigerschutz ausgerichteten Standpunkt eingenommen. Es will von einem Gesellschafter stehengelassene Mittel den Beschränkungen des § 32a unabhängig davon unterwerfen, ob der Gesellschafter die Krise der GmbH kannte oder kennen mußte und ob das Stehenlassen das Ergebnis einer Vereinbarung mit der Gesellschaft ist oder auf bloßer Untätigkeit des Gesellschafters beruht.

23 In der **Literatur** wird neuerdings zunehmend danach unterschieden, ob das Belassen der finanziellen Mittel die Folge einer Verlängerung des Darlehens oder einer Stundung der fälligen Forderung ist, oder aber ob es auf ihrer einseitigen Nichtgeltendmachung beruht oder schließlich auf der Nichtausübung eines bestehenden Kündigungsrechts (vgl. näher Rdn. 25ff.). Dabei wird teilweise auf die Generalklausel des § 32a Abs. 3 abgestellt, teils aber auch die Anwendbarkeit des Grundtatbestands des § 32a Abs. 1 bejaht[35].

---

der Annahme eines Darlehensvorvertrags behilft, aus dem auf Auszahlung des Darlehens geklagt werden kann (vgl. BGH NJW **1975** 443, 444, dazu *K. Schmidt* JuS **1976** 709).

[30] Vgl. dazu näher MünchKomm.-*H. P. Westermann* § 607 Vorb. Rdn. 5f. m. Nachw.

[31] Sog. unechtes Factoring, vgl. *Canaris* BankvertragsR Rdn. 1652f., *Baumbach/Duden/Hopt* HGB[25] BankGeschXI.

[32] Vgl. BGHZ **75** 334, 338f. = NJW **1980** 592; **76** 326, 329 = NJW **1980** 1524; **81** 252, 257 = NJW **1981** 2570; **81** 311, 317 = NJW **1982** 383; **81** 365, 367 = NJW **1982** 386.

[33] BGHZ **75** 334, 339.

[34] In BGHZ **81** 252, 257, wo die Frage einer Gleichstellung von Gewähren und Belassen des Darlehens am eingehendsten erörtert wurde, ging es um die Eingehung einer neuen(!) Bürgschaft für einen Gesellschaftskredit durch einen ausscheidenden Gesellschafter. Mit der bloßen Nichtkündigung eines Gesellschafterdarlehens hatte der BGH sich in keinem der Fälle zu befassen.

[35] Für Einordnung in § 32a Abs. 3 *Scholz/Winter* 66ff., 76, *Roth* 2.4 und 5.2, *H. P. Westermann* ZIP **1982** 388f.; **aA** (Einordnung in § 32a Abs. 1) *K. Schmidt* ZGR **1980** 573f. und ZIP **1981** 692, *Timm* GmbH-Rdsch. **1980** 291.

β) Einordnung nach § 32a Abs. 1 oder 3? Die Einordnung des „Belassens" in § 32a Abs. 1 oder Abs. 3 ist für das Ergebnis **nicht entscheidend**. Denn beide Vorschriften stellen — mit „Darlehensgewährung" bzw. „anderer ihr wirtschaftlich entsprechender Rechtshandlung" — auf das Zustandekommen einer **Vereinbarung** oder einer ihr entsprechenden, auf Willensübereinstimmung auch ohne Rechtsfolgen beruhenden Einigung zwischen dem Darlehensgeber und der GmbH ab (vgl. zum Begriff der Rechtshandlung näher Rdn. 84 ff., 89). Unterscheidet man bei Vereinbarungen zwischen Gesellschafter und GmbH für den Anwendungsbereich von Abs. 1 und Abs. 3 nach deren *Inhalt* und wendet Abs. 3 auf solche Vereinbarungen an, die der Zuführung von eigenkapitalersetzenden Mitteln an die GmbH in *anderer* Form als durch Darlehen dienen, so fällt die **Darlehensbelassung** als Unterfall der Darlehensgewährung in den Anwendungsbereich von **Abs. 1**, sofern die weiteren Voraussetzungen dieser Vorschrift erfüllt sind (vgl. dazu Rdn. 25 bis 29). 24

γ) Verlängerung, Stundung. Die **Verlängerung** eines befristeten oder durch Kündigung fällig gewordenen Darlehens steht der Gewährung uneingeschränkt gleich. Auf sie kommt es namentlich in denjenigen Fällen an, in denen entweder die Gesellschaft bei Darlehensgewährung noch kreditwürdig war, so daß der eigenkapitalersetzende Charakter des Darlehens erst mit Rücksicht auf dessen Verlängerung in der *Krise* zu bejahen ist[36], oder in denen ein ursprünglich von einem *Nicht*gesellschafter gewährter Kredit verlängert wird, nachdem der Kreditgeber eine Beteiligung an der GmbH erworben oder zugesagt erhalten hat[37]. 25

Entsprechendes wie für die Verlängerung gilt für die **Stundung einer Darlehensforderung**[38]. Sie erfordert ebenfalls eine Vereinbarung zwischen Darlehensgeber und Gesellschaft. Von der Verlängerung unterscheidet sie sich nur dadurch, daß ohne Fortdauer des Darlehensvertrages der Fälligkeitstermin des Rückzahlungsanspruchs hinausgeschoben und für die Zwischenzeit gewöhnlich auf die Berechnung von Zinsen verzichtet wird. Die Stundung *sonstiger* Forderungen des Gesellschafters gegen die Gesellschaft, sei es aus dem Gesellschaftsvertrag oder aus Drittgeschäften (Kauf, Miete, Dienstvertrag u. a.), fällt wegen der abweichenden Rechtsnatur der gestundeten Forderung nicht unter § 32a Abs. 1, sondern unter § 32a Abs. 3 (vgl. Rdn. 90). Davon zu unterscheiden sind die Fälle, in denen die Beteiligten die **Forderung in ein Darlehen umwandeln**, etwa den Gewinn der GmbH nach dessen Aufteilung auf die Gesellschafter als Darlehen stehen lassen. Insoweit greift § 32a Abs. 1 unmittelbar ein, soweit die stehengelassenen Mittel eigenkapitalersetzende Funktion haben (Rdn. 24). 26

δ) Nichtgeltendmachung. Zweifelhaft ist die Rechtslage bei Nichtgeltendmachung einer **fälligen** Darlehensforderung in der Krise der GmbH. Überwiegend wird darin ein der Darlehensgewährung vergleichbarer Tatbestand gesehen und das Eingreifen von § 32a Abs. 1 oder 3 bejaht[39]. Dem ist abweichend von Anh. § 30, 86 nur mit der 27

---

36 Vgl. etwa BGHZ **75** 334, 338 f. = NJW **1980** 592.

37 So der Fall BGHZ **81** 311 = NJW **1982** 383 — Sonnenring.

38 HM, vgl. *Scholz/Winter* 68, *Roth* 5.2, *Kamprad* S. 39 f., *K. Schmidt* ZGR **1980** 573, *Schulze-Osterloh* ZGR **1983** 140; **aA** *Ullrich* GmbH-Rdsch. **1983** 145, der die „einfache Stundung" nicht genügen läßt, sondern ein der Neukreditgewährung vergleichbares Geschäft verlangt. In § 32a Abs. 2 S. 1 RegE GmbHG 1977 war die Stundung von Forderungen gegen die Gesellschaft ausdrücklich als ein der Darlehensgewährung gleichzubehandelnder Tatbestand erwähnt (vgl. Rdn. 80).

39 So *Beinert/Hennerkes/Binz* GmbH-Rdsch. **1981** 11, *Böhle-Stamschräder/Kilger* KO[14] § 32a, 2, *Kamprad* S. 40, *Lutter* DB **1980** 1321, *Schulze-Osterloh* ZGR **1983** 140, *Timm* GmbH-Rdsch. **1980** 291; für Ansprüche aus dem Gesellschaftsverhältnis auch *Ullrich* GmbH-Rdsch. **1983** 145. Gegenansichten vgl. in Fn. 40.

Einschränkung zuzustimmen, daß die Nichtgeltendmachung auf einer **konkludenten Stundung** beruht[40]. Eine solche ist regelmäßig anzunehmen im Verhältnis zwischen dem *Einmann* und seiner GmbH, auch wenn er nicht Geschäftsführer oder nicht von den Beschränkungen des § 181 BGB befreit ist, ferner bei *nicht nur kurzfristiger* Nichtgeltendmachung einer fälligen Forderung, insbesondere durch einen Gesellschafter/Geschäftsführer als Gläubiger. Anstelle der Vereinbarung zwischen Gesellschafter und GmbH genügt auch eine zugunsten der GmbH getroffene Vereinbarung *zwischen Gesellschaftern*, für bestimmte oder unbestimmte Zeit auf die Geltendmachung fälliger Darlehen oder sonstiger Forderungen zu verzichten.

28 Das bloße **Faktum der Nichtgeltendmachung** reicht dagegen **nicht** aus, um darin eine Darlehensgewährung oder eine ihr wirtschaftlich vergleichbare *Rechtshandlung* zu sehen. Soweit den auf §§ 30, 31 gestützten, der Darlehensgewährung die Belassung von Darlehen oder sonstigen geschuldeten Leistungen gleichstellenden BGH-Urteilen[41] Abweichendes zu entnehmen sein sollte, kann ihnen nicht gefolgt werden[42]. Da es keine Rechtspflicht des Gesellschafters zum Handeln gibt, kann ihm die Untätigkeit nicht als Rechtshandlung zugerechnet und daran in der Krise der GmbH die Rechtsfolge des § 32a Abs. 1 geknüpft werden[43]. Auch läßt sich das Erfordernis einer Rechtshandlung zwischen Gesellschafter und GmbH *nicht* allein durch *subjektive* Umstände auf Seiten des Gesellschafters wie die tatsächliche oder mögliche Kenntnis von der Kapitalersatzfunktion der stehengelassenen Mittel ersetzen[44]; derartige Umstände sind für die Anwendung von § 32a generell irrelevant (Rdn. 54). Sind sich die Parteien freilich einig, daß die Darlehensvaluta oder die sonstigen von der Gesellschaft geschuldeten Leistungen ihr mittel- oder langfristig verbleiben sollen[45], so ist das in aller Regel als zumindest konkludente Gewährung oder Belassung eines Gesellschafterdarlehens zu verstehen.

29 **ε) Nichtkündigung.** Die Ausführungen in Rdn. 27, 28 gelten entsprechend für die Nichtkündigung eines Darlehens in der Krise der GmbH trotz Bestehens eines ordentlichen oder außerordentlichen Kündigungsrechts des Darlehensgebers[46]. **Die Nichtkündigung als solche ist** ohne Hinzutreten weiterer Umstände **keine Rechtshandlung**, die zur Umqualifizierung eines ursprünglich neutralen in ein eigenkapitalersetzendes Darlehen des Gesellschafters führen könnte[47]. Das gilt auch dann, wenn der Gesellschafter von der

---

40 Ebenso *Scholz/Winter* 69, *Geßler* BB **1980** 1391, *K. Schmidt* ZIP **1981** 692; tendenziell wohl auch *Roth* 5.2, *Fleck* aaO (Fn. 4) S. 112f. und *Thöne* DB **1980** 2179.

41 Vgl. Nachw. in Fn. 32.

42 Einschränkend jetzt auch *Fleck* aaO (Fn. 4) S. 110ff. und in Anm. LM § 30 GmbHG Nr. 11 (unter 3).

43 Vgl. Rdn. 87; **aA** BGHZ **81** 252, 257 = NJW **1981** 2570, wo — obiter — eine Pflicht des Gesellschafters bejaht wird, der Gesellschaft entweder seine weitere Unterstützung zu versagen und dadurch die Liquidation herbeizuführen, wenn er die Krise erkennen muß, oder die Mittel der Gesellschaft auf eigene Gefahr zu belassen, bis die Krise abgewendet ist.

44 Ebenso *Scholz/Winter* 69; **aA** *Böhle-Stamschräder/Kilger* KO[14] § 32a, 2, *Menzel* AG **1982** 200 und *Rümker* ZIP **1982** 1394; vgl. auch *Timm* GmbH-Rdsch. **1980** 291 Fn. 63, der erwägt, auf „sehr leichte"(?) subjektive Voraussetzungen zurückzugreifen.

45 Hierauf stellt *Fleck* aaO (Fn. 4) S. 112f. ab.

46 Zum außerordentlichen, auf die Verschlechterung der finanziellen Lage des Kreditnehmers gestützten Kündigungsrecht des Darlehensgebers bei einem *befristeten* Kredit vgl. BGH WM **1978** 234 und **1983** 1038; Münch-Komm.-*H. P. Westermann* § 610, 13ff. und *Fleck* aaO (Fn. 4) S. 111 m. Nachw. In Nr. 17 S. 2 der Banken-AGB ist ein solches ao. Kündigungsrecht ausdrücklich vorgesehen.

47 Ebenso *Scholz/Winter* 70, *Schulze-Osterloh* ZGR **1983** 141, *Ullrich* GmbH-Rdsch. **1983** 145, im Erg. auch *Geßler* BB **1980** 1391 und *K. Schmidt* ZIP **1981** 692; **aA** *Roth* 5.2 (bei Längerfristigkeit der Belassung), *Beinert/Hennerkes/Binz* GmbH-Rdsch. **1981** 11, *Fleck* aaO (Fn. 4) S. 111, *Kamprad* S. 40; so auch noch *Ulmer* in: Das neue GmbH-Recht, S. 64. Tendenziell für Gleichstellung der Nichtkün-

Kündigung absieht, obwohl er über die Krise der GmbH informiert ist, oder wenn er trotz des ihm aus § 51 a oder dem Darlehensvertrag zustehenden Informationsrechts auf die Einholung von Informationen verzichtet[48]. Auf die Frage, ob der Gesellschafter als Darlehensgeber aus Gründen der Treupflicht an der Ausübung des Kündigungsrechts gehindert wäre (Rdn. 164), kommt es für die Frage der Umqualifizierung daher nicht an. Dagegen steht eine **Vereinbarung über die Nichtausübung des Kündigungsrechts** der Darlehensgewährung ebenso gleich wie die **Rücknahme einer schon erklärten Kündigung** mit Zustimmung der Gesellschaft oder die einverständliche Nichtgeltendmachung einer fälligen Forderung[49]. Haben aus Anlaß der Krise zwischen Darlehensgeber und GmbH *Gespräche* über die etwaige Darlehenskündigung stattgefunden und übt der Darlehensgeber als Ergebnis dieser Gespräche sein Kündigungsrecht nicht aus, obwohl die künftige Durchsetzung des Darlehensanspruchs nicht gewährleistet ist und die Gesellschaft keine angemessenen zusätzlichen Sicherheiten einräumen kann, so ist daraus im Regelfall auf einen *einvernehmlichen Verzicht* auf das Kündigungsrecht zum nächstmöglichen Termin zu schließen, der zum Eingreifen von § 32 a Abs. 1 führt.

c) Einwand widersprüchlichen Verhaltens. Trotz Fehlens einer der Voraussetzungen von § 32 a Abs. 1 kann im Einzelfall der Einwand widersprüchlichen Verhaltens nach **§ 242 BGB** eingreifen, wenn der Gesellschafter in Kenntnis der Krise und *ohne* entsprechende Einigung mit der Gesellschaft das Darlehen nicht kündigt, im Konkurs- oder Vergleichsverfahren dann aber gleichwohl Befriedigung verlangt[50]. Die Herkunft der Regelung des § 32 a aus dem Verbot widersprüchlichen Verhaltens[51] steht dem Rückgriff hierauf beim Fehlen einer Einigung nicht entgegen. Regelmäßige Voraussetzung ist dafür jedoch, daß der Darlehensgeber durch die Nichtkündigung das **Vertrauen Dritter** erweckt hat, er werde stillhalten und der Gesellschaft die Mittel bis zur Abwendung der Krise als Eigenkapitalersatz belassen, und sie dadurch zu entsprechenden Dispositionen veranlaßt hat[52]. Fehlt es an diesem Vertrauensmoment und liegen auch keine sonstigen, für § 242 BGB relevanten Umstände vor, so schließt die Insolvenz der Gesellschaft die Geltendmachung eines bei seiner Gewährung neutralen Darlehens auch dann nicht aus, wenn der Darlehensgeber in Kenntnis der Krise von einer Kündigung abgesehen hat. 30

3. Gesellschafter als Darlehensgeber

a) Mitgliedschaft in der GmbH. Der Grundtatbestand des § 32 a Abs. 1 stellt für die Darlehensgewährung auf die **Gesellschaftereigenschaft** des Darlehensgebers ab (zum maßgeblichen *Zeitpunkt* für die Gesellschaftereigenschaft vgl. Rdn. 35 ff., zur Ausdehnung auf dritte Kreditgeber nach § 32 a Abs. 3 vgl. Rdn. 106 ff.). Gesellschafter sind die **Inhaber** 31

---

digung mit der Darlehensgewährung im Rahmen von §§ 30, 31 auch BGHZ **75** 334, 338 = NJW **1980** 592 und **81** 252, 257 = NJW **1981** 2570.

[48] Anders für den Fall der Kenntnis wohl BGHZ **75** 334, 338 und **81** 252, 257, bei *bewußter* Unterlassung der Rückforderung aber auch *Scholz/Winter* 69. Allgemein zur Frage subjektiver Kriterien bei Anwendung von § 32 a vgl. Rdn. 54 und Nachw. in Fn. 44.

[49] BGHZ **81** 311, 317 = NJW **1982** 383; *Scholz/Winter* 70, *Roth* 5.2.

[50] So BGHZ **75** 334, 338 f. = NJW **1980** 592; vgl. auch Anh. § 30, 83 f. und 86.

[51] Vgl. dazu namentlich *Lutter/Hommelhoff* ZGR **1979** 35 f. und *Fleck* Anm. zu BGH LM § 30 GmbHG Nr. 6, 11.

[52] Vgl. allgemein zum Einwand widersprüchlichen Verhaltens MünchKomm.-*Roth* § 242, 295 ff., 321 ff.; zur Anwendung auf stehengelassene kapitalersetzende Gesellschafterdarlehen vgl. BGHZ **31** 258, 272 = NJW **1960** 285; **67** 171, 175 = NJW **1977** 104; **75** 334, 338 = NJW **1980** 592; *Fleck* aaO (Fn. 4) S. 116, *Jaeger/Weber* KO[8], §§ 207, 208, 38 *Lutter/Hommelhoff* ZGR **1979** 34 und Anh. § 30, 83.

der Geschäftsanteile; deren Veräußerung bestimmt sich im Verhältnis zur GmbH nach § 16 Abs. 1. Ob der Gesellschafter seine Beteiligung im eigenen Interesse hält oder als Treuhänder (Strohmann) eines Dritten, ist für § 32a nur insoweit von Interesse, als es um die Einbeziehung von Darlehen auch des Treugebers in die Regelung über eigenkapitalersetzende Gesellschafterdarlehen geht (Rdn. 111). Auch Nießbraucher, Pfandgläubiger u. a. sind nicht Gesellschafter; ihre Kredite an die notleidende GmbH können aber durch § 32a Abs. 3 erfaßt werden (vgl. Rdn. 112).

32 **b) Unternehmerisches Eigeninteresse?** Mit Rücksicht auf den an die *Doppelrolle* des darlehensgewährenden Gesellschafters anknüpfenden Normzweck der §§ 32a, 32b (Rdn. 7) ist fraglich, ob bereits jede, sei es auch rein nominelle Beteiligung des Darlehensgebers an der GmbH genügt, um ihn zum Normadressaten nach § 32a Abs. 1 zu machen, oder ob die Gesellschafterstellung Ausdruck des unternehmerischen Eigeninteresses des darlehensgewährenden Gesellschafters sein muß mit der Folge, daß das Halten von Zwerganteilen oder der nur vorübergehende Erwerb von Geschäftsanteilen zum Zwecke ihrer Weiterveräußerung für das Eingreifen von § 32a nicht ausreicht. Soweit die **Rechtsprechung** bisher eigenkapitalersetzende Darlehen oder wirtschaftlich vergleichbare Geschäfte dem Auszahlungsverbot der §§ 30, 31 unterstellte, handelte es sich jeweils um Finanzierungsmaßnahmen *maßgeblich* beteiligter Gesellschafter[53]. Im *Aktienrecht* hat der BGH die Anwendung der Grundsätze über eigenkapitalersetzende Gesellschafterdarlehen sogar ausdrücklich davon abhängig gemacht, daß der Kreditgeber über eine *unternehmerische* Beteiligung an der AG verfügt, die ihm Einfluß auf die Unternehmensleitung sichert, und daß er ein entsprechendes unternehmerisches Interesse erkennen läßt[54]. In der gmbH-rechtlichen **Literatur** herrscht die Ansicht vor, daß es auf Art und Umfang der Beteiligung an der GmbH *nicht* ankommt[55]. Demgegenüber ist die Notwendigkeit eines mit der Darlehensgewährung verfolgten unternehmerischen Eigeninteresses vor allem von denjenigen Stimmen betont worden, die sich für die Nichtanwendung der §§ 32a, 32b auf Sanierungs- oder Bankdarlehen ausgesprochen haben[56].

33 Die **Stellungnahme** hat vom **Wortlaut** des § 32a Abs. 1 auszugehen; er läßt eine Beschränkung des Anwendungsbereichs auf unternehmerisch beteiligte Gesellschafter **nicht** erkennen. Eine solche könnte daher nur unter Berufung auf den Normzweck (Rdn. 6ff.), im Wege teleologischer Reduktion der Norm, erreicht werden[57]. Sie würde den ohnehin nicht einfachen Tatbestand des § 32a Abs. 1 zusätzlich belasten und zu vermehrter Rechtsunsicherheit auf dem Gebiet der Gesellschafterdarlehen führen. Empfohlen werden könnte sie daher nur dann, wenn sie sich nach dem **Normzweck** als zwingend erforderlich erweisen würde. Das ist indessen **nicht** der Fall. Denn die Beteiligung an einer GmbH ist im Unterschied zur Stellung des Aktionärs typischerweise unternehmerischer Natur, auch wenn der einzelne Gesellschafter Einfluß auf die Gesell-

---

[53] Vgl. die Rspr.-Analyse von *Ullrich* GmbH-Rdsch. **1983** 139 Fn. 64.

[54] BGH NJW **1984** 1893, 1895 — BuM/WestLB.

[55] *Scholz/Winter* 42ff., 45, *Roth* 2.3, *Fleck* aaO (Fn. 4) S. 120ff., *Ullrich* GmbH-Rdsch. **1983** 141ff., 143f.; einschränk. unter Abstellen auf positive und negative Zurechnungskriterien *K. Schmidt* ZHR 147 **1983** 184ff.; **aA** *Hommelhoff* WM **1984** 1105, 1115 sowie die in Fn. 56 genannten Stimmen.

[56] So einerseits unter Abstellen auf die der Darlehensgewährung zugrundeliegenden *Motive* namentlich *Claussen* ZHR 147 **1983** 209f., 215ff. und *Uhlenbruck* GmbH-Rdsch. **1982** 150, andererseits unter Rückgriff auf *objektivierbare Kriterien* (Beteiligungshöhe, Hauptfunktion des Kreditgebers u. a.) *Immenga* ZIP **1983** 1407, 1409, *Menzel* AG **1982** 202f., *Rümker* ZIP **1982** 1391ff., *Schröter/Weber* ZIP **1982** 1028, *H. P. Westermann* ZIP **1982** 389f. und ZIP **1983** 1284f.

[57] So namentlich *K. Schmidt* ZIP **1981** 690 und *Schröter/Weber* ZIP **1982** 1028.

schaft nur im Zusammenwirken mit anderen ausüben kann. Die umfassenden Informationsrechte des § 51 a machen jeden Gesellschafter zum Insider. Hinzu kommt, daß zur Gewährung eigenkapitalersetzender Gesellschafterdarlehen an eine nicht kreditwürdige GmbH (Rdn. 45) regelmäßig nur solche Gesellschafter bereit sein werden, die an der GmbH maßgeblich beteiligt sind und an ihrer Sanierung ein entsprechend großes Eigeninteresse haben[58]. Zur Mitwirkung von Gesellschaftern mit nur geringfügiger Beteiligung an derartigen Sanierungsaktionen wird es demgegenüber meist nur dann kommen, wenn sich *sämtliche* Gesellschafter zur finanziellen Stützung der notleidenden GmbH verpflichten. Insoweit stehen aber das Handeln causa societatis und die daraus folgende Notwendigkeit, die Vorschriften über Gesellschafterdarlehen zur Anwendung zubringen, außer Zweifel (Rdn. 59).

Gewährt ein **Minderheitsgesellschafter ohne unternehmerisches Eigeninteresse** 34
der GmbH ein Darlehen, ohne daß die in Rdn. 33 aE genannten besonderen Voraussetzungen vorliegen, so wird die Anwendung von § 32 a in aller Regel schon daran scheitern, daß es am eigenkapitalersetzenden Charakter des Darlehens fehlt, weil die Gesellschaft bei der Darlehensgewährung noch kreditwürdig war (Rdn. 45) und der Gesellschafter das Darlehen sonst nicht gegeben hätte. Einer weiteren Einschränkung des Anwendungsbereichs von § 32 a im Hinblick auf den Normadressatenkreis bedarf es schon aus diesem Grunde nicht[59]. Im übrigen steht der teleologischen Reduktion in Fällen dieser Art aber auch der Umstand entgegen, daß der **Normzweck** des § 32 a selbst dann berührt sein kann, wenn die nicht mehr kreditwürdige GmbH ein Darlehen von einem Gesellschafter ohne eigenunternehmerisches Interesse erhalten hat. Denn auch ein solches Darlehen kann dazu beitragen, daß die **Insolvenz hinausgeschoben** und das Gesellschaftsvermögen durch Fortsetzung der Geschäftstätigkeit ohne durchgreifende Sanierung weiter geschmälert wird, und kann dadurch die Notwendigkeit eines Schutzes der Gläubiger vor dem vor- oder gleichrangigen Haftungszugriff des kreditgewährenden Gesellschafters begründen (Rdn. 7 aE). Nach allem besteht **kein Anlaß, den Normadressatenkreis des § 32 a auf Gesellschafter mit unternehmerischem Eigeninteresse zu beschränken** (zur entsprechenden Problematik bei Anwendung der §§ 30, 31 auf kapitalersetzende Gesellschafterdarlehen vgl. Rdn. 145). Schon gar nicht kommt es auf die Fähigkeit des Gesellschafters an, allein oder mit Unterstützung von Mitgesellschaftern eine Kapitalerhöhung bei der GmbH durchzusetzen[60]. Der Umstand, daß der Darlehensgeber nur vorübergehend, als Treuhänder oder mit einem Zwerganteil an der GmbH beteiligt ist, steht der Anwendung des § 32 a Abs. 1 somit nicht entgegen. Er kann aber dazu veranlassen, den eigenkapitalersetzenden Charakter des Darlehens besonders sorgfältig zu prüfen (Rdn. 53).

c) Maßgeblicher Zeitpunkt. Für die Anwendbarkeit von § 32 a kommt es **grundsätzlich** auf die **Gesellschaftereigenschaft** des Darlehensgebers (Rdn. 31) **im Zeitpunkt der Darlehensgewährung** oder der ihr wirtschaftlich entsprechenden Rechtshandlung (Rdn. 90 ff.) an[61]. Der Erwerb der Mitgliedschaft muß der Darlehensgewährung zwar nicht vorausgehen[62]; die Darlehensgewährung wird regelmäßig aber mit der Stellung als Mitglied zusammenfallen. Tritt der Darlehensgeber *später* der Gesellschaft bei und vereinbart er dabei mit der Gesellschaft, ihr das Darlehen zu belassen, so wandelt sich 35

[58] Vgl. die Analyse der BGH-Rechtsprechung durch *Ullrich* (oben Fn. 53).

[59] So zutr. auch *Fleck* aaO (Fn. 4) S. 123.

[60] So für kapitalersetzende Darlehen im Aktienrecht aber *Immenga* ZIP **1983** 1410; dagegen zu Recht BGH NJW **1984** 1893, 1895.

[61] Ebenso *Scholz/Winter* 55, *Roth* 5.2.

[62] So aber *Claussen* ZHR 147 **1983** 216 ff.; dagegen zutr. schon *Fleck* aaO (Fn. 4) S. 125 und *Scholz/Winter* 55.

dadurch das Fremddarlehen in ein Gesellschafterdarlehen um (BGHZ **81** 311, 316 = NJW **1982** 383; BGH WM **1979** 937, 939).

36 Ist der Darlehensgeber in dem nach Rdn. 35 maßgebenden Zeitpunkt **noch nicht oder nicht mehr Gesellschafter,** so schließt das die Anwendung von § 32a allerdings nicht von vornherein aus. Mit Rücksicht auf den Zweck dieser Vorschrift und den vor allem in Abs. 3 zum Ausdruck kommenden Willen des Gesetzgebers, auch wirtschaftlich vergleichbare Fallgestaltungen zu erfassen, reicht es für das Eingreifen von § 32a Abs. 1 bereits aus, daß die Gewährung oder Belassung des Darlehens causa societatis erfolgt, d. h. in **engem sachlichen Zusammenhang mit der Gesellschafterstellung** steht[63], auch wenn der Beteiligungserwerb im maßgeblichen Zeitpunkt noch nicht abgeschlossen[64] oder der Anteil bereits weiterveräußert ist[65]. Zu denken ist etwa an Fälle, in denen der neueintretende Gesellschafter sich zur Darlehensgewährung verpflichtet, bevor der Anteilserwerb nach § 16 Abs. 1 bei der Gesellschaft angemeldet oder die zugrundeliegende Kapitalerhöhung im Handelsregister eingetragen ist, oder in denen der ausgeschiedene Gesellschafter in die Stundung seines Abfindungsanspruchs gegen die GmbH oder in sonstige Maßnahmen zu ihrer finanziellen Unterstützung einwilligt[66]. Allerdings bedarf es beim Fehlen der Gesellschafterstellung im Zeitpunkt der Darlehensgewährung oder -belassung für die Anwendbarkeit von § 32a Abs. 1 zusätzlich des **Nachweises** des engen sachlichen Zusammenhangs zwischen Darlehensgeschäft und Mitgliedschaft in der GmbH. An diesen Nachweis sind umso höhere Anforderungen zu stellen, je größer die Zeitspanne ist zwischen Erwerb oder Verlust der Mitgliedschaft und dem Zeitpunkt der Darlehensgewährung.

37 Ist die Qualität als Gesellschafterdarlehen nach Maßgabe von Rdn. 35, 36 zu bejahen, so wird sie durch **späteren Wegfall der Gesellschafterstellung des Darlehensgebers nicht berührt.** Sein Ausscheiden aus der GmbH führt nicht etwa zur Unanwendbarkeit von § 32a auf ein der GmbH vor diesem Zeitpunkt gewährtes, eigenkapitalersetzendes Darlehen[67]. Entsprechendes gilt, wenn das Darlehen nach dem Ausscheiden ohne grundlegende Neuorientierung **verlängert** oder nach formeller Rückzahlung alsbald neu gewährt wird. Selbst wenn die Rückzahlung im Zeitpunkt der Verlängerung ohne Verstoß gegen §§ 30, 31 möglich gewesen wäre, sind derartige Rechtshandlungen nicht geeignet, den bestehenden Zusammenhang zwischen der Darlehensgewährung und der Gesellschafterstellung zu beseitigen. Wohl aber kann die Anwendung von § 32a daran scheitern, daß der eigenkapitalersetzende Charakter des Darlehens infolge seiner Verlängerung nach Wiedererlangung der Kreditwürdigkeit der Gesellschaft entfallen ist (Rdn. 55). Gerät die GmbH später erneut in eine Krise und vereinbart der ehemalige Gesellschafter aus freien Stücken *jetzt* eine weitere Verlängerung oder eine sonstige der Darlehensgewährung entsprechende Abrede mit der GmbH, so fehlt es an dem zur Qualität als Gesellschafterdarlehen erforderlichen engen sachlichen Zusammenhang zwischen Darlehensgeschäft und Gesellschafterstellung.

38 **d) Abtretung des Rückzahlungsanspruchs.** Die Abtretung des Anspruchs auf Rückzahlung des Darlehens hat auf seine auf dem Gesellschafterdarlehen beruhende Rechtsnatur keinen Einfluß. Der Einwand des § 32a Abs. 1 kann nach **§ 404 BGB**

---

[63] Ähnlich *Fleck* in Anm. zu BGHZ **81** 252, LM § 30 GmbHG Nr. 11 (unter 4).

[64] Ebenso *Scholz/Winter* 57, *Ullrich* GmbH-Rdsch. **1983** 144 Fn. 114; vgl. auch BGHZ **81** 311, 317 = NJW **1982** 383 — Sonnenring; **aA** namentlich *Claussen* ZHR 147 **1983** 217.

[65] Vgl. BGHZ **81** 252, 258f. = NJW **1981** 2570. Enger — nur bei Gesetzesumgehung — *Scholz/Winter* 56.

[66] BGHZ **81** 252, 258 f. (Bürgschaftsübernahme „unlösbar verknüpft" mit der bisherigen Gesellschafterstellung des Ausgeschiedenen).

[67] *Scholz/Winter* 56; wohl auch *Kamprad* S. 45.

auch dem Abtretungsempfänger entgegengesetzt werden, wenn das Konkurs- oder Vergleichsverfahren über das Vermögen der GmbH eröffnet ist; entsprechendes gilt für das Auszahlungsverbot des § 30 Abs. 1 (Rdn. 150). Die Einwendungen richten sich gegen die Durchsetzbarkeit des abgetretenen Anspruchs; sie sind nicht etwa an die Person des Abtretenden gebunden[68]. Einer ausdrücklichen Erstreckung der Einwendung auf den Abtretungsempfänger, wie sie § 32a Abs. 3 RegE GmbHG vorsah, bedarf es daher nicht. Der Vorschlag ist von der GmbH-Novelle zu Recht nicht übernommen worden[69]; das gilt auch insoweit, als er die Geltendmachung des Einwands aus § 32a Abs. 1 auf solche Forderungen beschränkte, die innerhalb eines Jahres vor Eröffnung des Konkurs- oder Vergleichsverfahren abgetreten worden sind (dagegen auch *Roth* 5.4). Hat die Gesellschaft das Darlehen nach der Abtretung an den Zessionar zurückgezahlt und wird sie sodann innerhalb der Jahresfrist der §§ 32a S. 2 KO, 3b S. 2 AnfG insolvent, so richtet sich die Anfechtung gegen den *Zessionar* nach Maßgabe von §§ 40 Abs. 2 KO, 11 Abs. 2 AnfG.

4. Eigenkapitalersatzfunktion des Darlehens

a) Gesetzlicher Ansatz: Finanzierungsverhalten ordentlicher Kaufleute. Durch die Vorschriften über Gesellschafterdarlehen sollen nicht etwa alle der GmbH von ihren Gesellschaftern gewährten Kredite den Sonderregelungen unterstellt werden. Vielmehr bemüht sich das Gesetz um eine **Differenzierung zwischen neutralen und eigenkapitalersetzenden Gesellschafterdarlehen**; nur für letztere greifen die Vorschriften über die Nichtgeltendmachung in Konkurs oder Vergleich und über die Anfechtbarkeit der innerhalb eines Jahres vor Eintritt des Insolvenzfalls erfolgten Rückzahlung ein. Als Differenzierungskriterium stellt § 32a Abs. 1 auf das Finanzierungsverhalten ordentlicher Kaufleute ab: hätten diese der Gesellschaft im Zeitpunkt der Darlehensgewährung Eigenkapital zugeführt, so ist das Gesellschafterdarlehen als eigenkapitalersetzend zu qualifizieren und unterliegt den für diese Kredite geltenden Sonderregelungen. 39

Mit der Bezugnahme auf das Finanzierungsverhalten ordentlicher Kaufleute hat das Gesetz einen **normativen Beurteilungsmaßstab** gewählt. Entscheidend sind weder die tatsächlichen — uU stark gläubigergefährdenden — Finanzierungsgewohnheiten der jeweiligen Branche[70] und ihre auch konjunkturbedingte Entwicklung noch bestimmte betriebswirtschaftliche Erkenntnisse über zweckmäßige Finanzierungsrelationen[71]; diesen Umständen kommt für die Ausfüllung des normativen Beurteilungsmaßstabes allenfalls begrenzter Einfluß zu, insbes. über das Hilfskriterium der Kreditwürdigkeit der Gesellschaft (Rdn. 45). Unerheblich sind grundsätzlich auch Umstände in der Person einzelner Gesellschafter[72] wie ihre größere oder geringere Geschäftserfahrung, die Bereitschaft zur Kreditgewährung an sonstige Schuldner, aber auch die Stellung in der Gesellschaft und das unternehmerische Eigeninteresse (Rdn. 32ff.); die letztgenannten Faktoren können freilich in Zweifelsfällen indizielle Wirkung entfalten (Rdn. 52f.). Schon gar nicht kommt es auf ein Finanzierungs-Verschulden der kreditgebenden Gesellschafter oder sonstige subjektive Umstände bei ihnen an; der Maßstab des § 32a Abs. 1 ist vielmehr **rein objektiv** zu interpretieren (einhM, vgl. Rdn. 54). 40

---

[68] So aber *K. Schmidt* ZIP **1981** 694f.

[69] Ebenso *Scholz/Winter* 58, *Roth* 5.4, *Kamprad* S. 42.

[70] Sie können allerdings Einfluß auf die Kreditwürdigkeit der Gesellschaft als das wichtigste Hilfskriterium zur Konkretisierung des gesetzlichen Maßstabs haben (*Ulmer* in: Das neue GmbH-Recht, S. 61f.; **aA** *Scholz/Winter* 79).

[71] So grundsätzlich auch *Scholz/Winter* 79; **aA** *Kreuzer* ZIP **1980** 603; Nachw. zu Finanzierungsregeln in der Betriebswirtschaftslehre vgl. Anh. § 30, 6.

[72] Ebenso *Scholz/Winter* 80, *Wiedemann* GesR I S. 570.

41 Für die notwendige Konkretisierung des Beurteilungsmaßstabs des § 32a Abs. 1 ist am **Normzweck** der Regelungen über Gesellschafterdarlehen und dem mit ihnen verfolgten **Gläubigerschutz** anzuknüpfen (vgl. Rdn. 7). Es geht nicht um die Bezugnahme auf ungeschriebene Grundsätze ordnungsmäßiger Unternehmensfinanzierung[73] oder gar um die Einführung einer Pflicht der Gesellschafter, die GmbH mit dem erforderlichen Eigenkapital auszustatten. Der Zweck des § 32a beschränkt sich vielmehr darauf, zu verhindern, daß die Gesellschafter, wenn sie ihrer Gesellschaft in der Krise Kapital zuführen, auf dem Rücken der Gläubiger spekulieren, indem sie die Darlehensform wählen, um das Darlehen bei mißlungener Sanierung zurückzufordern. Den primären Anwendungsbereich der Vorschriften über Gesellschafterdarlehen bildet daher die Gewährung oder Belassung von Fremdkapital durch die Gesellschafter in der **Krise der GmbH**. Darüber besteht im Grundsatz auch Einigkeit. Umstritten ist freilich, wann das kritische Stadium beginnt und inwieweit es gegenüber den Konkursgründen der Zahlungsunfähigkeit und der Überschuldung in die Phase beginnender Gläubigergefährdung vorzuverlagern ist (vgl. Rdn. 43f.).

42 **b) Konkretisierung.** In Rechtsprechung und Literatur ist anerkannt, daß das Finanzierungsverhalten ordentlicher Kaufleute ein ausfüllungsbedürftiges Differenzierungskriterium ist. Schon während der über zehnjährigen Reformdiskussion waren gegenüber der Praktikabilität dieses Maßstabs begründete Bedenken erhoben worden (vgl. Anh. § 30, 4). Sie führten zwar nicht dazu, daß das aus § 49 RegE GmbHG 1971 stammende Kriterium durch ein anderes ersetzt wurde. Wohl aber wies die Amtl. Begründung zum RegE 1977 (BT-Drucks. 8/1347, S. 39 re. Sp.) ausdrücklich darauf hin, Anhaltspunkte für seine Ausfüllung ließen sich aus den bisher schon in der Rechtsprechung gefundenen Abgrenzungskriterien finden.

43 **α) Meinungsstand.** Die in der Amtl. Begründung in Bezug genommene bisherige **Rechtsprechung des BGH** betraf die Anwendung des Auszahlungsverbots der §§ 30, 31 auf eigenkapitalersetzende Gesellschafterdarlehen (Rdn. 142). Sie kam im Laufe von zwei Jahrzehnten zu einer allmählichen **Verschärfung der Abgrenzungskriterien**. Die *ersten* Urteile stellten darauf ab, daß durch die Darlehensgewährung die **Zahlungsunfähigkeit** der Gesellschaft beseitigt[74] bzw. die eingetretene **Überschuldung** überwunden werden sollte[75], und knüpften die Rückzahlungssperre vor Überwindung der Krise (auch) an das Verbot widersprüchlichen Verhaltens (Rdn. 30). Demgegenüber wurde in den *neueren* Urteilen im Anschluß an entsprechende Literaturvorschläge[76] als entscheidend angesehen, daß die auf den Zufluß finanzieller Mittel angewiesene Gesellschaft im Zeitpunkt der Darlehensgewährung oder -belassung **nicht mehr kreditwürdig** war, d. h. das Darlehen nicht auch von dritten, nicht zum Gesellschafterkreis gehörenden Kreditgebern erhalten hätte[77]. Da diese Rechtsprechung seit Inkrafttreten der GmbH-Novelle zur ständigen Praxis geworden ist und es auch nicht an Hinweisen fehlt, die die Kontinuität zwischen Richterrecht zu kapitalersetzenden Darlehen und Vorschriften der GmbH-Novelle betonen[78], ist davon auszugehen, daß der BGH sie künftig auch der Auslegung von § 32a Abs. 1 zugrundelegen wird.

---

[73] So aber *K. Schmidt* ZHR 147 **1983** 178; dagegen zutr. *Scholz/Winter* 81.

[74] BGHZ **31** 258, 269f. = NJW **1960** 285; **67** 171, 174 = NJW **1977** 104, BGH WM **1963** 121, BGH WM **1972** 74.

[75] BGHZ **69** 274, 278 = NJW **1978** 160; **75** 334, 338 = NJW **1980** 592, BGH WM **1979** 937.

[76] *Hachenburg/Ulmer* Anh. § 30, 16 und 86; so auch *Lutter/Hommelhoff* ZGR **1979** 39.

[77] BGHZ **76** 326, 330 = NJW **1980** 1524; **81** 252 (255, 264) = NJW **1981** 2570; **81** 311, 318 = NJW **1982** 383.

[78] Vgl. Nachw. in Fn. 7.

In der **Literatur zu § 32a Abs. 1** stehen sich im wesentlichen zwei Ansichten gegenüber. Die **überwiegende Meinung** läßt es für die eigenkapitalersetzende Funktion von Gesellschafterdarlehen in Übereinstimmung mit der BGH-Rechtsprechung[79] genügen, daß die Gesellschaft bei Gewährung des Darlehens nicht mehr kreditwürdig war[80]; als maßgeblich hierfür wird angesehen, daß sie **zu marktüblichen Bedingungen keinen Kredit von dritter Seite** bekommen hätte. Soweit es um die Belassung eines bei seiner Gewährung neutralen Darlehens oder um die Stundung einer sonstigen Forderung geht, wird in Abwandlung des generellen Maßstabs darauf abgestellt, ob auch ein nicht an der Gesellschaft beteiligter Gläubiger mit Rücksicht auf die finanzielle Lage der Gesellschaft in eine Verlängerung oder Stundung eingewilligt hätte[81]. Demgegenüber hält die **Gegenansicht** das Eingreifen der Vorschrift über kapitalersetzende Gesellschafterdarlehen aus Gründen des Gläubigerschutzes erst dann für geboten, wenn im Zeitpunkt der Darlehensgewährung eine **Unterbilanz** bei der GmbH eingetreten[82] oder eine **Überschuldung** voraussehbar war[83]. Das zur Kreditaufnahme führende Vorliegen einer Unterkapitalisierung oder die fehlende Kreditwürdigkeit der auf finanzielle Mittel angewiesenen Gesellschaft sollen danach nicht ausreichen. 44

β) Stellungnahme. Mit der neueren Rechtsprechung und der im Schrifttum überwiegenden Meinung ist für die Konkretisierung des Beurteilungsmaßstabs grundsätzlich auf die **fehlende Kreditwürdigkeit der auf Zuführung finanzieller Mittel angewiesenen Gesellschaft** im Zeitpunkt der Darlehensgewährung oder -belassung abzustellen. Die fehlende Kreditwürdigkeit führt in aller Regel dazu, von den Gesellschaftern gewährte Darlehen als Eigenkapitalersatz zu qualifizieren. Eine *Einschränkung* kommt nur für solche Fremdmittel in Betracht, die zur Finanzierung eines einmaligen, objektiv *kurzfristigen* Kapitalbedarfs gegeben und belassen werden, insbesondere zur Überbrückung eines erkennbar kurzfristigen, vorübergehenden Liquiditätsengpasses[84]. Auch wenn die Kreditwürdigkeit der Gesellschaft als Abgrenzungskriterium nicht ausdrücklich in die GmbH-Novelle 1980 aufgenommen worden ist, führt dieses Kriterium doch zumindest nicht zu einer *Ausdehnung* des Anwendungsbereichs der Vorschriften über Gesellschafterdarlehen im Vergleich zum Abstellen auf das Finanzierungsverhalten ordentlicher Kaufleute. Es handelt sich vielmehr um das *Minimum* dessen, was jeder Kaufmann bei der Finanzierung seines Unternehmens beachten muß[85]. Denn *spätestens* dann, wenn die auf den Zufluß weiterer Mittel angewiesene Gesellschaft diese mangels Kreditwürdigkeit von dritter Seite nicht mehr erhalten kann, werden *ordentliche* Kaufleute das Eigenkapital der Gesellschaft stärken, wenn sie sich zu deren weiterer Finanzierung entschließen, anstatt unter Wahl der Darlehensform zu Lasten der Gläubiger zu spekulieren und sich die Rückforderung der zur Überwindung der Krise eingesetzten Mittel beim Fehlschlagen der Sanierung vorzubehalten. — Zu den Maßstäben für die Beurteilung der Kreditwürdigkeit vgl. näher Rdn. 48f. 45

Nicht ausgeschlossen ist freilich, daß der **Maßstab des Finanzierungsverhaltens ordentlicher Kaufleute im Einzelfall weiterreicht** und die Umqualifizierung von 46

[79] Vgl. Nachw. in Fn. 75.

[80] *Rob. Fischer* 2b, *Roth* 2.2, *Beinert/Hennerkes/Binz* GmbH-Rdsch. **1981** 10, *Fleck* aaO (Fn. 4) S. 117, 119, *Kamprad* S. 34, *Lutter* DB **1980** 1321, *K. Schmidt* ZGR **1980** 571f. und ZIP **1981** 691 (einschränk. aber *ders.* ZHR 147 **1983** 188f.), *Timm* GmbH-Rdsch. **1980** 291, *Ulmer* in: Das neue GmbH-Recht, S. 62f. Einschränk. (nur Indizfunktion) *Scholz/Winter* 92.

[81] Vgl. Nachw. in Fn. 93.

[82] So *Geßler* BB **1980** 1391 und ZIP **1981** 232.

[83] So *K. Müller* GmbH-Rdsch. **1982** 35ff., ähnlich auch *Schulze-Osterloh* ZGR **1983** 135f.

[84] Ebenso *Roth* 2.3, *K. Schmidt* ZHR 147 **1983** 188; tendenziell auch *Scholz/Winter* 92 und *Lutter/Hommelhoff* ZGR **1979** 41.

[85] Vgl. *Ulmer* in: Das neue GmbH-Recht, S. 63.

Gesellschafterdarlehen erfordert, obwohl die Gesellschaft im Zeitpunkt der Darlehensgewährung oder -belassung noch Kredit von dritter Seite hätte bekommen können. Das gilt namentlich bei Krediten großen Ausmaßes zu **ungewöhnlichen, nicht marktüblichen Konditionen**, mit besonders langfristiger Laufzeit oder ohne entsprechende Absicherung, d. h. aber um Fremdmittel, die die Gesellschaft *in dieser Weise* von dritter Seite nicht erhalten hätte. Aber auch sonstige Umstände wie die **Zweckbestimmung des Darlehens** zur Finanzierung einer erheblichen Geschäftsausweitung oder einer Großinvestition[86] oder die vertragliche **Verpflichtung sämtlicher Gesellschafter**, die Gesellschaft zusätzlich zum Stammkapital mit den zum Geschäftsbetrieb erforderlichen Mitteln in Darlehensform auszustatten[87], können dazu führen, den als Gesellschafterdarlehen zugeführten Mitteln eigenkapitalersetzenden Charakter zu verleihen.

47 **Nicht zu folgen** ist demgegenüber denjenigen Ansichten, die die Umqualifizierung davon abhängig machen wollen, daß das Darlehen der Abwendung einer bereits eingetretenen oder doch voraussehbaren **Zahlungsunfähigkeit oder Überschuldung** der Gesellschaft dient[88]. Zwar steht außer Zweifel, daß zu diesem Zweck gewährte Kredite den Sonderregeln über eigenkapitalersetzende Darlehen unterfallen, bis die Krise überwunden ist[89]; im Fall eines „Darlehens" zur Beseitigung der Überschuldung folgt das bereits daraus, daß der Erfolg nur bei Vereinbarung eines entsprechenden Rangrücktritts eintritt (Rdn. 16). An das Vorliegen von Zahlungsunfähigkeit oder Überschuldung knüpft das Gesetz indessen wesentlich einschneidendere Sanktionen an, so die Konkursantragspflicht der Geschäftsführer, ggf. verbunden mit der persönlichen Haftung gegenüber den Gläubigern wegen Konkursverschleppung (vgl. näher § 64, 44 ff.). Aber auch wenn man die kritische Schwelle vorverlegt und auf die *voraussehbare* Überschuldung abstellt, trägt das dem Gläubigerschutzzweck des § 32 a nicht hinreichend Rechnung. Denn die diesen Ansichten zugrundeliegende Überlegung, bis zum Eintritt der Überschuldung seien die Gläubiger durch das der Gesellschaft verbleibende Kapital noch voll gesichert[90], vernachlässigt die mit der Feststellung der Überschuldung verbundenen, erheblichen Bewertungsprobleme, aber auch die zusätzlichen Verpflichtungen, die der Gesellschaft aus der Konkurseröffnung drohen (vgl. näher § 63, 33 ff.). Wie nicht zuletzt der Blick auf die Rechtstatsachen zeigt, darunter vor allem die große Zahl masseloser Insolvenzen (vgl. Rdn. 9), ist der mit dem Konkursgrund der Überschuldung verbundene Gläubigerschutz nach herrschender Praxis völlig unzureichend. Auch die bevorstehende Überschuldung oder das Vorliegen einer Unterbilanz reichen als Kriterien für das Eingreifen der Vorschriften über Gesellschafterdarlehen zum Gläubigerschutz nicht aus; das Abstellen hierauf würde die neuen Vorschriften weitgehend ineffektiv machen.

48 **c) Einzelfragen. α) Fehlende Kreditwürdigkeit.** Die Kreditwürdigkeit der Gesellschaft bei Gewährung oder Belassung des Darlehens läßt sich regelmäßig nicht allein anhand der Bilanzansätze, der Ertragskraft, der noch verfügbaren Sicherheiten u. a. beurteilen. Gegen derartige Indikatoren ist nicht ohne Grund eingewandt worden, daß es einen allgemeinen, von den Besonderheiten des jeweiligen Kredits losgelösten Kreditmarkt nicht gibt[91]. Vorrangig zu berücksichtigen ist vielmehr einerseits das

---

86 So auch *Scholz/Winter* 86.

87 Auf die Bindung des Darlehens an die Mitgliedschaft stellen auch *Wiedemann* GesR I S. 570 und *K. Schmidt* ZIP **1981** 692 ab.

88 Vgl. Nachw. in Fn. 83.

89 Vgl. schon § 32 a Abs. 1 S. 2 RegE GmbHG, der die Darlehensgewährung zur Abwendung oder Hinausschiebung der Zahlungsunfähigkeit ausdrücklich als Regelbeispiel eines eigenkapitalersetzenden Darlehens anführte.

90 So *K. Müller* GmbH-Rdsch. **1982** 35 und *Schulze-Osterloh* ZGR **1983** 135.

91 *K. Schmidt* ZHR 147 **1983** 188; ähnlich auch *Claussen* ZHR 147 **1983** 218 f.

konkrete Darlehen, seine Laufzeit, sein Umfang und die Art seiner Besicherung, andererseits die **Finanzplanung der Gesellschaft**. Anhand dieser Daten ist **ex ante**, aus der Sicht des für die Qualifizierung des Darlehens maßgebenden Zeitpunkts der Gewährung oder Belassung (Rdn. 55) zu beurteilen, ob auch die Hausbank oder ein sonstiger der Gesellschaft nicht als Mitglied verbundener Kreditgeber das fragliche Darlehen gewährt hätte. Innerhalb von *Unternehmensverbindungen* ist auf die Situation der konkreten, als Kreditnehmer auftretenden Konzerngesellschaft abzustellen (*Hommelhoff* WM **1984** 1107 f.). Was die **Verzinsung** angeht, so muß zwar ein für die Gesellschaft besonders günstiger Zinssatz, den ihr die Darlehensgeber als Gesellschafter gewähren, nicht schon zum eigenkapitalersetzenden Charakter des Darlehens führen[92]. Andererseits reicht aber der Umstand, daß die Gesellschaft den Kredit trotz der Krise zu einer deutlich *über* dem marktüblichen Zinssatz liegenden Verzinsung auch von dritter Seite erhalten hätte, nicht aus, um seine Qualität als Eigenkapitalersatz zu verneinen.

Soweit es um die **Verlängerung** eines der Gesellschaft vor Eintritt der Krise gewährten Kredits oder um sonstige, ihr wirtschaftlich entsprechende Rechtshandlungen wie die Stundung fälliger Forderungen oder den vereinbarten Verzicht auf das Kündigungsrecht geht, kann die Beurteilung je nach Lage des Falles abweichend ausfallen. Maßgebend ist insoweit nicht die generelle Kreditwürdigkeit der Gesellschaft für einen Neukredit dieser Größenordnung, sondern das **hypothetische Verhalten eines entsprechenden Drittgläubigers**. Er wäre zur Verlängerung des Kredits oder zur Stundung der Forderung in der Hoffnung auf die Überwindung der Krise der Gesellschaft ggf. auch dann bereit, wenn die Gesellschaft *neuen* Kredit in dieser Lage *nicht* erhalten könnte[93]. Dies gilt namentlich dann, wenn das Verlangen nach sofortigem Abzug des Darlehens den Zusammenbruch der Gesellschaft auslösen würde und das Stillhalten, ggf. verbunden mit entsprechenden Rückzahlungsvereinbarungen, im eigenen Interesse des Gläubigers liegt. In derartigen Fällen ist es trotz zwischenzeitlichen Eintritts der Krise auch einem Gesellschafter als Gläubiger unbenommen, entsprechende Vereinbarungen mit der Gesellschaft über eine Verlängerung oder Stundung des Kredits zu treffen, ohne daß er die Umqualifizierung seines zunächst neutralen in ein eigenkapitalersetzendes Darlehen befürchten muß. 49

β) Aufspaltung in neutrales und kapitalersetzendes Darlehen? Die Vorschrift des § 32a Abs. 1 stellt auf die **jeweilige Darlehensgewährung oder -belassung** ab. Je nach dem maßgeblichen Zeitpunkt (Rdn. 55) und den vereinbarten Konditionen kann die eigenkapitalersetzende Funktion *mehrerer* von einem Gesellschafter gewährter Darlehen danach *unterschiedlich* zu beurteilen sein. Jedoch geht es **nicht** an, ein **einheitliches**, in einem Betrag und zu einheitlichen Konditionen gewährtes Darlehen in einen neutralen und einen eigenkapitalersetzenden Teil **aufzuspalten**. Das gilt auch dann, wenn die Gesellschaft in Höhe eines Teilbetrags noch kreditwürdig gewesen wäre[94]. Zwar ist der Gesellschafter nicht gehindert, in ein der Gesellschaft von dritter Seite vorliegendes, nicht nur zum Schein abgegebenes Kreditangebot einzutreten und ihr *daneben* ein zusätzliches, eigenkapitalersetzendes Darlehen zu gewähren; negative Rückwirkungen auf das der Gesellschaft auch von dritter Seite angebotene Darlehen muß er daraus nicht 50

[92] *Scholz/Winter* 85. Zur Indizfunktion von Zinsvergünstigungen bei Gesellschafterdarlehen vgl. aber Rdn. 52.

[93] Vgl. BGHZ **81** 252, 263 = NJW **1981** 2570; so auch *Fleck* aaO (Fn. 4) S. 110 ff., 118, *Menzel* AG **1982** 201, *Ullrich* GmbH-Rdsch. **1983** 145, *H. P. Westermann* ZIP **1982** 389.

[94] Für Aufspaltung in derartigen Fällen aber *Lutter* DB **1980** 1321, ihm folgend *Roth* 2.3, mit Einschr. auch *Scholz/Winter* 94; **aA** *Rob. Fischer* 3 a, *Ulmer* in: Das neue GmbH-Recht, S. 65.

befürchten. Anderes gilt dagegen bei einem einheitlichen, in dieser Höhe nicht von dritter Seite erhältlichen Kredit, selbst wenn er formal in mehrere Teilbeträge aufgeteilt ist.

51 γ) **Bedeutung von Sicherheiten.** Wie die Anfechtungstatbestände der §§ 32a S. 1 KO, 3b S. 1 AnfG zeigen, unterliegt die Bestellung von Sicherheiten der Gesellschaft für eigenkapitalersetzende Darlehen dem Vorbehalt vorrangigen Gläubigerzugriffs. Das darf jedoch *nicht* dahin mißverstanden werden, daß den Gesellschaftern als Kreditgebern konkursfeste Sicherheiten nicht bestellt werden könnten[95] und daß den Vergleichsmaßstab für die Prüfung des eigenkapitalersetzenden Charakters des Darlehens die Bereitschaft dritter Gläubiger zur Gewährung eines ungesicherten Kredits bildete. Vielmehr **setzt** das Eingreifen der die Bestellung von Sicherheiten betreffenden Anfechtungstatbestände **voraus**, daß der besicherte Kredit **eigenkapitalersetzenden Charakter** hat (vgl. Rdn. 72ff.). Räumt die Gesellschaft bei Gewährung oder Belassung des Kredits dem Gesellschafter vollwertige Sicherungen ein, so ist sie insoweit als kreditwürdig anzusehen; eine Qualifizierung des Darlehens als Eigenkapitalersatz scheidet mangels Vorliegens besonderer Umstände aus (*K. Schmidt* ZIP **1981** 695; vgl. auch BGHZ **81** 252, 263 = NJW **1981** 2570). Werden die Sicherheiten dem kreditgewährenden Gesellschafter dagegen erst **nachträglich** und ohne einen dahingehenden Anspruch eingeräumt, kann er sie sich insbesondere aufgrund seiner Stellung als Insider verschaffen, oder sind sie im Verhältnis zum Kreditvolumen unzureichend, so lassen sie den eigenkapitalersetzenden Charakter des Darlehens unberührt und unterliegen der Anfechtung nach §§ 32a S. 1 KO, 3b S. 1 AnfG. **Abgrenzungsprobleme** können sich danach vor allem in solchen Fällen ergeben, in denen die Einräumung der Sicherheiten in Zusammenhang steht mit dem angedrohten Abzug der Darlehensmittel. Die Sondervorschriften über Gesellschafterdarlehen greifen in derartigen Fällen namentlich dann ein, wenn das nachträglich besicherte Darlehen entweder schon zuvor Eigenkapitalersatzfunktion hatte und deshalb in der Krise nicht hätte durchgesetzt werden können[96], oder wenn der Gesellschafter-Gläubiger seinen Einfluß in der Gesellschaft dazu ausnutzte, sich vorrangig vor Fremdgläubigern die letzten der Gesellschaft verbliebenen Sicherheiten einräumen zu lassen.

52 d) **Indizien.** Der Nachweis des eigenkapitalersetzenden Charakters des Gesellschafterdarlehens ist Sache des Konkurs- oder Vergleichsverwalters oder des anfechtenden Gläubigers (Rdn. 62). Sie können bei der für die Qualifizierung erforderlichen *Gesamtwürdigung* je nach Lage des Falles auf **Indizien für die eigenkapitalersetzende Funktion** zurückgreifen. Hierzu gehören in erster Linie die bereits eingetretene oder absehbare **Zahlungsunfähigkeit oder Überschuldung** der Gesellschaft (Rdn. 47). Weitere Indizien bilden **ungewöhnliche**, für die Gesellschaft günstige **Darlehenskonditionen** wie die außerordentlich lange oder an die Mitgliedschaft in der GmbH gebunde *Laufzeit* des Darlehens[97], ein deutlich unter dem Marktzins liegender *Zinssatz* oder der Verzicht auf Verzinsung[98] sowie schließlich die *fehlende Absicherung* des Kredits. Was den **Anlaß für die Kreditgewährung** angeht, spricht für die eigenkapitalersetzende Funktion namentlich die von den Gesellschaftern in der Satzung oder kraft Gesellschafterbeschlusses übernommene *gesellschaftsrechtliche Verpflichtung* zur Finanzierung der Gesellschaft durch Darlehen oder Stehenlassen von Gewinnen[99], die maßgebende Beteiligung des darlehensgewähren-

---

[95] So aber *Beinert/Hennerkes/Binz* GmbH-Rdsch. **1981** 12; dagegen zutr. *Scholz/Winter* 107, *Feuerborn* BB **1982** 405.

[96] Vgl. BGHZ **81** 252, 262 = NJW **1981** 2570; **81** 311, 318 = NJW **1982** 383.

[97] *K. Schmidt* ZIP **1981** 692, *Wiedemann* GesR I S. 570

[98] So auch *Wiedemann* GesR I S. 570; **aA** *Scholz/Winter* 85.

[99] So auch OLG Hamburg GmbH-Rdsch. **1983** 70, 71, OLG Köln ZIP **1983** 310, 311; vgl. auch Rdn. 59.

den Gesellschafters an der GmbH oder die gleichmäßige, den Kapitalanteilen entsprechende Mitwirkung aller Gesellschafter an der Gewährung von Gesellschafterdarlehen sowie schließlich die ungewöhnliche *Relation zwischen geringem Stammkapital und hohen*, dieses um ein Mehrfaches übersteigenden *Gesellschafterdarlehen*[100]. Hinsichtlich der **Zweckbestimmung** des Gesellschafterdarlehens oder der tatsächlichen Verwendung der der Gesellschaft daraus zufließenden Mittel kann von Bedeutung sein, ob es um die *Deckung eines dauernden*, üblicherweise durch Zuführung von Eigenkapital befriedigten *Finanzbedarfs der Gesellschaft* geht, insbesondere um die Finanzierung einer erheblichen, auf Dauer angelegten Geschäftsausweitung oder um die Realisierung von umfangreichen, zu dauerhafter Bindung von Gesellschaftsmitteln führenden Anlageinvestitionen[101].

Demgegenüber bilden **Indizien gegen den eigenkapitalersetzenden Charakter** 53 die geringe Beteiligung des Darlehensgebers an der kreditnehmenden GmbH (Rdn. 34), die kurze Laufzeit des Darlehens und seine Funktion als Überbrückungskredit, die gleichrangige Beteiligung auch von *Nicht*gesellschaftern an einer gemeinsamen Sanierungsaktion, die volle Besicherung der gewährten Darlehen durch die Gesellschaft oder der Eintritt des Gesellschafters in ein von dritter Seite stammendes Kreditangebot. Die gegen die Eigenkapitalersatzfunktion sprechende Kreditwürdigkeit der Gesellschaft kann sich auch daraus ergeben, daß sie im Zeitpunkt der Kreditaufnahme über erhebliche *ungenutzte Kreditlinien* bei ihrer Hausbank verfügt oder *nach* Gewährung des Gesellschafterkredits in nennenswertem Umfang Darlehen von dritter Seite aufnimmt.

e) Subjektive Erfordernisse? Mit dem Abstellen auf das Finanzierungsverhalten 54 ordentlicher Kaufleute hat das Gesetz einen **rein objektiven Abgrenzungsmaßstab** gewählt (Rdn. 40). Auf Kenntnisse und Fähigkeiten der darlehensgewährenden Gesellschafter kommt es für die Eigenkapitalersatzfunktion daher ebensowenig an wie auf die Frage, ob den Gesellschaftern daraus ein Vorwurf gemacht werden kann, daß sie anstelle der Zuführung von Eigenkapital den Weg der Darlehensgewährung gewählt haben[102]. Unerheblich ist namentlich auch, ob die betreffenden Gesellschafter in der Lage gewesen wären, eine Kapitalerhöhung bei der GmbH durchzusetzen[103]. — Diese Grundsätze gelten auch für den Fall der **Belassung** eines ursprünglich neutralen, nicht eigenkapitalersetzenden Darlehens oder einer auf sonstigem Rechtsgrund beruhenden, fälligen Forderung. Insofern können subjektive Umstände wie die Kenntnis von der Krise der GmbH zwar von Bedeutung sein, soweit es um den Nachweis des der Darlehens*gewährung* entsprechenden, *rechtsgeschäftlichen Tatbestandes des Belassens* geht, insbesondere um die konkludente Darlehensverlängerung oder Forderungsstundung (Rdn. 25 f.). Davon strikt zu unterscheiden ist jedoch die Eigenkapitalfunktion der belassenen Mittel; sie bestimmt sich ebenso wie bei der Gewährung nach rein objektiven Kriterien.

f) Maßgeblicher Zeitpunkt. Ebenso wie für die Gesellschaftereigenschaft des 55 Darlehensgebers (Rdn. 35 ff.) kommt es für die Feststellung der eigenkapitalersetzenden Funktion des Darlehens auf den Zeitpunkt seiner **Gewährung oder Belassung** an[104]. Ein bei der Gewährung neutrales Gesellschafterdarlehen unterfällt nicht schon dadurch den Vorschriften über kapitalersetzende Gesellschafterdarlehen, daß die GmbH zwischenzeitlich in eine Krise gerät und im Zeitpunkt der Fälligkeit nicht mehr kreditwürdig ist[105]. Entsprechendes gilt umgekehrt für ein ursprünglich eigenkapitalerset-

100 *Wiedemann* GesR I S. 570.

101 *Scholz/Winter* 86.

102 EinhM, vgl. *Scholz/Winter* 85, 95, *Roth* 2.3.

103 So zu Recht BGH NJW **1984** 1893, 1895 und *Scholz/Winter* 95; **aA** *Immenga* ZIP **1983** 1410 (für das Aktienrecht).

104 Ganz hM, vgl. *Scholz/Winter* 96, *Rob. Fischer* 2b, *Roth* 2.4; vgl. auch BGH WM **1979** 937, 939 (GmbH & Co KG).

105 Unzutr. *Farrenkopf/Cahn* AG **1983** 154 ff., 156, die — für die Anwendung von §§ 30, 31 — nur auf den Zeitpunkt der *Rückforderung*

zendes Darlehen; es behält diesen Charakter während seiner Laufzeit auch dann, wenn die Gesellschaft zwischenzeitlich die Krise überwunden hatte und sodann aufgrund neuer Schwierigkeiten insolvent wurde[106]. Eine **Umqualifizierung nach Darlehensgewährung** setzt voraus, daß die Beteiligten nach Veränderung der finanziellen Verhältnisse der Gesellschaft eine Verlängerung, Stundung oder eine sonstige der Gewährung gleichstehende **Vereinbarung über das Belassen** des Darlehens getroffen haben (Rdn. 25 ff.). In diesem Fall ist der Zeitpunkt des Belassens für die Beurteilung maßgebend[107].

56 **g) Fallgruppen**

Schrifttum zu Sanierungs- und Bankdarlehen: *Claussen* Kapitalersetzende Darlehen und Sanierungen durch Kreditinstitute, ZHR 147 **1983** 195; *Fleck* Das kapitalersetzende Bankdarlehen in der GmbH, Festschrift Winfried Werner (1984) S. 107; *Menzel* Die Bedeutung der BGH-Rechtsprechung zu den Gesellschafterdarlehen für die Unternehmenssanierung, AG **1982** 197; *Rümker* Bankkredite als kapitalersetzende Gesellschafterdarlehen unter besonderer Berücksichtigung der Sanierungssituation, ZIP **1982** 1385; *K. Schmidt* Kapitalersetzende Bankkredite? ZHR 147 **1983** 165; *ders.* Das Insolvenzrisiko der Banken zwischen ökonomischer Vernunft und Rechtssicherheit, WM **1983** 490; *Schröter/Weber* Sanierungsverfahren aus der Sicht der Banken, ZIP **1982** 1023; *Uhlenbruck* Privilegierung statt Diskriminierung von Sanierungskrediten de lege lata und als Problem der Insolvenzrechtsreform, GmbH-Rdsch. **1982** 141; *Ullrich* Gesellschafterdarlehen der Banken in der Finanzkrise der GmbH, GmbH-Rdsch. **1983** 133; *H. P. Westermann* Banken als Kreditgeber und Gesellschafter — Zur Entscheidungsfreiheit der Bank im Kreditgeschäft, ZIP **1982** 379; *ders.* Zur Rückführung eines Überziehungskredits eines am Schuldner-Unternehmen als Aktionär beteiligten Kreditinstituts, ZIP **1983** 1281.

α) Darlehen zur Konkursabwendung. Darlehen, die von Gesellschaftern zur Konkursabwendung gewährt werden, sind in aller Regel eigenkapitalersetzender Natur[108]; auf zusätzliche Umstände kommt es insoweit nicht an. Bei Darlehen zur Beseitigung der **Zahlungsunfähigkeit** folgt das aus der typischer Weise fehlenden Kreditwürdigkeit der Gesellschaft[109], bei solchen zur Abwendung der **Überschuldung** auch daraus, daß der Zweck der Darlehensgewährung regelmäßig auf einen konkludenten Rangrücktritt des Darlehensgebers schließen läßt (Rdn. 16). Aber auch wenn das Darlehen im Hinblick auf eine **absehbare Insolvenz** oder Überschuldung der Gesellschaft zu Sanierungszwecken gewährt wird, ist der eigenkapitalersetzende Charakter regelmäßig zu bejahen. Er besteht solange fort, bis der Sanierungserfolg eingetreten ist und das Darlehen sodann entweder zurückgezahlt oder verlängert wird (Rdn. 55).

57 **β) Sonstige Sanierungsdarlehen.** Eigenkapitalersetzenden Charakter haben typischer Weise auch Gesellschafterdarlehen, mit denen ein durch die **Krise der GmbH** ausgelöster, von dritter Seite nicht zu befriedigender Finanzbedarf der Gesellschaft gedeckt werden soll (Rdn. 45). Derartige Kredite im Vorfeld einer etwaigen Insolvenz bilden nach dem Normzweck (Rdn. 7) einen Hauptanwendungsfall der Vorschriften über

---

abstellen wollen. Sie lassen außer Betracht, daß das Auszahlungsverbot der §§ 30, 31 nicht gegenüber Forderungen von Gesellschaftern aus gewöhnlichen Drittgeschäften eingreift (vgl. § 30, 36) und es daher *zunächst* einer Qualifizierung des dem Rückforderungsanspruch zugrundeliegenden Darlehens als neutraler oder eigenkapitalersetzender Kredit bedarf.

[106] *Scholz/Winter* 96, *Roth* 2.4; **aA** *Timm* GmbH-Rdsch. **1980** 293 Fn. 75, wohl auch *K. Schmidt* ZGR **1980** 578.

[107] So auch *Scholz/Winter* 96, *Roth* 2.4.

[108] EinhM, vgl. die Rspr.-Nachw. in Fn. 74, 75, dazu *Scholz/Winter* 88 f. und *Roth* 2.2.

[109] Vgl. auch schon § 32 a Abs. 1 S. 2 RegE GmbHG (dazu Fn. 89).

Gesellschafterdarlehen. Die Gesellschafter sollen, wenn sie sich zur Sanierung der Gesellschaft entschließen, dies nicht zu Lasten der Gläubiger tun, sondern der Gesellschaft die eingesetzten Mittel solange belassen, bis der Sanierungserfolg eingetreten und die Gesellschaft in der Lage ist, ihren Finanzbedarf durch Fremdkredite zu befriedigen. Für die Anerkennung eines speziellen Sanierungsprivilegs ist im Rahmen von § 32a kein Raum; es wäre mit dem Normzweck der Vorschrift nicht zu vereinbaren[110]. Zum Sonderfall der im gerichtlichen Vergleichsverfahren nach Maßgabe von § 106 VerglO gewährten Gesellschafterdarlehen vgl. Rdn. 71.

γ) **Nominelle Unterkapitalisierung; Unterbilanz.** Kapitalersetzender Natur ist regelmäßig auch ein Gesellschafterdarlehen, das zum Ausgleich einer **Unterkapitalisierung** gewährt oder belassen wird (sog. nominelle Unterkapitalisierung, vgl. Anh. § 30, 22). Demgegenüber reicht das Vorliegen einer **Unterbilanz** der Gesellschaft, d. h. eines nicht durch Rücklagen gedeckten Verlustausweises (§ 30, 14), zur Annahme eines eigenkapitalersetzenden Sanierungskredits **nicht** schon aus[111]. Die Unterbilanz kann auf den unterschiedlichsten Gründen beruhen, darunter nicht zuletzt auf steuerrechtlich veranlaßten Sonderabschreibungen. Über die Ertragskraft und die Finanzplanung der Gesellschaft als zentrale Faktoren für ihre Kreditwürdigkeit sagt sie nicht ohne weiteres etwas aus. Daher hängt auch umgekehrt die Bejahung einer Krise nicht davon ab, daß die Bilanz der Gesellschaft eine Unterdeckung ausweist (**aA** *Geßler* ZIP **1981** 232). 58

δ) **Darlehen kraft gesellschaftsrechtlicher Verpflichtung.** Erfolgt die Darlehensgewährung oder -belassung in Erfüllung einer gesellschaftsvertraglichen Verpflichtung oder eines Beschlusses der Gesellschafterversammlung, so führt das zwar nicht notwendig zur Bejahung des eigenkapitalersetzenden Charakters, ist aber regelmäßig ein Indiz dafür (Rdn. 52). Das gilt namentlich dann, wenn der Gesellschaftsvertrag zum Zwecke der Selbstfinanzierung anstelle der Rücklagenbildung (§ 29, 48) oder des Ausschüttung-/Rückholverfahrens (§ 55, 80 ff.) als Nebenleistungspflicht (§ 3, 52 ff.) die Belassung eines Teils der an die Gesellschafter verteilten Gewinne in Darlehensform vorsieht, oder wenn der Gesellschaft das erforderliche Startkapital dadurch zur Verfügung gestellt wird, daß die Gesellschafter sich verpflichten, neben einem gering bemessenen Stammkapital den überwiegenden Teil in Form von Gesellschafterdarlehen zu finanzieren und diese der Gesellschaft für längere Dauer zu belassen (OLG Hamburg GmbH-Rdsch. **1983** 70, 71; OLG Köln ZIP **1983** 310, 311). *Allein* auf die gesellschaftsvertragliche Verpflichtung läßt sich, zumal sie jederzeit durch Satzungsänderung beseitigt werden kann, die Qualifikation des Darlehens als Eigenkapitalersatz zwar nicht stützen. Solange freilich die Satzung nicht geändert ist, bleiben die Gesellschafter unabhängig von den Vorschriften über Gesellschafterdarlehen verpflichtet, der Gesellschaft den entsprechenden Kredit zur Verfügung zu stellen. Sie können daher weder Rückzahlung vor Eintritt der Insolvenz verlangen noch die Forderung zur Konkurstabelle anmelden. Entgegen der gesellschaftsvertraglichen Verpflichtung zurückgezahlte Darlehen kann der Konkursverwalter ebenso wie ausstehende Einlagen (§ 19, 16 f.) zur Konkursmasse einziehen (BGH NJW **1981** 2251). 59

ε) **Bankdarlehen.** Darlehen von Kreditinstituten können nur dann den Vorschriften über eigenkapitalersetzende Gesellschafterdarlehen unterfallen, wenn das Kreditinstitut oder ein mit ihm verbundenes Unternehmen unmittelbar oder mittelbar (als Treugeber) 60

---

110 HM, vgl. BGHZ **81** 311, 315 = NJW **1982** 383; *Scholz/Winter* 62, *Roth* 2.3, *Fleck* aaO (Fn. 4) S. 123 f., *K. Schmidt* ZHR 147 **1983** 175 ff., *Ullrich* GmbH-Rdsch. **1983** 144; **aA** *Rümker* ZIP **1982** 1394 f., *Uhlenbruck* GmbH-Rdsch. **1982** 149 ff., *H. P. Westermann* ZIP **1982** 391.

111 So auch *Scholz/Winter* 93, *Schulze-Osterloh* ZGR **1983** 135; **aA** *Geßler* ZIP **1981** 232.

an der Gesellschaft beteiligt ist[112]. Ist die Gesellschaftereigenschaft des Kreditinstituts zu bejahen, so richtet sich die Qualifikation des Darlehens als Eigenkapitalersatz nach den allgemeinen Grundsätzen.

61 Eine Sonderrolle für Kreditinstitute, die über die Hausbankbeziehung hinaus eine Beteiligung an der Gesellschaft halten, oder eine **Privilegierung** der von ihnen gewährten Kredite im Rahmen von §§ 32a, 32b ist **abzulehnen**[113]. Ihnen steht entgegen, daß das Gesetz bei Kreditgewährung durch Gesellschafter nicht danach differenziert, aus welchen Motiven der Gesellschafter zur Kreditgewährung bereit ist[114]. Insbesondere kommt es im GmbH-Recht nicht auf den Nachweis eines unternehmerischen Eigeninteresses des kreditgewährenden Gesellschafters oder auf sonstige subjektive Umstände an (Rdn. 54). Gewährt die (Haus-)Bank den Kredit unabhängig von ihrer Gesellschafterstellung, so wird die Qualifizierung als Eigenkapitalersatz regelmäßig schon daran scheitern, daß die Gesellschaft auch für Dritte noch kreditwürdig ist[115]. Das gilt namentlich bei Beteiligung der Gesellschafter-Bank an einem aus zahlreichen Kreditinstituten bestehenden *Finanzierungskonsortium* zur Stützung der von der Krise betroffenen GmbH oder bei der sonstigen Mitwirkung an einer *Sanierungsaktion* gemeinsam mit Fremdgläubigern[116]. Einer Einschränkung des Anwendungsbereichs von § 32a mit Rücksicht auf die Kreditfunktion der Banken bedarf es auch deshalb nicht, weil Bankbeteiligungen an Gesellschaften mbH, anders als Mitgliedschaftsrechte an Aktiengesellschaften, zu den Ausnahmen gehören[117]. Eine ernsthafte Beeinträchtigung der Kreditversorgung von Gesellschaften mbH infolge der Nichtanerkennung eines Sanierungsprivilegs der Banken ist daher nicht zu befürchten.

5. Beweislast

62 Die Verteilung der Beweislast richtet sich nach allgemeinen Regeln; beweispflichtig ist grundsätzlich derjenige, der sich auf den eigenkapitalersetzenden Charakter des Gesellschafterdarlehens beruft[118]. Das ist im Rahmen von § 32a GmbHG der Konkurs- oder Vergleichsverwalter, im Rahmen von §§ 32b GmbHG, 32a KO der Konkursverwalter, im Rahmen von § 3b AnfG der anfechtungsbefugte Gläubiger. Zu beweisen ist die Gesellschaftereigenschaft des Darlehensgläubigers und die Eigenkapitalersatzfunktion des Darlehens, ggf. auch dessen Rückzahlung vor Konkurseröffnung oder Insolvenz. Zur Beweisführung über die Eigenkapitalersatzfunktion kann der Beweispflichtige sich nach Art eines Anscheinsbeweises auf die oben (Rdn. 52) erwähnten **Indizien** stützen. Darüberhinaus kann je nach Lage des Falles eine **Beweislastumkehr** eingreifen, wenn es um Umstände geht, deren Nachweis nur aufgrund der Kenntnis der Gesellschaftsinterna möglich ist[119]. Das ist etwa der Fall beim längerfristigen Stehenlassen fälliger Forderungen,

---

112 **AA** nur *Kruppa* Die Bankenhaftung bei der Sanierung einer Kapitalgesellschaft im Insolvenzfall (1981) S. 71 ff.; dagegen zutr. *K. Schmidt* ZHR 147 **1983** 183 Fn. 96 und ZIP **1983** 635 f.

113 HM, vgl. BGHZ **81** 311, 314 = NJW **1982** 383; *Fleck* aaO (Fn. 4) S. 125, *K. Schmidt* ZIP **1981** 690 und ZHR 147 **1983** 180 f., *Ullrich* GmbH-Rdsch. **1983** 143 f.; **aA** *Claussen* ZHR 147 **1983** 214, *Rümker* ZIP **1982** 1388 f., *Schröter/Weber* ZIP **1982** 1028, *Uhlenbruck* GmbH-Rdsch. **1982** 150 ff., *H. P. Westermann* ZIP **1982** 386 ff.

114 Vgl. Rdn. 33 f.; gegen die Möglichkeit einer Trennung von Gesellschafter- und Gläubigerinteressen bei Gesellschafterdarlehen auch BGHZ **81** 311, 315 = NJW **1982** 383.

115 So zutr. *Fleck* aaO (Fn. 4) S. 125 ff., 128.

116 Vgl. dazu *Fleck* aaO (Fn. 4) S. 127.

117 Vgl. die rechtstatsächlichen Feststellungen von *Ullrich* GmbH-Rdsch. **1983** 134 f.

118 EinhM, vgl. *Scholz/Winter* 97, *Roth* 2.5, *Fleck* aaO (Fn. 4) S. 129.

119 Zur Beweislastverteilung nach Einflußsphären und Gefahrenbereichen vgl. etwa *Thomas/Putzo* ZPO[12] Vorbem. § 284, 7 f.; kritisch dazu *Rosenberg/Schwab* ZivilprozeßR[13] § 118, 3 S. 685.

insbesondere durch einen Gesellschafter/Geschäftsführer, soweit es um den Nachweis einer konkludenten Verlängerungs- oder Stundungsvereinbarung geht (Rdn. 27). — Hat der Beweispflichtige den Nachweis der Gewährung eines eigenkapitalersetzenden Gesellschafterdarlehens geführt, so ist der Beweis für den zwischenzeitlichen Wegfall der Eigenkapitalersatzfunktion Sache des betroffenen Gesellschafters (*Roth* 2.5).

B. Rechtsfolgen

1. Überblick

Hinsichtlich der Rechtsfolgen eigenkapitalersetzender Gesellschafterdarlehen differenziert die GmbH-Novelle zwischen der **Undurchsetzbarkeit der Darlehensforderung** in Konkurs und Vergleich der GmbH (Rdn. 65 ff.) und der **Anfechtbarkeit von Rechtshandlungen zur Sicherung oder Befriedigung** des Darlehensgläubigers (Rdn. 72 ff.). — **Außerhalb des Konkurs- oder Vergleichsverfahrens** greift der Einwand des § 32 a Abs. 1 nicht ein. Die Darlehensforderung bleibt danach unabhängig von der Insolvenz der GmbH **durchsetzbar** sowohl gegenüber ausgleichspflichtigen Mitgesellschaftern (vgl. näher Rdn. 157) als auch gegenüber dritten Sicherungsgebern[120]. Entsprechendes gilt bis zum Eintritt der Insolvenz gegenüber der Gesellschaft selbst, soweit nicht *sonstige Schranken* entgegenstehen. Derartige Schranken können sich bei eigenkapitalersetzenden Darlehen im Verhältnis zwischen Darlehensgläubiger und Gesellschaft vor allem aus der Fortgeltung der Rechtsprechung zum **Auszahlungsverbot der §§ 30, 31** ergeben (Rdn. 11). Es betrifft im Unterschied zu § 32 a Abs. 1 allerdings nur solche Rückzahlungen des Darlehens, die dazu führen würden, das zur Deckung des nominellen Stammkapitals erforderliche Vermögen der Gesellschaft anzugreifen (vgl. Rdn. 148). 63

In der **konkursfreien Liquidation der Gesellschaft** greift der Einwand des § 32 a Abs. 1 nicht ein. Die Liquidatoren sind grundsätzlich nicht gehindert, auch Ansprüche aus eigenkapitalersetzenden Gesellschafterdarlehen vor Ablauf des Sperrjahrs (§ 73) zu erfüllen. Die Sperre zugunsten der Gläubiger erfaßt zwar solche eigenkapitalersetzende Darlehen, deren Rückzahlung gegen das Auszahlungsverbot der §§ 30, 31 verstößt[121]. Demgegenüber erscheint eine analoge Anwendung des Einwands aus § 32 a Abs. 1 auf die konkursfreie Liquidation[122] oder die Erstreckung des Sperrjahrs auf sämtliche Forderungen, die ihren Rechtsgrund im Gesellschaftsverhältnis haben[123], nicht veranlaßt (so auch BGH NJW **1984** 1891, 1892). Das Auszahlungsverbot der §§ 30, 31 sorgt insoweit regelmäßig für hinreichenden Gläubigerschutz; eine durch Rechtsfortbildung zu schließende Lücke als Analogievoraussetzung ist nicht feststellbar. 64

2. Die Undurchsetzbarkeit der Darlehensforderung in Konkurs und Vergleich

a) Ausschluß der Geltendmachung. Vorbehaltlich des Auszahlungsverbots der §§ 30, 31 bleibt der **Rückzahlungsanspruch** des Darlehensgläubigers grundsätzlich auch dann durchsetzbar, wenn das Darlehen eigenkapitalersetzenden Charakter hat; das 65

---

120 So zutr. LG Hamburg ZIP **1981** 730 unter Ablehnung der Berufung des dem Gesellschafter als Darlehensgeber haftenden Bürgen auf § 768 BGB. Ebenso im Erg. *Scholz/Winter* 111, *K. Schmidt* ZIP **1981** 696.

121 BGH WM **1972** 74; vgl. auch § 69, 20 und § 73, 3 und 21.

122 So *Scholz/Winter* 121, *Roth* § 70, 2.2.2, *Ullrich* GmbH-Rdsch. **1983** 140 Fn. 79; **aA** *K. Schmidt* ZIP **1981** 696.

123 So *Scholz/Winter* § 70, 8 und § 73, 1.

gilt namentlich im Verhältnis zu ausgleichspflichtigen Mitgesellschaftern und dritten Sicherungsgebern (Rdn. 63), aber auch in der konkursfreien Liquidation (Rdn. 64). § 32a Abs. 1 schließt die Geltendmachung nur aus **im Konkurs der GmbH oder im Vergleichsverfahren** zur Abwendung des Konkurses; er ist entsprechend auf ein der Konkurs- oder Vergleichseröffnung vorangehendes **Sequestrationsverfahren** anzuwenden[124]. Der Einwand aus § 32a Abs. 1 erfaßt den *ganzen Anspruch*; die nachträgliche Aufteilung eines einheitlich gewährten Darlehens in einen kapitalersetzenden und einen neutralen, im Konkurs oder Vergleich durchsetzbaren Anspruch ist ausgeschlossen (str., vgl. Rdn. 50). Er bezieht sich nicht nur auf die Forderungen aus dem Darlehensvertrag (Darlehenssumme, Zinsen und Nebenkosten), sondern auch auf den im Fall der Anfechtung des Darlehens nach §§ 119, 123 BGB oder im Fall seiner Unwirksamkeit an die Stelle des Vertragsanspruchs tretenden *Bereicherungsanspruch*[125]. Der Einwand der Gesellschaft kann nach § 404 BGB auch dem *Abtretungsempfänger* entgegengesetzt werden (Rdn. 38). In der *Überschuldungsbilanz* ist der Darlehensanspruch dagegen trotz § 32a Abs. 1 anzusetzen, soweit die Beteiligten nicht ausdrücklich oder konkludent einen Rangrücktritt vereinbart haben (Rdn. 16).

66 Die Undurchsetzbarkeit hat für die **Darlehensgläubiger** zur **Folge**, daß ihnen im Konkurs oder Vergleich der Gesellschaft nicht die Stellung von Konkurs- oder Vergleichsgläubigern (§§ 3 KO, 8 VerglO) zukommt. Sie sind nicht befugt, Konkursantrag zu stellen (§ 103 Abs. 2 KO) oder ihre Forderungen zur Konkurstabelle anzumelden (§§ 138 ff. KO). Eine gleichwohl erfolgte Anmeldung hat entsprechend der Rechtslage bei Anmeldung der nach § 63 KO ausgeschlossenen Forderungen keine Unterbrechung der Verjährung nach § 209 Abs. 2 S. 2 BGB zur Folge.[126] Im Vergleichsverfahren sind die Gläubiger eigenkapitalersetzender Darlehen zwar im Gläubigerverzeichnis nach Maßgabe des § 6 Abs. 1 S. 5 VerglO anzugeben und auf ihren Antrag im Vergleichstermin zu hören (§ 66 Abs. 2 VerglO); die Rechte eines Vergleichsgläubigers (vgl. insbes. §§ 69 bis 74 VerglO) stehen ihnen jedoch nicht zu. Bei Zweifeln an der Qualifikation des Darlehens müssen die Darlehensgläubiger das Fehlen der Voraussetzungen des § 32a Abs. 1 glaubhaft machen[127] und im Streitfall beweisen. Zur Bedeutung der Undurchsetzbarkeit der Darlehensforderung für die Geltendmachung von Sicherheiten vgl. Rdn. 69, zur Wirkung eines (Zwangs-)Vergleichs vgl. Rdn. 70.

67 Die Undurchsetzbarkeit in Konkurs und Vergleich erstreckt sich auch auf die rückständigen **Zinsen und sonstigen Nebenforderungen** aus dem Gesellschafterdarlehen[128]. Eine Beschränkung auf gestundete und dadurch unmittelbar der Schranke des § 32a Abs. 1 unterfallende Zinsansprüche (so *Roth* 3.2) ist nicht veranlaßt; Nebenforderungen teilen das Schicksal der Hauptleistung. — Zur Anfechtbarkeit von Zinszahlungen *vor* Konkurseröffnung vgl. Rdn. 77.

68 **b) Aufrechnung.** Nach allgemeinen konkursrechtlichen Grundsätzen steht der Ausschluß der Geltendmachung einer Forderung im Konkurs ihrer Aufrechnung gegen eine zur Konkursmasse gehörende Gegenforderung nicht entgegen, da die Aufrechnung vom Gläubiger außerhalb des Konkursverfahrens vorgenommen werden kann[129]. Um

---

124 Vgl. zu dessen Wirkungen *Böhle-Stamschräder/Kilger* KO[14] § 106, 2 ff.

125 So auch *Scholz/Winter* 26, 28. Zu den Anfechtungsvoraussetzungen vgl. Rdn. 160.

126 Vgl. *Jaeger/Lent* KO[8] § 63, 1, *Böhle-Stamschräder/Kilger* KO[14] § 63, 1; so für § 32a Abs. 1 auch *Scholz/Winter* 103.

127 Vgl. § 105 Abs. 1 KO, dazu *Böhle-Stamschräder/Kilger* KO[14] § 105, 2, *Scholz/Winter* 102.

128 Ebenso *Scholz/Winter* 99. Zur Erstreckung des Auszahlungsverbots der §§ 30, 31 auf Zinsen eigenkapitalersetzender Darlehen vgl. BGHZ **67** 171, 179 = NJW **1977** 104, und § 30, 32.

129 EinhM für die nach § 63 KO von der Geltend-

diese Möglichkeit für die Gläubiger eigenkapitalersetzender Gesellschafterdarlehen auszuschließen, sah § 32a Abs. 1 S. 3 RegE GmbHG ein ausdrückliches Aufrechnungsverbot für die Zeit nach Eröffnung des Konkurs- oder Vergleichsverfahrens vor. Die Nichtübernahme dieses Vorschlags in die GmbH-Novelle beruht auf einem *Redaktionsversehen* des BT-Rechtsausschusses, der die Regelung für überflüssig hielt. Die Lücke ist durch **analoge Anwendung von § 32a Abs. 1 S. 1** auf die vom Darlehensgläubiger nach Konkurs- oder Vergleichseröffnung erklärte Aufrechnung zu schließen; sie führt zur Unwirksamkeit der Aufrechnung[130]. Eine vor diesem Zeitpunkt erklärte Aufrechnung unterliegt der Anfechtung nach Maßgabe von §§ 32a KO, 3b AnfG (Rdn. 77f.). — Zur Unwirksamkeit einer gegen § 30 Abs. 1 verstoßenden Aufrechnung vgl. Rdn. 151, zum generellen Ausschluß der Aufrechnung gegen Einlageforderungen der GmbH vgl. § 19, 34f.

c) Verwertung von Sicherheiten. Hat die Gesellschaft dem Darlehensgläubiger Sicherheiten bestellt, ohne daß dadurch der eigenkapitalersetzende Charakter des Darlehens entfallen ist (vgl. dazu Rdn. 52), so ist hinsichtlich der Geltendmachung dieser Sicherheiten im Konkurs oder Vergleich zu **unterscheiden**. Soweit es sich um **akzessorische** Sicherheiten, insbesondere Hypotheken handelt, folgt die Undurchsetzbarkeit bereits aus ihrem akzessorischen Charakter (vgl. § 1137 Abs. 1 BGB); die Einwendung des § 32a Abs. 1 richtet sich auch gegen das Sicherungsrecht des Gesellschafters[131]. In den Fällen **nichtakzessorischer** Sicherungen schließt § 32a Abs. 1 deren Geltendmachung nach Konkurs- oder Vergleichseröffnung dagegen nicht schon aus[132]. Gegenüber dem Aus- oder Absonderungsverlangen des Darlehensgläubigers kann der **Konkursverwalter** sich aber auf den eigenkapitalersetzenden Charakter der Darlehensforderung berufen und im Rahmen einer auf Aus- oder Absonderung gerichteten Klage **einredeweise** die **Konkursanfechtung** der Sicherungsgewährung nach § 32a S. 1 KO geltendmachen[133]. Dem **Vergleichsverwalter** steht das Anfechtungsrecht nicht zu (Rdn. 75); er kann sich aber auf den **materiellrechtlichen**, aus der Undurchsetzbarkeit des gesicherten Anspruchs folgenden **Freigabeanspruch** der Gesellschaft aus dem Sicherungsvertrag oder aus ungerechtfertigter Bereicherung berufen[134]. Im Konkurs stehen *beide Rechtsbehelfe nebeneinander*[135]. Sie können auch im Wege der Aktivklage geltendgemacht werden, um den Sicherungsgegenstand zur Konkursmasse zu ziehen bzw. dem Vermögen des Vergleichsschuldners wieder zuzuführen. — An der Verwertung von Sicherheiten Dritter ist der Darlehensgläubiger durch § 32a Abs. 1 nicht gehindert (Rdn. 63). 69

d) Wirkungen eines (Zwangs-)Vergleichs (§ 32a Abs. 1 S. 2). Nach § 32a Abs. 1 S. 2 wirkt ein Zwangsvergleich (§ 173 KO) oder ein im Vergleichsverfahren geschlossener Vergleich (§ 78 VerglO) nach gerichtlicher Bestätigung (§§ 184 Abs. 1 KO, 78 Abs. 1 70

machung im Konkurs ausgeschlossenen Forderungen, vgl. *Böhle-Stamschräder/Kilger* KO[14] § 63, 1, *Mentzel/Kuhn/Uhlenbruck* KO[9] § 53, 2 und § 63, 1.

130 Ebenso *Scholz/Winter* 106, *Roth* 3.4.2; im Erg. auch *Kamprad* S. 36, *K. Schmidt* ZIP **1981** 695.

131 So auch *Beinert/Hennerkes/Binz* GmbH-Rdsch. **1981** 12.

132 So zutr. *Scholz/Winter* 107 und *Feuerborn* BB **1982** 404f. unter Hinweis auf die Durchsetzbarkeit von Sicherheiten für Ansprüche i. S. von § 63 KO (RG JW **1938** 892; *Mentzel/Kuhn/Uhlenbruck* KO[9] § 63, 1).

133 Zur Konkursanfechtung durch *Einrede* im Rahmen eines anhängigen Rechtsstreits nach § 282 ZPO vgl. *Böhle-Stamschräder/Kilger* KO[14] § 29, 21, *Mentzel/Kuhn/Uhlenbruck* KO[9] § 29, 45.

134 Zu den unterschiedlichen Ansichten über den Rechtsgrund für den Freigabeanspruch vgl. hinsichtlich der nichtvalutierten Sicherungsgrundschuld *Jauernig* BGB[3] § 1191, II 4.

135 So auch *Beinert/Hennerkes/Binz* GmbH-Rdsch. **1981** 12; **aA** — für Vorrang von § 32a S. 1 KO — *Scholz/Winter* 107f.

VerglO) auch für und gegen die Darlehensforderung des Gesellschafters. Es handelt sich um eine **Durchbrechung von § 32a Abs. 1 S. 1**, wonach der Darlehensgläubiger an der Geltendmachung des Anspruchs im Konkurs oder Vergleich generell gehindert ist und auch nicht die Stellung eines Konkurs- oder Vergleichsgläubigers erlangt (Rdn. 65f.). Der Zweck der Regelung geht dahin, zu verhindern, daß die Darlehensforderung durch den (Zwangs-)Vergleich unberührt bleibt und nach Beendigung des Verfahrens, anders als die Forderungen sonstiger Gläubiger, in voller Höhe geltendgemacht werden kann[136]. Mitspracherechte hinsichtlich des Vergleichsabschlusses stehen dem Darlehensgläubiger nicht zu[137]. Soweit für die Darlehensforderung von *dritter* Seite Sicherungen bestellt sind, wird der Rückgriff hierauf nicht betroffen (vgl. §§ 193 S. 2 KO, 82 Abs. 2 VerglO). Auf Sicherheiten der Gesellschaft kann der Darlehensgläubiger nur in Höhe der herabgesetzten Forderung und nur unter der Voraussetzung zugreifen, daß sie nicht wirksam angefochten sind (Rdn. 76). Eine Rangrücktrittsvereinbarung zwischen Gesellschaft und Darlehensgläubiger wird durch den Vergleich nicht berührt; sie schließt eine Inanspruchnahme der Gesellschaft auch in Höhe der Vergleichsquote aus[138]. — Zu den Auswirkungen der gerichtlichen Bestätigung des Vergleichs auf eine Sicherung oder Befriedigung, die der Darlehensgläubiger innerhalb von dreißig Tagen vor Stellung des Vergleichsantrags durch Zwangsvollstreckungsmaßnahmen erreicht hat, vgl. § 108 Abs. 2 S. 3 i. V. mit § 87 VerglO.

71 **e) Im Vergleichsverfahren gewährte Gesellschafterdarlehen (§ 106 VerglO).** Nach § 106 VerglO gehören Verpflichtungen aus Darlehen, die der Vergleichsschuldner während des Vergleichsverfahrens für die in § 106 VerglO genannten Zwecke mit Zustimmung des Vergleichsverwalters aufgenommen hat, im Anschlußkonkursverfahren zu den *Masseschulden* nach § 59 Abs. 1 Nr. 1 KO; entsprechendes gilt bei einem im Vorverfahren mit Zustimmung des vorläufigen Vergleichsverwalters aufgenommenen Darlehen[139]. Die auf **Privilegierung von Sanierungskrediten in einem förmlichen Insolvenzverfahren** gerichtete, durch Beteiligung des Vergleichsverwalters gegen Mißbrauch abgesicherte Vorschrift des § 106 VerglO ist auch auf *Gesellschafterdarlehen* anwendbar[140]. Sie hat zur Folge, daß die Frage nach dem eigenkapitalersetzenden Charakter sich für solche Gesellschafterdarlehen nicht stellt, die unter den Voraussetzungen des § 106 VerglO *neu* gewährt worden sind. Allerdings hat der Vergleichsverwalter in derartigen Fällen besonders sorgfältig zu prüfen, ob es angesichts der bisherigen Finanzierungspraxis des zur Darlehensgewährung bereiten Gesellschafters und seines Eigeninteresses am Sanierungserfolg vertretbar ist, ihm durch Zustimmung zur Darlehensgewährung die Privilegierung des § 106 VerglO zukommen zu lassen[141].

3. Die Anfechtbarkeit von Rechtshandlungen zur Sicherung oder Befriedigung des Darlehensgläubigers

72 **a) Die Regelung in §§ 32a KO, 3b AnfG.** Ist dem Gläubiger eines eigenkapitalersetzenden Darlehens von der Gesellschaft vor Eintritt der Insolvenz eine Sicherung

---

136 Begr. RegE, BT-Drucks. 8/1347 S. 39f.

137 Vgl. *Scholz/Winter* 105.

138 *Scholz/Winter* 105, 117.

139 Vgl. BGHZ **32** 268, 271 = NJW **1960** 1456; BGH NJW **1981** 761, 762; *Bley/Mohrbutter* VerglO[4] § 106, 2a und 8.

140 *Scholz/Winter* 113, *Bley/Mohrbutter* VerglO[4] § 106, 6, *Jaeger/Weber* KO[8] §§ 207, 208, 38aE, *Uhlenbruck* GmbH-Rdsch. **1982** 149f., *Ullrich* GmbH-Rdsch. **1983** 137; für Darlehen des *Alleingesellschafters* stark einschränk. aber *Bley/Mohrbutter* § 106, 6c.

141 So zutr. *Scholz/Winter* 113; vgl. auch *Bley/Mohrbutter* VerglO[4] § 106, 6c, die die Zustimmung bei Gewährung eines Sanierungsdarlehens durch einen *Allein*gesellschafter an seine unterkapitalisierte GmbH sogar generell untersagen wollen.

oder Befriedigung gewährt worden, so unterliegt diese der Anfechtung durch den Konkursverwalter oder Vollstreckungsgläubiger. Die ursprünglich in § 32b Abs. 1–3 RegE GmbHG vorgesehenen Anfechtungstatbestände sind durch die GmbH-Novelle in die entsprechenden Spezialgesetze eingestellt worden, um den Sachzusammenhang mit den sonstigen Anfechtungsvorschriften zu wahren. Die Neuregelungen lauten:

§ 32a KO

Anfechtbar sind Rechtshandlungen, die dem Gläubiger einer von § 32a Abs. 1, 3 des Gesetzes betreffend die Gesellschaften mit beschränkter Haftung erfaßten Forderung Sicherung gewähren. Gleiches gilt für Rechtshandlungen, die dem Gläubiger einer solchen Forderung Befriedigung gewähren, wenn sie in dem letzten Jahre vor der Eröffnung des Verfahrens vorgenommen sind.

§ 3b AnfG

Anfechtbar sind Rechtshandlungen, die dem Gläubiger einer von § 32a Abs. 1, 3 des Gesetzes betreffend die Gesellschaften mit beschränkter Haftung erfaßten Forderung Sicherung gewähren. Gleiches gilt für Rechtshandlungen, die dem Gläubiger einer solchen Forderung Befriedigung gewähren, wenn sie in dem letzten Jahre vor der Anfechtung vorgenommen sind; § 3 Abs. 2 ist anzuwenden.

b) Rechtsgrundlagen der Anfechtung. Die Anfechtung von Rechtshandlungen 73 zur Sicherung oder Befriedigung der Gläubiger eigenkapitalersetzender Gesellschafterdarlehen richtet sich vorbehaltlich der Voraussetzungen der §§ 32a KO, 3b AnfG (vgl. Rdn. 76 ff.) nach den allgemein für die Anfechtung im Konkurs und in der Zwangsvollstreckung außerhalb des Konkursverfahrens geltenden Vorschriften der §§ 29 bis 42 KO bzw. des Anfechtungsgesetzes. Wegen der Einzelheiten wird auf das einschlägige Schrifttum verwiesen. **Anfechtungsbefugt** ist der Konkursverwalter (§ 36 KO), außerhalb des Konkursverfahrens jeder Vollstreckungsgläubiger, der in der Zwangsvollstrekkung keine vollständige Befriedigung für seine fällige Forderung erlangt hat (§ 2 AnfG). Die Anfechtung richtet sich **gegen den darlehensgewährenden Gesellschafter** als Empfänger der anfechtbaren Sicherung oder Befriedigung, im Fall der Einschaltung nahestehender Personen oder verbundener Unternehmen in die Darlehensgewährung oder das wirtschaftlich vergleichbare Geschäft (Rdn. 106 ff.) gegen diese[142]. Beim Tod des Anfechtungsgegners erfolgt die Anfechtung gegenüber den Erben (§§ 40 Abs. 1 KO, 11 Abs. 1 AnfG). In Fällen der Einzelrechtsnachfolge, insbesondere bei Abtretung des Darlehensanspruchs, ist Anfechtungsgegner der Rechtsnachfolger in den Grenzen der §§ 40 Abs. 2 KO, 11 Abs. 2 AnfG. — Die Anfechtung gegenüber einem dritten, nach Maßgabe von § 32a Abs. 2 von einem Gesellschafter besicherten Kreditgeber ist ausgeschlossen. An deren Stelle tritt im Falle der Befriedigung des Kreditgebers ein Erstattungsanspruch der GmbH gegen den Sicherungsgeber nach § 32b (vgl. Rdn. 134 ff.).

Die Anfechtung wird durch **Klage oder Einrede im Prozeß** ausgeübt. Sie dient 74 der Rückgängigmachung der anfechtbaren, zur Verminderung der Konkursmasse oder des Schuldnervermögens führenden Rechtshandlungen. Zu diesem Zweck gewährt § 37 KO der Masse einen vom Konkursverwalter durch Anfechtung geltend zu machenden **obligatorischen Rückforderungsanspruch**[143]. Im Falle der Gläubigeranfechtung läßt die hM die Zwangsvollstreckung unmittelbar in den beim Anfechtungsgegner befindli-

142 Vgl. auch BGHZ **81** 365, 368 = NJW **1982** 386 zur Erstattungspflicht des minderjährigen Sohnes eines Gesellschafters bei Rückzahlung eines nach § 30 einredebehafteten Darlehens an ihn.

143 So in Ablehnung der die Anfechtung als Gestaltungsrecht behandelnden Dinglichkeitslehre die heute ganz hM, vgl. *Jaeger/Lent* KO[8] Vorb. I bis III zu §§ 29–42, *Böhle-Stamschräder/Kilger* KO[14] § 29, 1–3.

chen, nach § 7 AnfG zurückzugewährenden Gegenstand zu, sofern er noch unterscheidbar in dessen Vermögen vorhanden ist; andernfalls muß der Anfechtungsgegner Wertersatz leisten[144]. Die **Anfechtungsfrist** ist **im Konkurs** auf ein Jahr nach der Konkurseröffnung beschränkt (§ 41 Abs. 1 KO); bei anfechtbaren Rechtshandlungen, die eine Leistungspflicht des Gemeinschuldners begründen, gewährt § 41 Abs. 2 KO dem Konkursverwalter eine dauernde Einrede. Im Fall der **Gläubigeranfechtung** richtet sich die Anfechtungsfrist hinsichtlich der Gewährung von **Sicherheiten** nach § 12 AnfG; sie beträgt 10 Jahre und beginnt mit der Erlangung des Vollstreckungstitels und der fälligen Forderung durch den anfechtungsbefugten Gläubiger, sofern nicht die Sicherungseinräumung erst nach diesem Zeitpunkt erfolgt ist (§ 12 Abs. 2 AnfG). Die **Befriedigung** des Darlehensgläubigers kann nach § 3b S. 2 AnfG nur innerhalb eines Jahres nach Vornahme der Rechtshandlung angefochten werden (vgl. auch Rdn. 78).

75 Im **Vergleichsverfahren** ist eine besondere Anfechtungsbefugnis für den Vergleichsverwalter **nicht** gegeben. Die VerglO enthält in § 108 Abs. 2 S. 3 und den dort in Bezug genommenen Vorschriften nur einen begrenzten, gegen Sicherungs- und Befriedigungsmaßnahmen innerhalb von 30 Tagen vor Stellung des Vergleichsantrags gerichteten Schutz der Vergleichsgläubiger vor vorrangiger Sicherung oder Befriedigung von Gläubigern eigenkapitalersetzender Darlehen. Auch eine Anfechtung durch anfechtungsbefugte Einzelgläubiger scheidet während des Vergleichsverfahrens mit Rücksicht auf das Vollstreckungsverbot des § 47 VerglO aus[145]. Rechtshandlungen der Gesellschaft zur Sicherung oder Befriedigung des Gläubigers eines eigenkapitalersetzenden Darlehens, die früher als 30 Tage vor Stellung des Vergleichsantrags erfolgt sind, können jedoch zur Ablehnung der Vergleichseröffnung nach § 18 Nr. 1 oder 2 VerglO oder zur Versagung der gerichtlichen Bestätigung des Vergleichs nach § 79 Nr. 4 VerglO Anlaß geben[146].

76 **c) Die Gegenstände der Anfechtung. α) Sicherung.** Die Anfechtung von Rechtshandlungen zur Sicherung des Darlehensgläubigers setzt nach §§ 32a S. 1 KO, 3b S. 1 AnfG voraus, daß der gesicherte Anspruch auf einem eigenkapitalersetzenden Gesellschafterdarlehen beruht. Sofern infolge der Sicherung der eigenkapitalersetzende Charakter entfällt (vgl. Rdn. 51), ist für eine Anfechtung kein Raum[147]. Der **Begriff der Sicherung** ist in einem **weiten** Sinn zu verstehen. Darunter fallen alle dem Darlehensgläubiger von der Gesellschaft eingeräumten Sicherheiten einschließlich solcher, die nicht zum Kreis der in § 232 BGB genannten Arten der Sicherheitsleistung gehören[148]; es gilt entsprechendes wie für die Sicherungen i. S. von § 7 Abs. 2 S. 3 (§ 7, 58). Anfechtbare Rechtshandlungen zur Sicherung des Darlehensgläubigers sind auch **Zwangsvollstreckungsmaßnahmen** in das Gesellschaftsvermögen wie die Pfändung oder der Arrest; auf die Mitwirkung der Gesellschaft kommt es für die Anfechtbarkeit nicht an[149]. Unerheblich ist auch der Zeitpunkt der Sicherungsmaßnahme, soweit es um die Anfechtungsbefugnis des Konkursverwalters nach § 32a S. 1 KO geht; von einem

---

144 Vgl. BGH NJW **1972** 719, 720 und NJW **1980** 1795; *Böhle-Stamschräder/Kilger* AnfG[6] § 7, III 2, 3 und 10.

145 RGZ **139** 48, 50; *Bley/Mohrbutter* VerglO[4] § 47, 9a.

146 So zutr. *Scholz/Winter* 120.

147 **AA** anscheinend *Scholz/Winter* 108 und *Beinert/Hennerkes/Binz* GmbH-Rdsch. **1981** 12, die von der Gesellschaft gewährte Sicherungen der Anfechtung unterwerfen wollen unabhängig davon, ob bei ihrer Einräumung die qualifizierenden Voraussetzungen des § 32a Abs. 1 vorlagen (so *Scholz/Winter* aaO) oder ob die Sicherung auch einem Dritten als Kreditgrundlage ausgereicht hätte (so *Beinert/Hennerkes/Binz* aaO).

148 Ebenso *Scholz/Winter* 108, *Roth* 3.2; zur Einbeziehung des Eigentumsvorbehalts unter die anfechtbaren Sicherungen vgl. Rdn. 103.

149 EinhM zu den entsprechenden Anfechtungstatbeständen in § 30 Nr. 1, 2. Fall und Nr. 2 KO, vgl. *Böhle-Stamschräder/Kilger* KO[14] § 30, 13 und 20, *Jaeger/Lent* KO[8] § 30, 31 und 56, *Mentzel/Kuhn/Uhlenbruck* KO[9] § 30, 32.

Gläubiger kann die Sicherung noch bis zu zehn Jahren nach Vornahme der Rechtshandlung oder der späteren Erlangung des Vollstreckungstitels angefochten werden (§ 12 Abs 1, 2 AnfG). Zur Undurchsetzbarkeit von Sicherheiten im Konkurs oder Vergleich der Gesellschaft auch ohne Anfechtung vgl. Rdn. 69.

β) Befriedigung. Rechtshandlungen zur Befriedigung des Gläubigers eines eigenkapitalersetzenden Darlehens sind nach Maßgabe der §§ 32a S. 2 KO, 3b S. 2 AnfG anfechtbar. Hierunter fallen nicht nur die **Rückzahlung** des Darlehens, sondern auch alle **Erfüllungssurrogate** (Leistung an Erfüllungs Statt, Hinterlegung, Aufrechnung oder Verrechnung)[150], ferner die Befriedigung im Wege der Zwangsvollstreckung[151] und die Verwendung des Anspruchs für eine Sachkapitalerhöhung (Rdn. 161). Anfechtbar sind auch Rechtshandlungen, die der Befriedigung von Nebenforderungen aus dem eigenkapitalersetzenden Darlehen, insbesondere **Zinsansprüchen**, dienen[152]. 77

Die Anfechtbarkeit von Befriedigungsmaßnahmen ist nach §§ 32a S. 2 KO, 3b S. 2 AnfG auf solche **Rechtshandlungen** beschränkt, die **innerhalb eines Jahres vor Konkurseröffnung** oder vor der Gläubigeranfechtung vorgenommen worden sind. Diese — mit der Jahresfrist nach § 41 KO (Rdn. 74) nicht zu verwechselnde — Frist wirft schwierige Fragen vor allem in denjenigen Fällen auf, in denen der Konkurseröffnung eine nicht nur kurzfristige **Sequestration** vorausgeht. Dem Sequester steht die Anfechtungsbefugnis nicht zu, da die Entstehung des Anfechtungsrechts an die formelle Eröffnung des Konkursverfahrens gebunden ist[153]. Sieht man von der Möglichkeit einer Gläubigeranfechtung während der Sequestration ab, die bei anschließender Konkurseröffnung nach § 13 AnfG der Konkursmasse zugute kommt[154], so lassen sich die Nachteile der Sequestration für den Ablauf der Jahresfrist des § 32a S. 2 KO nach geltendem Recht nur durch *analoge Anwendung der Vorschriften der §§ 107 Abs. 2 VerglO, 46c KWG* vermeiden. Diese stellen für die Berechnung der Konkursanfechtungsfristen im Falle eines in den (Anschluß-)Konkurs übergehenden Vergleichsverfahrens oder eines Moratoriums nach § 46 KWG anstelle des Zeitpunkts der Konkurseröffnung auf denjenigen der Vergleichseröffnung oder der Anordnung von Sicherungsmaßnahmen nach § 46a Abs. 1 KWG durch das Bundesaufsichtsamt für das Kreditwesen ab, klammern also die Zeit des Vergleichsverfahrens oder Moratoriums aus der Fristenberechnung aus. *Gegen* die Analogie könnte freilich sprechen, daß Einzelzwangsvollstreckungsmaßnahmen und dementsprechend auch die Gläubigeranfechtung während der Dauer des Vergleichsverfahrens oder Moratoriums ausgeschlossen sind (vgl. §§ 47, 48 VerglO, 46a Abs. 1 S. 4 KWG), während für die Zeit der Sequestration ein entsprechend umfassendes Vollstrekkungsverbot nicht besteht[155]. Sollte die Analogie hieran scheitern, so bleibt vorbehaltlich 78

---

150 Ebenso *Scholz/Winter* 110, für den Fall der Aufrechnung auch *Roth* 3.4.2 und *Böhle-Stamschräder/Kilger* KO[14] § 32a, 7.

151 Vgl. die Nachw. in Fn. 149.

152 Vgl. zur Rückzahlung nach §§ 30, 31 BGHZ **67** 171, 179 = NJW **1977** 104; dazu auch Rdn. 67.

153 EinhM, vgl. BGHZ **15** 333, 337 = NJW **1955** 259; *Jaeger/Lent* KO[8] Vorb. §§ 29—42, III aE, *Böhle-Stamschräder/Kilger* KO[14] § 29, 1.

154 Auf diese Möglichkeit weist *K. Schmidt* ZGR **1980** 579 und ZIP **1981** 697 hin.

155 Die Frage nach den Auswirkungen eines im Rahmen der Sequestration erlassenen Veräußerungsverbots nach § 106 Abs. 1 S. 3 KO auf Vollstreckungsmaßnahmen während der Sequestration ist noch nicht abschließend geklärt. Die überwM sieht darin ein *relatives* gerichtliches Veräußerungsverbot i. S. von § 136 BGB, das nach §§ 135 Abs. 1 S. 2 BGB, 772 ZPO Vollstreckungsmaßnahmen während der Sequestration entgegengesetzt werden kann (vgl. näher *Mentzel/Kuhn/Uhlenbruck* KO[9] § 106, 4 m. Nachw.). Weitergehend etwa *Gerhardt* in: Einhundert Jahre KO, 1977, S. 122ff., der in den Grenzen der gerichtlich angeordneten Veräußerungssperre das Verbot der Einzelzwangsvollstrekkung (§§ 7, 14 KO) analog auf die Sequestra-

einer Abhilfe im Rahmen der Insolvenzrechtsreform dem Konkursverwalter immerhin der Rückgriff auf den Erstattungsanspruch nach § 31 Abs. 1, 3 GmbHG bei Rückzahlung des Darlehens unter Verstoß gegen §§ 30, 31 (Rdn. 154); er unterliegt nach § 31 Abs. 5 einer fünfjährigen Verjährung.

III. Dem Gesellschafterdarlehen wirtschaftlich entsprechende Rechtshandlungen (§ 32 a Abs. 3)

1. Funktion des Abs. 3

79 **a) Umgehungstatbestand.** Die bewußt allgemein gefaßte Generalklausel des § 32 a Abs. 3 ist auf Vorschlag des BT-Rechtsausschusses in die GmbH-Novelle aufgenommen worden. Sie sollte an die Stelle der kasuistischen Aufzählung von Umgehungssachverhalten in § 32 a RegE GmbHG treten und es der Rechtsprechung über diese Sachverhalte hinaus ermöglichen, auch andere vergleichbare Fälle entsprechend zu beurteilen[156]. Der Regelung ist der **Auftrag des Gesetzgebers an die Gerichte** zu entnehmen, für eine **umfassende**, nicht an der äußeren Gestaltung orientierte **Anwendung** der neuen Vorschriften zu sorgen (Rdn. 5). Dem hat auch die Auslegung von § 32 a Abs. 3 Rechnung zu tragen.

80 Angesichts der ausdrücklichen Bezugnahme in der Begründung zu § 32 a Abs. 3 auf die **in § 32 a RegE GmbHG vorgesehenen Erweiterungen** des Anwendungsbereichs der Vorschriften für eigenkapitalersetzende Gesellschafterdarlehen auf bestimmte, wirtschaftlich vergleichbare Rechtshandlungen kommt diesen Vorschlägen für die Auslegung der Generalklausel des Abs. 3 besonderes Gewicht zu. In erster Linie einschlägig sind die Absätze 2, 3 und 5 bis 7 von § 32 a RegE GmbHG. Sie seien daher wörtlich angeführt:

§ 32 a RegE GmbHG

(1) (entspricht im wesentlichen § 32 a Abs. 1)

(2) Diese Vorschriften gelten sinngemäß, wenn ein Gesellschafter gestundete Forderungen Dritter gegen die Gesellschaft erwirbt oder Forderungen, die ihm selbst gegen die Gesellschaft zustehen, stundet. Beim Erwerb gestundeter Forderungen Dritter gilt der Zeitpunkt des Erwerbs, bei der Stundung einer Forderung des Gesellschafters gilt der Zeitpunkt der Stundung als Zeitpunkt der Darlehensgewährung im Sinne des Absatzes 1 Satz 1.

(3) Die in Absatz 1 bestimmten Rechtsfolgen gelten auch gegen einen Gläubiger, der eine unter Absatz 1 oder 2 fallende Forderung eines Gesellschafters im letzten Jahr vor der Eröffnung des Konkurs- oder Vergleichsverfahrens erworben hat.

(4) (entspricht im wesentlichen § 32 a Abs. 2)

(5) Forderungen, Sicherungen oder Bürgschaften eines mit einem Gesellschafter oder mit der Gesellschaft verbundenen Unternehmens sowie eines Dritten, der für Rechnung des Gesellschafters oder eines mit ihm oder der Gesellschaft verbundenen Unternehmens handelt, stehen den eigenen Forderungen, Sicherungen oder Bürgschaften eines Gesellschafters gleich. Ob ein Unternehmen im Sinne dieser Vorschrift ein mit einem Gesellschafter verbundenes Unternehmen ist, bestimmt sich nach den sinngemäß anzuwendenden §§ 15 bis 19 des Aktiengesetzes.

(6) Die Absätze 1 bis 4 gelten sinngemäß für Forderungen oder Sicherungen des Ehegatten oder eines minderjährigen Kindes eines Gesellschafters, es sei denn, daß sie nicht aus Mitteln des Gesellschafters erworben oder bestellt worden sind. Das gleiche gilt für Forderungen oder Sicherungen eines Dritten, der für Rechnung des Ehegatten oder eines minderjährigen Kindes eines Gesellschafters handelt.

(7) Einem Darlehen steht die Beteiligung als stiller Gesellschafter gleich.

---

tion anwenden und dem Sequester die Befugnis geben will, gegen Vollstreckungsmaßnahmen nach § 766 ZPO vorzugehen.

[156] Bericht des BT-Rechtsausschusses, BT-Drucks. 8/3908 S. 74.

b) Die Erweiterungen gegenüber dem Grundtatbestand. Sieht man von der Bezugnahme in Abs. 3 auf gesellschafterbesicherte Drittkredite i. S. von § 32a Abs. 2 ab (vgl. Rdn. 114ff.), so enthält Abs. 3 **zwei Arten von Erweiterungen** gegenüber dem Grundtatbestand des Abs. 1. Die eine bezieht sich auf Sachverhalte, die der Gewährung oder Belassung eigenkapitalersetzender **Darlehen** wirtschaftlich entsprechen. Insoweit geht es um die Bestimmung von solchen Rechtshandlungen, die der Zuführung von Fremdkapital durch Darlehen vergleichbar sind und wie diese zu einer Vermehrung der Aktiva der Gesellschaft unter entsprechender Zunahme der Verbindlichkeiten führen (vgl. näher Rdn. 82ff.). Die zweite Erweiterung betrifft den **Personenkreis**, auf den die Regelung des § 32a bezogen ist. Sie führt dazu, daß neben Rechtshandlungen der Gesellschafter auch solche dritter Personen den Regelungen über Gesellschafterdarlehen unterfallen, soweit es sich bei diesen entweder um den Gesellschaftern nahestehende bzw. auf ihre Rechnung tätige Dritte oder um solche Personen handelt, die an der Gesellschaft zwar nicht unmittelbar beteiligt, aber ähnlich wie Gesellschafter wirtschaftlich an ihr interessiert sind (Rdn. 106ff.). 81

2. Die Erweiterung des Kreises relevanter Rechtshandlungen

a) Verhältnis zum Grundtatbestand. Die **Darlehensgeschäfte** der Gesellschafter mit der GmbH fallen, soweit dem Darlehen eigenkapitalersetzende Funktion zukommt (Rdn. 39ff., 45ff.), unmittelbar unter **§ 32a Abs. 1.** Das gilt nach zutreffender, nicht am Wortlaut von Abs. 1 haftender Auslegung nicht nur für die Darlehensgewährung, sondern auch für ihr vergleichbare Rechtsgeschäfte wie die *Verlängerung* oder *Stundung* rückzahlbarer Darlehen, das Stehenlassen sonstiger Guthaben von Gesellschaftern unter Umwandlung in Darlehen oder der vereinbarte Verzicht auf ein Kündigungsrecht des Darlehensgebers (Rdn. 24). Für derartige Darlehensgeschäfte bedarf es daher keines Rückgriffs auf den Umgehungstatbestand des Abs. 3. 82

Demgegenüber bezieht sich der Anwendungsbereich von **§ 32a Abs. 3** — vorbehaltlich der Frage einer Erstreckung auf *einseitige* Rechtshandlungen (Unterlassungen) des Darlehensgläubigers wie die Nichtgeltendmachung des Darlehensanspruchs oder die Nichtkündigung ohne entsprechende Vereinbarung mit der GmbH (Rdn. 86ff.) — auf **wirtschaftlich der Darlehensfinanzierung vergleichbare Rechtsgeschäfte**. Ihr gemeinsames Kennzeichen liegt nach dem Normzweck von § 32a (Rdn. 7) darin, daß die Gesellschafter der Gesellschaft finanzielle oder als Sachkapital in Betracht kommende Mittel nicht als Eigenkapital, sondern in Form der Fremdfinanzierung zuführen. Die Stärkung der Aktivmasse muß also zu einer entsprechenden *Vermehrung der Gesellschaftsschulden* führen mit der Folge, daß ohne das Eingreifen der Grundsätze über Gesellschafterdarlehen die betreffenden Forderungen entweder in der Insolvenz der Gesellschaft mit denen sonstiger Gesellschaftsgläubiger konkurrieren oder daß — bei Befriedigung oder Sicherung *vor* Eintritt der Insolvenz — die Konkursmasse zum Nachteil der übrigen Gläubiger verkürzt wird. Liegen diese Voraussetzungen vor, so bedarf es der Anwendung der Vorschriften über eigenkapitalersetzende Gesellschafterdarlehen, um zu verhindern, daß ihr Zweck durch Ausweichen auf andere Finanzierungsformen als Darlehen unterlaufen wird (vgl. näher Rdn. 90ff.). 83

b) Der Begriff der Rechtshandlung. α) Fragestellung. Während Abs. 1 durch Abstellen auf die Darlehensgewährung an das Vorliegen eines zweiseitigen Rechtsgeschäft anknüpft, verwendet Abs. 3 den unscharfen Begriff „Rechtshandlung". Er war im materiellen Zivilrecht, insbesondere in der Rechtsgeschäftslehre, bisher nicht üblich. Anderes gilt im Konkurs- und Anfechtungsrecht, wo er zur möglichst umfassenden Umschreibung der der (Konkurs-) Anfechtung unterliegenden Sachverhalte verwendet 84 wird (Rdn. 85). Auf die *Herkunft aus dem Konkurs- und Anfechtungsrecht* läßt auch der Umstand schließen, daß der RegE GmbHG die Anfechtungstatbestände der §§ 32a KO, 3b AnfG in § 32b Abs. 1 und 3 regeln wollte und dazu den Begriff der Rechtshandlung verwendete. Vermutlich hat der BT-Rechtsausschuß bei der Ausgestaltung der von ihm neu konzipierten Generalklausel des § 32a Abs. 3 diesen Begriff übernommen, ohne sich über dessen unterschiedliche Funktion in den verschiedenen Regelungsbereichen Gedanken zu machen. Das führt zu der **Frage**, ob und inwieweit die Auslegung des Begriffs Rechtshandlung im Konkurs- und Anfechtungsrecht auch für § 32a Abs. 3 relevant ist.

85 Im **Konkurs- und Anfechtungsrecht** besteht Einigkeit, daß der Begriff der Rechtshandlung umfassend auszulegen ist. Darunter werden **alle Handlungen** verstanden, **die rechtliche Wirkungen auslösen**[157]; ihnen wird das **wissentliche und gewollte Unterlassen** gleichgestellt[158]. Im einzelnen werden zu den Rechtshandlungen drei Gruppen von rechtserheblichen Verhaltensweisen gerechnet[159], nämlich (1) *Willenserklärungen* als Teil eines dinglichen oder obligatorischen Rechtsgeschäfts, (2) *Rechtshandlungen ieS* als Äußerungen des auf einen *tatsächlichen* Erfolg gerichteten Willens, denen das Gesetz Rechtswirkungen beilegt[160], einschließlich der ihnen entsprechenden bewußten und gewollten Unterlassungen[161], sowie (3) *Handlungen und Unterlassungen auf prozeßrechtlichem Gebiet*[162]. Der angesichts der Weite dieser Begriffsbestimmung naheliegenden Gefahr einer Ausuferung der Anfechtungstatbestände begegnen KO und AnfG dadurch, daß sie auf zusätzliche, den Kreis der relevanten Rechtshandlungen einschränkende Umstände abstellen wie die Sicherung oder Befriedigung eines Gläubigers (§§ 30 Nr. 1, 2. Fall und Nr. 2, 32a KO, § 3b AnfG) oder die Gläubigerbenachteiligungsabsicht (§§ 31 Nr. 1 KO, 3 Nr. 1 AnfG), wenn sie die Anfechtung nicht sogar ausdrücklich auf Rechtsgeschäfte (§ 30 Nr. 1, 1. Fall KO), Verträge (§§ 31 Nr. 2 KO, 3 Nr. 2 AnfG) oder Verfügungen (§§ 32 KO, 3 Nr. 3, 4 AnfG) beschränken.

86 Bezogen auf die materiellrechtlichen Vorschriften über eigenkapitalersetzende **Gesellschafterdarlehen** dürfte das Einbeziehen prozessualer Handlungen und Unterlassungen in die „Rechtshandlungen" eines Gesellschafters nach § 32a Abs. 3 schon aus praktischen Gründen ohne Bedeutung sein; hierdurch läßt sich eine darlehensähnliche Finanzierung der Gesellschaft in aller Regel nicht erreichen. Entsprechendes gilt auch für die Kategorie der geschäftsähnlichen Handlungen (Rechtshandlungen ieS) wie Fristsetzungen, Mahnungen, Aufforderungen zur Genehmigung, Mängelrügen oder sonstige Anzeigen oder Mitteilungen, an die das Gesetz Rechtsfolgen knüpft[163]; sie haben keine Finanzierungsrelevanz für die Gesellschaft. Die entscheidende **Frage** geht vielmehr dahin, ob mit dem Begriff der Rechtshandlung neben der rechtsgeschäftlichen Zuführung oder Belassung kapitalersetzender Mittel auch **einseitige Verhaltensweisen, insbesondere Unterlassungen von Gesellschaftern** erfaßt werden sollten. Die Frage wird, wenn

---

157 Vgl. BGH WM **1975** 1182, 1184; *Böhle-Stamschräder/Kilger* KO[14] § 29, 8, *Mentzel/Kuhn/Uhlenbruck* KO[9] § 29, 6.

158 *Böhle-Stamschräder/Kilger* § 29, 8, *Jaeger/Lent* KO[8] § 29, 11, *Mentzel/Kuhn/Uhlenbruck* § 29, 6.

159 Vgl. näher *Böhle-Stamschräder/Kilger* § 29, 8, *Jaeger/Lent* § 29, 11, *Mentzel/Kuhn/Uhlenbruck* § 29, 6.

160 Sie entsprechen den geschäftsähnlichen Handlungen aus der Rechtsgeschäftslehre, vgl. dazu Rdn. 86 und Fn. 163.

161 Nichtunterbrechung der Verjährung, Unterlassen eines Wechselprotests u. a. (vgl. Nachw. in Fn. 158).

162 Gewährung einer vollstreckbaren Urkunde, Verzicht, Anerkenntnis, Vergleich; Nichterhebung von Einreden, Nichteinlegen von Rechtsmitteln u. a. (vgl. Nachw. in Fn. 159).

163 Vgl. näher *Flume* Das Rechtsgeschäft, 3. Aufl. 1979, § 9 S. 104 ff., 112 f., *Larenz* Allgemeiner Teil des deutschen Bürgerlichen Rechts, 6. Aufl. 1983, § 26 S. 499 ff., *Soergel-Hefermehl* BGB[11] Vorb. § 116, 21 ff.

auch ohne nähere Prüfung, von einem Teil der Literatur bejaht[164]. Trifft diese Ansicht zu, so sind die Nichtgeltendmachung einer fälligen Forderung oder die Nichtausübung eines ordentlichen oder außerordentlichen Kündigungsrechts auch ohne darauf bezogene Vereinbarung mit der Gesellschaft als nach Abs. 3 relevante Rechtshandlungen anzusehen, die bei Vorliegen der sonstigen Voraussetzungen des Abs. 3 im Zeitpunkt der Unterlassung (Rdn. 90ff.) zur Qualifizierung der stehengelassenen Mittel als Eigenkapitalersatz führen.

β) Stellungnahme. Für die Einbeziehung einseitiger Verhaltensweisen, insbesondere Unterlassungen von Gesellschaftern läßt sich neben dem **Gläubigerschutzzweck** des § 32a wohl auch die bisherige **Rechtsprechung des BGH** zu §§ 30, 31 anführen. Sie hat der Darlehensgewährung das Belassen eines Darlehens oder sonstiger fälliger Forderungen im kritischen Zeitpunkt gleichgestellt, ohne näher auf das Vorliegen einer Prolongations- oder Stundungsvereinbarung zwischen Gesellschafter und GmbH einzugehen (vgl. Rdn. 22). Der tragende Grund hierfür wurde jeweils darin gesehen, daß der Gesellschafter sich in der Krise der GmbH entscheiden müsse, ob er durch Geltendmachung seiner Forderung die Liquidation der Gesellschaft herbeiführen oder ihr die Mittel bis zur Abwendung der Krise auf eigene Gefahr belassen wolle[165]. Worauf sich diese Rechtspflicht des Gesellschafters zum Handeln stützen ließe und ob sie es rechtfertigen könnte, das *Unterlassen* der Geltendmachung des Rückzahlungsanspruchs oder die *Nicht*kündigung durch den Gesellschafter der Zuführung von Fremdkapital an die GmbH gleichzustellen, wurde in den Urteilen allerdings nicht deutlich. Nach ganz hM läßt sich eine derart generelle Handlungspflicht weder § 32a noch auch allgemeinen gesellschaftsrechtlichen Organisationsgrundsätzen entnehmen[166]. 87

Gegen die Ausdehnung der „Rechtshandlungen" nach Abs. 3 auf einseitige Verhaltensweisen unter Einschluß von Unterlassungen spricht neben den in Rdn. 87 aE erwähnten Bedenken zum ersten der **systematische Zusammenhang** zwischen dem auf die *Darlehensgewährung* als gegenseitigem Vertrag abstellenden Grundtatbestand des Abs. 1 und der Umgehungsnorm des Abs. 3. In dieselbe Richtung weist zweitens die **Entstehungsgeschichte** von Abs. 3, da sämtlichen im RegE GmbHG kasuistisch aufgeführten Umgehungssachverhalten eine *rechtsgeschäftliche Vereinbarung* zwischen Gesellschafter (oder ihm nahestehenden Personen) und GmbH zugrundelag (Rdn. 80). Schließlich würde die Einbeziehung der bloßen Nichtgeltendmachung fälliger Forderungen oder der Nichtkündigung eines Darlehens in die nach Abs. 3 relevanten Rechtshandlungen auch zur Gefahr einer uferlosen Ausweitung der Regelungen über Gesellschafterdarlehen führen[167]; einer Begrenzung durch Rückgriff auf *subjektive Umstände*[168] stünde der *Einwand* entgegen, daß es hierauf im Rahmen von § 32a grundsätzlich nicht ankommt (Rdn. 54). Nach allem sprechen die besseren Gründe dafür, trotz Verwendung des unscharfen Begriffs „Rechtshandlung" in Abs. 3 eine — sei es auch rechtsgeschäftlich nicht bindende — **Einigung** über die Gewährung oder Belassung des Darlehens oder der ihm gleichzustellenden Fremdmittel zu fordern. Die auf den Abschluß einer *rechtsgeschäftlichen* 88

---

[164] Vgl. die Nachw. in Rdn. 27 Fn. 39 und in Rdn. 29 Fn. 47.

[165] So namentlich BGHZ **75** 334, 337 = NJW **1980** 592; **76** 326, 335 = NJW **1980** 1524, und **81** 252, 257 = NJW **1981** 2570.

[166] Eine solche kommt nur bei Fortführung der Geschäftstätigkeit trotz eindeutiger Unterkapitalisierung in Betracht, vgl. näher Anh. § 30, 11, 40f., 55ff. m. Nachw.

[167] Das deutet zu Recht auch *Fleck* aaO (Fn. 4) S. 110ff. und in Anm. LM § 30 GmbHG Nr. 11 (unter 3) an. Ob sich damit eine Abkehr von den zumindest in der Formulierung weitergehenden Grundsätzen der BGH-Rechtsprechung (oben Fn. 32) verbindet, bleibt offen.

[168] So mit unterschiedlichen Anforderungen *Böhle-Stamschräder/Kilger* KO[14] § 32a, 2; *Menzel* AG **1982** 200f., *Rümker* ZIP **1982** 1394 und *Timm* GmbH-Rdsch. **1980** 291 Fn. 63. Widersprüchlich *Scholz/Winter* 69. Zur BGH-Rechtsprechung vgl. Rdn. 22.

Vereinbarung abstellende Auffassung (so noch *Ulmer* ZIP **1984** 1163, 1169f.) erweist sich als zu eng und ist daher durch Einbeziehung auch unverbindlicher Absprachen zu modifizieren.

89 **γ) Folgerungen.** Einseitige Verhaltensweisen des Gläubigers wie die **Nichtgeltendmachung** einer fälligen Forderung oder die **Nichtkündigung** eines Darlehens in der Krise der GmbH reichen nach dem in Rdn. 88 erzielten Ergebnis für ein Eingreifen von § 32a Abs. 3 **nicht** aus. Es bedarf vielmehr stets einer Einigung über die Zuführung oder Belassung eigenkapitalersetzender Mittel, sei es mit der Gesellschaft selbst oder zu ihren Gunsten mit einem Dritten (vgl. etwa Rdn. 92). An ihr Zustandekommen und ihren Inhalt sind allerdings keine besonderen Anforderungen zu stellen. Auch eine **unverbindliche Abrede** über die Nichtgeltendmachung (Stundung) oder Nichtkündigung reicht aus; sie kann sich auch aus den Umständen des Falles ergeben (vgl. näher Rdn. 27ff.). — Liegt eine solche Einigung nicht vor oder ist sie nicht nachweisbar, so bleibt je nach Lage des Falles der Rückgriff auf den Einwand widersprüchlichen Verhaltens (Rdn. 30).

90 **c) Die darlehensähnlichen Rechtsgeschäfte. α) Forderungsstundung.** Die Stundung einer fälligen Forderung gegen die Gesellschaft ist das wichtigste der der Darlehensgewährung wirtschaftlich entsprechenden Geschäfte. Es führt wie diese zur rechtsgeschäftlichen Belassung von Fremdmitteln an die Gesellschaft[169]. Die Forderungsstundung war daher in Übereinstimmung mit der Praxis zu §§ 30, 31[170] zu Recht schon als Umgehungstatbestand in § 32a Abs. 2 S. 1 RegE GmbHG aufgeführt. Auf den Rechtsgrund der gestundeten Forderung und insbes. darauf, ob sie aus dem Gesellschaftsverhältnis oder aus einem Austauschvertrag des Gesellschafters mit der GmbH herrührt, kommt es nicht an[171]. Auch ist die *Dauer* der Stundung für ihre Behandlung als darlehensähnliches Geschäft ohne Belang[172]; wohl aber kann der eigenkapitalersetzende Charakter der Stundung hiervon abhängen (Rdn. 45, 52). Entsprechendes gilt für ihre Absicherung, insbesondere die Hingabe von Wechseln erfüllungshalber[173].

91 Der Stundung gleichzubehandeln sind **Fälligkeitsvereinbarungen** in Kauf- und sonstigen Austauschverträgen des Gesellschafters mit der GmbH[174], wenn sie von den marktüblichen Konditionen deutlich abweichen und dazu führen, daß der Gesellschaft die Gegenleistung nach Art eines Darlehens für einen über die gewöhnliche Zahlungszielbestimmung hinausgehenden Zeitraum zur Kapitalnutzung verbleibt[175]. Entsprechendes gilt für Vereinbarungen über eine **Vorauszahlung** des Gesellschafters im Rahmen eines gegenseitigen Vertrags abweichend von den marktüblichen Gepflogenheiten, soweit sie nicht ohnedies Darlehenscharakter haben[176].

92 **β) Erwerb gestundeter Forderungen Dritter.** Auch dieser Umgehungsfall war ausdrücklich schon in § 32a Abs. 2 S. 1 RegE GmbHG enthalten. Er kann vor allem in Fällen relevant werden, in denen es darum geht, einen lästigen Gläubiger abzufinden und ihn dadurch davon abzuhalten, Konkursantrag zu stellen. Als Rechtshandlung (Rdn. 88f.)

---

169 Für Einbeziehung in § 32a Abs. 3 auch die ganz hM, vgl. *Scholz/Winter* 68, *Rob. Fischer* 2a, *Roth* 5.2, *Kamprad* S. 39.

170 BGHZ **76** 326, 329 = NJW **1980** 1524; **81** 311, 317 = NJW **1982** 383, OLG Celle GmbH-Rdsch. **1977** 222, 223, *Lutter/Hommelhoff* ZGR **1979** 49.

171 **AA** *Ullrich* GmbH-Rdsch. **1983** 145 (nur Forderungen aus dem Gesellschaftsverhältnis).

172 So grunds. auch *Scholz/Winter* 69f.; **aA** — für Begrenzung auf längerfristige Stundungen — *Roth* 5.2.

173 Ebenso *Scholz/Winter* 69.

174 Zur Abgrenzung von Kauf und Darlehen vgl. MünchKomm.-*H. P. Westermann* Vor § 433, 32f. m. Nachw.

175 Ebenso *Scholz/Winter* 67, *Roth* 2.3.

176 Vgl. zur Abgrenzung RGZ **133** 249, 252 und MünchKomm.-*H. P. Westermann* § 607, 58; für Einbeziehung in § 32a Abs. 3 auch *Scholz/Winter* 67.

genügt die Abtretung zwischen stundendem Drittgläubiger und Gesellschafter[177]; einer zusätzlichen Stundungsvereinbarung mit der Gesellschaft bedarf es nicht. Dem Erwerb gestundeter Forderungen stehen gleich die Stundung durch den Gesellschafter *nach* erfolgter Abtretung[178] sowie die Befriedigung des Gesellschaftsgläubigers durch einen Gesellschafter nach § 267 Abs. 1 BGB ohne sofortigen Regreß gegenüber der Gesellschaft[179]. Zum Sonderfall der Inanspruchnahme eines sicherungsgewährenden Gesellschafters durch den Gesellschaftsgläubiger vgl. § 32 a Abs. 2; auch insoweit ist der Gesellschafter gehindert, seinen Regreßanspruch in der Insolvenz der Gesellschaft geltendzumachen (Rdn. 130).

γ) **Stille Beteiligung.** Die stille Beteiligung verpflichtet den Stillen, seine Einlage in das Vermögen des Inhabers des Handelsgeschäfts zu leisten (§ 335 Abs. 1 HGB). Mit Rücksicht hierauf und wegen des in § 341 Abs. 1 HGB vorgesehenen Rechts des Stillen, mit seiner den Anteil am Verlust übersteigenden Einlage als Konkursgläubiger am Konkurs des Inhabers teilzunehmen, ist die Stellung des Stillen im Falle der typischen stillen Beteiligung weitgehend derjenigen des Gläubigers eines partiarischen Darlehens vergleichbar[180]. Zu Recht war daher schon in § 32 a Abs. 7 RegE GmbHG die Gleichstellung der eigenkapitalersetzenden stillen Beteiligung mit einem entsprechenden Gesellschafterdarlehen vorgesehen worden (Rdn. 80). Hieran hat sich durch den Übergang zur Generalklausel des § 32 a Abs. 3 nichts geändert[181]. **93**

Voraussetzung für die Gleichstellung ist freilich, daß der Stille im maßgeblichen Zeitpunkt (Rdn. 35 ff.) zum Kreis der **GmbH-Gesellschafter** oder der ihnen nach Abs. 3 gleichzubehandelnden Personen (Rdn. 106 ff.) gehört. Die bloße Stellung als typischer stiller Gesellschafter reicht nicht aus[182]. § 32 a Abs. 1 und 3 sollen die Regelung des § 341 HGB für eigenkapitalersetzende stille Beteiligungen an einer GmbH nicht etwa generell verdrängen (Rdn. 17). Der Rangrücktritt der stillen Einlage abweichend von § 341 HGB ist vielmehr auf diejenigen Fälle beschränkt, in denen der Stille bei Eingehung oder Verlängerung der stillen Beteiligung bereits Mitglied der Gesellschaft ist oder ihr in vergleichbarer Position nahesteht und durch die stille Beteiligung eine *Doppelrolle* ähnlich derjenigen eines darlehensgewährenden Gesellschafters erlangt[183]. **94**

d) Die Überlassung von Sachen und Rechten des Gesellschafters

Schrifttum

Braun Kapitalersetzende Maßnahmen i. S. v. § 32 a Abs. 3 GmbHG durch Pachtverträge in der Betriebsaufspaltung? ZIP **1983** 1175; *Knobbe-Keuk* Die Verpachtung von Anlagevermögen des Gesellschafters an die GmbH und § 32 a GmbHG, BB **1984** 1;

[177] So im Erg. auch *Scholz/Winter* 77, *Kamprad* S. 41, *K. Schmidt* ZIP **1981** 693; einschr. *Roth* 5.4 (bei „Verfestigung" der Finanzierungssituation der Gesellschaft).

[178] Ebenso *Scholz/Winter* 77.

[179] Vgl. OLG Frankfurt ZIP **1984** 836.

[180] So zutr. *K. Schmidt* ZHR 140 **1976** 477 ff., 488; weitergehend (für Qualifizierung einer stillen Gesellschaft ohne Verlustbeteiligung des Stillen als partiarisches Darlehen) *Schulze-Osterloh* Der gemeinsame Zweck der Personengesellschaften (1973) S. 25 ff., 37 ff. Allg. zur Abgrenzung von stiller Gesellschaft und partiarischem Darlehen vgl. *Schilling* Groß-kommHGB³ § 335, 40 f.

[181] EinhM, vgl. *Scholz/Winter* 72, *Rob. Fischer* 2 a, *Roth* 5.3, *Kamprad* S. 42, *K. Schmidt* ZIP **1981** 693; zur Behandlung der stillen Beteiligung eines Kommanditisten, die Teil der gesellschaftsvertraglichen Beitragspflicht ist, als Eigenkapital im Konkurs der KG vgl. BGH NJW **1981** 2251, 2252.

[182] BGH WM **1983** 594, 595.

[183] So zutr. schon *K. Schmidt* ZHR 140 **1976** 488; vgl. auch *Kamprad* S. 42 und unten Rdn. 113.

Schulze-Osterloh Gläubiger- und Minderheitenschutz bei der steuerlichen Betriebsaufspaltung, ZGR **1983** 123; *Ulmer* Umstrittene Fragen im Recht der Gesellschafterdarlehen, ZIP **1984** 1163.

95 **a) Miete, Pacht, Betriebsaufspaltung.** Im Unterschied zur Rechtslage bei den selten anzutreffenden *Darlehen über vertretbare Sachen* (§ 607 Abs. 1 BGB), die dem Grundtatbestand des § 32a Abs. 1 unterfallen, bleiben die der Gesellschaft im Rahmen eines Miet- oder Pachtvertrags **zum Gebrauch überlassenen Sachen** im **Eigentum des Vertragspartners.** Sie werden nicht Teil des Gesellschaftsvermögens und unterliegen nicht dem Vollstreckungszugriff der Gesellschaftsgläubiger. Praktische Bedeutung erlangen derartige Gestaltung vor allem im Zusammenhang mit einer **Betriebsaufspaltung,** wenn die Besitzgesellschaft (meist eine KG) der Betriebs-GmbH das zum Betrieb erforderliche Anlagevermögen pachtweise überläßt[184]. Da die Betriebsgesellschaft in derartigen Fällen nicht selten mit einem geringen Stammkapital ausgestattet ist, ist das Bedürfnis nach einem über §§ 30, 31 hinausgehenden Gläubigerschutz hier unverkennbar[185].

96 **Meinungsstand.** Die Einbeziehung von Fällen der Gebrauchsüberlassung in die Regelung des § 32a Abs. 3 ist in der Literatur lebhaft **umstritten**[186]. Rechtsprechung zu dieser Frage liegt bisher nicht vor[187]. **Zugunsten der Einbeziehung** wird auf die Ähnlichkeit der Gebrauchsüberlassung (Sachleihe) mit einem (Sach-) Darlehen sowie auf den dadurch vermiedenen Einsatz von Investitionsmitteln der Gesellschaft ohne Stärkung ihrer Eigenkapitalbasis verwiesen[188]. Von den **Gegnern** der Einbeziehung betont ein Teil die **sachlichen Unterschiede** zwischen Gebrauchsüberlassung und Darlehen, insbesondere den mit der Gebrauchsüberlassung verbundenen geringeren Kapitalbedarf der Gesellschaft und die Vermeidung einer Erhöhung des Verschuldungsgrades oder einer sonstigen Verschlechterung der Bilanzrelationen[189]. Andere Stimmen weisen auf das regelmäßige **Fehlen des eigenkapitalersetzenden Charakters** der Gebrauchsüberlassung hin. Es beruhe darauf, daß mit Rücksicht auf die unveränderte Eigentumslage und das Aussonderungsrecht im Konkurs meist auch ein *Dritter* zum Abschluß eines entsprechenden Vertrags bereit wäre, auch wenn die GmbH im übrigen nicht kreditwürdig sein sollte[190]. Schließlich wurde eingewendet, daß die mit der Regelung über kapitalerset-

---

184 Vgl. dazu näher *Brandmüller* Die Betriebsaufspaltung nach Handels- und Steuerrecht, 4. Aufl. 1980, *Dehmer* Die Betriebsaufspaltung, 1983, *Knobbe-Keuk* Bilanz- und Unternehmenssteuerrecht, 4. Aufl. 1983, § 22 VI S. 524 ff.

185 Vgl. aus der Rspr. BGHZ **68** 312 = NJW **1977** 1449, BGH NJW **1979** 2104; auf die Betriebsaufspaltung als typischen Fall masseloser Konkurse weist *Braun* ZIP **1983** 1175 f. hin.

186 *Dafür Braun* ZIP **1983** 1175 ff., *Lutter/Hommelhoff* ZGR **1979** 50 ff., *Roth* 5.6, *Schulze-Osterloh* ZHR **1983** 136 ff., *Timm* GmbH-Rdsch. **1980** 292; ebenso schon zum alten Recht *Immenga* Die personalist. Kapitalgesellschaft (1970) S. 416 f., und *Wiedemann* in Wiedemann/Bär/Dabin, Die Haftung des Gesellschafters in der GmbH, 1968, S. 35; *dagegen* insbes. *Scholz/Winter* 73, *Ulmer* Anh. § 30, 95 und in: Das neue GmbH-Recht, S. 59 und *Knobbe-Keuk* BB **1984** 1 ff.; stark zurückhaltend auch *K. Schmidt* ZIP **1981** 693.

187 Vgl. immerhin die Andeutungen für eine Anwendung der §§ 30, 31 in dem eine Betriebsaufspaltung betreffenden Fall BGHZ **68** 312, 319 = NJW **1977** 1449, sowie zuvor schon BGHZ **31** 258, 268 = NJW **1960** 285, wo die Deckung des Geldbedarfs der Gesellschaft durch Gesellschafterdarlehen der Beschaffung der benötigten Wirtschaftsgüter von ihren Gesellschaftern durch Kauf, Miete und Pacht gegenübergestellt wird.

188 So namentlich *Braun* ZIP **1983** 1179 f., ähnlich auch *Schulze-Osterloh* ZGR **1983** 136 f.

189 Vgl. insbes. *Scholz/Winter* 73.

190 So *K. Schmidt* und *Ulmer* aaO (Fn. 186), aber auch *Lutter/Hommelhoff* ZGR **1979** 51 f. und *Roth* 5.6. Der dagegen vorgebrachte Einwand einer petitio principii, weil die Durchsetzbarkeit des Aussonderungsrechts des Gesellschafters im Konkurs der GmbH gerade

zende Gesellschafterdarlehen verbundenen **Rechtsfolgen** (Nichtgeltendmachung in der Insolvenz; Anfechtung von Rechtshandlungen zur Befriedigung des Gläubigers) auf die Gebrauchsüberlassung wegen der abweichenden dinglichen Lage nicht übernommen werden könnten.[191]

Stellungnahme. Die Abwägung der Argumente für oder gegen die wirtschaftliche Vergleichbarkeit der **Einbeziehungsvoraussetzungen** von Gebrauchsüberlassung und Darlehensgewährung führt angesichts der Breite und relativen Unschärfe des für die Vergleichbarkeit maßgeblichen Normzwecks (Rdn. 7, 83) zu **keinem eindeutigen Ergebnis.** Legt man den Hauptakzent auf die Erhaltung des Vermögens der GmbH zur Befriedigung der Fremdgläubiger unter Rangrücktritt der darlehensgewährenden Gesellschafter, so fehlt es an der Vergleichbarkeit, da die zum Gebrauch überlassenen Sachen nie zum Gesellschaftsvermögen gehört haben. Anderes gilt für den auf Verhinderung des Fortbestands der nicht mehr kreditwürdigen GmbH in der Krise ohne durchgreifende Sanierung gerichteten Zweck (Rdn. 7aE). Er kann dadurch, daß die Gesellschafter der GmbH zur finanziellen Entlastung Anlagegegenstände zum Gebrauch überlassen, in ähnlicher Weise berührt werden wie durch Zuführung von Fremdkapital. Was schließlich die Berufung auf den fehlenden Eigenkapitalcharakter der Gebrauchsüberlassung angeht, so läßt sich ihr entgegenhalten, daß jedenfalls in den wichtigsten Fällen, insbesondere bei der Betriebsaufspaltung, *Dritte* zum Abschluß eines derartigen Geschäfts mit der Gesellschaft meist weder bereit noch auch in der Lage wären; der Vergleichsmaßstab des Verhaltens dritter Kreditgeber hilft hier also nicht weiter. 97

Bestehen nach allem erhebliche Zweifel an der Vergleichbarkeit der *Voraussetzungen* eigenkapitalersetzender Darlehen mit der Gebrauchsüberlassung von Sachen an die Gesellschaft, so verstärken sie sich noch im Hinblick auf die für die Gebrauchsüberlassung **ungeeigneten Rechtsfolgen** der Regelung über Gesellschafterdarlehen[192]. Da die zum Gebrauch überlassenen Gegenstände sich im Regelfall nie im Eigentum der GmbH befunden haben und es auch an einer der Sicherungsübereignung vergleichbaren Treuhandbeziehung zwischen Gesellschaft und verpachtendem Gesellschafter fehlt, geben die Anfechtungstatbestände der §§ 32a KO, 3b AnfG ohne wesentliche Abwandlung für die Fälle der Gebrauchsüberlassung keine Möglichkeit, das Eigentum an den überlassenen Gegenständen zum Gesellschaftsvermögen zu ziehen oder den Gesellschaftsgläubigern den Vollstreckungszugriff hierauf zu gestatten. Entsprechendes gilt aber auch für den Einwand aus § 32a Abs. 1 GmbHG: selbst wenn er über seinen schuldrechtlichen Anwendungsbereich hinaus auch dem dinglichen Herausgabeanspruch des Vermieters oder Verpächters entgegengesetzt werden könnte, hätte der Konkursverwalter dadurch doch noch nicht die Befugnis erlangt, die der Gesellschaft zum Gebrauch überlassenen Gegenstände des Gesellschafters im Interesse der Gläubigerbefriedigung zu verwerten. 98

Nach allem ist trotz der für umfassende Anwendung von Abs. 3 sprechenden Entstehungsgeschichte (Rdn. 79) die **Einbeziehung der typischen Gebrauchsüberlassungsverträge in die wirtschaftlich der Darlehensgewährung entsprechenden Rechtshandlungen abzulehnen**[193]. Anderes gilt nur für den Wert der Gebrauchsüberlassung und die Behandlung der dem Gesellschafter hierfür gewährten oder noch zu zahlenden Vergütung; sie unterliegt den für eigenkapitalersetzende Gesellschafterdarlehen 99

fraglich sei (so *Braun* ZIP **1983** 1180), übersieht, daß einem zur Gebrauchsüberlassung bereiten Dritten der Einwand auf keinen Fall entgegengesetzt werden könnte.

[191] So *Knobbe-Keuk* BB **1984** 1 ff., 3, unter Hervorhebung des grundsätzlichen Unterschieds zwischen (Fremd-)Kapitalzuführung und Verpachtung von Anlagevermögen.

[192] Vgl. dazu eingehend *Knobbe-Keuk* BB **1984** 2f.; **aA** etwa *Braun* ZIP **1983** 1181 und *Schulze-Osterloh* ZGR **1983** 142.

[193] Vgl. auch *Ulmer* ZIP **1984** 1172f.

geltenden Schranken[194]. Dem zumal in Fällen der Betriebsaufspaltung nicht selten bestehenden Bedürfnis nach verstärktem **Gläubigerschutz** ist mit **anderen Mitteln** als durch Anwendung von § 32a Abs. 3 Rechnung zu tragen. Insoweit bietet sich vor allem der Rückgriff auf die Haftung der Besitzgesellschaft wegen eindeutiger Unterkapitalisierung oder nach § 826 BGB an[195], daneben auch ihre Haftung als herrschendes Unternehmen nach konzernrechtlichen Grundsätzen[196].

100 **β) Leasing.** Es kommt vor, daß Gesellschafter sich in der Krise der GmbH deren wesentliches Anlagevermögen, insbesondere Betriebsgrundstücke, zu Eigentum übertragen lassen, um es ihr im Leasingwege wieder zur Verfügung zu stellen. In derartigen Fällen ist die Anwendung der Vorschriften über kapitalersetzende Darlehen jedenfalls dann zu bejahen, wenn das Geschäft der **Sicherung oder Befriedigung der Gesellschafter wegen Forderungen aus eigenkapitalersetzenden Darlehen** dient. Es unterliegt der Anfechtung nach Maßgabe der §§ 32a KO, 3b AnfG.

101 Schwierigere Fragen wirft die Beurteilung des typischen **Finanzierungsleasing** auf, bei dem der Leasinggeber *auf Veranlassung der GmbH* einen Anlagegegenstand unter Kapitaleinsatz erwirbt, um ihn der Gesellschaft für eine meist längere Zeitdauer gegen Zahlung von am Kapitalaufwand orientierten Leasingraten zur Verfügung zu stellen[197]. Die auch heute noch verbreitet anzutreffende Gleichsetzung des Finanzierungsleasing mit einem *Mietvertrag*[198] könnte zur Gleichbehandlung mit den Fällen der Gebrauchsüberlassung führen. Dagegen spricht jedoch der von der Miete deutlich abweichende wirtschaftliche Hintergrund des Leasinggeschäfts und seine Bedeutung für die rechtliche Beurteilung. Wie in der neueren Literatur zu Recht betont wird, steht der **Finanzierungsaspekt** bei dieser Art des Leasing eindeutig im Vordergrund[199]; er führt dazu, das Leasinggeschäft als Vertrag eigener Art mit Elementen eines Geschäftsbesorgungs- und Darlehensvertrags zu qualifizieren[200]. Der darlehensähnliche Charakter zeigt sich vor allem darin, daß der Leasinggeber an dem Gegenstand des Leasinggeschäfts kein eigenes Interesse hat, dessen Auswahl vielmehr regelmäßig dem Leasingnehmer überläßt, und seine Aufgabe stattdessen in der Anlagefinanzierung für den Leasingnehmer sieht[201]. Diese vom typischen Gebrauchsüberlassungsvertrag deutlich abweichende Funktion des Leasingvertrags wird auch dadurch bestätigt, daß die Kreditwürdigkeit des Leasingnehmers, bezogen auf die Leasingraten während der Laufzeit des Leasingvertrags, für den Vertragsabschluß von entscheidender Bedeutung ist[202].

---

194 So zutr. *Knobbe-Keuk* BB **1984** 4.

195 Vgl. BGH NJW **1979** 2104, OLG Hamburg BB **1973** 1231; **aA** BGHZ **68** 312, 316f. (8. ZS), dazu kritisch BGH NJW **1977** 1683, 1686 (2. ZS). Zum Ganzen vgl. auch Anh. § 30, 33f. und 55ff.

196 Dazu näher *Ulmer* ZHR 148 **1984** 391, 420ff. m. Nachw.

197 Allg. zum Finanzierungsleasing vgl. etwa *Canaris* BankvertragsR², 1981, Rdn. 1710ff., *Flume* DB **1972** 1ff., 53ff., 105ff., 152ff., *Larenz* Lehrbuch des Schuldrechts II, 12. Aufl. 1980, § 63 II S. 449ff., *Ulmer/Schmidt* DB **1983** 2558ff., *v. Westphalen* Der Leasingvertrag (1979) S. 1ff.

198 So insbes. die BGH-Rechtsprechung, vgl. Nachw. bei *Klamroth* BB **1982** 1953 und *Ulmer/Schmidt* DB **1983** 2563; ebenso *Soergel/Kummer* BGB¹¹ Vor § 535, 106f., *Palandt/Putzo* BGB⁴³ Einf. vor § 535, 4b und f., *Flume* DB **1972** 4ff., 53f., *v. Westphalen* aaO (Fn. 197) S. 41ff.; weit. Lit.-Nachw. vgl. bei *Canaris* aaO (Fn. 197) Rdn. 1720 Fn. 85 und *Ulmer/Schmidt* DB **1983** 2563.

199 *Ulmer/Schmidt* DB **1983** 2565 m. Nachw. in Fn. 92.

200 Vgl. namentlich *Canaris* aaO (Fn. 197) Rdn. 1719; für Qualifikation als Vertrag eigener Art auch *Larenz* aaO (Fn. 197) S. 454ff.

201 Vgl. dazu näher *Ulmer/Schmidt* DB **1983** 2565.

202 So zutr. *E.-G. Koch*, Störungen beim Finanzierungs-Leasing (1981) S. 58f. m. weit. Nachw.

Die **Vergleichbarkeit** von eigenkapitalersetzenden Gesellschafterdarlehen und Leasinggeschäften zwischen Gesellschaftern und ihrer nicht kreditwürdigen GmbH ist im Hinblick auf die Anwendungsvoraussetzungen von § 32a Abs. 1 und 3 somit grundsätzlich **zu bejahen**[203]. Hinsichtlich der Rechtsfolgen ist dem dadurch Rechnung zu tragen, daß das Leasinggeschäft im Rahmen von § 32a Abs. 1 und 3 wie ein Darlehen des Leasinggebers an die GmbH unter Sicherungsübereignung des Leasinggegenstands an den Leasinggeber behandelt wird[204]. Für die ausstehenden Leasingraten führt das dazu, daß sie im Konkurs oder Vergleich der Gesellschaft nicht durchgesetzt werden können. Zahlungen der Gesellschaft an den Leasinggeber unterliegen in den zeitlichen Grenzen der §§ 32a S. 2 KO, 3b S. 2 AnfG (Rdn. 78) der Anfechtung. Der Leasinggegenstand selbst kann analog § 32a S. 1 KO zur Masse gezogen werden. Außerhalb des Konkurses unterliegt er dem Gläubigerzugriff entsprechend § 3b S. 1 AnfG. **102**

γ) **Eigentumsvorbehalt.** Schwierigkeiten bereitet auch die Beurteilung eines Kaufs unter Eigentumsvorbehalt nach § 32a Abs. 3. Soweit es um die **Kreditierung des Kaufpreises** durch den Gesellschafter unter Vereinbarung entsprechender Zahlungsfristen für seine nicht mehr kreditwürdige GmbH geht, ist die Einbeziehung in den Umgehungstatbestand des Abs. 3 zwar unproblematisch (vgl. Rdn. 91). Anderes gilt dagegen für die **Behandlung der unter Eigentumsvorbehalt erworbenen Sache** in der Insolvenz der GmbH. Da die Bedingung für den Eigentumsübergang bei Undurchsetzbarkeit des Kaufpreisanspruchs nach § 32a Abs. 1 und 3 nicht eintreten kann, würde das Anwartschaftsrecht der GmbH grundsätzlich untergehen; der Gesellschafter als Verkäufer könnte die Sache aufgrund des ihm verbliebenen Eigentums wieder an sich ziehen[205]. Dem steht indessen der Zweck der Regelungen über eigenkapitalersetzende Gesellschafterdarlehen entgegen. Angesichts der Sicherungsfunktion des Eigentumsvorbehalts ist der Konkursverwalter in derartigen Fällen befugt, die Sache analog § 32a S. 1 KO durch Anfechtung zur Masse zu ziehen[206]. Ebenso steht einem anfechtungsbefugten Gläubiger entsprechend § 3b S. 1 AnfG das Recht zu, vom Verkäufer die Duldung der Zwangsvollstreckung in die unter Eigentumsvorbehalt gelieferte Sache zu verlangen. **103**

δ) **Einräumung von Sicherheiten.** Eine Überlassung von Sachen oder Rechten des Gesellschafters an die GmbH ist schließlich zu dem Zweck denkbar, der Gesellschaft Sicherheiten für die Aufnahme eines Fremdkredits zur Verfügung zu stellen. Man denke an die Bestellung einer Grundschuld zugunsten der GmbH am Gesellschaftergrundstück, an die Überlassung von Wertpapieren des Gesellschafters zur Verpfändung oder Sicherungsübereignung durch die GmbH o. ä. Von den in § 32a Abs. 2 geregelten Fällen unterscheiden sich derartige Gestaltungen dadurch, daß der Gesellschafter die Sicherheiten nicht unmittelbar dem dritten Kreditgeber einräumt, sondern sie **der Gesellschaft als Grundlage für Kreditverhandlungen mit Dritten zur Verfügung** stellt. Der dritte **104**

---

203 So auch *Scholz/Winter* 74, *Lutter/Hommelhoff* ZGR **1979** 51 f., *W. Müller* WPg. **1980** 375, *Schulze-Osterloh* ZGR **1983** 137; **aA** *Geßler* BB **1980** 1391, *K. Schmidt* ZIP **1981** 693; ohne hinr. Differenzierung zu Miete und Pacht auch noch *Ulmer* in: Das neue GmbH-Recht, S. 59.

204 Die grundsätzlichen Bedenken von *Knobbe-Keuk* BB **1984** 1 ff., 3 gegen eine Anwendung der Rechtsfolgen kapitalersetzender Darlehen auf die Gebrauchsüberlassung von Anlagevermögen (vgl. Rdn. 98) treffen auf den Sonderfall des Finanzierungsleasing nicht zu; insoweit ist die Analogie zuzulassen.

205 Vgl. für den Fall der Verjährung des Kaufpreisanspruchs BGHZ **70** 96, 99 = NJW **1978** 417, BGH NJW **1979** 2195, 2196; MünchKomm.-*v. Feldmann* BGB § 223, 3, *Serick* Eigentumsvorbehalt und Sicherungsübereignung I, 1963, S. 440 ff.

206 So im Erg. auch *Scholz/Winter* 108; zweifelnd *Beinert/Hennerkes/Binz* GmbH-Rdsch. **1981** 12.

Kreditgeber kann in derartigen Fällen abweichend von § 32a Abs. 2 nicht an den Gesellschafter verwiesen werden, zu dem er nicht in vertraglichen Beziehungen steht. Daher ist die Einbeziehung auch dieser dem eigenkapitalersetzenden Gesellschafterdarlehen wirtschaftlich entsprechenden Gestaltungen in § 32a Abs. 3 i. V. mit Abs. 1 veranlaßt.

105 Hinsichtlich der **Rechtsfolgen** bereitet das Eingreifen der Vorschriften über Gesellschafterdarlehen keine Schwierigkeiten, soweit die vom Gesellschafter zur Verfügung gestellte Sicherheit in das *Vermögen* der GmbH übergegangen war. Aber auch wenn der Gesellschafter der GmbH nur die *Verfügungsbefugnis* über die Sicherheiten übertragen hatte, ist er nach Sinn und Zweck der Regelungen über Gesellschafterdarlehen doch gehindert, die Gegenstände in der Insolvenz der Gesellschaft zurückzuverlangen, wenn sie noch nicht verwertet sind, oder wegen des Verlusts der Sicherheiten einen Regreßanspruch gegen die Gesellschaft geltendzumachen. Die Verwertungsbefugnis des Konkursverwalters hinsichtlich der noch im Eigentum des Gesellschafters stehenden Sicherheiten folgt aus der analogen Anwendung von § 32a S. 1 KO. Bei Rückgabe der Sicherheiten oder Befriedigung des Regreßanspruchs des Gesellschafters *vor* Insolvenz der Gesellschaft greifen §§ 32a S. 2 KO, 3b S. 2 AnfG ein.

3. Die Erweiterung des Normadressatenkreises

106 **a) Grundsatz.** Die zweite der durch § 32a Abs. 3 erreichten Erweiterungen des Anwendungsbereichs des Rechts für Gesellschafterdarlehen (Rdn. 81) bezieht sich auf den **Personenkreis.** Über die nach Abs. 1 erfaßten Gesellschafter hinaus erstreckt er sich nach der Entstehungsgeschichte (Rdn. 80) namentlich auf nahe Verwandte und sonstige Personen, die der Gesellschaft **Darlehen** im eigenen Namen, aber **mit Mitteln oder auf Rechnung des Gesellschafters** gewähren (Rdn. 107 f.), sowie auf **verbundene Unternehmen** (Rdn. 109 f.). Einzubeziehen sind darüber hinaus aber auch sonstige Dritte als Darlehensgeber, wenn sie als **Treugeber, Nießbraucher** oder aufgrund eines ähnlichen Rechtsverhältnisses zum Gesellschafter ein der Mitgliedschaft vergleichbares Eigeninteresse an der Gesellschaft haben (Rdn. 111 f.). — Zu der in § 32a Abs. 2 geregelten Sonderproblematik von Darlehen Dritter, für die Gesellschafter Sicherheiten bestellt oder sich verbürgt haben, vgl. Rdn. 114 ff.

107 **b) Mittelspersonen. α) Mittelbare Stellvertreter.** Als Umgehungstatbestand (Rdn. 79) soll § 32a Abs. 3 solche Gestaltungen erfassen, die trotz abweichender rechtlicher Einkleidung wirtschaftlich der Darlehensgewährung durch einen Gesellschafter entsprechen. Von den sachlichen Erweiterungen (Rdn. 90 ff.) abgesehen, trifft das vor allem auf diejenigen Fälle zu, in denen ein Dritter der GmbH als mittelbarer Stellvertreter für den Gesellschafter ein eigenkapitalersetzendes **Darlehen mit Mitteln oder für Rechnung des Gesellschafters** gewährt[207]. Er ist nach Abs. 3 ebenso zu behandeln, als wenn er selbst GmbH-Mitglied wäre. Die Geltendmachung seines Rückzahlungsanspruchs ist im Konkurs oder Vergleich der Gesellschaft nach § 32a Abs. 1 ausgeschlossen. Rechtshandlungen zu seiner Befriedigung oder Sicherung unterliegen der Anfechtung nach Maßgabe der §§ 32a KO, 3b AnfG (Rdn. 72 ff.). Entsprechendes gilt, wenn entweder die Sicherung oder Befriedigung unmittelbar an den wirtschaftlich interessierten Gesellschafter geleistet wird oder wenn die GmbH Zahlungen auf Veranlassung des darlehensgewährenden

---

[207] EinhM, vgl. *Scholz/Winter* 47, 54, *Roth* 5.5, *Kamprad* S. 45. So auch schon § 32a Abs. 5 RegE GmbHG (vgl. Rdn. 80).

Gesellschafters an Dritte erbringt[208]. — Zur *Abtretung* der Ansprüche aus dem eigenkapitalersetzenden Gesellschafterdarlehen und zu den sich hieran knüpfenden Rechtsfolgen vgl. Rdn. 38, 150.

β) Nahe Angehörige. Soweit eigenkapitalersetzende Gesellschafterdarlehen in mittelbarer Stellvertretung gewährt werden, geschieht dies aus naheliegenden Gründen nicht selten unter Einschaltung naher Angehöriger. Der RegE GmbHG 1977 versuchte dem dadurch Rechnung zu tragen, daß er an die Darlehensgewährung durch **Ehegatten** und **minderjährige Kinder** des Gesellschafters die widerlegliche Vermutung knüpfte, sie sei mit Mitteln des Gesellschafters erfolgt (vgl. Rdn. 80). Der Vorschlag setzte sich im Hinblick auf die Rechtsprechung des BVerfG zu Art. 6 Abs. 1 GG[209] ernsthaften verfassungsrechtlichen Bedenken aus[210]. Er wurde daher zu Recht nicht in die GmbH-Novelle übernommen und muß auch für die Auslegung von Abs. 3 unberücksichtigt bleiben[211]. Das hindert freilich nicht, je nach Lage des Falles bei Darlehensgewährung durch Ehegatten oder minderjährige Kinder nach Art eines **prima facie-Beweises** davon auszugehen, daß es sich um Mittel handelt, die dem Darlehensgeber zu diesem Zweck vom Gesellschafter zur Verfügung gestellt[212] oder ohne Gegenleistung zugewendet worden waren[213]. Ein solcher Anscheinsbeweis kommt vor allem in denjenigen Fällen in Betracht, in denen der Gesellschafter als gesetzlicher Vertreter des minderjährigen Kindes handelt[214] und dieses über keine nennenswerten eigenen Erwerbsquellen außerhalb der Gesellschaft verfügt. Gelingt es dem nahen Angehörigen als Darlehensgeber nicht, den Anscheinsbeweis zu erschüttern, so bewendet es bei der Anwendung der Vorschriften über eigenkapitalersetzende Gesellschafterdarlehen. **108**

c) Verbundene Unternehmen. Nach § 32a Abs. 5 RegE GmbHG sollten Darlehen verbundener Unternehmen Gesellschafterdarlehen ausdrücklich **gleichgestellt** sein (vgl. Rdn. 80). Hieran hat sich durch den Übergang von der kasuistischen Regelung des RegE zur Generalklausel des **§ 32a Abs. 3 nichts geändert**[215]. Dementsprechend hat schon die Rechtsprechung zu §§ 30, 31 Darlehen verbundener Unternehmen wie solche von Gesellschaftern behandelt[216]. Die Gleichstellung beruht je nach der Art der Unternehmensverbindung und des als Darlehensgeber auftretenden Unternehmens entweder darauf, daß das verbundene Unternehmen (die abhängige Gesellschaft) als Darlehensgeber im Interessenbereich des GmbH-Gesellschafters ähnlich einem mittelbaren Stellvertreter tätig wird oder daß es — als gegenüber dem GmbH-Gesellschafter herrschendes Unternehmen — mit der Darlehensgewährung an die GmbH eigene, dem Mitgliedschaftsinteresse **109**

---

208 Vgl. BGHZ **81** 365, 369 = NJW **1982** 386 für den Fall der Zahlung unter Verstoß gegen §§ 30, 31 an den minderjährigen Sohn des darlehensgewährenden Gesellschafters.

209 Vgl. namentlich BVerfGE **24** 104, 109 ff. = NJW **1968** 1771 zur Verfassungswidrigkeit von § 45 KO. Ähnlich schon BVerfGE **6** 55, 76; **13** 290, 308; **15** 328, 332; **16** 203, 208 und **17** 210, 217 (zum Steuerrecht) sowie BVerfGE **48** 346, 366 und **55** 114, 126 (zum Sozialrecht).

210 So etwa *Erlinghagen* Festschrift Kaufmann (1972) S. 139, 149 f., *Kamprad* S. 44.

211 Ganz hM, vgl. *Scholz/Winter* 53, *Roth* 5.5, *K. Schmidt* ZIP **1981** 694, *Ulmer* in: Das neue GmbH-Recht, S. 60; **aA** nur *Timm* GmbH-Rdsch. **1980** 292.

212 So auch *Scholz/Winter* 53, *Roth* 5.5, *K. Schmidt* ZIP **1981** 694.

213 Diesen Fall heben zutr. *Scholz/Winter* 53 hervor.

214 Vgl. den Fall BGHZ **81** 365 = NJW **1982** 386, wo auch betont wird, daß der Vertretene sich das Wissen seines gesetzlichen Vertreters entgegenhalten lassen müsse (aaO S. 370).

215 Ebenso BGHZ **81** 311, 315 = NJW **1982** 383; *Deutler* GmbH-Rdsch. **1980** 149, *Kamprad* S. 43, *K. Schmidt* ZIP **1981** 694; **aA** *Geßler* BB **1980** 1391 und *Roth* 5.5; einschr. auch *Scholz/Winter* 51 und *Hommelhoff* WM **1984** 1105 ff., 1118.

216 BGHZ **81** 311, 315 = NJW **1982** 383, BGH NJW **1984** 1036.

vergleichbare Interessen verfolgt. Für die Einbeziehung maßgebend ist die **Definition verbundener Unternehmen in § 15 AktG**[217]. Entgegen einer in der Literatur verbreiteten Ansicht besteht im Hinblick auf den Normzweck von § 32a kein Anlaß, auf eine Einbeziehung von Darlehen verbundener Unternehmen beim Fehlen zusätzlicher Umstände zu verzichten[218] oder sie auf Mehrheitsbeteiligungen oder Konzernsachverhalte zu beschränken[219]. Zur Anwendung von § 32a Abs. 3 in mehrfach verbundenen Unternehmen vgl. auch *Hommelhoff* WM **1984** 1116f.

110 Darlehen verbundener Unternehmen oder ihnen wirtschaftlich entsprechende Rechtshandlungen (Rdn. 90ff.) kommen namentlich in Fällen der **Betriebsaufspaltung** in Betracht. Von der Regelung über Gesellschafterdarlehen erfaßt werden danach Darlehen der Besitzgesellschaft nicht nur dann, wenn sie selbst an der Betriebs-GmbH beteiligt ist, sondern auch in den Fällen, in denen die Anteile an *beiden* Gesellschaften von den *Gesellschaftern* der Besitzgesellschaft gehalten werden[220]. Gleiches gilt bei Darlehen von Gesellschaftern der Besitzgesellschaft an die Betriebs-GmbH, auch wenn deren Anteile nicht von den Darlehensgebern, sondern von der Besitzgesellschaft gehalten werden[221]. Auf die organisatorische Aufteilung des Beteiligungsbesitzes innerhalb der Gruppe kommt es für die Qualifikation der der Betriebs-GmbH gewährten Darlehen aus dem Kreis der Mitglieder der Gruppe nicht an.

111 **d) Nahestehende Dritte. α) Treugeber.** Die Erweiterung des Grundtatbestands des § 32a Abs. 1 durch Abs. 3 gestattet die Anwendung der Vorschriften über Gesellschafterdarlehen auch auf solche Personen als Darlehensgeber, die zwar nicht selbst Mitglied der GmbH sind, ihr aber in einem der Mitgliedschaft vergleichbaren Verhältnis gegenüberstehen. Sie befinden sich im Falle der Darlehensgewährung in einer ähnlichen **Doppelrolle** (Rdn. 7) wie die Gesellschafter selbst. Das ist für den Fall von **Treugebern** in der Rechtsprechung schon seit Jahrzehnten anerkannt[222]; sie werden im Rahmen von §§ 30, 31 zu Recht den Gesellschaftern gleichgestellt (vgl. § 2, 54f. und § 30, 55). Entsprechendes hat auch für die Anwendung von § 32a Abs. 3 zu gelten[223]. Die formale Übertragung der Mitgliedstellung auf einen Dritten als Treuhänder läßt das eigene Interesse des Treugebers an der GmbH als typischen Hintergrund für die Gewährung eigenkapitalersetzender Darlehen unberührt. Für eine Unterscheidung nach der Art der Treuhand (Sicherungs-, Verwaltungstreuhand u. a.) besteht kein Anlaß[224].

112 **β) Sonstige.** Bei anderen zur Gesellschaft in einer **mitgliedschaftsähnlichen Beziehung** stehenden Darlehensgebern ist nach Art und Intensität dieser Beziehung und der dadurch vermittelten Nähe zur Gesellschaft zu **differenzieren.** Einzubeziehen sind danach im Regelfall **Nießbraucher** (Anh. § 15, 58ff.), zumal wenn der Nießbrauch sich auf den ganzen Anteil bzw. auf dessen Ertrag erstreckt[225], sowie **Unterbeteiligte** (Anh.

---

[217] Ebenso BGHZ **81** 311, 315; *Kamprad* S. 43, *K. Schmidt* ZIP **1981** 694.

[218] So wohl *Roth* 5.5 und *Geßler* BB **1980** 1391.

[219] So aber *Scholz/Winter* 51, wohl auch *Beinert/Hennerkes/Binz* GmbH-Rdsch. **1981** 11 und *Menzel* AG **1982** 205; für eigenständigen, über § 32a hinausgehenden Liquiditätsschutz bei der Tochtergesellschaft im GmbH-Konzern *Hommelhoff* WM **1984** 1110ff.

[220] Zum (aktienrechtlichen) Unternehmensbegriff und zu seiner Anwendung auf Gesellschafter, die nicht selbst ein Handelsgeschäft betreiben, vgl. BGHZ **69** 334, 337f. = NJW **1978** 104; zur Abhängigkeit einer Gesellschaft von einer Mehrzahl herrschender Unternehmen vgl. BGHZ **62** 193, 196f. = NJW **1974** 855, und **74** 359, 366f. = NJW **1979** 2401.

[221] **AA** *Scholz/Winter* 52.

[222] Vgl. BGHZ **31** 258, 266f. = NJW **1960** 285; **75** 334, 336 = NJW **1980** 592.

[223] Ebenso *Scholz/Winter* 48.

[224] So auch *Scholz/Winter* 48.

[225] Gegen seine Einbeziehung in Abs. 3 aber *Scholz/Winter* 50. Zur Einbeziehung nach §§ 30, 31 vgl. § 30, 56.

§ 15, 35 ff.), deren Stellung im Verhältnis zum Hauptbeteiligten sich derjenigen eines GmbH-Gesellschafters mit entsprechenden Kontroll- und Mitwirkungsrechten nähert[226]. Entsprechendes kann je nach Lage des Falles für Partner einer **atypischen stillen Beteiligung** unter voller wirtschaftlicher Beteiligung am Vermögen und Ertrag der Gesellschaft[227] oder für Inhaber eines durch Verpfändung erlangten **Pfandrechts** am Geschäftsanteil (Anh. § 15, 39 ff.) gelten[228]. Für die Einbeziehung spricht in derartigen Fällen namentlich, daß der Dritte das Darlehen mit Rücksicht auf seine Nähe zur Gesellschaft oder aufgrund einer im Innenverhältnis eingegangenen Verpflichtung gegenüber der Gesellschaft gewährt[229].

Nicht zur Einbeziehung führt demgegenüber die Stellung als **typischer stiller** 113 **Gesellschafter**[230]. Er steht zur GmbH in einer darlehensähnlichen Beziehung, die für die Annahme einer Doppelrolle infolge der Hingabe eines Darlehens neben der stillen Beteiligung nicht ausreicht (vgl. auch Rdn. 94). Entsprechendes gilt bei sonstigen rein **schuldrechtlichen Beziehungen** zur Gesellschaft unabhängig von deren Intensität. Daher unterfällt auch die *Hausbank* nicht den Regelungen über Gesellschafterdarlehen, wenn sie nicht neben dem Kreditverhältnis über eine Beteiligung an der GmbH oder eine dieser entsprechende, mitgliedschaftsähnliche Beziehung verfügt[231].

IV. Gesellschafterbesicherte Drittdarlehen (§ 32 a Abs. 2)

1. Grundgedanke der Vorschrift

Durch § 32 a Abs. 2 wird die Regelung über Gesellschafterdarlehen mutatis mutandis 114 auf solche der Gesellschaft von Dritten gewährte Darlehen erstreckt, für die ein Gesellschafter eine Sicherung bestellt oder sich verbürgt hat. Hat ein derartiges Drittdarlehen oder eine ihm nach Abs. 3 gleichgestellte Rechtshandlung (Rdn. 90 ff.) eigenkapitalersetzende Funktion, so **muß der Dritte sich** im Konkurs oder Vergleich der Gesellschaft wegen seiner Befriedigung zunächst **an den Gesellschafter als Sicherungsgeber halten**. Befriedigung von der Gesellschaft kann er nur wegen desjenigen Teils seiner Darlehensforderung verlangen, mit dem er bei Verwertung der Sicherheit ausgefallen ist. Die Vorschrift ist im Ansatz der Regelung der §§ 64 KO, 27 VerglO nachgebildet, die einen absonderungsberechtigten Gläubiger ebenfalls zunächst auf die Verwertung der Sicherheit verweist und ihm die Quote nur in Bezug auf den eventuellen Ausfall gewährt[232].

Die ausdrückliche Erstreckung der Regelung über Gesellschafterdarlehen auf 115 gesellschafterbesicherte Drittdarlehen in § 32 a Abs. 2 trägt dem Umstand Rechnung, daß es sich insoweit um einen besonders **typischen Fall eigenkapitalersetzender Stützung der Gesellschaft durch ihre Gesellschafter** handelt. Ist die Kreditwürdigkeit der Gesellschaft gefährdet und kann die Gesellschaft zur Absicherung des begehrten Kredits keine ausreichenden eigenen Sicherheiten bieten, so sind Kreditinstitute und sonstige

---

226 Ähnlich *Scholz/Winter* 49.

227 Vgl. dazu BGHZ **7** 174, 178; **8** 156, 160; *Paulick* Handbuch der stillen Gesellschaft, 3. Aufl. 1981, S. 127, *Rasner* Die atypische stille Gesellschaft (1961), *Baumbach/Duden/Hopt* HGB[25] § 335, 1 C.

228 Ablehnend *Scholz/Winter* 50.

229 So auch *Scholz/Winter* 49 für den Fall der Unterbeteiligung.

230 BGH WM **1983** 594, 595; *Scholz/Winter* 42.

231 **AA** nur *Kruppa* aaO (Fn. 112); dagegen zutr. *K. Schmidt* ZIP **1983** 635 f.

232 Vgl. Begr. RegE, BT-Drucks. 8/1347, S. 40, wo auch gewisse Unterschiede gegenüber §§ 64 KO, 27 VerglO betont werden (dazu vgl. Rdn. 126).

Dritte, die der Gesellschaft nicht wie Gesellschafter nahestehen, zur Kreditgewährung in aller Regel nur bereit, wenn sich die *Gesellschafter* hierfür verbürgen oder eine Sicherheit aus ihrem persönlichen Vermögen bestellen. Dementsprechend hat die auf §§ 30, 31 gestützte *Rechtsprechung* zu eigenkapitalersetzenden Darlehen auch bisher schon die Fälle gesellschafterbesicherter Drittdarlehen mit einbezogen (vgl. Rdn. 147).

116 Dem Regelungshintergrund und dem Normzweck von § 32a (Rdn. 7) entsprechend **richtet sich § 32a Abs.** 2 nicht gegen den dritten Kreditgeber, sondern **gegen den sicherungsgebenden Gesellschafter**. Er soll mit seiner Sicherheit unabhängig von den getroffenen Sicherungsabreden *vorrangig* für die Rückzahlung des Darlehens einstehen (Rdn. 125f.) und dadurch die Konkursmasse entlasten. Auch kann er in der Insolvenz der Gesellschaft seinen Regreßanspruch wegen der Inanspruchnahme seiner Sicherheiten nicht durchsetzen (Rdn. 130). Zahlt die Gesellschaft das Darlehen vor der Insolvenz an den Dritten zurück, so muß der sicherungsgebende Gesellschafter den Betrag nach Maßgabe von § 32b an die Konkursmasse erstatten, um die durch die Rückzahlung eingetretene Schmälerung des Gesellschaftsvermögens auszugleichen (Rdn. 134ff.). — Der **dritte Kreditgeber** wird bei Abwicklung seines Kredits durch die Regelung zwar ebenfalls betroffen, da er seinen Rückzahlungsanspruch im Konkurs oder Vergleich der Gesellschaft nur in Höhe des Ausfalls anmelden und auf etwaige ihm von der Gesellschaft gewährte Sicherheiten nur nachrangig zugreifen kann (Rdn. 128f., 131ff.). Seine Rechte aus der Gesellschaftersicherheit werden dadurch jedoch nicht verkürzt. Auch muß er Beträge, die die Gesellschaft ihm zurückgezahlt hat, weder an diese erstatten noch ist er der Gläubigeranfechtung nach § 3b AnfG ausgesetzt.

2. Voraussetzungen

117 **a) Qualifiziertes Drittdarlehen.** Der Grundtatbestand des § 32a Abs. 2 erfordert die **Gewährung oder** die ihr entsprechende, auf Vereinbarung beruhende **Belassung eines Darlehens** (Rdn. 21ff.) durch den Dritten. Der Darlehensgewährung oder -belassung stehen nach Abs. 3 ihr wirtschaftlich entsprechende Rechtshandlungen (Rdn. 90ff.) des Dritten gleich. **Dritter** ist jeder Kreditgeber, der nicht zum Kreis der Gesellschafter oder der ihnen nach Abs. 3 gleichzubehandelnden Personen (Rdn. 106ff.) gehört. Hat ein *Gesellschafter* der Gesellschaft ein eigenkapitalersetzendes Darlehen gewährt und sich hierfür Sicherheiten von Mitgesellschaftern einräumen lassen, so ist er am Vorgehen gegen die insolvente Gesellschaft schon nach § 32a Abs. 1 gehindert und im Fall von Sicherungs- oder Befriedigungshandlungen der Anfechtung nach §§ 32a KO, 3b AnfG ausgesetzt. Diese geht einem Erstattungsanspruch der Gesellschaft gegen den sicherheitsgewährenden Mitgesellschafter nach § 32b vor.

118 Das Drittdarlehen oder die ihm wirtschaftlich entsprechende Rechtshandlung muß ferner **eigenkapitalersetzenden Charakter** haben. Es muß der Gesellschaft Mittel in einem Zeitpunkt zugeführt oder belassen haben, in dem ihr die Gesellschafter als ordentliche Kaufleute Eigenkapital zugeführt hätten. Die Konkretisierung dieses Maßstabs richtet sich nach entsprechenden Kriterien wie in Abs. 1 (Rdn. 42ff.); maßgebend ist in erster Linie, ob die Gesellschaft im fraglichen Zeitpunkt den Kredit auch *ohne Besicherung durch einen Gesellschafter* erhalten hätte. Dabei bildet der Umstand, daß der Dritte auf der Bestellung einer Sicherheit durch einen Gesellschafter bestanden hat, regelmäßig ein starkes **Indiz** für den eigenkapitalersetzenden Charakter des Kredits[233]. Auf die Kenntnis

---

[233] Einschränk. OLG Hamburg ZIP **1980** 911, 912 für den Fall, daß das Verlangen nach Gesellschafterbürgschaft durch die Gepflogenheiten der kreditgewährenden Bank veranlaßt ist.

vom eigenkapitalersetzenden Charakter des Darlehens oder auf sonstige subjektive Umstände in der Person des Dritten kommt es ebenso wie im Fall von Abs. 1 (Rdn. 54) nicht an[234].

b) Besicherung durch einen Gesellschafter. α) Person des Sicherungsgebers. Die Sicherung muß nach Abs. 2 durch einen **Gesellschafter** (Rdn. 31) bestellt sein. Auf den Nachweis von dessen unternehmerischem Eigeninteresse an der Gesellschaft kommt es ebensowenig an wie im Grundfall des Abs. 1 (Rdn. 32 ff.). Darüber hinaus werden nach Abs. 3 auch Sicherungen durch **Mittelspersonen**, verbundene Unternehmen und der Gesellschaft in mitgliedschaftsähnlicher Stellung **nahestehende Dritte** erfaßt (vgl. näher Rdn. 107 ff.). Als Sicherung durch eine wirtschaftlich für den Gesellschafter handelnde Mittelsperson ist es auch anzusehen, wenn der Gesellschafter eine Ausfall- oder Rückbürgschaft oder eine vergleichbare Sicherheit gegenüber dem dritten Sicherungsgeber übernommen oder ihm für die Stellung der Sicherung eine Entschädigung zugesagt oder gewährt hat[235]. 119

β) Arten der Sicherung. Der Begriff „Sicherung" wird in § 32a Abs. 2 ebenso wie in § 7 Abs. 2 S. 3 in einem **weiten Sinn** verwendet (vgl. § 7, 58). Darunter fallen nicht nur Sicherheiten iS von § 232 BGB, sondern auch sämtliche anderen **gegenständlichen Absicherungen** des kreditgewährenden Dritten gegen den Ausfall des Rückzahlungsanspruchs und der Nebenforderungen in der Insolvenz der Gesellschaft wie Sicherungsübereignung, Sicherungsabtretung, Wechselakzepte, Bestellung anderer als der in § 232 BGB genannten Grundpfandrechte u. a.[236]. Sicherungsabreden, die die Inanspruchnahme oder Verwertung der Sicherheiten einschränken oder vom vorherigen ergebnislosen Zugriff auf das Gesellschaftsvermögen abhängig machen, können das Eingreifen von § 32a Abs. 2 nicht ausschließen (Rdn. 127). Daher fallen auch **Ausfallsicherheiten** in den Anwendungsbereich dieser Vorschrift und führen zur vorrangigen Inanspruchnahme der Sicherheit durch den Kreditgeber in der Insolvenz der Gesellschaft[237]. 120

Neben den gegenständlichen Sicherungen (Rdn. 120) erfaßt § 32a Abs. 2 auch **Gesellschafterbürgschaften und sonstige persönliche**, die Haftung des Gesellschaftervermögens begründende **Sicherungen** des Darlehensgebers gegen den Forderungsausfall[238]. Auch insoweit kommt es auf die Einzelausgestaltung nicht an; die Einrede der Vorausklage ist in der Insolvenz der Gesellschaft unabhängig von § 32a Abs. 2 bereits nach § 773 Abs. 1 Nr. 3, 4 BGB ausgeschlossen. Zu den persönlichen Sicherheiten rechnen neben der Bürgschaft auch der *Kreditauftrag* (§ 778 BGB), das *Garantieversprechen* und der *Schuldbeitritt*[239]. Bei „harten", Leistungspflichten begründenden *Patronatserklärungen* kommt es darauf an, ob sie sich auf Kapitalausstattungszusagen zugunsten der GmbH beschränken, oder ob sie ausnahmsweise dem dritten Kreditgeber einen unmittelbaren Anspruch gegen den Erklärenden gewähren[240]. 121

γ) Doppelbesicherung. Durch die Einräumung einer Mehrzahl von Sicherheiten wird die Anwendbarkeit von § 32a Abs. 2 nicht berührt, solange sich unter den Sicherungsgebern auch **Gesellschafter** oder ihnen nach Abs. 3 gleichgestellte Personen befinden. Die Geltendmachung des gesicherten Anspruchs im Konkurs oder Vergleich der Gesellschaft unterliegt auch in derartigen Fällen den Beschränkungen des § 32a 122

---

234 So auch *Scholz/Winter* 123, *Kamprad* S. 37, *K. Schmidt* ZIP **1981** 693.

235 Ebenso *Scholz/Winter* 126, *Roth* 4.2.

236 EinhM, vgl. *Scholz/Winter* 127, *Roth* 4.2, *Kamprad* S. 38.

237 *Scholz/Winter* 136, *K. Schmidt* ZIP **1981** 693; im Erg. auch *Fastrich* NJW **1983** 260 ff., 263.

238 *Scholz/Winter* 127.

239 Für Einbeziehung von Kreditauftrag und Rückzahlungsgarantie auch *Scholz/Winter* 127.

240 Vgl. dazu näher *Obermüller* ZIP **1982** 915, 919 f. m. Beisp. und Nachw.

Abs. 2; der Ausgleich zwischen den Sicherungsgebern richtet sich nach allgemeinen Grundsätzen. Soweit der dritte Kreditgeber sich Sicherheiten sowohl der Gesellschaft als auch einzelner Gesellschafter hat bestellen lassen, muß er sich in der Insolvenz der Gesellschaft zunächst an die Gesellschaftersicherheiten halten (str., vgl. Rdn. 128 f.).

123 c) **Maßgeblicher Zeitpunkt.** Für die Gewährung der Sicherheit, die Gesellschaftereigenschaft des Sicherungsgebers und den eigenkapitalersetzenden Charakter des Drittdarlehens kommt es auf den Zeitpunkt von dessen **Gewährung oder Belassung** oder der ihnen gleichstehenden Rechtshandlungen an (vgl. Rdn. 35 ff., 55). **Nachträglich** für einen neuen Kredit gewährte Sicherheiten, die sich nach bankküblicher Vereinbarung auf „alle gegenwärtigen und künftigen Ansprüche" beziehen sollen und danach auch für einen **Altkredit** haften, machen diesen nur dann zu einem qualifizierten Drittdarlehen iS von Abs. 2, wenn sie sich mit einer zumindest konkludenten Vereinbarung über die Verlängerung oder Nichtkündigung des Altkredits verbinden (vgl. Rdn. 27, 29)[241].

124 d) **Beweislast.** Die Beweislast für das Vorliegen der Voraussetzungen von § 32a Abs. 2 trifft denjenigen, der sich gegenüber dem Rückzahlungsanspruch des Drittgläubigers auf sein Eingreifen beruft[242]. Er kann sich im Wege des Anscheinsbeweises auf das Sicherungsverlangen des Kreditgebers bei Darlehensgewährung oder -belassung stützen (Rdn. 118).

3. Vorrangige Inanspruchnahme des Sicherungsgebers

Schrifttum

Fastrich Ausfallsicherheiten als eigenkapitalersetzende Leistungen, NJW **1983** 260; *Feuerborn* Darlehen Dritter gem. § 32a Abs. 2 GmbHG bei Doppelbesicherung durch Gesellschafter und GmbH, BB **1982** 401; *Monßen* Darlehen Dritter gem. § 32a Abs. 2 GmbHG bei Doppelbesicherung durch Gesellschaft und Gesellschafter, DB **1981** 1603.

125 a) **Grundsatz.** § 32a Abs. 2 verweist den Darlehensgläubiger darauf, sich wegen seiner Forderungen aus dem Darlehen (Rückzahlung, Zinsen, Kosten u. a.) vorrangig an die vom Gesellschafter bestellten Sicherheiten zu halten. Die Verweisung beschränkt sich auf den **Konkurs oder Vergleich** der Gesellschaft, gewährt dieser aber schon im Vorverfahren (oder Sequestration) eine entsprechende Einrede (vgl. Rdn. 65). **Außerhalb** des Konkurs- oder Vergleichsverfahrens wird die Durchsetzbarkeit der Darlehensansprüche des dritten Kreditgebers durch die Bestellung von Gesellschaftersicherheiten vorbehaltlich etwaiger Schranken aus der Sicherungsabrede **nicht** berührt. **Zulässig** bleibt auch die nach Eröffnung des Konkurs- oder Vergleichsverfahrens erklärte **Aufrechnung** des Kreditgebers mit einer vor der Insolvenz erlangten Gegenforderung gegen die Gesellschaft, da sie sich außerhalb des Konkursverfahrens vollzieht[243]. Die für § 32a Abs. 1 bejahte Ausdehnung der Durchsetzungssperre auf die Aufrechnung durch den darlehensgewährenden *Gesellschafter* (Rdn. 68) ist für den Fall des Abs. 2 nicht veranlaßt[244]. Der Erstattungsanspruch des § 32b gegen den sicherungsgewährenden Gesellschafter, der auch im Falle der Aufrechnung eingreift (Rdn. 136), trägt dem Gläubigerschutzzweck der Regelung über Gesellschafterdarlehen hinreichend Rechnung. Einer weiteren Verkürzung der Rechtsstellung des dritten Kreditgebers, wie es der Aufrechnungsausschluß

---

241 So zutr. OLG Stuttgart WM **1984** 835, 836; nur auf den Zeitpunkt der Kreditgewährung abstellend *Scholz/Winter* 128 f.

242 OLG Hamburg WM **1984** 1088; *Scholz/Winter* 130; vgl. auch Rdn. 62.

243 Vgl. die Nachw. in Fn. 129.

244 Ebenso *Scholz/Winter* 138, *Roth* 4.3; zur abw. Rechtslage bei der Inanspruchnahme von Gesellschaftssicherheiten vgl. Rdn. 128.

bedeuten würde, bedarf es nicht. — Zur Doppelsicherung durch Gesellschafter und Gesellschaft vgl. Rdn. 128 f.

Die vorrangige Verweisung des dritten Kreditgebers an den sicherungsgewährenden Gesellschafter in § 32 a Abs. 2 ist **zwingender Natur**. Sie kann nicht durch Abreden zwischen Darlehensgläubiger und Sicherungsgeber nach Art der Ausfallbürgschaft beseitigt werden (Rdn. 127). Aus denselben Gründen läßt auch ein **Verzicht des Kreditgebers auf die** vom Gesellschafter bestellten **Sicherheiten** den Einwand des § 32 a Abs. 2 abweichend von §§ 64 KO, 27 VerglO unberührt[245]. Für das Eingreifen von § 32 a Abs. 2 kommt es nur darauf an, daß dessen Voraussetzungen (noch) im Zeitpunkt der *Gewährung oder Belassung* des gesicherten Darlehens vorlagen (Rdn. 123). Der Verzicht ist daher zwar im Verhältnis zum Sicherungsgeber wirksam, beläßt es gegenüber der Gesellschaft jedoch dabei, daß der Kreditgeber nur in Höhe des — von ihm nachzuweisenden (Rdn. 132) — hypothetischen Ausfalls am Konkurs- oder Vergleichsverfahren teilnehmen kann[246]. 126

b) Einwendungen des Sicherungsgebers. Die Einwendungen des Sicherungsgebers bei Inanspruchnahme durch den Kreditgeber richten sich *grundsätzlich* nach der Sicherungsabrede, im Falle akzessorischer Sicherheiten auch nach der Durchsetzbarkeit der gesicherten Forderung (§§ 768, 770, 1137, 1211 BGB). Für die Besicherung eigenkapitalersetzender Drittdarlehen gilt das uneingeschränkt im Verhältnis des beteiligten Gesellschafters zu *dritten* Sicherungsgebern; insoweit bleiben Vorrangvereinbarungen durch § 32 a Abs. 2 unberührt[247]. Das Eingreifen von **§ 32 a Abs. 2** hat nur die Folge, daß der sicherungsgewährende Gesellschafter sich nicht darauf berufen kann, für den Ausfall des Kreditgebers bei der GmbH nur **subsidiär** einstehen zu wollen. Derartige Abreden sind im Konkurs oder Vergleich der Gesellschaft mit Rücksicht auf die zwingende Geltung des § 32 a Abs. 2 **unbeachtlich**[248]; der Konstruktion eines auf primäre Leistung an den Kreditgeber gerichteten „Freistellungsanspruchs" der Gesellschaft gegen den Gesellschafter[249] bedarf es hierfür nicht. Auf das Leistungsverweigerungsrecht der Gesellschaft aus § 32 a Abs. 2 kann der Sicherungsgeber sich auch im Fall *akzessorischer* Sicherheiten *nicht* berufen. Das folgt aus dem besonderen Gläubigerschutzzweck der Norm sowie aus dem Umstand, daß die Darlehensforderung nach § 32 a Abs. 2 auch gegenüber der Gesellschaft durchsetzbar bleibt, soweit der Kreditgeber bei Verwertung der Sicherheit einen Ausfall erleidet[250]. 127

c) Verhältnis zu Sicherheiten der Gesellschaft. Für den — nicht seltenen — Fall, daß der dritte Darlehensgläubiger sich **Sicherheiten sowohl von der Gesellschaft als auch von Gesellschaftern** hat einräumen lassen, sind die Rechte des Gläubigers als Sicherungsnehmer **umstritten**; in § 32 a Abs. 2 ist der Fall nicht geregelt. Nach der **einen** Ansicht schränkt § 32 a Abs. 2 nur die Geltendmachung des *obligatorischen* Darlehensanspruchs im Konkurs oder Vergleich der Gesellschaft ein, während er das konkursfeste Verwertungsrecht des Sicherungsnehmers unberührt läßt[251]. Der **Gläubiger** ist danach in der **Wahl** seines Vorgehens frei, soweit die verschiedenen Sicherungsabreden nicht 128

---

245 Ganz hM, vgl. schon Begr. RegE, BT-Drucks. 8/1347, S. 40 re. Sp.; so auch *Scholz/Winter* 135, *Roth* 4.1, *Kamprad* S. 38 f., *K. Schmidt* ZIP **1981** 693; **aA** *Fastrich* NJW **1983** 263 f.

246 Ebenso *Scholz/Winter* 135, *Roth* 4.1; für Unwirksamkeit des Verzichts anscheinend aber *Kamprad* S. 38 f. und *K. Schmidt* ZIP **1981** 693.

247 So auch *Scholz/Winter* 136.

248 HM, vgl. *Scholz/Winter* 136, *K. Schmidt* ZIP **1981** 693.

249 So *Fastrich* NJW **1983** 263.

250 Gegen die Behandlung von § 32 a Abs. 2 als Einrede iS von § 1137 BGB auch *Feuerborn* BB **1982** 402.

251 So LG Ulm WM **1983** 1120, *Scholz/Winter* 137 und *Roth* 4.3.

eine bestimmte Reihenfolge der Verwertung festlegen. Entscheidet der Gläubiger sich für die primäre Verwertung der Gesellschaftssicherheit, so soll der Gesellschafter analog § 32 b der Gesellschaft denjenigen Betrag erstatten, um den er durch Inanspruchnahme der Gesellschaftssicherheit entlastet worden ist[252]. Demgegenüber spricht sich die **Gegenansicht** für eine analoge Anwendung von § 32 a Abs. 2[253] bzw. für den Rückgriff auf den Schutzzweck des Gesetzes[254] aus; sie verweist den Gläubiger mit dieser Begründung auf die **vorrangige Inanspruchnahme der Gesellschaftersicherheit.** Nur in Höhe des sich danach ergebenden Ausfalls soll er auf die Gesellschaftssicherheit zurückgreifen können[255].

129 Die **Stellungnahme** hat davon auszugehen, daß eine Lösung der Streitfrage unter Rückgriff auf allgemeine Grundsätze nicht möglich ist. Im Unterschied zur Verwertung von Sicherheiten, die die Gesellschaft einem *Gesellschafter* für ein eigenkapitalersetzendes Darlehen gewährt hat, scheidet die Berufung auf die Sicherungsabrede oder den Bereicherungseinwand (Rdn. 69) wegen des nur dilatorischen Charakters des Einwands aus § 32 a Abs. 2 aus[256]. Auch der Rückgriff auf die Grundsätze der §§ 30, 31 hilft nicht unmittelbar weiter[257]; das Auszahlungsverbot kann Dritten nur entgegengesetzt werden, soweit die Erfüllung einer *causa societatis* eingegangenen Verbindlichkeit in Frage steht (vgl. Rdn. 152; allg. auch § 30, 53). Angesichts der Wertung des § 32 a Abs. 2 und des mit ihm verfolgten Gläubigerschutzzwecks (Rdn. 116) besteht somit eine **Regelungslücke**. Sie ist anders als im Fall der Aufrechnung (Rdn. 125) im Sinne **vorrangiger Verwertung der Gesellschaftersicherheit** zu lösen. Den damit verbundenen Nachteil, sich nicht sofort an die u. U. liquidere und werthaltigere Gesellschaftssicherheit halten zu können, muß der Darlehensgläubiger als Konsequenz davon in Kauf nehmen, daß er sich auch Gesellschaftersicherheiten hat einräumen lassen (Rdn. 116); anderes gilt freilich dann, wenn die Besicherung durch die Gesellschaft zur Verneinung des eigenkapitalersetzenden Charakters des Darlehens führt (Rdn. 51, 118). Die Verwertung von Gesellschaftssicherheiten durch den Darlehensgläubiger unter Nichtbeachtung von deren nachrangiger Haftung begründet einen Erstattungsanspruch der Gesellschaft gegen den sicherungsgewährenden Gesellschafter analog § 32 b in Höhe des Erlöses[258]. — Soweit der Darlehensgläubiger sich wegen des Ausfalls bei der Verwertung der Gesellschaftersicherheit an die Gesellschaft halten kann (Rdn. 131), bleibt ihm auch der Zugriff auf die Gesellschaftssicherheit erhalten. Anstelle eines Selbstverwertungsrechts im Konkurs der GmbH nach § 127 Abs. 2 KO steht ihm in derartigen Fällen ein Ersatzabsonderungsrecht nach § 127 Abs. 1 KO an dem vom Konkursverwalter erzielten Erlös zu[259].

130 **d) Regreßanspruch des Gesellschafters.** Bestellt ein Gesellschafter auf Veranlassung der Gesellschaft einem dritten Kreditgeber eine Sicherung, so steht ihm grundsätzlich nach § 670 BGB ein Regreßanspruch gegen die Gesellschaft zu. Hinzukommt bei akzessorischen Sicherheiten der gesetzliche Übergang der gesicherten Forderung auf den Sicherungsgeber, wenn er den Gläubiger befriedigt (vgl. §§ 774, 1143, 1225 BGB). Die

---

252 *Scholz/Winter* und *Roth* aaO (Fn. 251).

253 So *Monßen* DB **1981** 1604 f. und *K. Schmidt* ZIP **1981** 694; offenlassend OLG Stuttgart WM **1984** 835, 836.

254 So *Feuerborn* BB **1982** 406 mit dem Vorbehalt, daß der Konkursverwalter den Gläubiger entsprechend § 32 a S. 1 KO auf den Vorrang der Gesellschaftersicherung verweist; ebenso im Erg. *Böhle-Stamschräder/Kilger* KO[14] § 32 a, 7.

255 *Böhle-Stamschräder/Kilger* KO[14] § 32 a, 7, *Monßen* DB **1981** 1604.

256 So zutr. *Feuerborn* BB **1982** 401.

257 Ebenso *Feuerborn* BB **1982** 403 f., *Monßen* DB **1981** 1604.

258 Vgl. dazu LG Kiel WM **1984** 805, 806.

259 Vgl. *Böhle-Stamschräder/Kilger* KO[14] § 32 a, 7.

Ansprüche bestehen auch in der Insolvenz der Gesellschaft[260]. Sie können jedoch **im Konkurs oder Vergleich nicht durchgesetzt** werden. Das war in § 32a Abs. 4 S. 2 RegE GmbHG ausdrücklich angeordnet, ergibt sich aber auch ohne eine solche Vorschrift aus dem Sinn und Zweck der §§ 32a Abs. 2, 32b[261]. Dementsprechend kann der Gesellschafter auf einen derartigen Rückgriffsanspruch auch keinen Konkursantrag nach § 105 KO stützen[262]. — Die Vorschrift des § 32a Abs. 1 S. 2 über die Erstreckung der Wirkungen eines (Zwangs-)Vergleichs auf die Darlehensforderung des Gesellschafters (Rdn. 70) ist auf diesen Anspruch entsprechend anzuwenden.

4. Konkurs-/Vergleichsforderung beschränkt auf den Ausfall

a) Grundlagen. Die Beschränkung der Geltendmachung der gesellschafterbesicherten Forderung auf den Ausfall, den der Gläubiger bei Verwertung der Sicherung erleidet, gilt nur im **Konkurs und Vergleich** der Gesellschaft sowie in einem ihnen vorangehenden Vorverfahren (Rdn. 125). Solange die Insolvenz der Gesellschaft noch nicht eingetreten ist, unterliegt der Gläubiger keinen Beschränkungen in der Geltendmachung seiner Rechte. Zahlungen an ihn können aber zu Erstattungsansprüchen der Gesellschaft gegen den Sicherungsgeber nach Maßgabe von § 32b führen (Rdn. 134 ff.). **131**

b) Höhe. Die Geltendmachung der Ansprüche des Darlehensgläubigers (Rdn. 125) im Konkurs oder Vergleich der Gesellschaft beschränkt sich auf den Betrag, mit dem er bei der Inanspruchnahme der Sicherung oder des Bürgen **ausgefallen** ist. Abweichend von der bisherigen Praxis[263] scheidet daher die entsprechende Anwendung der §§ 68 KO, 32 VerglO aus, die es dem Gläubiger gestatten, ungeachtet der schuldnerfremden Sicherung seinen vollen Anspruch zur Konkurstabelle anzumelden und dafür bis zur Gesamthöhe seiner Forderung verhältnismäßige Befriedigung zu verlangen[264]. Der Nachweis des Ausfalls ist Sache des Gläubigers (vgl. auch Rdn. 138). **132**

c) Zeitpunkt der Anmeldung. Bis zur Realisierung des Ausfalls ist die entsprechende Forderung des Gläubigers als *aufschiebend bedingte* (§ 67 KO) zu behandeln. Sie kann in der vom Gläubiger glaubhaft zu machenden Höhe des voraussichtlichen Ausfalls **alsbald** angemeldet werden und berechtigt den Gläubiger dazu, sich am Konkurs- oder Vergleichsverfahren zu beteiligen und die entsprechenden Mitwirkungsrechte auszuüben[265]. Vor Realisierung des Ausfalls kann der Gläubiger entsprechend § 67 KO nur **Sicherung** verlangen. Den Anspruch auf anteilige **Befriedigung** oder auf Ersatzabsonderung des anteiligen Erlöses aus der Verwertung einer Gesellschaftssicherheit (Rdn. 129 aE) kann er erst durchsetzen, wenn und soweit nach Inanspruchnahme des Bürgen oder der Sicherung nachweislich feststeht, daß und in welcher Höhe ein Ausfall eingetreten ist[266]. **133**

---

260 **AA** *Fastrich* NJW **1983** 263, anscheinend auch *K. Schmidt* ZIP **1981** 693, die einen Regreßanspruch des Sicherungsgebers gegen die Gesellschaft gänzlich ausschließen.

261 So unter Hinweis auf § 32a Abs. 1 im Erg. auch *Scholz/Winter* 139, *Roth* 4.2, *Geßler* ZIP **1981** 230; ebenso im Rahmen von §§ 30, 31 BGHZ **67** 171, 182 = NJW **1977** 104; **81** 252 (255 ff., 259) = NJW **1981** 2570.

262 LG München ZIP **1983** 66.

263 Vgl. RGZ **156** 271, 278, BGH WM **1969** 1346, 1347; *Böhle-Stamschräder/Kilger* KO[14] § 68, 4, *Mentzel/Kuhn/Uhlenbruck* KO[9] § 68, 3.

264 Ebenso *Scholz/Winter* 132, *Böhle-Stamschräder/Kilger* KO[14] § 32a, 4.

265 So zutr. auch *Scholz/Winter* 133 gegen *Böhle-Stamschräder/Kilger* KO[14] § 32a, 4 und *Roth* 4.1.

266 So für den Anspruch auf anteilige Befriedigung auch *Scholz/Winter* 134.

5. Erstattungsanspruch der Gesellschaft gegen den Sicherungsgeber (§ 32 b)

134 **a) Voraussetzungen. α) Gesellschafterbesichertes Drittdarlehen.** Erste Voraussetzung für den Erstattungsanspruch gegen den Gesellschafter ist nach § 32 b S. 1, daß das Drittdarlehen, auf das die Rückzahlung erfolgte, zu den gesellschafterbesicherten eigenkapitalersetzendern Drittdarlehen iS von § 32 a Abs. 2 oder zu den ihnen nach § 32 a Abs. 3 gleichgestellten, wirtschaftlich entsprechenden Rechtshandlungen gehörte. Auf die Erläuterungen hierzu wird verwiesen (Rdn. 117 ff.).

135 **β) Konkurseröffnung.** Der Erstattungsanspruch beschränkt sich auf Rückzahlungen, die im letzten Jahr vor der Konkurseröffnung an den Darlehensgläubiger geleistet worden sind (§ 32 b S. 1). Er setzt somit voraus, daß es zur **Eröffnung des Konkursverfahrens** kommt. Im konkursabwendenden **Vergleich** greift er **nicht** ein. Entsprechendes gilt, wenn der **Konkursantrag mangels Masse abgelehnt** wird. Da in derartigen Fällen auch nicht mit einer Gläubigeranfechtung geholfen werden kann, § 3 b AnfG sich vielmehr auf die Anfechtbarkeit von Sicherungs- und Befriedigungsleistungen der GmbH an den Gesellschafter beschränkt (Rdn. 76 f.), liegt aus der Sicht der Neuregelung eine Regelungslücke vor. Sie wird sich bei Konkursablehnung mangels Masse freilich meist durch Rückgriff auf §§ 30, 31 schließen lassen, da die mit der Rückzahlung verbundene Entlastung des sicherungsgewährenden Gesellschafters in derartigen Fällen regelmäßig in einem Zeitpunkt erfolgt sein wird, in dem das Gesellschaftsvermögen das Stammkapital nicht mehr voll deckte (Rdn. 156).

136 **γ) Rückzahlung vor der Insolvenz.** Der Begriff der „Rückzahlung" in § 32 b S. 1 ist **weit** zu fassen. Da der Zweck der Vorschrift dahin geht, Schmälerungen der Konkursmasse durch Befriedigung des Darlehensgebers vor Ausbruch der Insolvenz zu verhindern (Rdn. 116), erfaßt er nicht nur **Erfüllungshandlungen** der Gesellschaft nach §§ 362 bis 364 BGB[267], sondern auch **Erfüllungssurrogate** zu Lasten des Gesellchaftsvermögens (Hinterlegung, Aufrechnung u. a.), die zum Freiwerden der Gesellschaftersicherung oder zur Befreiung des Gesellschafters von der Bürgenhaftung führen[268]. Auf die Fälligkeit des Rückzahlungsanspruchs im Zeitpunkt der Erfüllung kommt es nicht an[269].

137 **δ) Jahresfrist.** Erstattung kann nach § 32 b S. 1 nur für solche Rückzahlungen und ihnen gleichstehende Erfüllungssurrogate verlangt werden, die **im letzten Jahr vor Konkurseröffnung** erfolgt sind[270]. Maßgebender Zeitpunkt ist nicht die Vornahme der Erfüllungshandlung, sondern der Eintritt der Gläubigerbefriedigung[271]. Die Frist berechnet sich nach § 187 Abs. 1 BGB anhand des im Konkurseröffnungsbeschluß angegebenen Eröffnungszeitpunkts (§ 108 KO)[272]. Im Falle eines **Anschlußkonkursverfahrens** nach vorheriger Eröffnung des Vergleichsverfahrens tritt an die Stelle der Konkurseröffnung der Tag der **Vergleichseröffnung**; § 107 Abs. 2 VerglO ist insoweit analog anwendbar. Zur Frage der Nichteinrechnung des Zeitraums eines Sequestrationsverfahrens in die Jahresfrist analog §§ 107 Abs. 2 VerglO, 46 c KWG vgl. Rdn. 78. Ist die Jahresfrist im Zeitpunkt der Konkurseröffnung verstrichen, so bleibt je nach Lage des Falles noch die Möglichkeit, Erstattung vom freigewordenen Gesellschafter nach §§ 30, 31 zu verlangen (Rdn. 156).

---

267 So auch *Roth* § 32 b, 2.2.

268 Ebenso *Scholz/Winter* 141.

269 *Scholz/Winter* 141.

270 **AA** — für fünfjährige Frist entsprechend § 31 Abs. 5 — aber *Rob. Fischer* § 32 b.

271 So auch *Scholz/Winter* 142, *Roth* § 32 b, 2.3.

272 Vgl. zur Berechnung der vergleichbaren Jahresfrist in § 31 Nr. 2 KO *Böhle-Stamschräder/Kilger* KO[14] § 31, 15 und *Mentzel/Kuhn/Uhlenbruck* KO[9] § 31, 29; **aA** — gegen Anwendung von § 187 Abs. 1 BGB — *Scholz/Winter* 142.

b) Höhe. Zu erstatten ist nach § 32 b S. 1 grundsätzlich der **zurückgezahlte Betrag**, d. h. das Kapital einschließlich der Nebenforderungen (Zinsen, Kosten u. a.)[273]. Der Anspruch **beschränkt sich** jedoch nach **§ 32 b S. 2** im Fall der **Bürgschaft** oder der ihr gleichzustellenden persönlichen Sicherung (Rdn. 121) auf den Betrag der Bürgschaft oder der ihr entsprechenden Zahlungsverpflichtung des Gesellschafters. Auf die Zahlungs*fähigkeit* des Bürgen kommt es für die Anspruchshöhe *nicht* an[274]. Bei **anderen Sicherungen** richtet sich die höhenmäßige Beschränkung nach dem ihnen im Zeitpunkt der Rückzahlung zukommenden Wert. Der Berechnung ist die nach Sicherungsvertrag oder Gesetz maßgebende Art der Verwertung zugrundezulegen[275]. Die Beweislast für einen hinter der Rückzahlung zurückbleibenden Wert der Sicherheit trifft den Gesellschafter, der sich auf die höhenmäßige Beschränkung des Anspruchs nach § 32 b S. 2 beruft[276]. – Bei **Teilrückzahlungen** sind diejenigen noch offenen Forderungen des Darlehensgläubigers in Abzug zu bringen, für die der Bürge oder die Sicherung weiter haftet[277]. Insoweit verbleibt es nach Konkurs- oder Vergleichseröffnung bei der Verweisung des Darlehensgläubigers auf die vorrangige Inanspruchnahme des Bürgen oder der Sicherung nach § 32 a Abs. 2. 138

c) Ersetzungsbefugnis. Nach **§ 32 b S. 3** kann sich der Gesellschafter von der Erstattungspflicht dadurch befreien, daß er der Gesellschaft die durch die Rückzahlung freigewordenen Sicherungsgegenstände zur Befriedigung zur Verfügung stellt. Erforderlich ist die Einräumung einer Rechtsstellung, wie sie dem Darlehensgläubiger aufgrund der Sicherungsabrede zustand; einer Übertragung des Vollrechts bedarf es nicht[278]. Der Erstattungsanspruch der Gesellschaft erlischt nicht bereits mit der Erklärung des Gesellschafters, ihr die Sicherungsgegenstände überlassen zu wollen; die Vorschriften über die Wahlschuld (§§ 262 ff. BGB) sind nicht anwendbar[279]. Geht ein Sicherungsgegenstand vor seiner Überlassung an die Gesellschaft unter, so bleibt der Gesellschafter insoweit zur Zahlung verpflichtet. Einen den Rückzahlungsbetrag (Rdn. 138) und die Verwertungskosten übersteigenden Erlös sowie etwaige nicht zur Befriedigung benötigte Sicherungsgegenstände hat die Gesellschaft dem Gesellschafter nach erfolgter Verwertung zurückzugewähren. 139

d) Regreßanspruch des Gesellschafters. Durch die Erstattung nach § 32 b oder die Überlassung der Sicherheiten an die Gesellschaft zum Zwecke der Verwertung soll der Zustand hergestellt werden, der bestehen würde, wenn das eigenkapitalersetzende gesellschafterbesicherte Drittdarlehen nicht vor Konkurseröffnung zurückgezahlt worden wäre. Der sicherungsgewährende Gesellschafter soll nicht besser, aber auch nicht schlechter stehen als ohne die Rückzahlung. Ihm steht daher bei Leistung nach § 32 b ein Regreßanspruch gegen die Gesellschaft ebenso zu, wie wenn er den Darlehensgläubiger befriedigt oder die Verwertung der Sicherungen durch ihn geduldet hätte (vgl. Rdn. 130). Der Rechtsgrund dieses in § 32b nicht geregelten Anspruchs ist zweifelhaft[280]; am nächsten liegt es, ihn ebenso wie im Rahmen von § 32 a Abs. 2 auf § 670 BGB zu stützen. Hinsichtlich der **Geltendmachung** des Anspruchs gelten dieselben **Schranken** wie nach § 32 a Abs. 1; sie ist ausgeschlossen, solange das Konkursverfahren nicht beendet 140

---

273 Ebenso *Roth* § 32 b, 3; **aA** – auf den Umfang der Sicherungsabrede abstellend – *Scholz/Winter* 145.

274 So auch *Scholz/Winter* 146.

275 *Scholz/Winter* 146.

276 Ebenso *Scholz/Winter* 146.

277 *Scholz/Winter* 147.

278 Ebenso *Scholz/Winter* 149.

279 Zum Unterschied zwischen Wahlschuld und Ersetzungsbefugnis und zur Ausübung der Befugnis durch Bewirken der Leistung vgl. MünchKomm.-*Keller* BGB § 262, 9 ff. und § 263, 9.

280 Für Bereicherungsanspruch *Scholz/Winter* 150.

ist (LG München ZIP **1983** 66; vgl. Rdn. 130). § 32a Abs. 1 S. 2 über die Erstreckung der Wirkungen eines Zwangsvergleichs (Rdn. 70) gilt auch für diesen Anspruch.

V. Die Anwendung der §§ 30, 31 auf Gesellschafterdarlehen

Schrifttum

Vgl. die Nachw. vor Rdn. 1 und in Anh. § 30 (vor Rdn. 1). Ferner: *Farrenkopf/Cahn* Die Rechtsprechung des BGH zu den sog. kapitalersetzenden Gesellschafterdarlehen bei der GmbH und §§ 30f. GmbHG, AG **1983** 151; *Lutter/Hommelhoff* Nachrangiges Haftkapital und Unterkapitalisierung in der GmbH, ZGR **1979** 31; *Ulmer* Gesellschafterdarlehen und Unterkapitalisierung bei GmbH und GmbH & Co KG, Festschrift für Konrad Duden (1977), S. 661.

1. Grundlagen

141 Das in **§ 30 Abs. 1** enthaltene Verbot, das zur Erhaltung des Stammkapitals erforderliche Vermögen an die Gesellschafter zurückzuzahlen, enthält die **zentrale Vorschrift des GmbHG zur Sicherung des Haftungsfonds der Gesellschaft** vor Schmälerungen durch die Gesellschafter. Es steht Leistungen jeder Art entgegen, die die Gesellschaft an die Gesellschafter oder auf deren Veranlassung an Dritte erbringt, wenn diese Leistungen ihren Rechtsgrund *nicht* in einem entgeltlichen, keinen Bezug zum mitgliedschaftlichen Bereich aufweisenden sog. *Drittgeschäft* haben (§ 30, 36), sondern auf der Gesellschafterstellung beruhen, und wenn sie zur Entstehung oder Vergrößerung einer *Unterbilanz* bei der Gesellschaft führen (vgl. näher § 30, 13ff., 35ff.). Verstöße gegen das Rückzahlungsverbot des § 30 Abs. 1 begründen einen Erstattungsanspruch der Gesellschaft gegen den Zahlungsempfänger nach § 31 Abs. 1 und 2, für den die Mitgesellschafter die subsidiäre Ausfallhaftung nach § 31 Abs. 3 tragen.

142 Das Eingreifen der §§ 30, 31 gegenüber der Geltendmachung von Ansprüchen aus **kapitalersetzenden Gesellschafterdarlehen** und ihnen wirtschaftlich entsprechenden Rechtsgeschäften ist seit BGHZ **31** 258, 272f. = NJW **1960** 285 in ständ. Rspr. anerkannt[281]. Diese Rechtsprechung beruht darauf, daß die aus derartigen Geschäften resultierenden Ansprüche der Gesellschafter gegen die GmbH ihren **Rechtsgrund nicht in einem entgeltlichen Drittgeschäft** haben, sondern durch die mitgliedschaftliche Beziehung zwischen den Beteiligten bedingt sind. Liegen die Voraussetzungen eines *causa societatis* eingegangenen, der Kapitalausstattung der Gesellschaft dienenden Geschäfts vor (vgl. näher Rdn. 144ff.), so sind für Leistungen, die die Gesellschaft hierauf an die Gesellschafter oder zu ihren Gunsten an Dritte erbringt, die Schranken des § 30 Abs. 1 zu respektieren (Rdn. 150ff.). Das gilt auch dann, wenn die Gesellschaft sich vertraglich zur (Rück-)Zahlung gegenüber dem Gesellschafter verpflichtet hat und die Leistung sich in der GmbH-Bilanz nicht nur in der Verminderung der Aktiva, sondern auch in einer entsprechenden Herabsetzung der Passiva auswirkt. Voraussetzung für das Eingreifen der §§ 30, 31 ist allerdings das *Vorhandensein oder die Entstehung einer Unterbilanz* (bzw. der Überschuldung) der Gesellschaft bei oder infolge der Rückforderung des Darlehens (Rdn. 148). Für das Vorliegen dieser Voraussetzung ist es unerheblich, ob die — beim

[281] Vgl. BGHZ **67** 171, 174f. = NJW **1977** 104; **75** 334, 336f. = NJW **1980** 592; **76** 326, 329 = NJW **1980** 1524; **81** 252, 255f. = NJW **1981** 2570; **81** 311, 314f. = NJW **1982** 383; **81** 365, 366f. = NJW **1982** 386.

Eingreifen von § 30 Abs. 1 undurchsetzbare — Rückzahlungsverpflichtung der GmbH als Passivposten in der GmbH-Bilanz ausgewiesen ist oder nicht (Rdn. 149).

Die dem Gläubigerschutz dienenden, grundlegenden Vorschriften der **§§ 30, 31** sind **143**
durch die Einführung der **§§ 32a, 32b** im Zuge der GmbH-Novelle nicht etwa eingeschränkt worden, soweit eigenkapitalersetzende Gesellschafterdarlehen in Frage stehen, sondern gelten unverändert fort. Das hat zur Folge, daß **beide Regelungskomplexe** nebeneinander anwendbar sind und **sich überlagern**, wenn ihre jeweiligen Voraussetzungen gegeben sind (BGH NJW **1984** 1891, 1893; vgl. näher Rdn. 11 f.). Praktische Bedeutung kommt dem Eingreifen der §§ 30, 31 neben den *Sondervorschriften der §§ 32a, 32b für Gesellschafterdarlehen* vor allem deshalb zu, weil diese sowie die hierauf bezogenen Anfechtungstatbestände der §§ 32a KO, 3b AnfG gesetzlich *unvollkommen ausgestaltet* sind. Insbesondere steht der Gesellschaft nach den gesetzlichen Vorschriften im Zeitraum *vor* Konkurs- oder Vergleichseröffnung *kein* Leistungsverweigerungsrecht gegenüber dem Darlehensgläubiger zu. Auch ist die einjährige Frist für die Abgrenzung der von der Konkursanfechtung erfaßten Darlehensrückzahlungen nach § 32a S. 2 KO außerordentlich kurz, zumal sie nach gesetzlicher Regel nicht schon ab Stellung des Konkursantrags berechnet wird, sondern erst von dem — häufig wesentlich später liegenden — Zeitpunkt der formellen Konkurseröffnung an (Rdn. 78). Während des Vergleichsverfahrens scheidet eine Anfechtung nach §§ 32a KO, 3b AnfG schlechthin aus (Rdn. 75). Schließlich setzt auch der in § 32b geregelte Erstattungsanspruch der Gesellschaft gegen die durch Darlehensrückzahlung freigewordenen Gesellschafter als Sicherungsgeber für Fremddarlehen voraus, daß es zur Eröffnung des GmbH-Konkurses kommt. Er entfällt nicht nur im Rahmen eines Vergleichsverfahrens über das GmbH-Vermögen, sondern vor allem auch dann, wenn der GmbH-Konkurs mangels Masse abgelehnt wird (Rdn. 135). — Zum Verhältnis zwischen dem Erstattungsanspruch des § 31 Abs. 1 und den auf eigenkapitalersetzende Gesellschafterdarlehen bezogenen Anfechtungstatbeständen der GmbH-Novelle vgl. Rdn. 155.

2. Voraussetzungen

a) Rechtsgeschäfte causa societatis. α) Allgemeines. Das Eingreifen der §§ 30, **144**
31 setzt voraus, daß die von den Gesellschaftern geforderten oder ihnen gegenüber von der GmbH erbrachten Leistungen ihren Rechtsgrund nicht in einem gewöhnlichen „Drittgeschäft" haben, sondern in einer causa societatis eingegangenen Leistungsbeziehung (vgl. Rdn. 142 und § 30, 36). Das ist bei eigenkapitalersetzenden Gesellschafterdarlehen angesichts der hierfür kennzeichnenden **Doppelrolle** der Darlehensgeber **als Gesellschafter und Gläubiger** (Rdn. 7) stets der Fall. Zur *Abgrenzung* des Kreises der danach relevanten Rechtsgeschäfte kann im wesentlichen auf die Erläuterungen zu § 32a Abs. 1 bis 3 verwiesen werden, da die Ausgestaltung dieser Vorschriften und ihre Auslegung sich ihrerseits an der zu §§ 30, 31 entwickelten Rechtsprechung über Gesellschafterdarlehen orientieren (Rdn. 7). Dabei ist entsprechend § 32a Abs. 1 und 2 zwischen Gesellschafterdarlehen (Rdn. 145 f.) und gesellschafterbesicherten Drittdarlehen (Rdn. 147) zu differenzieren. Vgl. dazu auch schon Anh. § 30, 68 ff., 78 ff., 92 ff.

β) Eigenkapitalersetzende Gesellschafterdarlehen. Das Eingreifen von § 30 **145**
Abs. 1 setzt das Fordern oder Bewirken einer nicht auf einem gewöhnlichen Austauschgeschäft beruhenden Leistung der Gesellschaft zugunsten des Gesellschafters voraus (§ 30, 35 f.). Im Falle von *Darlehensgeschäften* liegt diese Voraussetzung dann vor, wenn einerseits der Darlehensgeber **Gesellschafter** ist oder die Gewährung oder Belassung des Darlehens in engem sachlichem Zusammenhang mit der Gesellschafterstellung erfolgt (Rdn. 31, 35 ff.), und andererseits dem Gesellschafterdarlehen wegen der fehlenden

Kreditwürdigkeit der GmbH im Zeitpunkt der Gewährung oder Belassung **Eigenkapitalersatzfunktion** zukommt[282]. Das *Belassen* eines ursprünglich neutralen, im Zeitpunkt des Belassens als eigenkapitalersetzend zu qualifizierenden Darlehens steht der Gewährung nur dann gleich, wenn es auf einer zumindest konkludenten *Vereinbarung* mit der Gesellschaft oder einem Dritten beruht; das bloße *Faktum* der Nichtgeltendmachung einer fälligen Forderung oder der Nichtausübung eines Kündigungsrechts reicht *nicht* aus (str., vgl. näher Rdn. 22 ff.). Des Nachweises eines besonderen unternehmerischen Eigeninteresses des darlehensgewährenden Gesellschafters zusätzlich zur Kapitalersatzfunktion des Darlehens bedarf es auch für das Eingreifen der §§ 30, 31 nicht (vgl. zu § 32a Abs. 1 Rdn. 32 ff., 34). Die *Beweislast* für das Vorliegen der Voraussetzungen eines eigenkapitalersetzenden Gesellschafterdarlehens trägt derjenige, der sich auf das Eingreifen von § 30 Abs. 1 beruft (Rdn. 62).

146 Ebenso wie die Regelung in § 32a greift das Rückgewährverbot des § 30 Abs. 1 auch gegenüber Ansprüchen oder Leistungen aufgrund **wirtschaftlich der Darlehensgewährung entsprechenden Geschäften** ein, soweit sie causa societatis eingegangen wurden. Das gilt sowohl in *sachlicher* Hinsicht, unter Erweiterung des Kreises relevanter Geschäfte auf Forderungsstundung, Erwerb gestundeter Forderungen Dritter, stille Beteiligungen von GmbH-Gesellschaftern an der GmbH u. a. (vgl. Rdn. 90 ff.), als auch im Hinblick auf die als Darlehensgeber *beteiligten Personen* (vgl. Rdn. 106 ff.). Erfaßt werden danach auch Darlehen, die von mittelbaren Stellvertretern oder nahen Angehörigen des Gesellschafters mit dessen Mitteln gewährt worden sind, ferner Darlehen von mit dem Gesellschafter verbundenen Unternehmen (BGHZ **81** 311, 315 f. = NJW **1982** 383; BGH NJW **1984** 1036) und solche der Gesellschaft nahestehender Personen (Treugeber von Gesellschaftern u. a., vgl. Rdn. 111 f.). Unanwendbar sind die Vorschriften der §§ 30, 31 dagegen, ebenso wie im Fall von § 32a, auf Rückgewähransprüche aus der miet- oder pachtweisen Gebrauchsüberlassung von Sachen an die GmbH (vgl. Rdn. 95 ff.).

147 γ) **Gesellschafterbesicherte Drittdarlehen.** Den Gesellschafterdarlehen stehen gesellschafterbesicherte Drittdarlehen gleich, soweit ihnen eigenkapitalersetzende Funktion zukommt. Das hat der BGH wiederholt für den Fall von **Gesellschafterbürgschaften** entschieden[283]; es gilt entsprechend für **sonstige** von Gesellschaftern gestellte **Sicherheiten**[284]. Im einzelnen kann wegen der Voraussetzungen auf die Erläuterungen zu § 32a Abs. 2 verwiesen werden (Rdn. 117 ff.). Zu den Rechtsfolgen in derartigen Fällen mittelbarer Gesellschafterdarlehen beim Eingreifen von §§ 30, 31 vgl. Rdn. 152, 156.

148 **b) Abdeckung verlorenen Stammkapitals.** Im Unterschied zur Neuregelung des § 32a GmbHG i. V. m. §§ 32a KO, 3b AnfG greift das Rückzahlungsverbot des § 30 Abs. 1 nur gegenüber solchen eigenkapitalersetzenden Gesellschafterdarlehen ein, deren Rückzahlung auf Kosten des Stammkapitals gehen würde[285]. Das folgt daraus, daß § 30 nicht auf das für den Geschäftsumfang angemessene oder erforderliche, sondern auf das

---

[282] Vgl. zur fehlenden Kreditwürdigkeit als Maßstab für die Eigenkapitalersatzfunktion die Rspr.- u. Lit.-Nachw. in Rdn. 43 f.; zu seiner Konkretisierung vgl. Rdn. 48 f.

[283] BGHZ **67** 171, 182 = NJW **1977** 104; **81** 252, 255 f. = NJW **1981** 2570, OLG Hamburg ZIP **1980** 911, LG Oldenburg ZIP **1980** 47.

[284] OLG Hamburg WM **1984** 1088; vgl. auch Anh. § 30, 92 ff., 94 m. Lit.-Nachw.

[285] BGHZ **76** 326, 332 f. = NJW **1980** 1524; BGH NJW **1984** 1036; so auch § 30, 13, 26 ff., 33 (*Goerdeler/Müller*) und Anh. § 30, 89 (*Ulmer*), *Scholz/Winter* § 13, 46; **aA** *Lutter/Hommelhoff* ZGR **1979** 39 ff., 42, *Hommelhoff* in: Roth, Die Zukunft der GmbH, 1982, S. 24 ff., *Schulze-Osterloh* ZGR **1983** 131, sowie früher schon *Wüst* Gläubigerschutz bei der GmbH (1966) S. 19; zur uneinheitlichen Entwicklung der Rspr. *vor* BGHZ **76** 326 vgl. *Scholz/Winter* 155.

nominelle Stammkapital abstellt (vgl. § 30, 13, 26 ff. und Anh. § 30, 89). **Maßgebender Zeitpunkt** ist insoweit nicht derjenige der Gewährung oder Belassung des Darlehens, sondern derjenige seiner **Geltendmachung** durch den Gesellschafter oder der **Rückzahlung** an diesen. Hat sich in diesem Zeitpunkt das Gesellschaftsvermögen derart vermindert, daß es ohne das Darlehen das Stammkapital nicht mehr vollständig deckt, so greift das Rückgewährverbot ein. Es erfaßt den Rückzahlungsanspruch insoweit, als das Darlehen aufgrund der für § 30 maßgebenden Buchwerte (§ 30, 14) verlorenes Stammkapitals abdeckt. Eine erst *nach* erfolgter Rückzahlung und unabhängig von ihr eintretende Unterbilanz der Gesellschaft reicht für das Eingreifen von § 30 Abs. 1 nicht aus.

Die **bilanzielle Behandlung der** — nach Maßgabe von § 30 Abs. 1 undurchsetzbaren 149
— **Darlehensverbindlichkeit der GmbH ist für das Eingreifen von § 30 Abs. 1 ohne Belang**. Dieses scheitert namentlich auch nicht daran, daß die Rückzahlung zu einer Verminderung nicht nur der Aktiva der Gesellschaft führt, sondern (bei Ansatz des Darlehens als Gesellschaftsverbindlichkeit) auch zur entsprechenden Herabsetzung der Passiva. Beträgt — als *Beispiel* — bei einem eigenkapitalersetzenden Gesellschafterdarlehen von 20 000 DM die Summe der Aktiva der Gesellschaft vor Rückzahlung 300 000 DM, die Summe der Passiva unter Einschluß von Stammkapital und Darlehensverbindlichkeit 310 000 DM, so stehen zur Rückzahlung ohne Verstoß gegen § 30 Abs. 1 10 000 DM zur Verfügung, während für die restliche Darlehensverbindlichkeit von 10 000 DM wegen ihrer Undurchsetzbarkeit ein Ansatz in der für § 30 maßgebenden Bilanz (§ 30, 14) entfällt[286]; die GmbH-Bilanz ist somit nach Rückzahlung der 10 000 DM mit je 290 000 DM auf der Aktiv- und Passivseite ausgeglichen. Zum gleichen Ergebnis kommt man aber auch dann, wenn das Gesellschafterdarlehen wegen seines eigenkapitalersetzenden Charakters und eines etwa vereinbarten Rangrücktritts von vornherein nicht unter die Passiva der GmbH aufgenommen wird: in diesem Fall stehen den Aktiva von 300 000 DM nach der Beispielsrechnung Passiva (Stammkapital und sonstige Verbindlichkeiten ohne Gesellschafterdarlehen) von 290 000 DM gegenüber, sodaß 10 000 DM ohne Verstoß gegen § 30 Abs. 1 an die Gesellschafter gezahlt werden können.

3. Rechtsfolgen

a) Undurchsetzbarkeit des Rückzahlungsanspruchs. Soweit und solange die 150
Voraussetzungen des § 30 Abs. 1 vorliegen (Rdn. 145 ff.), ist der Rückzahlungsanspruch aus dem eigenkapitalersetzenden Gesellschafterdarlehen undurchsetzbar[287]. Entsprechendes gilt für Ansprüche auf *Zinsen* und sonstige Nebenforderungen aus dem Darlehen, deren Erfüllung das zur Deckung des Stammkapitals erforderliche Gesellschaftsvermögen schmälern würde[288], sowie für einen Bereicherungsanspruch bei Anfechtung der Darlehensgewährung wegen Irrtums oder Täuschung über die Eigenkapitalersatzfunktion (Rdn. 65, 160). Auf die Eröffnung des Konkurs- oder Vergleichsverfahrens über das Vermögen der Gesellschaft kommt es für das Eingreifen der Rückzahlungssperre des § 30 Abs. 1 abweichend von § 32a Abs. 1 nicht an. Ebenso ist es für das Eingreifen von § 30 Abs. 1 unerheblich, ob das Darlehen zur Beseitigung einer Überschuldung gewährt wurde mit der Folge, daß die konkludente Vereinbarung eines Rangrücktritts bis zur

---

286 Anderes gilt für den Ansatz in der Überschuldungsbilanz (vgl. Rdn. 16 und § 63, 41).

287 Vgl. die Rspr.-Nachw. in Fn. 281, dazu auch § 30, 32 f. und *Scholz/Winter* 155.

288 BGHZ **67** 171, 179 = NJW **1977** 104; vgl. auch Rdn. 67 und § 30, 32.

Überwindung der Krise angenommen werden kann (vgl. dazu Anh. § 30, 78 f.). Im Fall der Abtretung des Rückzahlungsanspruchs richtet sich der Einwand aus § 30 Abs. 1 nach § 404 BGB gegen das Zahlungsverlangen des Zessionars (Rdn. 38).

151 Das Verbot der Rückgewähr nach § 30 Abs. 1 steht nicht nur der Rückzahlung des Darlehens entgegen, sondern schließt auch eine **Aufrechnung** oder Verrechnung zwischen GmbH und Gesellschafter oder sonstige Erfüllungssurrogate aus[289]; ein Verstoß hiergegen führt zur Unwirksamkeit der Aufrechnung oder Verrechnung (vgl. näher *Joost* ZHR 148 **1984** 27, 43 ff., 51). Hat die Gesellschaft dem Gesellschafter für den Rückzahlungsanspruch eine **Sicherheit** gewährt, ohne daß dadurch der eigenkapitalersetzende Charakter des Darlehens entfallen ist (vgl. Rdn. 51), so kann sie unter Berufung auf § 30 Abs. 1 deren Freigabe auch dann verlangen, wenn die Anfechtungsvoraussetzungen der §§ 32 a S. 1 KO, 3 b S. 1 AnfG (Rdn. 76) nicht vorliegen[290]. Handelt es sich um akzessorische Sicherheiten, so folgt deren Undurchsetzbarkeit bereits aus der gesetzlichen Erstreckung der gegen die gesicherte Forderung bestehenden Einreden auf die Rechte des Sicherungsnehmers (§§ 768, 1137, 1211 BGB).

152 **Dritten Gläubigern** eines gesellschafterbesicherten eigenkapitalersetzenden Darlehens kann der Einwand aus § 30 Abs. 1 abweichend von § 32 a Abs. 2 **nicht** entgegengesetzt werden, soweit sie nicht zu den Mittelspersonen des Gesellschafters gehören oder der Gesellschaft ähnlich wie ein Gesellschafter nahestehen (Rdn. 146). Angesichts der parallelen Anwendbarkeit beider Normengruppen (Rdn. 143) besteht für eine Analogie zu § 32 a Abs. 2 im Rahmen von § 30 Abs. 1 kein Bedürfnis. Wohl aber steht der Gesellschaft ein Erstattungsanspruch nach § 31 Abs. 1 gegen den Gesellschafter zu, der durch die Rückzahlung des Darlehens Befreiung von seinen Pflichten als Sicherungsgeber erlangt hat (Rdn. 156).

153 **b) Erstattungsanspruch der Gesellschaft. α) Allgemeines.** Leistungen aus dem Gesellschaftsvermögen unter Verstoß gegen das Rückgewährverbot des § 30 Abs. 1 führen nach hM nicht zur Unwirksamkeit des Erfüllungsgeschäfts, sondern begründen nur einen Erstattungsanspruch der Gesellschaft nach Maßgabe von **§ 31** (str., vgl. näher § 30, 7 ff.). Er richtet sich nach § 31 Abs. 1 **gegen den Zahlungsempfänger**, auch wenn dieser nicht selbst zum Kreis der Gesellschafter gehört (§ 31, 8 f.). Die Höhe dieses Anspruchs ist nicht auf das Stammkapital der Gesellschaft oder den Betrag des Geschäftsanteils des Zahlungsempfängers beschränkt, sondern bemißt sich nach dem Wert der ganzen unter Verstoß gegen § 30 Abs. 1 erbrachten Leistung der Gesellschaft; das hat Bedeutung namentlich in denjenigen Fällen, in denen die Leistung nicht nur zur Entstehung einer Unterbilanz der Gesellschaft führt, sondern zu ihrer Überschuldung (§ 30, 18 f.). Anderes gilt für die nach § 31 Abs. 3 subsidiär haftenden Mitgesellschafter; ihre Ausfallhaftung beschränkt sich auf die Höhe des Stammkapitals[291]. Bei *Gutgläubigkeit*, d. h. nicht auf grober Fahrlässigkeit beruhender Unkenntnis des Empfängers darüber, daß die Leistung gegen das Rückgewährverbot des § 30 Abs. 1 verstößt (str., vgl. § 31, 14 f.), beschränkt sich der Erstattungsanspruch nach § 31 Abs. 2 auf den zur Befriedigung der Gesellschaftsgläubiger erforderlichen Betrag; der Nachweis der Gutgläubigkeit ist Sache des Empfängers.

---

[289] Ebenso BGHZ **81** 311, 314 f. = NJW **1982** 383 (Verrechnung), **81** 365, 367 f. = NJW **1982** 386 (Aufrechnung); vgl. auch *Scholz/Winter* 159 und oben Rdn. 68.

[290] BGHZ **81** 252, 262 f. = NJW **1981** 2570; **81** 311, 318 = NJW **1982** 383; zur Begründung des Freigabeanspruchs vgl. Rdn. 69.

[291] HM, vgl. BGHZ **60** 324, 331 = NJW **1973** 1604; § 31, 20, *Scholz/H. P. Westermann* § 30, 15, *Roth* § 30, 2.1.3; **aA** namentlich *Wilhelm* Festschrift Flume, Bd. II, 1978, S. 337, 362; krit. auch *Immenga* ZGR **1975** 487, 491.

β) Erstattung der Darlehensrückzahlung. Der Erstattungsanspruch aus § 31 Abs. 1 greift bei Rückzahlung eigenkapitalersetzender Darlehen nicht analog[292], sondern **unmittelbar** ein, wenn die Rückzahlung das zur Deckung des Stammkapitals erforderliche Gesellschaftsvermögen vermindert (Rdn. 148)[293]. Er richtet sich gegen den Zahlungsempfänger, auch wenn dieser nicht selbst Gesellschafter ist[294]; eine Ausnahme gilt bei gesellschafterbesicherten Drittdarlehen (Rdn. 156). Die Haftung der *Mitgesellschafter* regelt sich nach § 31 Abs. 3[295]. Der Erstattungsanspruch kann nach § 31 Abs. 4 nicht erlassen werden. Er *verjährt* in *fünf* Jahren (§ 31 Abs. 5); die einjährige Anfechtungsfrist der §§ 32 a S. 2 KO, 3 b S. 2 AnfG (Rdn. 78) findet keine Anwendung. 154

Die Frage nach dem **Verhältnis des Erstattungsanspruchs nach § 31 Abs. 1 zum Anfechtungsrecht nach § 32 a Abs. 1 i. V. m. §§ 32 a S. 2 KO, 3 b S. 2 AnfG** stellt sich nur, soweit die Voraussetzungen beider Regelungskomplexe vorliegen und die Frist für die (Konkurs-)Anfechtung noch nicht verstrichen ist. In diesem Fall konkurrieren im **Konkurs** der GmbH der Erstattungsanspruch nach § 31 Abs. 1 und das sachlich u. U. weiterreichende, von der Höhe des nominellen Stammkapitals unabhängige Anfechtungsrecht des Konkursverwalters. Dieser kann gegen den Darlehensgläubiger unter Berufung auf beide Rechtsgrundlagen vorgehen und Erstattung des Rückzahlungsbetrags zur Konkursmasse verlangen. Im **Vergleich** besteht nur der Erstattungsanspruch nach § 31 Abs. 1 (und ggf. Abs. 3), da eine Anfechtungsbefugnis der Gesellschaft oder des Vergleichsverwalters ausscheidet und Gesellschaftsgläubiger während des Vergleichsverfahrens an der Anfechtung gehindert sind (Rdn. 75). **Außerhalb eines Konkurs- oder Vergleichsverfahrens**, insbesondere im Fall der Konkursablehnung mangels Masse, geht der Erstattungsanspruch der GmbH nach § 31 Abs. 1 und 3 der Gläubigeranfechtung nach § 3 b S. 2 AnfG vor. Das folgt nicht aus § 3 b, wohl aber aus § 2 AnfG, da die Befugnis zur Gläubigeranfechtung eine vergebliche Zwangsvollstreckung in das Schuldnervermögen voraussetzt und diese Voraussetzung ausscheidet, wenn und soweit der Gesellschaft Erstattungsansprüche nach § 31 gegen ihre Gesellschafter zustehen. 155

γ) Erstattung bei Freiwerden von Sicherheiten. Im Falle gesellschafterbesicherter Drittdarlehen ist dem dritten Kreditgeber die Inanspruchnahme der Gesellschaft vorbehaltlich des aus § 32 a Abs. 2 folgenden Einwands (Rdn. 125) nicht verwehrt; der Einwand des § 30 Abs. 1 greift dem Dritten gegenüber nicht durch (Rdn. 152). Wohl aber begründet der eigenkapitalersetzende Charakter des mittelbaren Gesellschafterdarlehens in derartigen Fällen einen **Erstattungsanspruch** der Gesellschaft nach § 31 Abs. 1 **gegen den sicherungsgewährenden Gesellschafter**, wenn und soweit im Zeitpunkt der Rückzahlung die Gesellschaft eine Unterbilanz aufweist oder überschuldet ist[296]. Seine Höhe bestimmt sich nach dem Wert der durch die Rückzahlung freigewordenen Sicherheit des Gesellschafters bzw. nach dem Umfang seiner entfallenen Bürgenhaftung[297]. Der Anspruch konkurriert mit demjenigen aus § 32 b, soweit gleichzeitig dessen Voraussetzungen vorliegen (vgl. Rdn. 134 ff.). Ein *Regreßanspruch des Gesellschafters* gegen die GmbH wegen seiner Inanspruchnahme aus den von ihm gestellten Sicherheiten ist beim Vorliegen der 156

---

292 So aber *Scholz/Winter* 156.

293 Für unmittelbares Eingreifen der §§ 30, 31 auch die neuere BGH-Rspr. (vgl. Nachw. in Fn. 281); nicht eindeutig noch BGHZ **31** 258, 272 f. = NJW **1960** 285, und **67** 171, 176 = NJW **1977** 104.

294 BGHZ **81** 365, 368 = NJW **1982** 386; vgl. auch § 31, 8 f. und *Scholz/Winter* 158.

295 Einschr. *Lutter/Hommelhoff* ZGR **1979** 44; offenlassend *Scholz/Winter* 156.

296 BGHZ **81** 252, 260 = NJW **1981** 2570; LG Oldenburg ZIP **1980** 47; vgl. auch Anh. § 30, 93 und *Scholz/Winter* 157.

297 Vgl. dazu im Hinblick auf § 32 b S. 2 näher Rdn. 138.

Voraussetzungen des § 30 Abs. 1 ebenso *undurchsetzbar* wie im Fall der §§ 32a, 32b (Rdn. 140).

VI. Die Bedeutung der Eigenkapitalersatzfunktion des Darlehens für das Innenrecht der GmbH

1. Behandlung als Darlehen

157 **a) Allgemeines.** Entsprechend ihrem *Gläubigerschutzzweck* (Rdn. 7) beschränken sich die Vorschriften und Grundsätze über eigenkapitalersetzende Darlehen darauf, die Geltendmachung des Darlehens in der Insolvenz (§ 32a Abs. 1) oder Krise (§§ 30, 31) der GmbH auszuschließen bzw. Sicherungs- und Rückzahlungsleistungen an den Darlehensgläubiger vor Ausbruch der Insolvenz dem Gesellschaftsvermögen zur Befriedigung der anderen Gläubiger wieder zuzuführen. Das Sonderrecht für kapitalersetzende Darlehen führt somit zu einer *Rückstufung* der Ansprüche des Darlehensgläubigers im Verhältnis zu den übrigen Gesellschaftsgläubigern. Es läßt die **Rechtsnatur als Darlehen** im übrigen jedoch **unberührt**. Gleiches gilt für etwaige Ausgleichsansprüche und Verwertungsrechte der darlehensgewährenden Gesellchafter gegenüber Mitgesellschaftern oder dritten Sicherungsgebern (Rdn. 63). Eine Umwandlung des Darlehens in haftendes Kapital oder dessen interne Gleichstellung ist weder durch § 32a noch durch die Rechtsprechungsgrundsätze zu §§ 30, 31 vorgesehen (vgl. zur Begrenzung des Auszahlungsverbots der §§ 30, 31 auf das zur Deckung des *nominellen* Stammkapitals erforderliche Vermögen Rdn. 148). Dementsprechend sind bei Rückgewähr des Darlehens nach Überwindung der Krise auch nicht etwa die Vorschriften über die Kapitalherabsetzung (§ 58) zu beachten.

158 **b) Folgerungen. α) Kompetenz zur Darlehensaufnahme.** Die Kompetenz zum Abschluß des Darlehens liegt trotz dessen eigenkapitalersetzenden Charakters bei den **Geschäftsführern**[298]; sie haben dabei die satzungsrechtlichen oder aus den Gesellschafterbeschlüssen folgenden Beschränkungen ihrer Geschäftsführungsbefugnis (§ 37 Abs. 1) zu beachten. Unterlassen sie es, die Gesellschafter bei der Kreditaufnahme auf die schlechte finanzielle Lage der Gesellschaft und die Notwendigkeit einer Verstärkung der Eigenkapitalbasis hinzuweisen, oder erteilen sie hierüber falsche Auskunft, so machen sie sich gegenüber der GmbH nach § 43 Abs. 2 **schadensersatzpflichtig**; daneben kommt auch eine unmittelbare Haftung gegenüber geschädigten Gesellschaftern in Betracht (§ 43, 103 ff.). Dagegen löst die auf Veranlassung der *Gesellschafter* in Kenntnis der Krise erfolgte Darlehensaufnahme eine Schadensersatzpflicht der Geschäftsführer nicht aus; anderes gilt nach § 43 Abs. 3 bei Rückzahlungen unter Verstoß gegen §§ 30, 31.

159 **Abzulehnen** ist die Forderung nach einem mit Dreiviertelmehrheit gefaßten **Gesellschafterbeschluß als Voraussetzung der Aufnahme** eigenkapitalersetzender Gesellschafterdarlehen[299]. Sie läßt sich auf die begrenzte rechtliche Sonderbehandlung eigenkapitalersetzender Darlehen nicht stützen[300]. Gesellschafter, die der Darlehensfinanzierung in der Krise widersprechen wollen, können hierüber nach §§ 45, 50 einen Gesellschafterbeschluß herbeiführen. Die zur Darlehensgewährung bereiten Gesellschafter sind dabei nach § 47 Abs. 4 S. 2 nicht stimmberechtigt.

---

[298] So auch *Scholz/Winter* 38; für Zustimmung durch die Gesellschafterversammlung als Voraussetzung aber *Lutter/Hommelhoff* und *H. P. Westermann* (vgl. Rdn. 159).

[299] So aber *Lutter/Hommelhoff* ZGR **1979** 43 f., ihnen folgend *H. P. Westermann* ZIP **1982** 388.

[300] Ebenso *Scholz/Winter* 38.

β) Anfechtbarkeit des Darlehensvertrags nach §§ 119, 123 BGB. Wird ein Gesellschafter durch **Täuschung** über die Lage der Gesellschaft seitens der Geschäftsführer zur Gewährung oder Belassung eines Darlehens veranlaßt, so kann er den Darlehensvertrag nach § 123 BGB anfechten. Entsprechendes gilt bei **Irrtum** *über die Eigenkapitalersatzfunktion* des Darlehens; wegen der damit verbundenen rechtlichen Sonderbehandlung handelt es sich um den Irrtum über eine verkehrswesentliche Eigenschaft in der Person des Vertragspartners iS von § 119 Abs. 2 BGB[301]. Anderes gilt, wenn sich der Irrtum auf die Rechtsfolgen des eigenkapitalersetzenden Charakters beschränkt[302]. Anfechtungsschranken nach Art der grundsätzlichen Bestandskraft von Gesellschafterbeschlüssen oder von Übernahmeerklärungen bei durchgeführter Kapitalerhöhung (vgl. dazu § 55, 77 ff.) bestehen nicht. Allerdings kann auch der Rückforderungsanspruch des wegen Täuschung oder Irrtums anfechtenden Gesellschafters nur in den Schranken des § 32a Abs. 1 bzw. der §§ 30, 31 durchgesetzt werden (Rdn. 65, 150). 160

γ) Verwendung zur Sachkapitalerhöhung. Die Umwandlung von Gesellschafterforderungen in haftendes Kapital ist nur im Wege der Sachkapitalerhöhung unter Beachtung der Erfordernisse der §§ 56, 56a möglich (str., vgl. § 56, 42 ff.). Im Fall *eigenkapitalersetzender* Gesellschafterdarlehen stellt sich darüber hinaus die Frage, ob sie trotz rechtlicher Sonderbehandlung einen tauglichen Gegenstand für die Einbringung als Sacheinlage bilden. Das ist jedenfalls für solche Darlehensansprüche zu **verneinen**, deren Durchsetzbarkeit in dem hierfür maßgebenden Zeitpunkt der Übernahmeerklärung (§ 56, 24 f. und § 57a, 14) am **Rückgewährverbot der §§ 30, 31** scheiterte (Rdn. 150 f.); ihnen kommt im Verhältnis zur Gesellschaft kein eigenständiger Sachwert zu. **Anderes** gilt hinsichtlich der Darlehen, die nur von den sachlich weiterreichenden, auch auf Darlehen *oberhalb* der Deckungsgrenze des Stammkapitals bezogenen Vorschriften der GmbH-Novelle über Gesellschafterdarlehen erfaßt werden. Insoweit steht § 32a Abs. 1 der Durchsetzbarkeit außerhalb des Konkurs- oder Vergleichsverfahrens nicht entgegen; er schließt die Verwendung derartiger Darlehensansprüche für eine Sachkapitalerhöhung nicht grundsätzlich aus. Da die Einbringung als Sacheinlage der anfechtbaren Befriedigung des Darlehensgläubigers gleichsteht (Rdn. 77), ist allerdings bei der Forderungsbewertung durch das Registergericht (§ 57a, 12 ff.) neben den sonstigen für die Wertermittlung von Forderungen maßgebenden Faktoren auch dem Risiko einer (Konkurs-)Anfechtung nach §§ 32a S. 2 KO, 3b S. 2 AnfG als wertmindernder Umstand Rechnung zu tragen (vgl. § 5, 44). 161

δ) Durchsetzbarkeit in der Liquidation. Vorbehaltlich des Auszahlungsverbots der §§ 30, 31, das auch in der Liquidation der Gesellschaft bis zum Ablauf des Sperrjahrs (§ 73) zu beachten ist, ist der Darlehensgeber trotz der Eigenkapitalfunktion des Darlehens nicht gehindert, seinen Rückzahlungsanspruch in der **konkursfreien Liquidation** der Gesellschaft durchzusetzen. Der Einwand des § 32a Abs. 1 greift insoweit nicht ein (str., vgl. Rdn. 64). Im Verhältnis zu den Mitgesellschaftern bleibt der Darlehensgeber auch dann Gläubiger, wenn sein Darlehen eigenkapitalersetzenden Charakter hat (vgl. auch Rdn. 157). 162

2. Schranken des Kündigungsrechts des Darlehensgebers?

Sofern der Darlehensgewährung nicht gesellschaftsvertragliche oder auf schuldrechtlichen Nebenabreden zwischen Gesellschaftern beruhende Verpflichtungen zugrundelie- 163

301 So auch *Scholz/Winter* 25.

302 Ebenso *Scholz/Winter* 25; allg. zur — umstrittenen — Behandlung eines Rechtsfolgenirrtums vgl. *Staudinger/Dilcher* BGB[12] § 119, 33 ff. m. Nachw.

gen (Rdn. 164), handelt es sich im Verhältnis zur Gesellschaft grundsätzlich um ein sog. Drittgeschäft, für das vorbehaltlich der an den kapitalersetzenden Charakter anknüpfenden Rechtsfolgen die allgemeinen Vorschriften wie im Verkehr mit dritten Personen gelten (vgl. § 14, 16 f.). Das Kündigungsrecht des Darlehensgebers richtet sich daher nach *Darlehensrecht*. Handelt es sich um einen befristeten Darlehensvertrag, so kommt ein **außerordentliches Kündigungsrecht** in der Krise der GmbH nicht nur wegen der Verschlechterung der Kreditwürdigkeit des Darlehensschuldners in Betracht[303], sondern auch wegen der dem Darlehensgeber drohenden Risiken aus der Umqualifizierung seines bisher neutralen in ein eigenkapitalersetzendes Darlehen oder aus dem Einwand widersprüchlichen Verhaltens (Rdn. 29 f.).

164 Anderes gilt, wenn sich der Gesellschafter durch **gesellschaftsvertragliche Nebenleistungspflicht** (§ 3, 52 ff.) oder schuldrechtliche Nebenabrede (§ 3, 101 ff.) zur Gewährung oder Belassung des Darlehens an die Gesellschaft verpflichtet hat. Ein einseitiges Lösungsrecht (§ 3, 97 f., 101 f.) oder ein Anspruch auf Anpassung der vertraglichen Vereinbarungen an die veränderten Umstände aus Gründen der Treupflicht (§ 53, 65) kommt hier *nur in Ausnahmefällen* in Betracht[304]. Die Verschlechterung der finanziellen Lage der Gesellschaft reicht hierfür in aller Regel nicht aus[305]. Hinzukommen müssen besondere Umstände wie die bei Übernahme der vertraglichen Verpflichtung für die Beteiligten nicht erkennbare Qualifizierung als eigenkapitalersetzendes Darlehen, die Beteiligung nur eines Teils der Gesellschafter an der Darlehensfinanzierung und das Fehlen von Ausgleichsvereinbarungen zwischen den Gesellschaftern im Hinblick auf einen etwaigen Ausfall der Darlehensgeber, aus denen sich die **Unzumutbarkeit** des Festhaltens des betroffenen Gesellschafters an der Darlehenszusage ergibt[306].

3. Ausgleichspflichten

165 Ausgleichspflichten der **Mitgesellschafter** gegenüber dem Gläubiger eines wegen seines eigenkapitalersetzenden Charakters undurchsetzbaren Gesellschafterdarlehens setzen einen **besonderen Rechtsgrund** voraus[307]. Die gemeinsame Mitgliedschaft in der insolventen GmbH reicht hierfür nicht aus. Neben Ausgleichsvereinbarungen im Gesellschaftsvertrag oder in schuldrechtlichen Nebenabreden kommen je nach Lage des Falles auch Ansprüche aus §§ 670, 778 BGB in Betracht. Auf Sicherheiten von Mitgesellschaftern für den Darlehensanspruch kann der Darlehensgeber trotz Undurchsetzbarkeit seines Anspruchs gegen die Gesellschaft zugreifen (Rdn. 63). Der Ausgleich unter mehreren ausgleichspflichtigen Schuldnern oder Sicherungsgebern richtet sich im Rahmen von § 426 Abs. 1 BGB oder den für die Sicherungsrechte geltenden Vorschriften im Zweifel nach dem Verhältnis ihrer Beteiligung an der GmbH[308]. — Sind Ausgleichs-

---

[303] Vgl. dazu Nachw. in Fn. 46. Einschränk. für qualifizierte Gesellschafterdarlehen *Scholz/Winter* 31.

[304] Grundsätzlich ablehnend etwa BGHZ **70** 61, 64 = NJW **1978** 376, OLG Hamburg GmbH-Rdsch. **1983** 70, 72 und OLG Köln ZIP **1983** 310, 311 (jeweils für Darlehensverpflichtungen von Kommanditisten einer Publ.-GmbH & Co KG).Vgl. auch § 3, 77 und 98.

[305] Das gilt auch unter Berücksichtigung der vom BGH betonten Notwendigkeit für die GmbH-Gesellschafter, sich in der Krise der GmbH zu entscheiden, ob sie die Mittel entweder abziehen oder aber bis zur Überwindung der Krise stehen lassen (vgl. Rdn. 22 und Fn. 32), und die ihr zugrundeliegende, auf Vermeidung einer Verschleppung der Krise auch im Interesse der Gesellschaft gerichtete Wertung.

[306] Vgl. auch *Ulmer* in: Das neue GmbH-Recht, S. 71 f.

[307] So auch *Scholz/Winter* 32 ff.

[308] Vgl. *Scholz/Winter* 35 m. Rspr.-Nachw.

ansprüche nach dem Vorstehenden nicht gegeben, so bleibt dem Darlehensgläubiger nur die Aussicht auf vorrangige Befriedigung seines Anspruchs aus dem Liquidationserlös (Rdn. 162).

VII. Übergangsregelung

1. Die Vorschrift des Art. 12 § 3 GmbH-Novelle

Das Gesetz zur Änderung des GmbHG und anderer landesrechtlicher Vorschriften **166**
vom 4. 7. 1980 (GmbH-Novelle, BGBl. I 836) enthält in Art. 12 die folgende Übergangsvorschrift für Gesellschafterdarlehen:

§ 3

Die §§ 32a und 32b des Gesetzes betreffend die Gesellschaften mit beschränkter Haftung, § 32a der Konkursordnung und § 3b des Gesetzes, betreffend die Anfechtung von Rechtshandlungen eines Schuldners außerhalb des Konkursverfahrens, sind nicht auf Darlehen anzuwenden, die der Gesellschaft vor dem Inkrafttreten dieses Gesetzes gewährt worden sind. Gleiches gilt für andere Rechtshandlungen, die der Darlehensgewährung wirtschaftlich entsprechen.

Die Neuregelung der §§ 32a und b sowie die sie ergänzenden (Konkurs-)Anfechtungsvorschriften der §§ 32a KO, 3b AnfG gelten danach nur für die **nach dem 31. 12. 1980** gewährten Darlehen und die ihnen nach § 32a Abs. 3 wirtschaftlich entsprechenden Rechtshandlungen. Auf ein *vor* diesem Stichtag gewährtes Darlehen oder ein ihm entsprechendes Rechtsgeschäft ist das neue Recht nur anwendbar, wenn nach seinem Inkrafttreten eine Vereinbarung über die **Verlängerung oder Belassung** des Darlehens getroffen wurde[309]; sie steht der Gewährung iS von Art. 12 § 3 S. 1 gleich (vgl. näher Rdn. 25 ff.). Die bloß einseitige, nicht auf einer Absprache beruhende Nichtkündigung eines unbefristeten Darlehens reicht nicht aus (Rdn. 29). Zur Fortgeltung des alten Rechts auch für nach dem 31. 12. 1980 gewährte oder belassene Darlehen vgl. Rdn. 141 ff.

2. Die Behandlung von Altdarlehen

Die Beurteilung von Altdarlehen und ihnen wirtschaftlich entsprechenden Rechts- **167**
geschäften, für die die maßgebliche Vereinbarung **vor dem 1. 1. 1981** getroffen und seitdem weder bestätigt noch erneuert wurde, richtet sich entsprechend der bisherigen Rechtsprechung (Rdn. 141 ff.) nur nach dem Rückgewährverbot der §§ 30, 31. Eine gleichzeitige Anwendung auch der Neuregelungen scheidet insoweit aus. Da die neuen Vorschriften aber in wesentlichen Teilen eine Kodifikation der bisherigen Grundsätze enthalten[310], steht nichts entgegen, für ihre Konkretisierung und Fortentwicklung auch das neue Recht und die hierzu entwickelten Auslegungsgrundsätze zu berücksichtigen, soweit sie sich mit Grundlagen und Inhalt der §§ 30, 31 vereinbaren lassen (so auch *Roth* 6). Eine rückwirkende Beschränkung des fünfjähriger Verjährung unterliegenden Erstattungsanspruchs der Gesellschaft nach § 31 Abs. 1 unter Berufung auf die auf Erfüllungshandlungen innerhalb eines Jahres vor Konkurseröffnung beschränkte Anfechtungsbefugnis des Konkursverwalters nach § 32a S. 2 KO scheidet aus[311].

---

309 So auch *Roth* 6, im Erg. wohl auch *K. Schmidt* ZGR **1980** 579 f. und ZIP **1981** 697 f., der eine „korrigierende" Auslegung von § 3 unter Abstellen auf den Zeitpunkt für erforderlich hält, in dem das Darlehen kapitalersetzende Qualität erlangt hat.

310 Vgl. Nachw. in Fn. 7.

311 So zutr. BGH NJW **1984** 1893, 1894 und *Scholz/Winter* 153 gegen OLG Düsseldorf AG **1983** 250, 252 f.

VIII. Gesellschafterdarlehen im Steuerrecht

Schrifttum

Kamprad Gesellschafterdarlehen an die GmbH und GmbH & Co., 2. Aufl. 1981, S. 48 ff.; *Tillmann* Die steuerlichen Auswirkungen der GmbH-Novelle, in: Das neue GmbH-Recht in der Diskussion, 1981, S. 129, 134 ff.; *ders.* Eigenkapital ersetzende Gesellschafterdarlehen und verdecktes Stammkapital, GmbH-Rdsch. **1981** 17. Vgl. auch die Nachw. in Anh. § 30 (vor Rdn. 103).

168 Die gesetzlichen Grundlagen für die Besteuerung von Gesellschafterdarlehen haben sich in den letzten Jahren nicht wesentlich geändert; das gilt auch unter Berücksichtigung der Neuordnung des Körperschaftsteuerrechts durch Einführung des Anrechnungsverfahrens bei ausgeschütteten Gewinnen (§§ 27 ff. KStG 1981) und der Ersetzung von § 6 StAnpG durch § 42 AO 1977. Daher kann im Grundsatz auf die aus dem Jahr 1977 stammenden Ausführungen zur Behandlung von Gesellschafterdarlehen im Steuerrecht (Anh. § 30, 103 ff.) verwiesen werden. Zur neueren BFH-Rechtsprechung auf diesem Gebiet vgl. auch *Kamprad* S. 52 ff., 58 ff., 78 ff., zur Sonderproblematik der ertragsteuerlichen Behandlung von Darlehen der Besitzgesellschaft an die Betriebs-GmbH im Rahmen einer Betriebsaufspaltung vgl. BFH BStBl. **1978** II 379 = BB **1978** 793, dazu *Knobbe-Keuk* Bilanz- und UnternehmenssteuerR[4] § 22 VI 3 b S. 534.

IX. GmbH & Co

1. Die Regelung in §§ 129 a, 172 a HGB

169 a) **Anwendungsvoraussetzungen.** Im Zuge der GmbH-Novelle 1980 sind die neueingeführten Vorschriften der §§ 32 a und b GmbHG auch auf die **GmbH (AG) & Co OHG KG** für anwendbar erklärt worden. Die entsprechenden, auf das GmbH-Recht verweisenden Vorschriften der §§ 129 a, 172 a HGB setzen in *negativer* Hinsicht voraus, daß an der Gesellschaft weder unmittelbar noch mittelbar natürliche Personen beteiligt sind, die nach § 128 HGB unbeschränkt für die Gesellschaftsverbindlichkeiten haften[312]. *Positiv* stellen sie darauf ab, daß ein **Kommanditist** oder ein Mitglied der Komplementär-GmbH (AG) das **Darlehen gewährt**; ihnen sind nach Maßgabe von § 32 a Abs. 3 GmbHG Mittelsmänner der Kommanditisten und sonstige der Gesellschaft nahestehende Personen gleichgestellt (vgl. Rdn. 107 ff.).

170 Darauf, ob als **Darlehensnehmerin** die **OHG/KG oder ihre Komplementär-GmbH (AG)** beteiligt ist, gehen die HGB-Vorschriften nicht ein. Nach dem Sinn der Verweisung ist wohl an Darlehen für die OHG/KG gedacht[313]. Jedoch greifen die Vorschriften im Hinblick auf die Umgehungsnorm des § 32 a Abs. 3 GmbHG auch ein, wenn stattdessen der Weg über die Komplementär-GmbH (AG) gewählt wird. Darlehen, die der Komplementär-GmbH von ihren Gesellschaftern gewährt werden, unterfallen unmittelbar den Vorschriften der §§ 32 a und b GmbHG.

171 Wegen der **sonstigen Voraussetzungen**, insbesondere der Darlehensgewährung oder -belassung oder den ihnen wirtschaftlich entsprechenden Rechtshandlungen sowie

---

312 Für Einbeziehung auch des einer *einfachen* KG von ihrem Kommanditisten gewährten Darlehens in die Regelungen über Gesellschafterdarlehen unter analoger Anwendung entweder von §§ 32 a und b GmbHG oder § 342 HGB plädiert *K. Schmidt* ZIP **1981** 698 f.

313 So Begr. RegE GmbHG zu §§ 129 a, 172 a HGB, vgl. BT-Drucks. 8/1347 S. 58. Auch *Baumbach/Duden/Hopt*[25] § 172 a, 2 A gehen als selbstverständlich nur von diesem Fall aus.

wegen der eigenkapitalersetzenden Funktion des Darlehens wird auf die Erläut. zu § 32a GmbHG (Rdn. 22ff., 39ff., 82ff.) verwiesen. Entsprechendes gilt für die Fälle „mittelbarer" Gesellschafterdarlehen nach § 32a Abs. 2 GmbHG (Rdn. 117ff.). — Vgl. im übrigen die Kommentierungen zu §§ 129a, 172a HGB.

b) Rechtsfolgen. Die **Undurchsetzbarkeit des Rückzahlungsanspruchs** im 172 Konkurs oder Vergleich des Darlehensnehmers (§ 32a Abs. 1 GmbHG) und der **Erstattungsanspruch** des Konkursverwalters der OHG/KG bei Rückzahlung eines gesellschafterbesicherten Drittdarlehens an den dritten Darlehensgläubiger innerhalb eines Jahres vor Konkurseröffnung (§ 32b GmbHG) werden von der Verweisung der §§ 129a, 172a HGB umfaßt (vgl. dazu oben Rdn. 63ff., 134ff.). Nicht ausdrücklich verwiesen ist demgegenüber auf die **Anfechtungsvorschriften der §§ 32a KO, 3b AnfG**. Ob die Verweisung mittelbar aus der Bezugnahme auf §§ 32a und b GmbHG folgt[314] oder ob es sich um ein Redaktionsversehen handelt[315], mag zweifelhaft sein. Im Ergebnis steht die Geltung der Anfechtungsvorschriften der §§ 32a KO, 3b AnfG auch für die Sicherungs- und Befriedigungshandlungen der GmbH & Co OHG/KG außer Streit[316]. Verneint man eine unmittelbare Verweisung, so folgt das aus der analogen Anwendung der Anfechtungsvorschriften mit Rücksicht auf die evidente Regelungslücke bei einem im übrigen vergleichbaren Sachverhalt[317]. — Zur Beschränkung des Anwendungsbereichs der §§ 129a, 172a HGB auf *Neudarlehen* vgl. Rdn. 166, zur Fortgeltung der Rechtsprechungsgrundsätze zu §§ 30, 31 GmbHG (Rdn. 141ff.) auch für die GmbH & Co OHG/KG vgl. Rdn. 173ff.

2. Fortgeltung der Rechtsprechungsgrundsätze zu §§ 30, 31 GmbHG

a) Allgemeines. Der BGH wendet in **ständ. Rspr.** mit ganz überw. Zustimmung 173 der Literatur die auf der Grundlage der §§ 30, 31 GmbHG für eigenkapitalersetzende Gesellschafterdarlehen einer GmbH entwickelten Grundsätze auch auf Gesellschafterdarlehen in der **GmbH & Co KG** an, soweit an ihr keine unbeschränkt haftenden natürlichen Personen als Gesellschafter beteiligt sind und sie daher entsprechend der GmbH nur über einen beschränkten Haftungsfonds verfügt[318]. Diese Rechtsprechung ist aus denselben Gründen wie im GmbH-Recht[319] neben §§ 129a, 172a HGB **weiterhin anwendbar**[320]. Da sie *nicht* etwa auf einer einfachen Ausdehnung des Auszahlungsverbots der §§ 30, 31 GmbHG auf die GmbH & Co KG im *Analogiewege* beruht, sondern auf gmbH-spezifischen Anwendungskriterien (Rdn. 174), läßt sich ihrer Fortgeltung auch nicht entgegenhalten, die Vorschriften der §§ 129a, 172a HGB enthielten nunmehr eine Regelung für die GmbH & Co KG und dadurch sei das Analogiebedürfnis entfallen.

---

314 Dafür *Deutler* in: Das neue GmbH-Recht, S. 77, wohl auch *Timm* GmbH-Rdsch. **1980** 295.

315 So die überwM (vgl. etwa *Roth* 8, *Ulmer* in: Das neue GmbH-Recht, S. 70) unter Hinweis darauf, daß die Anfechtungstatbestände ursprünglich in § 32b RegE GmbHG enthalten und dadurch von der — unverändert gebliebenen — Verweisung erfaßt waren.

316 So außer den Nachw. in Fn. 314, 315 auch *Baumbach/Duden/Hopt* HGB[25] § 172a, 6, *Hennerkes/Binz* Die GmbH & Co.[7] S. 192 und *K. Schmidt* ZIP **1981** 698; **aA** nur *Hesselmann* in: Das neue GmbH-Recht, S. 126.

317 *Ulmer* aaO (Fn. 315).

318 Vgl. die Rspr.- und Literatur-Nachweise in Anh. § 30, 98. Ferner: BGHZ **69** 274, 279 f. = NJW **1978** 160; **76** 326 (329, 336) = NJW **1980** 1524; **81** 252, 260 = NJW **1981** 2570, BGH WM **1979** 937, 939.

319 Vgl. BGH NJW **1984** 1891, 1893, dazu Rdn. 11.

320 So auch *Baumbach/Duden/Hopt* HGB[25] § 172a, 8A, *Hennerkes/Binz* aaO (Fn. 316), S. 194f.

174 **b) Die Anwendung des Auszahlungsverbots der §§ 30, 31 GmbHG auf die Komplementär-GmbH.** Mit der Anwendbarkeit der §§ 30, 31 GmbHG auf die Komplementär-GmbH einer GmbH & Co KG, deren Gesellschafter an *beiden* Gesellschaften beteiligt sind, hat sich der BGH in der Grundsatzentscheidung BGHZ **60** 324, 328 ff. = NJW **1973** 1604 befaßt. Die dort aufgestellten Grundsätze sind weiterhin maßgebend[321]; sie wurden inzwischen vor allem auf den Fall eigenkapitalersetzender Gesellschafterdarlehen angewendet[322]. Für das Eingreifen der §§ 30, 31 GmbHG wird danach auf die **Verminderung des Vermögens der Komplementär-GmbH als Folge von Zahlungen der KG an die Gesellschafter** abgestellt. Eine solche nach § 30 GmbHG relevante Verminderung des GmbH-Vermögens kann sich einmal daraus ergeben, daß die KG infolge der geleisteten Zahlungen *überschuldet* und der der Komplementär-GmbH mit Rücksicht auf ihre Haftung aus § 128 HGB zustehende *Freistellungsanspruch* gegen die KG *nicht mehr vollwertig* ist[323]. Im Falle vermögensmäßiger Beteiligung der GmbH an der KG kann sie aber auch darauf beruhen, daß die Zahlungen der KG an darlehensgewährende Gesellschafter zwar nicht zu deren Überschuldung, wohl aber zur *Verminderung des Wertes des KG-Anteils* führen und sich dadurch negativ auf das GmbH-Vermögen auswirken (BGH aaO Fn. 323). In beiden Fällen sind die Kommanditisten, wenn sie *zugleich GmbH-Gesellschafter* sind, zur Erstattung der erhaltenen Zahlungen verpflichtet, wobei der **Erstattungsanspruch** allerdings abweichend von § 31 Abs. 1 GmbHG nicht der Komplementär-GmbH, sondern **der KG** selbst zugeordnet ist[324]. Der Anspruch verjährt in fünf Jahren (§ 31 Abs. 5 GmbHG; vgl. dazu OLG München WM **1983** 101, 102).

175 **c) Folgerungen für Gesellschafterdarlehen.** Für die Anwendung der §§ 30, 31 GmbHG auf Gesellschafterdarlehen, die die Kommanditisten ihrer KG gewährt haben, lassen sich den Feststellungen in Rdn. 174 die folgenden Grundsätze entnehmen. Die Darlehen müssen von **Kommanditisten** gewährt sein, die zugleich Gesellschafter der Komplementär-GmbH sind[325]; dem steht es gleich, wenn sich sämtliche Anteile der Komplementär-GmbH im Vermögen der KG befinden. Sie müssen **eigenkapitalersetzender** Natur sein, wobei insoweit auf die Verhältnisse der KG bei Gewährung oder Belassung des Darlehens, namentlich deren Kreditwürdigkeit (Rdn. 43 ff., 48 f.), abzustellen ist. Die Rückzahlung durch die KG muß dazu führen, daß das zur Deckung des Stammkapitals erforderliche **Vermögen der Komplementär-GmbH vermindert** oder eine bei ihr schon bestehende Überschuldung vergrößert wird (Rdn. 148); das kann entweder auf einer durch unzureichendes KG-Vermögen gefährdeten Realisierbarkeit des Freistellungsanspruchs der Komplementär-GmbH gegen die KG oder auf der Wertminderung einer Kapitalbeteiligung der GmbH an der KG beruhen (Rdn. 174). Sind diese Voraussetzungen gegeben, so darf die KG die Darlehensforderungen ihrer Kommanditisten nicht erfüllen; bei Zahlungen unter Verstoß gegen §§ 30, 31 GmbHG erlangt sie einen Erstattungsanspruch gegen die Zahlungsempfänger[326].

176 **Der Rückzahlung von Darlehen stehen gleich:** die Rückgewähr von Pflichteinlagen, soweit sie die Hafteinlage unberührt läßt und daher nicht zum Wiederaufleben der Außenhaftung der Kommanditisten nach § 172 Abs. 4 HGB führt, oder die Umwandlung

---

321 Vgl. dazu auch *Hennerkes/Binz* aaO (Fn. 316), S. 188 ff.

322 BGHZ **67** 171, 175 f. = NJW **1977** 104; **69** 274, 279 = NJW **1978** 160; **76** 326 (329, 336) = NJW **1980** 1524; **81** 252, 255 = NJW **1981** 2570, BGH WM **1979** 937, 939.

323 BGHZ **60** 324, 329 = NJW **1973** 1604; **76** 326, 336 = NJW **1980** 1524.

324 St. Rspr., vgl. BGHZ **60** 324, 329 f. = NJW **1973** 1604; **69** 274, 281 = NJW **1978** 160.

325 BGHZ **60** 324, 328 = NJW **1973** 1604; **67** 171, 176 = NJW **1977** 104; **69** 274, 279 = NJW **1978** 160.

326 Zur Zuordnung des Erstattungsanspruchs an die KG vgl. die Nachw. in Fn. 324.

der Pflichteinlage in ein Darlehen[327], ferner die Befreiung des Gesellschafters von einer zugunsten der KG übernommenen Bürgschaft durch Erfüllung der Hauptverbindlichkeit seitens der KG[328] sowie die Rückgewähr einer im KG-Vertrag neben der Kommanditeinlage zugesagten stillen Beteiligung[329]. Besonderheiten gelten für die **Publikums-GmbH & Co KG**, da es hier an einer unmittelbaren oder mittelbaren Beteiligung der Kommanditisten an der Komplementär-GmbH regelmäßig fehlt. Aus diesem Grunde scheidet die Anwendung der §§ 30, 31 GmbHG nach den hierfür aufgestellten Grundsätzen (Rdn. 175) aus. Hat allerdings der Kommanditist im Rahmen seines Beitritts zur Publikums-KG auch die Verpflichtung zur Leistung eines eigenkapitalersetzenden Darlehens oder einer stillen Beteiligung übernommen, so bleibt er hieran grundsätzlich gebunden und muß die Mittel selbst dann, wenn er die Beteiligung später wirksam kündigt, der Gesellschaft oder dem Konkursverwalter belassen oder erneut zur Verfügung stellen, soweit sie zur Gläubigerbefriedigung erforderlich sind[330].

§ 33

Die Gesellschaft kann eigene Geschäftsanteile, auf welche die Einlagen noch nicht vollständig geleistet sind, nicht erwerben oder als Pfand nehmen.

Eigene Geschäftsanteile, auf welche die Einlagen vollständig geleistet sind, darf sie nur erwerben, sofern der Erwerb aus dem über den Betrag des Stammkapitals hinaus vorhandenen Vermögen geschehen kann. Als Pfand nehmen darf sie solche Geschäftsanteile nur, soweit der Gesamtbetrag der durch Inpfandnahme eigener Geschäftsanteile gesicherten Forderungen oder, wenn der Wert der als Pfand genommenen Geschäftsanteile niedriger ist, dieser Betrag nicht höher ist als das über das Stammkapital hinaus vorhandene Vermögen. Ein Verstoß gegen die Sätze 1 und 2 macht den Erwerb oder die Inpfandnahme der Geschäftsanteile nicht unwirksam; jedoch ist das schuldrechtliche Geschäft über einen verbotswidrigen Erwerb oder eine verbotswidrige Inpfandnahme nichtig.

Übersicht

[327] So BGHZ **69** 274, 279 = NJW **1978** 160.

[328] BGHZ **67** 171, 182 = NJW **1977** 104; **81** 252, 255 f. = NJW **1981** 2570, OLG Hamburg ZIP **1980** 911.

[329] BGH NJW **1981** 2251.

[330] BGH NJW **1981** 2251, OLG Hamburg GmbH-Rdsch. **1983** 70, 71, OLG Köln ZIP **1983** 310, 311.

Schrifttum

Becker Der Erwerb eigener Geschäftsanteile nach § 33 GmbHG und nach dem Steuerrecht, GmbH-Rdsch. **1924** 479; *Becker* Der Erwerb eigener Geschäftsanteile der GmbH, GmbH-Rdsch. **1938** 700; *Beuck* Erwerb eigener Anteile, Einziehung, Kaduzierung, Abandon und ihre buchmäßige Behandlung, GmbH-Rdsch. **1961** 123; *Buchwald* Der eigene Anteil der GmbH, GmbH-Rdsch. **1958** 167; *Deutler* Änderungen des GmbH-Gesetzes und anderer handelsrechtlicher Vorschriften durch die GmbH-Novelle 1980, GmbH-Rdsch. **1980** 145; *Emmerich* Zur Problematik der wechselseitigen Beteiligungen, namentlich im geltenden und künftigen GmbH-Recht, in Festschrift für H. Westermann, 1974, 55; *Fleck* Kapitalaufbringung, Kapitalerhaltung und Insolvenzprobleme in der GmbH, 1982; *Gersch-Herget-Marsch-Stützle*, GmbH-Reform 1980; *Gessler* Die GmbH-Novelle, BB **1980** 1385; *Gonnella* Die zukünftige Regelung des Gesellschafterausschlusses in der GmbH, GmbH-Rdsch. **1967** 89; *Hachenburg* Zum Erwerb eigener Geschäftsanteile durch die GmbH, in Festschrift für Georg Cohn, 1915; *Herber* Zum Entwurf einer GmbH-Novelle, GmbH-Rdsch. **1978** 25; *Hösel* Eigene Geschäftsanteile der GmbH, DNotZ **1958** 5; *C. Hueck* Erwerbsvorrechte im Gesellschaftsrecht, in Festschrift für Larenz, 1973, 743; *Hunscha* Die GmbH & Co. KG als Alleingesellschafterin ihrer GmbH-Komplementärin, Möglichkeiten und Grenzen der wechselseitigen Beteiligung von GmbH und KG, 1974; *Ippen* Die GmbH & Co. KG als Inhaberin sämtlicher Geschäftsanteile ihrer allein persönlich haftenden GmbH-Komplementärin, Diss. Münster 1967; *Kreuzer* Die allgemeinen Gläubigerschutzbestimmungen der GmbH-Novelle, ZIP **1980** 597; *Lutter* Kapital, Sicherung der Kapitalaufbringung und Kapitalerhaltung in den Aktien- und GmbH-Rechten der EWG, 1964; *Lutter* Rechtsverhältnisse zwischen den Gesellschaftern und der Gesellschaft, in Probleme der GmbH-Reform, 1970, 63; *Lutter* Die GmbH-Novelle und ihre Bedeutung für die GmbH, die GmbH + Co KG und die Aktiengesellschaft, DB **1980** 1317; *Mertens* Die Einmann-GmbH & Co. KG und das Problem der gesellschaftsrechtlichen Grundtypenvermischung NJW **1966** 1054; *W. Müller* Änderung des GmbH-Gesetzes und anderer handelsrechtlicher Vorschriften zum 1. Januar 1981, WPg **1980** 369; *Niemeier* Rechtstatsachen und Rechtsfragen der Einziehung von GmbH-Anteilen, 1982; *Paulick* Die GmbH ohne Gesellschafter, 1979; *Priester/K. Schmidt* Die GmbH-Novelle-Konsequenzen für die Praxis 1980; *Schilling* Die GmbH & Co. KG als Einheitsgesellschaft, in Festschrift für Barz 1974, 67; *Schilling* Entwicklungstendenzen im Konzernrecht, ZHR **140** (1976), 528; *K. Schmidt* Grundzüge der GmbH-Novelle, NJW **1980** 1769; *Simon* Kann die GmbH & Co. KG Inhaberin der Geschäftsanteile ihrer persönlich haftenden Gesellschafterin sein? DB **1963** 1210; *Skibbe* Der eigene Anteil der GmbH im Bewertungsrecht, GmbH-Rdsch. **1971** 62; *Soufleros* Ausschließung und Abfindung eines GmbH-Gesellschafters, 1983; *Thiel* Die Einziehung eigener Geschäftsanteile, GmbH-Rdsch. **1891** 49; *Timm* Das neue GmbH-Recht in der Diskussion, GmbH-Rdsch. **1980** 286 ff.; *Ulmer* Die neuen Vorschriften über kapitalersetzende Darlehen und eigene Geschäftsanteile der GmbH in: Das neue GmbH-Recht in der Diskussion 1981, S. 55 ff, 73 ff.; *Unger* Der Erwerb eigener Geschäftsanteile durch die GmbH, 1925; *Verhoeven* GmbH-Konzernrecht: Der Erwerb von Anteilen der Obergesellschaft, GmbH-Rdsch. **1977** 97; *H. P. Westermann* Grundsatzfragen des GmbH-Konzerns, in Der GmbH-Konzern, 1976, 25; *Winkler* Der Erwerb eigener Geschäftsanteile durch die GmbH, GmbH-Rdsch. **1972** 73; *Winter* Die wechselseitige Beteiligung von Aktiengesellschaften, 1960; *Ziebe* Der Erwerb eigener GmbH-Geschäftsanteile in den Staaten der Europäischen Gemeinschaft, GmbH-Rdsch. **1983** 38.

Einleitung

Angesichts der Tatsache, daß § 33 von der **Möglichkeit** eines Erwerbs eigener 1
Geschäftsanteile durch eine GmbH ebenso wie § 71 AktG von der Möglichkeit eines Erwerbs eigener Aktien durch eine AG ausgeht, lohnt ein Streit über ihre denkgesetzliche Möglichkeit oder den „begrifflichen Unsinn" (*Ritter* AktG § 65, 16) nicht. Das positive Gesetz geht von der Möglichkeit eines Erwerbs eigener Anteile aus, ohne den in der Praxis ebenso wie im Leben der AG auch kaum auszukommen ist. Deshalb entspricht die Regelung des § 33 auch in etwa der des AktG im Zeitpunkt des Erlasses des GmbH-Gesetzes, die den Erwerb eigener Aktien durch eine Sollvorschrift und den Erwerb von Interimsscheinen und nicht voll bezahlter Aktien schlechthin verbot. Die Ausnahme in Abs. 2 beruht nur darauf, daß bei der GmbH Rücklagen anders als bei der AG im Sinne der Kapitalerhaltung nicht gebunden sind. Zwischenzeitlich haben sich AktG und GmbHG durch die Weiterentwicklung der aktienrechtlichen Vorschriften über den Erwerb eigener Aktien zunächst in § 65 AktG 37 und dann durch § 71 AktG 65 weiter voneinander entfernt. Das AktG kennt heute 6 Tatbestände, unter denen der Erwerb eigener — auch nicht voll eingezahlter — Aktien zulässig ist, erklärt den verbotswidrigen Erwerb stets als schuldrechtlich nichtig, läßt die Nichtigkeit auf das dingliche Geschäft aber nur durchschlagen, wenn nicht voll eingezahlte Aktien erworben werden. Demgegenüber steht für § 33 — trotz der nunmehr in Abs. 2 ebenfalls vorgenommenen Unterscheidung zwischen schuldrechtlicher Nichtigkeit und dinglicher Wirksamkeit — im Vordergrund immer noch die Frage der Volleinzahlung, können nicht voll eingezahlte Anteile überhaupt nicht und dürfen voll eingezahlte Anteile nicht zu Lasten des Stammkapitals erworben werden. Zwar gibt es keine Ausnahme vom Erwerbsverbot. Insgesamt läßt sich jedoch sagen, daß die Regelung des GmbH-Rechts im Vergleich zum Aktienrecht großzügiger, die Kapitalbindung weniger scharf durchgeführt ist[1]. Ist das Stammkapital bei der GmbH nämlich aufgebracht, soll durch die gesetzliche Regelung — unabhängig davon, ob die Gesellschafter hiermit ihre Einlage zurückerhalten oder vom gesellschaftlichen Risiko freigestellt werden — erreicht werden, daß der Erwerb oder die Inpfandnahme eigener Anteile nur aus einem über das gebundene Stammkapital hinaus vorhandenen Kapital erfolgen (*Scholz-Westermann* 2).

[1] *Scholz-Westermann* 2; *Herber* GmbH-Rdsch. **1978** 27; *K. Schmidt* NJW **1980** 1769, 1773; *Ziebe* GmbH-Rdsch. **1983** 38.

Reform

2 Die GmbH-Novelle 1980 hat den § 33 neu gefaßt, es aber weitgehend bei der bislang – seit dem Jahre 1892 unverändert – geltenden Regelung des § 33 belassen. Der wesentlichste Unterschied zu der früheren Regelung besteht darin, daß nunmehr schuldrechtlich – nicht auch dinglich – der Erwerb voll eingezahlter Geschäftsanteile zu Lasten des Stammkapitals für nichtig erklärt wird. Die darin zum Ausdruck gekommene Absicht sicherzustellen, daß das zur Erhaltung des Stammkapitals erforderliche Vermögen nicht zum Erwerb eigener Geschäftsanteile verwendet und dadurch eine mittelbare Aushöhlung des Stammkapitals verhindert wird, ist bei der Beurteilung von Einzelfragen in besonderem Maße zu berücksichtigen (so insbesondere für die Frage der Aktivierung eigener Geschäftsanteile in der GmbH-Bilanz und der Erforderlichkeit der Bildung eines entsprechenden passivischen Ausgleichspostens, vgl. Rdn. 68). Der RegE der GmbH-Novelle (BT-Drucksache 8/1347) hatte wie der frühere RegE 1971 eine Reihe von detaillierten Vorschriften, so insbesondere über den Erwerb von Geschäftsanteilen verbundener Unternehmen, vorgesehen, die vernünftigerweise vom Rechtsausschuß im Hinblick auf ihren Umfang und ihren nach der ohnehin geltenden Rechtslage mehr deklaratorischen Charakter gestrichen wurden (so auch *Ulmer*, Das neue GmbH-Recht in der Diskussion, S. 74). Gleichwohl wird der Text des RegE künftighin im Einzelfall durchaus als Kriterium herangezogen werden können[2], weshalb nachstehend dieser Text im Wortlaut wiedergegeben sei:

(1) Die Gesellschaft kann eigene Geschäftsanteile, auf welche die Einlagen noch nicht vollständig geleistet sind, nicht erwerben oder als Pfand nehmen.

(2) Eigene Geschäftsanteile, auf welche die Einlagen vollständig geleistet sind, darf sie nur erwerben, sofern der Erwerb aus dem über den Betrag des Stammkapitals hinaus vorhandenen Vermögen geschehen kann. Als Pfand nehmen darf sie solche Geschäftsanteile nur, soweit der Gesamtbetrag der durch Inpfandnahme eigener Geschäftsanteile gesicherten Forderungen oder, wenn der Wert der als Pfand genommenen Geschäftsanteile niedriger ist, dieser Betrag nicht höher ist als das über das Stammkapital hinaus vorhandene Vermögen.

(3) Ein abhängiges Unternehmen darf Geschäftsanteile der herrschenden Gesellschaft, ein in Mehrheitsbesitz stehendes Unternehmen Geschäftsanteile der an ihm mit Mehrheit beteiligten Gesellschaft nicht erwerben oder als Pfand nehmen, wenn die Einlagen auf die Geschäftsanteile noch nicht vollständig geleistet sind. Geschäftsanteile, auf welche die Einlagen vollständig geleistet sind, darf das abhängige oder in Mehrheitsbesitz stehende Unternehmen, wenn es die Rechtsform einer Gesellschaft mit beschränkter Haftung hat, nur erwerben, wenn der Erwerb aus dem bei ihm über den Betrag des Stammkapitals hinaus vorhandenen Vermögen geschehen kann und wenn auch die herrschende Gesellschaft oder die an ihm mit Mehrheit beteiligte Gesellschaft die Geschäftsanteile nach Absatz 2 Satz 1 erwerben dürfte; als Pfand nehmen darf das abhängige oder in Mehrheitsbesitz stehende Unternehmen solche Geschäftsanteile nur, soweit der Gesamtbetrag der durch Inpfandnahme der Geschäftsanteile gesicherten Forderungen oder, wenn der Wert der als Pfand genommenen Geschäftsanteile niedriger ist, dieser Betrag nicht höher als das bei dem Unternehmen über das Stammkapital hinaus vorhandene Vermögen und wenn auch die herrschende Gesellschaft oder die an ihm mit Mehrheit beteiligte Gesellschaft die Geschäftsanteile nach Absatz 2 Satz 2 als Pfand nehmen dürfte. Hat das Unternehmen eine andere Rechtsform, so darf es Geschäftsanteile, auf welche die Einlagen vollständig geleistet sind, nur erwerben oder als Pfand nehmen, wenn die herrschende Gesellschaft oder die an ihm mit Mehrheit beteiligte Gesellschaft die Geschäftsanteile nach Absatz 2 erwerben oder als Pfand nehmen dürfte.

(4) Ein Verstoß gegen die Absätze 2 und 3 macht den Erwerb oder die Inpfandnahme der Geschäftsanteile nicht unwirksam; jedoch ist das schuldrechtliche Geschäft über einen verbotswidrigen Erwerb oder eine verbotswidrige Inpfandnahme nichtig.

---

[2] So auch *Ulmer* aaO, S. 74; *Scholz-Westermann* 1.

(5) Ein Rechtsgeschäft zwischen der Gesellschaft oder einem abhängigen oder in ihrem Mehrheitsbesitz stehenden Unternehmen und einem anderen, wonach dieser berechtigt oder verpflichtet sein soll, eigene Geschäftsanteile der Gesellschaft für Rechnung der Gesellschaft oder des abhängigen oder des in ihrem Mehrheitsbesitz stehenden Unternehmens zu erwerben oder als Pfand zu nehmen, ist nichtig, soweit der Erwerb oder die Inpfandnahme der Geschäftsanteile durch die Gesellschaft oder das abhängige oder das in ihrem Mehrheitsbesitz stehende Unternehmen gegen die Absätze 1 bis 3 verstößt.

(6) Aus eigenen Geschäftsanteilen stehen der Gesellschaft keine Rechte zu. Gleiches gilt für Geschäftsanteile, die einem anderen für Rechnung der Gesellschaft gehören.

(7) Ob im Sinne dieser Vorschriften Unternehmen im Verhältnis zueinander in Mehrheitsbesitz stehende Unternehmen und mit Mehrheit beteiligte Unternehmen oder abhängige und herrschende Unternehmen sind, bestimmt sich nach den sinngemäß anzuwendenden §§ 16, 17 des Aktiengesetzes.

Das bevorstehende Bilanzrichtlinie-Gesetz sieht entsprechend § 71 II S. 2 AktG eine Erweiterung von S. 1 des geltenden § 33 Abs. 2 vor, die — aller Voraussicht nach — zu folgender Fassung des Gesetzestextes führen wird (vgl. Entwurf eines Bilanzrichtlinie-Gesetzes durch die Bundesregierung, BT-Drucksache 10/317 vom 26. 8. 1983):

Eigene Geschäftsanteile, auf welche die Einlagen vollständig geleistet sind, darf sie nur erwerben, sofern der Erwerb aus dem über den Betrag des Stammkapitals hinaus vorhandenen Vermögen geschehen und die Gesellschaft die nach § 42 Abs. 4 vorgeschriebene Rücklage für eigene Anteile bilden kann, ohne das Stammkapital oder eine nach dem Gesellschaftsvertrag zu bildende Rücklage zu mindern, die nicht zu Zahlungen an die Gesellschafter verwandt werden darf.

Für den zitierten § 42 Abs. 4 des GmbH-Gesetzes (Stand der Entwurfsfassung des Bilanzrichtlinie-Gesetzes vom 26. 8. 1983 — BT-Drucksache 10/317) ist folgender Wortlaut vorgesehen:

In eine Rücklage für eigene Anteile ist ein Betrag einzustellen, der dem auf der Aktivseite der Bilanz für die eigenen Anteile anzusetzenden Betrag entspricht. Die Rücklage darf nur aufgelöst werden, soweit die eigenen Anteile veräußert oder eingezogen werden oder soweit nach § 263 des Handelsgesetzbuchs auf der Aktivseite ein niedrigerer Betrag angesetzt wird. Die Rücklage, die bereits bei der Aufstellung der Bilanz vorzunehmen ist, darf aus vorhandenen Gewinnrücklagen gebildet werden, soweit diese frei verfügbar sind. Die Rücklage ist auch für Anteile eines herrschenden oder eines mit Mehrheit beteiligten Unternehmens zu bilden.

I. Der Erwerb und die Inpfandnahme eigener nicht voll eingezahlter Geschäftsanteile (Abs. 1)

1. Verbot des Erwerbs

Abs. 1 gebraucht den Ausdruck „kann nicht erwerben". Damit ist nach dem 3
Sprachgebrauch des BGB und HGB eindeutig die **Nichtigkeit** eines verbotswidrigen Erwerbs zum Ausdruck gebracht (vgl. *Palandt-Heinrichs*, § 134 2a). Die Formulierung „kann nicht erwerben" beruht auf der GmbH-Novelle vom 4. 7. 1980. Nach ganz h. M. hatte aber auch unter der Geltung der früheren Formulierung „darf nicht erwerben" ein Verstoß die Nichtigkeit des verbotswidrigen Erwerbs zur Folge (im einzelnen Rdn. 13).

Nach der Fassung des Gesetzeswortlauts erfaßt das Verbot **jeden Erwerb eigener,** 4
nicht vollständig eingezahlter Geschäftsanteile. Ob der Erwerb *entgeltlich* oder *unentgeltlich* (z. B. Schenkung, Erbfall, Vermächtnis) erfolgt, ist gleichgültig. Das folgt zwingend aus dem Prinzip der Erhaltung des Stammkapitals; denn durch den Erwerb eines nicht voll eingezahlten Anteils seitens der Gesellschaft würde die restliche Einzahlungsverpflichtung durch Vereinigung von Forderung und Schuld in einer Person erlöschen (vgl. BGHZ **15** 392). Gleichgültig ist auch, ob der Erwerb für *eigene* oder *fremde*

Rechnung geschieht. Das Verbot erfaßt ebenso die Ausübung eines gesellschaftsvertraglichen Vor- oder Ankaufsrechts oder die Annahme an Zahlungs Statt, die freiwillige Veräußerung ebenso wie den Erwerb in einer Versteigerung anläßlich der Zwangsvollstreckung, so daß das Mitbieten der Gesellschaft nicht erlaubt ist und ein etwaiges Gebot **nichtig** ist. Das gilt auch für die Ersteigerung eines kaduzierten Anteils gemäß § 23[3], nicht freilich nach Abandon (§ 27), bei welchem nur die Nichterfüllung einer Nachschußpflicht den Verlust des Anteilsrechts des Gesellschafters herbeiführt (*Scholz-Westermann* 9). § 33 Abs. 1 macht auch den Erwerb eines nicht vollständig eingezahlten Geschäftsanteils in Verfolg einer Ausschließungsklage (Anh. zu § 34 Rdn. 20) unmöglich[4], ebenso die Einziehung gemäß § 34 (§ 34 Rdn. 37 ff.). Das braucht aber nicht die Möglichkeit zur Ausschließung eines Gesellschafters hinfällig zu machen, sondern erfordert nur eine *Variation*, die den Erwerb eines nicht voll eingezahlten Geschäftsanteils durch die Gesellschaft vermeidet, etwa Verkauf und Abtretung des Anteils an einen Dritten, ohne daß die Gesellschaft selbst erwirbt (dazu Anh. zu § 34, 31).

5 Anders als im bislang geltenden Recht unterfällt auch die **Inpfandnahme** eigener Geschäftsanteile durch die Gesellschaft dem Verbot des Abs. 1. Der entscheidende Grund hierfür liegt in der Erwägung, daß *Umgehungen* des Erwerbsverbots mit dem Ausschluß der Verpfändung — besser — verhindert werden (vgl. die Begründung des RegE, BT-Drucksache 8/1347 S. 41). Soweit für die Einbeziehung der Verpfändung in die Regelung des Abs. 1 auch angeführt wurde (RegE, BT-Drucksache 8/1347, S. 41), die Verpfändung berge ähnliche Gefahren wie der Erwerb eigener Geschäftsanteile, ist dies weniger schlüssig. Denn das Pfandrecht an einem nicht voll eingezahlten Geschäftsanteil führt noch nicht zur Konfusion und damit zum Erlöschen der noch offenen Einlageforderung und -verpflichtung (so auch *Gersch-Herget-Marsch-Stützle* Rdn. 294). Der Abwehr von Umgehungen dient es auch, wenn man den Pfandrechtserwerb infolge des Erwerbs einer gegen den Gesellschafter gerichteten Forderung (§ 401 BGB) als von dem Verbot der Inpfandnahme erfaßt ansieht.[5]

6 Nach wie vor **nicht** als Erwerb im Sinne des § 33 gilt ein Pfandrechtserwerb kraft **Pfändung** oder eine **Nießbrauchsbestellung**[6]. Die Formulierung des Gesetzes erfaßt ebenso wie in § 71 Abs. 3 AktG nur die *rechtsgeschäftliche Pfandbestellung*[7], weshalb es auch nicht angängig erscheint, den Erwerb eines Pfandrechts durch Pfändung etwa dann der rechtsgeschäftlichen Bestellung gleichzustellen, wenn der Gesellschafter sich bei Begründung einer Verpflichtung gegenüber der Gesellschaft sich der sofortigen Zwangsvollstreckung unterworfen hat und die Gesellschaft dann den Anteil pfändet (so aber *Scholz-Westermann* 8). Dabei steht — trotz der auch hier nicht völlig auszuschließenden Umgehungsgefahr — im Vordergrund, daß ein derartiger Erwerb von Teilrechten nicht zu einer Vernichtung der Resteinzahlungspflicht durch Vereinigung von Schuld und Forderung in einer Person führt und damit auch nicht zwingend zu einem eigenen Erwerb der Gesellschaft. Das gleiche gilt für einen *Verschaffungsvertrag*, in dem eine Gesellschaft

---

[3] h.M.; RGZ **98** 276; *Winkler* GmbH-Rdsch. **1972** 74; *Roth* 2.2; *Scholz-Westermann* 9; vgl. auch § 23 Rdn. 9.

[4] *Ganssmüller* GmbH-Rdsch. **1956** 131 und **1963** 67; *Gonnella* GmbH-Rdsch. **1967** 93; *Hartmann* GmbH-Rdsch. **1962** 5; *Scholz-Westermann* 9; **a.A.** *Mezger* GmbH-Rdsch. **1963** 64 und 106.

[5] *Beeser* AcP 159, 56, 64; Kölner Kommentar-*Lutter*, § 71, 54; *Scholz-Westermann* 8.

[6] *Gersch-Herget-Marsch-Stützle* Rdn. 295; *Roth* 4.2; differenzierend wohl *Scholz-Westermann* 8.

[7] *Gersch-Herget-Marsch-Stützle* Rdn. 295; Großkomm. AktG-*Barz*, § 71, 30; Kölner Kommentar-*Lutter*, § 71, 54; differenzierend wohl *Scholz-Westermann* 8.

sich verpflichtet, einem Interessenten den nicht voll eingezahlten Geschäftsanteil eines anderen Gesellschafters zu verschaffen[8].

Über die Geltung des §§ 33 Abs. 1 im **Konzernverband** vgl. Anh. II zu § 13 Rdn. 13 ff. und § 30 Rdn. 51, *Verhoeven* GmbH-Rdsch. **1977** 97, *Roth* 5.1; *Scholz-Westermann* 13 sowie die oben bei Rdn. 2 abgedruckten Bestimmungen des RegE BT-Drucksache 8/1347. Es ist durchaus anzunehmen, daß die Rechtsprechung die Tatbestände der gestrichenen Regelung des Regierungsentwurfs in dem nämlichen Sinne entscheiden würde[9]. Ein Eingreifen der Verbote nach §§ 30, 33 liegt auch bei einer **wechselseitigen Beteiligung** im Hinblick auf die beiderseitige mittelbare Selbstbeteiligung nah[10]. Der Fall, daß eine von einer AG abhängige oder in deren Mehrheitsbesitz stehende GmbH Aktien der sie beherrschenden AG erwerben will, ist durch § 71 d AktG erfaßt; zulässig wäre dies nur, soweit dies der AG selbst nach § 71 AktG gestattet wäre. 7

Bei der **GmbH & Co. KG** gilt § 33 Abs. 1 nicht unmittelbar für den Erwerb nicht voll eingezahlter Geschäftsanteile der Komplementär-GmbH durch die KG. Denn durch einen derartigen Erwerb erlöschen keine Einzahlungsverpflichtungen aufgrund Konfusion; daß die GmbH als Komplementärin der GmbH & Co. KG für die Erfüllung ihrer Einlageverpflichtung selbst haftet, ist für die Frage der Anwendbarkeit des § 33 Abs. 1 ohne Bedeutung, zumal eine derartige Haftung sich aus Besitz eigener voll eingezahlter Geschäftsanteile aufgrund des § 24 auch sonst ergeben kann. Über die Frage, ob § 33 Abs. 1 **analog** anwendbar ist bei **Erwerb eines teileingezahlten Geschäftsanteils an der Komplementär-GmbH durch die KG** oder ob eine persönliche Verpflichtung der Kommanditisten entsteht, vgl. Anhang I zu § 13 Rdn. 19[11]. Grundsätzlich ist ein solcher Erwerb teileingezahlter Geschäftsanteile möglich. Bedenken bestehen insbesondere nicht unter dem Gesichtspunkt des Gläubigerschutzes, da die Gläubiger mit einem derartigen Erwerb rechnen müssen. Falls es indes zur Einforderung der restlichen Einzahlung kommt, haften die Kommanditisten der GmbH persönlich und gesamtschuldnerisch, soweit die Einlage nicht aus freiem — die Kommanditeinlagen übersteigenden — Vermögen der KG erbracht werden kann[12]. Soweit die Einlage eines Kommanditisten in Anteilen an der Komplementär-GmbH bewirkt werden soll, ist seit der GmbH-Novelle die Vorschrift des **§ 172 Abs. 6 HGB** zu beachten, die lautet: 8

Gegenüber den Gläubigern einer Gesellschaft, bei der kein persönlich haftender Gesellschafter eine natürliche Person ist, gilt die Einlage eines Kommanditisten als nicht geleistet, soweit sie in Anteilen an den persönlich haftenden Gesellschaftern bewirkt ist. Dies gilt nicht, wenn zu den persönlich haftenden Gesellschaftern eine offene Handelsgesellschaft oder Kommanditgesellschaft gehört, bei der ein persönlich haftender Gesellschafter eine natürliche Person ist.

Mit dieser Regelung wird — vgl. die Begr. RegE BT-Drucksache 8/1347, S. 53 — sichergestellt, daß das gesetzlich geschützte Haftungspotential der GmbH und dasjenige

---

8 RGZ **71** 403; **76** 310; *Scholz-Westermann* 9.

9 *Gessler* BB **1980** 1390; *Ulmer* Das neue GmbH-Recht in der Diskussion, S. 74; s. aber auch *Roth* 5.1, der allein bei § 33 ansetzen will; *Eder* Handbuch der GmbH, Rdn. 363; *Lutter* Kapital, Sicherung der Kapitalaufbringung und Kapitalerhaltung in den Aktien- und GmbH-Rechten der EWG, S. 462.

10 *Scholz-Westermann* 13; *Lutter* Kapital, S. 462.

11 Vgl. auch *Schilling* Festschr. Barz (1974), S. 75; *Hesselmann* Handbuch der GmbH & Co., 16. Aufl. (1980) Rdn. 85ff.; *K. Schmidt* DB **1973** 2227, 2230; *Eltermann* GmbH-Rdsch. **1973** 207, 209; *Baltzer* GmbH-Rdsch. **1974** 97, 100; *Ippen* Die GmbH & Co. KG als Inhaberin sämtlicher Geschäftsanteile ihrer allein persönlich haftenden GmbH-Komplementärin (1967), S. 75ff.; *Fetsch* Beilage z. DNotZ **1969** 111, 119; *Hunscha* Die GmbH & Co. KG als Alleingesellschafterin ihrer Komplementärin, S. 102f.; *Roth* 5.2.

12 *Schilling* Festschr. Barz (1974) S. 75; *Hennerkes-Binz* Die GmbH & Co. KG, 7. Aufl., S. 221; modifizierend *Roth* 5.2; *Scholz-Westermann* 14; **a.A.** *Hunscha* aaO, S. 103.

der KG *kumulativ* und ohne gegenseitige Überschneidung zur Verfügung stehen. Der Kommanditist haftet also den Gläubigern nach § 171 Abs. 1 HGB bis zur Höhe seiner Einlage[13]. Nichts anderes kann gelten, wenn der Kommanditist zunächst seine Kommanditeinlage erbringt und sodann die GmbH-Anteile an die KG veräußert, wobei der Kaufpreis mittels der Kommanditeinlage finanziert wird. Dieser als Rückzahlung der Kommanditeinlage zu bewertende Vorgang zieht das Aufleben der zunächst erloschenen Kommanditistenhaftung nach § 172 IV HGB nach sich (*Hennerkes-Binz*, aaO). Zu weit dürfte es gehen, die Grundsätze über abhängige Gesellschaften schlechthin auch im Verhältnis der KG zu ihrer Komplementärin anzuwenden (so aber *Roth* 5.2).

2. Nicht voll eingezahlte Geschäftsanteile

9 *Nicht voll einbezahlt ist jeder Geschäftsanteil, auf den noch ein Teil der Einlage geschuldet ist.* Die Folge des Erwerbes durch die Gesellschaft wäre, daß diese selbst der Schuldner würde. Dann ginge die Einlagepflicht durch Konfusion unter. Das wäre eine verbotene Befreiung des Gesellschafters von der Stammeinlage. Es ist einerlei, wie groß der Rückstand ist und ob er bereits eingefordert ist. *Einerlei auch, ob es sich um Sach- oder Geldeinlagen handelt*[14]. Wenn die als Sacheinlage zugesagte Liegenschaft nach Eintragung der Gesellschaft zum Handelsregister dieser nicht aufgelassen werden kann, weil inzwischen zugunsten eines Dritten gegen das Eigentum des Einbringers ein Widerspruch eingetragen wurde, so ist die Stammeinlage nicht geleistet. Nicht voll bezahlt ist auch ein Geschäftsanteil, der, ohne daß es im Gesellschaftsvertrag bedungen war, durch eine Sachleistung oder Aufrechnung gedeckt wurde (§ 19 Abs. 3). Ebenso ein Geschäftsanteil, der durch Aufrechnung gedeckt wurde, wenn nachträglich die Aufrechnung hinfällig wird (vgl. RG DJZ **1915** 423). Die Haftung des Gesellschafters auf die Geldleistung besteht weiter. Unerheblich ist auch die *Kenntnis* oder Unkenntnis von dem Ausstehen eines Teiles der Stammeinlage. Auch wenn Gesellschaft und Veräußerer der Meinung waren, der Geschäftsanteil sei voll bezahlt, ist das Geschäft nichtig[15].

10 Durch die **Teilung** eines Geschäftsanteils vor Volleinzahlung (§ 17) entstehen mehrere selbständige Geschäftsanteile. Jeder wird für sich bezahlt. Wenn auf den einen ein Einlagebetrag rückständig ist, kann der andere vollbezahlt sein und dann von der Gesellschaft erworben werden[16]. Dies gilt auch für den Teil, der bei dem ursprünglichen Gesellschafter zurückbleibt. War die Stammeinlage schon zur Zeit der Veräußerung des abgetrennten Teils eingefordert, so haftet jener neben dem Erwerber für den auf diesem Teil ruhenden Betrag der Einlage (§ 16 Abs. 3). Auf die Vollzahlung seines restlichen Geschäftsanteils ist dies ohne Einfluß.

11 Ein Geschäftsanteil ist voll bezahlt, sobald die **Einlage selbst** geleistet ist. Daß andere Leistungen rückständig sind, Zinsen, Vertragsstrafen, Agio oder sonstige Zusagen (§ 3 Abs. 2), ist unerheblich[17]. Ebenso ist unerheblich, daß auf dem Geschäftsanteil die Verpflichtung ruht, den Ausfall bei anderen Geschäftsanteilen zu decken (*Scholz-Westermann* 6). In der Kommentierung der 7. Auflage (§ 33 a. F.) war dies — unter Verweisung auf § 24 Rdn. 19 — damit begründet worden, daß die Umlagepflicht gemäß §§ 24 u. 31 Abs. 3 dann auf die Gesellschaft übergehe, die Geltendmachung einer Haftung aus § 24 jedoch wegen der eintretenden Konfusion entfalle, mit der weiteren Folge, daß

[13] *Baumbach-Duden-Hopt*, 25. Aufl., § 172 HGB 2 F; *Scholz-Westermann* 14; *Roth* 5.2.

[14] h.M. *Scholz-Westermann* 5; *Vogel* 3; *Baumbach-Hueck* 2B; *Feine* S. 414; *Roth* 2.2.

[15] *Scholz-Westermann* 5; *Brodmann* Ib.

[16] RG DJZ **1913** 867; *Scholz-Westermann* 5; *Vogel* 3; *Brodmann* 1b; *Baumbach-Hueck* 2B.

[17] h.M. *Baumbach-Hueck* 2B; *Scholz-Westermann* 6; *Vogel* 3; *Brodmann* 1b; *Feine* S. 414; *Roth* 2.2; *Winkler* GmbH-Rdsch. **1972** 74.

der auf die GmbH entfallende Anteil am Ausfall nicht auf die übrigen Gesellschafter umgelegt werde. Dabei wurde auch insbesondere damit argumentiert, daß die eigenen Anteile „echte Anteile" sind und nicht bloße Korrekturposten zum Stammkapital bilden, vgl. dazu unten Rdn. 63 und § 24 Rdn. 19. Nach den überzeugenden Darlegungen bei *Niemeier*, Rechtstatsachen und Rechtsfragen der Einziehung von GmbH-Anteilen, S. 137 ff., wird man freilich zur Vermeidung von Lücken in der Kapitalaufbringung *den auf dem eigenen Geschäftsanteil ruhenden Subsidiärhaftungsanteil bei Eintritt des Subsidiärhaftungsfalls anteilig gegenüber den anderen Gesellschaftern aufrechterhalten* müssen. Das Prinzip der realen Kapitalaufbringung gebietet es, den auf dem eigenen Geschäftsanteil ruhenden Anteil bei Eintritt der Voraussetzungen des § 24 ohne Einschränkung auf die übrigen Gesellschafter umzulegen und die Gesellschaft nicht zu den übrigen Gesellschaftern nach § 24 S. 1 zu zählen[18]. Der mögliche Subsidiärhaftungsanteil bei einem Geschäftsanteil ändert indes nichts daran, daß zunächst einmal die Einlage voll geleistet und überhaupt nicht erwiesen ist, ob die Subsidiärhaftung jemals während der Erwerbszeit der Gesellschaft akut wird. Es wäre deshalb zu weitgehend, den Erwerb eines voll eingezahlten, lediglich mit einem Subsidiärhaftungsanteil belasteten Geschäftsanteils von vornherein zu untersagen, zumal der Gesetzgeber den möglichen Eintritt der Subsidiärhaftung in § 33 gar nicht bedacht hat und auch bei der Regelung des § 24 nicht die Konstellation im Auge gehabt hat, daß einer der Geschäftsanteile von der Gesellschaft selbst gehalten wird[19]. Als voll eingezahlt gelten auch die Geschäftsanteile, die beim Kaduzierungsverfahren von einem Dritten ersteigert wurden (§ 23, vgl. Rdn. 17 hierzu; *Scholz-Westermann* 6), wenn auch der Erlös den restierenden Betrag nicht deckt. Schon vor der Aufbringung des Ausfalles durch die anderen Gesellschafter kann ein solcher Geschäftsanteil von der Gesellschaft erworben werden. Ein Geschäftsanteil gilt als voll einbezahlt auch dann, wenn nach Volleinzahlung die Stammeinlage dem Verbot des § 30 zuwider *zurückgezahlt* worden ist[20]. Ein Anspruch der Gesellschaft auf Leistung der Stammeinlage besteht nicht mehr, nur der Rückerstattungsanspruch des § 31 gegen den Empfänger oder die übrigen Gesellschafter. Voll eingezahlt ist schließlich auch der durch Kapitalerhöhung aus Gesellschaftsmitteln neu geschaffene Anteil (vgl. § 8 Abs. 2 KapErhG und *Roth* 2.2). Im Falle der Haftung eines Gesellschafters auf die Gelddifferenz wegen Überbewertung einer Sacheinlage nach § 9 Abs. 1 erscheint die Anwendung von § 33 Abs. 1 gerechtfertigt (*Scholz-Westermann* 6).

Maßgeblicher **Zeitpunkt** für die Volleinzahlung ist der *Abschluß* des *schuldrechtlichen Grundgeschäfts*. Da jedoch grundsätzlich in einer Abtretung auch die Bestätigung des Kausalgeschäfts erblickt werden kann — vgl. auch § 15 Abs. 4 S. 2 —, wird praktisch stets auch der Zeitpunkt der Abtretung ausreichen (so auch *Roth* 2.2). 12

3. Nichtigkeit des Erwerbs

Das dem Verbot zuwider erfolgte Rechtsgeschäft ist nichtig[21]. Dies ist nach dem Wortlaut des Gesetzes aufgrund der GmbH-Novelle nunmehr völlig zweifelsfrei. Dies gilt für den **obligatorischen Vertrag** wie für das **Erfüllungsgeschäft**[22]; der 13

[18] *Niemeier* Rechtstatsachen und Rechtsfragen der Einziehung von GmbH-Anteilen, S. 141; *Fischer* § 24, 3.

[19] vgl. *Niemeier* aaO, S. 140: Entwurf eines Gesetzes betreffend die Gesellschaften mit beschränkter Haftung, 1891, S. 39f., 71f., 84.

[20] *Vogel* 3; *Roth* 2.2; *Winkler* GmbH-Rdsch. **1972** 74; **a.A.** *Scholz-Westermann* 5 entgegen der Voraufl. *Scholz* 3.

[21] § 134 BGB; RGZ **71** 403; BGHZ **15** 393; *Baumbach-Hueck* 2C; *Scholz-Westermann* 15; *Winkler* GmbH-Rdsch. **1972** 76; *Ziebe* GmbH-Rdsch. **1983** 38.

[22] *Feine* S. 414; *Baumbach-Hueck* 2C; *Scholz-Westermann* 15; *Vogel* 4; *Roth* 2.1.

Veräußerer bleibt Eigentümer des Geschäftsanteils und haftet nach wie vor für die ausstehende Stammeinlage. Der veräußernde Gesellschafter kann nicht auf Abnahme klagen; die weiteren Rechtsfolgen regeln sich nach §§ 812 ff. (vgl. unten Rdn. 20). Ob ein Vertrag auf Erwerb eines nicht vollbezahlten Geschäftsanteils durch die Gesellschaft abzielt, ist eine *Auslegungsfrage*. Vereinbarungen, die auch nur *mittelbar* zu solchem Erwerb führen können, sind als nichtig anzusehen (OLG Rostock MecklZ **32** 64). Soweit für den verbotswidrigen Erwerb von Anteilen an einer Gesellschaft durch eine abhängige GmbH für eine Beschränkung der Nichtigkeit auf das schuldrechtliche Geschäft — bei Wirksamkeit des dinglichen Geschäfts — plädiert wird (*Roth* 5.1) bietet die klare Gesetzesregelung hier keinen Anhaltspunkt (so auch *Scholz-Westermann* 15).

14 Der obligatorische Vertrag kann aber unter der **Bedingung vorheriger Vollzahlung** des Verkäufers geschlossen sein. Dann wird er mit dem Eintritt der Bedingung wirksam[23]. Ob solch ein bedingter Vertrag gewollt ist, bleibt wiederum Auslegungsfrage. Das wird auch dann angenommen werden können, wenn die Vollzahlung zwar nicht als Bedingung gesetzt wurde, der Veräußerer sich aber verpflichtet, die bereits eingeforderte Stammeinlage selbst zu entrichten, z. B. unter Verwendung des Kaufpreises, der in Höhe der noch nicht geleisteten Resteinzahlung zur Einlage verwendet wird oder durch eine allerdings nur von der Gesellschaft selbst zu erklärende Aufrechnung, wobei davon ausgegangen wird, daß die gegen sie gerichtete Kaufpreisforderung vollwertig ist[24]. Allerdings würde eine Zahlung der Gesellschaft selbst aus nach §§ 30 Abs. 1, 33 Abs. 2 freiem Vermögen eine Umgehung darstellen, es sei denn, daß ordnungsgemäß beschlossene Dividendenausschüttungen oder Liquidationsraten zur restlichen Einzahlung verwendet werden[25]. Ob nun die Leistung der Resteinlage durch Verrechnung mit dem Kaufpreis oder durch Zahlung mit eigenen Mitteln des Gesellschafters erfolgt, immer führt dieser Sachverhalt dazu, daß der Gesellschafter seine Einzahlung als Kaufpreis für seinen Geschäftsanteil bekommt oder wieder bekommt. Eine Nichtigkeit wird man aber nur dann annehmen können, wenn dieser Kauf nur ein Scheingeschäft ist und lediglich ein Verzicht auf die Einlage gewollt ist[26].

15 Nichtig ist auch der **Verkauf** eines **nicht vollbezahlten Geschäftsanteils durch die Gesellschaft.** Sie kann ihn nicht erwerben[27]. Also ist sie auch nie in der Lage, ihn zu veräußern. Sie kann den Verkauf dieses von ihr als ihr gehörend veräußerten Anteils nicht dadurch aufrechterhalten, daß sie die Zustimmung ihres Vormanns zur Übertragung an ihren Rechtsnachfolger beibringt. Von jenem wollte er nicht kaufen. Dessen Geschäftsanteil wollte er nicht erwerben.

16 Zulässig ist dagegen der Verkauf des nicht vollbezahlten Geschäftsanteils **eines Gesellschafters an einen Dritten** durch die Gesellschaft[28]. Die Verfügung würde hier mit Zustimmung des wirklichen Inhabers wirksam (§§ 182 ff. BGB, insoweit richtig *Roth*

---

[23] RG LZ **1913** 865; RGZ **93** 329; *Vogel* 4; *Scholz-Westermann* 11; *Bartl-Henkes* 361; *Roth* 2.2.

[24] *Brodmann* Ib; *Eder* Handbuch der GmbH, Rdn. 364 I; *Buchwald* GmbH-Rdsch. **1958** 170; zurückhaltend *Scholz-Westermann* 11.

[25] zweifelnd *Buchwald* aaO, der sich aber zu Unrecht auf RGZ **93** 329 beruft; **a.A.** wohl *Scholz-Westermann* 11.

[26] *Scholz-Westermann* 6; für den ähnlich liegenden Fall der Aufrechnung der Einlageforderung mit Verbindlichkeiten gegenüber dem seinen Anteil verkaufenden Gesellschafter aus anderen Geschäften differenzierend — zeitlicher Abstand und eigenständige wirtschaftliche Zielsetzung des Umsatzgeschäfts, aus dem die aufgerechnete Forderung stammt — *Scholz-Westermann* 10.

[27] *Scholz-Westermann* 15; *Eder* Handbuch der GmbH, Rdn. 364 I; *Bartl-Henkes* 361; **a.A.** *Roth* 2.1.

[28] *Scholz-Westermann* 15; *Vogel* 4; *Baumbach-Hueck* 2A.

2.1). Die Gesellschaft kann sich auch verpflichten, dem Dritten diesen Geschäftsanteil zu verschaffen. Nur sie selbst darf ihn nicht erwerben[29]. Ein kommissionsweiser Verkauf liegt hier nicht vor. Die Lieferung des Kaufgegenstandes kann nur unmittelbar durch den veräußernden Gesellschafter erfolgen, d. h. dieser muß den Geschäftsanteil an den Erwerber abtreten bzw. nach Maßgabe der §§ 182 ff. BGB der Verfügung zustimmen.

Wenn ein Dritter einen nicht voll eingezahlten Geschäftsanteil im eigenen Namen, aber **für Rechnung der GmbH** erwirbt, so wird die interne Vereinbarung zwischen dem Dritten und der Gesellschaft über den Erwerb für deren Rechnung von der Nichtigkeit des § 33 Abs. 1 betroffen, während der Erwerbsvorgang zwischen dem bisherigen Gesellschafter und dem Dritten in der Regel rechtswirksam bleiben wird[30]. Eine entsprechende Regelung sah auch Abs. 5 des Reg.-Entwurfs — oben Rdn. 2 — vor. Bei einem echten Umgehungsgeschäft einschließlich der subjektiven Merkmale bei allen Beteiligten führt der Mißbrauch der treuhandrechtlichen Gestaltungsform (§ 242 BGB) zur unmittelbaren vollumfänglichen Anwendung des § 33 (*Roth* 4.3). **17**

4. Folgen der Nichtigkeit

Die Nichtigkeit wird **nicht durch die Erfüllung geheilt**[31]. Auch nicht dadurch, daß nachträglich die Stammeinlage voll eingezahlt wird[32]. **18**

Die Nichtigkeit aus § 33 Abs. 1 kann **von beiden Teilen geltend gemacht** werden. Gleichgültig ist es, ob sich der Erwerb als selbständiges Geschäft oder als Bestandteil eines anderen Geschäfts darstellt. Welchen Einfluß jene Nichtigkeit auf das ganze Geschäft hat, hängt von der Bedeutung des Erwerbs im Rahmen des Ganzen ab (§ 139 BGB). **19**

Für die **Rückforderung des Geleisteten** ist zu unterscheiden, ob die Zahlung des Kaufpreises aus dem nach § 30 Abs. 1 *gebundenen Vermögen* erfolgt oder nicht. Wurde aus gebundenem Vermögen bezahlt, so greift — neben den bereicherungsrechtlichen Ansprüchen — § 31 ein[33]. Man wird nicht sagen können, daß die Zahlung des Kaufpreises an den Gesellschafter keine gesellschaftsrechtliche, sondern eine individualrechtliche Zahlung war; denn sie erfolgte an den Gesellschafter deshalb, weil man von ihm als Gesellschafter einen nicht voll eingezahlten Geschäftsanteil erworben hat, so daß der Erwerb notwendig mit der Gesellschafterstellung zusammenhing. Im übrigen ergibt sich für Aktiengesellschaften aus § 57 Abs. 1 S. 2 AktG, daß die Zahlung des Erwerbspreises beim unzulässigen Erwerb eigener Aktien eine Rückgewähr darstellt. Es ist nicht einzusehen, warum diese aktienrechtliche Regelung nicht auch für die GmbH Geltung haben sollte. Wurde dagegen der Kaufpreis aus nicht gebundenem Vermögen bezahlt, so liegt kein Verstoß gegen § 30 Abs. 1 vor, greift deshalb § 31 nicht ein und gelten nur die Bereicherungsvorschriften des BGB (einschließlich der Gefahr des Einwands aus § 818 Abs. 3 BGB)[34]. Eine Anwendung des Privilegs des § 31 Abs. 2 zugunsten des **20**

---

29 RGZ **71** 403; **76** 310.

30 *Winkler* GmbH-Rdsch. **1972** 73, 75; im einzelnen vgl. *Scholz-Westermann* 12 und *Roth* 4.3.

31 RGZ **71** 304; *Scholz-Westermann* 15.

32 OLG Karlsruhe BadRspr. **1912** 63; *Brodmann* 1b; *Vogel* 4; *Bartl-Henkes* 361; in Betracht kommt lediglich eine Bestätigung nach § 141 BGB unter Einhaltung aller Formvorschriften nach erfolgter vollständiger Einzahlung.

33 *Lutter* Kapital, Sicherung der Kapitalaufbringung und Kapitalerhaltung S. 447/48; **a.A.** 6. Aufl., Anm. 7 unter Verweisung auf die Rückforderung nach den Vorschriften über die ungerechtfertigte Bereicherung; *Scholz-Westermann* 16; *Vogel* 4; *Baumbach-Hueck* 2C; indes können der Anspruch aus § 31 und ein Anspruch aus ungerechtfertigter Bereicherung durchaus zusammentreffen, was im Hinblick auf die unterschiedliche Verjährung erhebliche praktische Konsequenzen haben kann, vgl. RGZ **168** 292, 301.

gutgläubigen abtretenden Gesellschafters kommt gegenüber dem Bereicherungsanspruch nicht in Betracht, da das nicht allein auf dem Grundsatz der Kapitalerhaltung beruhende Verbot des § 33 Abs. 1 eigenständig ist[35].

21 Ob sich aus einem nach § 33 Abs. 1 verbotenen Geschäft eine **Ersatzpflicht der Geschäftsführer** ergibt, regelt § 43[36]. Wie bei § 30 Abs. 1 findet auch hier § 9 Abs. 2 Anwendung und dürfen sich die Geschäftsführer nicht auf eine Weisung berufen (§ 43 Abs. 2, 3)[37].

5. Zwingender Charakter der Vorschrift

22 Die Vorschrift des § 33 Abs. 1 — nichts anderes gilt im übrigen nunmehr im Interesse des Kapitalschutzes auch für Abs. 2 — ist **zwingenden Rechts**[38]. Sie kann im Gesellschaftsvertrag nicht beseitigt oder abgeschwächt werden. Dagegen kann der Gesellschaftsvertrag den Erwerb eigener Geschäftsanteile durch die GmbH an weitergehende Beschränkungen knüpfen oder gänzlich ausschließen[39]. Die Veräußerlichkeit und Vererblichkeit eines Geschäftsanteils kann beseitigt werden (vgl. § 15 Abs. 5 und Erl. zu § 15). Daher muß es auch zulässig sein, seine Übertragung auf die Gesellschaft zu verbieten.

23 Das Verbot der Übertragung umfaßt **nicht** die **Kaduzierung** des § 21; sie führt nicht zu einem Erwerb des Anteils durch die Gesellschaft (vgl. unten Rdn. 76). Auch nicht den Anfall des voll eingezahlten Anteils an die Gesellschaft gemäß § 27 Abs. 3. Beides sind *gesetzliche Rechtsfolgen*, die durch den Gesellschaftsvertrag nicht beseitigt werden können (*Becker* GmbH-Rdsch. **1925** 37).

24 Der absolut zwingende Charakter des § 33 Abs. 1 läßt auch **keine Ausnahme** zu, wenn z. B. ein Erwerb notwendig wäre, um einen *schweren Schaden* von der Gesellschaft *abzuwenden* (*Scholz-Westermann* 15; *Roth* 3.3). In derartigen Fällen ist die Gesellschaft auf die Hilfe ihrer Gesellschafter oder Geschäftsfreunde angewiesen, ohne diesen aber eine interne Deckung geben zu können, wonach der Erwerb intern auf ihre Rechnung ginge (Rdn. 17). Auch die Satzung kann derartige Ausnahmen vom Erwerbsverbot des Abs. 1 nicht vorsehen.

II. Der Erwerb und die Inpfandnahme eigener voll eingezahlter Geschäftsanteile (Abs. 2)

1. Grundsätzliche Bedeutung nach der GmbH-Novelle und Anwendungsbereich

25 Wenn die Begründung des RegE (BT-Drucksache 8/1347 S. 41 f.) gemeint hat, mit der Neufassung — insbesondere mit Abs. 2 S. 1 — eine „Rechtsunsicherheit" auszuräumen, die zu § 33 Abs. 2 wegen seines Charakters als „Sollvorschrift" bestanden habe, dann wird diese Betrachtung dem Stand von Rechtsprechung und Lehre bis zur Reform wohl kaum gerecht. Denn ebenso eindeutig wie — bereits — nach bisherigem Recht der Erwerb eigener Anteile aus dem über den Betrag des Stammkapitals hinaus vorhandenen Vermögen ohne Beschränkung zulässig war (Vorauflage Rdn. 22 ff.), „sollte" die Gesellschaft zwar aus gebundenem Vermögen voll eingezahlte Geschäftsanteile nicht erwerben,

[34] *Scholz-Westermann* 16; *Lutter* Kapital, S. 447.
[35] *Scholz-Westermann* 16; *Lutter* Kapital, S. 447.
[36] *Scholz-Westermann* 16; *Ziebe* GmbH-Rdsch. **1983** 38f.; *Roth* 3.3; *Bartl-Henkes* Rdn. 365.
[37] vgl. *Eder* Handbuch der GmbH, Rdn. 366.
[38] *Baumbach-Hueck* 2C; *Vogel* 5; *Scholz-Westermann* 4; *Roth* 6.
[39] *Vogel* 5; *Scholz-Westermann* 4; *Roth* 6.

war aber der gleichwohl erfolgte Erwerb nach allgemeiner Meinung schuldrechtlich wie dinglich voll rechtswirksam (Vorauflage Rdn. 26 mit Nachweisen), unbeschadet der sich gegen die Geschäftsführer ergebenden Schadensersatzansprüche, welche grundsätzlich die einzige Sanktion eines Verstoßes gegen § 33 Abs. 2 darstellten (Vorauflage Rdn. 26 und 32 f.). Wenn auch diese Rechtsfolgen klar und allgemein anerkannt waren, so konnte diese Ausgestaltung einer systematisch zu der Erhaltung des Stammkapitals dienenden Bestimmung (BGH NJW **1956** 1326) kaum befriedigen. Dies hat die Erweiterung des Abs. 2 zu einem ausdrücklichen — auf der schuldrechtlichen Ebene wirkenden — Verbot nach sich gezogen. Für die Geschäftsführer wird damit allerdings — völlig zweifelsfrei, wie die Begründung des RegE, aaO, sagt — klargestellt, daß sie pflichtwidrig handeln und sich Schadensersatzansprüchen aussetzen, wenn sie die dem Erwerb gesetzten Grenzen nicht beachten. Dabei kam es für die gesetzliche Regelung des Abs. 2 — anders als im Abs. 1 — nicht darauf an, daß der Gesellschaft hier keine — noch nicht erfüllte — Einlageverpflichtungen verlorengehen. Da der Erwerb aber auch hier eine Rückgewähr von Einlagen an den seinen Geschäftsanteil veräußernden Gesellschafter darstellt, wird im Interesse des Kapitalschutzes ein solcher Erwerb nur zugelassen, wenn die Gesellschaft die Gegenleistung aus dem über den Betrag des Stammkapitals hinaus vorhandenen Vermögen aufbringen kann. Die Parallele zu § 30 liegt zwar auf der Hand, sie war auch vom RegE, aaO, ausdrücklich angesprochen. Gleichwohl sei bereits hier festgehalten, daß die vermeintliche „Deckungsgleichheit" entgegen dem Eindruck, den die Diktion der Begründung des RegE vermittelt, nach dem gewählten Wortlaut keineswegs zwingend ist. Hierzu näher im übrigen nachfolgend Rdn. 26. Konsequent wird zur Arrondierung des Kapitalschutzes und zur Vermeidung seiner Umgehung die Regelung des Abs. 2 auf die Inpfandnahme eigener Anteile erstreckt. Der Gesetzgeber empfand es als nicht angängig, die Inpfandnahme zuzulassen, obwohl schon nach den Vermögensverhältnissen der Gesellschaft im Zeitpunkt der Pfandrechtsbestellung die Gesellschaft die ihr verpfändeten eigenen Geschäftsanteile unter Verrechnung mit der gesicherten Forderung — wegen des zur Unterbilanz führenden Forderungsverlusts — nicht übernehmen könnte. Schon die Inpfandnahme konnte daher nur zugelassen werden, wenn die gesicherte Forderung in voller Höhe oder gegebenenfalls in Höhe des Teilbetrags, der durch den niedrigeren Wert des Geschäftsanteils gesichert ist, zur Deckung des Stammkapitals nicht benötigt wird.

2. Verhältnis zu § 30

Die bis zur GmbH-Novelle wohl h. M. sah in § 33 Abs. 2 eine **Sondervorschrift** **26** gegenüber § 30 Abs. 1[40]. Demgegenüber war in der Vorauflage in Rdn. 29 dieser Auffassung mit Blick auf die verschiedenen Voraussetzungen beider Vorschriften entgegengetreten worden[41]. Diese unterschiedlichen Voraussetzungen sind — was wohl die Begründung des RegE BT-Drucksache 8/1347 S. 41 f. eher etwas verwischt hat — nach dem Wortlaut der Vorschriften dadurch begründet, daß § 30 nur eine Auszahlung *des zur Erhaltung des Stammkapitals erforderlichen Vermögens* der Gesellschaft an die

[40] RG JW **1928** 1564 (offen gelassen früher von RGZ **80** 148, 151), *Hösel* DNotZ **1958** 5; *Lutter* Kapital, Sicherung der Kapitalaufbringung und Kapitalerhaltung, S. 449 Fn. 90; *Treeck* Der Austritt aus der Doppelgesellschaft, S. 57; *Scholz* 5. Aufl. 6; *Baumbach-Hueck* 3A; *Vogel* 6; bestätigend — für die Zeit vor der GmbH-Novelle — *Scholz-Westermann* 18, davon nunmehr abrückend in Anm. 19 a.E.

[41] Ebenso insbesondere *Winkler* GmbH-Rdsch. **1972** 76; *Eder* Handbuch der GmbH, Rdn. 365 I; *Buchwald* GmbH-Rdsch. **1958** 171; *Feine* Die GmbH, S. 415 und neuerdings *Scholz-Westermann* 18.

Gesellschafter verbietet, also die *Berücksichtigung* der gleichzeitig erworbenen *Gegenleistung* — des GmbH-Anteils — grundsätzlich zuläßt, während § 33 Abs. 2 auf den Erwerb aus dem *über* den *Betrag des Stammkapitals hinaus vorhandenen* — wie *Winkler* GmbH-Rdsch. **1972** 76 zutreffend formuliert „überschüssigen" — Vermögens abstellt. Bei einer solchen Betrachtung kann von einer lex specialis keine Rede sein, sondern nur von einem über § 30 hinausgehenden andersartigen Kapitalschutz.

27 Diese grundsätzliche Unterscheidung würde dazu führen, daß in allen Fällen, in denen der Wert des erworbenen Anteils, zu welchem er aktiviert werden kann (hierzu unten Rdn. 63ff.), dem gezahlten Kaufpreis entspricht, § 30 nicht eingreift, da die Gesellschaft sofort eine **vollwertige Gegenleistung** erhält[42]. Dagegen wäre gleichwohl eine Verletzung des § 33 Abs. 2 zu bejahen, wenn **über das Stammkapital hinaus** keine hinreichenden Mittel vorhanden wären, aus denen der Kaufpreis für den zu erwerbenden Anteil geleistet werden könnte (*Winkler* GmbH-Rdsch. **1972** 77). Die Zahlung eines überhöhten Preises für einen Geschäftsanteil könnte, wenn der Erwerb aus dem gesellschaftsrechtlich nicht gebundenen Vermögen möglich ist, keinesfalls an § 33 Abs. 2 scheitern; selbst ein Verstoß gegen § 30 Abs. 1 würde — ungeachtet des Vorliegens einer verdeckten Gewinnausschüttung — dann nicht vorliegen, wenn die Gesellschaft mindestens in Höhe des Minderwertes — außer dem Stammkapital — überschüssiges Vermögen besäße[43].

28 § 30 Abs. 1 könnte demnach bei Erwerb eigener voll eingezahlter Geschäftsanteile nur dann eingreifen, wenn für den Anteil ein Preis bezahlt würde, der unter Zugrundelegung eines ordnungsgemäßen kaufmännischen Ermessens den Wert des Geschäftsanteils im Zeitpunkt des Erwerbs überstiege. Denn dann könnte der erworbene Geschäftsanteil nicht mit dem Erwerbspreis in der Bilanz aktiviert werden, wodurch ersichtlich würde, daß die Zahlung des Gegenwerts, soweit er über den Wert des Anteils hinausgeht, das Vermögen der Gesellschaft schmälerte; sofern diese Schmälerung das Stammkapital der Gesellschaft ganz oder teilweise träfe, träte Nichtigkeit des Erwerbs gemäß § 30 Abs. 1 in vollem Umfang ein[44]. Die Rückforderung unterläge in diesem Falle der Regelung des § 31. Bei dieser Betrachtung darf schließlich nicht die Schwierigkeit bei der Feststellung verkannt werden, ob der Erwerbspreis dem Wert des Geschäftsanteils wirklich entspricht. Bei Schwierigkeiten einer etwaigen Weiterveräußerung müßte dies wegen der in der ungünstigen Art der Vermögensbildung liegenden Wertminderung verneint werden[45].

29 Verpflichtet sich eine GmbH, sei es in ihrem Gesellschaftsvertrag, sei es in einem gesonderten Abkommen, einen voll eingezahlten Geschäftsanteil eines Gesellschafters **ohne Rücksicht auf den Wert des Anteils** zu einem festbestimmten Preis abzunehmen, so ist auch die Übernahmeverpflichtung stets von Anfang an nichtig, selbst wenn mit ihr nicht bewußt ein Verstoß gegen § 30 beabsichtigt war (vgl. § 30 Rdn. 8 im Gegensatz zur Voraufl. 10a zu § 33 und 1c zu § 30). Ein solcher Vertrag braucht auch dann nicht erfüllt zu werden, wenn durch die Entwicklung der Verhältnisse der festbestimmte Preis über den im Rahmen eines vernünftigen kaufmännischen Ermessens auszuhandelnden Wert des Anteils nicht hinausgeht und ohne Belastung des das Stammkapital deckenden Vermögens bezahlt werden kann (*Hachenburg*, Festschrift Georg Cohn (1915) S. 87).

---

[42] 7. Aufl. dieses Kommentars (vor GmbH-Novelle) Rdn. 29; *Baumbach-Hueck* § 30, 2D; *Feine* Die GmbH S. 415; *Winkler* GmbH-Rdsch. **1972** 77 und ständige Rspr. des RG: RGZ **133** 393; **136** 260; **142** 286; **150** 28; **168** 292; WarnR **1923/1924** Nr. 131; JW **1928** 1564.

[43] *Winkler* GmbH-Rdsch. **1972** 77; *Scholz-Westermann* 19.

[44] *Hachenburg* Festschrift Georg Cohn (1915) S. 87; *Eder* Handbuch der GmbH, Rdn. 365 I; *Scholz-Westermann* 18.

[45] BGH NJW **1956** 1327; *Scholz-Westermann* 19.

Die vorstehende Abgrenzung zwischen den Vorschriften des § 30 und § 33 Abs. 2 **verliert** allerdings — was zum Teil nicht voll erkannt wird[46] — ihre **praktische Bedeutung** dann, wenn man entsprechend der hier vertretenen Auffassung nach der GmbH-Novelle zwar kein Aktivierungsverbot für eigene Anteile vorsieht, wohl aber die Verpflichtung zu einer **bilanziellen Neutralisierung** entsprechend aktienrechtlichem Vorbild (§§ 71 II 2, 150 a AktG) durch Bildung einer entsprechenden Sonderrücklage auf der Passivseite (dazu im einzelnen unten Rdn. 68). In diesem Fall darf im Ergebnis bei § 30 die Gegenleistung — der Wert des erworbenen Geschäftsanteils — eben doch nicht zu Buche schlagen, seine Aktivierung wird stets durch die entsprechende Rücklage neutralisiert. Zur Zulässigkeit des Erwerbs auch nach § 30 muß dann stets über das Stammkapital hinaus überschüssiges Vermögen vorhanden sein. Dann muß aber auch **bei jedem Verstoß gegen § 33 Abs. 2 auch ein Verstoß gegen § 30 Abs. 1** vorliegen, so daß dann auch § 31 eingreift[47]. Daran, daß § 33 Abs. 2 **keine Sondervorschrift** gegenüber § 30 ist, würde dies freilich nichts ändern, so daß die Ansprüche aus § 31 und die bei Verstoß gegen § 33 Abs. 2 eingreifenden Bereicherungsansprüche — unten Rdn. 46 — nebeneinander stünden. **30**

3. Erfordernisse des rechtswirksamen Erwerbs bzw. der Inpfandnahme eigener Anteile

Der **Erwerb** vollständig eingezahlter Geschäftsanteile, der aus dem *über den Betrag des Stammkapitals hinaus* vorhandenen Vermögen geschieht, ist **ohne Beschränkung zulässig.** Es gilt hier — abgesehen vom Erwerb sämtlicher eigener Anteile (Rdn. 72 ff.) — keine zahlenmäßige Beschränkung, wie sie § 71 Abs. 2 AktG in Höhe von 10% des Grundkapitals enthält; es gibt auch keine Begrenzung auf bestimmte Erwerbszwecke, wie sie § 71 Abs. 1 AktG vorsieht. Es ist allerdings möglich, daß die Geschäftsführer durch einen Erwerb Bestimmungen des Gesellschaftsvertrags oder ihres Anstellungsvertrags verletzen und sich damit schadensersatzpflichtig machen. Die Gültigkeit des schuldrechtlichen und dinglichen Erwerbsgeschäfts wird davon aber in keiner Weise betroffen. Allerdings kann die Satzung den Erwerb eigener Anteile an Beschränkungen knüpfen und auch ganz ausschließen (Rdn. 22). **31**

Fraglich ist sogar, ob sich nicht aus der Natur der Sache stets das Erfordernis ergibt, die **Zustimmung der Gesellschafterversammlung** einzuholen, und zwar wegen des Eingriffs in den internen Lebensbereich der Gesellschaft, z. B. durch Änderung der Mehrheitsverhältnisse sowie wegen Bevorzugung des veräußernden Gesellschafters, der vor den übrigen Gesellschaftern aus dem gesellschaftlichen Risiko entlassen wird[48]. Mag dem Geschäftsführer zur eigenen Rückendeckung auch anzuempfehlen sein, die Zustimmung der Gesellschafterversammlung einzuholen, so geht doch die Annahme eines gesetzlichen Erfordernisses der Zustimmung der Gesellschafterversammlung zum Erwerb eigener Anteile **zu weit**[49]. **32**

---

[46] Etwa bei *Scholz-Westermann* 18, 19; zutreffend *Roth* § 30 2.1.2.

[47] *Soufleros* Ausschließung und Abfindung eines GmbH-Gesellschafters S. 149ff., 151; im Ergebnis ebenso *Roth* 3.4.

[48] So *Winkler* GmbH-Rdsch. **1972** 78; ähnl. *Lutter* Probleme der GmbH-Reform S. 79/80; vgl. auch *Niemeier* Rechtstatsachen und Rechtsfragen der Einziehung von GmbH-Anteilen, S. 141, zugleich mit Erörterung der Frage einer zusätzlichen statutarischen Zulassung als Voraussetzung, was für den Erwerb eigener Anteile im Unterschied zur Einziehung zutreffend verneint wird.

[49] So auch grundsätzlich *Scholz-Westermann*, jedoch für eine Differenzierung nach den Umständen des Einzelfalls.

33 Wenn die **Satzung** den Erwerb eigener Geschäftsanteile von der Zustimmung der Gesellschafterversammlung abhängig macht, hat das Zustimmungserfordernis **Außenwirkung,** wenn eine Ausgestaltung im Sinne des § 15 Abs. 5 — Beschränkung der Abtretbarkeit — infrage steht; anders ist es, wenn das Zustimmungserfordernis etwa im Katalog der Maßnahmen aufgeführt ist, zu denen der Geschäftsführer der Zustimmung der Gesellschafterversammlung bedarf, wodurch nicht in die unbeschränkte Vertretungsbefugnis des Geschäftsführers nach außen eingegriffen werden kann.

34 Für den **Begriff** des **über den Betrag des Stammkapitals hinaus vorhandenen Vermögens** sind die Grundsätze des zur Erhaltung des Stammkapitals erforderlichen Vermögens (vgl. Erl. zu § 30, 14) heranzuziehen (zu der Abgrenzung im einzelnen oben Rdn. 26). Maßgebend ist der buch- und bilanzmäßige Ansatz der Aktiva abzüglich echter Schulden und Rückstellungen, so daß **stille Reserven** zum Erwerb eigener Anteile grundsätzlich nicht verwendet werden können (also nur insoweit in Betracht zu ziehen sind, wie sie auch in einer nach § 42 aufzustellenden Jahresbilanz gemäß den Grundsätzen ordnungsmäßiger Buchführung aufgelöst werden dürfen[50]). Nach einer im Vordringen begriffenen beachtlichen Auffassung soll der Schutzzweck des § 30 nicht die Bindung von Vermögenswerten verlangen, die bei Bewertung der Aktiva mit ihren wirklichen Werten zur Erhaltung des Stammkapitals nicht erforderlich sind. Bei der Ermittlung des zum Erwerb eigener Geschäftsanteile rechnerisch freien Vermögens könnten daher sämtliche stillen Reserven zum Ansatz gebracht werden[51]. Diese Auffassung wird jedoch dem Schutzzweck des § 30 insgesamt nicht gerecht. Bereits *früher erworbene* eigene Anteile mindern den Betrag des freien Vermögens[52].

35 Fraglich ist, welcher **Zeitpunkt** maßgebend ist. Für § 30 Abs. 1, der auf Auszahlungen abstellt, ist diese Frage eindeutig aus dem Gesetz heraus für den Zeitpunkt der Zahlung zu beantworten. In § 33 Abs. 2 wird auf den Erwerb abgestellt; das kann der Zeitpunkt des obligatorischen oder dinglichen Vertragsschlusses sein, kann aber auch den Vorgang der Zahlung des Erwerbspreises bedeuten. Für die vor der GmbH-Novelle geltende Rechtslage konnte man aus der Tatsache heraus, daß § 33 Abs. 2 eine Sollvorschrift und die einzige Rechtsfolge eines Verstoßes eine etwaige Schadensersatzpflicht des handelnden Geschäftsführers war, auf den *Zeitpunkt des Abschlusses des schuldrechtlichen Geschäfts* abstellen, zumal das der letzte Zeitpunkt ist, in dem die Geschäftsführer in ihrer Entscheidung noch frei sind. Mit der GmbH-Novelle und dem in der Neufassung des § 33 statuierten Verbot des Erwerbs eigener Anteile aus Mitteln des Stammkapitals ist vom Gesetz aber der Gefährdung des Stammkapitals in erweitertem Umfang Rechnung getragen, so daß es geboten erscheinen könnte, auf den *Zahlungszeitpunkt* abzustellen. Indes ist zu beachten, daß — vgl. im einzelnen Rdn. 44 — nach der Neufassung des § 33 nur das schuldrechtliche Geschäft über einen nach Abs. 2 S. 3 verbotswidrigen Erwerb nichtig ist. Die Feststellung dieser Rechtsfolge kann sich aber nur auf den **Zeitpunkt des Geschäftsabschlusses** beziehen. Die Geschäftsführer müssen in der Folgezeit den nun einmal abgeschlossenen Vertrag auch erfüllen[53]. Andererseits versteht es sich, daß in den Fällen, in welchen sich die Gesellschaft gleichwohl noch vom Vertrag lösen kann, z. B. bei vereinbartem Rücktrittsrecht, hiervon Gebrauch gemacht werden muß, wenn sich die Vermögenslage der GmbH bis zur Vornahme der Abtretung entsprechend

---

50 Vgl. § 30, 14; *Baumbach-Hueck* § 30, 2A; *Lutter* DB **1980** 1322; *Roth* § 30, 2.1.1; *Scholz-Westermann* § 30, 13; *Fischer* § 30, 2.

51 *Sonnenhol/Stützle* DB **1979** 925, 927ff.; *Meister* WM **1980** 390, 394; eingehend *Soufleros* Ausschließung und Abfindung eines GmbH-Gesellschafters, S. 161ff.; wohl auch *Gersch-Herget-Marsch-Stützle* Rdn. 306.

52 *Scholz-Westermann* 24; *Gersch-Herget-Marsch-Stützle* Rdn. 302.

53 *Scholz-Westermann* 25; *Gersch-Herget-Marsch-Stützle* Rdn. 300; *Roth* 3.1.

verschlechtert hat. Umgekehrt kann bei einer entsprechenden Verbesserung der Vermögenslage wegen der in der Abtretung liegenden Bestätigung des Kausalgeschäfts der vorgenommene Erwerbsakt unbedenklich werden (*Roth* 3.1).

Immer unbedenklich wird der *unentgeltliche* Erwerb sein (*Roth* 3.1). Kann der Erwerb nur *teilweise* aus dem über den Betrag des Stammkapitals hinaus vorhandenen Vermögen erfolgen, so führt mangelnde Teilbarkeit insgesamt zur Unzulässigkeit des Erwerbs, während im Falle des Erwerbs mehrerer Anteile man einen zulässigen Erwerb insoweit wird annehmen können, wie die Gegenleistung aus dem nicht gebundenen Vermögen aufgebracht werden kann (*Roth* 3.1). Im Einzelfall kann dies allerdings wegen Verfehlung des sog. Bestimmtheitsgrundsatzes bei der Abtretung von Geschäftsanteilen (*Hohner*, Festschrift für Barz (1974) S. 150) problematisch sein. 36

Fraglich ist, ob zur **Abwendung schwerer Nachteile** von der Gesellschaft der Erwerb eigener Anteile ausnahmsweise auch dann zulässig ist, wenn hierfür gebundenes Vermögen herangezogen werden müßte[54]. Die Vorschrift des § 71 AktG macht hinsichtlich des Erwerbs eigener Aktien eine Ausnahme bis zur Höhe von 10% des Grundkapitals, wenn der Erwerb notwendig ist, um einen schweren Schaden von der Gesellschaft abzuwenden. Nach dem vor Erlaß der GmbH-Novelle geltenden Recht war überwiegend die Auffassung vertreten worden, diese Regelung sei — ohne die zahlenmäßige Grenze — auf das GmbH-Recht zumindest soweit übertragbar, als sie jedenfalls ein Schuldausschließungsgrund für die Ersatzpflicht des Geschäftsführers sein könne, allerdings nicht in allen Fällen sein müsse[55]. Nach der Gesetzesänderung erscheint es nicht mehr zulässig, diese Ausnahmeregelung anzuwenden[56], schon gar nicht ohne die 10%ige Höchstgrenze. Es wird bei der GmbH in solchen ohnehin nur „schwer vorzustellenden" Ausnahmefällen (*Scholz-Westermann* 29) auch eher zumutbar und durchführbar sein, daß sich alle oder einzelne Mitgesellschafter für einen solchen — ggf. auch nur vorübergehenden, bis zum Vorhandensein freier Mittel — Erwerb zur Abwendung schwerer Nachteile für die Gesellschaft zur Verfügung stellen. 37

Bei der **Inpfandnahme** eigener Geschäftsanteile — sie fiel bislang nicht unter das Erwerbsverbot des Abs. 2, vgl. Vorauflage Rdn. 37 — ist nach Abs. 2 S. 2 mit Blick auf die gesicherten Forderungen zu **unterscheiden.** Die Verpfändung ist einmal zulässig, soweit der Gesamtbetrag der durch das Pfandrecht zu sichernden Forderungen der Gesellschaft niedriger ist als die der Gesellschaft zur Verfügung stehenden nicht gebundenen Mittel. Dies rechtfertigt sich dadurch, daß in diesem Fall auch beim Anteilserwerb eine Verrechnung der Forderung der Gesellschaft und der Kaufpreisforderung des Gesellschafters möglich wäre (*Scholz-Westermann* 24). Die Verpfändung ist zum anderen zulässig, wenn die zum Pfand genommenen Geschäftsanteile einen niedrigeren Wert als die gesicherten Forderungen haben und die der Gesellschaft zur Verfügung stehenden nicht gebundenen Mittel höher sind als dieser Wert, mag auch der Betrag der gesicherten Forderungen über den des nicht gebundenen Vermögens hinausgehen. Bei einer Pfandverwertung würde die Forderung in Höhe des Restbetrages bestehen bleiben, das Vermögen also insoweit *nicht angetastet* werden (*Scholz-Westermann* 24). Die Regelung des Abs. 2 für die Verpfändung gilt gleichermaßen für die Fälle des Bestehens der gesicherten Forderung gegen den *verpfändenden Gesellschafter* oder einen *Dritten*. Gleichermaßen soll nicht bei Pfandverwertung der Anteil an die Stelle gesellschaftsrechtlich 38

[54] BGH NJW **1956** 1326, 1328; *Fischer* 3.

[55] Vorauflage Rdn. 32; *Baumbach-Hueck* 3A; *Eder* Handbuch der GmbH, Rdn. 365 I; *Treeck* Der Austritt aus der Doppelgesellschaft, S. 57.

[56] So aber *Fischer* 3; zweifelnd *Scholz-Westermann* 29, 30, wo aber — widersprüchlich — die Frage der Geschäftsführerhaftung erörtert wird, die sich bei Zulassung der Ausnahme nicht mehr stellt; wie hier *Roth* 3.5.

gebundenen Vermögens treten (*Scholz-Westermann* 24). Man mag bei dieser Ausgestaltung „gewisse Ungereimtheiten" erblicken (so und hierzu *Roth* 4.1), es handelt sich aber um die zur Umgehung des Erwerbsverbots (Begründung RegE BT-Drucksache 8/1347, S. 42) angeordnete eindeutige Gesetzesregelung.

39 Nach wie vor — vgl. Vorauflage Rdn. 37 — fällt die **Nießbrauchsbestellung** zugunsten der Gesellschaft nicht unter das Erwerbsverbot des § 33 Abs. 2. Der Gesetzgeber hat die Erstreckung des Erwerbsverbots nur auf die Inpfandnahme und nicht auch weitergehend auf das Nießbrauchsrecht ausgedehnt. Entscheidend schlägt dabei der sachliche Unterschied eines *Nutzungsrechts* gegenüber einem Verwertungsrecht und die entsprechend unterschiedliche Auswirkung auf das Kapitalerhaltungsgebot des § 33 zu Buche (*Scholz-Westermann* 20).

40 Die in den GmbH-Satzungen häufig vorgesehenen Regelungen über **Vor- und Ankaufsrechte** auf Geschäftsanteile zugunsten der Gesellschaft[57] fallen in der rechtlichen Beurteilung ihrer Zulässigkeit auch unter § 33. Während unzweifelhaft die Vor- und Ankaufsrechte nicht eingreifen können, solange die Geschäftsanteile noch nicht voll eingezahlt sind, war in der Vorauflage Rdn. 36 die Ausübung des Vor- und Ankaufsrechts bei voll eingezahlten Geschäftsanteilen unter Betonung der *Parallele* für den Erwerb aufgrund einer drohenden *Ausschlußklage*[58] für möglich gehalten worden. Nach dem Zweck des neuen Abs. 2 — Verhinderung der mittelbaren Aushöhlung des Stammkapitals — kann *hieran nicht festgehalten* werden; die Zahlung des Erwerbspreises muß aus nicht gebundenem Vermögen erfolgen können oder der Erwerb muß unterbleiben. Die Problematik ist für die Praxis deshalb eine vergleichsweise geringe, weil es in den Satzungen durchaus üblich ist, Vor- und Ankaufsrechte den Gesellschaftern subsidiär hinter der Gesellschaft (oder umgekehrt) zu geben oder der Gesellschaft die Befugnis zuzusprechen, den dem Vor- oder Ankaufsrecht unterliegenden Geschäftsanteil durch einen von ihr zu benennenden Dritten erwerben zu lassen, wobei zu beachten ist, daß die Gesellschaft nicht selbst die Pflicht zur Zahlung des Erwerbspreises übernimmt (*Scholz-Westermann* 20). Eine derartige Benennung fällt nicht unter § 33, und zwar weder unter Abs. 1 noch unter Abs. 2.

41 Für die **Form** des Erwerbs und der Verpfändung eigener voll eingezahlter Geschäftsanteile durch die GmbH gelten keine Besonderheiten. Sie regelt sich nach § 15. Soweit nach der Satzung gemäß § 15 Abs. 5 eine Genehmigung durch die Geschäftsführer zu erteilen ist, liegt sie im Erwerbsvorgang selbst. Darüber, ob nicht überhaupt die Zustimmung der Gesellschafterversammlung bei Erwerb eigener Anteile erforderlich ist, vgl. Rdn. 32. Nach den allgemeinen Regeln kann die Satzung auch den Erwerb eigener Anteile von der Zustimmung der Gesellschafterversammlung oder weiteren Erfordernissen abhängig machen. Einer Anmeldung nach § 16 bedarf es nicht (*Scholz-Westermann* 26).

42 Im **Konzernverbund** gilt § 33 Abs. 2 auch für die **abhängige** Gesellschaft, und zwar derart, daß es für die Bindung des Vermögens sowohl auf die Untergesellschaft wie auf die Obergesellschaft ankommt[59]. Auch auf **wechselseitig beteiligte Unternehmen** wird man § 33 Abs. 2 anzuwenden haben[60], und zwar um so mehr, je höher der Prozentsatz

---

[57] Vgl. Erl. zu § 15 und Anh. II zu § 15; *C. Hueck*, Festschrift für Larenz (1973), S. 749ff.; *Scholz-Westermann* 20.

[58] Hierzu auch 7. Aufl. (vor der GmbH-Novelle) Rdn. 27 und *Ganssmüller* GmbH-Rdsch. **1956** 131; *Hartmann* GmbH-Rdsch. **1962** 9.

[59] Vgl. im einzelnen Anh. II zu § 13 Rdn. 14 sowie den Text des bei Rdn. 2 oben abgedruckten RegE; *Scholz-Westermann* 21; *Roth* 5.1; *Verhoeven* GmbH-Rdsch. **1977** 97.

[60] *Emmerich* Festschrift für H. Westermann (1974) S. 57ff.; *Lutter* Kapital, Sicherung der Kapitalaufbringung und Kapitalerhaltung, S. 462ff.; *Scholz-Westermann* 22.

der gegenseitigen Beteiligung und damit die in dem Erwerb eines Geschäftsanteils durch die Gesellschaft liegende Kapitalrückgewähr ist; daß hier aber nicht die in § 71 AktG angegebene, die Tragweite des Verbots überspannende Grenze von 10%, sondern die in §§ 20 Abs. 1, 21 Abs. 1 und 328 AktG genannte Beteiligung von 25% als Grenze anzunehmen ist, liegt nahe[61]. Bei der **GmbH & Co. KG** bleibt für § 33 Abs. 2 — ungeachtet des an sich zu bejahenden Eingreifens der Vorschrift und unabhängig von der Frage der bilanziellen Neutralisierung, Rd. 30 — kein selbständiges Anwendungsfeld, da die §§ 30, 31 eingreifen, wenn die KG Anteile an ihrer eigenen Komplementär-GmbH erwirbt und so deren Gesellschafter aus dem Vermögen der KG mittelbar ihre Einlage zurückerhalten[62].

4. Konsequenzen bei Verstoß gegen Abs. 2

43 Nach der Regelung des Gesetzes vor der GmbH-Novelle war § 33 Abs. 2 eine bloße „Sollvorschrift". Ein unter Verstoß gegen diese Vorschrift erfolgter Erwerb war aber sowohl schuldrechtlich wie dinglich voll rechtswirksam und konnte demnach nur eine Schadensersatzpflicht der Geschäftsführer zur Folge haben, mußte dies aber nicht immer und in allen Fällen[63]. In Kollusionsfällen, in denen der Geschäftsführer und der Gesellschafter bewußt ein Geschäft schlossen, von dem sie wußten, daß es gegen § 33 Abs. 2 verstieß, konnte allerdings ein Erfüllungsverweigerungsrecht bestehen[64]. Mit dem seit der GmbH-Novelle gültigen Gesetzestext in Abs. 2 S. 1 kommt noch deutlicher als bislang zum Ausdruck, daß ein Erwerb aus dem gebundenen Vermögen der Gesellschaft pflichtwidrig ist und die Geschäftsführer bei einem Verstoß nach Maßgabe von § 43 Abs. 2 eine Verpflichtung zum Schadensersatz trifft[65] (vgl. im einzelnen Rdn. 48).

44 Anders als im bisherigen Recht ist nunmehr nach Abs. 2 S. 3 der Erwerb eines pflichtwidrig aus gebundenem Kapital erworbenen Geschäftsanteils nicht mehr voll rechtswirksam. Vielmehr ist lediglich noch das **dingliche** Geschäft — **der Erwerb** — wirksam, während das **schuldrechtliche** Geschäft **nichtig** ist. Die Absicht des Gesetzgebers — wiewohl in den Materialien nicht weiter erörtert —, damit die Gefährdung des Stammkapitals möglichst einzuschränken und dem Gläubigerschutz zu dienen, ist unverkennbar. Die aus der Nichtigkeitsanordnung des schuldrechtlichen Geschäfts resultierende klare Rechtsfolge ist die, daß die Gesellschaft nach **Bereicherungsgrundsätzen (§ 812 BGB)** einen **Zahlungsanspruch** gegen den veräußernden Gesellschafter in Höhe des gezahlten Kaufpreises hat (und der Geschäftsführer auch verpflichtet ist, die Rückabwicklung durchzuführen)[66]. Andererseits muß die Gesellschaft den verbotswidrig erworbenen Anteil an den Veräußerer abtreten. Diese Verpflichtung braucht sie indes nur **Zug um Zug** gegen Leistung des gezahlten Kaufpreises — der sog. Rückeinlage — zu erfüllen, ist mithin im Interesse des Gläubigerschutzes in einer *günstigen Position*[67]. Der Grund für die *Aufspaltung* der Rechtswirksamkeit liegt darin, daß der Veräußerer oder ein Dritter, der in der Folgezeit den verbotswidrig erworbenen Geschäftsanteil von der

---

61 *Scholz-Westermann* 22; *Emmerich* aaO, S. 55, 66.

62 *Winkler* GmbH-Rdsch. **1972** 81; *Scholz-Westermann* 23.

63 Allgemeine Meinung, vgl. Vorauflage Rdn. 26 und 32; RG Holdh. **22** 248; RG WarnR **16** Nr. 131; RGZ **80** 148; RG JW **1928** 1563; *Winkler* GmbH-Rdsch. **1972** 77.

64 7. Aufl. dieses Kommentars (vor der GmbH-Novelle) Rdn. 26; *Buchwald* GmbH-Rdsch. **1958** 170; *Winkler* aaO.

65 Begründung RegE, BT-Drucksache 8/1347, S. 41; *Scholz-Westermann* 28, 30; *Roth* 3.3.

66 Allg. Meinung: *Scholz-Westermann* 28; *Roth* 3.4; *Gersch-Herget-Marsch-Stützle* Rdn. 301.

67 *Lutter* DB **1980** 1322; *Scholz-Westermann* 28; *Roth* 3.4; *Gersch-Herget-Marsch-Stützle* Rdn. 301.

Gesellschaft erwirbt, wenigstens partiell durch die zunächst erfolgende Anerkennung des Erwerbs geschützt werden sollen; diese Personen werden in der Regel schwer überblicken können, ob im Erwerb oder Vorerwerb ein Verstoß gegen § 33 Abs. 2 S. 1 liegt[68]. Die mit dem überragenden Gebot des Schutzes des Stammkapitals danach noch in Einklang zu bringende Berücksichtigung des Interesses dieser Personen an *Rechtssicherheit* ist damit erreicht, wenn auch die bereicherungsrechtliche Rückabwicklung die Vorläufigkeit des Ergebnisses zeigt.

45 Das Eingreifen der bereicherungsrechtlichen Abwicklung schließt die *verschärfte Haftung* des veräußernden Gesellschafters bei entsprechender Kenntnis der Vermögenslage der Gesellschaft nach § 819 BGB ein (*Roth* 3.4). Auch bei *Kenntnis* von dem Verstoß gegen Abs. 2 und der hierdurch bedingten schuldrechtlichen Nichtigkeit scheitert der bereicherungsrechtliche Rückforderungsanspruch nicht an § 814 BGB, und zwar auf seiten der Gesellschaft schon im Hinblick auf das höherwertige Interesse an der Kapitalerhaltung. Aber auch bei Kenntnis des Veräußerers dürfte dessen Rückforderungsanspruch auf den GmbH-Anteil § 814 BGB nicht entgegenstehen, da diese Vorschrift als besondere Ausprägung des Grundsatzes von Treu und Glauben dann nicht anwendbar ist, wenn die Leistung in der Erwartung erbracht worden ist, daß der Vertragspartner die Gegenleistung seinerseits bewirken werde[69]. Nach dem Zweck des § 33 Abs. 2 kann die Gesellschaft — auch im Rahmen der nur bereicherungsrechtlichen Rückabwicklung — *nicht* auf den Rückzahlungsanspruch *verzichten*. Dies rechtfertigt sich aus einer analogen Anwendung von § 31 Abs. 4 (*Niemeier* Rechtstatsachen und Rechtsfragen der Einziehung von GmbH-Anteilen, S. 307). Der dem Schutz des Gesellschaftskapitals dienende Rückgewährsanspruch muß hinsichtlich seiner *Abtretbarkeit* ebenso behandelt werden wie der Erstattungsanspruch aus § 31 (*Scholz-Westermann* 28).

46 Auf der Grundlage des oben — Rdn. 26 ff., 30 — erörterten Verhältnisses zwischen § 30 und § 33 und bei der Annahme der Verpflichtung zu einer bilanziellen Neutralisierung eigener Aktien führt ein Verstoß gegen § 33 Abs. 2 auch zu einem Verstoß gegen § 30 Abs. 1 GmbHG. Demzufolge steht *selbständig neben dem Bereicherungsanspruch* auch der Anspruch aus **§ 31**[70]. Dies schließt — außer dem Fortfall spezifisch bereicherungsrechtlicher Einwände — auch die Möglichkeit einer Haftung der übrigen Gesellschafter aufgrund ihrer kollektiven Deckungspflicht nach § 31 Abs. 3 ein (*Soufleros* aaO).

47 Grundsätzlich möglich — wenn auch praktisch die Voraussetzungen nur in Ausnahmefällen gegeben sein werden — sind auch Ansprüche der Gesellschaft aus §§ 985 ff. bzw. 946 ff. BGB[71].

48 Die **Haftung des Geschäftsführers** bestimmt sich nach § 43. Da ihm stets zuzumuten sein wird, beim Abschluß des Erwerbsgeschäfts die bilanziellen Verhältnisse der Gesellschaft zu prüfen, wird regelmäßig seine Verantwortung zu bejahen sein (*Scholz-Westermann* 30). Handelt der Geschäftsführer bei dem Erwerb der voll eingezahlten Geschäftsanteile auf Weisung der Gesellschafterversammlung oder hat er, sei es aufgrund besonderer Satzungsbestimmungen, sei es aus Vorsicht, die *Zustimmung der Gesellschafterversammlung zum Erwerb eingeholt*, und war der Gesellschafterversammlung die Tatsache bekannt, daß die Anteile mindestens zum Teil aus gebundenem Vermögen bezahlt wurden, so entfällt die Haftung den Gesellschaftern gegenüber und besteht sie nur insoweit, als der Ersatz zur Gläubigerbefriedigung erforderlich ist (§ 43 Abs. 3 S. 3). Der Ersatzanspruch gegen

---

[68] Begründung RegE, BT-Drucksache 8/1347, S. 42f.; *Scholz-Westermann* 28.

[69] BGHZ **73** 202, 205; *Palandt-Thomas*, § 814 BGB 2c; *Roth* 3.4 und JuS **1981** 250.

[70] *Roth* 3.4; *Soufleros* Ausschließung und Abfindung eines GmbH-Gesellschafters, S. 151.

[71] § 30, 6; § 31, 37; *Soufleros* aaO, S. 147f.; vgl. auch *Röhrkasten* GmbH-Rdsch. **1974** 37; *Canaris* Festschrift R. Fischer (1979) S. 56.

den Geschäftsführer ist von seiten der Gesellschaftsgläubiger pfändbar (*Scholz-Westermann* 30).

Wie für den Erwerb von Geschäftsanteilen gilt auch für ihre **Inpfandnahme** die dargelegte Trennung zwischen dinglicher Wirksamkeit und schuldrechtlicher Unwirksamkeit (Abs. 2 S. 3). Während also im konkreten Fall die Bestellung des Pfandrechts nach § 15 i. V. m. § 1274 BGB wirksam ist, unterliegt der Sicherungsvertrag, also das schuldrechtliche Verpflichtungsgeschäft, der Nichtigkeit. **49**

III. Rechtliche Behandlung eigener Anteile

Der der Gesellschaft selbst gehörende eigene Anteil, der wegen der Bestimmung des Abs. 1 stets nur ein voll eingezahlter sein kann, geht durch den Erwerb nicht unter, obwohl gewissermaßen Berechtigter und Verpflichteter jetzt eine Person sind; er behält seine Selbständigkeit und Veräußerlichkeit. Die Eigenanteile sind deshalb grundsätzlich **echte Anteile.** Sie verkörpern mehr als eine bloße Chance, sie sind auch mehr als ein „rechtstechnisches Vehikel für den Beitritt neuer Gesellschafter" (so *Loos* DB **1964** 310), mehr als „ein Positionsrecht", mehr als eine „Leerstelle im Kapitalgefüge" und auch nicht mit der Eigentümergrundschuld vergleichbar[72]. Das Erlöschen durch Konfusion gilt zwar zwingend für mit dem Geschäftsanteil zusammenhängende Forderungen und Verbindlichkeiten, nicht aber für das Beteiligungsrecht selbst (Rdn. 1). Der eigene Anteil bildet ein echtes Aktivum der Gesellschaft, anders als der kaduzierte (§ 23) und der eingezogene (§ 34) Anteil. Der Anteil gehört deshalb in die Bilanz der Gesellschaft und kann jederzeit weiter veräußert werden. Für die Dauer seiner Zugehörigkeit zum Gesellschaftsvermögen ergeben sich aber, auch wenn das GmbHG im Gegensatz zum AktG (vgl. z.B. dessen §§ 71 Abs. 5; 136 Abs. 2) schweigt (der im RegE vorgesehene Satz, daß aus eigenen Geschäftsanteilen der Gesellschaft keine Rechte zustehen, ist nicht Gesetz geworden), aus der Natur der Sache Besonderheiten. **50**

1. Dividendenbezugsrecht

Soweit beim Erwerb Dividendenansprüche **bereits begründet** und damit selbständige Forderungen waren, verbleiben sie je nach der *vertraglichen Vereinbarung* entweder beim Erwerber und können dann unbeschränkt geltend gemacht werden oder sie fallen der Gesellschaft zu, wo sie durch Vereinigung der Forderung mit der Verbindlichkeit in einer Person notwendig erlöschen. **51**

Soweit Dividendenansprüche erst **während der Dauer der Besitzzeit der Gesellschaft entstehen,** sind die Meinungen geteilt. Nach einer Auffassung[73] soll der Gesellschaft auch auf eigene Anteile die Dividende anfallen und als Ertrag des Jahres der Dividendenzahlung den Gesellschaftern im nächsten Jahr durch erhöhten Jahresüberschuß zugute kommen. Eine andere Auffassung[74] bejaht zwar die Entstehung des Gewinnanspruchs aus dem eigenen Geschäftsanteil, so daß dieser Anspruch bei der rechnerischen Verteilung des Gewinns mit zu berücksichtigen sei, will aber den auf den eigenen Anteil **52**

[72] So aber *Skibbe* GmbH-Rdsch. **1971** 62ff.; wie hier BFH **107** 390, 393; *Scholz-Westermann* 31; *Roth* 3.2.

[73] Voraufl. Anm. 15; *Brodmann* 2c; *Feine* Die GmbH, S. 419; *Grothus* GmbH-Rdsch. **1958** 19.

[74] *Liebmann-Saenger* 7; *Vogel* 7; *Scholz-Westermann* 32, und zwar im Hinblick auf etwaige Rechte Dritter (Nießbrauch) oder wegen der möglichen Abtretung an andere.

entfallenden Gewinn bei der Ausschüttung *sofort* und nicht erst bei der Gewinnausschüttung des nächsten Jahres den übrigen Gesellschaftern zufließen lassen. Eine dritte Auffassung[75] betrachtet das Gewinnbezugsrecht ähnlich der Regelung des § 71 Abs. 6 AktG als ruhend und verteilt den Jahresgewinn so, als ob die eigenen Geschäftsanteile nicht gewinnbezugsberechtigt wären.

53 Der *letzteren* Auffassung ist als der systematisch klarsten und wirtschaftlich vernünftigsten **zuzustimmen.** Wenn Forderung und Schuld durch Vereinigung in einer Person erlöschen, so können sie auch nicht erst in einer Person entstehen. Und warum der auf die eigenen Anteile rechnerisch entfallende Gewinn gar erst noch in den Gewinn des Jahres des Dividendenbeschlusses einfließen und im nächsten Jahr verteilt werden soll, ist nicht einzusehen (vgl. auch § 29 Rdn. 8). Schwierigkeiten hat hier der Fall gemacht, daß der eigene Geschäftsanteil mit einem *Gewinnvorzug* ausgestattet ist; hier kann, wenn der Gesamtheit der Vorzugsanteile ein zahlenmäßig bestimmter Gewinnbetrag zusteht, sich ausschließlich für die übrigen Vorzugsanteile ein höherer Gewinnbetrag ergeben und, wenn die Bevorzugung prozentual den einzelnen Vorzugsanteilen zusteht, für die nicht bevorzugten Anteile ein höherer Gewinnbetrag entstehen. Die Möglichkeit derartiger Verschiebungen in der Gewinnausschüttung muß hingenommen werden[76] und ergibt sich im übrigen ja auch bei Einziehung und Kaduzierung; sie zeigt, daß der Erwerb eigener Anteile — auch wenn sie oben als echte Anteile qualifiziert wurden — in Wirklichkeit Kapitalrückzahlung ist und findet einen gewissen Ausgleich darin, daß der Gesellschaft der für den Geschäftsanteil aufgewandte Betrag als „gewinnbringendes Eigenkapital" fehlt.

2. Sonstige Vermögensrechte

54 Das zu Rdn. 51ff. Ausgeführte gilt auch für Ansprüche auf **Rückzahlung von Nachschüssen** und für den Anspruch auf **Liquidationserlös.** Gerade im letzteren Fall erweist sich, daß die in der Voraufl. Anm. 15 vertretene Auffassung unhaltbar ist; denn bei jeder Liquidationsquotenausschüttung müßte der eigene Anteil der Gesellschaft mit berücksichtigt werden, so daß auch nach der „letzten Quotenausschüttung" immer noch Vermögen der Gesellschaft in Form ihrer Beteiligung an der letzten Quote vorhanden wäre, das in einer unendlichen Kette weiterer Ausschüttungen an die übrigen Gesellschafter mit Verzögerung ausgeschüttet werden müßte. Auch für den Fall der Rückzahlung von Nachschüssen gibt die hier vertretene Meinung ein richtigeres Ergebnis. Würde man hier den Anspruch auf Rückzahlung den übrigen Gesellschaftern zufließen lassen, so könnte ihnen mehr an Rückzahlung zufließen, als sie nachgeschossen haben. Die Gesellschaft aber hat im Erwerbspreis für den eigenen Anteil den *möglichen Rückzahlungsanspruch mitbezahlt*, so daß er auch *ihrem Vermögen verbleiben muß*[77].

55 Auch ein **Bezugsrecht** auf im Wege einer echten Kapitalerhöhung neu zu schaffende Anteile — soweit ein derartiges Recht z.B. satzungsmäßig geschaffen ist oder sich aus dem Grundsatz der Gleichbehandlung ergibt — muß für die Gesellschaft **ruhen**[78], und zwar schon deshalb, weil sie sich an der eigenen Kapitalerhöhung nicht beteiligen kann (unten Rdn. 69f.). Fraglich ist, ob das Bezugsrecht, sofern es abtretbar ist, durch

---

[75] *Becker* LZ **1925** 840; *Baumbach-Hueck* 3B; *Fischer* 5; *Eder* Handbuch der GmbH, Rdn. 367 I; *Buchwald* GmbH-Rdsch. **1958** 172; *Hösel* DNotZ **1958** 8; *Winkler* GmbH-Rdsch. **1972** 78; *Roth* 3.2.3.

[76] *Hösel* DNotZ **1958** 8 Fn. 12; **a.A.** *Scholz-Westermann* 33.

[77] So jetzt auch *Scholz-Westermann* 34 entgegen *Scholz* 5. Aufl. 13; *Sudhoff* Der Gesellschaftsvertrag der GmbH, 6. Aufl., S. 382.

[78] *Scholz* 5. Aufl. 17; *Baumbach-Hueck* 3B.

Übertragung an einen Dritten verwertet werden kann[79]. Jedoch kann ein Bezugsrecht ebensowenig wie ein Dividendenanspruch für die Gesellschaft entstehen; das Bezugsrecht würde sich als Anspruch gegen die Gesellschaft verwirklichen, die gleichzeitig Schuldner wäre. Entsteht der Anspruch aber nicht, so kann er auch nicht abgetreten werden. Vielmehr entsteht das Bezugsrecht der übrigen Gesellschafter entsprechend höher. Dieses Ergebnis scheint auch aus Sinn und Zweck des Bezugsrechts heraus zweckmäßiger und sinnvoller[80].

Für den Fall der Kapitalerhöhung aus Gesellschaftsmitteln bestimmt § 12 Abs. 1 des Gesetzes vom 23. 12. 1959 die Beteiligung eigener Anteile an der Erhöhung des Nennkapitals; hieraus können aber keine Rückschlüsse für die Entstehung eines Bezugsrechts bei einer echten Kapitalerhöhung gezogen werden, weil diese Regelung mit der Eigenart der Kapitalberichtigung und dem Splitting der vorhandenen Beteiligung zusammenhängt.

3. Vermögensrechtliche Verpflichtungen

Verpflichtungen aus den Geschäftsanteilen kann die Gesellschaft nicht erfüllen. Sie 56
erlöschen notwendigerweise durch **Konfusion** (dies ist, wie oben in Rdn. 9 gesagt, der gesetzgeberische Grund für § 33 Abs. 1)[81]. Das gilt auch von solchen, die beim Erwerb rückständig waren. So die Nachschußpflicht. Der Veräußerer haftet für die Verpflichtung trotz des Übergangs auf die Gesellschaft (§ 16 Abs. 3)[82]. Bei Verpflichtungen, die für alle Geschäftsanteile *nach Verhältnis* zu verteilen sind, zählt auch die Gesellschaft selbst mit. Auch diese ihre Schuld erlischt durch Vermischung, und eine weitere Umlage auf die anderen Gesellschafter findet — außer in den Fällen der §§ 24 und 31 Abs. 3, vgl. oben Rdn. 11 — nicht statt. Dadurch wird die Volleinziehung des Stammkapitals nicht in Frage gestellt. Das Gesetz hat als Voraussetzung für den Erwerb eigener Geschäftsanteile deren Volleinzahlung vorgesehen. Es ging dabei davon aus, daß ohne das Verbot des § 33 Abs. 1 die Einlageschuld auf einen Geschäftsanteil bei dem Erwerb seitens der Gesellschaft durch Konfusion untergehen würde. Das sollte ausgeschlossen sein (BGHZ **15** 391f.). Ein Untergang der Einlageschuld findet nicht statt. Der Übergang eines nicht voll bezahlten Anteils ist nichtig. Nicht aber ist Voraussetzung für die Zulässigkeit des Erwerbs eigener Geschäftsanteile, daß auch sonstige Verbindlichkeiten aus ihnen nicht bestehen (vgl. oben Rdn. 11).

4. Stimm- und sonstige Verwaltungsrechte

Unter den Verwaltungsrechten kommt in erster Linie das **Stimmrecht** in Frage. 57
Nach heutiger fast ganz allgemeiner Auffassung **ruht** es bei eigenen Anteilen[83]. Der

---

[79] So *Liebmann-Saenger* 6; *Scholz-Westermann* 34; *Feine* Die GmbH, S. 419; *Baumbach-Hueck* 3B; *Hösel* DNotZ **1958** 10; anders wird diese Frage allgemein im Aktiengesetz entschieden, vgl. *Lutter* Kölner Komm. AktG § 71, 92; *Barz* Großkomm. AktG § 71, 42.

[80] **a.A.** ausführlich Vorauf1.; *Goerdeler* BB **1953** 1026; *Scholz-Westermann* 34; *Fischer* 5; *Sudhoff* Der Gesellschaftsvertrag der GmbH, 6. Aufl., S. 383.

[81] wie hier *Baumbach-Hueck* 3B; *Scholz-Westermann* 35; *Vogel* 7; *Feine* Die GmbH, S. 421.

[82] *Baumbach-Hueck* 3B; *Vogel* 7; *Feine* Die GmbH, S. 423; *Scholz-Westermann* 35; *Hösel* DNotZ **1958** 9.

[83] RGZ **103** 64, 66; *Scholz-Westermann* 36; *Baumbach-Hueck* 3C; *Roth* 3.2.3; *Feine* Die GmbH, S. 420; *Buchwald* GmbH-Rdsch. **1958** 173; *Hösel* DNotZ **1958** 9; *Zöllner* Die Schranken mitgliedschaftlicher Stimmrechtsmacht, S. 142; *Winkler* GmbH-Rdsch. **1972** 79; *Timm* GmbH-Rdsch. **1980** 293; *Niemeier* Rechtstatsachen und Rechtsfragen der Einziehung von GmbH-Anteilen, S. 183; **a.A.** *Unger* Der

Grund für das Ruhen liegt außer in der Parallele zu § 136 Abs. 2 AktG darin, daß andernfalls die Geschäftsführung, die die Stimmrechte ja auszuüben hätte, einen Machtzuwachs erführe, die Stimmausübung ihr einen Einfluß auf die Gesellschafterversammlung gewähren und ihr die Teilnahme an der eigenen Willensbildung ermöglichen würde. Das hat zur Folge, daß, wenn neben der Gesellschaft nur noch ein Gesellschafter Geschäftsanteile besitzt, eine Einmann-Gesellschaft vorliegt; denn nur der einzig verbliebene Gesellschafter übt das Stimmrecht aus, das der Gesellschaft ruht. Die hier vertretbare Auffassung entspricht auch der Behandlung des Stimmrechts im Stadium der Kaduzierung. Der Stimmrechtsausschuß gilt auch für Anteile, die sich im Besitz eines abhängigen Unternehmens befinden (§ 13 Anh. II Rdn. 19).

58 Die vom Stimmrecht ausgeschlossenen Anteile werden bei der **Auszählung der abgegebenen Stimmen** (§ 47) nicht berücksichtigt; sie können nicht als abgegeben angesehen werden, zählen also im Ergebnis nicht mit (*Scholz-Westermann* 36). Ist in der Satzung für eine zu erzielende Mehrheit auf „das Stammkapital" oder „das vorhandene Stammkapital" abgestellt, so wird man nicht etwa die Gesellschaft bei entsprechend großem Eigenanteilsbesitz auf eine vorherige Trennung von diesen eigenen Anteilen oder einem Teil hiervon verweisen müssen, um überhaupt eine die satzungsgemäße Mehrheit erreichende Beschlußfassung erreichen zu können. Vielmehr dürfte im Wege einer berichtigenden Auslegung der Satzung bei der Berechnung der Mehrheit von dem um die eigenen Anteile verminderten Stammkapital oder der Zurechnung des entsprechenden Bruchteils der ruhenden Stimmen auf alle vorhandenen Stimmen auszugehen sein[84].

59 Was für das Ruhen der Stimmrechte gilt, gilt auch für **sonstige Mitwirkungsrechte** des Gesellschafters bei der Verwaltung der Gesellschaft. So kann die GmbH aus einem ihr gehörenden Geschäftsanteil keine Anfechtungsklage gegen einen Gesellschafterbeschluß erheben, sie kann keine Minderheitsrechte aus §§ 50, 51a geltend machen, einen Gesellschafterbeschluß anfechten und dgl. mehr (*Scholz-Westermann* 36).

5. Befugnis zur Weiterveräußerung

60 Die Gesellschaft **kann jederzeit,** soweit nicht satzungsmäßig Verbote oder Einschränkungen bestehen, den **eigenen Geschäftsanteil veräußern**[85]. Vom Erwerber können dann alle Vermögens- und Verwaltungsrechte, auch soweit sie in der Person der Gesellschaft selbst geruht haben oder nicht entstanden sind, ohne jede Einschränkung geltend gemacht werden, soweit sie *nach dem Erwerb zur Entstehung gelangen*, nicht aber die, deren Entstehungszeitpunkt in die Besitzzeit der Gesellschaft fallen. Sie sind nicht entstanden oder durch Konfusion erloschen. Dabei kommt es für den *Dividendenanspruch* auf den *Zeitpunkt des Dividendenbeschlusses* und nicht etwa auf das Ende des Jahres an, für das die Dividende zur Auszahlung gelangt.

61 Ebenso durch Konfusion untergegangen sind **Rechte und Verpflichtungen aus der Zeit vor dem Erwerb durch die Gesellschaft;** sie können nicht wieder aufleben und können deshalb auch nicht auf den Rechtsnachfolger übergehen[86]. Das gilt auch

---

Erwerb eigener Geschäftsanteile durch die GmbH, S. 48 und *Grothus* GmbH-Rdsch. **1958** 19.

[84] *Feine* Die GmbH, S. 421; *Zöllner* Die Schranken mitgliedschaftlicher Stimmrechtsmacht bei den privatrechtlichen Personenverbänden, S. 143; *Scholz-Westermann* 36.

[85] Zu der Beschränkung der Geschäftsleitung, allein und aus eigener Machtvollkommenheit über die Zusammensetzung des Gesellschafterkreises zu befinden jedoch BGHZ **83** 122, 137; OLG Hamm ZIP **1983** 1332, 1334.

[86] *Scholz* 5. Aufl. 15; *Vogel* 7.

insoweit, als eine *Mithaft von Rechtsvorgängern*, z.B. nach § 31 Abs. 3, bestanden hat. Denn diese Mithaft ist infolge des Erwerbs der Gesellschaft ebenfalls erloschen und bleibt für alle Zeit erloschen. Der Erwerber kann also nur für Pflichten in Anspruch genommen werden, die nach *seinem Erwerb entstanden sind*[87]. Nur bei kaduzierten Anteilen gehen die während der Verfügungszeit der Gesellschaft entstandenen Gewinnansprüche nicht unter, weil die Gesellschaft nicht Inhaberin des Geschäftsanteils ist. Sie können deshalb auf den Erwerber übertragen werden (Erl. zu § 21).

Für die **Form der Übertragung** gilt § 15; soweit die Satzung eine von den **62**
Geschäftsführern zu erteilende Genehmigung zur Veräußerung vorsieht, liegt sie notwendig im Veräußerungsakt, der zugleich auch die nach § 16 erforderliche Anmeldung enthält.

6. Aufnahme in die Bilanz

In die Bilanzen sind **die eigenen Geschäftsanteile wie alle anderen Aktiven** **63**
einzusetzen[88]. Denn sie sind selbständige und jederzeit realisierbare Vermögenswerte. Sie sind mit den sonstigen Aktiven des Gesellschaftsvermögens nicht identisch, wenn sie sich auch in ihrem Wert nach dem Stand des Gesellschaftsvermögens bestimmen. Aus der Verkennung dieses Umstands erklärte sich die gegenteilige Meinung von *Brodmann* 2h und *Becker* LZ **1925** 836. Allerdings hatte RefE 1969 § 130 Abs. 3 die Aktivierung verboten; aber nicht deshalb, weil der Anteil kein selbständiger Vermögenswert sei, sondern um bilanzmäßig die Einhaltung der Vorschrift des § 33 Abs. 2 zu sichern und in den Bilanzen klar kenntlich zu machen (RefE S. 291). Entsprechend der hier vertretenen Auffassung dürfen eigene Anteile auch in den **Überschuldungsstatus** der Gesellschaft als Aktivwerte eingesetzt werden[89], soweit ihnen ein Verkehrswert zukommt. Die praktische Bedeutung dieser Problematik — dies gilt auch für die folgenden Ausführungen — ist freilich äußerst gering, wenn man — was jedoch von der Frage der Aktivierung zu trennen ist — mit der inzwischen bereits h.M. eine Neutralisierungspflicht für eigene Geschäftsanteile annimmt (dazu unten Rdn. 68).

Für die **Bewertung** eigener Anteile gelten keine Besonderheiten; insbesondere ist **64**
es unrichtig, wenn im Schrifttum die Auffassung vertreten wird, sie seien mit ihrem Verkaufswert zu bewerten[90]. Auch für die eigenen GmbH-Anteile gelten in dem Jahresabschluß die allgemeinen Bewertungsgrundsätze; sie sind in der Regel Gegenstand des Umlaufvermögens und grundsätzlich mit den Anschaffungskosten zu bewerten, unterliegen aber dem Niederstwertprinzip und sind deshalb, wenn ihr Verkehrswert sinkt — nicht auch, wenn er steigt —, mit diesem gegenüber den Anschaffungskosten niederen Wert anzusetzen. Der eigene Anteil kann also in der Bilanz niemals höher als mit dem Verkehrs- = Veräußerungswert im Zeitpunkt des Jahresabschlusses eingesetzt werden.

---

87 *Brodmann* 2; *Scholz* 5. Aufl. 15; wohl auch *Scholz-Westermann* 37; **a.A.** *Liebmann-Saenger* 6.

88 *Scholz* 5. Aufl. 19; *Baumbach-Hueck* 3B; *Vogel* 7; *Feine* Die GmbH, S. 422; *Buchwald* GmbH-Rdsch. **1958** 172; *Hösel* DNotZ **1958** 9; *Gersch-Herget-Marsch-Stützle* Rdn. 306; *Roth* 3.2.2; wohl auch grundsätzlich *Scholz-Westermann* 38; vgl. auch § 151 Abs. 1 Aktivseite III B 8 AktG und § 42 Abs. 4 des RegE eines Bilanzrichtlinie-Gesetzes (BT-Drucks. 10/317, S. 36 und Begründung hierzu S. 110), in welchem die Aktivierung der einzelnen Geschäftsanteile ausdrücklich vorgeschlagen ist.

89 vgl. die Nachweise bei *Dahl* GmbH-Rdsch. **1964** 115 Fn. 28; **a.A.** *Ulmer* § 63, 37.

90 *Scholz* 5. Aufl. 19, anders — wie hier — *Scholz-Westermann* 39; *Sudhoff* Der Gesellschaftsvertrag der GmbH, 6. Aufl., S. 382; *Vogel* 7; *Baumbach-Hueck* 3B; *Hösel* DNotZ **1958** 9.

65 Das entspricht auch seiner **steuerlichen** Handhabung; insbesondere wird der eigene Geschäftsanteil der Vermögenssteuer unterworfen[91] und nicht etwa als reiner Korrekturposten des eigenen Vermögens der Gesellschaft behandelt. Die **besondere Gefährlichkeit** gerade der eigenen Anteile erweist sich darin, daß, wenn eine Gesellschaft Verluste erleidet, auch der Wert ihrer Anteile betroffen wird und damit nach dem Niederstwertprinzip automatisch auch die eigenen Anteile abgewertet werden müssen, so daß sich der Verlust entsprechend vergrößert, und zwar um so mehr, je höher der Besitz an eigenen Anteilen ist.

66 Wird ein Geschäftsanteil von der Gesellschaft **unentgeltlich,** z.B. durch Schenkung oder Vermächtnis erworben, so sind Anschaffungskosten nicht entstanden, so daß eigentlich eine Bewertung nicht zulässig ist. Daraus folgt zwar, daß *keine Aktivierungspflicht* besteht, wohl aber eine *Aktivierungsbefugnis* zu bejahen ist, die meist auch mit Zweck und Bestimmung der Zuwendung in Einklang stehen wird (*Adler-Düring-Schmaltz* § 153 Rdn. 52 und die dort angegebene Literatur). Als Höchstwert des Ansatzes kommt, da es an effektiven Anschaffungskosten fehlt, nur der vorsichtig zu schätzende sonst übliche Anschaffungswert in Frage und gilt dann für die Zukunft als Anschaffungskosten. Das gilt insbesondere auch, wenn zu Sanierungszwecken der Gesellschaft eigene Anteile zur Verfügung gestellt werden.

67 In die **Liquidationsbilanzen** sind eigene Anteile dagegen nicht aufzunehmen[92]. Denn diese sollen das zur Verteilung unter die Gesellschafter zur Verfügung stehende Vermögen nachweisen; zu ihm gehört der eigene Anteil nicht, zumal mit ihm kein Anspruch auf Teilnahme an der Liquidation zusammenhängt (Rdn. 54).

68 Auf einem ganz anderen Blatt steht die Frage, ob nicht nach der GmbH-Novelle mit dem gerade auch in § 33 Abs. 2 in erhöhtem Maße zum Ausdruck gekommenen Gedanken des Kapitalschutzes und völlig unabhängig von dem Inkrafttreten einer entsprechenden positiven Bestimmung in dem zu erwartenden Bilanzrichtlinie-Gesetz[93] eine **bilanzielle Neutralisierung** eigener Anteile durch die Pflicht zur Aufnahme einer entsprechenden **Sonderrücklage auf der Passivseite** vorzunehmen ist. Die bereits heute eindeutig als herrschende Meinung anzusehende Auffassung **bejaht** dies mit Recht[94], da dies zur Vermeidung der Gefahr einer mittelbaren Aushöhlung des Stammkapitals unerläßlich erscheint. Wenn der Gesetzgeber bislang davon abgesehen hat, die — durchaus bekannte, bis zum Inkrafttreten des Bilanzrichtlinie-Gesetzes — (noch) bestehende Lücke auszufüllen, kann dies angesichts der sachlich hier voll parallel liegenden aktienrechtlichen Regelung nur so gedeutet werden, daß ein dringendes Regelungsbedürfnis nicht als gegeben angesehen worden ist; jedenfalls kann daraus keinesfalls ein argumentum e contrario hergeleitet und die Neutralisierung abgelehnt werden, anstatt die sachlich allein

---

[91] VermStR 1983, Abschn. 87 und BFH **107** 390 — Ausnahme: wenn er zur Einziehung bestimmt oder nach den Verhältnissen vom Bewertungsstichtag unveräußerlich ist; **a.A.** zum Teil *Skibbe* GmbH-Rdsch. **1971** 62; *J. Thiel* Die steuerliche Behandlung eigener Anteile von Kapitalgesellschaften (1967), S. 102ff.

[92] *Feine* Die GmbH, S. 423; *Scholz-Westermann* 40; *Baumbach-Hueck* 3B; *Hösel* DNotZ **1958** 9.

[93] § 42 Abs. 4 (BT-Drucks. 10/317, S. 36), Textabdruck oben bei Rdn. 2; bereits positivrechtlich verankert in §§ 71 II, 2; 150a AktG.

[94] *Lutter* DB **1980** 1317, 1322; *Gessler* BB **1980** 1385, 1390; *Müller* WPg **1980** 369, 376; *Timm* GmbH-Rdsch. **1980** 286, 293; *Ulmer* Das neue GmbH-Recht in der Diskussion, 1981, S. 74f.; *Fleck* Kapitalaufbringung, Kapitalhaltung und Insolvenzprobleme in der GmbH, S. 51; *Soufleros* Ausschließung und Abfindung eines GmbH-Gesellschafters, S. 155ff.; *Niemeier* Rechtstatsachen und Rechtsfragen der Einziehung von GmbH-Anteilen, S. 307ff.; *Scholz-Westermann* 39; *Roth* 3.2.2; **a.A.** *Gersch-Herget-Marsch-Stützle* Rdn. 306; *Seydel/Goutier* 10.

gebotene Analogie zu den entsprechenden aktienrechtlichen Bestimmungen mit ihrer Passivierungsanordnung vorzunehmen[95]. Die Analogie ist um so mehr geboten, als die Gefahren aus dem Erwerb eigener Anteile bei der GmbH mangels der 10%igen Erwerbsgrenze, wie sie § 71 I AktG für die AG vorsieht, für die Vermögenslage der GmbH noch größer sind als bei der AG. Die Sonderrücklage kann erst nach einer *Veräußerung* der erworbenen eigenen Anteile durch die GmbH *wieder frei* und ausschüttungsfähig werden (*Soufleros* aaO, S. 160).

Die Bildung der Sonderrücklage ist auch für **unentgeltlich** erworbene eigene Geschäftsanteile, die zulässigerweise aktiviert worden sind (oben Rdn. 65), vorzunehmen, da es nicht darauf ankommt, ob diese Anteile aus Mitteln der Gesellschaft erworben worden sind, sondern auf ihre Fähigkeit, jederzeit Stammkapital zu ersetzen[96]. **69**

7. Übernahme eigener Geschäftsanteile bei Kapitalerhöhung

Bei der Frage, ob eine GmbH **neue eigene Geschäftsanteile,** die **bei einer echten Kapitalerhöhung** geschaffen werden, **übernehmen** kann, ist stets auch aus § 33 heraus argumentiert worden. Diese Frage war sehr streitig[97]. Sie hat freilich an sich mit § 33 nichts zu tun. Diese Vorschrift betrifft nicht den Fall der originären Übernahme neu geschaffener Anteile anläßlich der Kapitalerhöhung, sondern den *derivativen Erwerb von einem Dritten*. Es kann also nur um die Frage gehen, *ob aus § 33 Argumente für die Entscheidung der Streitfrage zu entnehmen sind*. Hier aber kommt einmal Abs. 1 in Betracht, der den Erwerb nicht voll eingezahlter Geschäftsanteile vollständig und auch dann verbietet, wenn die noch fehlende Einzahlung aus über dem zur Deckung des Stammkapitals hinaus vorhandenem Vermögen erbracht werden könnte; dabei geht diese Regelung davon aus, daß der Einzahlungsbetrag echt aus von Dritten erbrachten Mitteln gedeckt werden muß. § 33 Abs. 2 besagt nichts anderes, als daß aus dem zur Deckung des Stammkapitals erforderlichen Vermögen Kapital in Form des Erwerbs von eigenen Anteilen nicht zurückgezahlt werden darf. Wenn aus dieser Gesamtregelung auch der Schluß möglich ist, daß zur Kapitalerhaltung immer nur das zur Deckung des Stammkapitals erforderliche Vermögen gebunden ist, so ginge es doch wohl zu weit, daraus den Schluß zu ziehen, § 33 gestatte die Heranziehung des Vermögens, das über das zur Deckung des Stammkapitals erforderliche Vermögen hinausgehe, auch zur Kapitalbildung. Allenfalls kann man sagen, daß § 33 in dieser Richtung indifferent ist und kein Argument pro, aber auch keines contra liefert. **70**

Die Frage der Zulässigkeit der Übernahme eigener Anteile durch die GmbH muß sich also aus anderen Gesichtspunkten entscheiden. Heute ist sie dadurch entschieden, daß das Gesetz über die Kapitalerhöhung aus Gesellschaftsmitteln vom 23. 12. 1959 einen besonderen, aber auch exklusiven Weg für die direkte Umwandlung von Rücklagen in **71**

---

95 *Soufleros* aaO S. 157 (sehr ausführlich); unberechtigt die kritische Stellungnahme der Spitzenorganisationen der gewerblichen Wirtschaft BB **1981** 1864, 1874f.

96 *Soufleros* aaO S. 160; **a.A.** Centrale für GmbH, GmbH-Rdsch. **1981** 225, 226.

97 Für die Zulassung der Übernahme neuer Stammeinlagen durch die Gesellschaft KG OLGR **42** 225; OLG Celle BB **1953** 899; *Schreiber* GmbH-Rdsch. **1955** 17; *Rasch* BB **1956** 151; *Gottschling* GmbH-Rdsch. **1956** 188; *Schilling* BB **1957** 378; *Buchwald* GmbH-Rdsch. **1958** 171; *Grothus* GmbH-Rdsch. **1959** 130; *Winkler* GmbH-Rdsch. **1972** 75 und Voraufl. 20, mit weiteren Nachweisen; dagegen BGHZ **15** 391; OLG Celle GmbH-Rdsch. **1956** 187; *Scholz* 5. Aufl. 17; *Hösel* DNotZ **1958** 7; *Lutter* Kapital, Sicherung der Kapitalaufbringung und Kapitalerhaltung S. 187 Fn. 58; *Ulmer* Das neue GmbH-Recht in der Diskussion, S. 73 und § 55, 38.

Stammkapital zur Verfügung stellt[98]. Zwar können Rücklagen als Gewinn ausgeschüttet und dann auch heute noch als Einzahlung auf neues Kapital verwendet werden; aber **eine Übernahme neuer, im Wege echter Kapitalerhöhung geschaffener Anteile durch die Gesellschaft selbst kann heute nicht mehr zugelassen werden,** ebensowenig — entsprechend § 56 Abs. 2 AktG — eine solche, bei der von der Gesellschaft abhängige oder in ihrem Mehrheitsbesitz stehende Unternehmen die Stammeinlagen übernehmen wollen[99]. § 12 Abs. 1 KapErhG sieht ausdrücklich den — automatischen — Erwerb eigener Anteile an der Erhöhung des Nennkapitals vor (vgl. dazu § 57b Anh. KapErhG § 12, 2).

IV. Erwerb sämtlicher Anteile durch die GmbH?

72 Die 5. Aufl. hatte dies für zulässig erachtet und sich dabei insbesondere auf einen Aufsatz von *Hachenburg* Festschrift Georg Cohn (1915), S. 11, bezogen. Dort war ausgeführt worden, daß ein Erwerb aller eigenen Geschäftsanteile durch die Gesellschaft möglich sei und daß die Satzung die Bestellung der Geschäftsführer und eines Aufsichtsrats auch für die Zukunft regeln könne. Hachenburg vertrat hierbei die Auffassung, daß die GmbH dadurch zu einem Zweckvermögen würde und wirtschaftlich einen Stiftungszweck erfülle; sie stelle eine Stiftung ohne die im BGB vorgesehene Staatsaufsicht (§§ 80ff.) dar. Wenn auch Hachenburg in einer solchen Konstruktion eine gewisse Überspannung des Prinzips der juristischen Person sah, so wollte er sie trotzdem als zulässig erachten. Demgegenüber vertritt eine verbreitete Auffassung[100] die Meinung, daß der Erwerb des letzten eigenen Geschäftsanteils durch die Gesellschaft unwirksam und damit schuldrechtlich und dinglich *nichtig* sei. Nach anderer Auffassung[101] ist dagegen der Erwerb des letzten Geschäftsanteils nicht nichtig, sondern in den Fällen, in denen die Gesellschaft nicht in der Lage ist, ihre eigenen Geschäftsanteile wieder zu veräußern, stellt dies einen *Auflösungsgrund* der Gesellschaft dar, der vorübergehende Erwerb aller eigenen Geschäftsanteile soll also zulässig sein, während der Dauerzustand zur Auflösung der Gesellschaft führt.

73 Das Problem hat weniger praktische, wohl aber theoretische Bedeutung. Es ist die Frage nach der **Zulässigkeit der Keinmann-Gesellschaft.** Die richtige Lösung dürfte die letztere sein (so auch bereits Voraufl. 21). *Scholz* (§ 15, 64) weist mit Recht darauf hin, daß bei einer GmbH durchaus zwangsläufig als Folge der §§ 21 und 27 der Fall eintreten kann, wonach der Gesellschaft alle Anteile zufallen (insbesondere im Falle der Unverkäuflichkeit von kaduzierten Geschäftsanteilen). Schon hieraus folgt, daß der Erwerb des letzten Geschäftsanteils nicht nichtig sein kann, wie *Baumbach-Hueck, Feine* und *Brodmann* dies annehmen. Den letzten ist allerdings zuzugeben, daß eine Gesellschaft, die selbst alle ihre eigenen Anteile besitzt, gegen den Sinn und Zweck der Körperschaft verstößt und daher mit dem körperschaftlichen Wesen der GmbH nicht vereinbar ist.

---

[98] BGHZ **15** 391 ist daher überholt; *Fischer* 2; *Scholz-Westermann* 7.

[99] § 55, 38ff. mit Nachweisen; *Scholz-Westermann* 7; *Scholz-Priester* § 55, 97f.; *Ulmer* Das neue GmbH-Recht in der Diskussion, S. 73.

[100] *Feine* Die GmbH, S. 424; *Baumbach-Hueck* 3A; *Brodmann* 2g; *Eder* Handbuch der GmbH, Rdn. 362 I; *Buchwald* GmbH-Rdsch. **1958** 171; *Hösel* DNotZ **1958** 7 Fn. 10; *Winkler* GmbH-Rdsch. **1972** 77; *Roth* 3.2.1; so auch mit zahlreichen Nachweisen und eingehender Begründung § 60, 58 [*Ulmer*].

[101] *Scholz* 5. Aufl. § 15, 64; *Scholz-Westermann* 41; *Friedlaender* Konzernrecht 2. Aufl., S. 71; *Schuler* GmbH-Rdsch. **1962** 116; *Simon* DB **1963** 1210; *Sudhoff* Der Gesellschaftsvertrag der GmbH, 6. Aufl., S. 383 und — etwas abgewandelt — *Mertens* NJW **1966** 1054; s. grundsätzlich auch (sehr differenziert) *Paulick* Die GmbH ohne Gesellschafter S. 80ff., 121ff.

Feine spricht mit Recht vom Erlöschen des korporativen Lebens; es ist niemand mehr da, der stimmen kann, da das Stimmrecht der eigenen Geschäftsanteile ruht; ein neuer Geschäftsführer könnte bei Wegfall aller bisherigen nur noch von Amts wegen bestellt werden, wenn nicht satzungsgemäß anderweit Rechnung getragen ist[102]. Aber auch diesem Einwand der genannten Kommentatoren wird die Lösung von *Scholz* gerecht. Wird der Besitz aller eigenen Geschäftsanteile zum **Dauerzustand,** so ist ein **Auflösungsgrund** gegeben; die Gesellschaft ist abzuwickeln und der Vermögensüberschuß fällt mangels anderer Satzungsbestimmung in analoger Anwendung der §§ 45 und 45 BGB an den Fiskus. Handelt es sich jedoch bei dem Erwerb aller eigenen Geschäftsanteile lediglich um ein **Zwischenstadium** und gelingt es der Gesellschaft, in angemessener Frist neue Gesellschafter zu finden, die die Anteile übernehmen, so besteht kein Grund, die Gesellschaft aufzulösen und dann zur Gründung einer neuen Gesellschaft zu schreiten.

Diese Lösung kann ihren **praktischen Vorteil** bei den Gesellschaften erweisen, in denen satzungsgemäß jeder Gesellschafter nur auf die Dauer einer von ihm ausgeübten Funktion, z.B. als Schriftleiter einer Zeitung, einen Geschäftsanteil besitzen darf. Scheiden hier aus irgendwelchen Gründen plötzlich alle Schriftleiter aus und müssen ihre Anteile satzungsgemäß an die Gesellschaft abtreten, so kann das Interesse insbesondere zur Erhaltung des Firmennamens durchaus dahingehen, die Gesellschaft über dieses Zwischenstadium am Leben zu erhalten und bis zum Eintritt neuer Schriftleiter und damit Gesellschafter fortzuführen. Andererseits bleibt es in den Fällen, in denen außer der Gesellschaft nur noch ein Gesellschafter vorhanden ist, dem letzteren zur Entscheidung vorbehalten, ob er seine Geschäftsanteile der Gesellschaft abtreten will — und damit u.U. einen Auflösungsgrund für die Gesellschaft mit der Folge des Vermögensanfalls an den Fiskus schafft — oder ob er selbst die Auflösung der Gesellschaft mit der Möglichkeit, den Vermögensüberschuß gemäß § 72 GmbHG selbst zu beanspruchen, beschließen will. Alles dies zeigt, daß die Lösung von *Scholz* sowohl rechtlich vertretbar als auch wirtschaftlich elastisch genug ist, um allen Möglichkeiten wirtschaftlichen Lebens (auch in den Fällen der §§ 21 und 27) Rechnung zu tragen. Allerdings ist zuzugeben, daß die nicht differenzierende, auf die Möglichkeit der Annahme eines — auch konkludenten — Fortsetzungsbeschlusses abstellende Auffassung von *Ulmer*, § 60, 58 der Praxis ebenfalls gerecht wird und die theoretisch etwas problematische Unterscheidung zwischen Dauerzustand und Zwischenstadium vermeidet. 74

Allerdings wird man eine Keinmann-Gesellschaft nicht annehmen können, wenn **bei einer GmbH & Co. KG sämtliche GmbH-Anteile von der KG gehalten werden.** Mit der Begründung, bei einer derartigen Gestaltung wirke die GmbH an ihrer eigenen Willensbildung mit, vertreten *Gonnella* DB **1965** 1165 und wohl auch *Winkler* GmbH-Rdsch. **1972** 80 den Tatbestand der Keinmann-GmbH und damit der Auflösungsreife. Aber die Komplementär-GmbH und die KG sind nicht ein und dieselbe, sondern verschiedene Personen, so daß eine Keinmann-GmbH begrifflich nicht vorliegen kann. Im einzelnen vgl. Anh. zu § 13 I Rdn. 16ff. 75

V. Der Unterschied zu Kaduzierung, Amortisation und Abandon

Der Erwerb des eigenen Geschäftsanteils steht im Gegensatz zu **Kaduzierung,** 76
Einziehung und **Abandon** (vgl. § 21 Vorbem.). Bei der Kaduzierung wird der säumige Gesellschafter ausgeschlossen. Sein Gesellschaftsrecht wird vernichtet, geht aber nicht unter, sondern steht — wenn auch als trägerloses Recht — der Gesellschaft zur bestimmten

102 Für die Bestellung eines „Notgesellschafters" in entsprechender Anwendung des § 29 BGB *Paulick* Die GmbH ohne Gesellschafter S. 121ff.; zustimmend *Scholz-Westermann* 41.

Zweckverwendung zur Verfügung (§ 21 Rdn. 25 und *Hohner* Subjektlose Rechte (1969) S. 113ff.). Der neue Gesellschafter ist nicht ihr Rechtsnachfolger (§ 22 Rdn. 4; § 23 Rdn. 1). Bei dem Erwerb des Geschäftsanteils hingegen bleibt dieser nach Aktiv- und Passivseite bestehen. Er ist ein Aktivum der Gesellschaft. Veräußert sie ihn, so ist sie Rechtsvorgänger des Erwerbers. Bei der **Einziehung** wird nicht nur die Aktivseite, sondern der ganze Geschäftsanteil vernichtet. Die Veräußerung zum Zwecke der Amortisation überträgt nicht den Geschäftsanteil auf die Gesellschaft. Sie ist die Zustimmung zu seiner Vernichtung[103]. Beim **Abandon** (§ 27) bleibt die Inhaberstellung des Gesellschafters ungeachtet seiner Beschränkung in Rechten und Pflichten bis zum Verkauf erhalten. Bei einem Scheitern des Verkaufs fällt der Anteil zwar der Gesellschaft zu; sie hat ihn aber wiederum nur für einen künftigen Inhaber zu verwalten (*Scholz-Westermann* 3).

VI. Steuerfragen

77 1. Die eigenen Geschäftsanteile der Gesellschaft unterliegen der **Vermögensteuer,** es sei denn sie sind zur Einziehung bestimmt oder nach den Verhältnissen vom Bewertungsstichtag unveräußerlich (vgl. BFH **107** 390 und oben Rdn. 64 sowie Rdn. 72 zu § 34). Zur Bewertung eigener Anteile vgl. *Brandenburg* DB **1974** 2317.

78 2. Für den entgeltlichen Erwerb eigener Geschäftsanteile ist die **Börsenumsatzsteuer** nach § 18 Abs. 1 KVStG zu entrichten. Erfolgt der Erwerb unentgeltlich, so fällt Börsenumsatzsteuer nicht an; wegen der Problematik von Schenkungssteuer vgl. Rdn. 52 zu § 34. Veräußert die Gesellschaft solche unentgeltlich erworbenen Geschäftsanteile, so ist dieses Geschäft gesellschafts- und börsenumsatzsteuerpflichtig (§§ 2 Ziff. 4; 8 Ziff. 3; 18 Abs. 1; 35 KVStG). Die Anschaffungskosten eines eigenen GmbH-Anteils, der später eingezogen worden ist, beeinflussen nicht die Anschaffungskosten der von den Gesellschaftern veräußerten Geschäftsanteile (FG Münster EFG **84** 346).

[103] vgl. § 34, 3; *Niemeier* Rechtstatsachen und Rechtsfragen der Einziehung von GmbH-Anteilen, S. 86.

DRITTER ABSCHNITT

Vertretung und Geschäftsführung

§ 35

Die Gesellschaft wird durch die Geschäftsführer gerichtlich und außergerichtlich vertreten.

Dieselben haben in der durch den Gesellschaftsvertrag bestimmten Form ihre Willenserklärungen kundzugeben und für die Gesellschaft zu zeichnen. Ist nichts darüber bestimmt, so muß die Erklärung und Zeichnung durch sämtliche Geschäftsführer erfolgen. Ist der Gesellschaft gegenüber eine Willenserklärung abzugeben, so genügt es, wenn dieselbe an einen der Geschäftsführer erfolgt.

Die Zeichnung geschieht in der Weise, daß die Zeichnenden zu der Firma der Gesellschaft ihre Namensunterschrift beifügen.

Befinden sich alle Geschäftsanteile der Gesellschaft in der Hand eines Gesellschafters oder daneben in der Hand der Gesellschaft und ist er zugleich deren alleiniger Geschäftsführer, so ist auf seine Rechtsgeschäfte mit der Gesellschaft § 181 des Bürgerlichen Gesetzbuchs anzuwenden.

Übersicht

Schrifttum

Buchmann Registerpublizität und Gläubigerschutz bei der Einmann-Gesellschaft, **1984**; *Ekkenga* Insichgeschäfte geschäftsführender Organe im Aktien- und GmbH-Recht, AG 1985, 40; *Hübner* Selbstkontrahieren des Einmanngesellschafters, Jura **1982** 85 ff.; *Kanzleiter* Registereintragung der Vertretungsbefugnis des GmbH-Geschäftsführers, Rpfleger **1984** 1 ff.; *Kreutz* § 181 BGB im Lichte des § 35 Abs. 4 GmbHG, Festschrift Mühl, **1981** 409 ff.

1. Einleitung

Der durch die Novelle 1980 eingefügte Absatz 4 ordnet an, daß § 181 BGB auf **227 a**
Insichgeschäfte des Alleingesellschafters, der zugleich alleiniger Geschäftsführer ist, Anwendung findet. Damit hat sich der Gesetzgeber im Hinblick auf diese Konstellation gegen die zuvor vom BGH vertretene Lösung entschieden, wonach der Einmann-

Gesellschafter wegen Fehlens einer Interessenkollision zwischen Vertreter und Vertretenem nicht den Beschränkungen des § 181 BGB unterliegen sollte[1].

2. Inhalt, Zweck und Bedeutung der Neuregelung

227 b Die Neuregelung geht auf einen Vorschlag des Rechtsausschusses zurück, der ihr den Zweck beimaß, heimliche Vermögensverschiebungen zwischen GmbH und Gesellschafter zum Nachteil der Gesellschaftsgläubiger zu verhindern (Ausschußbericht BT-Dr. 8/3908 S. 74 f.). Eine Befreiung vom Verbot des Selbstkontrahierens soll nur kraft der Satzung in Betracht kommen, so daß sich die Geschäftspartner darauf durch Einsichtnahme in die Registerunterlagen (§ 9 HGB) einstellen können (Ausschußbericht aaO). Dagegen hielt man die ursprünglich im RegE vorgesehene Schriftform für Insichgeschäfte (BT-Dr. 8/1347 S. 11, 43) für entbehrlich, weil der Gesellschafter ohnehin aus steuerlichen Gründen ein eigenes Interesse habe, private Entnahmen aus dem Gesellschaftsvermögen festzuhalten (Ausschußbericht aaO).

227 c Die Entscheidung des Gesetzgebers ist für den Gläubigerschutz[2] wenig hilfreich. Sie bewirkt nur, daß nunmehr die Befreiung vom Verbot des Selbstkontrahierens selbstverständlicher Bestandteil jeder vernünftigen Satzung einer Einmann-GmbH wird. Den Interessen der Gesellschaftsgläubiger wäre mit der Anordnung der Schriftform für die einzelnen Geschäftsabschlüsse eher gedient worden. Kaum einleuchtend ist es, daß der Gesetzgeber die Anwendung des § 181 auf den Alleingesellschafter beschränkt hat, der zugleich auch alleiniger Geschäftsführer ist. Der in dieser Hinsicht eindeutige Wortlaut der Vorschrift läßt nur den Schluß zu, daß § 181 nach wie vor auf den Alleingesellschafter nicht anwendbar ist, der einen weiteren Geschäftsführer bestellt hat[3]. Alles in allem ist die mißglückte Vorschrift als punktuelle Abkehr von einer Rechtsprechung des BGH anzusehen, die den heute erreichten Stand der Auslegung des § 181 in grundsätzlicher Hinsicht nicht verändert[4]. Nur im Hinblick auf die Einmann-Gesellschaft selbst können Fälle, die im allgemeinen nicht als unzulässige Umgehungen des § 181 angesehen werden, unter Berücksichtigung der Zwecksetzung des § 35 Abs. 4 als unzulässige Gesetzesumgehung zu werten sein (vgl. Rdn. 227).

3. Die Einmann-GmbH mit einem weiteren Geschäftsführer

227 d Hat die Einmann-GmbH noch einen weiteren Geschäftsführer neben dem Alleingesellschafter, so ist sie von § 35 Abs. 4 nicht betroffen (vgl. oben Rdn. 227 c). Der

---

1 BGHZ **56** 97, 101; zuletzt BGHZ **75** 358; zur früheren Rechtslage s. § 13 Anh. I, 35; § 35, 227.

2 Zur Frage, ob der Einsatz von § 181 BGB zum Zwecke des Gläubigerschutzes sinnvoll ist, mit Recht kritisch *Buchmann* 62 ff.; *Ulmer* BB **1980** 1001, 1006; *Kanzleiter* 4 f.

3 *Buchmann* 40 ff.; *Hübner* 87; **aA** *Gersch-Herget-Marsch-Stützle*, 173; *Ekkenga* aaO, der glaubt, die textgetreue Befolgung der Vorschrift als unzulässigen Umkehrschluß deklarieren zu können.

4 Anders *Kreutz* 415 ff., der den Normzweck des § 181 durch § 35 beeinflußt sieht und u. a. entgegen BGHZ **59** 236 annimmt, daß § 181 auch auf Geschäfte Anwendung findet, die der GmbH lediglich einen rechtlichen Vorteil bringen; noch weitergehend *Ekkenga* aaO, der den Umstand, daß der Gesetzgeber durch § 35 Abs. 4 die Gläubiger schützen wollte — sei es auch durch ein untaugliches Mittel —, zum Anlaß nimmt, Thesen zur analogen Anwendbarkeit dieser Vorschrift auf andere Fälle sowie zur Anwendung des § 181 BGB auf die Mehrpersonen-GmbH zu entwickeln, die ohne ausreichenden Grund auf eine Umgestaltung der bisherigen Rechtslage hinauslaufen und weder mit der gebotenen Striktheit des Vertretungsrechts zu vereinbaren noch den Gläubigerschutz effektiv zu verstärken imstande sind.

Alleingesellschafter-Geschäftsführer ist daher nicht darauf angewiesen, daß der weitere Geschäftsführer namens der Gesellschaft mit ihm kontrahiert, wozu dieser alleinvertretungsberechtigt sein müßte, sondern er kann nach wie vor gemäß den Rechtsprechungsgrundsätzen in BGHZ **56** 97 und BGHZ **75** 358 zugleich im eigenen Namen und im Namen der Gesellschaft handeln[5]. Sind Alleingesellschafter-Geschäftsführer und weitere Geschäftsführer nur gemeinschaftlich zur Vertretung der Gesellschaft berechtigt, so kommt nach BGHZ **64** 72 = LM Nr. 18 zu § 181 BGB mit Anm. *Fleck* die Möglichkeit in Betracht, daß der eine Gesamtvertreter den anderen zur Alleinvertretung ermächtigt. Die gegen BGHZ **64** 72 zu erhebenden Bedenken (vgl. Rdn. 228) gelten zwar für die Einmann-Gesellschaft noch verstärkt. Wenn der Gesetzgeber aber die Bestellung eines weiteren Geschäftsführers genügen läßt, um den Alleingesellschafter-Geschäftsführer von der Anwendung des § 181 bei Geschäften mit der Gesellschaft zu befreien, so kann daraus nur der Schluß gezogen werden, daß er der Existenz eines solchen weiteren Geschäftsführers eine wesentliche Gewährleistungsfunktion beimißt. Insofern kann eine Durchbrechung von BGHZ **64** 72 allein für den Fall der Einmann-GmbH nicht in Betracht kommen. Die Rechtssicherheit verbietet es auch, jeweils nach dem konkreten Grad der Weisungsgebundenheit eines Geschäftsführers zu entscheiden, ob er von dem anderen gesamtvertretungsberechtigten Geschäftsführer zur Alleinvertretung der GmbH diesem gegenüber ermächtigt werden durfte.

4. Unzulässige Umgehung des § 35 Abs. 4

Auch im Rahmen des § 35 Abs. 4 gilt, daß § 181 nicht durch die Beauftragung eines Unterbevollmächtigten umgangen werden kann (vgl. Rdn. 229). Der Alleingesellschafter, der zugleich einziger Geschäftsführer der Gesellschaft ist, kann § 181 auch nicht dadurch umgehen, daß er Prokuristen oder Handlungsbevollmächtigte zur Vertretung der Gesellschaft heranzieht[6]. Bei der Mehrpersonengesellschaft sieht der BGH[7] darin zwar keine Umgehung des § 181. Bei dieser fällt aber das Interesse der Gesellschaft, das Prokuristen und Handlungsbevollmächtigte zu verfolgen haben, nicht ohne weiteres — wie bei der Einmann-Gesellschaft — mit dem Interesse des Gesellschafters zusammen. Jedenfalls ist es mit § 35 Abs. 4 unvereinbar, wenn der Alleingesellschafter mit Hilfe einer von ihm abhängigen Person, der gegenüber er umfassende Weisungsrechte hat, Geschäfte mit seiner Gesellschaft schließt. **227 e**

5. Abschluß des Anstellungsvertrages bei Fehlen einer Befreiung von § 181 BGB

§ 35 Abs. 4 gilt auch für den Fall, daß der Alleingesellschafter als solcher und nicht als Geschäftsführer die Gesellschaft vertritt. Das ist der Fall beim Abschluß des Anstellungsvertrages (vgl. § 35, 221; § 46, 18 ff.). In entsprechender Anwendung von § 29 BGB kann für die Gesellschaft jedoch auch ein den Gesellschafter als Vertreter ersetzendes Notorgan bestellt werden.[8] **227 f**

6. Befreiung

Nach § 181 BGB ist ein Insichgeschäft des Vertreters nur unzulässig, „soweit nicht ein anderes ihm gestattet ist". Der Alleingesellschafter kann sich vom Verbot des **227 g**

---

[5] **AA** offenbar *Scholz-Schneider* 70 h.

[6] *Scholz-Schneider* 70 k.

[7] Vgl. BGH BB **1984** 1316 und BB **1984** 1921.

[8] Vgl. *Scholz-Schneider* 70 k.

Selbstkontrahierens nur kraft einer Regelung in der Satzung befreien[9]. Ggf. ist eine **Satzungsänderung** nötig, die zur Eintragung in das Handelsregister angemeldet werden muß (§ 54 Abs. 1); sie wird erst mit der Eintragung wirksam (§ 54 Abs. 3). Die Befreiung ist im Handelsregister als solche einzutragen (vgl. § 10, 11 f.; § 53, 107).

227 h Die Satzung kann sich auch damit begnügen, dem Alleingesellschafter die Befreiung durch einen Entschluß zu gestatten. In diesem Fall bedarf nur der Entschluß selbst gemäß § 10 Abs. 1 Satz 2 der Eintragung in das Handelsregister (vgl. näher bei § 10, 10; § 53, 107). Nicht vereinbar mit dem Zweck des § 35 Abs. 4 ist allerdings eine satzungsmäßige Ermächtigung zur Selbstbefreiung durch Entschluß im Hinblick auf bestimmte konkrete Geschäfte. Das Prinzip, daß die Vertretungsmacht abstrakt ausgestaltet sein muß (vgl. § 35, 245), muß insoweit auch für § 181 gelten. Das bedeutet, der Gesellschafter kann nur den Entschluß fassen, sich künftig vom Verbot des Selbstkonrahierens zu befreien. Dieser Entschluß gilt solange, bis ein gegenteiliger Entschluß gefaßt wird, und ist nicht auf bestimmte Geschäfte einschränkbar.

7. Genehmigung

227 i Nach den Grundsätzen des bürgerlichen Rechts führt ein Verstoß gegen § 181 BGB nicht zur Nichtigkeit des Insichgeschäfts; vielmehr kann der Vertreter das Geschäft entsprechend § 177 BGB genehmigen (§ 35, 230). Jedoch ist bei der Einmann-GmbH eine Genehmigung weder durch interne noch durch externe Erklärung des (einzigen) Gesellschafter-Geschäftsführers (§ 182 Abs. 1 BGB) möglich, da er in beiden Fällen wiederum mit sich selbst kontrahieren müßte. Daraus folgert *Kreutz* S. 428, daß Geschäfte des Alleingesellschafter-Geschäftsführers mit der GmbH ohne entsprechende Befreiung nichtig seien. Dem ist im Hinblick auf den durch § 35 Abs. 4 angestrebten Schutzzweck zuzustimmen. Denn könnte der Alleingesellschafter durch spätere Satzungsänderung oder die Bestellung eines weiteren Geschäftsführers sich auch nachträglich die Rechtsmacht beschaffen, um sich über § 181 BGB hinwegzusetzen, so wäre er nicht genötigt, die Befreiung schon vor Abschluß des Geschäftes vornehmen und damit auch publik werden zu lassen. Dementsprechend kann auch der Gesellschaftsvertrag die Möglichkeit einer Genehmigung durch Entschluß des Alleingesellschafters nicht vorsehen.

8. Erforderlichkeit der Schriftform zu Beweiszwecken

227 j Die Anordnung der Schriftform für das Insichgeschäft hat der Gesetzgeber im wesentlichen deshalb für überflüssig gehalten, weil der Gesellschafter ohnehin Grund habe, solche Geschäfte schriftlich zu dokumentieren. Daher ändert sich durch die Novelle nichts an der bisherigen Rechtsprechung, wonach der Nachweis des Insichgeschäfts zum maßgeblichen Zeitpunkt ohne schriftliche Aufzeichnung in aller Regel nicht geführt werden kann[10].

---

[9] S. Ausschußbericht BT-Dr. 8/3908 S. 74; (Abdruck bei *Deutler*, Das neue GmbH-Recht — GmbH-Novelle 1980 — S. 79 f.); BGHZ **33** 189, 194; **87** 59, 60; *K. Schmidt* NJW **1980** 1770, 1775.

[10] Vgl. § 13 Anh. I, 35; BGHZ **75** 358, 363; OLG München GmbH-Rdsch. **1984** 98; *Bülow* DB **1982** 527 f.; *Scholz-Schneider* 70 l; **aA** *Kreuzer* ZIP **1980** 724.

§ 39

Jede Änderung in den Personen der Geschäftsführer sowie die Beendigung der Vertretungsbefugnis eines Geschäftsführers ist zur Eintragung in das Handelsregister anzumelden.

Der Anmeldung sind die Urkunden über die Bestellung der Geschäftsführer oder über die Beendigung der Vertretungsbefugnis in Urschrift oder öffentlich beglaubigter Abschrift für das Gericht des Sitzes der Gesellschaft beizufügen.

Die neuen Geschäftsführer haben in der Anmeldung zu versichern, daß keine Umstände vorliegen, die ihrer Bestellung nach § 6 Abs. 2 Satz 2 und 3 entgegenstehen und daß sie über ihre unbeschränkte Auskunftspflicht gegenüber dem Gericht belehrt worden sind. § 8 Abs. 3 Satz 2 ist anzuwenden.

Die Geschäftsführer haben ihre Unterschrift zur Aufbewahrung bei dem Gericht zu zeichnen.

Die Gesetzesnovelle 1980 hat einen neuen Absatz 3 eingefügt; der bisherige **21**
Abs. 3 ist jetzt Abs. 4. Der neu eingefügte Abs. 3 soll verhindern, daß Personen zu Geschäftsführern bestellt und in das Handelsregister eingetragen werden, die dieses Amt nach § 6 Abs. 2 Satz 2 und 3 nicht wahrnehmen können (Begr. RegE BT-Dr. 8/1347 S. 43). Für Liquidatoren gilt Entsprechendes: s. § 67 Abs. 3. Für den Fall der Gründung enthält § 8 Abs. 3 die gleiche Regelung. Durch falsche Angaben macht sich der Geschäftsführer strafbar, § 82 Abs. 1 Nr. 4.

§ 43

Die Geschäftsführer haben in den Angelegenheiten der Gesellschaft die Sorgfalt eines ordentlichen Geschäftsmannes anzuwenden.

Geschäftsführer, welche ihre Obliegenheiten verletzen, haften der Gesellschaft solidarisch für den entstandenen Schaden.

Insbesondere sind sie zum Ersatz verpflichtet, wenn den Bestimmungen des § 30 zuwider Zahlungen aus dem zur Erhaltung des Stammkapitals erforderlichen Vermögen der Gesellschaft gemacht oder den Bestimmungen des § 33 zuwider eigene Geschäftsanteile der Gesellschaft erworben worden sind. Auf den Ersatzanspruch finden die Bestimmungen in § 9b Abs. 1 entsprechende Anwendung. Soweit der Ersatz zur Befriedigung der Gläubiger der Gesellschaft erforderlich ist, wird die Verpflichtung der Geschäftsführer dadurch nicht aufgehoben, daß dieselben in Befolgung eines Beschlusses der Gesellschafter gehandelt haben.

Die Ansprüche auf Grund der vorstehenden Bestimmungen verjähren in fünf Jahren.

In § 43 Abs. 3 Satz 2 ist mit der Gesetzesnovelle 1980 an die Stelle des § 9 Abs. 2 **91 a**
a. F. § 9b Abs. 1 getreten. Sachlich hat sich dadurch nichts geändert.

§ 43a

Den Geschäftsführern, anderen gesetzlichen Vertretern, Prokuristen oder zum gesamten Geschäftsbetrieb ermächtigten Handlungsbevollmächtigten darf Kredit nicht aus dem zur Erhaltung des Stammkapitals erforderlichen Vermögen der Gesellschaft gewährt werden. Ein entgegen Satz 1 gewährter Kredit ist ohne Rücksicht auf entgegenstehende Vereinbarungen sofort zurückzugewähren.

Übersicht

Schrifttum

Joost Grundlagen und Rechtsfolgen der Kapitalerhaltungsregeln in der GmbH, ZHR **1984** 27; *Meyer-Arndt* Kredite an Geschäftsführer und Prokuristen einer GmbH, DB **1980** 2328; *Schneider* Kredite der GmbH an ihre Geschäftsführer, GmbH-Rdsch. **1982** 197.

I. Einleitung

1 Die Vorschrift ist durch die Novelle 1980 eingefügt worden. Personen, die einen maßgeblichen Einfluß auf die Geschäftsführung der GmbH ausüben, können versucht sein, sich bei der GmbH besonders günstige Kredite oder Kredite ohne angemessene Sicherheit zu beschaffen. Auch besteht die Gefahr, daß die GmbH die Kreditwürdigkeit solcher Personen nicht ausreichend prüft. Dennoch schließt das deutsche Recht eine Kreditgewährung der Gesellschaft an ihr Geschäftsführungspersonal nicht generell aus[1]. Anders als die §§ 89, 115 AktG, 39 GenG und 15 KWG stellt das GmbH-Recht auch

[1] Anders etwa das französische Recht; vgl. Art. 51 Gesetz Nr. 66–537 v. 24. 7. 1966. Zu ausländischen Rechtsordnungen vgl. auch *Scholz-Schneider*, 2.

keine besonderen Zuständigkeitsnormen und Verfahrensvorschriften für die Kreditgewährung an den entsprechenden Personenkreis auf. Die Kreditgewährung zum Nachteil der Gesellschaft wird nur durch die Geschäftsführerhaftung nach § 43 sanktioniert (vgl. § 43, 41, 61). Damit wird dem besonderen Risiko des Geschäftsführungspersonal-Kredits nicht ausreichend Rechnung getragen. Um jedenfalls das durch die Stammkapitalziffer gebundene Vermögen der GmbH vor diesem Risiko abzusichern, verbietet § 43a die Kreditgewährung aus dem zur Erhaltung des Stammkapitals erforderlichen Vermögen der Gesellschaft und ordnet an, daß ein entgegen diesem Verbot gewährter Kredit ohne Rücksicht auf entgegenstehende Vereinbarungen sofort zurückzugewähren ist. Die Vorschrift ist § 72 RegE 1971 nachgebildet und wurde auf Vorschlag des Bundesrates in das Gesetz aufgenommen[2]. Eine vergleichbare Regelung für Kredite an Gesellschafter hielt man im Hinblick auf die Vorschrift des § 30 Abs. 1 für entbehrlich[3].

II. Normzweck und Anwendungsgrundsätze

Die Vorschrift unterbindet Kreditgeschäfte der Gesellschaft mit ihrem Geschäftsführungspersonal zu Lasten des durch die Stammkapitalziffer gebundenen Gesellschaftsvermögens, um insoweit die Interessen der Gläubiger der Gesellschaft vor den spezifischen Risiken der Kreditgewährung an diesen Personenkreis zu schützen. Die Vorschrift stellt nicht darauf ab, ob im konkreten Fall eine Kreditgewährung unangemessen oder für die Gesellschaft nachteilig ist, sondern orientiert sich allein an der in einer solchen Kreditgewährung liegenden abstrakten Gefahr. Den Gesellschaftern ist es unbenommen, die Kreditgewährung an das Geschäftsführungspersonal gänzlich zu untersagen oder jeweils an ihre Einwilligung zu binden. 2

Kredite an Aufsichtsratsmitglieder, an **Gesellschafter**, an **verbundene Unternehmen** oder deren Geschäftsführungspersonal können ähnliche Gefahren für die GmbH begründen wie Kredite an die in § 43a genannten Personen. Da die Vorschrift aber den von ihr erfaßten Personenkreis **enumerativ** bezeichnet, kommt ihre analoge Anwendung auf andere Fälle der Kreditgewährung mit — in etwa — vergleichbarem Risikocharakter nicht in Betracht[4], zumal bei einem jüngeren Gesetz und bei einer für den Gesetzgeber ohne weiteres abschätzbaren Problemlage eine richterliche Gesetzeskorrektur nur in Ausnahmefällen zulässig sein kann. 3

Etwas anderes gilt für die **Kreditgewährung an Ehegatten und minderjährige Kinder** des in § 43a genannten Personenkreises **und** für die Kreditgewährung **unter Einschaltung von Strohmännern**. Während in § 72 Abs. 2 RegE 1971 nach dem Vorbild der §§ 89 Abs. 3 Satz 2, 115 Abs. 2 AktG und § 15 Abs. 1 Nr. 6 KWG Kredite an den Ehegatten oder ein minderjähriges Kind der von der Kreditregelung betroffenen Personen sowie Kredite für Rechnung dieser Personen, die einem Dritten gewährt werden, noch ausdrücklich in das Gesetz mit einbezogen werden sollten, hat der Gesetzgeber darauf im Rahmen des § 43a bewußt verzichtet, weil er davon ausging, daß die Rechtsprechung derartige Umgehungssachverhalte von sich aus in den Anwendungsbereich der Vorschrift einzubeziehen hätte[5] (vgl. auch unten Rdn. 13). 4

Ebensowenig ist eine entsprechende Anwendung des § 43a auf die **GmbH & Co. KG** auszuschließen; vgl. dazu unten Rdn. 18. 5

---

[2] Begr. RegE BT-Dr. 8/1347 S. 74 (Abdruck bei Deutler, Das neue GmbH-Recht — GmbH-Novelle 1980 — S. 87 f.).

[3] Begr. RegE aaO; Ausschußbericht BT-Dr. 8/3908 S. 74, 75.

[4] Grundsätzlich anders *Scholz-Schneider*, vgl. dort für Aufsichtsratsmitglieder, 30, für Geschäftsführer verbundener Unternehmen, 58, für Gesellschafter und verbundene Unternehmen, 61, 62.

[5] Vgl. Ausschußbericht aaO sowie BGHZ **81** 365, 369.

III. Verhältnis der Vorschrift zu den §§ 89, 115 AktG, § 39 GenG, § 15 KWG

6 Die genannten Bestimmungen enthalten Verfahrens- und Zuständigkeitsregeln für die Kreditgewährung an einen im einzelnen unterschiedlich abgegrenzten Personenkreis, die eine angemessene Verzinsung und Besicherung der Kredite zum Schutze der Gesellschaft gewährleisten sollen. § 43 a besagt dagegen über das Verfahren der Kreditgewährung nichts und dient unmittelbar dem Gläubigerschutz.

IV. Verhältnis der Vorschrift zu § 30

7 Die **Kreditgewährung** an einen Gesellschafter-Geschäftsführer kann nur ausnahmsweise **als Auszahlung** im Sinne von § 30 zu werten sein, nämlich dann, wenn sie sich wirtschaftlich als eine aus der Sicht der GmbH nicht mehr vertretbare Zuwendung darstellt, nicht jedoch schon bei der Einräumung von Vorzugsbedingungen[6], die sich noch unter dem Gesichtspunkt vertreten läßt, daß die GmbH selbst ein Interesse daran hat, ihrem Geschäftsführungspersonal entgegenzukommen. Eine Auszahlung kann auch in der das Vermögen der GmbH gefährdenden Gewährung eines größeren Kredits unter Verzicht auf Sicherheiten liegen[7].

V. Betroffener Personenkreis

1. Geschäftsführer

8 Gesetzliche Vertreter sind alle Gesellschafter- und Fremdgeschäftsführer einschließlich der stellvertretenden und fehlerhaft bestellten.

2. Liquidatoren

9 Als gesetzliche Vertreter fallen auch die Personen, denen die Liquidation der Gesellschaft übertragen ist (§ 66), unter § 43 a.

3. Prokuristen und zum gesamten Geschäftsbetrieb ermächtigte Handlungsbevollmächtigte

10 Um schwierige und zu Rechtsunsicherheit führende Abgrenzungsfragen im Bereich der leitenden Angestellten zu vermeiden, stellt § 43 a auf die Frage der Vertretungsmacht ab und erfaßt damit lediglich Prokuristen (§§ 48 ff. HGB) und zum gesamten Geschäftsbetrieb ermächtigte Handlungsbevollmächtigte (§ 54 HGB), diese aber stets. Eine ausdehnende Anwendung auf andere leitende Angestellte kommt ebensowenig in Betracht wie die Nichtanwendung auf Prokuristen und Handlungsbevollmächtigte, die keine leitenden Angestellten sind.

4. Aufsichtsratsmitglieder als gesetzliche Vertreter?

11 Gesetzliche Vertreter sind nach durchgängigem Sprachgebrauch allein die Mitglieder des regulären gesetzlichen Vertretungsorgans einer Gesellschaft. Daher gilt § 43 a für Mitglieder eines — fakultativen oder obligatorischen — Aufsichtsrats nicht, obschon dieser in entsprechender Anwendung von § 112 AktG gegenüber den Geschäftsführern zur gesetzlichen Vertretung der GmbH berufen sein kann. Auch den Gesellschaftern

---

[6] So auch *Scholz-Schneider*, 7.

[7] *Scholz-Schneider* aaO.

selbst steht bei gewissen Sozialakten die Vertretung der Gesellschaft zu, ohne daß man sie deshalb als gesetzliche Vertreter bezeichnen könnte. Der Gesetzgeber hätte daher Aufsichtsratsmitglieder ausdrücklich aufführen müssen, wenn er sie in den Anwendungsbereich des § 43a hätte einbeziehen wollen[8].

5. Gesellschafter, verbundene Unternehmen und Organe verbundener Unternehmen?

Auf den genannten Personenkreis ist § 43a nicht anwendbar (vgl. oben Rdn. 3). **12**

6. Umgehungssachverhalte

Kredite an den Ehegatten oder an ein minderjähriges Kind der in § 43a genannten **13** Personen oder Kredite für Rechnung dieser Personen, ihrer Ehegatten oder minderjährigen Kinder werden von § 43a erfaßt, ohne daß es darauf ankommt, ob die Kreditgewährung im wirtschaftlichen Ergebnis dem Geschäftsführer, Prokuristen oder Handlungsbevollmächtigten persönlich zugute kommen soll. Nur wenn eine Verknüpfung zwischen deren Stellung in der Gesellschaft und der Kreditgewährung an einen Ehegatten oder minderjährige Kinder auszuschließen ist, entfällt die Anwendung von § 43a. Auch sonst kann die Kreditgewährung über einen Strohmann nach Lage der Dinge ein Umgehungsgeschäft darstellen. Insofern muß dann aber konkret erwiesen sein, daß der Kredit im wirtschaftlichen Ergebnis einer Person gewährt werden sollte, die unter § 43a fällt. Der Umstand, daß der Kredit einem Dritten auf Veranlassung einer solchen Person oder im Hinblick auf deren Stellung gegeben worden ist, reicht allein nicht aus.

7. Begriff der Kreditgewährung

Der Begriff des Kredits ist unter Berücksichtigung der Verkehrsanschauung im **14** weitesten wirtschaftlichen Sinn zu verstehen. Es gilt Entsprechendes wie nach §§ 89, 115 AktG. Der Kreditbegriff des KWG ist unmaßgeblich. Eine Kreditgewährung liegt auch in der entgeltlichen Übernahme nichtfälliger Geldforderungen durch die Gesellschaft, in der Nichtgeltendmachung fälliger und unstreitiger Forderungen, in Vorschüssen auf Gehalt und Pension, in der Gestattung von Entnahmen, die über die dem Geschäftsführer zustehenden Bezüge hinausgehen, in Zahlungen der GmbH auf eine fremde Schuld[9], sofern darin nicht im Innenverhältnis eine unentgeltliche Zuwendung zu sehen ist, nicht aber in einer Beteiligung der GmbH als stille Gesellschafterin an einem Handelsgeschäft ihres Geschäftsführers[10].

Ob Vorleistungen oder Stundungen im Rahmen schuldrechtlicher Austausch- **15** geschäfte Kredite sind, entscheidet sich im Einzelfall aufgrund der Verkehrsanschauung. Bei Miet-, Pacht-, Dienst- oder Werkverträgen ist daher eine Vorleistung der Gesellschaft im allgemeinen nicht als Kredit zu behandeln. Auch ein angemessener Auslagenvorschuß ist kein Kredit.

Eine Kreditgewährung liegt auch in der Stellung von Sicherheiten für fremde **16** Verbindlichkeiten. Dies gilt auch dann, wenn der Kreditnehmer für die Stellung der Sicherheit eine angemessene Gegenleistung zu entrichten hat; denn § 43a greift unabhängig davon ein, ob und inwieweit der Kredit vergütet wird[11].

---

[8] *Gersch-Herget-Marsch-Stützle*, 209; *Roth*, 3; **aA** *Scholz-Schneider*, 30. Vgl. dazu Rdn. 3.

[9] BGHZ **13** 49.

[10] Vgl. BGH BB **1984** 1383 f.

[11] **AA** *Scholz-Schneider*, 40.

17 Kredite der Gesellschaft fallen auch dann unter § 43a, wenn sie von dritter Seite ausreichend abgesichert sind[12]; denn § 43a kann nicht auf die Fälle beschränkt werden, in denen das Kreditgeschäft mit einem konkreten Risiko behaftet ist (vgl. oben Rdn. 2).

8. Kreditgewährung durch eine GmbH & Co. KG

18 Entsprechend den zu § 30 entwickelten Grundsätzen (vgl. § 30, 58ff.) greift § 43a auch dann ein, wenn der Kredit an ein Mitglied des geschäftsführenden Personals der Komplementär-GmbH durch die GmbH & Co. KG gewährt wird, ohne daß das zur Erhaltung des Stammkapitals erforderliche Vermögen der GmbH gewährleistet ist[13].

VI. Maßgeblicher Beurteilungszeitpunkt

19 Nach dem Wortlaut des § 43a kommt es darauf an, ob der Kreditnehmer im Augenblick der Kreditgewährung gesetzlicher Vertreter, Prokurist oder zum gesamten Geschäftsbetrieb ermächtigter Handlungsbevollmächtigter ist. Die Kreditgewährung bezeichnet das Erfüllungsgeschäft, nicht die Kreditzusage. Kreditgewährung ist bereits die Bestellung, nicht erst die Verwertung von Sicherheiten. Im Falle der Nichtgeltendmachung einer fälligen Forderung ist Kreditgewährung vom Fälligkeitszeitpunkt ab anzunehmen; die Verlängerung eines bereits gewährten Kredits muß als neue Kreditgewährung gelten.

20 In der Gewährung eines Kredites an eine Person, die **demnächst** zum Geschäftsführer, Prokuristen oder zum gesamten Geschäftsbetrieb ermächtigten Handlungsbevollmächtigten **bestellt** werden soll, oder die **soeben** aus dieser Stellung **ausgeschieden** ist, kann nach Lage der Dinge eine Umgehung des § 43a zu sehen sein, die im Wege der analogen Anwendung der Vorschrift zu erfassen ist. Das gilt insbesondere für die Kreditgewährung an einen ehemaligen Geschäftsführer oder Bevollmächtigten, die diesem bereits zugesagt worden war, als er seine Funktionen ausübte[14].

VII. Das zur Erhaltung des Stammkapitals erforderliche Vermögen

21 Der Begriff des zur Erhaltung des Stammkapitals erforderlichen Vermögens ist genauso zu verstehen wie bei § 30 (vgl. dort Rdn. 13ff.). Für die Frage, ob durch die Kreditgewährung das zur Erhaltung des Stammkapitals erforderliche Vermögen vermindert ist, hat der Rückforderungsanspruch gegen den Kreditnehmer außer Ansatz zu bleiben, und zwar auch dann, wenn er ausreichend gesichert ist (vgl. oben Rdn. 2, 17). Stille Reserven können für die Frage, ob das Stammkapital gedeckt ist, nur nach Maßgabe von § 30, 14, 17 herangezogen werden. Mit § 43a verträgt sich allein eine aus offenen Rücklagen finanzierte Kreditgewährung[15].

VIII. Unterschreitung des zur Erhaltung des Stammkapitals erforderlichen Vermögens nach Kreditgewährung

22 Nach dem Wortlaut von § 43a kommt es allein darauf an, ob im Zeitpunkt der Kreditgewährung das zur Erhaltung des Stammkapitals erforderliche Vermögen unterschritten ist oder durch die Kreditgewährung bei Hinwegdenken des Rückforde-

---

[12] **AA** *Scholz-Schneider*, 41.

[13] Ebenso *Scholz-Schneider*, 60.

[14] Zur Frage, ob die Kreditgewährung vor Antritt der Stellung oder nach ihrer Beendigung in § 43a miteinbezogen werden kann, sind entsprechend heranzuziehen BGHZ **13** 49, 54; *Canaris*, Festschr. R. Fischer, **1979** 31, 32f.

[15] So auch *Lutter* DB **1980** 1317, 1322; *Scholz-Schneider*, 48; **aA** *Gersch-Herget-Marsch-Stützle*, 210; *Meyer-Arndt* DB **1980** 2328f.

rungsanspruchs unterschritten wird. Der Rückgewähranspruch nach Satz 2 entsteht bis zur Höhe des Betrages der Unterschreitung zu diesem Zeitpunkt. Die bisher h. L.[16] wendet § 43a aber auch auf den Fall an, daß zu einem beliebigen Zeitpunkt nach Kreditgewährung das zur Erhaltung des Stammkapitals erforderliche Vermögen nicht mehr vorhanden ist. § 43a wird demnach so gelesen, als ob er lautete: Kredite sind der GmbH sofort zurückzugewähren, sobald und solange das zur Erhaltung des Stammkapitals erforderliche Vermögen bei dieser unterschritten ist. Diese Deutung der Vorschrift geht offenbar auf Überlegungen für das eigenkapitalersetzende Gesellschafterdarlehen zurück, die in § 32a Abs. 3 ihren Niederschlag gefunden haben. Danach kann auch die Stundung und das Stehenlassen von Forderungen ein eigenkapitalersetzendes Darlehen begründen.

Der bisher h. L. ist nicht zu folgen. Sie widerspricht dem Gesetzeswortlaut und der Entstehungsgeschichte; im Ausschußbericht (BT-Dr. 8/1347 S. 74) ist ausdrücklich gesagt, daß die Vorschrift nur für Neukredite gilt, eine Feststellung, die sinnlos wäre, käme es auf den Zeitpunkt der Kreditgewährung gar nicht an. Der für § 32a maßgebliche Rechtsgedanke, daß der Gesellschafter sein Eigenkapitalrisiko im Falle der Unterkapitalisierung nicht im Wege der Darlehensfinanzierung auf die Gesellschaftsgläubiger überwälzen darf, hat mit § 43a nichts zu tun. Dem Gesichtspunkt des Gläubigerschutzes den generellen Vorrang vor den Interessen der in § 43a genannten Kreditnehmer der Gesellschaft zuzuerkennen, ginge vielleicht bei Gesellschafter-Geschäftsführern an, kaum aber bei Fremdgeschäftsführern und keineswegs bei Prokuristen und Handlungsbevollmächtigten. Daß die Verschlechterung einer Vermögenssituation tragende Grundlage für die Entstehung eines Anspruchs sein soll, ist zwar nicht undenkbar (vgl. § 528 BGB: Rückforderungsrecht des Schenkers wegen Notbedarfs), aber doch so außergewöhnlich, daß das Gesetz einen derartigen Anspruch ausdrücklich hätte regeln müssen. Mißlich ist auch, daß ein Kreditnehmer, sofern er nicht Geschäftsführer ist, vielfach mangels Einblicks in die Vermögenslage der Gesellschaft nicht beurteilen könnte, ob ein Anspruch zu Recht gegen ihn geltend gemacht wird oder nicht. Zudem müßte konsequenterweise der Anspruch auch wieder erlöschen, wenn die GmbH ihr Vermögen so vermehrt, daß es zur Erhaltung des Stammkapitals ausreicht. In Zweifelsfällen müßte bei einem Rechtsstreit eine — praktisch kaum realisierbare — auf den Zeitpunkt der letzten mündlichen Verhandlung bezogene Bilanzierung stattfinden. Soweit die GmbH mehrere Kreditnehmer hat, aber die Rückzahlung eines Teiles der Kredite genügte, um ihr das für die Erhaltung des Stammkapitals erforderliche Vermögen zuzuführen, bedürfte es der Festlegung eines Modus, in welcher Reihenfolge sie einen Kredit zurückzuzahlen hätten. Dies zeigt, daß der Gedanke einer jederzeitigen Auslösung von Rückgewähransprüchen durch den Eintritt der in § 43a genannten Situation in das Gesetz nicht hineingetragen werden kann. Im Hinblick auf die umstrittene Behandlung der vom Gemeinschuldner gewährten Darlehen im Konkurs[17] könnte man es allerdings als Vorzug der h. L. ansehen, daß ihr zufolge der Konkursverwalter Darlehen der Gesellschaft an den in § 43a bezeichneten Personenkreis im Ergebnis stets sofort fällig stellen kann. Doch sollte die Problematik des Bestandes der vom Gemeinschuldner gewährten Darlehen im Konkurs nicht nach bestimmten Empfängern unterschiedlich geregelt werden. Die Entscheidung, ob das Interesse des Kreditnehmers an der Weiterführung des Kreditverhältnisses gegenüber dem Zweck des Konkurses, also der zügigen Gesamtvollstreckung, den Vorrang haben sollte oder nicht, ist einheitlich unter konkursrechtlichen Gesichtspunkten zu treffen. 23

---

[16] *Scholz-Schneider*, 42 ff.; *Roth*, 2; **aA** *Geßler* BB **1980** 1385, 1389; zweifelnd *Müller* WPg. **1980** 372, 377.

[17] Vgl. dazu etwa *Karsten Schmidt* JZ **1976** 756, 761.

IX. Besserung der Situation der Gesellschaft nach Kreditgewährung

24 Nach der hier vertretenen Auffassung kommt es allein darauf an, ob die Voraussetzungen des Rückgewähranspruchs nach § 43a im Zeitpunkt der Kreditgewährung vorliegen. War zu diesem Zeitpunkt das zur Erhaltung des Stammkapitals erforderliche Vermögen betroffen, so entfällt der daraus resultierende Rückgewähranspruch also auch dann nicht, wenn sich die Vermögenslage der Gesellschaft anschließend bessert. Da die ursprüngliche Kreditzusage aber gültig bleibt (vgl. Rdn. 25), wird der Kreditnehmer der den Rückgewähranspruch geltend machenden Gesellschaft durchweg mit Erfolg entgegenhalten können, daß diese den Kredit nunmehr zu gewähren hätte, so daß seiner Rückforderung § 242 BGB im Wege stünde.

X. Rechtsfolgen

1. Wirksamkeit des Kreditgeschäftes

25 Die Rechtsfolge des Verstoßes gegen § 43 a Satz 1 ist in Satz 2 festgelegt: Ein entgegen Satz 1 gewährter Kredit ist ohne Rücksicht auf entgegenstehende Vereinbarungen sofort zurückzugewähren. Die Rechtswirksamkeit sowohl des Verpflichtungs- als auch des Erfüllungsgeschäfts bleibt wie nach § 30 (vgl. dort Rdn. 7 ff.) unberührt[18]. Solange der Kreditnehmer den Rückgewähranspruch der Gesellschaft nicht erfüllt hat, bleibt er zinspflichtig. Soweit die Gesellschaft eine Kreditzusage mit Rücksicht auf Satz 1 nicht mehr oder nicht mehr voll erfüllen kann, steht ihr ein Leistungsverweigerungsrecht zu.

2. Gläubiger des Rückgewähranspruchs

26 Auf den Rückgewähranspruch sind § 31 Abs. 2, 4 und 5 sinngemäß anwendbar[19]. Auch in Einzelfragen der Erstattungsberechtigung ist auf die zu § 31 entwickelten Rechtsgrundsätze zu verweisen (vgl. § 31, 5 ff.).

3. Schuldner des Rückgewähranspruchs

27 Schuldner des Rückgewähranspruchs ist der unter Satz 1 fallende Zahlungsempfänger. Dieser haftet auch dann, wenn der Kredit einem Strohmann gewährt worden ist. Eine Haftung Dritter, die tatsächlich den Kredit empfangen haben, kommt nach Maßgabe von BGHZ **81** 365, 368 f. in Betracht. In dieser Entscheidung hat der BGH zu § 31 Abs. 1 angenommen, daß eine Leistung zugunsten des Gesellschafters unter Vorliegen besonderer Umstände zugleich auch als an den Dritten erbracht gelten kann, nämlich wenn dieser Dritte die Leistung empfangen hat und „dem Gesellschafter besonders nahesteht, insbesondere eine wirtschaftliche Einheit mit ihm bildet". In solchen Fällen haftet sowohl der Dritte — nach BGHZ aaO ohne Rücksicht auf seine Minderjährigkeit — als auch der Gesellschafter.

28 Bestand der Kreditgewährung in der Bestellung einer **Sicherheit für einen Dritten**, so folgt aus § 43 a kein Anspruch gegen den Dritten auf Rückgewähr der Sicherheit, es sei denn, dieser steht mit dem zum Personenkreis des § 43 a gehörigen Zuwendungsempfänger nach Maßgabe von BGHZ **81** 365, 368 in Zurechnungseinheit (vgl. Rdn. 27).

---

[18] *Geßler* BB **1980** aaO; *Lutter* DB **1980** aaO; *Scholz-Schneider*, 49; **aM** *Müller* WPg. aaO 376.

[19] Vgl. im Hinblick auf die entsprechende Anwendung von § 31 Abs. 2 auch *Scholz-Schneider*, 54.

§ 48

Die Beschlüsse der Gesellschafter werden in Versammlungen gefaßt.

Der Abhaltung einer Versammlung bedarf es nicht, wenn sämtliche Gesellschafter schriftlich mit der zu treffenden Bestimmung oder mit der schriftlichen Abgabe der Stimmen sich einverstanden erklären.

Befinden sich alle Geschäftsanteile der Gesellschaft in der Hand eines Gesellschafters oder daneben in der Hand der Gesellschaft, so hat er unverzüglich nach der Beschlußfassung eine Niederschrift aufzunehmen und zu unterschreiben.

Übersicht

Schrifttum

Ballerstedt Bedarf ein Beschluß der Gesellschafter einer GmbH der Verkündung durch den Vorsitzer? GmbH-Rdsch. **1955** 160; *Baltzer* wie vor § 45, 1; *Bokelmann* GmbH-Gesellschafterversammlungen im Ausland und Beurkundung durch ausländische Notare, NJW **1972** 1729; *Fischer* Anm. zu LM § 53 GmbHG Nr. 1; *ders.* Die GmbH in der Rechtsprechung des Bundesgerichtshofs, Pro GmbH (Verlag Dr. Otto Schmidt KG) S. 317; *Fleck* Anm. zu LM § 181 BGB Nr. 17, Anm. z § 17 GmbHG Nr. 13; *Kleinmann* Warum keine Gesellschafterversammlungen im Ausland? NJW **1972** 373; *Küster* Inhalt und Grenzen des Rechts der Gesellschafter (1954) S. 75 ff.; *Mutze* Recht und Pflicht zur Teilnahme an der Gesellschafterversammlung der GmbH, GmbH-Rdsch. **1970** 33; *H. M. Schmidt* Der Zeitpunkt der Gesellschafterversammlung einer GmbH, GmbH-Rdsch. **1961** 215; *Scholz* Nichtigkeit von Gesellschafterbeschlüssen und Rechtssicherheit, GmbH-Rdsch. **1952** 161; *Sudhoff* Vollversammlung und schriftliche Abstimmung, GmbH-Rdsch. **1964** 75; *Teichmann* Gestaltungsfreiheit in Gesellschaftsverträgen (1970) S. 202 ff.; *Vogel* Die Praxis der Gesellschaftsversammlung bei GmbH und GmbH & Co. (1976); *Zöllner* wie vor § 47, 3, § 31 ff.

Einleitung

Es ist charakteristisch für das GmbH-Gesetz, daß es nur wenige **Formvorschriften** 1
— und auch diese (mit Ausnahme der Satzungsänderung, § 53) nur dispositiv, § 45 Abs. 2

— über die **Wahrnehmung der Gesellschafterrechte** gibt. Gerade weil die Gesellschafter oberstes Organ der Gesellschaft sind (§ 45, 3), hat ihnen das Gesetz die Ordnung ihrer inneren Angelegenheiten weitgehend selbst überlassen. Der Katalog des § 46 ist weder zwingend noch erschöpfend. Auch die Bestimmungen des § 47 über das Stimmrecht können durch den Gesellschaftsvertrag modifiziert werden (§ 47, 5, 37, 78 ff.).

2 Von der **Gesellschafterversammlung** handeln die §§ 48—51. § 48 Abs. 1 sagt nur, daß die Beschlüsse der Gesellschafter in Versammlungen gefaßt werden, wenn nicht unter den besonderen Voraussetzungen des Abs. 2 schriftliche Abstimmung stattfindet. §§ 49—51 regeln das Recht und die Pflicht zur Einberufung sowie deren Form und Frist. Weitere Voraussetzungen (vgl. § 130 AktG) für die Abhaltung der Versammlung kennt das Gesetz nicht. Auch die Vorschriften der §§ 49 und 51 sind verzichtbar (§ 49, 14, § 51, 12). Somit ist jede Zusammenkunft **aller** Gesellschafter, wenn diese nur auf Form und Frist der Einberufung **verzichten**, eine Versammlung, in der Beschlüsse gefaßt werden können. Dabei kann in der Regel die Teilnahme an der Beschlußfassung schon als ein solcher Verzicht aufgefaßt werden.

Reform

3 Absatz 3 der Vorschrift ist durch die Novelle 1980 eingefügt worden. Der RegE 1972 (§§ 78, 83 f.) wollte jedem Gesellschafter das Recht geben, eine **Niederschrift** — unter Umständen sogar eine notariell aufgenommene — über die Beschlüsse zu verlangen, ohne jedoch Sanktionen für die Verletzung dieser Vorschriften anzuordnen (vgl. die Begr. S. 136). § 84 gibt Regeln für das Verfahren bei der schriftlichen Beschlußfassung, deren Voraussetzungen dieselben geblieben sind wie im geltenden Recht. Der **RegE 1977** (BT-Drucks. 8/1347 vom 15. 12. 1977) fügte dem § 48 einen Abs. 3 bei. Er hatte folgenden Wortlaut:

„(3) Befinden sich alle Geschäftsanteile der Gesellschaft in der Hand eines Gesellschafters, so ist für die Beschlußfassung eine Versammlung nicht erforderlich. Über jeden in oder außerhalb einer Versammlung gefaßten Beschluß ist, sofern er nicht notariell zu beurkunden ist, unverzüglich nach der Beschlußfassung eine Niederschrift aufzunehmen, die vom Gesellschafter zu unterschreiben ist. Wird die Niederschrift nicht von dem Gesellschafter aufgenommen, so muß sie auch den Namen des Aufnehmenden enthalten und auch von diesem unterschrieben werden. In der Niederschrift sollen Ort und Tag der Beschlußfassung angegeben werden. Ein Beschluß, über den entgegen Satz 2 oder 3 keine oder keine gehörige Niederschrift aufgenommen worden ist, ist nichtig. Diese Vorschriften gelten auch, wenn sich alle Geschäftsanteile der Gesellschaft in der Hand eines Gesellschafters und daneben in der Hand der Gesellschaft befinden."

Die **Novelle** vom 4. 7. 1980 hat den Entwurf in verkürzter Form übernommen, s. Rdn. 27.

I. Die Gesellschafterversammlung

1. Ort und Zeit

4 In erster Linie hat der **Gesellschaftsvertrag** zu bestimmen, an welchem Ort (und zu welcher Zeit) die Versammlungen der Gesellschafter stattzufinden haben (§ 45 Abs. 1). Er ist in der Bestimmung frei. Er kann auch einen Ort im Ausland bestimmen (*Kleinmann* mit überzeugenden Gründen, *Bokelmann* S. 1730, *Deutler* ZHR 140 **1976** 523, a.M. *Baumbach-Hueck* § 49 Anm. 4). Das gilt grundsätzlich auch für Versammlungen, in denen

eine **Satzungsänderung** beschlossen werden soll (§ 53, 46 f.). Die Satzung kann dem Einberufungsorgan (§ 49) auch **mehrere Orte** zur Auswahl stellen. Sie kann aber die Ortsbestimmung nicht in das reine Belieben des Einberufungsorgans stellen (RGZ **88** 220, 223; *Bokelmann* S. 1730), vgl. auch Rdn. 5.

Das **Gesetz** enthält keine Vorschrift über den Ort der Versammlung. Schweigt auch die Satzung, so hat das Einberufungsorgan, das sind nach § 49 Abs. 1 die **Geschäftsführer**, den Ort zu bestimmen. Es hat dabei in aller Regel den **Sitz** der Gesellschaft (§ 3, 9 ff.) zu wählen (h. M. RGZ **44** 8 (für die AG), *Scholz-K. Schmidt* 5, *Baumbach-Hueck* § 49, 4. *Scholz-Fischer* 2). Befindet sich der Ort der tatsächlichen Verwaltung (das Geschäftslokal) an einem anderen Ort als dem statutarischen Sitz, so ist der erstere zu wählen, denn die Gesellschafter sollen und wollen da zusammenkommen, wo die Gesellschaft lebt und ihre Geschäfte geführt werden. Der **Zeitpunkt** der Versammlung, zu der einberufen wird, muß für alle Gesellschafter zumutbar sein, LG Darmstadt BB **1981** 72 (Sonntag), im einzelnen s. H. M. Schmidt. 5

Von diesen Regeln dürfen die Einberufer nur bei Vorliegen besonderer Voraussetzungen **abweichen**; z. B. wenn ein anderer Ort als der des Sitzes für die meisten Gesellschafter leichter zu erreichen ist oder wenn mit der Versammlung eine Ortsbesichtigung verbunden werden soll, und immer wenn alle Gesellschafter zustimmen. Liegen solche besonderen Voraussetzungen vor, so ist zwischen einem in- und **ausländischen** Ort kein Unterschied zu machen. Warum sollen nicht die sämtlichen Gesellschafter, die in New York oder Tokio ansässig sind, dort Gesellschafterbeschlüsse fassen können? (ebenso *Scholz-K. Schmidt* 8). 6

Folgen eines Verstoßes. Wird an einen satzungswidrigen Ort einberufen, so sind die dort gefaßten Beschlüsse **anfechtbar**, es sei denn, daß alle Gesellschafter erscheinen. Das gleiche gilt, wenn die Einberufer durch die Wahl eines (nicht mit dem Sitz identischen) Ortes gegen die der Gesellschaft gegenüber den Gesellschaftern obliegende **Treupflicht** (§ 14, 23 ff.) verstoßen. Es genügt ein objektiver Verstoß. Die im Schrifttum (vgl. Rdn. 6) vertretene Auffassung, es müsse Mißbrauch oder Schikane vorliegen, ist insoweit zu eng, als sie subjektive Voraussetzungen aufstellt. Über die Anfechtbarkeit einer Satzungsänderung über den Ort der Gesellschafterversammlung s. RGZ **88** 220. 7

2. Teilnahmerecht

Jedem Gesellschafter steht grundsätzlich (über Ausnahmen Rdn. 9) das unverzichtbare Recht auf Teilnahme an der Gesellschafterversammlung zu (§ 14, 14), auch wenn er allgemein (§ 14, 13, 15, § 47, 10) oder für einen einzelnen Beschluß (§ 47, 47) vom **Stimmrecht** ausgeschlossen ist (allg. Meinung, RGZ **167** 73 („schwerste Bedenken"), BGH NJW **1971** 225 = WM **1971** 1150, *Scholz-K. Schmidt* 11, *Baumbach-Hueck* 1 C, § 47, 5 F, *Scholz-Fischer* 1, *Teichmann* S. 210, *Mutze* S. 33, *Sudhoff* S. 76, *Vogel* S. 13). Der Gesellschafter muß, auch soweit er von der Stimmabgabe ausgeschlossen ist, kraft seiner Mitgliedstellung die Gelegenheit haben, seine Auffassung über den zur Beschlußfassung anstehenden Punkt den Mitgesellschaftern vorzutragen und Einwendungen geltend zu machen. Schon mit Rücksicht auf ein etwaiges Anfechtungsrecht muß er auch verlangen und darüber wachen können, daß alle nach Gesetz oder Satzung zur Beschlußfassung notwendigen Förmlichkeiten eingehalten werden (BGH aaO). Läßt sich ein Gesellschafter vertreten (dazu § 47, 34 ff.), so hat er sein Teilnahmerecht auf den Vertreter übertragen und ist nicht berechtigt, an der Versammlung auch noch selbst teilzunehmen (a. M. *H. M. Schmidt* GmbH-Rdsch. **1963** 145). Sein Teilnahmerecht lebt wieder auf, wenn er selbst in der Versammlung erscheint und die Vollmacht widerruft (*Scholz-K. Schmidt* 16, § 47, 84). Die **Geschäftsführer** sind verpflichtet, auf Verlangen der Gesellschafter (bei 8

Auskunftserteilung auch nur eines Gesellschafters) an der Versammlung teilzunehmen. Ein Recht hierauf steht ihnen nicht zu. Über das Teilnahmerecht der Mitglieder des **Aufsichtsrats** s. § 52, 125, 129, 132.

9 Die **Satzung** kann das Teilnahmerecht für **Ausnahmefälle**, wenn das Interesse der Gesellschaft es gebietet, beschränken oder ausschließen. Sie kann für mehrere, zu einer Gruppe gehörende Gesellschafter, insbesondere für Erben die Wahrnehmung der Gesellschafterrechte und damit auch des Teilnahmerechts durch einen **gemeinsamen Vertreter** anordnen (§ 14, 36, BGHZ **46** 294 für die KG). Sie kann für Gesellschafter, solange sie Wettbewerber der Gesellschaft sind, die Vertretung durch einen **Bevollmächtigten** (RGZ **80** 385, s. aber auch **88** 220, **a. M.** *Scholz-K. Schmidt* 15) oder die Übertragung auf einen **Treuhänder** vorschreiben. Der Gesellschafter muß einen angemessenen Einfluß auf die Bestimmung der Person des Vertreters oder Treuhänders haben, dieser muß ihm rechenschaftspflichtig sein und er muß die Möglichkeit haben, ihn abzuberufen (*Teichmann* S. 207, vgl. auch für die oHG BGHZ **44** 158). Im allgemeinen muß dem Gesellschafter auch das Weisungsrecht verbleiben. Immer verbleibt ihm das Teilnahmerecht zur Wahrung seiner Rechte im **Kernbereich** seiner Mitgliedschaft (§ 14, 33).

10 Der Gesellschafter hat keinen Anspruch darauf, einen Nichtgesellschafter als **Beistand** zur Versammlung mitzubringen (a. M. *Robert Fischer* ZHR 130 **1963** 367 f., ferner KG LZ **1925** 1166 und *Brodmann* § 47, 5 d, wenn die Zuziehung aus besonderen Gründen gerechtfertigt ist). Die **Gesellschafterversammlung** (durch Mehrheitsbeschluß) oder die **Satzung** können aber für besondere Fälle oder allgemein Beistände zulassen (*Feine* S. 526, *Scholz-K. Schmidt* 19, KG aaO, OLG (Hamburg) **3** 66).

3. Der Ablauf der Versammlung

11 Das Gesetz enthält hierüber keine Vorschriften. Auch wenn die Satzung (s. Rdn. 26) es nicht vorschreibt, empfiehlt es sich, zu Beginn der Versammlung einen **Versammlungsleiter** zu wählen. Hierfür genügt nach § 47 Abs. 1 ein Mehrheitsbeschluß. Der weitere Verlauf richtet sich nach der **Tagesordnung**, die fristgemäß angekündigt werden muß (§ 51, 5, 7, 8). Oft beginnt sie mit einem Bericht zur Geschäftslage oder mit der Erläuterung von Unterlagen (Jahresabschluß), die die Geschäftsführer vorgelegt haben. Die Beschlußfassung der Gesellschafter setzt einen **formulierten Antrag** voraus. In der Tagesordnung braucht er nicht enthalten zu sein. Er muß aber von ihr gedeckt sein. Die mündliche Antragstellung genügt, ist aber auch erforderlich, da die Stimmabgabe (§ 45, 7 ff.) nur auf Zustimmung (Ja) oder Ablehnung (Nein) eines formulierten Beschlußantrags lauten kann. Jeder Gesellschafter, auch der nicht stimmberechtigte (Rdn. 8), hat das Recht, zum Antrag Stellung zu nehmen, ihn oder einen **Gegenantrag** zu begründen, Auskunft zum Beschlußgegenstand vom Geschäftsführer zu verlangen (s. Erl. zu § 51 a). Über die Anträge ist nach der Reihenfolge ihrer Einbringung abzustimmen. Kein Antragsteller hat aber Anspruch darauf, daß über seinen Antrag abgestimmt werde.

4. Der Gesellschafterbeschluß

12 **a) Art der Abstimmung.** Die **Stimmabgabe** kann nur ein Ja oder Nein zu einem Beschlußantrag sein (§ 45, 7). Sie kann auch durch konkludentes Handeln, muß aber in der Versammlung, in Gegenwart der anderen Versammlungsteilnehmer als Erklärungsempfänger (§ 45, 8) erfolgen (BGH NJW **1976** 1538, 1539 1. Sp. unten). Haben alle anderen Gesellschafter **einem** Gesellschafter (unter Befreiung von § 181 BGB, § 47, 39) **Vollmacht** erteilt, so bedarf es freilich keiner Gesellschafterversammlung und keiner ausdrücklichen Beschlußfassung, sondern nur eines **Kundgabeaktes** (für die Zweimann-

gesellschaft BGH NJW **1968** 396, **1971** 2225 = WM **1971** 1150); zur Beschlußfassung in der Einmanngesellschaft s. Rdn. 27 ff.

b) Feststellung des Beschlußergebnisses. Die Eigenart des Gesellschafterbeschlusses als eines aus den Einzelstimmen der Gesellschafter zusammengesetzten Rechtsgeschäftes (§ 45, 11) und das Vertrauen auf den Bestand des Beschlusses, also die Rechtsicherheit, erfordern besondere Vorkehrungen zur Beseitigung eines einmal gefaßten Beschlusses. Dies gilt insbesondere für den Fall, daß zwischen den Gesellschaftern streitig ist oder streitig wird, ob ein Beschluß gefaßt worden ist, welchen Inhalt er hat und ob er mangelhaft ist, d. h. gegen Gesetz oder Satzung verstößt. Das Aktiengesetz enthält hierüber besondere Vorschriften. Jeder Beschluß der Hauptversammlung bedarf der notariellen Beurkundung. In der Niederschrift ist die Art und das Ergebnis der Abstimmung und Feststellung des Vorsitzenden über die Beschlußfassung anzugeben (§ 130 Abs. 1 und 2). Ein Verstoß hiergegen macht den Beschluß nichtig (§ 241 Nr. 2). Es ist streitig, ob die Vorschrift über die Feststellung des Beschlußergebnisses auf die GmbH entsprechend anzuwenden ist (bejahend: RG DR **1939** 720, *Scholz* GmbH-Rdsch. **1952** 163; *Zöllner* § 34 I 3; verneinend BGHZ **51** 209, 212; *Scholz-K. Schmidt* 52, *Ballerstedt, Fischer, Fleck, Küster*). *Baumbach-Hueck* Anhang zu § 47, 3 A und *Baltzer* S. 127 verlangen für das Zustandekommen des Beschlusses nicht die Feststellung durch den Vorsitzenden, halten diese aber, wenn sie erfolgt ist, für maßgeblich. *Zöllner* (S. 395) will für die „ausgesprochen personalistisch strukturierte" GmbH eine **Ausnahme** von dem Grundsatz machen, daß der Beschluß nur aufgrund der Feststellung seines Ergebnisses durch den Versammlungsleiter wirksam werde (S. 394). BGHZ **14** 25, 36 hält (nur) bei einer **Satzungsänderung** im Hinblick auf deren Beurkundungsbedürftigkeit (§ 53 Abs. 2) die Feststellung durch den Vorsitzenden der Gesellschafterversammlung für verbindlich (bestätigt in BGHZ **51** 212). 13

Der **verneinenden** Ansicht ist, soweit es sich nicht um eine Satzungsänderung handelt (dazu s. die Erl. zu § 53), der Vorzug zu geben. § 130 AktG gilt nicht für die GmbH. Die Durchführung der Gesellschafterversammlung und die Beschlußfassung sind nicht an Formvorschriften gebunden. Die Bestellung eines Versammlungsleiters ist nicht vorgeschrieben und in der Praxis nicht die Regel. Soll die Beschlußfassung an der Nichtbestellung scheitern? So muß auch *Zöllner* eine Ausnahme für „ausgesprochen personalistisch strukturierte" und damit für die Mehrzahl der Gesellschaften machen. Die Ausnahme wird damit zur Regel. Die Abgrenzung von Regel und Ausnahme bringt mehr Rechtsunsicherheit als die Formalisierung der Beschlußfeststellung Sicherheit bringt. 14

c) Feststellung- statt Anfechtungsklage? Zu weit geht allerdings die von BGHZ **51** 209, 211 vertretene Meinung. Das Berufungsgericht hatte angenommen, auch bei unrichtiger Feststellung der Stimmenmehrheit durch den Versammlungsleiter liege der Form nach ein wenn auch **mangelhafter Beschluß** vor, der nur im Wege der Anfechtung beseitigt werden könne. Dies hält der BGH nicht für richtig. Ohne eine Stimmenmehrheit komme ein Beschluß i. S. des gestellten Antrags nicht zustande. Darum fehle es z. B. an einem Gesellschafterbeschluß, wenn ein Gesellschafter nicht ordnungsgemäß vertreten, die für ihn abgegebene Stimme infolgedessen ungültig sei und durch ihren Fortfall die scheinbare Mehrheit zur Minderheit werde. Diese Rechtslage sei nicht durch eine Anfechtungsklage zu klären, da diese einen Beschluß i. S. des § 47 gerade voraussetze, sondern könne auf andere Weise, vor allem durch eine **Feststellungsklage** nach § 256 ZPO geltend gemacht werden. 15

Diese Auffassung ist bedenklich (kritisch auch *Fischer* wie § 47 vor Rdn. 39 S. 74 und in Pro GmbH S. 148 f., *Scholz-K. Schmidt* 53, *Zöllner* ZGR **1982** 626). Sie vernachlässigt den Gesichtspunkt der Rechtsicherheit, dem das für die GmbH grundsätzlich übernommene aktienrechtliche System der formalisierten richterlichen Nichtigerklärung von 16

Gesellschafterbeschlüssen dienen soll. Auch für die GmbH gilt der Grundsatz, daß ein von dem (durch Stimmabgabe zum Ausdruck gekommenen) **Beschlußwillen der Gesellschafter** getragener Gesellschafterbeschluß Bestandschutz genießt und — soweit nicht ein Nichtigkeitsfall vorliegt — **nur** aufgrund der befristeten, mit den besonderen Kautelen der §§ 243 ff. AktG ausgestatteten **Anfechtungsklage** durch den richterlichen Gestaltungsakt der Nichtigerklärung beseitigt werden kann. Der Verzicht auf die Anfechtungsklage und ihre Ersetzung durch die **Feststellungsklage** würde der in langjähriger Entwicklung geschaffenen und in der erschöpfenden Aufzählung im Gesetz (§ 47 Anh.) verankerten Tendenz zur Eindämmung der Nichtigkeitsfälle konträr zuwiderlaufen. Die Entscheidung des BGH ist konkret zwar auf den Fall der Ungültigkeit der Stimmabgabe wegen Stimmrechtsausschlusses und (als Beispiel) wegen nicht ordnungsmäßiger Vertretung beschränkt, also auf Mängel beim **Zustandekommen** eines Beschlusses, und bezieht sich nicht auf inhaltliche Mängel. Aber die ersteren Fälle sind häufig genug (s. § 45, 9, 10, § 47, 5, 36, 45, 77, 81) und gerade bei den Stimmrechtsverboten oft sehr streitig, was der vom BGH entschiedene Fall eindrücklich zeigt. In vielen Fällen können die Gesellschafter nicht beurteilen, ob die Stimme gültig ist oder nicht. Der Gedanke des Bestandschutzes verlangt daher, daß die abgegebenen Stimmen solange als **gültig** und die Willenskundgebung der Gesellschafter solange als **Beschluß** zu behandeln sind, bis dieser vom Richter für nichtig erklärt wird. Dieser Grundgedanke des aktienrechtlichen Anfechtungsrechts gilt auch für die GmbH, und zwar auch dann, wenn ungewiß ist, ob für den beantragten Beschluß die gesetzliche oder eine satzungsmäßig vorgeschriebene höhere Mehrheit erforderlich oder erreicht ist (§ 47, 5). Die Anfechtungsklage ist deshalb immer erforderlich, wenn nach dem äußeren Bild ein Beschluß vorliegt, insbesondere der Versammlungsleiter ein Beschlußergebnis festgestellt hat. Fehlt ein Versammlungsleiter, so genügt die Erklärung der beschließenden Mehrheit, daß ein bestimmter Beschluß zustandegekommen ist. Kein Raum ist für eine Anfechtungsklage, wenn alle an der Abstimmung beteiligten (also mit ja oder nein stimmenden) Gesellschafter darin übereinstimmen, daß der Beschlußinhalt nicht festzustellen sei. Einen solchen Fall hat BGHZ **76** 154, 156 entschieden und insoweit BGHZ **51** 211 bestätigt, im übrigen aber seine Stellungnahme zu der oben wiedergegebenen Kritik offengelassen. Über die Verbindung der Anfechtungsklage mit der Klage auf Feststellung des wirklich gefaßten (dem Beschlußantrag zustimmenden oder ihn ablehnenden) Beschlusses s. § 47 Anh. 152.

5. Vertagung

17 Eine Vertagung der Versammlung im Sinne ihrer Fortsetzung gibt es nicht. Es handelt sich in Wirklichkeit um die Einberufung einer neuen Versammlung. Stimmen ihr alle — nicht nur die anwesenden — Gesellschafter zu, so hat das die Bedeutung eines Verzichts auf die Form und Frist der Einberufung (vgl. § 51, 9) und die neue Versammlung kann ohne solche abgehalten werden. **Eine Unterbrechung**, d. h. eine Fortsetzung am selben Tag, bedarf der Zustimmung aller anwesenden Gesellschafter (teilw. abw. *Baumbach-Hueck* 1 B).

II. Die schriftliche Abstimmung, Abs. 2

1. Die Voraussetzung

18 Eine Besonderheit des GmbH-Rechts und Ausdruck seiner Flexibilität ist die schriftliche Abstimmung. Sie ist für alle Gesellschafterbeschlüsse möglich mit Ausnahme der Satzungsänderung (§ 53 Abs. 2, BGHZ **15** 328, KG NJW **1959** 1446). Voraussetzung ist, daß sich sämtliche Gesellschafter (Rdn. 19) mit der schriftlichen Stimmabgabe

einverstanden erklären. Das geschieht entweder dadurch, daß sie der zu treffenden Bestimmung, d. h. dem Beschlußantrag zustimmen (**erste Alternative**), oder in einer von der schriftlichen Stimmabgabe gesonderten Erklärung (**zweite Alternative**). Für diese Erklärung ist die Schriftform nicht vorgeschrieben. Das Einverständnis kann also auch **mündlich** erklärt werden (BGHZ **28** 355, 358), auch durch **schlüssige Handlung** (wie jede formlose Willenserklärung), insbesondere durch Beteiligung an der schriftlichen Abstimmung, auch wenn gegen den Beschlußantrag gestimmt wird (**a. M.** *Baumbach-Hueck* 2 B, *Scholz-K. Schmidt* 66). Insoweit geht die zweite Alternative über die erste hinaus, die Zustimmung sämtlicher Gesellschafter zum Beschlußantrag verlangt. § 84 Abs. 1 RegE 1972 (Rdn. 3) hat daraus die richtige Folgerung gezogen, indem er die erste Alternative gar nicht aufführt. Sie ist in der zweiten mitenthalten. **Schweigen** allein genügt nicht (BGHZ **28** 357/8, mißverständlich *Baumbach-Hueck* 2 B).

Mit der schriftlichen Stimmabgabe müssen **sämtliche** Gesellschafter einverstanden 19 sein. Das umschließt auch die Gesellschafter, die allgemein oder bei einem bestimmten Beschluß **nicht stimmberechtigt** sind, und gilt für beide Alternativen (ebenso *Baumbach-Hueck* 2 A, *Sudhoff* S. 77, *Scholz-K. Schmidt* 66). Das ergibt sich aus dem Teilnahmerecht dieser Gesellschafter (Rdn. 8). Sie können durch das Einverständnis auf ihr Teilnahmerecht verzichten. Dieses kann aber nicht dadurch beseitigt werden, daß die stimmberechtigten Gesellschafter sich auf eine schriftliche Abstimmung einigen. Dabei besteht kein Grund, zwischen beiden Alternativen zu unterscheiden. Stimmen alle stimmberechtigten Gesellschafter dem Beschlußantrag zu, so ist also außerdem noch das (formlose) Einverständnis der nicht Stimmberechtigten zur schriftlichen Stimmabgabe erforderlich.

2. Das Verfahren

Wie über den Ablauf der Gesellschafterversammlung gibt das Gesetz auch über das 20 Verfahren bei der schriftlichen Abstimmung **keine Regeln** (anders § 84 RegE 1972). Die schriftliche Abstimmung kann bis auf das Schriftlichkeitserfordernis (Rdn. 21) ebenso formlos erfolgen wie die mündliche in der Gesellschafterversammlung. Eine Beteiligung der Geschäftsführer ist nicht vorgesehen. Jeder Gesellschafter — natürlich auch die Geschäftsführer — kann die schriftliche Abstimmung einleiten. Bei der **Aufforderung** seiner Mitgesellschafter zur schriftlichen Stimmabgabe muß er nicht mitteilen, ob das Einverständnis aller Gesellschafter (zweite Alternative, Rdn. 18) vorliegt (BGHZ **28** 359 betrifft nur die satzungsmäßigen Voraussetzungen). Notwendig ist aber, daß die Aufforderung mit einem **Beschlußantrag** verbunden ist, weil sonst eine Stimmabgabe nicht möglich ist (§ 45, 7). Stimmen **sämtliche** Gesellschafter dem Beschlußantrag zu, dann ist dem § 48 Abs. 2 (erste Alternative) Genüge getan. Der Auffordernde kann nicht ohne Satzungsermächtigung (vgl. BGHZ **28** 355) anordnen, daß **Schweigen** Zustimmung bedeutet. Es bedeutet vielmehr Stimmenthaltung, also Nichtbeteiligung an der Abstimmung. Der Auffordernde kann aber einen Endtermin für die Stimmabgabe setzen. Wer sich innerhalb dieser Frist nicht äußert, hat sich der Stimme enthalten. Der die Abstimmung betreibende Gesellschafter oder Geschäftsführer kann aber auch nach der **zweiten Alternative** vorgehen. Er kann zunächst feststellen, ob sämtliche Gesellschafter mit der schriftlichen Stimmabgabe einverstanden sind (Rdn. 18, 19) und dann erst zur Abstimmung auffordern.

3. Das Schriftlichkeitserfordernis

Abs. 2 schreibt für die Stimmabgabe die Schriftform vor. Da es sich um eine 21 Willenserklärung handelt (§ 45, 7), gelten § 126 Abs. 1 und 3 sowie § 127 a BGB (anders die h. M., aber mit demselben Ergebnis, s. *Scholz-K. Schmidt* 62). Die die Stimmabgabe enthaltende Urkunde (auch ein Rundschreiben) muß also von dem Gesellschafter (oder von seinem Bevollmächtigten oder gesetzlichen Vertreter, § 47, 34 ff.) eigenhändig durch Namensunterschrift oder mittels notariell beglaubigten Handzeichens **unterzeichnet** oder notariell beurkundet sein. Über den Wortlaut des Gesetzes hinaus wird man auch telegrafische und fernschriftliche Erklärung genügen lassen können, da sie im modernen Geschäftsverkehr häufig der schriftlichen Mitteilung gleichgestellt werden, ebenso *Baumbach-Hueck* 2 A und *Scholz-K. Schmidt* 62. Die Stimmabgabe ist **empfangsbedürftig**. Empfänger sind die andern Gesellschafter oder ein Empfangsvertreter (§ 45, 8), insbesondere ein Geschäftsführer.

22 Auch die schriftliche Stimmabgabe kann **schlüssig** erfolgen, vorausgesetzt, daß die Schriftform gewahrt ist. In der Unterzeichnung der Anmeldung zum Handelsregister liegt auch die Zustimmung zu dem der Anmeldung zugrundeliegenden Beschluß, RGZ **101** 78 für die Auflösung. In der notariellen Beurkundung der Abtretung eines Geschäftsanteils liegt auch die (nach dem Statut erforderliche) Zustimmung zur Abtretung, BGHZ **15** 324, 329 = GmbH-Rdsch. **1956** 28 m. Anm. v. *Gottschling*. Ebenso enthält der schriftliche Vertragsabschluß oder die Unterzeichnung des Jahresabschlusses durch alle Gesellschafter zugleich den hierzu erforderlichen Gesellschafterbeschluß, im ersteren Fall einschließlich einer etwa notwendigen Gestattung nach § 181 BGB für den Gesellschafter-Geschäftsführer, BGH DB **1971** 1761 = WM **1971** 1082, 1084. Erteilen die beiden einzigen Gesellschafter, die zugleich Geschäftsführer sind, dem dritten Geschäftsführer schriftlich Generalvollmacht für die Gesellschaft, so kann dies in die (nach dem Statut durch Gesellschafterbeschluß zulässige) Erteilung der Alleinvertretungsbefugnis umgedeutet werden, BGH DB **1975** 1692 = GmbH-Rdsch. **1975** 201.

4. Das Zustandekommen des Beschlusses

23 Der schriftliche Gesellschafterbeschluß bedarf ebensowenig wie der in der Gesellschafterversammlung gefaßte (Rdn. 13, 14) der Feststellung des Beschlußergebnisses; ebenso *Scholz-K. Schmidt* 64, **a. M.** 6. Aufl. Anm. 18, *Vogel* Gesellschafterbeschlüsse S. 106. Erforderlich ist nur, daß allen Gesellschaftern (auch den nicht stimmberechtigten) das Einverständnis aller Gesellschafter mit der schriftlichen Abstimmung und die Stimmabgabe aller Gesellschafter, die sich an der Abstimmung beteiligt haben, also die abgegebenen Ja- und Neinstimmen bekannt sind. Woher sie ihre Kenntnis haben, aus einer Mitteilung eines Gesellschafters oder Geschäftsführers oder durch Einsichtnahme in die Unterlagen bei der Gesellschaft, ist gleichgültig. Mit der **Kenntnis aller Gesellschafter**, also in dem Zeitpunkt, in dem der letzte Gesellschafter die Kenntnis hat, ist der Beschluß zustandegekommen, sei es als ein dem Beschlußantrag (Rdn. 20) zustimmender, sei es ihn ablehnender.

24 Eine Mitwirkung der **Geschäftsführer** ist im Gesetz nicht vorgesehen (anders § 84 RegE). Sie sind aber verpflichtet, wenn die Stimmabgabe ihnen gegenüber erfolgt, sie den andern Gesellschaftern mitzuteilen. BGHZ **15** 324, 329 (vgl. auch BGH DB **1975** 1962) meint, der schriftliche Beschluß gelte in der Regel erst dann als gefaßt, wenn das Ergebnis vom Geschäftsführer festgestellt und allen Gesellschaftern mitgeteilt ist. Dieser Grundsatz könne aber nur dann gelten, wenn überhaupt an dem Wesen oder dem Ergebnis der Abstimmung Zweifel auftauchen könnten. Die Mitwirkung des Geschäftsführers sei (nur dann?) nicht erforderlich, wenn eine einstimmige, eindeutige und offensichtlich endgültige Willenskundgebung der Gesellschafter vorliege. Diese Meinung des BGH (ähnlich *Zöller* S. 396, *Baumbach-Hueck* 2 C) ist abzulehnen. Sie gibt dem Geschäftsführer eine Art Schiedsrichter-Rolle darüber, ob und mit welchem Ergebnis ein Beschluß zustandegekommen ist oder nicht, eine Kompetenz, die ihm nach dem Gesetz keineswegs zukommt.

5. Keine dritte Art der Abstimmung

In BGHZ **58** 115, 120 (= LM § 181 BGB Nr. 16 m. Anm. v. *Fleck*, vgl. auch *Kuhn* 25 WM **1972** 1151 IV 2 c) wird die Frage gestellt und offen gelassen, ob die Gesellschafter auch auf nicht schriftlichem Wege außerhalb der Versammlung wirksame Beschlüsse fassen können oder ob sie wegen Gesetzesverstoß an sich anfechtbar sind, bei allseitigem Einverständnis aber nicht angefochten werden können (und deshalb mangels Anfechtung wirksam sind). Die Frage ist i. S. der zweiten Alternative zu beantworten. Eine dritte Art der Abstimmung, sei es der vom BGH erwähnten Art, sei es teils mündlich in oder außerhalb einer Gesellschafterversammlung, teils schriftlich, kennt das Gesetz nicht (ebenso OLG München BB **1978** 471). Möglich und zulässig ist aber im Rahmen des Abs. 2, daß ein Teil der Gesellschafter schriftlich abstimmt und daß die übrigen Gesellschafter, ohne sich an der Abstimmung zu beteiligen — sie enthalten sich damit der Stimme —, ihr Einverständnis mit der schriftlichen Stimmabgabe erklären, was formlos und auch zeitlich nach der schriftlichen Stimmabgabe der andern Gesellschafter geschehen kann, vgl. Rdn. 18. In dem vom OLG München aaO entschiedenen Fall hat ein Teil der Gesellschafter eine Gesellschafterversammlung formlos abgehalten, einen Gesellschafterbeschluß gefaßt und ihn in einem Protokoll festgehalten. Die anderen Gesellschafter haben den Beschluß später unterschrieben. Darin liegt eine zulässige Heilung der Nichtigkeit (Anh. § 47 Rdn. 35, anders OLG München). Der Gesellschaftsvertrag kann weitere Erleichterungen schaffen, Rdn. 26.

III. Bestimmungen des Gesellschaftsvertrags

Auch § 48 ist nachgiebiges Recht (§ 45). Der Gesellschaftsvertrag kann abweichende 26 und ergänzende Regelungen treffen. Er kann den **Ort** der Gesellschafterversammlung bestimmen. Er kann ihren **Ablauf** regeln, eine Niederschrift, die Wahl eines Versammlungsleiters, die Feststellung des Beschlußergebnisses vorschreiben und daran die Wirksamkeit der gefaßten Beschlüsse knüpfen (a. M. anscheinend RGZ **104** 413, 415 für das statutarische Erfordernis der Beurkundung). Er kann Voraussetzungen der **Beschlußfähigkeit** bestimmen und hierin Unterschiede für eine erste und eine zweite Versammlung machen. Das Teilnahmerecht der Gesellschafter kann er nur in Ausnahmefällen (Rdn. 8, 9) beschränken oder ausschließen. Die **schriftliche** Abstimmung kann er ganz verbieten, erschweren oder erleichtern. Er kann sie zulassen, auch wenn nur eine Minderheit sie verlangt (BGHZ **28** 355). Die bloße Zulassung schriftlicher Abstimmung im Gesellschaftsvertrag bedeutet nicht den Verzicht auf das Erfordernis der Zustimmung sämtlicher Gesellschafter (Rdn. 18). Der Gesellschaftsvertrag kann bestimmen, daß im schriftlichen Abstimmungsverfahren das Schweigen eines Gesellschafters zu einem ihm zugegangenen Beschlußantrag Zustimmung, Ablehnung oder Stimmenthaltung bedeutet. Die Satzung kann auch eine **formlose Abstimmung** außerhalb einer Gesellschafterversammlung und ohne Schriftform zulassen (OLG München wie in Rdn 25, *Scholz* 12, *Sudhoff* S. 78). Es kann telefonische, telegrafische und fernschriftliche Stimmabgabe zugelassen werden. Regelt der Gesellschaftsvertrag nur die Gesellschafterversammlung, so kann daraus nicht entnommen werden, daß eine schriftliche Abstimmung nach Abs. 2 ausgeschlossen sein soll (BGHZ **15** 324, 329).

IV. Der Einmannbeschluß, Abs. 3

1. Entstehungsgeschichte

27 Der RegE 1972 enthielt keine Vorschriften über die Beschlußfassung des Einmanngesellschafters. Im RegE 1977 (**Novelle**) wurde der in Rdn. 3 wiedergegebene Text vorgeschlagen. Der Bundesrat wollte den fakultativen Verzicht auf eine Gesellschafterversammlung durch einen obligatorischen ersetzen. Danach gäbe es die Institution der Gesellschafterversammlung bei der Einmanngesellschaft überhaupt nicht mehr. Das lehnte die Bundesregierung ab (BT-Drucks. 8/1347 S. 68, 74, s. Rdn. 29). Der Rechtsausschuß (BT-Drucks. 8/3908 S. 20, 75) verkürzte den RegE auf einen Satz, die Nichtigkeitsfolge strich er mit der Begründung, der Einmann müsse auch an nicht protokollierten Beschlüssen festgehalten werden (s. Rdn. 30).

2. Anwendungsbereich

28 Abs. 3 ist anzuwenden, wenn alle Geschäftsanteile einer natürlichen oder juristischen Person gehören, oder zwar nicht alle, die restlichen aber der Gesellschaft selbst als **eigene Anteile**. Im letzteren Fall kann die Gesellschaft weder Vermögens- noch Verwaltungsrechte aus den eigenen Anteilen ausüben (§ 33, 39 ff.), so daß auch hier dem Einmann alle Gesellschafterrechte zustehen. Abs. 3 kommt nicht zum Zug, wenn sich ein Geschäftsanteil in der Hand eines zweiten Gesellschafters befindet, auch wenn es ein stimmrechtsloser Anteil ist (ebenso *Scholz-K. Schmidt* 69 b) oder wenn er **treuhänderisch** für den ersten Gesellschafter gehalten wird (§ 15 Anhang, 54).

29 **§ 181 BGB** ist auf den Einmannbeschluß nicht anzuwenden. Dieser ist kein Rechtsgeschäft mit der Gesellschaft (§ 47, 39, vgl. § 35 Abs. 4).

3. Inhalt der Vorschrift

30 Abs. 3 schreibt vor, daß der Einmann unverzüglich den gefaßten Beschluß in eine Niederschrift aufzunehmen und diese zu unterschreiben hat. Eigenhändige Niederschrift ist nicht erforderlich. Die im RegE (Rdn. 3) vorgesehenen weiteren Formalitäten hat der Rechtsausschuß als selbstverständlich gestrichen. Es sind also auch Ort und Tag der Niederschrift anzugeben. Sie kann von einer andern Person, z. B. dem Geschäftsführer, aufgenommen werden, der sie dann neben dem Einmann zu unterschreiben hat. Der Beschluß kann in und außerhalb einer **Gesellschafterversammlung** gefaßt werden (ebenso *Scholz-K. Schmidt* 69 a). Abs. 3 will die Institution der Gesellschafterversammlung für die Einmanngesellschaft nicht abschaffen, wie sich aus der Entstehungsgeschichte deutlich ergibt (Rdn. 27). Für eine solche besteht auch bei der Einmanngesellschaft ein Bedürfnis wegen der Teilnahme der anderen Organe und auch im Hinblick auf die Pflicht der Geschäftsführer zur Einberufung nach § 49 Abs. 2 und 3. Soweit das Gesetz die Abhaltung einer Gesellschafterversammlung und **notarielle Beurkundung** des Beschlusses vorschreibt, wie bei der Satzungsänderung (§ 53 Abs. 2), der Umwandlung (§§ 24 Abs. 1, 42 Abs. 1 UmwG) oder der Verschmelzung (§ 20 KapErh u VerschmG), bleibt es dabei.

4. Wirkungsbereich

31 Die Vorschrift ist **sanktionslos**. Auch ein ohne ihre Beobachtung gefaßter Beschluß des Einmanns ist wirksam (s. Rdn. 27). Die Bedeutung des Abs. 3 liegt in der **Wirkung gegenüber Dritten**, soweit er deren Rechtstellung berührt. Beruft sich der Einmann auf

den Beschluß, so kann der Dritte den Nachweis durch Vorlage der Niederschrift verlangen. Umgekehrt kann der Einmann, wenn er den Beschluß bekanntgegeben hat, sich nicht auf das Fehlen der Niederschrift berufen, wenn er später den Beschluß nicht mehr wahrhaben will (so schon § 13 Anh. I, 32). Deshalb wurde mit Recht von der Nichtigkeitsfolge abgesehen (gl. M. *Scholz-K. Schmidt* 69 a).

§ 51a

Die Geschäftsführer haben jedem Gesellschafter auf Verlangen unverzüglich Auskunft über die Angelegenheiten der Gesellschaft zu geben und die Einsicht der Bücher und Schriften zu gestatten.

Die Geschäftsführer dürfen die Auskunft und die Einsicht verweigern, wenn zu besorgen ist, daß der Gesellschafter sie zu gesellschaftsfremden Zwecken verwenden und dadurch der Gesellschaft oder einem verbundenen Unternehmen einen nicht unerheblichen Nachteil zufügen wird. Die Verweigerung bedarf eines Beschlusses der Gesellschafter.

Von diesen Vorschriften kann im Gesellschaftsvertrag nicht abgewichen werden.

Übersicht

Schrifttum (außer den Kommentaren zum GmbH-Gesetz)

Von Bitter Das Informationsrecht der GmbH-Gesellschafter in §§ 51 a, 51 b GmbHG; *Bunte* Informationsrechte in der GmbH und im GmbH-Konzern (Bern-Frankfurt a. M. 1976); *Deutler* Das Neue GmbH-Recht 1980; *Gersch-Herget-Marsch-Stützle* Die GmbH-Reform 1980 (Stuttgart 1980) Rdn. 309 ff.; *Gessler* Die GmbH-Novelle, BB **1980** 1385, 1390; *Grunewald* Einsichts- und Auskunftsrecht des GmbH-Gesellschafters nach neuem Recht, ZHR 146 (1982) 211; *Hommelhoff* Gesellschaftsrechtliche Fragen im Entwurf eines Bilanzrichtlinie-Gesetzes, BB **1981** 944, 951; *ders.* Jahresabschluß und Gesellschafterinformation in der GmbH, ZIP **1983** 383; *Immenga* Publizitätspflichten der GmbH und Informationsrecht der Gesellschafter in: Die Zukunft der GmbH (Wien 1983) S. 107; *Koppensteiner* Publizitätspflicht der GmbH und Informationsrechte der Gesellschafter in: Die Zukunft der GmbH (Wien 1983) S. 119; *Lutter* Die GmbH-Novelle und ihre Bedeutung für die GmbH, die GmbH & Co. KG und die Aktiengesellschaft, DB **1980** 1317, 1320; *ders.* Zum Informationsrecht des Gesellschafters nach neuem GmbH-Recht,

ZGR **1982** 1; *K. Schmidt* Grundzüge der GmbH-Novelle, NJW **1980** 1769, 1773; *ders.* Das neue Auskunfts- und Einsichtsrecht des GmbH-Gesellschafters in Das neue GmbH-Recht in der Diskussion, Köln 1981 S. 87, 106; *ders.* Informationsverweigerung in der GmbH ohne Gesellschafterbeschluß?, GmbH-Rdsch. **1982** 206; *ders.* Informationsrechte in Gesellschaften und Verbänden 1984 H. 57 der Beihefte z. ZHR; *U. H. Schneider* Die Mitverwaltungsrechte der Gesellschafter in der verbundenen GmbH — Überlegungen zu einer Binnenordnung im Konzern, Der GmbH-Konzern (Köln 1976) S. 79, 89, 101; *Timm* Das neue GmbH-Recht in der Diskussion, GmbH-Rdsch. **1980** 286, 293; s. auch das in § 45 vor Rdn. 21 genannte Schrifttum.

Einleitung

1 § 51 a ist durch die Novelle 1980 eingefügt worden. Die in § 45, 29 abgedruckten §§ 51a-e RegE 1977 entsprechen den §§ 85-89 RegE 1972. Der Rechtsausschuß änderte die §§ 51a und b teilweise und strich sie auf den jetzigen Stand zusammen. Die §§ 51c-e über die **Sonderprüfung** wurden ganz gestrichen. Der Rechtsausschuß hielt sie (mit Recht, § 45, 27, 34) für nicht erforderlich, da der Gesellschafter sich nach der neuen Regelung alle Informationen beschaffen kann, gegebenenfalls unter Mitwirkung eines Sachverständigen (Bericht des Rechtsausschusses BT-Drucks. 8/3908 S. 76, s. a. Rdn. 6).

2 Die **Änderungen** des bis zum 31. 12. 1980 geltenden Rechts (dazu § 45, 23—27) sind die folgenden: Die unterschiedliche Behandlung von Auskunfts- und Einsichtsrecht ist weggefallen (dazu Rdn. 9, 10). Das Auskunftsrecht besteht in und außerhalb der Gesellschafterversammlung (Rdn. 18). Weder das Auskunfts- noch das Einsichtsrecht sind an besondere Voraussetzungen geknüpft. Abs. 2 beschränkt die Verweigerung der Auskunft und Einsicht auf den dort genannten Fall (Rdn. 19). Die Regelung in Abs. 1 und 2 ist zwingend, Abs. 3 (Rdn. 22).

1. Informationsrecht und Berichtspflicht

3 Schon nach bisherigem Recht haben die Geschäftsführer eine weitgehende **Berichtspflicht** aus eigener Initiative, § 43, 28, § 45, 23, § 46, 8, § 49, 10, *Scholz-Fischer* 4. Die neue Vorschrift ist eine Herausforderung an die Geschäftsführer, ihre Berichterstattung zu verstärken und zu systematisieren (ebenso *Lutter* ZGR **1982** 1, 5). Das Informationsrecht des einzelnen Gesellschafters ist unbeschränkt und unbeschränkbar (Rdn. 7, 21). Es umfaßt alle Angelegenheiten der Gesellschaft (Rdn. 11). Die Geschäftsführer werden gut daran tun, es durch eine **regelmäßige Berichterstattung** aufzufangen. Für Inhalt und zeitliche Abstände gibt § 90 AktG gewisse Anhaltspunkte. Denn wie der Aufsichtsrat der AG haben die Gesellschafter die Kontrollbefugnis über die Geschäftsführung (§ 46 Nr. 6). Darüberhinaus ist die Gesellschafterversammlung das oberste Geschäftsführungsorgan mit Weisungsrecht an die Geschäftsführer (§ 45, 4). Das gilt auch, wenn ein besonderes Überwachungsorgan bestellt ist (§ 52, 7, 8, 9, 11).

4 Die **Berichterstattung** umfaßt einmal den Bericht über den Gang der Geschäfte in regelmäßigen Abständen, sodann die Vorbereitung von Entscheidungen der Gesellschafter sowie den Bericht über sonstige wichtige Ereignisse (ebenso *Hommelhoff* S. 389). Sie schließt die rechtlichen und geschäftlichen Beziehungen zu verbundenen Unternehmen sowie geschäftliche Vorgänge bei diesen Unternehmen ein, die auf die Lage der Gesellschaft von erheblichem Einfluß sein können. Bei einer solchen Berichterstattung beschränkt sich das Informationsrecht vom rein Tatsächlichen her auf Ergänzungs- und Verständnisfragen und auf Tatsachen, die den Gesellschafter persönlich betreffen, z. B. zur Bewertung seines Geschäftsanteils (s. auch Rdn. 7, 10).

2. Das Informationsrecht als Mitgliedsrecht

5 Das Informationsrecht **ist** Mitgliedsrecht (§ 14, 8), es dient nicht nur der Ausübung von Mitgliedsrechten, wie etwa das Auskunftsrecht des § 131 AktG, das der Ausübung des Rede- und Stimmrechts in der Hauptversammlung dient (ebenso *K. Schmidt* S. 92, *Scholz-Fischer* 1). Es gehört zu den **eigennützigen** Mitgliedsrechten (*Fischer* aaO und Großkomm. z. HGB 3. Aufl. § 105, 31b). Es ist kein Minderheitsrecht, sondern ein **Individualrecht**, es steht jedem Gesellschafter zu, unabhängig von der Größe und der Ausstattung seines Geschäftsanteils, also auch dem Gesellschafter ohne Stimmrecht (ebenso *Bunte* S. 42, *Scholz-K. Schmidt* Anh. § 51, 26). Es **beginnt** mit der Mitgliedschaft und **endet** mit ihr. Ein bereits gestelltes, aber noch nicht erfülltes Verlangen erlischt mit dem Ausscheiden. Der Rechtsnachfolger kann es erneut stellen. Über anhängige Verfahren nach § 51b s. dort Rdn. 6[1]. Das Einsichtsrecht des **ausgeschiedenen** Gesellschafters richtet sich nach § 810 BGB.

6 **Bevollmächtigte** können das Auskunfts- und Einsichtsrecht ausüben, soweit sie zur Beschlußfassung zugelassen sind (§ 47, 34-37), vom Gesetz also unbeschränkt. Die **Vollmacht** bedarf der Schriftform (entspr. § 47 Abs. 3). Soweit sie nur für eine Gesellschafterversammlung erteilt ist, umfaßt das Informationsrecht nur die Tagesordnungspunkte. Beschränkt die Satzung die Vertretung bei der Beschlußfassung (§ 47, 37), so ist das auch für die Ausübung des Informationsrechts maßgeblich (ebenso *von Bitter* 828). Für den gesetzlichen Vertreter, Testamentsvollstrecker, Konkursverwalter gilt das in § 47, 38 Gesagte. Die Ausübung des **Einsichtsrechts** erfordert oft einen besonderen Sachverstand, besonders bei Unterlagen, die den Jahresabschluß betreffen. Der Gesellschafter ist daher berechtigt, auf seine Kosten einen kraft seines Berufes zur Verschwiegenheit verpflichteten **Sachverständigen** als Beistand hinzuzuziehen und ihm auch Vollmacht zu erteilen, da letzteres keine Erschwerung für die Gesellschaft bedeutet[2].

3. Treu- und Verschwiegenheitspflicht

7 Einzige persönliche Voraussetzung des Informationsrechts ist die Gesellschaftereigenschaft. Daneben kann **nicht** auch noch ein (vom Gesellschafter darzulegendes und zu beweisendes) **Informationsbedürfnis** verlangt werden[3]. Das Informationsbedürfnis ist der gesetzgeberische Grund für die Schaffung des Informationsrechts. Dieses ist Teil des Mitgliedsrechts und bedarf keiner besonderen Rechtfertigung. Als Mitgliedsrecht unterliegt seine Ausübung der **Treupflicht** gegenüber der Gesellschaft (§ 14, 23 ff.). Da es sich um ein eigennütziges, dem Gesellschafter in seinem Interesse gegebenes Recht handelt, hat das Gesellschaftsinteresse ihm gegenüber zwar keinen Vorrang. Aber der Gesellschafter hat bei der Ausübung die Interessen der Gesellschaft zu schonen (s. auch Rdn. 22). Die Ausübung muß mit dem Gesellschaftsinteresse in Einklang zu bringen sein[4]. Bei einer regelmäßigen und erschöpfenden **Berichterstattung** (Rdn. 3 f.) wird im Rahmen der Treupflicht nur noch wenig Anlaß zur Ausübung des Informationsrechts sein.

---

1 BGH WM **1977**, 782 = BB **1977**, 1168, OLG Frankfurt/Main BB **1982**, 143.

2 S. a. § 45, 27; ebenso *Scholz/Fischer* 3; *Lutter* DB **1980**, 1320; *K. Schmidt* S. 102; *Scholz-K. Schmidt* 7 und Anh. § 51, 10.

3 So *K. Schmidt* S. 100 und *Scholz-K. Schmidt* 12. Wie hier Stuttgart OLGZ 1983, 184, 185; *Grunewald* ZHR 146 (**1982**), 222; *Immenga* S. 110; *Lutter* ZGR **1982**, 4; *v. Bitter* S. 829; *Deutler* 93.

4 Ähnlich *Bunte* S. 140; *Lutter* ZGR **1982**, 3; vgl. auch für die oHG *Fischer* Großkomm. z. HGB 3. Aufl. § 105, 31 b), für die BGH-Gesellschaft *Ulmer*, Münchner Komm. § 705, 159, 161.

8 Aufgrund der Treupflicht ist der Gesellschafter gehalten, alles zu unterlassen, was die Gesellschaft schädigen kann. Daraus folgt die Pflicht zur **vertraulichen Behandlung** der erhaltenen Informationen gegenüber gesellschaftsexternen Personen[5]. Die Verschwiegenheitspflicht geht weiter als der Verweigerungsgrund des Abs. 2. Sie umfaßt alle Informationen, deren Weitergabe an gesellschaftsexterne Personen der Gesellschaft Schaden bringen kann, auch wenn sie nicht zu gesellschaftsfremden Zwecken erfolgt. Ein Verstoß macht den Gesellschafter schadensersatzpflichtig.

4. Verhältnis von Auskunfts- und Einsichtsrecht

9 Auskunfts- und Einsichtsrecht haben gleichen Rang. Es gibt keine Subsidiarität des Einsichtsrechts[6]. Dieses ist nicht von engeren (d. h. zusätzlichen) Voraussetzungen abhängig als das Auskunftsrecht (RegBegr S. 44). *Scholz-K. Schmidt* 12, 13 wollen die Einsicht versagen, wenn der Gesellschafter (durch Auskunftserteilung) bereits hinreichend informiert ist und sich nicht aus den Unterlagen besondere Gewißheit verschaffen muß (ähnlich *Scholz-Fischer* 2). Er leitet das aus dem oben Rdn. 7 abgelehnten Erfordernis eines Informationsbedürfnisses her. Die Beschränkung findet im Gesetz keine Stütze. Mit der Auskunftserteilung ist das Einsichtsrecht, auch wenn es sich auf den gleichen Gegenstand bezieht, nicht erledigt. Der Gesellschafter hat vielmehr das Recht, die Richtigkeit der Auskunft durch Einsicht der Bücher und Schriften, soweit in ihnen der Gegenstand der Auskunft Niederschlag gefunden hat, nachzuprüfen[7]. Hierbei kann im Einzelfall nur die Treupflicht Schranken setzen (Rdn. 7).

10 Das Auskunftsrecht kann — nach Wahl der Geschäftsführer — gegebenenfalls auch durch Aushändigung einer Abschrift **oder Ablichtung** erfüllt werden, nicht aber das **Einsichtsrecht**. Der Gesellschafter hat Anspruch auf Einsicht in die **Originalurkunde**. Er kann sich Abschriften oder Ablichtungen anfertigen oder durch Hilfskräfte auf seine Kosten anfertigen lassen, wenn nicht ein berechtigtes Interesse der Gesellschaft entgegensteht[8], z. B. bei Geschäftsgeheimnissen, Übermaß, Gefahr des Mißbrauchs. Nach § 42d GmbHG in der Fassung des Art. 3 Ziff. 5 des RegE zum Bilanz-Richtliniegesetz (BT-Drucks. 10/317 S. 37) haben die Geschäftsführer den Gesellschaftern den **Jahresabschluß,** den Lagebericht und gegebenenfalls den Prüfungsbericht der Abschlußprüfer unverzüglich nach der Aufstellung bzw. dem Eingang vorzulegen und jedem Gesellschafter auf Verlangen auszuhändigen. Nach § 42d Abs. 2 Satz 3 haben die Gesellschafter das gleiche Verweigerungsrecht wie in § 51a Abs. 2 (s. Rdn. 20, 21).

5. Angelegenheiten der Gesellschaft

11 Einzige sachliche Voraussetzung des Informationsrechts ist, daß es sich bei dem erfragten Gegenstand um eine Angelegenheit der Gesellschaft handeln muß. Das ist ein **umfassender Begriff.** Er umfaßt alles, was mit der Gesellschaft und womit die Gesellschaft zu tun hat. Er umgreift nicht nur den Gang der laufenden Geschäfte, sondern auch die beabsichtigte Geschäftspolitik (vgl. § 90 Abs. 1 Nr. 1 AktG), die Pläne und die Planungen. Auch die Beteiligung des Gesellschafters an der Gesellschaft ist ihre Angelegenheit. Sie hat daher die zu deren Bewertung erforderlichen Tatsachen mitzuteilen,

---

[5] Ebenso *Lutter* ZGR **1982**, 12; *K. Schmidt* S. 119; *Scholz-Fischer* 6.

[6] So *K. Schmidt* S. 101. Wie hier *Roth* 2.2.2; *v. Bitter* S. 826.

[7] Ebenso wohl *Gersch* u. a. 316; **a. M.** *Bunte* S. 40.

[8] Vgl. *Fischer* Großkomm. z. HGB 3. Aufl. § 118 Anm. 10, *Ulmer* Münchner Komm. z. BGB § 716 Rdn. 5.

einschließlich gegebenenfalls zu schätzender stiller Reserven. Die Schranken des § 131 Abs. 2 Nr. 2-4 AktG sind dem Informationsrecht des GmbH-Gesellschafters nicht gesetzt. Es umfaßt daher auch die steuerlichen Verhältnisse der Gesellschaft. Daß vertrauliche Informationen nicht an die Öffentlichkeit gelangen, ist durch die Verschwiegenheitspflicht gesichert (Rdn. 8). Auch die Verhältnisse in und bei Unternehmen, an denen die Gesellschaft nicht mehrheitlich beteiligt ist, unterliegen dem Informationsrecht, soweit sie für die Gesellschaft von Bedeutung sind und soweit Informationen hierüber der Geschäftsführung zugänglich sind. Auch der **Aufsichtsrat** nimmt Angelegenheiten der Gesellschaft wahr (s. die Erl. zu § 52), sei es anstelle der Gesellschafterversammlung, sei es zusätzlich zu ihr. Das Einsichts- und Auskunftsrecht bezieht sich deshalb auch auf Aufsichtsratsbeschlüsse, Niederschriften über Aufsichtsratssitzungen und Berichte der Geschäftsführung an den Aufsichtsrat. Soweit die Geschäftsführung diese Unterlagen nicht besitzt, ist der Aufsichtsrat (der Gesellschaft gegenüber) verpflichtet, sie der Geschäftsführung zur Erfüllung ihrer Informationspflicht zur Verfügung zu stellen (ebenso OLG Karlsruhe Beschluß vom 8. 2. 1984 — 15 W 42/83, unveröffentlicht).

6. Angelegenheiten verbundener Unternehmen

Nach dem RegE 77 § 51a Abs. 2 (§ 45, 29) erstreckt sich die Auskunftspflicht auch auf die rechtlichen und geschäftlichen Beziehungen der Gesellschaft zu einem verbundenen Unternehmen. Der Rechtsausschuß strich die Vorschrift mit der Begründung, daß diese Beziehungen zu den Angelegenheiten der Gesellschaft gehören, so daß sich eine besondere Regelung erübrige (BT-Drucks. 8/3908 S. 75). Diese Auffassung entspricht dem bisher geltenden Recht (§ 13 Anh. II 22, § 45, 25). Die Streichung war auch deshalb berechtigt, weil die Fassung des RegE zu eng ist. Angelegenheiten der Gesellschaft sind nicht nur ihre rechtlichen und geschäftlichen **Beziehungen** zu einem verbundenen Unternehmen, sondern auch **Vorgänge** in einem solchen und dessen **Lage**, soweit sie die Interessen der Gesellschaft berühren. Dabei kann die Bestimmung dieser Begriffe wie auch des Begriffs der verbundenen Unternehmen dem Konzernrecht des Aktiengesetzes (§§ 15-19, 90, 131, 337 Abs. 4) entnommen werden, dem insoweit allgemeine Geltung zukommt[9]. 12

In der **abhängigen** Gesellschaft geht es um die Information des Minderheitsgesellschafters über die Verhältnisse des Mehrheitsgesellschafters und seine Beziehungen zur Gesellschaft, z. B. ob eine einheitliche Leitung ausgeübt wird, ob in diese auch andere Konzernunternehmen einbezogen sind, ferner über Geschäfte zwischen der Gesellschaft und dem herrschenden Unternehmen oder anderer verbundener Unternehmen sowie alle Rechtsgeschäfte und Maßnahmen, die Gegenstand eines Abhängigkeitsberichts (§ 312 AktG) wären, wenn ein solcher erstellt werden müßte (ebenso *K. Schmidt* S. 97). In der **herrschenden** Gesellschaft sind die Angelegenheiten der abhängigen Unternehmen schlechthin Angelegenheiten der Gesellschaft[10]. 13

Zur Information **verpflichtet** sind auch hier (vgl. Rdn. 19) allein die Geschäftsführer der Gesellschaft, nicht etwa die gesetzlichen Vertreter des verbundenen Unternehmens. Soweit die Geschäftsführer die Information nicht aus eigenem Wissen geben können, sind sie — im Rahmen des rechtlich Möglichen — verpflichtet, sich die Information bei dem verbundenen Unternehmen zu verschaffen. In der abhängigen Gesellschaft trifft die Informations- und Informationsverschaffungspflicht auch den **Mehrheitsgesellschafter** aufgrund der ihm gegenüber dem Minderheitsgesellschafter obliegenden Treupflicht 14

[9] Vgl. *Schilling* Grundlagen eines GmbH-Konzernrechts, Festschrift Hefermehl 1976, S. 383.

[10] Ebenso *K. Schmidt* S. 97; *Schneider* S. 101; *Grunewald* ZHR 146 (**1982**), 234; *Timm* GmbH-Rdsch. **1980**, 294.

(§ 45, 22). Für dieses Informationsrecht der Minderheit gegenüber der Mehrheit gelten jedoch nicht die Bestimmungen der §§ 51a und b, sondern die allgemeinen Vorschriften (ebenso *K. Schmidt* S. 112).

15 Neben dem Auskunftsrecht besteht das **Einsichtsrecht** in die Bücher und Schriften der Gesellschaft, soweit in ihnen verbundene Unternehmen betreffende Tatsachen und Rechtsverhältnisse ihren Niederschlag gefunden haben. In besonders gelagerten Fällen haben die Geschäftsführer auch die Pflicht, dem Gesellschafter im Rahmen des rechtlich Möglichen, z. B. bei einer 100%igen Tochter-GmbH, Einsicht in die Bücher und Schriften des verbundenen Unternehmens zu verschaffen[11].

7. GmbH & Co KG

16 In der GmbH & Co KG spielt sich das unternehmerische Geschehen in der KG ab, deren persönlich haftende und geschäftsführende Gesellschafterin die GmbH ist. Die **Angelegenheiten der KG** sind daher die Angelegenheiten der GmbH und damit allen GmbH-Gesellschaftern gegenüber informationspflichtig, auch wenn sie nicht Gesellschafter der KG sind[12]. Soweit die Mitglieder beider Gesellschaften identisch sind, ist es auch das Informationsrecht. Anders ist die Rechtslage, wenn ein Gesellschafter nur an der KG, nicht an der GmbH beteiligt ist, wie meistens bei der Publikums-KG. Das Informationsrecht richtet sich hier nach dem Recht der Kommanditgesellschaft. Das **Einsichtsrecht** ist in § 166 Abs. 1 HGB geregelt und auf die Prüfung des Jahresabschlusses beschränkt. Bei Vorliegen eines wichtigen Grundes gilt das erweiterte, mit Hilfe des Gerichts geltend zu machende Informationsrecht des § 166 Abs. 3. Darüberhinaus besteht (über §§ 161 Abs. 2, 105 Abs. 2 HGB, § 713 BGB) das umfassende **Auskunftsrecht** des § 666 BGB (*Huber* Das Auskunftsrecht des Kommanditisten ZGR **1982** 539). Es steht jedem einzelnen Gesellschafter gegen die GmbH als Komplementärin, vertreten durch die Geschäftsführer, zu (Huber aaO).

17 Die Eigenart der GmbH & Co KG liegt darin, daß für ein Unternehmen zwei gesellschaftsrechtliche Organisationen gebildet werden. Das erfordert eine Annäherung des Informationsrechts des Kommanditisten an das des GmbH-Gesellschafters[13]. Will man nicht der Rdn. 16 im Anschluß an *Huber* vertretenen Annahme eines umfassenden Auskunftsrechts folgen, so wird man jedenfalls dem nicht der Komplementär-GmbH angehörenden Kommanditisten gegenüber der Geschäftsführung der GmbH ein **zweckgebundenes Auskunfts- und Einsichtsrecht** zubilligen müssen, also immer dann, wenn Auskunft oder Einsicht zur sachgemäßen Ausübung von Mitwirkungsrechten oder zur Geltendmachung außerordentlicher Rechte erforderlich sind, seien sie im Gesellschaftsvertrag, seien sie im Gesetz eingeräumt, wie in § 164 i.V.m. § 116 Abs. 2, ferner in den §§ 117, 127, 131 Nr. 2, 133, 140 HGB.

8. Die Ausübung des Informationsrechts

18 Auskunft kann in und außerhalb der **Gesellschafterversammlung** verlangt werden, Einsicht in der Regel nur außerhalb. Im Interesse des ordnungsmäßigen Ablaufs der Gesellschafterversammlung beschränkt sich dort in der Regel das Auskunftsrecht auf die

---

11 Vgl. für die KG BGHZ **25** 115, für die stille Gesellschaft BGH WM **1984** 807.

12 Ebenso *Roth* 5; *Scholz-K. Schmidt* 24 und *K. Schmidt* S. 112, *Schilling* Großkomm. z. HGB 3. Aufl. 1970 § 161, 23b.

13 Für eine Annäherung auch *Scholz-K. Schmidt* 26 und *K. Schmidt* S. 113. *Wiedemann* Gesellschaftsrecht I S. 377 tritt allgemein für ein von § 166 HGB unabhängiges Auskunftsrecht des Kommanditisten ein.

Punkte der Tagesordnung. Sonst kann die Information jederzeit verlangt werden, schriftlich oder mündlich, auch telefonisch, eine Form ist nicht vorgeschrieben. Es kann aber nicht zum Zweck der Auskunftserteilung die Einberufung einer Gesellschafterversammlung verlangt werden. Das Einberufungsrecht des § 50 bezieht sich auch nicht hierauf, sondern hat die Fassung von Gesellschafterbeschlüssen zum Gegenstand (§ 50, 4). Der **Gegenstand** der verlangten Information muß auf eine oder mehrere Angelegenheiten der Gesellschaft konkretisiert werden. Ein globales Verlangen, über „die Angelegenheiten der Gesellschaft" informiert zu werden oder Einsicht in „die Bücher und Schriften" zu nehmen, genügt nicht. Erforderlich sind Angaben, die es der Geschäftsführung ermöglichen, eine bestimmte Auskunft oder Einsicht zu geben.

Die Information muß **unverzüglich** erteilt werden, also ohne schuldhaftes Zögern 19 (§ 121 Abs. 1 Satz 1 BGB). Eine schuldhafte Verzögerung liegt nicht vor, wenn eine sofortige Auskunftserteilung oder Einsichtgewährung zu einer unangemessenen Beeinträchtigung des Geschäftsbetriebs der Gesellschaft führen würde und sie innerhalb einer angemessenen Frist erfolgt[14], z. B. in einem demnächst erfolgenden schriftlichen oder mündlichen Bericht an die Gesellschafter (Rdn. 4). **Verpflichtet** zur Information sind die im Amt befindlichen Geschäftsführer als die gesetzlichen Vertreter der Gesellschaft (s. auch § 51b Rdn. 7). Sie haben dabei die **Sorgfalt** eines ordentlichen Geschäftsmannes anzuwenden (§ 43 Abs. 1). Daß die Auskunft den Grundsätzen einer gewissenhaften und getreuen Rechenschaft zu entsprechen hat (vgl. § 131 Abs. 2 AktG), hielt der Rechtsausschuß (Fn. 14) mit Recht für selbstverständlich. Die Auskunft kann nach Wahl der Geschäftsführer schriftlich oder mündlich erteilt werden. Ebenso können die Geschäftsführer bestimmen, ob sie die Einsicht im Geschäftslokal der Gesellschaft oder an einem dritten Ort gewähren.

9. Verweigerung der Information nach Abs. 2

Die Geschäftsführer dürfen die Auskunft und die Einsicht verweigern, wenn zu 20 besorgen ist, daß der Gesellschafter sie zu gesellschaftsfremden Zwecken verwenden und dadurch der Gesellschaft oder einem verbundenen Unternehmen einen nicht unerheblichen Schaden zufügen wird, Abs. 2 Satz 1. Die Besorgnis darf nicht rein subjektiv sein, sie muß einen objektiv vernünftigen Grund haben[15] und sich auf die **konkrete Möglichkeit** einer Verwendung zum Nachteil der Gesellschaft oder eines verbundenen Unternehmens beziehen. Weitergehend als § 131 Abs. 3 Nr. 1 AktG (dazu RegBegr BT-Drucks. 8/1347 S. 44) ist Voraussetzung der Verweigerung auch ein **persönliches Merkmal:** es muß zu besorgen sein, daß der die Information verlangende Gesellschafter sie zu gesellschaftsfremden Zwecken verwendet. Der Unterschied rechtfertigt sich daraus, daß im Aktienrecht die Auskunft in der Hauptversammlung, also vor der Öffentlichkeit, gegeben werden muß und damit die Gefahr der Verwendung zu gesellschaftsfremden Zwecken unabhängig von der Person des Aktionärs gegeben ist (vgl. RegBegr S. 44). Besteht die Besorgnis bei einem anderen Gesellschafter, so kann die Information in der Gesellschafterversammlung, nicht aber außerhalb, verweigert werden (*Grunewald* S. 228). **Gesellschaftsfremd** ist alles, was nicht im Gesellschaftsinteresse ist. Steht der Gesellschafter in Beziehungen zu einem **Konkurrenzunternehmen,** so ist die Besorgnis begründet, wenn die Information zu wettbewerblichen Zwecken verwendet werden kann (BGHZ **14** 55, 59). Sie kann schon dann begründet sein, wenn der Gesellschafter als Unternehmer in derselben Branche wie die Gesellschaft tätig ist und damit zumindest teilweise dem Gesellschafterinteresse

[14] Bericht des Rechtsausschusses BT-Drucks. 8/3908 S. 75.

[15] Vgl. § 131 Abs. 3 Nr. 1 AktG: nach vernünftiger kaufmännischer Beurteilung.

zuwiderlaufende Interessen verfolgt (Stuttgart OLGZ **1983** 184, 187). Der zu besorgende Nachteil darf nicht unerheblich sein. Er muß also von einer Bedeutung sein, die einen gewissenhaften und sorgfältigen Geschäftsleiter veranlaßt, seinetwegen das Informationsrecht des Gesellschafters hintanzustellen.

21 Die Verweigerung bedarf eines **Beschlusses der Gesellschafter,** Satz 2. Die Geschäftsführer können nicht selbst kraft der ihnen obliegenden Sorgfaltspflicht über die Verweigerung entscheiden, sie müssen einen Gesellschafterbeschluß herbeiführen. Nach der RegBegr (BT-Drucks. 8/1347 S. 44) soll hierdurch die Beurteilung aus dem Bereich der in diesen Fragen — auch wegen ihrer Abhängigkeit — in der Regel überforderten Geschäftsführer in den Bereich der Gesellschafter gezogen werden, damit sie unter sich klären, ob die infrage stehenden Nachteile zu besorgen sind. Diese Erschwerung der Informationsverweigerung ist wenig zweckdienlich, zumal die Mehrheit in der Regel die Meinung der Geschäftsführung teilen wird. Die Geschäftsführer müssen die Entscheidung der Gesellschafter **unverzüglich** (Rdn. 19) einholen, gegebenenfalls (§ 48 Abs. 2) im schriftlichen Verfahren. Da über einen Widerstreit zwischen dem Gesellschafts- und dem Gesellschafterinteresse zu entscheiden ist, hat der von der Verweigerung betroffene Gesellschafter **kein Stimmrecht,** denn es handelt sich um eine gegen den Gesellschafter aus wichtigem Grund zu treffende Maßnahme[16]. Die Geschäftsführer haben ihren Beschlußantrag auf Verweigerung zu begründen (§ 45, 24). Der Gesellschafterbeschluß — wie jeder andere auch — bedarf weder einer Begründung noch einer Niederschrift. Abs. 4 RegE, der dies auf Verlangen des Gesellschafters vorsah, wurde vom Rechtsausschuß gestrichen (aaO). Über die Anfechtung s. Rdn. 25.

10. Verweigerung aus sonstigen Gründen

22 Der RegE (§ 45, 29) sah in Abs. 3 Satz 2 vor, daß aus anderen Gründen als denen des Satz 1 die Information nicht verweigert werden darf. Der Rechtsausschuß (BT-Drucks. 8/3908 S. 76) wollte Abs. 3 „vereinfacht" übernehmen und strich zwar den Satz 2, betonte aber, daß die Geschäftsführer die Information „nur" aus dem in Abs. 3 Satz 1 Nr. 1 bestimmten Grund (Rdn. 20) verweigern dürfen. Als selbstverständlichen Verweigerungsgrund sieht er an, daß sich die Geschäftsführer durch die Erteilung der Information **strafbar** machen würden. Er strich deshalb die Nr. 2 des Satz 1 als überflüssig. Die Erteilung einer Information im Rahmen des § 51a ist **keine unbefugte Offenbarung** eines Geheimnisses der Gesellschaft im Sinne des § 85[17]. Die Weitergabe an den Gesellschafter berührt den Geheimnischarakter nicht, anders als die Mitteilung in der Hauptversammlung der Aktiengesellschaft (vgl. § 131 Abs. 3 Nr. 5 und § 404 AktG). Der Gesellschafter ist kein außenstehender Dritter (§ 85, 36). Er ist seinerseits zur Verschwiegenheit verpflichtet (Rdn. 8). Ist zu besorgen, daß er sie nicht einhält, kann die Information bei Vorliegen der übrigen Voraussetzungen (Rdn. 20) nach Abs. 2 verweigert werden.

23 Nach der Entstehungsgeschichte (Rdn. 22) muß man zwar davon ausgehen, daß **andere Verweigerungsgründe nicht bestehen** (ebenso Gessler S. 1390). Unberührt hiervon bleiben aber die dem Informationsrecht durch die **Treupflicht** gezogenen immanenten Grenzen (Rdn. 7, ebenso *Scholz-K. Schmidt* Anh. § 51, 40). Die Treupflicht verbietet auch den **Mißbrauch** des Informationsrechts. Ob ein Treupflichtverstoß

[16] § 47, 74, RegBegr aaO, Rechtsausschuß BT-Drucks. 8/3908 S. 76; **a. M.** *Grunewald* ZHR 146 (**1982**), 233.

[17] Ebenso *Bunte* S. 159; *Gersch* u. a. 323; *Scholz-K. Schmidt* Anhang § 51, 39; *von Bitter* S. 829; *Roth* 3.3.1. Zum Begriff des Gesellschaftsgeheimnisses s. § 85, 18 ff.

vorliegt, kann nur im Einzelfall beurteilt werden. Ist er nach der Auffassung der Geschäftsführer gegeben, so können sie das Informationsverlangen ablehnen. Einen Gesellschafterbeschluß brauchen sie nicht herbeizuführen, da Abs. 2 Satz 2 nur für den Verweigerungsgrund des Satz 1 gilt[18]. Gibt sich der Gesellschafter nicht mit der Ablehnung zufrieden, so kann er die gerichtliche Entscheidung nach § 51b beantragen.

11. Bestimmungen des Gesellschaftsvertrags, Abs. 3

Abs. 3 wurde durch den Rechtsausschuß eingefügt. Er wollte damit sagen, daß die Abs. 1 und 2 **zwingendes Recht** sind (BT-Drucks. 8/3908 S. 76). Das Informationsrecht ist damit **unverzichtbar** (absolut unentziehbar, § 14, 14). Es kann durch den Gesellschaftsvertrag nicht eingeschränkt werden. Ein Abweichen von den Vorschriften der Abs. 1 und 2 i. S. einer Erweiterung des Informationsrechts ist nach dem Wortlaut des Abs. 3, nicht nach seinem Zweck verboten (ebenso *von Bitter* 830). Zulässig ist daher eine Bestimmung, daß der Gesellschafter eine **Sonderprüfung** durch Sachverständige verlangen kann. Unzulässig wäre es aber zu bestimmen, daß die Sonderprüfung anstelle des Einsichtsrechts tritt. Zulässig sind **Verfahrensregeln,** soweit durch sie das Informationsrecht selbst nicht eingeschränkt wird[19]. So kann bestimmt werden, daß das Informationsverlangen außerhalb der Gesellschafterversammlung schriftlich zu stellen ist. Oder es kann die Verschwiegenheitspflicht (Rdn. 8) näher geregelt werden (*Scholz-K. Schmidt* aaO). Ein Abweichen von Abs. 2 Satz 2, wonach die Verweigerung eines Gesellschafterbeschlusses bedarf, ist unzulässig, da diese Vorschrift dem Schutz des Informationsrechts dient[20]. 24

12. Folgen eines Verstoßes

Der Gesellschafter, dem die Information zu Unrecht verweigert wurde, kann sie gemäß § 51b durch gerichtliche Entscheidung erzwingen. Die unberechtigte Verweigerung in Zusammenhang mit einem Gesellschafterbeschluß ist als Gesetzesverstoß **Anfechtungsgrund** nach dem (für die GmbH sinngemäß anzuwendenden) § 243 AktG (Anh. § 47, 2, 89). Dabei ist es nach § 243 Abs. 4 AktG der Gesellschaft versagt, sich zum Nachweis der fehlenden Kausalität auf eine Erklärung der Gesellschafterversammlung oder einzelner Gesellschafter zu berufen, die Verweigerung der Information habe ihre Beschlußfassung nicht beeinflußt[21]. Der Gesellschafterbeschluß nach Abs. 2 Satz 2 (Rdn. 21) kann insbesondere mit der Begründung angefochten werden, ein Verweigerungsgrund nach Satz 1 liege nicht vor. 25

§ 82a Abs. 1 Nr. 1 RegE sah in Anlehnung an § 400 Abs. 1 Nr. 1 AktG eine **Strafsanktion** für die **unrichtige Darstellung** der Verhältnisse der Gesellschaft durch einen Geschäftsführer, Liquidator oder ein Mitglied des Aufsichtsrats gegenüber den Gesellschaftern vor. Der Rechtsausschuß hat die Vorschrift nicht übernommen (BT-Drucks. 8/3908 S. 39, 77/8). Keiner Strafsanktion unterliegt auch die unberechtigte Informationsverweigerung. 26

Die unberechtigte Verweigerung der Information ist eine **Sorgfaltspflichtverletzung,** die den Geschäftsführer gegenüber der Gesellschaft nach § 43 zum Ersatz des ihr entstandenen Schadens verpflichtet. Erleidet der Gesellschafter darüberhinaus einen 27

18 **A. M.** *Immenga* S. 112; *von Bitter* S. 829.

19 *Scholz-K. Schmidt* 19; *Scholz-Fischer* 8.

20 **A. M.** *von Bitter* S. 830, der sich zu Unrecht auf *K. Schmidt* S. 102 beruft.

21 Anh. § 47, 85, 86; *Scholz-K. Schmidt* § 45, 83; *Schilling* Großkomm. z. AktG § 243, 1[illegible]

Schaden, so sind ihm die verweigernden Geschäftsführer **ersatzpflichtig.** Denn die unberechtigte Verweigerung ist ein Eingriff in das Mitgliedsrecht (Rdn. 5), das als sonstiges Recht durch § 823 Abs. 1 BGB geschützt ist[22]. Verpflichtet ist der Geschäftsführer, nicht die Gesellschaft. Eine Haftungsüberwälzung auf diese nach § 31 oder § 831 BGB ist für solche Ansprüche aus dem Innenverhältnis ausgeschlossen (§ 43, 106, *Mertens* aaO S. 470). Der zu ersetzende Schaden beschränkt sich auf die unmittelbar beim Gesellschafter eintretende Vermögensminderung (§ 43, 107). Wenn der Gesellschafter nicht den Rechtsbehelf des § 51b ergreift, so kann darin mitwirkendes Verschulden nach § 254 BGB liegen.

§ 51b

Für die gerichtliche Entscheidung über das Auskunfts- und Einsichtsrecht findet § 132 Abs. 1, 3 bis 5 des Aktiengesetzes entsprechende Anwendung. Antragsberechtigt ist jeder Gesellschafter, dem die verlangte Auskunft nicht gegeben oder die verlangte Einsicht nicht gestattet worden ist.

Übersicht

Schrifttum

F. v. Falkenhausen Das Verfahren der freiwilligen Gerichtsbarkeit im Aktienrecht, AG **1967** 309; *Gersch-Herget-Marsch-Stützle* Die GmbH-Reform 1980 (Stuttgart 1980) Rdn. 326ff.; *Karsten Schmidt* Das neue Auskunfts- und Einsichtsrecht des GmbH-Gesellschafters in Das neue GmbH-Recht in der Diskussion (Köln 1981) 87, 106; *Stangier-Bork* Das Informationserzwingungsverfahren nach dem neuen GmbH-Gesetz, GmbH-Rdsch. **1982** 169; s. auch das in § 45 vor Rdn. 21 genannte Schrifttum.

Einleitung

1 § 51b ist durch die Novelle 1980 eingefügt worden. Der von § 86 RegE 1972 übernommene Text des § 51b RegE 1977 ist in § 45, 29 wiedergegeben. Der **Rechtsausschuß** (BT-Drucks. 8/3908 S. 22, 23, 76) strich den Entwurf auf einen Absatz zusammen. Er bekundete seine Übereinstimmung mit dem RegE darin, daß die im AktG enthaltene und vom RegE übernommene Verfahrensregelung sachgerecht sei. Wegen der eng umschriebenen Verweigerungsgründe sei zu erwarten, daß einer gerichtlichen Auseinandersetzung über das Bestehen des Informationsrechts nur geringe praktische Bedeutung zukommen werde. Zur Vermeidung eines erheblichen Regelungsaufwands werde deshalb im wesentlichen auf die aktienrechtliche Regelung verwiesen. Für die Antragsberechtigung

---

22 § 43, 105; *Mertens* Festschrift Rob. Fischer 1979 S. 468 IV 1.

reiche die in Satz 2 enthaltene Regelung. Nach der **Übergangsregelung** des Art. 12 § 4 (BGBl. I 1980 S. 850) gilt § 51b nur, wenn die Geschäftsführer die Auskunft oder die Einsicht nach dem Inkrafttreten der Novelle (1. 1. 1980) verweigert haben.

§ 132 Abs. 1, 3—5 AktG, auf die § 51b verweist, lauten: 2

(1) Ob der Vorstand die Auskunft zu geben hat, entscheidet auf Antrag ausschließlich das Landgericht, in dessen Bezirk die Gesellschaft ihren Sitz hat. Ist bei dem Landgericht eine Kammer für Handelssachen gebildet, so entscheidet diese an Stelle der Zivilkammer. Die Landesregierung kann die Entscheidung durch Rechtsverordnung für die Bezirke mehrerer Landgerichte einem der Landgerichte übertragen, wenn dies der Sicherung einer einheitlichen Rechtsprechung dient. Die Landesregierung kann die Ermächtigung auf die Landesjustizverwaltung übertragen.

(3) § 99 Abs. 1, Abs. 3 Satz 1, 2, 4 bis 9 und Abs. 5 Satz 1 und 3 gilt sinngemäß. Die sofortige Beschwerde findet nur statt, wenn das Landgericht sie in der Entscheidung für zulässig erklärt. Es soll sie nur zulassen, wenn dadurch die Klärung einer Rechtsfrage von grundsätzlicher Bedeutung zu erwarten ist.

(4) Wird dem Antrag stattgegeben, so ist die Auskunft auch außerhalb der Hauptversammlung zu geben. Aus der Entscheidung findet die Zwangsvollstreckung nach den Vorschriften der Zivilprozeßordnung statt.

(5) Für die Kosten des Verfahrens gilt die Kostenordnung. Für das Verfahren des ersten Rechtszugs wird das Doppelte der vollen Gebühr erhoben. Für den zweiten Rechtszug wird die gleiche Gebühr erhoben; dies gilt auch dann, wenn die Beschwerde Erfolg hat. Wird der Antrag oder die Beschwerde zurückgenommen, bevor es zu einer Entscheidung oder einer vom Gericht vermittelten Einigung kommt, so ermäßigt sich die Gebühr auf die Hälfte. Der Geschäftswert ist von Amts wegen festzusetzen. Er bestimmt sich nach § 30 Abs. 2 der Kostenordnung mit der Maßgabe, daß der Wert regelmäßig auf zehntausend Deutsche Mark anzunehmen ist. Das mit dem Verfahren befaßte Gericht bestimmt nach billigem Ermessen, welchem Beteiligten die Kosten des Verfahrens aufzuerlegen sind.

Die in § 132 Abs. 3 Satz 1 in bezug genommenen Bestimmungen des § 99 AktG 3
lauten:

(1) Auf das Verfahren ist das Reichsgesetz über die Angelegenheiten der freiwilligen Gerichtsbarkeit anzuwenden, soweit in den Absätzen 2 bis 5 nichts anderes bestimmt ist.

(3) [1]Das Landgericht entscheidet durch einen mit Gründen versehenen Beschluß.[2] Gegen die Entscheidung findet die sofortige Beschwerde statt.[4] Die Beschwerde kann nur durch Einreichung einer von einem Rechtsanwalt unterzeichneten Beschwerdeschrift eingelegt werden.[5] Über sie entscheidet das Oberlandesgericht.[6] § 28 Abs. 2 und 3 des Reichsgesetzes über die Angelegenheiten der freiwilligen Gerichtsbarkeit gilt entsprechend.[7] Die weitere Beschwerde ist ausgeschlossen.[8] Die Landesregierung kann durch Rechtsverordnung die Entscheidung über die Beschwerde für die Bezirke mehrerer Oberlandesgerichte einem der Oberlandesgerichte oder dem Obersten Landesgericht übertragen, wenn dies der Sicherung einer einheitlichen Rechtsprechung dient.[9] Die Landesregierung kann die Ermächtigung auf die Landesjustizverwaltung übertragen.

(5) [1]Die Entscheidung wird erst mit der Rechtskraft wirksam.[3] Der Vorstand hat die rechtskräftige Entscheidung unverzüglich zum Handelsregister einzureichen.

1. Verhältnis zu anderen Verfahren

Die Frage, ob die Information zu Recht oder zu Unrecht verweigert worden ist, 4
kann **Vorfrage** für die Entscheidung eines anderen Rechtsstreits sein. Zu denken ist insbesondere an die **Anfechtungsklage** gegen einen Gesellschafterbeschluß, die auf die Verweigerung gestützt ist (§ 47 Anh. Rdn. 81 ff.), ferner Prozesse über Schadensersatz (§ 51a, 25), Entlastung, wichtigen Grund für Austritt u. a. m. Es entstehen mehrere

Fragen, die im Schrifttum zum Aktienrecht höchst kontrovers erörtert worden sind. Für das GmbH-Recht lauten sie: Ist das Verfahren nach § 51b Voraussetzung für die Durchführung des in der streitigen Gerichtsbarkeit zu führenden Hauptprozesses über die Anfechtung usw.? Hat die Entscheidung nach § 51b Bindungswirkung im anderen (streitigen) Prozeß? Muß dieser ausgesetzt werden bis zur rechtskräftigen Entscheidung nach § 51b? Alle drei Fragen sind zu **verneinen.**[1] Zunächst fällt ins Gewicht, daß die Entscheidung nach § 51b nicht für und gegen alle, insbesondere alle Gesellschafter wirkt. § 99 Abs. 5 Satz 2 AktG, der dies bestimmt, gilt nach § 132 Abs. 3 Satz 1 AktG (s. Rdn. 2) nicht. Demgegenüber hat das der Anfechtungsklage stattgebende Urteil auf Nichtigerklärung eines Gesellschafterbeschlusses diese Wirkung (§ 248 AktG, Anh. § 47 Rdn. 177). Es bleibt also bei dem Grundsatz, daß Entscheidungen der freiwilligen Gerichtsbarkeit, soweit sie nicht Gestaltungsakte sind, keine Bindungswirkung für den Prozeßrichter haben.[2] Die Entscheidung nach § 51b ist kein Gestaltungsakt, sondern verurteilt zu einer Leistung (Rdn. 9). Auch wenn man die Bedeutung beider Verfahren abwägt, muß man zu dem Ergebnis kommen, daß die Gerichte der streitigen Gerichtsbarkeit die Möglichkeit haben müssen, die behauptete Verletzung des Informationsrechts selbständig nachzuprüfen. § 51 b will in einem vereinfachten und verbilligten, meist auf eine Instanz beschränkten Verfahren das individuelle Informationsbedürfnis eines Gesellschafters befriedigen. Anders im Prozeßfalle, besonders bei der Anfechtung eines Gesellschafterbeschlusses. Es liegt im Interesse nicht nur der Parteien, sondern aller Beteiligten, für und gegen die das Urteil wirkt, daß der Anfechtungsgrund im streitigen Verfahren, aufgrund mündlicher Verhandlung und gegebenenfalls in drei Instanzen nachgeprüft wird. Der betroffene Gesellschafter darf auch nach der Vernunft des Gesetzes nicht gezwungen werden, zur Klärung der Vorfrage seines Anspruchs ein zweites Verfahren der ordentlichen Gerichtsbarkeit anzustrengen. Demgemäß besteht die **Ausschließlichkeit** des Verfahrens nach § 51b lediglich darin, daß nur in ihm die Geschäftsführer gezwungen werden können, die Information zu erteilen.

2. Antragsrecht

5 Antragsberechtigt ist jeder Gesellschafter, dem die verlangte Information nicht gegeben worden ist, Satz 2. Er muß das Informationsverlangen gestellt haben. Die 2. Alternative des § 51b Abs. 2 Satz 1 RegE (s. § 45, 29) hat der Rechtsausschuß nicht übernommen (s. Rdn. 1). **Anderen Gesellschaftern** steht also das Informationserzwingungsverfahren nicht offen. Voraussetzung des Antrags ist die **Verweigerung** der Information, auf die Begründung kommt es für das Antragsrecht nicht an. Im Falle des § 51a Abs. 2 hindert das Fehlen eines Gesellschafterbeschlusses nach Satz 2 (§ 51a, 20) die Antragstellung nicht (ebenso *Gersch* u. a. 330, *Grunewald* S. 233). Die Geschäftsführer oder die anderen Gesellschafter können nicht durch Untätigkeit das Verfahren nach § 51b

---

[1] Ebenso BGHZ **86** 1, 3/4 für den Fall, daß mit einem Verfahren nach § 132 AktG nicht mehr zu rechnen ist; *K. Schmidt* S. 108, *Scholz-K. Schmidt* 6, Anh. § 51, 52, bejahend aber für die Bindungswirkung einer rechtskräftigen Entscheidung im Verfahren nach § 51 b; *Scholz-Fischer* 3; *Zöllner* Köln. Komm. z. AktG § 131, 98, § 132, 7; *Meyer-Landrut-Miller* AG **1970** 157; *Schilling* Großkomm. z. AktG § 243, 12; **a. M.** die Komm. z. AktG von *Baumbach-Hueck* § 132, 7; *Eckardt* in *Gessler-Hefermehl-Eckardt-Kropff* § 132, 8, 9; *Barz* in Großkomm. § 132, 9; *Werner* in Festschr. Barz S. 293; *Kollhosser* AG **1977** 117, 118; für das GmbH-Recht: RegBegr (BT-Drucks. 8/1347 S. 46), *Gersch u. a.* 332.

[2] *Keidel-Kuntze-Winkler* FGG § 1, 11; *Jansen* FGG § 12, 22; *Rosenberg-Schwab* Zivilprozeßrecht § 11 III 3.

vereiteln. Beantworten die Geschäftsführer ein Informationsverlangen nicht innerhalb einer angemessenen Frist, so ist das einer Verweigerung gleichzustellen.

Der Antrag ist **nicht** an eine **Frist** gebunden. § 132 Abs. 2 (Satz 2) AktG gilt nicht. **6** Der Antragsteller muß noch im Zeitpunkt der Antragstellung **Gesellschafter** sein (ebenso *Scholz-K. Schmidt* 7). Bei einem Treuhandverhältnis ist der Treuhänder Gesellschafter, nicht der Treugeber (§ 15 Anh. Rdn. 54). **Veräußert** der Gesellschafter seine Beteiligung, so erlischt mit der Mitgliedschaft auch der Informationsanspruch[3]. Der Antrag ist als unbegründet abzuweisen. Der Erwerber kann ein neues Informationsverlangen stellen und im Falle der Verweigerung nach § 51b vorgehen.

Antragsgegner ist die Gesellschaft, nicht etwa der oder die verweigernden **7** Geschäftsführer. Verlangt ein Minderheitsgesellschafter von dem **Mehrheitsgesellschafter** aufgrund der diesem obliegenden Treupflicht eine Information und wird sie verweigert, so steht nur das streitige Verfahren offen, nicht das nach § 51b (§ 51a, 12). Antrag und Beschlußtenor lauten auf Verurteilung zur Information. Antrag und Beschluß sind also auf eine **Leistung** gerichtet, nicht auf Feststellung (ebenso *Scholz-K. Schmidt* 8, *K. Schmidt* S. 106, 118). Die Leistung haben die im Zeitpunkt der Vollstreckung im Amt befindlichen Geschäftsführer als Organ der Gesellschaft zu erbringen, s. auch Rdn. 11.

3. Verfahren

§ 51b verweist bezüglich der gerichtlichen Entscheidung auf das in § 132 AktG **8** geregelte aktienrechtliche Verfahren zur Informationserzwingung. § 132 gilt mit Ausnahme des Abs. 2, s. Rdn. 2. Die **Zuständigkeit** des Landgerichts des Sitzes der Gesellschaft ist örtlich und sachlich eine ausschließliche. Die Vereinbarung eines **Schiedsgerichts** nach §§ 1026, 1027 ZPO oder die Anordnung in der Satzung nach § 1048 ZPO (§ 13, 16ff.) ist zulässig, da die Parteien sich über den Streitgegenstand vergleichen können (§ 1025 Abs. 1 ZPO, *Stangier-Bork* 170). Beim Landgericht ist die Kammer für Handelssachen zuständig, wenn eine solche gebildet ist (§ 132 Abs. 1 Satz 2). Die Landesregierung oder die von ihr ermächtigte Landesjustizverwaltung kann durch Rechtsverordnung die Zuständigkeit für die Bezirke mehrerer Landgerichte einem von diesen übertragen, wenn dies, was wohl immer der Fall sein wird, der Sicherung einer einheitlichen Rechtsprechung dient (S. 3, 4). Die zu § 132 AktG ergangenen landesrechtlichen Regelungen werden aber von der Verweisung nicht erfaßt. Sie müssen also für § 51b gesondert getroffen werden (OLG Hamm DB **1982** 1513).

Kraft Doppelverweisung gelten über § 132 Abs. 3 die Vorschriften des §§ 99 Abs. 1, **9** Abs. 3 Satz 1, 2, 4-9 und Abs. 5 Satz 1 und 3 (s. Rdn. 3). Danach handelt es sich um ein Verfahren der **freiwilligen Gerichtsbarkeit,** und zwar um ein echtes **Streitverfahren**[4]. Es ist das FGG mit den für das Streitverfahren entwickelten besonderen Grundsätzen anzuwenden, soweit in § 99 Abs. 3 Satz 1, 2, 4-9 und Abs. 5 Satz 1 und 3 nichts anderes bestimmt ist (§ 132 Abs. 3 Satz 1 i.V.m. § 99 Abs. 1). Es gilt das Amtsprinzip des § 12 FGG. Die Verweigerungsgründe muß die Gesellschaft freilich dartun. Das Verfahren ist formlos und nichtöffentlich, es besteht kein Anwaltszwang mit Ausnahme der Unterzeichnung der Beschwerdeschrift (§ 99 Abs. 3 Satz 4). Der **Beschluß** des Landgerichts muß mit Gründen versehen sein, § 99 Abs. 3 Satz 1. Der Tenor lautet, wenn der Antrag nicht zurückgewiesen wird, auf Verurteilung der Gesellschaft zur Erteilung der

---

[3] Ebenso *Zöllner* (Fn. 1) § 132, 13; *Barz* (Fn. 1) § 132, 14; **a. M.** *Scholz-K. Schmidt* Anh. § 51 Rdn. 53; *K. Schmidt* S. 106; s. a. § 51 a Rdn. 5.

[4] *Keidel-Kuntze-Winkler* FGG § 12, 109ff.; *Scholz-K. Schmidt* Anh. § 51 Rdn. 56.

Auskunft oder Gestattung der Einsicht (Rdn. 7). Die Entscheidung muß zu einer Leistung verurteilen, da aus ihr die Zwangsvollstreckung stattfindet[5]. Der Gegenstand der Information ist möglichst genau anzugeben. Der Beschluß wird erst mit der **Rechtskraft** wirksam (§ 99 Abs. 5 Satz 1). Es gibt keine vorläufige Vollstreckbarkeit. Die Geschäftsführer haben die rechtskräftige Entscheidung – ohne Gründe[6] – unverzüglich zum **Handelsregister** einzureichen (§ 99 Abs. 5 Satz 3). Der RegE hatte hiervon mit Recht abgesehen. In der Begründung (BT-Drucks. 8/1347 S. 46/7) weist er darauf hin, daß es dieser Offenlegung bei der GmbH nicht bedarf, da sich die Gesellschafter mit Hilfe ihres Auskunftsrechts jederzeit über die gerichtliche Entscheidung unterrichten können.

4. Rechtsmittel

10 Gegen den Beschluß findet die **sofortige Beschwerde** statt (§ 99 Abs. 3 Satz 2), wenn das Landgericht sie in der Entscheidung für zulässig erklärt. Es soll sie nur zulassen, wenn dadurch die Klärung einer Rechtsfrage von grundsätzlicher Bedeutung zu erwarten ist (§ 132 Abs. 3 Satz 2 und 3). Eine Nichtzulassungsbeschwerde gibt es nicht. Die sofortige Beschwerde ist binnen einer **Frist** von zwei Wochen einzulegen, die mit der Zustellung an den Beschwerdeführer (§ 16 Abs. 2 FGG) beginnt (§ 22 Abs. 1 FGG). Über sie entscheidet das Oberlandesgericht (§ 99 Abs. 3 Satz 5 AktG). Die Zuständigkeit kann für den Bezirk mehrerer Oberlandesgerichte nach näherer Bestimmung des § 99 Abs. 3 Satz 8 und 9 zusammengefaßt werden. Die Beschwerde kann beim Landgericht oder beim Oberlandesgericht eingelegt werden (§ 21 Abs. 1 FGG). Die **Beschwerdeschrift** muß von einem Rechtsanwalt unterzeichnet sein (§ 99 Abs. 3 Satz 4 AktG). Will das Oberlandesgericht von der Entscheidung eines anderen Oberlandesgerichts oder des Bundesgerichtshofs abweichen, so findet das Vorlegungsverfahren nach § 28 Abs. 2 und 3 FGG statt (§ 99 Abs. 3 Satz 6). Die weitere Beschwerde ist ausgeschlossen (§ 99 Abs. 3 Satz 7).

5. Vollstreckung

11 Aus dem rechtskräftigen Beschluß (§ 99 Abs. 5 Satz 1 AktG) findet die Zwangsvollstreckung nach den Vorschriften der ZPO statt (§ 132 Abs. 4 Satz 2 AktG). Die **Gesellschaftereigenschaft** des Antragstellers muß bei der Vollstreckung des von ihm erwirkten Beschlusses noch bestehen[7]. Fehlt sie, so kann dies die Gesellschaft durch Vollstreckungsgegenklage nach § 767 ZPO geltend machen. Bei der Informationserteilung handelt es sich um eine **unvertretbare Handlung,** die ausschließlich von dem Willen des Schuldners abhängt. Die Vollstreckung erfolgt daher nach § 888 ZPO[8]. Anzuhalten nach § 888 ZPO ist die Gesellschaft, vertreten durch die im Zeitpunkt der Vollstreckung im Amt befindlichen Geschäftsführer. Das Zwangsgeld ist gegen die Gesellschaft, die Zwangshaft gegen eine vertretungsberechtigte Anzahl vom Gericht namentlich zu benennender Geschäftsführer festzusetzen (vgl. *Wieczorek* § 888 C III).

---

[5] § 132 Abs. 4 S. 2 AktG; ebenso *Scholz-K. Schmidt* 8, s. a. Rdn. 11.

[6] *Gessler* in *Gessler-Hefermehl-Eckardt-Kropff* Komm. z. AktG § 99, 11; *Meyer-Landrut* Großkomm. z. AktG § 99, 4.

[7] *Barz* (Fn. 1) § 132, 14; *Zöllner* (Fn. 1) § 132, 25; *Eckardt* (Fn. 1) § 132, 55.

[8] KG NJW **1972** 2093; BayObLG NJW **1975** 740, 741 = WM **1975** 1016, 1018; ZPO *Stein-Jonas* § 888, I 1; *Wieczorek* ZPO, § 887 C II b 4; *Baumbach-Lauterbach-Hartmann*, ZPO, 1 B; *Zöller-Scherübl* ZPO, II, *Barz*, *Zöllner* und *Eckardt* wie Fn. 6.

6. Kosten

Für die Kosten des Verfahrens gilt die **Kostenordnung** (§ 132 Abs. 5 Satz 1). Für jede Instanz fallen zwei volle Gebühren an (Satz 2 und 3). § 131 Kostenordnung, wonach bei Erfolg der Beschwerde keine Gebühr für die zweite Instanz erhoben wird, ist durch Satz 3 Halbs. 2 ausgeschlossen. Satz 4 regelt die Kosten bei Rücknahme des Antrags oder der Beschwerde. Der **Geschäftswert** ist in der Regel 10.000 DM und bestimmt sich im übrigen nach § 30 Abs. 2 Satz 2 Kostenordnung. Er wird von Amts wegen festgesetzt (§ 132 Abs. 5 Satz 5 und 6). Das Gericht bestimmt nach **billigem Ermessen,** welchen Beteiligten die Kosten des Verfahrens aufzuerlegen sind. Damit soll die Abschreckungswirkung des Kostenrisikos vermindert werden. Für die **außergerichtlichen Kosten** gilt § 13a FGG[9]. Anwaltskosten sind nach § 91 Abs. 2 ZPO, der im streitigen FGG-Verfahren (Rdn. 9) anzuwenden ist, immer erstattungsfähig. Ob außergerichtliche Kosten zu erstatten sind, entscheidet das Gericht ebenfalls nach **Billigkeit.** Es kann über die Gerichtskosten und die außergerichtlichen Kosten unterschiedlich entscheiden (KG wie in FN 7, *Eckardt* wie in FN 1 Rdn. 62). 12

Die novellierten Vorschriften aus dem 4. bis 6. Abschnitt (§§ 53 bis 85) sind bereits in den entsprechenden, seit 1980 erschienenen Teilen der 7. Auflage erläutert.

Zu den Übergangsvorschriften für die Anpassung von Mindestkapital und Mindesteinlagen (Art. 12 § 1 GmbH-Novelle) vgl. die Erläuterungen in diesem Band, § 5 Rdn. 10 und § 7 Rdn. 29 f., sowie in der 7. Aufl., § 55 Rdn. 28, § 56a Rdn. 24f. und § 60 Rdn. 52—54 (daselbst auch Text der Übergangsregelung).

Sachregister

B

D

E

F

G

I

J

K

L

M

N

O

P

R

S

T

U

W

Z

Kolibri 360 GmbH
Ferdinand-Jühlke-Straße 7
99095 Erfurt, Deutschland
produktsicherheit@kolibri360.de